U0946488

军·品·立·所　民·品·兴·业

# 中国船舶重工集团公司第七一九研究所

七一九所是我国唯一的海洋核动力装备总体设计研究所，1965年成立于辽宁省葫芦岛市，1976年搬迁至武汉市武昌区中山路，2014年搬迁至武汉市江夏区藏龙岛开发区，经过多年发展奋进，逐步形成了多地协调发展的整体战略布局。

全所现有职工三千余人，其中：中国工程院院士2人，工程总师1人，型号总师9人，重工集团首席专家 1 人、高级技术专家 3 人，中国船舶设计大师4人，享受国务院特殊津贴专家25人。设有船舶工程、船舶系统、核动力装置、核辐射防护与监测、电气工程、援潜救生等46个专业；建有EHL系统综合试验室、武器系统对准与标校试验室、减振降噪试验室等20余个现代化试验室；拥有1个国家级“核动力舰船蒸汽动力系统技术国防科技重点实验室”、1个国家级“国家能源海洋核动力平台技术研发中心”、1个国地联合“海洋环境监测与应急处置装备国家地方联合工程研究中心”和5个省部级、2个市级研究中心；设有1个博士后工作站，2个博士点，2个硕士点。

具有国家船舶设计甲级资质，国家核安全局颁发的民用核安全机械和电气设备设计、制造许可证，环境污染治理设施运营甲级资质、机电工程安装专业承包一级和环保工程专业承包一级资质，动漫制作经营许可证和计算机信息系统集成三级资质，培育了核辐射监测系统、CAP1000爆破阀、测井仪器等一大批特色鲜明、竞争力强的优势产品。

获得国家科技进步特等奖3项、一等奖1项，国家高新工程重大贡献奖2项，中国工业大奖1项，省部级以上奖项300余项。先后获“全国先进基层党组织”、“全国文明单位”和“全国五一劳动奖状”等荣誉。

国防 科技 电子信息

勇于担当 主动作为 只争朝夕 精益求精

CETC 中国电子科技集团有限公司第十四研究所

# 中国雷达工业的发源地

CETC 中国电子科技集团有限公司第十四研究所

# “央企姓党” 听党指挥<br>做党和国家可信赖的大国重器

中国电子科技集团有限公司第十四研究所是中国雷达工业的发源地，国家诸多新型、高端雷达装备的创始者和国家探测感知领域的引领者，已经成为国内唯一一家有能力提供海、陆、空、天全领域预警探测系统装备能力的大型、高科技、综合性研究所，被誉为“三军之眼、大国重器”。

在70年辉煌发展历程中，十四所始终牢记“电子强军、科技报国”使命责任，服务国家战略、引领电子信息领域潮流、为打赢信息化条件下高科技战争提供坚实基础，坚持自主创新，先后在两弹一星、载人航天、三峡工程、国防装备信息化等诸多国家重点工程中承担关键任务，成功研制出大型有源相控阵雷达、机载PD火控雷达、空警2000预警机雷达、中华神盾舰载有源相控阵雷达、机载星载SAR成像雷达、高精密航天测控雷达、反隐身智能化情报雷达、远程预警相控阵雷达等重要装备，多次受到党中央、国务院、中央军委的表彰和嘉奖，两次被授予国防重点工程重大贡献奖，先后荣获全国文明单位、全国先进基层党组织、全国模范劳动关系和谐企业、全国五一劳动奖状、全国模范职工之家、全国五四红旗团委、军工文化建设示范单位、中央企业先进集体等荣誉称号。

陆海空天四维一体 看到全球每个角落

多源融合 综合集成 实现信息火力一体化

探干一体 体系对抗 实现战场单向透明

# 安徽华星化工有限公司

安徽华星化工有限公司创建于 1984年，是集基础化工和农药化工产品研发、生产、销售、贸易于一体的国家级火炬计划重点高新技术企业、国家知识产权示范单位、中国农药行业智能制造试点项目单位、中国农药工业协会常务理事单位、中国农药发展与应用协会副会长单位、中国农药行业制剂创新产业联盟副主席单位、农药国际合作一带一路工作委员会副主任单位，以及省、市、县安全生产先进单位，连续多年被评为“AAA”级农安信用单位。在同行业率先实施OHSAS18001职业健康体系认证和安全标准化认证，并通过了ISO14001国际环境管理体系、ISO9001国际质量管理体系、国家级两化融合体系认证。公司现占地2000余亩，职工1200多人。

华星化工技术力量雄厚，研发体系健全，工艺装备先进，具备较强的自主研发和创新能力。现建有安徽省新型农药工程实验室、安徽省农药工程技术研究中心和1个国家级博士后科研工作站，获得授权发明专利21项，注册商标180多个，国家级重点新产品9个，安徽省高新技术产品20多个（7个品种填补了国内空白）。2018年，公司41%草甘膦异丙胺盐水剂产品荣获第七届绿色农药博览会绿色农药博览会金奖。

董事长、总经理、党委书记颜泽彬作科技工作主题报告

科技大会

HUAXING
CHEMICAL

绿色智能化制剂加工车间

绿色智能化制剂包装车间

华星化工具有自营进出口权，以品牌、服务、诚信构筑了庞大的中外市场营销网络，产品销售覆盖全国30多个省市，并在39个国家完成 254个产品登记，为公司在海外市场销售提供了稳定的保障。随着国际化战略的实施，已与国际农化巨头在各领域广泛开展合作，逐渐成为具有国际竞争力的现代化企业。

2017年以来，华星化工成功实施“三大战役”。一是一举打赢环保治理“歼灭战”，投资上亿元实施环保治理升级改造工程，实现废水、废气达标排放，固废科学安全有效处置。2017年5月，成功通过国家、省、市三级环保督察。2018年11月，成功通过中央环保督察“回头看”，为企业高质量发展开好头、起好步，促进经济、环境效益双赢。凭借扎实的环保工作举措和突出的绿色发展成效，企业入选生态环境部环保监察理事单位，荣获2018年度绿色企业管理奖，企业负责人获得2018年度环保人物称号。二是适时打赢转型升级“攻坚战”，根据长江大保护战略，主动对原药生产装置进行自动化升级改造，建成10万吨/年草甘膦水剂、1万吨/年草甘膦颗粒剂绿色智能化加工生产线，瞄准“国内一流、国际领先”标准，推进全球制剂加工中心建设。2018年11月，获批成为中国农药行业首批3个智能制造试点项目单位之一，并通过国家级“两化”融合管理体系认证，为企业高质量发展再添动能。三是着力打赢二次创业“持久战”，制定了《华星化工2018～2022五年发展规划》和《华星化工2019～2021三年科技工作规划》，以习近平新时代中国特色社会主义思想为指导，紧紧围绕“创新、协调、绿色、开放、共享”五大发展理念，按照将“原药板块做精做细、制剂板块做大做优、化工板块做优做强”总体思路，依靠科技创新，推动企业转型升级、绿色高质量发展，打造“水清、厂绿、产业优”农化行业绿色环保标杆企业。

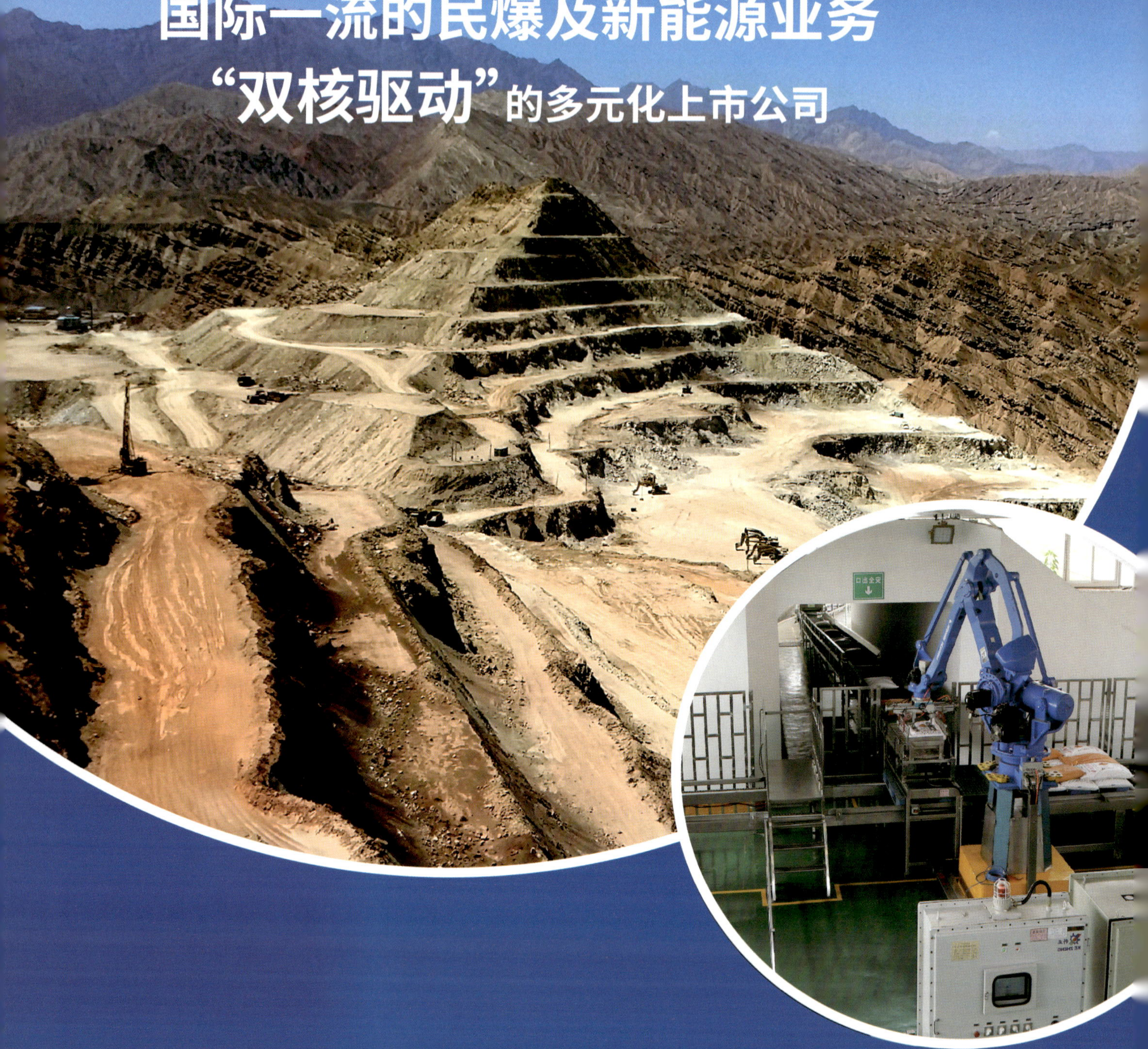

## ◆ 民爆器材生产

工业炸药及其制品生产许可能力

矿山总包资质企业

爆破作业许可证一级企业

混装产品地面站

民爆器材生产企业

炸药、导爆索、导爆管及导爆管雷管固定生产线

### 国际领先

- 江南化工：无固定操作人员智能化粉状乳化炸药生产线（关键词：工信部2016年智能制造试点示范，全国首条，在线巡视人员不大于3人）

### 国际先进

- 马鞍山江南：年产14000吨工业炸药生产线（柔性化生产线）
- 南理工科化：“硝酸肼镍起爆药生产线连续化、自动化生产技术及装备”项目
- 江南化工：“低能量密度炸药生产工艺及装备”项目
- 江南化工：JWL-DXRH-II型地下现场混装乳化炸药车

### 国内领先

- 新疆天河：“TH-DTZY单头转盘式全自动震源药柱装药机”项目
- 南理工科化：“数码电子雷管”项目

## 爆破工程服务

目前，江南化工爆破业务已完成安徽、新疆、内蒙古、四川、河南、福建、西藏等资源区域的战略布局，下辖专业爆破公司已达30余家，可为客户提供爆破工程设计、评估、监理、检测以及“钻、爆、挖、运”一体化服务。

亚洲最大的露天铁矿：太钢袁家村铁矿项目剥离工程

内蒙古长山壕金矿项目

世界最大规模骨料项目：神山项目

新疆阜康蓄能电站

新疆甘泉堡砂石骨料项目

地下混装炸药爆破服务一体化模式样板工程：罗河铁矿

## “四化”服务理念

## 一体化服务模式

工业炸药生产线

原材料储存库

炸药成品储存

地面站

远程配送

混装车

地面钻孔

地下钻孔

露天爆破工程一体化

地下爆破工程一体化

1F
1F
8
1F
1F
2F
7
7
2F
2F
4
5
6
2F
2F
9
2F
2F
9
2F
山东大安发展集团有限公司
中国工业微电影小镇
中国工业经济联合会
中 国 工 业 报 社
二〇一九年三月十八日

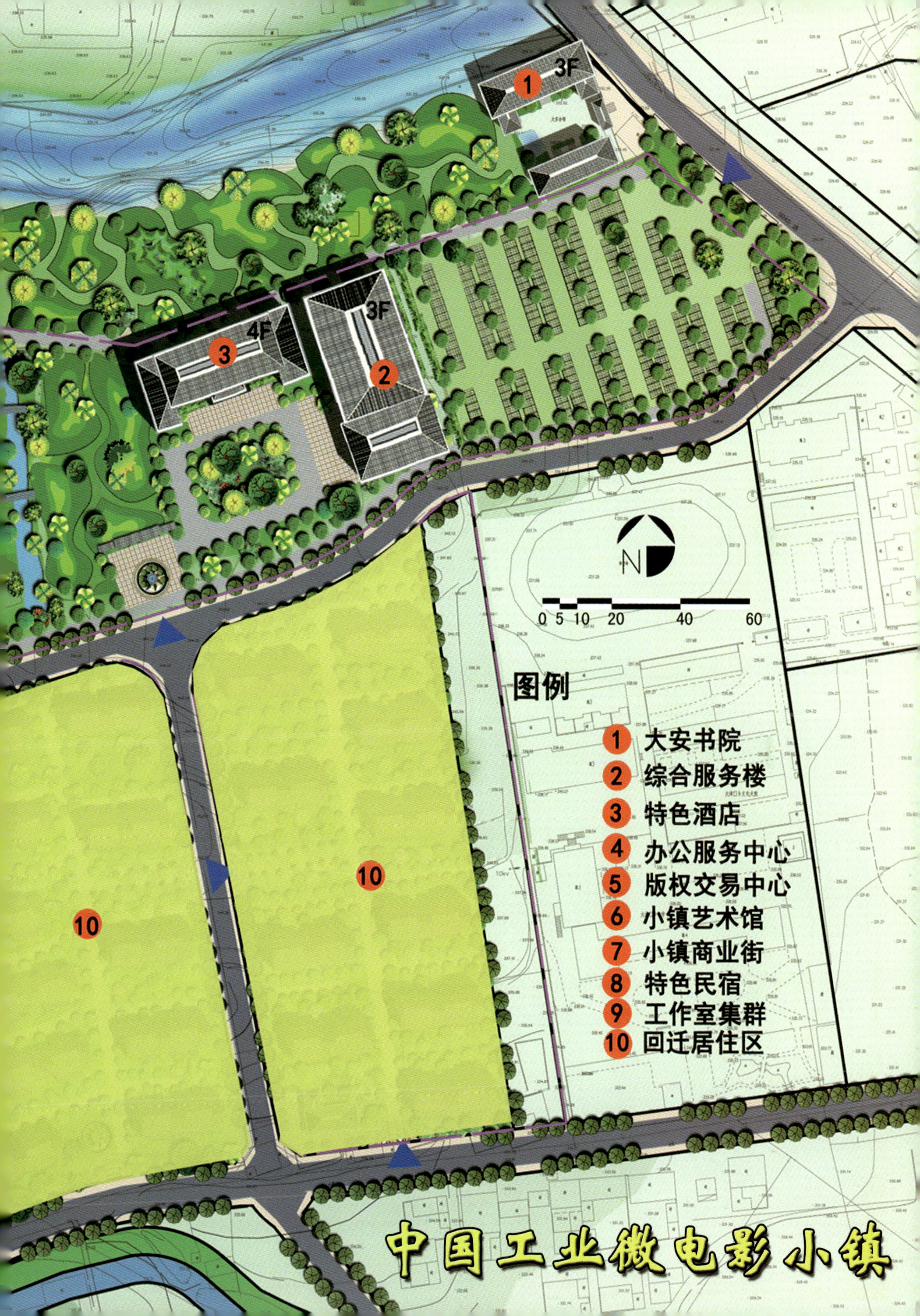

1
3F
3
4F
3F
2
N
0 5 10 20 40 60
10
10
图例
1 大安书院
2 综合服务楼
3 特色酒店
4 办公服务中心
5 版权交易中心
6 小镇艺术馆
7 小镇商业街
8 特色民宿
9 工作室集群
10 回迁居住区
中国工业微电影小镇

2019 年 3 月 30 日中国工业微电影大赛颁奖典礼在山东泰安举行

大安小学

泰山新闻出版小镇

中国工业微电影小镇授牌

大安书院

山东大安集团发展有限公司

泰山新闻出版小镇——人天书店

热烈庆祝中华人民共和国成立70周年

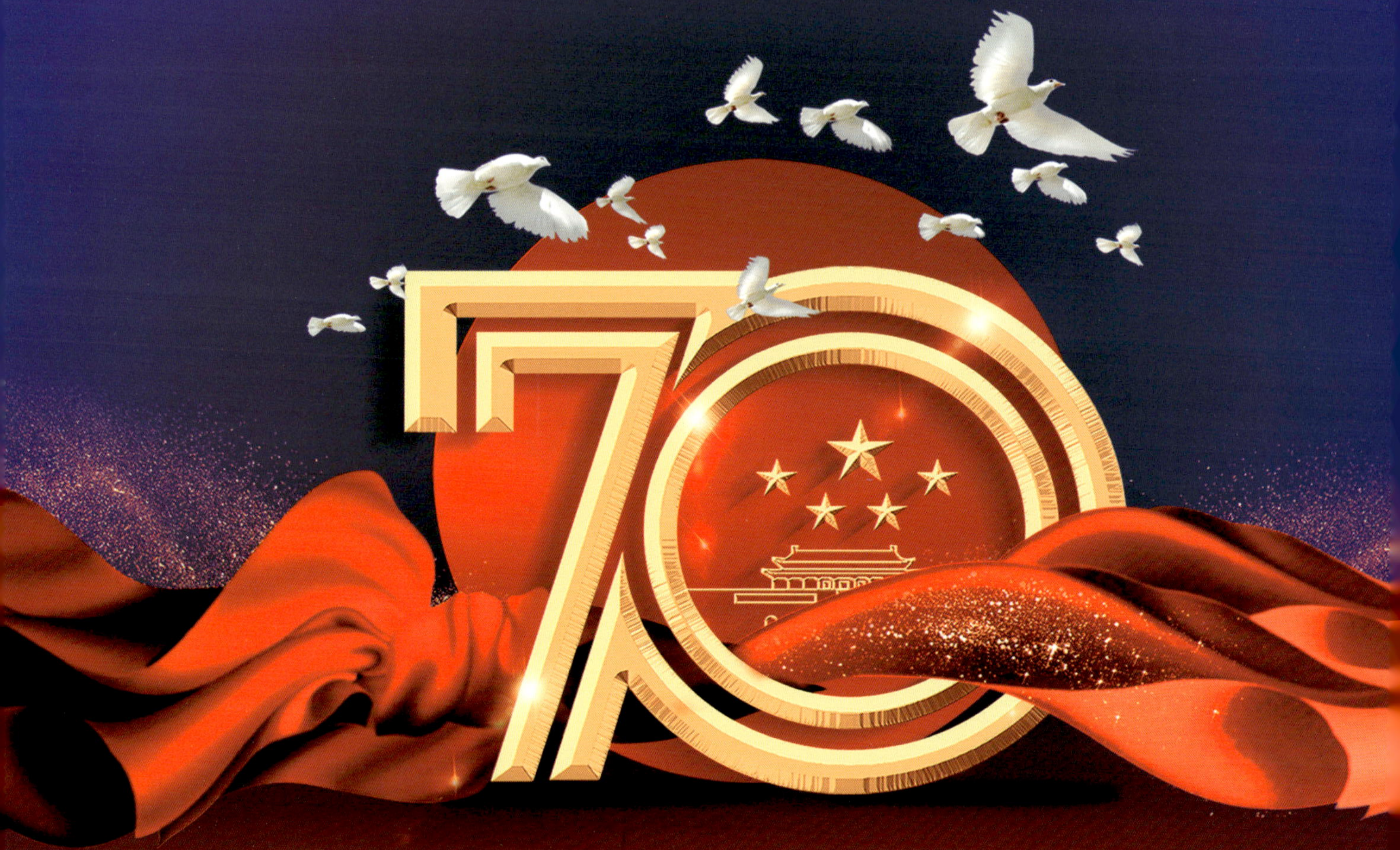

# 最美奋斗者

## 中国工业：强势崛起 屹立东方

中华人民共和国成立70年来，在中国共产党的领导下，建立起门类齐全的现代工业体系，实现了由一个贫穷落后的农业国成长为世界第一工业制造大国的历史性转变。

党的十八大以来，以习近平同志为核心的党中央高瞻远瞩，提出一系列治国理政新理念新思想新战略，工业制造加快向高质量发展推进。工业发展为我国经济的繁荣、人民生活的富裕安康，以及世界经济的发展作出了卓越贡献。

70年多来，中国人民凭着逢山开路、遇水搭桥的闯劲，凭着一股滴水穿石的韧劲，创造了波澜壮阔、世界瞩目的工业奇迹。

站在新的历史起点上展望未来，中国工业仍然还有很多山要爬，还有很多坎要过，但只要我们紧密团结在以习近平同志为核心的党中央周围，坚持新发展理念，坚持供给侧结构性改革，不断推动制造业高质量发展，中国工业一定会再创新的辉煌，让世界刮目相看。

工业增加值

按不变价计算增长约971倍

年均增长11%

| 1952年 | 2018年 |
| --- | --- |
| 120亿元 | 30多万亿元 |

根据世界银行数据

2010年
我国制造业增加值

中国 美国

超过美国成为第一制造业大国，此后连续多年稳居世界第一

2017年
我国制造业增加值

占全球比重达到27%

500多种主要工业产品中
有200多种产量居世界首位

## 中国工业影响力 70 企业
（排名不分先后）

中国石油化工集团有限公司
中国石油天然气集团有限公司
国家电网有限公司
上海汽车集团股份有限公司
中国移动通信集团有限公司
中国海洋石油集团有限公司
东风汽车集团有限公司
中国第一汽车集团有限公司
中国联合网络通信集团有限公司
山东魏桥创业集团有限公司
中国中化集团公司
北京汽车集团有限公司
中国电信集团有限公司
中国化工集团有限公司
中国宝武钢铁集团有限公司
中国电力建设集团有限公司
广州汽车工业集团有限公司
四川省宜宾五粮液集团有限公司
中车唐山机车车辆有限公司
联想集团有限公司
国网天津市电力公司
曙光信息产业股份有限公司
福建七匹狼实业股份有限公司
浙江吉利控股集团有限公司
中国核工业集团有限公司
中国机械工业集团有限公司
中国东方电气集团有限公司
海尔集团公司
潍柴控股集团有限公司
沈阳鼓风机集团股份有限公司
金川集团股份有限公司
鞍钢集团有限公司
首钢集团有限公司
珠海格力电器股份有限公司
小米集团
山东如意科技集团
徐工集团
国创（洛阳）轴承产业技术研究院有限公司
上海电气（集团）总公司
天津百利特精电气股份有限公司
三一重工股份有限公司
奇瑞汽车股份有限公司
中国重型汽车集团有限公司
浪潮集团有限公司
江苏恒顺醋业股份有限公司
安徽江淮汽车集团股份有限公司
内蒙古鹿王羊绒有限公司
浙江欧诗漫集团有限公司
广西柳工集团有限公司
江苏上上电缆集团有限公司
山东临工工程机械有限公司
济南二机床集团有限公司
远大科技集团有限公司
中国原子能科学研究院
杭州制氧股份有限公司
鲁泰纺织股份有限公司
华坚集团
天士力控股集团有限公司
中国贵州茅台酒厂（集团）有限责任公司
泸州老窖股份有限公司
安徽古井集团
天津市金桥焊材集团有限公司
华润江中制药有限责任公司
厦门市文忠不锈钢制品有限公司
南京金箔集团有限公司
山推工程机械股份有限公司
兰州兰石集团有限公司
北京全路通信信号研究设计院集团有限公司
本钢集团有限公司
天津海鸥表业集团有限公司

## 中国工业影响力 70 品牌
（排名不分先后）

东风　东风汽车集团有限公司
解放　中国第一汽车集团有限公司
红旗　中国第一汽车集团有限公司
江淮　安徽江淮汽车集团股份有限公司
吉利　浙江吉利控股集团股份有限公司
江铃　江铃汽车集团公司
欧诗漫　浙江欧诗漫集团有限公司
五粮液　四川省宜宾五粮液集团有限公司
徐工　徐工集团
潍柴　潍柴控股集团有限公司
东方红　中国一拖集团有限公司
正泰　正泰集团股份有限公司
德力西　中国德力西控股集团有限公司
美的　美的集团
格力　珠海格力集团有限公司
海尔　海尔集团
如意　山东如意科技集团
华为　华为技术有限公司
联想　联想集团有限公司
海信　海信集团有限公司
中兴　中兴通讯股份有限公司
长虹　四川长虹电子控股集团有限公司
沈鼓　沈阳鼓风机集团股份有限公司
双汇　河南双汇投资发展股份有限公司
蜡笔小新　蜡笔小新（福建）食品工业有限公司
青岛　青岛啤酒股份有限公司
娃哈哈　杭州娃哈哈集团有限公司
茅台　中国贵州茅台酒厂（集团）有限责任公司
泸州老窖　泸州老窖股份有限公司
天士力复方丹参滴丸　天士力控股集团有限公司
江中　华润江中制药有限责任公司
扬子江　扬子江药业集团
修正　修正药业集团股份有限公司
方太　宁波方太厨具有限公司
古井贡　安徽古井集团
光明　光明食品（集团）有限公司
海正　浙江海正药业股份有限公司
合力　安徽叉车集团有限责任公司
红豆　红豆集团有限公司
金龙　厦门金龙汽车集团股份有限公司
六神　上海家化联合股份有限公司
鲁花　山东鲁花集团有限公司
时风　山东时风（集团）有限责任公司
双良　双良集团有限公司
小米　小米集团
雅戈尔　雅戈尔集团股份有限公司
长城　长城汽车股份有限公司
宗申　宗申产业集团有限公司
九牧　九牧厨卫股份有限公司
罗西尼　珠海罗西尼表业有限公司
老板　杭州老板电器股份有限公司
惠而浦　惠而浦（中国）股份有限公司
海鸥　天津海鸥表业集团有限公司
金桥焊材　天津市金桥焊材集团有限公司
上上　江苏上上电缆集团有限公司
晋工　福建晋工机械有限公司
WONDER　福州万德电气有限公司
恒顺　江苏恒顺醋业股份有限公司
新松　沈阳新松机器人自动化股份有限公司
沈阳机床　沈阳机床股份有限公司
特变电工　特变电工沈变公司
远大　沈阳远大企业集团
金德管业　金德管业集团有限公司
创新设计　沈阳创新设计有限公司
本钢　本钢集团有限公司
中铁十九局　中铁十九局集团第一工程有限公司
群峰机械　福建群峰机械有限公司
忠旺　中国忠旺控股有限公司
铁拓机械　福建铁拓机械有限公司
力帆　力帆实业（集团）股份有限公司

## 中国工业影响力 70 人物
（排名不分先后）

任正非　华为技术有限公司
柳传志　联想集团有限公司
李书福　浙江吉利控股集团有限公司
张瑞敏　海尔集团公司
谭旭光　潍柴控股集团有限公司
董明珠　珠海格力电器股份有限公司
雷　军　小米集团
李曙光　四川省宜宾五粮液集团有限公司
孙丕恕　浪潮集团有限公司
安　进　安徽江淮汽车集团股份有限公司
沈志荣　浙江欧诗漫集团有限公司
王永前　金川集团股份有限公司
王　珣　上海龙创汽车设计股份有限公司
卞志良　泰山体育产业集团有限公司
梁金辉　安徽古井集团
曾光安　广西柳工集团有限公司
丁山华　江苏上上电缆集团有限公司
梁稳根　三一集团有限公司
张志刚　济南二机床集团有限公司
南存辉　正泰集团股份有限公司
胡成中　中国德力西控股集团有限公司
李自学　中兴通讯股份有限公司
周厚健　海信集团有限公司
邱亚夫　山东如意科技集团
宋建波　南山集团有限公司
刘子斌　鲁泰纺织股份有限公司
陆克平　江苏阳光集团有限公司
贺东风　中国商用飞机有限责任公司
林孝发　九牧厨卫股份有限公司
刘　淼　泸州老窖股份有限公司
闫希军　天士力控股集团有限公司
卢小青　华润江中制药有限责任公司
宗庆后　杭州娃哈哈集团有限公司
郑育双　蜡笔小新（福建）食品工业有限公司
刘成强　山东时风（集团）有限责任公司
蒋　明　杭州制氧股份有限公司
李国杰　曙光信息产业股份有限公司
滕鸿儒　一滕集团有限公司
倪良正　浙江圣奥家具制造有限公司
刘洪文　沈阳防锈包装材料有限责任公司
柯金鏂　福建晋工机械有限公司
仇建平　杭州巨星科技股份有限公司
曾凡沛　福建龙溪轴承（集团）股份有限公司
缪双大　双良集团有限公司
左宗申　宗申产业集团有限公司
赵　琦　中铁十九局集团第一工程有限公司
王志中　山东临工工程机械有限公司
侯立尊　天津市金桥焊材集团有限公司
吕　超　天津天海同步集团有限公司
朱　晖　福建省海安橡胶有限公司
张华荣　华坚集团
翁　强　福建省威诺数控有限公司
苏建设　福建省晋江市祺烽线带有限公司
张武宗　石横特钢集团有限公司
王振涛　浙江奥康鞋业股份有限公司
陈忠振　福建兴航机械铸造有限公司
聂旭东　江苏恒顺醋业股份有限公司
陈继壮　本钢集团有限公司
王孝久　宝联勇久朝阳科技有限公司
刘忠田　中国忠旺控股有限公司
郑晓琳　沈阳世博天逸装饰设计有限公司
段兆法　金裕皖酒业有限公司
苏文博　沈阳无距科技有限公司
方庆熙　福建南方路面机械有限公司
周满山　力博重工科技股份有限公司
傅炳煌　福建泉工股份有限公司
江宝全　南京金箔控股集团有限责任公司
王　明　安徽淮北矿业（集团）有限责任公司
朱建民　奥克化学集团
曲道奎　沈阳新松机器人自动化股份有限公司

## 重大装备：大国重器 风雨担当

### 制造强则中国强

在中华人民共和国成立之初，毛泽东主席常常把这样一句话挂在嘴边："现在我们能造什么？能造桌子椅子，能造茶壶茶碗，能种粮食，还能磨成面粉，还能造纸，但是，一辆汽车、一架飞机、一辆坦克、一辆拖拉机都不能造。"这是"国产化"的首次提出，是一直困扰当时中国工业发展的最大问题。

从 1953 到 1957 年，中国实施了第一个国民经济 5 年计划，这是中国奠定工业化基础的重要时期。

1960 年 7 月，中国高层决定依靠自己的力量发展尖端技术，通过攻关和突破核心技术，自主研制先进装备。

1973 年 1 月 2 日，原国家计委提交《关于增加设备进口，扩大经济交流的请示报告》，对前一阶段和今后的对外引进项目做出了总结和统一规划。

### 跨部门大协作

国务院于 1983 年 7 月 12 颁发了《关于抓紧研制重大技术装备的决定》，同时成立国务院重大技术装备领导小组。

1998 年 2 月 12 日，由原国家经贸委和原国家计委联合发布的《"九五"国家重大技术装备研制和国产化工作的规划方案》，成为此后一段时间内装备制造业发展的指导方针。

1998 年以后，国家加大了对装备制造业支持的力度，并依托国家重点工程推进自主化建设，进一步提高了装备制造业水平。

### 新布局

2005 年 12 月，《国家中长期科学和技术发展规划纲要（2006-2020）》，对我国未来 15 年科学和技术的发展作出了全面规划和部署。

2006 年 6 月，发布《国务院关于加快振兴装备制造业的若干意见》，明确了振兴装备制造业的目标、原则、任务和政策。

2009 年 2 月发布的《装备制造业调整和振兴规划》，是指导我国装备制造业发展的又一重要纲领性文件。

2012 年 5 月发布的《高端装备制造业"十二五"发展规划》，将高端装备制造业培训成为国民经济的支柱产业。

至此，重大技术装备国产化新布局几近完成。

## 航空：羽翼渐丰 云端翱翔

### 直升机

中国直升机工业创建于20世纪50年代中期。70多年来，从直4、直5仿制苏系直升机，到直8、直9仿制西方先进水平的直升机，一直到直10、直20自行研发直升机，中国直升机工业走上了一条创新发展的道路。

### 轰炸机

中华人民共和国成立之初，中国人民解放军在实战中意识到轰炸机的重要性，新一代重型多用途战斗机歼16于2017年公开亮相，标志着中国空军逐渐走向攻防兼备的时代。

### 歼击机

从歼5、歼6、强5到歼7战斗机的独立开发，以及歼8和歼8II的自行研发，再到歼-10彻底甩开苏系飞机理念与世界先进水平接轨。四代机歼20的研制成功并装备部队，标志着“20时代”的开启。

### 运输机

运5是中国试制的第一架运输机，运7是中国第一个正式投入运营的国产运输机，填补了中短程运输机方面的空白。运8运输机是中航工业陕西飞机工业（集团）有限公司研制的四发涡轮螺旋桨中程运输机。运12系列运输机是在运11飞机基础上研制的轻型多发多用途运输机。

## 机械：智能引领 昭昭未央

### 从无到有

中国的机械工业基础十分薄弱，在中华人民共和国成立之前的百余年时间里，只能在沿海沿江地区制造少量简易产品。

中华人民共和国成立初期，能生产的机械产品甚少，产品水平与世界先进水平无法相比。经过几十年的不懈努力，机械工业规模与实力日益强大，与世界发达国家的差距逐步缩小，在世界机械工业中的比重不断提高。

### 方兴未艾

中华人民共和国成立初期，中国农业、冶金、矿山、电力等机械设备基本为空白，大多数机械厂只能从事修理和装配工作。经过70年的发展，机械主导产品的技术来源国内占比已从20世纪80年代的24.5%上升到现在的70%，国产机械装备的国内市场满足率已超过85%，“中国装备，装备中国”的梦想正在成为现实。21世纪以来，节能减排、绿色制造、智能制造、服务型制造等新兴产业快速发展，对行业发展的带动作用明显增强。两化融合深入推进，水平不断提升，智能工厂、数字化车间建设已经起步。

### 跨越腾飞

改革开放以来，在国家政策指导下，机械工业国有企业经过不断改革、改组、改制，进一步优化了组织结构，精干了主业，激发了市场活力。

顺应改革开放的大潮，我国机械企业加快了“走出去”步伐。总体来看，机械工业企业开展国际产能和装备制造合作的意识、能力和水平不断增强，已经成为国际市场竞争中的一支劲旅。

## 汽车：澎湃动力 昂首激扬

### 百废待兴中体系初建

中国汽车工业的发展与党和国家领导人的关心、支持密不可分。1953年，中国第一座汽车厂在吉林省长春市破图奠基。三年后，第一批解放CA10型载货汽车顺利下线，结束了中国不能批量制造汽车的历史，也成为那个激情燃烧年代最耀眼的明星。

在中国造车史上，1958年是个重要年份。这一年中，中国第一辆轿车——东风牌轿车诞生；中国第一辆轻型汽车——跃进NJ130研制成功；第一辆微型客车“海燕”研制成功；北京汽车制造厂井冈山牌轿车诞生……至此，中国汽车工业走上了一条稳步发展的道路。

### 改革开放注入新活力

1978年，中国开始改革开放。政策的实施为中国汽车工业引入先进技术，为参与国际汽车产业合作创造了条件。1979年上海汽车与德国大众筹划合作生产。1984年，中国汽车年产量低于一百万辆，随后提出了规模化和专业化的发展道路。1994年，国务院公布的第一个《汽车工业产业政策》，明确国家将鼓励个人购买汽车。2009年，中国汽车工业成为世界产销第一，并一直保持至今。

### 新能源引领产业未来

进入21世纪以来，中国经济开始走上了一条跨越式发展的道路。中国新能源汽车的研发始于2001年启动的“电动汽车”重点科技专项。2006年，我国中长期科技发展规划确立了节能与新能源汽车战略。作为战略性新兴产业，新能源汽车及电动化也被确定为汽车动力转型的方向。2014年，新能源汽车发展受到了中央领导核心的重视，再次确立了发展新能源汽车的汽车强国战略。

在过去的70年中，中国汽车产业全面融入世界，改革开放政策下成长起来的中国汽车企业，为消费者提供了美好出行产品体验。这些成就的取得是“蓝天梦”，是“产业梦”，也是“中国梦”的最好诠释与总结。

## 从粗放式迈向绿色低碳

我国电力发展逐渐由初始的规模导向、粗放式发展过渡到以“创新、协调、绿色、开放、共享”五大发展理念为引领的绿色低碳发展。我国电源投资建设重点向非化石能源方向倾斜，形成了水火互济、风光核气生并举的电源格局，多项指标获得世界第一，综合实力举世瞩目。当前，中国煤电机组发电效率、资源利用水平、污染物和二氧化碳排放控制水平，均达到世界先进水平。

# 电力：照亮神州 闪耀辉煌

## 从一穷二白到电力大国

我国电力工业的发展历程，大致可以分为三个发展时期。第一个时期是恢复与初步发展期（1949—1980年）。这一时期电力工业始终是国家投资优先保障的领域。第二个时期是稳定增长期（1981—2000年）。这是电力工业稳定增长，同时也是电力工业体制变动较大的时期。第三个时期是快速增长期（2001年至今）。中国电力工业开启了爆发式的增长。当前，中国的发电量已经比美国多50%以上，大约是欧盟的2倍，相当于美国、日本、俄罗斯三国的总和。

## 从完全管制到市场定价

中国电力工业70年发展，大体经历了四个阶段。第一阶段（1978—1985年）：主要解决电力供应严重短缺问题，大力推行“集资办电”。第二阶段（1987—2002年）：主要解决政企合一问题。第三阶段（2002—2012年）：厂网分开与电力市场初步发育。第四阶段（2013年至今）：电力体制改革进入新常态，市场化步伐加快。

## 煤炭：绿色先行 赓续华章

### 现代产业体系建设取得重要进展

2017年，全国煤炭保有储量1. 67万亿吨，全国煤炭产量35. 2亿吨，2019年预计达到36亿吨左右。改革开放以来累计生产煤炭736亿吨。1985年，我国成为世界第一煤炭生产大国。2017年我国煤炭产量世界占比达到46%。

### 装备制造能力达世界先进水平

进入21世纪后，我国年产1000万吨的综采设备、采煤机、液压支架和运输机全部实现国产化，并达到世界先进水平。“三机一架”装备制造能力进世界前列，8.8米综采支架世界第一。全国煤矿采煤、 掘进机械化程度已分别达到78. 5%、60. 4%，已建成183个智能化采煤工作面。大型企业成煤炭供应主力军。

### 大型企业成煤炭供应主力军

“三高一快”的平朔模式推动了我国煤炭露天开采水平一步跨越30年。此后，全国推进大型煤炭基地建设，兼并重组形成了若干个大型煤炭企业集团。到2008年，全国共有各类煤矿1. 8万处。大型煤炭基地建设、企业兼并重组对保障煤炭稳定供应的作用日益突出，成为煤炭供应的主力军。

### 煤价市场化改革稳步推进

1992年7月1日，我国全面放开指导性计划煤及定向煤价格。1994年，国家基本放开了全国各类煤炭产品的价格；2012年，国家取消重点电煤合同，实现电煤价格并轨；2013年，全国煤炭交易会制度建立；2017年，国家发改委推动建立煤炭“中长期合同制度”和“基础价 +浮动价”相结合的煤炭定价模式。

### 生态文明矿区建设成效显著

1986 年，原煤炭工业部规定，矿区设置专职环境保护机构。“ 绿水青山就是金山银山 ” 的理念如今在矿区已经深入人心。目前，矿井水利用率、瓦斯抽采利用率、土地复垦率分别达到 72.8%、52.3%、49.5%。据统计，2018 年煤炭百万吨死亡率首次降至 0.1 以下。全国煤矿实现事故总量、重特大事故、百万吨死亡率明显下降 。

## 石化：自主创新 灿烂朝阳

### 石化产业遍地开花

1949年，中国石油和化学工业基础非常薄弱，全国原油产量只有12万吨、炼厂原油加工能力11.6万吨、石油产量8万吨，其中汽油、煤油、柴油、润滑油四大类油品产量3.5万吨。1956年，新疆克拉玛依油田被发现，同年，兰州炼油厂开始建设。

1959年9月，大庆油田诞生，中国石油产品自给率由1949年的不足10%提高到40.6%。

1962年年底，在兰州化学工业公司建设中国第一个石油化工基地。1976年5月8日，中国引进的第一套30万吨大型乙烯装置在北京燕山石化总厂投夕料试车，中国乙烯工业进入一个新的阶段。

### 发展成就令人瞩目

党的十一届三中全会以后，中国石油和化学工业步入新的历史发展时期，中国原油产量突破1亿吨，跨入世界石油大国行列。1982年、1983年、1988年，中国海洋石油总公司、中国石油化工总公司、中国石油天然气总公司相继成立。

1999年，中国石油、中国石化和中国海油进行了内部大规模资产重组和改制上市，成为全球大公司阵营和世界石油工业领域的一支不可忽视的重要力量。

### 向石化强国迈进

党的十九大确立了中国特色社会主义进入新时代，中国经济正在迈向高质量发展的新阶段。一方面，要从过去追求规模、投资拉动、资源消耗型的传统发展模式转变到注重创新驱动、绿色发展和质量效益的轨道上来。另一方面，要处理好发展与环保的关系，要走生态优先、绿色发展之路，坚持在发展中保护，在保护中发展。

未来全球能源将由煤、油、气“三足鼎立”逐步转变为油、气、煤和非化石“四方争霸”，中国石化产业对世界石化产业发展的贡献将越来越重要。

## 纺织：衣被天下 溢彩流光

产业初长成，从一穷二白到形成完整体系，行业打下坚实基础。截至 1978 年我国基本建成了门类齐全、供应链完整的纺织工业体系。

1983 年，中国纺织工业率先告别“短缺经济”。1984~1992 年，纺织服装出口额增长了 5.9 倍，进口纤维原料从 60 万吨扩大到 134 万吨；进出口顺差增长了 5.7 倍。

步入平稳期，截至 2000 年，全行业实现工业增加值增长 61.34%，销售额增长 44.59%，利润 69 亿元，出口额达到 530.4 亿美元，比 1991 年增长了 2.46 倍。

2002~2008 年出口额年均增速达到 19.5%，2008 年中国纤维加工总量达 3510 万吨，占世界比重 48.25%；化纤产量从 2000 年的 694.2 万吨增长到 2430.5 万吨，增长了 2.5 倍。

2009 年 4 月，国务院专门出台了《纺织工业调整和振兴规划》并配套扶持政策，行业发展信心得到很大鼓舞。

目前，我国已拥有全世界最为完善的现代纺织产业制造体系，产业链各环节制造能力与水平均位居世界前列。2018 年，我国纤维加工总量是 1978 年的近 20 倍；产业用纺织品在纤维消费中的占比达 27% 以上。

### 科技驱动从规模发展到内涵发展

进入改革开放新时期以来，着装风格的时尚化、个性化、多元化。本质上，这是“供给侧时尚化”与“需求端时尚化”彼此促进、交互作用的结果。

### 时尚复兴从审美依附到文化自信

两化融合持续走向深化。1949~2017 年间，棉纺行业万锭用工从 550 人左右降到 60 人以下；“十三五”以来，全数字化棉纺成套设备已实现产业化应用，万锭用工可降至 20 人以下，并可实现夜间无人值守。

### 绿色文明从清洁生产到生态和谐

“十二五”时期，“加强节能减排和资源循环利用”正式成为行业五年规划发展任务，清洁生产关键技术取得突破并实现产业化应用。

上海龙创汽车设计股份有限公司
国家级工业设计中心
证券代码：832954
LAUNCH Design
龙创设计

## 天士力：创新大生物医药 开拓大健康产业国际化之路

天士力控股集团创建于 1994年，秉承＂追求天人合一，提高生命质量”的企业理念，以”创造健康，人人共享”为使命，通过二十多年的跨越式发展，形成以大健康产业为主线，以全面国际化为引领，以大生物医药产业为核心，以健康保健产业和医疗康复、健康养生、健康管理服务业为两翼的高科技企业集团。

天士力以复方丹参滴丸进军国际市场为契机，将企业发展战略和创新成果融入国家力量，积极响应国家＂一带一路＂倡议，打造人工智能及国际标准引领的新药精准研发平台、新药创新技术平台、4.0智能制造平台和智慧服，务平台。先后成为”中药先进制造技术国家地方联合工程实验室””创新中药关键技术国家重点实验室”，获得第四届“中国工业大奖”， 推动百余项科研创新成果实现快速转化，创建大生物医药产业链价值体系，成为“心脑血管创新药领导者”。

按照“大病种、大品种、系列化”的研发思路，天士力逐步形成了由心脑血管系统用药、抗肿瘤与免疫系统用药、胃肠肝胆系统用药、抗病毒与感冒用药构成的产品体系。二十余年间，开发培育了复方丹参滴丸、养血清脑颗粒、芪参益气滴丸、益气复脉等系列现代中药。

天士力建设的中国哺乳动物细胞培养基地，使国家”十一五”期间唯一批准的溶栓类I类生物新药普佑克实现产业化，打造了替莫唑胺、右佐匹克隆片等特色化学药基地，形成了大生物医药品牌集群，走出了一条大生物医药产业的发展之路。

多年来，天士力紧紧围绕民众健康生活要素和需求，借助生物医药研制的技术和管理，实施了”六个一”工程，即做好一盒药、一瓶水、一杯茶、一樽酒、一套健康管理方案、一个儿童教育平台。其中，包括利用长白山天然矿泉水优势资源，应用高科技纯物理技术，建立了“C胞活力”小分子水生产基地；利用云南普洱茶优势资源，应用数字化提纯技术，建立了帝泊洱现代生物茶珍生产基地；利用贵州茅台镇酱香酒环境资源，植入指纹图谱检验、智能化生产等现代技术，建立了现代酱香白酒生产基地。

围绕消费者的健康品质生活需求，积极融合全球资源，致力于打造“以大生物医药为核心的大健康世界品牌”，构建大健康生态圈，为全球家庭提供健康产品和服务，实现“生得优、育得好、活得长、病得少、走得安”的人生目标。

# 中国企业文化展馆（展厅）

## 整体解决方案专家

**沈阳世博天逸装饰设计有限公司**

### ★光荣·梦想

沈阳世博天逸装饰设计有限公司，创建于2008年，总部位于“一朝发祥地、两代帝王城”的沈阳。以“客户第一、团队协作、奋斗创新、乐观积极、正直诚信、精益求精”作为核心价值观，致力于展览展示空间创意设计的深耕，我们拥有布展策划、创意设计、多媒体系统集成、影视拍摄制作、场景模型制作、工程实施管理等资深专业团队120余人，“让每个人享受展馆教育的乐趣”是我们的宏伟使命。

### ★优势·担当

在十年多的时间里，我们以灵魂洞察的创意+、多元定制的设计+、工程整合的品质+、价值再造的运营+，先后建造各种类型的展览展示工程210多项，其中1000平方米以上的大型展馆超过30余座，企业类展馆20余座，典型的有中国民航东北管理局展馆、中国铁路源头博物馆、沈阳铁路陈列馆、沈阳广播电视台传媒文化展示馆等。

文化创意与科技创新是经济发展的双核驱动引擎，我们将站在文化的高度、营销的宽度、情怀的深度，通过眼耳鼻舌身意五感体验式营销，为企业品牌展示馆打造出“入眼、入脑、入心、入神”的能量场，铸就企业品牌与价值共赢，产业与文化延续，让中国有更多的企业用有魂的产品造福社会，更多的企业品牌百年传承。

### ★资质·荣誉

世博天逸是中国博物馆协会会员单位、中国会展设计创新单位、中国展览协会常务理事单位；拥有国家住建部颁发的装饰设计甲级和装饰施工壹级“双甲”资质；拥有中国展览工程设计施工一体化一级资质；在科技创意、智慧展示等方面已获得20余项专利。

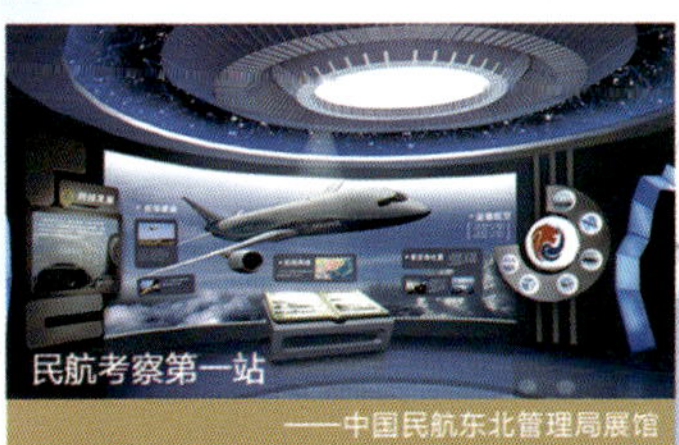
民航考察第一站
——中国民航东北管理局展馆

红色旅游经典IP
——中国铁路源头博物馆

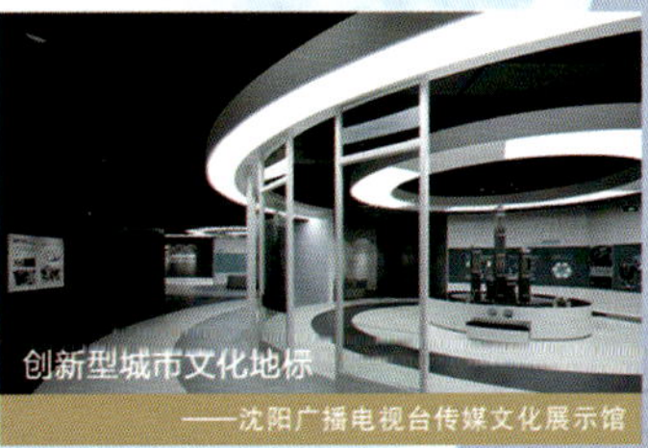
创新型城市文化地标
——沈阳广播电视台传媒文化展示馆

东北地区最大的铁路陈列馆
——沈阳铁路陈列馆

世博天逸 EXHIBITION

电话/Tel：134 7819 7613　　传真/Fax：024-23318342

地址/Add：沈阳市于洪区汪河路33号E16幢1门　　网站/Http：www.shibotianyi.cn

## 中国工业影响力 ·70 企业

# 砥砺奋进 70 载　智慧能源让天津焕发新活力

### 打通城市能源大动脉

解放前的天津电力工业千疮百孔。1949年中华人民共和国成立之初，历经战火与磨难的天津电力工业在坎坷中起步。1958年3月，天津市区第一座110千伏白庙变电站投入运行。1977年，天津通往蓟州220千伏双回路输变电工程建成，实现了京津唐联网供电。1979年，天津地区220千伏环网供电建成。20世纪80年代天津电力工业进入高速发展新阶段。2002年3月，滨海500千伏变电站工程投入运行。2016—2017年，“两交两直＂特高压在天津落地，建成天津地区首座1000千伏特高压变电站。如今天津电网装机容量增长了170倍，发电量增长了251倍，年用电量增长了398倍。

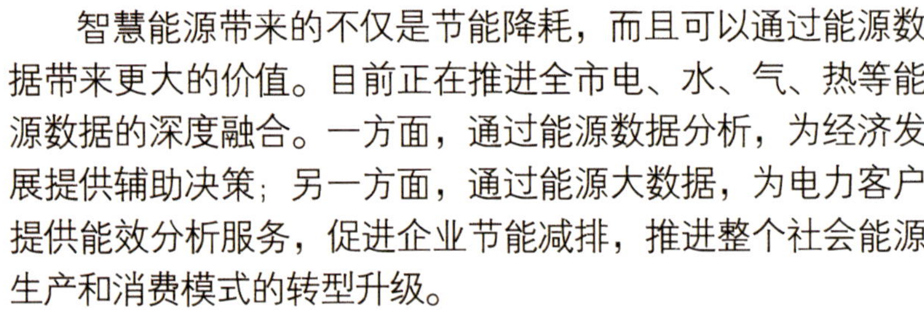

### 为城市注入智慧能源

智慧能源带来的不仅是节能降耗，而且可以通过能源数据带来更大的价值。目前正在推进全市电、水、气、热等能源数据的深度融合。一方面，通过能源数据分析，为经济发展提供辅助决策；另一方面，通过能源大数据，为电力客户提供能效分析服务，促进企业节能减排，推进整个社会能源生产和消费模式的转型升级。

国网天津电力还加快智慧能源小镇建设，预计到2020年，可实时感知每种家用电器能耗的电表、能提供Wifi信号等20多项功能的智慧灯杆、可以为电动汽车无线充电的充电桩将推广普及，为天津智港高质量发展注入更加充沛的动能。

### 打造央企党建新标杆

一本名为《”看旗争优”党员对标》的小册子被发放到了国网天津电力6000多名党员手中，通过树立张黎明这样的基层优秀党员典范，国网天津电力开展对标式的党员榜样学习，在红色旗帜引领下，促使全体党员在“不忘初心、牢记使命”主题教育中创先争优，成为国企发展壮大的坚实力量。

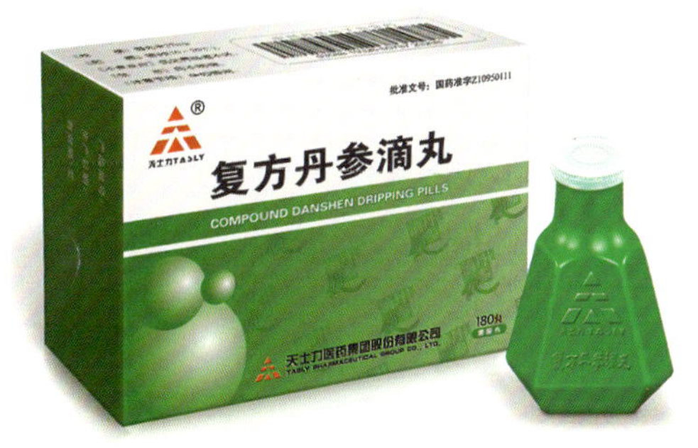


作为天士力中药现代化、国际化的扛鼎之作，天士力复方丹参滴丸2018年销售额超过40亿元，已成为预防与治疗冠心病心绞痛、糖尿病血管病变等临床一线药物，受到临床医生和患者高度评价，并成为国内心脑血管口服中成药的第一品牌。复方丹参滴丸是中国首例通过美国FDA IND 临床用药申请的复方中药制剂，并成为我国第一例圆满完成美国FDAⅡ期临床试验，确证其安全、有效的中成药。2017年，天士力复方丹参滴丸成为全球首例进行了美国FDAⅢ期随机、双盲、国际大规模多中心临床试验的复方中药制剂和中国原创新药。

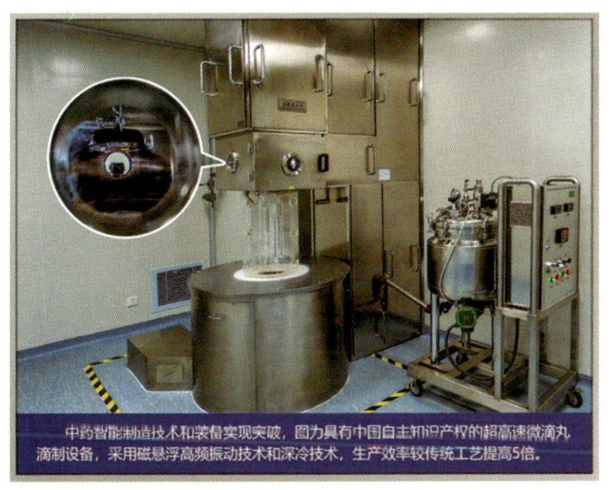
中药智能制造技术和装备实现突破，国内具有中国自主知识产权的超高速微滴丸滴制设备，采用磁悬浮高频振动技术和深冷技术，生产效率较传统工艺提高5倍。

## 天士力复方丹参滴丸：通过打造世界大药实现中药现代化、国际化第一品牌

天士力通过实施母子品牌架构策略，以中药现代化、国际化第一品牌，大健康的领航品牌为品牌战略定位，以天士力为母品牌，打造医药、医疗、健康服务产业为主的天士力品牌；以健康食品、饮品产业为主的帝泊洱品牌；以保健品、日化品产业为主的金士力品牌；以儿童教育产业为主的华夏未来品牌。借助母品牌的影响力及信誉，提升了消费者对子品牌的价值认同，使得母子品牌之间实现了内涵兼容、价值延伸、良性互动、相互借力，实现资源整合以及价值最大化。用品牌战略驱动经营战略，以消费者为导向，创造消费者价值，通过为消费者创造价值实现利益增长。

天士力结合国际市场的需求和标准，提高现有产业链整体质量规范和标准，将现有产业链逐步提升至符合国际化标准的现代中药产业链。实现数字化自控提取、数字化浓缩、自动醇沉、CIP 在线清洗、数字化质量控制，创新研发人工智能及联线自动化包装设备，组建天津组分中药技术工程中心，建立品类齐全的组分中药库。同时创造高频深冷滴丸技术，创新微滴丸制造工艺，建设全新的提取与制剂生产线。实现药品生产和质控信息数字化，将生产过程中的重要工艺参数和质量信息，从采集、储存、报警到调整进行有效的自动管理，实现全方位的过程质量控制，从而使天士力的制药产业体系由自动化、数字化向智能化工业（工业4.0）迈进。

我有一顆
中国心
海鸥表
1955~2019
不忘初心 牢记使命
SEA-GULL
SEA-GULL
海鷗表
庆祝新中国成立70周年

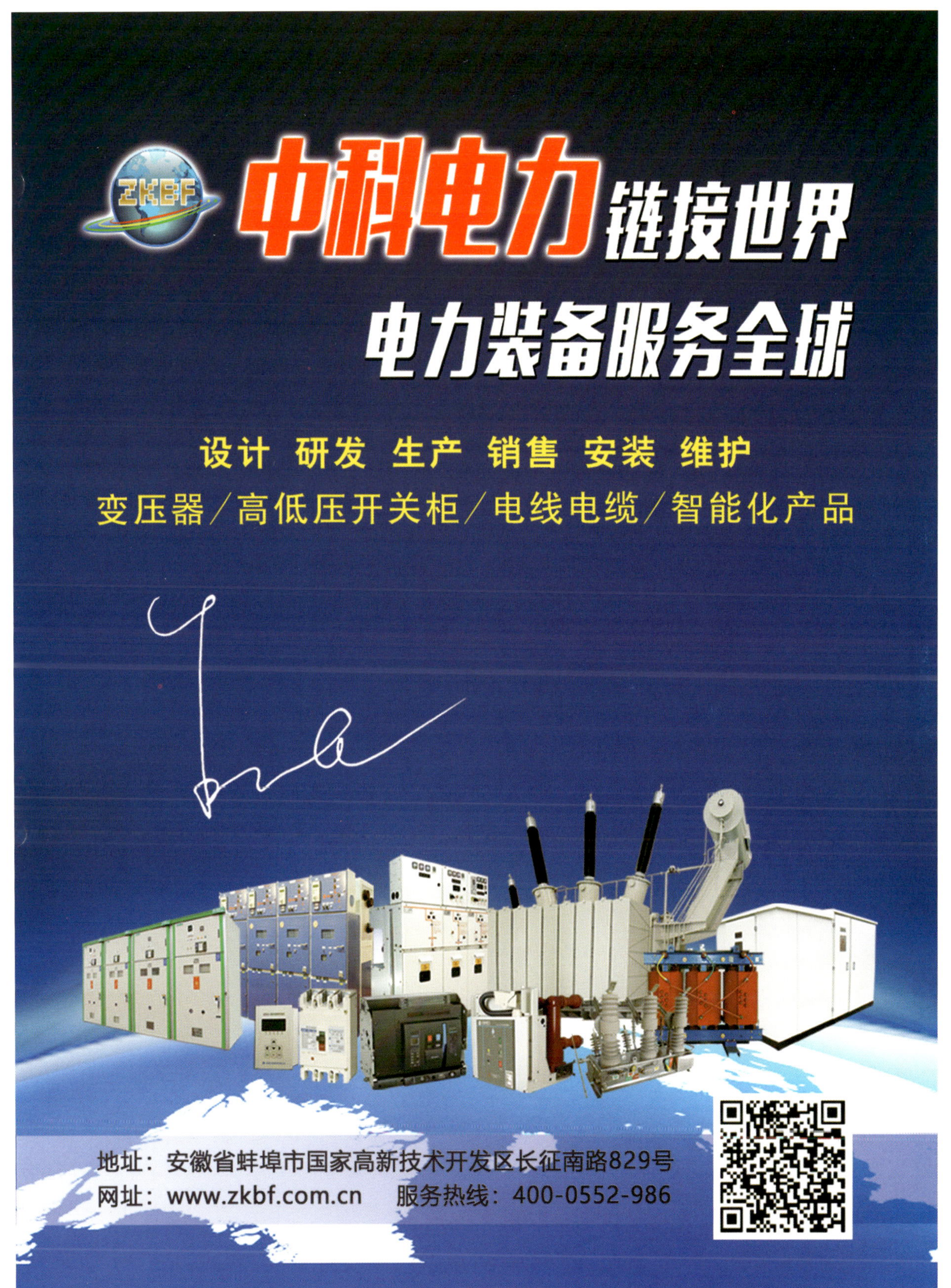
ZKBF
中科电力链接世界
电力装备服务全球
设计 研发 生产 销售 安装 维护
变压器/高低压开关柜/电线电缆/智能化产品
地址：安徽省蚌埠市国家高新技术开发区长征南路829号
网址：www.zkbf.com.cn 服务热线：400-0552-986

上海机床厂有限公司
SHANGHAI MACHINE TOOL WORKS CO., LTD.

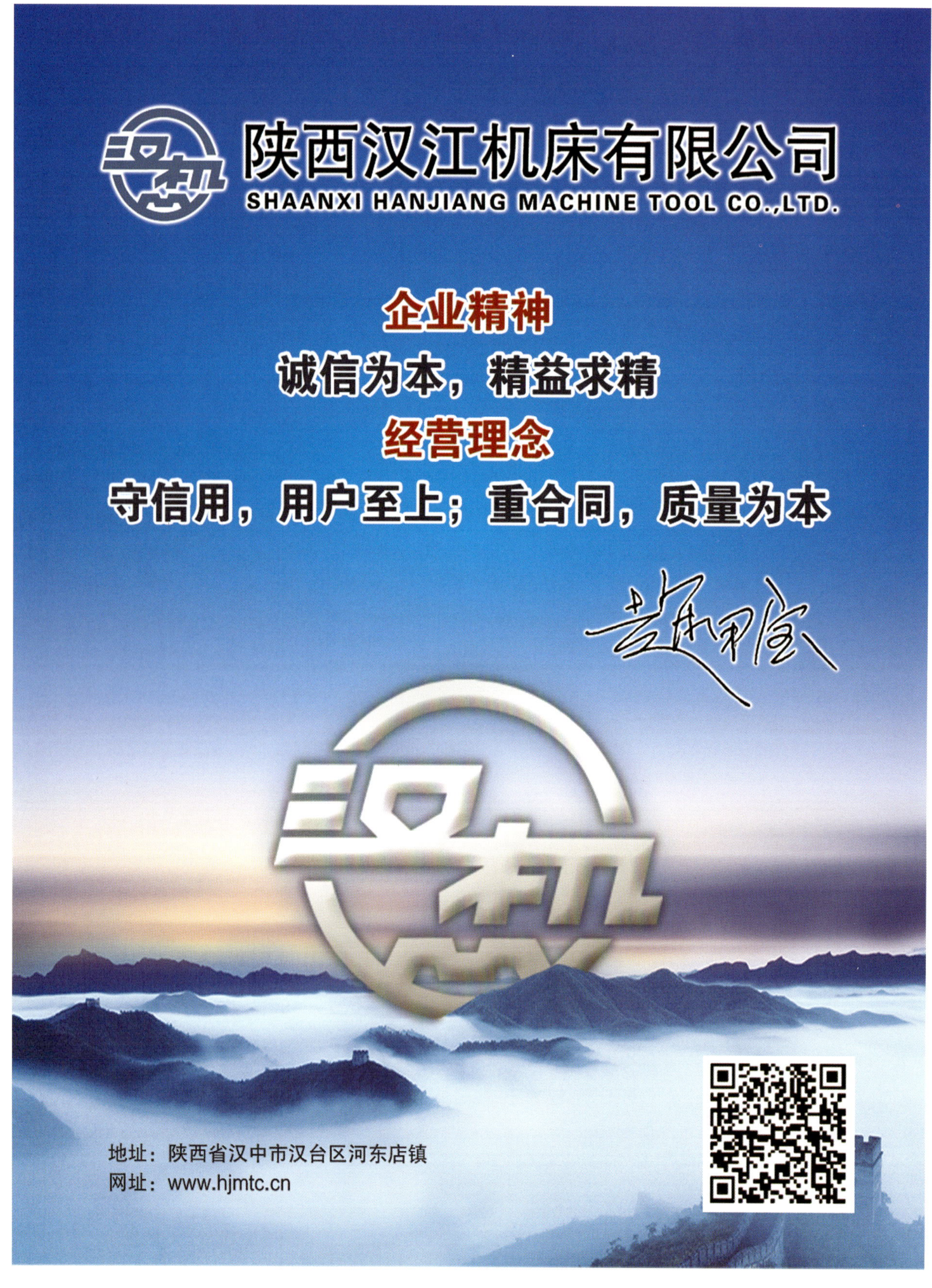
陕西汉江机床有限公司
SHAANXI HANJIANG MACHINE TOOL CO.,LTD.
企业精神
诚信为本，精益求精
经营理念
守信用，用户至上；重合同，质量为本
地址：陕西省汉中市汉台区河东店镇
网址：www.hjmtc.cn

## 记天士力控股集团董事局主席闫希军

闫希军，中共党员，管理学博士，主任药师，国务院特殊津贴专家，天士力创始人。现任天士力控股集团有限公司党委书记、董事局主席、天士力研究院院长，并任第十一届、第十二届全国人大代表，获全国劳动模范、优秀中国特色社会主义事业建设者等荣誉。

闫希军于1969年入伍，后被部队选送到陕西省医学高等专科学校、天津职工医学院从事医药专业学习。1989年，闫希军调任解放军第254医院任药械科主任。

闫希军对民族医药产业的发展有着诚挚的感情和高度的使命感。到20世纪90年代初期，他毅然投身于中药现代化的创新实践当中，自主研制成功复方丹参滴丸、养血清脑颗粒等现代中药产品。1994年，创办天津天士力联合制药有限公司。1998年率领战友集体转业创立天士力集团。2002年，天士力制药股份有限公司成功上市。

天士力控股集团在闫希军的带领下，从一个古老的传统产业领域走出了一条高新技术产业化的发展道路。天士力控股集团已成为以大健康产业为主线，以全面国际化为引领，以大生物医药产业为核心，以健康保健产业和医疗康复、健康养生、健康管理服务业为两翼的高科技企业集团。“天士力”被认定为中国驰名商标。

闫希军带领天士力控股集团全体员工，从1200万元起步，2018年，资产总额达689亿元，销售额达344亿元，利税41亿元。天士力控股集团成为中药现代化、国际化的排头兵，综合实力位居行业前列。

他，19岁开始做学徒工，
开启了一辈子的珍珠情缘。
他，一手创立了欧诗漫集团，
打造了民族护肤品牌新标杆。
他，是中国淡水珍珠规模化养殖
和深加工技术的奠基人，为中国珍
珠产业的发展做出了卓越贡献。
OSM
欧诗漫
中国珍珠行业巨变的见证人
中国淡水珍珠规模化养殖和深加工技术奠基人
——“珍珠大王”沈志荣

## 力博重工科技股份有限公司周满山

周满山教授系国家科技部“科技创新创业人才”、中国工业十大杰出人物、山东省五四青年、山东省优秀青年知识分子、山东省企业科技创新先进个人、山东省第七届杰出工程师，获国家技术发明二等奖1项，山东省科技进步一等奖2项、二等奖3项，中国机械工业科技进步等奖1项，其他省部级奖励10余项。张媛教授是山东省有突出贡献的中青年专家、山东省五四青年奖获得者、泰安市劳动模范，获2019年国家科技进步二等奖、山东省科技进步一等奖等省部级以上科技进步奖10项，并兼任中国工程机械学会矿山机械分会副理事长、中国煤炭机械工业协会带式输送机分会副主任委员、全国连续搬运机械标准化技术委员会委员、泰安市煤炭机械装备协会会长。

力博重工科技股份有限公司成立于2005年，集团公司总资产20亿元，具有年产500千米输送机及10000台（套）产品的生产能力。

公司主导产品有：长距离带式输送机及其配套产品、永磁同步直驱变频电机、散料输送装备的系统解决方案及成套装备研制、矿石破碎加工、粉体研磨设备、各种建材研制机械等，是山东名牌、山东省著名商标、改革开放40周年机械工业杰出产品，是我国带式输送机领域的标杆。

力促科技创新，博达世界未来。公司坚持“高效智能、绿色开放”的发展理念，将秉承”用心经营，诚信服务，以人为本，奉献社会”的宗旨，为客户创造最大利益，真心实意追求合作共赢。力博愿敞开怀抱，与天下朋友共创未来。

中国工业行业排头兵企业

中国矿山机械制造行业排头兵企业

中国工业企业品牌竞争力评价表彰企业

中国工业先锋示范单位

中国创新创业大赛优秀企业

山东省“单项冠军企业”

山东省制造业高端装备培育企业

山东省创新型试点企业

山东省重大技术装备企业

山东省智能制造“1+N”标杆企业

山东省守合同重信用企业

山东省百年品牌培育“特色品牌”企业

「专注电缆 · 质创未来」

——始于1967——

江苏上上电缆集团有限公司
地址：中国江苏省溧阳市上上路68号
邮编：213300
服务热线：（86）519-80692207
网址：www.shangshang.com
邮箱：exp@shangshang.com

Jiangsu Shangshang Cable Group Co.,Ltd.
Add: No.68 Shangshang Road, Liyang City,
Jiangsu Province，China
P.C.: 213300
Hot Line:（86）519-80692207
Website: www.shangshang.com
E-mail: exp@shangshang.com

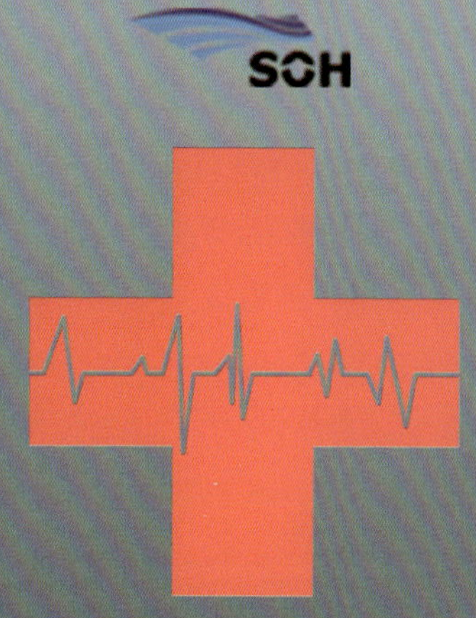
SOH

# CHINA INDUSTRY YEARBOOK 2019

# 中国工业年鉴

中国工业年鉴编委会　编

中国财富出版社

**图书在版编目（CIP）数据**

中国工业年鉴. 2019 / 中国工业年鉴编委会编. —北京：中国财富出版社，2019. 12

ISBN 978-7-5047-7100-1

Ⅰ. ①中…　Ⅱ. ①中…　Ⅲ. ①工业经济—中国—2019—年鉴　Ⅳ. ①F42-54

中国版本图书馆 CIP 数据核字（2019）第 274424 号

**策划编辑** 宋　宇　　**责任编辑** 张冬梅　刘静雯　郭逸亭
**责任印制** 梁　凡　　**责任校对** 张营营　　**责任发行** 董　倩

---

**出版发行** 中国财富出版社
**社　　址** 北京市丰台区南四环西路 188 号 5 区 20 楼　　**邮政编码** 100070
**电　　话** 010-52227588 转 2098（发行部）　　010-52227588 转 321（总编室）
010-52227588 转 100（读者服务部）　　010-52227588 转 305（质检部）
**网　　址** http://www.cfpress.com.cn
**经　　销** 新华书店
**印　　刷** 天津市仁浩印刷有限公司
**书　　号** ISBN 978-7-5047-7100-1/F·3193
**开　　本** 889mm×1194mm　1/16　　**版　　次** 2020 年 12 月第 1 版
**印　　张** 55.5　**彩　插** 3　　**印　　次** 2020 年 12 月第 1 次印刷
**字　　数** 1647 千字　　**定　　价** 680.00 元

---

# 《中国工业年鉴（2019）》编委会

**特 约 编 辑**：（排名不分先后）

王海国　周　鹏　李俊岭　黄延希　陈振超　王小鹏　唐忠伟
苏　波　方晶晶　向海林　王建华　李孝松　于　山　刘佳斌
方国辉　董晨阳　甄　帅　汤颖达　张树法　梅　斌　何植敏
王红兵　胡　姝　张金灿　徐　丹

**联系方式**：

地址：北京市石景山区实兴大街30号院3号楼三层中国工业报社
电话：010－67410697　徐向阳
　　　010－84112089　夏晓凌
邮箱：gongyenianjian@126. com

# 《中国工业年鉴（2019）》编辑说明

《中国工业年鉴》是一部中国工业领域大型行业资料工具书，是政府向相关行业企业开放工业领域政务大数据的重要接口。《中国工业年鉴》从2005年开始出版，由中国工业年鉴编委会组织编撰，全面、真实、系统地记录每一年度我国工业经济发展基本情况，展示我国工业行业在党中央、国务院领导下取得的巨大成就，宣传我国工业企业在制造强国和网络强国建设中的先进经验、创新成果、工匠精神和文化风采，得到主管部门及广大读者的一致好评。《中国工业年鉴》曾先后在第四届全国年鉴编纂出版质量评比中获得中央级年鉴特等奖、中央级年鉴一等奖，以及优秀栏目一等奖等荣誉，被中国知网（CNKI）评为优秀工具书，在工业领域具有较大的影响力。

《中国工业年鉴》历年的编辑出版工作得到工业和信息化部（以下简称工信部）等有关部门和中国工业经济联合会等有关行业协会的大力支持，所收集的材料主要来源于国家各级工业和信息化主管部门，以及国家统计局、中国经济景气监测中心等部门及全国性行业协会，在此一并表示感谢。

《中国工业年鉴（2019）》（以下简称《年鉴》）对中国工业经济发展的新情况、新形势、新气象进行了全面梳理、记录，内容涵盖机械、汽车、能源、材料、化工、电子、轻工、纺织、食品、医药、航空、航天、建材等多个行业，供相关行业读者和广大爱好者阅读。《年鉴》有较大的总结、统计意义和参考价值。同时，作为工业领域一部具有权威性和专业性的大型资料工具书，《年鉴》翔实记载我国各部门、各行业、各地区工业经济改革发展情况，有选择性地收录工业主管部门重要政策法规文件，提供客观的2018年工业统计数据，通过让数据业务化、业务数据化，帮助各级政府部门、行业协会、企事业单位、社会各界把握中国工业发展脉搏，全面深入了解中国工业经济改革发展状况，进行科学决策和咨询研究。

《年鉴》按以下13个行业体系编排：石油和化学工业、钢铁工业、有色金属工业、建材工业、机械工业、汽车工业、船舶工业、纺织工业、轻工业、食品工业、医药工业、电子信息制造业、软件和信息技术服务业；分为综合篇、行业篇、地方工业篇、统计分析篇、政策法规篇、专题篇、企业风采篇、大事记8个篇章。稿件内容已经过有关部门、单位和专家审核，书中所采用的全国性数据以国家统计局的数据为准，各工业行业的分析、统计以各工业行业协会提供的数据为准。《年鉴》出版后，将赠送国资委、工信部、商务部等相关部门。国内各大图书馆、院校、工业研究设计院（所）以及国内外大中型企业等均有订阅。

为了高质量完成《年鉴》编撰工作，我们很荣幸地邀请到中国工业经济联合会原执行副会长路耀华、执行副会长兼秘书长熊梦，中国企业联合会、中国企业家协会常务副会长兼理事长朱宏任担任编委会顾问，邀请到中国上市公司协会会长宋志平出任编委会主任，在此表示深深的感谢！

《年鉴》编撰出版工作还得到了中国船舶重工集团公司第七一九研究所、中国电子科技集团公司第十四研究所、江苏上上电缆集团有限公司、石家庄君乐宝乳业有限公司、安徽江南化工股份有限公司等企业的大力支持，在此一并致谢！

由于时间紧迫，书中难免有疏漏之处，敬请广大读者、业内专家批评指正并提出建议。《中国工业年鉴》从2020卷起，将在注重权威性、资料性的基础上，更多关注科技创新、产业演进及骨干企业，并在数据可视化、可读性、可利用性、时效性方面做出新的尝试。

受新冠肺炎疫情影响，《年鉴》出版时间有所延后，为此深感抱歉。为了提高时效性，我们拟将2020卷和2021卷《中国工业年鉴》合集出版。恳请全国各级工业和信息化主管部门、行业协会、科研院所等相关单位一如既往地支持《中国工业年鉴》的编撰出版工作，尽快把相关材料发至邮箱：gongyenianjian@126.com，望回复为盼。

中国工业年鉴编委会

二〇一九年十一月

# 目　录

## 第一篇　综　合　篇


深化制造业开放合作　促进全球经济包容性增长 …… 3
加强核心技术攻关　推动制造业高质量发展 …… 6
坚持中国特色新型工业化道路　建设制造强国 …… 10
高质量发展阶段的制造强国战略 …… 14
紧扣高质量发展要求　加快发展先进制造业 …… 18


## 第二篇　行　业　篇


**第一部分　原材料工业** …… 25
2018 年石油和化学工业经济运行概况 …… 25
2018 年钢铁工业经济运行概况 …… 27
2018 年有色金属工业经济运行概况 …… 29
2018 年建材工业经济运行概况 …… 31
**第二部分　装备工业** …… 34
2018 年机械工业经济运行概况 …… 34
2018 年汽车工业经济运行概况 …… 41
2018 年船舶工业经济运行概况 …… 46
**第三部分　消费品工业** …… 49
2018 年纺织工业经济运行概况 …… 49
2018 年轻工业经济运行概况 …… 58
2018 年食品工业经济运行概况 …… 64
2018 年医药工业经济运行概况 …… 71
**第四部分　电子工业** …… 74
2018 年电子信息制造业经济运行概况 …… 74
**第五部分　信息工业** …… 78
2018 年软件和信息技术服务业经济运行概况 …… 78

# 第三篇　地方工业篇

2018 年北京市工业经济运行概况 …… 87
2018 年天津市工业经济运行概况 …… 93
2018 年河北省工业经济运行概况 …… 101
2018 年山西省工业经济运行概况 …… 103
2018 年内蒙古自治区工业经济运行概况 …… 114
2018 年辽宁省工业经济运行概况 …… 120
2018 年吉林省工业经济运行概况 …… 127
2018 年黑龙江省工业经济运行概况 …… 136
2018 年上海市工业经济运行概况 …… 144
2018 年江苏省工业经济运行概况 …… 152
2018 年浙江省工业经济运行概况 …… 159
2018 年安徽省工业经济运行概况 …… 163
2018 年福建省工业经济运行概况 …… 170
2018 年江西省工业经济运行概况 …… 176
2018 年山东省工业经济运行概况 …… 185
2018 年河南省工业经济运行概况 …… 193
2018 年湖北省工业经济运行概况 …… 199
2018 年湖南省工业经济运行概况 …… 206
2018 年广东省工业经济运行概况 …… 215
2018 年广西壮族自治区工业经济运行概况 …… 222
2018 年海南省工业经济运行概况 …… 230
2018 年重庆市工业经济运行概况 …… 235
2018 年四川省工业经济运行概况 …… 242
2018 年贵州省工业经济运行概况 …… 249
2018 年云南省工业经济运行概况 …… 257
2018 年陕西省工业经济运行概况 …… 264
2018 年甘肃省工业经济运行概况 …… 269
2018 年宁夏回族自治区工业经济运行概况 …… 275
2018 年青海省工业经济运行概况 …… 280
2018 年西藏自治区工业经济运行概况 …… 287
2018 年新疆维吾尔自治区工业经济运行概况 …… 294
2018 年新疆生产建设兵团工业经济运行概况 …… 301
2018 年大连市工业经济运行概况 …… 305
2018 年青岛市工业经济运行概况 …… 311

2018 年宁波市工业经济运行概况 …… 320
2018 年厦门市工业经济运行概况 …… 327

## 第四篇 统计分析篇

2018 年工业经济运行情况 …… 335
2018 年工业发展地区统计数据 …… 347
2018 年主要工业行业统计数据 …… 448
2018 年工业行业主要产品产量统计数据 …… 464

## 第五篇 政策法规篇

工业和信息化部 财政部关于印发国家新材料生产应用示范平台建设方案、国家新材料测试评价平台建设方案的通知 …… 469
工业和信息化部关于印发钢铁水泥玻璃行业产能置换实施办法的通知 …… 474
中华人民共和国工业和信息化部公告（2018 年 第 1 号） …… 478
中华人民共和国工业和信息化部公告（2018 年 第 2 号） …… 479
中华人民共和国工业和信息化部公告（2018 年 第 3 号） …… 483
中华人民共和国工业和信息化部公告（2018 年 第 4 号） …… 484
中华人民共和国工业和信息化部 国家机关事务管理局 国家能源局公告 …… 485
工业和信息化部 科技部 环境保护部 交通运输部 商务部 质检总局 能源局关于印发《新能源汽车动力蓄电池回收利用管理暂行办法》的通知 …… 486
工业和信息化部关于印发《首台（套）重大技术装备推广应用指导目录（2017 年版）》的通告 …… 491
中华人民共和国工业和信息化部 中华人民共和国住房和城乡建设部公告 …… 492
工业和信息化部办公厅关于公布第二批绿色制造名单的通知 …… 493
四部委关于调整完善新能源汽车推广应用财政补贴政策的通知 …… 494
工业和信息化部关于电信服务质量的通告（2018 年第 1 号） …… 496
工业和信息化部 科技部 环境保护部 交通运输部 商务部 质检总局 能源局关于组织开展新能源汽车动力蓄电池回收利用试点工作的通知 …… 500
工业和信息化部关于印发《2018 年工业节能监察重点工作计划》的通知 …… 503
中华人民共和国工业和信息化部公告（2018 年 第 16 号） …… 506
工业和信息化部 公安部 交通运输部关于印发《智能网联汽车道路测试管理规范（试行）》的通知 …… 507
工业和信息化部 住房和城乡建设部 交通运输部 农业农村部 国家能源局 国务院扶贫办关于印发《智能光伏产业发展行动计划（2018—2020 年）》的通知 …… 511
中华人民共和国工业和信息化部公告（2018 年 第 19 号） …… 516

中华人民共和国工业和信息化部公告（2018 年 第 21 号） …………………………………… 519
工业和信息化部 财政部关于印发国家新材料产业资源共享平台建设方案的通知………………… 520
工业和信息化部关于贯彻落实《推进互联网协议第六版（IPv6）规模部署行动计划》的通知 …… 523
工业和信息化部关于印发《工业互联网 App 培育工程实施方案（2018—2020 年）》的通知 …… 527
工业和信息化部印发《关于推进网络扶贫的实施方案（2018—2020 年）》的通知 ……………… 530
工业和信息化部 国资委关于深入推进网络提速降费加快培育经济发展新动能 2018 专项行动的实施意见 …………………………………………………………………………………………… 533
中华人民共和国工业和信息化部公告（2018 年 第 26 号） …………………………………… 536
工业和信息化部办公厅关于印发《国家制造业创新中心考核评估办法（暂行）》的通知 …… 539
工业和信息化部办公厅关于印发《2018 年消费品工业“三品”专项行动重点工作安排》的通知 ………………………………………………………………………………………… 540
关于印发《工业互联网发展行动计划（2018—2020 年）》和《工业互联网专项工作组 2018 年工作计划》的通知……………………………………………………………………………… 542
中华人民共和国工业和信息化部 国家市场监督管理总局公告…………………………………… 547
工业和信息化部 国家标准化管理委员会关于印发《国家车联网产业标准体系建设指南（总体要求）》等系列文件的通知 ……………………………………………………………… 548
中华人民共和国工业和信息化部公告（2018 年 第 31 号） …………………………………… 573
工业和信息化部 应急管理部 财政部 科技部关于加快安全产业发展的指导意见 …………… 574
中华人民共和国工业和信息化部公告（2018 年 第 35 号） …………………………………… 579
工业和信息化部关于印发《国家工业设计研究院创建工作指南》的通知 ……………………… 581
工业和信息化部关于印发《工业互联网平台建设及推广指南》和《工业互联网平台评价方法》的通知 ……………………………………………………………………………… 584
工业和信息化部关于印发《推动企业上云实施指南（2018—2020 年）》的通知 ……………… 587
工业和信息化部关于印发《坚决打好工业和通信业污染防治攻坚战三年行动计划》的通知…… 591
工业和信息化部 国家发展和改革委员会关于印发《扩大和升级信息消费三年行动计划（2018—2020 年）》的通知 ………………………………………………………………… 594
工业和信息化部关于公布 2018 年工业和信息化部重点实验室名单的通知 ……………………… 598
工业和信息化部办公厅关于印发《设计扶贫三年行动计划（2018—2020 年）》的通知 ……… 600
工业和信息化部 国家标准化管理委员会关于印发《国家智能制造标准体系建设指南（2018 年版）》的通知 ………………………………………………………………………… 603
工业和信息化部办公厅关于公布 2018 年制造业与互联网融合发展试点示范项目名单的通知 ………………………………………………………………………………………… 637
工业和信息化部办公厅关于公布 2018 年两化融合管理体系贯标试点企业名单的通知 ……… 638
中华人民共和国工业和信息化部公告（2018 年 第 40 号） …………………………………… 639
中华人民共和国工业和信息化部公告（2018 年 第 42 号） …………………………………… 640
中华人民共和国工业和信息化部公告（2018 年 第 43 号） …………………………………… 641
工业和信息化部关于公布 2018 年人工智能与实体经济深度融合创新项目名单的通知 ……… 642

中华人民共和国工业和信息化部公告（2018 年　第 44 号）…… 643
工业和信息化部关于公布 2018 年智能制造试点示范项目名单的通告 …… 644
工业和信息化部办公厅关于公布第二批服务型制造示范名单的通知 …… 645
工业和信息化部 财政部关于公布 2018 年国家技术创新示范企业名单的通知 …… 646
中华人民共和国工业和信息化部公告（2018 年　第 50 号）…… 647
中华人民共和国工业和信息化部公告（2018 年　第 52 号）…… 648
工业和信息化部 科技部 商务部 市场监管总局关于印发《原材料工业质量提升三年行动方案（2018—2020 年）》的通知 …… 649
工业和信息化部 应急管理部关于印发《国家安全产业示范园区创建指南（试行）》的通知 …… 653
中华人民共和国工业和信息化部公告（2018 年　第 53 号）…… 659
中华人民共和国工业和信息化部公告（2018 年　第 56 号）…… 660
工业和信息化部关于印发《车联网（智能网联汽车）直连通信使用 5905～5925MHz 频段管理规定（暂行）》的通知 …… 661
工业和信息化部办公厅关于公布 2018 年大数据产业发展试点示范项目的通知 …… 664
工业和信息化部办公厅关于公布第三批绿色制造名单的通知 …… 665
工业和信息化部 中国工业经济联合会关于《第三批制造业单项冠军企业和单项冠军产品名单》的通告 …… 666
工业和信息化部 发展改革委 科技部 公安部 交通运输部 市场监管总局关于加强低速电动车管理的通知 …… 672
工业和信息化部关于工业通信业标准化工作服务于“一带一路”建设的实施意见 …… 674
工业和信息化部关于印发《国家工业遗产管理暂行办法》的通知 …… 679
工业和信息化部办公厅关于印发《民用爆炸物品生产和销售企业安全生产培训管理办法》的通知 …… 682
工业和信息化部关于公布 2018 年消费品工业“三品”战略示范城市名单的通告 …… 686
工业和信息化部关于公布第二批国家工业遗产名单的通告 …… 687
工业和信息化部关于公布 2018 年度国家小型微型企业创业创新示范基地名单的通告 …… 692
工业和信息化部 中国农业银行关于推进金融支持县域工业绿色发展工作的通知 …… 697
工业和信息化部 发展改革委 财政部 国资委关于印发《促进大中小企业融通发展三年行动计划》的通知 …… 700
工业和信息化部关于公布 2018 年中国优秀工业设计奖获奖名单的通告 …… 704
中华人民共和国工业和信息化部令 …… 705
工业和信息化部关于公布 2018 年度国家中小企业公共服务示范平台名单的通告 …… 710
工业和信息化部办公厅关于印发重点跟踪培育纺织服装品牌企业名单（2018 版）的通知 … 711
工业和信息化部办公厅关于印发《民用爆炸物品行业技术发展方向及目标（2018 年版）》的通知 …… 712
工业和信息化部关于印发《3000～5000MHz 频段第五代移动通信基站与卫星地球站等无线

电台（站）干扰协调管理办法》的通知 …… 716
工业和信息化部关于公布 2018 年物联网集成创新与融合应用项目名单的通知 …… 721
工业和信息化部办公厅关于公布 2018 年工业互联网试点示范项目的通知 …… 722
工业和信息化部关于加快推进虚拟现实产业发展的指导意见 …… 723
中华人民共和国工业和信息化部公告（2018 年　第 68 号） …… 728
工业和信息化部关于印发《车联网（智能网联汽车）产业发展行动计划》的通知 …… 729
中华人民共和国工业和信息化部 国家税务总局公告 …… 734
工业和信息化部关于印发《重点新材料首批次应用示范指导目录（2018 年版）》的通告 …… 735
工业和信息化部 交通运输部 国防科工局关于印发《智能船舶发展行动计划（2019—2021 年）》的通知 …… 757
工业和信息化部 国防科工局关于印发《推进船舶总装建造智能化转型行动计划（2019—2021 年）》的通知 …… 762

## 第六篇　专　题　篇

2018 年工业发展政策环境与法制建设 …… 771
2018 年国家新型工业化产业示范基地总体发展情况 …… 776
2018 年我国中小企业发展情况及相关政策 …… 783
2018 年推进企业兼并重组工作情况 …… 787
2018 年淘汰落后产能工作情况 …… 790
2018 年质量品牌工作进展情况 …… 793
2018 年科技工作进展情况 …… 795
2018 年工业节能与绿色发展专项行动工作情况 …… 797
2018 年工业安全生产工作情况 …… 802
2018 年信息通信业发展情况 …… 806
2018 年国际合作工作进展情况 …… 810
2018 年两化融合工作进展情况 …… 816
2018 年工业互联网创新发展工作进展情况 …… 825
2018 年互联网安全工作进展情况 …… 831
2018 年无线电管理工作进展情况 …… 836
2018 年人事教育工作进展情况 …… 840

## 第七篇　企业风采篇

砥砺奋斗七十载，开拓创新奏华章
——记中国电子科技集团公司第十四研究所 …… 845

坚持自主创新、深化结构调整，奋力谱写高质量发展新篇章
——记中国船舶重工集团公司第七一九研究所 …… 850
安徽江南化工：坚持民爆及新能源业务“双核驱动” …… 854
工业微电影：企业人的艺术摇篮品牌影响力传播主阵地 …… 856
心无旁骛做主业，踏出高质量发展“上上”之路 …… 859

## 第八篇　大　事　记

2018 年中国工业经济大事 …… 867

## 附　录

中国工业报简介 …… 875

# 第一篇

# 综　合　篇

# 深化制造业开放合作　促进全球经济包容性增长

工业和信息化部部长、党组书记苗圩

（2018年4月20日）

西方有句谚语“一棵树挡不住寒风”，中国有句格言“众人拾柴火焰高”。开放合作、互利共赢，在此基础上构建人类命运共同体，正日益成为全球共识。

2018年是中国共产党十九大后的开局之年，也是中国改革开放40周年。纵观改革开放40年的历程，中国制造业秉承开放发展的理念，坚持“引进来”和“走出去”并重，坚持多边开放与区域开放结合，逐步从政策性开放向制度性开放转变，中国制造业成为中国对外开放的重要窗口和合作共赢的重要领域。

40年来，中国发生了巨大变化，成为世界制造业生产和出口大国、制造业领域利用外资大国和境外投资大国。中国逐步融入国际产业分工体系，对全球经济增长作出了重要贡献。2017年，中国货物进出口总额达到4.1万亿美元，是1978年的783倍；制造业领域实际利用外资达335亿美元，对外直接投资累计1201亿美元，中外互惠合作的范围、层次和方式不断拓展，中国制造业全面开放的格局已经形成并不断深化。

**开放领域不断扩大。**制造业一直是外商投资的重点领域，2017年中国制造业新设立外商投资企业4986家，同比增长24.3%。新修订的《外商投资产业指导目录（2017年修订）》，大幅压减了对外商投资的准入限制，在制造业31个大类、179个中类和609个小类中，完全对外资开放的已有22个大类、167个中类和585个小类，分别占71%、93.3%和96.1%。与此同时，中国企业海外投资近年来也呈现强劲增长态势，制造业占海外投资比重达1/3以上，覆盖纺织、食品、机械制造、汽车、电子等众多领域，为合作双方带来丰厚回报。例如，2010年吉利公司收购沃尔沃后，经过一系列战略调整，到2015年沃尔沃全球共销售50多万辆汽车，创下该品牌建立88年来的历史新纪录，助力沃尔沃走出困境并重新焕发生机。在这一过程中，吉利也提升了自身管理水平，并通过协同和规模效应与沃尔沃形成互利共赢的共同体。

**合作区域不断拓展。**从经济特区到沿海开放城市再到中西部地区，中国制造业形成了全方位、多层次、宽领域的对外开放格局。1980年，中国在深圳设立第一个经济特区，各国的资金、技术和人才陆续来到深圳，并通过这个窗口打开960万平方千米的巨大市场。时至今日，大众、西门子、苹果、英特尔、三星、丰田、塔塔等世界500强企业的身影已经遍布中国东中西部地区，绝大多数企业都获得了良好的投资回报。近几年，在继续坚持“引进来”的同时，中国政府鼓励中资企业积极“走出去”。通过“一带一路”建设，中国制造企业境外投资从过去主要投向欧洲、北美和东南亚地区不断拓展到其他区域，很多企业积极到沿线国家投资兴业，开展国际产能和装备制造合作。中国同哈萨克斯坦、马来西亚等30多个国家签署了产能合作有关文件，对接规划和项目，一批沿线国家急需的钢铁、有色金属、建材等领域重大项目在市场化运作中稳步实施，一批境外产业园区相继落成，为相关国家推动工业化、现代化进程作出了实实在在的贡献。

**开放层次不断提高。**近年来，外商投资的重点从加工制造逐步拓展到计算机、集成电路、智能制造等高新技术领域，在中国设立区域总部、研发中心的跨国公司近2000家。如中法企业达成共建“中法工业联合创新中心”合作意向，法国达索系统公司将在动态仿真、增材制造、多机器人先进制造等领域与中方开展深度合作，打造未来制造业创新技术孵化平台。2017年，高技术制造业实际使用外资665.9亿元，同比增长11.3%；其中，电子及通信设备制造业、计算机及办公设备制造业、医疗仪器设备及仪器仪表制造业同比分别增长7.9%、71.1%和28%。中国企业境外投资的规模和层次也在快速提升。2012年，中国对美国直接投资首次超过美国对中国投资；2016年，中国对美国直接投资达169.81亿美元，同比增长111.5%。在进入“全球产业20强”的中国工程机械制造商中，徐工、中联重科、三一、柳工等企业几乎都在欧洲建立了研发机构。

**合作渠道日趋常态化。**在推动“中国制造2025”实施过程中，中国主动对接其他国家的制造业发展战略，利用各种多边、双边合作机制推动制造业国际合作，与德、法等国在战略对接、标准制定、园区建设等方面积极开展对话与合作，涌现出许多中外合作典范。目前，已建立了中国—东盟投资合作基金、中拉产能合作投资基金、中欧共同投资基金、中墨投资基金、中法第三方市场合作共同基金等，旨在促进双边制造业合作发展。同时，中美、中德在智能制造、工业互联网等领域的合作不断深化。例如，美国通用电气公司也在工业互联网技术、标准、联盟等领域与中国企业开展务实合作。又如，中德在智能制造领域围绕产业、标准化、人才培养、示范园区等重点合作方向，开展了智能制造及生产过程网络化合作试点示范，促进中德双方互学互鉴，在合作新模式中实现互利互惠。

**平等互惠性不断增强。**开放的中国制造业受益于国外资本、技术和人才的投入，也持续为外资企业提供了良好回报。2017年，中国乘用车共销售2472万辆，其中德系、日系、美系、韩系和法系乘用车销量分别达到485万辆、420万辆、304万辆、114万辆和46万辆，分别占乘用车销售总量的19.6%、17.0%、12.3%、4.6%和1.8%。中国制造企业海外投资也给当地带去资金、技术和产品，促进了当地的就业、发展和税收，不断上演双赢和多赢的故事。截至2017年年底，仅中国企业在境外经贸合作区累计投资就达到307亿美元，上缴东道国税费24.2亿美元，为当地创造就业岗位25.8万个。美中关系全国委员会报告显示，中国企业在美国俄亥俄州直接雇用了超过14万名美国人，不仅为当地贡献了宝贵的税收和就业机会，也有助于维护和提升当地公共设施建设。对此，《华尔街日报》认为中国投资重振美国“铁锈地带”。

40年来，改革开放有力地推动了中国制造业的快速发展，不仅支撑了中国经济的持续较快增长，也为全球经济稳定增长作出了突出贡献。按照联合国发布的《2018年世界经济形势与展望》报告，2017年全球经济增长约1/3来自中国。在华外资企业普遍受益于中国经济增长，美中贸易全国委员会最近发布的《2017年中国商业环境调查》称，95%的受访公司在中国持续保持盈利，且1/3的公司表示其在华业务比在其他市场的业务盈利高。

伴随着中国制造业的崛起，一些人担心，中国制造业发展中存在的产能过剩等结构性问题外溢，将会对其他国家产业发展带来较大冲击；还有一些人担心，中国政府推出“中国制造2025”，仅仅有利于本土企业发展，将会对其他国家企业设置不公平竞争障碍。这些疑虑是没必要的，正如习近平总书记在中国共产党十九大报告中指出的那样，“中国开放的大门不会关闭，只会越开越大”。无论过去、现在，还是未来，互利共赢、开放合作都是中国制造业发展过程中坚持的根本原则。同时，中国制造业对外开放还需要进一步扩大开放领域，提高政策透明度和稳定性，优化政府服务效能，持续改善营商环境。

我们将在制造业已基本开放的基础上，进一步落实汽车、船舶、飞机等行业开放要求，放宽外资股比限制特别是汽车行业外资股比限制，并加强同国际经贸规则对接，为外商提供更多更好的投资机会。

我们将扎实推进“一带一路”倡议。发挥好企业、协会、园区、政府等多方作用，提高服务水平，引导更多的中国企业到沿线国家投资兴业，建立高水平的研发中心、制造基地和工业园区等。面向“一带一路”建设带来的巨大需求，推进与沿线国家在智能制造、工业互联网、5G（第五代移动通信）、车联网、中小企业、民用航空、网络安全等领域的交流合作，实现多方互利共赢。

我们将持续优化营商环境。坚持“中国制造2025”及其相关政策措施一视同仁地适用于所有在中国境内的企业，包括内资企业和外资企业。建立健全外商投资准入前国民待遇加负面清单管理机制，切实降低制度性交易成本，强化知识产权保护，提升事中事后监管能力和水平，为全球投资者营造一个稳定公平透明、法治化、可预期的营商环境。

开放带来进步，封闭必然落后，这已被古今中外的发展实践反复证明。面对复杂多变的国际形势，没有哪个国家能够独立应对各种挑战，也没有哪个国家能够退回到自我封闭的孤岛。我们将继续秉承开放合作的理念，坚持市场化导向，更深更广融入全球供给体系，在开放合作中积极履行社会责任，与世界各国一道，携手努力、共同担当、同舟共济、共渡难关，推动经济全球化朝着更加开放、包容、普惠、平衡、共赢的方向发展，努力构建人类命运共同体。

（本文为苗圩在《中国日报》发表的英文署名文章《Further Opening Up of Manufacturing to Promote Global Growth》，中国日报网发布该文章中文版《深化制造业开放合作 促进全球经济包容性增长》）

# 加强核心技术攻关　推动制造业高质量发展

工业和信息化部部长、党组书记苗圩

（2018年7月16日）

**核心要点：**

习近平总书记深刻指出，关键核心技术是要不来、买不来、讨不来的，只有把关键核心技术掌握在自己手中，才能从根本上保障国家经济安全、国防安全和其他安全。

新动能首先来源于新兴产业的培育发展，而新兴产业通常是关键核心技术突破、科技成果转化和大规模商用的直接结果。

我国制造业要真正走上高质量发展之路，必须扭住核心技术攻关这个“牛鼻子”，加快供给侧结构性改革，补短板、强弱项、填空白，持续推进技术创新和产业创新。

解决我国制造业核心技术的短板问题，关键是发挥市场在资源配置中的决定性作用，更好发挥政府作用。

改革开放特别是党的十八大以来，我国工业化、信息化发展成就显著，产业转型升级进展明显，综合实力和国际竞争力大幅提升。但是，我国制造业大而不强，很多领域缺乏关键核心技术的局面尚未根本改观。习近平总书记深刻指出，关键核心技术是要不来、买不来、讨不来的，只有把关键核心技术掌握在自己手中，才能从根本上保障国家经济安全、国防安全和其他安全。在出席今年两院院士大会时，习近平总书记再次强调，要矢志不移自主创新，坚定创新信心，着力增强自主创新能力。当前，我们要按照习近平总书记的指示要求，加大自主创新力度，加快核心技术攻关突破，推动制造业高质量发展。

## 一、加强核心技术攻关是制造业高质量发展的根本要求

当今世界正处于大发展大变革大调整时期，国内外形势发生了深刻复杂变化。我国经济已由高速增长阶段转向高质量发展阶段，转变发展方式、优化经济结构、转换增长动力的要求愈加迫切。同时，全球科技创新空前密集活跃，新一轮科技革命和产业变革加速重构全球创新版图、重塑全球经济结构，各国围绕关键领域核心技术的竞争日趋激烈。

加强核心技术攻关是产业转型升级的必由之路。国际经验表明，制造业要迈向中高端，根本上靠的是核心技术的创新突破。20世纪以来，美国、德国、日本等国之所以能长期保持制造强国的地位，根本原因就是在装备制造、材料、信息、生物等关键领域的核心技术上始终保持领先。经过长期不懈的努力，我国已成为全球制造大国，但离制造强国仍有较大距离，症结就在于核心技术积累不足，严重制约了制造业转型升级。而我国在通信设备、高铁、核电等领域之所以能实现快速发展，很重要的一个经验就是聚焦核心技术，持之以恒地开展研发攻关。以移动通信为例，2G（第二代移动通信）时代，我国企业几乎不掌握核心技术，只能被动跟随；3G（第三代移动通信）时代，我国提出的TD－SCDMA（时分同步码分多址）成为重要的国际标准，实现了核心技术从无到有的重大突破；4G（第四代移动通信）时代，我国推出的TD－LTE

（时分双工长期演进）成为全球两大主流标准之一，基本实现了与国外企业并跑。

加强核心技术攻关是新旧动能转换的重要抓手。国际金融危机爆发以来，全球经济增长持续低迷，寻找新的经济发展动能成为世界各国面临的共同挑战。新动能首先来源于新兴产业的培育发展，而新兴产业通常是关键核心技术突破、科技成果转化和大规模商用的直接结果。20 世纪 70 年代中期石油危机后，美国加快了信息通信技术的创新突破，到 90 年代实现了信息技术革命和“新经济”的崛起，率先走出低谷并重新拉开了与其他国家的距离。当前，人工智能、量子通信、物联网、区块链、新材料等领域显现革命性突破的先兆，可能引发若干领域的群体性和系统性突破，全球正在步入一个新兴产业孕育发展的关键时期。我们必须抓住难得的历史机遇，以核心技术的创新突破催生和培育新兴产业。同时，新动能还源于传统产业的改造升级。传统产业要赢得市场竞争、焕发生机活力，就要通过加强关键技术和先进工艺的高端化改造及相关流程、产品、模式创新，大幅提高劳动生产率和产品附加值，不断向中高端水平迈进。

加强核心技术攻关是保障产业安全的关键举措。习近平总书记多次强调，核心技术是国之重器，是我们最大的命门，核心技术受制于人是我们最大的隐患。发达国家在一些关键技术与核心产品上对我国实施出口管制，我国集成电路、基础软件、互联网、高端生产装备、新材料等多个领域都存在产业安全风险隐患，相关制造业不仅面临低端锁定困境，产业链安全和供应链安全也得不到保障。比如，在关系国计民生的基础设施和信息系统中，大量使用进口的芯片、软件和控制系统，一旦被“卡脖子”，就难以保障设备和系统的安全稳定运行。对于国防科技工业来说，核心技术更是买不来的，要突破制约武器装备发展的“瓶颈”，就必须下大力气突破关键核心技术。

## 二、核心技术创新突破要解决好四个方面的主要制约因素

我国仍是发展中国家，与先行工业化国家相比，我国现代工业起步晚、积累少、底子薄。中华人民共和国成立特别是改革开放以来，历经几代人的不懈努力，我国发展成为具有全球影响力的制造大国，基本解决了“有没有”的问题，现在亟须解决“好不好”的问题。我国制造业要真正走上高质量发展之路，必须扭住核心技术攻关这个“牛鼻子”，加快供给侧结构性改革，补短板、强弱项、填空白，持续推进技术创新和产业创新。多年来，我们在核心技术攻关上也下了不少功夫，但认真总结起来，还面临着诸多制约因素。

一是基础研究支撑不够。基础研究是引领创新发展的源头，是制造强国建设的原动力，在推动制造业高质量发展中发挥着基础性作用。近年来，我国持续加大基础研究投入，但原始创新能力仍然薄弱，基础研究的短板依旧明显。其中，企业基础研究意愿低、投入少、能力弱是重要原因。我国企业研发支出占全社会研发支出的比例已接近80%，但主要用于应用技术研发。过去十年的统计数据显示，我国企业对基础研究的投入仅占企业研发投入的 0.1%，占全国基础研究总投入的 1.5%，而美国、日本、欧盟企业的基础研究经费约占基础研究总经费的20%。基础研究能力和水平不高，导致制造业关键核心技术攻关动力不足、进展缓慢、效果欠佳。

二是关键共性技术供给不足。关键共性技术具有基础性、关联性、系统性、开放性等特点，属于竞争前技术，能够在多个行业中广泛应用并产生深度影响。加强关键共性技术研究通常是各国技术创新政策的核心内容。目前，我国关键共性技术研究与发达国家相比，与制造业高质量发展的要求相比，还存在较大差距。多元化的关键共性技术研发创新体系尚未建立，组织机制不健全，政策支持不连贯，经费投入不足，平台运作不理想，成果共享和推广应用机制亟待完善。

三是产学研用协同创新不到位。产学研用协同创新能够加速技术突破和产业变革，也是推动制造业高质量发展的重要路径。随着产业分工日益精细化以及信息技术的加速应用，创新链各环

节之间的关系更加紧密，企业、大学及研究机构、用户之间的协同创新日渐成为常态，并在缩短研发周期、降低研制成本和加速新产品进入市场等方面发挥着巨大作用。长期以来，我国产学研用协同创新和深度融合不够，科研院所和高校的研发创新活动面向国民经济主战场不足，企业创新的主体地位仍不够突出，大量的创新成果停留在论文、专利阶段，没有转化为实际的生产力。加之技术市场发展滞后，高校和科研院所更倾向于自己设立公司进行成果转化，而不是转让给相关企业进行推广应用，这对产业发展的带动作用造成了影响。

四是创新人才的制约日益突出。我国劳动力资源丰富，人才队伍充实，但高精尖人才特别是从事核心技术研发攻关的创新人才仍比较短缺。受金融、房地产等行业挤出效应和虹吸效应影响，高端研发人才和高技能人才纷纷从制造业领域流出，对制造业提质增效升级带来较大冲击。根据有关高校发布的年度就业质量报告，名校毕业生就业行业首选金融业。实践中，制造业高端研发人才缺口较大，进一步抬高了研发活动的人工成本，抑制了企业开展核心技术研发攻关的动力和能力。

## 三、准确把握和抓牢推动核心技术攻关的政策着力点

解决我国制造业核心技术的短板问题，关键是发挥市场在资源配置中的决定性作用，更好地发挥政府的作用。要坚持立足当前和着眼长远相结合，聚焦产业链关键环节，以关键共性技术、前沿引领技术、现代工程技术、颠覆性技术创新为突破口，引导企业加强研发攻关和应用推广；坚持融入全球产业链与提高自主创新能力相结合，深化国际交流合作，积极利用全球创新资源，在更高起点上推进技术创新；坚持市场机制与政府作用相结合，发挥市场对技术研发方向、路线选择及各类创新要素配置的决定性作用，同时强化国家战略引领，引导创新要素更多投向核心技术攻关，大力营造公平竞争的市场环境。

建立健全基础研究支撑体系。把提升原始创新能力摆在更加突出位置，进一步加强基础研究前瞻部署，推动不同领域创新要素有效对接。创新政府管理方式，引导技术能力突出的创新型领军企业加强基础研究。加大中央财政对基础研究的稳定支持力度，健全技术创新基金运行机制，引导地方、企业和社会力量增加基础研究投入。加强转制科研院所创新能力建设，引导有条件的院所更多地聚焦科学前沿和应用基础研究，打造引领行业发展的原始创新高地。继续完善以创新质量和学术贡献为核心的分类评价机制，为从事基础研究的科研人员提供“一辈子只干一件事”的必要条件。

建立健全制造业创新体系。按照“一个明确，四个突出”的思路，明确面向行业关键共性技术研发这一功能定位，建设一批制造业创新中心。创新中心要突出市场化，按照“小核心、大协作”的模式，以资本为纽带整合资源，遵循现代企业制度规范运营。要突出协同化，抓好产业创新联盟建设，使之成为辐射带动行业发展的重要支撑力量。要突出产业化，补上从实验室产品到生产线产品之间涉及的工艺、专用材料、专用设备、标准和检测能力等短板和弱项。要突出可持续发展，通过技术服务、产业孵化、知识产权运营等商业模式创新，实现基于自我造血的循环发展。同时，统筹推进国家和省两级创新中心建设，构建多层次、网络化制造业创新体系。

建立健全产业创新生态体系。继续健全产业与科技协同对接机制，围绕制造业核心技术创新突破的需求，优化科技资源配置。强化企业创新主体地位，引入揭榜挂帅机制，支持龙头企业联合高校和科研院所组建产学研用联合体，推动体制机制创新，开展核心技术研发攻关。用好首台（套）、首批次等政策工具，推动核心技术和关键产品在应用中不断迭代完善。面向一些关键核心技术领域，建设集快速审查、快速确权、快速维权为一体的知识产权保护制度，切实加大知识产权侵权惩罚力度，为产业协同创新提供强有力的制度保障。

建立健全制造业人才培养体系。完善学科专业设置，创新培养机制和模式，培养高层次技术人才、高素质技能人才、高水平经营管理人才，培育工匠精神和企业家精神，构建一支高素质、能够满足制造业高质量发展需求的人才队伍。在我国优势科研领域设立一批科学家工作室，培养一批具有前瞻性和国际眼光的战略科学家群体。推进产教融合、校企合作，整合各类人才计划，突出关键领域高层次人才培育。对从事核心技术研发的领军人才，赋予其创新活动主导权和创新成果支配权。进一步健全创新人才评价体系，完善有利于高端人才创新的评价标准和制度。积极发挥地方政府的作用，完善高端人才收入分配、户籍居住、上学就医等激励政策。

（本文为苗圩在《求是》杂志发表的署名文章）

# 坚持中国特色新型工业化道路　建设制造强国

工业和信息化部部长、党组书记苗圩

（2018年12月13日）

工业是实体经济的主体，是技术创新的主战场，是供给侧结构性改革的重要领域。坚持中国特色新型工业化道路，就是要坚持工业和信息化融合发展，建设制造强国。改革开放40年来，在党中央的坚强领导下，工业和信息化战线深刻认识改革开放是党和人民大踏步赶上时代的重要法宝，是坚持和发展中国特色社会主义的必由之路，是决定当代中国命运的关键一招，始终站在党和国家事业发展全局的高度，认真贯彻落实党中央决策部署，不断深化改革，扩大对外开放，我国工业发展取得了巨大变化，为制造强国建设奠定了坚实基础。

## 一、党的领导为工业和信息化事业行稳致远提供了根本保障

习近平总书记强调，坚持党的领导，是改革开放取得成功的关键和根本。40年来，党中央顺应时代要求、国家发展、人民期待，以坚强决心积极推进理论创新、实践创新、制度创新，坚持和发展中国特色社会主义，以坚定意志深入推进改革开放，作出了一系列改变历史的重大决策部署。作为改革开放的前沿阵地，党的十八大以前，工业和信息化战线始终坚持以邓小平理论、“三个代表”重要思想、科学发展观为指导，在发展战略上紧跟党中央决策部署，遵循工业化客观规律，适应市场需求发展变化，在走中国特色新型工业化道路上迈出坚实的步伐，我国稳步进入制造大国行列。

中国特色社会主义进入新时代，以习近平同志为核心的党中央以深沉的忧患意识和强烈的责任担当，深入思考我国改革开放的重大问题，高举改革开放伟大旗帜，坚持新发展理念，以供给侧结构性改革为主线，不断推动经济发展质量变革、效率变革、动力变革，着力推动工业经济结构调整和转型升级，使工业经济发展由数量规模扩张向质量效益提升转变，我国由制造大国向制造强国大步迈进。

在以习近平同志为核心的党中央正确领导下，我们以习近平新时代中国特色社会主义思想为理论指导和行动指南，进一步认识我国发展阶段性特征，更加自觉地把稳中求进工作总基调作为重要原则，把促进高质量发展作为根本要求。我们进一步认识肩负的历史使命，更加强化推进制造强国、网络强国建设的责任担当，进一步加大改革开放力度，努力营造新时代制造强国和网络强国建设良好环境。我们坚持抓大事谋实事，我国作为世界第一制造大国和网络大国地位进一步巩固，产业创新已步入加快发展的新阶段，一批企业进入国际市场第一方阵。

实践充分证明，我们党是改革开放的领导者和推动者，工业和信息化领域改革开放40年来的重大决策部署都是在党的坚强领导下做出的。没有党的领导，没有党中央对工业、通信业的高度重视，工业和信息化领域的改革开放就不能走到今天，我们就不可能有应对风险挑战的底气、能力和信心。

## 二、工业和信息化事业在改革开放大潮中开拓奋进

改革开放40年的历程，是中国经济实现跨越式发展的伟大历程，我们党团结带领全国各族人民破除阻碍发展的一切思想和体制障碍，实现了从高度集中的计划经济体制到充满活力的社会主义市场经济体制的伟大历史转折，经济前行既快又稳又好，工业和信息化事业在改革创新和开放融合中实现了跨越式发展。

### （一）新型工业化取得历史性成就

改革开放40年来，我国工业实力空前增强，产品竞争力显著提升，产业体系完整，已成为名副其实的全球制造大国和唯一拥有联合国产业分类中全部工业门类的国家。工业总量不断跃上新台阶。我国全部工业增加值由1978年的1621.5亿元，增至2017年的27.9万亿元，扣除价格因素增长达32.7倍。其中，制造业规模自2010年以来连续9年位居世界第一。创新能力大幅增强。航空航天、船舶和海洋工程装备、轨道交通、机床等领域重大创新成果竞相涌现。产业结构持续优化。2015年至2017年，工业战略性新兴产业增加值较上年分别增长10.0%、10.5%和11.0%。装备制造业和高技术产业快速发展，2017年，装备制造业、高技术制造业占规模以上工业增加值的比重达到32.7%、12.7%。一批骨干企业和龙头企业脱颖而出。进入世界500强的企业由1995年的3家增至2018年的120家，其中制造企业达到60家。

### （二）两化融合持续深入推进

近年来，我们把两化融合作为新型工业化的主线及制造强国和网络强国建设的结合点，努力推动信息化与工业化深度融合。制造业信息化水平大幅提升。2017年，规模以上工业企业数字化研发设计工具普及率、关键工序数控化率、生产设备数字化率、数字化设备联网率已分别达到63.3%、46.4%、44.8%和39%，制造业智能主导的特征日趋明显。工业互联网建设取得重要进展。工业互联网技术标准、网络建设、平台培育、安全保障、融合应用等全面推进，中国自主研制的工业以太网、工业无线网络技术被纳入IEC（国际电工委员会）国际标准，建设了十余个工业互联网网络新技术测试床，工业互联网平台数量快速增长，有一定行业区域影响力的平台超过50家，工业设备连接数量超过10万台（套），在钢铁、航空航天、汽车、电子等多个行业，涌现出一批融合应用创新。数字经济高速发展。7家互联网企业进入全球互联网公司市值前20名，电子商务、网上购物、移动支付等一批新模式正在引领世界潮流。2017年，我国数字经济规模达27.2万亿元，同比增长20.3%，占GDP（国内生产总值）比重为32.9%，总量位居世界第二。

### （三）供给侧结构性改革向纵深推进

我们深刻把握供给和需求对立统一的辩证关系，主动适应和引领经济发展新常态，以及国际金融危机发生后综合国力竞争新形势，大力推进“三去一降一补”。超额完成去产能任务。2013年至2015年，全国共计淘汰落后炼铁产能4800万吨、炼钢产能5700万吨、电解铝产能110万吨、水泥产能2.4亿吨、平板玻璃产能8000万重量箱。2016年至2017年钢铁行业去产能1.2亿吨，提前完成化解钢铁产能年度预定目标任务。企业成本负担进一步降低。发挥国务院减轻企业负担部际协调联席会议机制作用，推动建立涉企收费清单管理制度，为企业减负超过1000亿元，取消涉企保证金项目150项以上。推动出台关于金融支持制造强国建设的指导意见，疏通金融进入实体企业的渠道，降低企业融资成本。质量品牌稳步提升。连续7年开展工业质量品牌建设专项行动，形成了质量标杆、质量控制和技术评价实验室建设、企业品牌培育、产业集群区域品牌建设等一批有影响力的标志性活动。针对量大面广的日用消费品，深入实施“增品种、提品质、创品牌”专项行动，推动中高端消费品供

给能力、消费品品质、品牌竞争力进一步提升。

### （四）扩大对外开放取得新进展

开放是国家繁荣发展的必由之路。40 年来，我们顺应经济全球化大趋势，深度融入世界经济，推动形成工业和信息化领域全方位、多层次、宽领域的对外开放格局。在“引进来”方面，建立了“准入前国民待遇 + 负面清单”的外商投资管理制度，基本实现了全面放开一般制造业，在中国的跨国公司近 2000 家。在“走出去”方面，2017 年我国货物进出口总额达到 4.1 万亿美元，是 1978 年的 783 倍。制造业占海外投资比重超过 1/3。在协同发展方面，我国与 30 多个国家签署了产能合作协议，一批境外产业园区相继落成。与德、法、美等国在战略对接、标准制定及智能制造、工业互联网等方面的对话合作务实开展。

## 三、坚定不移推动工业和信息化事业高质量发展

没有改革开放就没有工业和信息化事业的发展壮大。从落后的农业国到世界第一的制造大国，改革开放 40 年特别是党的十八大以来的探索实践，在工业和信息化发展道路、指导思想、制度创新、治理体系等方面积累了宝贵经验，丰富了中国特色社会主义道路、理论、制度、文化的内涵，也成为推进新时代工业和信息化事业高质量发展的宝贵财富。

### （一）坚持和加强党的全面领导

党政军民学，东西南北中，党是领导一切的。改革开放 40 年来我们取得的成绩，离不开党中央的坚强领导，离不开党中央一锤定音、定于一尊的权威。当前，全面深化改革进入攻坚期和深水区，改革的复杂性、敏感性、艰巨性更加突出，要当好新时代的“答卷人”，就必须毫不动摇地坚持和加强党的全面领导，充分发挥党总揽全局、协调各方的领导核心作用，坚决维护习近平总书记在党中央和全党的核心地位，坚决维护党中央权威和集中统一领导，保持坚如磐石的战略定力，确保工业和信息化改革发展始终走在正确方向上。

### （二）坚持全面正确履行政府职能

我们顺应技术和产业发展趋势，更好发挥政府作用，加强战略谋划，引领工业和信息化发展。完善发展政策体系，出台一系列指导性文件。注重发挥地方政府作用，实现“横向联动，纵向贯通”的联动机制。持续开展两化融合试点示范，制定了两化融合管理体系国家标准，遴选近 200 个制造业与互联网融合发展试点示范，以及 100 多个制造业“双创”平台试点示范。实施工业互联网平台建设及推广工程。积极推动有线、无线宽带网络建设发展，打造了若干个面向中小企业的公共服务平台。同时，我们始终坚持以人民为中心的发展思想，坚持改革为了人民、改革依靠人民、改革成果由人民共享，注重解决人民群众反映的突出问题，采取有力举措加强质量品牌建设、强化安全生产措施、打击通信信息诈骗、助力脱贫攻坚，使人民群众获得感不断增强、满意度不断提高，工业通信业改革发展成效更加凸显。

### （三）坚持营造公平竞争的市场环境

我们着力深化“放管服”改革，2013 年以来取消下放行政审批事项 28 项，占比近 50%，非行政许可审批事项全部取消，放宽了电信、军工等领域行业准入限制；创新行业管理方式，加强事中事后监管，改进公共服务，切实把该管的管好，不该管的交给市场、交给社会，有效激发了市场主体活力和创造力；积极配合“营改增”等重大改革，推进装备制造、电力、钢铁等重要领域中央企业重组整合，完善研发费用加计扣除、企业投资项目核准、设备加速折旧等政策，促进完善工业研发、投资和技术改造政策环境。

### （四）坚定持续推进制造强国建设的信心

改革由问题倒逼产生，又在不断解决问题中

深化。在推进制造强国建设的伟大征程中，工业和信息化战线不乏风险挑战。在党中央、国务院的坚强领导下，我们进一步强化责任担当，依靠巨大的中国市场，充分发挥制造业韧劲强和回旋余地大的优势，大力推动创新驱动发展，不断催生新的经济形式、新的业态，努力拓展全新发展空间，积极应对国际金融危机，使制造强国建设迈出实质性步伐。只要保持改革开放战略定力，按照既定“路线图”推动制造业向产业链中高端迈进，我们就一定能化不利为有利，转危为机，解决好改革发展中存在的问题，实现中国从制造大国向制造强国的转变。

当前，我们迎来了世界新一轮科技革命和产业变革同我国转变发展方式的历史性交汇期，工业和信息化战线推动改革发展的决心决不能动摇、勇气决不能减弱。我们必须更加紧密地团结在以习近平同志为核心的党中央周围，以习近平新时代中国特色社会主义思想为指导，牢固树立“四个意识”，更加坚定“四个自信”，更好践行“两个维护”，以永不懈怠的精神状态和一往无前的奋斗姿态，在新一轮改革开放的大潮中更加坚决地贯彻落实好党中央的决策部署，扛稳、担牢、推进制造强国和网络强国建设这一光荣使命，为实现“两个一百年”奋斗目标和中华民族伟大复兴的中国梦作出新的更大贡献。

（本文为苗圩在《中直党建》杂志发表的署名文章）

# 高质量发展阶段的制造强国战略

党的十九大报告从党和国家事业发展全局出发，描绘了新时代全面建设社会主义现代化国家的宏伟蓝图，作出了我国经济已由高速增长阶段转向高质量发展阶段的重大战略判断。在新时代的历史方位下，加快建设制造强国既是全面建设社会主义现代化国家的重要支撑，也是高质量发展阶段增强我国经济质量优势的关键。我们应该如何认识制造业，如何加快建设制造强国？就此相关问题，我们对苗圩同志进行了访谈。

**记者：中国特色社会主义进入新时代，开启了全面建设社会主义现代化国家的新征程。制造业始终是我国社会主义现代化建设的主战场。请您谈谈在新时代的历史方位下我国制造业肩负着怎样的新使命？**

**苗圩：**中国特色社会主义进入新时代，这是我国发展新的历史方位。以习近平同志为核心的党中央站在历史和时代的高度，作出一系列重大战略判断，确定了决胜全面建成小康社会、开启全面建设社会主义现代化国家新征程的目标和任务。面对新时代、新目标和新要求，制造业所承担的任务艰巨、责任重大、使命光荣。

制造业是实现工业化和现代化的主导力量，也是国家综合实力和国际竞争力的体现。从全球范围看，发达国家也常被称为工业化国家，说明现代化与工业化密不可分。国际金融危机后，发达国家重新聚焦实体经济，纷纷实施“再工业化”战略，加强对先进制造业的前瞻性布局，在人工智能、增材制造、新材料等新兴领域加快部署，谋求占领全球产业竞争战略制高点。反观一些发展中国家，在工业化中后期由于未能坚持发展制造业，现代化进程严重受阻。这些经验和教训表明，制造业始终是一个国家和地区经济社会发展的根基所在。

改革开放以来，我国制造业经过几十年的持续快速发展，建成了门类齐全、独立完整的制造体系，规模跃居世界第一，创新能力不断增强，支撑我国实现了从贫穷落后的农业国到具有全球影响力的经济大国的转变。在新时代，要实现建成社会主义现代化强国的奋斗目标，发展仍然是解决一切问题的基础和关键。制造业是实体经济的主体，是技术创新的主战场，是供给侧结构性改革的重要领域。制造业对于经济社会发展的意义，不仅体现在直接创造了多少经济价值，更体现在对创新活动和高端要素的承载作用上，对经济结构优化的带动作用，以及对国民经济发展质量变革、效率变革、动力变革的长效驱动作用上。在高质量发展阶段，制造业必须以创新驱动发展为根本路径，努力实现从数量扩张向质量提高的转变。

习近平总书记多次强调，工业是我们的立国之本，只有工业强才能实现国家强。随着新型工业化、信息化、城镇化、农业现代化同步推进，各行业对装备升级的需求、人民群众对消费品质量和安全的需求、国防建设对装备保障的需求，都要求有更先进更强大的制造业做支撑。打造具有国际竞争力的制造业，是提升我国综合国力、保障国家安全、建设世界强国的必由之路。在中国特色社会主义进入新时代的崭新历史时期，我们必须坚定不移地发展制造业，扎实推进制造强国建设，为实现“两个一百年”奋斗目标和中华民族伟大复兴的中国梦作出新的更大贡献。

**记者：党的十八大以来，以习近平同志为核**

**心的党中央抓住国际金融危机后世界格局深刻调整的历史性机遇，提出制造强国战略并制定了“中国制造 2025”。“中国制造 2025”的深入实施必将对新时代我国社会主义现代化建设产生深远影响。请您谈谈“中国制造 2025”的实施情况以及目前取得的主要成效。**

**苗圩：**以习近平同志为核心的党中央以全球视野和战略眼光，立足治国理政全局，提出实施制造强国战略。作为制造强国战略第一个十年的行动纲领，“中国制造 2025”确定了“三步走”的战略目标，自 2015 年发布实施以来，各项工作取得积极成效，制造强国建设迈出实质性步伐。

一是制造业新动能培育取得新进展。深入推进制造业创新体系建设，国家和省两级制造业创新中心建设取得积极进展。持续实施工业强基工程，一批“卡脖子”问题得到解决。开展智能制造试点示范，关键产品和装备智能化步伐明显加快。绿色制造广泛开展，重点行业能耗水平和污染排放强度持续下降。高端装备创新发展，一批标志性成果不断涌现。

二是传统产业改造提升取得新成效。高新技术产业和传统产业不是截然分开的，传统产业经过改造提升也可以转化为高新技术产业。通过完善技改升级政策措施，企业产业技术水平和先进产能比重不断提高，近两年来技改投资在工业投资中占比达40%以上。利用综合性标准依法依规推动落后产能退出成效明显，两年来共化解钢铁过剩产能 1.15 亿吨以上，“地条钢”产能全部出清，电解铝、水泥、平板玻璃等一大批过剩产能也已化解。

三是制造业与信息技术融合发展迈上新台阶。国务院先后印发了《关于深化制造业与互联网融合发展的指导意见》《深化“互联网 + 先进制造业”发展工业互联网的指导意见》等指导性文件，通过政策引导和各方努力，互联网技术已广泛融入制造业企业研发设计生产等各环节，一批面向行业和细分领域的工业互联网平台加快培育，制造业“双创”平台建设加快推进。

四是制造业发展环境有了新改善。编制发布《中国制造 2025》“1 + X”规划体系及配套政策，各地方政府也结合实际制定了贯彻实施方案和行动纲要，基本形成了横向联动、纵向贯通、各方协同的制造业政策体系。统筹区域布局，通过制定发布《“中国制造 2025”分省市指南》，推动形成差异化发展新格局。针对困扰企业的成本负担问题，推出多项降本增效措施，让企业轻装上阵，提高竞争力。

**记者：党的十九大提出，建设现代化经济体系，必须把发展经济的着力点放在实体经济上，把提高供给体系质量作为主攻方向，显著增强我国经济质量优势。制造业是实体经济的主体，提高我国制造业的发展质量，面临哪些主要问题和挑战，您怎么看这些问题和挑战？**

**苗圩：**近年来，我国制造业供需结构性失衡问题比较突出，低端供给过剩、高端供给不足，在一些行业存在产能严重过剩问题的同时，大量关键装备、核心技术和高端产品还不能满足需求。这已成为影响制造业发展的主要矛盾，背后则反映了我国制造业发展的深层次问题。主要表现在：一是创新能力整体偏弱，以企业为主体的创新体系尚不完善，产业共性技术的研发和产业化主体缺失等问题突出；二是基础配套能力不足，先进工艺、技术标准和知识产权保护等基础能力较为薄弱，关键材料、核心零部件成为瓶颈，严重制约了整机和系统的集成能力；三是部分领域产品质量可靠性亟待提升，突出体现在产品可靠性、稳定性和一致性等方面；四是品牌建设滞后，产品档次不高，缺少一批具有国际影响力的品牌和领军型企业。

尽管面临这些困难和挑战，但我国制造业发展长期向好的基本面没有改变，制造业转型发展拥有广阔空间。习近平总书记强调，提高发展质量和效益，关键是加快转变经济发展方式、调整经济结构；要立足自身、放眼长远，推进供给侧结构性改革，探寻新的增长动力和发展路径。我们要按照这些指示要求，增强战略定力，坚定发展信心，加快制造业实现从数量扩张向质量提高的战略性转变，推动中国制造向中国创造转变、中国速度向中国质量转变、中国产品向中国品牌转变。

**记者：当前，世界经济发展正在迎来一场新科技革命和新产业变革，这对中国制造业发展有什么影响？**

**苗圩：**纵观世界历史，每一次工业革命在推动社会生产力大跃升、人类文明大进步的同时，也使全球竞争格局发生深刻改变。正如习近平总书记所指出的，谁抓住了科技革命的机遇，谁就将发展的主动权掌握在自己手里。近代以来，由于历史原因，我国曾屡次与工业革命失之交臂，错失了发展良机。当前，全球正迎来新一轮科技革命和产业变革。这一轮变革是在经济全球化背景下孕育兴起的，其速度、广度、深度前所未有。一些重大颠覆性技术创新正在创造新产业和新业态，信息技术、生物技术、制造技术、新材料技术、新能源技术广泛渗透到各个领域，带动了以绿色、智能、融合为特征的群体性重大技术变革。其中，大数据、云计算、人工智能、虚拟现实等新一代信息通信技术与制造技术融合创新持续深入，对制造业生产方式、组织管理形式和发展模式带来革命性影响。

经过长期积累，我国科技整体能力持续提升，一些重要领域方向跻身世界先进行列，某些前沿方向开始进入并行、领跑阶段，正处于从量的积累向质的飞跃、点的突破向系统能力提升的重要时期。特别是信息通信技术迅猛发展，我国数字经济加速成长，融合领域不断拓展，不仅为孕育新兴产业提供了沃土，也为传统产业效率提升和结构优化提供了新动力。更重要的是，我国已形成完备的产业体系和坚实的制造基础，拥有吸收新技术的巨大国内市场，具有抓住这次科技革命和产业变革机遇的产业基础条件和广阔需求空间。我们将充分利用各种有利条件，加快新旧动能转换，巩固和发展我国制造业的既有优势，加速实现制造业转型升级，加快迈向全球价值链中高端，打造国际竞争新优势。

**记者：前面您谈到当前我国制造业发展面临不少困难，您认为造成这些问题的症结在哪里，今后改革的着力点是什么？**

**苗圩：**当前制约我国制造业发展的很多问题，主要症结仍然是体制机制方面的障碍。破解这些深层次发展难题，关键是深化体制机制改革，核心是处理好政府和市场的关系。在发挥市场在资源配置中决定性作用的同时，政府要在弥补市场失灵、优化产业结构、维护产业安全、促进公平竞争等重点方面更好地发挥作用。

一是营造公平有序的市场环境。要围绕重点领域关键环节持续加大简政放权力度，做到该放则放、放而到位、管而有效。落实企业投资主体地位，完善市场准入负面清单制度，保障各类市场主体依法平等参与市场竞争。完善事中事后监管体系，对新技术新业态采取鼓励创新、包容审慎的监管模式，进一步激发市场活力和社会创造力。建立健全优胜劣汰市场化退出机制，切实保障企业依法实现关闭或破产，加快处置低效无效资产，实现资源的优化配置。

二是积极推进要素市场改革。要加快生产要素市场化改革步伐，凡是能由市场形成价格的都交给市场，政府不进行不当干预。深化利率和汇率市场化改革，进一步健全多层次的资本市场，大力发展产业链融资，鼓励引导服务于制造业的金融创新，增强金融服务实体经济能力。积极培育新要素资源，清理制约人才、技术、数据等要素自由流动的制度障碍，充分发挥市场机制放大社会生产力的乘数效应。特别是结合大数据战略，按照数据开放、市场主导的原则，制定数据资源确权、开放、流通、交易相关制度，打破信息壁垒、推动信息共享，构建以数据为关键要素的数字经济。

三是重点改善创新薄弱领域和环节。要在促进科技成果转化、知识产权保护、扩大新技术新产品市场空间等方面进一步加大支持力度，形成有利于创新的制度环境。重点是优化政府对创新支持的作用机制和作用方式。比如，通过设立“中国制造2025”产业发展基金，聚焦制造业基础性、战略性、先导性领域，以财政资金为引导，带动社会资本投入。再比如，针对产业共性技术缺失的问题，我们推动制造业创新中心建设，以市场化为原则，建立了“公司 + 联盟”“小核心 + 大协作”的组织架构，在技术与资本结合、知识产权共享、科技成果转化等方面进行了有益尝试，取得了初步成效。未来，我们可以因势利导，在体制机制上进行更多尝试。

**记者：推进制造强国建设任重而道远。结合党的十九大报告的战略部署，请您谈谈未来一个时期我国推进制造强国建设的主要措施。**

**苗圩：**制造强国建设是一个长期过程。制造强国建设“三步走”战略目标，既是支撑社会主义现代化强国建设的时间表，也是任务书。当前和今后一个时期，要坚定贯彻新发展理念，坚持质量第一、效益优先，以供给侧结构性改革为主线，以提高供给体系质量作为主攻方向，深入实施《中国制造 2025》，推动制造业发展质量变革、效率变革、动力变革。

要促创新。创新是引领发展的第一动力，是建设现代化经济体系的战略支撑。要加快建立国家制造业创新体系，建成一批高水平制造业创新中心。突出应用牵引，推动产业上下游协同。持续推进技术改造升级，全面提升产品技术、工艺装备、能效环保水平，实现重点领域向中高端的群体性突破。

要强基础。夯实制造之基，不仅关乎一国制造的品质，更决定着制造业发展的潜力。要持续推进工业强基工程，突破重点领域发展的基础瓶颈。要把质量品牌作为制造强国建设的生命线，持续开展质量提升行动，增品种、提品质、创品牌，加快提升中国制造的价值内涵与国际声誉。

要促融合。构建产业竞争新优势，必须做好信息化和工业化深度融合这篇大文章。要把握智能制造主攻方向，支持企业加快数字化、网络化、智能化改造。要推动工业互联网发展，积极培育基于互联网的个性化定制、在线增值服务、分享制造、众包设计等新型制造方式，培育新的经济增长点。

要抓示范。“中国制造 2025”国家级示范区是推动规划全面落地的重要抓手。要高标准创建，动态化管理，探索制造业转型升级的新路径、新模式。要将示范区建设与培育世界级先进制造业集群更好地结合起来，形成若干有较强影响力的协同创新高地和优势突出的世界先进制造业集群。

要育人才。人才是制造强国建设的关键。要以先进制造业发展需求为导向，加快培养和引进一批专业技术人才、经营管理人才、高技能人才和领军人才，积极探索产教融合人才培养新模式。要不断健全培育企业家精神、劳模精神和工匠精神的制度措施，营造劳动光荣的社会风尚和精益求精的敬业风气。

（本文为《求是》杂志在 2018 年第 1 期刊登的对苗圩部长的专访）

# 紧扣高质量发展要求　加快发展先进制造业

工业和信息化部副部长罗文

（2018年4月16日）

**核心要点：**

●由高速增长转向高质量发展是新时代我国经济发展的鲜明特征。高质量发展是体现新发展理念的发展，是以质量第一、效益优先为原则的发展。

●加快发展先进制造业是实现发展方式转变的重要抓手，是破解发展不平衡不充分问题的重要途径，也是建设现代化经济体系的重要支撑。中国制造落实高质量发展要求，关键是加快发展先进制造业。

●新一轮科技和产业革命与我国加快转变经济发展方式形成历史性交汇，我国先进制造业发展环境更趋复杂，需要科学分析和准确把握新的形势。

●要将发展先进制造业作为长期坚持的战略任务，以供给侧结构性改革为主线，以实施《中国制造2025》为抓手，强化创新驱动、改革推动、融合带动，推动质量变革、效率变革、动力变革，加快实现我国制造业由高速增长向高质量发展的跨越。

由高速增长转向高质量发展是新时代我国经济发展的鲜明特征。高质量发展是体现新发展理念的发展，是以质量第一、效益优先为原则的发展。先进制造业是制造业中创新最活跃、成果最丰富的领域，也是价值链上高利润、高附加值的领域。在制造强国建设进程中，必须紧扣高质量发展要求，将加快发展先进制造业作为战略性任务来推进，努力实现中国制造向中国创造转变、中国速度向中国质量转变、制造大国向制造强国转变。

## 一、加快发展先进制造业是实现高质量发展的必然选择

先进制造业既包括新技术催生的新产业、新业态、新模式，也包括利用先进适用技术、工艺、流程、材料、管理等改造提升后的传统产业。加快发展先进制造业是实现发展方式转变的重要抓手，是破解发展不平衡不充分问题的重要途径，也是建设现代化经济体系的重要支撑。中国制造落实高质量发展要求，关键是加快发展先进制造业。

加快发展先进制造业是实现发展方式转变的重要抓手。先进制造业具有技术先进、知识密集、附加值大、成长性好、带动性强等特征。有研究表明，美国先进制造业领域年人均产出是非先进制造业领域的2倍，每个先进制造业岗位可带动供应链上3.5个工作岗位。当前，我国经济发展已进入新常态，支撑制造业快速增长的成本优势日益弱化，能源资源和环境约束不断趋紧，传统粗放型发展模式难以为继，经济发展必须更多地依靠技术进步和劳动者素质提高，不断提高全要素生产率。加快发展先进制造业，提高先进产能比例，能够推进制造业向价值链中高端跃升，促进发展模式向绿色集约方向转型，实现发展方式的根本性转变。

加快发展先进制造业是破解发展不平衡不充分问题的重要途径。我国制造业领域的结构性矛盾主要表现在低端供给过剩和高端供给不足。在

一些行业产能严重过剩的同时，大量关键装备、核心技术、高端产品还不能满足需求。供给结构还不适应需求的新变化，产业整体处于价值链中低端。比如，近年来我国消费者到海外购买电饭煲等产品，这些产品国内完全能够生产而且产量还很大。为什么会出现这样的现象？关键是我们的产品在质量与品牌上与国外高端产品仍有较大差距。先进制造业不仅体现为产品技术上的先进，也体现为先进的生产模式和管理方式。发展先进制造业，能够强化创新的引领作用，优化要素配置，提升质量品牌附加值，扩大有效和中高端供给，提高供给体系的质量和效率，破解发展不平衡不充分问题，满足人民日益增长的美好生活的需要。

加快发展先进制造业是建设现代化经济体系的重要支撑。习近平总书记强调，国家强，经济体系必须强。建设现代化经济体系，必须把发展经济的着力点放在实体经济上。历史经验表明，大国经济必须依靠实体经济，而实体经济的核心是制造业。制造业从低端逐步向中高端升级迈进，是支撑大国经济实现工业化和现代化的根本力量。加快发展先进制造业，能够促进实体经济、科技创新、现代金融、人力资源协同发展，更好地顺应现代化发展潮流和赢得国际竞争主动权，为实现经济发展、改善人民生活、参与国际竞争和保障国防安全提供强有力的支撑。

## 二、准确把握我国先进制造业发展的新形势

当前，我国经济正处在转变发展方式、优化经济结构、转换增长动力的攻关期。新一轮科技和产业革命与我国加快转变经济发展方式形成历史性交会，我国先进制造业发展环境更趋复杂，需要科学分析和准确把握新的形势。

我国先进制造业发展取得积极进展。党的十八大以来，我国制造业稳步提升，综合实力和国际竞争力显著增强，世界第一制造业大国地位更加巩固。特别是制造强国战略实施以来，在全社会重视制造业、关心制造业的氛围下，先进制造业发展取得积极进展。创新成果不断涌现，集成电路、新能源汽车、大型飞机、新材料、移动通信等领域取得一批标志性成果，制造业创新已从跟跑为主，进入跟跑在加快、并跑在增多、领跑在涌现的新阶段。传统产业改造提升力度不断加大，产品技术、工艺装备、能效环保水平全面提高；增品种、提品质、创品牌的“三品”战略深入实施，质量品牌效益明显改善。制造业生产模式深刻变革，智能制造深入推进，各行业服务型制造快速发展。智能手机、无人机、移动支付等基于现代信息技术的新业态新模式快速成长，涌现出一批有活力、有竞争力的创新型企业。2017 年，我国高技术制造业增加值同比增长 13.4%，高于规模以上工业 6.8 个百分点；电子制造业、装备制造业增速分别达 13.8% 和 10.7%，合计拉动整个工业增长 3.2 个百分点。

我国先进制造业发展面临难得的历史机遇。当前，新一代信息技术、新材料技术、新能源技术正在带动群体性技术突破，新的商业组织形态和商业模式层出不穷。特别是新一代信息技术和先进制造技术深度融合，柔性制造、网络制造、智能制造日益成为全球制造业发展的重要方向。以智能制造为例，据初步统计，我国智能制造试点示范项目智能化改造前后对比，生产效率平均提升 30% 以上，运营成本平均降低 20% 左右。我国是制造业大国，也是互联网大国，拥有完备的产业体系、坚实的制造基础和吸收新技术的巨大国内市场，在新兴科技和产业领域已取得一定突破，具有抓住这次科技和产业革命机遇的有利条件。面对历史机遇，必须顺势而为、前瞻部署，加强战略谋划和统筹协调，推动互联网、大数据、人工智能和制造业深度融合，促进先进制造业快速健康发展。

培育和发展先进制造业任重道远。我们应当看到，与建设制造强国的要求相比，与发达国家的发展水平相比，我国培育和发展先进制造业的任务相当艰巨。一方面，制造业创新体系不健全，工业基础还有大量短板，企业普遍存在研发投入低、创新能力不强的问题；产品档次不高，

缺乏世界知名品牌，企业全球化经营能力不足；先进制造业发展环境亟待优化，企业综合成本负担较重，高端人才和高技能人才短缺；资金“脱实向虚”的倾向比较突出。另一方面，先进制造业领域的国际竞争更趋激烈。国际金融危机后，世界主要发达国家纷纷实施“再工业化”战略，持续加力推动本国制造业发展。无论是美国突出创新优势的“先进制造”，德国突出智能制造的“工业4.0”，还是英国强调“制造业+服务业”的“高价值制造”，以及日本以大数据为主的“下一代制造”，着力点虽不尽相同，但核心都是通过发展先进制造业，抢占产业发展制高点。国外跨国公司也在积极利用全球化的生产网络和组织模式，以核心技术和专业服务牢牢掌控价值链高端环节，我国先进制造业发展面临被“低端锁定”的风险。

## 三、凝神聚力加快推进先进制造业发展

习近平总书记强调，振兴制造业特别是先进制造业，短期看是实现经济良性循环的关键，长期看是国家经济命脉。要将发展先进制造业作为长期坚持的战略任务，以供给侧结构性改革为主线，以实施“中国制造2025”为抓手，强化创新驱动、改革推动、融合带动，推动质量变革、效率变革、动力变革，加快实现我国制造业由高速增长向高质量发展的跨越。

抓住一个关键。创新是先进制造业的主引擎，也是实现制造业高质量发展的关键。要以先进技术的产业化应用为导向，推动产业链、创新链、资金链、政策链相互支撑，形成高效立体的制造业创新体系。当前，要突出抓好制造业创新中心建设，面向行业关键共性技术，解决行业反映突出的专用设备、材料、工艺等共性问题，跨越科技成果工程化、产业化的“死亡之谷”。按照聚焦战略性、引领性、基础性的要求，加强对国家制造业创新中心建设领域的总体布局，明确共性技术研发定位，抓好以企业为主体、产学研深度融合的技术创新机制建设，提升科技成果转移转化的辐射带动能力，强化基于自我造血循环发展的商业模式创新，形成细分领域明确、区域竞争合作、上下衔接发展的建设格局。

落实两条思路。推进先进制造业发展，要坚持做强增量和调优存量并举。一方面，做大做强新兴产业。突出抓好大飞机、航空发动机和燃气轮机、集成电路、新材料、新能源汽车、5G等重点领域的创新突破。加强规划和政策引导，对新技术新业态采取鼓励创新、包容审慎的监管模式。在夯实基础、掌握核心技术上下功夫，推动重大技术突破和关联技术升级，打造一批新兴产业集群和龙头企业。另一方面，改造提升传统产业。没有落后的产业，只有落后的技术。要充分运用好、发挥好传统产业的比较优势，引导企业积极开发新产品，不断提高产品性能，持续改进生产工艺，实现优质制造，更好地适应和引领消费需求。以深化制造业与互联网融合发展为重心，支持企业加快数字化、网络化、智能化改造，大力发展个性化定制、网络化协同、云制造，促进形成数字经济时代的新型供给能力。

推动三大变革。质量变革、效率变革、动力变革是加快发展先进制造业的根本要求。以质量变革为核心，着力优化产业供给结构。着力提升要素投入质量，全面提升产品供给质量，稳步提高产业发展质量，促进我国制造业迈向全球价值链中高端。引导先进制造业重大生产力布局，高质量建设“中国制造2025”国家级示范区，加快建设世界级先进制造业集群。以效率变革为目标，着力转变产业发展方式。提高劳动生产效率，培育发展智能制造、绿色制造、服务型制造等新型制造模式。提高资源配置效率，加快土地、资金、能源等要素市场化配置改革，强化数据、信息、知识等新要素支撑，降低实体经济运营成本。以动力变革为重点，着力培育产业发展新动能。建立健全国家制造业创新体系，围绕产业链部署创新链，围绕创新链部署资金链，促进科技创新成果真正落实到产业发展上。

强化四个保障。强化市场保障，实施负面清单制度，建立透明公正的市场准入制度，完善行业标准体系，推动垄断行业有序开放，促进市场

主体平等竞争、优胜劣汰。强化资金保障，创新投融资机制，更好地发挥财政资金的引导和杠杆作用，增强金融服务实体经济的能力，拓宽先进制造业融资渠道，形成促进先进制造业发展的合力。强化人才保障，健全多层次人才培养体系，加强技术技能人才和企业家队伍建设，实施专业技术人才知识更新工程和先进制造卓越工程师培训计划，吸引海内外制造业人才特别是领军人才投身先进制造业发展。强化服务保障，深化“放管服”改革，巩固和扩大行政审批制度改革成果，推进“互联网＋政务服务”，大力促进产业政策与财政、货币、区域等政策的协调配合，切实激发市场活力和社会创造力。

（本文为罗文在《求是》杂志2018年第8期发表的署名文章）

# 第二篇

# 行　业　篇

# 第一部分 原材料工业

## 2018年石油和化学工业经济运行概况

2018年，石油和化工行业生产总体平稳，工业增加值持续增长；市场供需稳定，价格总水平涨势明显；利润保持较快增长，成本继续下降，行业整体效益延续较好态势。但同时，也存在下行压力逐步增加、供给侧结构性矛盾突出、投资动力不足等问题。

### 石油和化工行业运行情况

国家统计局数据显示，截至2018年年末，石油和化工行业全年工业增加值同比增长4.6%。主营业务收入12.40万亿元，同比增长13.6%；利润总额8393.8亿元，同比增长32.1%，分别占全国规模以上工业主营业务收入和利润总额的12.1%和12.7%；出口交货值7018.7亿元，同比增长22.0%。

#### （一）生产总体平稳

2018年，全国主要化工产品总产量增幅约2.3%，较2017年回落0.2个百分点。其中，化肥总产量（折纯）5459.6万吨，同比下降5.2%；硫酸产量8636.4万吨，同比增长1.8%；烧碱产量3420.2万吨，同比增长0.9%；多晶硅产量32.5万吨，同比增长2.5%；乙烯产量1841.0万吨，同比增长1.0%；纯苯产量827.6万吨，同比增长4.7%；甲醇产量4756万吨，同比增长2.9%；合成材料总产量1.58亿吨，同比增长7.5%；轮胎产量8.16亿条，同比增长1.0%。

#### （二）行业价格涨势明显

2018年，石油和化工行业市场表现较好。价格保持上涨，供需结构改善。化学工业价格指数涨幅为6.2%。

#### （三）效益保持较快增长态势

2018年，石油和化工行业效益持续较快增长。2018年全行业效益创新高，利润总额增速超过30%，大幅领先于全国规模以上工业利润平均增速（10.3%）。

#### （四）出口量质齐升

2018年石油和化工行业规模以上企业完成出口交货值同比增长22.0%，增速比2017年增加5.9个百分点。石油加工业出口交货值增速超过80%，化学工业同比增长13.1%。专用化学品、合成材料、有机化学原料制造等出口增长较快，分别同比增长19.7%、17.2%和21.6%。

#### （五）化工行业投资继续回升

2018年，化工行业投资同比增长6.0%，结束了连续两年下降的局面。

### 石油和化工行业运行主要特点和问题分析

#### （一）主要特点

**主要经济指标稳中有升。**2018年，石油和化工行业规模以上企业 27813 家，资产总计 12.81 万亿元，同比增长 5.3%。资产负债率 54.56%，比 2017 年下降 1.4 个百分点。主营业务收入、利润、出口交货值均有较大幅度的增长。

**产业结构持续优化。**2018 年，石油和化工行业在产业结构调整、新旧动能转换、绿色发展水平、运行质量改善等方面呈现积极变化，生产技术水平进一步提升，物耗能耗继续降低，装置规模和集中度都明显改善。例如，基础化学原料、合成材料和专用化学品制造对收入增长的贡献率较高，依次达到 35.0%（其中有机化学原料贡献率为 27.1%）、30.9% 和 18.6%。

### （二）主要问题

**需求乏力，下行压力逐步增加。**2018 年，与石油和化工行业密切相关的下游行业如房地产、家装家饰、家电等增速都在回落，导致石油和化工行业总体需求乏力。石油和化工行业呈现上半年景气，下半年逐月走低的趋势，效益增速从 7 月以后逐月放缓，7 月至 12 月的增速分别为 50.36%、46.24%、45.19%、41.76%、35.92% 和 32.10%。化工板块营业收入 7.27 万亿元，比 2017 年锐减 1.8 万亿元；规模以上企业数减少 1381 家。2018 年下半年，主要大宗化工产品价格下降，特别是第四季度更加明显，部分产品价格下降达 10% 以上。

**供给侧结构性矛盾突出。**企业科技创新能力整体不强，企业投资更愿向资源型、劳动力密集型行业聚集，造成传统行业产能出现不同程度过剩，但技术密集型高端化工新材料产品依然短缺，合成树脂和有机化学品产品持续大量进口。

**投资动力不足。**石油和化工行业 2018 年增速虽然结束了连续两年下降的局面，但也只有 6.0%，仍低于全国工业投资平均增幅（6.5%），行业投资回升动力还明显不足。

## 2019 年石油和化工行业重点工作

### （一）继续大力推进危化品生产企业搬迁改造

充分发挥专项工作组协调作用，一是督促各地定期跟踪梳理搬迁改造进展，加大对进度滞后项目的督促协调，推进重点难点项目落地实施。二是完善危化品企业搬迁改造数据库系统，及时跟踪搬迁改造项目进度。三是按照中办、国办统一部署和要求，在 2018 年 9 月下旬至 10 月底，集中开展重点工业行业综合督查检查，进一步压实地方责任，督促危化品企业搬迁改造工作落实。四是推动相关政策联动落实，及时解决搬迁改造过程中出现的新问题、新困难。

### （二）加快全国危险化学品监管信息共享平台建设

整合应急管理、交通运输、公安、海关、市场监管等部门危化品监管信息资源，建立危化品生产（含进口）、储存、使用、经营、运输和废弃处置企业大数据，按照各部门需求实现相关数据共享；在取得危化品企业、化工园区基础数据的基础上建立全国危化品电子地图，实现相关信息的直观展示。2018 年年底前建成共享平台并运行。

### （三）推动重点化工新材料发展

跟踪推进集成电路材料生产应用示范平台建设进度。开展生物医用材料生产应用示范平台和高分子材料测试评价平台招投标工作。研究制定碳纤维、湿电子化学品等产品技术成熟度评价标准。

### （四）研究“降油增化”实施方案

针对当前我国石化产业炼油产能总量过剩，乙烯、PX（对二甲苯）等下游石化产品严重不足，高端聚烯烃产品依靠进口的问题，按照优化存量、控制增量、开放合作、创新发展的思路，研究“降油增化”实施方案，进一步优化石化产业结构，促进产业高质量发展。

# 2018年钢铁工业经济运行概况

2018年，工业和信息化部坚决贯彻落实党中央、国务院决策部署，持续推进供给侧结构性改革，钢铁行业产业结构不断优化，市场秩序明显改善，行业效益达到历史最佳。与此同时，随着钢铁企业效益的大幅提升，严控新增产能压力不断加大，亟须引起高度重视。2019年，工业和信息化部将按照中央经济工作会议要求，在“巩固、增强、提升、畅通”上下功夫，着力巩固钢铁去产能成果，加快推动全行业高质量发展。

## 钢铁行业运行情况

截至2018年年末，钢铁行业全年压减粗钢产能超过3000万吨，累计压减粗钢产能超过1.5亿吨；粗钢产量达到9.28亿吨，创历史新高，同比增长6.6%；主营业务收入7.65万亿元，同比增长13.8%，实现利润4704亿元，同比增长39.3%；钢材出口6934万吨，同比下降8.1%，出口金额3985亿元，同比增长7.7%。

### （一）去产能完成上限目标任务

2018年是钢铁去产能的深化之年，全国超额完成《2018年国务院政府工作报告》确定的3000万吨年度目标任务。2016年以来，全国累计压减粗钢产能超过1.5亿吨，提前两年完成钢铁去产能“十三五”规划1亿~1.5亿吨的上限目标。

### （二）粗钢产量再创历史新高

2018年，我国生铁、粗钢和钢材（含重复材）产量分别为7.71亿吨、9.28亿吨和11.06亿吨，同比分别增长3.0%、6.6%和8.5%，粗钢产量创历史新高。2018年国内粗钢表观消费量8.7亿吨，同比增长14.8%，达到历史最高水平，其中国产自给率超过98%。

### （三）钢材出口继续显著下降

2018年我国出口钢材6934万吨，同比下降8.1%；出口金额3985亿元，同比增长7.7%；平均出口价格5747元/吨，同比增长17.2%。2018年我国进口钢材1317万吨，同比下降1.0%；进口金额1083亿元，同比增长5.5%；平均价格8225元/吨，同比增长6.5%。预计2019年钢材出口将逐步趋稳。

### （四）钢材价格总体高位运行

延续2017年下半年价格走势，2018年钢材价格总体处于相对高位，钢材综合价格指数平均为115.8点，同比增长7.6%。2018年上半年钢材价格指数基本稳定在110~120点，7月起价格持续上涨，其中螺纹钢价格最高达到4658元/吨，11月起钢材价格快速下跌，截至12月底钢材综合价格指数跌至107.1点，较年内最高点下降13%，其中螺纹钢价格跌至3875元/吨，较高点下降17%。预计2019年，钢材综合价格指数将在100~110点区间上下波动。与钢材价格相比，铁矿石价格全年总体保持稳定，进口铁矿石到岸价格基本保持在65~70美元/吨。

### （五）行业效益达到历史最佳水平

受供给侧结构调整、环保督察、市场需求旺盛等因素共同作用，2018年钢材价格高位运行，进口铁矿石价格保持基本稳定，行业效益达到历史最佳水平。2018年，我国钢铁行业主营业务收入7.65万亿元，同比增长13.8%；实现利润4704亿元，同比增长39.3%。其中重点大中型钢铁企业主营业务收入4.13万亿元，同比增长13.8%；实现利润2863亿元，同比增长41.1%，利润率达到6.93%。截至2018年年底，重点大中型钢铁企业资产负债率为65.02%，同比下降2.6个百分点。

## 钢铁行业运行中存在的问题

### （一）违规新增产能行为更加隐蔽，巩固去产能成果压力增大

从2018年查处曝光的案例来看，随着钢铁行业市场形势的好转，在高额利润的驱动下，部分地区和企业投资钢铁行业的意愿增强，产能扩张的冲动明显，存在试图将停建冶炼项目恢复建设，假借铸造、铁合金或循环经济名义生产钢铁产品，不严格履行产能置换手续或置换比例达不到要求，批小建大应对产能置换等典型问题，严控新增产能已经成为钢铁行业供给侧结构性改革成果巩固的关键。

### （二）国际贸易摩擦加剧、下游行业需求减弱，行业面临下行风险

2018年，我国钢铁行业效益喜人，但同样面临“稳中有变、变中有忧”的局面。一是国际贸易摩擦加剧，虽然对我国钢材出口直接影响不大，但其间接影响已经日渐显现。二是部分下游重点行业钢材需求开始减弱，以汽车行业为例，2018年我国汽车销量同比下降2.8%，汽车行业用钢量也随之下降。企业普遍认为2019年钢铁行业运行将面临较大下行压力，行业效益将大幅下滑。

### （三）产业结构调整、布局优化困难重重，钢铁行业高质量发展任务艰巨

随着大量低效落后产能、“地条钢”产能的退出和取缔，钢铁行业运行秩序明显规范，与此同时，钢铁产业结构调整、布局优化等深层次问题也逐步凸显。京津冀及周边、长三角等钢铁集聚区域，产能过度集中，高炉－转炉长流程占比过重，电炉短流程炼钢发展不足，钢铁生产与生态环境保护之间的矛盾日益突出。加之地方政府仍倾向于在省内，甚至是市、县范围内对钢铁企业进行简单化异地搬迁，难以从根本上解决钢铁产能总量和地区环境容量之间的矛盾。

## 2019年钢铁行业重点工作

### （一）多措并举巩固去产能成果

继续支持重点省份去产能，督促地方以处置“僵尸企业”为抓手，坚定不移去除低效产能。严把产能置换审核关，开展产能置换方案专项抽查，对钢铁产能违法违规行为始终保持露头就打的高压态势，强化负面警示，不断巩固行业来之不易的良好发展局面。

### （二）坚持不懈抓好行业规范管理

更多采用市场化、法治化手段，不断改进行业管理方式方法，针对新形势新要求，适时启动修订行业规范管理办法，持续做好行业规范的动态管理，不断增强钢铁企业市场活力。汇聚政府、协会、企业等各方力量，共同维护钢铁行业公平竞争的市场环境，妥善应对行业运行面临的风险和挑战。

### （三）攻坚克难优化钢铁产业结构

进一步推动京津冀等环境敏感地区钢铁产能向域外转移，逐步优化全国钢铁产能布局。研究制定引导短流程炼钢发展的政策措施，鼓励高炉－转炉长流程企业转型为电炉短流程企业，引导电炉钢有序发展，促进钢铁产业工艺结构优化。

### （四）聚焦重点补齐钢铁材料短板

以钢铁新材料为抓手，加大钢铁材料补短板工作力度，促进一批关键钢铁新材料产业化应用突破，加快解决部分关键钢铁材料“卡脖子”问题，大力发展智能制造、绿色制造，不断提升我国钢材供给质量和水平，推进钢铁产品向中高端迈进，夯实钢铁材料对国民经济的保障能力。

# 2018年有色金属工业经济运行概况

2018年，有色金属行业认真落实党中央、国务院决策部署，继续深化供给侧结构性改革，积极应对国内外复杂局面，控产能、调结构、补短板取得明显成效，行业运行基本平稳，但行业成本上涨、需求不振压力增大，低端过剩与高端供给不足矛盾凸显，效益明显下滑，行业下行压力增加。

## 有色金属行业运行基本情况

国家统计局数据显示，截至2018年年末，有色金属行业全年工业增加值同比增长6.9%；主营业务收入5.43万亿元，同比增长8.8%；利润总额1855亿元，同比下降6.1%，分别占全国规模以上工业主营业务收入和利润总额的5.3%和2.8%；出口交货值1174.7亿元，同比增长8.6%。

### （一）产量平稳增长，投资有所恢复

2018年，十种有色金属产量共计5688万吨，同比增长6.0%，其中，铜、铝、铅、锌产量分别为903万吨、3580万吨、511万吨、568万吨，分别同比增长8.0%、7.4%、9.8%、-3.2%；铜材、铝材产量分别为1716万吨、4555万吨，分别同比增长14.5%、2.6%。2018年，有色金属行业固定资产投资同比增长1.2%，其中，矿山采选投资同比下降8.0%，冶炼及加工领域投资同比增长3.2%，由规模扩张转向加大环保、安全等技改以及高端材料、新技术等研发。

### （二）价格高位震荡回落，行业效益大幅下降

2018年，铜、铅现货均价分别为50689元/吨、19126元/吨，分别同比上涨2.9%、4.1%，涨幅同比回落26、22个百分点；铝、锌现货均价分别为14262元/吨、23674元/吨，分别同比下降1.8%、1.7%。规模以上有色金属企业主营业务收入54289亿元，同比增长8.8%；利润1855亿元，同比下降6.1%，其中，采选利润416亿元，同比持平；冶炼、加工利润分别为679亿元、756亿元，分别同比下降10.2%、5.6%，尤其是铝行业利润同比下滑40.1%，成为拖累行业效益的主因。

### （三）进出口形势有所变化，境外投资取得积极进展

2018年出口未锻轧铝及铝材580万吨，同比增长20.9%。随着禁止洋垃圾入境政策的实施，废铜进口同比下降32.2%，精铜进口同比增长15.5%。海外资源开发积极推进，中铝集团、五矿集团、中金岭南、魏桥等境外项目取得新进展。

### （四）供给侧结构性改革深入推进，行业转型升级不断加快

控产能、调结构取得成效，330多万吨电解铝产能通过产能置换转移至内蒙古、云南等能源丰富地区，中铝整合云南冶金，山东魏桥控股鲁丰股份等联合重组不断推进。去杠杆取得进展，行业资产负债率达62.2%，同比下降0.6个百分点。补短板不断加快，7050全尺寸铝合金厚板获得装机许可，铝空气电池、纳米陶瓷铝合金等实现产业化，铜、铝等冶炼能耗不断下降，绿色发展水平不断提高。

## 有色金属行业面临的问题

### （一）成本上涨、消费不振，行业运行压力不断增大

从生产端看，受矿产、原料、煤炭、电力等原辅料成本普遍上涨以及环保投入不断增加等影响，2018年，有色金属行业每百元主营业务收入成本高于工业平均水平3.97元，同比增加0.58元，尤其是电解铝平均综合成本大幅提升。从消费端看，房地产、电力、汽车、家电等传统消费领域持续走弱，量大面广、带动性强的新兴应用领域有待拓展。此外，民营企业是有色金属行业的重要组成部分，但由于融资成本高、非经营性负担重，在承担重大项目等方面仍存在壁垒，发展压力较大。

### （二）低端过剩、短板突出，产业结构深层次问题凸显

严控电解铝新增产能任务依然艰巨，部分中低端加工领域存在产能过剩风险，锂盐、三元材料前驱体等新兴领域也出现阶段性产能快速扩张的情况。高端材料及绿色冶炼存在短板，航空航天、集成电路用关键有色材料仍依赖进口，2018年铝材进口单价是出口单价的1.9倍，部分冶炼行业实现特排限值要求，还缺乏产业化技术支撑，污染防治仍是制约行业绿色发展的重要瓶颈。

### （三）国际贸易形势复杂，发展环境日趋严峻

随着全球经济走势不确定性因素增多，贸易摩擦的实质性影响显现，铝材出口持续增长难以为继，此外，机电、汽车等有色终端消费品出口受阻也将加剧行业运行压力。由于有色金属金融属性很强，贸易摩擦对行业的间接影响甚至大于直接影响，冲击市场信心、价格及投资，影响行业发展。

## 2019年有色金属行业重点工作

### （一）做优增量，加快有色新材料、新业态创新发展

将民机铝材上下游合作机制拓展为民机材料合作机制，推进落实年度重点任务，跟踪新能源汽车平台建设进度，强化工作督导协调，形成年度标志性工作成果。实施新材料“补短板”，建立有色新材料数据库、行业测试评价中心，完善有色新材料基础体系。同时，推动有色金属行业与互联网深度融合，建设先进有色金属产业集群，拓展应用领域，探索行业发展的新模式、新业态。

### （二）优化存量，提升产业链智能化、绿色化发展水平

制定有色金属智能矿山、工厂建设指南，指导行业智能标准化建设。围绕铜、铅锌、钨、镁等传统产业在绿色冶炼、超低排放、废渣无害化处置、资源综合利用等方面的绿色制造短板，加快适用技术研发及推广，指导部分产业集聚区开展技术供需对接，引导企业加快绿色发展。

### （三）统筹政策，促进行业规范发展

推进供给侧结构性改革，继续保持严控电解铝新增产能的高压态势，严格落实产能置换，通过市场化和法治化方式，引导氧化铝、电解铝产业高质量发展。加强政策协调和服务，协调推动行业降成本，形成国企、民企互为促进的发展格局，巩固中俄合作机制，完善对外合作平台，引导行业应对贸易摩擦、深化国际合作。修订发布行业规范条件，改革管理方式，强化行业规范条件在推进行业技术进步和规范发展的引导性作用。加强热点问题分析，稳定市场预期，促进行业平稳运行。

# 2018 年建材工业经济运行概况

2018 年，建材行业认真贯彻落实党中央、国务院决策部署，深入推进供给侧结构性改革，化解过剩产能取得进一步成效，经济效益和发展质量明显提升，产业结构逐步优化，行业运行总体保持稳中向好态势。

## 建材行业运行情况

国家统计局数据显示，截至 2018 年年末，建材行业全年工业增加值同比增长 4.3%；主营业务收入 4.8 万亿元，同比增长 15.2%；利润总额 4317 亿元，同比增长 43.0%，分别占全国规模以上工业主营业务收入和利润总额的 4.7% 和 6.5%。

### （一）行业生产保持增长

2018 年，建材工业增加值同比增长 4.3%，比前三个季度提高 1.2 个百分点，主要产品产量保持增长，其中水泥产量 21.8 亿吨，同比增长 3.0%；平板玻璃产量 8.7 亿重量箱，同比增长 2.1%；商品混凝土、陶质砖、夹层玻璃产量同比分别增长 12.4%、4.9%、3.5%。

### （二）价格水平继续回升

2018 年建材产品全年均价同比增长 10.5%，在 2017 年企稳回升的基础上继续上涨，但势头减弱，其中 2018 年 12 月当月建材价格指数为 115.4，同比增长 6.5%。1—12 月全国通用水泥平均出厂价格 396.7 元/吨，同比增长 22%；1—12 月全国平板玻璃平均出厂价 75.7 元/重量箱，同比增长 3.5%。

### （三）经济效益明显改善

2018 年建材行业完成主营业务收入 4.8 万亿元，同比增长 15%，利润总额 4317 亿元，同比增长 43%，销售利润率 9.0%。其中水泥主营业务收入 8823 亿元，同比增长 25%，利润 1546 亿元，同比增长 114%；平板玻璃主营业务收入 761 亿元，同比增长 7.2%，利润 116 亿元，同比增长 29%。技术玻璃、卫生陶瓷、混凝土与水泥制品、防水材料、玻璃纤维及制品、石灰石膏、非金属矿等行业收入保持平稳增长。

### （四）固定资产投资实现增长

2018 年建材采选业固定资产投资同比增长 26.7%，建材制品业固定资产投资同比增长 19.7%。全年固定资产投资增长主要来源于技术改造及环保领域，新建类投资占比较少，其中民间投资占全行业投资比重超过 90%。

### （五）产业结构逐步优化

一方面，体现在大型建材企业推进联合重组，水泥、平板玻璃行业前十家集中度明显提高；另一方面，体现在行业内企业数量明显减少，截至 2018 年 12 月底，全行业企业数量同比下降 2.0%，其中建筑用石、非金属矿采选行业下降明显，同比分别下降 13% 和 15%，生态环境治理对采选类行业影响明显。

## 建材工业存在的主要问题

### （一）水泥平板玻璃产能过剩矛盾没有根本解决

全国产能减少还不明显，局部地区如西南一

些省份新上水泥项目意愿较强，同时地区差异非常大，东北三省水泥产能利用率只有40%左右，盈亏相抵后处于净亏损状态。

### （二）传统大宗建材产品进入平台期，下行压力不断加大

2018年我国固定资产投资增速继续回落，从年初的7.9%回落到年末的5.9%，对建材需求的拉动作用进一步减弱。建筑技术玻璃、建筑卫生陶瓷等产品产量在2014年到达顶峰后呈现下降趋势，进入弧顶区间。2018年建材行业利润1/3来源于水泥行业，主要原因是价格的上涨，一定程度上掩盖了行业需求增长的放缓趋势。

### （三）影响行业运行的外部要素日趋复杂

近两年来，在生态环境治理下，非煤矿山相关行业全面清理整顿，生产建材所用的原料、燃料供给和价格出现较大变化和波动，以及公路运输超载治理，都对企业生产经营造成重要影响，建材企业本身实施节能减排改造，也增加了企业投入和运营成本。

## 2019年建材工业重点工作

2019年是中华人民共和国成立70周年，是全面建成小康社会关键之年。从建材行业面临的形势看，一方面，面临着下游需求增速放缓、原材料价格上涨、环境资源约束加大等不利因素；另一方面，市场总体仍保持较大规模，同时消费转型升级和下游新兴产业发展为建材行业提供了新的市场空间。全行业要以党的十九大精神和习近平新时代中国特色社会主义思想为指导，牢固树立新发展理念，以供给侧结构性改革为主线，以质量和效益为中心，着力加强去产能、补短板、稳增长、提品质，力争2019年建材工业继续保持平稳运行，工业增加值增速实现7%以上，经济效益和产业结构进一步优化，高质量发展迈出新的步伐。

### （一）更加注重运用市场化、法治化手段去产能，保持供需基本平衡

落实产能清单制度和跨省听证会制度，细化完善产能置换办法，严肃产能置换、严禁新增产能，从投资源头把好产能关口，确保全国水泥总产能只减不增；完善产能整合平台，推动联合重组，优化产能布局，主动压减过剩产能；推进“放管服”改革，强化事中事后监管，建设建材行业规范条件企业诚信自我声明平台，促进行业规范化发展；完善错峰生产措施，既要坚决防止“一刀切”，也要坚决“切一刀”，坚决打好污染防治攻坚战；督促停止生产32.5等级复合硅酸盐水泥，重点生产42.5及以上产品，加强非标玻璃质量和劣质石油焦燃料监管，打击假冒伪劣产品和无证生产。

### （二）更加注重运用新技术、新业态改造传统建材产业，推动行业升级换代

实施智能改造，推广窑炉专家控制系统，在危害职业健康、重复繁重劳动岗位实施“机器代人”，促进行业智能化发展；实施绿色制造，推进水泥、玻璃、陶瓷、耐火材料、砖瓦行业清洁生产，在重点地区推进超低排放，促进行业绿色化发展；发挥建材行业特点和优势，推动磷石膏等大宗固废利用，加大水泥窑协同处置生活垃圾、城市污泥、污染土壤和危险废物力度，树立城市“清洁工”形象；推进建材行业电子商务、专业物流网络配送体系建设，大力发展研发设计、创业孵化、知识产权、科技咨询等建材新兴服务业。

### （三）更加注重发展新材料新产品新市场，培育行业新动能

适应绿色建筑和装配式建筑发展需要，加快发展绿色建材，在政府工程、重点项目建设中开展应用试点示范，提高绿色建材（含部品化建材）使用比重；鼓励发展先进无机非金属材料，加快特种玻璃、先进陶瓷、人工晶体、高纯石英

的产业化；指导加快国家先进无机非金属材料测试评价平台建设，建立完善数据库，制定、修订一批先进标准，完善新材料标准体系，提高公共服务能力；加快特种水泥新品种研发，为核电工程、桥梁隧道、机场抢修、深海油气、南海岛礁等国家战略工程建设提供支撑；加强矿物功能材料上下游衔接，提高工艺装备水平，重点开发用于节能环保、填充涂敷、储能保温等方面的材料，加快扩大行业规模，促进我国建材行业从建材大国向建材强国迈进。

# 第二部分　装备工业

## 2018 年机械工业经济运行概况

2018 年是全面贯彻落实党的十九大精神的开局之年，机械工业全行业认真贯彻落实党中央、国务院的战略部署，坚持稳中求进工作总基调，按照高质量发展要求，积极应对发展环境的变化。虽然面临全球经济下行风险、国内制造成本上升、市场需求疲软、产业结构亟待调整升级等压力，机械工业行业仍旧坚持深入推进供给侧结构性改革，努力化解各种风险，全年基本实现产销平稳、投资有所改善、外贸出口好于预期的目标，机械工业经济总体保持平稳运行态势。

### 机械工业经济运行情况

#### （一）增加值增速稳中趋缓

2018 年机械工业增加值增速先升后降，总体运行基本平稳。上半年呈现逐月提升的趋势，由年初 1—2 月的 7% 升至 1—6 月的 8.4%，此后增速逐月放缓至年底的 6.3%。2018 年年末，机械工业增加值增速高于全国工业增加值增速 0.1 个百分点（见图 1）。

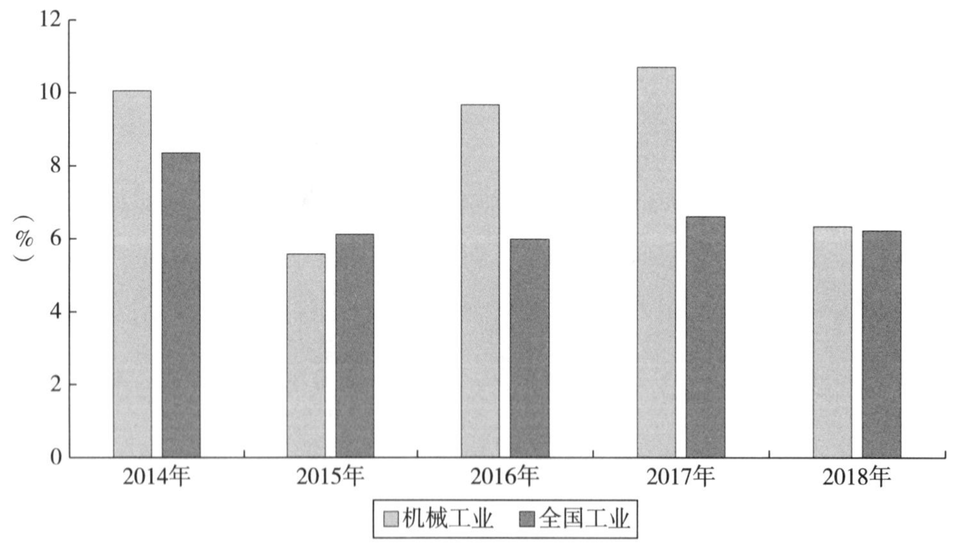


图 1　近 5 年机械工业与全国工业增加值增速比较

从主要大类看，2018 年专用设备制造业、电气机械和器材制造业、通用设备制造业、仪器仪表制造业增加值同比分别增长 10.9%、7.3%、7.2%、6.2%。

### （二）行业运行分化明显

2018 年机械工业累计实现主营业务收入 21.38 万亿元，同比增长 6.05%；实现利润总额 1.45 万亿元，同比增长 2.18%。两项指标虽均实现了同比正增长，但与 2017 年相比，主营业务收入和利润总额增速分别回落了 3.42 和 8.56 个百分点。与全国工业比较，机械工业主营业务收入和利润总额增速低于同期全国工业平均水平 2.46 和 8.15 个百分点。

2018 年机械工业主要分行业经济运行分化特征明显。金属切削机床主营业务收入同比增长 3.3%，但利润总额同比下降 24.8%；增材制造装备主营业务收入同比增长 3.7%，利润总额同比下降 29.7%；工程机械行业主营业务收入和利润总额均大幅上涨，增幅在 20% 左右；石化通用设备制造、重型矿山设备制造和机械基础件行业主营业务收入和利润总额的增幅也达到 10% 左右。

### （三）战略性新兴产业快速发展

2018 年机械工业涉及的战略性新兴产业主营业务收入同比增长 7.19%，利润总额同比增长 4.97%，高于机械工业平均水平 1.14 和 2.79 个百分点，在机械工业中的比重分别为 72.17% 和 69.41%，较 2017 年分别提高 0.77 和 1.85 个百分点。其中，机械工业涉及的高端装备制造业主营业务收入同比增长 7.14%，利润总额同比增长 6.03%，分别高于机械工业平均水平 1.09 和 3.85 个百分点，在机械工业收入总额和利润总额中的比重分别为 23.11% 和 21.83%，较 2017 年分别提高 0.24 和 0.79 个百分点。

### （四）主要产品产量有降有增

截至 2018 年年末，机械工业重点监测的 120 种主要产品中，产量同比下降的产品有 64 种，占比 53.34%；产量同比增长的产品有 56 种，占比 46.67%（见表 1）。

**表 1　2018 年机械工业主要产品产量变化情况（120 种）**

| 时间 | 同比增长品种数（种） | 占比（%） | 其中：以两位数增长（种） | 占比（%） | 同比下降品种数（种） | 占比（%） |
|---|---|---|---|---|---|---|
| 1—2 月 | 78 | 67.24 | 48 | 41.39 | 38 | 32.76 |
| 1—3 月 | 84 | 70.00 | 42 | 35.00 | 36 | 30.00 |
| 1—4 月 | 80 | 66.67 | 47 | 39.17 | 40 | 33.34 |
| 1—5 月 | 80 | 66.67 | 45 | 37.50 | 40 | 33.34 |
| 1—6 月 | 76 | 63.34 | 37 | 30.84 | 44 | 36.67 |
| 1—7 月 | 77 | 64.17 | 39 | 32.50 | 43 | 35.84 |
| 1—8 月 | 77 | 64.17 | 34 | 28.34 | 43 | 35.84 |
| 1—9 月 | 73 | 60.17 | 29 | 24.17 | 47 | 39.84 |
| 1—10 月 | 66 | 55.00 | 27 | 22.50 | 54 | 45.00 |
| 1—11 月 | 62 | 51.67 | 24 | 20.00 | 58 | 48.34 |
| 1—12 月 | 56 | 46.67 | 18 | 15.00 | 64 | 53.34 |

实现产量同比增长的产品主要有：一是工程机械类产品，在 2017 年高基数的基础上继续保持增长，挖掘机增速接近 50%，装载机、压实机械、电动叉车产量增长在 15% 左右；二是原材料行业生产用相关设备保持增长，金属冶炼设备、起重机械等产量增长 30% 左右，水泥专用设备增长 10%，矿山专用设备、金属轧制设备产量增长均超过 6%；三是应用面广泛的通用设备和各类零配件类产品普遍增长，风机、阀门、电线电缆、锻件产量增速在 10% 左右。

产量同比下降的产品主要为前些年持续高速增长的农业机械设备、工业机器人及为汽车配套的仪表产品等。

### （五）固定资产投资平稳向好

经历了两年多的低迷期后，2018 年以来机械工业固定资产投资出现恢复性增长。通用设备制造业、专用设备制造业、仪器仪表制造业、电气机械和器材制造业 2018 年的固定资产投资同比增速分别为 8.6%、15.4%、7.5% 和 13.4%，均高于同期全社会投资增速（5.9%）。从趋势看，2018年以来上述四个行业大类中，仪器仪表制造业波动回升，其他行业投资增速均逐月稳步上升，表现出平稳向好的趋势。

### （六）进出口保持增长态势

在外部环境发生深刻变化、贸易摩擦升级的背景下，我国机械产品国际化保持良好发展态势。据海关统计，2018年全国机电产品累计实现出口总额1.46万亿美元，同比增长10.6%，其中，机械设备出口4294亿美元，同比增长12.1%，仪器仪表出口715亿美元，同比增长1.2%。全国机电产品累计进口总额9656亿美元，同比增长13%，其中，机械设备进口2020亿美元，同比增长19.1%，仪器仪表进口1026亿美元，同比增长5.3%。

### （七）价格指数总体平稳

据国家统计局数据，2018年，全国工业生产者出厂价格指数和生产资料工业生产者出厂价格指数由年初4%左右的增速回落至年末1%左右，原料业生产资料工业生产者出厂价格指数由年初7%左右增速回落至年末1%左右，均表现出明显的回落趋势。机械工业价格指数全年微幅波动，年初2月同比增长0.2%，4月、5月一度同比下降0.1%，此后增幅在0.2%～0.3%波动，至年末12月同比微涨0.2%（见图2）。通过数据分析，机械制造企业产品议价能力低，原材料价格上涨导致的成本上升基本在行业内消化。

### （八）生产经营压力上升

市场疲软、需求不足是一段时期以来机械工业行业发展面临的主要问题。2018年，全国固定资产投资低位运行，其中设备工器具购置投资仅增长2.9%，反映出机械产品需求市场总体偏冷的态势。机械工业行业重点联系企业数据显示，企业订货在经历2017年回升向好后，2018年以来企业累计订货增速呈现波动下行的趋势，一季度至上半年累计订货增幅保持在8%以上，但此后持续回落，截至年底累计订货同比增长0.84%，较2017年的13.75%回落近13个百分点。

2018年，机械工业主营业务成本同比增长6.34%，高于同期主营业务收入和利润总额的增速。机械工业每百元主营业务收入中的成本为83.86元，比2017年上涨了0.23元。具体来看，原材料价格、人工成本、融资成本普遍上升。在多重成本压力下，2018年机械工业利润率总额

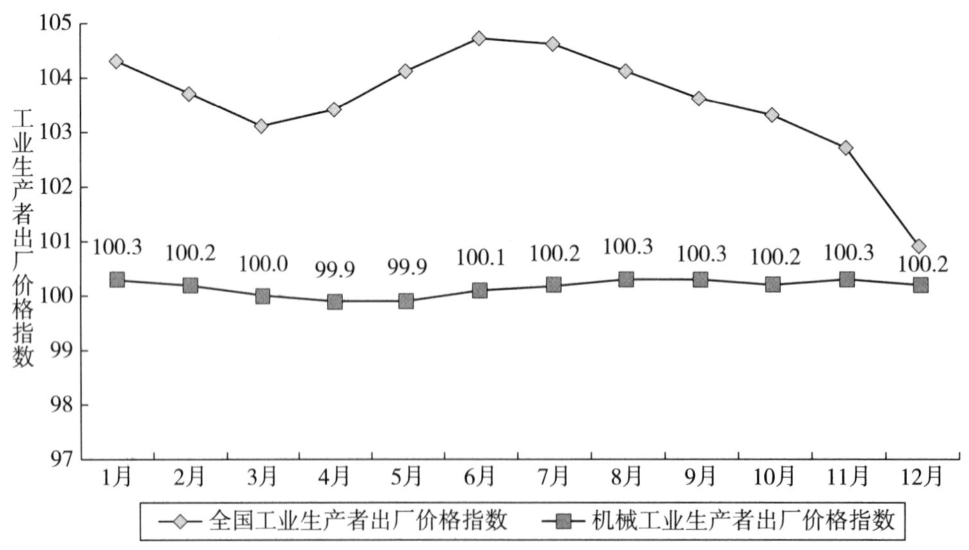


**图2　2018年机械工业生产者出厂价格指数与全国工业生产者出厂价格指数比较**

低速增长，主营业务收入利润率为6.78%，低于2017年同期0.26个百分点，高于全国工业平均利润率0.29个百分点。机械工业趋势指数12月为102.32点，环比继续回落，机械工业行业仍将面临较大的运行压力。

## 机械工业高质量发展新亮点

### （一）高端机床装备

在“高档数控机床与基础制造装备”科技重大专项支持下，2018年，高端机床装备研发、产业化取得积极进展，为航空航天、汽车等重点领域发展提供了基础保障。

济南二机床突破了汽车覆盖件自动化、智能化冲压关键技术，解决了汽车车身多材质覆盖件冲压成形过程板料回弹等难题，建设了国内首条50000kN（千牛）大型全伺服冲压生产线，达到国际领先水平，已应用于新英朗、科沃兹等车身覆盖件生产。2018年全年在国内外推广应用10000kN以上生产线36条，产品出口至美国、日本、法国等国家。上海拓璞数控科技有限公司研制了筒段多头镜像铣设备、五轴重型龙门机床等多台高端机床装备，建成了中型运载火箭贮箱网格薄壁件加工生产线，有效提升了运载火箭贮箱关键件质量可靠性和生产效率。上海拓璞数控科技股份有限公司在竞标中击败法国企业，为西飞研制了12米级蒙皮镜像铣机床，实现了新型飞机大型构件的高效绿色加工。

高端机床装备在汽车等重点领域推广应用提速。2018年11月，工业和信息化部、科学技术部在上海组织召开了数控机床与汽车制造领域现场对接会，多家机床企业、汽车制造企业、高等院校、研究机构等签订了战略合作协议，探索构建新型高端机床装备产需协同创新模式，积极推动创新成果的推广应用。

### （二）机器人行业

工业和信息化部积极会同相关部门组织行业组织积极完善机器人政策标准体系，防范低水平重复建设，推动产业高质量发展。2018年6月，工业和信息化部发布符合《工业机器人行业规范条件》的第一批企业名单。2018年7月，中国机器人产业联盟在江苏常州主办了“2018中国机器人TOP10峰会”。2018年8月，北京市人民政府、工业和信息化部、中国科学技术协会在北京成功举办了2018年世界机器人大会，国务院副总理刘鹤出席并发表重要讲话，明确了机器人产业发展的重点方向和主要要求。

2018年我国机器人产业实现平稳较快发展，全年工业机器人产量为14.8万台（套），全球产量的占比超过38%；服务机器人产品类型也日益丰富，已深入家居生活及日常工作的各个方面；2018年，工业机器人密度达到137，比2017年提高34.3%，远超同期全球平均水平。我国机器人产业发展呈现新的积极信号，**一是产业结构和质量不断优化**。从机器人种类来看，工业、服务、特种三类机器人呈现协调发展趋势。**二是机器人技术创新取得积极成效**。神经网络和深度学习等技术发展较快，显著提升了机器人感知、交互和决策功能，提高了机器人适应外界复杂环境的能力。如运动陪伴机器人、高仿真协作机器人等相继面世，在自主定位、主动避障、语音识别等方面，达到了国际先进水平，满足老年人、残障人士等特殊需求的能力不断提升。**三是关键零部件实现突破发展**。在工业机器人RV减速器方面，秦川机床攻克了RV减速器过定位结构和过盈传动等多项关键核心技术，开发出了BX－E/C/F 3大系列共19种型号85种规格的产品，满足了5千克到800千克机器人的定制化选配需求，月产能达到3000台。秦川机床的RV减速器产品已成功销往260余家国内外机器人企业。在谐波减速器方面，苏州绿的谐波传动科技股份有限公司突破了传统谐波齿形啮合设计理论，开发出全系列高精度谐波减速器，在精度、寿命、稳定性、噪声等方面，达到国际先进水平，2018年产量达到15万台。**四是机器人与传统产业融合发展提速**。在医疗领域，北京积水潭医院利用5G技术，同时远程操控两台天玑骨科手术机器人，成功为不同地区医院的两名患者做手术，这是全球首次利用5G技术多地同步实施的远程外科手术，标志着我国5G通信技术与医学人工智能应用结合达到了新高度，对外科医学的发展具有里程碑意义。在物流领域，京东启用机器人智能配送站，站内采用京东3.5代配送机器人，具有自主导航行驶、智能避障避堵、红绿灯识别、人脸识别取货等能力。

### （三）医疗装备

2015年，国家卫生健康委员会、工业和信息化部建立了共同推进先进医疗设备发展应用合作机制，搭建产需对接平台。在社会各界的共同努力下，我国医疗设备得到快速发展。**一是行业规模持续扩大。**2018年，全国规模以上医疗装备企业实现主营业务收入2838亿元，利润总额372亿元，比2014年分别增长33%和70%。初步形成了珠三角、长三角和环渤海三大集聚区。国内企业生产的X光机、CT（计算机层析成像）和磁共振系统，销往100多个地区8000多家医疗机构。**二是关键技术突破发展。**超导磁体、射频/谱仪等关键部件打破国外垄断，骨科手术机器人、第三代心脏支架、聚焦超声治疗系统等均达到国际先进水平并临床应用。新一代通信技术、超高清视频技术等应用于超声、内窥镜，实现了远程诊疗。**三是市场应用快速拓展。**国产磁共振系统国内市场占有率从2013年的14.5%提高至2018年的32.0%，其中上海联影位列第四位。CT占有率从2013年的7.5%提高至2018年的43.0%，上海联影与沈阳东软跃升至第二位、第四位。深圳迈瑞彩超诊断仪、麻醉机、监护仪等位列国内市场第一梯队。PET－MR（正电子发射计算机断层显像）、PET－CT实现“零”的突破。

### （四）农机装备

2018年12月12日，国务院常务会议审议通过了《关于加快推进农业机械化和农机装备产业转型升级的指导意见》；12月21日，国务院印发了《关于加快推进农业机械化和农机装备产业转型升级的指导意见》（国发〔2018〕42号），明确了新时代农业机械化、农机装备发展的新思路、新举措。

2018年智能农机装备发展稳步推进。工业和信息化部指导河南省、山东省组建了省级智能农机创新中心，推动构建覆盖关联产业的协同创新机制，打造开放、协调、高效的农机装备共性技术研发平台，协同开展基础前沿、关键共性技术研发产业化。2018年，工业和信息化部、农业农村部等推动组建了车联网，由兴化市人民政府牵头，农机农业、电子信息等行业参与的农业无人系统联盟，在江苏兴化启动无人农业作业试点，成功开展了水稻无人耕作、整地、插秧、喷药、施肥及收获等作业演示和实地作业，建立了人工和机械化作业对比试验田，为下一步有序推进农业全程全面无人作业打下了良好的基础。

### （五）工程机械行业

2018年，工程机械行业保持持续快速发展态势。行业重点监测的挖掘机、起重机等9大类工程机械主要产品销量同比增长25.5%，工程机械产品出口总额达235.9亿美元，创历史新高。2018年4月，我国最大吨位的700吨液压挖掘机在徐工集团下线，中国成为继德国、日本、美国之后，第四个具备700吨级以上液压挖掘机研制生产能力的国家。9月，中铁装备等单位联合研制的直径15.8米国内最大直径泥水平衡盾构机“春风号”在郑州下线，有效提升了隧道挖掘机械设计制造水平。中联重科成功研制出全球吨位最大的内爬式动臂塔机。

工程机械行业国际合作深入发展。7月，中铁装备与欧洲承包商——奥地利波尔集团（PORR Group）与比利时贝赛克斯集团（BESIX Group）联营体，联合开发了2台土压平衡盾构机，用于迪拜深埋雨水隧洞工程。福建晋工与韩国现代建设机械开展全球市场合作，福建晋工向韩国现代建设机械的全球代理商生产供应包括装载机和零部件在内的全系列产品。

## 机械行业运行中存在的主要问题

### （一）企业经营压力大

重点企业亏损数量同比增加 7.9%，超过全国工业 1 个百分点，占机械行业企业总数的 15.21%。亏损企业亏损总额 1863.4 亿元，同比增长 30.5%，超过全国工业 22 个百分点，占全国工业亏损总额的 23.47%。2018 年机械工业应收账款总额达 4.9 万亿元，同比增长 6.3%，占全国工业应收账款总额的 34.2%，企业资金进一步紧张，经营压力加剧。

### （二）主配发展不平衡

机械行业发展重主机、轻配套现象严重，因长期缺少投入，机械基础件落后于主机的问题日益突出。一方面，由于功能、性能和质量等存在差距，高端核心部件、元器件依赖进口。另一方面，由于企业规模小且分散，行业整体产能不足，中端零部件市场被外资品牌挤占。如滚动功能部件企业数量仅占机床行业企业总数的 1%。

## 2019 年机械行业运行趋势预判

2019 年，机械行业发展面临的国内外环境依然复杂严峻。由于国际环境的不稳定性和不确定性，全球经济将面临下行风险，对我国外贸出口市场形成持续压力。同时，困扰我国机械工业发展的长期问题仍待解决，结构调整、转型升级任务非常艰巨。

### （一）国际市场下行风险大

从国际看，全球经济继续扩张，但贸易政策不明朗、大宗商品价格波动不定、政治局势不稳等多重不利因素叠加，导致主要经济体增长势头普遍减弱，不确定性提高，其中发达经济体增长率从高于趋势的水平持续下降，下降速度快于先前预期。国际货币基金组织最新报告预测全球增长率 2019 年将下降到 3.5%，较上一期预测降低 0.2 个百分点。

### （二）行业发展信心足

我国经济发展挑战与机遇并存、困难与机会同在。虽然总需求不足增大了企业经营的困难，金融系统不稳定因素仍未消退，特别是国际市场环境及其他领域的关系如何发展仍有一定的不确定性，经济下行面临内在风险仍较多。但是，2018 年年底召开的中央经济工作会议明确将制造业高质量发展作为 2019 年七项重点任务之首，政府工作报告也提到了有关降低制造业增值税税率等举措。党中央、国务院的决策部署，极大地提振了行业发展信心，有利于推动机械行业转型升级发展。

据有关行业组织调查，对于宏观经济走势，接近 95% 的被调查企业持有平稳和乐观的判断；对于自身产品的市场前景，48% 的企业认为市场比较乐观，40% 的企业认为市场基本持平；对于企业年度生产计划，50% 的企业预计增加产量，45% 的企业预计持平。与订单数据相比较，预计增加产量和持平的企业占被调查企业的比例（95%）大于认为对市场乐观和持平的企业占比（88%），也大于在手订单增长和持平的企业占比（69%）。2019 年企业对固定资产投资的意向延续了 2018 年的水平，且略有向好趋势。对于 2019 年的投资规模，50% 的企业计划与 2018 年基本持平，22% 的企业明确将增加，20% 的企业计划较 2018 年有所减少，7.2% 的企业没有投资计划。

### （三）对主要行业的趋势预测

**机床工具行业：** 2018 年下半年后增速逐月回落，特别是四季度后回落更为明显，主要受到汽车行业回落的影响，同时 3C（计算机、通信、消费性电子）行业也未能表现出有力的支撑。2017 年年末企业订货不足、新增订单下降，用户延迟提货现象出现。预计 2019 年机床工具行业运行仍有一定的下行压力。

**农机装备行业：** 近几年农业行业一直处于低迷状态，特别是其中的大型企业经营更为困难。

由于目前市场需求疲软，预计2019年经济运行处于较低水平，大型高端农机、智能农机、丘陵山区等特色农机发展将加快。

**仪器仪表行业**：在制造业智能化改造升级的背景下，预计2019年仪器仪表行业将实现平稳较快增长。考虑到近年来的持续增长，规模已上升到一定水平，增速或将趋缓；高端仪器仪表发展将成为重点。

**工程机械行业**：2018年行业增长超过预期，达到历史新高点。2019年年初产销、利润均高速增长，企业信心足、备货充足。随着基数的上升，预计2019年增速将有所放缓，但仍有望高于全国工业增加值的增速。

**重型矿山行业**：受钢铁、煤炭、水泥等上游行业产业技术改造的拉动，当前重型企业订单比较充足，预计2019年上半年行业运行将延续较好的态势。此外，出口较为平稳，特别是“一带一路”沿线国家的需求旺盛。预计2019年运行稳中有升。

**基础件行业**：2018年下半年开始出现订单减少、增速回落的现象，主要受到汽车行业增速放缓的影响。由于对外贸易承压明显，加之主机行业增速放缓，2019年，基础件行业运行压力或将普遍增加，关键核心基础件发展将提速。

**新兴产业**：机器人、医疗装备、增材制造等新兴产业仍是推动新旧动能转换、推动经济高质量发展的重要动力。随着全球产业转型升级步伐加快，消费升级的加速，特别是技术创新和应用领域的拓展，供给能力的提升和需求规模的扩大，机器人、医疗装备、增材制造等新兴产业将保持快速发展的态势。

# 2018 年汽车工业经济运行概况

2018 年全国汽车工业运行总体平稳，产销规模呈现微降趋势。剔除历史基数高等因素，月度汽车产销形势符合产业运行基本规律。新能源汽车保持高速增长，商用车销量再创新高（见表 1），汽车出口逼近历史最高水平，但产业面临的压力依然存在，国内投资放缓，房地产、制造业投资面临不确定因素，消费信心走低，环保治理加严，排放标准提前实施，这些因素都是造成汽车市场下滑的主要原因。

在中国经济新常态的背景下，未来几年我国汽车产业规模将趋于稳定，增速将保持在低位区间。

**表 1　2018 年 1—12 月我国汽车产销情况**

| | 产量（万辆） | 同比（%） | 销量（万辆） | 同比（%） |
|---|---|---|---|---|
| 汽车总计 | 2780.9 | -4.2 | 2808.1 | -2.8 |
| 乘用车 | 2352.9 | -5.2 | 2371.0 | -4.1 |
| 轿车 | 1146.6 | -4.0 | 1152.8 | -2.7 |
| SUV | 995.9 | -3.2 | 999.5 | -2.5 |
| 商用车 | 428.0 | 1.7 | 437.1 | 5.1 |

## 汽车行业经济运行情况及特点

### （一）汽车产销增速低于预期

2018 年，我国汽车产业面临较大的压力，产销增速低于年初预计，行业主要经济效益指标增速趋缓，增幅回落。一方面受购置税优惠政策全面取消的影响；另一方面受宏观经济增速回落、消费信心下降等因素的影响，短期内仍面临较大的压力。目前，我国汽车产业仍处于普及期，有较大的增长空间。汽车产业已经迈入品牌向上，高质量发展的增长阶段。

2018 年，汽车产销分别完成 2780.9 万辆和 2808.1 万辆，产销量比 2017 年同期分别下降 4.2% 和 2.8%（见图 1）。

### （二）乘用车产销同比下降，下滑明显

2018 年，乘用车产销分别完成 2352.9 万辆和 2371.0 万辆（见图 2），比 2017 年同期分别下

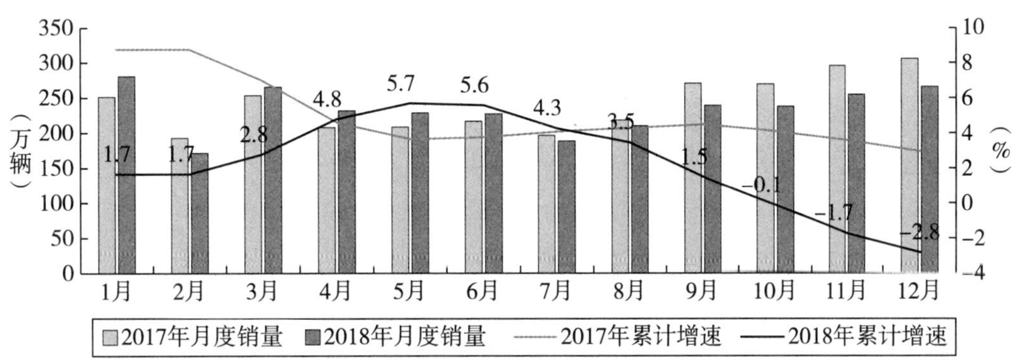

**图 1　2017—2018 年汽车月度销量情况**

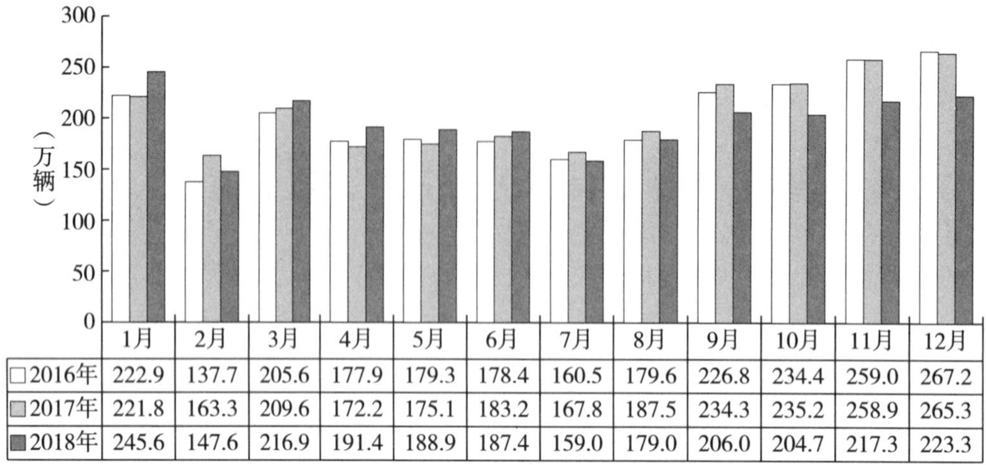


| | 1月 | 2月 | 3月 | 4月 | 5月 | 6月 | 7月 | 8月 | 9月 | 10月 | 11月 | 12月 |
|---|---|---|---|---|---|---|---|---|---|---|---|---|
| □2016年 | 222.9 | 137.7 | 205.6 | 177.9 | 179.3 | 178.4 | 160.5 | 179.6 | 226.8 | 234.4 | 259.0 | 267.2 |
| ■2017年 | 221.8 | 163.3 | 209.6 | 172.2 | 175.1 | 183.2 | 167.8 | 187.5 | 234.3 | 235.2 | 258.9 | 265.3 |
| ■2018年 | 245.6 | 147.6 | 216.9 | 191.4 | 188.9 | 187.4 | 159.0 | 179.0 | 206.0 | 204.7 | 217.3 | 223.3 |

**图2　2016—2018年乘用车月度销量情况**

降5.2%和4.1%；占汽车产销比重分别达到84.6%和84.4%，分别低于2017年0.9和1.2个百分点。从乘用车四类车型产销情况看，轿车产销比2017年同期分别下降4.0%和2.7%；SUV（运动型多用途汽车）产销比2017年同期分别下降3.2%和2.5%；MPV（多用途汽车）产销比2017年同期分别下降17.9%和16.2%；交叉型乘用车产销比2017年同期分别下降20.8%和17.3%。

**中国品牌乘用车市场份额下降。**2018年，中国品牌乘用车共销售998万辆，同比下降8%，占乘用车销售总量的42.1%，占有率同比下降1.8个百分点。其中轿车销量239.9万辆，同比增长1.9%，市场份额20.8%，同比增长0.9个百分点；SUV销量580万辆，同比下降6.7%，市场份额58%，同比下降2.6个百分点；MPV销量132.8万辆，同比下降23.1%，市场份额76.6%，同比下降6.9个百分点。

## （三）商用车产销同比增长，增速回落

2018年，商用车产销同比继续呈现增长趋势，增速明显回落。受货车市场增长的拉动，商用车销量创历史新高。2018年，商用车产销分别达到428.0万辆和437.1万辆，比2017年同期分别增长1.7%和5.1%，增速分别回落12.1和8.9个百分点。

分车型产销情况看，客车产销量分别完成48.9万辆和48.5万辆，比2017年同期分别下降7%和8%；货车产销量分别完成379.1万辆和388.6万辆，比2017年同期分别增长2.9%和6.9%，其中重型货车产销分别达到111.2万辆和114.8万辆，销售再创历史新高，半挂牵引车产销比2017年同期分别下降19.6%和17.2%。

## （四）新能源汽车继续保持高速增长

2018年，新能源汽车产销分别完成127.0万辆和125.6万辆，比2017年同期分别增长59.9%和61.7%。其中纯电动汽车产销分别完成98.6万辆和98.4万辆，比2017年同期分别增长47.9%和50.8%；插电式混合动力汽车产销分别完成28.3万辆和27.1万辆，比2017年同期分别增长122%和118%；燃料电池汽车产销均完成1527辆。

新能源汽车分类别来看，纯电动乘用车产销分别完成79.2万辆和78.8万辆，比2017年同期分别增长65.5%和68.4%；插电式混合动力乘用车产销分别完成27.8万辆和26.5万辆，比2017年同期分别增长143.3%和139.6%。纯电动商用车产销分别完成19.4万辆和19.6万辆，产销量比2017年同期分别增长3.0%和6.3%；插电式混合动力商用车产销均完成0.6万辆，比2017年同期均下降58%。

## （五）前十名企业销量同比下降，但集中度进一步提高

2018年，汽车销量排名前十位的企业集团

销量合计为2503.6万辆，比2017年同期下降2.1%，降幅低于行业平均值；占汽车销售总量的89.2%，比2017年同期提高0.6个百分点。

### （六）汽车出口同比较快增长

2018年，汽车出口104.1万辆，比2017年同期增长16.8%，继续呈现较快增长态势，增速较2017年有所放缓。其中乘用车出口75.8万辆，比2017年同期增长18.5%；商用车出口28.3万辆，比2018年同期增长12.5%。除2018年第四季度外，汽车月度出口量均高于2016—2017年（见图3）。

### （七）企业库存下降

2018年年末汽车企业库存为115.9万辆，比年初下降10.6%。其中，乘用车库存为91.5万辆，比年初下降6.7%；商用车库存为24.4万辆，比年初下降22.8%。

### （八）增加值、经济效益等情况出现下滑

2018年，受产销下行的影响，汽车制造业增加值累计增速也出现逐月下滑的态势，目前增速为4.9%，低于全国规模以上工业增加值增速1.3个百分点；汽车零售总额也出现连续8个月的单月负增长，目前累计增速为-2.4%，但是其占社会消费品零售总额的比例依然超过10%。2018年全年汽车行业主营业务收入完成8.26万亿元，同比增长2.9%；利润总额完成6205.4亿元，同比下降4.7%。其中汽车工业重点企业（集团）累计实现主营业务收入4.17万亿元，比2017年同期增长4%；累计实现利税总额6105.7亿元，比2017年同期下降4%。

## 影响汽车市场走势的原因

进入“十三五”以来，我国汽车市场发展已进入新常态，低增速成为市场发展的新特征。2018年汽车市场虽然出现下滑趋势，但分析各月销量同比变化情况，其趋势基本符合市场发展规律。本轮市场的下滑原因非内生因素，而是来源于外部，主要原因是取消刺激性政策导致的消费需求放缓及外部环境变化带来的消费能力下降。与此同时，当前出现的市场波动和调整过程为产业结构调整提供了机会，是产业实现转型升级阶段需要经历的过程。

### （一）增速放缓是体量扩大的必然结果，从产业整体发展来看，不存在造成市场下滑的内在因素

随着汽车市场连续多年高速增长，保有量快速提高，市场增速趋缓成为必然。本轮拉动市场增长的是SUV产品，目前规模和份额逐步稳定，增速已回归正常。当前，市场上除新能源外没有

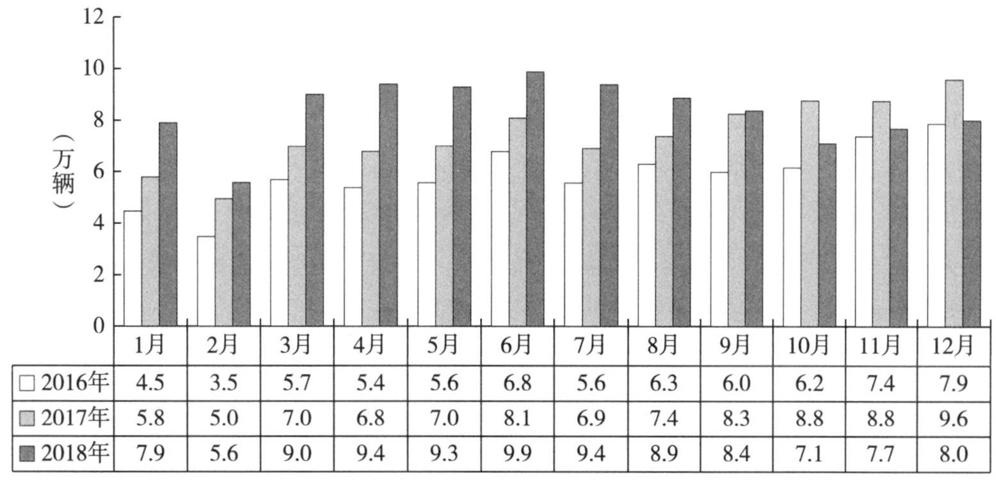


| | 1月 | 2月 | 3月 | 4月 | 5月 | 6月 | 7月 | 8月 | 9月 | 10月 | 11月 | 12月 |
|---|---|---|---|---|---|---|---|---|---|---|---|---|
| □2016年 | 4.5 | 3.5 | 5.7 | 5.4 | 5.6 | 6.8 | 5.6 | 6.3 | 6.0 | 6.2 | 7.4 | 7.9 |
| ■2017年 | 5.8 | 5.0 | 7.0 | 6.8 | 7.0 | 8.1 | 6.9 | 7.4 | 8.3 | 8.8 | 8.8 | 9.6 |
| ■2018年 | 7.9 | 5.6 | 9.0 | 9.4 | 9.3 | 9.9 | 9.4 | 8.9 | 8.4 | 7.1 | 7.7 | 8.0 |

**图3　2016—2018年汽车月度出口情况**

新的增长点出现。

近年来，供给侧结构性改革持续推进，企业在产品技术水平提升、战略性新兴产业方面积极投入，在产品设计、营销策略、品牌建设等方面积极采取措施适应市场需求，已形成相当成熟的运营体系。从产业整体发展来看，不存在造成市场下滑的内在因素。

### （二）政策、楼市、金融等环境的变化造成消费需求放缓，消费能力不足

近年来，乘用车市场净增量的主要贡献来自三、四线城市汽车市场。2018 年以来多方面因素造成消费者消费能力下降、信心不足。三、四线市场受影响尤其明显，连带牵连了整个汽车市场。

**前期刺激性政策取消导致市场透支，进而造成波动。**本轮 1.6 升购置税优惠政策在 2018 年全面被取消。因需求前移到了政策执行期，2016 年和 2017 年的第四季度都出现了集中消费的情况，严重扭曲了汽车市场的正常规律。政策取消后市场需求不足成为必然。2011 年购置税优惠政策取消后，汽车市场增速从 46% 和 32% 大幅降至不足 3% 。2018 年全年市场增速下滑是预期内的结果。

**外部环境变化导致消费能力下降，进而造成消费疲软。第一，房地产走高制约汽车消费需求的释放。**2018 年以来，我国各级城市的房价指数、交易量增速均呈现上涨趋势。地产市场火爆造成居民资金占用量加大、负债增加，因而降低了购买力。**第二，金融去杠杆的影响。**金融去杠杆在一定程度上造成了全社会资金紧张，中小企业融资更难、更贵，企业资金压力的加大会压缩员工的福利，造成员工消费能力的下降。**第三，去产能和治理力度强化，进一步影响了消费者购买力。**钢铁等行业去产能，环保治理力度不断加大，部分不合规企业和中小企业因此关停，造成一部分劳动力发生转移，但这部分劳动力的购买力在一段时间内很难提高，因而无法形成消费。

**拉动商用车增长的主要市场和政策红利已用尽。**商用车作为生产工具，其对政策的敏感性大于乘用车。2018 年下半年，中、重卡以及中、大型客车的产销大幅下滑造成了商用车产销整体增幅的快速趋缓。其中原因主要有四点：第一，中、重卡中运输类货车产品前期受新标准及超载影响，部分车辆车型需要被强制淘汰，导致了市场需求急速攀升，但随着产品结构调整完毕，该政策红利已用尽。第二，中、重卡早在 2012 年出现过一次高速增长，由于车辆平均生命周期为 5 ~6 年，因此近两年正好处在那一批车辆置换的高峰期，但目前该置换周期也已基本结束。第三，2018 年上半年受国家投资项目陆续开工导致工程类产品价格大涨，但随着生产工具的补充完毕，工程类产品的增速也从 2018 年 7 月起由正转负。第四，2018 年上半年新能源公交产销增速较快，原因是新车补贴政策加严切换的节点在 6 月底，从而导致部分节点以后的需求前移，加之 2017 年上半年新能源客车销量惨淡造成的基数过低。进入 2018 年 7 月以后，随着需求提前释放，新能源客车的增速明显放缓。

## 汽车行业未来市场形势预测

未来，影响汽车行业和市场发展的内外部复杂环境不会发生根本变化，注重高质量发展和效益高增长成为企业发展的唯一途径。对于行业未来发展的趋势和面对的主要内外部因素应关注以下七个方面：

**一是短期内政策环境变化造成企业效益水平的下滑。**这包括关税降低将引发价格向下传导，国家第六阶段机动车污染物（以下简称国六）排放标准过早实施将很有可能加剧市场波动，制造环节环保治理增加企业运营成本。

**二是产业创新能力依然亟待提升。**由于当前我国汽车产业大而不强，创新体系还在初建阶段，部分关键技术和核心零部件产品被国外企业垄断的问题较为严重，随着对外开放的进一步扩大和深化，将逼迫中国企业在创新体系、核心能力建设方面持续不断加大投入，经过残酷的市场竞争的洗礼，才能最终培育出具备竞争力的国际

化企业。

**三是环保治理长期推动产品结构调整。**《打赢蓝天保卫战三年行动计划》各项措施的逐步实施，将促进产品结构调整及能源需求结构转变。其一是促进非公共领域商用车电动化发展；其二是在重型柴油车减排方面，天然气车比重将有所提高，柴油车混动技术加快应用；其三是由于多种原因导致国六阶段中国品牌乘用车应对提前实施的能力不足，对大多数中国品牌企业市场竞争力产生负面影响。

**四是产业格局调整将逐步深入。**伴随市场规模的稳定，发展环境复杂，内外部因素推动市场竞争进一步加剧，企业分化发展是下一阶段产业运行的主要特征，形成核心优势的企业将越来越被市场认可，而疲于应对缺乏主动思维的企业将逐渐遭到淘汰。

**五是国企改革有望加快推进。**由于整车制造行业国企所占比重相对较高，在产业发展追求高质量的背景下，国企改革步伐将加快，根据改革方向及经验，混合所有制企业可能成为真正的市场主体。

**六是“走出去”进程加快。**参与全球竞争，适应甚至主导国际贸易规则是建立汽车强国，培育有竞争力的国际化企业不可少的阶段。未来，企业将逐步加强从研发到制造及售后全产业链的国际产能合作，以国家“一带一路”倡议为契机，与金融业协同，系统构建并优化海外市场布局，提升利用、整合国际资源发展海外事业能力，提高“走出去”水平。

**七是管理改革持续推动。**未来，科技推动的跨产业融合发展对管理体系提出了更高、更急迫的要求，需要行政管理的体制机制改革与产业发展同步进行，甚至是提前布局。因此，贯彻落实好国家“依法治国”“简政放权”等一系列方针政策，行业管理部门需要在未来加快和深化管理思路、制度、模式等方面的改革。

## 未来市场预测

2019 年，在经济下行压力较大、需求持续疲软的背景下，全年汽车产销可能难以实现2018年的水平，即产销存在负增长的可能性。关于年内形势，考虑到2018 年上半年基数较高的原因，预计 2019 年的产销变化态势呈前低后高。关于行业运行质量，由于受原材料价格、用工成本、资金成本等上涨因素影响，同时，伴随需求不足、竞争加剧带来的产品降价情况，2019 年行业整体效益水平较低，运行质量有所下降。企业分化更加明显。

从中期发展来看，由于汽车市场体量很大，销量变化的调整相对缓慢，在没有外部强力干预的前提下，市场不太可能出现明显的反转，由此判断，未来 2 ~ 3 年将是汽车市场的盘整期，每年新增汽车市场规模相对稳定。

从长期发展形势来看，由于我国千人汽车保有量水平较低，伴随政策红利的逐步释放，行业的增长潜力依然存在，但同时应注意到，随着更多年轻的一代成为消费主力，消费者的消费习惯将逐步改变，“拥有车辆”的理念会被“使用车辆”所替代，成为消费者最终的消费目的。换言之，共享出行模式越来越被消费者接受。因此，届时新车消费可能还将受到一定的抑制。

# 2018 年船舶工业经济运行概况

2018 年是我国改革开放 40 周年，船舶工业迎来了全面对外开放和高质量发展的新机遇。在全行业共同努力下，我国三大造船指标保持国际领先，骨干船企竞争力不断提高，造船过剩产能有效压减，船舶修理业运行良好，新型海工装备制造业快速发展，船舶配套产品取得新突破，但是受世界经济和航运市场复苏动能减弱、新造船市场深度调整的影响，融资难、盈利难、接单难等深层次问题仍然存在，船舶工业面临的形势依然十分严峻。

2018 年，我国规模以上船舶工业企业共 1213 家，其中船舶制造企业 565 家，船舶配套设备制造企业 420 家，船舶修理企业 118 家，海洋工程装备制造企业 57 家，船舶改装企业 36 家，其他企业 17 家。

截至 2018 年年底，我国已投产的 1 万吨以上的船坞（台）共计 543 座，其中，造船用船坞（台）489 座，修船用船坞 54 座。大型造船船坞（台）中，50 万吨级船坞 6 座，30 万吨级船坞 32 座，10 万 ~25 万吨级船坞（台）22 座。大型修船设施中，万吨级以上修船干船坞 19 座，其中 30 万吨级 7 座，10 万 ~25 万吨级 10 座；万吨级以上修船浮船坞 35 座，最大举力达 8.5 万吨。

## 行业发展状况

2018 年，全国规模以上船舶工业企业实现营业收入 4577.9 亿元，比 2017 年下降 26.1%。其中，船舶制造业 3256.5 亿元，比 2017 年下降 25.7%；船舶配套业 553.3 亿元，比 2017 年下降 33.7%；船舶修理业 210.1 亿元，比 2017 年下降 4.2%；船舶改装业 60 亿元，比 2017 年下降 8.6%；海洋工程装备制造业 410.2 亿元，比 2017 年下降 4.8%。

全国规模以上船舶工业企业实现利润总额 112.3 亿元，比 2017 年下降 23.5%。其中，船舶制造业 45.0 亿元，比 2017 年下降 16.4%；船舶配套业 37.5 亿元，比 2017 年下降 30.8%；船舶修理业 5.2 亿元，比 2017 年下降 32.5%；船舶改装业 6.2 亿元，比 2017 年增长 19.2%；海洋工程装备制造业 15 亿元，比 2017 年增长 59.6%。

### （一）生产经营情况

2018 年，全国造船完工量 3503.4 万载重吨，比 2017 年下降 12.8%；新承接船舶订单量 3931.4 万载重吨，比 2017 年增长 6.7%；2018 年年末手持船舶订单量 9547.4 万载重吨，比 2017 年增长 2.0%。按载重吨计，我国造船完工量、新接订单量、手持订单量分别占世界市场份额的 43.6%、42.1% 和 43.0%。

2018 年，造船完工量排名前 5 位的地区依次是江苏、上海、辽宁、山东和浙江，五省（市）完工量合计 3187.7 万载重吨，占全国造船完工量的 91%；其中江苏 1483.0 万载重吨、上海 640.5 万载重吨、辽宁 458.6 万载重吨、山东 325.7 万载重吨、浙江 279.9 万载重吨。新接船舶订单量排名前 5 位的地区依次是江苏、上海、辽宁、山东和广东，五省（市）新接订单合计 3575.6 万载重吨，占全国新承接订单量的 90.9%；其中江苏 1892.4 万载重吨、上海 482.9 万载重吨、辽宁 474.5 万载重吨、山东 419.6 万载重吨、广东306.2万载重吨。手持船舶订单排名前5位的地区依次是江苏、上海、辽宁、浙江和山东，五省（市）手持订单量合计达到8468.2万载重吨，占全国手持订单量的88.7%；其中江苏3998.6万载重吨、上海1653.5万载重吨、辽宁1335.4万载重吨、浙江795.6万载重吨、山东685.1万载重吨。

2018年，中国船舶工业集团有限公司、中国船舶重工集团有限公司、中远海运重工有限公司和招商局工业集团有限公司四家中央企业集团造船完工量合计2058.4万载重吨，占全国造船完工总量的58.8%。其中，中国船舶工业集团有限公司造船完工896.7万载重吨，居世界造船企业集团第2位；中国船舶重工集团有限公司造船完工626.2万载重吨，居世界造船企业集团第3位；中远海运重工有限公司造船完工449.8万载重吨，居世界造船企业集团第7位。全国造船完工量前10位的企业合计造船完工量2416.4万载重吨，占全国造船完工量的68.8%。其中，造船完工量全国排名前3位的企业分别为：江苏扬子江船业（集团）有限公司511.5万载重吨，上海外高桥造船有限公司429.3万载重吨，大连船舶重工集团有限公司292.3万载重吨，造船完工量超过100万载重吨的企业共有9家。

（二）船舶进出口情况

2018年，全国完工出口船3215.3万载重吨，比2017年下降12.2%；承接出口船订单3666.8万载重吨，比2017年增长18.3%；2018年年末手持出口船订单8669.0万载重吨，比2017年增长4.5%。出口船舶分别占我国造船完工量、新接订单量、手持订单量的91.8%、93.3%和90.8%。

2018年全年船舶产品出口总额250.4亿美元，比2017年增长10.2%。三大主流船型出口总额128.7亿美元，占船舶出口总额的51.4%。其中，集装箱船出口49.7亿美元，占比19.8%；散货船出口47.8亿美元，占比19.1%；油船出口31.2亿美元，占比12.5%。我国船舶产品出口至180余个国家和地区，其中，亚洲是我国船舶出口最主要的市场，向亚洲出口船舶148.1亿美元，占比59.2%；向欧洲地区出口35.7亿美元，占比14.3%。

2018年，我国船舶产品进口总额19.9亿美元，比2017年增长30.9%。亚洲是我国船舶进口的主要市场，进口额为18.4亿美元，占比92.3%。

## 行业发展与技术进步

（一）国际市场份额保持领先，骨干船企竞争力提升

2018年，我国造船三大指标国际市场份额继续保持领先地位，造船完工量、新接订单量和手持订单量以载重吨计分别占43.6%、42.1%和43.0%，继续保持世界第1位。产业集中度进一步提高，前10家企业造船完工量占全国总量的68.8%，比2017年提高7.1个百分点。新接订单向优势企业集中趋势明显，前10家企业新接订单量占全国总量的75.7%，比2017年提高7.1个百分点。骨干造船企业竞争优势提升，分别有5家企业进入世界造船完工量、新接订单量和手持订单量前10强。

（二）产品结构持续优化，创新能力不断提升

2018年，我国实现2万TEU（传输扩展单元）级集装箱船批量交付，先后建成交付全球首艘40万吨智能超大型矿砂船、全球首艘安装风帆装置的30.8万吨超大型原油船、8000车位汽车滚装船、极地凝析油船、35万吨海上浮式生产储卸油装置（FPSO）等一批高端船舶和海工项目。国产大型邮轮建造进入正式实施阶段，自主建造的极地科考破冰船下水，“深海勇士”号载人深潜器完成深海试验。先后承接了绿色环保型矿砂船、2500客位豪华客滚船、7800车位汽滚船、8.4万立方米超大型液化气船、1.86万立方米液化天然气（LNG）加注船、4.8万吨半潜

重吊船、极地探险邮轮等高技术、高附加值船舶订单。船舶配套关键技术研发取得突破，绿色环保智能低速柴油机、首台搭载废气再循环装置低速柴油机成功交验，世界最大22000TEU集装箱船用曲轴成功下线，中国的全球海事宽带卫星通信网络正式开通。

### （三）充分发挥市场机制，有效压减造船过剩产能

2018年，国际新造船市场竞争激烈，需求不足和产能过剩的矛盾仍然存在。在市场机制和政策引导的共同作用下，一批管理能力不高、产品质量不佳、经营效益不好的企业逐步被市场淘汰。近年来，主要央企集团和民营骨干企业通过优化存量产能、内部资源整合、调整产品和产业结构，推动老厂区搬迁累计压缩、压减造船产能约2000万载重吨，船舶行业过剩产能得到有效压减。据中国船舶工业行业协会数据，2018年中国造船产能利用监测指数（CCI）为607点。

### （四）高端改装和修理业提升，环保改装项目显著增长

2018年，我国骨干修船企业在高端改装和修理领域取得新进展，完成了全球首艘超大型集装箱船加长改装项目、全球最大橙汁运输船改装项目和国内首艘薄膜型LNG船货舱修理项目，在FPSO改装和大型邮轮、海洋工程装备修理领域取得了良好业绩。随着国际海事组织（IMO）《国际船舶压载水和沉积物控制与管理公约》的正式生效和2020年1月1日的“硫排放限令”执行期的临近，船舶压载水处理系统装置和船舶尾气处理装置改装需求呈现爆发式增长，全年主要修船企业承接压载水处理装置项目比2017年增长15%以上；承接加装脱硫塔业务896个，比2017年增长近90%。

### （五）新型海工装备取得突破，部分库存装备得到处置

2018年，国际原油价格处在相对高位区间，布伦特原油价格一度突破80美元/桶，海洋工程装备制造业上游运营市场呈现温和复苏迹象，我国共承接各类海工装备制造51艘/座，合计61亿美元，比2017年增长144%，按金额统计占全球市场份额的59.2%，位居世界第一。承接5艘海上浮式生产储油装备制造，在LNG动力守护供应船、LNG浮式再气化驳船以及海上风电安装船（平台）、自升式海洋牧场平台、海上风电多功能抢修船和智能化渔业养殖装备等新型海工装备制造领域取得突破。此外，相关海工装备制造企业积极开展“去库存”，通过转售和出租等方式处置了“库存”的10座海工平台和83艘海工辅助船舶。

# 第三部分　消费品工业

## 2018 年纺织工业经济运行概况

2018 年，全球经济总体处于复苏轨道，发达经济体就业有所改善，带动了国际市场需求回暖；我国宏观经济总体平稳，释放内需市场空间，冲刺全面建成小康社会。面对复杂多变的外部环境，我国纺织行业坚持深入推进供给侧结构性改革，努力化解各种风险挑战，全年基本实现平稳运行，主要运行指标增速符合预期，与所处外部环境及自身发展阶段总体相符，结构优化与高质量发展特征逐步显现。

### 纺织行业运行态势分析

#### （一）行业景气度符合预期

根据中国纺织工业联合会重点企业跟踪调查结果，2018 年全年，纺织行业景气指数均处于 50 以上的扩张区间，整体呈现稳中趋降走势，市场环境的复杂性逐渐显现。全年四个季度中，第二季度行业景气度水平最高，指数达到 60.9，主要带动因素是内外市场销售情况良好，支撑产品价格处于高位，生产增速加快。第三季度，受到宏观经济下行压力显现的影响，企业备货相对保守，行业景气度回落至全年最低水平，指数仅为 53.1。第四季度，行业景气指数回升至 57.8（见图 1），新订单、生产、原材料库存、用工四项核心指标与第三季度相比均有所提升（见表 1），表明企业对于外部环境的复杂性已有了一定的适应性和应对准备。

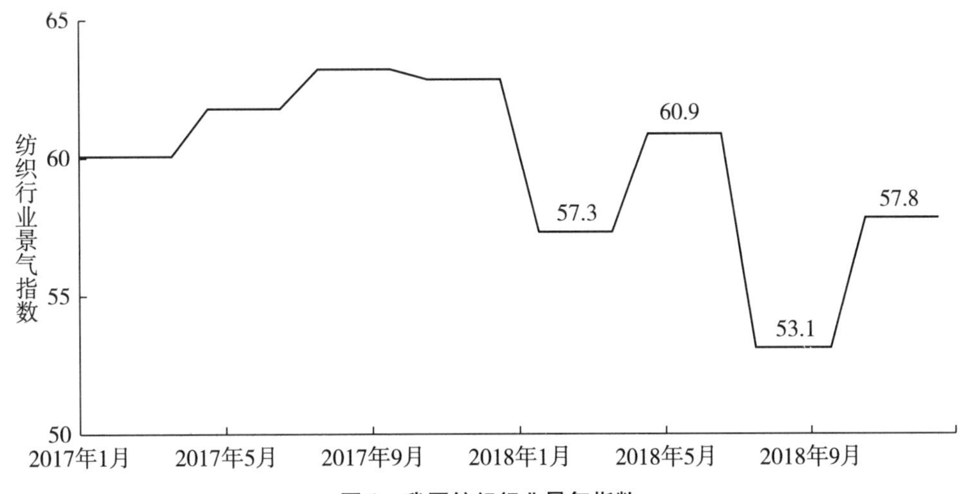


**图 1　我国纺织行业景气指数**

资料来源：中国纺织工业联合会产业经济研究院。

**表1　2018年纺织行业景气指数及分项指标情况**

| 指标名称 | 第四季度 | 第三季度 | 第二季度 | 第一季度 |
|---|---|---|---|---|
| 综合景气指数 | 57.8 | 53.1 | 60.9 | 57.3 |
| 生产指数 | 60.6 | 58.9 | 69.8 | 57.6 |
| 国外订单指数 | 52.9 | 52.0 | 53.6 | 60.3 |
| 原材料购进价格指数 | 64.9 | 75.3 | 63.7 | 62.0 |
| 产品销售价格指数 | 53.4 | 61.1 | 77.8 | 71.9 |
| 原料库存指数 | 53.1 | 48.8 | 52.8 | 52.8 |
| 产成品库存指数 | 64.9 | 75.3 | 50.8 | 52.3 |

资料来源：中国纺织工业联合会产业经济研究院。

## （二）内销市场加快增长

2018年，在宏观经济总体平稳支撑下，我国纺织品服装内需市场呈现较快增长态势，虽然全年增速走势逐月放缓，但是线上线下零售增速均处于近两年较高水平。纺织品服装内销实现良好增长，一方面得益于民生消费加快增长，另一方面也表明纺织行业供给能力有所增强，较好地满足了多元个性、功能细分的消费需求。

国家统计局数据显示，2018年全国限额以上服装鞋帽、针纺织品类零售额同比增长8%，增速较2017年提高0.2个百分点，高于同期全部限额以上单位商品零售额增速2.3个百分点（见图2），但低于化妆品和中西药品等近期消费升级热点领域增速（见图3）。纺织品服装价格温和上涨，2018年纺织品零售价格同比增长0.8%，服装鞋帽商品零售价格同比增长1.3%，增速均快于2017年。

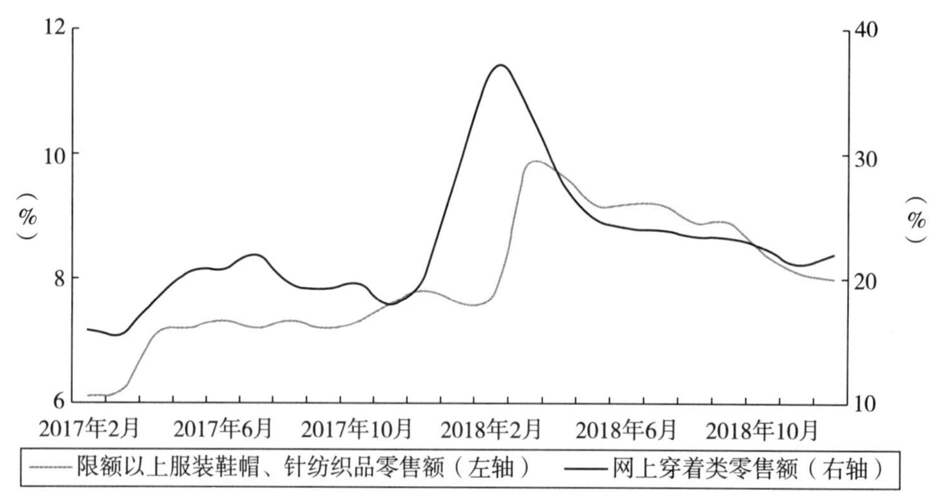


**图2　纺织品服装实体及网上零售额增速**

资料来源：国家统计局。

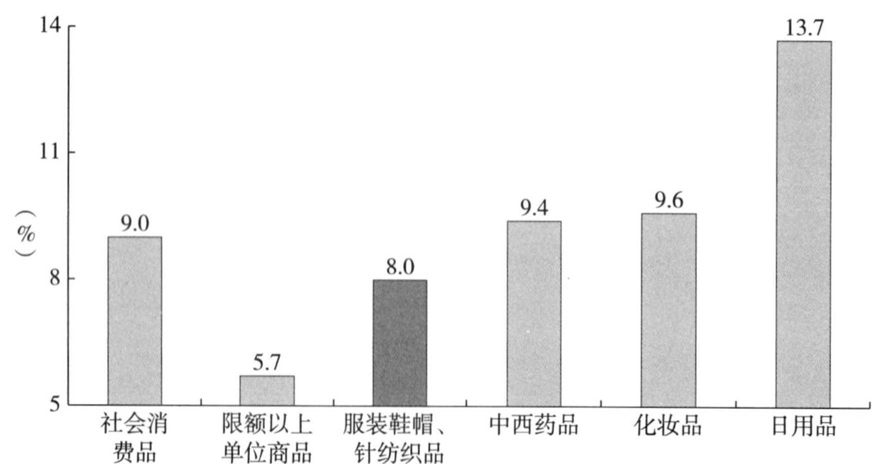


**图3　社会消费品及限额以上单位商品零售额增速**

资料来源：国家统计局。

网上零售继续保持快速增长，2018 年全国网上穿着类商品零售额同比增长22%，增速高于2017 年 1.7 个百分点。天猫 2018 年“双十一”数据显示，成交额过亿的品牌中服装服饰类占比27%，位居第一，超过第二品类 6 个百分点，说明纺织服装品牌网络零售渠道日渐成熟，市场认可度提升。

### （三）出口市场持续回暖

2018 年，主要发达国家就业状况持续改善，美国和日本基本处于充分就业水平，欧元区国家失业率也接近危机前最低水平，企业及居民收入增长情况良好，以美国为主力的国际市场需求回暖，带动了我国纺织行业出口额同比加快增长。

根据海关数据，2018 年我国纺织品服装出口总额（含第 94 章）为 2876.2 亿美元，同比增长 4.8%，增速较 2017 年提高 3.2 个百分点。从月度走势看，受春节假日因素影响，2018 年第一季度纺织行业出口有所波动，此后增速逐渐趋稳（见图 4）。主要产品中，纺织品国际竞争力稳定，出口额同比增长 9.9%，增速高于 2017 年5.4 个百分点，占纺织品服装出口总额的比重由2017 年的 42.1% 提高到 44.2%；服装受到制造成本高企及订单、投资转移等因素影响，出口压力较大，出口额同比仅增长 1%，增速较 2017 年提升 0.6 个百分点，占纺织行业出口总额的比重下调至 55.8%。

主要市场中，美国是我国纺织行业传统出口市场中的主要增长力量，2018 年美国服装零售增长情况好于 2017 年，我国对美国纺织品服装出口额同比增长 10.7%，较 2017 年增速提高 9 个百分点。欧盟、日本由于国内消费水平几乎无增长，我国对其纺织品服装出口增速也较为缓慢，2018 年同比分别增长 3.2% 和 3.4%。我国纺织行业对越南、缅甸、印度尼西亚等国一带一路市场出口快速增长，出口增速分别为 25.3%、35.2% 和 19.3%（见表 2），是纺织行业出口增长的新动力。

我国在全球纺织品服装出口市场中份额在2015 年达到历史峰值，为 37.9%，随后逐步下降。根据世界贸易组织（WTO）数据，2017 年，我国对全球出口纺织品服装共计 2683.5 亿美元，占全球出口比重 34.8%，较 2016 年下降 1.2 个百分点。其中，出口纺织品 1098.9 亿美元，市场份额为 36.6%；出口服装 1584.6 亿美元，市场份额为 33.6%。

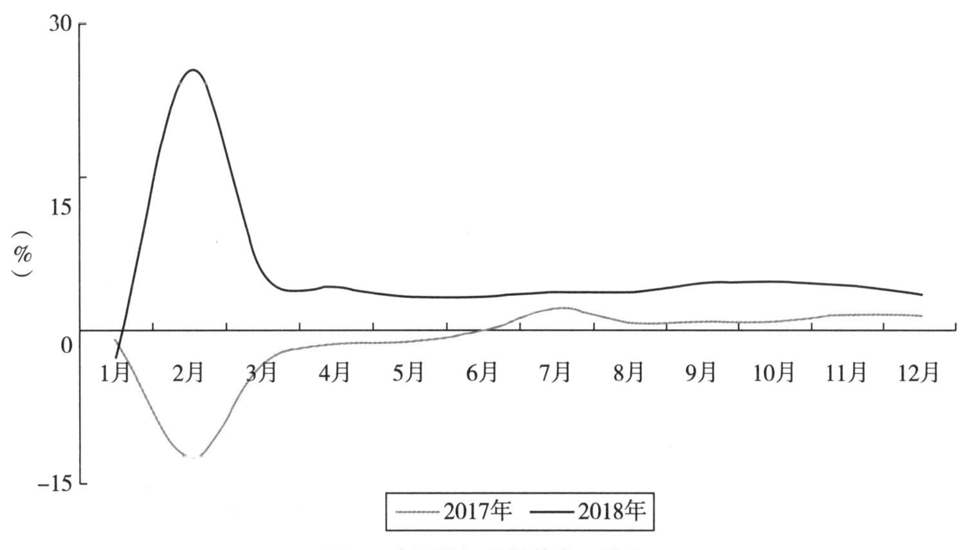


**图 4　我国纺织品服装出口增速**

注：由于数据缺失，图中纺织品服装出口增速采用海关快报数据计算。

资料来源：中国海关。

表 2 **2018 年我国纺织原料及纺织品服装分国别出口情况**

| 美国 | | 欧盟 | | 日本 | |
|---|---|---|---|---|---|
| 出口额（亿美元） | 同比（%） | 出口额（亿美元） | 同比（%） | 出口额（亿美元） | 同比（%） |
| 528.3 | 10.7 | 514.7 | 3.2 | 220.1 | 3.4 |
| **越南** | | **缅甸** | | **印度尼西亚** | |
| 出口额（亿美元） | 同比（%） | 出口额（亿美元） | 同比（%） | 出口额（亿美元） | 同比（%） |
| 160.3 | 25.3 | 21.2 | 35.2 | 50.6 | 19.3 |

注：由于技术原因，自 2018 年 4 月起，海关暂停提供出口统计月报数据。本表格中我国对越南、缅甸和印度尼西亚出口数据根据中国海关官网公布的统计月报整理，包含海关 HS 编码第 50～63 章内全部纺织原料及纺织品服装。表格中我国对美国、欧盟和日本的出口数据为剔除了纺织原料的海关 HS 编码第 50～63 章和第 94 章的纺织品服装。

资料来源：中国海关。

## （四）生产实现低速增长

2018 年，全国规模以上纺织企业工业增加值同比增长 2.9%，较 2017 年减少 1.9 个百分点。产业链各环节中，棉纺织及印染精加工业生产显著放缓，工业增加值同比下降 1%，低于 2017 年 4.8 个百分点，但根据中国棉纺织行业协会调查情况，2018 年国内外棉价差缩小，重点跟踪的棉纺企业及产业集群的生产及销售增长情况均较为平稳。其他主要子行业生产保持较好增长态势，化纤业工业增加值同比增长 7.6%，较 2017 年增加 1.8 个百分点；产业链终端服装、家纺和产业用纺织品行业工业增加值同比分别增长 4.4%、3.7% 和 8.6%；纺机行业工业增加值同比增长 9.5%（见图 5），反映了国产装备制造市场竞争力稳步提高。

除化纤外，多数大类产品产量增速均有所放缓。2018 年，全国化纤产量达 5011.1 万吨，同比增长 2.7%，增速较 2017 年提高 2 个百分点；全社会纱、布产量同比分别减少 7.3% 和 4.9%，增速较 2017 年分别下降 15.8 和 0.6 个百分点。规模以上企业印染布、无纺布和服装产量同比分别增长 2.6%、－8% 和－3.4%，增速分别较 2017 年下降 2.2、8.1 和 0.8 个百分点（见表 3）。

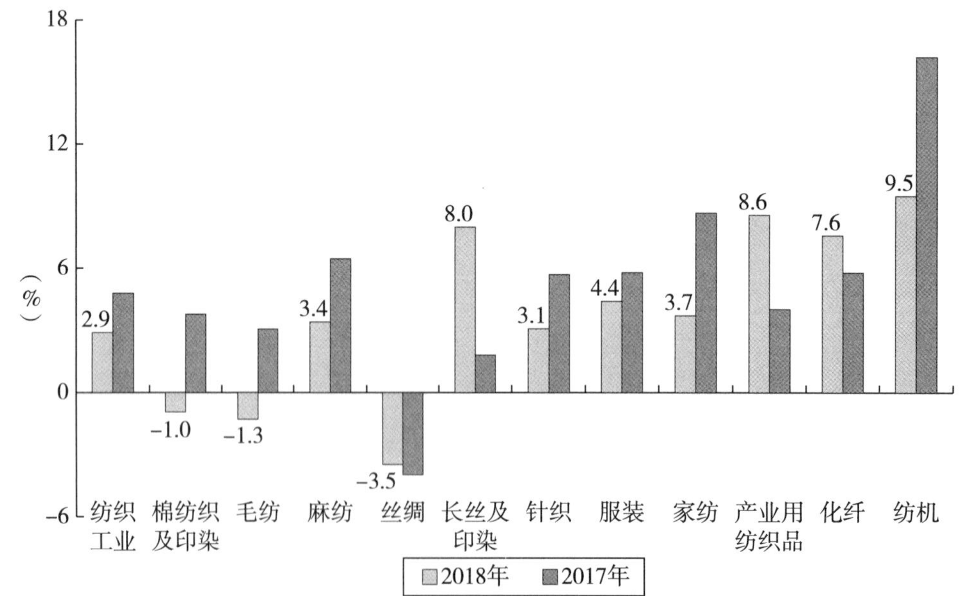


**图 5 纺织工业及分行业规模以上企业工业增加值增速**

资料来源：国家统计局。

表 3　2018 年规模以上纺织企业主要大类产品产量

| 产品名称 | 单位 | 产量 | 同比（%） | 增速较 2017 年同期增减（百分点） |
|---|---|---|---|---|
| 纱 | 万吨 | 2958.9 | -7.3 | -15.8 |
| 布 | 亿米 | 657.3 | -4.9 | -0.6 |
| 印染布 | 亿米 | 490.7 | 2.6 | -2.2 |
| 无纺布 | 万吨 | 366.3 | -8.0 | -8.1 |
| 服装 | 亿件 | 222.7 | -3.4 | -0.8 |
| 化学纤维 | 万吨 | 5011.1 | 2.7 | 2 |

注：化纤、纱、布产量为国家统计局公报的全社会产品产量，其他产品为规模以上企业产量。

资料来源：国家统计局。

## （五）经济效益总体向好

2018 年，纺织行业主营业务收入增速小幅回落，但利润增速持续加快，纺织产品价格涨幅高于原料价格（见图 6），带动行业效益情况稳步改善。全国 3.7 万家规模以上纺织企业累计实现主营业务收入 53703.5 亿元，同比增长 2.9%，增速较 2017 年减少 1.3 个百分点；实现利润总额 2766.1 亿元，同比增长 8%，增速较 2017 年增加 1.1 个百分点；企业销售利润率为 5.2%，较 2017 年提高 0.2 个百分点。2017—2018 年纺织工业规模以上企业主营业务收入及利润总额增速对比图见图 7。

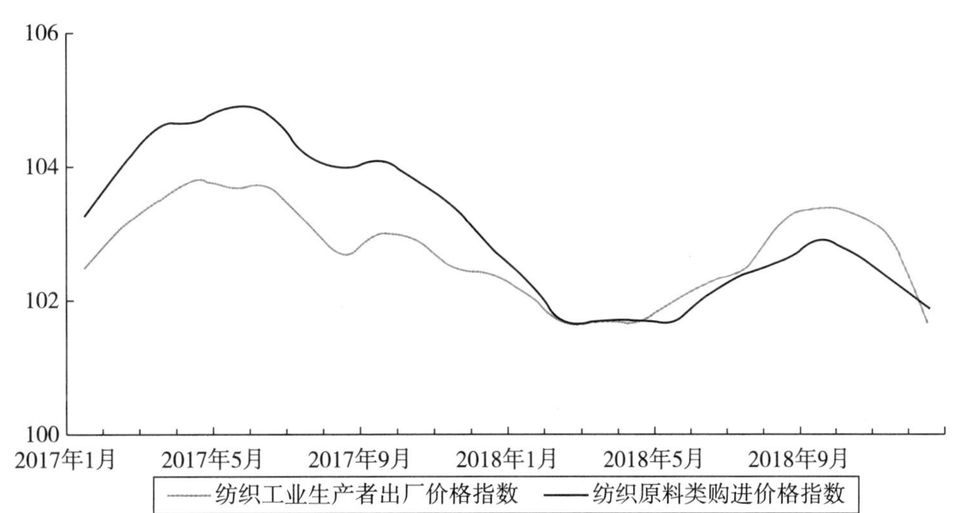


图 6　纺织原料及生产者出厂价格指数（上年同月 =100）

资料来源：国家统计局。

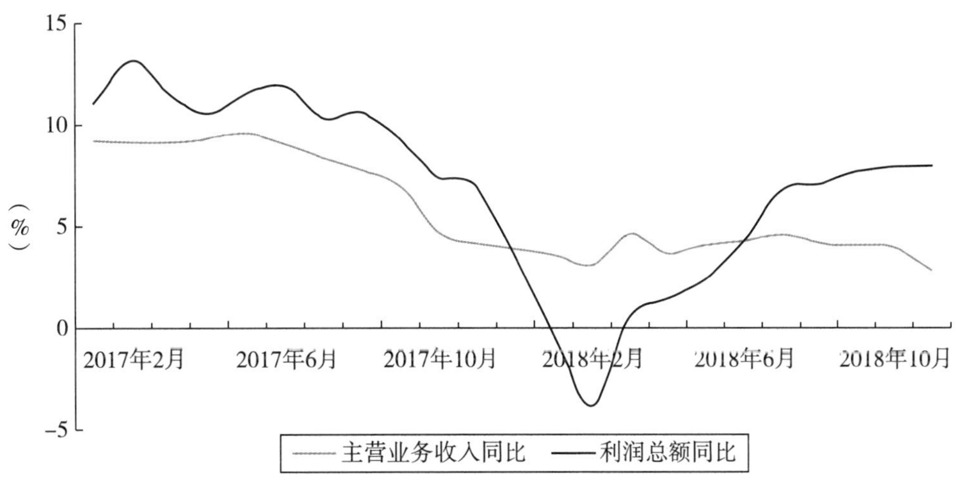


图 7　纺织工业规模以上企业主营业务收入及利润总额增速

资料来源：国家统计局。

分行业来看，技术和资本密集型的化纤、纺机行业以及产业链中后端效益增势良好。由于产业集中度提高以及大型企业向上游炼化环节延伸等原因，化纤行业效益增速全年均稳定在较高区间，2018 年，化纤行业主营业务收入和利润总额同比分别增长 12.4% 和 10.3%，成为全行业经济增长的重要支撑；纺机行业前三个季度效益增长较为明显，第四季度以来由于下游采购订单明显减少，全年利润增速较前三个季度下降 4.3～5.1 个百分点；长丝、印染、服装和家纺行业利润均实现两位数增长；服装、家纺和产业用纺织品三大终端产业效益增长始终较为稳定，全年利润增速分别较 2017 年提高 7.8、17.0 和 9.4 个百分点（见图 8）。

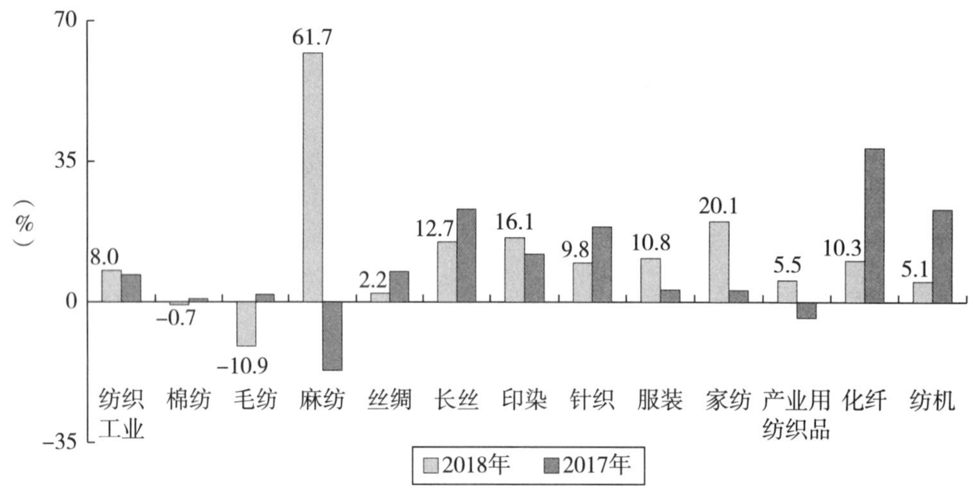


**图 8　纺织工业及分行业规模以上企业利润总额增速**

资料来源：国家统计局。

## （六）运行质量稍有波动

在外部环境更趋严峻、运行压力有所加大的情况下，纺织行业运行质量有所下降。2018 年，纺织行业规模以上企业产成品周转率为 15.6 次/年，低于 2017 年 1.1 次，表明企业产销衔接流畅度有所下降，产成品存货管理效率有待提升。三费比例为 7.4%，高于 2017 年 0.2 个百分点，其中随着工资、福利、劳动保险等费用增加，管理费用同比增长 8.5%。资产负债率为 54.7%，高于 2017 年 0.3 个百分点，虽处于合理区间内，但企业需要提高防范财务风险意识。总资产周转率为 1.2 次/年，与 2017 年持平（见表 4）。

**表 4　2018 年规模以上企业纺织行业运行质效情况**

| 指标名称 | 2018 年 | 2017 年 |
|---|---|---|
| 产成品周转率（次/年） | 15.6 | 16.7 |
| 总资产周转率（次/年） | 1.2 | 1.2 |
| 三费比例（%） | 7.4 | 7.2 |
| 资产负债率（%） | 54.7 | 54.4 |

资料来源：国家统计局。

由于贴近终端消费，服装、家纺、产业用和纺机产业的三费比例高于行业水平，分别为 9.5%、8.2%、8.6% 和 10.7%。

## （七）投资增速略有放缓

2018 年，纺织行业投资形势较 2017 年走弱，投资额 6 月扭转负增长态势，此后在化纤业带动下逐步企稳。根据国家统计局推算，纺织全行业固定资产投资完成额（不含纺机）同比增长 5.0%，较 2017 年略下降 0.2 个百分点。

分行业来看，纺织业同比增长 5.1%，较

2017 年增速减少 0.8 个百分点，由于纺织业投资占全行业比重超过 50%，决定了全行业投资增速放缓的主基调；化纤业保持了 2017 年以来两位数增长，2018 年同比增长 29.0%，较 2017 年增速提高 9 个百分点，10 月累计增速高达 37.4%，市场良好带动投资需求较为旺盛；服装业 2018 年以来未能扭转负增长态势，但降幅逐月收窄，全年投资同比减少 1.5%，较 2017 年增速降低 8.5 个百分点。2017—2018 年纺织分行业固定资产投资增速对比图见图 9。

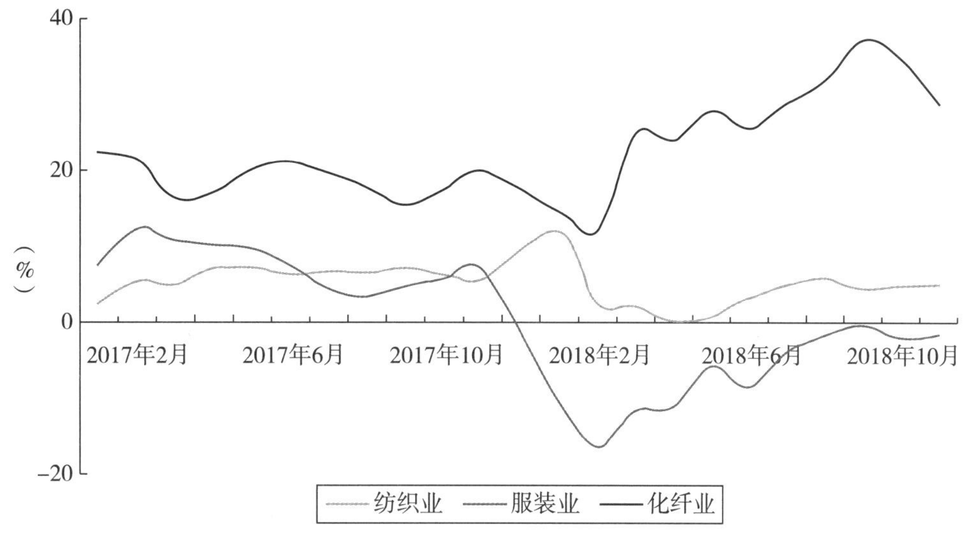


**图 9 纺织分行业固定资产投资增速**

资料来源：国家统计局。

分地区来看，东部地区部分产业集聚省份因制造成本上涨、环保监管严格等因素影响，投资增长受到制约，其中广东省 2018 年纺织业、服装业投资额分别同比减少 3.3%、2.9%；浙江省纺织业、化纤业投资额分别减少 3.2% 和 10.4%；山东省服装业投资额同比减少 30.9%。受产业政策调整影响，新疆纺织行业投资增速回落，纺织业、服装业和化纤业投资额同比分别减少 21.6%、15.9% 和 24.9%。

## 纺织行业运行中存在的主要问题

### （一）国内外市场环境需长期关注

2018 年以来，我国纺织贸易环境不确定性提升，增加了国际采购商及国内生产企业的担忧情绪，据企业反馈，目前已经出现了采购商暂缓下单或将向中国以外区域转移订单的情况，部分具有境外加工基地的大型纺织企业也开始将国内订单转移至国外。长期来看，贸易摩擦将引发国际供应链体系改变，我国纺织行业长期被排除在供应体系之外，日后参与国际产业分工与市场竞争困难增大；为规避贸易环境风险，纺织企业海外投资进度也将不可避免地有所加快，对国内生产、投资增长及就业岗位产生负面影响，且将促进东南亚目前尚不完善的纺织产业体系逐渐健全，加剧全球市场竞争形势。

### （二）行业供给结构仍需优化

产能结构方面，距离终端市场相对较远的上游产业目前仍存在部分常规产品产能偏大的情况，与日益升级的消费需求不相对应的矛盾仍然存在，技术性产业用纺织品功能、性能及经济性尚不能完全满足应用需求，加强行业自律、强化差别化产品开发等发展质量提升任务仍待落实。区域结构方面，纺织产业转移进度明显放缓，东部企业的转型升级投入再度成为行业投资增长主动力，中西部受成本、政策、产业配套等因素影响，转移投资项目出现停滞，一方面制约产业资源配置效率提升，另一方面使得境外投资替代国内产业转移投资较快增加，也影响了国内投资与就业的稳定增长。

### （三）成本压力仍然较大

根据中国纺织、工业联合会（简称中纺联）企业经营者调查结果，在纺织企业现阶段重点关注的问题中，31.5%的企业认为“成本过快上涨”是目前经营者第一关注的问题，中小企业选择此项的比例高于大型企业，表明企业当前面临的综合成本压力十分突出。我国纺织行业用工成本持续提升，且显著高于周边国家，东南沿海地区纺织企业人均工资已经达到6000元/月左右，比2015年工资水平提高近一倍；据中纺联近期对东南亚开展系列调研掌握的情况，缅甸包含保险费用在内的纺织企业人均用工成本不足1000元/月，柬埔寨较高也仅为2000元/月左右。国家下调增值税政策基本及时落实，但在政策实施初期，产业链、供应链各环节尚处于相互博弈过程。优势企业议价能力强，较易扩大利润空间；中小企业则普遍反映下游客户借降税之机压低产品价格，因而没有明显的减负感受，预计经过一段时间的市场调节和适应后，政策对于企业减负的真实效果才会逐步显现。

## 2019年纺织行业运行走势预判

展望2019年，我国纺织行业发展面临的国内外环境更加复杂严峻。全球制造业景气度将有所下降，对市场需求回暖的支撑力度减弱；国际贸易环境恶化不仅直接影响货物贸易，对全球资本流动、技术外溢、企业投资和居民消费也将产生抑制作用，我国纺织行业所面临的市场需求较2018年偏弱。但同时，我国处于全面建成小康社会的关键时期，以人民美好生活需要为动力的内需市场潜力空间广阔，将为纺织行业发展提供首要支撑，行业自身冲刺纺织强国目标，持续推进高质量发展的动力也更为充足。综合来看，2019年纺织行业经济运行仍有望保持大体平稳，但行业运行压力将明显增加，预计主要运行指标增速将较2018年有所回落，出口压力尤为突出，行业提升抗风险能力任务紧迫。2019年影响我国纺织行业运行的因素主要有：

### （一）国际市场下行风险加大

2019年，国际经济及市场需求发展态势总体更趋复杂。虽然我国纺织行业出口市场结构日益多元化，但美国、欧盟和日本三大传统市场占比仍达到40%左右，再考虑行业出口到新兴市场的部分化纤、面料等上游产品经加工后最终仍流入发达国家市场，国际市场特别是发达经济体市场需求放缓，将造成纺织行业的出口压力明显增加，预计2019年我国纺织品服装出口总额增速将较2018年有所降低。2017—2019年全球制造业采购经理人指数（PMI）及全球贸易景气指数见图10。

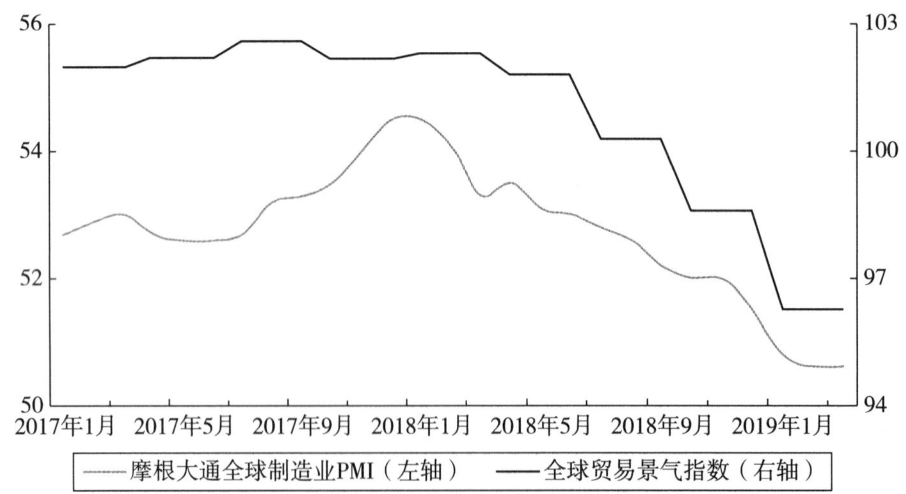


**图10　全球制造业采购经理人指数（PMI）及全球贸易景气指数**

资料来源：国家统计局、世界贸易组织（WTO）。

### （二）内需增速或将稳中趋缓

2019年，政府工作报告提出更大规模的减税降费措施和就业优先政策，以“六稳”为目标的一系列宏观经济政策出台并落实，有利于稳定国内宏观经济环境。国内市场消费升级特征更趋明显，消费增长点将更多集中于健康、文化、娱乐等领域，吃穿用等基本生活资料消费的增长相对较慢。总体上看，2019年纺织品服装内销仍将保持平稳增长，但增速较2018年略有放缓。

### （三）多重压力叠加，考验行业抗风险能力

在内外需求增长趋缓、市场销售压力加大的同时，纺织行业还面临一系列其他的因素影响，其中既有综合成本提升、用工结构性短缺、环保监管严格等常态化的发展压力，也有流动性趋紧等阶段性的不确定因素。尤其是环保形势更趋严峻。2019年，《中华人民共和国土壤污染防治法》《环境影响评价公众参与办法》等法律法规将进入实施阶段，中央第二轮环保督查即将启动，排污许可制度将覆盖所有重点行业。

# 2018 年轻工业经济运行概况

2018 年，轻工行业克服成本上升等不利影响因素，以消费升级为导向，努力提升发展质量。全年经济运行总体稳定，但增速趋缓。全年实现主营业务收入 19.78 万亿元，同比增长 5.9%；实现利润 1.29 万亿元，同比增长 5.8%。轻工行业主营业务收入与利润分别占全国工业总量的 19.3% 和 19.5%。轻工行业就业形势总体平稳。

## 行业发展状况

轻工行业规模以上企业数达 11.6 万个。2018 年 1—12 月，轻工行业工业增加值增速 5.7%，结束了连续七个月的回落走势，但仍低于全国工业增速 0.5 个百分点。

2018 年，轻工行业规模以上企业实现主营业务收入 19.78 万亿元，同比增长 5.9%，低于全国工业增速 2.6 个百分点；实现利润 12942.4 亿元，同比增长 5.8%，低于全国工业增速 4.5 个百分点。

2018 年，轻工行业主营业务收入利润率走势稳中有升，全年达到了 6.56%，高于全国工业 0.07 个百分点。

### （一）行业运行分化较大

轻工业门类多，各行业运行走势分化较大。

近年来科技含量高、产品更新换代快的行业，如家电行业、日化行业的运行质量较优。2018 年，家用制冷电器行业利润增速 17.29%，家用清洁卫生电器具行业利润增速 12.89%。日化行业利润增速 9.3%，主营业务收入利润率达到 10.7%。

一般性消费品行业，由于缺乏消费热点，走势相对低迷，如皮革行业利润增速为 4.2%，塑料制品行业利润增速为 3.3%，钟表、衡器及日用杂品制造行业利润增速为 1.3%。

轻工业 19 个主要行业中，自行车、造纸、电池行业利润出现负增长。自行车行业前几年发展较快，2018 年受共享单车影响，自行车行业主营业务收入同比下降 12.1%，利润同比下降 8.9%；造纸行业受上游原料涨价及终端消费不足影响，利润同比下降 8.5%；电池行业受动力电池需求减少等因素影响，利润同比下降 17.7%。

### （二）内需市场表现平稳

受刚性需求因素影响，轻工产品国内市场总体销售延续平稳态势。2018 年，粮油食品、饮料、家电等 10 个轻工行业的商品零售总额达到 58542 亿元，占社会消费品零售总额的比重为 15.4%。其中，日用品、粮油食品、家具、化妆品零售额增速较快，分别增长 13.7%、10.2%、10.1% 和 9.6%（见表 1）。

内需市场对轻工行业发展形成稳固支撑。网上零售快速发展，2018 年全国网上零售额 90065 亿元，比 2017 年增长 23.9%。其中，实物商品网上零售额 70198 亿元，同比增长 25.4%，在实物商品网上零售额中，吃、穿、用类商品分别增长 33.8%、22.0% 和 25.9%。

### （三）轻工行业商品出口低速增长

2018 年，轻工行业规模以上企业累计实现出口交货值 24997.9 亿元（占全国规模以上工业

表 1　**2018 年社会消费品零售总额主要数据**

| 指标 | 2018 年 1—12 月 | | 2018 年 1—11 月 | |
|---|---|---|---|---|
| | 绝对量（亿元） | 同比增长（%） | 绝对量（亿元） | 同比增长（%） |
| 社会消费品零售总额 | 380987 | 9.0 | 345093 | 9.1 |
| 日用品 | 5392 | 13.7 | 4854 | 13.4 |
| 粮油食品类 | 13776 | 10.2 | 12420 | 10.1 |
| 家具 | 2250 | 10.1 | 2042 | 9.8 |
| 化妆品 | 2619 | 9.6 | 2375 | 10.5 |
| 饮料类 | 2040 | 9.0 | 1863 | 9.0 |
| 家用电器和音像器材 | 8863 | 8.9 | 7965 | 8.3 |
| 服装鞋帽、针纺织品 | 13707 | 8.0 | 12198 | 8.1 |
| 烟酒类 | 3873 | 7.4 | 3502 | 7.3 |
| 金银珠宝 | 2758 | 7.4 | 2494 | 8.1 |
| 文化办公用品 | 3264 | 3.0 | 2897 | 4.0 |

的 20.2%），同比增长 5.5%，低于同期全国规模以上工业出口交货值增速 3.0 个百分点。

### （四）投资增速涨跌互现

轻工业 90% 以上的固定资产投资属于社会或民间投资，2018 年轻工行业投资增速涨跌互现，表现出差异化走势。国家统计局公布的数据显示，家具制造业投资保持较高增速，2018 年家具行业投资同比增长 23.2%，比 2017 年同期提高 0.1 个百分点；木材加工及木竹藤棕草制品业投资增速为 17.3%，比 2017 年同期提高 11.6 个百分点；造纸及纸制品业投资增速为 5.1%，比 2017 年同期提高 3.9 个百分点。食品制造业投资增速为 3.8%，比 2017 年同期提高 2.1 个百分点。

## 重点行业运行情况

### （一）塑料加工行业

#### 1. 塑料加工行业效益情况

2018 年，塑料加工行业 15571 家规模以上企业完成主营业务收入 18061.75 亿元，同比增长 5.04%；实现利润 950.40 亿元，同比增长 3.28%；主营业务收入利润率为 5.26%，同比降低 0.68 个百分点；工业增加值增速 3.7%，同比降低 2.4 个百分点。

**资产负债率处于适宜水平。**塑料加工行业 15571 家规模以上企业的资产负债率平均为 50.03%，最高的子行业是日用塑料制品制造，为 54.93%；最低的是塑料丝、绳及编织品制造，为 43.51%。各子行业资产负债率相对 2017 年均有提高，但仍处于适宜水平。

**主营业务收入占轻工行业近 10%。**2018 年，塑料加工行业规模以上企业完成主营业务收入 18061.75 亿元，增长率比 2017 年同期降低了 1.7 个百分点，占轻工行业主营业务收入的 9.23%。其中，主营业务收入最高的是塑料零件及其他塑料制品制造，主营业务收入为 5051.46 亿元，占 27.97%；其次是塑料板、管、型材的制造，主营业务收入为 3728.36 亿元，占 20.64%。增长率最高的是塑料包装箱及容器制造，主营业务收入 1571.35 亿元，同比增长 8.09%；其次是塑料薄膜制造，主营业务收入为 2427.57 亿元，同比增长 6.9%。增长率最低的是人造草坪制造，主营业务收入为 187.79 亿元，同比增长 −3.31%；其次是塑料丝、绳及编织品的制造，主营业务收入1757.44亿元，同比增长-0.72%。

**利润总额先抑后扬。**2018年，塑料加工行业规模以上企业实现利润950.40亿元，占轻工行业利润总额的7.41%。其中，利润总额最高的是塑料零件及其他塑料制品制造，利润总额为263.18亿元，占27.69%；其次是塑料板、管、型材制造，利润总额为229.95亿元，占24.2%。增长率最高的是日用塑料制品制造，利润总额为84.36亿元，同比增长9.09%；增长率最低的是人造草坪制造，利润总额10.8亿元，同比增长-4.14%；其次是塑料薄膜制造，利润总额108.54亿元，同比增长-1.5%。

**主营业务收入利润率偏低。**2018年，塑料加工业主营业务收入利润率为5.26%，低于轻工业6.56%的平均水平。其中，主营业务收入利润率最高的是塑料板、管、型材的制造，为6.2%；其次是人造草坪制造，为5.8%。最低的是塑料人造革、合成革制造，主营业务收入利润率为3.6%，其次是塑料薄膜制造，为4.5%。

**2. 塑料加工行业出口情况**

国家统计局数据显示，2018年全国塑料加工行业规模以上企业累计完成出口交货值2309.35亿元，同比增长7.21%，略高于2018年全国货物出口增长率7.1%。其中，出口交货值最高的是塑料零件及其他塑料制品制造，出口交货值为934.01亿元，占40.44%；其次是日用塑料制品制造，出口交货值为477.83亿元，占20.69%。增长率最高的是塑料板、管、型材制造，出口交货值为292.89亿元，同比增长22.89%。其他子行业出口交货值同比增长率均低于平均值，同比增长率最低的是塑料人造革、合成革制造，出口交货值为51.87亿元，同比增长0.35%。

**3. 塑料加工行业产量情况**

2018年，全国塑料加工行业汇总统计企业累计完成产量6042.15万吨，同比增长1.10%。其中，产量最高的是塑料薄膜制造，为1180.36万吨，占19.54%。增长率最高的是泡沫塑料制造，产量为242.43万吨，同比增长9.99%；其次是人造革、合成革制造，产量为299.5万吨，同比增长3.06%。增长率最低的是农用薄膜制造，产量为119.95万吨，增长率为-4.84%；其次是日用塑料制造，产量为559.21万吨，同比增长-3.7%。

塑料制品生产主要集中在广东、浙江、江苏、福建、湖北、安徽、四川、河南、山东、河北等省份。其中，广东省产量最高，为1002.13万吨，占16.59%；其次是浙江省，为803.47万吨，占13.3%。增长率最高的是福建省，产量为449.54万吨，同比增长16.1%；其次是安徽省，产量为405.01万吨，同比增长12.76%。增长率最低的是河南省，产量为266.93万吨，同比增长-11.79%；其次是河北省，产量为176.52万吨，同比增长-7.63%。

## （二）家电行业运行情况

**1. 家电行业效益情况**

据国家统计局统计，2018年，家电行业主营业务收入1.49万亿元，同比增长9.9%，利润总额1225亿元，同比增长2.46%。行业利润增速仅为个位数。

从家用电器子行业主营业务收入情况来看，家用空调、家用制冷电器具（包括冰箱、冷柜等）、家用厨房电器具行业位居前三位，总体份额为75.3%。近年来，由于空调市场的火爆行情，加之制冷和厨房电器市场需求低迷，2018年空调行业份额接近45%，制冷和厨房电器行业份额有所下降，分别占19.7%和11.2%。

2018年，家用电器市场总体需求低迷。2017—2018年，家用制冷电器具行业景气，2017年原材料尤其是聚氨酯黑料价格大幅上涨导致行业成本压力不断提升，盈利能力减弱。2018年原材料成本压力有所缓解，下半年以来市场需求低迷，但行业向高质量发展转型力度很大；厨房电器行业2016年以前景气度最好，行业库存压力较小，但2017年下半年以来，尤其是2018年，受各地房地产调控政策影响，市场需求极度低迷，营业收入维持基本不变，但利润增速下降，为－5.85%；家用清洁电器行业整体好于2017年，营业收入实现12.5%的增长，利润总额同比增长12.9%（见表2）。

表2　2018年家用电器行业主要产品主营业务收入

| 行业 | 主营业务收入（亿元） | 产成品（亿元） |
|---|---|---|
| 家用制冷电器具 | 2943.3 | 365.82 |
| 家用空气调节器具 | 6646.72 | 414.07 |
| 家用通风电器具 | 537.76 | 32.76 |
| 家用厨房电器具 | 1667.34 | 93.5 |
| 家用清洁卫生电器具 | 1418.14 | 74.9 |
| 家用美容、保健护理电器具 | 454.4 | 16.84 |
| 家用电力器具专用配件 | 719.74 | 39.43 |
| 其他家用电力器具 | 556.82 | 30.48 |
| 合计 | 14944.21 | 1067.8 |

数据来源：国家统计局。

### 2. 家电行业进出口情况

2018年，中国家电行业出口延续快速增长态势，累计出口额为686.3亿美元，同比增长9.9%，增速与2017年持平；累计进口额为45亿美元，同比增长8.1%；累计顺差额为641.3亿美元，首次突破600亿美元规模，同比增长10%。

2018年，大家电、小家电和零部件出口均呈现量额同增态势，且处于历史最好水平。基于原材料价格上涨带来的产品提价效应以及产品结构持续升级，自年初开始，大家电、小家电和零部件出口额增幅高于出口量增幅的现象持续显现，贯穿全年，且呈逐步扩大态势。

大家电出口稳步增长，出口量为2.2亿台，同比增长5.2%；出口额为259.8亿元，同比增长9.7%；出口额增幅高于出口量增幅4.5个百分点。小家电出口增势稳健，出口量达25亿台，出口额为305亿美元，分别同比增长5.7%和11.1%。小家电出口额首次突破300亿美元，出口额增幅高于出口量增幅5.4个百分点。零部件出口持续向好，出口额为121.4亿美元，同比增长7.2%，其中制冷压缩机累计出口额29.5亿美元，同比增长9.6%；空调零件累计出口额51.8亿美元，同比增长20.9%。

2018年，大家电出口产品结构明显优化，向中高端升级态势明显。大于500升和200～500升冰箱出口额稳步增长，增幅分别为16.5%和13.5%，二者合计占压缩式电冰箱出口比重近60%；滚筒洗衣机出口额达18亿美元，同比增长6.4%，占洗衣机出口额比重达55.4%。

小家电各品类出口形势向好，所有品类出口额都延续了2017年的增长态势。可喜的是，多数品类出口额增幅高达两位数，且均高于出口量增幅。其中，吸尘器和电烘烤器具增速最为亮眼，二者同时也是出口额规模最大的品类，对小家电出口拉动作用非常明显。吸尘器出口额达46.7亿美元，同比增长16.9%，主要得益于无线品类产品的拉动；电烘烤器具累计出口39亿美元，同比增长25.3%，增速在各品类中位居首位，比2017年增速提高7.8个百分点，主要受抢出口美国市场的拉动。出口额下降的产品主要是电动剃须刀和咖啡机，其中咖啡机已经连续两年下降。

### 3. 家电行业主要产品产量

2018年，受中外经济形势及房地产调控影响，市场需求整体低迷，企业生产扩张比较谨慎，除空调和厨房小家电及清洁电器外，从整体来看，多数家用电器产品产量呈现下滑态势，企业经营压力很大。根据家用电器协会统计，2018年家用电冰箱产量为7876.67万台，同比增长－9.15%；家用洗衣机产量7150.74万台，同比增长－4.67%；房间空调器产量20485.97万台，同比增长13.56%；家用电风扇产量18013.96万台，同比增长2.18%；家用电热烘烤器具产量18202.85万台，同比增长8.87%；微波炉产量7977.52万台，同比增长3.29%；家用电饭锅产量23561.07万台，同比增长－23.62%；家用吸尘器产量10335.19万台，同比增长4.48%；家用电热水器产量4152.27万台，同比增长

5.94%；家用燃气灶具产量3894.85万台，同比增长2.64%；家用吸油烟机产量2910.85万台，同比增长-1.47%。

## （三）皮革行业运行情况

### 1. 皮革行业效益情况

2018年我国皮革主体行业规模以上企业营业收入11248.04亿元，同比增长4.10%；利润总额为685.28亿元，同比增长3.47%；销售收入利润率为6.09%，同比下降0.04个百分点。全年营业收入走势呈现高开低走再回升的态势，总体趋势走低，营业收入增长主要受鞋业拉动，其占比为59.65%。

### 2. 皮革行业进出口情况

2018年，我国皮革行业出口额为788.15亿美元，同比微增0.1%。过去三年皮革行业出口数据均不理想，2015年出口861.3亿美元，同比下降3.1%；2016年出口764亿美元，同比下降11.3%，连续两年下滑；2017年皮革行业出口呈现恢复性增长，出口额达787.4亿美元，同比增长3.1%，但未恢复到两年前的水平，且复苏基础薄弱。2018年皮革行业的出口增量主要来自毛皮服装和箱包，其中箱包出口增长4.62亿美元，毛皮服装出口增长6.34亿美元。这两项子行业的出口增长均受出口抢单的影响。美国是我国箱包最大的出口国，2018年出口占比为22.88%。

2018年，我国皮革行业进口增幅明显，全年进口金额111.42亿美元，同比增长13.31%。其中，原料进口额占比32.57%；制品进口保持了高速增长，其进口额占比提升至67.43%，连续三年高于原料，差距愈发明显，表明我国皮革行业进口消费趋势更为明朗。鞋的进口额为41.45亿美元，箱包的进口额为29.15亿美元，合计占皮革行业进口总额的63.36%，同比分别增长29.67%和27.69%。

### 3. 皮革行业主要产品产量

2018年我国皮革行业规模以上企业轻革产量4.96亿平方米，同比增长-20.7%；天然毛皮服装产量为383.29万件，同比增长5.40%；皮革服装产量7127.68万件，同比增长-9.11%。浙江、福建、河北产量位居前三，合计占比85.55%，同比均有超过10%的降幅；皮革鞋靴产量36.33亿双，同比增长-1.01%，福建、浙江、广东排名前三。

## （四）造纸行业运行情况

### 1. 造纸行业效益情况

据国家统计局统计，2018年1—12月规模以上造纸生产企业2657家；主营业务收入8152亿元；工业增加值增速-0.70%；产成品存货390亿元，同比增长14.31%；利润总额466亿元，同比下降15.05%；资产总计10505亿元，同比增长4.58%；资产负债率59.30%，较2017年增加3.39个百分点；负债总额6229亿元，同比增长6.02%；在统计的2657家造纸生产企业中，亏损企业有543家，占20.44%。

### 2. 造纸行业进出口情况

据海关总署统计，2018年造纸行业纸及纸板进口622万吨，较2017年增长33.48%；纸浆进口2479万吨，较2017年增长4.51%；废纸进口1703万吨，较2017年下降33.79%；纸制品进口18万吨，较2017年下降5.26%。2018年进口纸及纸板、纸浆、废纸、纸制品合计4822万吨，较2017年下降11.18%，用汇302.12亿美元，较2017年增长15.67%。进口纸及纸板平均价格为888.99美元/吨，较2017年平均价格下降1.36%；进口纸浆平均价格为795.31美元/吨，较2017年平均价格增长22.99%；进口废纸平均价格为252.03美元/吨，较2017年平均价格增长10.33%。

2018年纸及纸板出口618万吨，较2017年下降11.59%；纸浆出口9.99万吨，较2017年增长1.22%；废纸出口0.06万吨，较2017年下降60.00%；纸制品出口323万吨，较2017年增长5.21%。2018年出口纸及纸板、纸浆、废纸、纸制品合计951.05万吨，较2017年下降6.39%，创汇192.69亿美元，较2017年增长

7.20%。出口纸及纸板平均价格为 1408.57 美元/吨，较 2017 年平均价格增长 13.57%；出口纸浆平均价格为 1311.32 美元/吨，较 2017 年平均价格下降 3.91%。

3. 造纸行业主要产品产量

据中国造纸协会调查资料，2018 年全国纸及纸板生产量 10435 万吨，较 2017 年下降 6.24%。其中，新闻纸生产量 190 万吨，较 2017 年下降 19.15%；涂布印刷书写纸生产量 1750 万吨，较 2017 年下降 2.23%；涂布印刷纸生产量 705 万吨，较 2017 年下降 7.84%；生活用纸生产量 970 万吨，较 2017 年增长 1.04%；包装用纸生产量 690 万吨，较 2017 年下降 0.72%；白纸板生产量 1335 万吨，较 2017 年下降 6.64%；箱纸板生产量 2145 万吨，较 2017 年下降 10.06%；瓦楞原纸生产量 2105 万吨，较 2017 年下降 9.85%；特种纸及纸板生产量 320 万吨，较 2017 年增长 4.92%。

2018 年全国纸浆生产总量 7201 万吨，较 2017 年下降 9.41%。其中，木浆 1147 万吨，较 2017 年增长 9.24%；废纸浆 5444 万吨，较 2017 年下降 13.61%；非木浆 610 万吨，较 2017 年增长 2.17%。

## （五）家具行业运行情况

1. 家具行业效益情况

据国家统计局统计，2018 年全国家具行业规模以上企业累计完成主营业务收入 7011.88 亿元，同比增长 4.33%，增速比 2017 年回落 5.78 个百分点；累计完成利润总额 425.88 亿元，同比增长 4.33%，增速比 2017 年减少 4.98 个百分点；累计完成主营业务收入利润率为 6.07%，与 2017 年持平，低于轻工业平均水平 0.49 个百分点；累计工业增加值增速为 5.6%，增速比 2017 年下降 4.3 个百分点；6300 家规模以上企业中，亏损企业 788 家，同比增长 7.80%；亏损面 12.51%，同比增加 0.9 个百分点。

2. 家具行业进出口情况

海关数据显示，2018 年我国家具行业贸易总额 588.67 亿美元，同比增长 8.06%，贸易顺差 522.87 亿美元。其中累计出口 555.77 亿美元，同比增长 8.08%；累计进口 32.90 亿美元，同比增长 7.80%。

3. 家具行业产品产量情况

国家统计局数据显示，2018 年全国规模以上企业家具累计完成产量 7.13 亿件，同比下降 1.27%，是近五年首次负增长。其中，木质家具累计完成产量 24182.05 万件，同比下降 0.19%；金属家具累计完成产量 34398.63 万件，同比下降 4.18%；软体家具累计完成产量 5828.39 万件，同比增长 2.95%。

从地区分布来看，东部地区家具产量最大，累计完成 5.71 亿件，占全国家具产量（下同）的 80.08%，同比下降 2.34%；中部地区累计完成 0.8 亿件，占 11.21%，同比增长 2.54%；西部地区累计 0.38 亿件，占 5.3%，同比增长 13.9%；东北部地区累计 0.24 亿件，占 3.41%，同比下降 7.84%。

从增速看，产量占比最大和最小的东部、东北部地区同比下降，其中东北部地区下降幅度最大；西部、中部地区产量实现正增长，其中西部地区增速居首，同比增长 13.90%。

# 2018 年食品工业经济运行概况

2018 年 1—12 月，食品工业规模以上工业企业数 40793 家，累计完成主营业务收入 8.09 万亿元，同比增长 5.33%，增速低于同期轻工全行业 0.64 个百分点；完成利润总额 4770.95 亿元，同比增长 10.79%，增速高于同期轻工全行业 4.88 个百分点；主营业务收入利润率 7.13%，高于轻工行业平均利润率 0.57 个百分点；完成出口交货值 3542.68 亿元，同比增长 5.15%，比轻工全行业低 0.35 个百分点；全行业利息支出同比增长 12.12%，融资压力较大，需引起重视（见表 1）。

**表 1　　2018 年 1—12 月食品工业主要效益指标及增速情况**

| 效益指标 | 食品工业 | 全国轻工 | 食品占比 | 食品同比 | 轻工同比 |
|---|---|---|---|---|---|
| 汇总企业单位数（家） | 40793 | 113095 | 36.07% | — | — |
| 主营业务收入（亿元） | 80903.10 | 195T00.59 | 41.34% | 5.33% | 5.97% |
| 利润总额（亿元） | 5770.95 | 12830.65 | 44.98% | 10.79% | 5.91% |
| 主营业务收入利润率（%） | 7.13 | 6.56 | — | — | — |
| 出口交货值（亿元） | 3542.68 | 25321.96 | 13.99% | 5.15% | 5.50% |
| 资产总计（亿元） | 64139.20 | 162760.39 | 39.41% | 5.74% | 6.00% |
| 负债合计（亿元） | 31455.16 | 84502.77 | 37.24% | 5.30% | 6.58% |
| 产成品（存货）（亿元） | 3688.85 | 9681.48 | 38.10% | 3.07% | 4.80% |
| 财务费用（亿元） | 646.29 | 1523.95 | 42.41% | 5.40% | -4.47% |
| 其中：利息支出（亿元） | 589.76 | 1442.86 | 40.87% | 12.12% | 12.60% |

## 主要子行业运行情况

### （一）主营业务收入情况

#### 1. 农副食品加工业

2018 年 1—12 月，全国农副食品加工行业累计完成主营业务收入 47263.05 亿元，同比增长 3.58%，增速较 1—11 月下降 0.22 个百分点，占食品工业的 58.42%。其中，12 月完成主营业务收入 3052.05 亿元，同比增长 0.43%（见图 1）。

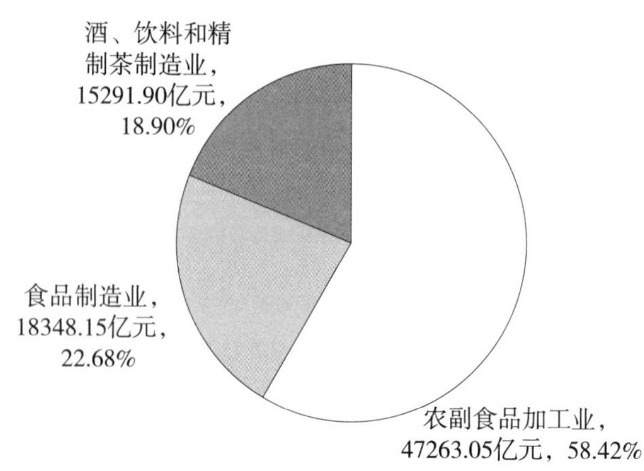


**图 1　2018 年 1—12 月食品工业主营业务收入行业分布**

农副食品八个子行业主营业务收入维持中低速增长或下降，制糖、屠宰及肉类加工和其他农副食品加工实现超过6%的中速增长；谷物磨制，蔬菜、菌类、水果和坚果加工及水产品加工实现2%～3%的低速增长；植物油加工业主营业务收入同比下降0.6%（见图2、图3）。

**2. 食品制造业**

2018年1—12月，全国食品制造业累计完成主营业务收入18348.15亿元，同比增长7.26%，增速较1—11月下降0.15个百分点，占食品工业的22.68%。其中，12月完成主营业务收入1717.26亿元，同比增长5.78%。

食品制造业七个子行业中，乳制品制造业主营业务收入同比增长10.7%，领先其他子行业；调味品、发酵制品制造和焙烤食品制造同比增长7.5%以上；罐头制造增速最低，同比增长4.7%（见图4、图5）。

**3. 酒、饮料和精制茶制造业**

2018年1—12月，全国酒、饮料和精制茶制造业累计完成主营业务收入15291.90亿元，同比增长8.70%，增速较1—11月增加0.68个百分点，占食品工业的18.90%。其中，12月完成主营业务收入1376.26亿元，同比增长16.09%。

本行业13个子行业中，酒精制造、白酒制造和碳酸饮料制造主营业务收入增速1—12月同比增长10%以上；瓶（罐）装饮用水制造、精制茶加工和固体饮料制造同比增长7%以上；葡萄酒制造主营收入同比下降9.5%，需引起注意（见图6、图7）。

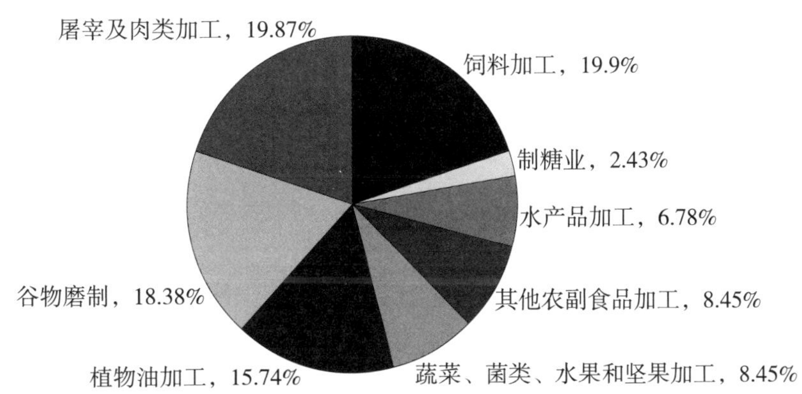


**图2　2018年1—12月全国农副食品子行业主营业务收入占比情况**

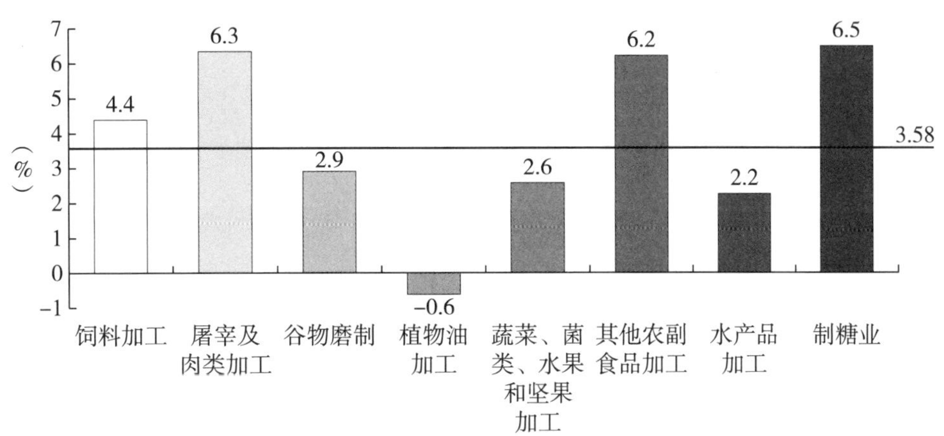


**图3　2018年1—12月农副食品子行业主营业务收入同比增长情况**

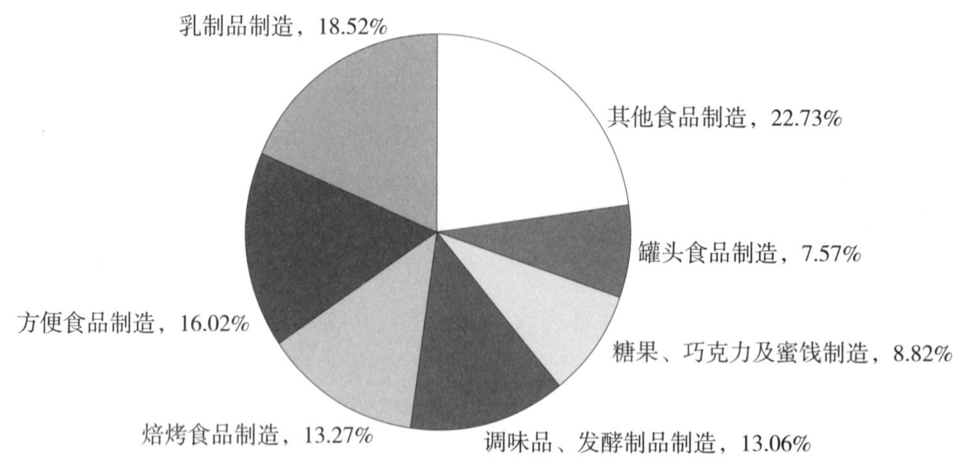


**图4　2018年1—12月全国食品子行业主营业务收入占比情况**

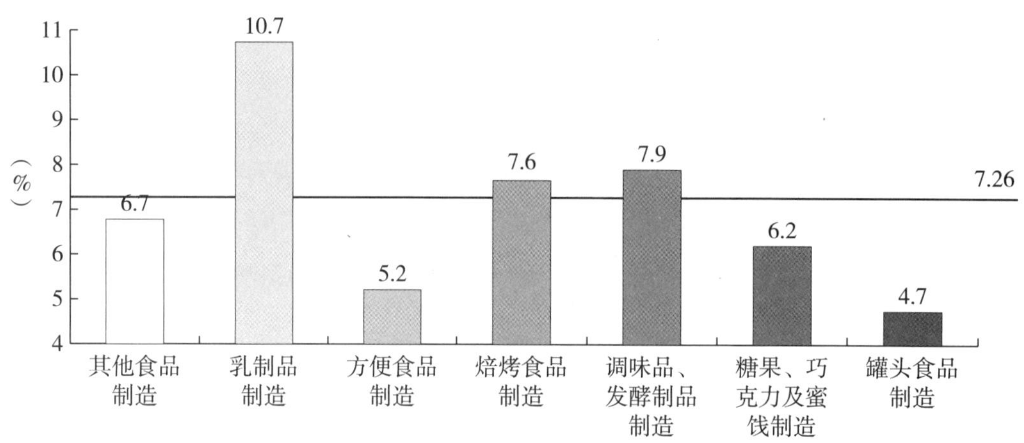


**图5　2018年1—12月全国食品子行业主营业务收入增长情况**

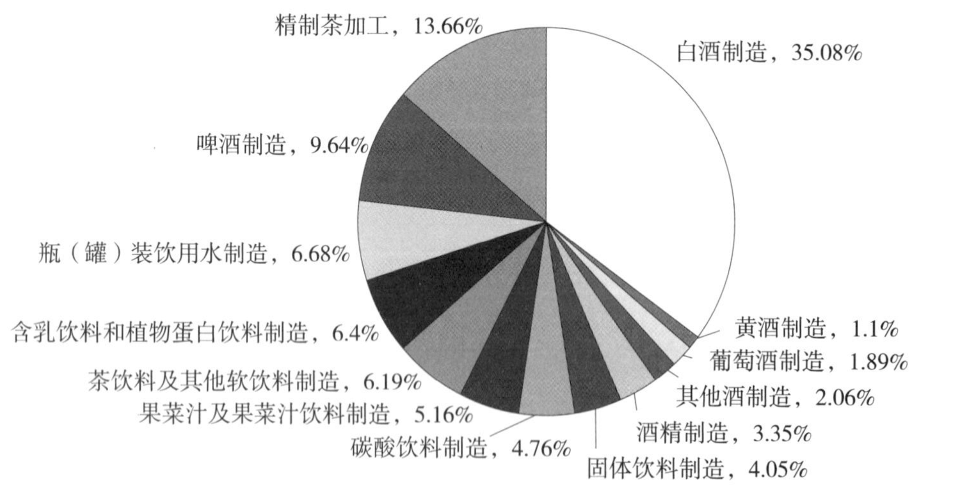


**图6　2018年1—12月饮料、酒及精制茶子行业主营业务收入占比情况**

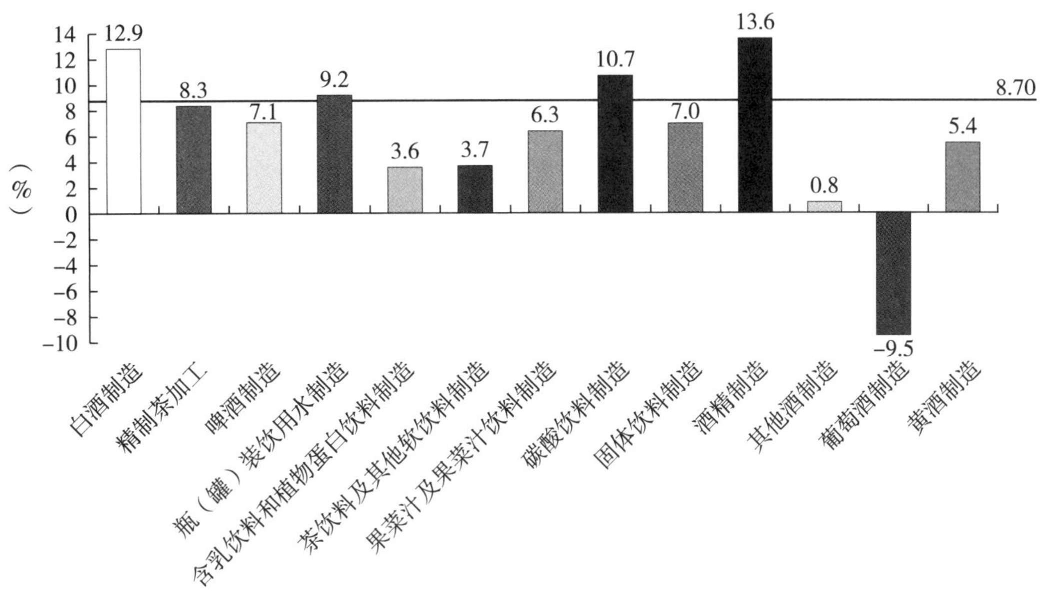


**图7　2018 年 1—12 月饮料、酒及精制茶子行业主营业务收入增长情况**

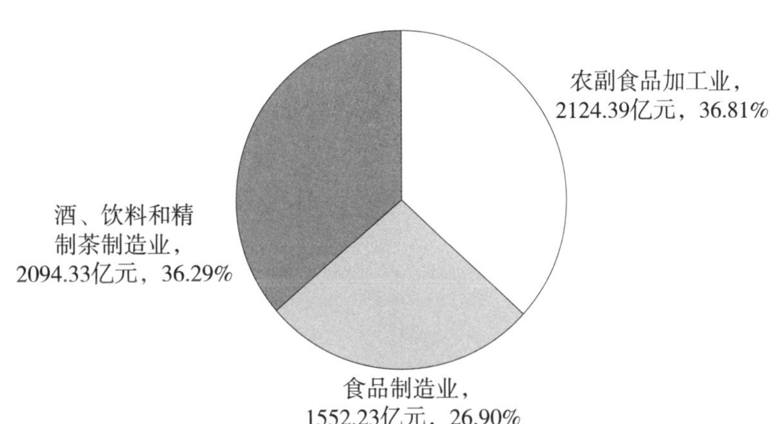


**图8　2018 年 1—12 月食品工业利润行业分布**

## （二）子行业利润总额情况

### 1. 农副食品加工业

2018 年 1—12 月，农副食品加工业利润总额 2124.39 亿元（见图 8），同比增长 5.60%（占食品工业的 36.81%），增速较 1—11 月加快 3.29 个百分点。其中，12 月完成利润总额 312.36 亿元，同比增长 29.83%。

农副食品加工业七个主要子行业盈利表现分化，植物油加工业、屠宰及肉类加工、水产品加工、饲料加工 4 个行业利润同比实现正增长，制糖业、谷物磨制及蔬菜、菌类、水果和坚果加工 3 个行业利润出现不同程度下降，其中：植物油加工业利润同比增长 20.4%，大幅领先其他行业；屠宰及肉类加工和谷物磨制完成同比增长 10% 以上；制糖业利润大幅下降 49.9%，但从月度走势看，降幅逐月缩小；蔬菜、菌类、水果和坚果加工利润同比下降 1.6%（见图 9、图 10）。

### 2. 食品制造业

2018 年 1—12 月，全国食品制造业完成累计利润总额 1552.23 亿元，同比增长 6.07%（占食品工业的 26.90%），增速较 1—11 月下降 1.34 个百分点。其中，12 月完成利润总额 212.96 亿元，同比下降 1.66%。

食品制造业子行业中，方便食品、焙烤食品和糖果、巧克力及蜜饯3个制造利润增速较快，分别同比增长14.40%、14.0%和10.0%；乳制品制造利润同比下降1.4%（见图11、图12）。

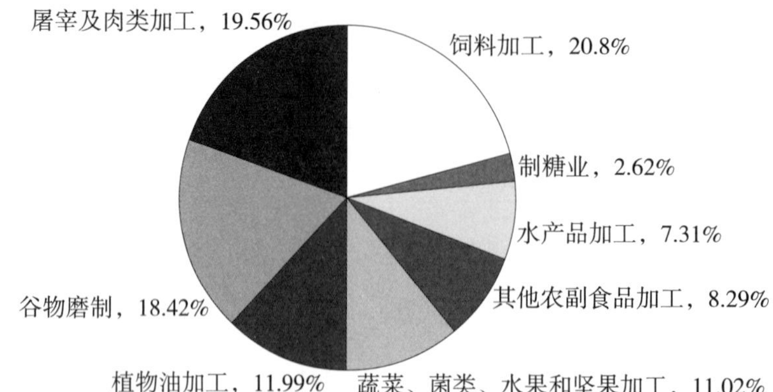


**图9 2018年1—12月全国农副食品加工子行业利润占比情况**

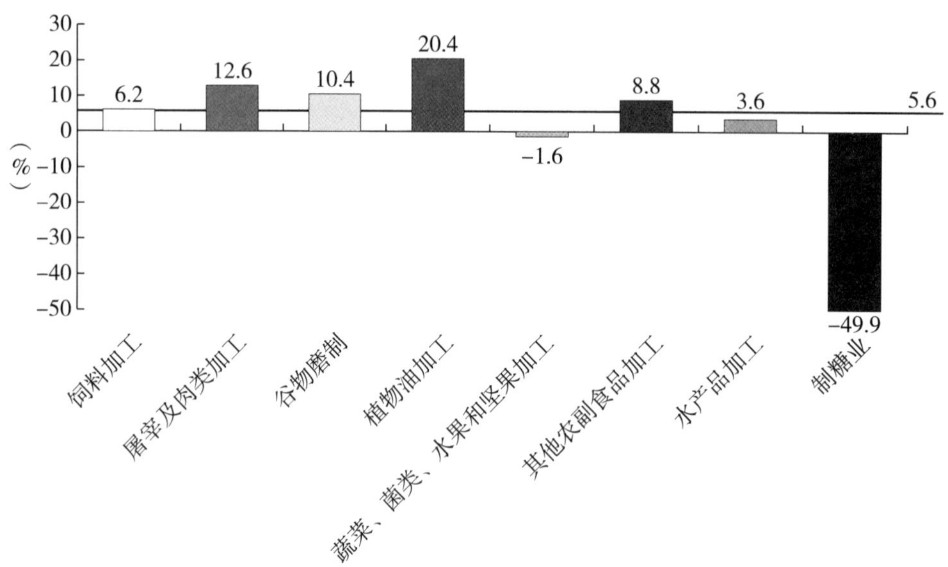


**图10 2018年1—12月全国农副食品加工子行业利润增长情况**

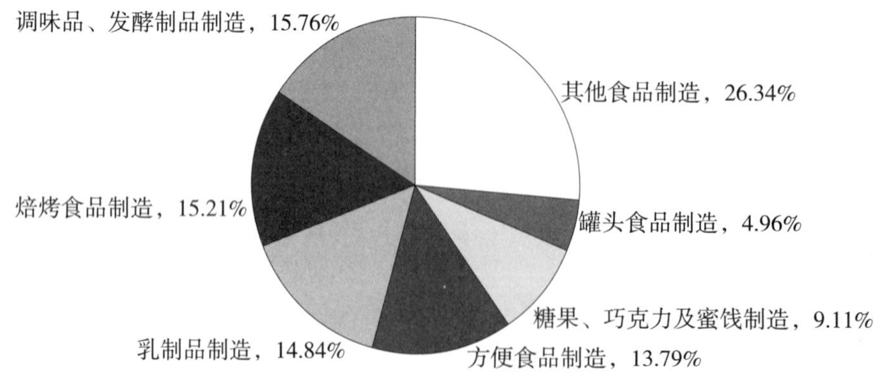


**图11 2018年1—12月全国食品加工子行业利润占比情况**

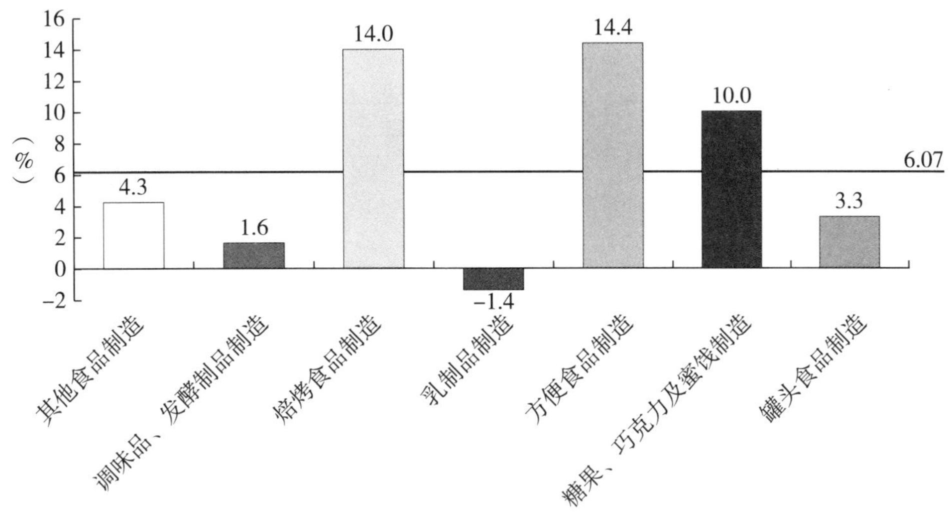


**图12 2018年1—12月全国食品加工子行业利润增长情况**

**3. 酒、饮料和精制茶制造业**

2018年，1—12月全国酒、饮料和精制茶行业完成累计利润总额2094.33亿元，同比增长20.81%（占食品工业的36.29%），增速较1—11月加快5.49个百分点。其中，12月完成利润总额310.8亿元，同比增长66.16%。

全国酒、饮料和精制茶制造业子行业利润增速分化，13个细分子行业中10个行业利润实现正增长，3个行业利润同比下降，其中：茶饮料及其他软饮料，白酒，碳酸饮料和其他酒制造业利润增长分别为47.3%、30.0%、19.6%和14.5%，增速领先；酒精制造业利润同比大幅下降50.8%；葡萄酒和黄酒制造业利润也分别有不同程度的下降，需引起行业注意（见图13、图14）。

## （三）主营业务收入利润率

2018年1—12月，全国农副食品行业累计主营业务收入利润率为4.49%（见图15），同比增长0.09%，较1—11月提高0.39个百分点，低于食品工业平均利润率2.64个百分点。

食品制造行业累计主营业务收入利润率为8.41%，同比下降0.09%，较1—11月提高0.41个百分点，高于食品工业平均利润率1.28个百分点。

酒、饮料和精制茶制造业累计主营业务收入利润率为13.70%，同比增长1.37%，较1—11月提高0.88个百分点，比食品工业平均利润率高6.57个百分点。

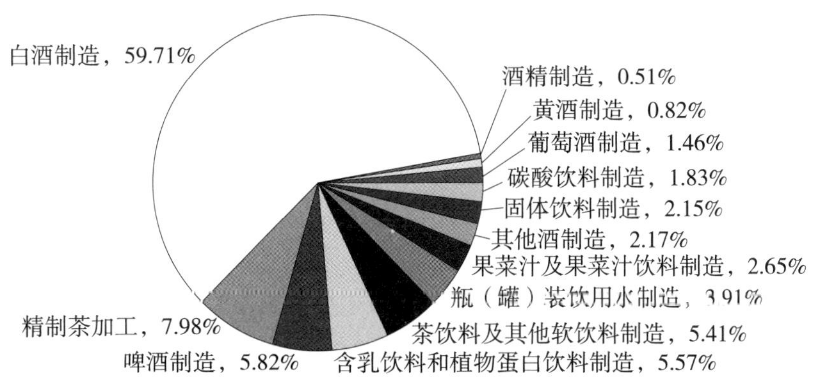


**图13 2018年1—12月全国酒、饮料和精制茶制造子行业利润占比情况**

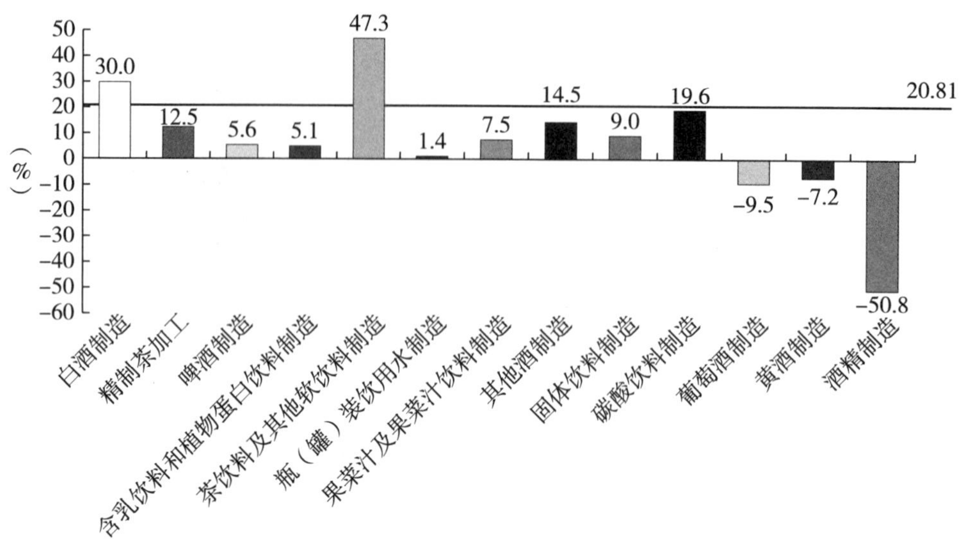


**图14 2018年1—12月全国酒、饮料和精制茶制造子行业利润增长情况**

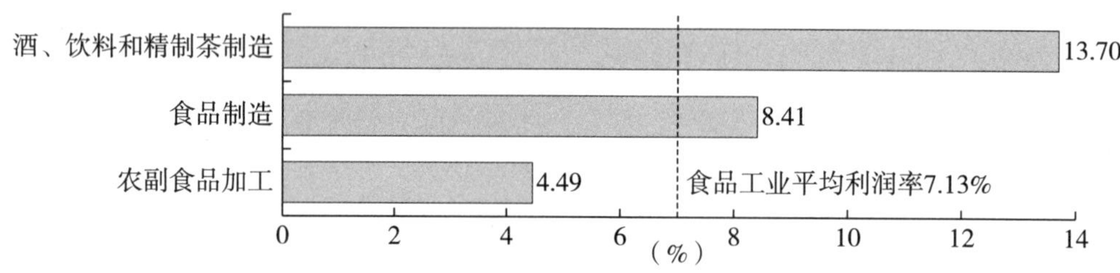


**图15 2018年1—12月食品工业主要行业利润率对比**

## （四）固定资产投资

2018年1—12月，制造业固定资产投资同比增长9.5%，增速与1—11月持平；食品工业三大子行业中，农副食品加工业固定资产投资与2017年同期持平；食品制造业投资同比增长3.8%，增幅较1—11月下降0.6个百分点；酒、饮料和精制茶制造业投资同比下降6.8%，降幅较1—11月减少0.8个百分点（见表2）。

**表2 2018年1—12月食品工业主要行业固定资产投资增速情况** （单位:%）

| 行业名称 | 1—12月 | 1—11月 | 1—10月 | 1—9月 |
| --- | --- | --- | --- | --- |
| 全国总计 | 5.9 | 5.9 | 5.7 | 5.4 |
| 制造业合计 | 9.5 | 9.5 | 9.1 | 8.7 |
| 农副食品加工业 | 0 | -0.9 | -1.7 | -0.5 |
| 食品制造业 | 3.8 | 4.4 | 3.3 | 1.9 |
| 酒、饮料和精制茶制造业 | -6.8 | -7.5 | -7.9 | -6.6 |

# 2018年医药工业经济运行概况

2018年，医药工业主要经济指标表现良好，工业增加值增速居全国工业前列，主营业务收入和利润总额表现突出，产业结构持续优化，质量效益有所改善，整体发展态势稳中有进。

## 行业运行特点

### （一）行业运行整体平稳，对经济发展贡献稳定

2018年1—12月，规模以上医药工业增加值同比增长10.1%，高于全国工业整体增速3.9个百分点，占全国工业比重3.3%。规模以上企业实现主营业务收入26156亿元，同比增长12.6%，增速较2017年同期提高0.36个百分点，工业增加值和主营业务收入均实现两位数增长，对经济发展贡献较为稳定。各子行业中，增长最快的是化学药品制剂制造，增速为19.3%。

### （二）盈利水平稳定增长，企业分化逐步加剧

2018年1—12月，医药工业规模以上企业实现利润总额3387.2亿元，同比增长11%，连续多年保持两位数增长。医药工业主营收入利润率为12.95%，较2017年同期提高1.15个百分点，高于全国工业整体水平6.46个百分点，行业盈利水平保持稳定。各子行业中，医疗仪器设备及器械制造利润增速较快，增速为24%。同时，企业分化逐步加剧，亏损企业数量达16.8%，同比增长9.9%，亏损额同比增长27.7%。

### （三）研发投入持续增长，新药审批上市加速

在“重大新药创制”等国家科技专项的支持引导下，企业加大新药研发投入，创新成果日益突出。2018年前三个季度，265家上市医药企业研发投入合计222.6亿元，占营业收入的2.33%。2018年申报上市的国产一类新药有21个；在新批准国产药品生产批件525个中，有26个新药获批上市，其中一类新药9个（化学药7个，生物药2个）。

### （四）医药出口增长强劲，国际化发展水平提升

2018年1—12月，规模以上医药企业实现出口交货值1802亿元，同比增长11.7%，增速比2017年同期提高0.62个百分点。全年有29家企业的73个品种获得美国仿制药批件，是2017年全年获批品种的1.6倍，6个国产制剂品种通过WHO（世界卫生组织）预认证。境外并购融资、并购活跃，全年有4起境外并购案例超过3亿美元，国际竞争力不断提升。

## 主要问题及原因分析

2018年度医药工业运行基本平稳，主要经济指标表现良好，整体发展态势稳中有进，主要存在以下几方面问题：

### （一）企业利润增速下滑明显

从1—2月的37.3%下降至1—12月的11%，低于2017年同期5.57个百分点，高于全国工业

整体增速 0.7 个百分点。

原因分析：一是原材料、运输、动力等价格不断上涨，人力资源成本逐年提高，环保投入不断加大，企业融资难、融资贵问题突出，致使企业生产经营成本明显提高。二是 2017 年度各地招标采购平均降价幅度在 10% 以上，医联体带量采购进一步降低了药品价格，降价挤压了企业利润空间。三是 289 种国家基本药物（涉及批准文号 17.7 万个）应在 2018 年年底前完成一致性评价，每个品种所需费用 800 万 ~1000 万元，仿制药一致性评价推动企业加大了研发投入。

### （二）企业费用支出结构不合理

2018 年 1—12 月，企业销售费用占主营业务收入 19.5%，高于全国工业整体水平 16.4 个百分点；销售费用同比增长 31.3%，远高于全国工业整体 10.3% 的增长幅度。

原因分析：一是我国医药产业自主创新能力薄弱，产品以仿制药为主，主要依靠产品推广和市场开发实现规模增长，长期高质量发展后劲不足；二是药品销售“两票制”的全面推行，改变了原有药品营销模式，企业管理费用、销售费用等经营成本大幅提升。

### （三）固定资产投资持续低迷

2017 年医药工业固定资产投资出现负增长，2018 年同比增长 1.8%，低于制造业整体增速 7.7 个百分点。

原因分析：一是经过上一轮药品 GMP（药品生产质量管理规范）认证改造，医药工业产能趋于饱和，由此所带来的大规模固定资产投资基本结束。二是药品上市许可持有人制度试点致使药品生产管理模式发生改变，这也是医药工业固定资产投资持续低迷的重要原因。

### （四）子行业发展不平衡

医疗仪器设备及器械制造主营业务收入和利润增速同比有所提升，化学药生物药增速同比基本持平，中药产业（包括中药饮片和中成药）增速同比下降明显，中药产业主营业务收入占比 19.4%，同比下降 7.1 个百分点。

原因分析：一是医疗机构限制辅助用药比例，2018 年前三个季度医院用药十大主要产品中，血栓通、倍通、丹参多酚酸盐等中药注射剂的销售额均同比下降 10% 以上；二是中药审批数量大幅减少，2017 年、2018 年分别批准了 1 个中药新产品上市；三是中药材价格上涨明显，直接提升了中药企业生产成本。

## 2019 年发展形势预测

### （一）发展形势预测

2019 年，实现《医药工业发展规划指南》提出的 10% 的主营业务收入增长目标难度较大，企业盈利水平将有明显影响。

影响因素：一方面，我国人口老龄化加速、医保目录调整扩容、医疗保障水平提高等积极因素，将进一步推动医药产业快速发展。另一方面，受药品使用政策调整、加快进口药品审评等政策影响，医药产业发展形势不容乐观。一是药品使用政策调整，公立医院医疗费用增长幅度不得超过 10%，药占比由 40% 逐步降到 30% 以下，医疗机构诊疗价格不断调整，患者诊疗费用逐步提升，将会逐步减少用药费用。二是“4 +7”城市带量采购的正式实施，引发了全国多地中标药品降价，直接影响企业利润增长。2018 年 12 月 7 日，“4 +7”城市带量采购中选结果公布，25 种药品中选，平均降价 52%，最高降幅达到 96%，医药股市值两天蒸发 2400 亿元。三是进口抗癌药零关税和加快进口药品审批上市（2018 年批准进口药品批件 119 个），对处于起步阶段的新药研发市场和医药产业发展造成较大冲击。根据全国样本医院检测数据，2018 年 1—9 月进口药品使用金额占比 26.5%，同比增长 11.3%；国产药品使用金额同比增长仅 0.3%，远低于进口药品增长幅度。

### （二）推动医药工业发展的政策措施

**一是规划引导产业健康发展。**组织实施了

《医药工业发展规划指南》中期评估，较好完成了“十三五”发展目标，确定了重点发展领域和支持方向。今后将以创新驱动和绿色发展为指引，推进医药制造业创新中心建设，推动化学原料药绿色发展，提升医药领域智能发展水平，实现医药工业高质量发展。

**二是推动加大财税金融支持。**在整体降税减负政策导向下，协调相关部门落实医药产业发展的更多税收优惠政策，推动提高药品制剂出口退税率。完善与工商银行的产融合作机制，拓宽医药企业融资渠道，鼓励金融机构支持早期医药项目和创新型中小企业发展，逐步建立创新成果商业转化机制。

**三是协调完善药物使用政策。**跟踪分析国家药品集中采购试点政策对行业发展的影响，协调相关部门不断完善优化，促进实现群众得到更多实惠、制药行业健康发展双赢。推动新上市药品尽快纳入医疗机构诊疗指南和临床路径，促进新产品合理应用。推行患者凭医院处方到零售药店自主购买慢性病、常见病用药，并纳入医保报销范围，增强社会药房服务能力。

**四是积极培育新型增长点。**推动加快具有较大临床价值药品审批上市，对于疗效确切、临床必需的新产品不受医疗机构药占比等政策限制。积极发展医药产业新模式、新业态，推动行业转型升级和提质增效。巩固原料药出口优势，重点拓展发达国家和新兴医药市场，提高制剂出口规模和产品附加值。

**五是推动建立多层次医疗保障体系。**推动医保支付方式改革，建立统一的医保支付标准，促进通过一致性评价的仿制药优先使用。推动发展商业健康保险，支持商业保险产品创新，扩大商业健康保险个人所得税优惠幅度，引导提升公众保险意识和消费认知，逐步提高医疗保障水平。

# 第四部分　电子工业

## 2018年电子信息制造业经济运行概况

### 产业运行情况

**1. 产业整体保持较快增长。**2018年，全国规模以上电子信息制造业增加值同比增长13.1%，高于全国规模以上工业增加值增速6.9个百分点；信息传输、软件和信息技术服务业增加值比2017年同期增长30.7%，增速居国民经济各行业之首，占GDP比重达3.6%，已成为经济平稳较快增长的重要推动力。2018年，我国生产彩色电视机20382万台，同比增长14.6%；生产锂离子电池139.9亿只，同比增长12.9%；生产太阳能电池9605.3万千瓦，同比增长7.7%；生产集成电路1739.5亿块，同比增长9.7%；生产半导体分立器件8972.6亿只，同比增长22.9%；生产电子元件50639亿只，比2017年增长12%。

**2. 创新能力建设取得突破。**半导体器件方面，我国企业在3D NAND（一种新兴闪存类型，通过把存储单元堆叠在一起解决2D或平面NAND闪存带来的限制）闪存芯片研发上取得突破，首次提出重要的新架构和技术路径；国内芯片先进设计能力导入7纳米，主流设计水平达到16/14纳米；16/14纳米制造工艺研发取得重要进展。新型显示方面，液晶面板出货面积跃居全球第一，多条LCD（液晶显示器）高世代线点亮投产，京东方液晶面板出货量位列全球第一，本土AMOLED（有源矩阵有机发光二极体）量产步伐加快。智能手机方面，5G手机、折叠屏手机相继问世，华为、OPPO、小米、vivo跻身全球智能手机出货量前6位。5G方面，技术研发完成第二阶段试验，中频段频谱使用规划率先发布，华为等通信设备企业已推出5G试商用系统。电子材料方面，以发光材料、化合物半导体为代表的新型电子功能材料发展步伐加速迈进。

**3. 产业出口稳步增长。**2018年，我国电子信息制造业实现出口交货值55468亿元，同比增长9.8%，高于全国规模以上工业出口交货值增速1.3个百分点。细分领域中，通信设备制造业、雷达及配套设备制造业和电子元件及电子专用材料制造业增长较快，同比分别增长12.6%、85.0%和14.0%。2018年，全国软件业实现出口554.5亿美元，同比增长0.8%。

**4. 投资增速维持高位。**2018年，电子信息制造业500万元以上项目完成固定资产投资额同比增长16.6%，高于制造业整体投资增速7.1个百分点。电子器件行业投资增长显著，同比增长37.8%。电子元件及电子专用材料制造业投资实现较快增长，同比增速为44.9%。整机制造行业中，计算机制造业投资增长较快，同比增长7.3%；通信设备制造业保持平稳增长，同比增速为6.8%。在市场驱动和政策带动下，武汉长江存储、华虹无锡、京东方武汉10.5代TFT－LCD（薄膜晶体管液晶显示器）产线、合肥晶合驱动芯片等一批集成电路、新型显示等领域的重大项目陆续启动和加快实施。

**5. 经济效益保持向好势头。**2018 年，全国规模以上电子信息制造业实现利润 4781 亿元，同比下降 3.1%。主营业务收入利润率为 4.51%，同比下降 0.56 个百分点。2018 年年末，全行业应收账款比 2017 年增长 14.8%，高于同期主营业务收入增速 5.8 个百分点；产成品存货比 2017 年增长 16.7%，高于同期主营业务收入增速 7.7 个百分点。2018 年，软件和信息服务业实现利润总额 8079 亿元，同比增长 9.7%。

**6. 骨干企业实力进一步提升。**2019 年（第 33 届）中国电子信息百强企业整体主营业务收入达 4.3 万亿元，同比增长 22.9%；总资产合计 5.5 万亿元，同比增长 25%；实现利润总额 2236 亿元，平均利润率为 5.2%，高于行业平均水平 0.7 个百分点。第 33 届百强企业中，前 3 名企业主营业务收入均超过 2500 亿元；主营业务收入超过 1000 亿元的企业有 12 家，比第 32 届增加 2 家；超过 100 亿元的有 74 家，比第 32 届增加 8 家。百强企业研发投入合计 2552 亿元，同比增长 16.3%，与收入增速保持同步；平均研发投入强度达到 6.0%。2018 年中国发明专利授权量前 10 强企业中，电子信息百强企业占据 4 席，其中华为、京东方、联想和中兴分别位列第 1 位、第 5 位、第 7 位和第 9 位。2018 年专利合作协定（PCT）国际专利申请量企业排名中，华为、中兴和京东方分别以 5405 件、2080 件和 1813 件国际专利占据全球排行榜第 1 位、第 5 位和第 7 位。

## 主要行业发展情况

**1. 计算机行业。**2018 年，计算机行业整体发展平稳，计算机制造业主营业务收入同比增长 8.7%，利润同比增长 4.7%，计算机制造业增加值同比增长 9.5%，出口交货值同比增长 9.4%。微型计算机等主要产品生产出现下滑，共生产微型计算机 30700 万台，同比下降 1%，其中，笔记本电脑产量 17327 万台，同比增长 0.6%；平板电脑产量 6812 万台，同比增长 2.8%。行业总体创新能力继续提升，人工智能、超高清等新技术与计算机行业融合应用加快推进。

**2. 移动智能终端行业。**2018 年，移动智能终端产业加快转型升级步伐，产品品类不断优化，产业链上游研发能力不断提升。手机方面，全年共生产手机 18 亿部，同比下降 4.1%；其中智能手机 13 亿部，同比下降 0.6%。在 5G 全面商用前，我国智能手机市场依旧处于规模换机前的蛰伏期，市场总量相对稳定，市场集中度进一步提升，品牌厂商不断加大研发投入促进产品向高端化发展。虚拟现实（VR）方面，我国虚拟现实市场虽然总量仍然有限，但是呈现回暖的增长态势，市场规模和用户数量快速增长，根据市场研究机构数据，2018 年中国虚拟现实市场规模达到 60 亿美元，年均复合增长率为 76.2%。用户规模增至 900 万人。智能可穿戴设备方面，市场规模增长迅猛，主要体现在耳机和手表市场，此外，手环和手表的市场集中度显著升高。据市场研究机构数据，2018 年我国可穿戴设备出货量达到 7321 台，同比增长 28.5%，其中，耳机出货量 1607 万台，同比增长 146.3%，呈现高速发展态势；智能手表出货量 654 万台，同比增长 37.8%；手环出货量 2632 万台，同比增长 4.8%。

**3. 彩电行业。**2018 年，彩电行业生产保持较快增长，共生产彩色电视机 20381.5 万台，比 2017 年增长 14.6%。其中，智能电视 12905.5 万台，比 2017 年增长 18.7%，占彩电产量比重为 63.3%。据市场研究机构统计，2018 年中国彩电市场销量 4774.5 万台，同比增长 0.5%；销售额 1489.9 亿元，同比下降 8.6%；彩电零售均价 3121 元，同比下降 9%。其中，超高清电视销量 3188.9 万台，同比增长 11.6%，占国内电视销量比重约 66.8%。彩电大尺寸化加速，电视零售面积 3370 万平方米，同比上升 6.8%；55 英寸及以上电视销量约 2355.9 万台，同比增长 24.9%，占国内电视销量比重约 49.3%。中国彩电行业关键部件配套能力不断提升，人工智能、超高清电视成为我国市场消费热点，OLED（有机发光二极管，又称有机电激光显示、有机发光半导体）电视产业布局逐渐成熟。

**4. 集成电路行业。**在内需市场和投资的带动下，集成电路产业继续保持快速发展态势。2018 年全行业实现销售收入 6532 亿元，同比增长 20.7%；集成电路产量为 1739.5 亿块，同比增长 9.7%。其中，集成电路设计业全年销售额为 2519.3 亿元，同比增长 21.5%；在集成电路设计业快速发展的带动下，芯片制造业销售收入达到 1818.2 亿元，同比增长 25.6%；集成电路封装测试业继续保持快速增长，实现销售额 2193.9 亿元，同比增长 16.1%。技术水平持续提升，在微处理器（CPU）、智能终端芯片、智能电视芯片和人工智能（AI）等领域均取得明显进步，其中，海思半导体表现突出，采用台积电第一代 7 纳米工艺，设计推出了麒麟 980 应用处理器芯片。伴随我国封装技术的发展，先进封装技术应用比例不断提高，整体约 33% 的产值来自先进封装，对于龙头企业，先进封装技术为企业贡献产值比例超过 50%。国际合作进一步推进。3 月，三星电子西安二期项目正式开工，预计扩建工作于 2019 年结束。7 月，SK 海力士无锡二期项目正式开工，预计 2019 年竣工。

**5. 光伏产业。**2018 年，受国内政策调整影响，我国光伏市场出现下滑，市场竞争加剧，主要光伏产品产值达到 3420 亿元。产业链各环节产能、产量全球占比均在 50% 以上。2018 年多晶硅产量 25.9 万吨，同比增长 7%；硅片产量 107.1GW，同比增长 16.8%；电池片产量 85GW，同比增长 18.1%；光伏组件产量达到 84.3GW，同比增长 12.4%。受国内相关政策调整影响，应用市场增速放缓，新增装机容量 44.26GW，同比下降 16.6%，全球占比约 40%，仍为全球第一大光伏市场，累计装机量超过 170GW。技术和工艺水平不断提升，多晶硅生产平均综合电耗已降至 71 千瓦时/千克，骨干企业能耗降至 63 千瓦时/千克，多晶硅生产全成本最高已降至 41.4 元/千克。金刚线切割技术的普及提升了硅材料利用率，单多晶电池技术持续演进，单多晶电池量产平均转换效率分别达到 21.8% 和 19.2%。高效组件技术如半片、叠瓦、大硅片等已规模化应用。

## 产业面临的主要形势

### （一）世界经济复苏乏力，逆全球化趋势不断加强

2018 年以来，受国际贸易关系趋紧、政策不确定性上升以及商业信心走低等多重因素影响，全球经济增长动能减弱，主要发达经济体经济形势分化明显，国际货币基金组织（IMF）等机构不断下调全球经济增速预期。此外，贸易保护主义、单边主义等逆全球化趋势进一步加强，使得世界经济发展的不确定性、不稳定性更加凸显，全球经济贸易分工合作的共识和基础开始动摇，世界政治经济格局面临深刻调整趋势，我国电子信息产业发展面临的外部环境日益复杂多变。

### （二）国际竞争日益加剧，产业发展面临“双向挤压”

在新一轮科技革命和产业变革中，世界各国对信息技术产业的发展高度重视，纷纷运用经济、政治、外交各方面的手段和资源，构筑自身竞争新优势，抢占信息技术产业发展的制高点。美国、日本、欧洲等国家和地区持续加大在 5G、物联网、量子科学等新一代信息技术领域的研发与资金投入，实施“再工业化”战略。与此同时，发展中国家加速争夺中低端制造业，越南、印度等国加大力度吸引产业转移，导致部分产业链已有外迁动向。发达国家的“高端回流”和发展中国家的“中低端分流”，对我国电子信息产业发展形成了“双向挤压”。

### （三）政策红利不断释放，营造产业发展良好环境

党的十九大报告多次就信息技术、大数据、

人工智能、互联网、数字经济等电子信息领域关键词作出重要论述，这为我国电子信息产业发展提供了基本指引。2018 年以来，《关于加快推进虚拟现实产业发展的指导意见》《智慧健康养老产品及服务推广目录（2018 年版）》《光伏制造行业规范条件（2018 年本）》等政策文件的印发，为产业发展和各地布局进行科学引导，对持续推动电子信息领域新旧动能转换转化，推进产业更高质量、更有效率、更可持续的发展具有十分重要的意义。

## 发展中的主要问题

### （一）外部发展形势复杂多变，经贸摩擦影响产业发展

从外部环境来看，世界范围内逆全球化趋势和贸易投资保护主义加强，部分国家针对我国的贸易投资壁垒也大为提高，对我国遏制打压有长期化、常态化趋势。由于电子行业产业链较长，经贸摩擦对其中某一环节的直接影响会迅速传导至产业链的其他环节。目前，经贸摩擦对我国电子信息产业进出口的影响已显现，对产业经济运行、产业转型升级等都将造成一定影响。

### （二）关键核心技术受制于人，产业创新能力仍待加强

在存储器、传感器、5G 高频器件等关键元器件和核心技术领域仍然存在“短板”，模数转换器、存储芯片、设计工具以及关键装备和材料等也高度依赖进口。我国信息技术产业创新能力距离国际先进水平还有较大差距，产业技术创新不足将严重制约产业价值链迈向高端。

### （三）新兴市场发展支撑不足，行业管理和服务手段缺乏

超高清视频、虚拟现实等新兴领域相关政策的发布为产业发展带来新机遇，但目前发展支撑尚显不足。例如，发展超高清视频产业战略意义重大，但是缺乏专项资金支持，现有支持资源较为分散，协调难度较大，没有形成支持合力；智慧健康养老应用试点示范和产品及推广服务目录制定工作开展以来，社会反响较好，但缺乏相应的激励机制，实施效果和带动效应未得到充分发挥。

# 第五部分　信息工业

## 2018 年软件和信息技术服务业经济运行概况

2018 年，我国软件和信息技术服务业（以下简称软件产业）运行态势良好，收入和效益保持较快增长，吸纳就业人数稳步增加；产业向高质量方向发展步伐加快，结构持续调整优化，新的增长点不断涌现，服务和支撑两个强国建设能力显著增强，正在成为数字经济发展、智慧社会演进的重要驱动力量。

### 软件产业发展基本情况

2018 年，我国软件产业运行态势良好，收入和效益保持较快增长，吸纳就业人数稳步增加；产业向高质量发展步伐加快，结构持续调整优化，新的增长点不断涌现，服务和支撑两个强国建设能力显著增强，正在成为数字经济发展、智慧社会演进的重要驱动力量。

#### （一）综合情况

软件业务收入保持较快增长。2018 年，全国累计完成软件业务收入 63061 亿元，同比增长 14.2%（见图 1）。

**盈利能力稳步提升。**经初步统计，2018 年软件产业实现利润总额 8079 亿元，同比增长 9.7%；行业人均创造业务收入 98.06 万元，同比增长 9.6%，高质量发展成效初显（见图 2）。

软件出口形势低迷。2018 年，全国软件产业实现出口 554.5 亿美元，同比增长 0.8%（见图 3）。

从业人数稳步增加。2018 年，全国软件产业从业人数 643 万，比 2017 年增加 25 万人，同比增长 4.2%（见图 4）。

#### （二）分领域运行情况

**软件产品收入实现较快增长。**2018 年，全行业实现软件产品收入 19353 亿元，同比增长 12.1%，占全行业比重为 30.7%。其中，信息安全和工业软件产品实现收入 1698 亿元和 1477 亿元，分别增长 14.8% 和 14.2%，为支撑信息系统安全和工业领域发展发挥重要作用。

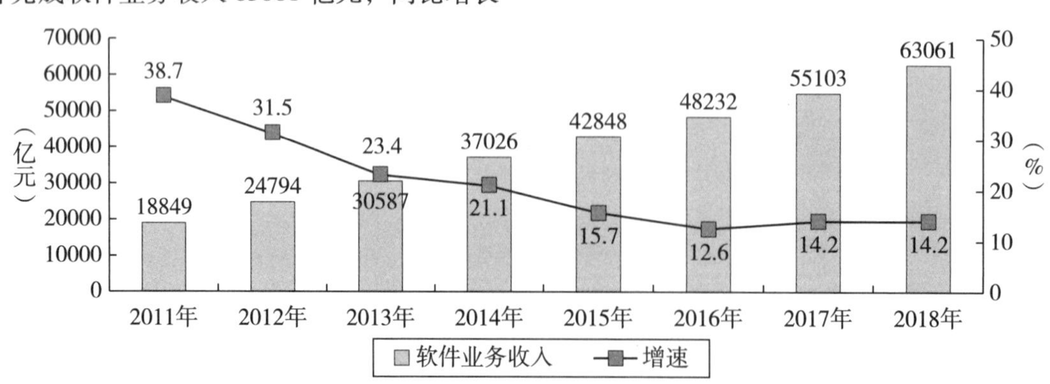


**图 1　2011—2018 年软件业务收入增长情况**

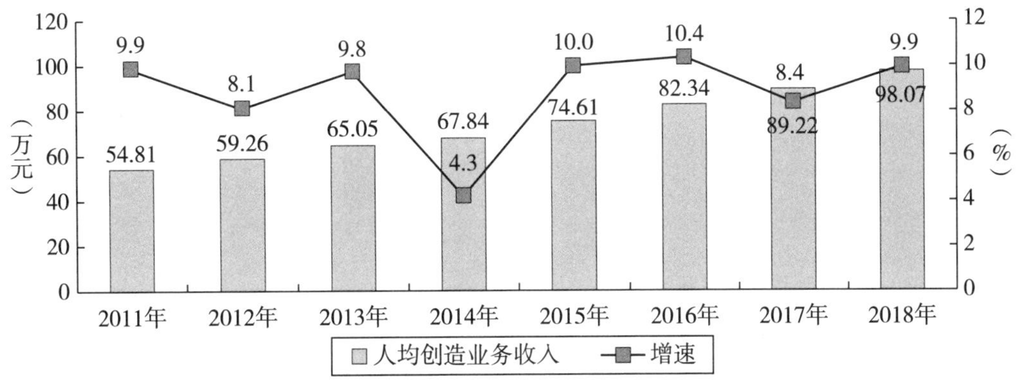


**图2　2011—2018 年软件产业人均创收情况**

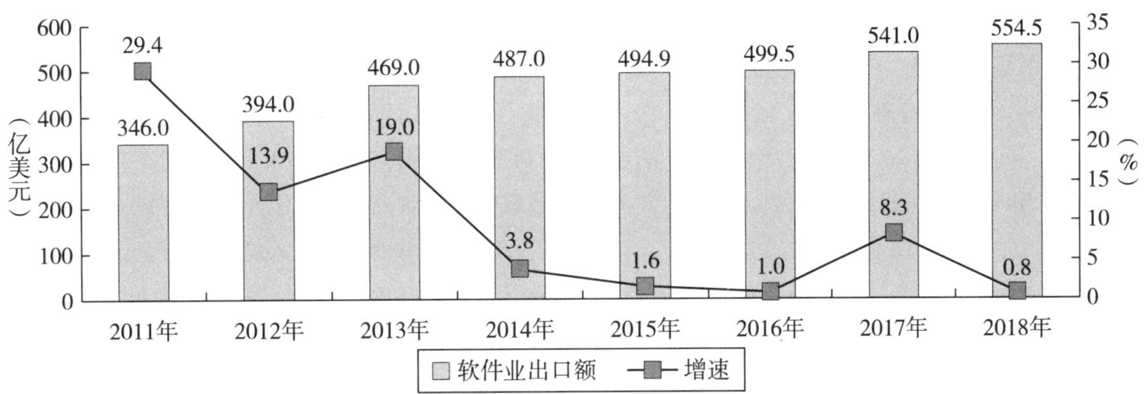


**图3　2011—2018 年软件产业业务出口增长情况**

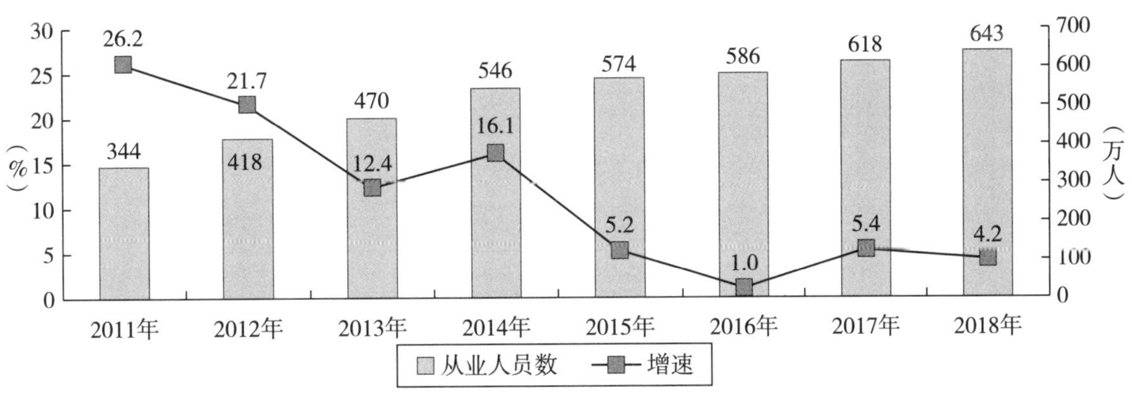


**图4　2011—2018 年软件产业从业人员数变化情况**

**信息技术服务加快云化发展。**2018 年，全行业实现信息技术服务收入 34756 亿元，同比增长 17.6%，增速高出全行业平均水平 3.4 个百分点，占全行业收入比重为 55.1%。其中，云计算相关的运营服务（包括在线软件运营服务、平台运营服务、基础设施运营服务等在内的信息技术服务）收入 10419 亿元，同比增长 21.4%，占信息技术服务收入比重达 30.0%；电子商务平台技术服务收入 4846 亿元，同比增长 21.9%。

**嵌入式系统软件收入平稳增长。**2018 年，全行业实现嵌入式系统软件收入 8952 亿元，同比增长 6.8%，占全行业收入比重为 14.2%（见图 5）。嵌入式系统软件已成为产品和装备数字化改造、各领域智能化增值的关键性带动技术。

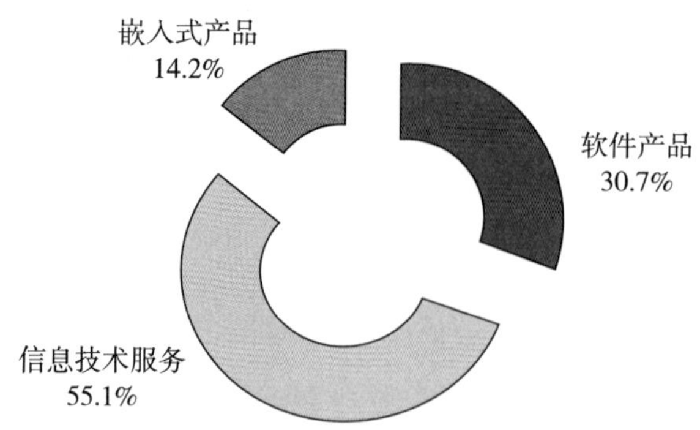


图5 2018年软件产业分类收入占比

## （三）分地区运行情况

**东部地区稳步发展，中西部地区软件产业加快增长。**2018年，东部地区完成软件业务收入49795亿元，同比增长14.2%，占全国软件产业的比重为79.0%。中部和西部地区完成软件业务收入为3163亿元和7189亿元，分别增长19.2%和16.2%，高于全国增速5.0和2.0个百分点；占全国软件产业的比重为5.0%和11.4%，同比均提高0.2个百分点。东北地区完成软件业务收入2914亿元，同比下降0.4个百分点，占全国软件产业的比重为4.6%（见图6）。

**主要软件业务大省保持稳中向好，海南及部分中西部省市快速增长。**软件业务收入居前5名的广东（增长12.2%）、江苏（10.7%）、北京（16.8%）、山东（15.9%）、浙江（21.1%）共完成软件业务收入40192亿元，占全国软件产业比重的63.7%。软件业务收入增速高于全国平均水平的省（区、市）有19个，其中海南同比增长率达89.9%，西部的广西、青海、云南和贵州增长率分别达77.0%、50.3%、23.7%和23.4%，中部的江西、安徽增长率分别达37.7%和27.7%（见图7）。

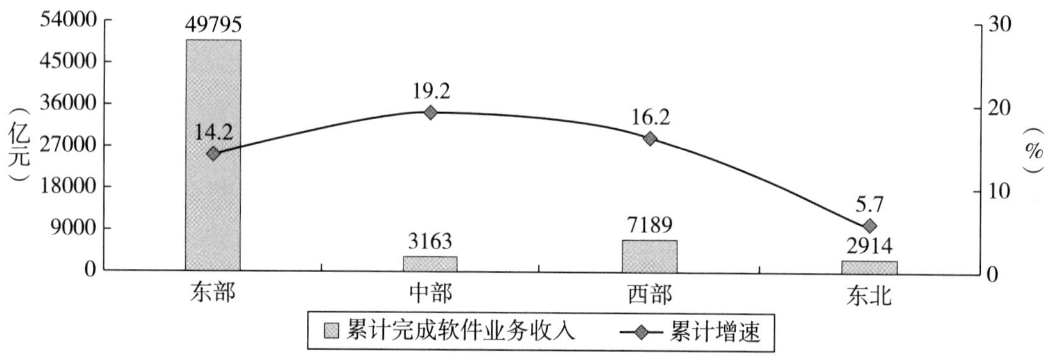


图6 2018年软件产业分区域增长情况

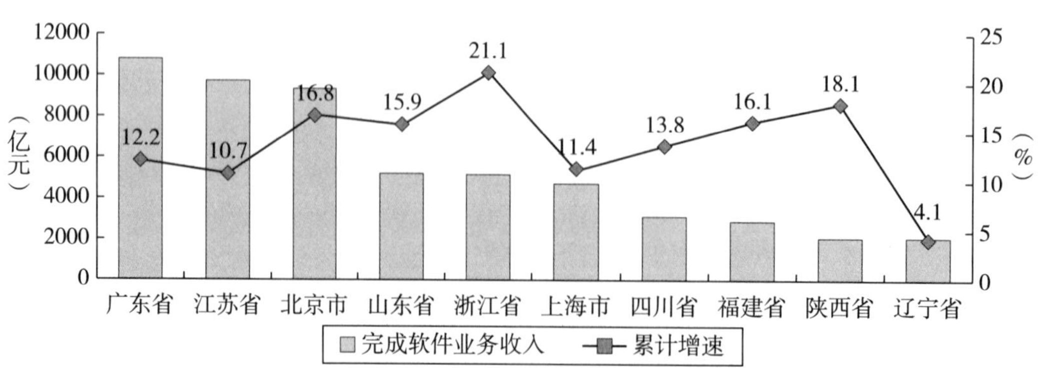


图7 2018年前十位省市软件业务收入增长情况

**重点城市软件产业保持集聚发展。**2018 年，全国 4 个直辖市和 15 个副省级中心城市实现软件业务收入 51237 亿元，同比增长 14.2%，占全国软件产业的比重为 81.2%。其中，软件业务收入超过千亿元的城市包括 4 个直辖市和 11 个中心城市，合计软件业务收入占全国的比重达到 78.3%（见图 8）。

## （四）主要软件企业发展情况

根据国家统计局批准、工业和信息化部统计的 2017 年全国软件产业年报数据，经各地工业和信息化主管部门初步审核、工业和信息化部最终核定，2018 年（第 17 届）中国软件业务收入前百家企业（以下简称软件百家企业）名单揭晓。

软件百家企业入围门槛为软件业务年收入 16.2 亿元，比第 16 届增加 1.7 亿元，增长 11.9%。软件百家企业更新率明显下降，两年持续在榜企业 93 家，有 7 家企业首次或重新进入名单，企业持续增长能力增强。软件百家企业整体规模继续扩大，共完成软件业务收入 7712 亿元，比第 16 届增长 16.5%，增速同比增加 6.3 个百分点，高于全行业收入增速 2.3 个百分点，占全行业收入比重达到 14%。其中，软件业务收入过 100 亿元的企业达 13 家，比第 16 届增加 4 家。

**加快探索转型升级路径，部分软件自家企业实现领先发展。**软件百家企业中，超过 30% 的企业收入增长率超过 20%；增速超过 50% 的企业达到 9 家；两年持续在榜企业中，排名提升超过 10 位的企业达到 15 家。部分企业依靠积极转型和创新实现突破，如北京华胜天成公司实施服务转型以及在云计算领域打造自主品牌“天成云”，排名提升 41 位；部分企业深入研究和推进新兴技术的应用，如北京易华录公司将大数据和人工智能技术应用于智慧城市和交通、安防领域，排名提升 29 位；部分企业推动专业领域的高端化发展和在新兴领域布局并重，如江苏润和科技在聚焦金融信息化领域的同时，围绕物联网“芯片、平台、应用”的战略布局也初步成型，排名提升 20 位；部分企业如科大讯飞、大疆创新等在新兴领域积累独特核心技术，连续两年排名大幅提升，2018 年分别提升 18 位和 14 位；另有部分企业依托自有终端品牌优势，深耕产业链上下游，提供移动端解决方案，如广东维沃软件、小米移动、云中飞均实现 10 位以上排名提升。

**软件百家企业研发投入保持增长，创新质量进一步提升。**软件百家企业共投入研发经费 1550 亿元，占全行业研发投入的 27.6%，远超收入和利润在全行业的比重，是软件业研发投入的关键主体。企业平均研发强度 9.7%（研发经费占主营业务收入比例），高于全行业平均水平 2.1 个百分点；研发强度超过 15% 的企业有 15 家，其中有 12 家连续两年研发强度超过 15%；参与研发的人员数接近 46 万，占软件百家企业总从业人员数的 46%，与第 16 届相比增长 17.9%。

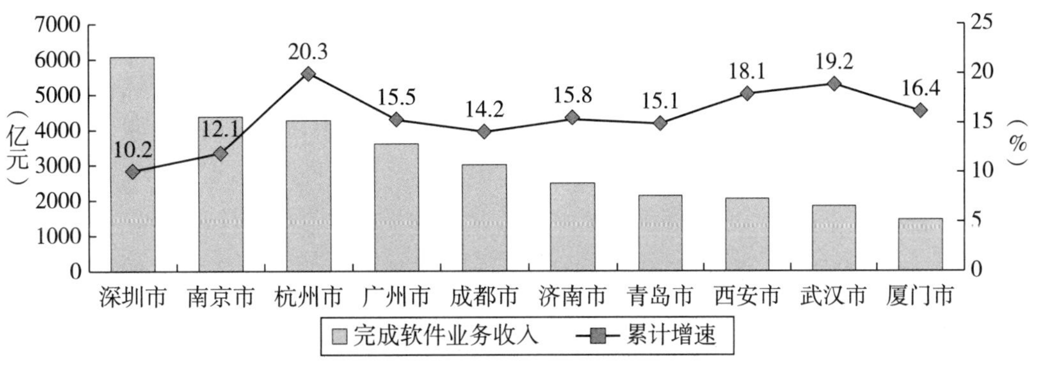


**图 8　2018 年前十位中心城市软件业务收入增长情况**

软件百家企业的著作权登记量超过3万件，比第16届增长近40%。

**软件百家企业新兴领域实现蓬勃发展，国际化经营稳步推进。**软件百家企业在软件产品、信息技术服务和嵌入式系统软件三个领域的收入占比分别为30%、45%和25%，与第16届相比，信息技术服务领域收入占比明显上升。在新兴产业领域，充分运用大数据、移动互联网、云计算等信息技术和手段，企业实现快速迭代，催生出更多的新兴服务业态，第17届软件百家企业的云服务相关的运营服务收入增长超过90%，数据处理服务收入增长1倍多。软件百家企业坚持开放发展，2017年实现软件出口257亿美元，比第16届增长22.4%；出口主要市场由传统市场向新兴市场拓展，特别是随着“一带一路”基础设施的互联互通以及各类国际合作不断落地，对“一带一路”沿线国家和地区的软件出口明显上升。

## 软件正版化工作开展情况

2018年，工业和信息化部继续落实《关于计算机预装正版操作系统软件有关问题的通知》和《关于政府部门购置计算机办公设备必须采购已预装正版操作系统软件产品的通知》等一系列指导文件精神，并联合多部委开展软件正版化督查工作，维护计算机市场和软件市场秩序，营造良好的软件知识产权保护社会环境，推动软件产业创新。

### （一）巩固计算机预装正版操作系统工作成果

2018年，根据计算机预装正版操作系统软件工作部署要求，工业和信息化部下发《关于报送2017年度计算机预装正版操作系统软件有关问题的通知》，继续要求国内主要品牌计算机生产商和操作系统软件提供商上报2017年度计算机销售数量、操作系统软件的预装数量。近年来，随着预装工作的稳步推进，在计算机生产企业和软件企业的共同努力下，我国新出厂计算机正版操作系统软件的装机数量和预装率逐年提高，对推进国家软件正版化，改善国内软件知识产权保护环境发挥了积极的作用。2007年预装率为87.75%，2008年预装率为93.52.%，自2009年预装率达到98.02%以来，新出厂计算机预装正版操作系统比率连续9年稳定在98%以上，2017年预装率为98.62%，2018年预装率达100%。

### （二）通过“剑网行动”落实版权保护工作

2018年7月，国家版权局、国家互联网信息办公室、工业和信息化部、公安部四部委联合下发《关于开展打击网络侵权盗版“剑网2018”专项行动的通知》，对专项行动进行动员部署。“剑网2018”聚焦网络转载、短视频、动漫、知识分享、有声读物等重点领域，各级版权执法部门守正创新、真抓实干，查办了一批侵权盗版大要案件，为庆祝改革开放40周年营造良好的网络文化环境。专项行动期间，各级版权执法监管部门删除侵权盗版链接185万条，收缴侵权盗版制品123万件，查处网络侵权盗版案件544件，其中查办刑事案件74件、涉案金额1.5亿元，专项行动取得显著成效。

### （三）软件著作权登记高速增长

软件正版化工作的持续推进，改善了中国软件产业整体知识产权保护意识，间接推动了软件知识产权水平的提升和能力创建。

2018年，全国共完成计算机软件著作权登记1104839件，同比增长48.22%。从登记区域分布情况来看，软件著作权登记区域主要分布在东部地区，登记量约80万件，占登记总量的72.78%；东北地区虽然登记量相对较少，但增长较快，高于全国整体增速约42个百分点，相比其他地区增长最快。从各地登记数量情况来看，软件著作权登记量较多的省（市）依次为：广东、北京、上海、江苏、浙江、山东、四川、福建、湖北、河南。上述地区共登记软件约85

万件，占登记总量的77.38%，其中，广东省登记软件约28万件，占登记总量的24.28%。从各类热点领域软件登记情况看，App（应用程序）软件登记量增长较为明显，同比增长76.29%，是增长较快的热点领域软件类别之一。另外，人工智能软件登记数量同比增长104.02%，大数据软件登记数量同比增长64.27%，增速均高于软件登记整体增速，呈现出不同程度的快速发展态势。根据中国版权保护中心著作权质权登记信息统计，2018年全国计算机软件著作权质权登记350件，同比增长50.21%；涉及合同数量350个，同比增长50.21%；涉及作品数量1171件，同比增长18.64%；涉及主债务金额475282.2万元，同比增长123.89%；涉及担保金额465786万元，同比增长119.11%。

## 软件产业发展特点

### （一）软件产业规模效益持续快速增长，促进稳增长、稳就业

中国软件产业规模进一步扩大，有力拉动了经济增长。中国软件产业已成为经济平稳较快增长的重要推动力量，软件产业盈利能力稳步提升，高质量发展成效初显，全行业正在形成具有实力的大企业和充满活力的小企业协同发展的良好局面。中国软件产业从业人数平稳增加，为稳定就业做出贡献。2018年年末，我国软件产业从业人员，占城镇就业总人数的1.47%，比2017年年末稍有提升；软件产业从业人员工资总额同比增长13.4%，人均工资同比增长8.8%。从国家统计局2012—2018年平均工资发展趋势来看，我国软件行业工资水平已超过金融业，成为薪资水平最高的行业。

### （二）产业结构持续优化，软件定义深入发展

产业结构持续优化。2018年，软件产品、信息技术服务和嵌入式系统软件收入比例为31∶55∶14，其中信息技术服务收入同比增长17.6%，快于行业平均水平3.4个百分点。龙头骨干企业利润总额同比增长19.6%，销售利润率为9.2%，全行业正逐步形成大企业和中小企业融通发展的良好局面。

软件定义深入发展。软件定义全面融入经济社会各领域，软件创新引擎作用更加凸显，软件主导的信息服务消费在信息消费中占比提升至46.8%，全国开展网络化协同、服务型制造和个性化定制的企业比例分别达到33.7%、24.7%和7.6%；工业企业数字化研发设计工具普及率、关键工序数控化率分别增至68.6%和48.5%。

### （三）新兴信息技术快速发展，培育新动能

新兴业态拉动软件业加快发展，已成为新的增长点。我国特有的人口基数庞大、互联网普及程度高、基础数据资源丰富等特点，有力促进了云计算、大数据以及人工智能技术的快速落地和应用发展。同时，云计算、大数据和人工智能技术也全面影响到传统软件开发领域，使开发、交付和盈利等模式转型，引发计算平台重构并带来新的市场空间，使平台软件、App软件等快速兴起。

新兴信息技术与传统产业融合加深，为经济发展注入新动能。新一代信息技术在经济社会各领域开展广泛应用和模式创新，支撑制造业、农业、金融、能源、物流等传统产业优化升级，为传统产业“赋智赋能”，出现越来越多的典型应用案例。特别是在工业领域的应用加快，工业互联网正在成为新一轮工业革命和产业变革的焦点；智慧城市建设的深入进行，推动智慧交通、智慧社区、智慧医疗等领域的快速推进，帮助解决社会管理和民生问题的同时，创造出新的市场需求，根据对重点龙头软件企业的监测，交通、安防领域的信息技术需求增长明显。

### （四）软件产业科研创新活力进一步提升，创新体系不断完善

中国软件产业研发投入不断增强，呈现“龙

头领先、中小微跟进”的趋势。重点龙头软件企业的监测显示，2018 年企业研发投入增长达 20.4%，高于其业务收入增速 13.3 个百分点，研发强度达 10.4%。应用拉动型的创新体系正在形成和完善。云计算、大数据技术逐渐成熟和落地，已成为大多数软件企业创新发展和业务应用的主流方向；人工智能、区块链等技术打开了新的创新路径，初步形成了多种创新应用成果，在计算机视觉、语音识别等领域引领发展；开源社区改变传统开发模式，正在成为新的创新原动力；以应用拉动创新的体系，催生出大量新兴业态，吸引了来自不同行业和领域的投资和资源，不断向软件产业倾斜。

### （五）软件产业集聚发展效应进一步凸显，布局合理调整

中国软件产业就地区而言，东部地区产业优势地位更为突出。中西部地区部分省市利用新业态迅速发展、产业转型升级、布局出现调整的机遇期，积极打造特色产业，推动软件产业快速发展。全国重点城市在软件产业发展中的作用突出，重点城市立足人才、创新、资源等方面优势，形成各自的软件产业发展特色，获得质量效益双提升，并辐射和带动了周边地区发展。

### （六）信息技术服务业开展创新与合作，提升服务能力

2018 年，我国信息技术服务业骨干企业通过创新，服务能力和水平均获得较大提升，以企业为主体、以核心技术为重点、以应用为导向的产业技术创新体系不断完善，技术创新和服务研发取得显著进展。在新兴领域，百度、阿里巴巴、腾讯等企业纷纷加快大数据、云计算、人工智能、物联网等领域布局，通过加大研发投入、引导业务模式创新、组建聚焦于新兴领域的研发团队来塑造企业在新兴领域的竞争能力。百度在人工智能领域率先发力，人工智能研究院正成为构筑企业全球市场竞争力的重要利器；阿里巴巴在云计算领域实现突破，成为全球第三大云计算服务提供商，正探索基于大数据的企业发展新路径；腾讯主要依托移动互联网的率先布局，不断深化基于移动互联网的应用创新。

### （七）软件国际合作活跃，国际化经营稳步推进

在 G20 等多边框架下，软件国际合作不断深化，智能制造、工业互联网等领域的政策交流和合作不断扩大。2018 年，中国软件产业出口占全行业业务收入的 6% 左右，其中软件外包服务出口增长 5.1%。出口主要市场由传统市场向新兴市场拓展，特别是随着“一带一路”基础设施的互联互通以及各类国际合作不断落地，对“一带一路”沿线国家和地区的软件出口明显上升，虽整体规模不大，但增势突出。比如第 17 届软件百家企业跨国经营活动深度和广度不断拓展，有 40% 以上企业持续开展跨国经营活动，有 20 家在境外设立了分公司或研发中心，有 18 家在境外设立分支机构，在海外的本地化经营稳步推进。

综上，2018 年，我国软件产业总体保持平稳较快发展，产业规模进一步扩大，盈利能力稳步提升，行业就业形势保持稳定，产业服务化、平台化、融合发展态势更加明显，软件正版化工作稳步推进，在为制造强国和网络强国建设提供基础支撑、为经济高质量发展提供新动能等方面作用进一步凸显。

# 第三篇

# 地方工业篇

# 2018年北京市工业经济运行概况

2018年，北京市工业实现增加值4464.6亿元，同比增长4.5%。全市规模以上工业高技术制造业、战略性新兴产业增加值分别增长13.9%和7.8%。万元增加值能耗同比下降2.5%。

**工业生产保持稳定。**2018年，规模以上工业实现总产值19212.9亿元，同比增长4.4%；实现出口交货值1221.9亿元，同比增长21%。工业重点产业呈现“四升两降”态势，电子、医药、基础和都市产业同比分别增长15.8%、15.3%、9.5%和0.2%；汽车和装备产业分别下降6.5%和1.6%。

**减量发展成效明显，质量效益持续提升。**2018年，疏解退出一般制造业企业656家。能源结构不断优化，规模以上工业万元增加值能耗同比下降2.5%，能耗中天然气占比64%，比同期提高2.8个百分点。2018年，规模以上工业从业人员降至89.7万人，比同期减少6.1万人，同比减少6.3%；全员劳动生产率达45.6万元/人，比同期提高4.7万元/人。

**高端产业引领增强，产业结构持续优化。**2018年，全市规模以上工业增加值同比增长4.6%，其中高技术制造业和战略性新兴产业增加值同比分别增长13.9%和7.8%，高于规模以上工业增加值增速9.3个和3.2个百分点，继续发挥引领作用。智能电视、锂离子电池等新兴产品产量分别增长1.8倍、25%，小米手机年出货量突破1亿台，京东方发布中国首款55英寸打印4K OLED（有机发光二极管）显示屏。高精尖产业发展政策体系进一步完善，制定出台5G、智能网联汽车、医药健康等产业发展行动计划和方案，编制创新型产业集群建设规划及制造业高质量发展规划，制定发布十大高精尖产业登记指导目录。资金和基金支持作用进一步提升，安排高精尖资金支持项目84个，带动社会投资约36亿元；新设立高精尖子基金4支，累计确认合作子基金17支，认缴总规模172.8亿元。

**研发投入不断加大，创新动能持续集聚。**2018年，全市工业大中型企业研发投入为176.8亿元，同比增长9.6%；期末有效发明专利数为2.37万件，同比增长21.5%。北京机科国创轻量化科学研究院材料成形技术及装备创新中心升级为全市第2家国家级制造业创新中心，新设北京医疗机器人等8家市级产业创新中心，创建北汽福田等10家高精尖产业设计中心，高能时代等5家企业认定为国家技术创新示范企业。北京人工智能企业数量约400家，专利数量达8000多件，均居全国第一。

## 重点行业发展情况

### 1. 汽车与交通设备产业

2018年，北京汽车与交通产业实现产值4277.6亿元，同比下降8.7%。

**新能源汽车产业快速发展。**年内已经形成较为完整的新能源汽车整车及零部件供应链体系，基本掌握电池、电机、电控三大关键核心技术及系统集成技术，产品覆盖乘用车、商用车两大类别和轿车、多功能乘用车、大客车、轻客等产品系列。整车方面，北京新能源、北京长安、北汽福田、北京现代、北京汽车北京分公司等企业在新能源领域进一步发展布局；关键零部件方面，大力推动动力电池及其材料产业布局发展，先后推进孚能电池、国能电池、普莱德电池、盟固利电池、当升科技、北大先行、海博思创等电池产业企业和燃料电池系统（北京亿华通）、电机（精进电动、大洋电机、北京大郡、北京电驱动）、智能网联（百度、乐视、千方科技）等环节的核心产业链布局；空间上，围绕三大整车企业布局关键零部件，推动形成了大兴（东南部）、顺义（北部）和房山（西南部）三大新能源汽车产业基地。

**传统汽车企业转型升级。**年内全面促进传统整车生产转型，北汽集团调整产品结构；北京奔驰建设新能源项目；北京现代投放高附加值和新能源产品；北汽福田发展高端重卡，做大新能源商用车业务；北京长安生产新能源智能网联汽车，扶持长安研究院建设。统筹规划京津冀范围内零部件产业发展，保留部分高精尖产品，合作共建产业园。

**开展通航产业发展研究。**年内组织开展《北京地区民用航空产业创新资源及发展研究》《北京地区通用航空创新定位与政策研究》，通过调研北京通用航空产业链在研发、设计、制造、应用等主要环节和技术发展情况，在充分听取领域专家意见和建议的基础上，提出北京市应以抢占制高点的战略思维积极跟踪、以产业跨界融合的协同创新积极促进、以促进发展的政策角度积极探索三点思考建议。

**推动无人机技术创新发展。**年内按照关于加快研究推动北京市无人机产业发展相关工作的指示，市科委与市经济和信息化局共同牵头，编制形成《北京市关于促进无人机技术创新及产业发展的实施方案》。联合中国航空学会、中国航空研究院等部门和航空、人工智能等领域的专家，调研重点企业和研发机构，从打通技术链、产业链、资金链、政策链的角度提出促进无人机产业发展的思路，为该方案提供依据。

2. 电子信息产业

2018年，电子信息产业稳定增长，重大项目扎实推进，产业结构持续优化，创新领域成效明显。全行业完成现价产值2516.3亿元，比2017年增长15.8%，增加值增速15.2%；完成固定资产投资77.4亿元，建安投资35.16亿元。小米集团、京东方集团、联想集团等行业重点支撑企业在夯实存量的基础上，利用总部优势，创新运营模式，抓住产品设计龙头委外代工，为产业增长贡献新动能。

**开展配套政策创新。**年内开展道路测试配套政策研究，发布《北京市自动驾驶车辆道路测试能力评估内容与方法（试行）》《北京市自动驾驶车辆封闭测试场地技术要求（试行）》和《北京市自动驾驶车辆测试路段道路要求（试行）》，并及时进行修订。文件明确了对自动驾驶测试车辆、场地、道路的有关要求，从交通法规遵守性、操控精准性、人机交互及时性、综合驾驶能力有效性四大方面进行自动驾驶车辆能力评估，是全国唯一的车辆能力规范化评估方法。

**推动全市5G产业发展。**2018年，按照市领导关于加快推动5G产业发展的指示精神，市经济和信息化局系统梳理全市5G产业链资源，牵头研究编制《北京市5G产业发展行动方案（2018—2022年）》，按照网络先行、产用协同、高端发力的策略，推动全市5G产业发展，打造5G国际领先城市。成立市5G工作专班，印发《5G产业与应用发展2018年重点任务表》，明确年度重点任务。结合世园会科技展示需求，梳理“5G＋自动驾驶”“5G＋无人机”“5G＋机器人”等示范场景，制定《北京2019年世园会5G示范应用实施方案》，并着手组织实施。会同市通信管理局启动5G基站站址规划编制，推进通信基站与社会塔（杆）资源实现双向开放共享，完成5G示范项目组网方案编制工作。

**发展智能网联汽车产业。**2019年，北京未来车联网产业基金（一期）设立规模8.62亿元，完成基金拟投资项目储备。结合国家战略部署和北京市特点，市经济和信息化局牵头编制《北京市智能网联汽车产业创新发展行动方案（2019年—2022年）》，发布《北京市智能网联汽车产业白皮书（2018年）》。实施自动驾驶产业创新扶持“星火计划”，提供多种测试与技术评估特惠服务，支持全市自动驾驶产业创新，加速技术研发与人才培养。推动“场—路—区”测试评估环境搭建，建成并投入使用占地面积约200亩的国家智能汽车与智慧交通（京冀）示范区海淀基地，推动经济技术开发区650亩封闭试验测试场地动工建设。自动驾驶示范区示范板块建设有序推进，智慧路网板块及4G基础网络环境一期项目已建设完成，智能驾驶板块实现无人驾驶研发车辆实地运行示范，初步完成自动驾驶安全测评体系架构以及测评环境设置一期建设工作，并用于全市自动驾驶测试评估；智慧管理板块正在开展基于车联网和自动驾驶技术的控制策略及仿真工作。截至2018年年底，8家自动驾驶测试企业、35辆自动驾驶测试车辆得到自动驾驶车辆道路测试许可，自动驾驶测试道路已达到44条、123千米，累计安全测试里程超过6.3万千米，成为全国道路测试里程最长、开放测试道路最多、测试号牌发放量最大的城市。

**推动8K高清显示产业发展。**年内制定《北京市8K超高清行动计划（2019—2022年）》，推动超高清视频（北京）制作技术协同中心组建，整合全市乃至国内超高清显示产业和创新资源，力争将北京打造成全国超高清显示产业创新中心，带动全国广播电视技术向8K超高清迈进。实施国内首台8K转播车集成创新项目，完成车体、8K视频系统、三维声音频系统等核心系统以及全车各细分系统的技术和集成方案设计。推动超高清应用展示方案编制工作，初步确定世园会开幕式8K定向转播和园区内8K终端显示实施方案。

### 3. 智能制造与装备制造产业

2018年，北京市规模以上装备制造企业实现产值2302亿元，同比下降0.9%，约占全市工业总产值的1/8；出口产品252亿元，占工业总出口量的1/5。现有上市企业37家，市值过百亿元的装备制造企业8家，新三板挂牌企业70余家。年产值10亿元及以上装备类企业40家，年产值超50亿元企业4家，80%以上的企业分布于中关村1区16园。

**基本形成“1+2+N”的产业格局。**为适应创建全国科技中心的战略定位要求，北京装备制造产业经过多年不断推动产业转型升级及结构优化，基本形成“1+2+N”的产业格局，即以智能制造装备为核心，以能源装备、节能环保装备制造为支撑，大力培育智能专用成套装备发展。高端装备实现产值1515亿元，同比增长2.4%，占规模以上装备产业总量的66%。其中，智能制造装备产业实现产值590亿元，同比增长6.8%；高端能源装备实现产值340亿元，同比下降17.1%；特色智能专用装备实现产值352亿元，同比增长15.0%；节能环保装备实现产值143亿元，同比增长8.3%；其他装备实现产值90亿元，同比增长3.4%。

### 4. 生物与医药制造业

2018年，北京生物医药产业完成工业总产值约1281.5亿元，其中医药制造业完成工业总产值约1129.6亿元，同比增长约15.3%，增加值同比增长12.1%；医疗仪器设备及器械制造业完成工业总产值约151.9亿元，同比增长约12.3%。

**国有企业运行平稳。**年内，同仁堂集团全年完成产值约84亿元；华润医药集团在京企业完成工业总产值约29.5亿元。外资企业保持较快增长，拜耳医药产值突破180亿元；赛诺菲糖尿病大产品本地化程度不断提升，产值达到70亿元；诺华在心衰新产品带动下全年产值实现60亿元。民营企业发展出现分化，悦康药业冲刺A股上市、全年增速超过40%，嘉林、舒泰神重点产品受价格和使用管控同比出现较大下滑。

**产业政策。**为落实《北京市加快科技创新发展医药健康产业的指导意见》，市政府办公厅印发《北京加快医药健康协同创新行动计划（2018—2020年）》，从政策层面加强各类创新主体和产业主体间的协同发展，完善创新体系，推动产业升级。年内，市经济和信息化局会同市食药局、市中医局编制发布《北京市中药产业智能绿色发展示范工程实施方案》，打造标杆示范企业，实施全行业技术改造示范，引领中药生产领域智能绿色化改造升级。中医药智能绿色发展专业委员会成立，负责专项工程的组织推进和跟踪。

**产业布局**。年内，医药健康产业重点相关区制定产业发展战略规划，明确新增空间，加快产业集聚发展。海淀区、昌平区发挥中关村科学城在医药健康基础研究和前沿技术方面的科研优势，形成对产业发展的有力支撑；北京经济技术开发区、大兴区加强对医药健康产业发展的用地保障，引导企业和项目集中布局，进一步提升高端制造聚集优势。

**重点项目**。年内，高精尖产业发展基金支持东方百泰、诺康达、悦康、华脉泰科等企业，推动其加大投资力度，加快产品上市。博奥生物组织开展的新一代健康诊疗与服务领域重大创新支撑项目，推动品驰医疗脑起搏器产业化项目落地。打造大兴医疗器械产业园和亦庄健康云基地两大聚集区。

**5. 都市产业**

2018 年，北京都市产业累计完成产值 1534.6 亿元，同比增长 0.89%。

**重点项目进展**。年内落实全市工业稳增长、促投资、增效益相关要求，重点对顺义、怀柔、大兴、房山、通州等区的项目进行调研，做好跟踪指导，推进固定资产投资，筛选符合条件的项目逐渐纳入重点跟踪项目库。

**“老字号”发展政策研究**。2018 年，市经济和信息化局与市商务局等相关委办局加强协调配合，起草《关于促进北京都市产业老字号品牌保护和创新发展的工作建议》，支持企业在原址进行技术改造、产品生产工艺创新和绿色环保升级，提升核心竞争力和创新能力，通过增品种、提品质、创品牌，向“高精尖”迈进，实现示范引领效应。对于无法在原址进行技术改造升级的老字号企业，引导企业在食品生产加工环节向北京相关开发区集聚，通过技术改造升级和科技创新，提升生产工艺，做大做强老字号品牌。

**开展“三品”创建工作**。年内，推进北京食品企业诚信管理体系建设，在 2017 年度食品药品安全工作评议考核中获得 A 级。引导重点企业开发新产品和高端产品，促进增品种、提品质，三元食品推出历时 4 年研发、专门针对中国儿童营养健康需求的奶酪新产品——珍芯芝士，是国内第一款夸克风味的奶酪，不含增稠剂、稳定剂、甜味剂、香精和色素；玛氏食品新推出桶装麦提莎巧克力，旗下德芙品牌推出蓝莓小巧粒、抹茶小巧粒等新口味产品，旗下士力架品牌推出燕麦、辣花生等新口味产品，成为巧克力全网销售额第一品牌；可口可乐在消费者追求低脂低糖产品和多样化饮料选择的背景下，调整产品组合，推出新产品，开发饮用水、果汁、咖啡、茶饮等新的业务领域；和路雪旗下的梦龙系列冰激凌位居高端冰激凌产品网络销量第一，推出可爱多系列冰激凌、好多圈冰激凌等多种新产品。

**6. 基础产业**

2018 年，基础产业工业总产值 7447.9 亿元，工业增加值 7.5 亿元，出口交货值 64.3 亿元。全年全市材料产业规模以上工业企业工业总产值 7447.9 亿元，同比增长 9.5%；主营业务收入 7904.3 亿元，同比增长 9.8%；利润 484.3 亿元，同比下降 41.1%；工业固定资产投资完成 19.6 亿元，其中建安投资 11.4 亿元。全年材料产业主要行业中，石油加工、炼焦及核燃料加工业主营业务收入 695.8 亿元，同比增长 9.4%；利润 26.7 亿元，同比下降 24.3%。化学原料和化学制品制造业主营业务收入 345.7 亿元，同比增长 4.1%；利润 19.9 亿元，同比下降 18.9%。黑色金属冶炼及压延加工业主营业务收入 107.3 亿元，同比下降 1.8%；利润 0.1 亿元。非金属矿物制品业主营业务收入 542.5 亿元，同比增长 7.6%；利润 17 亿元，同比下降 12.3%。

**协调推进重大项目建设**。总投资 7 亿元的微纳星源碳纳米材料应用产品及其自动化装备产业化项目、总投资 3.4 亿元的有研亿金高性能功能材料及其制品项目、总投资 4.9 亿元的中航复材顺义航空产业园复合材料二期项目等正在有序推进。

## 工业重点工作和成就

2018 年以来，全市工业实现增加值 4464.6

亿元，同比增长4.5%，软件和信息服务业实现增加值3859亿元，同比增长19%。工业和软件信息服务业增加值合计占全市GDP比重27.4%，同比提高0.8个百分点。全市规模以上工业高技术制造业、战略性新兴产业增加值分别增长13.9%和7.8%。万元增加值能耗同比下降2.5%。

**高精尖产业发展态势良好。**深入落实高精尖产业发展系列指导意见，围绕促进政策管用、好用，会同市科委等部门，制定出台5G、智能网联汽车、医药健康等产业发展行动计划和方案。编制创新型产业集群建设规划及制造业高质量发展规划，修订出台新增产业禁限目录，制定发布十大高精尖产业登记指导目录，进一步完善高精尖产业发展政策体系。围绕促进各区、各企业会用、用好系列政策，联合市委组织部、市科学技术委开展政策集中培训宣贯等活动百余场次，深入全市各区160家企业（单位）集中调研，明确各区主导产业和重点培育产业方向。配合落实配套支持政策，组织第十八届工业和信息化职业技能竞赛，市人力资源和社会保障局为2300多名人才办理引进落户手续，北京经济技术开发区及房山、顺义等区制定高精尖产业发展实施办法等细化政策，实现16宗工业用地弹性出让供地。统筹利用高精尖资金和基金支持产业发展，安排高精尖资金支持项目84个，新设立高精尖子基金4支。建立项目分级分类推进机制，推动康弘国际医药等42个项目落地，八亿时空液晶材料等24个项目竣工。百度全球首款L4级自动驾驶巴士"阿波龙"量产下线，寒武纪等9家企业成为年度全球新晋独角兽创业公司，全球首条智能网联汽车潮汐试验道路加快建设。

**创新驱动发展基础进一步夯实。**围绕推动科技创新与产业发展双向互促，深入落实北京加强全国科技创新中心建设重点任务分工。加强产业协同创新载体建设，推动北京机科国创轻量化科学研究院材料成形技术及装备创新中心升级为国家级制造业创新中心，新设8家市级产业创新中心，创建10家高精尖产业设计中心，推动5家企业认定为国家技术创新示范企业。推动成立北京光学系统公司，支撑国家科技重大专项建设。开展创新型企业"管家式"服务，坚持"一企一策"为重点企业量身定制综合"服务包"。支持中小企业创新发展，积极发挥中小基金创新引领作用，合作创业投资机构对中小企业进行了101项股权投资。大力推进质量提升工作，小米等5家企业获评全国质量标杆企业。着力深化对外开放，高水平举办2018世界机器人大会、第二十二届中国国际软件博览会，首次举办世界智能网联汽车大会，加强前沿技术和产业国际交流合作，营造以会引才、以会促产的良好氛围。

**产业发展新动能加速成长壮大。**大力推动互联网、大数据、人工智能与实体经济深度融合，加快培育新兴产业。推动成立北京前沿国际人工智能研究院。印发《北京工业互联网发展行动计划（2018—2020年）》，启动工业互联网标识解析国家顶级节点（北京）建设。支持企业智能化升级，组建智能制造产业联盟，12个项目获工业和信息化部智能制造综合标准化和新模式应用项目立项，标准化立项数量居全国首位。推进企业绿色化改造，10家企业入选国家绿色工厂，45种产品入选国家绿色设计产品。大力开展"三品"创建工作，引导三元等都市企业开发新产品和高端产品。推动国家重点型号军用轮式装甲车生产线在京建设，协调北京市民营企业取得全国第一张商业航天发射许可证，商用航天产业加快发展。

**产业疏解与产业协同持续深化。**深入落实疏解整治促提升专项行动，疏解退出656家一般制造业企业。立足"一核两翼"联动发展，组织20余家优秀企业赴雄安新区对接，研究推动城市副中心与北三县产业联动发展。加强京津冀产业园区共建，北京（曹妃甸）现代产业发展试验区中冶瑞木新材料项目建成投产。北京·滦南大健康产业园6家企业开工建设，入园企业获得首张保健品异地监管许可证。北京·深州家具产业园累计入驻企业30余家。北京·张北云计算产业园阿里数据中心二期2个项目竣工。组织京津冀产业转移"1+N"系列对接活动，签约项目20余个。以产业扶贫协作为重点，推动对口支援合作，制定印发推动产业扶贫协作三年行动计划，累计签约合作项目30余个，全方位助力受援地打赢脱贫攻坚战。

**智慧城市建设统筹推进体系逐步完善。**把智慧城市建设作为推动政府决策科学化、城市管理精细化、公共服务便利化的重要手段。大力实施北京大数据行动计划，形成“四梁八柱深地基”的大数据平台体系总体架构。完成40个市级部门714类政务数据汇聚工作，涉及数据9.4亿条。朝阳、东城等区编制了区级大数据发展行动计划。大力推进大数据立法，探索社会数据“统采共用”机制落地，开展城市规划建设运行管理等重点领域大数据试点应用。编制城市副中心数字生态城市建设方案，协调推动基站选址和无线信号覆盖，积极推进有线政务专网升级改造，为市级机关搬迁提供网络支撑。不断深化“北京通”服务体系建设，新增发卡634.9万张。圆满完成中非合作论坛北京峰会等重要会议、重大活动网络通信和无线电安全保障工作。

**全面从严治党和自身建设向纵深推进。**严格落实全面从严治党主体责任，实现党的十九大精神学习全覆盖。严肃执纪问责，努力营造风清气正的政治生态。按照市机构改革实施方案，组建市经济和信息化局，加挂市无线电管理局、市大数据管理局、市国防科学技术工业办公室牌子。深化“放管服”改革，推进“互联网+政务服务”，市经济和信息化局政务服务事项网上可办率达到100%，压减工业和信息化领域核准事项超过90%，精简服务事项约50%。帮助516家软件企业享受税收优惠政策。全面推进依法行政，积极落实民爆、军工领域相关安全监管职责，加强工业和软件信息服务业领域安全生产指导，全系统安全管理水平显著提升。

## 2019年工业形势展望

**工作的总要求：**坚持以习近平新时代中国特色社会主义思想为指导，深入贯彻党的十九大和十九届二中、三中全会精神，深入贯彻习近平总书记对北京重要讲话精神，坚持稳中求进工作总基调，坚持新发展理念，坚持推动高质量发展，贯彻落实好推动高精尖产业发展系列指导意见、创新型产业集群建设与制造业高质量发展两个规划，继续推进高精尖产业大发展，奋力开创全市经济和信息化工作新局面，以优异成绩庆祝中华人民共和国成立70周年。

**主要预期目标：**保持经济平稳运行，力争规模以上工业增加值增长3%左右，软件和信息服务业营业收入增长12%左右。大数据共享开放取得实质性成效，市级政务网络系统实现安全平稳运行。中小企业公共服务平台网络的综合能力持续提升，信用体系建设等实现新突破。

# 2018 年天津市工业经济运行概况

2018 年天津市工业完成增加值 6962.71 亿元，占全市经济总量的 37%，按可比价格计算，比 2017 年增长 2.4%。

## 工业经济运行特点

**工业生产总体平稳。**全市全部工业增加值同比增长 2.4%，增速比 2017 年提高 0.3 个百分点，全年工业用电量同比增长 4.7%，增速比 2017 年提高 0.6 个百分点。大宗产品产量平稳增长。发电量增长 10.7%，钢材增长 7.1%，汽柴油增长 5.0%，汽车增长 3.6%。

**产业结构逐渐优化。**高技术制造业增加值占全市规模以上工业比重 13.3%，同比增长 4.4%，高于全市规模以上工业 2 个百分点。战略新兴产业增加值占规模以上工业比重 21.8%，同比增长 3.1%，高于全市规模以上工业 0.7 个百分点。

**新动能不断积聚。**铝材、锂离子电池、电子元件、医疗仪器设备及器械、电子计算机整机等符合市场需求和产业转型升级方向的产品产量增长较快，全年分别增长 46%、24%、23%、19%、12%。战略性新兴产业用电量占二产用电量的 8.6%，同比增长 5.7%，高出二产平均增速 1.6 个百分点。先进制造、新能源等高附加值产业电力新装容量同比增长 6.3%，大众汽车、宝涞精工、力神电池、国能新能源汽车等扩容需求增长超过 50%，企业发展预期良好。

**企业效益稳步增长。**全市规模以上工业企业实现利润总额增长 11.1%，高于全国平均水平 0.8 个百分点；规模以上工业主营业务收入利润率 6.84%，比全国平均水平高 0.84 个百分点。受益于天津市五批降成本政策措施，全市规模以上工业企业百元主营业务收入成本为 84.01 元，比 2017 年降低 0.91 元。去杠杆成效明显，2018 年年末，规模以上工业资产负债率为 57.9%，比 2017 年年末降低 1.9 个百分点，处于 2013 年以来的最低水平。

## 重点行业发展情况

### （一）石油化工产业

2018 年，在国际原油价格先涨后跌的趋势带动下，天津市石油化工产业效益增势良好，生产运行保持平稳。规模以上石油化工产业工业总产值比 2017 年增长 20%，产值占全市规模以上工业的 16.4%。石油化工产业体系更加完善，重要产品在国内占有重要位置。经过多年发展，已形成原油加工、烯烃、合成材料、化工新材料和碳一化工、精细化工等综合型石化产业体系。丁辛醇、丙烷脱氢制丙烯、聚氯乙烯等生产装置达到国内先进水平，苯酚/丙酮、聚氯乙烯、苯乙烯、ABS 树脂、环氧丙烷、丁辛醇等产能和产量居国内前列；产业改造提升取得明显进展，依托炼油、乙烯等重大龙头项目，加快石油化工与传统化工的有机结合，淘汰氨碱法纯碱、氯醇法环氧丙烷、电石法聚氯乙烯等落后工艺和装置，逐步将传统基础化工向苯乙烯、ABS、SBS 等石油化工、新材料领域拓展，初步实现了用现代石油化工改造提升传统化工产业。完成油品质量升级，天津市率先投入使用车用乙醇汽油；科技创新明显加快，自主开发了吸附－结晶分离组合工艺、异丙苯氧化法制环氧丙烷、第三代环管技术

（ST）制聚丙烯、氯乙烯加氢除乙炔、电石法非汞催化剂、丁辛醇双磷配体催化剂及回收等生产技术，填补了国内空白，海水综合利用等技术加速提升，市场竞争力进一步增强；产业空间布局趋于合理，规划建设南港工业区作为未来全市承接石油化工项目的主要载体，国家《京津冀协同发展规划纲要》和《石化产业规划布局方案》明确天津南港建设世界一流石化产业基地，将进一步推动石油化工产业向南港工业区聚集发展。

### （二）现代冶金工业

现代冶金工业是天津工业经济的重要基础产业，有力支撑了相关产业发展，推动了工业化、现代化进程，促进了民生改善和社会发展。2018年以来，全市钢铁行业产业结构不断优化，市场秩序明显改善，企业发展总体呈现良好态势，全行业经济效益创历史最高水平，总产值占全市规模以上工业比重12.4%，同比增速14.2%，主要产品产量：生铁1649.43万吨，同比下降0.53%；粗钢2022.96万吨，同比增加6.43%；钢材4733.84万吨，同比增加7.13%。全市重点钢铁集团共7家，下属冶炼企业分布在东丽、静海、津南、宁河、北辰以及河北省涉县、迁安地区。

“十三五”以来，在供给侧结构性改革、生态文明建设和高质量发展的大背景下，全市钢铁行业产能过剩问题得到一定遏制，总供给和总需求矛盾得到明显缓解，兼并重组成效显著，经济开始趋于良性循环，两化融合逐步深入，绿色化发展成效显著，进一步优化了产品结构，促进了企业转型升级发展。钢材产品基本形成四大板块：一是优质钢管领域。拥有世界先进的无缝钢管研发能力，TP系列无缝钢管、油井管、石油套管等产品成为中国名牌，双相钢TP125－SUP25Cr、TP－G2 HP特殊扣打破了欧美和日本在该领域的技术垄断，军工火箭弹用管和气缸套管实现了军工领域新突破。二是高强棒线材领域。高线产品被中国市场检测中心、中国市场研究中心评为中国线材产业十大用户满意产品和十大著名品牌。三是精品板材领域。板材产品通过欧盟CE认证，获得中国、美国、德国、英国、韩国等八国船级社高强船板认证。四是高档金属制品领域。设备先进，工艺成熟，产品质量好。低松弛预应力钢绞线、低碳系列钢丝制品、焊丝焊条等产品国内领先。主要钢材品种有：无缝钢管、钢带、型钢、棒材、钢筋、线材、中厚板材、冷轧板等，销往华北、东北、华东等地区，部分产品出口，主要应用在建筑、机械、焊接、铸锻、汽车、船舶等行业。

### （三）汽车工业

2018年，全市汽车制造业同比增长3.2%。全市拥有汽车工业企业1000余家，从业人员近13万，整车企业31家，规模以上零部件企业300余家。汽车制造业增加值增长7.1%，增幅超过整体经济增幅，“火车头”牵引带动作用突出。汽车产业作为天津市工业产业的重要组成部分，已成为继石油开采及加工产业之后的第二大利润和纳税主体，以及从业人数第一大主体。汽车产业是天津市国民经济，尤其是实体经济的重要支柱，且拉动作用将日益凸显。

全市整车产品覆盖乘用车、商用车及专用车等。2018年，全市汽车整车产量为86.26万辆，同比增长3.6%，占全国汽车整车产量的3.1%，在全国32个省区市中排名第13位。其中，轿车实现产量51.49万辆，占全市整车产量的59.69%；SUV产量为34.42万辆，占全市整车产量的39.9%。2018年，长城产哈弗H6、哈弗M6在紧凑型SUV市场中排名前十，分别居于第1位和第9位；天津一汽丰田生产的卡罗拉轿车市场位列第3名。一汽－大众天津分公司新建30万辆产能，生产中级SUV探岳和奥迪Q3；一汽丰田除导入卡罗拉插电混合动力车型，还将导入纯电动全新乘用车产品。

在本市丰田、大众、长城以及周边奔驰等中高端整车带动下，形成了以日、德、韩外资为主、民营健全、多元资本并存的极具优势的零部件产业体系，其中规模过亿元零部件企业近200

家，零部件产业规模占据全市汽车产业规模一半以上。在细分产业链上，天津起步较早、特色鲜明。在新能源汽车方面，天津成为国内第一批新能源汽车科技专项的集中承载地区和产业化示范地区，已基本形成完整的新能源汽车产业体系，尤其是在动力电池产业链聚集度上国内领先。智能网联汽车方面，已基本形成以西青区和东丽区为主的产业聚集区，吸引了经纬恒润、主线科技、所托瑞安等一批智能网联汽车企业，在封闭测试、场景应用、标准规范、平台监管等建设方面各项工作均处于全国前列。在汽车智能制造方面，全市智能制造专项资金政策以及中汽研汽车工业工程（天津）有限公司等智能制造集成服务商等，在汽车智能制造领域发挥重要助推作用。

### （四）生物医药产业

天津市生物医药产业逐渐形成了集化学药、中药、生物制药为一体的完整产业链，涵盖了化学药、现代中药、兽用药品、生物药品、卫生材料及医药用品、生物健康产品和医疗仪器设备及器械 7 个产业。2018 年工业总产值增速达到 11.4%，高于全市规模以上工业 4.6 个百分点；工业增加值同比增长 8.8%，高于全市规模以上工业 6.4 个百分点。医药制造业税收贡献率达到全市制造业的 6.3%，位列石化、汽车、轻工、计算机行业之后第 5 位。

产业集聚发展。全市形成了以滨海新区为核心，辐射东丽区、津南区的东南产业区，以及以南开区、北辰区、武清区、西青区为核心的西北产业区的发展格局。

创新体系逐渐完善。天津市生物医药行业科研力量雄厚、研究领域宽广、学科比较齐全，建成了天津国际生物医药联合研究院、天津药物研究院、现代中药创新中心等一批高水平、配套完善的生物医药研发服务平台。截至 2018 年年底，建成了 6 个国家级重点实验室、8 个国家级工程（技术）研究中心、6 个国家级企业技术中心，以及 1 个国家科技产业化基地、61 个市级企业技术中心。

骨干企业实力以及品牌影响力不断增强。拥有天津市医药集团、天士力集团、天狮集团、权健集团等大型企业集团，同仁堂、达仁堂、乐仁堂、隆顺榕四大中药老字号，药明康德、凯莱英等一批新兴的服务外包企业，以及葛兰素史克、诺和诺德等跨国医药企业。截至 2018 年年底，上市医药企业达到 10 家，有乐仁堂、血必净、天士力等中国驰名商标 20 个。天津市医药集团、诺和诺德（中国）制药有限公司、天士力控股集团有限公司和天津红日药业股份有限公司四家企业进入 2017 年度中国医药工业百强。

2018 年天津市发布了《天津市生物医药产业发展三年行动计划（2018—2020 年）》，明确提出巩固化学药和中药产业优势，加快发展生物制药和医疗器械新兴产业，大力发展健康产业，实施一批产业化重大项目，引育一批龙头企业，推动生物医药产业智能化、服务化、生态化、高端化、集聚化、国际化发展，不断满足人民群众日益增长的健康需求，为加快建设全国先进制造研发基地提供有力支撑，将天津市建设成为全国重要的生物医药产业创新基地、具有全球影响力的生物制药研发转化基地。

### （五）新能源产业

2018 年，全市新能源产业同比增长 5.4%，汇聚了国内外一批龙头企业，形成了新能源特色产业集群，实现了新能源产业规模的平稳增长，在锂离子电池、太阳能光伏、风力发电等多个新能源技术领域形成了比较优势。

**一是具备国内先进完整的锂离子电池产业链。**2018 年，锂离子电池总产值增速 12.7%。天津力神电池股份有限公司的锂离子动力电池年配套量超过 2 吉瓦时，全国排名第 4 位；巴莫科技研发的氧化钴核心技术处于国际先进水平，是国内规模最大的锂离子电池正极材料生产企业，氧化钴锂单一产品出货量位居全球第 1 位，全球市场份额占比达 20%；天津金牛在全国率先实现了六氟磷酸锂的国产化，打破了日本企业的垄断；天津贝特瑞投资建设了国内最大、自动化程度最高的锂离子电池负极材料中间相炭微球生产线；东皋膜公司拥有完全自主知识产权，“超临界萃取”工艺路线关键技术指标已达到了世界一流水平，产出的高端复合隔膜，填补了国内高端隔膜产品空白。拥有中电科十八所、中海油化工院、南开大学、力神研究院等一批知名的电池技术研发机构，动力电池技术水平全国领先，聚集了我国业内唯一的锂离子动力电池工程技术研究中心、国家级新型电源国家工程技术研究中心等一批高水平的创新平台，构成了材料基础研究、应用技术研究和产业化的整条研发链。

**二是世界级风电设备制造企业不断聚集。**近年来，全市风电产业受国家产业政策影响发展趋缓，2018 年总产值同比下降 26.3%。聚集了明阳、东汽、维斯塔斯、歌美飒等一批国内外龙头企业，从主机设备的整套机组到电机、电控、齿轮箱、叶片等配套零部件，形成了较为完整的产业链条。其中，维斯塔斯（Veastas）风力技术（中国）有限公司在天津建成了集机舱、叶片、发电机、控制系统和机械部件生产于一体的全球最大的风机制造基地，拥有世界领先的研发制造技术；华建天恒研发的高强度大型薄壁内齿圈变形控制技术，实现了大尺寸内齿圈硬度高、变形量小，达到国际领先水平；明阳智慧能源集团生产的抗台风型机组、高原型机组、寒带低温型机组均为国内首创。

**三是光伏产业研发和技术水平全国领先。**2018 年，全国光伏产业总产值下降幅度较大，全市光伏产业总产值同比降低 88.6%，但整体技术水平仍处于全国前列，拥有中电科十八所、南开大学等在光伏领域具有国内较高水平的科研院所和高校，以及国家级新型光伏发电技术国际科技合作基地，建成环欧半导体、三安光电等 5 家市级企业技术中心，研发能力和技术水平全国领先。还聚集了中环半导体、京瓷、英利等多家国内龙头企业，形成了以滨海高新区和滨海开发区为主的两大产业聚集区，拥有从单晶硅、多晶硅到非晶薄膜、聚光电池等较为完整的产品类别，产品光电转化效率处于国际领先水平。其中，京瓷多晶硅太阳能电池转换率达 16.7%，达到国际领先水平；蓝天太阳多次为“神舟”系列载人飞船、“嫦娥”探月卫星、“天宫一号”等国家重点项目提供太阳能电源系统，创造了许多个国内“第一”。

**四是新能源汽车领域呈现快速增长态势。**目前已初步形成新能源汽车整车开发、关键零部件生产配套、试验检测、推广应用等全面发展的产业格局，聚集了一汽丰田、国能新能源、天津清源、天津比亚迪、格力银隆等涵盖乘用车、专用车、大客车全车型的新能源汽车生产企业，中国汽车技术研究中心在纯电驱动系统、动力电池、电磁兼容、整车碰撞试验等检测方面达到国际先进水平。2018 年以来，全市新能源汽车多个重点项目开始建设完成，全市新能源汽车产能接近 30 万辆，同比增长近 5 倍。国能 NEVS 93 车型、一汽丰田卡罗拉 PHEV 车型陆续上市，一汽－大众探岳 PHEV 车型、一汽丰田奕泽纯电动车型正在筹备生产中。其中，卡罗拉 PHEV 车型自 2019 年 3 月上市以来，生产销售超过 2300 辆，销售额超过 3.7 亿元。2018 年，全市推广应用新能源汽车超过 4 万辆，累计保有量超过 12 万辆，为新能源汽车产业发展提供了良好的市场环境。

**五是氢能及燃料电池产业具有一定的基础和优势。**全市氢能资源丰富，燃料电池汽车产业链相对完备，拥有渤化集团、大陆制氢、亚力气体、海德利森、银隆集团、国氢新能源、中国汽车技术研究中心等企业及机构，从包括制氢、运氢、加氢站、整车、零部件、检测、科研等的整个产业链上进行布局，发展燃料电池汽车产业具备一定基础和优势。其中，渤化集团具备 23 万吨/年的工业副产氢生产能力，中石化采用提炼石油的方式制取氢气，年产量高达 27.2 万吨，初步测算可满足超过 100 万辆氢燃料电池汽车运行，结合完备的产业链和配套环境，天津市发展燃料电池汽车产业具备一定基础和先发优势。

### （六）新材料产业

2018 年，新材料产业立足全国先进制造研发基地，以高质量发展为根本要求，紧紧围绕传统产业转型升级、战略性新兴产业发展的重大需求，结合区域特色和发展优势，大力培育和发展电池材料、金属新材料、化工材料以及电子信息材料等，逐步完善产业链。制定出台《天津市新材料产业发展三年行动计划（2018—2020）》，提出通过实施六大工程，大力发展基础材料、关键战略材料和前沿材料，培育和发展新材料产业，加快建设国内一流新材料产业基地。

根据天津传统产业实际，加快钢铁、石化等传统优势产业优化升级，布局高附加值的钢铁材料以及化工材料。钢铁材料突出绿色化、高端化，引导企业加快优质管材、高强棒线材、精品板材和高档金属制品等高端产品的布局；化工材料突出高端化、精细化，推动合成气、轻烃、苯乙烯等产业链条填平补齐，不断延伸下游聚酯、聚酰胺、聚氨酯、合成橡胶等化工材料产业链。

### （七）航空航天产业

2018 年，天津市航空航天产业在空客总装线、新一代运载火箭等龙头项目的带动下取得稳步发展。航空航天产业快速发展，成为全市新兴产业中的一支重要力量。航天产业中，继长征五号与长征七号火箭成功发射后，加紧研制 Y3、Y4 两枚长征五号火箭以及与其配套的空间站、探测器等航天器，组成了新一代“箭、星、空间站、探测器”四个尖端产品家族。航空产业中，围绕空客龙头项目，吸引美国联合技术公司、西安飞机工业、庞巴迪公司、海特飞机工程有限公司等 100 多家航空制造和维修、服务、租赁企业聚集，形成一条较完整的飞机产业链，走出了以国际合作为特色，与我国其他航空产业基地错位发展的模式。以航天神舟飞行器公司、天津飞眼无人机科技有限公司和一飞智控（天津）科技有限公司为代表的无人机生产和应用企业扩大到 60 余家，在航空产业中异军突起，发展势头迅猛。

### （八）装备制造产业

2018 年，装备制造业增加值占全市规模以上工业的比重近 1/3，同比增长 6.0%，高于全市工业平均水平 3.6 个百分点；拉动全市工业增加值增长 2.1 个百分点，较 2017 年同期提高 0.7 个百分点，带动作用明显。其中，机械装备业同比增长 5.6%，利润总额增长 10.8%，尤其是智能制造装备产值同比增长 15.4%，利润总额增长 60.8%。

### （九）电子信息产业

2018 年，全市电子信息制造业规模以上企业数量达 238 家，其中，百亿元以上企业 4 家，十亿元以上企业 23 家，亿元以上企业 96 家。产值同比下降 2.9%，占全市工业比重 10.3%，与往年相比，占比略有下降。

集成电路方面，从事集成电路产业的企业总量已达到 109 家。其中，设计企业 90 家、芯片制造企业 3 家、封装测试企业 9 家、材料和装备等企业 7 家，基本形成了涵盖设计、芯片制造、封装测试、装备和材料的较为完整的产业链条。智能硬件方面，基本形成了涵盖智能手机、智能电视机、智能车载、智能传感器、智能医疗机器人、无人机系统开发、水下机器人探测等多元化的产业发展局面。计算机及通信设备方面，全市从事高性能服务器行业的企业总量已超过 10 家，行业聚集了飞腾信息技术、银河麒麟、南大通用、中科曙光、金品计算机等多家自主可控高性能服务器行业领军企业，基本形成了涵盖芯片设计、操作系统开发、数据库应用开发、存储设备开发、整机适配、高性能应用开发等的较为完整的产业链条。核心基础器件方面，重点是新型显示器件行业，天津市聚集了三星视界移动、三星电机、三星高新电机、三星 LED（发光二极管）等一批专业分工明确的支柱企业。三星视界移动产量占据全球 OLED 面板市场总产量的 40%；三星电机是多层陶瓷贴片电容器全球主要生产基地之一，产量占全球市场 20%。2018 年，为加速生产双目摄像头，三星高新电机新增 10 条全自动贴片生产线；三星电机生产的片式陶瓷电容产量位居世界第二。

### （十）轻工业

2018年，天津轻工行业在习近平新时代中国特色社会主义思想指引下，认真贯彻落实创新、协调、绿色、开放、共享新发展理念，优势产业进一步壮大，形成了食品饮料、自行车与电动车、手表精密机械、精细化工、塑料农膜、磁卡信息技术、护肤品、家电家具、健康运动器材、工艺美术等具有天津特色的轻工产业体系。

据统计，2018年全市轻工行业同比增长-1.2%，利润增长-4.2%。其中为全市轻工业发展做出贡献的主要行业完成情况：食品工业工业总产值同比增长3.6%，利润增长16%；家具制造业工业总产值同比增长3.4%，利润增长39.7%；印刷及记录媒介复制业工业总产值同比增长-1.0%，利润增长47.9%；日用化学产品工业总产值同比增长6.2%，利润增长2.8%。

天津轻工龙头企业渤海轻工投资集团，在核实并规范统计范围后，2018年工业总产值同比增长6%；销售收入493亿元，同比增长7%；实现利润12亿元，同比增长10.55%。

天津是全国自行车重要制造基地和出口基地。据不完全统计，2018年天津自行车产量约为3498.8万辆，扣除约为1400万辆的共享单车，同比下降了3.14%。2018年1—11月天津自行车出口量为2177.14万辆，比2017年同期的1983.32万辆，上升了9.77%。2018年天津电动自行车产量为1675.8万辆，比2017年的1647.21万辆上升了1.7%。

食品工业是天津传统优势产业，2018年全市规模以上食品企业实现主营业务收入同比增长5.5%。其中农副产品加工业增加值同比增长19.1%，酿酒、饮料及茶制品工业增加值同比增长1.6%。

2018年天津轻工行业大力推进供给侧结构性改革，加快新旧发展动能转换，增品种、提品质、创品牌。海鸥手表、郁美净护肤品、蓝天口腔护理品、春和体育器材、聚龙粮油、磁卡集团数据卡以及飞鸽自行车、富士达自行车、爱玛电动车等产品，致力于做强做大民族品牌，企业影响力和市场竞争力走在全国同行业民族品牌发展的前列。

“互联网+”为天津传统轻工企业注入新动力。自行车行业推进智能制造、互联网技术在传统企业转型升级中的应用；食品饮料行业以实施食品安全战略为龙头，大力推进食品安全信息化追溯体系建设；海鸥、郁美净、飞鸽、隆兴、津酒、家具五厂等企业大力推进商业模式创新，电子商务、线上线下融合发展为企业有效减缓经济下行压力注入新动能。

## 2018年工业重点工作和成就

2018年，天津市工业和信息化系统调结构、稳增长、换动能，工业发展稳中有进、稳中提质。

**一是工业高质量发展态势初步形成。**工业增加值达到6962.71亿元，同比增长2.6%。高技术制造业增加值同比增长4.4%，战略性新兴产业增加值同比增长3.1%，分别高于规模以上工业增速2.0和0.7个百分点。工业投资质量显著提升，全年技术改造投资同比增长24.7%。工业利润同比增长11.1%，高于全国平均水平0.8个百分点，特别是营业利润同比增长18.9%，表明企业核心生产经营业务盈利水平进一步提升。万元GDP能耗比2015年累计下降14.9%，完成“十三五”总目标87.9%，超进度27.9个百分点。

**二是构建新型产业体系迈出坚实步伐。**出台新一代人工智能、生物医药、新能源、新材料产业发展三年行动计划，实施航空航天、高档数控机床、机器人等13个重点产业三年发展行动方案。“两化搬迁”、中沙新材料等重大项目加快推进，三星电机多层陶瓷电容器（MLCC）、丰田新一工厂扩能改造等项目开工建设，一汽大众华北基地、国安盟固利锂离子动力电池等136个项目竣工投产，高端半导体产业园、PPG涂料全球研发中心、智能制造产业园等大项目签约落地。17个项目获得国家工业转型升级专项资金支持，26个项目获得智能化改造政策支持，金额2.66亿元，兑现融资租赁专项资金近亿元。新增中新生态城产业转移合作、高新区新能源2家国家新型工业化产业示范基地，累计达到11家，位居全国重点城市第2位。新增国家级小微企业创业创新示范基地4家、市级示范基地13家，新认定"专精特新"产品216个，累计超6000家中小企业实现创新转型。7家企业入围2018中国民营企业500强，11家企业入围全国制造业企业100强。高端产品产量增势良好，新能源汽车增长4.1倍，服务机器人增长94.3%，锂离子电池、工业机器人分别增长23.7%、20%。累计推广新能源汽车11.78万辆，超额完成计划，居全国重点城市第5位。

**三是供给侧结构性改革深入推进**。工业百元主营业务收入成本84.01元，比2017年下降0.91元。其中，国有及国有控股企业百元主营业务收入成本为80.28元，比2017年下降2.64元，降成本效果更为明显。工业产能利用率78.5%，比2017年提高1.4个百分点。工业资产负债率为57.9%，比2017年降低1.9个百分点。完成直接交易电量93.58亿千瓦时，比2017年提高76%，节约企业用电成本5.5亿元。制定和实施钢铁行业结构调整和布局优化规划方案，提出了"局部退出、减量提升、绿色发展"新思路，着力破解"钢铁围城"。淘汰落后产能，深化长效机制，压实属地责任，严厉打击"地条钢"违法违规生产行为，严防死灰复燃。严肃查处2家"地条钢"企业，保持了全覆盖、零容忍、露头就打的高压态势。完成60个工业园区清理整合，盘活示范工业园区低效闲置土地178.6万平方米。在全国率先编制11个行业绿色工厂地方评价标准，创建中芯国际等54家绿色工厂、西青开发区等3家绿色园区，完成98家企业清洁生产审核验收。

**四是制造业创新体系加快构建**。国家企业技术中心新增5家，累计达到61家。市级企业技术中心新增60家，累计达到609家。现代中药、智能网联汽车、生物基材料等制造业创新中心加快建设。百亿亿次超级计算机"天河三号"原型机、12英寸半导体级硅单晶体打破国际垄断，光伏电池光电转化效率、水下滑翔机下潜深度刷新世界纪录，全国首台超大型双作用式全液压海上打桩锤、国产64核高端芯片等填补空白。规模以上工业企业研发经费支出占主营业务收入比重达到1.49%，居全国各省区市第2名；工业企业申请专利量达到7.73万件，同比增长10.8%；工业企业专利授权量达到4.58万件，同比增长34.7%。

**五是智能科技产业加速培育**。国家级智能制造专项和示范项目累计达到15个。软件和信息服务业同比增长15%。以服务器、CPU（中央处理器）、操作系统、数据库为代表的高新技术产业全国领先。曙光安全可靠芯片产业基地、基础软件创新中心和360集团总部即将落地。落实百亿元智能科技产业政策，出台了"智造十条"实施细则，支持企业智能化改造项目183个，奖补资金6.2亿元，拉动投资60亿元。超算中心、曙光、南大通用成为工信部大数据产业试点示范，空港、华苑等4个数据中心入选首批国家绿色数据中心。两化融合管理体系贯标试点企业达到103家，菲利科柔性物联网平台等2个项目成为工信部工业互联网试点示范。第二届世界智能大会成功举办，形成了"会展赛+智能体验""四位一体"国际化平台，与中国科学技术协会以及华为、百度、360等9家企业签署战略合作协议，紫光云总部等320多个智能科技产业项目签约落地，加快实现以会兴业、以业引才、以业聚财。

**六是"两网"建设扎实推进**。强力推进通信基础设施网和电网建设，着力构建高速、移动、安全、泛在的新一代信息通信基础设施，为数字经济、智能经济发展提供有力支撑。对新一代信息基础设施进行"跨越式恶补"，城市出口带宽25T，4G基站3.45万个，移动宽带下载速率跃居全国第4位，固定宽带下载速率升至全国第5位。与中国电信、中国移动、中国联通、中国铁塔签署战略协议，总投入超810亿元。与国家电网签署战略协议，“十三五”期间投资643亿元，是“十二五”投资的1.5倍，2018年完成投资125亿元。“1001工程”全面实施，主网架完善提升、“世界一流”城市配电网建设等九大工程、924项任务加快推进。

**七是服务型政府建设迈出坚实步伐。**扎实开展“维护核心、铸就忠诚、担当作为、抓实支部”主题教育实践活动，将学习贯彻习近平新时代中国特色社会主义思想引向深入。制定全面从严治党主体责任实施细则，树立正确选人用人导向。推进不作为不担当问题、形式主义官僚主义专项治理，进一步营造风清气正的良好政治生态。开展“双万双服促发展”活动，实行1、3、5、7工作法，问题协调数量位居16个市级工作组中第一。全面落实承诺制审批、现场集中审批，审批服务事项实现100%提前办结和企业零投诉。圆满完成全国“两会”“上合峰会”等重大活动的无线电安全保障工作。开展企业家队伍建设“111”工程，形成了3458名优秀企业家数据库。天津中德应用技术大学瞄准“中国特色、世界一流”应用技术大学的目标，推动实现职业教育人才贯通培养“专本”有效衔接。稽查总队认真开展盐业、节能、清洁生产等领域行政执法工作，执法稽查水平进一步提升。法治政府建设、安全生产、后勤保障等工作取得积极进展，各直属单位、各行业协会支撑服务能力不断增强，展现了工信系统的新作风、新形象。

# 2018 年河北省工业经济运行概况

河北省是我国近代工业的摇篮，我国第一座现代化煤井、第一条标准轨铁路、第一台蒸汽机车、第一袋水泥、第一件卫生陶瓷均诞生于河北。中华人民共和国成立后，以“一五”时期全国156 项重点项目建设为标志，河北省初步构建了以煤炭、钢铁、纺织、原料药为基础的工业体系。

近年来，河北工业快速发展，逐步形成了以装备制造、钢铁、石化、食品、医药、建材、纺织服装七大产业为主导并涵盖 40 个工业行业大类的较为完备的产业体系，新一代信息技术、高端装备制造、生物医药健康、新能源、新材料等新兴领域形成局部优势。涌现出河钢集团、长城汽车、中信戴卡、君乐宝等一批行业龙头企业，安平丝网、白沟箱包、清河羊绒、平乡自行车等一批县域特色产业集群。钢材、平板玻璃、青霉素、维生素 C、皮卡、SUV 等产品产量位居全国第一，轻型轮毂市场占有率位居世界第一，动车组、架桥机、焊接机器人等多项产品全国市场占有率领先。

河北省坚定不移贯彻落实习近平总书记“坚决去、主动调、加快转”等系列重要指示精神，强力推动全省工业经济高质量发展，深入开展“双创双服”，启动实施“万企转型”，扎实推进转型升级系列三年行动计划，全省工业经济实现了“稳中有进、稳中向好、稳中趋优”，并正在向现代化工业体系加快迈进。

## 2018 年重点工作及成就

**制造业总量连续 14 年位居全国第六。**2018 年，河北全部工业增加值 13698.0 亿元，占河北地区生产总值的 38%，比 2017 年增长 4.2%。2018 年 1—6 月，全省规模以上工业增加值同比增长 8.1%，比全国高 2.1 个百分点，居全国第 10 位（2017 年同期排 26 位）。钢铁产业规模“超万亿”，连续 15 年位居全国首位，钢产量连续 18 年全国第一。装备制造业不断壮大，2016 年增加值首次超过钢铁，改变了“一钢独大”的局面；2018 年汽车产量超 120 万辆，SUV、皮卡汽车等产品产量位居全国首位，轻型轮毂市场占有率世界第一。石化、食品、纺织、建材等产业规模均“超千亿”，乳制品、平板玻璃、轻革等产品产量保持全国第一。医药产业主营业务收入约 900 亿元，中药注射液、青霉素、维生素 C 等产品产量均列全国首位。

**工业转型升级政策体系初步形成。**对标关于制造强国、网络强国建设的有关要求，以省委办公厅、省政府办公厅的名义密集出台了《河北省人民政府关于加快推进工业转型升级建设现代化工业体系的指导意见》《河北省“万企转型”实施方案（2018—2020 年）》《河北省支持“万企转型”若干政策措施》和有关钢铁、食品、工业设计、大数据、智能制造、信息消费、工业互联网、IPv6（互联网协议第六版）、5G 等 40 多个指导性文件，基本形成了促进全省制造业高质量发展的政策体系，明确了工业转型升级的方向、重点和路径。

**新旧动能转换进入“加速期”。**高端高新产业快速发展，2018 年全省数字经济规模突破万亿元，占地区生产总值的比重超过 25%；全省高新技术产业、战略性新兴产业增加值分别同比增长 15.3%、10.0%，比全省规模以上工业增加值增速分别高 10.1 个百分点、4.8 个百分点，高新技术产业占全省规模以上工业增加值的比重为 19.5%。装备制造业增加值同比增长8.3%，对全省工业增长的贡献率为34.6%，其中，汽车制造业高速发展，增加值同比增长26.8%，对全省工业增长的贡献率为28.0%，位居41个工业大类行业首位。

**创新驱动成为“主引擎”**。石家庄、保定、唐山先后入围国家消费品工业“三品”战略示范试点城市，数量与4个发达省份并列全国第一。张北云计算等14家产业基地获批国家新型工业化产业示范基地。新兴铸管等3个企业项目列入国家工业互联网试点示范。君乐宝等12家企业获批国家智能制造试点示范。3家企业创建了国家级工业设计中心、2项产品获“2018中国优秀工业设计奖”金奖，12个项目分获红点、iF等国际知名设计大奖。华北制药等3家企业的先进质量管理方法获评国家级质量标杆。清河羊绒等9家产业集群区域品牌列入工信部产业集群试点名单。4055家工业企业建立研发机构，规模以上制造业企业研发机构拥有率达到25%。

质量效益提升“新优势”。2018年全省工业企业上缴税金2039.9亿元，同比增长21.9%，占全省税收的比重为42.1%，比2017年高2.7个百分点；对全省税收的贡献率达61.1%，比2017年高15.5个百分点。规模以上工业企业实现利润总额2211.7亿元，同比增长12.0%，连续33个月保持两位数增长，比全国平均水平高1.7个百分点，增速排名全国第16位，比2017年前进1位；主营业务收入利润率为5.8%，比2017年高0.3个百分点。

**绿色发展瞄准“高质量”**。新能源产业蓬勃发展，2018年全省规模以上工业新能源发电量352.1亿千瓦时，比2017年增长7.0%，其中，风力发电量261.8亿千瓦时，增长5.4%；太阳能发电量56.9亿千瓦时，增长15.8%；生物质发电量23.9亿千瓦时，增长6.5%；垃圾焚烧发电量9.4亿千瓦时，增长3.7%。节能降耗步伐加快，2013年以来，年均压减炼钢、炼铁产能超千万吨。2018年，全省规模以上工业能耗同比下降3.9%，规模以上工业单位增加值能耗2.6吨标准煤/万元，同比下降8.7%。

**区域布局优化“新空间”**。沿海经济带占比不断提升，以承接京津产业转移为标志的一大批重大项目加速落地，北京现代沧州第四工厂顺利投产、北京·沧州渤海新区生物医药产业园加快建设，2018年秦皇岛、唐山、沧州3个环渤海市工业占全省工业的比重为44.2%，比2017年高3.4个百分点。唐山被工信部评为2018年工业稳增长和转型升级成效明显市（州），被国务院通报表彰。保定钢铁产能率先完成全部退出，廊坊、张家口等钢铁产能加快化解、转移，“环首都无钢市”正在逐步增多。雄安新区高端高新产业发展核心区启动建设，新一代信息技术、生命科学和生物医药等高端高新产业逐步聚集。

**产品层次迈向“中高端”**。传统产品加快升级，中高端钢材占比已经达到了约77%。2018年，涂层板（带）、电工钢板（带）、无缝钢管等中高端钢材产量分别同比增长17.5%、12.0%、56.8%。消费升级类产品快速增长，2018年，家用房间空气清洁装置、婴幼儿配方乳粉、动车组、运动型多用途乘用车（SUV）等产品产量分别同比增长1.6倍、43.8%、34.3%、26.3%。新兴产品实现新突破，2018年，新能源汽车产量首破“2万辆”，全年达2.7万辆，同比增长1.8倍，无人机、工业机器人实现了“从无到有”的快速发展。

## 2019年工业形势展望

展望2019年，河北将深入贯彻习近平总书记对河北工作的重要指示批示精神，牢牢抓住京津冀协同发展、雄安新区建设、冬奥会筹办等历史性窗口期和战略性机遇期，紧紧围绕“三六八九”工作思路，准确把握“稳、进、好、准、度”总体要求，进一步深化工业供给侧结构性改革，着力打造以新一代信息技术为代表的战略性新兴产业，着力推动传统产业迈向中高端，着力延长产业链、提升价值链、增强创新链，着力加快构建河北特色现代工业体系，以优异成绩庆祝中华人民共和国成立70周年。

# 2018年山西省工业经济运行概况

2018年，山西省全力稳增长、调结构、促转型，积极培育发展新动能，推动工业结构反转，工业经济运行总体向好，工业生产平稳增长、新动能新动力加快成长、产业结构不断优化、企业效益持续改善、运行质量明显提升，工业经济高质量发展迈出坚实步伐。

## 工业经济运行总体情况及特点

### （一）工业生产总体平稳，增加值增速保持在合理区间

2018年，在外部环境趋紧、环保约束强化的背景下，实现了工业经济稳中向好。全年全省规模以上工业增加值同比增长4.1%（见图1），比全国平均水平低2.1个百分点，全国排名第26位。

**从轻重工业看，**轻工业增长3.4%、重工业增长4.2%。

**从隶属关系看，**中央企业增长4.3%、地方企业增长4.1%；省属企业增长3%、市（地）属企业增长3.2%、县以下企业增长5%。

**从经济类型看，**国有企业增长9.6%、集体企业下降12.5%、股份合作企业下降26.3%、股份制企业增长4.2%、外商及港澳台投资企业增长4.3%、其他类型企业下降20.4%。

**从企业规模看，**大型企业增长3.7%、中型企业增长7.4%、小型企业增长0.9%、微型企业增长8.4%。

**从地市增长看，**11市工业增速“9正2负”，7市快于全省，其中：太原（10.8%）、长治（8.5%）、晋中（8.0%）、晋城（7.0%）、运城（7.0%）、大同（5.7%）和阳泉（5.0%）7市规模以上工业增加值增速快于全省；忻州（1.5%）、吕梁（1.0%）、临汾（-4.0%）和朔州（-4.5%）4市增速低于全省（见图2）。

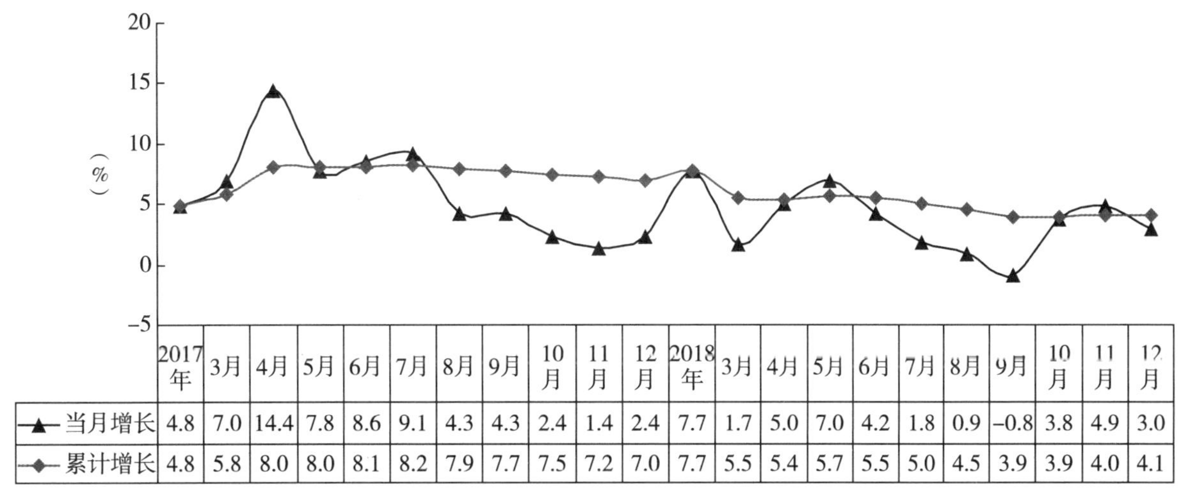


| | 2017年 | 3月 | 4月 | 5月 | 6月 | 7月 | 8月 | 9月 | 10月 | 11月 | 12月 | 2018年 | 3月 | 4月 | 5月 | 6月 | 7月 | 8月 | 9月 | 10月 | 11月 | 12月 |
|---|---|---|---|---|---|---|---|---|---|---|---|---|---|---|---|---|---|---|---|---|---|---|
| 当月增长 | 4.8 | 7.0 | 14.4 | 7.8 | 8.6 | 9.1 | 4.3 | 4.3 | 2.4 | 1.4 | 2.4 | 7.7 | 1.7 | 5.0 | 7.0 | 4.2 | 1.8 | 0.9 | -0.8 | 3.8 | 4.9 | 3.0 |
| 累计增长 | 4.8 | 5.8 | 8.0 | 8.0 | 8.1 | 8.2 | 7.9 | 7.7 | 7.5 | 7.2 | 7.0 | 7.7 | 5.5 | 5.4 | 5.7 | 5.5 | 5.0 | 4.5 | 3.9 | 3.9 | 4.0 | 4.1 |

图1　山西省工业增长情况

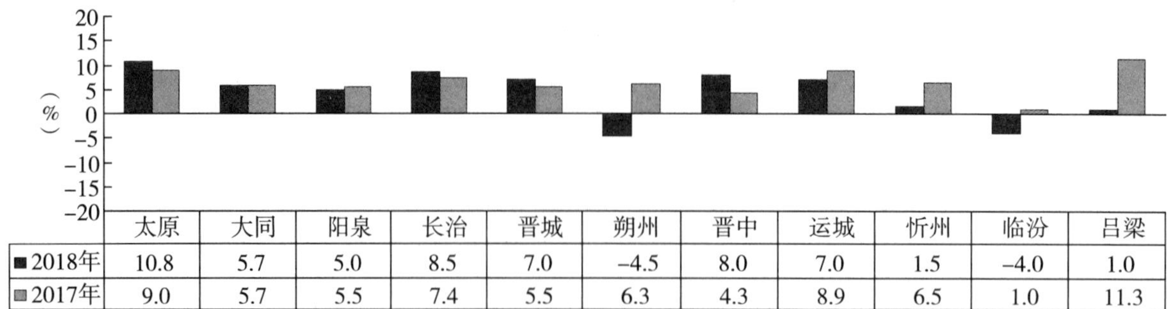


| | 太原 | 大同 | 阳泉 | 长治 | 晋城 | 朔州 | 晋中 | 运城 | 忻州 | 临汾 | 吕梁 |
|---|---|---|---|---|---|---|---|---|---|---|---|
| ■2018年 | 10.8 | 5.7 | 5.0 | 8.5 | 7.0 | -4.5 | 8.0 | 7.0 | 1.5 | -4.0 | 1.0 |
| ■2017年 | 9.0 | 5.7 | 5.5 | 7.4 | 5.5 | 6.3 | 4.3 | 8.9 | 6.5 | 1.0 | 11.3 |

**图2　山西省各市工业增加值增速情况**

**从行业增长看，**全省12个主要行业“10增2降”，纺织工业增加值同比下降12.9%、有色金属工业同比下降4.5%，其他行业均实现正增长，其中，煤炭工业增长0.3%、非煤工业增长8.2%。非煤工业中，装备制造业增长14.5%、化学工业增长14.4%、电力工业增长9.3%、医药工业增长8.7%、焦炭工业增长6.8%、建材工业增长6.7%、钢铁工业增长6.5%、食品工业增长6.4%、煤层气采掘业增长5.8%（见表1）。

**表1　2018年山西省规模以上工业主要行业增速情况**

（单位：%）

| 主要工业行业 | 2018年增速 | 2017年增速 |
|---|---|---|
| 总计 | 4.1 | 7.0 |
| 煤炭工业 | 0.3 | 3.6 |
| 非煤工业 | 8.2 | 9.7 |
| 煤层气采掘业 | 5.8 | 11.7 |
| 焦炭工业 | 6.8 | 6.4 |
| 电力工业 | 9.3 | 12.7 |
| 冶金工业 | 3.0 | 7.2 |
| 钢铁工业 | 6.5 | 2.6 |
| 有色金属工业 | -4.5 | 17.1 |
| 化学工业 | 14.4 | 12.3 |
| 建材工业 | 6.7 | 7.9 |
| 装备制造业 | 14.5 | 13.9 |
| 医药工业 | 8.7 | 0.4 |
| 食品工业 | 6.4 | 2.8 |
| 纺织工业 | -12.9 | -1.2 |
| 战略性新兴产业 | 14.0 | 10.0 |
| 制造业 | 9.2 | 8.9 |

**从产品产量看，**重点监测的15种工业产品12种产量同比增长、3种产量下降，其中，煤炭产量8.9亿吨，增长3.7%；焦炭产量9256.2万吨，增长11.3%；粗钢产量5386.2万吨，增长19.9%；钢材产量4903.3万吨，增长17.8%；氧化铝产量2024.5万吨，增长2.3%；水泥产量4127.3万吨，增长15.7%；新能源汽车产量43778辆，同比增长1.7倍；电解铝产量93.3万吨，下降5.3%；手机产量1979.4万台，下降3.3%（见表2）。

**表2　重点监测产品产量情况**

| 产品名称 | 计量单位 | 2018年1—12月 | 比2017年同期增长（%） |
|---|---|---|---|
| 原煤 | 万吨 | 89339.98 | 3.7 |
| 焦炭 | 万吨 | 9256.16 | 11.3 |
| 水泥 | 万吨 | 4127.26 | 15.7 |
| 生铁 | 万吨 | 4761.33 | 14.8 |
| 粗钢 | 万吨 | 5386.24 | 19.9 |
| 钢材 | 万吨 | 4903.31 | 17.8 |
| 电解铝 | 万吨 | 93.28 | -5.3 |
| 氧化铝 | 万吨 | 2024.46 | 2.3 |
| 发电量 | 亿千瓦小时 | 51.19 | 9.2 |
| 煤层气 | 亿立方米 | 3041.70 | 8.8 |
| 化学药品原药 | 吨 | 27830.00 | 2.5 |
| 手机 | 万台 | 1979.40 | -3.3 |
| 新能源汽车 | 辆 | 43778.00 | 167.9 |
| 光伏电池 | 万千瓦 | 349.34 | 71.1 |
| 光缆 | 万芯千米 | 137.43 | -34.4 |

### （二）市场供求关系进一步改善，企业活力明显增强

**企业开工率同比回升**。2018 年，山西省工业企业开工情况较 2017 年进一步好转。12 月全省规模以上工业企业开工率 88.9%，同比提高 0.9 个百分点，环比回落 0.5 个百分点（见图 3），其中，大同、晋中、忻州 3 市环比回升；太原、阳泉、长治、临汾、晋城、朔州、临汾、吕梁 8 市环比回落。从行业看，装备制造、焦炭、化工、电力、医药开工率 90% 以上；煤炭、建材、轻工（食品）开工率 80% 以上，环比回落 0.4、1.8、2 个百分点；冶金行业开工率 75% 左右，环比持平。

**主要工业品价格保持上涨**。在经历 2017 年恢复性快速上涨之后，2018 年山西省主要工业产品价格涨幅明显回落，但受市场需求拉动，主要能源原材料价格在高基数基础上，继续保持了较快上涨势头。12 月当月全省工业品出厂价格同比上涨 4.5%，较 11 月回落 1.9 个百分点；全年累计上涨 6.7%，同比回落 12.7 个百分点，环比回落 0.2 个百分点（见图 4）。具体来看：煤炭，2018 年 12 月末环渤海动力煤价格指数报收于 570 元/吨，环比下跌 1 元/吨，同比下跌 7 元/吨；全省 5500 大卡动力煤价格 543 元/吨，环比持平，同比下跌 6 元/吨。钢铁，12 月末 6.5 毫米线材价格 3510 元/吨，环比下跌 40 元/吨，同比下跌 440 元/吨；304B 不锈钢价格 14831 元/吨，环比下跌 692 元/吨，同比下跌 445 元/吨。有色金属，12 月末电解铝价格 13583 元/吨，环比下跌 108 元/吨，同比下跌 768 元/吨；氧化铝价格 3025 元/吨，环比下跌 125 元/吨，同比下跌

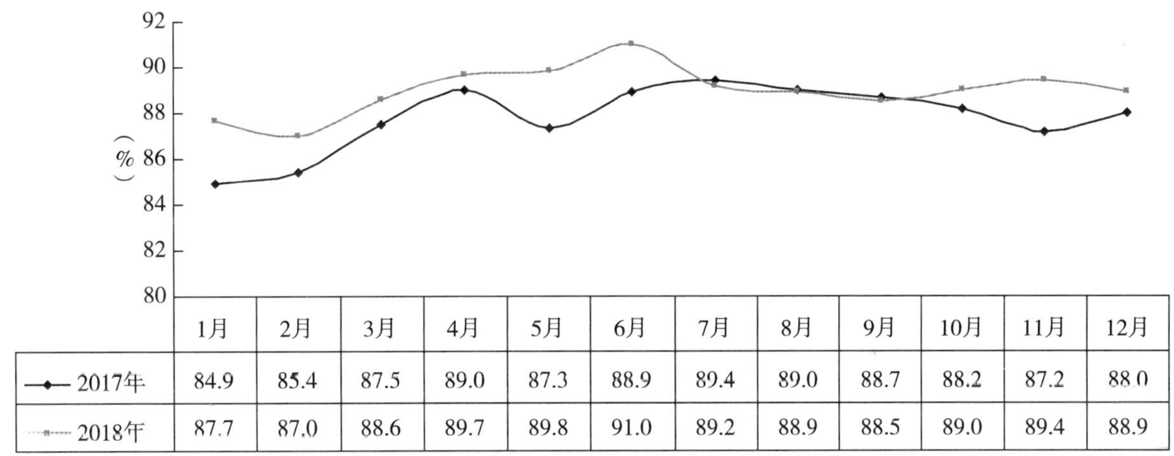


| | 1月 | 2月 | 3月 | 4月 | 5月 | 6月 | 7月 | 8月 | 9月 | 10月 | 11月 | 12月 |
|---|---|---|---|---|---|---|---|---|---|---|---|---|
| 2017年 | 84.9 | 85.4 | 87.5 | 89.0 | 87.3 | 88.9 | 89.4 | 89.0 | 88.7 | 88.2 | 87.2 | 88.0 |
| 2018年 | 87.7 | 87.0 | 88.6 | 89.7 | 89.8 | 91.0 | 89.2 | 88.9 | 88.5 | 89.0 | 89.4 | 88.9 |

**图 3　山西省规模以上工业企业开工情况**

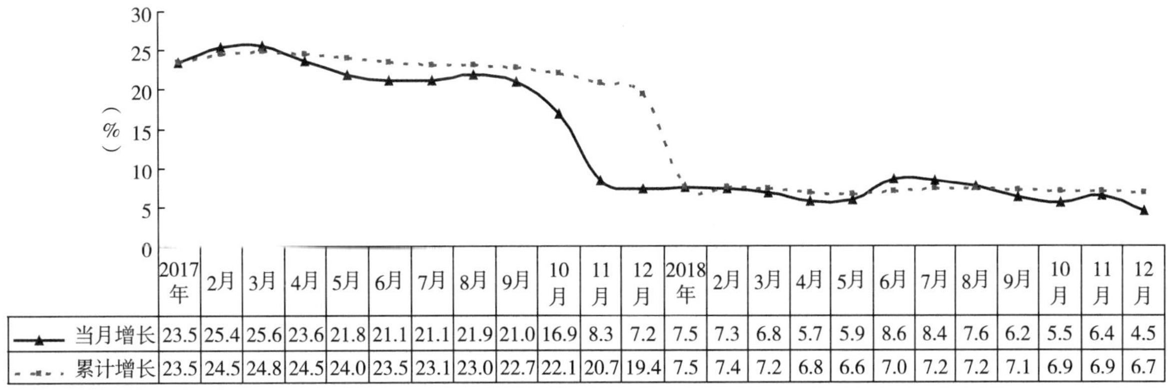


| | 2017年 | 2月 | 3月 | 4月 | 5月 | 6月 | 7月 | 8月 | 9月 | 10月 | 11月 | 12月 | 2018年 | 2月 | 3月 | 4月 | 5月 | 6月 | 7月 | 8月 | 9月 | 10月 | 11月 | 12月 |
|---|---|---|---|---|---|---|---|---|---|---|---|---|---|---|---|---|---|---|---|---|---|---|---|---|
| 当月增长 | 23.5 | 25.4 | 25.6 | 23.6 | 21.8 | 21.1 | 21.1 | 21.9 | 21.0 | 16.9 | 8.3 | 7.2 | 7.5 | 7.3 | 6.8 | 5.7 | 5.9 | 8.6 | 8.4 | 7.6 | 6.2 | 5.5 | 6.4 | 4.5 |
| 累计增长 | 23.5 | 24.5 | 24.8 | 24.5 | 24.0 | 23.5 | 23.1 | 23.0 | 22.7 | 22.1 | 20.7 | 19.4 | 7.5 | 7.4 | 7.2 | 6.8 | 6.6 | 7.0 | 7.2 | 7.2 | 7.1 | 6.9 | 6.9 | 6.7 |

**图 4　山西省工业品出厂价格涨幅情况**

134元/吨。焦炭，二级冶金焦价格1950元/吨，环比下跌150元/吨，同比下跌200元/吨。化工，甲醇价格2615元/吨，环比下跌23元/吨，同比下跌128元/吨。建材，425#散装水泥价格340元/吨，环比持平，同比上涨20元/吨。

**产品销售大幅增长。**2018年，全省规模以上工业实现销售产值同比增长13.2%，其中，实现出口交货值同比增长12.8%，高于全国4.3个百分点；工业产品产销率98.6%，第一季度以来连续10个月保持在97%以上。

**规模以上企业数量增加。**2018年，全省主营业务收入达到2000万元，规模以上工业企业数量达到3875家，比2017年增加294家，全年“小升规”企业达到500余家。

### （三）要素保障支撑有力，用电运输指标较快增长

**发用电量稳定增长。**2018年，全省发电设备平均利用3715小时，同比增加145小时，其中，火电装机利用4313小时，同比增加321小时。截至12月底，全省装机容量8757.7万千瓦，较2017年（8073万千瓦）增加684.7万千瓦。全年发电量3087.6亿千瓦时，增长11.7%，增速同比增加1.5个百分点；全社会用电量2160.5亿千瓦时，增长8.5%，同比减少2.3个百分点，其中工业用电量1667.1亿千瓦时，增长7.9%，同比减少3.2个百分点；外送电927.1亿千瓦时，增长19.6%，同比增加11个百分点。

**货物运输增势强劲。**2018年，全省公路货物运输量完成126213万吨，同比多运11333万吨，增长9.9%，增速同比增加0.6个百分点。全省铁路货物运量完成70369.7万吨，同比多运11090.3万吨，增长18.7%，增速同比增加3.6个百分点。其中，煤运量61367.2万吨，同比多运10410.7万吨，增长20.4%；其他物资运量完成9002.5万吨，同比多运679.6万吨，增长8.2%。全年晋煤外运量完成58253.1万吨，同比多运7283.0万吨，增长14.3%。

从路局情况看，太原铁路局山西片运量完成53837.5万吨，同比多运9700.1万吨，增长22.0%；郑州铁路局山西片运量完成9728.0万吨，同比多运470.2万吨，增长5.1%；北京铁路局山西片运量完成6804.2万吨，同比多运920.0万吨，增长15.6%。

**从太铁请装车情况看，**12月，太原铁路局日均请车31168车，同比减少12246车，下降28.2%，环比减少1634车，下降5%；日均装车25002车，同比增加3735车，增长17.6%，环比减少649车，下降2.5%；请装车兑现率80.2%，同比提高31.2个百分点，环比提高2个百分点。

### （四）结构调整步伐加快，转型升级增效提质

**传统产业中先进产能占比不断提升。**在煤炭供求处于紧平衡、大宗商品价格继续上涨的态势下，深入推进供给侧结构性改革，坚定退出过剩产能，积极发展先进产能。煤炭行业，关闭退出煤矿36座，产能2330万吨，2016年以来累计退出88座，产能6920万吨；先进产能达到5.82亿吨，占煤炭总产能的57%，较2018年年初提高15个百分点。钢铁行业，遏制“地条钢”死灰复燃，全年压减钢铁产能225万吨，1200立方米及以上高炉产能2515万吨，占炼铁总产能（6397万吨）的39.3%；100吨以上转炉和50吨及以上合金钢电炉产能2310万吨，占炼钢总产能（7480万吨）的30.9%，同比提高2个百分点。电力行业，关停淘汰不达标燃煤机组203.3万千瓦，全省风电、太阳能装机容量分别达到1043.2万千瓦、864.1万千瓦，占全省装机总量的11.9%、9.9%，同比分别提高1.1、2.6个百分点。焦化行业，淘汰产能691万吨，炭化室高度6米（含5.5米捣固）以上大机焦产能4456万吨，占全省建成焦炉产能的32%，同比提高2个百分点。

**非煤工业特别是制造业发挥关键支撑作用。**2018年，全省非煤工业同比增长8.2%，增速高

于全省工业 4.1 个百分点，对全省工业增长的贡献率达 96.9%。制造业总体较好，全年同比增长 9.2%，高于全省 5.1 个百分点，贡献率 76.4%。从结构看，按可比口径，非煤工业、制造业占全省工业的比重较 2017 年（51.3%、35.5%）分别提升 3、2.1 个百分点。

**新产业新产品快速成长。**战略性新兴和高技术产业快速增长。2018 年，全省规模以上工业中，战略性新兴产业增长 14%、高技术产业增长 16.3%，均明显快于全省工业。装备制造业快速增长。全省规模以上工业中，装备制造业增长 14.5%。其中，通信设备制造业、汽车制造业、新能源装备制造业分别增长 21.3%、21.1% 和 17.4%。从产品看，汽车产量增长 15.5%，其中新能源汽车增长 1.7 倍；光伏电池增长 71.1%、铁路机车增长 80.6%。

**工业投资增速反转，新兴产业投资增势强劲。**2018 年，全省工业投资增长 7.7%，较 2017 年增加 4.6 个百分点，其中装备制造业投资增长 61.4%，占全省工业投资比重 14.2%，比 2017 年提升 4.7 个百分点。装备制造业投资中，新能源汽车、电器机械和器材、计算机通信和其他电子设备三个制造业投资分别增长 2 倍、2.7 倍和 76.1%。工业技术改造投资增长 20.9%，占全省工业投资比重 30.8%，提升 3.4 个百分点。

### （五）企业效益持续改善，营运效率不断提升

**企业效益持续改善。**2018 年，全省规模以上工业实现主营业务收入 19252.1 亿元，同比增长 11.4%，增速高于全国 2.9 个百分点；实现利税 2657.3 亿元，同比增长 24.3%。2018 年，全省实现利润 1355.9 亿元，同比增长 34%，增速高于全国 23.7 个百分点，其中，非煤工业实现利润 661.6 亿元，同比增长 57.3%，增速快于煤炭工业 39.8 个百分点，拉动规模以上工业利润增长 23.8 个百分点，贡献率达到 70%，同比提高 37.8 个百分点；冶金、焦炭、电力、化工、机电、轻工（食品）、建材、医药、纺织行业均实现盈利。

**营运效率不断提升。**2018 年，全省规模以上企业每百元主营业务收入成本 79.2 元，同比减少 1 元，比全国平均水平低 4.7 元；销售利润率 7%，同比提高 1.2 个百分点；亏损企业亏损额同比下降 6.2%；资产负债率同比下降 2.1 个百分点；应收账款平均回收期 48.4 天，同比缩短 3.7 天；产成品存货平均周转天数 18.2 天，同比缩短 1.1 天。

## 工业重点行业发展情况

### （一）煤炭行业

煤炭供给侧结构性改革深入推进，下游用煤行业有力拉动，煤炭市场总体处于紧平衡状态，价格保持上涨，产销平稳增长，效益稳定好转。

**煤炭产销平稳增长。**2018 年山西省保持定力、坚定转型，在煤价上涨的形势下，没有盲目扩张，把更多精力放在推动“减”“优”“绿”上，煤炭产销同步平稳增长。全年完成煤炭产量 89340 万吨，同比增长 3.7%，增速同比小幅增加 0.2 个百分点。全省煤矿企业商品煤销量 8.27 亿吨，同比增长 4.4%，增速同比小幅回落 0.5 个百分点。省重点监测的 56 家煤炭企业全年完成产值 2634.6 亿元，同比增长 5.8%。“六大集团”生产稳定，产值“五增一降”。

**煤炭价格运行在合理区间。**国家加大煤炭产销调控力度，推动市场供需实现动态平衡，有效遏制煤价大幅波动，全年全国煤炭价格保持平稳、略有回落，山西省产地煤炭价格保持上涨，总体运行在合理区间。从全国看：全年环渤海动力煤平均价格 571 元/吨，较 2017 年下跌 14 元/吨；2018 年 12 月末价格 570 元/吨，环比下跌 1 元/吨，同比下跌 8 元/吨。从本省看：全年商品煤综合售价 461.79 元/吨，同比上涨 12.84 元/吨，其中 2018 年 12 月均价 472.03 元/吨，同比上涨 21.78 元/吨，环比下跌 11.12 元/吨（见图 5）。2018 年全年中国太原煤炭综合交易价格指数（CTPI）均值 142.77 点，同比上涨 3.7%；12 月

末综合指数 142. 43 点，同比基本持平，环比下跌 1. 98 点（见图 6）。其中，5500 大卡动力煤价格 542. 53 元/吨，环比持平，同比下跌 6. 5 元/吨；主焦煤价格 1333. 16 元/吨，环比上涨 2. 5 元/吨，同比上涨 64. 2 元/吨；喷吹煤价格 1047. 23 元/吨，环比下跌 5. 1 元/吨，同比上涨 30. 2 元/吨；化工煤价格 1068. 84 元/吨，环比下跌 27. 9 元/吨，同比下跌 19. 2 元/吨。

**企业效益稳定向好。**全省煤炭工业持续深化供给侧结构性改革，加快去产能步伐，多措并举降成本，运行质量稳步提高。2018 年，全行业实现主营业务收入 7197. 8 亿元，同比增长 8%；实现利润 694. 3 亿元，同比增长 17. 5%，拉动规模以上工业利润增长 10. 2 个百分点，贡献率 30%；1103 家规模以上煤炭企业中 344 家亏损，亏损面 31. 2%，同比缩小 0. 2 个百分点，亏损企业亏损额 152. 6 亿元，同比增长 5. 9%；全行业资产负债率 72. 4%，同比降低 3 个百分点。

## （二）冶金行业

钢铁行业去产能政策效应持续显现，有效供给加快释放，产量大幅增长、价格高位运行、效益持续向好；有色金属行业受市场、环保、资源等多因素制约，生产回落、价格下跌、效益收窄。

**钢铁生产较快增长，有色金属行业生产下降。**2018 年，全省冶金行业工业增加值同比增长 3%。其中，钢铁行业，全年钢铁行业增加值同比增长 6. 5%，完成生铁产量 4761. 3 万吨，同比增长 14. 8%；粗钢产量 5386. 2 万吨，同比增长 19. 9%；钢材产量 4903. 3 万吨，同比增长 17. 8%。

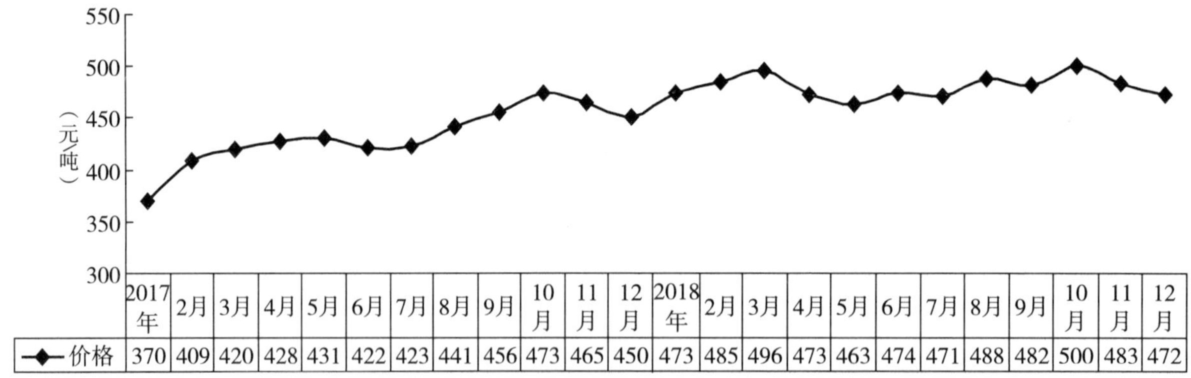

图 5　山西省煤炭综合售价变化情况（含税）

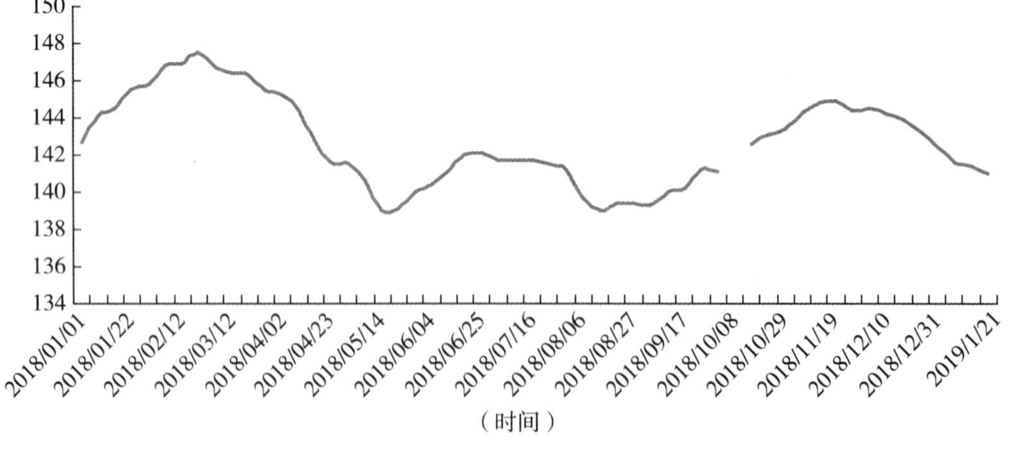

图 6　中国太原煤炭交易综合价格指数（CTPI）

粗钢、生铁产能利用率分别达到72%、74.4%，同比提高14.5和12.6个百分点。省重点监测的23家钢铁企业，全年完成产值2162.9亿元，同比增长17.8%，其中，太原钢铁（本部）产值增长7.3%、长治钢铁增长8.9%、建龙钢铁增长87.9%、中阳钢铁增长24.6%。

有色金属行业，受市场需求减弱、价格回落、环保约束强化、资源供给不足、产能释放受限等多因素叠加影响，2018年全年工业增加值同比下降4.5%。完成电解铝产量93.3万吨，下降5.3%；氧化铝产量2024.5万吨，增长2.3%；精炼铜产量18万吨，下降6.4%；金属镁产量9.7万吨，下降30.8%。电解铝产能利用率71.8%，同比下降9.5个百分点；氧化铝产能利用率85.4%，提升4.1个百分点。省重点监测21家有色金属企业全年完成产值735.6亿元，同比增长0.6%，其中，阳泉兆丰铝电因环保限产、市场等原因10万吨电解铝产能长期停产，兆丰铝业因原料铝土矿不足生产下降，两家全年产量分别下降26.8%和11.6%，产值分别下降1.9%和17.4%；国电投山西铝业、华兴铝业产值分别下降9.3%和3.1%。

**产品价格保持上涨，临近年底有所回落。** 2018年，全年钢铁市场需求旺盛，主要产品价格延续上涨走势，主要有色金属产品价格总体平稳、区间波动运行，山西省冶金工业生产者出厂价格指数累计上涨11.9%。12月末，6.5毫米线材价格3510元/吨，环比下跌40元/吨，同比下跌440元/吨（见图7）；304B不锈钢价格14831元/吨，环比下跌692元/吨，同比下跌445元/吨；电解铝价格13583元/吨，环比下跌108元/吨，同比下跌768元/吨；氧化铝价格3025元/吨，环比下跌125元/吨，同比下跌134元/吨。

**行业效益涨跌互现。** 2018年，全省冶金行业实现主营业务收入3486.7亿元，同比增长13.5%；实现利润221.7亿元，增长19.1%，其中，钢铁行业实现利润203.4亿元，同比增长53.5%，拉动规模以上工业利润增长7个百分点，贡献率20.6%，同比提高5.6个百分点；有色金属行业实现利润18.3亿元，同比下降65.9%，拉动规模以上工业利润增长3.5个百分点。372家规模以上冶金企业中133家亏损，亏损面35.8%，同比提高0.4个百分点，亏损企业亏损额22.2亿元，同比下降21%；全行业资产负债率65.7%，同比降低2.7个百分点。

### （三）焦炭行业

钢铁行业快速增长，市场需求明显增加，焦炭价格大幅上涨，加上高利润驱动，周边省份加大去产能力度，为山西省腾出市场空间，同时企业环保水平不断提升，错峰生产更加精准，焦化生产进一步加快，焦炭产量大幅增长，价格高位上涨，效益显著改善。

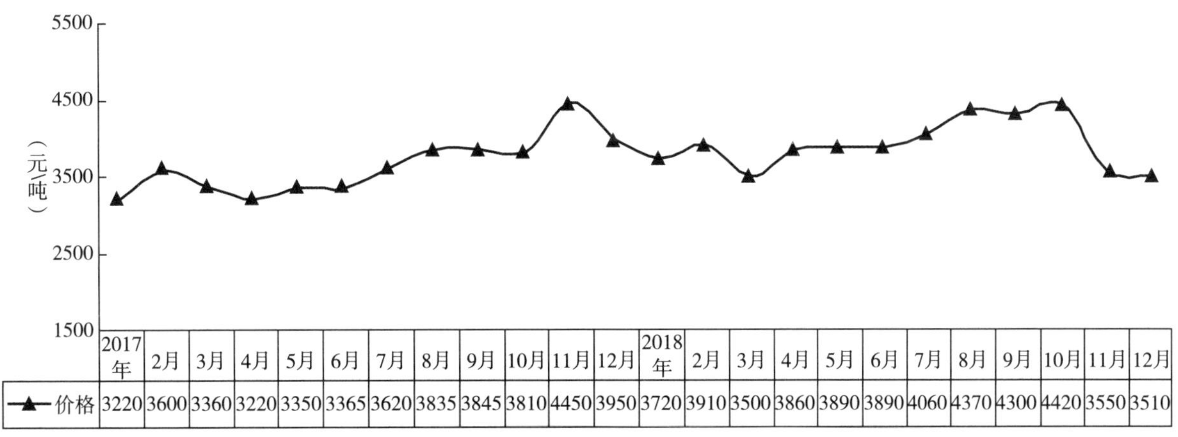


| | 2017年 | 2月 | 3月 | 4月 | 5月 | 6月 | 7月 | 8月 | 9月 | 10月 | 11月 | 12月 | 2018年 | 2月 | 3月 | 4月 | 5月 | 6月 | 7月 | 8月 | 9月 | 10月 | 11月 | 12月 |
|---|---|---|---|---|---|---|---|---|---|---|---|---|---|---|---|---|---|---|---|---|---|---|---|---|
| ▲ 价格 | 3220 | 3600 | 3360 | 3220 | 3350 | 3365 | 3620 | 3835 | 3845 | 3810 | 4450 | 3950 | 3720 | 3910 | 3500 | 3860 | 3890 | 3890 | 4060 | 4370 | 4300 | 4420 | 3550 | 3510 |

**图7　山西省钢材价格变化情况（含税）**

**企业产能利用率提高，焦炭产量大幅增长。** 2018年，全省完成焦炭产量9256.2万吨，同比增长11.3%；产能利用率65.9%，较2017年提高9.1个百分点。省重点监测的25家焦炭企业，全年累计完成产值710.7亿元，同比增长22.1%，其中，阳光焦化、山西焦化、美锦焦化、梗阳焦化、亚鑫焦化产值分别同比增长10.3%、20.7%、39.8%、21.9%和68.2%。

**焦炭价格高位上涨。** 2018年，焦炭市场维持紧平衡状态，价格高位震荡上扬，全年炼焦工业生产者出厂价格指数累计上涨21.1%。12月末，山西省二级冶金焦炭价格1950元/吨，环比下跌150元/吨，同比下跌200元/吨（见图8）；全年均价达到2000元/吨，高于同期300元/吨。

**企业盈利持续向好。** 2018年，全省焦化行业实现主营业务收入1872.8亿元，同比增长19.8%；实现利润177.5亿元，同比增长1.2倍，拉动规模以上工业利润增长9.5个百分点，贡献率27.8%，同比提高16.2个百分点；134家规模以上焦化企业中21家亏损，亏损面15.7%，同比缩小11.1个百分点，亏损企业亏损额10.8亿元，同比下降30.3%；全行业资产负债率83.5%，同比降低3.9个百分点。

## （四）电力行业

在宏观经济稳中向好等积极因素拉动下，全省电厂出力增加，发电设备利用小时同比进一步提高，全省发用电量、用电量均保持平稳较快增长，外送电量大幅增长，全行业大幅扭亏为盈。

**发用电量平稳较快增长。** 截至2018年12月底，全省装机容量8757.7万千瓦，较2017年（8073万千瓦）增加684.7万千瓦。全年全省发电设备平均利用3715小时，同比增加145小时，其中，火电装机利用小时4313小时，同比增加321小时。全年发电量3087.6亿千瓦时，增长11.7%；全社会用电量2160.5亿千瓦时，增长8.5%，其中工业用电量1667.1亿千瓦时，增长7.9%；外送电927.1亿千瓦时，增长19.6%。省重点监测44家电力企业全年完成产值693.1亿元，同比增长14.4%，其中，省国际电力、大唐阳城、漳山电厂产值同比分别增长22.8%、28.2%、20%。

**企业效益大幅改善。** 2018年，全省电力行业实现主营业务收入1869.1亿元，同比增长14.5%；实现利润39.8亿元，同比大幅扭亏增利44.4亿元，拉动规模以上工业利润增长4.4个百分点，贡献率12.9%，同比提高22.3个百分点；257家规模以上电力企业中90家亏损，亏损面35%，同比缩小8.5个百分点，亏损企业亏损额59.6亿元，同比下降29.2%；全行业资产负债率77%，同比提高1.1个百分点。

## （五）化工行业

经济整体趋稳向好，市场供求持续改善，企业生产积极性进一步增强，全年效益明显改善，同比扭亏为盈。

**多数企业生产较快增长。** 2018年，全年化肥（折纯）产量360.4万吨，同比下降3.4%，

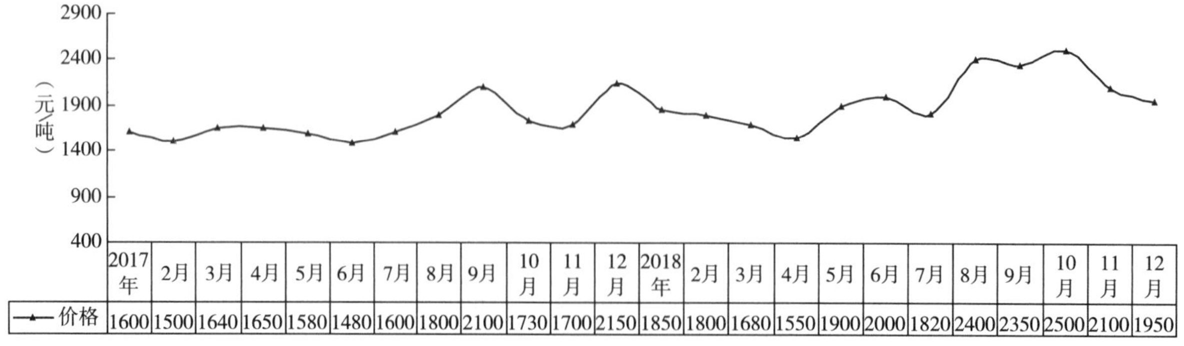


**图8 山西省二级冶金焦炭价格变化情况（含税）**

其中，尿素（折含氮 110%）324.1 万吨，同比下降 4.7 %。基础化工企业受价格上涨驱动，生产积极性增强，主要产品产量多数增长，其中，聚氯乙烯树脂 87.8 万吨，增长 12.6%；甲醇 326.5 万吨，增长 4.4%；合成橡胶 2.8 万吨，因部分企业停产检修，下降 7.6%。

**主要产品价格总体上涨，年末回落。**主要化工产品价格在 2017 年基础上，继续保持了高位上涨势头，多数产品价格高于同期。2018 年 12 月末，尿素价格 1900 元/吨，较 11 月下跌 110 元/吨，同比下跌 100 元/吨；甲醇价格 2615 元/吨，较 11 月下跌 23 元/吨，同比下跌 128 元/吨；聚氯乙烯价格 5939 元/吨，较 11 月下跌 393 元/吨，同比下跌 316 元/吨；氯丁橡胶价格 27845 元/吨，较 11 月下跌 4655 元/吨，同比下跌 3745 元/吨。

**企业效益明显改善。**2018 年，全省化工行业实现销售收入 785.4 亿元，同比增长 16.9%；实现利润 4.7 亿元，同比扭亏增利 9.6 亿元，拉动规模以上工业利润增长 0.9 个百分点，贡献率 2.8%。299 家规模以上化工企业中 85 家亏损，亏损面 28.4%，同比缩小 1.9 个百分点；亏损企业亏损额 29.5 亿元，同比下降 1%。全行业资产负债率 79.8%，同比下降 0.7 个百分点。

### （六）机电行业

总体发展势头强劲，企业生产快速增长，受个别月份订单空档、停产检修等影响，生产有所波动，效益稳定向好。

**行业生产较快增长。**2018 年，全省机电行业增加值同比增长 14.5%，增速高于全省平均水平 10.4 个百分点，同比增加 0.6 个百分点，其中，通信设备、汽车、重型装备、新能源装备、其他装备制造业分别增长 21.3%、21.1%、11.7%、17.4%和 3.6%。龙头企业多数增长强劲，部分月份有所波动，全年保持较快增长。省重点监测 76 家机电企业全年完成产值 1944.8 亿元，同比增长 16.6%。其中，电子通信设备制造企业，富士康（太原）完成产值 803.5 亿元，增长 14.3%；富士康（晋城）完成 119.3 亿元，增长 38.6%。汽车制造企业，大运、吉利、陕汽大同、江铃、比亚迪产值分别增长 12.0%、58.7%、20.6%、165.6%和 234.4%。铁路装备制造企业，晋西集团、中车同车分别增长 7.5%、42.2%。其他企业，太重集团轨道交通、起重机、锻压、轧钢、焦化、油膜等传统领域均实现增长，因风电装备板块生产组织方式调整，总产值下降 8.5%。

**企业效益持续改善。**2018 年，全省机电行业实现主营业务收入 2297.4 亿元，同比增长 11.6%；实现利润 93.4 亿元，增长 25%，拉动规模以上工业利润增长 1.8 个百分点，贡献率 5.4%，同比提高 0.6 个百分点。690 家规模以上机电企业中 189 家亏损，亏损面 27.4%，同比提高 2.9 个百分点；亏损企业亏损额 27 亿元，同比增长 17.4%。全行业资产负债率 67.8%，同比降低 2.3 个百分点。

## 工业重点工作和成就

### （一）工业经济实现平稳增长

**一是加强运行监测调控。**制定全省工业经济运行实施方案，加强运行调度，抓好生产要素协调保障，稳定工业运行基本面。2018 年，全省规模以上工业同比增长 4.1 %；规模以上工业实现利税 2657.3 亿元，同比增长 24.3%。

**二是加大服务企业工作力度。**联合省委政法委建立企业涉法维权问题协调工作机制，推动全省各市县和 8 个开发区全部开通 96302 企业服务热线，持续开展服务企业常态化工作。牵头举办了走进华为——山西省大数据环境下企业家能力提升培训班，提升企业家创新能力。扎实推进“获得电力”营商环境整改，山西省“获得电力”指标从位列全国第 28 位跃升为全国第一。认真做好清理拖欠民营企业中小企业账款和涉企收费清理规范工作，持续降低企业运营成本。

**三是扎实推动现代物流业发展。**建立全省社会物流统计体系，发布月度物流景气指数，推动全省智慧物流体系建设。大力发展多式联运，全年组织开行50列中欧中亚班列。

**四是支持中小企业持续健康发展。**认真贯彻省委支持民营经济发展30条意见，全年新认定216家“专精特新”中小企业，新创办小微企业11.3万家，新培育“小升规”企业522家。

## （二）传统产业发展质量明显增强

**一是强化行业指导。**制定印发钢铁、有色金属、电力、建材、轻工、食品等产业2018年行动计划，制定实施消费品工业三年振兴计划和焦化产业打好污染防治攻坚战推动转型升级实施方案，全力推动传统产业向中高端迈进。

**二是坚决退出过剩产能。**深化供给侧结构性改革，2018年全年压减钢铁产能225万吨，淘汰焦化产能691万吨、煤电产能203.3万千瓦，均超额完成年度目标任务。

**三是积极推进“煤－电－铝（镁）－材”一体化改革。**编制完成改革试点实施方案，并上报国家发改委（国家发展和改革委员会）和工信部。加快吕梁局域电网试点建设，吕梁中润公司一期43.2万吨合金铝项目正式投产。

**四是全力推动企业技术改造。**修订《山西省技术改造专项资金使用管理暂行办法》，实施技改13大专项工程，发挥技改资金引导撬动作用，全年支持258个项目。2018年，全省工业技改投资增长20.9%，占全省工业投资比重30.8%。

## （三）新兴产业持续发展壮大

**一是强化分类指导。**分行业制定印发七大战略性新兴产业2018年行动计划，制定实施全省打造优势产业集群2018年行动计划和制造业振兴升级专项行动方案，积极推动新兴产业发展壮大。2018年，全省工业战略性新兴产业增长14%，制造业增长9.2%。

**二是推进项目建设。**深入落实省委、省政府“转型项目建设年”要求，分行业、分类别、分层级推进1000个项目建设，太钢高性能碳纤维、晋能高效异质结组件、吉利晋中基地乘用车商用车等一批新兴产业项目建成投产或部分投产。

**三是加强招商引资。**编制完成山西省制造业十二大领域发展（招商）图谱，牵头举办四期招商图谱专题培训班，组织山西（深圳）先进装备制造产业专题对接会，积极推进制造业精准招商。

**四是积极推进智能制造。**培育省级智能制造试点示范19家，中电二所、太重轨道交通项目入选国家智能制造专项，智奇铁路、科达自控成功获批国家智能制造试点示范，全省国家级智能制造试点示范企业达到6家。

## （四）企业技术创新体系日益完善

**一是加快创新平台建设。**推动成立智能制造、轨道交通产业技术联盟，成立装备制造、物联网和人工智能等标准化技术委员会。加快企业技术中心建设，新增3家国家级、34家省级企业技术中心。省级制造业创新中心从无到有，新创建试点中心1家、试点培育中心5家。

**二是促进行业关键共性技术研发。**编制完成2018年度全省重点行业关键共性技术发展导向目录和企业技术创新重点项目计划，推动太钢双相不锈钢钢筋在港珠澳大桥工程首次批量化应用，太重250吨智能铸造起重机实现关键核心部位完全智能化，打破了国外垄断。

**三是积极促进产学研合作。**组织重点企业与中国科学院、C9高校等开展对接合作，组织企业同太原理工大学、太原科技大学等省内院校进行技术对接。阳煤与太原理工大学签约“煤层气生产金刚石”校企合作协议。新培育26家省级研究生教育创新中心。

**四是完善技术创新机制。**推进“企业创新板”开板运营，15家企业成功挂牌。落实首台（套）重大技术装备保险补偿等支持创新的优惠政策，3家企业5个首台（套）重大技术装备获得国家保费补贴。

## （五）数字经济发展成效明显

**一是优化大数据发展环境。**制定印发大数据发展应用2018年行动计划，起草完成全省大数据发展应用促进办法，会同省财政厅制定全国首个省级信息化建设项目支出预算标准。发挥大数据专项资金支撑引领作用，全年支持58个项目。开展“数行三晋·智赢未来”系列主题活动，全面优化发展氛围。

**二是构建特色数字经济产业生态。**研究起草全省培育建设大数据产业基地实施意见，加快制定信息安全、传感器、人工智能等特色产业布局规划，推进大数据重点项目建设，中国科学院山西先进计算中心建成运营，华为山西（吕梁）大数据中心正式揭牌。山西中科曙光、和信基业、清众科技3家企业项目入选工信部2018年大数据产业发展试点示范。

**三是加快电子信息产业发展。**推进中电科“一中心三基地”产业园、潞安太阳能2吉瓦高效单晶太阳能电池等一批重大项目建设。组织开展锂离子电池、光伏制造行业规范公告申报。召开智慧养老、传感器等领域上下游产业对接会，组织信息技术服务标准宣贯及培训。开展首版次软件产品申报工作，完成软件企业退税624万元。

**四是推进政务云平台建设。**召开全省“政务上云”启动大会，积极推进省级政务云平台政务信息系统迁移工作，41个部门170余个信息系统迁入平台，政务信息化建设运营模式实现重大变革，相关标准化工作全国领先。

**五是提升数字经济发展支撑能力。**加强工业信息安全保障体系建设，举办工业信息安全高峰论坛，组织开展全省工控安全自查。统筹推进数据中心布局建设，全省建成各类数据中心27个，设计服务器容量39万台。

### （六）绿色低碳循环发展稳步推进

**一是加快构建绿色制造体系。**全力培育创建绿色工厂、绿色园区、绿色产品，推动企业实施绿色供应链管理。太钢成为全国钢铁行业绿色发展标杆，晋西车轴、华翔集团、鸿富晋精密工业（太原）成功入选工信部第三批绿色工厂，亚宝药业、孝义盛世富源2个项目入选工信部绿色制造系统集成项目。

**二是积极推进资源综合利用。**支持太钢不锈配套水处理改造等21个资源综合利用重点项目建设。组织召开第六届亚洲粉煤灰及脱硫石膏处理与利用技术国际交流大会，山西建龙、晋城煜盛列入国家废钢铁加工行业准入企业名单，山西省成功获批新能源汽车动力蓄电池回收利用试点地区。全省大宗工业固废综合利用率达到68.3%。

**三是抓好节能降耗攻坚。**修订完成《山西省节约能源条例》。开展工业能效对标达标活动，天泽煤化工入选国家重点用能行业能效“领跑者”企业名单。推广高效节能技术产品，山西天海泵业3个系列井用潜水电泵入选《国家工业节能技术装备推荐目录（2018）》。

### （七）融合发展水平显著提升

**一是深入推进两化融合。**15家企业入选2018年国家两化融合贯标试点企业，广誉远、嘉世达机器人项目入选工信部信息消费试点示范项目，工信部正式批复同意综改示范区国际互联网数据专用通道建设。制定出台全省深化“互联网+先进制造业”发展工业互联网的实施意见和“企业上云”三年行动计划，推动实体经济和新一代信息技术深度融合。

**二是推动服务业与制造业融合。**开展服务型制造示范，大同中科唯实矿山科技获批工信部第二批服务型制造示范企业。积极遴选制造业单项冠军示范企业，华翔集团入选第三批国家制造业单项冠军企业。推进工业文化发展，太原兵工厂和阳泉三矿入选第二批国家工业遗产。

# 2018年内蒙古自治区工业经济运行概况

2018年，内蒙古自治区全力稳增长、调结构、促发展，全区工业经济发展取得积极成效。

## 工业总体运行情况

### （一）工业生产稳步增长

2018年，内蒙古自治区全部工业增加值5484.86亿元，比2017年增长6.9%，规模以上工业增加值增长7.1%，增速比2017年提高4.0个百分点，高于全国平均值0.9个百分点，呈现出逐季加快的态势。其中能源工业占52.6%（煤炭、电力分别占29.8%和21.6%）、冶金工业占17.5%、化工工业占15.3%、农畜产品加工业占9.0%、装备制造业占1.5%、建材行业占1.9%。全区重点监测的42种主要产品中，25种产品产量同比增长，增长面达到59.5%，增长超过10%的有20种；规模以上工业企业产销率达到99.2%，比2017年提高0.7个百分点；工业生产者出厂价格同比上涨3.2%，购进价格上涨2.4%；12月下旬，全区监测的30种主要工业品价格中，同比上涨12种，下降18种。

### （二）结构调整明显加快

**一是产业转型步伐加快。**传统资源型产业加工转化率不断提高，非资源型产业加快接续。2018年全区规模以上工业中，非煤产业增加值同比增长9.7%，快于煤炭产业增加值8.1个百分点。**二是制造业贡献率过半。**制造业增加值同比增长8.9%，占规模以上工业的比重为43.2%，对规模以上工业的贡献率达53.4%。**三是新兴产业加快发展。**规模以上工业战略性新兴产业增加值同比增长8.7%，增速比全区规模以上工业增加值增加1.6个百分点；高新技术工业增加值同比增长17.1%，增速比全区规模以上工业增加值增速增加10个百分点，拉动规模以上工业增长0.3个百分点。**四是新产品产量增势较好。**价值量、科技含量更高的新产品实现了良好增长，如单晶硅增长1.2倍，稀土化合物增长45.9%，石墨及碳素制品增长42.8%，增速均在40%以上；新能源汽车超万辆，达11547辆。

### （三）质量效益指标持续向好

企业利润水平大幅改善。2018年全区规模以上工业企业利润同比增长7.5%。全区规模以上工业企业主营业务收入同比增长12.8%，高于全国平均水平（8.5%）4.3个百分点，企业经营能力进一步提高。全区工业税收同比增长13.3%，工业税收占地方全部税收的58.2%；亏损企业亏损额下降2.1%，降幅高于全国平均水平10.6个百分点；规模以上工业企业存货增速同比降低了2.9个百分点；规模以上工业企业资产负债率为63.5%，同比下降0.7个百分点；规模以上工业企业每百元主营业务收入成本为77.4元，低于全国平均水平0.5元。

### （四）要素保障水平进一步提升

2018年全区全社会用电量同比增长15.5%，提高4.5个百分点；工业用电量同比增长15.1%，提高4.4个百分点。全区货运量同比增长9.0%，高于全国平均水平1.9个百分点。其中，铁路货运量同比增长9.7%，高于全国0.6个百分点；公路货运量同比增长8.5%，高于全国1.1个百分点。

### （五）重点项目建设扎实推进

**一是重点项目开工较多。**2018年，全区亿元以上重点工业项目开复工613个，完成投资1163.8亿元，其中新开工项目296个，当年竣工项目185个。**二是大宗工业品产能大幅增加。**全年新增原煤产能900万吨、甲醇产能131万吨、烯烃产能60万吨、乙二醇产能24万吨、合成氨产能165万吨、尿素产能292万吨、铁合金产能144万吨、电解铝产能63万吨、铁精粉产能110万吨。**三是新兴产业项目加快建设。**2018年，全区实施亿元以上新兴产业项目256个，其中新开工项目125个、竣工项目94个。新增新能源汽车2.35万辆、太阳能铸锭（切片）300万千瓦、电池组件60万千瓦、化成箔732万平方米、富勒烯500千克、碳素85万吨、有机发光二极管显示器600吨、纳米二氧化硅3600吨。**四是投资增速加快。**2018年，全区工业技改投资占全部工业投资的比重为14%，比2017年提高1.2个百分点。其中，制造业技改投资占制造业投资比重为16.4%，比2017年提高5.1个百分点。高技术制造业投资增长20%，高于全国平均水平3.9个百分点；信息传输、软件和信息技术服务业投资比2017年增长6.2%。

### （六）工业信息化建设稳步推进

2018年，全区电信业务总量231.01亿元，同比下降5.3%；新增规模以上两化融合对标企业773家，实现规模以上工业企业对标全覆盖。全区各类工业云平台达到11个，全区登云企业达到4354家。全年完成20兆/秒通信光纤行政村全覆盖任务，高于国家标准8兆/秒。全区827个乡镇（苏木、街道）和384个嘎查村接入自治区电子政务外网。建成自治区政务数据共享交换平台，挂接8个盟市42个部门1939条目录，共享数据库资源792.8万条。

### （七）中小企业持续健康发展

2018年，全区中小企业数量同比增长28.4%，全年新增“助保金”贷款288笔，共计15.15亿元。全年开办中小微企业政策大讲堂130期，培训中小企业人员4.5万人次。截至2018年年底，自治区级小微企业创业创新示范基地达到104家，其中3家成为国家级小微企业创业创新示范基地。

### （八）工业园区稳步发展

截至2018年年底，全区各级各类工业园区共112个，其中国家批复园区10个，自治区政府批复54个，其他盟市、旗县批复园区48个。依托全区工业园区经济运行数据平台，全区工业园区全年累计实现工业总产值11481.6亿元，比2017年同期增长2.4%，其中年累计产值超五百亿元的园区5个，超百亿元的园区31个；实现营业收入11194.35亿元，比2017年同期增长1.38%；实现税金745.51亿元，比2017年同期增长3%；入驻企业17757家，从业人员84.9万。

## 重点行业发展情况

### （一）煤炭行业

全区共有煤矿531座，产能13.31亿吨/年，居全国第1位。其中，合规煤矿515座，产能12.21亿吨/年；未批先建煤矿16座，产能1.1亿吨/年。515座合规煤矿中，按生产煤矿管理384座，产能8.8亿吨/年；技术改造煤矿100座，产能1.1亿吨/年；新建煤矿31座，产能2.3亿吨/年。16座未批先建煤矿产能均在120万吨/年及以上，其中，已建成具备生产条件煤矿9座，产能0.578亿吨/年；在建煤矿7座，产能0.507亿吨/年。

### （二）电力行业

全区电力装机容量12258万千瓦，同比增长3.8%，居全国第3位。其中，火电装机容量8219万千瓦，占总容量的67%，同比增长0.7%，居全国第3位；风电装机容量2868万千瓦，占总容量的23%，同比增长7.4%，居全国第1位；光伏装机容量933万千瓦，占总容量的7.6%，同比增长26.1%，居全国第9位；水电装机容量238万千瓦，占总容量的1.9%，同比持平，居全国第21位。

### （三）化工行业

2018年，全区共有煤制油项目2个，产能142万吨，产量102.8万吨；煤（甲醇）制烯烃项目5个，产能366万吨，产量268.9万吨；煤制乙二醇项目3个，产能62万吨，产量41.8万吨；煤制天然气项目2个，产能17.35万吨，产量14.2万吨；甲醇生产企业21家，产能857万吨，产量968.7万吨；尿素生产企业12家，产能911万吨，产量583万吨；电石生产企业83家，产能1548.8万吨，产量955.4万吨；PVC（聚氯乙烯）生产企业13家，产能437万吨，产量374.4万吨；焦炭生产企业40家，产能5130万吨，产量3374.1万吨 。

### （四）冶金行业

全区共有各类冶金企业271家，产能4911.9万吨。其中，钢铁企业20家、在建2家，建成炼铁产能2985万吨、炼钢产能3046.6万吨，在建炼钢产能169.9万吨，未建合规炼钢产能31.9万吨；铁合金企业204家，总产能1170万吨；电解铝企业10家，总产能958.71万吨，其中，建成532.23万吨、在建290.48万吨、拟建136万吨；铜冶炼企业6家，粗炼铜产能59万吨、精炼铜产能30万吨；锌冶炼企业4家，产能65万吨；铅冶炼企业5家，产能40万吨；镁冶炼企业11家，产能17万吨。

### （五）农畜产品加工行业

全区规模以上农畜产品加工企业597家，从业人员11.15万。其中，乳制品加工企业34家，产能900万吨；鲜冻冷藏肉生产企业146家，产能295万吨；羊绒加工企业66家，产能3000万件；玉米及发酵加工业企业54家，产能900万吨；制糖企业13家，产能5万吨/日；白酒企业31家，产能90万吨；啤酒企业12家，产能180万吨。

### （六）建材行业

全区共有水泥生产企业142家，产能1亿吨；平板玻璃生产企业3家，产能1500万重量箱；建筑陶瓷企业12家，产能约1.5亿平方米；墙体材料企业108家，其中，烧结砖生产企业60家、砌块生产企业29家、路面砖生产企业19家；规模以上商品混凝土企业产量461.9万立方米；水泥制品企业77家，其中，电杆生产企业60家、排水管生产企业17家；石墨新材料相关企业共7家，深加工能力15万吨。

### （七）装备制造业

全区装备制造业规模以上企业143家，占全区规模以上企业总数的6%。其中，交通运输设备制造企业19家，产能为：汽车整车35万辆、变速器45万台、发动机60万台、铝轮毂1000万只，铁路货车及其零部件产能1万辆；工程机械企业24家，产能为：矿用自卸车5000台、石油综采设备35万吨、煤炭综采设备3500台（套）、推土机1000台、装载机1000台；风电设备制造企业32家，产能为：整车制造5500台（套）、风叶2350台（套）、塔筒1400套、反向平衡法兰2000套、预应力锚栓组合件2500对、机舱等配套部件4000套；电气产品制造规模以上企业12家，产能为：低压开关柜10万台、箱式变压器8万台、箱式变电站8万台、小型永磁发电机1.5万千瓦、变压器300万千伏安、瓷绝缘子2万吨；农牧业机械规模以上企业15家，产能为：牧业机械1.7万台套，喷灌机械8000台（套），播种、收获机械5万台（套），农产品初加工机械3000台；其他行业规模以上企业41家，各类铸造产品产能80.78万吨。

### （八）信息化产业

全区两化融合贯标企业104家，其中，国家级贯标试点企业 64 家；两化融合对标企业 2847 家，其中规模以上企业 1967 家，占全区规模以上企业 70.3%，对标企业两化融合发展指数 48.0。电子政务外网自治区本级部门接入率 100%，盟市横向接入率 95%，旗县部门接入率 90%。

### （九）电子信息制造业

全区规模以上电子信息制造业企业 37 家，主要产品包括电视机、单晶硅、多晶硅、玻璃基板、液晶显示模组等。其中，电视机企业 2 家，产能 600 万台；多晶硅企业 6 家，产能 4 万吨；单晶硅企业 5 家，产能 11 万吨；玻璃基板企业 1 家，产能 1 亿片；液晶显示模组企业 1 家，产能 3500 万片。

## 2018 年工业重点工作和成就

### （一）加强政策研究和运行分析

**一是全面摸清工业基础数据。**分行业摸清工业产能、产量和企业运行等基本情况，编制《内蒙古自治区工业基本情况》，每年度更新一次。**二是完善政策体系。**贯彻落实习近平总书记参加十三届全国人民代表大会一次会议内蒙古代表团审议时的重要讲话精神，起草形成《内蒙古自治区新兴产业高质量发展实施方案（2018—2020 年）》，形成一个实施方案、五大工程、一揽子支持工业高质量发展的政策措施、第一批三年滚动项目计划。围绕扩大信息消费，制定形成《关于进一步扩大和升级信息消费持续释放内需潜力的实施方案》。围绕推动工业互联网发展，出台《关于深化“互联网 + 先进制造业”发展工业互联网的实施意见》。**三是加强工业运行调度。**确定 249 家重点企业和 480 家规模以下企业，建立重点监测企业数据库，按月调度工业运行数据，上报工业运行分析报告。开展盟市旗县经济和信息化部门、重点企业统计员培训，提高数据统计质量。**四是加强要素协调保障。**落实国家煤炭增产任务，有序释放先进煤炭产能，与辽宁、吉林签订煤炭保供协议。协调增加铁路运力，圆满完成煤炭保供和秋粮收购调运任务。

### （二）努力降低企业用电成本

深化电力体制改革，采取三项举措降低企业用电成本 139 亿元。一是扩大电力多边交易规模，全年完成交易电量 1168 亿千瓦时，增长 18.7%，降低用电成本 68.7 亿元；二是执行新兴产业 0.26 元/千瓦时的优惠电价，降低用电成本 12.1 亿元；三是落实国务院一般工商业用电价格下降 10% 要求，降低用电成本 13.7 亿元。

### （三）努力加快新旧动能转换

**一是改造提升传统产业。**实施企业技术改造工程，支持 127 个技术改造、智能制造、绿色制造等项目，传统产业技术装备水平稳步提升。其中，带动技术改造投资新增 15.92 亿元，设备购置新增 4.12 亿元；安排 2170 万元，支持 6 个智能制造试点示范项目；安排 3537 万元，支持 14 个科技成果转化与应用项目；安排 700 万元，支持 13 个企业技术中心和工业设计中心。**二是大力化解过剩产能。**退出煤炭产能 1110 万吨，三年累计退出煤炭产能 2490 万吨，提前两年超额完成国家下达的“十三五”目标任务（超 780 万吨）。打击取缔 1 家“地条钢”企业，淘汰 2 家钢铁落后产能企业，压减水泥产能 1700 万吨。**三是推动产能指标置换。**完成产能置换钢铁 100 万吨、电解铝 179.55 万吨、PVC38 万吨，向工信部争取增加冶炼分离产品指标 9400 吨，增幅达到 18.8%。

### （四）强化工业节能降耗

开展工业重点用能单位“百千万”节能行动，通过采取结构、技术、管理等节能措施，7 个产品单位能耗下降明显，炼铁下降 16.6%、水泥下降 8.2%、井工原煤下降 7.8%、露天原煤下降 5.1%、电石下降 5.2%、粗钢下降 3.1%、发电标准煤耗下降 0.3%，水泥、井工原煤、露天原煤、精锌、火电 5 个产品单位能耗领跑全国。发布《内蒙古自治区59项重点节能低碳技术推广目录》，包头钢铁集团低品位余热发电技术和国泰高效大型水煤浆气化技术列入《国家工业节能技术装备推荐目录（2018）》。

### （五）稳步推进工业信息化建设

**一是深入推进“两化融合”。**对全区371家企业开展了评估，依托自治区两化融合联盟，针对其中24家问题突出的企业提供了两化融合咨询服务。全年新增规模以上两化融合对标企业773家，实现规模以上工业企业对标全覆盖。全区累计完成对标企业数2724家。新增国家级贯标试点企业7家，累计已达105家。开展贯标企业53家，通过贯标企业24家。**二是发展工业互联网。**经自治区政府同意，制定下发《内蒙古自治区关于深化“互联网+先进制造业”发展工业互联网的实施意见》。开展工业互联网平台示范试点工作。全区各类工业云平台达到11个，建成包头网络协同制造平台，平台注册用户达到9209户。建成乌兰察布能源管控云一期平台，平台注册企业用户282户，数据采集项覆盖11个行业、10个旗、县、区；有效数据已累计采集53.91亿条，实现了乌兰察布市重点高耗能企业能耗的实时在线监控，通过同类型企业数据对比，为企业提供节能服务，进一步降低产品单耗。**三是实施“万户企业登云”行动。**制定并印发《“万户企业登云”三年行动计划推进方案》，建设万户企业登云平台，为企业提供全方位一站式服务，认定第一批36家云服务商，组织服务商在盟市开展云进企业宣讲行动。超额完成年初3500家的目标，其中规模以上企业525家，全区登云企业达到4354家。各级经信部门组织宣讲培训会134场，累计培训人员9635人次。**四是开展信息化示范试点工作。**遴选9家企业参评中国轻工业信息化百强企业，伊利集团等4家企业被评为中国轻工业信息化百强企业；报送16家企业申报2018年国家两化融合管理体系贯标试点企业，准能集团等7家企业入选；报送9家企业申报国家制造业与互联网融合发展试点示范项目，组织10家企业申报国家制造业“双创”试点示范平台，呼和浩特市立信电气技术有限责任公司等8家企业成为示范试点企业。

### （六）扶持中小企业健康发展

**一是加强政策宣传和人员培训。**开展“中小微企业日”主题宣传活动，进园区发放《中华人民共和国中小企业促进法》等宣传册2000余册。邀请专家在电视台宣讲《中华人民共和国中小企业促进法》，收听人数达10万余人，发送公益短信2000多万条。深入开展中小企业政策大讲堂，全年举办《中华人民共和国中小企业促进法》解读、宏观经济、融资担保、财税等9大专题130期课程，累计培训中小企业负责人、管理人员、系统内干部4.5万人次。**二是积极开展融资担保服务。**继续推进“助保贷”融资服务工作，积极为中小微企业“增信”，提高中小微企业融资的可获得性，2018年新增“助保金”贷款288笔，新增贷款额15.15亿元。**三是加大小微企业创业创新示范基地培育力度。**从自治区104家示范基地中，重点培育10家产业集中度高、企业集聚数量多、创业创新公共服务能力强、示范带动作用大的示范基地。3家示范基地被工信部认定为国家小型微型企业创业创新示范基地。**四是加强中小企业运行监测工作。**依托国家中小企业生产经营运行监测平台系统，在完成国家运行监测工作的同时，对系统中自治区规模以下480家重点工业企业进行监测。

### （七）促进工业园区高质量发展

**一是起草相关发展政策。**起草工业园区振兴计划并融入《内蒙古自治区新兴产业高质量发展实施方案（2018—2020年）》中印发。**二是落实中央环保督察整改任务。**377处煤炭自燃火点已完成治理356处，其余火电治理项目全部开工。截至2018年年底，全区64个自治区级以上工业园区共需建设环保基础设施171个，其中污水处理设施79个、渣场59个、供热设施33个。目前，污水处理设施建成66个、在建10个、开展前期2个、未建1个；渣场建成24个、在建13个、开展前期12个、未建10个；供热设施建成9个、在建16个、开展前期5个、铺设管网3个。2018年安排5.76亿元用于园区污水处理厂、渣场建设，重点支持各地工业园区26个污水处理厂、38个固废渣场。63家自然保护区内工业企业完成整改27家、停产（停运）24家，位于赤峰市宁城县黑里河国家级自然保护区内的7家企业，已获国务院批准调出保护区范围；位于呼伦贝尔市海拉尔西山自治区级自然保护区内5家，经自治区人民政府批准调出保护区范围。乌钢违规新增90万吨炼钢产能已置换完成，内蒙古创源80万吨高强高韧铝合金项目、内蒙古锦联55万吨铝板带箔项目电解铝产能置换分别完成51.3万吨、42万吨。**三是加强工业园区资金扶持力度**。为确保按时完成环保整改任务，对工业园区环保基础设施在建、开展前期工作的项目以及制造业产值达到60亿元的高质量发展园区给予奖补资金。2018年自治区本级财政拨付工业园区基础设施升级改造专项资金5.76亿元，重点支持64个工业园区污水处理厂、渣场建设项目，专项资金已拨付至各盟市。

### （八）扎实推进改革任务

**一是4项政策全部出台**。园区振兴、工业强基已融入《内蒙古自治区新兴产业高质量发展实施方案2018—2020年》，《关于深化“互联网+先进制造业”发展工业互联网的实施意见》已出台。**二是持续推进的任务均取得积极成效**。煤炭去产能完成年度任务，并提前完成“十三五”国家下达任务；深化电力体制改革，针对火电企业亏损问题，年初提高火电最低限价，9月底出台煤炭价格和煤矿企业用电交易价格联动机制，第四季度减少火电企业亏损4亿元；开展质量提升行动，出台实施方案，开展专题培训，邀请专家深入23家重点企业开展质量品牌现场咨询服务。**三是需启动实施的任务全部启动**。实施绿色制造工程，创建国家级绿色工厂18家、绿色设计产品10个、绿色园区4个、绿色供应链1个；创建自治区级绿色工厂30家、绿色设计产品10个、绿色园区5个、绿色供应链1个。成立自治区绿色制造标准委员会，制定9项绿色制造标准，鄂尔多斯羊绒纺织品标准成为国家标准。开展智能制造试点示范，建立智能制造项目库，争取中央专项资金1500万元、自治区安排2170万元，支持9个智能制造项目建设。处置钢铁行业“僵尸企业”，已制定工作方案，正在开展摸底、界定工作。建立工业投融资项目库。制定完成电力现货交易试点建设方案和交易规则。

### （九）着力优化营商环境

落实自治区优化营商环境工作实施方案，持续推进“优化工业发展环境促进工业稳定增长”专项行动，梳理形成三个问题清单。一是重点工业项目开工手续办理问题清单，全区466个已开工亿元以上重点工业项目不同程度存在开工手续问题；二是政策落实问题清单，涉及18家企业28个政策未落实问题；三是承诺兑现问题清单，涉及64家企业90项承诺未兑现问题。针对问题，提出建议，提请自治区政府研究，协调相关部门和盟市推动解决。简化节能审查审批流程，将年综合能耗1000吨标准煤以下项目的节能审查由报告书调整为声明表，并纳入自治区投资项目在线监管平台审批，审批时间从30个工作日缩短至10个工作日。

# 2018 年辽宁省工业经济运行概况

2018 年，辽宁省工业经济稳中向好，规模以上工业增加值增速保持较快增长，月度增加值总额屡创新高。工业用电、货物运输等先行指标持续增长，各项指标的稳定性、协调性进一步提高。重点行业、重点地区发展稳定，效益水平持续改善。骨干企业支撑作用明显，部分企业已实现满负荷生产。工业对全省经济健康稳定发展贡献了较大力量。全省规模以上工业增加值累计同比增长 9.8%，高于全国平均水平 3.6 个百分点，高于 2017 年同期 5.4 个百分点（见图 1），增速排名全国第 3 位。企业效益水平显著提升，2018 年，全省实现主营业务收入 26489.9 亿元，同比增长 15.8%，总量位居全国第 14 位。实现利税 2925.1 亿元，同比增长 20.7%。实现利润 1460.3 亿元，同比增长 41.8%，利润增速居全国第 1 位。

## （一）地区工业普遍向好，主导产业稳步增长

全省 14 个市规模以上工业增加值全部实现正增长，其中，大连、葫芦岛、盘锦、鞍山、营口、阜新 6 市增速超过 10%。辽阳、朝阳、丹东 3 市增速高于年初预定目标。全省装备制造、石化、冶金三大支柱产业规模以上工业增加值总量占全省的 73.8%，主要经济指标均保持正增长，效益水平显著提高，拉动全省工业经济持续稳定发展。

## （二）工业用电、货物运输增势良好，工业品价格高位回落

2018 年，全省工业用电量、货物运输量持续向好。工业用电量同比增长 7.86%；货物运输

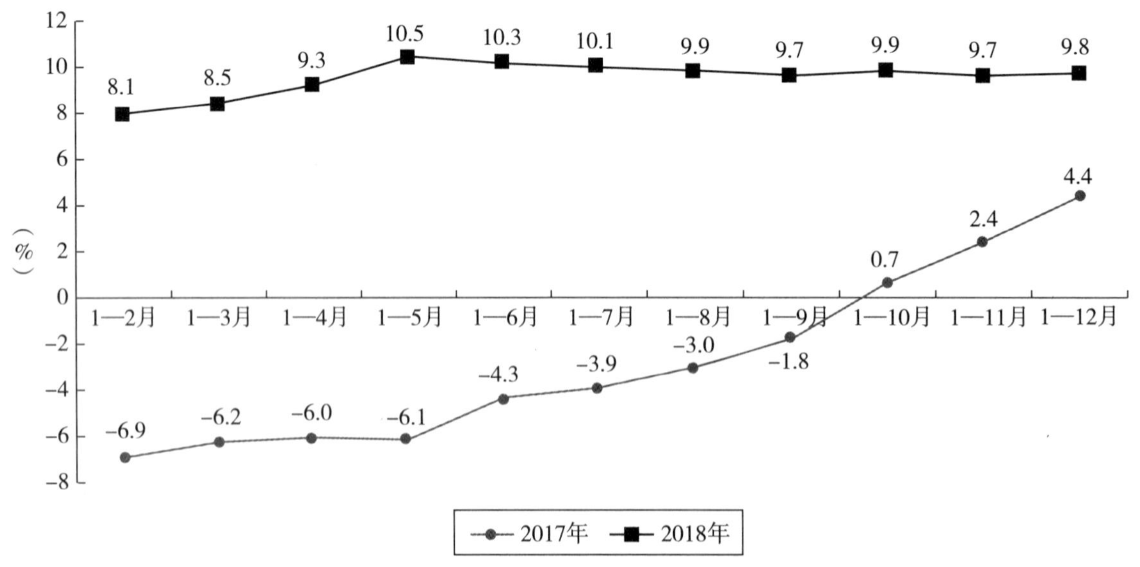


图 1 辽宁省规模以上工业增加值累计增速月度走势

量同比增长3.4%（见图2），其中铁路运输量同比增长11.0%。原油、钢铁等大宗商品价格已由高位回落，全年累计工业品出厂价格指数（PPI）为104.9，较年内高点下降了1.1个百分点。

### （三）工业企业数量稳步增长，工业税收贡献较大

2018年，全省共有工业企业129189家，占全部企业的14.2%，同比增长4.6%；新增工业企业12735家，同比增长4.2%。其中，规模以上工业企业6621家，已申请入规企业669家，超额完成了全年500家的目标。据省税务局数据测算，全年工业税收同比增长9.8%，工业税收占全省税收总量的50.0%。

### （四）重点企业生产平稳，主要产品产量稳中有升

全省193家大型企业增加值同比增长10.8%，高于全省平均水平1.0个百分点，总量占全部规模以上工业的60.4%。全省595家产值5亿元以上的企业产值合计增长22.2%，高于全省平均水平5.7个百分点，总量占全部规模以上工业的78.8%，增长面达80.7%。主要产品产量稳中有升。全省68种主要生产的工业品中，有34种产量保持增长，增长面达50%。钢材、原油加工量、乙烯、耐火材料、水泥、金属冶炼设备、平板玻璃、变压器、饲料、烧碱、水泥等重点产品产量保持增长。

### （五）产业结构持续优化，工业品出口增速较快

2018年，制造业工业增加值同比增长10.9%，高于全省平均增幅1.1个百分点，占全省规模以上工业比重83.5%。高技术产业增加值同比增长19.8%，高于全省平均增幅10个百分点，集成电路圆片、新能源汽车、工业机器人、硬盘存储器、智能手机等新高技术产品产量保持增长。工业品出口形势较好，全省工业品出口交货值同比增长12.8%。非金属矿物制品业，石油加工业，计算机、通信和其他电子设备制造业，金属制品业，汽车制造业等行业出口增速较快。

### （六）工业投资稳中趋缓，贷款余额增中有忧

2018年，全省工业固定资产投资增速呈稳中趋缓态势。全年已从1—6月21.6%的高位，缓慢回落至11.9%，但仍高于全社会固定资产投资增速8.2个百分点。其中，制造业投资同比增长20.3%，高于工业投资8.4个百分点。全省工业贷款余额同比增长5.7%，低于全部贷款余额增速3.3个百分点。且近年来，制造业贷款余额

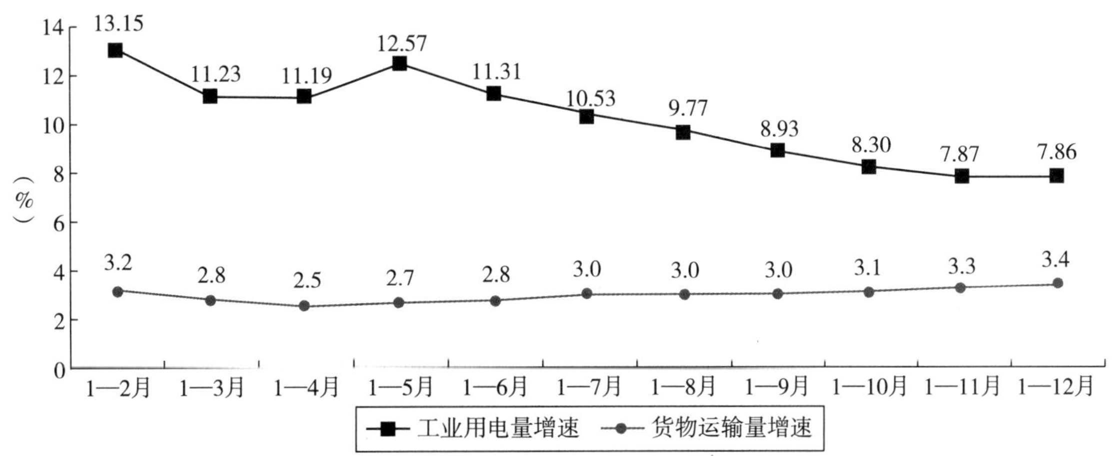


**图2　2018年辽宁省工业用电、货物运输增速月度走势**

占全部贷款余额比重呈现下降趋势，已由2011年的22.9%下降到2018年的18.8%。

### （七）效益状况明显改善，利润总额大幅增长

2018年，全省规模以上工业主营业务收入同比增长15.8%，高于2017年同期6.9个百分点，高于全国平均水平7.3个百分点。资产负债率63.3%，低于2017年同期1.6个百分点。每百元主营业务收入成本83.4元，低于全国平均水平0.5元。产成品存货周转天数12天，低于2017年同期0.3天。工业利润同比增长41.8%，居全国第1位。主营业务收入利润率达到5.5%，高于2017年同期1个百分点。41工业大类行业中，仅汽车制造、石油加工、黑色金属冶炼和压延3个行业，就占到利润总额的51.2%。

## 重点行业发展情况

2018年，全省装备制造、石化、冶金三大支柱产业规模以上工业增加值总量占全省的73.8%（见表1），主要经济指标均保持正增长，效益水平显著提高，拉动全省工业经济持续稳定发展。

表1 **2018年辽宁省重点产业主要经济指标情况表**

| 行业 | 增加值 | | 主营业务收入 | | 利润总额 | | |
|---|---|---|---|---|---|---|---|
| | 增速（%） | 占全省比重（%） | 总量（亿元） | 增速（%） | 总量（亿元） | 增速（%） | 占全省比重（%） |
| 全省 | 9.8 | 100.0 | 26489.9 | 15.8 | 1460.3 | 41.8 | 100.0 |
| 装备制造 | 9.4 | 27.4 | 7118.2 | 6.4 | 531.0 | 26.8 | 36.4 |
| 石化 | 15.1 | 30.5 | 7567.5 | 25.7 | 277.6 | 145.0 | 19.0 |
| 冶金 | 7.0 | 15.9 | 5197.6 | 26.5 | 330.3 | 33.4 | 22.6 |

### （一）装备制造业稳步增长

2018年，全省装备制造业实现工业增加值同比增长9.4%，占全部规模以上工业的27.4%。实现主营业务收入7118.2亿元，同比增长6.4%；实现利税833.7亿元，同比增长17.1%；实现利润531.0亿元，同比增长26.8%。累计用电量165.6亿千瓦时，同比增长10.0%。九大子行业中，汽车制造业、通用设备制造业、金属制品业等7个行业保持正增长，电气机械和器材制造业、仪器仪表制造业低于2017年同期水平。汽车制造业支撑作用显著，产值总量占整个装备制造业的43.9%。工业机器人产业继续保持上升势头，产量增长18.0%，新松机器人产值同比增长28.5%。轨道交通行业平稳增长，大连机车和沈阳铁路信号产值分别同比增长19.3%和8.0%。石化通用装备需求稳定，沈鼓集团产值同比增长10.8%、一重加氢产值同比增长17.4%。重型机械市场喜忧参半，石油钻井设备、金属冶炼设备产量大幅增长，矿山专用设备、水泥专用设备、金属轧制设备产量下降。民用船舶、机床等行业市场低迷，民用钢质船舶和金属切削机床产量分别同比下降18.5%、33.5%。

### （二）石化行业增速较快

2018年，全省石油化工业实现工业增加值同比增长15.1%，占全部规模以上工业的30.5%。实现主营业务收入7567.5亿元，同比增长25.7%；实现利税972.2亿元，同比增长24.3%；实现利润277.6亿元，同比增长145%。累计用电量246.5亿千瓦时，同比增长6.8%。重点企业生产经营平稳。辽河油田生产稳定，原油产量同比下降0.7%，产值同比增长26.9%。石油加工业生产任务饱满，完成原油加工量

8096.1万吨，同比增长13.5%，加工量稳居全国第2位。中国石油7座炼厂基本保持满负荷生产，除中国石油辽河石化分公司检修影响部分产值增速外，其余6座产值增速均在25%以上。化工企业生产形势良好，对二甲苯（PX）产量同比增长36.5%，精对苯二甲酸（PTA）产量同比下降1.1%，恒力石化、逸盛大化、福佳大化产值分别同比增长30.3%、20.3%和81.5%。

### （三）冶金行业生产平稳

2018年，全省冶金行业实现工业增加值同比增长7.0%，占全部规模以上工业的15.9%。实现主营业务收入5197.7亿元，同比增长26.5%；实现利税511.6亿元，同比增长108%；实现利润330.4亿元，同比增长82.8%。累计用电量1627.4亿千瓦时，同比增长7.9%。全省钢铁产量稳步增长，生铁、粗钢、钢材产量分别同比增长4.9%、8.5%和9.6%。全年大部分时间钢材价格处于高位，鞍钢、五矿营口中板、凌源钢铁、宝得钢铁、东北特殊钢等企业产值同比增长均在15%以上。有色金属行业生产平稳，十种有色金属产量同比增长10.1%。其中，电解铜产量增长1.8%、锌产量增长4.8%、电解铝产量增长15.8%。葫芦岛有色金属产值增长15.5%、葫芦岛宏跃北方铜业产值增长39.5%、营口忠旺铝业产值增长34.1%。

### （四）轻工行业增速略有提升

2018年，全省轻工业规模以上工业增加值同比增长2.5%。实现主营业务收入2671.7亿元，同比增长5.7%；税金总额88.1亿元，同比增长5.5%；实现利润76.7亿元，同比增长22.5%。累计用电量72.6亿千瓦时，同比增长5.4%。实现出口交货值335亿元，同比增长2.9%。行业生产相对稳定，轻工业18个子行业中13个产值保持增长，其中金属轻工制品制造业产值同比增长96.2%，食品制造业、烟草制品业、日化产品制造业、家电制造业产值增幅达到两位数，分别同比增长10.8%、10.8%、18.5%、14.8%。22种重点监测产品中12种产品产量同比增长。多个主要行业PPI较2017年出现不同程度的上涨，其中造纸及纸制品业上涨幅度最大，同比增长6.7%。骨干企业运行平稳，行业重点调度的50家企业继续保持良好发展态势，产值同比增长10%，其中禾丰牧业产值同比增长13.2%，华润雪花啤酒产值同比增长12.9%，红塔营口卷烟厂产值同比增长4%。

### （五）电子信息行业稳中趋缓

2018年，全省电子信息产业产值同比增长6.5%，较2017年下降1.9个百分点。其中，电子信息制造业实现产值776.1亿元，同比增长13.5%，全省软件和信息服务业实现主营业务收入1476亿元，同比增长4.1%。电子信息制造业重点子行业中，集成电路和应用电子行业发展较快，同比分别增长74.9%、13.3%。其中，英特尔“非易失性存储器项目”扩建工程已建成投产，产值同比增长80.6%，沈阳集成电路装备骨干企业拓荆、富创、芯源、科仪等企业产值增幅均超过30%。软件和信息技术服务业保持稳步增长。全省软件产品收入占全省软件业务收入比重达45%以上，软件企业平均研发经费支出占主营收入的比重达到8%以上，东软集团股份有限公司等龙头企业及各领域的骨干企业达到10%以上，软件著作权登记达到每年1万件以上。

### （六）纺织行业低位运行

2018年，全省纺织行业规模以上企业工业增加值同比下降4.8%。实现主营业务收入228.9亿元，同比下降3.4%；实现利税10.5亿元，同比增长12.8%；实现利润5.4亿元，同比增长14.9%。累计用电量13.9亿千瓦时，同比下降9.9%。主要产品产量有升有降。印染布产量同比增长23.5%，鞍山博亿印染产值增长3.4%；非织造布产量同比增长31%，大连瑞光非织造布产值增长11.8%；受产销疲软影响，化学纤维产量同比下降22.6%；因原料、运输、人力等成本增加，辽宁省纺纱织造业萎缩，纱、布产量下降，纱产量同比下降12.1%，布产量同比下降9.0%；服装行业因去库存，产量同比下降8.2%。

### （七）医药行业产业规模不断扩大

2018年，全省医药行业规模以上工业增加值同比增长17.2%。实现主营业务收入575.4亿元，同比增长21.4%；实现利税124.4亿元，同比增长13.4%；实现利润86.8亿元，同比增长16.9%。利润率达15.1%，高于全国平均水平，位居全省行业前列。重点企业发展态势良好，大连辉瑞制药产值增长45.7%，利润增长36.9%；东北制药产值增长40.2%，利润增长115.7%；沈阳三生制药产值增长46.1%，利润增长44.6%；辽宁成大生物产值下降0.2%，利润增长9.2%。

### （八）建材行业态势良好

2018年，建材行业规模以上工业增加值同比增长13.6%，占全省规模以上工业的4.1%，比2017年年末提高0.9个百分点。实现主营业务收入1241.3亿元，同比增长21.3%；实现利税156亿元，同比增长47.9%；实现利润105.9亿元，同比增长78.3%。累计用电量175.7亿千瓦时，同比增长14.3%。主要产品中，平板玻璃产量同比增长2.9%；水泥产量同比增长6.2%，创2016年以来新高，P.O42.5级水泥价格同比增长24.1%，P.S32.5级水泥价格同比增长24%。混凝土熟料、耐火材料、石墨碳素制品等主要产品保持增长。

## 工业重点工作和成就

### （一）推动稳增长工作成效明显

**加大企业服务力度。**全年组织产需对接会41场、银企对接会67场、生产要素协调会45场、技术对接会17场。2018年，围绕强基工程、首台（套）装备、中小企业发展、智能制造、绿色制造、工业互联网创新发展、民用飞机、新能源汽车等方面，争取国家政策资金11.6亿元，同比增长10.5%。编制了《辽宁省重点推广应用工业产品目录（2018年版）》，其中涵盖992家企业，1426种产品，通过第十届APEC（亚太经济合作组织）中小企业技术交流暨展览会、中国民营企业500强峰会等活动，加大力度宣传推广辽宁省工业产品。全力做好冬季供暖用煤保供工作，扭转了全省用煤紧张的严峻形势，确保了全省供暖安全。

**加快推进重点项目建设。**实施加强技术改造增强有效投资工程，推进100个高质量发展重点工业项目，持续带动产业结构优化升级。加大项目推进工作力度，建立省市县（区）三级推进服务机制，全年召开项目协调会78场，现场办公81次，积极为企业解决项目要件办理、生产要素、技术等各类问题，推动项目落地开工和投产达效。中航工业沈飞民用飞机研发制造平台项目已实现部分投产，辽阳石化俄罗斯原油加工优化改造项目、恒力石化200万吨/年炼化一体化项目建成投产，辽阳忠旺高强新型建筑铝合金模板项目实现投达产，中储粮油脂工业盘锦有限公司油脂加工项目建成投产，大连辉瑞无菌粉针制剂、沈阳海思科医药产业园等10个医药项目完成建设，部分实现投产。

**促进中小企业发展。**抓好"小升规"，新增规模以上工业企业669家。扎实贯彻新修订的《中华人民共和国中小企业促进法》，以辽宁省委名义印发了《辽宁省"个转企、小升规、规升巨"培育行动实施方案》。推动中小企业"专精特新"发展，认定省级中小企业"专精特新"产品（技术）297项、"专精特新"中小企业106家，向国家推荐专精特新"小巨人"企业7家。推进公共服务体系建设，认定省级小型微型企业创业创新示范基地12家、省级中小企业公共服务示范平台26家，抚顺、盘锦两个高新技术产业开发区打造大中小企业融通发展特色载体。成功举办了第十届APEC中小企业技术交流暨展览会，在展品质量、展会内容、展会成果等多方面，创历届新高。

### （二）“一带五基地”建设扎实推进

**加快推进先进装备制造业和重大技术装备战略基地建设。**推进首台（套）重大技术装备、新能源汽车推广应用，组织实施高档数控机床与基础制造装备科技重大专项、民用飞机科研专项等工作。积极培育通用航空装备、氢能装备、燃气轮机等产业发展。扎实推进沈阳拓荆半导体薄膜设备、沈阳富创半导体装备精密零部件等重点项目建设。辽宁省集成电路装备与北京、上海市形成三足鼎立。沈阳鼓风机集团、新松机器人、大连冰山集团冷冻机股份3家企业获评国家高端装备制造业标准化试点。

**加快推进国家新型原材料基地建设。**积极推动新材料产业发展，组织企业与中国科学院金属研究所开展技术对接；参加第五届中国国际新材料产业博览会，辽宁鸿昊化学工业股份的核电硼酸等4个产品获得金奖。加快推进沈阳中科三耐新材料航空发动机叶片、大连金玛硼业核用装备碳化硼制品产业化、抚顺特钢高温合金、凌源石墨烯新材料产业园、中触媒特种分子筛和环保催化新材料研发及产业化、抚顺科诺碳纤维等项目建设。本钢集团世界最宽幅超薄汽车用钢实现批量生产，填补了国内空白。辽阳石化改性聚酯产品实现产业化，技术达到国际先进水平。

### （三）制造强省建设取得新突破

**加快实施智能制造。**扎实推进100个智能制造及智能服务试点示范项目建设，完成了沈阳高精数控、大连光洋等单位承担的32个项目。锦州汉拿电机、鞍钢股份、大连中远海运川崎船舶工程3家企业入选2018年国家智能制造试点示范项目，沈阳新松机器人获评首批国家工业机器人行业规范企业。大连瓦轴、抚顺华丰民用化工等企业6个项目获得国家智能制造综合标准化与新模式应用项目资金支持。

**全面推进工业绿色发展。**推进绿色制造体系建设，凌源钢铁、营口金辰机械等42家企业被认定为省级绿色工厂，实现了零的突破，锦州阳光能源等6家企业获评国家第三批绿色工厂。渤船重工等企业的4个项目获得国家绿色制造资金支持。对钢铁、水泥等10个行业的343家企业开展了国家重大工业专项节能监察，本钢、鞍钢等11家企业被评为省级“能效领跑者”企业。引导再生资源产业规范化发展，本溪钢联金属资源等7家企业列入国家废钢铁加工行业准入名单，辽阳胜达再生资源利用、朝阳华兴万达轮胎分别被评为国家废塑料、废轮胎综合利用行业规范条件企业。

**积极开展服务型制造专项行动。**沈阳鼓风机集团等3家企业被评为国家服务型制造示范企业，目前总数达5家，数量与山东省、福建省并列全国第一。认定了大连德迈仕精密科技等26家省级服务型制造示范企业，30个示范项目和8个示范平台，目前全省共有省级示范企业53家，示范项目54个，示范平台16个。认定了辽宁壮龙无人机等11家省级工业设计中心，东软医疗数字化医用X射线摄影设备等28个产品新入选省级工业设计示范产品，目前全省共有省级工业设计中心31个，示范产品48个。

**强化技术创新体系建设。**启动了国家机器人创新中心，创建了燃气轮机、冷热技术、掘进装备3个省级制造业创新中心。沈阳市争取中国航发燃气轮机有限公司总部项目取得了实质性进展。新认定省级企业技术中心59家，目前总数达到788家。中国华录集团、辽宁三三工业、辽宁奥克化学3家企业获评国家技术创新示范企业，目前全省共有22家。

### （四）工业供给侧结构性改革取得新进展

**积极补齐消费品工业短板。**深入实施特色消费类产品发展工程和“三品”专项行动，53项创新产品新增效益30亿元，大连海晏堂、丹东康齿灵牙膏等11家企业获评国家轻工行业百强企业。东软医疗发布256层螺旋CT（电子计算机断层扫描）、全球首款悬吊双中心七轴智能血管机两款新产品；投资50亿元的沈阳三生制药北方生物医药科技谷项目成功奠基；大连大杨集团个性化定制项目全面投产。组织百家优质服装企业参展中国（大连）国际服装纺织品博览会，成为展会的一大亮点。盐业体制改革稳妥有序，食盐市场保持稳定。加快推进福来食品豆制品加工、丹东天皓过滤材料、天士力集团道地药材深加工等重点项目建设。

**扎实推进淘汰落后产能和危化品生产企业搬迁改造工作。**一是全年淘汰5条落后水泥磨机生产线，产能54万吨；造纸行业淘汰2条落后生产线，产能1.6万吨。推进水泥熟料企业冬季错峰生产，压缩产能发挥2000万吨以上。二是纳入全省搬迁改造实施范围的191家企业，已经全部达到国家“五定”的启动实施标准。8家异地迁建企业开工建设，其中2家建成投产；7家企业已经完成就地改造；29家企业退出了危化品生产。2018年辽宁省危化品搬迁改造工作顺利通过了国务院大督查和国家专项检查。

**积极降低企业用电成本。**实行负面清单管理，扩大电力市场化交易规模，开展省内交易12次、跨省交易4次，共交易电量792亿千瓦时，为企业降低用电成本约12.7亿元；按照国家部署，一般工商业电价同比降低10.6%，为企业降低用电成本约28.3亿元。全省工商企业受益电量合计超过1100亿千瓦时，降低用电成本总计约41亿元，较2017年多降15.7亿元。辽宁省电力市场化水平已位居全国前列。

## （五）信息化和工业化深度融合

**推进两化融合工作。**确定省级两化融合管理体系贯标试点企业33家，新增国家级试点企业11家，组织开展区域两化融合水平评估，深入推进两化融合对标引导工作。组织开展信息消费试点示范项目申报工作，推荐沈阳新松机器人自动化股份有限公司新松家庭智能服务机器人等17个项目申报国家级信息消费试点示范项目。推进工业电子商务，认定禾丰牧业等14家省级工业电子商务试点企业。

**推进工业互联网发展。**出台《辽宁省人民政府关于深化“互联网+先进制造业”发展工业互联网的实施方案》（辽政发〔2018〕13号）。抚顺新钢铁有限责任公司、沈阳东软医疗系统有限公司、华晨宝马汽车有限公司入围国家2018年制造业与互联网融合发展试点示范项目。开展企业上云工程，确定了中国移动、中国联通、中国电信、华为、浪潮等37家上云服务商，召开“企业上云”大会。

**加快政务外网建设。**加快省政务外网建设，推进全省政务信息系统整合共享工作，会同省政府办公厅、省发展和改革委员会，与省信息中心共同编制完成省政务外网省县统建方案，以省政府统一建设“大网络”形式，打造全省统一的电子政务外网体系，消除部门数据交换的网络障碍。做好省政务外网日常管理，协助省“雪亮工程”综治分平台与国家共享平台联调测试顺利进行，确保辽宁省按要求与中央实现对接。目前，受理相关单位申请外网接入、托管、分配IP（互联网协议）地址等20项业务审批。积极协调省信息中心、省联通公司等运维单位，加强外网平台维护服务，保障省政务外网平稳运行。

**促进通信产业发展。**会同省通信管理局，制定了4G网络全覆盖具体行动方案，加强组织协调，加快推进4G网络覆盖建设进度。促进5G发展，制定《辽宁省人民政府办公厅关于支持5G移动通信网络基础设施建设的通知》（辽政办〔2018〕15号），推进全省5G移动通信网络基础设施建设。沈阳成为全国5G试验网组网建设及应用示范工程城市，中国铁塔股份辽宁省分公司与全省14个市签署了5G战略合作协议，已累计获得各类杆塔资源60万个。配合落实网络强国和推进互联网协议第六版（IPv6）工作，总结全省智慧城市发展情况，向工信部推荐东软智慧辽阳等22个优秀系统解决方案。

# 2018年吉林省工业经济运行概况

2018年，吉林省规模以上工业完成产值同比增长6.8%，实现增加值同比增长5.0%。全省规模以上工业企业5963家。全省分经济类型工业主要指标完成情况（见表1）。

**表1　2018年吉林省分经济类型工业主要指标完成情况**

| 项目 | 产值 | 增加值 |
|---|---|---|
| | 累计增长（%） | 累计增长（%） |
| 全省 | 6.8 | 5.0 |
| 其中：轻工业 | 6.1 | 0.3 |
| 重工业 | 7.0 | 6.1 |
| 其中：国有经济 | 5.1 | 15.1 |
| 集体经济 | 10.2 | 32.1 |
| 股份合作经济 | 528.9 | 132.8 |
| 股份制经济 | 7.6 | -0.3 |
| 外商及港澳台经济 | 7.7 | 13.8 |
| 其他经济 | 11.6 | 1.0 |
| 其中：国有控股企业 | 7.2 | 14.3 |

全省市（州）工业增加值同比增速8升1降。长春、吉林、四平、通化、白山、松原、白城7市和延边州实现工业增加值分别同比增长8.5%、4.4%、7.4%、5.2%、3.4%、5.7%、5.7%和3.3%，辽源同比下降1.7%。省直管的梅河口市和公主岭市分别同比增长12.5%和5.5%。长春、吉林、四平、辽源、通化、白山、松原、白城、延边完成产值分别同比增长6.9%、6.9%、9.0%、-1.9%、12.0%、11.8%、17.3%、7.6%、-6.4%（见表2）。

**表2　2018年吉林省及各市（州）工业产值、增加值完成情况**

| 地区 | 产值 | 增加值 |
|---|---|---|
| | 累计增长（%） | 累计增长（%） |
| 全省 | 6.8 | 5.0 |
| 长春市 | 6.9 | 8.5 |
| 吉林市 | 6.9 | 4.4 |
| 四平市 | 9.0 | 7.4 |
| 公主岭市 | 6.2 | 5.5 |
| 辽源市 | -1.9 | -1.7 |
| 通化市 | 12.0 | 5.2 |
| 梅河口市 | 9.1 | 12.5 |
| 白山市 | 11.8 | 3.4 |
| 松原市 | 17.3 | 5.7 |
| 白城市 | 7.6 | 5.7 |
| 延边州 | -6.4 | 3.3 |
| 长白山管委会 | 2.2 | 9.7 |

十大重点行业增加值同比增速4升6降。汽车、冶金、医药、纺织行业实现增加值同比分别增长14.5%、9.4%、13.2%和12.2%，石化、食品、装备制造、建材、电子信息制造和煤炭行业同比分别下降0.7%、0.8%、0.7%、4.3%、2.5%和8.6%。十大行业完成产值同比分别增长5.4%、28.7%、10.2%、13.2%、7.0%、6.4%、1.1%、2.0%、-3.3%、0.5%（见表3）。

**表3　2018年吉林省重点行业产值、增加值完成情况**

| 行业 | 产值 | 增加值 |
|---|---|---|
| | 累计增长（%） | 累计增长（%） |
| 全省 | 6.8 | 5.0 |

续　表

| 行业 | 产值 | 增加值 |
|---|---|---|
| | 累计增长（%） | 累计增长（%） |
| 汽车工业 | 5.4 | 14.5 |
| 石油化学工业 | 7.0 | -0.7 |
| 食品产业 | 6.4 | -0.8 |
| 装备制造产业 | 1.1 | -0.7 |
| 冶金工业 | 28.7 | 9.4 |
| 建材工业 | 2.0 | -4.3 |
| 医药产业 | 10.2 | 13.2 |
| 轻纺工业 | 13.2 | 12.2 |
| 电子信息制造业 | -3.3 | -2.5 |
| 煤炭工业 | 0.5 | -8.6 |

重点企业继续保持稳定发展。全省50家重点直调企业完成产值同比增长8.9%，从结构上稳定了全省工业经济的基本面。一汽集团省属汽车产销分别达到276.8万辆和279.6万辆，同比分别持平和增长3.1%，在全国汽车市场产销双降的情况下实现了正增长，累计完成产值4593.2亿元，同比增长5.0%。吉化公司顺利完成检修任务，装置持续稳定运行，累计完成产值582.5亿元，同比增长3.2%。长客股份拓展国内外市场进程不断加快，高铁动车组产量同比增长27.5%，完成产值343亿元，同比增长10.7%。中国石油吉林油田原油累计完成产值127.1亿元，同比增长31.6%。通钢集团实现满负荷生产，累计完成产值157.7亿元，同比增长38.3%。

先行指标运行平稳。2018年，全省累计完成工业用电量448.3亿千瓦时，同比增长5.6%；累计完成铁路货运量5319.2万吨，同比增长12.2%；受原油、钢材、石化产品等大宗商品市场价格回落影响，12月PPI指数为100.4。

## 重点行业发展情况

### （一）汽车工业

#### 1. 汽车工业经济运行情况

2018年，吉林省规模以上汽车工业企业553家，完成产值同比增长5.4%，实现增加值同比增长14.5%，高于全省规模以上工业增加值增速9.5个百分点，主营业务收入同比增长4%，利润同比下降2.6%。一汽集团省属口径累计完成产值4593.2亿元，同比增长5%。一汽集团全口径汽车生产338.6万辆，同比下降0.6%，销售341.8万辆，同比增长2.2%，其中：省属口径汽车生产276.8万辆，同比下降0.01%，销售279.6万辆，同比增长3.1%，产销增幅分别高于全国平均水平4.2和5.9百分点。市场占有率为9.96%，同比提高0.58个百分点。按车型分：载货车生产32.4万辆，同比下降4.2%，销售33.4万辆，同比增长7.1%，其中，中重型载货车生产25.5万辆，同比下降11.7%，销售26.8万辆，同比增长1.2%；轿车生产181.3万辆，同比下降2.6%，销售186.1万辆，同比增长1.4%；客车产销63.2万辆和60.1万辆，同比增长11%和6.7%，其中轻型汽车（SUV/MPV）产销62.6万辆和59.5万辆，同比增长11.4%和7%。主要车企：一汽红旗产销3.5万辆和3.3万辆，同比增长475.4%和602.4%；一汽轿车产销20.1万辆和20.5万辆，同比下降15.2%和14.5%；一汽大众产销201.8万辆和203.7万辆，同比增长1.6%和4.1%；长春丰越产销14.6万辆和14.4万辆，同比增长13.5%和13.4%；一汽吉林产销4.7万辆和4.4万辆，同比下降37.3%和39.4%。总体上，省属口径汽车产销与国内汽车产销走势基本一致。

#### 2. 新能源汽车产业发展情况

新能源汽车研发和产业化进程加快。一是新能源汽车产销规模突破万辆水平。2018年，以一汽集团为主的全省共有16款新能源汽车获得国家工业和信息化部《道路机动车辆生产企业及产品公告》新品公示，31款新能源车型进入《新能源汽车推广应用推荐车型目录》，累计产销新能源汽车11361辆和10291辆。二是推动重点大项目合资合作。引进宁波杉杉集团，总投资20.2亿元、年产1万辆新能源整车项目落户延边开工建设。推进红旗绿色智能小镇，大众奥迪5

万辆纯电动 C－BEV SUV 车型和 2 万辆插电式混合动力 Q5L 车型等项目建设。

推动新能源汽车推广应用。加强省新能源汽车监管平台建设。支持监管平台二期项目建设，扩建充电设施信息管理模块，新增车辆运行事故处理预案备案模块，建立门户网站。

**3. 智能网联汽车产业发展情况**

智能网联汽车产业体系取得实质进展。2018 年，一汽集团已实现红旗、奔腾品牌全系车型搭载自动出车、自动泊车、拥堵跟车和超级巡航 4 个 L2 级智能驾驶功能产品的量产。解放品牌实现高速公路 L3 级智能车产品开发。国家智能网联汽车应用（北方）示范区二期项目建设完成，已经实现 6 大类 99 个场景的测试示范功能，并在此基础上扩展到 3300 多个测试场景。一汽和国内其他品牌智能网联车型已进驻并开始测试和验证。

智能网联汽车配套体系得到推进。2018 年 4 月 13 日，长春市工信局、长春市公安局、长春市交通运输局联合出台了《长春市智能网联汽车道路测试管理办法（试行）》。2018 年 4 月 17 日，一汽红旗 H7、奔腾 X80、解放 J7 型号车辆取得了智能网联汽车道路测试临时牌照。2018 年 7 月 5 日，长春市向社会公布了净月区福祉大路、聚业大街、欧李街、百合街等部分路段，总长约 8 千米的智能网联汽车测试道路。

智能移动出行新业态快速兴起。一汽股份、奥迪汽车公司、大众汽车股份公司、大众汽车（中国）投资有限公司和一汽－大众汽车有限公司等多方在瑞士日内瓦正式签署了《建立移动出行和更多的数字化业务相关服务新合资公司的谅解备忘录》。其中，将由一汽、奥迪、大众中国和一汽－大众四方共同出资成立一汽奥迪移动出行服务（中国）有限公司，提供高端数字化共享出行服务。一汽－大众正式推出共享汽车项目——摩捷出行，累计投放大众品牌各级别车型 1200 余辆。一汽－大众旗下已经拥有逸驾、Audi on demand、摩捷出行等移动出行子品牌。

## （二）石油化学工业

按照《吉林省工业转型行动计划（2017—2020 年）》部署，紧紧抓住石化产品价格稳步回升的市场机遇，全力推进石化行业绿色、创新、科学、安全发展，石化产业实现平稳运行。

**1. 石化行业各项经济指标持续向好**

2018 年原油市场价格波动较大，高点一度突破 80 美元/桶，石油产品价格以及主要大宗化工商品平均价格同比也有较大增长。吉林油田原油均价 3431 元/吨，同比增长 35.5%；天然气均价 1.40 元/立方米，同比增长 2.2%。全省重点石化产品累计平均单价为 6777 元/吨，同比增长 14.9%。2018 年全省石化行业整体实现稳定增长，完成产值同比增长 7%，略高于全省规模以上工业产值增长速度，累计增加值增速为 －0.7%，降幅逐渐趋稳，主营业务收入同比增长 5.9%。从子行业看，原油开采和加工类行业实现较快增长，化学制品及终端产品类行业发展较慢。石油和天然气开采业产值同比增长 28.4%，增加值增速 23.7%；石油加工、炼焦、核燃料加工业产值同比增长 29.1%，增加值增速 48.4%；化学原料及化学制品制造业产值同比增长 4.7%，增加值增速下降 4.3%；橡胶和塑料制品制造业产值同比下降 9%，增加值增速下降 5.5%。

**2. 加快企业技术改造，推动产业绿色发展**

吉林石化公司炼油场汽油国Ⅵ质量升级烷基化项目已于 2018 年 11 月 21 日开车，国Ⅵ标准的汽柴油将大幅降低机动车污染物排放。联合省发展和改革委员会，研究制定《关于促进石化产业绿色发展的指导意见》，优化产业布局，规划化工园区发展，规范行业发展园区化、绿色化。

**3. 大力发展碳纤维等化工新材料，培育产业新动能**

吉林精功利用吉林化纤优质原丝原料优势，生产 48K 及以上大丝束碳纤维，形成年产大丝束碳纤维 8000 吨的生产规模，该项目填补了我国大丝束碳纤维的空白，可降低碳纤维应用成本，拓宽应用领域。

**4. 加强规划设计，布局产业科学发展**

为更科学合理规划布局全省石化产业发展，有针对性地进行高质量招商，通过招投标方式请浙江大学编写了《吉林省烯烃及聚氨酯产业发展规划》，初稿已经完成，正在进行进一步修改完善。请省纺织研究设计院编写了《吉林省高性能复合材料制造业创新中心（平台）能力建设项目可行性研究报告》，于2018年12月底形成初稿。

## （三）装备制造业

2018年，装备制造业以工业转型升级行动计划为引领，紧紧抓住新动能培育，加快推进转型升级，在行业整体下滑的态势下，努力实现退中有进、进中向好。2018年，装备制造业规模以上企业900家，工业总产值同比增长1.1%，工业增加值同比下降0.7%。

**1. 产业体系初步构建**

以培育高端、提升传统、打造特色、夯实基础为主线，通过规划布局、政策引导、项目拉动、精准调控等举措，不断强化支柱产业培育。全省轨道交通装备产业规模超300亿元。电气设备、能源装备、冶金设备、工程机械等传统优势产业通过持续技术改造，产业规模和质量得到提升，基础配套能力稳步提高。北方化工灌装、吉林省艾斯克、辽源瑞意粮机等一批“专精特新”智能制造装备企业快速成长，成为细分市场领军企业。全省初步形成以轨道交通装备为龙头，以卫星及应用、通用航空、精密仪器与装备为新动能，以电气、农机、能源装备等为支撑，一批“专精特新”装备为特色的“吉林装备”产业体系。

**2. 创新能力快速提升**

高端装备制造业研发投入不断加大，长客股份、长光卫星、艾斯克、合心机械等骨干企业研发投入达到3%以上。产品创新能力不断增强，长客股份突破牵引电传动系统和网络控制系统等关键技术，自主研制的中国标准动车组“复兴号”开始谱系化生产，美国中车麻省公司春田工厂建成投入使用，时速400千米跨国联运高速客运列车加快研发。长光卫星公司依托吉林省“星载一体化”卫星载荷关键核心技术优势，截至2018年12月，“吉林一号”卫星星座实现10颗卫星在轨运行。此外，光电编码器、智能禽类屠宰加工成套设备、高通量基因测序设备、视觉寻址智能灌装系统等一批产品达到国内领先水平。

**3. 智能制造等新模式加快推进**

重点企业加快智能化改造升级，一汽集团、长客股份、长春吉文汽车零部件等企业获得国家级智能制造专项支持，吉林省通用机械获得“高档数控机床与基础制造装备”国家科技重大专项支持，吉林金洪汽车部件被评为国家级智能制造试点示范单位。利用省级智能制造专项推动吉文汽车节能与新能源汽车轻量化车身制造智能工厂、吉林亚泰明星制药现代中药生产智能制造示范项目建设。

## （四）冶金工业

吉林省冶金工业以钢铁、冶金炉料、有色金属采矿及冶炼加工业为主。2018年，随着国家供给侧结构性改革持续推进，国家严控钢铁新增产能、取缔“地条钢”和加大环保监察等措施的落实，钢铁行业供需矛盾有所缓解，整个行业已逐步走向良性发展阶段，冶金行业稳中向好。

**1. 产业发展情况**

全省规模以上冶金行业企业185家，完成工业总产值同比增长28.7%，实现工业增加值同比增长9.4%，主营业务收入同比增长24.2%，利润总额同比下降21.3%，全年累计生产粗钢1205万吨，同比增长32.3%。五家重点冶金企业完成工业总产值463亿元，同比增长132%。2018年，吉林省钢材价格平稳，8月钢材价格4341元/吨，为全年最高点，但略低于2017年同期，11月开始随着北方地区逐步进入施工淡季，钢材价格小幅向下调整，低于2017年同期水平，全年钢材平均价格为4041元/吨，同比增长7.2%。

2. 生产能力情况

吉林省钢材品种结构以钢筋、热轧薄宽钢带、线材和热轧窄钢带为主。2018 年，吉林省已形成炼铁能力 1400 万吨，粗钢产能 1350 万吨，钢材产能 1621 万吨；铁合金产能 92 万吨，以硅系、锰系、铬系、镍系、钨钼系为主；碳素制品产能 12 万吨；有色金属以镁、高冰镍、硫酸镍及钼、铜、金采矿及加工为主，高冰镍产能 1.5 万吨；金属镁产能 6 万吨，镁合金产能 5 万吨；铝材年加工能力 30 万吨（型材 22 万吨、棒材 8 万吨），主要为大断面高速客车和城轨客车用材、工业型材和装饰材。

3. 主要装备及产能情况

全行业拥有 1000 立方米以上炼铁高炉 5 座，120 吨转炉 5 座；1700 毫米薄板坯连铸连轧薄板生产线一条，能力 250 万吨；冷轧薄宽带 1 套，能力 100 万吨；1450 毫米热轧卷板生产线一条，能力 300 万吨。全省铁合金电炉 31 座，其中吉林铁合金电炉 27 座，2.5 万千伏安电炉 4 座，3 万千伏安电炉 3 座，特铁能力 15 万吨。铝型材已形成 160MN、110MN、100MN、95MN 等为主的挤压生产线 30 条，吉林利源精制股份有限公司现有挤压生产线 25 条，其中进口生产线 6 条，国产挤压生产线 19 条；吉林麦达斯铝业有限公司现有大型铝挤压生产线 5 条。

## （五）建材工业

2018 年，吉林省建材行业减量增值效果明显。全省规模以上建材行业企业 626 家，工业总产值同比增长 2.0%，增加值同比下降 4.3%。生产水泥熟料 1202 万吨，同比下降 16.6%；水泥 1334 万吨，同比下降 16.7%；平板玻璃产量 1109 万重量箱，同比增长 29.3%。主营业务收入同比下降 5.1%，利润总额同比增长 53.6%。水泥产品价格回升，全省水泥产品价格，从 1 月 362 元/吨涨至 6 月的 523 元/吨，12 月末降至 440 元/吨，同比增长 18 元/吨；平板玻璃 12 月末价格为 114 元/平方米，比年初增长 12 元/平方米，与 2017 年同期持平。

1. 制定产业发展规划，实行顶层设计

吉林省委托苏州中材非金属矿工业设计研究院有限公司制定了《吉林省非金属矿产“十三五”发展规划》及《吉林省硅藻土产业发展课题研究》。规划围绕吉林省非金属矿产及硅藻土产业发展面临的现状问题，提出了初步的解决思路，对全省非金属矿产业，尤其是具有特色优势的硅藻土产业发展发挥了重要的指导和引领作用。

2. 开展建材行业动态管理复核

根据工信部《建材行业规范公告管理办法》要求，开展建材企业规范动态管理现场核查工作。组织工艺装备、安全生产、能源管控、环境保护、职业卫生等专业的专家对省内企业进行了现场核实，并将核查结果上报工信部原材料工业司。

3. 组建水泥集团化解水泥过剩产能

3 月 27 日吉林水泥（集团）股份有限公司完成了工商注册，12 月 19 日在长春举行了创立暨揭牌仪式，集团拥有矿山资源储备 20 多亿吨、熟料生产线 19 条，产能 2500 万吨，占吉林省产能的 93%；水泥生产线 59 条，产能 4310 万吨，占吉林省产能的 83%。集团成立后，各项运营筹备工作积极推进，集团通过成立区域平台，运用市场化手段对集团内水泥熟料线开大停小，开优关劣，化解了部分过剩产能。

## （六）轻纺工业

2018 年，轻纺行业以绿色制造为发展方向，积极推进产业转型升级，推动重点项目建设，着力增强内生发展动力，加快技术创新，促进产业结构优化，增加有效供给，轻纺行业保持了稳中趋缓的发展态势。全省规模以上轻纺行业企业 655 家，其中轻工业 529 家、纺织业 126 家。纺织行业工业产值同比增长 13.2%，环比下降 1.4 个百分点；工业增加值同比增长 12.2%，环比增加 0.5 个百分点。

1. 强化化纤产业绿色系统集成，加强差别化、功能性纤维研发与生产

吉林碳谷碳纤维股份有限公司年产 4 万吨碳

纤维原丝项目二期工程顺利启动；吉林精功碳纤维有限公司年产8000吨大丝束碳纤维项目一期2号线工程正在进行生产线设备安装的地面基础工作；吉林化纤股份有限公司年产1万吨高性能差别化人造丝改造项目现已完成部分前期工作。吉林化纤研发生产的高端产品人造丝多孔细旦丝，打破了德国公司对全球市场的垄断，铜离子抗菌纤维产品达到国际标准水平，市场销售额不断增长。

2. 全力推动重大转型升级项目投产达效

重点推进吉林化纤年产3万吨高改性复合强韧丝项目、白山市琦祥纸业年产20万吨高档包装用纸扩建项目，目前这两个项目已经投产；围绕吉林吉盟腈纶2万吨超亮腈纶纤维、吉林泉德秸秆综合利用、临江金豹木业硅藻土地板及百叶窗片搬迁改造等20个项目，强化政策指导和市场衔接，帮助企业协调解决项目投产、项目达产达效过程中存在的问题。

3. 支持东北袜业纺织工业园转型发展

吉林省东北袜业纺织工业园由单一的生产型向全面的综合型转型，依靠互联网、大数据、云计算，打造信息化企业，充分发挥产业集群优势，建设生态园区。继续推进“一厂一品”“3个100”的产业模块化。继续推进“四环战略”的产业布局，即以园区为一环的精益化制造中心；以产业扶贫（首批“50厂5000人”计划）辐射周边150千米范围内，建设多个辅助性生产配套服务基地为二环；通过垂直采和新型电子商务构建袜业产业的大销售、云平台为三环，抢占全国棉袜市场40%份额；依托前三环，以真正步入全球市场为四环，参与全球纺织行业布局，市场及合作参与度达到25%。

### （七）电子信息制造业

2018年，全省电子信息制造业纳入统计口径的规模以上企业205家，累计完成产值同比下降3.3%，增幅比年初提高1.2个百分点；完成工业增加值同比下降2.5%，增幅比年初提高4.5个百分点。其中：光电子、汽车电子、新型电子元器件等新兴行业发展态势良好。

1. 光电子行业走势良好

激光产品产销两旺，半导体激光器、二氧化碳激光器产品产销同比增长10%以上，市场前景看好。LED显示及照明产品高速增长，LED显示屏产销同比增长30%，应用领域逐步扩大。医疗电子产品高速增长，全自动生化分析仪产销同比增长超过60%，激光治疗机等产品产销同比增长10%以上，国内外市场回暖。

2. 汽车电子行业稳步发展

车载汽车电子装置产销增长趋缓，车载信息终端产销同比增长5%左右；车载音响新型号产品市场需求提高，产销同比增长10%左右。汽车电子控制装置配套能力进一步提升，车身控制模块、电子控制燃油喷射系统、车门电子控制单元等产品产销总体平稳。

3. 新型电子元器件行业发展势头良好

功率半导体分立器件产品更新换代提速，中高端产品MOS晶体管、IGBT芯片产销同比增长20%以上，产销量占总量70%左右，老产品双极型晶体管产销同比下降15%以上，市场逐步萎缩。电子元件产品快速增长，固态电容产销同比增长60%以上，市场前景良好。

## 2018年工业重点工作和成就

### （一）工业经济

2018年，全省规模以上工业完成产值同比增长6.8%，实现增加值同比增长5.0%，实现利润同比增长10.7%。工业经济先行指标稳定运行，全省累计完成工业用电量448.3亿千瓦时，同比增长5.6%；累计完成铁路货运量5319.2万吨，同比增长12.2%；受原油、钢材、石化产品等大宗商品市场价格回落影响，12月PPI指数为100.4。

重点企业继续保持稳定发展。2018年，全省50家重点直调企业完成产值同比增长8.9%，从结构上稳定了全省工业经济的基本面。一汽集团省属口径汽车产销分别达到276.8万辆和

279.6万辆，同比分别下降0.01%和增长3.1%，在全国汽车市场产销双降的情况下实现正增长，累计完成产值4593.2亿元，同比增长5.0%。吉化公司顺利完成检修任务，装置持续稳定运行，累计完成产值582.5亿元，同比增长3.2%。长客股份拓展国内外市场进程不断加快，高铁动车组产量同比增长27.5%，完成产值343亿元，同比增长10.7%。吉林油田累计完成产值127.1亿元，同比增长31.6%。通钢集团实现满负荷生产，累计完成产值157.7亿元，同比增长38.3%。

工业转型升级实现攻坚突破。全力支持一汽集团改革发展和红旗品牌建设，红旗品牌销量达到3.3万辆，提前完成全年销售目标；解放J7填补了国内自主高端重卡产品空白。吉林省化公司的ABS产品成为中国石油炼化板块创效能力最强的产品之一，已成为格力、美的、海尔等白色家电企业ABS专用料的主要供应商。2018年，全省十大重点行业工业产值中，除电子制造业负增长外，其余9个行业全部实现正增长，汽车、石化、食品、装备制造、冶金、建材、医药、纺织、煤炭行业同比分别增长5.4%、7.0%、6.4%、1.1%、28.7%、2.0%、10.2%、13.2%、0.5%，电子制造业同比下降3.3%。

重点项目建设取得积极进展。重点推动的1200个工业转型升级项目中已有1097个实现开（复）工建设，开（复）工率达到91.4%，已有314个项目竣工投产，全年新增产值410亿元。

## （二）民营经济

2018年全省民营经济实现主营业务收入2.61万亿元，同比增长6%；民营经济增加值占全省GDP比重达到52.3%；民营企业数达到36.7万家，同比增长16.1%；个体工商户达到172.8万家，同比增长7.3%；上缴税金860亿元，同比增长7.5%；从业人员达到720万，同比增长2.3%，成为增加劳动就业、促进社会稳定的主要渠道。特别是2018年上半年，全省持续推动“放管服”和“只跑一次”改革，日均新登记注册企业224家，新登记注册个体工商户755家；省内每万人拥有企业119家，同比增加27家。

全面深化改革，发展环境进一步优化。**一是**省级行政许可事项累计取消、下放和调整895项，削减了60.2%；非行政许可实现了“零审批”，实行涉企收费目录清单动态管理，累计取消、停征、调整和放开涉企收费67项；省级涉企行政事业收费实现“零征收”，累计为各类市场主体降低成本30多亿元。**二是**吉林省于2018年4月1日正式实施《吉林省促进中小企业发展条例》，也是国家新法修订后第一个出台条例的省份。**三是**深入推动长春、通化、白山、辽源4个国家东北地区民营经济发展改革试点示范城市建设。

改善金融服务，推动缓解中小企业融资难。**一是**出台了10条扩大中小企业融资的措施，协调金融机构加大对中小企业信贷投放规模。**二是**制定出台了推动产融合作的指导意见，推动银企保（银行、企业、信用担保机构）合作。开展“银企保”对接活动69场次，为669家中小企业争取银行信贷支持110.3亿元，全省24个“助保金池”为中小企业贷款25.7亿元。**三是**推动供应链融资。组织开展了中小企业应收账款融资专项行动，开展业务572笔；成交金额110亿元。

推动结构调整，搭建“双创”载体，全省建成各类创业平台805个，其中省级孵化基地262个，在孵企业6500家，带动就业13万人。吉林省东北袜业纺织工业园等5个创新创业基地获批成为“国家小型微型企业创业创新示范基地”，吉林中天生物、长春丽明科技、长春天火汽车制造等一批创新型中小企业在孵化基地从小到大迅速成长；引导中小企业转型升级。深入落实《吉林省工业转型升级行动计划（2017—2020年）》，建立分业施策的转型升级推进机制，围绕发展新兴产业，改造传统产业，在汽车、石化等十大行业分别制定并组织实施转型升级实施方案。

### （三）信息化建设

信息化和工业化融合发展不断深化，应用水平不断提高。一汽集团、长客股份等大型企业基本实现业务流程再造，逐步向跨企业互联互通、协同创新阶段转变；中小企业由研发设计、生产制造、运营管理、销售服务单项应用向综合集成应用转变。

工业互联网平台建设启动。一汽集团启明公司率先启动了汽车行业工业互联网平台建设，为汽车行业提供数据采集、云基础设施服务、通用平台、数据和云应用五个方面的服务能力。能源清洁化利用工业互联网平台已与洮南电厂合作，开展大数据平台、相关数据分析、远程诊断等试点应用。

大数据产业生态初步构建。吉林大数据云计算产业基地、启明数据灾备中心等云数据中心初具规模，浪潮已在长春、四平等4个地区建立了云计算大数据中心，华为（长春）云计算数据中心已投入运行。

## 2019年工业形势展望

在看到成绩的同时，也要清醒地看到，推动全省工业和信息化发展仍然面临不少风险和问题。

全省工业运行企稳回升的基础还不牢固，影响工业发展不确定因素和困难较多，工业稳定运行仍面临诸多风险和挑战，整体形势依然复杂严峻，实现工业稳增长的目标任务面临较大难度和压力。具体表现为：**一是大型工业企业持续保持高位运行，规模以上企业数量明显减少，需要防控工业经济增速出现超预期下滑的风险。**2018年，全省50家重点直调企业和500家重点调度企业产值约占全省的50%和75%，一汽集团、长客股份等部分重点制造企业及重点玉米深加工企业连续多年高位运行或满负荷运行，产值集中度高，如果企业经营状况和市场环境发生重大变化，将会直接影响工业稳定运行。同时，退规企业数量增多，2018年全省申报退规企业2000多家，占规模以上企业总数30%以上，产值约为220亿元，退规企业数量多、涉及范围广，使全省工业经济运行风险集中度更高。**二是虽然工业投资降幅有所收窄，但制约工业投资的核心因素没有发生根本性改变，需要防控工业投资增速再次下滑的风险。**位于产业链高端的核心项目、带动作用强的大型项目不多，使工业增长后劲乏力，从调度情况看，2019年10亿元以上项目仅72个，5亿~10亿元项目仅91个，同比分别减少51个和53个。工业投产达效项目对工业增长支撑能力不足，2019年，全省重点推动的投产项目为390个，同比虽然增加74个，但预计新增产值仅为200亿元，同比减少219.5亿元。同时，民间投资活力相对不足，企业效益降低导致企业投融资能力不强，影响了社会资金向工业领域流入。**三是部分企业生产经营困难和双停企业增多，给稳增长、稳就业、稳金融、稳预期带来较多不利影响，需要防控部分企业生产经营状况继续恶化的风险。**2018年，全省规模以上工业零报产值企业708家，占规模以上企业总数的11.9%，除季节性停产企业外，零报企业共涉及土地约3400万平方米、建筑面积约380万平方米，大量存量资产闲置将造成生产要素资源错配。企业负债较重仍是制约企业发展的主要因素，从2018年第一季度统计数据看，全省规模以上工业、服务业和限额以上贸易零报企业银行负债达117.7亿元，如果企业长期无法恢复生产，负债将转为金融机构逾期贷款，将进一步增加企业财务成本。**四是企业生产经营环境有待进一步改善，资金、煤炭、电力等生产要素保障不足或成本升高，也是影响工业经济稳定运行的重要风险因素。**企业融资难、融资贵问题没有得到有效解决，在信贷规模大幅增加的情况下，民营中小企业授信额度总体偏少。从金融机构看，在当前经济下行压力较大的情况下，银行贷款不良率有所上升，金融机构仍然存在惜贷、压贷、断贷现象。从企业看，短贷长投现象仍然较为普遍，企业资金链面临较大压力，全省重点调度1098家制造业企业的融资需求为1152亿元，通过各种渠道仅能落实540亿元，缺口达612亿元，占比为53.1%；重点调度550家小微企业的流动资金缺口约190亿元，户均缺口接近3500万元。电煤保障形势更为严峻，风险更加突出。目前，全省年需求煤炭7500万吨，省内自产煤炭仅为1000万吨，其余均需域外采购。随着国家煤炭去产能力度不断加大，对吉林省煤炭供应特别是冬季电煤保障难度同步加大，如遇特殊情况，热电联产企业可能存在停机断热风险。

针对上述风险和困难，我们既要增强忧患意识，又要保持战略定力，坚定发展信心，把握好工作的节奏和力度，积极采取有效应对措施，全力保持工业经济平稳发展。

# 2018年黑龙江省工业经济运行概况

2018年，黑龙江省实现规模以上工业企业增加值，同比增长3.0%，比2017年增加0.3个百分点。从市地看，全省13个市（地）规模以上工业增速均实现正增长。7个市增加值增速同比加快，黑河、齐齐哈尔、绥化实现两位数增长，分别增长16.0%、12.0%、10.1%，分别增加8.8、6.4、3.6个百分点；双鸭山、七台河、哈尔滨、大庆分别增长4.8%、6.8%、5.8%、0.5%，分别增加1.5、1.3、0.8、0.1个百分点。6个市（地）增速同比放缓，鸡西、牡丹江、佳木斯、鹤岗、伊春、大兴安岭分别增长7.4%、3.7%、3.5%、7.3%、4.5%、11.0%，分别减少0.9、1.4、1.7、7.7、9.8、13.1个百分点。从行业看，全省10大行业中，有6个行业增加值实现正增长，冶金、食品、医药和以烟草为主的其他行业分别增长37.3%、12.8%、10.4%、12.1%，比同期分别增加21.0、7.0、5.5、15.2个百分点；装备、能源行业分别增长9.8%、0.1%，比同期分别减少6.0、1.3个百分点。石化、林木、建材、纺织4个行业呈现负增长，石化、建材行业分别下降4.3%、7.4%，降幅比同期分别增加0.3、3.6个百分点；纺织行业下降3.9%，降幅同比减少3.3个百分点；林木行业由2017年同期的增长6.2%转为下降7.4%。从产品产量看，40种主要产品产量24增16降，其中钢材、汽车、金属切削机床、精制植物油、婴幼儿配方奶粉、石墨及碳素制品等15种产品产量增长10%以上，发动机、锂离子电池、化肥、合成氨、水泥、硅酸盐水泥熟料6种产品产量下降10%以上。产销率99.7%，同比增加0.1个百分点。从工业效益情况看，全省规模以上工业实现主营业务收入同比增长9.5%，增幅同比增加9.3个百分点，高于全国1.0个百分点。利润总额同比增长22.8%，高于全国12.5个百分点。主营业务收入利润率为5.4%，较2017年同期增加0.6个百分点，低于全国1.1个百分点。应收账款1425.7亿元，同比增长8.1%，产成品资金占用416.1亿元，同比增长4.5%，两项资金合计1841.8亿元，同比增长7.3%。

2018年，生产要素及先行指标总体向好。电力：全省完成发电量1015.5亿千瓦时，同比增长7.4%，工业用电量571.5亿千瓦时，同比增长2.3%。原油：全省原油产量3224.2万吨，同比下降5.7%；原油加工量1507.7万吨，同比下降7.1%。运输：全省铁路货运量完成10202万吨，同比增长0.3%。其中，集装箱、钢铁、粮食运量分别增长96.5%、67.6%、2.1%。截至2018年12月末，全省本外币工业贷款余额2319.8亿元，同比下降2.6%，比2017年同期下降11.1个百分点。

1—12月，全省工业固定资产投资（以下简称投资）同比增长9.3%，高于全国平均水平2.8个百分点，高于2017年同期4.1个百分点。其中，制造业投资同比增长15.6%；地方企业投资同比增长23.5%；中央企业投资同比下降20.7%；非公有制企业投资同比增长30.8%；民间投资同比增长30.4%；技术改造投资同比下降14.6%。全省13个市（地）中10个市（地）完成投资实现同比增长，分别是：大兴安岭地区同比增长238.2%；双鸭山市同比增长53.4%；鸡西市同比增长43.9%；绥化市同比增长

41.6%；牡丹江市同比增长35.8%；鹤岗市同比增长32.7%；齐齐哈尔市同比增长30.8%；伊春市同比增长20.4%；黑河市同比增长15.8%；大庆市同比增长1.6%。3个市完成投资同比下降，七台河市同比下降1%；哈尔滨市同比下降8.9%；佳木斯市同比下降16.2%。食品、冶金、建材、纺织、医药、装备、石化、能源等9个行业完成投资实现同比增长；轻工业行业完成投资同比下降。1—12月，食品工业完成投资同比增长37%。其中，食品制造业同比增长90.2%；农副食品加工业同比增长26.2%；酒、饮料和精制茶制造业同比增长19%。1—12月，石化工业完成投资同比增长3.4%。其中，化学纤维制造业同比增长496%；石油、煤炭和其他燃料加工业同比增长193.5%；化学原料和化学制品制造业同比下降37.1%；橡胶和塑料制品业同比下降47.3%。1—12月，装备工业完成投资同比增长1.9%。其中，电气机械和器材制造业同比增长172.7%；计算机、通信和其他电子设备制造业同比增长29.5%；专用设备制造业同比增长29.3%；通用设备制造业同比下降28%；汽车制造业同比下降34.3%；金属制品业同比下降45.1%；铁路、船舶、航空航天及其他运输设备制造业同比下降62.4%。1—12月，能源工业完成投资同比增长0.1%。其中，煤炭工业同比增长32.7%；电力工业同比增长14%；石油和天然气开采业同比下降19.2%。此外，冶金工业同比增长193%；纺织工业同比增长14.8%；建材工业同比增长11.7%；医药工业同比增长6.2%；轻工业同比下降50.1%。

## 重点行业发展情况

### （一）石油化工行业

2018年，全省石化工业经济运行呈现平稳回升态势，全省石化行业规模以上企业328家，同比减少32家，实现工业增加值同比下降4.3%，产值同比增长7.86%（见表1）。行业运行的主要特点：一是大庆油田原油产量同比减少5.7%，对上下游及配套企业影响较大；二是受大庆石化公司等重点企业停产检修、天然气调峰等影响，大宗石化产品产量同比降幅较大。原油加工量、汽油、柴油、乙烯、初级形态塑料、合成氨、化肥产量分别为1507.7万吨、512.4万吨、412.5万吨、105.8万吨、197.8万吨、39.5万吨、38.4万吨，同比分别下降7.1%、1.3%、3.1%、8.6%、8.0%、19.5%、27.1%（见表2）。

**表1　2018年黑龙江省石化行业主要经济指标增幅情况**

| | 增加值增速（%） | 产值增幅（%） | 规模以上企业数（家） |
|---|---|---|---|
| 石化工业 | -4.3 | 7.86 | 328 |
| 石油加工、炼焦和核燃料加工业 | -2.0 | 9.84 | 49 |
| 化学原料和化学制品制造业 | -11.0 | 3.82 | 189 |
| 化学纤维制造业 | -18.2 | -2.70 | 3 |
| 橡胶和塑料制品业 | -14.2 | -3.64 | 87 |

**表2　2018年黑龙江省石化行业主要产品产量**

| 产品 | 单位 | 产量 | 同比（%） |
|---|---|---|---|
| 焦炭 | 万吨 | 875.8 | 15.0 |

续 表

| 产品 | 单位 | 产量 | 同比（%） |
| --- | --- | --- | --- |
| 汽油 | 万吨 | 512.4 | -1.3 |
| 柴油 | 万吨 | 412.5 | -3.1 |
| 原油加工量 | 万吨 | 1507.7 | -7.1 |
| 初级形态塑料 | 万吨 | 197.8 | -8.0 |
| 乙烯 | 万吨 | 105.8 | -8.6 |
| 橡胶轮胎外胎 | 万条 | 460.2 | -9.1 |
| 合成氨 | 万吨 | 39.5 | -19.5 |
| 化肥 | 万吨 | 38.4 | -27.1 |

2018年，石化工业固定资产投资增速继续上涨，同比增长3.4%。其中，化学纤维制造业同比增长496%；石油、煤炭和其他燃料加工业同比增长193.5%；化学原料和化学制品制造业同比下降37.1%；橡胶和塑料制品业同比下降47.3%。按照习近平总书记所讲的“油头化尾”“煤头化尾”重要指示精神，各地积极推进行业结构调整和转型升级。

“油头化尾”方面。大庆石化炼油结构调整转型升级项目全面启动。2018年3月，国家发改委将大庆石化项目列入《石化产业规划布局方案》；2018年7月，省委、省政府领导与中石油集团主要领导召开座谈会，标志着大庆石化炼油结构调整转型升级项目已全面启动，同时，大庆市政府召开黑龙江省“油头化尾”实施方案暨招商引资推介会。“油头”项目，即大庆石化炼油结构调整转型升级项目，总投资41.8亿元，包括12个子项目，计划2020年10月投产，拟提供地方基础化工原料总量约94万吨，其中18万吨丙烯、26万吨液化烃、28万吨混合二甲苯、22万吨甲苯，大庆市政府正积极开展招商引资工作。截至2018年年底，优化升级4个项目中MTBE（甲基叔丁基醚）、烷基化、加氢裂化改造3个项目已完成，连续重整预计2019年建成；8个转型升级项目正在进行长周期设备订货。“化尾”项目，即大庆市基于“油头”项目提供的原料，谋划了丙烯腈、ABS（丙烯腈-丁二烯-苯乙烯塑料）、苯酚丙酮、聚碳等一批项目，目前正在积极招商洽谈。

“煤头化尾”方面。七台河宝泰隆煤化工股份有限公司焦炭制30万吨稳定轻烃（转型升级）项目已于11月试车，4个以化工焦为原料生产化工产品的传统煤化工项目开辟了焦炭新的用途，对加快焦化企业转型升级，具有积极的促进作用。

## （二）机械工业

2018年，黑龙江省装备制造业规模以上企业行业增加值增速9.8%，主营业务收入增幅2.1%，利润增幅3.9%。九大行业增加值增速呈“六升三降”态势。其中，金属制品业、专用设备制造业、汽车制造业、电气机械和器材制造业、计算机通信和其他电子设备制造业、金属制品机械和设备修理业同比分别增长11.2%、13.8%、23.8%、9.4%、18.1%、22.3%，通用设备制造业、铁路、船舶、航空航天和其他运输设备制造业、仪器仪表制造业同比分别下降0.7%、0.1%、6.5%。

哈电集团《400MW级大型抽水蓄能机组水泵水轮机关键技术研究与应用》课题以仙居抽水蓄能电站机组为依托工程，研究确定400兆瓦级大型抽水蓄能机组水泵水轮机的选型设计、水力设计、结构设计、模型试验及稳定性设计等关键技术领域的设计方法，其关键设备水泵水轮机及球阀的研制成功是我国抽水蓄能技术进步和发展重要的里程碑。中国一重红沿河5号机组首台

（套）百万千瓦级核电蒸汽发生器制造成功并列装发运，首台（套）核电蒸汽发生器的完胜收官，不仅开创了中国一重自主研制核电蒸汽发生器的先河，而且进一步拓展了中国一重承制核岛主设备等领域，对于中国一重实现核电重大技术装备国产化、增强市场竞争力都具有重要意义。

哈尔滨哈飞工业有限责任公司航空零部件产业基地建设—机体部件产业化项目预计 2020 年年底完成，届时将形成年产 100 架飞机机体部件生产能力，打造出以机体部件为代表的现代航空产品制造基地，项目达产后，预计实现收入 3 亿元，利税 3000 万元。黑龙江北方阀业有限责任公司机械加工产业园为牡丹江重点在建项目，企业规划利用现有近 2 万平方米土地及 1 万平方米闲置厂房，通过进行厂房改造及配套设施建设，辟建小微企业机械加工产业园，拟招引 5～10 家小微企业入驻。

中国一重承制的 2400 吨镇海沸腾床渣油锻焊加氢反应器成功问世，标志着我国超大吨位石化装备制造技术再次领跑国际，彰显了“大国重器”的实力，为中国石化产业的蓬勃发展增添了新的动能。哈尔滨第一工具制造有限公司是国内外知名的刀具专业制造企业，通过自主研发，开发出了多项具有国际先进水平的刀具产品。可转位榫槽拉刀解决了高速钢拉刀加工效率低、磨损快、寿命短的难题，属于国内首创产品。螺旋渐开线花键拉刀突破了关键技术，实现了国产化。

## （三）汽车工业

2018 年，黑龙江省共有规模以上汽车制造业企业 37 家。其中：整车生产企业 4 家，分别是长安福特哈尔滨分公司、哈飞汽车制造有限公司、大庆沃尔沃汽车制造有限公司、一汽哈尔滨轻型汽车有限公司；客车生产企业 3 家，分别是哈尔滨龙江客车制造有限公司、哈尔滨通联客车有限公司、黑龙江龙华汽车有限公司。

2018 年，全省规模以上汽车企业实现工业总产值 386 亿元，同比增长 22%；实现主营业务收入 320 亿元，同比增长 0.8%，实现工业增加值增速 23.8%；实现利润 55 亿元，同比下降 6.7%。全年生产汽车整车 162914 辆，同比增长 33.3%。

哈尔滨平房汽车零部件产业园区，截至 2018 年年末，汽车产业园区共有规模以上汽车整车、改装车和汽车零部件及配件制造企业 29 家，长安福特哈尔滨基地、哈飞汽车、一汽哈轻、哈尔滨通联客车、哈尔滨龙客等整车生产企业具备产能 20.5 万辆，哈尔滨东安汽车发动机、哈尔滨东安动力发动机分别具备产能 75 万台、60 万台。4G13、4G15 发动机和 6AT 变速器和东安动力公司 M 系列发动机等重点项目已建成投产，引进 10 家长安福特专属供应商，另有 8 家本地企业成为长安福特专属供应商。

大庆汽车产业园区，依托大庆沃尔沃着手建设一个集整车、零配件仓储和流通加工等功能于一体的汽车物流园区。园区建成后，可为大庆沃尔沃进口汽车零部件创造便利条件，同时可以满足汽车零部件企业对物流服务的需求，建设保税仓库，借助大连港海港运输业务和政策实现向大庆延伸，打通一条大庆产品外运和出口的“铁海联运”通道。

省内有新能源客车生产企业 3 家，分别是黑龙江龙华汽车有限公司、哈尔滨通联客车有限公司及哈尔滨龙江客车制造有限公司，已具备年产 5000 辆新能源客车的生产能力；新能源乘用车方面，大庆沃尔沃三款插电式混合动力轿车获得工信部《新能源汽车推广应用推荐车型目录（2018 年第 3 批）》公告。根据省公安交警部门登记新能源车辆情况统计：截至 2018 年年末，全省共推广应用新能源汽车 10786 辆。其中：新能源城市公交客车 8432 辆、新能源乘用车 2045 辆、新能源货车 309 辆。

## （四）医药工业

2018 年，黑龙江省共有药品生产企业 197 家，其中规模以上药企 109 家，百亿级企业 1 家。**一是经济指标稳步增长。**全省医药工业实现产值 253.8 亿元，同比增长 10.8%；增加值增速

10.4%，比全省工业高出7.4个百分点；主营业务收入315.7亿元，同比增长5.5%；利润38.9亿元，同期减少1.0亿元。**二是医药工业门类齐全**。全省规模以上医药企业涵盖了医药制造业全部8个子行业，2018年化学药品原料药制造企业6家、化学药品制剂制造企业26家、中药饮片加工企业9家、中成药生产企业46家、兽用药品制造企业8家、生物药品制品制造企业11家、卫生材料及医药用品制造企业1家、药用辅料及包装材料企业2家。**三是产业集聚初具规模**。2018年全省90家规模以上药企分布在哈尔滨、绥化、伊春、牡丹江和鸡西5个市，占全省规模以上药企数的82.6%，逐渐形成了哈尔滨利民生物医药产业园区示范带动，牡丹江、鸡西等地医药工业集聚发展的新态势。

企业主体全面提升。**一是骨干药企不断壮大**。2018年全省产值1亿元以上的医药企业有45家，10亿元以上的企业有5家，哈药集团、葵花药业、誉衡药业、珍宝岛药业4家企业进入工信部2017年度中国医药工业百强企业榜。**二是品牌建设不断加强**。目前拥有哈药、三精、护彤、世一堂、葵花、友博、珍宝岛、黑宝、迪龙等中国驰名商标，2018年珍宝岛、葵花、友博等品牌旗下的4个医药大品种销售额近30亿元。**三是产量品质显著提高**。2018年全省中成药产量达到3.7万吨，同比增长30.8%，化学药品原药产量0.3万吨，同比增长15.6%，出口交货值达5.0亿元，同比增长251.3%。全省157家企业通过新修订GMP认证，获得国家核发GMP证书63张、省级核发GMP证书234张。

科研创新基础扎实。**一是创新能力不断增强**。拥有国家级新药1445个、专利品种57个、国内独家品种51个，原研的护肝片、小儿肺热咳喘口服液等品种年销售额5亿元以上，誉衡药业联合研发的全国领先的生物制药品种PD-1已进入临床阶段。**二是研发机构坚实支撑**。哈尔滨利民生物医药园区集新药研发、企业孵化和检验检测于一体的研发公共平台建成显效，黑龙江省中医药大学、哈尔滨医科大学等10余个省级科研单位和国家级实验室，为黑龙江省医药产业发展提供科技保障。**三是人才队伍不断壮大**。拥有获得吴阶平医学研究奖、保罗·杨森药学研究奖和以岭整合医学奖的领军科员团队。同时，各大院校、科研单位和哈药集团等骨干企业集聚了一批科技创新人才，储备了一批科研创新力量。

### （五）纺织服装业

黑龙江省纺织工业规模以上企业44家，以汉（亚）麻纺织为主，拥有3万吨纱、4000万米布生产能力，主要分布在哈尔滨、绥化、齐齐哈尔等地市。2018年1—12月，实现工业产值20.9亿元、工业增加值增速-3.9%，纺织行业利润由负转正。优质汉（亚）麻纱、汉（亚）麻纺织品、高档汉（亚）服装等写入工信部开展修订的《产业转移指导目录（2018年本)》中。

**棉毛纺织业**。2018年1—12月全省棉毛纺织业规模以上企业8家，实现产值4.1亿元，累计增长23.5%。其中棉纺企业5家：黑龙江金品格纺织有限公司、伊春市佳伊纺织有限公司、依兰县兴凯纺织实业有限公司、绥棱兴凯纺纱有限公司、佳木斯天和纺织有限公司；毛纺企业3家：哈尔滨市东海制衣有限公司、大庆林源尊爵毛纺有限公司、哈尔滨鑫兴纺织有限公司。

**亚麻化纤业**。全省亚麻化纤业规模以上企业24家，2018年1—12月，实现工业产值18.5亿元，产值增速-4.5%，其中麻纺产业产值11.7亿元，同比增长-5.32%；化纤业产值6.8亿元，同比增长-2.6%。21家规模以上亚麻企业主营业务收入排前三名的有：哈尔滨延寿亚麻纺织有限公司、兰西天纤坊亚麻有限公司、佳木斯三和亚麻纺织有限责任公司，主营业务收入分别为：4.1亿元、3.03亿元、2.46亿元；3家规模以上化纤企业主营业务收入排在前两位的有：黑龙江弘宇短纤维新材料股份有限公司、黑龙江金源仑特种纤维有限公司，主营业务收入分别为4.6亿元、2.01亿元。

**服装加工业**。全省服装加工业规模以上企业

11 家，2018 年 1—12 月，实现产值 3.7 亿元，累计增长 -14.6%。其中，7 家规模以上机织服装制造企业分别是：肇源县千顺制衣有限公司、哈尔滨市新瑞捷羽绒服饰有限公司、黑龙江三特纺织服装产业（集团）有限公司、大庆市试采劳保服装有限责任公司、大庆市龙华制衣有限公司、大庆市图强劳保用品有限公司、黑龙江圣仕制衣有限公司，共计实现产值 2.12 亿元，累计增长 -23.04 %；3 家规模以上针织或钩针编织服装制造企业分别是：大庆市瑞康针织品有限公司、哈尔滨欧尚嘉针织制衣有限公司、肇源县阿利坦针织服装有限公司，共计实现产值 1.57 亿元，累计增长 1.71 %；1 家规模以上服饰制造企业：齐齐哈尔雨田针织有限责任公司实现产值 1260 万元，累计增长 -68.38%。

## 信息产业发展情况

### （一）信息化建设

**两化融合**。2018 年，黑龙江省两化融合继续保持良好发展势头，两化融合发展水平为 44.8，同比增长 8% 以上，增速位居全国前列。两化融合政策举措不断丰富创新，出台了《关于“数字龙江”建设的指导意见》《黑龙江省进一步扩大和升级信息消费持续释放内需潜力实施方案》《黑龙江省推动企业上云实施方案》等相关文件，从不同层面、不同角度推动了两化融合发展。装备制造、食品制造、石化、医药制造等重点行业两化融合扎实推进，“大智移云”新一代信息技术在企业研发、生产、经营、管理等环节得到了较好应用，企业数字化发展水平不断提升，数字化研发设计工具普及率为 38.9%，关键工序数控化率为 31.6%。两化融合管理体系贯标深入实施，在引领企业组织方式变革、加快转型发展等方面发挥了积极作用，全省共有千余家企业完成两化融合评估诊断和对标引导，35 家企业成为国家两化融合管理体系贯标试点企业。制造业与互联网深度融合发展，制造业“双创”、工业电子商务等新业态加快发展，网络协同制造、服务型制造等新模式不断涌现，全省制造业重点行业骨干企业“双创”平台普及率为 55.9%，工业电子商务普及率为 38.5%，实现网络化协同的企业比例为 21.2%，开展服务型制造的企业比例为 28.6%。企业资源计划管理、产品全生命周期管理、制造执行系统等工业软件得到了较好的应用推广，有效提高了制造企业精益管理、风险管控、供应链协同、市场快速响应等方面的能力和水平，全省主要工业软件普及率在全国位居前列，其中，ERP（企业资源计划）普及率为 64.6%，PLM（产品生命周期管理）普及率为 33.3%，MES（制造执行系统）普及率为 31.3%。

**电子信息制造业**。2018 年，黑龙江省规模以上电子信息制造业企业完成工业总产值 94.93 亿元，同比下降 21.5%。黑龙江省电子信息制造业主要在动力电池、光电半导体材料及器件、汽车电子和铁路电子等方面具有一定的基础，发展势头良好。

动力电池产业。黑龙江省在动力电池方面有较好的基础，哈尔滨光宇集团股份有限公司是中国电子信息百强企业，在 2018 年中国电子信息百强企业名单中排名第 85 位，主要产品分四大类：一是铅酸蓄电池；二是锂离子自行车电池、手机电池芯等；三是网络游戏，包括软件开发、网络运营；四是汽车锂离子电池制造。主导产品锂离子电池，现已成功配套各种车型，各类电池有几十种。其中包括纯电动客车、混合动力客车、纯电动轿车、混合动力轿车等物流、环保、特种车型。

光电半导体材料及器件产业。哈尔滨奥瑞德光电技术有限公司的蓝宝石晶体材料产能继续保持全球首位。2018 年，奥瑞德公司第九代大尺寸 3D 玻璃热弯机研制成功，奥瑞德已成为国内 3D 玻璃热弯机行业的引领者。大庆佳昌晶能信息材料有限公司是国家级高新技术企业，主要产品砷化镓抛光片是微电子和光电子工业最重要的支撑材料之一，涉及国民经济和国防建设诸多领域，国内市场份额第一，覆盖欧、美、日、韩等地区市场，已成功开发出可应用于5G高频器件的高阻砷化镓衬底材料。

汽车电子。黑龙江省共有汽车电子企业5家，其中上市企业2家，2018年实现总产值15.23亿元。哈尔滨固泰电子有限责任公司、哈尔滨万宇科技股份有限公司主要生产汽车喇叭，哈尔滨威帝电子股份有限公司、航天科技控股集团股份有限公司、黑龙江天有为电子有限责任公司主要生产汽车仪表。生产的汽车仪表产品为国内30余家整车厂提供配套，占据着国产车25%以上的市场份额。其中，哈尔滨固泰电子研发的随频喇叭，成为德系车在中国认可的第一个电子产品；哈尔滨固泰电子生产的电子喇叭为国内外30多家汽车厂商供货，在同类产品中市场占有率达到了80%以上。哈尔滨万宇科技股份有限公司是美国通用汽车公司的配套商，年产值达1.66亿元。哈尔滨威帝电子股份有限公司的仪表产品主要面向国产大中型客车，自主开发的客车用中央处理器在国内率先实现客车电器智能化控制。航天科技控股集团股份有限公司是汽车仪表的前三强，在汽车行业销售下滑的情况下，凭借科技引领、产品结构调整，在国产商用车、轿车、客车中市场占有率达到10%。黑龙江天有为电子有限责任公司成立于1998年，总部位于绥化市工业开发区，同时在哈尔滨市设立了研究院，主导产品为汽车仪表，经过多年的努力与发展，已具备一定的规模与实力，2018年实现产值4.9亿元。

**软件和信息技术服务业**。2018年，黑龙江省信息产业总体规模达到400.6亿元，其中云计算、大数据等软件和信息技术服务业达165亿元。支持产业发展的政策进一步完善，《关于“数字龙江”建设的指导意见》《黑龙江省进一步扩大和升级信息消费持续释放内需潜力实施方案》等文件相继出台。企业研发创新和应用服务能力大幅增强，一批特色鲜明、创新能力强、品牌形象优的企业加快成长壮大，成为产业发展的核心力量。产业合作层次和水平不断提升，黑龙江省人民政府分别与华为技术有限公司、浪潮集团有限公司等行业龙头签署了战略合作协议。云计算、大数据等新一代信息技术在重点行业领域的应用推广持续深入，新技术、新模式、新业态加速涌现，哈尔滨安天科技股份有限公司的网络安全态势感知与监控预警平台、中国船舶重工集团公司第七〇三研究所的基于大数据技术的燃气轮机机群健康管理系统及应用、哈尔滨航天恒星数据系统科技有限公司的基于卫星应用的农机大数据融合分析应用、哈尔滨工业大学软件工程股份有限公司的哈尔滨市人口法人信息共享应用平台等项目被工信部评为2018年大数据产业发展试点示范项目，哈尔滨工业大学科软股份有限公司建设的黑龙江省两化融合电子商务综合服务平台被工信部评为2018年制造业与互联网融合发展试点示范项目。黑龙江省信息产业协会成立，会员单位包括哈尔滨凯纳科技股份有限公司、哈尔滨工业大学科软股份有限公司等一批骨干企业，组织开展了行业研究、技术交流等活动，在服务行业管理、促进产业创新发展等方面的作用逐步显现。

## （二）无线电管理

2018年，全省无线电管理机构在省工信厅及各地党委、政府的正确领导下，认真贯彻落实《中华人民共和国无线电管理条例》和全国无线电管理工作要点，不断提升服务经济社会发展、国防建设和党政机关的能力水平，各项工作取得了很大成绩。截至2018年年底，全省设置各类无线电台站98681个，其中广播台站947个，高频电台248个，甚高频电台25296个，公众移动通信基站52824个，固定无线接入台站247个，微波接力站609个，卫星地球站68个，业余电台1753个。

根据国家无线电办公室统一部署，结合省委、省政府“法治建设年”要求，组织开展了提升全省无线电管理机构执法能力专项行动，全面提升依法履职尽责的能力和水平。省工信厅对专项行动高度重视，精心组织，扎实推进，对照国家评估标准从无线电执法程序、处罚裁量、案卷整理等各方面进行自查自纠、查漏补缺，建立健全了全省行政授权等共5项配套制度，积极开展“双随机一公开”监管工作，组织行政执法专项培训，为进一步贯彻落实《中华人民共和国无线电管理条例》、做好执法工作、加强事中事后监管打下了坚实基础，在国家组织的综合评价中得到表扬。一年来，全省无线电管理机构依法抽取检查无线电设台单位115家、台站685个，检查销售商户51家，行政执法178次，形成行政处罚案例43件。

认真执行国家无线电频率划分规定与频率台站管理各项业务要求，积极做好无线电业务许可工作，协调保障民航、铁路等行业及国家重点工程的用频需求，年度完成行政审批、许可157次，核换发无线电台站执照4443份，收缴频占费354万元。为大力推进5G系统部署，组织开展了3400～4200MHz和4500～5000MHz频段卫星地球站等无线电台（站）清理核查工作，全面掌握5G系统中频段现有无线电台站使用情况，列出干扰保护清单。全省范围内开展798～960MHz频段内数字集群、公众移动通信、铁路专用移动通信（GSM－R）等各无线电系统的频率使用率评价工作，结合国家无线电频率使用率要求，进一步提升无线电频率使用效率和效益。

# 2018年上海市工业经济运行概况

2018年，上海市经济和信息化委员会坚持“稳中求进”总基调，推进供给侧结构性改革，实施制造和网络强国战略，依托自贸试验区改革开放优势及科创中心建设，推动“上海制造”品牌，打造实体经济发展新高地，稳增长、抓创新、调结构、促转型，取得明显成效。

## 工业运行特点

### （一）推进“上海制造”品牌，加快经济高质量发展

**一是加强“上海制造”品牌统筹推进。**实施《全力打响“上海制造”品牌加快迈向全球卓越制造基地三年行动计划（2018—2020年）》。53家“上海制造”企业获首批“上海品牌”认证。发布上海产业地图，引导产业加快特色化、品牌化发展。促进产业链配套，加快汽车、电子信息、生物医药等产业集群建设，完善“上海制造”制度环境。战略性新兴制造业产值占规模以上工业总产值30.6%。

**二是发展高端制造和智能制造。**开展“技术改造焕新计划”，实施智能化等改造示范项目264个，技改投资占工业投资64%。实施智能制造“十百千”工程，推动20家智能车间或工厂试点建设，3家智能制造系统解决方案供应商进入第一批国家推荐目录。发布《上海市工业互联网产业创新工程实施方案》，开通工业互联网标识解析国家顶级节点（上海）；松江成为国家首个新型工业化（工业互联网）产业示范基地，启动长三角百万企业“上云上平台”。

**三是推动重大产业项目建设。**完成特斯拉超级工厂的签约、供地、启动，加快上海积塔半导体、上汽大众MEB等项目建设。华虹集团华力二期12英寸生产线投产，中芯国际集成电路制造有限公司14纳米工艺具备量产能力，上海和辉光电有限公司柔性有源矩阵有机发光二极体（AMOLED）显示屏量产出货。推动华为青浦研发中心、蔚来纯电动乘用车生产基地、国能新能源汽车、海尔智谷、东方美谷、上海市西软件信息园、油品清洁化项目建设。全年工业投资增长17.7%，创10年新高。

**四是推进产业集群和绿色发展。**出台促进资源高效率配置、推动产业高质量发展的意见，依托“3+5+X”重点区域统筹布局新兴产业。市政府与中国宝武钢铁集团有限公司合作推进吴淞地区整体转型升级，南大地区车联网产业集聚发展，桃浦地区“中以创新园”建设。国家新型工业化产业示范基地20个，工业区单位土地工业总产值超过75亿/平方千米。12家绿色工厂、1个绿色园区、10个绿色产品、2条绿色供应链进入国家绿色制造示范名单。发布《上海市产业结构调整负面清单（2018版）》，淘汰落后产能1460项。全年规模以上工业增加值能耗比2017年下降5.2%。

### （二）落实科创中心战略，强化产业创新能级

**一是推动科技与产业创新融合。**支持高端装备首台（套）研发，加快机器人、高端医疗装备、能源装备自主化发展。38项高端智能首台装备取得突破，高世代AMOLED线性蒸发源打破瓶颈，国产首台一体化（正电子发射型计算机

断层成像仪/磁共振成像仪）（PET/MR）推向市场，新昇300毫米大硅片月产能超过10万片。“两机”专项基础科研项目获得批复，完成“重燃专项”试验基地项目开工准备，建设高温超导电缆示范工程。

**二是实施产业创新工程。**智能网联汽车产业创新工程提升国家智能网联汽车（上海）试点示范区软硬件测试能力。制定集成电路产业行动计划，加快矽立电子科技（上海）有限公司等项目落地；推动集成电路设计产业园布局，完成紫光集团有限公司等入驻。实施工业强基工程专项，2个项目入选国家强基工程重点产品。

**三是完善产业创新生态。**建设制造业创新体系，成立集成电路和智能传感器两个国家制造业创新中心，总规模500亿元集成电路产业基金启动。开放国内智能网联汽车道路测试，累计发放7张测试牌照；新能源汽车推广累计超20万辆，居国内第1位。出台《上海市工业控制系统信息安全行动计划（2018—2020年）》，形成覆盖全市规模以上企业的工业信息安全管理服务网络。

**四是推动服务业创新发展。**打造“上海服务”品牌，组织生产服务业“名人、名家、名企、名园”评选，3个项目、2个平台获国家工业和信息化部第二批服务型制造示范称号。发展智能软件和企业上云，软件和信息服务业营业收入超过8600亿元，增长超过11%。开展全市品牌培育试点示范工作，创意设计产业增加值增长11%。

## 产业园区

### （一）产业园区经济运行平稳，产出效率稳步提升

2018年，外高桥保税区、国际汽车城、金桥经济技术开发区等18个园区营业收入超千亿元。上海国家级经济技术开发区、高新技术产业开发区等产业园区59家企业列入2018年版《中国开发区审核公告目录》。闵行、漕河泾、青浦、松江、金桥5个出口加工区获国务院批准整合为综合保税区，促进区域拓展功能，丰富业态，创新监管，打造对外开放新高地（见表1）。

**表1　2018年上海产业园区运行情况**

| 项目 | 单位 | 数值 |
| --- | --- | --- |
| 规模以上工业产值 | 亿元 | 28518 |
| 占全市 | % | 82 |
| 战略性新兴产业产值 | 亿元 | 9313 |
| 占全市 | % | 87 |
| 地均产出（工业总产值/已供应工业用地） | 亿元/平方千米 | 75 |
| 国家级开发区 | 亿元/平方千米 | 116.9 |
| 市级开发区 | 亿元/平方千米 | 73.4 |
| 营业收入 | 亿元 | 82600 |

### （二）发布上海产业地图，强化园区载体平台功能

《上海市产业地图》在首届中国国际进口博览会期间上线。通过发挥产业地图指南作用，推动重大项目与产业地图匹配，构建集产业链、创新链等为一体的产业要素体系。在“一心一环两带多区”总体布局基础上，明确各区及重点区域的产业布局定位，将67个重点区域（园区）作为核心区，推动产业集聚。主要包括融合型数字产业园（重点布局人工智能、大数据、工业互联网等业态混合型产业，如徐汇滨江、市北高新、桃浦、南大等地区）、战略性新兴产业园（重点布局集成电路、机器人、航空、生物医药等国家战略产业，如张江、临港、祝桥等地区）、现代服务业园区（重点布局金融、航运、商贸、旅游等高端服务业，如北外滩、虹桥商务区、国际旅游度假区等地区）和现代农业园区（重点布局现代绿色农业，如金山廊下、崇明现代农业园）。

### （三）发布高质量发展文件，提升经济密度

上海市政府发布《关于本市促进资源高效率配置推动产业高质量发展的若干意见》和《关

于本市全面推进土地资源高质量利用的若干意见》等，落实国家高质量发展要求。开展资源利用效率评价，实施差别化资源配置，推动“3+5+X”重点区域整体转型升级。制定土地供给、存量盘活和规划空间政策，包括5条用地供应政策和5条存量土地盘活路径和综合性开发强度策略。

### （四）专注核心竞争力，打造特色园区

市北、漕河泾、张江、金桥等园区发挥产业创新“场效应”，推动产城融合和业态融合，带动创新城区建设。张江科学城实现“蓝天梦”“中国芯”“创新药”等科技创新，推动“中国首创”。临港地区打造“国际智造城”“滨海未来城”，加速特斯拉等项目落地。G60科创走廊发布总体发展规划3.0版，形成“一廊一核多城”空间布局，从城市战略上升为长三角区域战略，一批重大项目动工建设。东方美谷已吸引全市25%化妆品企业落户，完成全市40%化妆品销售额。上海化工区连续6年蝉联全国化工园区排名榜首，专业化品牌园区特色突出，参与编制《化工园区公共管廊管理规程》作为国家标准颁布实施。推进金山第二工业区调整和转型，打造节能环保、绿色材料和生物医药三大产业，成为全市工业园区整体转型发展示范区。

### （五）重大产业项目、创新中心和研发平台落户园区

年内，特斯拉新能源汽车研发与整车制造项目落户临港。上海积塔半导体、上海大众MEB、国能新能源汽车、海尔智谷等投资量大、带动性强的产业项目已开工。ABB集团、中国商用飞机有限责任公司等高端制造企业增资扩产。华虹集团华力二期12英寸生产线建成投片，上海和辉光电有限公司二期项目完成主要生产建筑建设，中国中车集团高端深海机器人、上海汽车集团股份有限公司（简称上汽集团）大通EV31下线。加强产业创新引领，促进科技成果转化。集成电路、智能传感器两家市级制造业创新中心升级为国家级制造业创新中心，集成电路、智能制造等功能型平台启动建设，工业互联网、工业控制安全等功能型平台获批建设，各园区与相关院所、集团共建产学研用平台。全市国家级企业技术中心81家，市级企业技术中心突破600家。

## 新型产业发展特点

### （一）人工智能加速发展

2018年，上海人工智能（AI）全面布局，成为国内发展领先的地区之一。成功举办了2018年世界人工智能大会，推进新经济品牌发展。

**1. 发展企业集群。**2018年，上海人工智能企业数居全国第2位。核心企业1000余家，泛人工智能企业3000余家。上海市泛人工智能行业融资额超过600亿元，创历史新高。资本向头部企业集中，优势企业协同发展。微软公司等领军企业布局上海，并签署合作项目。商汤科技等国内独角兽企业落地发展。依图科技等本土人工智能企业、极链科技等初创企业快速成长。初步形成了“东西集聚、多点联动”的格局。西带以徐汇西岸为核心，以智慧医疗、智能金融、智能识别、智慧教育、智慧零售为主，东带以浦东张江为核心，主要发展智能芯片、智能制造、智慧医疗等产业。推进洞泾、马桥等人工智能小镇建设。

**2. 加快技术创新布局。**启动基础研发平台建设，成立微软—仪电人工智能创新平台、上海交大“上海人工智能研究院”、上海脑科学与类脑研究中心、复旦类脑智能创新平台、同济自主智能无人系统科学中心。落实行业创新中心发展，亚马逊、阿里、百度、科大讯飞人工智能创新中心落户上海，腾讯公司、上汽集团、宝钢集团人工智能实验室成立运作，国家集成电路和智能传感器创新中心揭牌成立。上海寒武纪信息科技有限公司全国首发云端和终端人工智能芯片，商汤科技建设人工智能算力基础设施，推进软硬件开源开放平台、开放测试平台等研究。

**3. 推进智慧应用。**年内，推进人工智能在

医疗、教育、政务等领域应用。发布全国首个人工智能应用场景建设实施计划。10 大应用场景、19 个具体点位需求、60 个人工智能创新产品集中首发。促进供需对接，示范应用成效显现。人脸识别、语音转录翻译、人工智能辅助诊断等应用于安防、会务、医疗等领域。推进智慧城市建设，智慧政务“一网通办”“市民云”与智慧治理“城市网格化综合管理平台”“智慧辅助办案系统”功能升级。

**4. 完善创新生态。**推动人工智能产业发展机制，年内集中调研人工智能企业，加快关键核心技术、应用场景开发、培育产业集群、集聚全球创新要素等突破。出台推进人工智能高质量发展“22 条”实施办法、智能网联汽车路测等政策及公共数据和“一网通办”管理办法。两批共83 个市人工智能项目获得支持，8 个项目入选国家工业和信息化部人工智能与实体经济深度融合创新项目名单，一批战略性新兴产业重大项目启动。

**5. 搭建高端交流平台。**2018 年世界人工智能大会在上海举行，吸引了 40 多个国家 7.2 万名嘉宾、20 万人次参展。大会汇聚一批重量级行业人士，并取得了创新成果。国际人工智能科学家、行业领袖等参会演讲。设立上海人工智能战略专家咨询委员会、全球高校人工智能学术联盟、青年人工智能科学家联盟，发布《人工智能安全发展上海倡议》《人工智能与法治构建倡议书》等“上海方案”。

### （二）节能与综合利用

2018 年，上海工业系统完成节能目标，提升能效水平。

**1. 超额完成节能目标。**年内，全市规模以上工业单位增加值能耗比 2017 年下降 5.2%，能耗总量比 2017 年减少 171.72 万吨标准煤，超额完成增加值能耗下降3%、能耗减量50 万吨标准煤的目标，为实现“十三五”总量和强度“双控”目标打下基础。实施节能攻坚改造项目，组织各区、集团开展“百一行动”（目标节能量达到 2017 年用能量 1%），支持 116 个重点节能技改项目，实现节能量 8.77 万吨标准煤。提升工业生产能效，对 327 家重点用能企业开展落后设备、单耗限额专项监察，淘汰落后电机 3308 台，主要工业产品单耗下降，全市电厂发电标准煤耗（279.97 克标准煤/千瓦时）国际领先，吨钢综合能耗、芯片制造、乘用车单耗等国内领先，推广 20 个“能效之星”等节能技术产品。举办节能宣传周，以“节能降耗 保卫蓝天”为主题，组织 450 余项宣传活动，启动节能服务进园区、进厂区、进社区。

**2. 推进减硝行动，助力蓝天保卫战。**制定《上海市减硝行动实施方案（2018—2020 年）》，建立全市推进领导工作机制，已完成 722 台中小燃气（油）锅炉提标改造，开展改造示范项目100 个。完成 28 台集中供热和热电联产锅炉清洁能源替代，减少分散燃煤近 100 万吨，带动工业天然气消费占比上升 0.6 个百分点；组织 322 家重点企业开展清洁生产审核，支持重点清洁生产改造项目 41 个，推进金山第二工业区、星火开发区等清洁生产全覆盖；组织重点工业企业落实5 次空气重污染应急减排措施，优化管控企业名单和措施清单，配合中国国际进口博览会空气保障，指导企业提前安排生产计划。

**3. 加强节能环保新兴产业建设。**培育核心关键技术产品，全市 40 余项节能节水、环保、资源综合利用技术装备入选国家推荐目录，在超超临界发电机组、高效照明、超低排放、污水处理、再制造等领域形成竞争优势；健全产业推动机制，打造“绿色沙龙”“绿品慧”等推广对接平台，成立环境第三方治理、再制造、土壤修复产业联盟，引导行业规范化发展，牵头成立长三角资源综合利用合作平台，促进区域产业协作。10 家银行为 266 个项目发放绿色贷款 234 亿元。14 家电镀企业开展废水第三方治理试点。

**4. 推进资源综合利用。**全年综合利用大宗固体废弃物 1000 万吨，利用率 97% 以上。围绕冶金渣、工业副产石膏、粉煤灰等大宗工业固体废弃物，形成宝武环科、中冶环工等产业示范基地，实现资源集约利用和规模化生产。中冶环工高强高透水钢渣混凝土产品在中国国际进口博览会周边人行道改造项目中使用，总长15.4千米。推行循环生产方式，减少资源消耗和污染排放，促进资源高值化、规模化利用。年内，中器环保开发生产的生物柴油进入中石化加油站销售，基本形成餐厨废弃油脂（“地沟油”）综合治理“收、运、处、调、用”全程闭环监管模式和机制，回收处置利用“上海模式”得到国家工业和信息化部等部门的肯定。推进“东方循环、绿智慧和百年建筑”为代表的电商企业，全年资源综合利用O2O（线上到线下）电商平台交易额超过255亿元，推动信息化与行业发展融合。

## （三）电子信息

2018年，上海电子信息制造业继续呈现加速发展态势，新旧动能转换顺利，传统产业不断升级、新兴产业加速成长。

**1. 产业加速发展**。一是电子信息制造业深化供给侧结构性改革，规模提升，全年工业总产值增速高于全市工业规模。二是新一代信息技术体系不断完善，产业向中高端迈进，全年工业总产值高出电子信息制造业3.9个百分点，结构调整显示成效。三是核心环节形成突破，促进产业链整体提升（见表2）。

**表2　2018年上海电子信息产业工业总产值情况**

| 项目 | 数值（亿元） | 比2017年增长（%） |
|---|---|---|
| 电子信息制造业 | 6450 | 1.9 |
| 新一代信息技术 | 3651 | — |
| 电子专用设备制造业 | 448 | 20.1 |

**2. 推进产业基金和重点项目建设**。一是启动重大产业项目。规模100亿元的上海集成电路装备材料基金完成设立进入运作，设计业基金二期完成募资，总规模500亿元集成电路产业基金启动。二是聚焦科创中心建设，提升产业创新影响力。国家集成电路创新中心和国家智能传感器创新中心成立运作。三是以园区为载体推动产业集聚。上海集成电路设计产业园成立，在张江科学城核心区域规划3平方千米，集聚和培育国内外一流设计企业，形成国际集成电路设计产业高地。

**3. 推动产业共性平台建设**。一是国家集成电路创新中心和国家智能传感器创新中心着力解决集成电器主流技术方向选择和可靠技术来源问题。集聚全国研发资源，形成技术联合攻关机制，开展前期基础研究，创造前瞻工艺研发环境。二是完善新型显示公共服务平台。指导筹建激光制造业创新中心，组织筹建上海新型显示研发和转化功能性平台，成立上海光电工业技术研究院，推动政产学研用形成合力。

**4. 新兴产业取得突破**。一是聚焦5G，推动通信产业创新。组织全市企业参加国家5G创新中心，作为IMT－2020（5G工作推进小组）成员参与标准制订。紫光展锐科技有限公司加快5G核心芯片研发；上海诺基亚贝尔股份有限公司完成端到端5G新空口（5G NR）数据通话测试，会同中国移动通信集团有限公司布置中国国际进口博览会5G试验网。组织发布“5G＋8K”试验网，成为国内首个基于5G测试网的8K视频应用平台。二是物联网领域及智能硬件应用。上海市企业已成为国家四大人工智能平台等的智能硬件供应商，产品覆盖智慧城市、智能家居、新零售、无人驾驶、机器人等。研制完成天通一号卫星终端，批量出货。培育消费、汽车、工业等领域销售收入上亿元的潜力企业，布局机器视觉、激光雷达、高分辨率红外感知等领域创新企业。NB－IoT（窄带物联网）基本全市覆盖，NB－IoT模组规模化生产，出货量国内领先。三是汽车电子构建ADAS（高线驾驶辅助系统）上下游产业链。芯片行业打破国际垄断。77G CMOS（互补金属氧化物半导体）毫米波雷达自主芯片实现量产；激光芯片、图像处理芯片、车载通信芯片与国际研发同步。终端开发缩小差距。基于自主车载智能操作系统的数字座舱为7个车型量产配套。加快智能化系统开发。车载域控制系统、自动驾驶系统试点应用。四是医疗电子实现产业化突破。自主研发的全球首款氧化物平板探测器填补国际空白；上海微创电生理医疗科技股份有限公司作为国内唯一提供三维心脏电生理标测系统手术解决方案的品牌，产品出口多个国家；上海29个项目入选国家智慧健康与养老应用试点示范、《智慧健康养老产品及服务推广目录》。五是新型显示项目加快建设。上海和辉光电有限公司二期完成厂房土建，启动工艺设备搬入和调试，加快新产品、新技术研发，完成二期产线首款柔性显示产品。上海天马有机发光显示技术有限公司专业显示实现突破，高端医疗领域市场占有率居全球第1位、车载仪表领域居全球第2位、航空航海等领域居全球第2位，被联合国工业发展组织认定为国际信誉品牌。六是虚拟现实产业加速发展。指导召开虚拟现实商业化之路高峰论坛，筹备长三角虚拟现实内容大赛。支持全市行业组织和企业参与全国信息技术标准化技术委员会关于虚拟现实领域显示、通信等技术标准的制定。推动全市虚拟现实龙头企业发展，上海曼恒数字技术有限公司获批立项组建全市唯一认定的虚拟现实领域工程技术中心，大朋虚拟现实（VR）成为全球首部虚拟现实长片电影唯一指定设备，叠境数字科技完成亿元级融资。

### （四）文化创意产业

2018年，全市文化创意产业实现增加值4227.72亿元，比2017年增长8.9%，占全市生产总值12.94%。

**1. 加强载体建设，提升园区能级。**发挥原有9家国家级基地的示范引领作用，提升产业影响力和辐射力，2018年新增国家重点文化出口基地（徐汇）和中国（上海）宝玉石交易中心。修订《上海市文化创意产业园区管理办法》和《上海市文化创意产业示范楼宇和空间管理办法（试行）》，强化园区特色定位，推进市级文化创意园区品牌化、连锁化、差异化发展，推动园区内涵式发展，提升“全生命周期”服务能力，营造“文创、科创、双创”融合发展态势。

**2. 实行动态管理，优胜劣汰。**2018年，上海市137家园区（含20家示范园区）获市级文化创意园区称号，其中淘汰市级老园区32家，新增41家。首批评选出10家示范楼宇、20家示范空间，形成文化创意园区、楼宇、空间互补的产业载体布局，出现一批园区龙头企业（见表3）。

**表3　2018年上海市级文创园区发展情况**

| 项目 | 单位 | 数值 |
|---|---|---|
| 数量 | 家 | 137 |
| 总建设面积 | 万平方米 | 700 + |
| 入驻企业 | 家 | 2万 + |
| 总营业收入 | 亿元 | 5500 |
| 税收 | 亿元 | 300 + |
| 就业 | 人 | 50万 |

**3. 促进文创融合，搭建协作服务平台。**深化文创与金融、科技、教育、贸易等融合，推进纵深发展取得成效。一是推进文创金融合作。召开上海市文创金融合作座谈会，设立首批5家上海银行业文化创意特色支行，推出广告贷、演艺贷、知识产权质押融资等创新型信贷产品。整合商业银行、小额贷款公司、金融担保公司、中小微融资担保基金及风险引导基金、投资基金等资源，搭建上海文创金融服务平台。发挥上海精文投资公司、东方惠金担保公司、东方惠金创投公司等金融资讯和投融资功能。依托上海股权托管交易中心，筹划“文化创意板”，完善文创投融资体系。二是强化文创科技融合。加强张江国家级文化和科技融合示范基地建设，形成1区22园发展态势。举办首届中国（上海）国际文化装备博览会，同期开展多项峰会、实训活动。成立文化装备产业联盟，为文化装备企业搭建合作交易平台，推动文化装备业发展。三是深化文教结合。成立上海文化创意产教联盟，首批联盟成员由20所高校、10个文化创意协会和13家文化创意园区（基地）组成。该联盟依托市文创办、文教办两个平台，加强统筹协调和业务指导，打通了学校教育机构与文化创意园区、企业的合作渠道，形成资源共享。四是拓展文化贸易领域。

深化“一带一路”文化贸易和合作交流，拓展对外文化贸易重点领域。文化贸易新兴领域势头向好，龙头企业效应明显，新模式、新业态出现，平台功能发挥，国际竞争力提升、影响力扩大。25 家上海企业和 10 个项目入选 2017—2018 年度国家文化出口重点企业和重点项目名单，占全国总量 10%。2018 年上海文化产品和文化服务进出口额情况（见表 4）。五是提升区域协同水平。联合江苏、浙江、安徽举办首届长三角文博会，成立长三角出版、动漫、文旅、电竞、红色旅游、文化金融等区域协作平台，推动长三角产业链融合，服务文化创意企业发展。举办首届中国长三角（上海）品牌博览会，以“品牌·城市·生活”为主题，26 个城市 300 余个品牌参展，集中展现长三角城市群以品牌为标志的经济社会发展成就，发布长三角城市品牌发展报告。

**表 4　2018 年上海文化产品和文化服务进出口额情况**

| 项目 | 数值（亿美元） | 比 2017 年增长（%） |
| --- | --- | --- |
| 总额 | 101.67 | 11.59 |
| 文化产品 | 55.20 | 11.06 |
| 文化服务 | 46.47 | 12.22 |

## 产业技术进步

2018 年，上海工业系统推动产业技术进步，以科技创新带动产业技术进一步提升。

### （一）推进工业强基工程体系化，核心技术攻关取得成效

加强部市联动，参与国家强基工程二期课题，为实施国家工业强基战略提供支撑。强化精准发力，通过“补短板”“一条龙”等，推进全市工业强基工程和产业链协同创新。在高端传感器、芯片、控制器、液压、轴承等方面关键基础零部件和材料等方面取得阶段性突破，为推进“上海制造”品牌、推动高质量发展奠定了基础。

### （二）建设新型研发机构，开启科技成果转化新实践

集成电路和智能传感器两个国家级制造业创新中心获批，探索运行机制、成果转化等。启动上海增材制造、上海激光先进制造等市级创新中心建设。全市集成电路、智能制造、工业互联网、工业控制安全 4 个功能型平台获批，加快人工智能等平台论证。新获批国家级企业技术中心 6 家，累计 81 家。发挥全市创新能力溢出效应，与长三角重点城市开展合作，吸纳优势资源，促进平台作用；为自贸试验区新片区增设提出新方向，建议加速小批量试剂通关等；加强上海证券交易所科创板及试点注册制调研，反映新经济企业的诉求，储备和推荐一批企业。

### （三）参与科创中心建设

一是落实科创中心建设各项任务。在《上海科技创新中心建设近期重点工作安排》明确的 18 项具体工作中，7 项与上海经济和信息化委员会相关。二是推进专题性工作。参与上海深化科技体制改革、促进科技成果转移转化、创新创业等政策研究，推进创新改革试点。开展产业和信息化领域体制机制创新、产业创新和发展布局、产业创新政策体系、重点产业集群打造、创新主体培育 5 个方面的研究，并已取得成果。

### （四）优化企业技术中心建设布局

加大企业技术中心政策宣讲和服务力度。组织和推荐 8 家企业申报 2018 年国家级企业技术中心认定，6 家进入公示阶段；开展市级企业技术中心认定，91 家企业列入第 24 批市级企业技术中心名单。

### （五）推进战略性新兴产业重大项目

创新战新项目征集流程，形成 37 个项目的推荐名单。采取“分批转报”形式，将商汤上海人工智能超算中心原型机等项目作为第一批转报市发展和改革委员会。加强已立项战新项目的

跟踪和管理。历年已立项高新技术产业化重大项目和战略性新兴产业重点项目累计支持225个，除撤项5个、终止1个外，全部转报或委托后评估。

### （六）推进生物医药产业发展

参与《促进上海市生物医药产业高质量发展行动方案（2018—2020年）》的制定。按照上海产业地图，编制生物医药领域产业地图，加强产业和空间信息对接，加速项目精准落地。对接国家工业和信息化部相关要求，开展生物医药产业集群培育试点。支持生物医药与新兴产业融合发展。推进新兴技术与生物医药产业融合发展，布局人工智能（医疗应用方向）项目9个。

# 2018年江苏省工业经济运行概况

2018年，江苏省规模以上工业增加值同比增长5.1%，保持在合理区间；实现规模以上工业企业主营业务收入12.8万亿元，同比增长7.3%，占全国总量的12.5%；规模以上工业企业利润总额8492亿元，同比增长9.38%，占全国总量的12.8%，居全国第一。全年工业累计用电4396.1千瓦时，同比增长2.9%；成品油表观消费量2346万吨，同比增长2.3%；交通运输完成货运量24.7亿吨，同比增长5.7%。

2018年，全省高新技术产业、战略性新兴产业产值同比分别增长11.0%和8.8%，占规模以上工业总产值比重分别达43.8%和32%。高技术制造业、装备制造业增加值分别增长11.1%和8%，分别高于规模以上工业6.0和2.9个百分点。高耗能行业增速放缓，工业增加值仅增长2%。全年单位地区生产总值能耗、规模以上工业万元增加值能耗分别下降6.18%和7.3%。

2018年，江苏固定资产投资同比增长5.5%，其中，工业投资增长8.0%，工业技改投资增长10.7%，制造业投资增长11.2%，高新技术产业投资增长15.2%，呈现出工业投资增长快于固定资产投资、制造业投资与工业技改投资双双快于工业投资、高新技术产业投资快于制造业投资的良好态势（见图1）。

2018年，全社会研究与试验发展（R&D）经费占地区生产总值比重达2.64%，企业研发经费投入占主营业务收入比重提高至1.5%。拥有国家高新技术企业近2万家，试点培育省级制造业创新中心8家，累计建有省级以上企业技术中心2392家，其中国家级117家，基本实现了各行业龙头骨干企业技术中心全覆盖。

2018年，全省信息化发展水平指数达94.06，企业两化融合水平指数达60，数字经济规模达到2.39万亿元，增长13.8%。试点建设

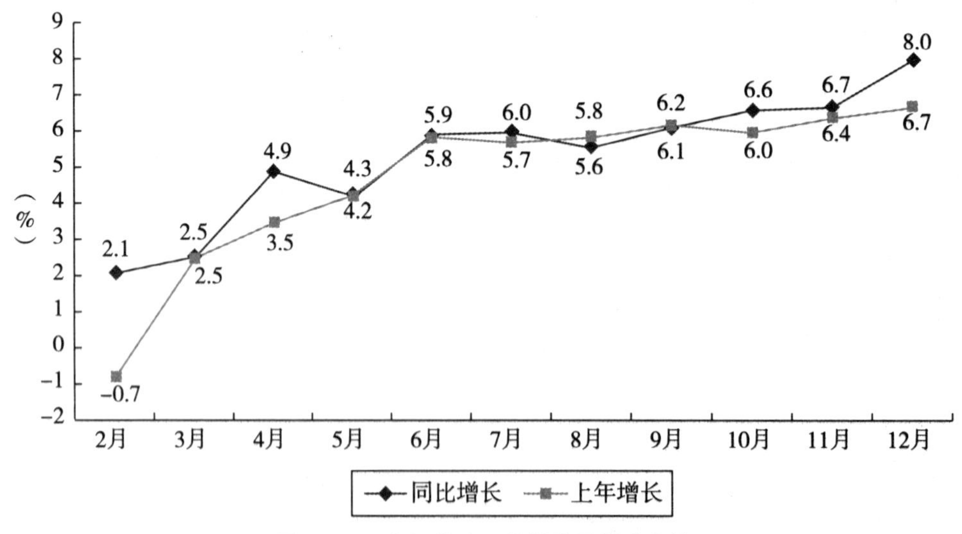


图1 2018年江苏省工业投资及增速走势

省级示范智能车间728家，智能工厂14家，省级重点工业互联网平台42个，“上云企业”累计超22万家，徐工信息Xrea工业互联网平台和苏州紫光云引擎平台分别成为全国首批双跨平台、区域平台，红豆-纺织服装工业互联网、中天科技线缆行业工业互联网平台入选国家平台集成创新应用试点示范。

截至2018年年底，全省规模以上工业企业数达4.57万家，占全国比重12.1%，各类小微工业企业数量超过50万家。其中，年营业收入亿元以上企业超过2万家，年营业收入超百亿工业企业139家、超千亿元工业企业达10家。49家企业入围中国制造企业500强，88家企业入围中国民营企业制造业500强。

## 重点行业发展情况

### （一）传统八大行业均保持稳步增长

**从主营业务收入增长看，**建材、医药、机械、冶金（有色）、石化等行业主营业务收入分别同比增长17.3%、12.9%、9.9%、9.8%和8.6%，增速高于全省平均水平（7.3%）。电子、轻工（烟草）、纺织行业增长相对较慢，分别同比增长4.9%、3.1%和1.1%。**从占规模以上工业比重看，**机械、电子、医药3个转型发展较快的行业主营业务收入占比分别较2017年同期增长了0.6、1.2、0.1个百分点；冶金（有色）、建材两个行业除受益于近年原材料价格大幅上涨的影响，主营业务收入占比较2017年同期分别增长1.2、0.2个百分点；石化、轻工（烟草）、纺织3个转型相对较慢的行业主营业务收入占比较2017年同期分别降低了1.8、1.6、0.7个百分点（见表1）。**从利润情况看，**建材、冶金（有色）、医药、石化、机械等行业利润增长较快，分别同比增长31.7%、21.8%、18.2%、14.6%、10.1%；轻工（烟草）、电子、纺织行业利润增速分别为1.9%、0.3%、-0.3%。

### （二）新兴产业快速发展壮大

全省战略性新兴产业产值占规模以上工业总产值比重稳步上升，2018年突破了32%，较2017年提高1个百分点。**从绝对值看，**11个重点新兴行业主营业务收入较2017年同期增长了1922.59亿元（见表2）。其中智能制造装备、生物医药、新型显示分别增长了414.47亿元、382.39亿元和398.62亿元，增长量较大。**从增幅看，**除光伏发电装备行业受政策调整的影响增长放缓（4.8%）以外，其他行业增幅均高于规模以上工

**表1　2017—2018年江苏省八大行业主营业务收入及规模以上工业占比**

| 序号 | 传统行业 | 2017年 | | 2018年 | | 占比变化百分点（个） |
|---|---|---|---|---|---|---|
| | | 主营业务收入（亿元） | 规模以上工业占比（%） | 主营业务收入（亿元） | 规模以上工业占比（%） | |
| 1 | 机械 | 42064.84 | 27.2 | 35630.54 | 27.8 | ↑0.6 |
| 2 | 电子 | 21649.50 | 14.0 | 19477.03 | 15.2 | ↑1.2 |
| 3 | 轻工（烟草） | 24435.59 | 15.8 | 18107.76 | 14.1 | ↓1.6 |
| 4 | 石化 | 20659.32 | 13.3 | 14763.97 | 11.5 | ↓1.8 |
| 5 | 冶金（有色） | 16181.70 | 10.4 | 14796.89 | 11.6 | ↑1.2 |
| 6 | 纺织 | 13504.74 | 8.7 | 10290.65 | 8.0 | ↓0.7 |
| 7 | 建材 | 5307.38 | 3.4 | 4580.41 | 3.6 | ↑0.2 |
| 8 | 医药 | 4077.56 | 2.6 | 3431.34 | 2.7 | ↑0.1 |

表 2　2017—2018 年江苏省重点新兴产业主营业务收入及规模以上工业占比

| 序号 | 重点行业 | 2017 年 | | 2018 年 | | 绝对值增加（亿元） | 增幅（%） |
|---|---|---|---|---|---|---|---|
| | | 主营业务收入（亿元） | 规模以上工业占比（%） | 主营业务收入（亿元） | 规模以上工业占比（%） | | |
| 1 | 新型显示 | 2160.95 | 1.8 | 2559.57 | 2.0 | 398.62 | 18.4 |
| 2 | 风力发电装备 | 751.94 | 0.6 | 887.31 | 0.7 | 135.37 | 18.0 |
| 3 | 集成电路制造 | 860.96 | 0.7 | 981.22 | 0.8 | 120.26 | 14.0 |
| 4 | 生物医药 | 2825.98 | 2.4 | 3208.37 | 2.5 | 382.39 | 13.5 |
| 5 | 智能制造装备 | 3434.42 | 2.9 | 3848.89 | 3.0 | 414.47 | 12.1 |
| 6 | 轨道交通装备 | 699.11 | 0.6 | 782.53 | 0.6 | 83.42 | 11.9 |
| 7 | 物联网 | 223.72 | 0.2 | 250.08 | 0.2 | 26.36 | 11.8 |
| 8 | 新型医疗器械 | 641.44 | 0.5 | 704.84 | 0.6 | 63.40 | 9.9 |
| 9 | 新材料 | 860.44 | 0.7 | 942.66 | 0.7 | 82.22 | 9.6 |
| 10 | 新能源汽车 | 999.45 | 0.8 | 1094.93 | 0.9 | 95.48 | 9.6 |
| 11 | 光伏发电装备 | 2505.00 | 2.1 | 2625.60 | 2.0 | 120.60 | 4.8 |
| 合计 | | 15963.41 | 13.4 | 17886.00 | 12.0 | 1922.59 | 14.0 |

业平均水平（7.8%）。其中，新型显示、风力发电装备、集成电路制造、生物医药、智能制造装备、轨道交通装备、物联网等行业均实现两位数增长，尤其是新型显示、风力发电装备、集成电路制造分别增长了 18.4%、18.0%、14.0%。

## 工业运行存在的主要问题

### （一）工业增速有所放缓

2018 年，江苏省规模以上工业增加值同比增长 5.1%，增速比 2017 年回落 2.4 个百分点。从全年季度走势看，第一季度、上半年、前三个季度全省规模以上工业增加值增速分别为 7.8%、6.2% 和 5.5%，增速逐步放缓。从区域看，苏南、苏中地区规模以上工业增加值同比分别增长 6.2% 和 6.5%，苏北地区为 -0.4%，区域经济发展差异有所扩大。

### （二）企业亏损面有所扩大

2018 年，全省 45624 家规模以上工业企业中，亏损企业数达 6612 家，同比增长 10.3%，亏损面高达 14.5%；亏损企业亏损额 715.6 亿元，同比增长 20.4%；负债总计 6.3 万亿元，同比增长 6.0%。规模以上工业企业主营业务收入和利润增幅比 2017 年分别回落 3.4、4.1 个百分点。

### （三）面临的要素制约依然较多

企业融资难、融资贵问题依然存在，制造业贷款占比由 2013 年的 28% 左右下降到 2018 年的 14%，处于有统计以来的最低点。企业用工成本、用地成本、环保成本等持续上升。2018 年，江苏工业生产者出厂价格指数为 102.8（以 2017 年同期为 100，下同），而购进价格指数为 104.6（见图 2）。工业品出厂价格涨幅小于原材料购进价格涨幅，企业成本压力增大，盈利空间进一步压减。

## 工业重点工作和成就

### （一）强化顶层设计，统筹推进制造强省战略实施

**一是强化组织推动。**成立以省政府主要领导

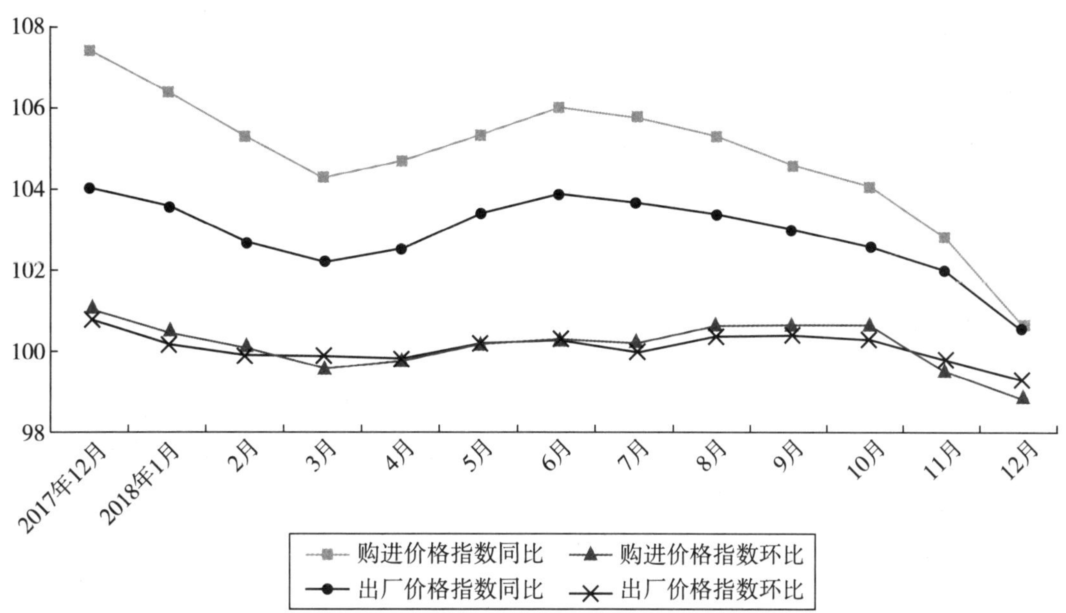


**图2　2018年江苏省工业生产者购进和出厂价格指数走势**

为组长的制造强省建设领导小组，组织召开2018年度工作会议，研究制定《制造强省建设2018年工作要点》，明确7个方面24项工作任务，落实责任部门，扎实推进制造强省建设。**二是**在全国率先出台《关于加快培育先进制造业集群的指导意见》，把先进制造业集群培育作为制造强省建设的主抓手，明确重点打造新型电力装备、工程机械、物联网等13个先进制造业集群，每个集群制定具体细化的培育实施方案。**三是**出台江苏《关于深化"互联网+先进制造业"发展工业互联网的实施意见》，提出推进"528"计划，强化工业互联网支撑体系、平台体系建设，加快企业上云步伐，全面推动制造业与互联网融合发展。

## （二）深化供给侧结构性改革，加快新旧动能接续转换

**一是加快发展先进制造业。**分行业制定战略性新兴产业年度实施方案，聚焦人工智能、增材制造、新能源汽车、机器人等领域，分别出台了《新一代人工智能产业发展实施意见》《江苏省机器人产业发展三年行动计划（2018—2020年）》等政策文件，引导企业转型突破。**二是圆满完成去产能任务。**国家下达"十三五"任务的煤炭去产能提前三年完成，关停煤矿8处，退出产能836万吨。省定任务的水泥、平板玻璃行业化解过剩产能超额完成，三年累计化解水泥产能1232万吨、平板玻璃产能1290万重量箱，分别完成"十三五"任务的205.3%、161.2%；船舶行业化解过剩产能提前完成，三年累计化解330万载重吨。运用综合标准依法依规退出落后产能，在印染、纺织、铸造等行业退出56个项目。淘汰戴南落后钢铁产能，制定新的不锈钢产业转型升级方案，并得到国家相关部委确认，配合做好产能外购等工作，打通产业转型升级之路。**三是扎实推进"263"减化和化工企业"四个一批"专项行动。**认真做好中央环保督察"回头看"整改，开展"四个一批"清单复核，推进环境敏感地区整治，督促落实关停企业后续处置工作，全年化工企业关停1275家、提升1161家、转移36家、重组90家，超额完成年度任务。制定《江苏省化工园区规范发展综合评价指标体系》，完成48个化工园区自我评价和专家复核工作。完成13个沿海化工园区问题清单排查和整治方案联合评审，沿海化工园区进入全面整治阶段。**四是开展长江经济带化工污染专项整**

**治**。对长江岸线1千米范围内的354家化工企业全面排查，会同相关市督促制定“一企一策”的整治方案，目前已关停企业40家，搬迁重组2家。**五是启动城镇人口密集区危险化学品生产企业搬迁改造**。印发实施方案，核实、确定、上报搬迁改造计划203家企业；督促各地对就地改造、异地迁建企业逐个制定具体方案，已关闭退出89家，完成就地改造18家、异地迁建6家。

### （三）坚持创新驱动，提升企业自主创新能力

**一是实施制造业创新中心建设工程**。指导27个重点培育对象完善条件、提升能力、高标准创建，高档数控机床及成套装备、高端工程机械及核心零部件、先进功能纤维、物联网、新能源汽车能源与信息、石墨烯6家省级制造业创新中心试点运营，累计8家。持续推进企业技术中心建设，新增省级中心302家、国家中心6家，国家技术创新示范企业5家。**二是实施关键核心技术攻关工程**。重点围绕13个先进制造业集群，开展产业链技术短板评估，梳理产行业关键环节“卡脖子”技术（产品）短板，建立近500项的短板技术库。集中支持智能电网电源转换装置、轴桥驱动一体式耦合技术等22项核心技术攻关和量子移动通信、工程机械、工业软件等10项重大技术攻关。**三是实施高端装备研制赶超工程**。新立项19个高端重大装备、短板装备领域赶超项目，研发可以替代进口的高新装备与关键零部件产品。跟踪推进27个在研项目，完成投资8.5亿元，其中2个项目已通过验收。**四是实施工业强基工程**。建立153项、总投资1100亿元的工业强基项目库，8个项目入选国家工业强基工程，累计入选59项，项目数和下达资金额均位居全国第一。在全国率先出台《工程机械“一条龙”推广应用计划》，组织整机企业与配套企业合作对接，21家企业和20个项目被工信部评为示范企业（项目）。**五是实施高端装备赶超工程**。研究制定促进省首台（套）重大装备发展的实施意见、认定管理实施办法，政策支持体系进一步完善。新认定首台（套）重大装备148个，组织示范项目50个、保险保费补贴试点项目64个，争取国家保费补贴2.43亿元，帮助研发单位拓展了产品市场、应用单位降低了首用风险。

### （四）践行绿色发展理念，推动产业绿色化转型

**一是大力推广绿色制造**。开展绿色制造示范创建，发布2018年全省绿色制造示范创建计划企业名单，指导和推荐企业创建国家绿色制造示范单位，49家绿色工厂、3个绿色园区和2家绿色供应链管理示范企业入选国家绿色制造名单，累计创建国家绿色工厂97家、绿色园区9家、绿色供应链管理企业4家，数量位居全国第一。围绕机械、电子、化工、家电、大型成套装备等行业，组织实施绿色制造集成项目，8个绿色制造系统集成项目列入工信部计划。**二是持续推进节能降耗**。推进工业领域能效领跑行动和“百千万”行动，组织开展节能宣传周活动，建设能耗在线监测系统，深入推进重点用能单位能源管理体系建设，922家企业通过评价或认证。支持142项节能改造、绿色制造和节能环保项目建设，新增节能能力51万吨标准煤。**三是推动发展清洁能源**。优先保证风电、光伏和生物质等可再生能源发电上网、全额收购。大力推广应用新能源汽车，全年推广10万辆标准车，超额完成省定任务。积极推广绿色、利废、环保新墙材材料，新墙材占比达96%，节能超过260万吨标准煤。加大乡镇禁黏力度，清理关停黏土砖窑32座。

### （五）推动两化深度融合，抢占产业发展制高点

**一是大力推行智能制造**。出台《进一步加快智能制造发展的实施意见》《智能制造重大项目实施管理办法》等文件，建立智能制造领军服务机构评选标准，智能制造政策体系、工作机制进一步完善。首批遴选14家智能工厂试点；新建

成示范智能车间273家，累计达728家；入选国家智能制造试点示范项目7个、智能制造综合标准化与新模式应用项目13个。**二是大力发展工业互联网。**出台《深化“互联网+先进制造业”发展工业互联网的实施意见》和省级工业互联网平台、标杆工厂、“工业互联网+先进制造业特色产业基地”建设标准，实施工业互联网“528”培育行动，发布工业互联网服务资源池，工业互联网推广应用步伐显著加快。省制造业“双创”示范平台认定48个，省级重点工业互联网平台建成42个，评选省级优秀工业应用软件（App）17个，并向工信部推荐15个，徐工信息Xrea工业互联网平台和苏州紫光云引擎平台分别成为全国首批双跨平台、区域平台，红豆-纺织服装工业互联网、中天科技线缆行业工业互联网平台入选国家平台集成创新应用试点示范。实施省工控安全三年行动计划，制定工业互联网安全管理规范、工控安全防护指南，开展检查评估和试点示范，工业信息安全保障能力持续提升。**三是推进“上云企业”。**实施“企业上云”三年行动计划和阿里“133”工程、华为“365”工程，发布《“企业上云”工作指南》，组织“企业上云”全省行活动20场次，建设上线省“企业上云”综合服务平台，“企业上云”服务支撑体系不断完善，上云企业数持续增长，新认定星级“上云企业”274家，新增“上云企业”5.5万家，累计超22万家。推进两化融合管理体系贯标，通过评定企业718家，国家级贯标试点企业315家，企业两化融合水平指数达60。**四是发展大数据产业。**发布《江苏者强化大数据引领推动融合发展专项行动计划》，推动大数据、人工智能、云计算、互联网等新技术和新模式运用，加快数字经济和实体经济深度融合，评选优秀转型升级软件企业100家、融合发展案例50个和优秀产品、平台、服务和解决方案125个。启动建设江苏省大数据产业园，4家园区通过省级评估；苏州市通过“工信部中国特色软件名城”评估。开展大数据示范应用评选，11个项目入选国家示范。**五是高起点推进智慧江苏建设。**出台《智慧江苏建设三年行动计划（2018—2020年）》，建设智慧江苏创新基地，在交通、医疗等领域实施30项重点示范工程，建成了医疗健康云、社保云、交通云、旅游云、信用云等云平台，南京、苏州、南通率先建设“城市大脑”。实施5G规模组网试验、IPv6规模部署、光网城市、工业互联网“企企通”、三网融合等重点工程，5G试验基站建成150个，IPv6用户突破3000万，全省信息基础设施建设投资超360亿元，信息基础设施服务支撑能力进一步提升。

### （六）培育龙头骨干企业，壮大产业发展力量

**一是培育工业大企业（集团）。**完善大企业（集团）监测分析制度，建立领导挂钩联系企业制度，及时掌握工业大企业（集团）运行态势，协调解决企业发展困难。研究制定“百企引航”计划，支持企业开展兼并重组和股改上市，打造一批地标型企业。**二是培育专精特新“小巨人”企业。**研究制定“千企升级”计划，围绕细分行业领域，推广智能制造和先进制造，推动企业管理创新。新增国家制造业单项冠军示范企业（产品）25家，累计58家，位居全国前列；新认定省级“专精特新”产品70个、科技“小巨人”企业60家，累计达420个、260家。推出“专精特新贷”，推荐50家企业在省“专精特新板”挂牌，帮助企业解决融资难题。**三是推动各地积极培育独角兽企业。**围绕独角兽企业孕育萌生发展所需，推动建设创新创业基地，举办中小企业创新创业大赛、“i创杯”互联网创新创业大赛等活动，加强政策扶持和舆论引导，构建独角兽创新创业生态环境。南京市探索发布独角兽及瞪羚企业榜单，开设绿色通道，提供定制化支持，成立独角兽、瞪羚企业俱乐部，提升上榜企业知名度，促进企业融资，分梯次培育取得显著效果。

### （七）落实稳增长举措，促进工业平稳运行

**一是降低实体经济成本。**督促落实国家和省

出台的降本举措，推动兑现惠企政策，全年为实体企业降低成本1200多亿元。在前两年出台3个降成本意见的基础上，新出台了《关于进一步降低企业负担促进实体经济高质量发展的若干政策措施》，明确了8个方面28条政策措施，可为企业进一步减负600亿元。**二是推进重点工业项目建设。**编制419项总投资5800亿元的2018年省重点工业投资项目计划，并跟踪督查、推动实施，遴选50个重大项目在线监测，确保达产达效。加强省市县协同联动培育，755个省级新增长点新增主营业务收入3300多亿元，拉动规模以上工业增长2.8%。**三是强化工业运行监测分析。**完善样本企业联系制度，扩大监测范围，初步完成产行业信息梳理，坚持按月研判分析产业运行情况，提出针对性政策建议并协调解决相关问题。坚持重点指标完成情况通报制度，有效推动各地落实举措、完成目标任务。**四是开展全省工业企业资源集约利用综合评价。**先后制发数据技术规范、系统接口规范、数据归集清单、交流共享、安全管理等文件，指导各地加快数据归集、评价系统建设，省级评价系统已建成并试运行，13个设区市完成数据归集，7个设区市基本完成本地首次综合评价，苏州、无锡、南京、溧阳等地出台了差别化政策措施，初步形成了引导企业提质增效、转型升级的促进机制。**五是完善专项资金支撑政策。**修订完善《江苏省省级工业和信息产业转型升级专项资金项目申报指南》，聚焦工作重点，整合资金项目类别，优化规范项目资金申报、评审流程，进一步提高专项资金使用绩效。完善企业技术改造综合奖补政策，将企业入库税收、新增税收、固定资产投资一并作为奖补依据，更好发挥财政资金引导带动作用。**六是推进工信领域行政审批制度改革。**梳理编制省工信厅“不见面”审批事项清单，落实食盐定点生产、碘盐加工企业许可以及民用爆炸物品销售许可、生产许可等“证照分离”改革事项，实现46项行政权力事项“不见面”审批。出台新增行政许可事项管理操作流程规范，落实“三集中三到位”要求。编制省工信厅随机抽查事项清单，建立检查对象库、检查人员库“两库”名单，制定2018年随机抽查计划，依托省工信厅事中事后监管软件平台，组织开展现场检查，强化事中事后监管。

## 2019年工业形势展望

新的一年，工业和信息化发展将面临更为严峻复杂的挑战，但同时也蕴涵新一轮机遇和红利。

**一是部分行业供需调整加快行情走弱。**近年来，全省持续大力度开展化工行业整治工作，2017年以来累计已关停化工企业2822家，目前有1/5的化工园区和企业处于停业整顿状态，许多企业对未来发展信心不足，部分企业已向安徽、宁夏、甘肃等地转移。2017年以来，汽车行情不断走低，2018年全省整车产销分别为189万辆、190.1万辆，同比分别下降0.2%和增长0.6%（但均高于全国平均水平3个百分点以上）。江苏省汽车产销量均居全国前列，汽车行业消费疲软、市场低迷，对全省影响不容忽视。此外，光伏产业受“531”新政影响，发展势头趋缓，预计2019年也难有大的增长。

**二是要素瓶颈制约加剧，产业转型升级压力前所未有。**劳动力方面，企业普遍反映，当前年轻人普遍不愿从事制造业，不仅技术工人紧缺，许多一线操作工甚至清洁安保人员都很难招，结构性缺工有向全面性用工难转变的趋势。土地方面，目前全省土地开发强度达到22%，苏南5市土地平均开发强度超过28%，逼近30%的国际警戒线，土地资源的承载能力已接近极限。此外，能源、水及生态环境的承载力也已逼近极限，能耗及排放指标等方面的约束也日益加剧，传统的产业发展模式已经难以为继，江苏省面临的稳增长和促转型的双重压力将更为严峻。

# 2018 年浙江省工业经济运行概况

2018 年，面对复杂的国内外经济形势，在省委、省政府的正确领导下，浙江省经信系统以“八八战略”为总纲，大力推进制造强省建设，经济和信息化工作取得明显成效。

## 工业经济运行特点

**一是工业运行总体平稳。**2018 年，全省规模以上工业增加值增长 7.3%，比年度目标高 0.3 个百分点，比全国高 1.1 个百分点，比东部地区高 1.7 个百分点，呈现出“好于预期、高于全国、领先东部”的态势。

**二是创新动力不断增强。**规模以上工业企业技术（研究）开发费支出增长 29.2%，占主营业务收入的比重达 2.16%；新产品产值率 36.3%，比 2017 年提高 0.9 个百分点。

**三是数字经济引领发展。**预计数字经济核心产业增加值增长 14.5% 左右，约占 GDP 的 9.7%。

**四是传统制造业加快提升。**10 个重点传统制造业增加值增长 5.0%，比 2017 年提高 0.5 个百分点；利润增长 11.4%，比规模以上工业高 6.1 个百分点。

**五是质量效益有所改善。**规模以上工业企业全员劳动生产率 22.5 万元/人·年，实际提高 8.3%；利润总额增长 5.3%，主营业务收入利润率 6.48%，总体保持稳定；每百元主营业务收入的成本为 83.8 元，明显低于全国平均水平。

**六是民营企业持续健康发展。**规模以上工业民营企业增加值增长 8.0%，利润增长 9.7%，分别比规模以上工业高 0.7、4.4 个百分点。

## 2018 年工业重点工作和成就

### （一）数字经济潜能加快释放

**一是加强顶层设计。**出台浙江省国家数字经济示范省建设方案和数字经济五年倍增计划，构建国家数字经济示范省建设“3386”体系，推动设立省数字经济发展领导小组，牵头制定落实 119 项重点工作，推进技术标准体系、统计指标体系建设。国家信息经济示范区建设获得中央领导同志批示肯定。**二是加快发展数字经济核心产业。**大力发展云计算、大数据、物联网、人工智能等新兴产业，积极布局区块链、量子信息等前沿产业，推进杭州国家“芯火”创新基地、杭州国际级软件名城、省级集成电路产业基地、智能网联汽车应用示范等重大项目（平台）建设。新一代信息技术产业增加值增长 19.9%；软件业务收入 5148 亿元，增长 21.1%，软件企业享受税收优惠政策金额连续三年居全国第一位，全年新登记软件著作权 5.5 万件；入选工信部大数据产业发展试点示范项目 17 个，居全国第二位；杭州市拥有区块链领域全球专利 116 项，居全国第三位。**三是持续推进两化深度融合国家示范区建设。**出台《关于加快发展工业互联网促进制造业高质量发展的实施意见》，在全国率先打造“1 + N”工业互联网平台体系，组建国家级 supET 工业互联网平台，建设省级工业互联网平台 47 家，新增国家级两化融合管理体系贯标试点企业 68 家、国家级制造业与互联网融合发展试点示范企业 8 家、省级制造业“双创”平台试点示范企业 38 家。深化“企业上云”行动，新增上云企业超

12万家，培育上云标杆企业88家，打造行业云应用平台10个。**四是持续完善数字基础设施。**制定实施《浙江省信息基础设施建设三年行动计划（2018—2020年）》，5G试验网建设及应用示范走在全国前列，建成开通500多个基站；积极推进IPv6规模部署，完成浙江政务服务网、门户网站和运营商基础网络的IPv6改造。在全国率先开展"城市大脑"建设应用，推动杭州"城市大脑"2.0版建设，启动开展湖州市、衢州市、德清县等"城市大脑"建设示范试点。加强无线电频谱资源管理，圆满完成5G试验网、世界互联网大会、世界短池游泳锦标赛等重大活动的无线电保障工作。**五是成功承办第五届世界互联网大会相关活动。**高水平组织"互联网之光"博览会、"工业互联网的创新与突破"论坛等41项活动，实现了"一届比一届办得更好"的办会目标。举办"数字经济产业合作大会""直通乌镇"总决赛等19场产业合作对接活动。举办数字经济人才对接会，发布《浙江数字经济人才需求目录》。

### （二）推进创新驱动发展

**一是完善产业创新体系。**加强创新平台建设，新增智慧视频安防、柔性电子等省级制造业创新中心7家，新增省级企业技术中心101家、国家企业技术中心8家，启动第二批30多家省级产业创新服务综合体创建培育工作。加强新产品开发应用，加大首台（套）保险支持力度，2018年新增首台（套）产品130个，其中国家首台（套）产品6个。加快新材料产业平台建设，宁波材料所入选首批3家国家新材料测试评价区域中心。**二是推进智能制造。**出台《关于推动工业企业智能化技术改造的意见》，滚动实施智能制造行动计划，分区域、分行业推进智能化改造试点，开展重点行业智能制造新模式应用示范，全年实施重点技改项目3000个，已建成数字化车间60个、"无人工厂"6家，入选国家智能制造试点示范项目8个，新增工业机器人1.6万台。推进386个"百项万亿"重大制造业项目建设，全年完成投资1000亿元。落实好18个县（市、区）振兴实体经济财政专项激励政策。**三是推进服务型制造。**实施服务型制造工程，新增省级示范企业80家、示范平台26个，10家企业入围国家级示范企业（项目、平台），嘉兴列入6个国家级示范城市。成功举办第二届世界工业设计大会和第三届中国设计智造大奖，推进良渚工业设计小镇提升发展，18家省级特色工业设计示范基地设计服务收入增长16.2%，新增专利授权5499项。**四是推进产才融合发展。**初步建立省市县三级人才工作体系及相关工作机制。推动柯桥区、海宁市开展经济效益和社会效益相结合的企业家综合评价试点，配套实施差别化扶持政策。深入实施企业经营管理人才素质提升工程，全省经信系统全年累计培训20余万人次。推进工程领域职称评审科学化、社会化、市场化改革，出台经信领域高层次和紧缺急需人才高级职称一事一议评定办法。

### （三）深化供给侧结构性改革

**一是稳步推进"去产能"。**更加注重运用市场化、法治化方式淘汰落后产能，全年淘汰落后产能涉及企业1733家，治理"低散乱"企业（作坊）3.62万家，处置"僵尸企业"393家。**二是大力推进企业减负降本。**全面落实国家减税降费政策，聚焦税费、电力、社保等重点领域，出台《关于进一步减轻企业负担增强企业竞争力的若干意见》，全年为企业降低各类负担和成本1650亿元。**三是实施绿色制造工程。**实施《浙江省绿色制造体系建设实施方案（2018—2020年）》，列入国家绿色制造系统集成项目4个、绿色工厂58家、绿色设计产品53个、绿色园区2个、绿色供应链管理示范企业4家，数量居全国前列。做好工信部国家新能源汽车动力蓄电池回收利用试点工作。出台《坚决打好工业污染防治攻坚战三年行动计划（2018—2020年）》，加强工业领域能源"双控"，预计2018年全年规模以上工业单位增加值能耗下降5%左右。**四是提升质量品牌。**深化"品牌+""标准化+"，启动标准化改造提升区域试点，制定经信领域团体标准40项、行业标准219项；持续推进“浙江制造”品牌培育工程、消费品工业“三品”专项行动，加大“浙江制造精品”推广应用，新增“浙江制造精品”200多项。

### （四）推动重点产业转型升级

**一是推进传统制造业改造提升试点示范。**出台《浙江省加快传统制造业改造提升行动计划（2018—2022年）》，启动新一批7个行业改造提升，逐个行业制定实施方案，深化绍兴市综合试点和首批21个县（市、区）分行业省级试点，开展第二批14个县（市、区）分行业省级试点。组织开展试点对标提升活动，总结推广“改造提升十法”。**二是强化行业管理。**拟订汽车产业高质量发展行动方案，推动汽车产业稳定发展。推动装备基础件、零部件转型升级，加强铸造等行业监管。推进国家高端医疗设备示范项目，选定新“浙八味”中药材培育名单。扎实推进城镇人口密集区危险化学品生产企业搬迁改造工作。制定浙江省钢铁、水泥、玻璃行业产能置换实施细则，在控制产能前提下加快行业改造提升，开展全省中频炉使用专项核查。积极做好禁化武履约工作。开展光伏、锂电池、印染、电动自行车、再生化纤行业规范公告审核，推进食品企业诚信体系建设。深化盐业体制改革，完成国家盐改过渡期工作任务，有效保障食盐稳定供应和质量安全。**三是加快制造业集群和特色小镇建设。**拟订培育先进制造业集群的政策文件，深化新型工业化产业示范基地（先进制造业基地）建设，新增国家新型工业化产业示范基地4家。推进数字经济、时尚、高端装备、历史经典产业等领域特色小镇建设，培育省级特色小镇和创建对象66个，占全部特色小镇数的54%；其中省级示范小镇7个，占全部的70%。**四是推进全球精准合作。**出台《浙江省工业和信息化全球精准合作三年行动计划（2018—2020年）》，编制发布重大制造业项目招引清单，共同举办、承办“浙江-德国数字经济和高新技术产业高峰对接会”“浙江省国际智能医疗创新大会”等对接会，组织企业参加首届联合国世界地理信息大会、第十届APEC中小企业技术交流暨展览会、第十五届中国国际中小企业博览会，推动中德中小企业合作区建设。成功举办了2018年中国义乌国际装备博览会。积极参与长三角区域一体化发展，开展产业和信息化八大事项合作。

### （五）推动大中小微企业融通发展

**一是推动大企业做强做优。**深化“三名”试点企业培育，出台《关于实施雄鹰行动培育具有全球竞争力一流企业的通知》，拟订《关于进一步推动企业兼并重组的实施意见》，着力培育一批世界一流企业。2018年入围中国民营企业制造业500强97家、电子信息百强14家、软件百强10家。**二是推动中小微企业做专做精做特做新。**出台《关于促进小微企业创新发展的若干意见》，拟订《关于开展“雏鹰行动”培育隐形冠军的实施意见》，推进小微企业上规升级和“专精特新”发展，中小微企业创业创新活力明显增强。新增“小升规”企业3579家，评定“隐形冠军”27家、“隐形冠军”培育企业287家、“创业之星”211家、创新型示范中小企业107家；入围工信部单项冠军企业（产品）36个，位居全国第一。举办“浙江好项目”创新创业大赛。**三是建设提升小微企业园。**召开全省小微企业园建设提升暨“低散乱”整治推进大会，出台《关于加快小微企业园高质量发展的实施意见》，制定小微企业园绩效评价办法，确定首批20个小微企业园建设提升专项激励县（市、区），全年新增小微企业园222个，推动2.3万家企业入园集聚发展。2个开发区、4个小微企业园、11个服务平台分别入围国家创新创业特色载体、创新创业示范基地、公共服务示范平台。

### （六）企业营商环境持续优化

**一是推进经信领域“最多跑一次”改革。**深化工业投资项目审批“最多跑一次”改革，推进“数字经信”建设，全面应用在线审批监管平台2.0版，落实技术改造项目“八统一”，推动实现企业投资项目开工前审批“最多跑一次、最多100天”。无线电管理网上办事系统顺利通过省级高频事项数据共享用户验收。**二是推进“亩均论英雄”改革。**推动“亩均论英雄”改革纳入《浙江省保障“最多跑一次”改革规定》。“亩均论英雄”改革工作获全国政协领导人批示肯定，并获得2018年度省政府部门绩效考评改革创新项目第一等次。出台《关于深化“亩均论英雄”改革的指导意见》，完成8.1万家工业企业、76个开发区和31个制造业行业“亩均效益”评价，整治提升7195家亩均税收1万元以下低效企业，全年规模以上工业企业亩均税收、亩均增加值分别增长9.8%、7.4%。建成省“亩均论英雄”大数据平台。推动资源要素优化配置，建立年度用地计划与市县“亩均效益”绩效挂钩的激励约束机制，为A类和B类企业减免城镇土地使用税39.1亿元、新增用地3.5万亩，依法征收D类企业差别化电价、水价、排污费合计3.7亿元。**三是防范化解企业风险。**建立风险企业排查督导机制，组织省市县“全覆盖”联动排查规模以上工业企业，形成重点关注企业清单。研究制订加强工业领域企业风险防范和化解工作的政策文件，针对企业存在的不同风险隐患类型和程度，提出分类处置、精准帮扶的政策意见。**四是强化企业服务。**牵头开展服务民营企业活动，组织百名厅局长到百家对口龙头企业开展精准服务，组织百名处长下基层宣讲政策，组织省市县“全覆盖”走访帮扶工业企业。积极应对国内外等外部环境变化，建立重点行业和企业监测预警机制，统筹建立“一对一”跟踪服务机制。组织150家企业开展对标先进学习活动。开展中小微企业服务日和法律服务月活动，中小企业公共服务平台网络组织对接活动1000多场次。

## 2018年工业经济运行中存在的问题与不足

尽管2018年经信工作取得明显成效，但工业经济发展仍面临“稳中有变、变中有忧”的形势，主要表现在工业下行压力加大、工业投资增长乏力、企业利润增长较快回落、产业创新能力仍待增强、企业融资难融资贵依然突出等方面。2018年工业运行中的表现，反映出2018年浙江省工业经济和信息化发展中依然存在以下问题和不足：实体经济特别是中小微企业困难加剧、预期不稳，企业投资意愿较弱；关键核心技术“卡脖子”问题凸显，激励企业自主创新的机制有待强化；企业融资渠道相对缺乏，金融支持实体经济发展的力度仍待加大；推进工作存在惯性思维、创新不足的问题。

# 2018年安徽省工业经济运行概况

2018年，安徽省工业经济呈现出稳中有进、质效双升的良好态势。主要指标情况概括为“四五六七”。全省规模以上工业增加值同比增长9.3%，为四年来最好水平；工业用电同比增长8.6%，为五年来最好水平；工业技改投资同比增长34.6%，为六年来最好水平；工业利润同比增长27.8%，为七年来最好水平。

## 工业运行的主要特点

**一是工业运行稳中向好。**2018年，全省规模以上工业增加值同比增长9.3%（见图1），为近4年同期最好水平，增速居全国第4位、中部第1位，连续12年处于全国第一方阵，时隔4年重回中部首位；工业对经济增长的贡献率达48.9%，同比提高6.3个百分点。

**二是行业增长保持稳定。**2018年，全省规模以上工业40个工业大类行业中有32个行业增加值实现同比增长，增长面达80%，13个行业增速超10%，其中计算机、通信和其他电子设备制造业增速最高，达28.8%。

**三是产品产量增势良好。**2018年，全省统计的437种主要工业产品中，有257种产量保持同比增长，增长面达58.8%。其中，新产品产量快速增长，新能源汽车产量增长104.6%，比2017年高66.1个百分点；微型计算机设备增长28.4%，比2017年高15.3个百分点；液晶电视机增长50.3%，比2017年高16个百分点；手机增长15.3%，比2017年高32.4个百分点。

**四是重点城市贡献突出。**2018年，合肥、芜湖、蚌埠、滁州四市工业增速分别为11.3%、8.8%、10.3%和11.4%，四市规模以上工业增加值总量占全省的45.9%，对全省工业增长的贡献率分别为22.6%、12.1%、7.5%和8.9%，累计贡献率达51.1%，拉动作用明显。

**五是供给侧改革成效显著。**2018年，全省退出生铁产能100万吨、粗钢产能128万吨，全面完成年度目标任务。围绕品牌短板，聚力产品提质，累计认定省级新产品853个。自2017年

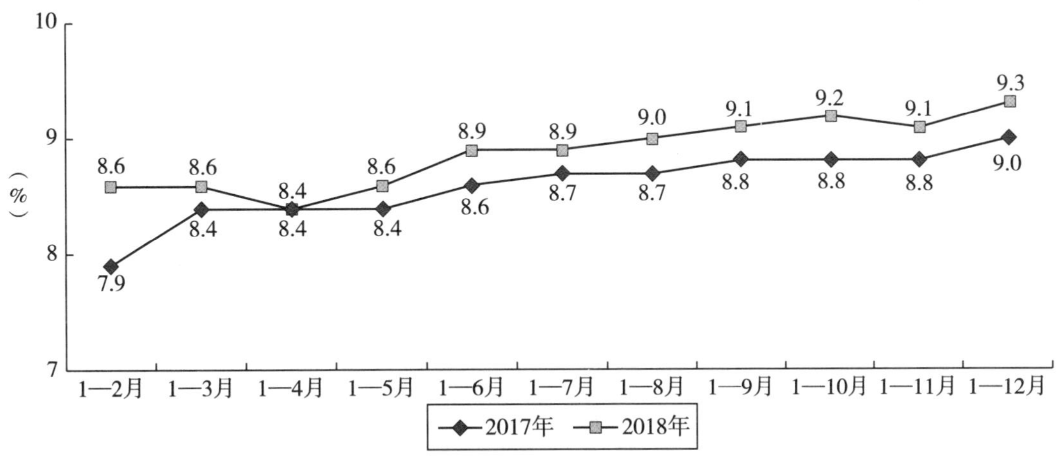


**图1　2017—2018年工业增加值累计增速对比情况**

开始，在中央电视台组织开展“精品安徽、精彩安徽”系列宣传活动，累计有超58亿人次收看，一批安徽优质品牌走向全国。

**六是新旧动能接续平稳。**2018年，全省高新技术产业增加值同比增长13.9%，高于全部工业4.6个百分点。电子信息工业同比增长28.8%，为2015年以来最好水平，对全省工业增长的贡献率达到19.5%，居40个工业大类行业之首。新兴工业产品产量快速增长。“小米手环”累计出货量突破5000万台，居全球首位；工业机器人、新能源汽车产量分别同比增长37.5%和1.3倍。

**七是民营经济发展稳健。**2018年，全省召开促进民营经济发展大会，出台“民营经济政策30条”，推动民营工业增加值同比增长10.4%，高于全部规模以上工业1.1个百分点，贡献率达到74.2%。培育认定“专精特新”企业500家、成长型小微企业100家；民营企业突破100万家，达112.8万家；新登记市场主体85.6万家，同比增长21.5%，连续5年实现两位数增长。

**八是工业效益显著提升。**2018年，全省规模以上工业累计实现利润2448.2亿元，同比增长27.8%（见图2），比全国高17.5个百分点，居全国第4位、中部第2位；安徽海螺集团全年实现利润总额399.3亿元，成为安徽盈利能力最强、单个企业利润最高的工业集团企业。主营业务收入利润率6.2%，同比提高0.9个百分点；每百元主营业务收入中成本85.6元，同比降低0.6元。工业税收同比增长10.1%，对全部税收增长的贡献率达30.9%；其中制造业税收增长11.2%。

**九是技改投资支撑有力。**2018年，全省工业投资同比增长24.8%，技改投资同比增长34.6%，分别高于2017年同期12.1和16.6个百分点，技改投资增速达六年来最高水平。制造业工业和技改投资同比分别增长33.3%和36%，制造业技改投资增速比2017年同期高17.7个百分点，高于全部技改投资1.4个百分点。全省16个市技改投资全部实现增长。

**十是工业用电较快增长。**2018年，全省工业累计用电1372.4亿千瓦时，同比增长8.6%，较2017年提高2.8个百分点，工业用电增速为近五年同期最高水平。

## 重点行业发展情况

### （一）电子信息行业

2018年电子信息行业工业增加值同比增长28.8%，较2017年提高13.7个百分点。累计实现利润122.8亿元，同比下降11.4%。全省生产微型计算机2026万台，同比增长28.3%，产量跃居全国第5位，比2017年提升一位；液晶显示屏4.1亿片，同比增长3.3%；手机、集成电路等新兴产品产量分别同比增长15.3%、17%；华米科技在全球智能穿戴市场占有率持续增长并成功发布全球可穿戴领域第一颗AI芯片“黄山”

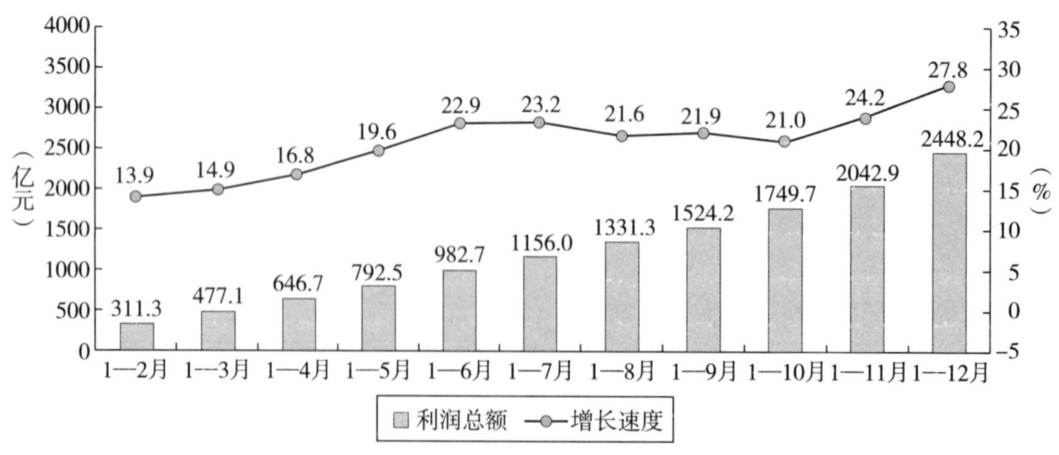

图2 2018年利润总额完成情况

1 号。实现工业投资、技改投资增长 23.3% 和 20.5%。其中：合肥京东方全球首条 10.5 代液晶面板生产线产能和良率爬坡顺利，配套项目晶合 12 英寸驱动集成电路月产能达到 1 万片、康宁 10.5 代显示玻璃基板生产线贯通；总投资 440 亿元维信诺 6 代 AMOLED 项目开工建设；总投资 240 亿元滁州惠科 8.6 代液晶显示面板项目主体结构封顶。

### （二）家电行业

2018 年家电行业工业增加值同比增长 14.3%，较 2017 年提高 11 个百分点。累计实现利润 144.5 亿元，同比增长 35.6%。全省冰箱、洗衣机、空调“三大件”产量累计实现 7967.4 万台，同比增长 4.4%，产量占全国 22.4%。其中，家用洗衣机产量 2126.0 万台，同比增长 2.7%，产量占全国 29.7%，居全国第一位；家用电冰箱产量 2631.1 万台，同比增长 7.2%，产量占全国 33.4%，居全国第一位；房间空气调节器 3210.3 万台，同比增长 3.2%，产量占全国 15.7%，居全国第二位。骨干企业支撑作用明显。合肥海尔电冰箱有限公司、合肥海尔洗衣机有限公司、格力电器（合肥）有限公司、格力电器（芜湖）有限公司、长虹美菱股份有限公司、博西华家用电器有限公司、合肥晶弘电器有限公司、合肥美的洗衣机有限公司、芜湖美智空调设备有限公司、安徽康佳同创电器有限公司、TCL 家用电器（合肥）有限公司 11 家骨干企业累计实现主营业务收入 888.5 亿元，占全省白电 60.7%，实现利润 78.6 亿元，占全省白电 67.9%。各大家电厂商均更加注重科技创新，加速提升产品附加值和中高端产品占比，海尔、美菱智能化冰箱占比 30% 以上，合肥格力空调高端机型达 35% 以上。

### （三）汽车行业

2018 年汽车行业工业增加值同比增长 6.0%，较 2017 年回落 3.8 个百分点。累计实现利润 64 亿元，同比下降 32%。全省生产汽车 92 万辆，同比下降 14.4%，占全国比重为 3.3%。新能源汽车继续保持高速增长，全省生产和销售新能源汽车分别为 15.8 万辆、15.7 万辆，同比分别增加 1.3 倍和 1.4 倍，占全国比重高达 12.4%。其中奇瑞汽车、江淮汽车分别实现新能源汽车销售 9 万辆和 6.4 万辆，分别居全国第四位和第六位。全省汽车出口已连续 9 年保持全国第一。奇瑞汽车实现汽车出口 12.5 万辆，同比增长 16.7%，占行业比重 12%，连续 16 年位居中国乘用车出口第一，截至 2018 年年底奇瑞汽车海外市场销量累计超过 140 万辆。江淮汽车实现汽车出口 7.5 万辆，同比增长 12.5%，位居行业第四，其中 SUV（运动型多用途汽车）出口 5 万辆，位居行业第二。汽车产业开放合作在提速，作为省先进制造业“一号工程”的江淮汽车与德国大众合资合作的新能源汽车项目正稳步推进，目前首款车已于 2018 年下线并初步具备量产条件；奇瑞捷豹路虎合资发展深入推进，奇瑞旗下的观致汽车和凯翼汽车分别引入战略投资方。随着开放合作不断发展，全省汽车行业的品牌影响力得到持续提升。

### （四）钢铁行业

2018 年钢铁行业工业增加值同比增长 15.1%，较 2017 年提高 19 个百分点。累计实现利润 164.1 亿元，同比增长 35.5%。钢铁产量再创历史新高。因省内多家民营钢铁企业技改完成，闲置产能得到有效释放，全省生铁、粗钢产量继 2017 年再创历史高点，产量分别为 2422 万吨、3105.2 万吨，同比增长 0.7%、6.7%，占全国产量 3.1%、3.3%；其中粗钢产量增速较快，位居全国第六，较 2017 年提升 3 位。钢材产量 3195 万吨，同比增长 7.2%，粗钢与钢材比达 97.2%，较 2017 年提高 8.3 个百分点，高于全国 13.2 个百分点。行业转型升级步伐不断加快。全年退出生铁产能 100 万吨、粗钢 128 万吨，三年累计退出生铁 224 万吨、粗钢 302 万吨，提前两年完成“十三五”钢铁去产能任务。产能置换和资产重组步伐加快，马钢股份、长江钢铁和郎溪鸿泰公司3家企业内部产能置换建设项目启动实施；力鑫特钢、泾县隆鑫公司完成电炉技改，贵航金属电炉技改项目进展过半。

### （五）白酒行业

2018年白酒行业工业增加值同比增长8.6%，较2017年提高1.4个百分点。累计实现利润90.6亿元，同比增长32.7%。白酒产量（折65度）43.1万千升，居全国第5位，位列四川、江苏、湖北、北京之后，比2017年提高了4个位次，白酒产量占全国的比重由2011年的3.85%上升到5%。全省白酒企业主营业务收入超过10亿元有5家，比2017年增加1家，古井集团成为安徽省第一家迈入百亿元俱乐部的白酒企业。全行业拥有古井贡、口子、迎驾等12个“中国驰名商标”，拥有古井、金种子、迎驾、口子4家白酒上市公司，数量全国最多。古井贡酒、高炉家酒、口子窖、宣酒、迎驾贡酒、明绿御酒、临水酒、运漕酒（运酒）8种安徽名酒被认定为国家地理标志保护产品，白酒品牌知名度、美誉度不断增强，打造了徽酒品牌新形象。

### （六）建材行业

2018年建材行业工业增加值同比增长4.3%，较2017年回落1.8个百分点。累计实现利润370.1亿元，同比增长62.1%。水泥、平板玻璃产量为13027.9万吨、3310.2万重量箱，分别同比增长1.8%、-12.2%。新项目建设稳步推进。凯盛科技股份公司浮法工艺8.5代线TFT-LCD（薄膜晶体管液晶显示器）玻璃基板项目有序推进，华光集团日产250吨高温太阳能电池基板项目建成投产。传统行业改造加快。安庆白鳍豚水泥有限公司和安徽省凤阳县凤凰水泥厂2家水泥企业产能跨省出让方案向社会公告，芜湖南方水泥日产4500吨产能置换项目开工建设，全椒海螺水泥有限公司智能化工厂、海螺水泥白马山水泥厂窑烟气$CO_2$（二氧化碳）捕集纯化项目建成投产，推动全省水泥行业智能化、绿色化水平快速发展，成为业内标杆。

### （七）石化行业

2018年石化行业工业增加值同比增长5.7%，较2017年提高3.2个百分点。累计实现利润235.2亿元，同比增长32.6%。受国际原油市场价格波动影响，安庆石化总厂经济效益增长放缓，实现主营业务收入439.3亿元，同比增长13.9%；利润22.9亿元，增长25%，较2017年低近220个百分点。化工企业退城进园工作进展顺利，化工企业向化工园区集中度提高。投资增长稳步增加。中安联合煤化一期工程、华塑化工二期工程建设进展顺利，昊源化工搬迁一期苯乙烯项目、红四方二期乙二醇项目建成投产，铜化集团聚苯硫醚等一批项目的建设为全省石化行业的稳增长、调结构奠定了坚实的基础。

### （八）煤炭行业

2018年煤炭行业工业增加值同比下降0.7%，较2017年回落5.7个百分点。累计实现利润68.9亿元，同比下降6.8%。受去产能影响，2018年煤炭产量11260.1吨，比2017年同期减少365.2万吨，下降3.1%。

## 工业重点工作和成就

### （一）制造强省取得新突破

狠抓“制造强省”战略实施，推动出台了集成电路、机器人、新能源汽车、生物医药等系列“政策10条”，政策体系不断完善。推动召开了制造强省建设领导小组会议，印发年度工作要点。成功举办了首届世界制造业大会，圆满完成智能制造、智能家居论坛和智能制造展等活动，举办百家知名民企项目合作对接会，集中签约高端制造业合作项目107个、投资规模1799亿元，打造了安徽制造业高端交流的新平台。开启了新一轮省部战略合作，合肥智能语音入选国家先进制造业集群培育试点，6家企业入选国家单项冠军示范企业（产品）名单，4家企业和项目荣获第五届中国工业大奖，2家园区入选国家级新型工业化示范基地。发布安徽省首份制造业评价榜单，通报表彰制造业发展10强、10快县（市、区），大力弘扬企业家精神，开设“激荡40年·致敬企业家”专栏，开展50强企业和50名优秀企业家风采系列宣传。

## （二）民营经济迸发新活力

推动召开大规模、高规格的促进民营经济发展万人大会，出台“民营经济政策30条”，提升省民营经济领导小组规格，省委、省政府重视程度、政策支持力度、社会影响深度前所未有。充分发挥省民营办牵头作用，推动召开领导小组会议，修订议事规则，完善考核办法，启动实施清理拖欠民营企业、中小企业账款专项行动。在全国省级层面第一个出台中小企业“专精特新”发展意见，设立运营19.1亿元省中小企业（“专精特新”）发展基金，培育认定“专精特新”企业500家、成长型小微企业100家，在省股权托管交易中心挂牌“专精特新”企业198家。认定省级中小企业公共服务示范平台63个、小微企业创业基地30家、智慧产业集群6个，创建国家小微企业创业创新示范基地4家、国家中小企业公共服务示范平台8个。开展“创客中国”大赛、中小企业“一法一条例”宣贯，举办“新时代·新制造·新徽商”大讲堂13期。

## （三）数字经济开启新篇章

实施数字经济开篇工程，出台数字经济“政策10条”，促进数字经济规模化、集群化发展，合肥、芜湖、马鞍山入选全国数字经济百强城市，两家企业入围全国互联网企业百强。“屏芯端”联动发展成效显著，举办“国家集成电路重大专项走进安徽”、海峡两岸信息产业和技术标准论坛等活动，合肥“海峡两岸集成电路产业合作试验区”获国务院台湾事务办公室（简称国台办）、工业和信息化部批准，省集成电路“芯火”双创基地获工信部批复，京东方10.5代线产能快速提升、长鑫存储加快推进、维信诺6代AMOLED项目开工建设。中国声谷拔节壮大，举办首届世界声博会，开展国际智能语音及人工智能产品创新大赛，成立中国智能写作产业联盟，中国（合肥）人工智能产业园及中国声谷制造中心揭牌运营；“中国声谷”研发制造智能终端产品120项、类脑芯片首次流片成功，入园企业430家，全年实现产值650亿元，同比增长30%。“皖企登云”行动计划启动实施，征集发布云平台服务商32家，1500家企业与云资源深度对接；成立安徽工业互联网产业联盟，长江三角洲区域工业互联网扎实推进；新增国家两化融合贯标企业316家，10个项目入围国家级制造业与互联网融合试点示范，9个项目荣获国家级制造业“双创”平台试点示范，7个项目入围大数据产业发展试点示范。

## （四）先进制造业迈上新台阶

围绕“五大制造”方向，先进制造业加快发展。实施产学研深度融合工程，培育省级技术创新示范企业35家、企业技术中心144家，创建国家级技术创新示范企业2家、企业技术中心8家，组建智能网联电动汽车等省级制造业创新中心11家，59项行业标准获工信部立项。实施先进制造业培育工程，全省新能源汽车产销分别达到15.8万辆、15.7万辆，同比分别增长1.3倍和1.4倍，均占全国的12.4%。实施首台（套）重大装备研制项目208个，7个项目获批工信部智能制造试点示范。实施“机器换人十百千行动”，成立省机器人产业发展联盟，生产工业机器人1.1万台、推广应用4400台；评选认定省级智能工厂20个、数字化车间100个，300多条生产线进行了自动化、数字化改造。实施节能环保“五个一百”提升行动，推进绿色制造体系建设，评选省级绿色工厂97家，50家企业、61种产品、5个园区、2家绿色供应链管理示范企业入选国家名单，获批工信部绿色制造系统集成项目2个，节能环保产业产值同比增长18.8%。实施服务型制造专项行动计划，创新举办第五届工业设计大赛，成立省工业设计产业联盟，培育认定省级服务型制造示范企业（平台）45个、工业设计中心41家，获批国家服务型制造示范企业（项目、平台）7个。

### （五）供给侧结构性改革取得新成效

依法依规退出落后产能，多措并举化解过剩产能，全年去除炼铁产能100万吨、粗钢产能128万吨，提前两年完成国家下达安徽省“十三五”钢铁去产能目标任务。设立有奖举报，严打“地条钢”死灰复燃，取缔“地条钢”企业12家，关停产能53万吨；优化产业布局，关闭非煤矿山34处，清理船舶修造企业171家。深入开展新一轮技术改造专项行动，全年组织实施亿元以上项目1162个，全省新增设备超40万台(套)。深入开展涉企保证金清理规范实施，认真贯彻落实降成本20条、10条，推动出台“降成本新20条”，全年减轻实体经济负担1303亿元。大力实施安徽工业精品提升行动，认定省级新产品853个、工业精品145个；开展“精品安徽·徽商中国”央视展播，收看人次突破58亿，提升了安徽制造知名度和美誉度。深化大气污染防治，开展每小时35蒸吨及以下工业燃煤锅炉和玻璃、陶瓷行业燃煤炉窑清洁能源替代工作，有序推进44家危化品企业搬迁改造。全年全省单位工业增加值能耗同比下降6.4%，超年度预期目标。

### （六）服务能力实现新提升

积极稳妥推进机构改革，顺利完成机构组建、人员划转、“三定”方案等重点工作。工业云平台建设应用不断加强，注册企业突破2.6万户，数据上报率超过98%；工业经济运行会商调度制度不断完善，监测预测模型的精准度持续提升。常态化开展“四送一服”帮扶工作，高效办理省“四送一服”办公室转办问题102个，实现了办结率、企业满意度“双百分百”。促进产销有效对接，组织企业参加进博会、中博会、工博会，举办工业机器人、家博会等产需对接会近20次。出台扩大和升级信息消费意见，培育认定省级信息消费体验中心60个、信息消费创新产品120个，创建全国信息消费示范项目5个。推进依法行政，深化“放管服”改革，完善事中事后监管，盐业体制改革人员分流工作基本完成。建立制造强省项目资金管理“1+4”制度体系及财务内控管理体系。认真履行安全监管职责，煤炭、非煤矿山、民爆行业安全生产形势总体稳定。扶贫攻坚取得显著成效。加强无线电频谱资源管理，审批办理频率台站许可事项240件，核发电台执照26351个，查处“黑广播”等违法用频设台案件200余起，有效维护了空中电波秩序。

## 2019年工业形势展望

从当前全省工业增长形势以及工业中反映需求、投资的重要指标走势来看，2019年安徽省工业增长总体平稳，全年走势可能呈现稳中趋缓的运行态势。一是全省工业步入平稳增长阶段。安徽省工业近年来的工业走势反映出增长已经基本渡过快速调整下行阶段，开始低位渐趋走稳，预计2019年工业仍将延续平稳缓慢增长态势。二是投资预期带动作用。2018年，全省工业投资同比增长24.8%，技改投资同比增长34.6%，分别高于2017年同期12.1个和16.6个百分点，将为2019年全省工业增长带来一定支撑。综合来看，全省工业增长总体趋缓，但稳定增长的趋势预计不会有大的改变。

2019年，是安徽省实施“十三五”规划、建设现代化五大发展美好安徽的关键时期，也是制造强省建设纵深推进的重要阶段，全省将高举制造强省、数字经济、民营经济三面大旗，不断增强工业创新力和竞争力，推动安徽制造质量变革、效率提升、动力增强，全面加快制造强省建设步伐。

### （一）深入推进制造强省

持续深入实施制造强省战略，深刻把握制造业高质量发展方向，加速传统产业转型升级，加快构建新型制造体系。支持企业围绕“互联网+

制造”“龙头+配套”“平台+赛道”“存量+增量”“集约+循环”开展技术改造，推动企业实施高端制造、智能制造、绿色制造、精品制造、服务型制造“五大制造”。坚持把创新作为引领发展的第一动力，深化产学研合作，优化工业强基推进体系，发挥制造业创新中心、产业联盟的引领作用，着力提升制造业创新能力。

### （二）加快发展数字经济

坚持产业数字化和数字产业化，推动互联网、大数据、人工智能和实体经济深度融合，深入实施“数字经济发展规划”和“支持数字经济发展若干政策”，建立健全数字经济发展统计监测指标体系，推动出台数字经济发展“年度版”“部门版”“地方版”。深入推进“互联网+先进制造”，实施“皖企登云”计划，推动实现万家企业“借梯登云、深度用云”，加快推动制造业设计、生产、管理、服务等过程的数字化、网络化、智能化。

### （三）大力发展民营经济

切实解决好民营经济发展面临的“三座大山”，积极帮助企业开拓市场，加大“首台套”“首批次”和政府采购对民营企业的支持力度；优先解决民营企业融资难、融资贵问题，建立政策性救助纾困基金，对符合条件的民营企业进行必要财务救助；建立民营企业转型升级指导机制，帮助企业突破转型决策盲区；建立“小升规”企业培育库，加大对“单打冠军”“专精特新”等企业支持。选树百强民营企业、优秀民营企业家等先进典型，大力营造重视民营经济、发展民营经济的浓厚氛围。

### （四）着力优化营商环境

坚持服务企业、服务发展理念，常态化推进“四送一服”双千工程，在市场准入、产业政策、合作发展上一视同仁，破除“卷帘门”“玻璃门”“旋转门”等歧视性限制和隐形障碍，提振企业家发展信心。深入开展精准帮扶活动，主动为企业牵线搭桥，促进各类要素精准对接，帮助企业化解实际困难。深化“放管服”改革，大力推进“互联网+政务服务”，推动企业办事“一网、一门、一次”的充分落地，打造“四最”营商环境。

# 2018年福建省工业经济运行概况

2018年，福建省工业和信息化持续保持稳中向好态势，发展质量效益进一步提高，现代化工业经济体系建设步伐加快。

## 工业运行特点

**一是总量规模壮大。**全省现有规模以上工业企业17470家；全部工业增加值14183.2亿元，同比增长8.9%，占地区生产总值比重的39.6%，对经济增长的贡献率44.4%；规模以上工业增加值同比增长9.1%，居全国第6位、东部第1位；工业用电同比增长10.2%。

**二是产业结构优化。**全省规模以上工业中，轻工业增加值同比增长8.9%，重工业增加值同比增长9.2%；电子、机械、石化三大主导产业增加值同比增长8.3%，其中电子增长14.2%。战略性新兴产业增加值超4300亿元。规模以上高技术制造业增加值同比增长13.9%，智能手机、平板电脑、新能源汽车、锂离子电池等高端产品产量高速增长。产值超千亿产业集群16个。

**三是有效投资扩大。**全省工业投资同比增长17.4%，技改投资同比增长22.8%，制造业投资同比增长22.3%，增速居全国前列；民间投资同比增长20.6%。

**四是质量效益提升。**全省规模以上工业完成利润总额3537亿元，同比增长16.1%；利税总额4982亿元，同比增长11.9%；经济效益综合指数324.4，比2017年提高28.78个百分点；全员劳动生产率32.8万元/人，同比提高4.33万元/人；单位GDP能耗同比下降3.41%，规模以上工业万元增加值能耗同比下降5.45%。

**五是企业活力增强。**全省民营经济形成"67789"（民营经济贡献GDP67.2%、税收70%以上、科技成果70%以上、就业岗位80%以上、企业数96.2%）的贡献格局，现有中国民企500强企业20家，比2017年增加10家。培育形成营业收入超百亿工业龙头企业44家，国家级、省级制造业单项冠军企业（产品）分别为18家、130家，省级高新技术企业3800家、高成长企业319家。全省现有省级制造业创新中心试点单位10家，国家级、省级企业技术中心分别为51家、482家，国家技术创新示范企业23家，省级行业技术开发基地65个。

**六是数字经济蓬勃发展。**2018年，全省数字经济规模1.42万亿元，同比增长22.4%；信息化发展指数居全国第6位，两化融合发展指数居全国第7位；软件业务收入2896亿元，同比增长16%；物联网产值超1800亿元，同比增长超125%。

## 制造重点行业发展情况

### （一）电子信息产业

2018年，全省规模以上电子信息制造业产值同比增长12.6%，工业增加值增长12.1%，销售产值增长14.2%，出口交货值增长6%，产销率达到96.52%。工信部2018年发布的《中国电子信息产业综合发展指数研究报告》显示，2017年福建省电子信息制造业发展指数为70.3，居全国第6位。福建是全国平板显示器、笔记本电脑和液晶电视等终端产品的主要生产基地之一，计算机和网络通信、光电和集成电路两个产业集群产值均已突破2000亿元。

重点产品产量增长较快，与2017年相比，发光二极管产量同比增长141.8%，智能手机增长130.9%，液晶显示屏增长25.1%，锂离子电池增长20.1%，计算机整机增长17.6%（其中平板电脑增长67.3%），电子元件增长17%，显示器增长7.7%，液晶电视机增长2.8%。

龙头企业做大做强，戴尔（中国）、宸鸿科技、宸美、捷联、友达、冠捷、省电子信息集团、时代新能源、宁德新能源、厦门天马微、福州京东方、戴尔（厦门）、联想移动13家企业销售收入超百亿元。省电子信息集团、万利达、福大自动化、新大陆、宏发电声5家企业入选2018年中国电子信息百强企业；宏发电声、法拉电子、火炬电子3家企业入选中国电子元件百强企业。

细分行业快速发展，新型显示技术在模组生产和终端产品应用方面具有较强竞争力，宸鸿科技保持全球触控组件龙头地位；冠捷、捷联等企业是全球重要的显示器和液晶电视制造商；福清京东方实现满产，具备业界8.5代线最薄基板直投能力，玻璃基板利用率超过95%。集成电路产业加快布局，厦门联芯是大陆28纳米产品良率最高的12英寸晶圆厂之一；通富微先进封测项目、芯舟科技高端封装载板项目、金柏科技超精密柔性载板及模组封装项目等相继落地。锂电池产业态势良好，宁德新能源保持消费类聚合物锂电池产量全球第一，时代新能源保持动力电池产量全球第一。计算机和网络通信产业平稳增长，升腾资讯的瘦客户机产量位居亚太第一，新大陆的POS机出货量位居全球前三。LED产业转型提速，三安光电持续在上游外延片、芯片领域市场占有率稳居全球第一，立达信、海莱照明、通士达等企业产品出口居全国前列。

### （二）机械装备产业

2018年，全省拥有规模以上机械工业（含汽车、船舶，下同）企业3361家，规模以上产值同比增长7.8%，工业增加值同比增长7.7%，销售产值同比增长9.3%，出口交货值同比增长7.3%，产销率为97.09%。福建是全国重要的大中型客车制造基地、新能源汽车动力电池基地、电工电器制造基地、船舶修造基地、工程机械制造基地、大型商用飞机维修基地。重点监测的机械产品中，金属集装箱、发动机、金属切削机床、阀门、滚动轴承、建筑工程用机械（挖掘机、装载机）、环境污染防治专用设备、新能源汽车、民用钢质船舶、摩托车整车、变压器、高压开关设备（11万伏以上）、工业自动调节仪表与控制系统、船舶修理等产品产量保持增长。

新能源汽车产业快速发展，上汽集团宁德基地项目、时代一汽动力电池生产项目、厦钨永磁电机产业园项目等一批重大项目签约落地，全产业链产值超过1000亿元。

### （三）石化产业

2018年全省石化工业保持平稳增长，规模以上产值同比增长14%，工业增加值同比增长6.2%，出口交货值同比增长75.2%；主营业务收入3978.85亿元，同比增长23.9%；利润293.7亿元，同比增长24.2%。石化主要分行业均实现同比增长，其中精炼石油产品制造主营业务收入1352.34亿元，同比增长34.8%；基础化学原料制造主营业务收入532.38亿元，同比增长16.4%；肥料制造主营业务收入102.13亿元，同比增长18.0%；农药制造主营业务收入12.51亿元，同比增长4.9%；涂料、油墨、颜料及类似产品制造主营业务收入251.33亿元，同比增长9.6%；合成材料制造主营业务收入685.08亿元，同比增长50.8%；专用化学品制造主营业务收入410.85亿元，同比增长15.7%；橡胶制品业主营业务收入320.57亿元，同比增长5.3%。

园区基地加快壮大，湄洲湾石化基地、漳州古雷石化基地和福州江阴化工新材料产业园（两基地一专区）产值达2081亿元，约占全省石化工业的49.5%。中化泉州石化有限公司和福建联合石油化工有限公司两家炼油企业合计原油加工量达2157.8万吨，产值分别达609亿元、528亿元。全省己内酰胺产能68万吨/年，居全国第一位。

## （四）冶金产业

2018 年，全省规模以上冶金工业企业 396 家，规模以上企业销售产值同比增长 18.8%，出口交货值同比增长 10.6%；主营业务收入 4597.4 亿元，同比增长 20.1%（其中钢铁工业 2380.8 亿元，同比增长 22.1%；有色金属工业 2216.6 亿元，同比增长 18.0%）；利润 304.6 亿元，同比增长 33.4%（其中钢铁工业 181.4 亿元，同比增长 19.2%；有色金属工业 123.2 亿元，同比增长 61.7%）。2018 年，全省不锈钢、钨及化合物、钨加工材、黄金等产品产量分别名列全国第一位、第三位、第一位和第三位，其中不锈钢产量约占全国 26%，钨丝产销量占全国 70%，钨品出口名列全国第一。紫金矿业集团股份公司是全国最大的矿山企业，黄金产量占全国 10%；厦门钨业股份公司是全球最大的钨品生产企业，也是唯一拥有矿山开采、冶炼、加工、应用产品生产及研发完整钨的企业，钨品出口位居全国第一位，三元正极材料产量全国第一位；福建青拓集团 2018 年实现产值 1039 亿元，成为福建省首家产值超千亿元工业企业和全国最大不锈钢生产企业。

## （五）建材产业

2018 年，全省有规模以上建材工业企业 1886 家；规模以上销售总产值同比增长 17.9%。福建是全国最大的石材生产和出口基地，石材工业产值、产量、出口量均居全国第一位，其中南安是全省石材产业中心，是我国规模最大、种类最齐全的石材生产、出口、原材料集散、物流贸易基地，产品远销印度、巴西、埃及、西班牙、土耳其等十几个国家。福建是全国传统四大建筑陶瓷产区之一，建筑陶瓷产量居全国第二位，形成了泉州和闽清建筑陶瓷产业集群。福建水泥产业主要分布在龙岩和三明，新型干法水泥产能占水泥总产能比重达 100%。福建形成了福州汽车玻璃产业基地和漳州光伏玻璃产业基地，高档汽车安全玻璃产量居全国第一位，福耀玻璃是国内最具规模、技术水平最高的玻璃供应商，汽车玻璃销量约占国内市场的 65%，约占全球市场的 23%。

## （六）轻工产业

2018 年，全省规模以上轻工业销售产值同比增长 11.4%，主营业务收入 17035 亿元，同比增长 11.7%，规模居全国第 5 位。制鞋、工艺美术品、塑料制品、造纸及纸制品、食品行业规模分别居全国第 1 位、第 3 位、第 4 位、第 5 位、第 6 位。福建轻工业行业现有 767 个福建名牌，占福建省名牌产品的 58%，并有“中国食品之都”“中国罐头之都”“中国鞋都”“中国工艺美术之都”“中国生态食品名城”等数十个国字号区域品牌。

## （七）纺织服装产业

2018 年，全省规模以上纺织服装工业产值同比增长 9%，规模居全国第 5 位。泉州、福州纺织服装产值占全省比重超过 70%。拥有从化纤—纺纱—织造—染整—服装到专业市场较为完整的产业链。重点产品产量位居全国前列，化纤纱、棉混纺布、锦纶、维纶等产量居全国第 1 位，化纤、涤纶、印染布产量居全国第 3 位，服装产量居全国第 4 位。2018 年，全省棉纺纱锭突破 1300 万锭，涤纶、黏胶等化纤混纺纱产量居全国前列，高端经纬编面料、经编蕾丝花边、针织休闲装、户外运动装、功能性服装、产业用纺织品等增长较快。

## （八）医药产业

2018 年，全省有规模以上医药工业企业 202 家，规模以上产值同比增长 14.7%；主营业务收入 439 亿元，同比增长 17%；产销率达 95.51%。初步形成中药种植（养殖）业、中成药、化学原料药、化药制剂、生物制药、医疗器械等门类较为齐全的医药产业体系。基本形成以福州、厦门、三明为主要支撑、重点区域协同推进的产业发展格局，福州、厦门、三明医药产业主营业务收入分别为77亿元、112亿元、56亿元，合计约占全省医药工业主营业务收入的55.8%。漳州片仔癀品牌价值进入世界品牌500强。

### （九）软件和信息技术服务业

2018年，全省软件和信息技术服务业业务收入2896亿元，同比增长16%，规模居全国第8位。福州、厦门被工信部授予“中国软件特色名城”称号，合计业务收入占全省总收入的96.8%。其中，福州1310亿元，同比增长16.0%；厦门1493亿元，同比增长16.4%。龙头骨干企业实力增强，近40家企业产品或技术在应用软件、移动互联网等细分领域处于国内外领先地位；上市的软件企业累计超150家（含新三板）；星网锐捷等3家企业入选2018年中国软件业务收入百强企业；网龙等4家企业入选2018年中国软件综合竞争力百强企业；美图等6家企业入选2018年中国互联网百强企业。

## 工业重点工作和成就

### （一）打好稳增长“组合拳”

**一是强化政策引导。**2018年，福建精准出台实施增产增效、正向激励、电力稳增长、降气价等政策，促进工业平稳较快增长。特别是一季度“开门红”政策快、准、好，有效提振企业信心、扩大生产。**二是加强运行调度。**完善“周监测、月分析、季调度”运行工作机制，加强对工业增加值、用电、税收等重点指标分析，从注重总量和速度分析向质量效益、结构优化的分析转变。积极应对国际贸易摩擦，强化煤电油运气等要素保障，提高工业运行协调性。**三是缓解融资难题。**创新性举办“政银企+基金+担保+租赁”等多模式产融对接活动50场，银行授信金额超700亿元；上线运行“产融云”，构建线上线下一体的产融对接平台；强化类金融监管，健全政策性融资担保体系，开展应收账款融资试点，推进工业企业补办不动产权属登记。**四是优化企业服务。**出台降本减负若干意见，全年降低企业成本850亿元。电力直接交易降低企业用电成本20多亿元。建立直通省长的“政企直通车”，办理企业诉求1069件，办结率达98.4%。深入开展工信系统“百千万”挂钩重点企业、项目活动（即福建省工信厅领导重点挂钩百项重点项目，省工信厅百名机关干部重点挂钩千家企业，全省工信系统千名干部重点挂钩万家企业），按季度开展全省工业重点工作调研，开展送政策进企业活动，加大对企业反映问题的协调解决力度。

### （二）狠抓重大项目攻坚

**一是注重招商引资。**通过举办民企产业项目洽谈会，结合首届“数字中国”建设峰会等重大活动，强化招商引资，出台第三方招商奖励办法等，引进一批产业优质项目，全年新对接民企产业签约项目1372个，计划总投资6798亿元。其中，制造业项目1021个，计划总投资4091亿元，10亿元以上制造业项目75个。**二是强化技术改造。**实施企业技改完工投产奖励、正向激励等政策，技改完工投产已奖励136家企业近4亿元；实施省重点技术改造项目678个，全部项目投产后预计年可新增销售收入3500亿元；推动80亿元省技改专项基金滚动投资，带动技改项目总投资660亿元，财政资金与撬动社会资本投资的比例达1∶33，年度节约企业融资成本近2亿元。**三是加强项目服务。**健全完善“全系统、全过程、全覆盖”抓项目机制，深化“五个一批”（即谋划一批、签约一批、开工一批、投产一批、增资一批）项目攻坚，紧盯关键节点，主动靠前服务，协调解决项目建设过程中的困难和问题。实行工业项目分级分类管理、重大项目“一对一”服务，省工信厅班子成员挂钩服务项目97个，计划总投资5506亿元。

### （三）推动产业转型升级

**一是培育先进制造业集群。**成立福建省工信系统推进闽东北协同发展区与闽西南协同发展区发展工作领导小组，推进计划总投资3747亿元的制造业重大项目加快建设，促进两区产业协同发展。出台培育千亿产业集群推进计划，培育形成超千亿元产业集群16个，厦漳泉大都市区入选中国先进制造业十大代表性集群。**二是持续推动智能制造。**2018年，全省实施“机器换工”1.9万余台（套），通过两化融合管理体系贯标评定的企业数量居全国第一位，新认定省智能制造试点示范企业26家，福建省入选国家智能制造专项、试点示范项目数量居全国前列。厦门、泉州列入国家推动工业稳增长和转型升级成效明显市。**三是加快制造业服务化。**2018年，全省新增国家服务型制造示范企业11家、省级工业设计中心11家。厦门、泉州获评国家服务型制造示范城市。全省新增国家级、省级示范物流园区1家和5家；新增国家A级物流企业42家，新增企业数居全国第4位。**四是大力推进绿色制造。**强化能耗“双控”评价考核，2017年度福建能耗“双控”工作受到国务院通报表扬；推动重点行业、企业能效对标，开展用能权交易试点，推进能源管理体系和能耗在线监测系统建设，推广合同能源管理，2018年新增国家绿色工厂8家、绿色制造系统集成项目4个、绿色设计产品29项。推进循环经济发展，开展省级循环经济示范试点。严格落实工业领域环保职责。**五是化解过剩产能。**依法依规淘汰落后产能，组织铸造行业落后炼铁设备淘汰工作检查验收，严防“地条钢”死灰复燃；推进煤炭去产能指标交易，关闭退出34处煤矿、去产能210万吨/年，提前超额完成国家下达福建省“十三五”煤炭去产能目标任务。

### （四）实施创新驱动战略

**一是培育创新平台。**加快培育提升增材制造、物联网、机器人等10家省级制造业创新中心试点单位；2018年，全省新增国家企业技术中心6家、技术创新示范企业6家、省级企业技术中心50家、省级行业技术开发基地20家。**二是加快科技成果转化。**发布省级技术创新重点项目435个、重点新产品78项，认定首台（套）重大技术装备和智能装备36台（套）。组织实施145项工业强基重点项目，2项产品列入工信部示范应用推进计划。完善6·18常态化对接机制，2018年共举办智能装备技术推介对接会等产学研专场对接会12场，推介先进适用技术成果1605项、企业技术需求460项，成功对接项目296个。**三是实施质量品牌提升行动。**2018年，全省新增国家级质量标杆1个、省级12个，确定省级品牌培育管理体系有效运行企业14家、示范企业4家，入选工信部重点跟踪培育纺织服装品牌企业7家，晋江成为国家消费品工业“三品”战略示范城市。泉州市的兴业皮革科技获得第五届中国工业大奖提名奖。**四是大力培育创新人才。**成功举办工业设计、服装制版师等产业技术应用技能大赛10场，扶持一批校企共建职业教育实训基地，培养选拔一批创新创业人才和产业“工匠”。福建省入选第七届中国工艺美术大师11人，入选数量居全国首位。评选认定第五届省工艺美术大师和名人676人。莆田木雕、寿山石雕等21个项目入选首批国家传统工艺振兴目录，数量居全国第2位。

### （五）大力发展数字经济

**一是强化政策引导。**省政府在全国率先出台了《关于加快全省工业数字经济创新发展的意见》《关于深化“互联网+先进制造业”发展工业互联网的实施意见》等政策。2018年，全省软件和信息技术服务业业务收入同比增长16%。工信部与福建省政府签订了《共同推进数字经济发展战略合作协议》。**二是加快发展工业互联网。**深入实施工业互联网“十百千万”工程（即到2020年，培育形成不少于10个工业互联网行业示范平台、100家以上应用标杆企业，建设不少于1000个“互联网+先进制造业”重点项目，推动上万家中小企业业务系统向云端迁移），制定企业“上云上平台”行动计划，启动国家5G网络试点城市建设，举办工业控制系统信息安全攻防大赛，培育形成福大自动化、摩尔软件、厦门邑通等一批工业互联网平台，4 家企业入选国家制造业与互联网融合发展试点示范，新增 4 个国家人工智能与实体经济融合创新项目。**三是深化物联网产业发展。**采取“大赛＋招商”模式，举办首届两岸物联网创新创业大赛，对接物联网项目 40 个，计划总投资 105 亿元。福州在全国率先开展了 NB－IoT 规模商用，建成城市管网水漏损大数据治理平台，30 万台 NB－IoT 水务应用样板工程顺利推进。

### （六）有效激发市场主体活力

**一是培育壮大龙头企业。**实施龙头企业改造升级行动计划，发布 358 家省工业和信息化省级龙头企业名单，2018 年省级龙头企业营业收入同比增长 14.1%，新增国家制造业单项冠军企业（产品）8 家，新增企业数居全国第 5 位，上榜中国企业 500 强的制造业企业 11 家。**二是扶持中小企业发展。**福建省政府制定出台了《关于进一步支持全省中小企业发展十条措施的通知》，成立以唐登杰省长为组长的福建省促进中小企业发展领导小组，举办首届“创响福建”中小企业创新创业大赛，2018 年新增省级“专精特新”企业 200 家、高成长企业 162 家。健全中小企业公共服务平台体系，4 个园区入选国家首批“双创”特色载体；新增国家中小企业公共服务示范平台 11 个，新增平台数居全国首位。**三是支持民营企业发展。**福建省委、省政府出台《关于加快民营企业发展的若干意见》《关于营造企业家健康成长环境弘扬优秀企业家精神更好发挥企业家作用的实施意见》等政策，建立完善政企会商制度、各级领导与民营企业家代表座谈机制。清理规范涉企保证金，全省 62 个涉企保证金项目仅保留 23 个，推动清理拖欠民营中小企业账款。加快行政审批“三集中”改革，大力推行网上审批，“一趟不用跑”和“最多跑一趟”办理事项达 87%，网络评价好评率 100%。

## 2019 年工业形势展望

2019 年是中华人民共和国成立 70 周年，是全面建成小康社会关键之年，也是福建实现赶超目标的关键之年。福建省工业经济长期向好的基本局面没有变，持续增长的良好支撑基础和条件没有变，结构调整优化的前进态势没有变，工业发展具有加快发展的有利条件与机遇。**一是政策机遇千载难逢。**习近平总书记亲自为福建省发展擘画蓝图，中央赋予福建省赶超历史使命和“六区”叠加政策优势，为福建做好各项事业创造了难得的历史机遇和政策红利。**二是产业发展基础更加扎实。**福建省正处于工业化时期的重要发展阶段，工业综合实力稳步提升，电子、机械、石化三大主导产业规模进一步壮大，新兴产业加快发展，工业发展水平有了很大跃升。**三是发展环境不断优化。**2018 年以来，福建省委、省政府批准出台新一轮促进龙头企业改造升级行动计划、支持中小企业发展 10 条措施、加快民营企业发展 25 条措施、稳定和促进外经贸发展 36 条措施及 9 条补充措施、做好促进就业工作 17 条措施、创新驱动发展 7 条措施、降本减负促进实体经济企业发展若干意见、提升营商环境行动计划等一系列政策举措，加快商事制度、行政审批“三集中”等改革，大力弘扬“马上就办、真抓实干”优良作风，企业发展信心更加提振，企业获得感不断增强。

但同时，福建工业还面临较大的挑战和压力，主要有：国际形势复杂多变，贸易保护主义有所抬头对福建省工业生产和进出口带来不确定性因素和负面影响，影响企业预期；转型升级仍然艰巨，中高端产品供给能力不强，新兴产业规模偏小，部分重点产业链还不完善，一些传统产业中未转型企业数量还不少；产业集聚能力不强，大型龙头企业偏少；创新发展有待加强，企业研发投入不足，许多关键基础材料、零部件、元器件不能自给，存在关键技术“卡脖子”现象；企业融资难、融资贵等问题仍未缓解。

2019 年，福建省将力争全省规模以上工业增加值增长 8.5%，工业投资增长 13%，技改投资增长 15%，全省单位 GDP 能耗与 2018 年持平，能耗总量控制在 14300 万吨标准煤以内。

# 2018 年江西省工业经济运行概况

2018 年，江西省工业经济呈现总体平稳、稳中有进、稳中提质的良好态势。

2018 年，全省全部工业增加值为 8113 亿元；规模以上工业增加值同比增长 8.9%，高出全国平均 2.7 个百分点，增速列全国第 8 位、中部第 2 位，连续 5 年保持在全国“第一方阵”；实现主营业务收入 32077.4 亿元，同比增长 12.0%，高出全国平均值 3.5 个百分点；实现利润总额 2157.8 亿元，同比增长 16.5%，高出全国平均值 6.2 个百分点。全省规模以上工业增加值分月增长情况、主营业务收入分月完成情况、利润总额分月完成情况（见图 1、图 2、图 3）。

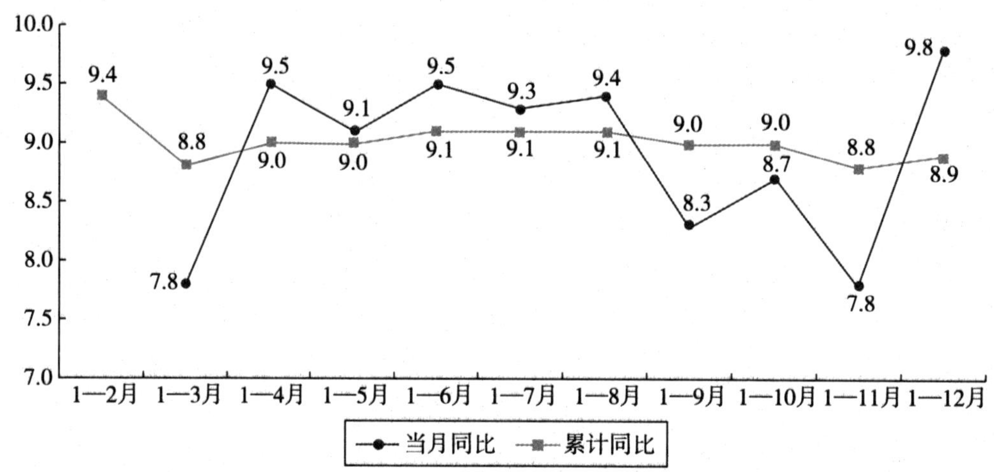


**图 1　2018 年江西省规模以上工业增加值分月增长情况**

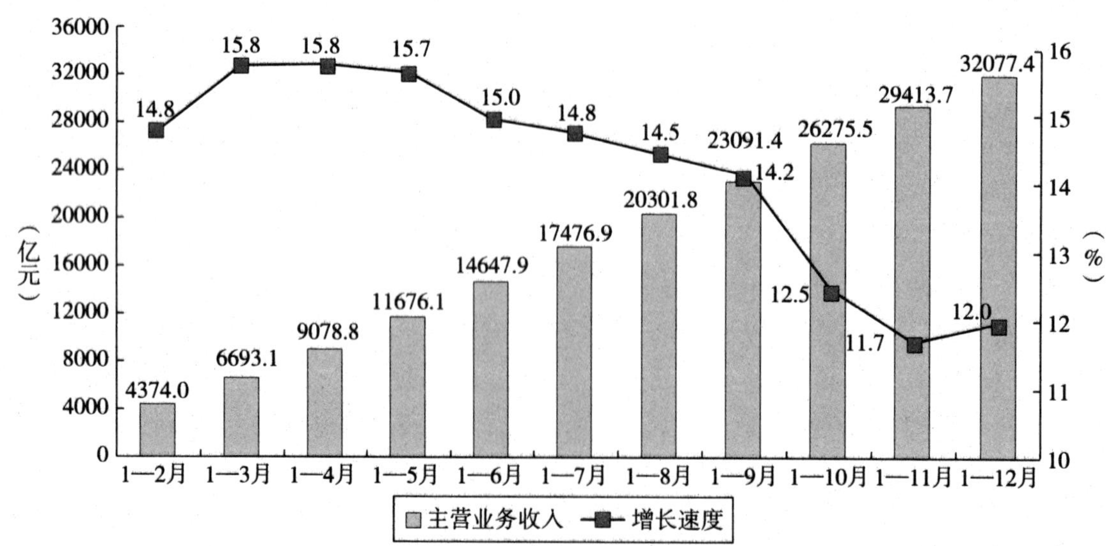


**图 2　2018 年江西省规模以上工业主营业务收入分月完成情况**

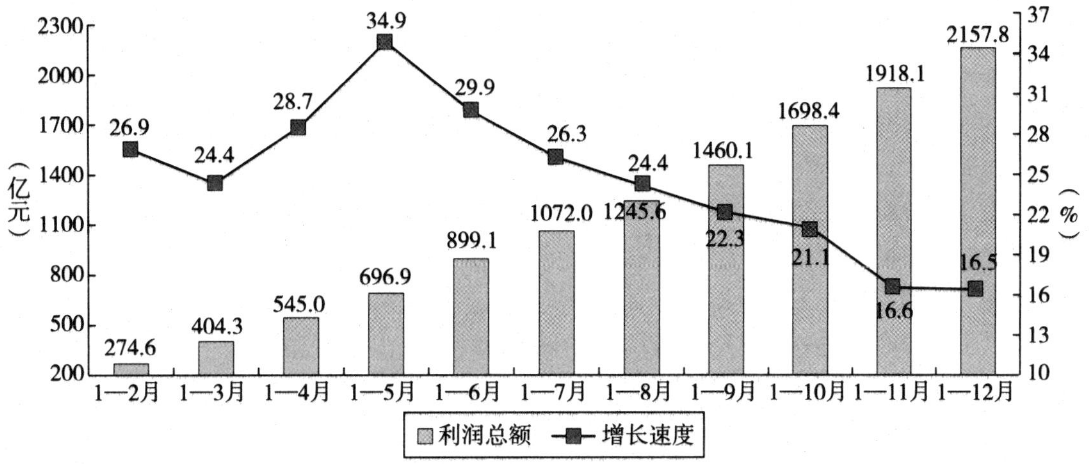


**图 3　2018 年江西省规模以上工业利润总额分月完成情况**

## 工业发展主要特点

### （一）工业生产平稳增长

主要行业实现增长。2018 年，全省 38 个行业大类中，有 35 个行业增加值保持增长，增长面达 92. 1%。其中，电子信息、航空、钢铁、有色金属、建材、装备制造、光伏、石化等行业实现两位数增长。工业产品生产良好。全省 370 种重点监测的主要工业产品中，有 216 种工业产品产量实现增长，增长面达 58. 4%。工业用电指标向好。全省工业用电 904. 1 亿千瓦时，同比增长 7. 38%，其中制造业用电 567. 2 亿千瓦时，同比增长 8. 49%。

### （二）企业效益有所改善

每百元主营业务收入中成本 86. 61 元，同比下降 0. 17 元。实现主营业务收入利润率 6. 73%，较 2017 年提高 0. 26 个百分点，高出全国平均值 0. 24 个百分点；工业税收累计完成 1130. 9 亿元，同比增长 15. 6%；企业资产负债率 51. 7%，同比下降 0. 7 个百分点。全省工业生产者出厂价格指数 12 月上涨 0. 2%，全年累计上涨 4. 2%（见图 4）。

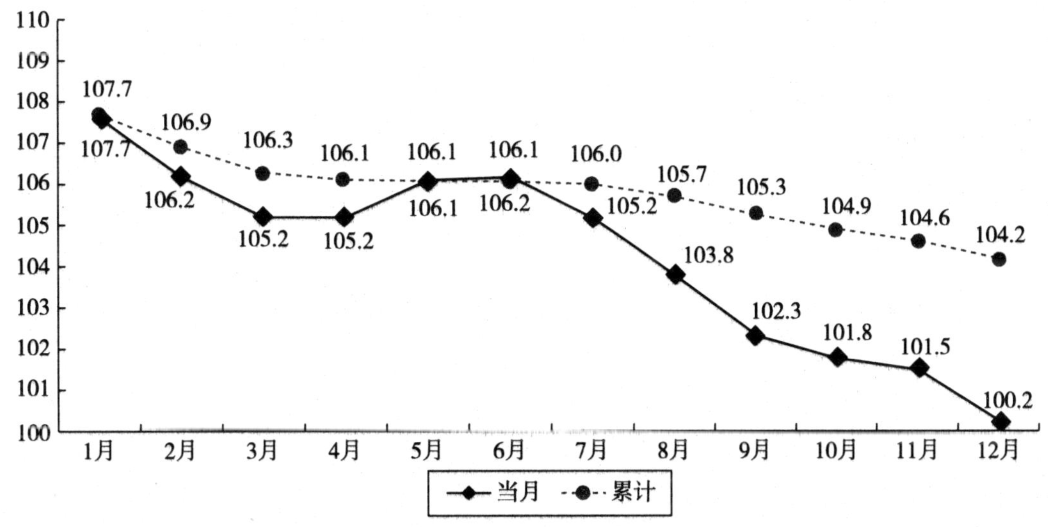


**图 4　2018 年江西省工业生产者出厂价格指数分月情况**

### （三）工业结构持续优化

**一是战略性新兴产业加速成长。**全省战略性新兴产业增加值同比增长11.6%，比规模以上工业增加2.7个百分点，占规模以上工业的比生重为17.1%，较2017年提高2.0个百分点。**二是高新技术产业快速发展。**高新技术产业增加值同比增长12.0%，比规模以上工业增加3.1个百分点，占规模以上工业的比重为33.8%，较2017年提高2.9个百分点。**三是装备制造业迈进高端。**装备制造业增加值同比增长15.2%，比规模以上工业增加6.3个百分点，占规模以上工业的比重为26.3%，较2017年提高0.8个百分点。**四是工业新产品快速增长。**LED（发光二极管）、中成药、智能手机等工业新产品产量分别同比增长23.1%、17.8%、10.6%。

### （四）工业投资稳步提升

全省工业投资同比增长13.1%，占全省固定资产投资的48.9%。其中，工业技术改造投资同比增长39.1%，占工业投资的27.7%，较2017年提高5.2个百分点。全省共实施亿元以上工业项目3398个，项目总投资19675.3亿元，累计完成投资9466.7亿元，占比48.1%，其中2018年当年完成投资6118.0亿元。实施投资500万元以上技改项目1708个，其中，亿元以上技术改造项目1078个。全省重点推进的100个投资10亿元以上的重大工业项目中，29个开工建设、35个已完工或部分投产。

## 重点行业发展情况

全省千亿产业共10个，2018年共实现主营业务收入31419亿元。其中，有色金属产业超过6000亿元，电子信息、建材、石化、食品、钢铁超过2000亿元，纺织、汽车、医药、电工电器超过1000亿元。大力发展航空、光伏、锂电、移动物联网等特色产业。

### （一）有色产业

2018年，全省有色产业实现主营业务收入6068.8亿元，同比增长15.4%。铜产业主营业务收入4441亿元，同比增长15.7%。全省保有铜资源储量居全国第3位。江西铜业集团公司铜冶炼能力位居全国第一、世界前三。全国500强企业——宁波金田、全国铜板带前三强企业——宁波兴业铜业、全国漆包线生产龙头企业——红旗铜业、全国最大的磷铜球生产企业——江南新材等企业均落户江西。钨产业主营业务收入317.7亿元，同比增长18.1%。全省钨资源储量位居全国第一。江西钨业控股集团是国内钨产业龙头企业，崇义章源钨业是全国首家上市民营钨企业。

### （二）电子信息产业

2018年，全省电子信息行业实现主营业务收入2844.2亿元，同比增长23.9%。京九电子信息产业带建设全面启动，重点布局南昌、九江、吉安、赣州“四城”和3个国家级、7个省级“十基地”。半导体照明产业、通信设备产业和数字视听产业三大主导产业快速发展，占全行业比重超过70%。全省触控屏出货量占全国40%以上，欧菲光指纹识别模组年出货量超1.9亿颗，位居全球第一；联创电子运动相机镜头年出货量占全球70%。全省拥有规模以上电子信息行业企业713家，智慧海派、合力泰科技、欧菲生物识别、欧菲光电4家企业主营业务收入突破百亿元。智慧海派、合力泰科技列全国电子信息百强第64位、第79位。

### （三）建材产业

2018年，全省建材行业实现主营业务收入2757.2亿元，同比增长14.6%。水泥行业拥有南方水泥、万年青水泥等5家大型企业（集团），水泥熟料产能集中度达到90%以上，水泥产量8813万吨。建筑陶瓷、玻璃纤维产量列全国第一方阵，高安建筑陶瓷产业基地规模占全省70%以上，巨石集团是国内行业龙头企业。省建材集团过百亿元。

### （四）石化产业

2018年，全省石化行业实现主营业务收入2670.2亿元、增长10.3%。由原油加工业和化学工业两大子行业构成，形成九江石化、乐平精细化工、永修有机硅、新干盐卤药化等产业集群。有机硅、真菌杀虫剂、赤霉素原药等化工产品独具特色，在国际国内位居前列。拥有规模以上企业1318家，九江石化实现主营业务收入455亿元、连续三年上缴税金过百亿，星火有机硅扭转了近十年亏损局面，主营业务收入过50亿元，利润增长865.3%。

### （五）食品产业

2018年，全省食品行业实现主营业务收入2334.1亿元，同比增长5.95%。全省拥有规模以上食品行业企业900家，正邦（780亿元）、双胞胎（602亿元）分列全国民营企业百强第86位、132位。形成了濂溪区、上高县、小蓝经开区、新建长埈4个过百亿元绿色食品产业集群，四特、煌上煌等54个中国驰名商标。南昌大学食品科学与技术国家重点实验室是全国食品行业唯一的国家重点实验室。

### （六）钢铁产业

2018年，全省钢铁行业实现主营业务收入2333.9亿元，同比增长16.3%。粗钢产量2499万吨，同比增长4%。形成“346”发展格局，即新钢、萍钢、方大特钢三大重点企业，九江沿江钢铁、新余钢铁及钢铁加工、进贤钢结构、萍乡粉末冶金四个产业基地，建筑用钢、船舶及海洋工程用钢、输变电电机用钢、汽车用钢、家电用钢、金属制品六大产品系列。全省拥有规模以上钢铁行业企业139家，方大特钢的弹簧扁钢国内市场占有率居全国第一位，汽车板簧、易切削钢和新钢公司钢绞线制品、船用钢板、锅炉容器板、核电板、舰艇板、高层建筑用板等产品的市场占有率居全国前列。

### （七）纺织产业

2018年，全省纺织行业实现主营业务收入1917.6亿元，同比增长4.5%。形成了服装、棉纺、针织、化纤、麻纺、毛纺、丝绢纺织、纺机、纺织制成品九大行业共同发展的良好格局，有共青城羽绒服装、青山湖针织服装、奉新棉纺织、分宜苎麻纺织4个国家级和9个省级产业基地。全省拥有规模以上纺织行业企业1474家。

### （八）汽车产业

2018年，全省汽车行业实现主营业务收入1657.6亿元，同比增长11.5%。全省共有整车企业9家，产能100万辆。2018年整车产销量分别为55.2万辆、55.5万辆，分别同比下降8.6%、7.6%。新能源汽车销售5.6万辆，同比增长43%。全省拥有规模以上汽车行业企业307家，有江铃、昌河、汉腾、凯马百路佳、博能上饶客车等骨干企业。江铃汽车集团收入突破千亿元大关，轻客、轻卡、皮卡分别排全国第1位、第2位和第3位，江铃新能源全年实现销售5万辆，纯电动乘用车排全国第6位。格特拉克（江西）传动系统有限公司为国内第二大变速器生产企业。江西五十铃发动机有限公司JX493系列发动机保持着国内轻卡、皮卡柴油发动机标杆地位。

### （九）医药产业

2018年，全省医药行业实现主营业务收入1125.6亿元，同比增长4.2%。拥有中药、化学药、医疗器械、生物技术药四大子产业。南昌中医药科创城实现“一年定框架”。樟树连续举办了49届全国药品交易会。欧洲（葡萄牙）中医药文化体验中心签约建设。济民可信、仁和药业、青峰药业进入全国医药制造业百强。青峰药业获2018年度国家科学技术进步奖二等奖。引进了世界500强跨国医药巨头赛诺菲、全国医药研发服务外包排名第二的尚华医药集团、全国医疗检测排名第一的金域检测、全国第一家移动医疗诊断机构中科九峰等一批企业。

（十）电气机械和器材制造业（电工电器）

2018年，全省电工电器行业实现主营业务收入1116.6亿元，同比增长12.7%。其中，电线电缆产业主要在南昌和赣州布局，以南缆集团为龙头企业；变电设备产业主要分布在抚州崇仁和南昌，变压器在全国市场占有率居同行第三位；电机制造产业以泰豪科技和江特电机为龙头企业，重点布局在南昌和宜春。

## 特色产业发展情况

（一）航空产业

2018年，全省航空产业实现主营业务收入863.2亿元，同比增长16.6%。主要分布在南昌航空城和景德镇直升机基地。制造基础位居全国前列，是国家布局的同时拥有固定翼飞机和旋翼机研制生产能力的唯一省份，是我国直升机、教练机研制生产的核心基地，也是国家重大专项C919大型客机前机身、中后机身两大机体结构件的唯一供应商，拥有洪都航空工业集团、中航工业昌飞公司、北京通航江西直升机公司等整机制造企业，洪都商用飞机公司、景航航空锻铸公司等配套企业。创新能力全国领先，602所（中国直升机设计研究所，隶属中国航空工业第二集团公司）是中国唯一一家直升机设计研究所，AV500无人直升机获中国优秀工业设计金奖。飞机产品谱系完整，直升机形成了大、中、轻型直升机系列化产品，教练机形成了初、中、高级教练机系列化产品格局。全国首个省局共建的民用航空器适航审定中心挂牌运行，C919大飞机转场瑶湖机场试飞，重型直升机总装、ARJ21生产试飞中心项目明确落户，全国首张无人机航空运营许可证、首个低空空域管理暨通航飞行服务院士工作站落地江西省，“江西快线”获得135部载客类经营许可和运行许可。

（二）光伏产业

2018年，全省光伏产业实现主营业务收入680.5亿元，同比增长10.8%。主要分布在上饶、新余、九江三个产业集聚区，已形成硅料、硅片、电池、组件、系统集成及应用的完整产业链，拥有晶科能源、赛维LDK、旭阳雷迪、瑞晶等国内外知名龙头骨干企业，晶科能源实现主营业务收入279亿元，销量连续三年全球第一。

（三）锂电产业

2018年，全省锂电产业实现主营业务收入306.4亿元，同比增长9.4%。产业主要分布在赣州、新余、宜春三个产业集聚区，已形成从原材料到电池应用的完整产业链，拥有孚能科技、福斯特、赣锋锂业、天赐、紫辰等行业内知名企业。

（四）移动物联网产业

2018年，全省拥有物联网企业320多家，产业规模突破500亿元，初步形成涵盖芯片、模组、传感器、平台、产品在内的产业体系。重点布局在鹰潭、南昌、九江、吉安。移动物联网网络全国领先，NB－IoT、eMTC（增强机器类通信）实现全覆盖，鹰潭、南昌等列入5G示范城市。新一代宽带无线移动通信网国家科技重大专项（03专项）试点示范全面推进。智慧水表、智慧电表、智能路灯、智能停车等加快推广应用。

## 2018年重点工作和完成情况

（一）精准施策稳增长

江西省委、省政府高位推动工业发展，出台《关于深入实施工业强省战略推动工业高质量发展的若干意见》，成立省政府主要领导任组长的工业强省建设领导小组，召开全省工业强省推进大会，制定江西省工业高质量发展考核评价办法，在全省营造了大抓工业的稳定预期。**一是努力稳企业。**企业精准帮扶App平台收集问题办结率90.5%。**二是建立产融合作主导产业重点企业“白名单”制度。**争取到国家新能源汽车补贴

15.5 亿元、专项资金 4.43 亿元、融资担保机构降费奖补资金 9317 万元。全年新增入规企业超 1000 家，新认定"专精特新"企业 350 家、"小巨人"企业 60 家、单项冠军企业 13 家，远大保险设备实业集团入选全国制造业单项冠军，新钢等龙头企业实现两位数增长。江铃集团突破千亿元。**三是全力稳投资。**开展"项目落实年"活动，建立亿元以上工业项目和 500 万元以上技术改造项目库。"三百一重"项目稳步推进。**四是大力稳运行。**制定实施促进工业平稳增长的若干措施。建立实施省市、园区和重点企业纵向，电力、运输、统计、税务等部门横向相结合的"双向"运行协调机制，定期调度分析，做好要素保障和数据协调工作。

### （二）多措并举调结构

分行业编制产业链图、技术路线图、应用领域图和区域分布图，印发 100 个产业链全景图。航空形成了集研发、设计、制造、试飞、适航取证于一体的民机产业体系。南昌中医药科创城建设实现了一年定框架。电子信息编制京九（江西）电子信息产业带发展规划并召开推进会。新能源汽车及锂电产业实现两位数增长。传统产业升级提档。省政府出台了传统产业优化升级"1+8"三年行动计划，召开全省优化升级工作推进会，在有色等八大产业实施技术改造等八大提升行动，在九江市和南昌青山湖区等"1+8"市县开展省级综合试点和分行业试点。制定实施技改三年行动计划。新经济新动能加速成长。"03"专项推广应用 300 多项，NB-IoT 和 eMTC 两张网全省全域覆盖，物联网产业突破 500 亿元。上线运行中国稀金谷特色产业大数据中心平台、江西新能源汽车大数据中心。江西工业设计中心开工建设，举办了第三届"天工杯"工业设计大赛，中国航空工业研制的 AV500 无人直升机项目获中国优秀工业设计金奖。

### （三）加大力度强创新

召开江西省工信系统技术创新工作大会。完成 2017 年度企业创新能力提升活动总结和成效评估，启动 2018 年"3+5"推进计划。江铃底盘、崇义章源、赣锋锂业、晶科能源等获国家技术创新示范企业。**一是抓创新平台。**北京航空航天大学江西研究院揭牌成立，通航飞行服务院士工作站落地，认定 30 家省级企业技术中心，筹建 4 个产业研究院，组建 5 个工业园区产业创新服务综合体和 4 个省级制造业创新中心，以企业技术中心、工业设计中心、产业技术研究院、制造业创新中心、园区产业创新服务综合体为架构的创新平台体系初步形成。**二是抓技术攻关。**组织关键共性技术攻关，评审发布 5 项关键共性技术项目，遴选实施"企校院所"（企业、高校、科研院所）联合攻关。完成省级新产品立项 610 项，验收 120 项，评选和表彰 2017 年度省级优秀新产品 167 个。**三是抓成果转化。**2016 年、2017 年度两批重点创新成果产业化升级工程项目加快实施，组织 2018 年度项目遴选实施工作。举办中国国际产学研用（江西）大会、第二届江西省高校科技成果对接会。**四是抓质量品牌。**推进增品种、提品质、创品牌"三品"行动，晶科能源成为全国"质量标杆"，新干（国际）箱包皮具产业园、樟树市金属家具产业科技园、萍乡湘东工业陶瓷产业集群入选国家产业集群区域品牌建设试点。青山湖针织服装产业基地获批国家纺织服装创意设计试点园区（平台）。推荐 9 人全部入选中国工艺美术大师。

### （四）突出重点促转型

**智能化转型加快。**制定电子信息、汽车、冶金、有色金属等 12 个行业智能化改造技术路线图，开展"智能制造服务进企业"活动，智能制造"万千百十"工程累计应用智能装备 10572 台（套），建成"数字化车间"及"智能工厂" 749 个，培育 2 个省级两化融合园区和 50 家示范企业，新增 16 家企业通过国家两化融合管理体系评定，"上云企业"突破 7000 家，制造业双创平台普及率 78.8%。**绿色化转型加快。**培育 6 个省级绿色园区、36 家省级绿色工厂，4 个国家级绿色园区、14 家国家级绿色工厂。打好工业污染防治攻坚战，抓好长江经济带共抓大保护工作及中央环保督察、长江经济带生态环境保护审计反馈问题整改。开展长江经济带化工企业摸底调查，制定化工企业清理整顿退出方案，调整沿江沿湖市县首位产业。**集群化转型加快**。出台进一步促进产业集群转型升级实施意见，制定“集群式项目满园扩园”行动方案。新增国家新型工业化产业示范基地 3 个、省级示范基地 5 个、省级重点产业集群 12 个、新兴产业集聚区 4 个。

（五）凝心聚力深改革

严防“地条钢”死灰复燃，从严从快查处江西金品铜科公司、寻乌县永德精密机械铸造公司等“地条钢”违法违规行为。治理“散乱污”企业，推动落后产能退出。深入开展降成本、优环境专项行动，落实 152 条惠企政策，全年减负约 1200 亿元。“放管服”改革深化。行政许可和行政确认事项实现一窗办理，执法检查全部实现“双随机一公开”，省工信厅“行政窗口”连续被授予“标兵窗口”。优化无线电管理，打击“黑广播”“伪基站”，保障重大活动、关键时期无线电安全。

（六）双向互动扩开放

成功举办 2018 世界 VR（虚拟现实）产业大会。习近平总书记亲致贺信，全国政协副主席卢展工亲临大会并宣读贺信。来自全球 23 个国家和地区的 1000 多家企业、170 多所高校、研究机构和行业协会近 5000 人参会，马云等顶尖企业家、专家，微软等龙头企业到会。现场签约项目 157 个、资金 631.5 亿元。大会永久落户江西，成为世界级产业新平台、对话新窗口、开放新名片。专项活动富有成效。省政府与工信部、中国民用航空局、中国航天工业集团、中国商用飞机公司、北京航空航天大学、360 企业安全集团、商汤集团等建立合作关系。全国首个省局共建民用航空器适航审定中心、首张无人机航空运营许可证等重大平台在江西落户，“江西快线”获得 135 部载客类运行许可和经营许可，C919 飞机成功转场试飞瑶湖机场核心试飞基地。推动与葡萄牙共建欧洲（葡萄牙）中医药文化体验中心和中医联合研究实验室。产业对接有声有色。组织了国际麻纺博览会，国际锂电新能源（汽车）产业展览会，高分遥感技术应用推广会，绿色发展投资贸易博览会电子信息产业带推介会、中医药产业论坛、海绵产业推介会和 03 专项成果产业对接会等，有力地支持了赣产、赣企、赣品走出去，扩大了国际知名度。

## 2019 年工业形势展望

2019 年，江西工业发展将按照“巩固、增强、提升、畅通”八字方针要求，狠抓“三大工程”“六大路径”“五大载体”，着力稳增长、调结构、促升级、强创新、提质效、铸辉煌，加快构建具有江西特色的现代化产业体系。

2019 年，江西省工业发展的主要目标是：力争全省规模以上工业增加值、主营业务收入、利润总额分别增长 8.5%、9%、9% 左右，工业投资增长 10% 左右，单位工业增加值能耗下降 3% 以上。

（一）着力稳增长，促进工业平稳运行

**强化运行稳预期**。树立综合运行、齐守底线的工作理念。制定出台稳增长若干措施。落实中央各项减税降费措施和省“152 条”，围绕全年运行目标，不断加强重点监测、分析研判、预测预警、督导调研，层层传导压力，齐心协力促进工业平稳增长。组织召开全省工业强省推进大会，强化舆情引导和正面宣传，让投资者、企业家和社会各界稳定信心和预期。通过工业企业分类评价试点、工业高质量发展考核评价、工业崛起奖励表彰等工作，推动各地工业高质量、跨越式发展。狠抓项目扩投资。开展“大干项目年”活动，突出项目为王。加强项目谋划，全年储备 3000 个以上投资过亿元项目。实施集群式项目“满园扩园”行动，国家级、省级开发区每年至少分别引进投资 50 亿元、20 亿元重大项目 1 个。

加快项目建设，力争新开工1500个左右投资亿元以上项目，完工投产1000个左右。省级重点调度“三百一重”项目，加强指导和跟踪服务，加快项目建设进度，推动项目达产达标。**畅通供需扩市场**。组织20场左右产业链对接活动，推进电子信息与材料、机械装备制造与钢铁、纺织与服装、中医药制造与中药材种植等产业链供需配套，组织产业集群网上对接活动。引导企业抢抓国内市场机遇，加快产品结构调整，提高产品质量性能和安全稳定性，扩大产品销售。举办庆祝中华人民共和国成立70周年江西制造成就展。**加强帮扶稳企业**。深入精准实施降成本、优环境专项行动，通过省领导挂点帮扶、厅局对口园区和精准帮扶App平台等多种方式，帮扶解决用地、用工等问题。公示新一批“白名单”企业，支持企业有序融资，配合监管机构做好稳杠杆和防范重大金融风险工作。用好国家融资担保业务降费奖补政策，引导融资性担保机构加大对小微企业融资服务力度。支持民营企业、上市企业利用纾困资金化解难题。

### （二）着力强实力，推动工业跨越式发展

**梯次培育壮大优质企业**。实施企业梯次培育行动，分产业、分层级扶持培育一批龙头企业，打造中流砥柱；实施中小企业成长提升计划，支持企业技术成果转化，大力培育“专精特新”、专业化“小巨人”和单项冠军企业，形成重要支撑；支持小微企业创新创业、入规入统，全年新增入规企业1500家左右，育好源头活水。**增强产业集群支撑力**。按照江西省区域发展新格局，强化省市合作，加快建设沪昆（江西）新能源、新材料、装备制造产业带和京九（江西）电子信息、新材料产业带，大力培育先进制造业集群，争创国家级制造业高质量发展示范区。实施产业集群提升行动，培育重点集群10个以上、省级重点产业集群达到100个，强化“亩产论英雄”导向，通过“两率一度”综合考核，促进产业集群发展提升。全力打好精准脱贫攻坚战，将贫困县产业集群纳入省级规划，加大帮扶力度，助力按期脱贫。**增强重点产业竞争力**。实施“2+6+N”产业高质量跨越式发展行动计划。制定出台行动计划和年度工作要点，推动产业高质量跨越式发展，力争用5年左右时间，打造2个万亿级、6个五千亿级、N个千亿级产业。**增强园区发展承载力**。打好园区功能完善提升战役。实施园区“两型三化”管理提标提档行动，加快建设完善智慧化、绿色化、服务化公共平台和功能，支持污水管网建设运营和提标提档，新建1000万平方米标准厂房，全省园区企业联网贯通工业园区智慧云平台。加快发展物流、科研、培训等公共平台和生产性服务业，提升园区生活服务功能。

### （三）着力促升级，推动工业高质量发展

**在强化创新上下功夫**。突出企业创新主体地位，帮助企业提升创新能力，引导企业加大研发经费、加强技术转化应用。再梳理发布一批攻关项目，实质性推进首批项目建设。不断完善创新平台体系。支持组建一批企业技术中心、制造业创新中心、产业技术研究院、园区产业创新服务综合体，推进智能制造、人工智能等研究院建设，加快推进虚拟现实创新中心。**在融合深化上下功夫**。实施智能制造“万千百十”工程，重点抓好12个行业的智能化改造。开展新一轮两化融合“个十百千万”行动，打造一批示范企业和示范园区，全年新增上云企业2000家以上。研究制定促进人工智能与实体经济深度融合、新一代信息技术与制造业融合等实施意见。**在绿色提升上下功夫**。继续培育打造一批绿色产品、绿色工厂和绿色园区，不断完善绿色制造体系。大力发展节能环保产业，引导开展清洁生产、节能节水等技术改造，推进国家新能源汽车动力蓄电池回收利用试点工作，做好重点用能工业企业节能监察。全力打好工业污染防治攻坚战，落实“净土、净水、净空”任务分工，开展“散乱污”企业、化工产业清理整顿，坚决完成生态环

境审计、环保督察等整改任务。加强规范条件公告、行业准入等管理，严禁新上高污染、高排放项目。**在扩大开放上下功夫。**加强全方位交流合作，深化与工信部、中国民用航空局、华为等战略合作，进一步推进省际产业合作。围绕江西省特色优势产业，组织产业推介招商活动，加强与世界500强、中国500强、央企和著名民企对接，着力引资、引技、引智。办好第二届世界VR产业大会，打造VR产业江西高地。积极融入“一带一路”建设，有序推进境外重点合作平台建设，推动国际产能合作，建立江西工业企业“走出去”桥头堡。**在深化改革上下功夫。**巩固钢铁去产能成果，严防“地条钢”死灰复燃，运用综合标准依法依规淘汰落后产能。抓好消费品工业“三品”专项行动、轻工业重塑品牌等工作，探索开展江西制造精品培育工作，大力补品牌短板。

### （四）着力转动能，建设现代化产业体系

**大力发展新兴产业。**突出龙头企业、示范基地、产业规模三个倍增，用好新兴产业“四图”和100个产业链全景图，依图作业狠抓建项目、育企业、铸链条工作，支持南昌航空工业城、南昌中医药科创城、樟树“中国药都”、赣州“两城两谷一带”、上饶“两光一车”、鹰潭物联网基地、吉安电子信息产业基地等平台建设，推动航空、中医药、电子信息、装备制造、物联网、新能源、新材料等优势产业的产能释放扩张。**改造提升传统产业。**推进实施传统产业优化升级“八八”行动。实施技改三年行动计划，支持企业技术升级、装备更新和产品迭代，全年推动企业技术改造3000家以上。深化传统产业优化升级“1+8”试点，召开现场推进会，总结推广试点经验。推动烟草产业转型创新发展，加大省产烟销售。**培育新经济新动能。**大力培育数字经济，推动产业数字化、数字产业化。唱响物联江西品牌。搭建“一云二网三平台N应用”物联江西整体架构，建设一批工业互联网、大数据、人工智能、物联网接入和公共服务等平台，建设一批工业云平台，开发工业App。开展工业大数据、高分卫星遥感技术应用试点。推进落实一批“03专项”成果转化项目。建设物联江西展厅，举办工业互联网、移动物联网和物联江西高峰论坛。加快部署IPv6。研究制定支持VR产业发展政策升级版。加快发展工业设计。认定一批工业设计中心，举办第四届“天工杯”工业设计大赛。**发展服务型制造。**在服务型制造领域遴选一批试点企业，打造一批服务型制造方案提供商。

### （五）着力优服务，创建最优营商环境

**创建最优政务环境。**深化“放管服”改革，提升“互联网+政务服务”水平，率先做到所有审批事项实现“最多跑一次”“一次不跑”。继续精简审批时限，力争在现有基础上再压缩。全面清理证明事项，严格证明条件，严禁擅自新设证明环节。坚持亲清界限，敢于常与企业家打交道，保护企业家合法权益，弘扬企业家精神，支持企业家创新创业。**创建最优市场环境。**完善信用体系建设，加快政务数据与企业信用信息平台无缝对接，引导企业提升质量、融资、安全、环保等信用水平。加强公平竞争审查，大力清理取消限制竞争的政策措施，维护市场公平。加强无线电管理，持续高压打击涉无线电违法行为，支持信息消费升级。**创建最优法治环境。**推进法治政府建设，增强宪法、法律意识，强化依法行政。加强工信立法，加快散装水泥条例等规章制度修订进程，开展企业技术改造立法前期研究。加强规范执法，落实工信领域法律法规，严格执行行政执法检查“双随机一公开”制度。做好公职律师、法律顾问工作，加强政策文件合法性规范性审查。积极做好行政应诉工作。做好禁化武履约工作，维护国际形象。

# 2018 年山东省工业经济运行概况

自 2018 年 3 月以来，山东省工业增速总体稳定在 5.2% ~5.5%。2018 年，山东规模以上工业增加值同比增长 5.2%（见图 1），比 2017 年回落 1.7 个百分点，低于全国 1 个百分点，高于江苏 0.1 个百分点，分别低于广东、浙江 1.1 个、2.1 个百分点（见图 2、图 3、图 4）。其中，制造业增加值同比增长 5.1%，保持平稳增长；电力、燃气及水的生产和供应业同比增长 14.9%，比 2017 年提高 3.7 个百分点；采掘业同比下降 0.9%。全省多数市保持较快增长，济南、青岛、淄博、烟台、济宁、威海、日照、莱芜、临沂、德州、菏泽 11 市规模以上工业增加值均保持 6% 以上增速，对山东工业经济发展起到了较好的支撑作用；枣庄、东营、聊城、滨州 4 市相对低位增长，增速低于 5%。全省近 80% 行业保持增长，41 个工业大类行业中山东有 32 个增加值同比增长，增长面为 78%。多数企业生产加快，全年实现产值比 2017 年增长的企业为 23963 家，占规模以上工业企业总数的依次 62.5%。

## 工业经济运行特点

工业发展质效稳步提升。**一是企业效益较快增长。**山东规模以上工业实现主营业务收入同比增长 5.3%（见图 5）；实现利润同比增长 10.3%（见图 6），持续保持两位数较快增长。企业盈利能力明显增强，规模以上工业企业主营业务收入利润率为 5.26%，比 2017 年提高 0.25 个百分点。山东规模以上工业亏损企业亏损额同比下降 27.3%。生产效率持续提升，资产利润率为 4.9%，比 2017 年提高 0.3 个百分点。规模以

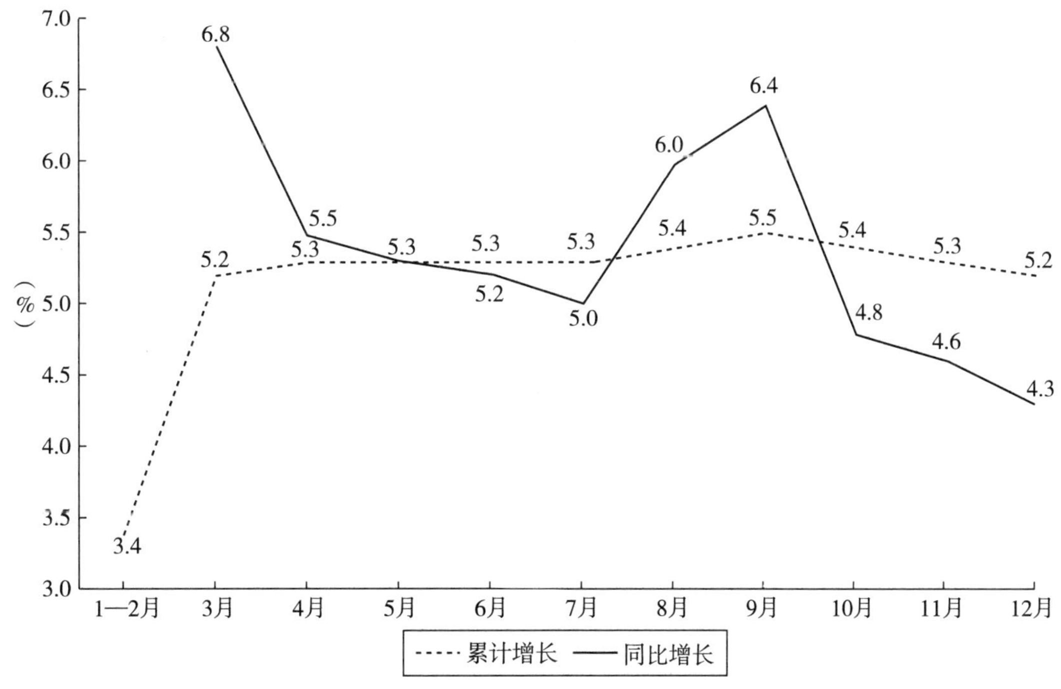


**图 1　2018 年山东省规模以上工业增加值增长速度**

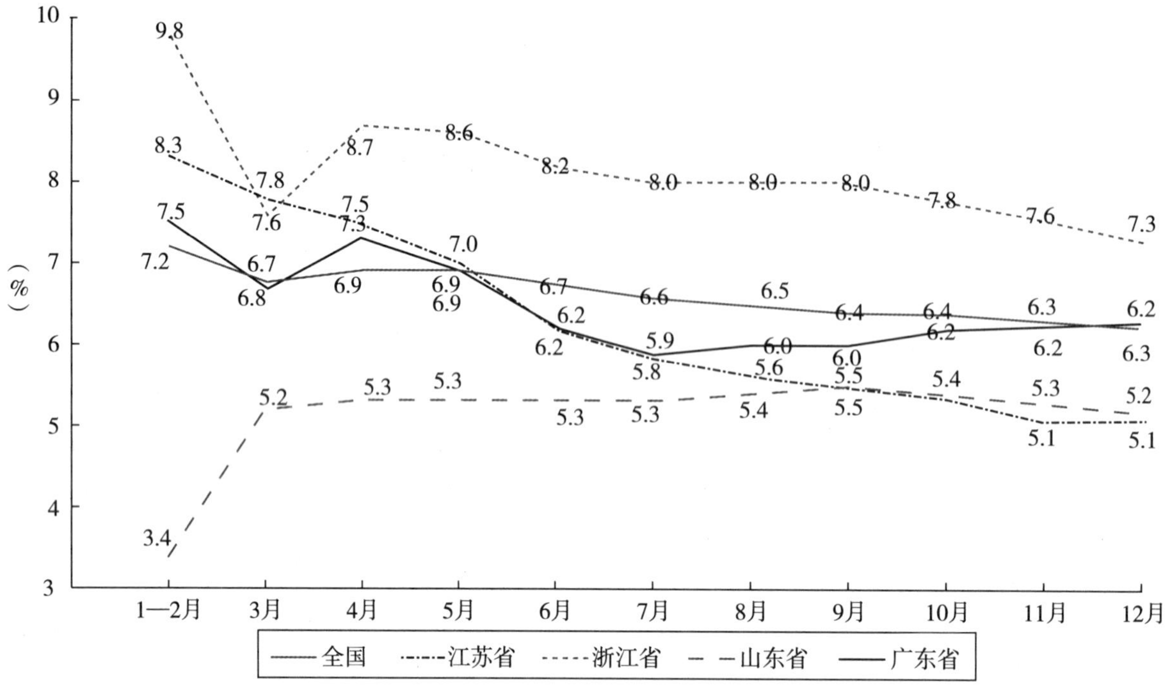


**图 2　2018 年全国及东部主要省份规模以上工业增加值累计增幅**

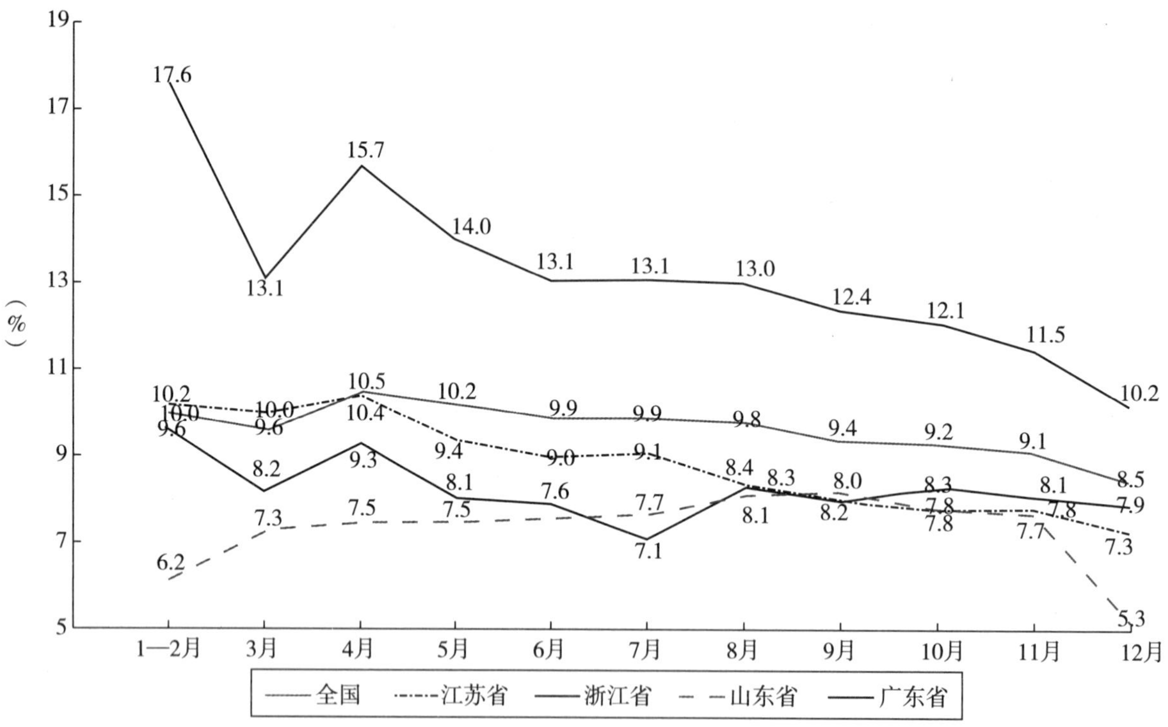


**图 3　2018 年全国及东部主要省份规模以上工业企业主营业务收入累计增幅**

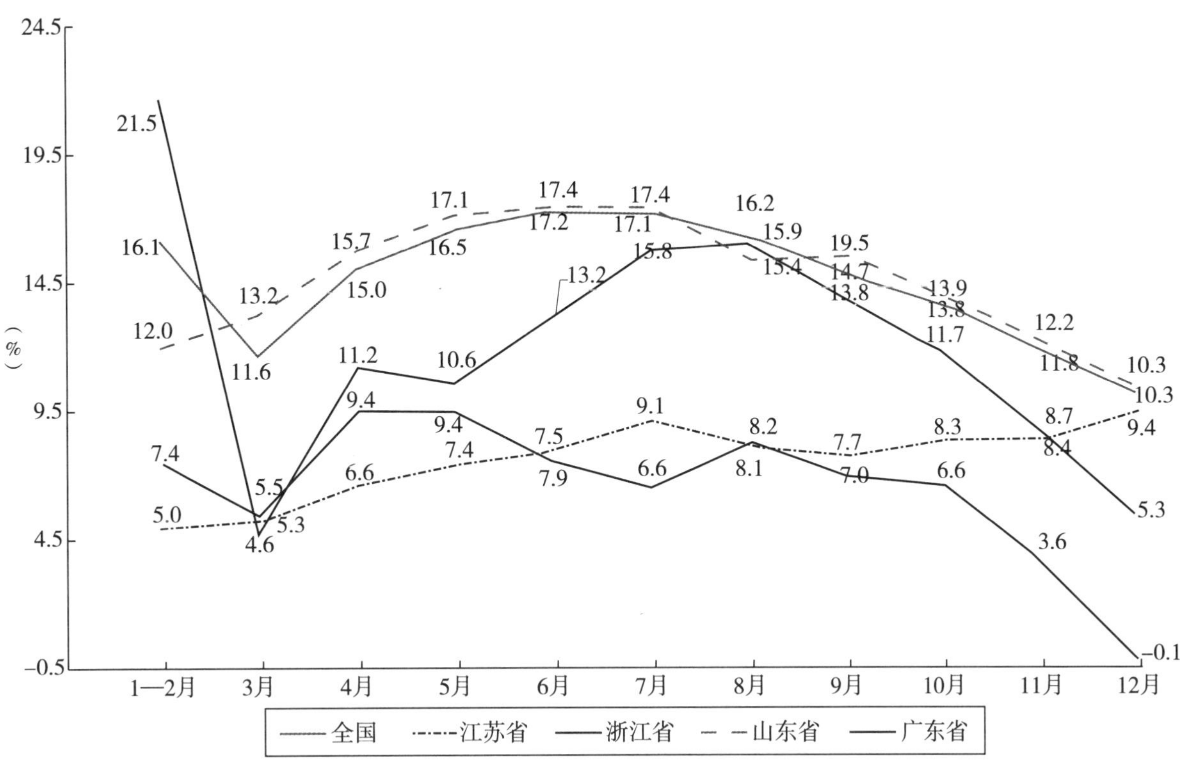


图 4 2018 年全国及东部主要省份规模以上工业企业利润总额累计增幅

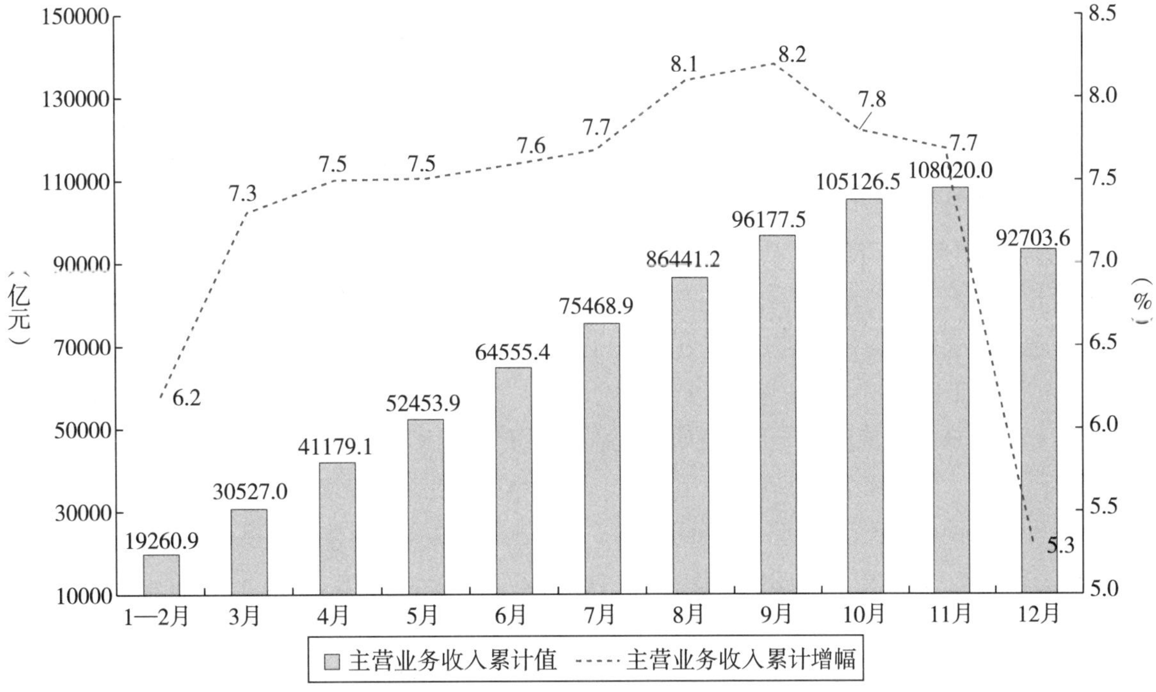


图 5 2018 年山东省规模以上工业企业主营业务收入累计值及累计增幅

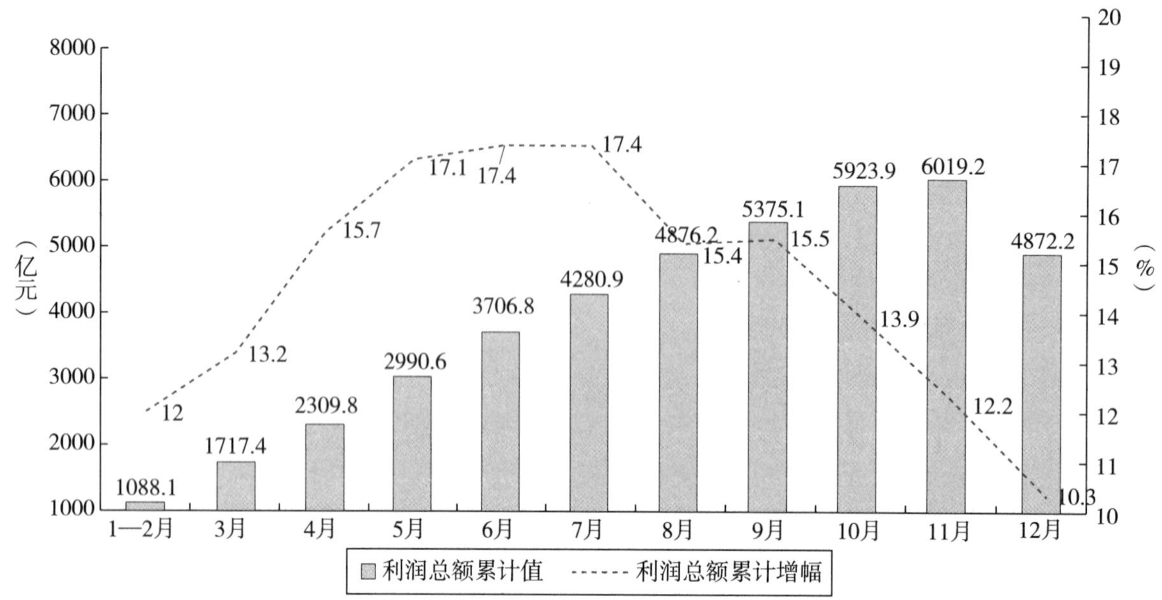


**图6　2018年山东省规模以上工业企业利润总额累计值及累计增幅**

上工业人均创造利润7.0万元，比2017年增长14.3%。**二是工业供给质量不断提高。**持续加快去产能，全年压减粗钢产能355万吨、生铁产能60万吨、煤炭产能495万吨。降成本成效明显，全年规模以上工业每百元主营业务收入成本为85.85元，比2017年减少0.59元。工业产销衔接良好，山东规模以上工业产销率达到98.6%，高于全国0.5个百分点。

传统行业转型升级成效明显。**一是产业链向精深加工延伸。**2018年，农副食品加工行业增加值同比增长4.8%，而代表消费升级趋势的食用菌加工、蛋品加工等行业增加值分别同比增长1.5倍和44.7%。钢铁行业中，精深加工行业增加值占比达到81.5%。**二是重点行业效益明显改善。**农副食品加工、纺织服装、医药、化工、橡胶塑料、建材、钢铁等传统行业利润分别同比增长10.4%、13.0%、22.3%、13.2%、20.8%、35.2%和32.4%。**三是高档产品占比提高。**智能电视占彩色电视机产量的比重为87.6%，比2017年提高7个百分点；数控金属切削机床占金属切削机床产量比重为33.8%，比2017年提高7.8个百分点。

新动能增长势头良好。**一是十强产业引领作用增强。**2018年，新一代信息技术、新能源新材料、高端装备等行业增加值同比分别增长6.7%、6.0%和5.5%，分别高于规模以上工业1.5、0.8和0.3个百分点。**二是高端制造业保持较快增长。**装备制造业持续发挥引领作用，2018年实现增加值同比增长7.5%，高于规模以上工业2.3个百分点；通用设备、专用设备、电气机械器材、计算机通信及其他电子设备制造业增加值分别同比增长8.7%、12.2%、9%和7.1%。高技术行业增加值同比增长9.6%，高于规模以上工业4.4个百分点；占规模以上工业比重为9.5%，比2017年提高0.3个百分点。工业机器人、太阳能电池、服务器等新产品产量比2017年分别同比增长71.5%、58.9%和76.3%。**三是中小企业加快发展壮大。**规模以下工业增加值同比增长7.4%，高于规模以上工业增加值增速2.2个百分点，比2017年大幅提升7.2个百分点。

工业投资结构明显改善。2018年，山东规模以上工业投资同比下降0.7%；其中，制造业投资同比增长2.4%。山东规模以上工业技改投资同比增长9.6%，比2018年上半年提高9.9个百分点；其中，制造业技改投资同比增长

12.2%，比上半年提高13.1个百分点。投资结构不断调整优化。装备制造业、高技术制造业投资同比分别增长7.6%、17.6%，增幅高于工业8.3和18.3个百分点；通用设备、铁路船舶及其他运输设备、计算机通信及其他电子设备制造业等行业投资同比分别增长8.3%、9.6%和23.4%。

工业先行指标稳中有升。**一是工业用电增长持续加快。**2018年，山东全社会用电量完成5916.8亿千瓦时，同比增长8.96%，增幅分别比第一季度、上半年、前三个季度提高5.4、6.1和2.3个百分点；工业用电量完成4481.4亿千瓦时，同比增长7.98%，增幅分别比第一季度、上半年、前三个季度提高7.8、7.4和3.2个百分点。**二是工业品价格涨幅稳中趋缓。**山东工业生产者出厂、购进价格分别上涨3.7%和3.6%，涨幅分别比2017年回落1.8和3.7个百分点。价格同比涨幅波动中下行，2018年下半年涨幅逐步缩小。从当月看，上半年呈U型上涨走势，6月出厂、购进价格同比涨幅全年最高，分别为4.9%和4.8%；下半年涨幅逐月缩小，12月出厂、购进价格同比涨幅全年最低，分别上涨0.6%和1.3%。

## 重点行业发展情况

### （一）新一代信息技术产业

2018年，山东省信息技术产业（含制造业、软件业）统计内规模以上企业5434家，信息技术产业主营业务收入实现9061亿元，同比增长8.11%，占山东工业比重为8.05%；利润实现625.9亿元，同比增长2.96%。其中软件和信息技术服务业收入5028亿元，同比增长14.9%，新一代信息技术产业增加值同比增长6.7%。

重点产品方面：云计算、大数据、工业互联网等产业带动服务器产量同比增长75%，集成电路产量同比增长142%。服务器、平板电视、蓝牙耳机和虚拟现实终端等新一代信息技术特色产品，在国内具有较高的市场占有率。

骨干企业方面：2018年海尔、海信和浪潮三家企业主营业务收入超千亿元，在工业互联网、智能电视和数据装备等领域稳居全国前列。海尔、海信、浪潮、歌尔4家企业入围全国电子百强企业。

创新载体方面：山东省成立了中国宽禁带功率半导体、集成电路设计、LED（发光二极管）、RFID（射频识别）、激光产业、电子材料和自主可控信息系统等多个产业联盟或协会，积极培育认定了10家集成电路设计中心、125家软件工程技术中心、25家工程技术中心等一批创新载体。

重点项目方面：核心、高端、基础领域创新力度不断加大，2009—2018年，山东省共承担国家“核高基”重大专项18个、国家电子发展基金项目52个。积极推动国家北斗导航数据中心山东分中心建成并投入运行。青岛芯恩集成电路、济南高功率芯片等重大项目落地建设，儒商大会签约项目进展顺利。

聚集格局方面：当前山东基本形成以青岛、烟台、威海为龙头，沿胶济铁路延伸，向鲁西南和鲁西北两尾翼拓展的信息技术产业协同发展格局。济南、青岛和烟台已确立为山东新旧动能转换核心区，发挥其在新一代信息技术融合发展、科技高地和制造基地的特色，辐射山东信息技术产业提升发展水平。

融合发展方面：浪潮、海尔、中创等全国软件百强发挥龙头作用，不断加大投资研发力度，云服务、数据服务、虚拟现实等软件内容产业异军突起，支撑软件业规模持续扩大，占信息技术产业比重超50%。2018年，国家级两化融合管理体系贯标试点企业累计达到262家，居全国第3位。

### （二）新材料产业

山东省新材料产业门类比较齐全，在国家划分的特种金属功能材料、高端金属结构材料、先进高分子材料、新型无机非金属材料、高性能复合材料、前沿新材料6大类新材料中均有分布，聚氨酯、高性能有机氟、有机硅、先进陶瓷、特种玻璃、高性能玻璃纤维、高性能铝合金、石墨烯等领域技术水平较高，已形成较好产业规模优势。2018 年，山东新能源新材料产业增加值同比增长 6%，高于规模以上工业 0.8 个百分点；占山东 GDP 的比重为 1.8%，同比提高 0.08 个百分点。

强化顶层设计。2018 年，山东省先后制定了《山东省新材料产业“1351”工程实施方案》和《山东省新材料产业发展专项规划（2018—2022 年）》，为指导今后一个时期山东新材料产业发展指明了方向。为抓好规划的落地实施，又针对规划提出的石墨烯等 15 个细分行业，分别制定了创新突破实施方案，明确责任分工和时间进度要求，确保各项工作举措和要求落到实处。

体系建设发力。强化“6 个 1”协调推进体系建设，“6 个 1”，即 1 名省级领导牵头；1 个专班推进，省政府成立了由省工信厅主要负责同志任组长，省发改委、科技厅、人社厅、财政厅等分管同志和相关职能处室负责同志为成员的工作专班；1 个规划引领，省政府 2017 年出台了《山东省新材料产业发展专项规划（2018—2022 年）》；1 个智库支持，首批遴选了包括 6 名院士在内的 25 名专家为智库成员；1 个协会助力，成立了山东省新材料产业协会；1 支基金保障，山东新材料产业母基金已达 4 支，认缴总规模 231.3 亿元。该协调推进体系的全面落地，保障了新材料产业发展协调服务机制高效运转。

产业创新驱动。**一是培育优质企业**。建立领军企业培育库，制定入库标准，首批遴选入库企业 182 家；评选 2018 年新材料领军企业 50 强，支持其示范引领，加速成长为国际创新型企业。开展重点行业对标行动，在 15 个重点行业中，筛选 45 家省内骨干企业和 45 家国际对标企业，制定追赶、跨越路线图和时间表。大力培育新材料领域高新技术企业，2018 年，山东高新技术企业达到 8912 家，其中新材料企业达到 1827 家，占总数的 20.5%。**二是搭建创新平台**。截至 2018 年年底，新材料领域省级以上重点实验室达到 29 家，建立了碳纤维、生态纺织等一批省级技术创新中心。

人才支撑保障。充分发挥山东《离岸创新人才引进使用支持办法（试行）》作用，支持用人单位“走出去”，因地制宜聘用海外高端人才，2018 年首批认定离岸创新人才 48 人。出台山东省事业单位《高层次急需紧缺人才特聘办法》和《特设岗位设置使用办法（试行）》，赋予用人单位自主权。注重本土人才培养，10 名材料专业人才新入选 2018 年国务院政府特殊津贴人员名单，全部为山东自主培养的专家。组织开展为期三年的千名高端人才培训，2018 年举办了首批、300 人的培训班。实施新材料省级高级研修项目，2018 年累计培训新材料领域专业技术人才 3049 人次。

重点项目推进。省政府 110 个重大项目中，新材料相关项目有 16 个，总投资 842 亿元，截至 2018 年年底，累计完成投资 599.4 亿元，完成进度的 71%；450 个优质项目中，新材料相关项目有 52 个，已开工 43 个，开工率 83%，完成投资 149 亿元。

### （三）装备制造业

产业综合情况。2018 年，山东装备制造业实现工业增加值同比增长 7.5%，高于规模以上工业 2.3 个百分点，全年各月累计增速始终快于规模以上工业，是支撑工业增长的重要驱动力，其中，通用设备、专用设备、电气机械器材、计算机通信及其他电子设备制造业增加值分别同比增长 8.7%、12.2%、9.0% 和 7.1%；实现主营业务收入约 3 万亿元，同比增长 3.47%，占山东工业近 30%，居全国第 3 位（全国前两位分别是江苏省、广东省）；利润同比下降 2.96%；投资平稳增长，同比增长 7.6%，增幅高于工业 8.3 个百分点，其中，通用设备、铁路船舶及其他运输设备、计算机通信及其他电子设备制造业等行业投资同比分别增长 8.3%、9.6% 和 23.4%。

骨干企业情况。山东现有规模以上企业约 1 万家。主营业务收入过千亿元的企业 1 家，过百亿元的企业 13 家。山东主营业务收入前 5 位企业分别是潍柴控股集团有限公司（2360.5 亿元）、中国重型汽车集团有限公司（905.4 亿元）、上汽通用东岳汽车有限公司（500.3 亿元）、浪潮电子信息产业股份有限公司（427.0 亿元）、中车青岛四方机车车辆股份有限公司（417.3 亿元）。

主导产品情况。主导产品有动车组、汽车、高技术船舶、高档数控机床、工程机械、服务器、工业机器人等。2018 年，完成动车组产量 1312 辆，同比下降 13.23%；完成汽车产量 224.98 万辆，其中商用车 91.54 万辆，乘用车 116.47 万辆（含专用汽车 21.91 万辆，新能源汽车 16.97 万辆）；完成民用钢制船舶产量 187.9 万载重吨，同比下降 10.44%；完成高档数控机床产量 7.7 万台，同比增长 4.1%；完成挖掘、铲土等工程机械产量 13.9 万台，同比增长 30.63%；工业机器人、服务器等产品产量比 2017 年分别增长 71.5% 和 76.3%。

### （四）高端化工产业

产业规模大、门类较为齐全。山东是化工产业大省，在全国化工产业布局和山东经济结构中占有重要地位，是唯一一个主营业务收入突破 3 万亿元的省份，规模总量连续多年位居全国首位。2018 年山东规模以上化工企业主营业务收入同比增长 12.92%，利润同比增长 13.21%。国家重点统计的化工产品山东均有分布，形成了炼化、化肥、无机化工、有机化工、橡胶加工、精细化工、合成材料“七大板块”的产业体系。主要产品保障能力不断增强，重点化工产品产量位居全国前列。其中，山东炼油产能、尿素产能、子午线轮胎产能分别占全国总产能的 1/4、1/7、1/2 以上。

强化高端引领，化工产业转型升级稳步推进。**一是高起点规划产业发展。**编制《山东省高端化工产业发展规划（2018—2022 年）》，明确了未来五年山东化工产业发展的总体思路和任务目标。**二是推进化工产业集聚发展。**着力优化产业布局，推进化工企业进区入园，在全国率先出台了化工园区认定管理办法。截至 2018 年年底，以省政府名义分两批公布了 45 家化工园区和 2 家专业园区名单，产业集聚化发展水平显著提升。**三是谋求地炼产业发展新突破。**加快低端产能退出。强化安全、环保标准倒逼，依法依规推进低端产能退出，为新动能腾出发展空间。

强化创新驱动，化工产业新旧动能转换不断加快。**一是强化技术创新。**山东建立国家级企业技术中心 21 家、国家工程实验室 5 家，石化、轮胎、化肥、煤化工、氯碱等行业率先开展智能制造试点示范。**二是强化产品创新。**烟台道恩集团、威海拓展纤维等一批研发能力强、产品质量优的企业，逐步发展成为化工新材料、特种化学品等细分行业的“单项冠军”。**三是强化制度创新。**制定出台了《山东省化工投资项目管理暂行规定》，实行重点项目联合审核制度，促进化工产业高端高效发展。

强化绿色发展，化工产业安全环保水平不断提高。**一是强化安全隐患整治。**2018 年山东共排查发现安全隐患 19.8 万项，完成整改 18 万项，整改率达到 91%。**二是强化行业标准倒逼。**2018 年，山东 6094 家化工生产企业全部完成评级评价，优评企业 1000 家、中评企业 2740 家、差评企业 2354 家；危化品运输企业完成评级 718 家，完成率 85%；危化品仓储、经营企业完成评级 829 家，完成率 93.5%。**三是扎实推进搬迁改造。**明确 2018 年全面启动、2025 年全部完成的总体目标，涉及 14 个市、58 家企业、2.3 万职工，搬迁投资总额 790 亿元。

强化基础支撑，化工产业配套保障能力不断提升。**一是推进智慧化工程建设。**以智慧工厂和智慧园区建设为载体，大力实施信息化与工业化深度融合。**二是夯实人才智力支撑。三是完善基础设施建设。**推进港口码头建设，山东共建成原油及化工品码头 86 座，形成了以青岛、日照、烟台港为骨干，东营、潍坊、威海港为补充的油气海运格局。

## 2018 年工业重点工作和成就

新旧动能转换得到强力支撑。**一是培强壮大“十强”产业。**出台实施高端装备、新一代信息技术、高端化工、新材料四大产业专项规划，全面建立“六个一”推进体系，在儒商大会现场签约 49 个产业项目，70% 已启动实施。**二是加速提升传统产业。**启动新一轮高水平企业技术改造三年行动计划。实施产业集群转型升级示范行动，培育支柱产业集群 7 个、主导产业集群 14 个。**三是加快推动高耗能产业高质量发展。**推动省政府出台《加快七大高耗能行业高质量发展的实施方案》；以做优做强铝精深加工为主攻方向，推动铝产业高质量发展；强力推进地炼产能优化整合，推动烟台裕龙岛炼化一体化项目建设前期工作。**四是扎实推进化工专项行动。**组织开展化工企业评级评价，分三批认定 65 家化工园区和 7 家专业化工园区，启动城市人口密集区危化品企业搬迁工作。

工业供给质量实现全新跃升。**一是综合施策去产能。**全年压减粗钢产能 355 万吨、生铁产能 60 万吨，提前超额完成“十三五”总体计划目标。严格落实大气污染防治工作方案，组织 9 个行业 870 余家企业冬季错峰生产。**二是紧盯市场去库存。**叫响“好品山东”大平台，深度参与“一带一路”合作、“香港山东周”“鲁台经贸洽谈会”重大活动，举办 20 多场专业展会，推动企业“走出去”开拓国际市场。**三是积极稳妥去杠杆。**与六大国有银行建立联系机制；开展重点技改项目三方联动试点。**四是多措并举降成本。**开展“云行齐鲁”企业上云行动，推动超过 7 万家企业上云，为企业节约信息化投入超过 10 亿元。

工业竞争力迈上全新台阶。**一是高度重视制度创新。**高质量推进非公经济发展、“亩产效益”资源市场化配置改革试点、经济类行业协会改革 3 个省委首批制度创新项目，探索工业企业分类综合评价体系。**二是全面加快技术进步。**成功举办全球创新动能大会、第 27 届山东省产学研展洽会，与多家院校建立战略合作关系；确定 10 家小微企业双创基地。**三是努力打造创新平台。**分两批培育了 20 家制造业创新中心试点，其中 6 家通过省级中心认定；累计培育国家纺织服装创意设计试点示范园区（平台）6 个，省级软件工程技术中心 125 家；培育国家中小企业公共服务示范平台 6 个、省级中小企业公共服务示范平台 80 个、省级中小企业服务机构 142 个。**四是全面提振质量品牌。**在原材料、装备制造、消费品工业领域开展质量提升专项行动，培育 24 个全国质量标杆。

“四新”“四化”呈现全新姿态。瞄准制造智能化、生产服务化、充分激发工业发展新潜能。**一是加快智能化转型。**启动智能制造“1 + N”带动提升行动。累计培育国家智能制造试点示范项目 34 个、省级智能制造示范企业 115 家，均居全国首位。**二是推动服务化提升。**突破发展工业设计，举办第 2 届“省长杯”工业设计大赛，3 件产品获得 2018 年中国优秀工业设计奖金奖。**三是实现两化深度融合。**启动工业互联网“个十百”平台培育工程，培育 262 家国家两化融合贯标试点、10 家制造业“双创”平台试点示范、9 个大数据产业发展试点示范项目、6 个制造业与互联网融合发展试点示范项目、5 个工业互联网创新工程项目。

企业进一步减负前行、加速成长。推动支持实体经济、非公经济若干政策落地，牵头开展清理规范涉企保证金和清理拖欠民营企业中小企业账款工作；推动省政府出台《关于支持民营经济高质量发展的若干意见》；推进“放管服”改革，累计取消行政权力事项 15 项，下放 37 项，拆分“一次办好”办理事项 32 项，进驻大厅“一窗受理”行政许可事项 12 项；在全国率先编制省级制造业采购经理指数（PMI），精准提供经济运行预测预警；在全系统启动“进万企服务年”活动，结对联系 1 万家企业。

# 2018年河南省工业经济运行概况

2018年，河南省工业增速“前稳、中降、后升”，上半年总体平稳，基本在7.6%~7.8%小幅波动，下半年增速开始出现较大回落，9月大跌至5.3%，10月更是接踵跌至4.5%，为2009年3月以来的“新低”，11月增速有所回升，当月增速为6.7%，环比提高2.2个百分点，扭转了此前9月、10月连续下探的不利局面，12月增速更是攀升至9.2%。全年工业经济运行总体呈现“波动探底、翘尾回升”的局面。

**工业用电量总体稳定。**1—12月，全省工业用电量2204.3亿千瓦时，同比增长6.0%，较2017年同期回升1.5个百分点；12月，全省工业用电量219.5亿千瓦时，同比增长10.5%，增幅较2017年同期提高15.5个百分点。**工业品价格涨幅回落。**自6月以来，全省工业生产者出厂价格（PPI）涨幅持续收窄，12月全省PPI同比上涨0.9%，较6—11月分别回落2.3、1.7、0.9、0.2、0.3、1.2个百分点。**工业投资低位运行。**1—12月，全省工业投资同比增长2.0%，增幅较2017年同期下降1.5个百分点。其中，制造业投资同比增长3.4%，较2017年同期提高0.3个百分点。**消费、进口涨幅回落。**1—12月，全省社会消费品零售总额同比增长10.3%，较2017年同期回落1.3个百分点。全省进出口总额同比增长5.3%，较2017年同期回落5.6个百分点。其中，出口总额同比增长12.8%，进口总额同比下降6.2%，较2017年同期回落15.8个百分点。

受环保管控和去产能工作持续推进影响，钢铁、煤炭等主要能源原材料工业品价格持续高位运行，效益保持良好态势；食品、轻纺等加工制造为主的消费品行业价格上涨动力不足，效益表现低迷。**一是企业利润大幅提升。**1—12月，全省规模以上工业企业主营业务收入同比增长10.8%；利润总额同比增长24.5%，较2017年同期提高16.0个百分点。1—12月，全省工业企业每百元主营业务收入中的成本为85.38元，同比减少1.02元；每百元资产实现的主营业务收入为90.2元，同比增加4.8元。**二是能源原材料行业效益持续发力。**1—12月，冶金、化工主营业务收入同比增长13.2%、14.8%，分别高于全省工业2.4、4.0个百分点；建材、化工、能源行业利润总额同比增长28.7%、35.1%、1385.9%，分别高于全省工业4.2、10.6、1361.4个百分点。**三是中下游加工制造业效益继续低迷。**1—12月，食品、轻纺行业主营业务收入同比增长6.0%、8.9%，分别低于全省工业4.8、1.9个百分点；食品、轻纺行业利润总额同比增长8.4%、19.7%，分别低于全省工业16.1、4.8个百分点。**四是国有企业利润高位运行。**全省国有控股工业企业利润大幅提升，主要得益于国企改革持续推进、结构调整深入推进、市场行情有所好转，1—12月利润总额同比增长150.6%，高于全省工业126.1个百分点。

在全省工业战线的共同努力下，“三大改造”“四大攻坚”积极推进，全省工业去杠杆和降成本成效显现，质量、效益均有所提升。**一是主导产业较快增长。**1—12月，全省装备制造、食品制造、新型材料制造、电子制造、汽车制造五大主导产业同比增长7.7%，增速高于全省规模以上工业0.5个百分点。其中，电子制造、装备制造、新型材料、汽车制造同比增长14.4%、

10.2%、9.0%、7.5%，分别高于全省工业7.2、3.0、1.8、0.3个百分点。**二是新兴产业加快发展**。以4个重点产业为突破口，持续实施产业转型发展攻坚，加快培育高技术、高成长产业。1—12月，高技术产业、战略性新兴产业增加值同比增长12.3%、12.2%，分别高于全省工业增速5.1、5.0个百分点。开展质量提升和对标达标专项行动，大力推进创新制造、精品制造、品牌制造，传播弘扬工匠精神，产品层次和质量水平加快提升，终、高端产品生产形势良好。1—12月，锂离子电池产量增长142.8%，新能源汽车增长70.4%，生物基化学纤维增长45.3%，服务机器人增长37.8%。**三是转型发展提质降耗**。大力提升绿色化改造水平，全年创建国家级绿色工厂28家，新认定智能车间103个、智能工厂47个。着力减少低端和无效供给，在前两年化解过剩产能的基础上，又化解煤炭产能825万吨、淘汰落后煤电机组107.7万千瓦，电解铝产量下降12%，铝锭、水泥、钢铁等行业化解产能和兼并重组取得新进展。1—12月，全省规模以上工业综合能源消费量13889.5万吨标准煤，同比下降1.3%；规模以上工业单位增加值能耗下降7.97%。

## 重点行业运行情况

### （一）装备制造

行业生产增速明显放缓，主营业务收入增长趋缓，利润增速有较大回升。全年行业增加值同比增长10.2%，高于全省平均增速3.0个百分点，较2017年同期下降3.2个百分点；主营业务收入同比增长15.5%，利润总额同比增长16.8%，分别较2017年同期提高2.3、8.2个百分点。

### （二）食品制造

受生猪疫情影响，农副食品加工业生产、效益同步下降，拖累食品行业增速下滑；受外卖平台便利化冲击，以方便面等为代表的部分储藏式便利食品消费增速下滑，产量大幅减少。为满足日益提高的品质消费需求，行业转型升级步伐加快，以速冻米面制品、肉制品、烟酒为代表的终端食品结构加速调整，行业效益在产品结构调整期内出现阶段性回落，部分企业增收不增利。全年行业增加值同比增长4.1%，低于全省平均增速3.1个百分点；主营业务收入同比增长6.0%，利润总额同比增长8.4%。

### （三）电子制造

受《河南省电子信息产业转型升级2018年工作方案》政策利好推动，产业格局向“1+4+N”加速迈进，发展后劲十足。以富士康为核心的世界级智能终端产业集群，以智能传感器、信息安全、新型显示、电子材料为代表的4个千亿级产业，以襄城县硅材料、林州高性能电子纱等为代表的百亿级电子信息产业特色园区持续壮大，部分企业在芯片设计、云安全平台研发、智慧教育、传感器应用等领域达到国内领先水平，企业利润进一步提高。全年行业增加值同比增长14.4%，高于全省平均增速7.2个百分点；利润总额同比增长33.0%，高于全省工业8.5个百分点。

### （四）汽车制造

由于受上汽乘用车产销形势较好，新能源汽车高速增长，以及2017年同期基数较低等因素影响，2018年上半年全省汽车产销延续了2017年年底持续回暖态势，汽车产销均实现较快增长。其中，乘用车产销增速高于商用车，新能源汽车增长明显高于燃油汽车。进入下半年，随着市场消费趋紧，汽车行业增速明显放缓，甚至出现下滑迹象。从主要产品类型的全年产量看，微型客车、轿车、SUV、载货车均实现高速增长，客车、MPV（多用途汽车）出现下滑。汽车零部件企业受全国汽车市场增速放缓影响，主营业务收入和利润增幅均有小幅回落。全年行业增加值同比增长7.5%，高于全省平均增速0.3个百分点；主营业务收入同比增长10.8%，利润总额同比增长10.2%。

### （五）冶金工业

全行业整体保持平稳较快增长态势，盈利状况不断改善，经营形势总体较好，但不同子行业分化态势不断加剧。其中，钢铁价格呈现震荡上行并高位运行态势，除供暖季错峰生产环保管控外，钢铁行业生产情况稳定，企业开工基本正常，特别是环保改造较好的企业受影响相对较小，企业盈利状况大幅提升。有色金属行业中，电解铝价格低位运行、持续疲软，随着部分地区矿石禁采，原料供应不稳定与运输成本上升助推氧化铝价格不断攀升，电解铝企业扣除原料价格上涨因素后实际亏损状况进一步恶化。氧化铝产量增长明显，铅、锌等子行业整体形势平稳，产量略有下降，价格整体波动中微涨。全年行业增加值同比增长12.8%，高于全省平均增速5.6个百分点；主营业务收入同比增长13.2%，利润总额同比增长28.8%。

### （六）建材工业

受市场有效需求不足，房地产行业拉动力减弱等因素影响，行业整体低位平稳运行。但由于建材产品价格处于相对高位，企业具备较强的盈利能力。分行业看，2018年以来河南省水泥市场需求相对略弱，企业盈利较好；玻璃行业市场整体运行平稳，产能产量基本维持稳定；陶瓷行业因需求不足、原材料及运费上涨等因素影响，产品产量下降明显，企业销售压力较大，经营较为困难。全年行业增加值同比增长6.0%，低于全省平均增速1.2个百分点；主营业务收入同比增长13.6%，利润总额同比增长28.7%。

### （七）化工工业

受环保治理、原油煤炭价格上涨等因素拉动，行业整体保持平稳态势，企业效益持续改善。从不同子行业看，甲醇价格整体呈现先涨后跌、“淡季不淡、旺季不旺”的运行态势，全年甲醇平均吨价2854元，较2017年年底吨价下降15.2%。纯碱市场保持平稳，市场货源供应较为充足，生产企业开工波动不大，下游玻璃等生产总体稳定。烧碱市场总体平稳，下游需求稳定，企业产销良好。尿素市场较为平稳，从需求来看，农业方面尿素产品价格随季节性变化而波动；工业方面下游胶合板厂开工率普遍偏低，整体对尿素需求较弱。全年行业增加值同比增长5.6%，较2017年同期提高3.7个百分点；主营业务收入同比增长14.8%，利润总额同比增长35.1%，分别高于全省平均水平4.0、10.6个百分点。

### （八）轻纺工业

轻纺工业呈现高开低走运行态势，随着智能化和绿色化改造有力推进、能源结构调整及现代定制家具带动，行业增长较快。但由于国内外经济形势变化影响逐步显现、原料和人工成本进一步上涨等问题影响，行业整体出现严重下滑，个别单月甚至出现负增长。全年行业增加值同比增长4.8%，低于全省平均增速2.4个百分点；主营业务收入同比增长8.9%，利润总额同比增长19.7%，分别低于全省平均水平1.9、4.8个百分点。

### （九）生物医药

企业生产形势稳健，盈利能力大幅提升。药品流通环节“两票制”政策迫使生产企业斥巨资重建销售网络，公立医疗机构药品招标环节陆续采用带量议价采购方式，在降低药价的同时进一步压缩药品生产企业利润空间。与此同时，药品价格市场化以来，河南省中药饮片、中成药逐步发力，价格优势逐步形成，对行业利润增长起到一定带动作用。全年行业增加值同比增长14.6%，高于全省平均水平7.4个百分点。

### （十）煤炭行业

煤炭行业整体平稳。受供给侧结构性改革、煤炭去产能政策影响，煤炭市场全年环境较为平稳，价格全年保持高位波动运行。全省煤炭产量同比稳中略涨，销量稳中下滑，其中，煤炭累计销量8—11月一度同比负增长，行业盈利水平有所下降。国有骨干煤炭企业（河南省境内含神火集团）累计煤炭产量10828.5万吨，同比增长2.1%；煤炭销量10974.3万吨，同比增长0.1%；2018年年底库存煤129.6万吨，同比减少36.4万吨。全年行业增加值同比增长2.6%，低于全省平均增速4.6个百分点，低于2017年同期1.1个百分点；主营业务收入同比增长0.5%，利润总额同比下降4.9%。

### （十一）电力行业

省网整体运行稳定，电力供应充足。2018年下半年受省内煤炭价格小幅波动且稍有回落，加之迎峰度夏、迎峰度冬期间发电量大增影响，发电企业经营压力得以有效缓解。全年省网期末总装机容量8680.3万千瓦，同比增加687.7万千瓦。其中，火电装机6757.1万千瓦，同比增加155.8万千瓦；全社会用电量3417.7亿千瓦时，同比增长7.9%。受机组发电利用小时数降低、煤价较高位运行和成本增加等因素影响，全省发电行业整体处于亏损状态，企业资产负债率提高，融资难度加大，经营较为困难。全年行业增加值同比增长8.7%，高于2017年同期5.3个百分点；主营业务收入同比增长11.8%，利润总额同比减亏。

## 信息化工作发展情况

2018年，河南省信息化工作发展喜人，信息化工作日益成为助力实施中原经济区、郑州航空港经济综合实验区、郑洛新国家自主创新示范区、中国（河南）自由贸易试验区、中原城市群等国家战略规划的主要抓手，信息化工作是建设国家大数据综合试验区，建设网络经济强省的重要内容。

### （一）电子信息产业规模继续扩大

2018年，河南省电子信息产业规模继续扩大，层次不断提升，结构持续优化，全年电子信息制造业增加值增速14.4%，高于全省工业增加值增速7.2个百分点；主营业务收入同比增长8.1%。重点围绕构建“1+4+N”产业格局，即建设世界级智能终端产业集群，培育智能传感器、信息安全、新型显示、电子材料4个千亿级产业，打造若干个百亿级电子信息产业特色园区，聚焦重大项目，促进产业集聚，加快关键技术研发，扩大智能产品有效供给，大力推动电子信息产业转型升级和高质量发展。

### （二）“两化”融合水平不断提高

作为制造业大省的河南，紧紧抓住工业化和信息化融合发展的时代机遇，两化融合水平不断提高。发挥试点示范引领带动作用，培育认定智能车间103个、智能工厂47个；开展市级智能制造示范，共遴选确定市级示范企业415个，示范项目613个、总投资1733亿元。服务型制造方面，争取国家服务型制造示范企业（项目、平台）6个、郑州市成为全国6个服务型制造示范城市之一，认定省级服务型制造示范企业（项目、平台）49个。制造业“双创”方面，争取国家制造业“双创”平台试点示范项目7个，认定省级制造业“双创”平台14个、制造业与互联网融合“双创”基地5个。制造业与互联网融合方面，争取国家制造业与互联网融合试点示范项目5个，认定省级制造业与互联网融合试点示范项目54个。新一代信息技术方面，争取国家大数据产业发展试点示范项目7个，入选数量居全国第1位。推动“企业上云”，加速数字化转型。认定1个省级综合性平台、3个行业平台培育对象，中信重工的矿山装备工业互联网平台等3个项目入选国家工业互联网平台集成创新应用试点示范，河南省工业互联网安全监测与态势感知管理平台项目获得国家转型升级专项资金支持。组织开展第一批河南省“企业上云”综合云平台服务遴选工作，确定8家企业或企业联合体入选服务商名单，全省上云企业数量超过1.2万家。引导企业以贯标评定、对标诊断为抓手，建立、实施、保持和改进两化融合管理体系，全省启动贯标企业 642 家、对标企业 5982 家，104 家企业获得国家贯标评定证书。遴选确定 20 家企业入选河南省第一批智能制造系统解决方案供应商推荐目录，推动航天云网、树根互联、明匠智能、徐工信息等国内知名供应商在全省建立分支机构。依托中机六院组建河南省智能制造研究院、组建企业智能化改造诊断服务专家库，研究制定企业智能化改造诊断指标体系，推动省工业和信息化厅与思爱普（中国）公司、赛迪研究院、东软集团、徐工信息签订战略合作协议，为河南省智能制造和工业互联网发展提供技术支撑和服务。

### （三）网络基础设施建设不断完善

持续推进“宽带中原”战略，信息网络基础建设得到快速完善。电信业务总量超高速增长。全省电信业务总量增速及规模均居全国第 4 位，增速比全国平均水平高 28.2 个百分点，规模排名较 2017 年提升 1 个位次。电信业务收入增速自 11 月开始小幅回升，收入规模居全国第 6 位。行业转型发展持续深化，非话音业务收入占比（88.4%）比全国平均水平高 2.1 个百分点。**网络升级不断加速，供给能力持续增强。**实现全省所有 20 户以上自然村通 4G 和贫困自然村通光纤，全面完成 LTE（长期演进）网络、固定网络、应用基础设施等 IPv6 改造，持续优化 NB-IoT 网络覆盖，扎实推进郑州 5G 试点。全省 4G 基站、互联网省际出口带宽、互联网宽带接入端口、光缆线路长度分别较 2017 年增长 12.7%、10.3%、8.4%、2%。**宽带用户增势良好，融合业务加快发展。**全省 4G、固定宽带用户新增数均居全国第 2 位，电话用户和互联网用户双双突破 1 亿户。全省 IPTV（交互式网络电视）、物联网用户新增数分别居全国第 1 位、第 7 位，总数分别较 2017 年增长 62%、228.3%。固定宽带家庭普及率、移动宽带用户普及率均超过 80%，分别较 2017 年提升 17.3、10.3 个百分点。**提速降费扎实推进，流量消费持续释放。**全省 50M、100M 以上宽带用户占比和 4G 用户渗透率分别居全国第 1 位、第 5 位、第 8 位，比全国平均水平高 9.2、11.2、2.9 个百分点。全省手机上网流量资费、互联网宽带接入资费分别较 2017 年降低 67.3%、13.9%，降幅比全国平均水平高 4.2、3.9 个百分点。全省手机上网流量居全国第 3 位，较 2017 年增长 2 倍多，增速比全国平均水平高 25.8 个百分点。

## 主要工作开展情况

### （一）抓协调服务，保障平稳运行

健全工业经济运行监测分析协调机制，制定全省季度工业经济运行重点任务清单并督促落实。维护工业经济运行 App，推进监测平台智能化建设，监测预警能力进一步提升。开展产融合作，印发第二批先进制造企业融资需求清单，指导洛阳、许昌两市创新开展国家产融合作城市试点示范，实施千亿资本助力制造强省建设行动。

### （二）抓“三大改造”，推动提质增效

组织全省“三大改造”现场观摩活动及工作推进会议，凝聚了加快实施制造业改造升级、大力推进高质量发展的共识。**智能化改造：**制定出台智能制造和工业互联网发展三年行动计划及若干支持政策，成立智能制造和工业互联网专项工作组、专家咨询委员会。认定 103 个省级智能车间、47 个智能工厂、49 个服务型制造示范项目，麦斯克电子公司大规模集成电路硅基底智能制造等 3 个项目入选国家智能制造试点示范，中铁装备先进轨道交通盾构机智能工厂等 11 个项目入选国家智能制造综合标准化与新模式应用项目。**绿色化改造：**出台绿色制造体系建设实施方案，认定省级绿色工厂 32 家，创建国家级绿色工厂 28 家、累计 38 家，新增国家级绿色园区 4 个。**企业技术改造：**加快建设制造业创新中心，新遴选省级培育单位 8 家、累计 19 家，认定 4 家省级制造业创新中心。建设省工业和信息化项目管理系统，发布技改投资导向目录，技改项目管理进一步加强。

### （三）抓重点产业转型，促进结构调整

贯彻落实装备制造、新型材料、电子信息、白酒转型发展三年行动计划。**装备制造**：制定智能装备产业发展行动方案，发布智能制造白皮书和案例集，推广标杆企业典型经验，建成电力装备智能制造创新研究院，遴选11个装备制造业转型发展示范园区、6个智能装备产业园区、5个实训基地。**新型材料**：征集295名专家组建新型材料行业专家库，组织企业与金融机构、高校、园区及上下游企业交流合作，完善新型材料发展生态链。制定实施钢铁、铝工业、煤化工、水泥、尼龙新材料5个产业转型发展方案，加快传统原材料向新型材料转型提升。电子信息：制定实施智能传感器产业发展行动计划，举办2018年首届世界传感器大会，成立智能传感器创新联盟。实施合晶8英寸硅材料衬底片等一批重点项目，建成河南信息安全产业示范基地。

### （四）抓“三品”专项行动，提升供给水平

深入落实河南省制造业“三品”专项行动实施意见，引导企业增品种、提品质、创品牌。制定工业新产品综合评价办法，建设新产品开发及推广应用网上服务系统，启动新产品综合评价工作。开展第三批制造业单项冠军示范（培育）企业推荐，郑州钻石精密制造等4家企业入选工信部单项冠军示范企业。举办2018年中部设计论坛·台湾设计专场，组织参加第二届中国工业设计展览会等重要活动，3件作品获得中国优秀工业设计奖。

### （五）抓数字经济和信息化建设，培育发展新动能

加快发展工业互联网，制定工业互联网平台培育工作方案，遴选认定1个综合性平台、3个行业性平台培育对象，中信重工矿山装备等3家工业互联网平台入选国家工业互联网试点示范项目。实施企业上云行动，遴选公布8家综合云平台服务商，开发建设“企业上云”公共服务平台，推动全省1.2万家企业将基础设施、业务系统和生产设备向云端迁移。发展新业态新技术，认定54个省级制造业与互联网融合试点示范项目。

### （六）抓产业集群和民营经济，增强发展活力

加大“百千万”亿级优势产业集群培育力度，推动新型工业化产业示范基地转型提质，新增国家级示范基地1家、累计12家，中德（许昌）中小企业合作区成为国家第八个中德合作示范区，认定商丘梁园运动健康等10个省级中小企业特色产业集群。加快民营经济高质量发展，举办全省促进非公有制经济健康发展大会，表彰100家优秀非公有制企业和90名优秀非公有制经济人士，以省委省政府名义印发《关于营造企业家健康成长环境弘扬优秀企业家精神更好发挥企业家作用的实施意见》《关于促进非公有制经济健康发展的若干意见》等系列政策文件。

### （七）抓无线电管理，维护空中电波秩序

创新工作方法，采用竞争性方式科学合理配置无线电频谱资源，受到国家局通报表扬。完成特定频段卫星地球站等无线电台（站）清理核查工作，清理核查微波接力通信站37个，卫星地球站和卫星地面单收站496个。积极开展行政执法能力提升、集中打击“伪基站”违法犯罪、打击治理“黑广播”和集中整治违规设置使用调频广播电台3个专项行动，查处违法案件161起，得到省政府肯定。

# 2018年湖北省工业经济运行概况

2018年，湖北省全年工业增加值增长7.1%，高于全国0.9个百分点，工业经济运行呈现总体平稳、稳中有进的态势。从工业增速趋势看，第一、二、三、四季度增加值累计增速分别为7.8%、7.8%、7.8%、7.1%，工业经济运行总体平稳。

**产业结构持续优化。**41个工业大类行业中有35个行业增加值保持同比增长。高技术制造业增加值增长13.2%，高于湖北省工业增加值增速6.1个百分点；占湖北省工业比重近90%的制造业增加值增长6.7%，采矿业增长3.3%，能源生产供应业增长10.1%。多数市州同比加快。

**工业投资同比加快。**湖北省工业投资保持较快增速，增长15.8%，同比提升3.9个百分点；制造业投资增长15.6%，同比提升4.1个百分点。41个工业大类行业中，32个行业投资保持增长，19个行业增速在20%以上。高技术制造业投资增速较快，同比增长32.5%，高于湖北省工业投资增幅16.7个百分点，航空航天设备制造业、电子及通信设备制造业、计算机及办公设备制造业、医疗仪器设备及仪器仪表制造业分别增长19.2%、50.7%、19.8%、17.3%。工业技改投资增速有所回落，累计增长24.2%，同比回落37.4个百分点。

**工业用电量增速回升。**湖北省工业用电1254.1亿千瓦时，增长7.3%，同比增加2.5个百分点。制造业用电919.4亿千瓦时，增长8.1%，同比减少2.7个百分点，其中电子设备制造业、电气机械制造业、有色金属冶炼和压延加工业用电分别同比增长39.9%、36.2%、130%。工业增值税完成688.3亿元，同比增长0.2%。

2018年，湖北省规模以上工业主营业务收入增长8.2%。从所有制和企业类型看，私人控股企业贡献突出。私人控股企业实现主营业务收入24214亿元，同比增长10.9%，对湖北省工业增长贡献率达到74%；小型企业实现主营业务收入19434亿元，同比增长12.7%，对湖北省工业贡献率达到68.4%。从行业看，纺织、医药、建材、钢铁分别增长11%、16.8%、15.4%、12.3%；汽车行业下降2.4%。

2018年，湖北省完成人民币计价出口总额3487.2亿元，同比增长11.2%。其中，出口总额2253.2亿元；进口总额1234亿元，增长15.0%；湖北省实际外商直接投资119.41亿美元，同比增长8.6%。湖北省部分高附加值机电产品出口保持良好增势，如集成电路增长46.7%，液晶显示板增长17.3%，汽车增长10.5%，汽车零配件增长33.8%，轨道交通装备增长1.5倍。

## 重点行业发展情况

### （一）装备制造业

2018年，受汽车制造业增速回落影响，湖北省装备制造业规模以上工业增加值增长7.3%，高于湖北省工业增加值增速0.2个百分点，占湖北省工业的比重为31.4%。其中，计算机、通信和其他电子设备制造业，电气机械和器材制造业，通用设备制造业，专用设备制造业分别保持18.8%、11.2%、10.3%、9.6%的较快增长，汽车制造业小幅增长了2.7%。2018年，湖北省装备制造业实现主营业务收入15449.8亿元，同比增长3.8%。其中，仪器仪表制造业、电气机械和器材制造业、专用设备制造业、通用设备制造业分别增长16%、12.1%、12.0%、11.9%。全省装备制造业实现利润总额990.6亿元，同比增长7.7%。全省装备制造业科研成果丰硕，华中科技大学的“复杂零件整体铸造的型（芯）激光烧结材料制备与控形控性技术”获2018年国家科技进步二等奖。

2018年，全省继续实施省级智能制造试点示范专项行动。试点示范的区域和行业逐步扩大，目前已覆盖全省大部分市区及机械、汽车、医药、电子、食品、纺织等多个行业。三年来，共遴选确定了三批81个省级智能制造试点示范项目，其中长飞光纤光缆公司、美的集团武汉制冷设备有限公司等12家入选工信部智能制造试点示范名单。可复制智能制造模式不断推广，长飞光纤光缆股份有限公司通过物联网、大数据信息化和制造智能化的融合，形成预制棒和光纤生产智能制造新模式。智能制造生态体系不断健全，襄阳高新技术产业开发区管委会承担的“高端装备制造业（新能源汽车）标准化试点”、湖北迪峰船舶技术有限公司承担的“高端装备制造业（船舶）标准化试点”获得工信部立项。智能制造系统解决方案供应商不断壮大，三丰智能的智能输送成套设备、工业机器人、自动化仓储设备和自动化控制系统等广泛应用于汽车、轻工、工程机械等领域。武汉华中数控股份有限公司建立的适合3C行业金属加工智能制造新模式、汽车关键零部件加工的智能制造系统解决方案、面向产教融合智能制造实训基地教育教学解决方案，已经推广应用了12家。

### （二）冶金工业

2018年，湖北省冶金行业持续深入推进供给侧结构性改革，产业结构不断优化，市场秩序明显改善，行业运行保持在合理区间，企业效益显著提升，行业运行质量和效益保持良好发展态势。**冶金行业发展增速加快。**2018年，湖北省冶金行业增加值同比增长7.5%，并呈现逐步上升、不断向好的态势，在第一季度小幅增长1.3%的基础上，第二、三、四季度增加值增幅显著提高，上半年达7.2%，前三个季度为6.7%。**钢铁行业增加值增速快速提升。**2018年，湖北省钢铁行业增加值增长4.2%，占湖北省规模以上工业比重为2.84%，同比增长0.14个百分点。**有色金属行业增加值保持较快增长。**湖北省有色金属行业增加值增长13.2%，同比小幅下降1.2个百分点，但高于全省规模以上工业增加值增速6.1个百分点；增加值占湖北省规模以上工业比重为1.8%，同比持平。**产品产量小幅增长。**2018年，湖北省钢铁行业呈现先弱后强的走势，整体波动幅度有所收窄。在第二、三季度市场需求不断释放、环保政策持续发力的情况下，钢铁行业供需关系得到较好改善。湖北省生铁产量2514.6万吨，同比增长4.7%；粗钢3071.8万吨，同比增长6.8%；钢材3649.9万吨，同比增长1.9%。10种有色金属产量同比下降1.4%。其中：精炼铜50.6万吨、同比增长5.2%，增速同比下降6个百分点；电解铝6.9万吨，同比下降4.8%，增速下降12.2个百分点；铅10.9万吨，同比下降27.5%。**产品价格高位盘整。**随着钢铁行业严厉打击违规新增产能、严查“地条钢”等工作的深入开展，伴随铁矿石等原料价格持续上涨、重点建设项目拉动等原因，钢铁价格强势回升后保持高位盘整小幅回调。2018年，湖北省钢铁价格历经逐步回暖、大幅上涨后呈现小幅回落局面。至12月末，武钢有限螺纹钢出厂均价为4700元/吨，同比上涨近1080元；鄂钢公司螺纹钢出厂均价为4200元/吨，同比上涨近1120元。电解铜等有色金属价格持续上涨。至12月末，大冶有色精炼铜价格53311元/吨，较2017年同期上涨5000元/吨。

### （三）纺织工业

**工业生产稳步增长。**受益于企业转型步伐加快，高支纱面料比重提高，高附加值面料产销形势较好，湖北省规模以上纺织企业工业增加值同比增长 6.5%，高于全国同行业 3.6 个百分点。其中，纺织业，服装、服饰业，皮毛制品和制鞋业，化学纤维制造业企业分别完成增加值 5.5%、9.0%、4.8%、4.0%；纱、无纺布产量同比增长 10% 和 26.9%。**经济效益稳步提升**。得益于国内外市场的良好支撑作用，行业效益增速呈现逐步加快走势。湖北省规模以上纺织企业实现主营业务收入 3264.1 亿元，同比增长 10.6%，高于全国同行业 7.7 个百分点，高于湖北省工业增加值增速 2.4 个百分点；其中：纺织业，服装、服饰业，皮毛制品和制鞋业，化学纤维制造业分别实现主营业务收入 2097.1 亿元、860.9 亿元、247.0 亿元、59.1 亿元；同比增长 11.0 %、8.7 %、12.5 %、17.4 %。利润总额 144.5 亿元，同比增长 29.4%，高于全国同行业 21.4 个百分点，高于湖北省工业利润总额增加值 10.4 个百分点；同比增加 26.1 个百分点。其中：纺织业，服装、服饰业，皮毛制品和制鞋业，化学纤维制造业分别实现利润 92.8 亿元、41.0 亿元、8.4 亿元、2.4 亿元，同比增长 29.5%、24.7%、54.3%、37.7%。**出口创汇持续回暖**。在世界经济保持复苏、消费需求回升的刺激作用下，全行业实现出口创汇 35.2 亿美元，同比增长 18.2%；其中纺织品出口 9.5 亿美元，同比增长 29.4%；服装出口 25.7 亿美元，同比增长 14.5%。医疗卫生用纺织品和服装依然是出口的主力军，枝江奥美出口创汇 26218 万美元，武汉爱帝出口 10600 万美元，武汉凯晨出口 9100 万美元，美尔雅出口 5338 万美元；一些重点出口企业增长明显，如博拉经纬出口增长 88.5%，仙桃新发出口增长 26.0%。

### （四）电子信息产业

2018 年，湖北省电子信息产业呈现高质量发展良好态势，实现主营业务收入 6369 亿元，首次突破 6000 亿元大关，同比增长 13.16%，比湖北省规模以上工业主营业务收入增幅高 4.96 个百分点。其中电子信息制造业主营业务收入 4577 亿元，同比增长 10.9%，比全国同行业规模以上企业、湖北省规模以上工业主营业务收入增幅分别高 1.9、2.7 个百分点；电子信息制造业规模以上工业增加值 1029 亿元，同比增长 12.27%，比湖北省规模以上工业增幅高 5.17 个百分点；软件业主营业务收入 1792 亿元，同比增长 16.98%，比全国同行业规模以上企业、湖北省规模以上工业主营业务收入增幅分别高 2.79、8.78 个百分点。

全行业实现利润总额 389 亿元，同比增长 9.25%；实现税金总额 198 亿元，同比增长 10.61%；主营业务收入同比增幅高开低走，逐月增幅始终保持在 12% 以上，全年平均增幅明显好于 2017 年，产业收入整体呈现出平稳较快增长态势。

主要产品产量快速增长，其中锂离子电池增长 276.2%，单晶硅电池组件增长 87.4%，彩色电视机增长 40.4%，电子元件增长 33.1%。产业从业人员平均人数达到 79.2 万，同比增长 4.58%。电子信息制造业综合发展指数和软件业综合发展指数在全国排名均为第 9 名、中部均为第 1 名。

### （五）石油化学工业

2018 年，湖北省石化行业聚焦着力解决“化工围江”突出问题，行业运行质量和效益明显好转，产业转型升级和产品结构优化成效初显。打好长江大保护十大标志性战役之沿江化工企业关改搬转专项战役和危化品搬迁改造攻坚战，《湖北省沿江化工企业关改搬转任务清单》涉及全省 15 个市（州）共 478 家企业，《湖北省危险化学品生产企业搬迁改造任务清单（修订版）》涉及全省 16 个市（州）共 148 家企业。2018 年，全省沿江化工企业关改搬转专项战役有序推进，取得阶段性成效。

全省沿江化工企业完成关改搬转清单任务 101 家，其中关闭 26 家，改造 56 家，搬迁 7 家，转产 12 家；危险化学品生产企业完成搬迁改造任务 39 家，其中关闭 9 家，转产 23 家，搬迁 7 家，圆满完成了 2018 年年度目标任务。

2018年，湖北省石化行业规模以上工业增加值增长4.7%，主营业务收入增长8.1%，利润增长35.5%，出口交货值增长56.0%。行业经济运行总体平稳。2018年，湖北省石化行业规模以上工业增加值低于湖北省规模以上工业增加值增速2.4个百分点、高于全国同行业0.1个百分点（见表1）。

**表1　2018年湖北省石化主要产品产量表**

（单位：万吨、万条）

| 产品名称 | 2018年产量 | 同比（%） |
|---|---|---|
| 原油加工量 | 1414.0 | -0.5 |
| 成品油 | 945.1 | -4.1 |
| 乙烯 | 88.4 | 2.0 |
| 纯苯 | 37.6 | -15.2 |
| 合成树脂及共聚物 | 191.3 | 1.7 |
| 高密度聚乙烯树脂（HDPE） | 30.0 | 3.2 |
| 线性低密度聚乙烯树脂（LLDPE） | 30.0 | 2.7 |
| 聚丙烯树脂 | 66.9 | -4.3 |
| 聚氯乙烯树脂 | 19.3 | 8.3 |
| 聚苯乙烯树脂 | 3.1 | -16.8 |
| 合成纤维 | 15.5 | 6.6 |
| 橡胶轮胎外胎（万条） | 930.5 | -6.5 |
| 日用塑料制品 | 70.7 | 25.6 |
| 硫酸（折纯） | 773.7 | -2.5 |
| 盐酸（氯化氢，含量31%） | 46.4 | -1.3 |
| 纯碱 | 137.5 | -11.7 |
| 烧碱（折纯） | 83.1 | 1.1 |
| 其中：离子膜烧碱（折纯） | 57.6 | -2.0 |
| 合成氨 | 322.8 | -4.2 |
| 化肥（折纯） | 668.2 | -6.8 |
| 其中：氮肥（折纯） | 317.6 | -4.9 |
| 磷肥（折纯） | 343.8 | -9.0 |
| 磷酸一铵（实物） | 728.4 | 8.4 |
| 磷酸二铵（实物） | 465.3 | 20.8 |
| 尿素（折纯） | 60.5 | -6.2 |
| 农药原药（折纯） | 16.8 | -42.1 |
| 其中：杀虫剂原药（折纯） | 3.7 | -75.0 |
| 除草剂原药（折纯） | 11.4 | -12.8 |
| 涂料 | 46.9 | 21.6 |
| 精甲醇 | 33.8 | 3.6 |
| 电石（折纯） | 28.7 | 19.1 |
| 化学试剂 | 51.5 | 2.0 |

### （六）建材工业

2018年，湖北省建材行业增加值同比增长5.3%，低于湖北省规模以上工业增加值增速1.8个百分点，高于全国建材行业平均水平1个百分点。**主要产品产量保持增长。**其中：水泥产量1.07亿吨，同比下降3.7%；水泥熟料5714万吨，同比增长0.67%；平板玻璃产量9327万重量箱，比2017年同期增长6.41%。**主导产品价格大幅回升。**2018年，湖北省建材产品均价同比上升。其中水泥价格涨幅明显，12月底，以鄂州为代表的鄂东区域强度42.5和32.5普硅（矿渣）水泥吨价分别为560元和510元，较2018年年初分别上涨7.69%和10.87%。据测算，湖北省水泥平均出厂价格比2017年增长20%以上。**经济效益明显提升。**2018年，湖北省建材行业完成主营业务收入3458亿元，同比增长15.3%，实现利润280亿元，同比增长50.1%。其中：水泥行业利润同比增长100%以上，平板玻璃、混凝土与水泥制品、新型墙体材料、玻璃纤维及制品、石灰石膏制品、非金属矿等行业效益也均表现良好。**重点建材企业运行良好。**2018年重点建材企业生产经营情况良好，经济效益明显提高。

### （七）医药工业

2018年，湖北省医药产业出台了《关于促进中医药振兴发展的若干意见》，召开了纪念李时珍诞辰500周年暨湖北省中医药振兴发展大会，编制了《湖北省中药产业振兴发展五年行动方案（2018—2022 年）》，有力促进了湖北省医药产业发展，湖北省医药产业呈现出快速健康发展的态势。**产业发展速度和效益稳步提升。**2018 年，湖北省规模以上医药工业企业完成工业增加值同比增长 9.2%，高于湖北省规模以上工业增加值增速 2.1 个百分点；实现主营业务收入 1252.3 亿元，同比增长 16.8%，高于湖北省规模以上工业主营业务收入增加值 8.6 个百分点；实现利润总额 116.4 亿元，同比增长 5.7%。2018 年，全省完成出口交货值同比增长 47%，排名全国第六位。**医药产品规模不断壮大。**化学原料药单产品销售收入过亿元增至 20 个。医药制剂单产品销售收入过 1 亿元增至 37 个，过 2 亿元增至 14 个，过 3 亿元增至 8 个，过 5 亿元增至 5 个，过 10 亿元增至 2 个。其中，武汉生物制品研究所和李时珍医药集团过 1 亿元产品增至 10 个。**龙头企业竞争力进一步增强。**2018 年人福医药集团进入全国医药工业百强企业榜单（按主营业务收入排序），位列第 30 名。湖北省有 14 家医药企业进入全国医药工业 500 强。马应龙药业集团、武汉亚格光电、武汉德骼拜尔、湖北共同生物、葵花药业集团（襄阳）隆中、湖北省宏源药业、潜江永安药业 7 家企业被评为省级细分领域隐形冠军示范企业；湖北恒安芙林药业等 14 家被评为省级科技小巨人。

### （八）食品工业

2018 年湖北省规模以上食品工业企业完成工业增加值同比增长 7.6%，一改近两年徘徊不前的态势，增速同比加快 3 个百分点，高于湖北省规模以上工业增加值增速 0.5 个百分点。全行业实现主营业务收入 6165 亿元，同比增长 8.3%；实现利润 443 亿元，同比增长 21.3%。其中：农副食品加工业实现利润 182 亿元，同比增长 28.4%；食品制造业实现利润 68 亿元，同比增长 17.2%；酒、饮料和精制茶制造业实现利润 106 亿元，同比增长 30.9%。重点企业竞争力进一步增强。2018 年劲酒集团实现产值 116 亿元，同比增长 11.62%，上缴税金 27 亿元，连续十三年位居全国保健酒第一；福娃集团有限公司、湖北神丹健康食品有限公司、武汉仟吉食品有限公司等 11 家企业被评为省级细分领域隐形冠军示范企业；湖北小胡鸭食品有限公司、湖北萧氏茶业有限公司等 24 家企业被评为省级科技小巨人。

### （九）制造业与互联网融合

2018 年，湖北省制造业与互联网融合发展呈现良好态势。发布了工业互联网发展三年工作计划，支持成立了工业互联网产业联盟和 5G 产业联盟，倡导并实施了“万企上云”工程，不仅争取到了工业互联网标识解析国家顶级节点落户武汉并上线运行，还争取到了信息光电子、数字化设计与制造 2 个国家级制造业创新中心落户武汉，先后引进用友、华为、软通、中软国际等 10 余家国内领先的工业互联网平台扎根湖北，构建了湖北工业互联网服务资源池，在国内率先建设工业技术软件化“开源社区”，引导支持先进制造业企业运用边缘计算、大数据分析等技术，建设智能化工厂和数字化企业，对湖北省 300 多家企业实施了智能化改造，如华师一附中在全国首家上线 5G 教室，虹信公司在全国首家上线运行 5G 工厂，新增上云工业企业突破 1.5 万家，2018 年湖北数字经济总量 1.4 万亿元，跃居全国第 8 位、中部第 1 位，湖北大数据发展指数跃居全国第 8 位、中部第 1 位。

### （十）软件和信息服务业

2018 年，湖北省软件业务收入 1792 亿元，同比增长 17%，高于全国同行业平均增速 3 个百分点。软件业务收入列全国第 11 位，中部第 1 位；全年实现利润总额约 214 亿元；出口 2.5 亿美元，同比增长 11%。2018 年，武汉中国软件名城创建工作取得进展，工信部正式对武汉中国软件名城创建工作进行了评估，武汉以总得分 107.4 的高分通过评估，在所有参加评估的城市中得分最高，已正式获批“中国软件特色名城”称号。据赛迪智库《中国大数据发展指数报告

（2018年）》，湖北大数据发展指数42.1，位列全国第8名，中部第1名。武汉、襄阳、宜昌入选中国数字经济百强城市。

## 工业重点工作和成就

2018年，湖北省工业经济保持了稳中有进、进中向好的发展态势。全年规模以上工业增加值同比增长7.1%，高于全国0.9个百分点，为湖北省经济增长提供了坚强支撑。工业主营业务收入总量跃居全国第6位，工业增加值规模保持全国第7位；高技术制造业增加值同比增长13.2%，高于全国1.5个百分点；工业投资增长15.8%，高于全国9.3个百分点。

### （一）上下协同稳增长保目标，工业经济运行总体平稳

2018年，面对诸多不利因素和困难挑战，省市县经信部门始终围绕全年目标任务，多措并举推动工业稳增长保目标。**一是狠抓精准调度。**湖北省一刻也不放松地开展重点地区、重点企业、重点行业和重大增长点的运行调度。建立起多级联动包保机制，开展厅领导包片督查、重大增长点分级督办，全力服务重点企业重点行业稳增长保目标。**二是狠抓帮扶督导。**湖北省建立完善“点穴式”排序通报、督查约谈和帮扶调度制度。推动以省政府文件出台《湖北省经济工业稳增长快转型高质量发展工作方案（2018—2020年）》，为全年工业经济高质量发展确定线路图，三次组织召开现场推进会。**三是狠抓稳规进规。**湖北省把企业稳规进规作为工业稳增长的重点任务，推动以省政府文件出台《关于促进小微工业企业快成长上规模的意见》。各地一企一策开展包保帮扶、盘活解困，全年新增规模以上工业企业1128家，扭转了规模以上企业停产退规和退多进少的被动局面。

### （二）两手齐抓调结构促转型，着力推动新旧动能转换

传统产业是湖北省工业的重要基础和现实生产力，培育新兴产业是抢占新一轮产业和科技变革制高点的重大举措。出台了《湖北省传统产业转型升级三年攻坚行动方案》，设立30亿元制造业转型母基金，支持传统产业技改升级，制造强省建设稳步推进，新旧动能加快接续转换。**一是扎实推进万企万亿技改工程。**采取现场会、推进会形式一月一调度、一季一督导。抓实工业技改投资项目储备库、建设库、达产库“三库”，建立投资5亿元以上重点项目建设台账，积极服务华星和天马高端显示面板、京东方高世代面板、美洋新能源汽车、新冶钢改造提升、大冶汉龙、黄冈威马、荆门猎豹等重点项目建设，组织谋划3000个投资过亿元带动力强的重点技改项目，以因素法切块分配省级传统产业改造升级专项资金6亿元，大力支持各地增加工业投资和技改升级。**二是创新驱动制造业转型升级。**坚持创新是第一动力，大力支持创新平台建设和科技创新成果产业化。信息光电子、数字化设计与制造2个国家级制造业创新中心获批建设，全国共9个，与北京、上海等量。配合省科技厅起草并以省委、省政府名义出台《关于加强科技创新引领高质量发展的若干意见》。**三是大力推进重大项目建设。**围绕四大国家产业基地特别是“芯屏端网”等重点产业，精准贴心服务、当好“项目秘书”，挂点服务长江存储、武汉新芯、京东方、天马、华星光电等龙头企业，促进了一批重大产业项目顺利建成投产；针对集成电路短板弱项开展产业链招商，完善配套、打造集群。组织企业家赴台湾与重点关联企业点对点洽谈招商，在芯片设计、制造、封测、电子化学品等方面达成一批合作意向，受到省委省政府主要领导肯定。

### （三）智能引领促融合强示范，着力培育高质量发展新动力

湖北省坚持制造业与互联网、现代服务业融合发展，培育高质量发展新动力。**一是促进互联网、大数据、人工智能和实体经济融合。**车联网和场地实验取得重大进展。深入实施智能制造试点示范行动，认定第三批省级智能制造试点示范

项目31个，其中5个入选国家智能制造试点示范项目。**二是实施两化融合示范工程。**2018年新增国家两化融合管理体系贯标试点企业38家（累计145家），新增贯标企业28家（累计58家），新增国家级两化融合管理体系贯标示范企业2家，贯标工作全国排名第10位；大数据发展指数、智能化发展指数分别居全国第8位、第9位，均居中部第1位。**三是推进工业互联网建设。**通过积极努力，工业互联网国家标识解析体系顶级节点（中部）落户武汉并开通上线。大力支持分节点建设、产业应用和生态培育，推进IPv6规模化改造和5G应用，夯实互联网基础。以省政府名义出台《工业互联网发展工作计划（2018—2020年）》。召开湖北省工业互联网推进大会，成立湖北工业互联网产业联盟，支持黄石举办全国首届工业互联网创新大会，建成湖北省工业技术软件化开源社区。深入实施“万企上云”工程，湖北省新增上云工业企业1万多家，为企业节约IT成本一半以上。

### （四）深谋善为强基础增活力，着力推进民营和县域经济发展

**一是出台政策支持民营和县域经济发展。**高规格组织召开湖北省民营企业座谈会，高质量组织起草含金量高、措施力度大的民营经济“27条”，制定任务清单、责任清单和时限清单及配套具体实施措施“17条”。推动出台“目标比较明确、思路比较清晰、举措比较准实、政策比较有力”的《关于推动县域经济高质量发展的意见》“20条”，着力解决当前县域经济发展的难点、痛点和堵点问题。**二是民营和县域经济发展取得新突破。**认真实施“123”企业家培育计划，已实施五期培训企业家233人。扎实开展清理拖欠民营企业、中小企业账款工作。按照“全要素、全产业链、全地域”思路谋划，精心筹备召开湖北省高规格县域经济工作会议，制定《湖北县域经济高质量发展三年工作计划（2018—2020年）》，实施分类指导和考核评价，大力扶持100个重点成长型产业集群，加快培育21个高质量发展强县，湖北省已有3市入围全国百强县（市），6市入围县域经济与县域综合发展前100名。**三是全力促进营商环境优化。**聚焦电价、用工、物流等成本，开展企业负担第三方评估，推动出台湖北省新一轮降成本“31条”。深化“放管服”改革。建立企业投诉和服务信息化平台，着力解决制约中小企业、民营经济发展的突出问题。

### （五）提高站位抓整治优生态，着力推进工业绿色发展

**一是狠抓中央环保督查问题整改。**13个交办问题基本整改到位，受到中央环保回头看督查组的肯定。**二是“关改搬转”破解“化工围江”。**对环保不达标等行为“零容忍”，大力整治“化工围江”，推进沿江化工企业“关改搬转”。截至2018年12月底，湖北省完成关改搬转101家，全面完成年度任务。枝江解决“化工围江”获国务院通报表扬。**三是绿色制造提升“含绿量”。**制定并印发了《湖北省发展改革委（湖北省能源局）污染防治攻坚战工作实施方案》，组织开展清洁生产重点工作落实情况回头看，推进清洁生产“两方案一计划”实施，支持企业采用《国家涉重金属重点行业清洁生产先进适用技术推荐目录》相关技术，加快实施清洁生产技术改造。落实《湖北省工业绿色制造体系建设实施方案》，引导企业开发绿色产品、创建绿色工厂、打造绿色供应链、建设绿色工业园区。湖北省3个绿色产品、11家绿色工厂、3家绿色供应链（企业）进入工信部第三批绿色制造体系建设示范。**四是工业能效不断提升。**大力发展先进制造业、高新技术产业和现代服务业，加快传统制造业绿色化改造升级，实施工业能效提升计划、清洁生产示范工程，着力培育清洁示范企业、绿色示范工厂、绿色示范园区。制定《湖北省工业固体废物资源综合利用评价管理实施细则》，并开展评价工作，湖北省工业绿色发展迈出坚实步伐。

# 2018年湖南省工业经济运行概况

2018年，湖南省工业经济保持在合理区间运行，结构继续优化升级，新动能持续成长，稳中向好的态势延续发展。

## 工业运行特点

### （一）生产保持较快增长

2018年，全省规模以上工业增加值同比增长7.4%，增速比2017年提升0.1个百分点，高于全国平均水平1.2个百分点。全省全部工业增加值占地区生产总值的32.7%，工业对经济的增长贡献率为36.3%，拉动地区生产总值增长2.8个百分点。2012—2018年，全省规模以上工业增速分别为14.6%、11.6%、9.6%、7.8%、6.9%、7.3%和7.4%，2016年增速创历史新低，2017—2018年稳中有升，全省规模以上工业增速在“L”型右侧中低位波动运行，呈现“下有底，上有顶”的平稳运行特征（见图1）。

### （二）经济效益总体提升

2018年，全省规模以上工业中39个工业大类行业全部实现整体盈利。全省规模以上工业企业累计实现主营业务收入34850.47亿元，同比增长8.1%。盈亏相抵后实现利润1726.95亿元，同比增长9.3%。其中，专用设备制造业利润同比增长49.4%，拉动全省利润增长3.6个百分点；非金属矿物制品业利润增长37.5%，拉动全省利润增长2.9个百分点；黑色金属冶炼和压延加工业利润增长42.8%，拉动全省利润增长1.8个百分点。2018年12月末，规模以上工业企业资产负债率51.5%，低于全国平均水平5个百分点。规模以上工业企业每百元主营业务收入中的成本达83.21元，低于全国平均水平0.67元。工业企业实缴税金总额1623.76亿元，同比增长5.6%，占一般公共预算收入的33.5%，比2017年提高1.6个百分点。

### （三）工业投资高位运行

2018年，全省完成工业固定资产投资同比增长32.4%（见图2），增幅比2017年提高25.0个百分点；完成工业技术改造投资增长38.1%，增幅比2017年提高34.2个百分点。全省工业投

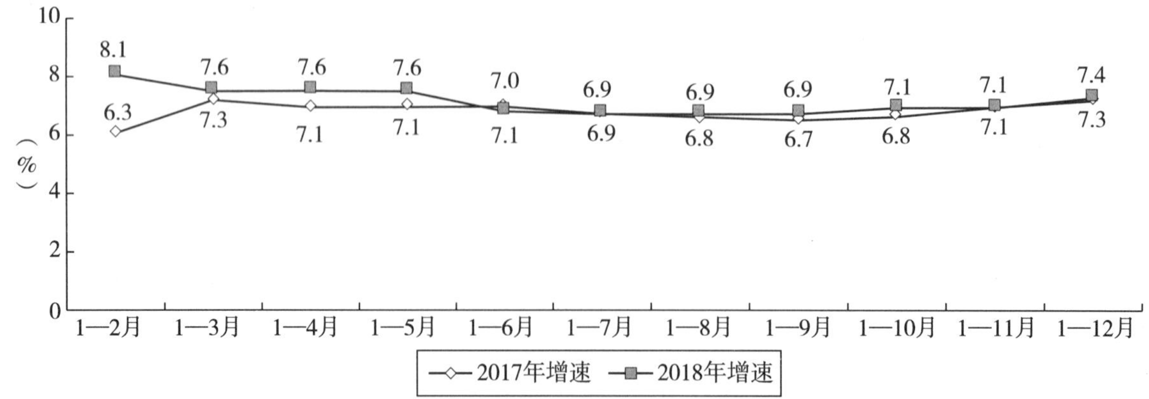


**图1 2017—2018年湖南省规模以上工业增加值累计增速**

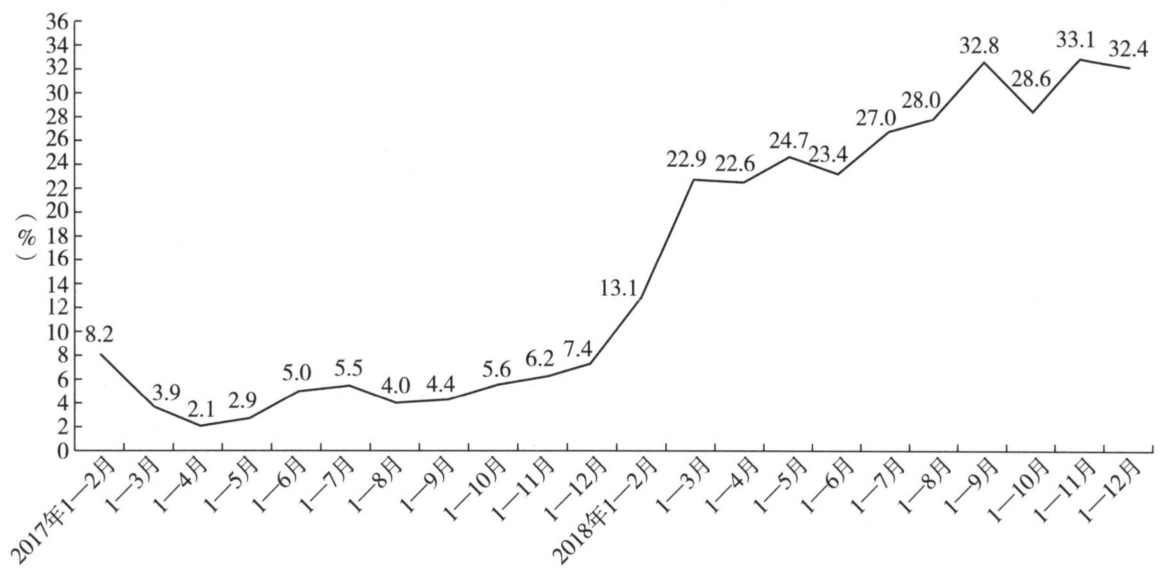


**图 2 2017—2018 年湖南省工业投资月度完成增速**

资占全部投资的比重为 32.7%，同比提高 5.6 个百分点；工业投资对全省投资增长的贡献率达 88.1%，拉动全省投资增长 8.8 个百分点。其中，工业民间投资同比增长 36.7%，工业民间投资对民间投资增长贡献率达 58.7%，拉动民间投资增长 21.5 个百分点。工业招商引资实际到位资金 3250.96 亿元，同比增长 13.2%；其中，实际利用外商直接投资 77.92 亿美元，同比增长 7.5%。

## （四）产业升级稳步推进

中高端产业发展态势好，全省装备制造业、高加工度工业、高技术制造业增加值分别增长 11.9%、10.1% 和 18.3%，均明显快于规模以上工业平均增速。中高端产品生产快速增加，工业机器人、微型计算机设备、新能源汽车、机床数控装置、电子工业专用设备、硬盘存储器、集成电路产量分别增长 5.9 倍、2.1 倍、1.1 倍、30.9%、85.5%、27.4%、20%。六大高耗能行业增加值增长 5.5%，占规模以上工业的比重为 29.9%，比 2017 年下降 0.4 个百分点。2018 年全省主要产业增加值增比情况（见图 3）。

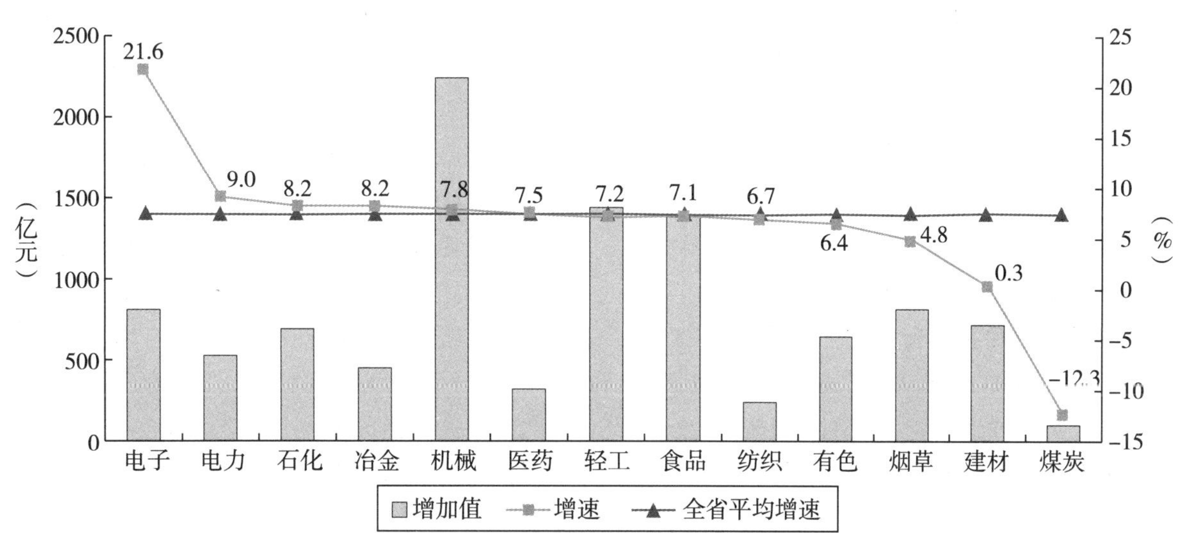


**图 3 湖南省主要产业增加值增长情况**

### （五）集聚发展态势持续向好

省级及以上产业园区（含省级工业集中区）规模以上工业增加值同比增长8.9%，增速比全省规模以上工业增加1.5个百分点；增加值占全省规模以上工业的69.7%，集聚程度达到较高水平，园区成为全省工业经济发展的主要载体。

## 重点行业发展情况

### （一）原材料工业

**一是生产总体保持平稳。**2018年，湖南4089家规模以上原材料工业企业完成工业增加值2500.35亿元，占全省规模工业增加值的比重为24.24%。其中，全省689家规模以上冶金企业完成工业增加值446.90亿元，同比增长8.2%；614家规模以上有色金属企业完成工业增加值641.76亿元，同比增长6.4%；900家规模以上石化企业完成工业增加值691.51亿元，同比增长8.2%；1886家规模以上建材企业完成工业增加值720.18亿元，同比增长0.3%。

**二是生产效益大幅提升。**除有色行业外，其他原材料工业效益均有较大幅度提升。冶金行业实现主营业务收入2273.23亿元，同比增长10.1%；实现利润总额133.6亿元，同比增长30.5%；实现税金总额67.0亿元，同比增长10.6%。石化行业实现主营业务收入2467.14亿元，同比增长13.4%；实现利润总额123.8亿元，同比增长29.0%；实现税金总额188.5亿元，同比增长14.2%。建材行业实现主营业务收入2409.59亿元，同比增长14.0%；完成利润总额151.1亿元，同比增长43.9%；完成税金总额63.3亿元，同比增长24.9%。

**三是重点项目推进有力。**岳阳绿色化工产业园新签约东方雨虹云溪基地扩建、年产10万吨树脂助剂、年产1.5万吨抗氧剂等投资过亿元项目，引进资金39.6亿元；新开工年产6.6万吨特种胺、年产5万吨SEBS（氢化苯乙烯－丁二烯嵌段共聚物）等项目18个，总投资36.15亿元。衡阳松木经济开发区新开工项目13个，新竣工投产14个，其中建滔年产10万吨烧碱项目已建成试生产，环氧氯丙烷项目即将投产。

**四是科技创新成效显著。**新增认定新材料企业91家，开展已认定新材料企业到期换证53家。全省730家规模以上新材料企业完成增加值689.59亿元，同比增长7.3%；完成全口径利润251.41亿元，同比增长18.9%。株硬集团坚持加大新产品研发投入，新产品贡献率达31.51%。湘钢开发了90毫米集装箱船用钢、高强度移动罐车用钢、汽车发动机凸轮轴用钢、转向节用钢等新品种，造船与海洋工程用钢、桥梁用钢、工程机械用钢市场份额全国第一。涟钢开发的工程机械用超高强钢600～1300兆帕低应力吊臂板，国内市场占有率超40%。衡钢开发的超临界电站锅炉用耐热钢管P91在国内市场占据主导地位并大量出口，P92钢管成功替代进口。

### （二）装备制造工业

**一是行业发展平稳向好。**2018年，湖南装备制造工业完成主营业务收入约1.3万亿元，实现8%左右的增长。工程机械行业实现主营业务收入、工业增加值、利润分别比2017年增长10.1%、17.3%和98.7%，重点企业经济效益大幅回升。在全国汽车工业28年来首次出现负增长背景下，湖南汽车产量约104万辆，整车产值1337亿元，同比增长5.7%；其中，生产新能源汽车9.18万台，同比增长80.8%，推广新能源汽车实车2.6万辆。

**二是产业链条延伸。**举办湖南省数控机床、3D打印及机器人产业链对接会，推介先进技术工艺，成功签约12个项目。对接长城汽车、日本FANUC、瑞士RKLAB公司等龙头企业，争取引进先进技术在湖南省落地，3D打印立体电路龙头企业深圳微航磁电有限公司落户长沙高新区。为引进世界500强汽车零部件企业，协调举办了中日汽车零部件产业洽谈会。举办了2018年首届亚洲国际工程机械二手设备交易大会，现场展出二手设备200余台，价值3亿元。

**三是智能制造加速推广**。新增7个国家智能制造试点示范项目，新增6个国家智能制造综合标准化与新模式应用项目，3个国家智能制造综合标准化与新模式应用项目通过验收。新认定18个省级智能制造示范企业，26个省级智能制造示范车间，加大了示范企业、示范车间、示范项目的推广力度。

**四是创新发展补齐短板**。新认定省级首台（套）装备106台（套），奖励资金5000万元。国家数控机床重大专项取得新进展，中大创远公司打破西方的封锁和禁运，成功研发具有自主知识产权的高端螺旋锥齿轮全套生产设备，成为全球第3家掌握该项技术的企业。

## （三）消费品工业

**一是产业保持平稳发展**。2018年，湖南消费品规模以上工业（不含烟草，下同）增加值同比增长7.2%，高于全国1.4个百分点，占全省工业比重33.1%，较2017年提升0.9个百分点，其中医药、食品、轻工、纺织分别增长7.5%、7.1%、7.2%、6.7%。2018年，全省消费品规模以上工业实现主营业务收入1.22万亿元，同比增长8.3%；实现利润总额573亿元，同比增长7.8%。

**二是产业集群优势显现**。宁乡市积极打造中部地区消费品制造之都，获评国家消费品工业“三品”战略示范城市，成为全国首批4家县级示范城市之一，以绿色食品、智能家居、妇孕婴童以及时尚鞋服等为主的消费品规模以上工业完成总产值506亿元，占宁乡市规模以上工业总产值的34%。醴陵市被授予全国出口日用陶瓷示范区，蓝山县获评中国毛衫名城。湖南消费品工业依托重点工业园区的快速发展，区域集群竞争优势不断提升。桂阳家居智造产业园共有107家企业签约入园，签约金额165亿元，成为郴州轻工行业新的增长极；邵东经济开发区轻工企业占比80%，拥有打火机、皮具箱包、小五金、医药、印刷五大传统产业；新芦淞（白关）国际服饰创意园获评2018年纺织服装创意设计试点园区（平台）。

**三是龙头企业形成示范引领**。九芝堂迈进中国医药工业企业百强，唐人神跻身2018年中国民营企业制造业500强、中国品牌价值500强。南岳生物获评国家绿色工厂，多喜爱、东方时装、梦洁家纺、忘不了服饰4家纺织服装企业获评国家重点培育纺织服装品牌企业。鑫海网绳获评国家单项冠军培育企业，正清制药、果秀食品、浏阳三力、健缘医疗被认定为省工业品牌培育示范企业。“中国盐改第一股”的湖南盐业挂牌上市，圣湘生物发展成为国内分子诊断领域标杆企业，三诺生物血糖仪和三力集团一次性无菌采血器成为行业隐形冠军。白酒行业龙头企业酒鬼酒营业收入增长30%以上，带动行业发展逐步向好。

**四是项目建设有力推进**。插旗菜业华容芥菜产业园、汇美农业精深加工和综合利用研究与应用项目、科益新甾体药物中间体及药物制剂项目等省重点建设项目积极推进，海药集团廉桥中药材交易中心开业运营。

## （四）电子信息制造业

**一是产业规模快速增长**。2018年，湖南电子信息制造业累计完成增加值803.48亿元，同比增长21.6%，拉动全省规模以上工业增加值1.5个百分点；增速较全省规模以上工业增加值平均增速高14.2个百分点，较2017年提高5.7个百分点。全行业实现主营业务收入2169.9亿元，同比增长11.4%。

**二是产业创新稳步提升**。中国长城飞腾专用机、通用机、自主可控网络交换机等自主可控计算机及信息安全产品研发顺利，自主可控产品线不断丰富。中车时代电气在IGBT（绝缘栅双极型晶体管）领域实现了从“跟跑”到与国际巨头“并跑”的重大跨越。国科微携手嘉合劲威集团推出的光威“弈”系列SSD固态硬盘，性能达到国际先进水平；新一代智能监控GK720x系列芯片及解决方案成功推出；同时获得“十大闪存控制器企业”和“2018年度闪存控制器金奖”荣誉称号。景嘉微电子拥有完全自主知识产权的图形处理芯片 JM7200 获得重大突破，已完成流片、封装阶段工作。

**三是发展后劲不断增强。**全省计算机、通信和其他电子设备制造业累计完成投资同比增长 45.5%，高于全省工业投资平均增速 13.1 个百分点。总投资 50 亿元的伟创力智能终端项目、总投资 100 亿元的新金宝喷墨打印机项目落地，实现了湖南消费类电子整机的重大突破。华为、腾讯、阿里巴巴、浪潮等多个项目落地。中国电子在湖南布局持续拓展，中电工业互联网平台、中电自主可控及信息安全产业基地、中国长城海洋信息安全装备等项目相继落地，中电彩虹（邵阳）特种玻璃项目成功点火。

**四是平台载体加快建设。**国家网络安全产业园区（长沙）创建申报工作取得积极进展。湖南省自主可控产业适配基地获批并授牌。中车 IGBT 二期项目启动，国芯集成电路特色工艺及封装测试·功率半导体省级制造业创新中心获批挂牌，启动了国家级制造业创新中心创建工作，功率半导体布局初步形成。中电科 48 所集成电路成套装备国产化集成及验证平台项目开工建设。

**五是产业服务不断加强。**成功组织了 IGBT 产业对接会、网络安全主题峰会和网络安全·湖湘力量展、人工智能发展论坛等活动，提升了湖南相关产业影响力。推荐 2 家企业进入智慧健康养老示范试点、2 家企业进入中国电子信息百强、12 名企业家成为电子信息行业优秀企业家。

### （五）软件和信息服务业

**一是产业规模稳步增长。**2018 年，湖南省软件和信息服务业初步统计营业收入为 751.2 亿元，同比增长 18.5%，增速高于全国平均水平 3 个百分点。全省软件和信息服务业发展指数为 67.09，全国省区市排名第 10 位、中部省份排名第 2 位。

**二是产业结构持续优化。**产业向网络化、服务化迅速转变，全省软件业收入合计 507.2 亿元，其中软件产品收入 222.12 亿元，同比增长 17.49%；信息技术服务收入 239.75 亿元，同比增长 5.54%；嵌入式系统软件收入 45.3 亿元，同比增长 17.25%。

**三是产城融合发展迅速。**省内累计认定省级软件和信息服务产业重点园区 10 家，实现营业收入合计 533.6 亿元，同比增长 22%，约占省内软件和信息服务业总营业收入的 71%。长沙信息产业园、岳阳电子商务产业园、益阳中南电子商务产业园获国家级电商示范基地。以马栏山数字内容为主的“中国 V 谷”，以湘江新区碧桂园人工智能小镇、无人驾驶、智能制造为主的湘江智谷，以望城经济开发区证通云计算大数据科技产业园为主的长沙云谷，以郴州东江湖大数据为主的绿色数据谷等，正打造成为湖南产业新名片。

**四是骨干企业实力提升。**全省软件和信息服务业营业收入过亿元的企业有 87 家，占软件和信息服务业总营业收入的 87%，是 2015 年的 2 倍。通过软件企业评估的企业达 320 家，同比增长 50%。株洲中车时代电气股份有限公司位列 2018 年（第 17 届）中国软件业务收入前百家企业名单第 16 位。湖南快乐阳光互动娱乐传媒有限公司、拓维信息系统股份有限公司上榜 2018 年中国互联网企业百强名单，分别排在第 30 名、第 88 名。

**五是创新能力显著增强。**全省计算机软件著作权申报数量约 2 万件，授权专利 4266 件，拥有著作权和专利数量 50 件以上的企业有 70 余家。涉软件和信息服务业的各类工程（技术）中心、重点实验室等科研创新机构中心数量比 2015 年的数量翻 1 倍，其中国家级重点实验室 2 家、省重点实验室培育基地 2 个、省级重点实验室 49 家。

## 重点工作和成就

2018 年，湖南全面推进制造强省建设，全省工业加快向高质量发展方向迈进。

### （一）深化供给侧结构性改革，拓展制造业发展空间

发布依法依规推动落后产能退出的实施意见，公告第一批39家落后产能企业名单，打击“地条钢”企业7家，完成淘汰落后产能任务企业2246家。其中，取缔不符合国家产业政策的黏土砖及页岩烧结企业2038家，淘汰石灰土窑57座，对全省74条水泥生产线和9条平板玻璃生产线进行清查公示并锁定产能基数。

发布推进城镇人口密集区危险化学品生产企业搬迁改造实施方案，清查出需关改搬转化工企业102家。对烟花爆竹等危爆行业进行了集中化、规模化、智能化改造。加快绿色发展步伐，获批国家新能源汽车动力蓄电池回收利用试点地区，新获批29家国家绿色制造示范单位、6个国家绿色制造系统集成项目。

促进智能制造提速升级，成功举办了中国（长沙）网络安全·智能制造大会，527家知名企业参展，观众超过5.5万人，形成了区域品牌。新获批7家国家智能制造试点示范企业、6个国家智能制造标准化和新模式项目。国家智能网联汽车（长沙）测试区正式授牌，智慧公交示范线首发亮相，开启了湖南智能制造、智能驾驶新时代。

### （二）建设工业新兴优势产业链，培育制造业新动能

重点培育发展20个工业新兴优势产业链，建立省委、省政府领导同志分工联系产业链制度，分产业链成立推进工作小组和专家咨询小组，调度分析各产业链发展情况，解决了一批突出困难和问题。围绕产业链部署创新链，发布了《湖南省战略性新兴产业（先进制造业）重大关键共性技术发展导向目录（2019）》和感知智能、海洋工程装备、大功率机车永磁电机3个产业链技术创新路线图，实施了“百项重点新产品推进计划”和“百项专利转化推进计划”，认定了一批省级制造业创新中心、企业技术中心、工业质量标杆企业、工业品牌培育示范企业、工业领域知识产权运用标杆企业。

围绕产业链抓项目。重大产品创新项目中超过70%的项目属于工程机械、轨道交通装备、航空航天、新材料、电子信息等领域产业链，一批企业效益明显提升，一批产品得到市场认可。坚持靶向培育“专精特新”小巨人企业，480家小巨人企业中有308家与工业新兴优势产业链紧密配套。围绕产业链开展精准招商，加强泛珠三角区域九省合作，推进湖北、湖南、江西3省共建企业家联盟，2018年共开展工业新兴优势产业链产融对接会、2018年中国（长沙）网络安全·智能制造大会等产业对接活动29场次，共5000余家企业、1万余人参与活动，促成200余个项目签约，达成合作意向及协议700余份。

### （三）开展“产业项目建设年”活动，增强制造业发展后劲

湖南省委、省政府部署开展“产业项目建设年”活动，工信部门牵头实施重大产品创新项目，建立工作会商机制和督查调度机制等，110个重大产品创新项目全部开工，23个项目已竣工投产，新增销售收入180亿元。前三批150个制造强省建设重点项目进展顺利，伟创力二期、新金宝年产1300万台喷墨打印机等项目建设稳步推进，发布了总投资874亿元的第四批100个制造强省建设重点项目，国内最大的第三代半导体碳化硅材料项目开工建设，中电彩虹特种玻璃、伟创力一期、中信戴卡二期等重大项目相继竣工投产。

### （四）推进创新融合融通发展，激发制造业发展活力

创新平台建设取得新突破，株洲国创成功创建先进轨道交通装备国家制造业创新中心，开创了非省会城市的先河。5家企业被认定为国家技术创新示范企业，获评数量全国最多。铁建重工获评全国质量标杆，极点智能、铁建重工获评中国优秀工业设计奖。成功获批国家新材料测试评

价平台区域中心。大力培育新产业、新技术、新模式，出台鼓励移动互联网、制造业与互联网融合发展等政策，实施信息通信基础设施能力提升行动计划和第三批电信普遍服务工程，鼓励数字经济发展，移动互联网产业五年迈上千亿台阶，2018 年营业收入达到 1060 亿元，2018 年岳麓峰会吸引了 120 万网民观看网络直播。大数据产业领域 7 家企业入选国家试点示范，入选数量位居中西部地区前列。

大力推进信息化与工业化深度融合，工业互联网领域 3 个项目进入工信部创新发展工程，5 个平台进入工信部制造业“双创”平台试点示范，省级“制造业 + 互联网”示范试点企业达 60 家。10 万家中小企业“上云”工程当年启动，当年超额完成任务，当年培育出标杆企业 92 家。累计 5185 家企业开展两化融合自评估，11 家企业进入国家两化融合管理体系贯标试点。大中小企业融通形成特色，5 家企业获评全国第三批制造业单项冠军企业和单项冠军产品，4 家创业创新基地、7 家核心服务机构、2 个园区分别被认定为国家小型微型企业创业创新示范基地、中小企业公共服务示范平台、首批大中小企业融通型特色载体。

### （五）想方设法改善营商环境，浓厚制造强省建设工作氛围

深入开展“规范行政执法示范单位”创建活动，重新修改印发行政处罚裁量权基准，行使执法权进一步规范。开展在湖南投资世界 500 强制造业企业走访调研。推动电力市场化改革，全面完成降低一般工商业电价政策落实情况评估等工作。推出服务企业的系列措施，启动“工信云”平台建设，为科学决策、促进制造业高质量发展创造条件。

在全国率先制定了中小企业“上云”评价指标体系和中小企业管理创新评价指标体系两个地方标准。建立了产融合作制造业重点企业“白名单”制度，首批发布重点企业 975 家，开展了中小微企业应收账款融资专项行动、举办产融合作对接会和产业链股权投融资撮合对接会，使中小企业融资难问题得到一定缓解。与统计部门重构了工业新兴优势产业链等指标体系。首届“创客中国”大赛精选出的项目，有的获全国大奖。组织了 14 场工业设计园区行活动，为 1000 多家制造企业提供设计辅导，加强氛围营造。

## 2019 年工业发展形势及展望

省委经济工作会议和政府工作报告明确提出，2019 年全省规模以上工业增加值增长 7%。

### （一）持续推进工业新兴优势产业链，打造增长新引擎

**一是要突出发展重点。**以重点项目、重点企业、重点园区、重点产业为突出重点，努力将工程机械、轨道交通装备、中小航空发动机打造成为具有国际影响力的世界级产业集群，将电子信息、新材料和消费品工业打造成为国家级产业集群。工程机械要通过举办中国国际工程机械展，培育引进大型土方机械、绿色智能机械和高端配套企业。先进轨道交通装备要以国家制造业创新中心为平台，加快突破技术瓶颈。电子信息要跟踪和改善示范应用，适时抓好推广，在安全可靠的领域形成湖南特色。新材料领域要积极参与并突破一批揭榜攻关任务。智能网联汽车要依托国家级测试区，全力打造形成国家智能网联汽车创新及产业化高地。消费品工业要大力实施“三品”工程，继续加大对湘酒、湘瓷、湘药、湘纺等产业支持力度，提高品质、形成优势，着力打造地理标志产品和原产地品牌。

**二是要突破技术瓶颈。**围绕工业新兴优势产业链，再认定一批省级制造业创新中心，再培育 1 ~ 2 家有实力竞争国家制造业创新中心的实体，力争电子信息、重大短板装备等领域一批重点项目列入国家支持范围。列出关键零部件、关键原材料和核心技术等目录清单，借鉴国家揭榜攻关模式，组织企业和高等院校、科研院所等攻克一批关键共性技术，开发一批新产品，制定一批新标准。

**三是要拓展产业范围。**实施大数据产业发展、人工智能产业发展两个三年行动计划，引进全球行业巨头、央企集团、国内行业领军企业来湖南发展下一代信息技术，跟上全球信息化发展步伐。继续支持移动互联网产业发展，办好岳麓峰会，再引进和培育一批龙头企业。各地要深化产业链思维，将工业新兴优势产业链推进机制引入传统产业，通过补链、延链、强链，把传统产业改造成新的工业优势产业链。

## （二）持续推进产业项目建设年，突出园区产业特色，汇聚发展新优势

**一是要抓项目落地和达产达效。**重点抓长三角经贸合作洽谈周、中国（长沙）网络安全·智能制造大会等签约项目的落地实施，抓前四批制造强省重点项目和110个重大产品创新项目情况跟踪调度和服务协调，推动伟创力二期、新金宝、常德中车扩能、蓝思科技智能装备、中联重科起重机械等项目尽快竣工投产。

**二是要抓项目开发和项目引进。**2019年内再发布一批制造强省建设和百个重大产品创新项目，对照工业新兴优势产业链龙头企业名录和强链、延链、补链目录清单，聚焦500强企业，再引进一批重点企业和重点项目，增强发展后劲。

**三是要抓园区产业特色。**要努力把长株潭衡建设打造成制造业高质量发展示范区。各地要明确园区产业发展主责，引导园区坚持“一主一特”“两主一特”，走专业化、特色化发展路子，加快打造100个以上优势特色产业园区、创新创业园区“135”工程升级版，形成优势和品牌。

**四是要抓园区产业链发展。**推动园区工业新兴优势产业链发展，创建一批国家级服务型制造业示范企业、示范项目和示范平台。各园区要优化产业链生态，逐链抓龙头、逐链抓配套，畅通内外循环。

## （三）持续推动数字经济发展带动传统产业升级，赋予产业发展新动能

**一是要抓数字经济发展。**大力支持下一代信息技术发展，支持人工智能、云计算、大数据等新技术、新产业推广应用。力争年内培育和推广20个工业互联网平台、100个左右应用工业互联网平台示范项目、10个左右“智慧园区”示范建设。深化电商与供应链的集成创新应用，推动大企业“双创”，培育基于工业互联网平台的制造业“双创”模式。开展工业设计能力提升专项行动，继续组织工业设计园区行活动，组织形式多样的工业设计比赛，支持企业创建国家工业设计研究院。

**二是要突出智能制造主题。**深入推进互联网与制造业融合发展，各地要尽快出台实施细则。大力推广两化融合管理体系贯标对标，鼓励上下游企业依托工业互联网加强产业链协同，在石化、有色金属、建材、冶金、轻工、纺织等传统制造业领域，大力实施数字化、网络化、智能化改造，再创建一批国家级、省级智能制造示范企业和示范车间。

**三是要狠抓绿色制造。**坚决防止“地条钢”死灰复燃。稳步推进危险化学品生产企业搬迁改造、长江干流和主要支流化工企业专项整治、散乱污企业整治专项行动，调优产业布局。持续推进资源综合利用、工业清洁生产和节能减排，力争2019年再评估认定50家省级绿色工厂、20家国家绿色制造示范单位。

## （四）持续推动大中小企业融通发展，激发市场新活力

**一是要大力引进和培育大企业大集团。**力争每年有一批大企业大集团迈向100亿元、500亿元、800亿元乃至1000亿元台阶。要对接500强企业，着力引进国际巨头和央企集团在湖南建设重大产业项目。

**二是要大力培育规模以上工业企业。**发挥“工信云”作用，摸清现有1.5万家规模以上工业企业家底，增强运行监测的准确性。对1000万~2000万元规模以上工业企业培育对象进行入库管理，精准支持，力争2019年全年新培育1000家以上规模以上工业企业。

**三是要推动中小企业“专精特新”发展。**引导中小企业嵌入产业链和大企业大集团产业分工，开展制造业单项冠军企业培育提升专项行动，再培育300家左右小巨人企业，到2020年力争达到1000家以上，从中打造一批单项冠军、隐形冠军。实施中小企业“上云”专项行动，丰富云平台和云服务机构云上应用产品，为“上云”企业“专精特新”发展及创造更多价值提供条件。

**四是要缓解中小企业融资难融资贵问题。**强化湖南省产融信息对接服务平台功能。用好国家企业诚信体系，对“白名单”企业实施动态管理，及时新增合规企业，坚决清理违规企业。开展中小企业应收账款融资专项行动，尽最大努力突破中小企业资金瓶颈。

### （五）持续加强区域合作优化发展环境，夯实开放发展新基础

**一是要打造区域品牌。**大力宣传长沙模式、江华经验，努力把长株潭衡打造成为制造业高质量发展示范区，把湘南、湘西打造成为承接产业转移示范区，形成品牌效应。

**二是要支持参与国际产能合作。**支持有实力的湘企，参与国际产业竞争。支持有愿望的湘企，通过对非投资论坛、2019年湖南（欧洲）经贸活动周等涉外产业交流平台，参与国际产能合作，提升湖南国际知名度和影响力。

**三是要切实优化营商环境。**落实企业减负政策措施和企业负担问题交办制度，帮助企业解难题。开展非公有制经济和中小企业先进单位先进个人表彰，弘扬企业家精神。加快中小企业促进法实施办法、无线电管理条例等修订立法进程。

# 2018 年广东省工业经济运行概况

2018 年，广东省工业经济运行总体平稳、稳中有进，产业结构不断优化，新动能加快壮大，质量效益稳步提升，高质量发展的基础进一步夯实。

## 工业运行特点

### （一）工业运行总体平稳

2018 年，全省规模以上工业实现增加值 32305.16 亿元，同比增长 6.3%，增幅比全国规模以上工业增加值增速（6.2%）高 0.1 个百分点，占地区生产总值的 33.2%。全省 41 个工业大类行业中，有 31 个行业实现增长。支柱行业保持较好发展势头，其中，计算机、通信和其他电子设备制造业增长 9.4%，增幅比全省规模以上工业增加值增速高 3.1 个百分点；电气机械和器材制造业增长 7.1%，增幅比全省规模以上工业增加值增速高 0.8 个百分点；汽车制造业增长 7.4%，增幅比全省规模以上工业增加值增速高 1.1 个百分点。三大行业合计对全省规模以上工业增加值增速增长的贡献率为 56.6%，合计拉动全省规模以上工业增长 3.6 个百分点。

2018 年广东省规模以上工业增加值增长速度如图 1 所示。

### （二）产业结构持续优化

2018 年，全省规模以上先进制造业增加值 18224.53 亿元，同比增长 7.8%，增幅比全省规模以上工业增加值增速高 1.5 个百分点；占全省规模以上工业增加值的比重为 56.4%，同比提高 1.4 个百分点。高技术制造业增加值 10183.66 亿元，增长 9.5%，增幅比全省规模以上工业增加值增速高 3.2 个百分点；占全省规模以上工业增加值的比重为 31.5%，同比提高 1.2 个百分点。工业新产品、新动能、新业态迅速壮大，新能源汽车、工业机器人、智能电视产量分别增长 206.1%、28.3%、17.0%。广东四大彩电企业（TCL、创维、康佳、广东长虹）4K 电视产量达 2195 万台，增长 30.8%，占全省电视总产量的 41.1%（见表 1）。

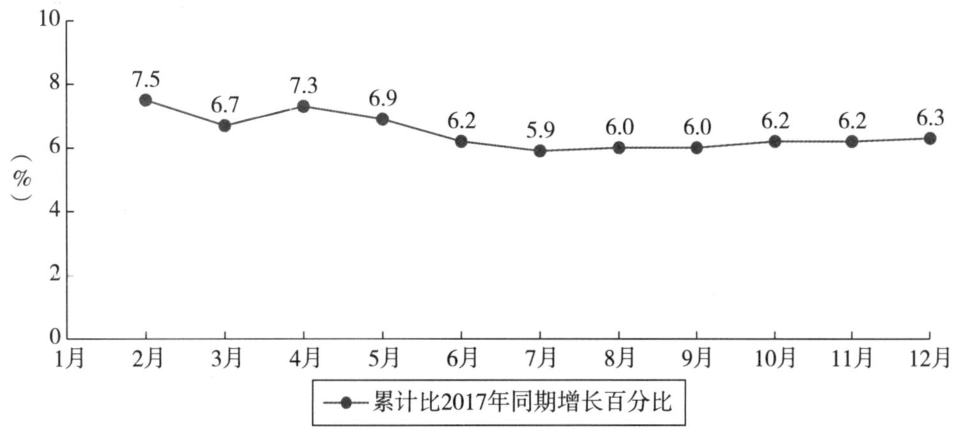


图 1　2018 年广东省规模以上工业增加值增长速度

表 1 2018 年广东省规模以上工业主要经济指标

| 指标名称 | 绝对值（亿元） | 比 2017 年增长（%） |
|---|---|---|
| 规模以上工业增加值 | 32305.16 | 6.3 |
| 工业出口交货值 | 35671.88 | 7.8 |
| 规模以上工业企业主营业务收入 | 135616.08 | 7.9 |
| 规模以上工业企业利润总额 | 8309.69 | -0.1 |

### （三）民营工业发展良好

2018 年，全省规模以上民营工业增加值 16282.14 亿元（见表 2），同比增长 9.1%，增幅比全省规模以上工业增加值增速高 2.8 个百分点；民营工业增加值占全省规模以上工业增加值的比重为 50.4%，对全省规模以上工业增加值增长的贡献率为 70.8%。民营工业企业利润总额 4123.08 亿元，占全省规模以上工业企业利润总额的比重为 49.6%。

表 2 2018 年广东省规模以上工业增加值及其增速

| 指标名称 | 工业增加值（亿元） | 比 2017 年增长（%） |
|---|---|---|
| 规模以上工业增加值 | 32305.16 | 6.3 |
| 其中：国有控股企业 | 5610.56 | 7.2 |
| 民营企业 | 16282.14 | 9.1 |
| 股份制企业 | 19713.85 | 9.3 |
| 外商及港澳台商投资企业 | 11921.94 | 2.0 |

### （四）珠三角地区支持作用明显

2018 年，珠三角地区完成工业增加值 27669.29 亿元，同比增长 7.0%，增幅比全省规模以上工业增加值增速高 0.7 个百分点；占全省规模以上工业增加值的比重为 85.6%，同比提高 2.5 个百分点。粤东地区完成工业增加值 1941.31 亿元，同比增长 6.1%；粤西地区工业增加值 1697.36 亿元，同比增长 2.6%；粤北山区工业增加值 1360.64 亿元，同比增长 3.9%。

### （五）工业投资结构持续优化

2018 年，全省完成工业投资 8748.59 亿元，同比增长 0.8%，工业投资总量排名上升至全国第 5 位，为广东省近十年来最高位次。先进制造业、高技术制造业投资保持较快增长态势，分别增长 11.0% 和 18.1%，占工业投资的比重分别为 46.0% 和 23.2%，同比分别提高 5.3 个百分点和 5.8 个百分点。以技术改造促进产业提质，实施工业企业技术改造三年行动计划（2018—2020 年），全年共推进 8820 家企业开展技术改造。

## 重点行业发展情况

### （一）电子信息制造业

**一是行业实力不断增强。**广东省电子信息制造业快速发展，是全省第一大产业。2018 年实现工业增加值 8766.47 亿元，同比增长 9.4%，占全省规模以上工业增加值的比重达 27.1%，同比提高 1.2 个百分点，对规模以上工业增加值增长的贡献率达 39.7%。实现销售产值 3.86 万亿元，同比增长 8.8%，占全省规模以上工业企业销售产值的比重为 28.7%，同比提高 1.4 个百分点；出口交货值 1.99 万亿元，同比增长 11.8%，占全省规模以上工业出口交货值的 55.7%，同比提高 3.0 个百分点；利润总额 1690.41 亿元，同比下降 10.7%。截至 2018 年年底，全省规模以上计算机、通信和其他电子设备制造业企业达 5793 家。

**二是多种主要电子产品产量居全国首位。**2018 年，在国家统计局重点监测的主要产品产量中，广东省有多种主要电子信息产品产量居全国首位。其中，移动通信基站设备产量 42428.74 万信道，占全国 98.2%；程控交换机产量 873.50 万线，占全国 86.8%；手机产量 7.89 亿部，占全国 43.9%；传真机产量 172.10 万部，占全国 98.4%；彩色电视机产量 9678.06 万台，占全国 47.5%；光电子器件产量 7597.10 亿只，占全国 44.5%；锂离子电池产量 56.41 亿只，占全国 40.3%。全省四大彩电企业（TCL、创维、康佳、广东长虹）4K 电视产量达 2195 万台，增长 30.8%，占全省广东省电视总产量的 41.1%。4K 机顶盒用户 1499.76 万户，占全省总电视用户 48.9%；可提供 4K 节目量时长达 11031.15 小时。

**三是企业创新能力不断增强。**广东省电子信息制造业重点企业技术创新活跃，尤其是通信设备制造领域，创新成果丰硕。根据国家知识产权局的数据显示，华为、OPPO、珠海格力、腾讯、中兴通讯 5 家企业进入 2018 年中国发明专利授权量排名前十名（不含港澳台）。其中，华为以 3369 件位居第二位，OPPO 以 2345 件排名第三位，格力电器、腾讯、中兴通讯分别排名第六位、第八位、第九位。全省有 23 家企业进入 2018 年全国电子信息百强企业，华为连续多年位居全国电子信息百强企业首位，销售收入达 7212 亿元，并入围 2018 年《财富》世界 500 强排行榜，排名第 72 位，比 2017 年跃升了 11 位。

### （二）装备制造业

2018 年，广东省装备制造业总产值 66378.59 亿元，同比增长 9.0%，占全省规模以上工业总产值的 48.1%；实现增加值 14757.31 亿元，增长 7.9%，占全省规模以上工业增加值的 45.7%；利润总额 3227.85 亿元，下降 5.3%，占全省规模以上工业利润的 38.8%。截至 2018 年年底，全省规模以上装备制造业企业达 1.57 万家。

**汽车制造业。**2018 年实现增加值 1859.70 亿元，同比增长 7.4%，增幅比全省规模以上工业增加值增速高 1.1 个百分点；销售产值 8412.29 亿元，增长 8.4%；利润总额 632.7 亿元，增长 2.2%。全省汽车产量 332 万辆，占全国汽车产量的 11.6%，继续位居全国第一。其中，新能源汽车产量 13.3 万辆，增长 206.1%，占全国新能源汽车产量的 11.5%；动力电池产业继续保持全国领先地位，广东有 3 家企业进入全国动力电池装机量前十名。广汽集团、比亚迪、东风日产 3 家企业主营业务收入超千亿元，汇集了广汽乘用车、本田、丰田、菲克系列、东风日产、北汽（广州）、比亚迪、一汽大众、长安 PSA、广通汽车、中兴智能汽车、中汽宏远等整车企业，形成以整车企业为龙头，零部件企业为基础，产销研一体化的产业链配套体系，建立了以广州、深圳、佛山为重点，辐射东莞、惠州、珠海、中山、江门、肇庆等珠三角城市的汽车制造产业带和产业销售网络。拥有广汽传祺、比亚迪、东风启辰、北汽绅宝等品牌企业，形成了自主品牌、日系品牌和欧美系品牌并举发展的多元化汽车品牌格局。

**电气机械和器材制造业。**2018 年实现增加值 2942.89 亿元，同比增长 7.1%；销售产值 4439.25 亿元，同比增长 7.6%；利润总额 925.36 亿元，同比下降 8.1%。其中，家电制造业工业总产值约占全国 40%，位居全国第一。形成了以佛山、中山、珠海、湛江为聚集地的家电产业集群，以空调、冰箱、小家电等产品为龙头，从微电脑控制器、电机、压缩机、磁控管等核心部件，到金属材料、五金、塑料、模具、电源线等配件，全球规模最大、品类最齐全的家电产业链。2018 年，空调产量 6129.32 万台，占全国的 29.9%；家用电冰箱产量家用电冰箱，占全国的 20.0%。全省规模以上家电企业达 1000 家左右，拥有美的、格力、TCL3 家营业收入超 1000 亿元的企业，万宝、华凌、万和、格兰仕、海信科龙等一批超 100 亿元的企业。

**交通运输设备业。**2018 年，铁路、船舶、航空航天和其他运输设备制造业实现增加值 164.94 亿元，同比下降 3.6%；销售产值 866.48 亿元，同比下降 3.4%；出口交货值 302.56 亿元，同比下降 5.4%。其中，船舶制造业实现工业总产值 281.50 亿元、主营业务收入 286.30 亿元；民用航空业实现工业总产值 290.50 亿元，主营业务收入 274.07 亿元。轨道交通、船舶、海洋装备、航空航天等运输设备制造总量虽小，但发展势头良好，一批重大项目陆续开工或加快建设，中航通用飞机有限责任公司自主研制的世界最大水陆两栖飞机蛟龙 AG600 成功实现首飞；国内新一代 CRH6 型城际动车组在广东中车轨道交通装备产业基地下线并实现量产；中船黄埔文冲船舶有限公司承建的我国首制南极磷虾船“深蓝”号在广州下水，建成后将是国内最大、最先进的远洋渔业捕捞加工一体船。

### （三）石油及化工工业

2018年实现增加值4240亿元，同比增长6.2%，占全省规模以上工业增加值的比重为13.1%；其中，石油、煤炭及其他燃料加工业增长15.7%，橡胶和塑料制品业增长5.5%，化学纤维制造业增长3.9%，石油和天然气开采业增长2.5%，化学原料和化学制品制造业增长0.9%。石油及化工产业总产值达1.51万亿元，同比增长13.0%。主要产品产量居全国前列。2018年，乙烯产量299.28万吨，合成洗涤剂产量274.17万吨，分别占全国的16.3%、29.5%，均位居全国第一；合成橡胶产量59.10万吨，占全国的10.6%，位居全国第三。巴斯夫新型一体化石化基地、埃克森美孚石油化工综合体项目等一批重大产业项目加快推进。拥有中海壳牌石化、联塑科技、中石化广州公司、广州宝洁、中海油深圳分公司、安利（中国）等25家主营业务收入超100亿元的石化企业。

### （四）消费品工业

广东省消费品工业约占全省工业总量的40%，消费品工业总体保持增长趋势，在涉及消费品工业的21个制造业大类行业中，有18个行业工业增加值实现正增长。

**食品饮料业。**2018年完成增加值1633.15亿元，增长4.9%；销售产值6110.29亿元，增长6.8%；出口交货值375.22亿元，增长8.3%；利润总额475.38亿元，增长12.7%。广东的凉茶饮料占国内90%以上的市场份额并出口80多个国家和地区；广式月饼出口货值约占全国90%，出口量位居全国第一，形成了三水食品饮料、广佛及江门的调味品、潮州凉果、珠三角的烘焙和糖制品等多个特色鲜明的产业集群。现有广东中烟、广东温氏食品集团、东凌集团有限公司、佛山市海天调味食品股份有限公司、完美（中国）有限公司、无限极（中国）有限公司等一批知名企业。

**纺织服装业。**2018年完成增加值1211.31亿元，增长2.9%；销售产值5100.68亿元，增长3.1%；出口交货值1053.93亿元，下降1.1%；利润总额262.54亿元，增长9.3%。广东是全球第三大服装出口基地，全球最大的针织生产基地，纺织品服装出口总额排在全国第二位。拥有广东省丝绸纺织集团、华孚控股等一批龙头企业。

**金属制品业。**2018年完成增加值1362.54亿元，增长2.6%；销售产值5735.83亿元，增长7.2%；出口交货值1020.04亿元，下降0.5%；利润总额264.01亿元，下降0.3%。广东五金刀剪在全国处于领先地位，中集集团是全球最大的集装箱生产企业，广青金属科技是全国最大的镍合金生产企业之一，此外还拥有广州钢铁、联众（广州）不锈钢、宝裕集团、阳春新钢铁、广东东泰金属制品、广州海鸥卫浴等一批龙头企业。全省有6家企业主营业务收入超100亿元，1家企业进入中国企业500强排行榜。

### （五）软件和信息技术服务业

2018年，广东省软件和信息技术服务业保持稳中向好的发展态势，软件业务收入首次超万亿元，达10820.8亿元，增长12.2%，软件业务收入继续保持全国第一。利润总额1981.6亿元，增长8%。软件业务出口264亿美元，增长1.2%。从业人员93.8万人，增长4.3%。据工业和信息化部发布的2018年（第2届）《中国电子信息产业综合发展指数研究报告》，广东软件和信息技术服务业综合发展指数为79.58，居全国首位。形成了以广州、深圳两个软件名城为核心，珠三角地区为主体，带动东西两翼和粤北协调发展的产业格局。2018年，珠三角地区完成软件业务收入10790亿元，增长12.2%；其中，广州、深圳两个软件名城软件业务收入分别为3596.8亿元、6122.6亿元，分别增长15.5%、

10.2%；珠海、东莞、惠州3市软件业务收入均超百亿元。全省有18家企业进入中国软件业务收入百强企业、14家企业进入中国互联网企业100强。

## 2018年重点工作及成就

### （一）支持民营经济和中小企业发展，营造有利于实体经济发展的良好环境

**抓好“实体经济十条”落实。**聚焦降成本支持实体经济发展，搭建“1+21”的省市降成本政策体系。2018年，省政府再次出台《广东省降低制造业企业成本支持实体经济发展的若干政策措施（修订版）》（以下简称实体经济十条（修订版）），着力降低企业税费负担、融资成本、制度性交易成本、人工成本、用能用地成本等方面成本。

**加大对民营经济和中小企业支持力度。**省委召开高规格的全省民营企业座谈会，省委、省政府办公厅出台《关于促进民营经济高质量发展的若干政策措施》（以下简称民营经济十条），出台《广东省人民政府办公厅关于促进小微工业企业上规模的实施意见》，建立“小升规”（小微工业企业上规模）重点企业培育库，2018年全省新增“小升规”企业9726家。规模以上工业企业总数达4.75万家，连续两年居全国第一位。全省营业收入超千亿元、超百亿元的民营大型骨干企业分别为15家、104家，有60家企业入围中国民营企业500强。2018年10月10日广州成功举办第十五届中国国际中小企业博览会（以下简称中博会）。

### （二）发展新动能不断增强，制造强省建设迈上新台阶

**大力发展战略性新兴产业。**实施《加快发展战略性新兴产业行动计划（2018—2022年）》。在全国率先发展4K产业，2018年全省四大彩电企业4K电视产销量分别增长30.8%、30.2%，4K电视产量、4K芯片出货量和显示面板产能均位居全国第一，开通了全国首条省级4K直播频道，可提供4K节目量时长达1.1万小时，比2017年增加1倍。扶持机器人产业发展，全年工业机器人产量超3.2万台（套），增长28.3%，占全国产量21.7%；新增机器人应用2.2万台（套），累计应用10.2万台（套）。

**推动重大项目落地建设。**实施《广东省工业企业技术改造三年行动计划（2018—2020年）》。工业开放步伐不断加快，巴斯夫新型一体化石化基地、埃克森美孚石油化工综合体项目等一批投资百亿美元级的外资高端制造业项目落户广东，尤其是巴斯夫项目成为我国重化工行业外商独资企业“第一例”。实施珠西产业带聚焦攻坚行动计划，全年新引进、新开工、新投产投资额亿元以上项目分别为322个、231个、158个；珠西装备制造业增加值2797.70亿元，增长6.9%。

**推动制造业创新发展。**建设国家印刷及柔性显示创新中心，筹建15家省级制造业创新中心。目前共培育建设国家级企业技术中心101家，省级企业技术中心1245家。培育国家级、省级智能制造试点示范项目共258个。

**推进工业绿色发展。**单位国内生产总值能耗、单位工业增加值能耗继续保持全国领先水平。国家级绿色制造示范数量居全国前列，截至2018年，累计创建96家绿色工厂、225种绿色设计产品、2个绿色园区、9个绿色供应链。新增省循环化改造试点园区22家，省级以上园区开展循环化改造的比重达73.5%。认真落实蓝天保卫战和水污染防治攻坚战部署。

**推动产业园区高质量发展。**省产业园规模以上工业增加值同比增长8.1%，占粤东粤西粤北地区规模以上工业比重为31.2%。共有260个亿元以上工业项目落户共建产业园。

### （三）信息化建设步伐加快，网络强省建设成效明显

**制定实施了省信息基础设施建设三年行动计划（2015—2017年）。**2018年，全省新增光纤接入用户670.5万户，累计3312.7万户；新增4G

基站5.6万座，累计35.4万座；百兆以上宽带接入用户占比达71%，同比提高21.1个百分点。信息扶贫成效凸显，全省共1.97万个行政村实现光网全覆盖，2277个省级扶贫村实现50兆以上光纤接入，在3301个原中央苏区试点村开通超高速无线局域网免费上网服务。

**加快软件产业发展**。推进广州、深圳中国软件名城建设。推动企业享受软件产业税收优惠超360亿元。2018年，全省软件和信息技术服务业收入10820.8万元，同比增长12.2%。

### （四）推进制造业与互联网融合，数字经济强省建设不断深入

**率先部署发展工业互联网**。在全国率先出台《广东省深化“互联网+先进制造业”发展工业互联网的实施方案》及《广东省支持企业“上云上平台”加快发展工业互联网的若干扶持政策（2018—2020年）》等地方扶持政策。加快完善以平台为核心的工业互联网产业生态，推动华为、富士康等工业互联网平台建设。推动“云”“网”降费30%以上，3000家工业企业“上云上平台”降本提质增效，新增公有云企业用户超过8万家。

**推动国家数字经济发展先导区建设**。省政府出台省数字经济发展规划，加快建设珠三角国家大数据综合试验区，推动大数据产业聚集发展，发布省大数据标准体系规划与路线图。建设16个省级大数据产业园。出台省加快发展新一代人工智能产业实施方案，培育5个省级人工智能产业园区。中国信息通信研究院报告显示，2018年全省数字经济规模超过4万亿元，位居全国第一，占广东地区生产总值比重超过40%。

## 2019年工业形势展望

展望2019年，总体来看，全省工业经济运行总体平稳、稳中有进的发展态势没有改变。

2019年广东省工作的总体思路是：在“巩固、增强、提升、畅通”上下功夫，紧紧扭住建设粤港澳大湾区这个“纲”，坚持不懈地推进全面从严治党，深入落实省委“1+1+9”工作部署，大力发展实体经济，培育创新动能，推动制造业加速向数字化、网络化、智能化发展，围绕构建“一核一带一区”区域发展新格局优化工业布局，建设制造强省、网络强省、数字经济强省。

2019年，着力抓好以下工作：

### （一）高举新时代改革开放旗帜，不断加快工业和信息化领域改革开放步伐

认真落实建设粤港澳大湾区的有关工作部署，推动粤港澳大湾区产业协同发展。深化工信领域改革，深入推进简政放权。加强行业管理，完善政策制订和落实的机制。落实好“实体经济十条（修订版）”“民营经济十条”等政策措施。

### （二）推动制造业高质量发展，加快建设制造强省、网络强省和数字经济强省

加大对民营经济、中小企业发展的支持，做好企业清欠工作，着力缓解融资难、融资贵、融资慢，办好第十六届中博会，扶持工业企业“小升规”，培育高成长企业和专精特新“小巨人”企业。

大力培育新动能，发展壮大战略性新兴产业，实施战略性新兴产业区域集聚工程，推进4K电视网络应用与产业发展，提前布局推动8K应用。

大力推进制造业创新中心建设，实施产业链协同创新计划。推进传统动能加快向数字化、网络化、智能化转型，推动工业企业精准“上云上平台”，大力推广机器人应用，建设一批人工智能产业园区。

狠抓工业投资。加快推进重大项目建设，加大招商引资力度，深入实施工业企业技术改造三年行动计划。

### （三）做强优势补齐短板，提高发展平衡性和协调性

构建“一核一带一区”区域产业发展新格

局，对标最高最好最优推动珠三角产业高端化发展。推动重大产业向沿海经济带东西两翼布局，推动北部生态发展区工业入园入区，增强产业整体竞争力。

出台省培育世界级先进制造业集群总体方案，做强做优珠江东岸电子信息产业，落实新三年珠西产业带聚焦攻坚行动。

补强信息基础设施建设短板，加快建设乡村信息基础设施，实施新一轮信息基础设施建设三年行动计划。

# 2018年广西壮族自治区工业经济运行概况

2018年以来，广西壮族自治区工业经济呈现出“前高后低、总体趋稳”的态势。

## 工业运行状况及主要特点

### （一）主要指标稳步回升

**1. 工业生产增速稳中趋缓。**1—12月，全区规模以上工业总产值同比增长7.8%，规模以上工业增加值同比增长4.7%，较全国规模以上工业增加值6.2%的增速低1.5个百分点，在全国排名第23位、在西部排名第9位。2018年工业增加值每月累计增速自3月之后均低于2017年（见图1），持续小幅波动，工业经济下行压力加大。

**2. 工业投资持续高位增长。**1—12月，全区工业投资同比增长12.2%，较2017年同期6.7%的增速高5.5个百分点，较全国6.5%的增速高5.7个百分点，较全区10.8%的固定资产增速高1.4个百分点。

**3. 工业效益持续高位增长。**1—12月，全区规模以上工业实现利润总额939.2亿元，同比增长9%，较全国11.8%的增速低2.8个百分点，增速排在全国第23位、西部第10位。实现主营业务收入16787亿元，同比增长6.8%，较全国9.1%的增速低2.3个百分点，增速排在全国第24位、西部第9位。

### （二）重点行业增长稳定

1—12月，全区13个重点行业中，除汽车工业、医药工业外，其他11个行业总产值均实现正增长（见表1）。其中，造纸与木材加工、电力工业、冶金工业、电子工业、有色金属5个行业总产值实现两位数增长。重点监测的25种产品中的15种产品实现正增长，增长面为60%。

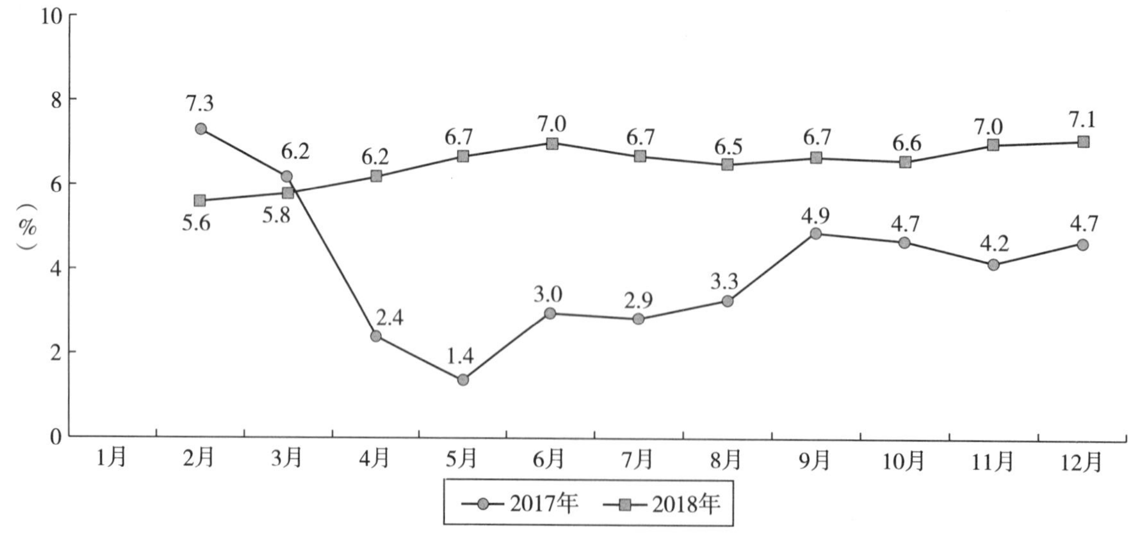


图1　2017—2018年广西工业增加值每月累计增速

其中，铝增长103.08%、有色金属增长54.07%、钢材增长13.18%、成品糖增长12.69%（见表2）。

**表1　2018年主要行业总产值**（单位：亿元）

| 行业 | 与2017年同比±% |
|---|---|
| 有色金属 | 16.83 |
| 汽车工业 | -7.41 |
| 食品工业 | 5.28 |
| 其中：制糖 | 8.66 |
| 烟草 | 5.40 |
| 石油化工 | 4.29 |
| 机械工业 | 3.72 |
| 医药工业 | -1.62 |
| 电子工业 | 20.71 |
| 七个重点产业合计 | 7.42 |
| 冶金工业 | 11.82 |
| 电力工业 | 18.42 |
| 建材工业 | 6.84 |
| 其中：水泥 | 22.39 |
| 造纸与木材加工 | 16.95 |
| 纺织服装与皮革 | 6.97 |
| 煤炭工业 | 9.48 |
| 其他工业 | 21.47 |
| 总计 | 7.84 |

**表2　2018年主要工业产品产量**

| 种类 | 12月止累计产量 | 同比±% | 2017年累计产量 |
|---|---|---|---|
| 成品糖（万吨） | 1016.37 | 12.69 | 901.93 |
| 机制纸（万吨） | 294.84 | 2.46 | 287.77 |
| 发酵酒精（万千升） | 47.17 | -10.79 | 52.87 |
| 卷烟（万箱） | 140.01 | -2.94 | 144.26 |
| 发电量（亿千瓦时） | 1616.30 | 20.16 | 1342.01 |
| 火电（亿千瓦时） | 795.66 | 38.26 | 575.00 |
| 水电（亿千瓦时） | 608.47 | -0.87 | 611.32 |
| 全社会用电量（亿千瓦时） | 1702.75 | 17.84 | 1442.34 |
| 工业用电量（亿千瓦时） | 1096.56 | 20.57 | 917.88 |
| 原油加工量（万吨） | 1598.80 | 2.30 | 1562.50 |
| 化肥（万吨） | 35.82 | -58.17 | 85.63 |
| 钢材（万吨） | 2890.93 | 13.18 | 2554.30 |
| 铁合金（万吨） | 398.31 | -5.53 | 421.61 |
| 十种有色金属（万吨） | 309.60 | 54.07 | 200.95 |
| 电解铝（万吨） | 186.54 | 103.08 | 91.86 |
| 氧化铝（万吨） | 816.77 | -7.01 | 878.32 |
| 水泥（万吨） | 11744.13 | 6.31 | 11046.95 |
| 发动机（万千瓦） | 19300.72 | -6.24 | 20585.59 |
| 汽车（万辆） | 215.05 | -12.76 | 246.51 |

### （三）先行指标稳中向好

2018年1—12月，全区工业用电量同比增长20.6%，增速位居全国前列。完成货运量19.4亿吨，同比增长9.0%，其中公路货物周转量同比增长9.9%。工业税收完成731.01亿元，同比增长3.0%。工业生产者出厂价格指数（PPI）累计上涨3.2%，比上月回落0.4个百分点。

## 重点行业发展情况

### （一）汽车工业

广西汽车工业具备较好的发展基础和条件，已形成包含载货车、客车、乘用车，车用内燃机、汽车零部件工业等较为完整的产业格局；汽车整车及汽车零部件、配件制造企业超过400家；拥有五菱、宝骏、乘龙、霸龙、风行、景逸、菱智、大宇客车等多个在国内较有影响力的汽车品牌。上汽通用五菱已连续12年稳居国内微车行业产销第一。在整车快速发展的带动下，重汽运力、柳州五菱汽车工业、柳州延龙、柳州乘龙、玉柴专汽等一批较具实力的专用车生产企业迅速发展。目前，广西汽车工业已形成多品种、宽系列、较为完善的整车和零部件生产及配套体系。

截至2018年年底，全区规模以上汽车企业共364家，较2017年增加18家，其中整车企业5家，改装车企业12家，汽车零部件企业347家。企业资产总额为1618亿元，汽车制造业用工人数为12万人。2018年，广西汽车工业产值同比下降7.41%；产销量分别为215.05万辆和225.16万辆，同比分别下降12.78%和7.84%。其中乘用车产量为168.27万辆，同比下降9.95%；商用车产量为43.25万辆，同比增长35.35%；新能源汽车产量为3.54万辆，同比增长90.3%。

上汽通用五菱汽车股份有限公司E200新能源汽车项目、东风柳州汽车有限公司商用车基地搬迁技术改造项目、柳州上汽汽车变速器有限公司柳东分公司自动变速器和新型发动机一期工程建设项目、广西玉柴机器股份有限公司个性化定制智能制造新模式项目以及国六发动机数字化工厂建设项目等一批重大项目建设推进顺利。

### （二）机械工业

目前广西机械工业已形成了较为完备的制造体系，拥有工程机械、电工电器、石化通用机械、农业机械、机床工具、仪器仪表、重型矿山机械、机械基础件、食品及包装机械及其他民用机械10个分行业。其中工程机械、电工电器、石化通用机械、农业机械、机床工具5个行业所占比重较大，占全区机械工业比重76%。特别是电工电器行业约占45%，工程机械行业约占10%。

近年来，广西壮族自治区党委、政府深入实施工业强桂战略，持续推进传统产业“二次创业”，机械工业呈现总量扩大、质量提升的良好发展局面，涌现出玉柴、柳工等一批国内外知名企业和品牌，成为广西继食品、冶金、汽车之后的第四大工业产业。广西机械工业产品拥有装载机、挖掘机、硫化机、超高压输变电设备、电力电容器、预应力锚具等拳头产品，广西柳工机械股份有限公司的轮式装载机和桂林橡胶机械厂的硫化机等产品市场占有率均位居全国第一；广西玉柴车用柴油机连续十多年保持国内同行业产销量第一。

2018年，广西机械工业产值同比增长3.72%；全行业完成主营业务收入1588.2亿元，同比增长3.07%。其中：金属制品业主营业务收入250.2亿元，同比下降6.8%；通用设备制造业主营业务收入330.6亿元，同比下降1.0%；专用设备制造业主营业务收入447.8亿元，同比增长18.5%；铁路、船舶、航空航天和其他运输设备制造业主营业务收入167.2亿元，同比增长2.1%；电气机械和器材制造业主营业务收入366.3亿元，同比增长1.3%；仪器仪表制造业主营业务收入26.1亿元，同比下降26.1%；全行业实现利润总额79.6亿元，同比下降2.81%。

### （三）冶金工业

2018年全区冶金工业产值同比增长11.82%，比全区各行业平均值高出3.98%；主营业务收入2075.90亿元，利润192.50亿元，同比增长28.68%。主要产品包括锰矿石、铁矿石、生铁、粗钢、钢材、铁合金等，重点企业有广西柳州钢铁集团有限公司（以上简称柳钢集团）、广西盛隆冶金有限公司（以下简称盛隆冶金）、广西贵港钢铁集团有限公司（以下简称贵钢集团）等。2018年，全区铁合金产量为398.31万吨，同比下降5.53%；粗钢总产量为2262.08万吨，钢材产量为2890.93万吨，同比增长13.18%。

2018年广西冶金工业重大项目进展顺利，行业重点企业进一步加大了科技投入和技术改造力度，建设了一批现代化生产装备。柳钢集团积极推进防城港钢铁基地项目，基地冷轧生产线已经恢复了生产，1号、2号高炉也于2018年6月28日实现了全面开工建设；盛隆冶金积极推进产业升级改造项目，项目主体工程进展顺利，正在通过购买产能、产能合作等多种方式解决项目所需产能指标；贵钢集团桂宝特钢120吨电炉项目也于2018年12月12日竣工，标志着贵钢集团300万吨产能目标的胜利完成。

### （四）石油化学工业

广西石油和化学工业（以下简称石油化工）是广西2000亿元产业之一，包括精炼石油产品制造业、化学矿采选业、基础化学原料制造业、肥料制造业、涂料油墨类制造业、合成材料制造业、专用化学品制造业、橡胶制品业、专用设备制造业等10多个行业。

2018年，石油化工行业产值同比增长4.3%，实现主营业务收入1872亿元，同比增长1.0%。实现利润总额为121亿元，同比增长6.2%。其中化学原料和化学制品制造业产值为870亿元，同比下降6.24%，化学纤维制造业为0.5亿元，同比下降74.9%。橡胶和塑料制品业为239亿元，同比增长8.7%。原油加工量为1599万吨，同比增长2.3%。硫酸产量396万吨，同比增长4.5%，烧碱产量54万吨，同比下降20.7%。发酵酒精47.17万千升，同比下降10.79%。化学肥料产量35.82万吨，同比下降58.17%。

### （五）建材工业

广西建材工业拥有以水泥、水泥制品、平板玻璃及玻璃深加工、建筑卫生陶瓷、非金属矿深加工及制品、无机非金属新材料及制品、传统房建材料、新型墙体材料等多产业、多门类、多层次的较完备的建材工业体系。

2018年，广西建材行业产值同比增长6.84%，其中水泥制造业产值同比增长22.39%，占广西建材行业工业总产值的24.56%。建材工业行业主营业务收入1566.80亿元，比2017年增长8.08%；实现利润总额170.30亿元，比2017年增长38.91%；其中水泥行业主营业务收入395.50亿元，比2017年增长28.50%，实现利润总额98.10亿元，比2017年增长101.40%。

### （六）电力工业

广西与全国绝大多数省份不同，除广西电网有限责任公司经营主电网外，还有广西农村投资集团有限公司管理40个县电网，以及桂东电力股份有限公司、百色电力有限责任公司等多个供电主体，境内装机容量1万千瓦及以上的发电厂达302家。

2018年，广西境内电厂发电量1617亿千瓦时，同比增长20.2%。其中，水电608.8亿千瓦时，同比下降0.8%；火电796.0亿千瓦时，同比增长38.3%；核电161.0亿千瓦时，同比增长26.9%；风电42.0亿千瓦时，同比增长68.8%；光伏9.3亿千瓦时，同比增长128.6%。购区外电量206.0亿千瓦时；同比增长1.6%，送区外电量120.0亿千瓦时；同比增长16.6%。

年内新增新能源发电项目并网投运11个新能源发电项目，其中新增投运北流冲山、马山水锦风电场等7家风电项目，新增容量32.3万千瓦；新增投运龙州小湾、合浦乌家光伏电站等4家光伏发电项目，新增容量6.6万千瓦。

### （七）生物医药产业

生物医药产业是广西重点培育发展的战略性新兴产业，也是广西成长性较好、发展活力较强、竞争优势相对明显的特色产业之一。2018年，广西规模以上医药工业企业155家，实现规模以上工业总产值313亿元；产业结构进一步优化，中成药、化学药品制剂和医疗器械对医药产业拉动作用明显，中成药产值占医药行业的50%以上；产业集聚不断发展，南宁、桂林两地占比超过50%；品牌培育效果显现，拥有梧州制药、桂林三金、桂林优利特、广西金嗓子、花红药业、玉林制药等行业中有较大影响力的企业和品牌。尽管广西生物医药产业总体规模较小、新药研发能力不强、市场开拓力度不够、知名品牌较少、产品竞争力不强，但一批重点项目竣工投产，一批1.1类新药产业化进程加快，新的经济增长点逐步形成，生物医药产业实现跨越发展指日可待。

## 工业重点工作和成就

### （一）广西工业高质量发展成效初显

自广西工业高质量发展大会召开以来，自治

区人民政府制定出台了《广西工业高质量发展行动计划（2018—2020年）》、4个配套政策文件、十二大重点产业链及产业集群发展方案、35个重点县工业发展规划修编。实施了全区优化营商环境大行动、创新支撑产业高质量发展行动、产业大招商行动等一系列重大举措，推动全区工业高质量发展取得了阶段性成效。

**1. 全区“强龙头、补链条、聚集群”工作新思路深入人心。**如北海市率先编制本市的产业链全景图，按图索骥加强产业链招商；贵港市强化工业招商和新动能培育，工业发展主要指标位居全区前列。

**2. 引育龙头企业取得新进展。**“外引”有增量，2018年全区第二产业招商引资到位资金超过3000亿元；“内育”有突破，盛隆冶金晋级“中国企业500强”。

**3. 补链延链强链取得新突破。**围绕22条重点产业链，实施一批补链延链强链项目取得新进展，钢铁、石油化工等传统产业以及电子信息等新兴产业补链延链取得新进展。柳州上汽汽车变速器柳东分公司无级变速箱（CVT）生产线项目，填补了宝骏汽车无自动挡的空白；柳州五菱柳机的新能源汽车电机及控制器项目，完善了新能源汽车产业链。

**4. 产业聚集群发展效应初步显现。**推动汽车、机械、钢铁、有色金属、生物医药、碳酸钙等十二大重点产业集群发展工作取得突破。破解铝产业发展用电“瓶颈”，引进吉利项目，百色生态型铝产业基地建设迈上新台阶。组织实施了一批汽车产业跨越发展技术改造工程，上汽通用五菱“跨十工程”取得新突破，贵港汽车城初具规模。

### （二）供给侧结构性改革成绩突出

**1. 以电力体制改革为中心的降成本工作成绩巨大。**一是扩大了电力交易范围和规模。2018年3月26日，政府出台了《广西工业园区和现代服务业电力市场交易方案》，4月1日起，允许自治区级及以上工业园区10千伏大工业用户、首批38个现代服务业集聚区内的生产性服务业用户以及服务器数量超过1000台（含）的大数据中心用户纳入市场交易范围，实现大工业所有电压等级全覆盖。全年参与交易用户达2662家，同比增长4.9倍，成交电量达522亿千瓦时，预计降低用电成本45亿元。二是建立了水火核发电权转让机制。2018年3月26日政府出台了《广西水电与火（核）电发电权交易方案》，首次系统开展水火（核）电发电权交易，由水电机组替代燃煤机组发电，有效消纳清洁能源，缓解水火核的矛盾。全年组织开展了7批次水火（核）发电权交易，成交电量35.7亿千瓦时，有效避免了弃水现象的发生。三是集中开展了“促增长”专项电力交易活动。通过引入水电参与，最低可降低用电成本0.14元/千瓦时以上。印发《关于加快落实全区电力体制改革有关政策的措施》，扩大市场交易试点范围，新增了34个自治区级以下园区内的10千伏工业用户纳入试点范围，电网企业挂牌价格每度电优惠0.08元。

**2. 有序化解了煤炭行业过剩产能，开展了广西首批煤炭去产能指标市场化交易。**2017—2018年煤炭去产能指标（186.3万吨）整体转让项目在北部湾产权交易所集团成功挂牌转让，成交金额20493万元，开创了广西首宗煤炭去产能指标进场交易的历史。全年实际关闭13处煤矿矿井，化解过剩产能147万吨。

**3. 集中力量取缔了行业发展痼疾“地条钢”。**牵头会同广西壮族自治区发展和改革委员会制定出台了《广西严防“地条钢”死灰复燃工作方案》，将责任制网格化管理细化到乡镇一级，并组织开展全覆盖、无死角“地毯式”专项大排查，不折不扣地完成好防范“地条钢”死灰复燃各项任务。

### （三）工业投融资改革取得重大进展

**1. 新兴产业担保基金工作有序推进。**设立工业新兴产业担保基金，稳步推进基金池到位规模达到3亿元，专项为广西工业新兴产业企业提供融资担保服务。2018年组织收集担保业务项目101项，合计申请融资额度为79.495亿元，并已分三批按程序向广西中小企业融资担保有限公司推荐项目38项，融资金额合计12.9亿元。

**2. 加快推进直接股权投资取得实效。**广西壮族自治区人民政府批准同意成立广西工业投资发展有限责任公司后，新兴产业办项目组于2018年5月起协调第一批新兴产业直接股权投资资产划转至广西工业投资发展有限责任公司，划转资产15.66亿元。积极推进第一批新兴产业直接股权投资项目实施，拓宽被投企业的融资渠道，带动企业投资206亿元。

**3. 开展工业高质量发展银企对接活动。**召开重大工业项目融资调研会梳理项目融资需求，共向金融机构推介工业企业融资需求471项，总额为1202亿元。

### （四）传统产业“二次创业”成效凸显

**1. 铝产业。**创新铝产业“铝—电—网”发展模式，推动区域电网建设，破解了多年制约铝产业发展的“瓶颈”。大力打造的百色区域电网一期、华磊平果铝基轻合金、百矿（田林、德保）煤电铝一体化项目电解铝一期等项目相继建成投产，铝产业形成了铝土矿开采、氧化铝、电解铝、铝精深加工、再生铝循环利用的全产业链。

**2. 机械产业。**工程机械、内燃机、电工电器、农业机械四大产业集群化、高端化发展进一步加快，南宁、柳州、玉林3个智能制造城项目建设被列为自治区推进重点。

**3. 冶金产业。**广西壮族自治区重点推进的柳钢防城港钢铁基地一期、盛隆冶金产业升级技术改造等项目，完善了以防城港为核心的“一核三带九基地”布局。

**4. 汽车产业。**2018年，广西积极开展汽车消费月活动和新能源汽车专项消费月活动，以加快新能源汽车推广应用。组织实施一批汽车产业跨越发展技术改造工程。华奥贵港汽车制造项目一期新能源大客车建成投产等项目的加快建设，形成了再造一个汽车城的“贵港模式”。

### （五）工业园区提质升级发展

**1. 区市县工业联合招商机制成效显现。**建立区市县联合招商机制，积极组织部分市、县政府赴浙江、江苏、深圳等地开展新制造新材料、医药、电子信息产业招商。开展重点产业链招商，实行“一条产业链、一名领导、一个处室、精准招商”的工作模式，成立12个产业链招商引资工作小组，组织开展产业链专题招商活动。

**2. 县域工业园区基础设施加快完善。**印发实施《广西县域园区基础设施提升三年行动计划实施方案》，推出一批县域园区基础设施能力提升项目，推动全区县域园区的基础设施水平明显改善。制定《广西工业园区分级管理办法》，进一步规范了园区管理。

### （六）新兴产业加速培育

2018年，广西电子信息产业产品门类不断拓展，全年全区电子信息制造业产值同比增长20.7%；软件和信息技术服务业主营业务收入192.63亿元，增长32.8%。

## 工业运行中存在的主要问题

### （一）工业经济波动较大，稳增长的基础尚不牢固

2018年以来，受宏观经济运行下行压力持续加大、市场疲软等诸多因素影响，广西规模以上工业出现近十年来的罕见异常波动，特别是4—5月当月增速大幅下跌，规模以上工业增加值呈现负增长。虽经自治区持续频繁调度、密集出台政策、果断及时采取系列应对措施及艰苦努力，工业经济增速在第三季度实现大幅回升，但进入第四季度后，全区工业经济增速有所放缓。全年全区规模以上工业增加值同比仅增长4.7%。重点市增速偏低，下拉了全区工业增速，如南宁（1.5%）、柳州（2.4%）、梧州（-10%）、钦州（2.7%）等市规模以上工业增加值截至12月底累计增速低于全区（4.7%）平均水平，冲击

了全区工业增速水平。

### （二）汽车、粮油加工、生物医药、机械等重点行业增长低迷

汽车行业受国内市场需求趋于饱和、双积分和国六政策实施等因素的影响，2018年广西汽车产销量同比分别下降12.78%和7.84%，加之政策作用期内提前透支等因素的影响，全年全区汽车产业总产值同比下降7.4%。粮油加工行业企业从阿根廷、巴西进口大豆，原料价格和运输费用均有所提高，嘉里粮油（防城港）有限公司全年产值累计增速-0.8%。机械行业，受卡车、传统客车用内燃机以及农机装备用内燃机产量需求下降的影响，1—12月总产值仅增长3.7%。

## 2019年工业形势展望

### （一）有利因素

**1. 自治区党委、政府高度重视支持工业发展，工业高质量发展新征程全面启动。**一是进一步完善工业高质量发展思路和举措。全区工业高质量发展大会成功召开，明确了“强龙头、补链条、聚集群”的工业高质量发展思路及发展目标、任务，绘就了广西新时期工业发展路线图，吹响了大力推动全区工业高质量发展的号角。二是市县加快绘制“工业树”。北海市率先启动“产业树”编制工作，围绕电子信息、石油化工、临港新材料三大主导产业和海洋产业、林纸与木材加工、食品加工和高端服务业四大产业编制“产业树”，有针对性地开展招商工作，补足缺失产业链、优化产业结构、推进新兴产业发展，实现全产业链发展。其他市、县也在加快推动“工业树”编制工作。三是工业投融资机制进一步完备。创新工作机制，有效缓解工业企业资金周转难、融资难、融资贵问题，推动工业企业“轻装上阵”。四是市县“一把手”抓工业机制加快形成。市县主要领导对工业的重视程度进一步提高，纷纷出台一批“一把手”抓工业机制和举措。如河池市建立县区党政“一把手”抓工业责任机制，强化县（区）党政“一把手”对县域工业发展的领导，切实把促进县域工业经济发展摆在各县（区）党委政府工作的突出地位，推动县（区）主要领导切实履行工业发展第一责任人职责。

**2. 一批重大龙头项目落地建设，形成有效投资增量。**预计2019年，全区将有一批“新续建、新竣工、新开工、新签约”重大工业项目，有效带动新一轮工业投资增长。其中，新续建项目372项，总投资2361亿元，2019年计划投资482亿元，项目建成预计新增产值3756亿元。新竣工项目210项，总投资1085亿元，2019年计划投资228亿元，预计2019年形成产值680亿元。新开工项目280项，总投资2150亿元，2019年计划投资375亿元，项目建成预计新增产值3443亿元。新签约项目275项，总投资1065亿元，2019年计划投资35亿元，项目建成预计新增产值1698亿元。

**3. 持续优化发展环境，推动民营工业发展呈现新活力。**2019年，国家将全面加大对民营经济的支持力度，自治区层面也出台了壮大民营经济意见55条措施，特别是在解决民营企业税费负担、融资难融资贵、营造公平环境、优化政务环境、加大招商引资、构建“亲清”政商关系、保护企业家人身和财产安全、加强企业家队伍建设等方面出台支持性政策。

### （二）不利因素

**1. 产业结构和布局不合理影响突出。**产业结构不合理，传统资源型产业比重过大，高技术产业占比不到10%，而高耗能产业占比近40%，长期积累形成的资源型产业增长乏力，产业链条短、知名品牌少、技术含量低等问题突出，支撑经济快速增长的要素成本优势、边际效用日益递减，增量较快的铝、冶金、汽车等行业面临下滑形势。

2018年，有色金属行业产值同比增长16.83%，较上半年20.60%的增速回落3.77个

百分点。汽车行业同比增长 -7.41%，医药工业同比增加 -1.62%，冶金工业同比下降 11.82%，建材工业同比下降 6.84%。预计 2019 年，全国汽车市场将停止增长，广西汽车行业总产值同比增长 3% ~5%；冶金行业预计产值同比增长 2% 左右。预计 2019 年铝价或延续低水平态势，全区合规电解铝产能继续保持小幅增长，2019 年建成投运的产能约 63 万吨，实际产量约增加 30 万吨。从区域发展情况看，北部湾经济区增速加快，而桂北地区、老工业布局集中地区增速明显放缓，传统工业占比较大的南宁、柳州、桂林、梧州、玉林等市增长低迷。2018 年贵港、北海两市规模以上工业增加值保持较高增速增长，但由于工业规模偏小，对工业经济的贡献程度不足。

**2. 新旧动能转换偏慢。**由于长期积累的产业结构性、体制性和素质性矛盾仍未从根本上解决，旧有动能持续减弱，全区建立在传统产业、传统模式的经济增长空间小，对经济增长的支撑力逐渐不足，环境、资源已经触及“天花板”。如广西工业的十大支柱产业中，多数属于低端低效原材料行业，产品处于中低端，市场竞争力弱。近年来，由于有色金属冶炼选采、水泥建材等产能过剩，原材料价格和人力成本上升，导致铝、镍、锌等有色金属和石油、钢材、水泥的价格起伏不定，甚至出现生产企业出厂价格比成本低的“价格倒挂”现象，停产、半停产企业明显增多。同时，虽然全区在一些新经济领域取得积极进展，但新兴产业经济总量不大，规模效益不突出，在产业体量和增长贡献上无法与传统优势产业相比，难以弥补传统经济下滑导致的增长缺口，短期内无法承担“稳增长、挑大梁”的支柱作用。

总的来看，全区工业发展面临的国内外环境仍然复杂多变，尤其是市场环境全面趋紧，不稳定、不确定因素仍然偏多。但是，整体经济长期向好的态势不会发生根本改变。2019 年广西工业经济将呈现稳中有进、稳中向好的发展态势，继续运行在合理区间。

# 2018年海南省工业经济运行概况

2018年，海南省工业增加值570.4亿元，增长5.9%。规模以上工业企业337家，同比减少3家，实现产值2222.1亿元，同比增长12.8%，完成工业增加值507.6亿元，同比增长6.0%。

从企业经济类型看，国有工业企业增加值38.56亿元，同比增长14.7%；股份制工业企业增加值270.7亿元，同比增长1.0%；外商及港澳台投资企业增加值198.26亿元，同比增长11.3%；其他经济类型工业企业增加值0.11亿元。

2018年，全省完成工业投资285.05亿元，增长17.3%，其中采矿业完成投资41.12亿元，同比增长496.1%；制造业完成投资82.11亿元，同比下降37.9%；电力、燃气及水的生产和供应业完成投资161.81亿元，同比增长55.5%。

## 工业经济发展特点

2018年，海南省在年产值超100亿元的重点工业行业中，石油加工、炼焦和核燃料加工业产值584.7亿元，同比增长28.3%；化学原料和化学制品制造业产值376.9亿元，同比增长16.9%；电力、热力生产和供应业产值259.1亿元，同比增长6.6%；医药制造业产值235.5亿元，同比增长21.2%；农副食品加工业产值154.9亿元，同比增长5.2%；非金属矿物制品业产值180.7亿元，同比增长18.0%；造纸和纸制品业产值136.7亿元，同比增长3.6%。全省重点监测的19种工业产品中，与2017年相比，有8种实现产值增长，11种呈现下降趋势。其中增长的有：合成纤维聚合物（聚酯）增长29.8%，成品糖增长25.1%，水泥增长11.8%，饲料增长9.0%，硅酸盐水泥熟料增长6.2%，纸浆增长5.8%，氮肥（折含氮100%）增长1.6%，精甲醇增长0.9%；下降的有：太阳能电池（光伏电池）下降54.8%，汽车下降46.7%，铁矿石（原矿）下降34.5%，人造板下降31.4%，罐头下降18.4%，合成纤维单体下降8.2%，机制纸及纸板下降5%，商品混凝土下降4.7%，卫生用纸原纸下降2.2%，卷烟下降2.1%，软饮料下降1.7%。

规模以上工业企业销售产值2168.67亿元，同比增长14.3%；其中出口交货值累计完成203.97亿元，同比下降2.4%；产销率为97.60%，同比增长1.28个百分点。2018年，全省工业企业上缴税收261亿元，同比增长14.5%，占全省税收的21%。全年列入统计监测的337家规模以上工业企业主营业务收入2202.29亿元，同比增长21.7%；全省规模以上工业综合效益指数为438.5%，同比提高26.7%；规模以上工业企业实现利润总额145.28亿元，同比增长35.6%。

### （一）工业重点项目

2018年，工信领域重点项目共91个（包括省重点和工信系统重点项目），全年计划投资276.96亿元，实际完成233.85亿元，完成年度投资计划的84.4%。竣工项目20个，2018年计划投资30.69亿元，实际完成投资30.51亿元，完成年度投资计划的99.4%。其中列入省重点工信项目23个，计划完成投资161.99亿元，实际完成145.51亿元，完成年度投资计划的89.8%。

海南省工业和信息化厅（以下简称省工信

厅）将项目作为发展之基，多措并举全力推动重点项目引进和建设。**一是狠抓项目引进。**制定年度招商计划，开展“百日大招商”活动，明确围绕互联网、医药等产业以及国际化水平高、带动性强等重点行业目标企业开展点对点上门招商、招商会招商等多途径招商，2018 年共签约招商项目 68 个，涉及企事业单位 78 家，其中世界 500 强企业 8 家、中国 500 强企业 10 家、央企 5 家、中国软件 100 强企业 6 家，相关工作获得省政府表彰。组织两场大型集体签约及座谈会活动，共签约 51 个项目，原副省长彭金辉同志出席讲话并为签约仪式证签；统筹组织 2018 年海南（山东）农产品加工专题招商活动，山东鲁花集团、农夫山泉、正大集团等 34 家山东知名企业参加活动，其中 5 家与海南省达成初步合作意向；此外，还组织了博鳌亚洲论坛期间工信领域企业靶向对接活动、中国国际贸易促进委员（以下简称中国贸促会）会核心会员企业来海南调研考察活动、2018 年海南 - 台湾工信产业交流等一系列招商活动。**二是力推项目落地。**建立项目落地责任分解月报制度，编制签约项目落地跟进责任分解月报表，并建立与签约企业的对口联系机制。签约的 68 个项目，2018 年落地项目 35 个，取消 1 个，其余项目正在积极推动注册落地。阿里巴巴、腾讯等多个项目实现当年签约，当年落地，当年形成业务收入。**三是加快重点项目建设。**开展重点项目联合调研，深入重点项目现场，掌握项目第一手信息，协同解决项目建设中存在的问题。2018 年共走访 87 个工信系统重点项目，有力推动了项目建设。

### （二）工业招商引资

2018 年，省工信厅以“筑牢基础、拓宽渠道”为思路，强化招商基础性工作，开展多途径招商，取得了丰硕成果，招商工作获得全省通报表扬第一名。全年共签约项目 68 个，涉及企事业单位 78 家，包含国内行业龙头企业、领军企业，还有来自美国、新加坡的项目团队，如美国观颜（Suspect）智能科技有限公司、美国安航（AutoNav）科技公司、新加坡普瑞赛尔国际孵化器（PreShares）。项目涵盖互联网产业、油气化工产业、医药制造和低碳制造等多个领域。

主要工作：**一是加强招商团队建设。**组织招商骨干参加清华大学招商专题学习班，全面提升招商工作理论和实践能力，优化招商团队结构和分工，弥补人手不足的短板。**二是完善招商基础资料。**编写了新版招商宣传手册、招商项目手册、招商综合宣传课件，收集整理了全省现有招商政策，组织编写优惠政策条目化清单。**三是拓宽招商渠道。**统筹组织了 2018 年海南（山东）农产品加工专题招商活动。山东鲁花集团、农夫山泉股份有限公司、正大集团等知名企业在内的 34 家山东企业参加了活动，其中山东鲁花、农夫山泉等 5 家企业与文昌等市县和园区达成初步合作意向。统筹组织博鳌亚洲论坛期间工信领域企业靶向对接活动，开展靶向对接活动 10 场次以上，对接企业 14 家。统筹组织与中国贸促会核心会员企业对接活动，利用中国贸促会来海南考察调研的机会，分别“一对一”与美国的高通全球副总裁夏权、美国杜邦公司中国区总裁张毅、中国的亨通集团董事局主席崔根良等世界 500 强企业及国内行业龙头企业负责人进行了会谈，其中 8 家企业表示了明确的投资意向，亨通集团已与省政府签约。**四是走出去招商。**策划组织 2018 年海南 - 台湾工信产业交流活动。在中国台湾举办了两场工信产业合作交流会，走访台湾行业协会 9 家、园区 2 家及代表性重点企业 19 家，与其中鸿海、优生生物等 8 家台湾企业达成合作意向。**五是开展点对点招商。**围绕互联网、医药等产业以及国际化水平高、带动性强等目标企业，招大引强，组织力量到北京、上海、深圳、贵阳、沈阳等省市，主动上门与中电集团、中电科、南方电网、思爱普等 100 多家世界 500 强企业、行业龙头企业、知名行业协会、基金投资公司等洽谈合作意向，推进深化合作。

### （三）工业节能降耗

2018 年，海南省实现能耗强度下降 1.32%、能耗增量92万吨标准煤，超额完成了年度“双控”目标和“十三五”进度目标。主要措施：**一是加强节能统筹规划**。组织开展“十三五”能耗总量和强度“双控”目标完成情况中期评估工作；部署2018年节能重点工作、节能监察工作；明确各市县和洋浦经济开发区，以及省重点用能单位2018年度能耗“双控”目标。**二是落实目标责任制**。开展对各市县政府以及重点用能单位2017年度节能考核工作，通报各市县2017年度能源消耗总量和强度“双控”考核结果，分管副省长约谈三亚、东方、陵水、白沙4个考核结果为未完成等级市县。**三是推动工业节能降耗**。完成了规模以上工业企业单位增加值能耗下降进度目标任务；完成了对46家企业的54项节能监察任务；积极鼓励企业开展能效达标对标活动。**四是加强重点用能单位节能管理**。明确全省重点用能单位“百千万”行动企业名单，分解下达“十三五”和2018年能耗总量和能效水平“双控”目标；完成了对重点用能单位的2017年度能耗“双控”考核，并对外通报了考核结果；完成重点用能单位2017年度能源利用状况报告填报及审核。**五是严格落实节能审查制度**。按照新的能评制度，2018年海南省共对8个固定资产投资项目进行节能审查。同时，做好新能评制度的宣贯培训，加强对市县能评工作指导和企业执行能评制度事中事后监管。**六是开展节能相关研究工作**。开展“海南省新能源汽车动力蓄电池回收利用实施方案”“海南省推行生产者责任延伸制度实施方案”“海南省推行生产者责任延伸制度研究”等课题研究工作，并形成报告。组织完成了石油化工、造纸、电力、采矿等行业8个大宗工业固体废物资源化利用方案的编制。完成全省第一批工业固体废物资源综合利用评价机构推荐工作。制定印发了《海南省推广合同能源管理实施方案》，并组织对实施方案进行了宣贯培训，着手搭建合同能源管理项目信息共享和交流平台，引导企业和公共机构积极采用市场化节能模式。

## 信息化建设

### （一）信息基础设施建设

2018年，海南省将信息基础设施建设作为海南自贸区（港）的重要抓手，继续加快推进信息基础设施建设。**一是加强信息基础设施建设顶层设计**。研究制定印发了《海南省城市通信基础设施专项规划技术指导意见（试行）》，要求全省各相关单位要高度认识通信基础设施专项规划工作的重要性，全力推动通信专项规划工作。印发了《海南省互联网协议第六版（IPv6）规模部署行动计划实施方案》，加快推进基于互联网协议第六版（IPv6）的下一代互联网规模部署，促进互联网演进升级和健康创新发展，加快推进IPv6规模部署，加快构建高速率、全覆盖、智能化、高安全的通信网络，加快实现网络强省的目标，为海南下一代互联网应用和产业生态奠定基础。**二是实施《海南省信息基础设施提升建设三年（2018—2020年）专项行动方案》**。制定海南省信息基础设施建设实施和考核方案，指导未来三年信息基础设施建设。2018年信息基础设施建设计划投资40亿元，包括海南电信光网智能岛建设项目、海南移动信息基础设施建设项目、中国联通通信网络建设项目等8个重点项目，实际完成投资42.45亿元，完成全年计划的106.12%。**三是2018年海南省主要信息基础设施发展指标全国排名持续提升**。根据中国宽带发展联盟发布的《中国宽带速率状况报告》（第22期）和《中国宽带普及状况报告》（2018年第四季度），海南省居民忙闲时加权平均可用下载速率达28.81M，比2017年同期增加9.65M，全国排名第10位，较2018年年初提升1个位次。固定宽带家庭普及率达94.5%，全国排名第10位；移动宽带用户普及率达99.3%，全国排名第10位。海口固网宽带网速在全国各直辖市和省会城市中排名第6位。**四是推动光网向自然村延伸**。在实现全省城镇和2573个行政村全覆盖的基础上，2018年海南省光网建设重点向自然村和农垦居民小组延伸。截至2018年年底，全省17663个自然村，光纤宽带网络覆盖率达81.79%，4G网络覆盖率约达98.01%。2713个农垦居民小组，光纤宽带网络覆盖率达72.02%，4G网络覆盖率约达到92.0%。300个建档立卡的贫困村所辖1746个自然村，光纤宽带网络覆盖率达83.73%，4G网络覆盖率约达到99.48%。**五是全光网省提质增效。**推动公共资源向光网建设开放共享，对各级政府部门向信息基础设施建设开放公共资源情况进行摸底调查，对13个市县进行公共资源开放共享情况调研督导。调查结果显示，全省近6000个机关事业单位中有1200个向信息基础设施建设开放共享了所辖的公共资源，需进一步推动共享开放。推动移动通信信号寻盲补弱，加强环岛高铁、美兰机场隧道以及小区等区域移动通信信号覆盖工作。截至2018年年底，环岛高铁沿线计划新增的316个铁塔已完成征址313个，占99.05%，完成建设274个，海南移动完成开通250个，正逐步加强环岛高铁的移动信号覆盖。东环高铁美兰机场隧道通信优化工作正在进行当中。

### （二）电子政务建设

2018年，海南省继续加快电子政务建设，进一步加大政务大数据开放共享度，完善电子政务系统，目前已经形成“大网络、大平台、大数据”体系架构，基本形成“一张网（即全省统一的省、市县、乡镇、行政村四级覆盖电子政务外网）、一个中心（即全省统一的政府数据中心）、一朵云（即全省统一的政务云）”的信息基础设施建设格局，具备了全省电子政务基础设施统建共享的条件。**一是建成海南省数据大厅。**省数据大厅按照数据、人员、资金、管理、技术“五集中”和“一厅多能、一厅多用”的要求，构建了支撑全省决策指挥、城市管理、应急联动和运行管理的政务空间和智慧大脑。全省484个非涉密信息系统接入省数据大厅集中应用，全省政务数据汇集、共享和展现，实现“平时协同、随时展示”；将全省电视电话会议系统和各应急部门的应急指挥系统接入省数据大厅，省领导在省数据大厅可与省级各应急部门、19个市县、所有乡镇通过电视电话会议系统进行视频会商和应急指挥，实现“战时指挥”。**二是以“共享为原则，不共享为例外”推进政务数据共享率达100%。**2018年3月全省558个非涉密政务信息系统与省信息共享交换平台互联互通，信息系统共享率达到100%，数据共享率达到100%，走在全国前列。**三是摸清全省政务信息资源底数。**2018年5月发布海南省政务信息资源共享目录（2018版），涉及68个单位、2545项信息资源目录、58462项信息资源项，供各级业务部门主动利用。2018年7月发布海南省政务信息资源开放目录（2018版），涉及42个单位657项信息资源目录、10513项信息资源项，推动政务数据向社会开放和增值应用。**四是提升政务大数据开放共享能力。**建成了人口库、法人库、空间地理库、电子证照库、信用信息库等基础数据库，基本涵盖约1191万常住户籍人口和外来人口、69万户市场主体、382类电子证照62.89万份等信息，实现了总体规划和各类专项规划数据的统一整合。政务信息共享网站发布了68个部门、3198个信息资源和6371个数据接口，为各级政务部门、公众提供了一站式数据资源共享服务，全年政务数据交换量达29.5万条，有效支撑政务服务和公共服务少带证照、免带证照，有效支撑全社会大数据创新应用。**五是推进全天候、实时性的人流、物流、资金流进出岛信息管理系统先导性项目建设。**完成项目建设方案和设备部署，完善人流进出岛信息管理系统，新增59国免签监测功能，实现进出岛人脸识别100%覆盖；建设物流进出岛信息管理系统，对秀英港、新海港、铁路南港滚装港口车辆出岛售票系统和省通行附加费征收管理系统改造，细化出岛货物数据采集，协调海南港航控股公司、中铁集团、国家邮政管理局等企业和部门共享开放相关数据，共整合了62个单位物流数据，采集了46个单位62个信息系统物流相关数据，全面掌握进出岛货物情况；建设资金流进出岛信息管理系统，海南银行、海南省农村信用联社、中国银行3家银行可提供“T+0”数据，重点推进21家在海南金融机构资金流实时数据的采集和FT账户（自由贸易账户）建设；完成海南省地方金融综合风险防范系统建设，编制“7+4”类机构监管指标体系，汇总国内各省市出台的对“7+4”类机构监管的法律法规，制定出台相关法规，规范对类金融机构的监管。

### （三）社会和行业信息化建设

2018年，省工信厅认真落实《海南省信息化条例》，加强全省信息化统筹规划和建设管理，进一步推进信息技术在全社会信息化领域的广泛应用。**一是加强全省信息化建设统筹。**将市县新建政务信息化项目纳入全省统筹，按照全省一盘棋原则进一步统筹规范市县信息化项目建设，避免重复建设和资源浪费。2018年完成省和市县共计124个信息化项目审批和110个信息化项目的审核。**二是推进重点应用系统建设。**围绕政府工作的难点和老百姓关心的热点，突出海南特色，完善进出岛人员管控、多规合一、“互联网+防灾减灾”、不见面审批、全域旅游监管服务、海口市智慧城市联动管理平台、椰城市民云、三亚旅游监管服务平台、智慧交通、医疗健康、网上督查室、精准扶贫12大重点应用系统建设，通过深化政务数据共享和挖掘应用，提升政府治理、公共服务水平。2018年4月，多规合一平台入选首届数字中国建设峰会30个年度最佳实践，并遴选为13个峰会现场推介的最佳实践；2018年10月，精准扶贫平台被中国通信学会评选为推荐实践案例。**三是积极推进“两化融合”。**按照工业互联网平台建设及推广指南要求，积极开展工业互联网平台培育和应用推广工作，完成海南省工业互联网网络发展情况调查摸底工作。开展《海南省信息化和工业化深度融合专项行动实施计划（2019—2021年）》的编制。开展工业企业两化融合管理体系专题培训，36家相关企业参加培训，进一步提高了海南省企业两化融合发展水平。

### （四）网络与信息安全保障

2018年，海南省继续抓好网络与信息安全保障工作。**一是打击“伪基站”“黑广播”等新型网络违法犯罪。**联合公安机关在全省范围内开展常态化打击治理“伪基站”“黑广播”专项行动，快速查处“伪基站”案件4起、“黑广播”案件1起，有效遏制了“伪基站”“黑广播”的蔓延。**二是加强监测分析，及时排查处理无线电干扰。**利用全省59个固定监测站进行24小时不间断扫描监测，2018年累计下达监测任务104次，共排查处理各类干扰申诉50起，有力保障了公安、民航、广电、高铁、部队、卫星遥感及公众移动通信等重要业务无线电用频安全。**三是全力做好重大活动通信安全保障。**按照博鳌亚洲论坛通信优化规划方案，重点对博鳌年会核心区域局域网包括有线局域网、Wi－Fi（无线局域网）进行规划建设。优化升级计划投资总额约7453万元，经过优化，博鳌区域强信号覆盖率达98%以上，基本保证公众通话和数据通信不断档。圆满完成博鳌亚洲论坛2018年年会、2018年央视春晚海南分会场、2018年环海南岛国际公路自行车赛等重大赛事、2018年高考、2019年度国家公务员考试等27次全国性考试无线电、通信保障。累计派出保障人员299人次、移动监测车102台次，使用便携式监测设备55台（套），发现并成功压制阻断无线电作弊信号1起。

# 2018 年重庆市工业经济运行概况

2018 年，重庆市实现工业增加值 5997.70 亿元，比 2017 年增长 1.1%。规模以上工业增加值增速比 2017 年增长 0.5%。分经济类型看，国有控股企业增加值下降 7.7%，股份制企业增长 3.3%，外商及港澳台商投资企业下降 10.7%，私营企业增长 2.8%。分门类看，采矿业下降 13.1%，制造业增长 0.4%，电力、热力、燃气及水生产和供应业增长 8.0%。

## 工业经济运行特点

2018 年，全市规模以上工业中，分产业看，汽车产业增加值比 2017 年下降 17.3%，摩托车产业下降 0.3%，电子产业增长 13.6%，装备产业增长 4.8%，化工产业增长 1.5%，医药产业增长 9.3%，材料产业增长 11.0%，消费品产业增长 1.9%，能源工业增长 1.7%。分行业看，农副食品加工业增加值比 2017 年下降 0.8%，化学原料和化学制品制造业增长 2.0%，非金属矿物制品业增长 9.3%，黑色金属冶炼和压延加工业增长 43.0%，有色金属冶炼和压延加工业增长 6.8%，通用设备制造业增长 5.0%，铁路、船舶、航空航天和其他运输设备制造业增长 1.4%，电气机械和器材制造业增长 0.5%，计算机、通信和其他电子设备制造业增长 15.6%，电力、热力生产和供应业增长 7.5%。

2018 年，全市规模以上工业企业利润总额比 2017 年下降 7.7%。分经济类型看，国有控股企业利润下降 54.1%，集体企业下降 21.3%，股份制企业增长 9.1%，外商及港澳台商投资企业下降 58.7%，私营企业增长 16.7%。分门类看，采矿业利润比 2017 年增长 6.9%，制造业下降 9.2%，电力、热力、燃气及水生产和供应业增长 17.2%。

2018 年，全市规模以上工业产能利用率为 72.4%。其中，煤炭开采和洗选业产能利用率为 73.4%，比 2017 年提高 8.0 个百分点；黑色金属冶炼和压延加工业产能利用率为 72.0%，同比提高 2.4 个百分点。2018 年年底，规模以上工业企业资产负债率为 57.7%，比 2017 年年末下降 1.5 个百分点。全年规模以上工业战略性新兴产业增加值比 2017 年增长 13.1%；高技术产业增加值同比增长 13.7%，占全市规模以上工业增加值的比重分别为 22.9% 和 18.0%。新一代信息技术产业、生物产业、新材料产业、高端装备制造产业分别增长 22.2%、10.0%、6.5% 和 13.4%。全年高技术产业投资比 2017 年增长 0.9%，占固定资产投资（不含农户）的比重为 6.1%；工业技术改造投资同比增长 20.7%，占工业投资的比重为 39.7%。新产品产量实现较快增长，其中新能源汽车增长 33.0%，智能手机增长 59.4%，液晶显示屏增长 56.2%，工业机器人增长 68.8%，风力发电机组增长 45.2%，医疗仪器设备及器械增长 74.1%。

## 重点行业发展情况

### （一）智能产业

**1. 中国国际智能产业博览会（智博会）取得圆满成功。**习近平总书记专致贺信，韩正副总理亲临会议并作重要讲话，重庆成为智博会永久会址。30 多个国家和地区、2 万余名中外嘉宾出席大会各项活动，537 家企业参展，展览面积超

18万平方米，观展人数63万余人次，举办18场高端及专业峰会，签订智能化项目501个，成立中国数字经济百人会，发布了《中国智能化发展指数报告》《中国大数据发展指数报告》等多项前沿理论成果。

**2. 智能产业快速崛起**。一批集成电路、新能源及智能汽车、智能手机等重点项目相继实施，智能产业基础不断夯实。智能网联汽车、机器人产量增长50%以上，智能手机增长28%，其他行业正加速集聚，智能产业实现销售收入4640亿元，增长19.2%。

**3. 智能制造深入实施**。制定出台智能制造实施方案，实施203个智能化改造项目，认定76个市级示范性数字化车间和智能工厂，示范项目生产效率平均提升67.3%，不良品率降低32%，运营成本降低19.8%。工业互联网标识解析国家顶级节点（重庆）启动运行，中移物联网等一批综合性工业互联网平台相继建成，企业“上云上平台”基础进一步夯实。

### （二）新兴产业

制定出台集成电路、新能源和智能网联汽车等扶持政策，新兴产业发展步入快车道，全年战略性新兴制造业增加值1161亿元，占全市22.9%，增长13.1%；高新技术产业增加值913.6亿元，占全市18.0%，增长13.7%。集成电路领域已基本形成“芯片设计—晶圆制造—封装测试—原材料配套”全产业链，全年集成电路产量5.4亿块，增长16.7%。液晶显示基本形成玻璃基板到终端显示的全产业链；全年生产液晶显示屏1.43亿片，增长56.2%。工业机器人初步形成研发、整机制造、系统集成、零部件配套、应用服务全产业体系，工业机器人产量2917台（套），增长68.8%。物联网基本形成硬件制造、系统集成、运营服务“三位一体”全产业生态。新能源汽车及智能网联汽车领域重庆市18家企业117款车型进入国家《新能源汽车推广应用推荐车型目录》，178款新能源汽车车型进入国家免征车辆购置税目录，新能源汽车产量2.4万辆，增长33%，智能网联汽车产量达15.2万辆，增长53.4%。此外，生物医药、新材料、高端交通装备、页岩气、节能环保等发展加快。

### （三）电子产业

通过近年来的努力，重庆构建起了全球最大的笔记本电脑生产基地，两亿台级手机生产基地，在集成电路、平板显示等关键核心零部件领域取得突破，电子产业发展基础不断夯实。

**1. 行业规模快速增长**。产值由2010年的626亿元增长至2018年的5285亿元。全年产值增速高于全市工业增速9.6个百分点，占全市工业产值的26.1%，对全市工业增长贡献率达103%，拉动全市工业增长3个百分点。

**2. 产业地位不断提升**。2010—2018年间，行业产值年均增速超30%，远远高于全国电子制造业的年均增长率13%；重庆市电子制造业主营业务收入在全国的排名从第17位跃升至第8位。

**3. 结构调整初见成效**。计算机整机及配套产业占比49.8%；手机及配套产业占比17.9%；电子核心部件、家电、机电、智能仪表等其他电子产业合计占比32.3%。初步形成各产业多点开花、齐头并进的合理结构。

**4. 笔记本电脑产业逆势增长**。在全球笔记本电脑市场萎缩2.5%的情况下，重庆市笔记本电脑产量5730.2万台，同比下降3.8%，约占全球产量35.6%。除了惠普、宏碁、华硕三家品牌企业外，富士通、小米、华为等全球知名品牌均已在重庆市下单，笔电产量已连续5年全球第一；2019年戴尔有望在旭硕上马笔电项目。除此之外，苹果已在重庆布局全球穿戴式设备和平板电脑制造基地，有意将重庆打造成全球知名的制造中心，其代工企业主要为翊宝，全年累计产值169.7亿元。

**5. 制造模式向智能化转变**。移动智能终端企业共计投入资金约8亿元（其中，笔记本电脑约2.6亿元、手机约1.6亿元、配套约3.8亿元）实施产线智能化改造工程，降低人力成本约3.4亿元/年；笔记本电脑代工企业全员劳动生产率提升至29.3万元/人，比全市工业行业平均水平（29.1万元/人）高2000元/人。纬创、笨瓜等8家企业获评全市数字化车间或智能工厂。英业达因成功运用人工智能于自动光学检测而入选2018年重庆市人工智能与实体经济深度融合十大成果，重庆盟讯的智能工厂项目入选2018年重庆市物联网十大应用案例公示名单，富士康等4家企业有6个大数据智能化改造项目入选重庆市2019年工业互联网（工业智能化）试点示范项目公示名单。

**6. 智能终端成为拉动重庆市出口“第一动力”**。全年完成出口总额2477.6亿元，同比增长14.7%，占全市出口总额72.2%，拉动全市出口增长10.4个百分点，对全市出口总额增长的贡献率为86.8%。同时，智能终端货运量约占中欧班列货运量的40%，占国际航空出项货运量的90%。

## （四）汽车产业

全国汽车产业进入深度调整时期，重庆汽车制造业由于长期积累的深层次问题集中爆发，出现龙头企业大幅下滑、少数骨干企业停产等问题。内外不利因素叠加，导致重庆汽车制造业经济运行出现大幅下滑，增加值同比下滑17.3%。2018年年末，重庆有汽车生产企业41家，其中整车生产企业21家，改装车生产企业20家，已形成年产400万辆的综合生产能力。汽车制造业规模以上企业961家，其中，汽车零部件企业873家，已具备发动机、变速器、制动系统、转向系统、车桥、内饰系统、空调等各大总成较完整的供应体系，具有70%的汽车零部件本地配套化率。

重庆市规模以上汽车制造业完成产值3671亿元，同比下降17.6%。其中，汽车整车制造业完成产值1755亿元，同比下降32.1%；改装车制造业完成产值144亿元，同比增长2.6%；汽车零部件制造业完成产值1772亿元，同比下降1.8%。

## （五）摩托车产业

重庆摩托车制造业在整车企业引领下，充分利用重庆摩托车行业技术、人才、配套等优势，不断向通机、装备、农机等产业延伸，持续推动产品创新，加快推进结构调整，积极拓展海外市场，实现了产值、利润双上升，提质增效初见成效。2018年年末，全市有摩托车整车企业36家，规模以上零部件企业450余家，已形成了年产1000万辆整车和2000万台发动机的综合生产能力，具备发动机、离合器、车架、减震器、转向、轮毂、轮胎、仪表等各大总成完备的配套能力。

全市摩托车产量389.1万辆，同比增长5.5%，全国占比25%；实现产值846.46亿元，与2017年基本持平，占全市工业的比重为4.2%；实现主营业务收入791.7亿元，同比下降0.7%，占全市工业的比重为4.0%；实现利润总额57.3亿元，同比增长6.5%，占全市工业的比重为4.7%；实现利税总额87.8亿元，同比增长4.0%，占全市工业的比重为4.3%。

## （六）装备产业

重庆市装备工业继续保持增长，但增幅有所回落。2018年1080家规模企业工业增加值增长4.8%，比全市规模以上工业平均增幅（0.5%）高4.3个百分点，完成工业总产值1827亿元，同比增长5%，比全市规模以上工业平均增幅（2.9%）高2.1个百分点，但增幅同比下降7.3个百分点；实现销售产值1793亿元，增长5%，增幅同比下降7.4个百分点。

实现出口104亿元，增长15.9%，增幅同比提高6.1个百分点，其中通用设备制造业出口52.9亿元，同比增长23.2%；电气机械和器材制造业出口22.9亿元，同比增长18.9%。

实现利润147亿元，同比增长2.3%，其中专用设备制造业33亿元，同比增利3.7亿元，增幅12.7%；通用设备制造业61亿元，同比增利4.4亿元，增幅7.6%，是利润增加最大的两个子行业。电气机械和器材制造业实现利润13亿元，同比减利7.9亿元，降幅38.1%，是利润下降最大的子行业。

## （七）化工产业

重庆市规模以上化学工业企业301家，其中：基础化学原料制造业71家、化学肥料制造业31家、化学农药制造业9家、涂料颜料染料制造业37家、合成材料制造业25家、专用化学用品制造业55家、炸药火工及焰火产品制造业4家、橡胶制品业38家、其他31家。产品涉及化学矿山、化学肥料、化学农药、基础化学原料、涂料、颜料、染料、化学试剂、催化剂及助剂、黏合剂、炸药及火工产品、信息化学品、塑料、合成橡胶、合成纤维、橡胶制品、化工设备制造17个大类，资产总额1399.3亿元，从业人员6.1万。

2018年，全市规模以上化工企业完成工业总产值1095.9亿元，同比增长7.9%；完成销售产值1053.1亿元，同比增长5.4%；完成出口交货值50.6亿元，同比增长19.9%；产销率为96.1%，同比减少2.3个百分点；实现主营业务收入1020.6亿元，同比增长5.7%；实现利税总额161.3亿元，同比增长26.9%，其中利润总额114.9亿元，同比增长38%。

2018年，全市规模以上化工企业实现主营业务收入1020.6亿元，同比增长5.7%。按行业类别分：基础化学原料制造业391.5亿元，增长8.1%，占化工行业的38.4%；化学肥料制造业100.4亿元，下降0.1%，占化工行业的9.8%；化学农药制造业23.5亿元，增长12.3%，占化工行业的2.3%；涂料油墨颜料制造业71.7亿元，下降9.6%，占化工行业的7%；合成材料制造业63.3亿元，增长13.9%，占化工行业的6.2%；专用化学产品制造业71.4亿元，增长2.7%，占化工行业的7%；炸药火工及焰火产品制造业12.8亿元，增长5.6%，占化工行业的1.3%；橡胶制品业101.2亿元，下降10.1%，占化工行业的9.9%；其他制造业184.8亿元，增长20.9%，占化工行业的18.1%。

## （八）医药产业

重庆市医药工业围绕“坚持创新驱动发展战略，加强政策指导，推动供给侧结构性改革，抓好平台建设和大品种培育”，坚持创新驱动，加快培育新兴产业，推动医药工业取得良好发展态势。

全市生物医药规模以上企业共实现工业产值615.07亿元，同比增长11.9%；实现医药工业投资73.1亿元，同比增长18.8%。重庆现有规模以上医药企业176家，其中年产值亿元以上企业有97家，10亿元级企业12家，50亿元级企业1家；有11家沪深交易所上市医药企业。

## （九）材料产业

重庆材料工业主要包括冶金和建材产业，是重庆市传统优势产业和培育发展的支柱产业之一。重庆市材料工业共有规模以上企业1076家；实现总产值2663.6亿元，同比增长20.2%，增加值同比增长11%；利润总额219.6亿元，同比增长78.1%。

**1. 冶金工业。**规模以上企业237家，资产总计930亿元，从业人员4.9万；实现产值1271.5亿元，同比增长25.3%，占材料工业比重47.7%；利润总额54.7亿元，同比增长178.2%；应缴增值税、营业税及附加37.9亿元，同比增长23.9%；营业收入1238.3亿元，同比增长19.8%；出口交货值20.6亿元，同比减少3%。

按子行业类别分。钢铁行业实现产值472.46亿元，同比增长43.8%，占材料工业比重17.7%；利润总额29.93亿元，同比增长566.1%。有色金属加工业实现产值518.9亿元，同比增长11.6%，占材料工业比重19.5%；利润总额9.77亿元，同比增长17.0%。有色金属冶炼业实现产值170.4亿元，同比增长1.6 %，占材料工业比重6.4%；利润总额4.31亿元，同比减少23.7 %。铁合金行业实现产值103.5亿元，同比增长 92.5 %，占材料工业比重 3.9%；利润总额 10.21 亿元，同比增长 774.9%。

**2. 建材工业。**规模以上企业 839 家，资产总计 1258.5 亿元，从业人员 11.5 万；实现产值 1392.1 亿元，同比增长 16%，占材料工业比重 52.3%；利润总额 164.9 亿元，同比增长 59.1%；应交增值税、营业税及附加 69.8 亿元，同比增长 23.4%；营业收入 1348.8 亿元，同比增长 15.7%；出口交货值 13.4 亿元，同比减少 14%。

按子行业类别分。水泥及制品行业实现产值 677 亿元，同比增长 31.3%，占材料工业比重 25.4%；利润总额 100 亿元，同比增长 129.6%。陶瓷行业实现产值 77.6 亿元，同比增长 11.2%，占材料工业比重 2.9%；利润总额 0.39 亿元，同比减少 39.4%。玻璃纤维及复合材料行业实现产值 58.7 亿元，同比增长 17.7%，占材料工业比重 2.2%；利润总额 0.8 亿元，同比减少 9.7%。非金属矿采选业实现产值 101.5 亿元，同比减少 20.6%，占材料工业比重 3.8%；利润总额 10.62 亿元，同比减少 17.2%。砖瓦、石材等建材制造业实现产值 199.1 亿元，同比增长 6.8%，占材料工业比重 7.5%；利润总额 18.7 亿元，同比增长 6.3%。玻璃行业实现产值 70.7 亿元，同比增长 0.5%，占材料工业比重 2.7%；利润总额 9.6 亿元，同比减少 11.6%。

**3. 新材料产业（含化工、电子新材料）。**实现产值 546.2 亿元，同比增长约 23%。其中，先进基础材料产业 316.1 亿元，同比增长 33%；关键战略材料产业实现产值 45.1 亿元，同比增长 26.2%；前沿新材料产业实现产值 1 亿元，同比增长 42%；化工新材料完成产值 180.3 亿元，同比增长 8%。

### （十）消费品产业

**1. 纺织产业受宏观经济形势影响持续走低。**受统计口径调整及网上营销渠道冲击等综合因素影响，重庆市规模以上纺织服装企业 224 家（纺织 77 家，服装 75 家，制鞋业 72 家），完成工业总产值 314.98 亿元（纺织 63.9 亿元，服装 69.85 亿元，制鞋 181.22 亿元），同比下降 7.9%；实现出口交货值 26.74 亿元，同比下降 25.4%。从行业效益看，实现主营业务收入 306.23 亿元，同比下降 6%；实现利润 29 亿元，同比下降 2.7%。

**2. 轻工产业经济运行稳中有进。**规模以上企业 742 家，实现工业总产值 1301.81 亿元，同比增长 3.6%；出口交货值 41.69 亿元，同比增长 3.0%；实现利税总额 100.62 亿元，同比下降 1.8%。重点子行业情况如下：

造纸及纸制品行业：规模以上企业 112 家，主营业务收入共计 316.17 亿元，同比增长 17%；利税总额 23.64 亿元，同比下降 16.3%。

塑料制品业：规模以上企业 256 家，主营业务收入共计 318.55 亿元，同比下降 0.3%；利税总额 35.75 亿元，同比下降 1.8%。

家居行业：规模以上企业 85 家，主营业务收入共计 84.66 亿元，同比增长 2.9%；利税总额 12.14 亿元，同比增长 21.7%。

印刷和记录媒介复制业：规模以上企业 109 家，主营业务收入共计 129.22 亿元，同比增长 4.3%；利税总额 15.43 亿元，同比下降 0.8%。

文工体用品制造业：规模以上企业 42 家，主营业务收入共计 93.24 亿元，同比下降 0.5%；利税总额 11.6 亿元，同比增长 13.9%。

照明器具及燃气具制造业：规模以上企业 26 家，主营业务收入共计 49.3 亿元，同比下降 16.3%；利税总额 8.8 亿元，同比下降 21.8%。

**3. 食品产业保持平稳发展。**全市规模以上食品工业企业 783 家，工业总产值规模占全市规模以上工业的 7%，产值同比增长 1.1%。其中，农副食品加工业下降 1.3%；食品制造业下降 0.7%；酒、饮料和精制茶制造业增长 7%；烟草制造业增长 11.5%。板块出现一定分化。产值规模比重超过 50% 的农副食品加工业全年产值增速处于负增长，但降幅逐月收窄；食品制造业出现小幅波动，累计产值增速由年初的正增长到年末的 -0.7%；酒、饮料和精制茶制造业全年保持正增长，增速逐月提高；烟草制造业大幅提升，由年初产值增速两位数下降到全年实现两位数增长。

效益利润保持稳定。全市规模以上食品工业实现主营业务收入同比增长 2%，利润增长 2.7%，主营业务利润率 7.2%，高于全国行业 0.2 个百分点。农副食品加工业，食品制造业，酒、饮料和精制茶制造业，烟草制造业全年增加值增速分别为 -0.7%、1.7%、5.7%、11.1%，总体平稳；其中农副食品加工业、食品制造业增加值增速低于全国同行业 6.6、5.0 个百分点。

百亿级子行业发展总体平稳。饲料、卷烟加工产值规模保持两位数增长，分别为 11.2%、11.5%，其他农副食品加工业保持正增长。其他重点行业中，调味品和发酵制品、酒、饮料产值保持个位数增长，精制茶加工产值增长 0.9%。

## 重点工作和成就

紧紧围绕习近平总书记对重庆提出的“两点”定位、“两地”“两高”目标和营造良好政治生态、做到“四个扎实”的重要指示要求，坚持“工业立市、工业兴市、工业强市”发展战略，以高质量发展为核心，以供给侧结构性改革为主线，以大数据智能化为创新发展路径，全面推动数字产业化和产业数字化，打造产业发展新优势。

### （一）稳步提高产业发展质量

**1. 进一步完善重点产业政策。**先后出台集成电路、新能源汽车和智能网联汽车、“互联网+先进制造业”等扶持政策，医药产业发展政策即将出台，通过产业政策的引领带动，相关产业呈现良好发展态势。

**2. 加快发展新兴产业。**工业发展新动能蓄积发力，生物医药、高端装备、新材料等产业发展进入快车道，战略性新兴产业、高技术产业增加值分别增长 13.1% 和 13.7%，新产品、新技术、新业态、新模式持续创新发展。

**3. 深入推进供给侧结构性改革。**去产能成效明显，淘汰 191 家企业烧结砖瓦落后产能；化解 5 万载重吨船舶、245 万吨水泥、87 万吨煤炭过剩产能；处置“僵尸企业”48 家。

**4. 加速推进产业生态化。**宗申动力等 6 家企业入选国家绿色制造系统集成项目，制造技术绿色化率和制造过程绿色化率提高 20% 以上，资源环境影响度下降 15% 以上。工业园区特色化、集约化趋势明显，新增 7 个市级特色产业建设基地、2 个市级特色产业示范基地和 1 个国家级新型工业化产业示范基地，园区规模以上工业产值约占全市的 83%。

### （二）持续增强企业创新能力

2018 年建立研发准备金制度企业 1294 家，增长 63%，规模以上工业企业研发投入 320 亿元，增长 13.9%，研发投入强度达到 1.4%，提高 0.05 个百分点。加强研发机构建设，新培育各类企业研发机构 158 家；全市有研发机构企业 1300 余家，增长 24%；有研发活动企业 2300 余家，增长 20%。深入推进制造业创新中心建设，智能网联汽车市级制造业创新中心正式成立，工业大数据、先进功能纤维等市级制造业创新中心建设有序推进，制造业创新生态体系不断健全。

### （三）全力抓好重点项目建设

全力推进招商引资，整合全市优势资源，完善招商引资机制，新签约亿元以上重点工业项目 1119 个；其中，10 亿元以上项目 237 个，50 亿元以上项目 42 个。全力推进重点项目建设，推动京东方第 6 代柔性面板线、SK 海力士二期等 54 个亿元以上项目实现开工，福特高级乘用车、OPPO 智能生态科技园等一批重点项目序时推进。完成技改项目 1200 余个，技改投资 990 亿元，增长 20.7%，占工业投资比重 39.7%。全力抓好项目投达产管理，推动 118 个亿元以上项目实现投达产，实现新增产值 1100 亿元，对全市工业产值增长贡献率超过 100%。

### （四）全面激发中小企业活力

强化市场主体培育，实施“专精特新”中

小企业培育工程，全年新设立中小企业13万家、“专精特新”企业259家、“小巨人”企业30家、“隐形冠军”企业10家，创建国家级小型微型企业创业创新示范基地11个，建成国家级中小企业公共服务示范平台10个。帮助企业多渠道开拓市场，打造9个产业互联网平台，帮助22万余家中小企业开展网络营销，实现线上交易额333亿元。持续开展重庆企业家培育提升计划，培训企业副总以上人才2050人。

## （五）切实抓好生产要素保障

统筹抓好全市电力、电煤、天然气等要素供应，确保企业正常生产经营。全市用电保障有力，全社会用电1114.5亿千瓦时，增长12.3%，统调电网最高负荷达2048万千瓦，创历史新高。其中，工业用电653.7亿千瓦时，增长10.4%。主力电厂累计购进电煤1884万吨，增长25.6%；耗煤1815万吨，增长26.9%。全市天然气用量99.5亿立方米，增长4.5%；其中工业用气71.5亿立方米，增长5.6%。全市完成货运总量12.8亿吨，增长11.2%。规模以上工业企业平均用工人数为154.8万。

## （六）着力提升服务水平

大力推进审批制度改革，一般工业项目拿地至开工审批时间由50天压缩至15个工作日。全面放开大用户直供电交易门槛，累计降低企业用电成本16.7亿元。在全国创新开展中小企业商业价值信用贷款改革试点工作，积极降低企业生产经营成本。全面放开大用户直供电交易门槛，降低用电成本16.7亿元。持续优化转贷应急和小微企业票据贴现机制，降低企业融资成本8.9亿元。

# 2018 年四川省工业经济运行概况

2018 年，四川省主要目标任务已较好实现，全省工业经济运行总体平稳、稳中有进，正朝着高质量发展加速迈进。

2018 年，四川省规模以上工业增加值 12190.5 亿元，同比增长 8.1%，规模以上工业增加值增速 8.3%。全省规模以上工业利润 2717.9 亿元，同比增长 22.1%。工业投资同比增长 8.1%，技改投资同比增长 10.2%。工业用电量累计 1527.4 亿千瓦时，同比增长 11.2%。

## 工业运行主要特点

### （一）工业经济规模跨上新台阶，总量突破 1.2 万亿元

2018 年，全省全部工业增加值总量达到 12190.5 亿元（见图 1），这是四川省工业增加值总量在 2015 年突破 1.1 万亿元后再次跨上新的发展台阶。规模以上工业企业主营业务收入达到 40646.7 亿元，工业企业资产合计达 44075.9 亿元。

### （二）工业运行连续 8 个季度保持 8% 以上的中高速增长，在全国十个经济大省列第 2 位

工业增长速度快于预期。全省规模以上工业增加值累计同比增长 8.3%（见图 2），比年度预期目标高 0.3 个百分点。在 2015 年、2016 年年均增长 7.9%，2017 年增长 8% 以上的基础上，连续 8 个季度实现 8% 以上的中高速增长。在全国经济总量前十个经济大省中，2018 年四川省规模以上工业增速列第 2 位，连续三年保持前三位的领先势头。实物量指标支撑有力。全省工业用电量累计达到 1527.4 亿千瓦时，同比增长 11.2%，

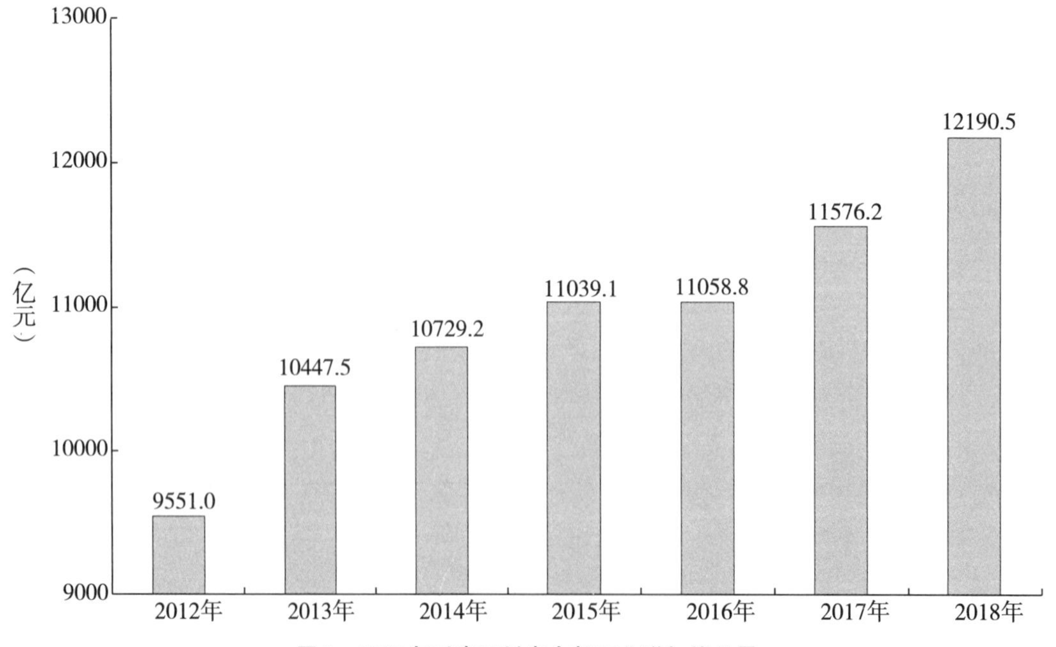


图 1　2012 年以来四川省全部工业增加值总量

是2012年以来的最高增幅；月度平均用电达到127.3亿千瓦时，比2017年同期增加了12.5亿千瓦时。

### （三）工业企业效益改善明显，在全国十个经济大省列第2位

**工业利润保持较快增长。**2018年全省规模以上工业企业实现利润2717.9亿元，同比增长22.1%，位列十大经济省第2位。规模以上工业利润增速在2017年由负转正后，连续23个月保持20%左右的较快增长。**营业收入保持稳定增势。**全年主营业务收入40646.7亿元，同比增长13.8%，保持了在2016年、2017年分别增长8%、14%基础上的较快增速。**运行效率继续提高。**全年规模以上工业企业主营业务收入利润率6.69%，同比提高0.46个百分点；工业产销率达到98.1%，创2013年以来年度新高。产成品存货周转天数同比减少0.6天；企业资产负债率下降1.1个百分点。

### （四）产业结构加快向中高端迈进，供给侧结构性改革取得新成效

**先进制造业占比持续提高。**41个工业大类行业中全省有36个行业实现增长，行业增长面为87.8%，同比提高4.9个百分点。计算机、汽车、装备、医药等先进制造业增加值占比达到32.4%，比2017年提高1.1个百分点，比2016年提高3.2个百分点。

**新动能加速成长壮大。**战略性新兴产业增加值累计增长17.9%，比规模以上工业增加值增速高一倍以上。高附加值、高技术产品产量快速增长，太阳能电池产量增长110.3%，锂离子电池增长56.9%，智能手机增长41.7%，城市轨道车辆增长33.1%。

**"两化"深度融合发展加快。**实施数字经济与实体经济深度融合，"万家企业上云"突破3000户，5个项目入选国家新型信息消费试点示范项目，省级以上贯标试点企业240家。省级以上工业设计中心达43家，省级以上服务型制造示范企业（项目、平台）82个，全省开展服务型制造的企业比重达30%左右。

**绿色发展迈出新步伐。**扎实开展中央环保督察反馈意见整改，完成2.6万余家"散乱污"企业整治，推进35家危化品企业搬迁改造，全年单位工业增加值能耗下降5%以上。

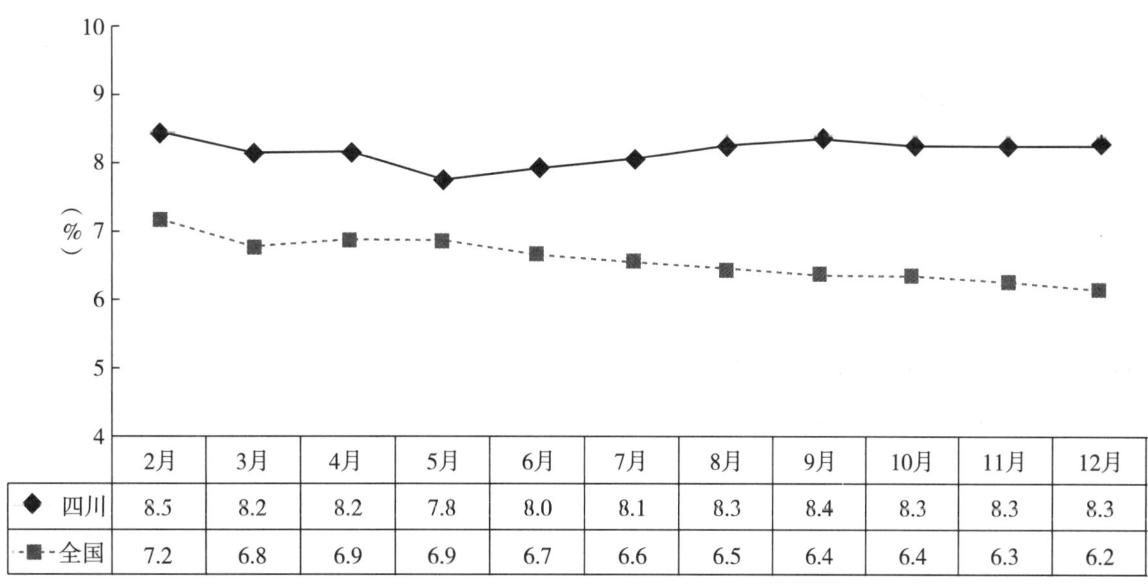


| | 2月 | 3月 | 4月 | 5月 | 6月 | 7月 | 8月 | 9月 | 10月 | 11月 | 12月 |
|---|---|---|---|---|---|---|---|---|---|---|---|
| ◆ 四川 | 8.5 | 8.2 | 8.2 | 7.8 | 8.0 | 8.1 | 8.3 | 8.4 | 8.3 | 8.3 | 8.3 |
| -■- 全国 | 7.2 | 6.8 | 6.9 | 6.9 | 6.7 | 6.6 | 6.5 | 6.4 | 6.4 | 6.3 | 6.2 |

**图2　2018年全国和四川省规模以上工业增加值增速**

### （五）技术改造投资连续三年保持10%以上的较快增长

**投资增长快于全国。**全省完成工业投资7179亿元，同比增长8.1%，增速比全国（6.4%）高1.7个百分点；完成技术改造投资5604亿元，同比增长10.2%，连续三年保持10%以上的较快增长。

**重点项目进展超预期。**56个重大产业项目、138个省政府重点工业项目、500个重点工业及技术改造项目均超额完成全年计划投资目标任务，累计投资额分别达到年度计划的126.1%、103.3%和103.9%。

**投资结构不断优化。**全省制造业高技术产业投资同比增长12%。电子信息、装备制造投资分别同比增长9.6%、21.4%，高耗能产业投资同比下降14.6%。

### （六）区域发展格局持续优化，工业发展动力活力不断增强

**"干优支强"格局加快构建。**2018年18个市（州）规模以上工业增加值增速在8%以上，成都市累计增速达到8.5%；宜宾、南充、遂宁、德阳、绵阳、泸州等13个市（州）累计增速在10%以上。**产业园区加快发展。**全省产业园区营业收入突破3.7万亿元，产业在园区的集中度达71.5%。2018年新获批国家新型工业化产业示范基地4家，累计达20家（中西部第1位）。**企业主体不断强化。**全省营业收入超百亿元大企业、大集团达66家，"专精特新"中小企业达1549家，高新技术企业达4000家，省级以上企业技术中心突破1000家。**要素保障扎实有力。**出台了推进"5+1"产业金融体系建设的意见，产融合作发展开启新篇章。抓好国家新一轮降成本政策落地落实，为企业降本减负660.6亿元。市场交易电量1106亿千瓦时，占主网电量56.7%。

## 现代产业体系发展情况

2018年，四川省扎实推动先进制造强省建设，制定了《加快构建"5+1"现代产业体系推动工业高质量发展的意见》以及与之配套的优化区域产业布局、建立产业金融体系、培育创新主体等文件。落实省领导联系指导重点产业工作推进机制，成立16个重点领域培育工作专班，推动产业结构实现优化跃升。2018年五大支柱产业营业收入同比增长13.7%，总量占全省工业81.7%。

### （一）电子信息产业

聚焦集成电路与新型显示、新一代网络技术、软件与信息服务、大数据等细分领域，着力构建"大"字型"一核一带两走廊"产业空间发展格局，京东方成都6代线项目实现量产；绵阳京东方6代生产线、中国电子集团成都芯谷等项目加快建设。中国移动（成都）产业技术研究院、中国联通5G（成都）创新中心等一批产业服务平台落地四川。入选工信部国家新型信息消费、智慧健康养老应用、工业互联网等领域国家级试点示范项目60项，居全国前列。成都成为首批5G试点城市。全年电子信息产业实现主营业务收入9185亿元，同比增长20.7%。

### （二）装备制造产业

推动重点产业集群发展，引进培育高端装备制造配套企业100余家。推进611所无人机研发平台、京信通信集团泛轨道交通总部、哈工大机器人科技产业园等项目加快建设。支持装备制造业产业集群技术创新中心、先进轨道交通装备创新中心等一批产学研用投协同创新团体加速创新成果产业化。培育壮大天马轴承、成焊宝玛、巴莫科技等一批优质民营企业。全年装备制造产业实现主营业务收入7944亿元，同比增长10.5%。其中，汽车制造主营业务收入2857.4亿元，同比增长4.9%，汽车整车产量达137.8万辆；新能源汽车推广6.5万辆，同比增长35%。

### （三）食品饮料产业

聚焦农产品精深加工、优质白酒、精制茶和

医药健康重点领域，推动提质创新发展。制定农产品加工园区发展意见，引导企业向园区集聚，巩固提升白酒、粮油加工、肉制品加工等主导优势产业，大力发展精制茶、川调味品、林竹产品和包装饮用水等特色优势产业。支持雪宝乳业高品质液态奶智能制造、千禾味业食醋车间等117个重点项目建设。推进一批农业精深加工共性关键技术攻关，转化示范新产品、新技术、新工艺50项以上。推动白酒资源加快向名酒企业集中，打造成都、德阳、泸州、宜宾四大主产区。全年食品饮料产业主营业务收入8217亿元，同比增长13.7%。

### （四）先进材料产业

推动钢铁行业转型升级，出台推进钢铁行业调整升级规范发展实施意见。推进重点项目建设，推动四川永祥新能源总投资32亿元高纯晶硅项目等30余个重点项目建成投产。支持攀枝花钒钛高新技术产业园区等建成特色新材料产业园区。成都产品质量检验研究院有限责任公司获批创建国家新材料测试评价平台区域中心。大力培育龙头企业，全省营业收入过50亿元的新材料企业达10家。全年先进材料产业主营业务收入5780亿元，同比增长16.3%。

### （五）能源化工产业

推进“三江”水电基地及龙头水库电站建设，大渡河长河坝、猴子岩等水电站建成投产，全年新增水电装机容量110万千瓦。推进泸天化集团聚碳酸酯项目、银河化学集团制备红矾钠产业化技改等一批重点项目加快建设。加强页岩气开发关键核心技术攻关，成立页岩气产业发展研究院，部分关键工艺和设备实现国产化。全年能源化工产业主营业务收入6868亿元，同比增长10.8%。

### （六）数字经济

推动大数据、超高清、5G、人工智能突破发展，成都崇州获批国家新型工业化产业示范基地（大数据），“成德绵眉泸雅”大数据产业集聚区初具规模。中国电信集团西部信息中心、中国电信集团西部云计算基地（成都）、中国移动集团成都（西部）云计算中心、中国联通集团天府信息中心国家级超大型数据中心陆续建成投产。布法罗机器人科技（成都）有限公司等的3个项目获批工信部人工智能与实体经济深度融合创新项目。全面启动IPv6改造。全省光纤宽带端口达4757.9万个，居西部第1。全年电子商务交易额突破3万亿元，列中西部第1。

## 重点工作和成就

### （一）深入开展“项目年”活动，产业发展动能不断增强

狠抓项目引进和落地建设，围绕强链、补链、延链，以“项目年”为抓手，推进“5+1”产业开放合作发展，推动华鼎国联动力电池产业化基地等474个产业项目开工建设，总投资达1706亿元。狠抓项目动态跟踪和协调服务，遴选具有重大支撑作用项目，开辟“绿色通道”统筹推进，京东方成都6代线、中电子8.6代线、中车轨道交通装备等一大批项目顺利投产。2018年，全省完成工业投资7179亿元，同比增长8.1%；完成技术改造投资5604亿元，同比增长10.2%，连续3年保持10%以上的较快增长。

### （二）推进产业布局调整，区域发展格局持续优化

落实“一干多支、五区协同”部署，大力推进“1+5”经济区产业布局，制定实施《关于优化区域产业布局的指导意见》和产业布局优化指导目录，推动区域板块产业协调发展和市（州）间产业联动协作，优化政策、资金、要素等资源配置，推动经济区实力整体跃升。2018年，成都平原经济区、川南经济区、川东北经济区等工业增速分别达9.5%、10.4%和10.5%。推进产业园区提档升级，全年新获批国家新型工

业化产业示范基地4家，累计达20家（中西部第1位）。产业园区营业收入突破3.7万亿元，产业在园区的集中度达71.5%。

### （三）强化创新驱动引领，内生发展动力持续提升

制定《汇集创新资源推动四川产业发展三年行动计划》，推动创新资源与产业无缝对接。实施制造业创新中心建设工程，新组建工业云制造、工业信息安全省级制造业创新中心。支持四川电子信息产业技术研究院、中国移动（成都）产业研究院等重大创新平台建设，获批国家级技术中心6家（累计72家），省级以上企业技术中心突破1000家。开展首台（套）首批次首版次保险补偿试点，建成中国西部首条氢燃料电池示范线和首座加氢站，第100架翼龙无人机下线交付，商业航天迈出坚实步伐。

### （四）着力激发微观主体活力，融合发展不断深入

围绕产业链构建完善，狠抓企业培育发展工作，实施促进百亿大企业大集团加快发展指导意见和三年行动计划，全省营业收入超百亿元大企业大集团达到66家。落实支持中小微企业政策措施，“专精特新”中小企业达1549家。加快建设“互联网+中小微企业创新创业公共服务平台”，新增国家级小型微型企业创业创新示范基地4家，省级小企业创业示范基地达122家。牵头制定促进民营经济健康发展“20条”，大力支持民营企业发展。开展“万家企业上云”行动，上云企业突破3000户。九洲北斗、积微物联等5个项目入围国家新型信息消费试点示范项目，入选数量位居全国前列。

### （五）推进工业绿色发展，转型步伐显著加快

深入贯彻“绿水青山就是金山银山”理念，制定中央环保督察反馈意见整改实施方案，扎实开展督查后续整改，开展淘汰燃煤小锅炉“回头看、回头查”，完成2.6万余家“散乱污”企业整治，推进城镇人口密集区35家危化品企业搬迁改造。支持钢铁、水泥等行业企业产能置换、转型升级，一批绿色制造项目加快建设，创建国家级绿色园区3家，中国西部信息中心、成都高新数据中心获批国家首批绿色数据中心示范单位。全年单位工业增加值能耗下降5%以上。

### （六）大力推动开放合作，产业发展环境不断优化

狠抓产融合作发展，实施“5+1”产业金融体系建设，推进成都、绵阳产融合作国家级试点和10个省级试点工作，开展精准高效的产融对接活动，在全国首创“支小贷”新型政银担合作模式。抓好国家新一轮降成本政策落地落实，全年为企业降本减负660.6亿元。泸州高新区等9个园区确定为泛珠三角区域九省（区）工业和信息化合作创新发展示范试点园区。首个川桂“两地双园”产业合作示范园挂牌，两省区间陆海通道产业支撑合作取得积极进展。支持工业企业“走出去”，新增境外投资备案制造业项目12个、投资4.7亿美元，境外投资工业企业230家。

### （七）扎实推进产业扶贫和定点帮扶，脱贫攻坚成效显著

制定年度工业产业扶贫实施方案，深入推动农产品加工、贫困地区产品市场开拓、扶贫示范园区培育等专项行动，跟踪推进一批产业扶贫重点技改项目，开展“7+2”扶贫行动计划，全年安排资金4.27亿元，支持工业产业项目260余个，工业企业新增解决贫困户就业人数1.2万余人。开江县、阆中市脱贫攻坚工作取得了重要成效，全年落实开江县、道孚县产业发展资金分别达到1417万元、1059万元；全面完成开江县程家沟村13户24人脱贫任务；新增帮扶点盘石村的50个贫困户全部达到脱贫退出标准，顺利脱贫退出。

## 工业形势展望

当前四川工业运行总体稳定，同时稳中有

变、稳中有忧，工业持续向好面临压力。从整体来看，当前经济发展稳的格局没有改变、进的态势持续发展、新的力量不断壮大，四川省工业经济保持平稳运行有条件、有支撑。中央切实加大“六稳”政策力度，研究出台系列减税、降费、惠企政策，一批重大项目在加快推进，以更大力度支持民营企业和中小企业发展，持续释放改革开放红利。全省上下大力推动“一干多支、五区协同”、“四向拓展、全域开放”、构建“5+1”现代产业体系等战略落地落实，把支持民营经济发展放在更加重要的位置，不断激发新动能，形成新增长点。

综合研判，2019年四川省工业经济可保持总体平稳、稳中有进的发展态势，预计全年规模以上工业增加值同比增长8%左右。五大支柱产业营业收入同比增长10%左右。

具体工作部署包括：围绕“一干多支、五区协同”“四向拓展、全域开放”等重大部署，深入推进制造强省建设，在“巩固、增强、提升、畅通”上下功夫，着力构建以五大支柱产业和数字经济为主体的“5+1”现代产业体系，推动支柱产业发展壮大、细分领域加快突破、数字经济跨越发展、产业布局持续优化，以重大工业项目和技术改造为抓手，加快打造一批万亿集群、千亿企业，促进信息化与工业化深度融合，保持工业经济持续健康发展，为全面建成小康社会提供强力支撑，以优异成绩庆祝中华人民共和国成立70周年。

### （一）加快推进“5+1”现代产业体系建设

组织实施《关于加快构建“5+1”现代产业体系推动工业高质量发展的意见》，深入落实省领导联系指导重点产业工作推进机制，统筹协调产业链招商、创新发展、要素保障等重大事项，加快电子信息、装备制造、食品饮料、先进材料、能源化工5大支柱产业发展。以战略性新兴产业和未来产业为引领，重点培育新能源汽车、信息安全、航空与燃机、新制式轨道交通、生物医药及大健康等产业，推动产业迈向产业链价值链中高端。制定实施加快推进数字经济发展的意见，加快5G网络试商用，实施IPv6网络新建和改造应用工程，推进4K、8K超高清电视产业化，打造国家级超高清内容研制及应用基地，培育产业新模式新业态，推动融合发展。

### （二）打造各具特色的区域产业版图

聚焦“一干多支”战略布局，实施《关于优化区域产业布局的指导意见》，着力推进区域产业布局优化调整，积极争取将汽车、装备、家电、纺织产业纳入长江经济带世界级产业集群。推动产业集聚集约发展，推动产业园区特色化、专业化发展，加快国别合作园区、省际合作园区以及藏区、彝区等“飞地园区”建设，开展新型工业化产业示范基地和特色产业基地（园区）建设，实施智慧园区建设试点，力争产业在园区的集中度提升到75%以上。

### （三）狠抓工业投资和重大产业化项目建设

着眼新增长点培育和产业发展能级提升，统筹推进一批支撑高质量发展重点项目加快实施。加快工业开放合作发展，推进精准招商、成链招商、集群招商，加快产业链构建完善，对接一批全球知名企业深化战略合作。实施新一轮大规模技术改造，推进产品换代、生产换线、机器换人，探索开展“零新增地”技术改造项目审批制度改革。

### （四）着力提升产业创新发展能力

实施《关于加强企业创新主体培育的指导意见》，开展重点企业研发活动全覆盖行动，加快培育一批有竞争力的创新型领军企业。推进产业创新平台建设，加快建设工业云制造、工业信息安全等一批制造业创新中心，推动产业技术研究院、产业联盟、产业创新中心等协同创新平台建设。实施“工业强基”工程，在信息技术、重大装备、新材料等领域加强产业核心关键技术攻关。推进“互联网＋四川制造”行动，做大做强工业设计产业，推动数字经济与特色产业融合发展。

### （五）深入推进供给侧结构性改革

巩固钢铁行业“去产能”和彻底取缔“地条钢”成果，统筹推进平板玻璃、水泥等行业化解过剩产能，加快重点行业重组整合和转型升级。实施绿色制造工程，持续抓好“散乱污”企业整治。制定实施降本减负工作方案，力争为企业降成本和减负担500亿元以上。落实《关于推进“5＋1”产业金融体系建设的意见》，分行业搭建产融对接平台，实施中小微企业融资能力提升工程。有序推进电力市场化交易，抓好水电消纳产业示范区试点建设。

### （六）全力以赴推动工业稳定运行

加强经济运行分析研判和分地分业分企指导，狠抓增加值占比前十大行业稳定发展。实施“百亿强企”“千亿跨越”大企业大集团提升行动，开展中小微企业梯度培育工程。深入实施支持民营经济健康发展的意见，加大民营企业、小微企业帮扶支持。扎实开展“四川制造”质量提升行动，分行业组织“四川造”工业品牌全球行活动。

# 2018 年贵州省工业经济运行概况

2018 年，贵州省工业增加值完成 4378.9 亿元，比 2017 年增长 9%。其中，规模以上工业增加值同比增长 9%，增速高于全国规模以上工业增加值增速 2.8 个百分点、高于西部地区规模以上工业增加值增速 2.1 个百分点，排名全国第 7 位，持续呈现平稳较快增长态势。工业经济占全省地区生产总值比重达到 32% 左右。

全省规模以上工业企业主营业务收入 9673.3 亿元，比 2017 年增长 6.2%，利润总额 899.1 亿元，比 2017 年增长 20.7%，增速高于全国 10.4 个百分点。全省 41 个工业大类行业中，有 38 个行业实现盈利。规模以上工业企业每百元主营业务收入中的成本比 2017 年下降 1.9 元。

制造业增加值比 2017 年增长 9.6%，高于全省工业增速 0.6 个百分点；占全省工业比重达 70.6%，较 2017 年提高 3.9 个百分点。其中，高技术制造业增加值增长 14.8%，占比达到 7.6%。

绿色经济占贵州地区生产总值比重达到 37%。资源综合利用率提高到 66%，达到全国前列水平。规模以上工业企业单位增加值能耗比 2017 年下降 6% 左右。水泥窑协同处置城镇生活垃圾 50 万吨、污泥 10 万吨。磷石膏“以渣定产”落地见效，贵州 2018 年磷石膏综合利用率达到 67%，比 2017 年提升 24 个百分点。

全省大力实施十大千亿级工业产业振兴行动，着力构建贵州现代工业体系，推进工业经济高质量发展。2018 年，全省总产值规模达到千亿级的产业共有 8 个，2 个产业产值规模接近千亿级。十大产业占全省工业总产值、增加值比重分别达到 94%、95.6%，对规模以上工业增加值贡献率达到 97.7%，拉动规模以上工业增速 8.7 个百分点。

## 工业投资和项目建设情况

2018 年，全省以“双千工程”为抓手，加大工业投资调度力度，强化重大项目支撑，加快项目技改步伐，全省企业投资和民间投资意愿逐步增强，全省工业投资效率有所提升，为全省工业经济稳步增长提供有力支撑。

全省 500 万元口径工业投资（含园区基础设施建设投资）完成 3911.79 亿元，产业投资同比增长 13.1%。从产业投资来看，2018 年全省十大产业项目共完成投资 2372.44 亿元，占产业投资的 82.67%。民族制药和特色食品保持较快速度增长，同比增长分别达 50.2% 和 37.7%，装备制造、煤炭、化工、有色金属、电力等产业均保持两位数较快增长。从各地产业投资增速来看，黔西南、安顺、铜仁和黔南 4 个地区同比增长增速超过全省平均水平，分别达到 18.0%、16.5%、14.0% 和 13.7%，毕节、贵阳等市产业投资增速总体平稳。

全省以“千企改造”增动能，强化产业政策引导，对企业实施以高端化、绿色化、集约化为重点的技术改造，促进工业全面转型升级。省人民政府印发了《关于深入推进“千企改造”工程的实施意见》，重点实施能源产业升级专项行动、装备制造提升专项行动、电子信息制造产业升级专项行动、智能制造专项行动等十大专项行动。实施省领导联系服务重点企业制度，将“千企改造”工程省级龙头和高成长性企业纳入省级联系服务企业名单。2018 年，实施“千企改造”企业1688家、项目1892个，1625家实体经济企业与大数据实现深度融合。在“千企改造”工程带动下，全省工业整体呈现出“稳中有进、转型加快、质量提升、效益显著”的良好态势。一是工业对实体经济利润增长的支撑性进一步显现。2018年，全省通过技改实现新增销售收入1978亿元、新增利润360亿元，带动全省规模以上工业企业利润增长20.7%，增速高于全国平均水平10.4个百分点。二是信息化和工业化深度融合加快推进。2018年，全省工业企业两化融合发展水平达到44.5，同比提升1.2；数字化研发设计工具普及率和关键工序数控化率分别达到48.7%和33.6%，其中关键工序数控化率比2017年提升0.6个百分点。三是新兴产业对工业增长的贡献度进一步提升。2018年，新兴产业增加值增速达到17%左右；高新技术产业产值总量突破4000亿元，保持15%以上的增长，占规模以上工业增加值比重达到7.3%。

2018年，贵州工业实现了有质量、有效益的较快增长，关键在于抓住了一批战略性、引领性的重特大项目，补齐了产业链关键环节，促进了产业集群化发展。黔希煤化工乙二醇、中石化织金聚烯烃等一批投资10亿元以上重点项目，以及铜仁移动能源产业园、长江汽车新能源汽车产业等总投资50亿元以上新开工项目建设，为工业经济的快速可持续发展提供了支撑。全省亿元以上正常推进的工业项目数量为761个，2018年计划投资1414.2亿元，已完成投资990亿元，累计完成了当年计划的70%左右。

依托大数据工业云平台，每月对500万以上重点项目实施精准调度，及时掌握项目形象进度。制定省领导联系服务重点企业制度，对调度项目推进中存在的问题强化指导帮扶。重点关注形象进度差，投资下降幅度较大的项目，全力控制下滑点，进行项目专项调度，分类施策，加快项目开工建设和投产达产。通过调度帮扶，2018年新开工亿元以上项目280个，投产210个。

加大财政专项资金对项目建设引导扶持力度，不断拓宽融资渠道，加大金融支持，积极促进贵工贷、黔园信贷通等金融产品发挥实效，真正把有限财政资金用在刀刃上。设立总规模300亿元的贵州省工业及省属国有企业绿色发展基金，通过与银行签订战略合作协议，按照投贷联动的方式，撬动银行资金支持实体经济发展，促进项目加快建设进度。2018年，下达省工业和信息化专项资金13亿元，共扶持项目733个。通过基金联合银行支持工业企业资金120亿元左右，涉及项目70个左右，有效支持工业项目建设，缓解项目融资困难。

## 科技与创新工作

2018年贵州省工业和信息化厅科技处围绕科技与创新的中心工作，以创新平台建设、项目资金扶持为抓手，深入推动全省工业企业开展技术创新、质量品牌和工业强基的工作，以科技创新引领工业发展、以科技创新引领转型升级，补齐创新能力短板，突破重点领域共性技术，提升工业产品供给质量，推动工业企业品牌建设，夯实工业基础能力，促进产业转型升级和提质增效。

贵州省工业和信息化厅深入推动全省工业企业开展技术创新工作，强化科技创新的基础支撑作用，构建“政产学研用”相结合的协同创新网络，促进工业提质增效，实现高质量发展。

### （一）加强创新体系建设

加强省级创新平台建设，持续开展省级企业技术中心、省制造业创新中心、省级技术创新示范企业（简称两中心一示范）的认定及试点遴选工作。2018年新认定省级企业技术中心11家，总量达到213家；遴选省制造业创新中心试点3家，总量达到6家；新认定省级技术创新示范企业5家，总量达到30家；经推荐申报，瓮福（集团）有限责任公司、贵州詹阳动力重工有限公司、贵州梅岭电源有限公司3家企业获工业和信息化部国家技术创新示范企业认定。2018年全省国家技术创新示范企业总量达到10家。

### （二）提升创新水平及服务能力

聚焦企业创新研发能力及服务水平，推动企业向产业链高端发展。2018 年，贵州省工业和信息化厅支持贵州振华电子信息产业技术研究有限公司、贵州詹阳动力重工有限公司、贵州航天控制技术有限公司等企业进行创新能力提升，促进产业向高端化发展，提升贵州省工业企业整体技术创新水平及公共技术服务能力。

## 民营经济发展情况

2018 年，全省民营经济发展势头强劲。一是规模总量成倍增长。2018 年，全省民营经济增加值达到 8121.4 亿元，比 2017 年增长 12.7%，是 2010 年的 5.04 倍。二是占比不断提升。2018 年全省民营经济占全省生产总值的比重为 54.9%，较 2010 年提升了 19.9 个百分点。三是市场主体不断增加。2018 年全省民营市场主体达到 260.96 万户，比 2017 年增长 7.4%，占全省市场主体总量的 97.3%，是 2010 年全省个体工商户的 4.03 倍。

2018 年，贵州省人民政府成立了贵州省促进中小企业发展工作领导小组，召开全省民营经济发展大会和民营企业座谈会，制定出台了促进民营经济发展“1+6”政策文件，开通了“服务民营企业省长直通车”，帮助解决民营企业发展中的难点问题。2018 年，收集民营企业反映的困难和问题共 168 件，并进行了办理和解决。多渠道宣传《中华人民共和国中小企业促进法》（以下简称《中小企业促进法》），举办了“6·27 中小微企业日”宣传暨贵州民营企业服务提升活动，连续举办了三期《中小企业促进法》宣贯培训班，实现了 9 个市（州）及贵安新区全覆盖；委托第三方机构开展了《中小企业促进法》宣传工作，举办了《中小企业促进法》网络有奖竞答活动。重新修订了《贵州省中小企业公共服务示范平台认定管理办法》。同时，充分发挥中国中小企业贵州网（贵州非公经济网）作用，及时宣传报道相关政策法规、工作动态、省内资讯。与《贵商》杂志开展合作，宣传优秀民营企业和民营企业家发展经验，弘扬企业家精神。委托第三方机构调查、评价、公布《2018 年贵州省民营经济发展环境指数调查报告》。

充分发挥省非公经济改革专题组办公室作用，会同专题组成员单位，按照《省委十一届四次全会重要改革举措实施规划（2014—2020 年）》的总体规划和要求，结合工作职能形成《2018 年非公经济发展改革工作实施方案》，明确 10 项重点改革任务。加强各成员单位沟通协作，提升抓改革、促发展的整体工作合力。召集成员单位召开非公经济改革工作专题会议 3 次，较好地发挥了改革工作各阶段研究改革措施、掌握改革进展、总结改革工作。按照年初制定的目标任务，专题组成员单位以出台措施、优化服务、精简环节、压缩时限等方式持续深化“放管服”改革。围绕新修订的《中小企业促进法》开展了贵州省中小企业促进工作协调机制等 3 个专题调研；推动出台《贵州省人民政府关于进一步激发民间有效投资活力促进经济持续健康发展的实施意见》（黔府发〔2018〕5 号）等政策措施；在贵安新区、贵阳国家高新技术产业开发区等 5 个产业开发区，更大范围地推进“证照分离”改革试点工作。同时，还建立省领导干部联系服务重点企业联席会议制度，省领导带头，省直部门参与，联系服务企业 213 家，协调解决各类问题 500 余件。

大力支持企业走“专精特新”发展之路，培育“专精特新”企业 1524 家，推进民营企业向“专精特新”方向发展，举办“专精特新”企业高级研修班；引导企业加快产业转型升级、技术创新、技术改造，大力推进民营企业向“专精特新”方向发展。2018 年，大力实施百亿民营企业培育工程。拟定《贵州省百亿民营企业培育工程实施方案》，营造良好发展环境，加大支持力度，全力推动民营企业健康发展、高效发展。持续推动特色食品产业发展，拟定了特色食品产业千亿级培育指导意见；大力发展天然饮用水产业，着力培育“多彩贵州水”公共品牌，广泛倡导“贵州人爱贵州水、到贵州喝贵州水”“贵州水泡天下茶”“贵州好水出深山”的理念，打造贵州第六张特色名片。将黔山秀水、北极熊等8家水企业入选“千企改造”工程名单。

2018年收集到1301家企业融资需求430亿元提供给中国银行、建设银行、邮储银行贵州省分行等金融机构，方便金融机构对接企业。为拓宽企业融资渠道与中国人民银行贵阳中心支行以及其他省级金融机构加强合作，与中国银行贵州省分行、邮储银行贵州省分行签订战略合作协议，加强对应收账款、税收信用贷款业务的引导和规范。

## 重点行业发展情况

### （一）基础能源产业

2018年，基础能源规模以上工业增加值552.7亿元，较2017年增长7.7%，占全省工业比重14.9%。产业投资增长17.9%。规模以上工业企业主营业务收入1102.6亿元，较2017年下降0.4%；利润总额57.1亿元，较2017年增长19.9%；税收103.3亿元，较2017年增长3.4%；从业人员18.5万。

产业发展势头持续向好。截至2018年年底，全省生产煤矿420处、产能15577万吨/年，备案开工煤矿82处、规模4335万吨/年。公告生产煤矿平均单井产能37万吨/年，比2017年增加3.3万吨/年。全省实施综合机械化改造煤矿31处，智能化升级53处，生产煤矿采煤机械化率达到71.7%，比2017年提高7.7个百分点，生产矿井已开展智能化改造达50%。全年原煤产量1.39亿吨，比2017年增加4.4%。省内供应电煤6300万吨，比2017年增加795万吨；年底统调电厂（含清水河）存煤703万吨，比2017年增加327万吨，最高时达719万吨，持续多年的冬季电煤紧张状况得到极大缓解。

加快培育释放优质产能。全省优质产能煤矿共有36处、产能1812万吨/年，促进提升原煤产能1347万吨/年。其中建成投产煤矿18处、产能882万吨/年、新增产能717万吨/年；建成试运转煤矿14处、产能720万吨/年、新增产能555万吨/年；核定产能煤矿4处、产能210万吨/年、核增产能75万吨/年。在国家严控煤矿新增项目情况下，争取到马依西一井（240万吨/年）项目核准；发耳二矿（240万吨/年）产能置换方案批复；戴家田煤矿（90万吨/年）实现违规清零。

落后产能实现有序退出。全年关闭煤矿93处、产能1344万吨/年，完成关闭煤矿74处、产能1038万吨。2016—2018年，累计关闭退出煤矿315处、产能4894万吨/年，实现三年攻坚、大头落实，为“十三五”期间完成退出7000万吨任务奠定基础。

煤炭资源综合利用力度加大。重点建设示范矿区、示范项目、示范工程，煤矿瓦斯抽采利用率达41%，抽采量、利用量均居全国第二位，煤矸石综合利用率达62%、煤矸石零排放技术应用实现突破，生产煤矿矿井水处理设施投运率达100%、矿井水达标排放率达100%。

### （二）清洁高效电力产业

2018年清洁高效电力产业规模以上工业增加值408亿元，较2017年增长8.6%，占全省工业比重11%。产业投资增长10.9%。规模以上工业企业主营业务收入1128.4亿元，较2017年增长11.7%；亏损34.9亿元；税收66.3亿元，较2017年增长8.4%；从业人员6.7万。

电力装机及发电量。2018年，全省新增电力装机235万千瓦。截至2018年年底，全省电力装机容量6078万千瓦，其中水电2212万千瓦，煤电3242万千瓦，风电386万千瓦，光伏发电178万千瓦，生物质发电21万千瓦，瓦斯发电39万千瓦。2018年，全省发电量为2117亿千瓦时，比2017年增长5.2%，其中：水电发电量770.14亿千瓦时，比2017年增长5%；火电发电量1262.7亿千瓦时，比2017年有所增长；风电发电量68.4亿千瓦时，比2017年增长8.5%；太阳能发电量15.7亿千瓦时。

省内用电量及外送电量。2018年，省内全社会用电量为 1482 亿千瓦时，比 2017 年增长 7.0%；外送电量累计 635 亿千瓦时，比 2017 年增长 1.3%，其中黔电送粤 357 亿千瓦时，比 2017 年增长 3.5%。

煤电机组节能减排改造。加快煤电节能改造，制定推进计划，进行任务分解，分别与相关企业签订目标责任书，对大龙电厂、黔东电厂、福泉电厂等企业进行现场调研和督促检查。2018 年，完成 516 万千瓦煤电机组的节能改造和 183 万千瓦煤电机组的超低排放改造，超额完成年度目标任务。

电力市场化发展深入推进。健全和优化电力市场化交易机制，完善落实“云贵水火置换”，推动“电—网—用”产业链利益紧密联结，促进“企业利益共同化、全省利益最大化”。2018 年完成直接交易电量 470 亿千瓦时，水电火电发电权交易电量 22.3 亿千瓦时，“云贵水火置换”交易电量 43.2 亿千瓦时。通过优化关电力交易收益分配机制，累计降低企业用电成本 30 亿元以上。

## （三）现代化工业

2018 年，全省现代化工业产业总产值 1027 亿元，占全省工业比重 7.7%；规模以上工业增加值 183.4 亿元，较 2017 年增长 0.5%，占全省工业比重 4.9%。产业投资增长 13.8%。规模以上工业企业主营业务收入 1118.2 亿元，较 2017 年下降 1.7%；利润总额 24.9 亿元，较 2017 年增长 27%；税收 13 亿元，较 2017 年下降 7%；从业人员 7.3 万。

2018 年，全省磷矿石产量 3421 万吨，比 2017 年增加 2%；合成氨产量 157 万吨，比 2017 年下降 0.3%；磷铵产量 644 万吨，比 2017 年增加 3.3%；焦炭产量 371 万吨，比 2017 年增加 18%；甲醇产量 52 万吨，比 2017 年增加 10%；橡胶轮胎外胎 571 万条，比 2017 年增加 14.7%；碳酸钡 32 万吨，比 2017 年增加 3.2%。

2018 年，除焦炭、黄磷、精甲醇产品有小幅下降外，全省主要化工产品价格上涨明显。从 2018 年市场平均价格看，磷酸一铵 2245 元/吨，比 2017 年上涨 16.1%；磷酸二铵 2638 元/吨，比 2017 年上涨 14.9%；合成氨 3381 元/吨，比 2017 年上涨 28.3%；精甲醇 3181 元/吨，比 2017 年下降 13.9%；黄磷价格 14900 元/吨，比 2017 年下降 3.4%；焦炭价格 2054 元/吨，比 2017 年下降 1.5%；二甲醚价格 4251 元/吨，比 2017 年上涨 8.1%；碳酸钡价格 2208 元/吨，比 2017 年上涨 11.1%；尿素 1861 元/吨，比 2017 年上涨 19.4%。

2018 年，贵州省化工行业同全国化工行业发展趋势保持基本一致，行业发展平稳有序，实现了恢复性增长，主要产品价格保持基本稳定，企业利润有所增加。同时，受煤炭、生产用电等要素价格的影响，企业生产成本略有上涨。与此同时，全省化工产品结构尚未从根本上发生变化，化肥等基础产品占比仍然较高，精细磷化工、磷矿伴生氟碘资源深加工等产品占比仍然较小，维持企业经营利润的因素仍不稳固，化肥产品出口日趋困难，推动全省化工产业转型升级和绿色化发展成为重中之重。

2018 年，全省化工行业投资需求明显增加，工业投资较 2017 年提高 13.8%。开磷集团年产 5 万吨磷镁高效胶凝材料项目建成投产，填补了在高效胶凝材料领域产品的空白；瓮福集团年产 100 万吨湿法净化磷酸扩能项目投产，成为企业效益增长的“稳定器”；贵州轮胎公司越南基地 120 万条全钢子午线轮胎项目顺利推进；黔希煤化工年产 30 万吨乙二醇项目于 2018 年 5 月底正式进入试生产；务川氟钡新材料产业园项目已开展园区规划等前期工作。

开磷集团成功重组兖矿集团下属开阳化工公司，集团合成氨生产能力提升至 110 万吨/年，企业肥料生产原料需求得到进一步保障；瓮福集团 2 万吨/年光伏级氢氟酸项目已开工建设；贵州天柱化工公司、贵州越都化工有限公司、贵州东方红升新能源有限公司等人口密集区危险化学品生产企业搬迁改造工作正在进行有序推进。

加强企业技术培育、产品等产业发展关键因素的指导，做好企业选择发展质量高、市场竞争力强的产品项目服务工作，完善推动行业高质量发展的人才体系、创新体系建设，并将引导行业企业向产业链下游延伸，努力延链拓幅。引导企业改造提升现有磷复肥产业，积极发展产品附加值高、市场前景好的缓控释生态复合肥、磷系阻燃剂等新产品。限制发展磷铵、黄磷、低端磷酸盐等传统化工产品。

### （四）装备制造业

2018 年，全省规模以上装备制造业完成工业总产值1092 亿元（不含电子信息，下同），实现工业增加值 251.1 亿元，同比增长 10.2%，高于全省规模以上工业增加值增速 1.2 个百分点。分行业看，电气机械和器材制造业继续保持快速增长态势，全年工业增加值增速 25.8%，成为支撑全省装备制造业发展的主要支柱。专用设备制造业逐步回稳，全年工业增加值增速 1.3%，扭转了此前负增长的势头。汽车制造业持续走低，全年工业增加值同比增长 5.2%，产量同比增长 4%。通用设备制造业下行压力加大，全年累计增速 4.4%，较 11 月下降 2.7 个百分点。其余行业中，航空航天和其他运输设备制造业同比增长 9.6%；金属制品业同比增长 3.2%，增速较低但相对平稳；仪器仪表制造业同比增长 27.1%，但由于规模相对较小，对行业发展带动作用有限（见图 1）。

省委、省政府提出实施“工业强省”战略，贵州省装备制造业迎来高速发展机遇期，2011 年规模以上工业增加值增速达到 22%，至 2014 年连续四年增速保持在 20% 左右，产业规模迅速扩大。自 2015 年以来，贵州省装备制造业增速逐步放缓，2018 年增速回落至 10.2%，预计今后一段时期将维持在 9% ~10% 的中速发展区间，行业发展更加稳健合理。2009—2018 年贵州省装备制造业增长趋势（见图 2）。

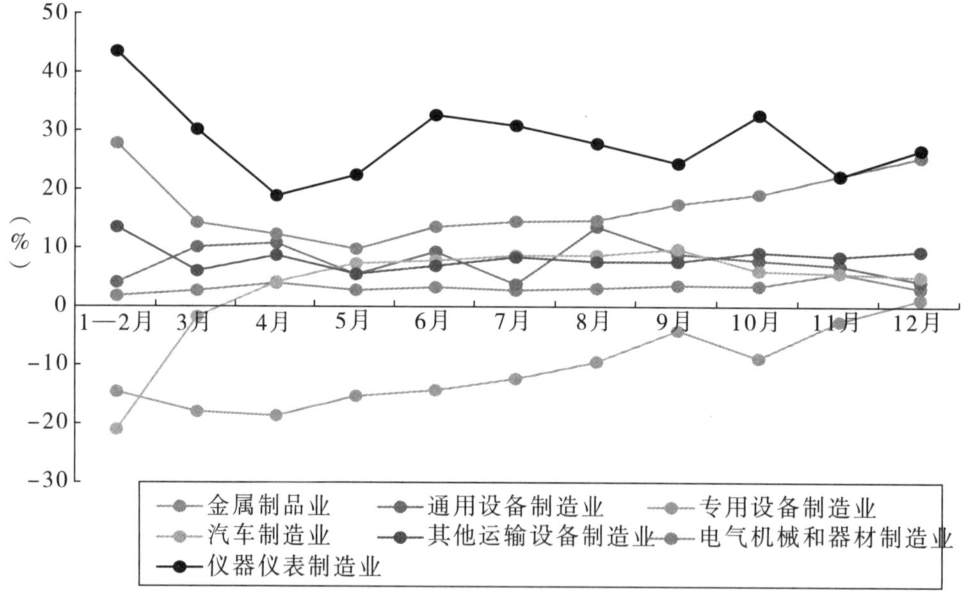


**图 1　2018 年装备制造分行业发展趋势**

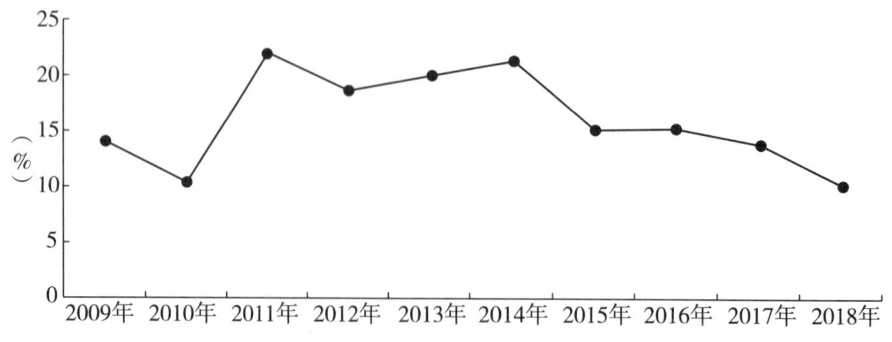


**图 2　2009—2018 年贵州省装备制造业增长趋势**

产业结构持续调整优化，但转型难度加大。在“千企改造”“千企引进”工程的有力推动下，贵州省装备制造业加快转型升级，产业结构进一步优化，形成了以电气机械和器材制造业、航空航天（其他运输设备制造业）、汽车制造业为支柱的产业体系。2018 年，这三个行业增加值占全省装备制造业增加值的比例分别为 24.6%、23%和 17.9%（见图 3），三个行业合计占比仍达到 65.5%，较 2017 年提高 2.8 个百分点，对全省装备制造业发展的带动能力进一步增强。分行业来看，电气机械和器材制造业占比上升 3 个百分点；汽车制造业因 2018 年增速较低，导致增加值占比较 2017 年下降 0.9 个百分点，航空航天和其他运输设备制造业下降 0.2 个百分点，反映了贵州省装备制造业在产业结构转型升级过程中仍然面临较大困难。

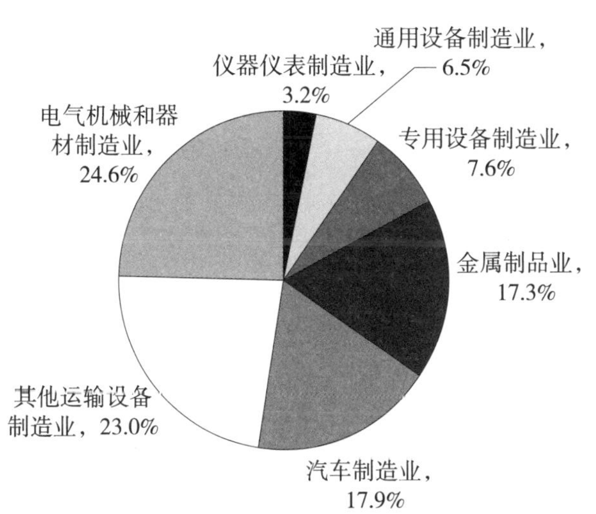


**图 3　装备制造分行业增加值占比**

投资增速保持高位，但波动较大。“十二五”以来，贵州省装备制造业进入快速发展通道，主要得益于投资规模快速扩大，近年来，装备制造业投资规模一直位居工业十大产业之首，投资增速也保持在较高水平，其中 2012 年、2014 年和 2017 年装备制造业投资增速超过 35%，投资增长对推动装备制造产业发展作出了重要贡献。但也应看到，2013 年、2015 年和 2018 年投资增速下滑到 20%及以下，波动较大（见图 4）。一方面，装备制造业作为国民经济的基础行业，除了汽车行业自己面向消费市场外，机床、工程机械、矿用机械等其他主要行业均为再投资产业，受下游行业景气度影响较大；另一方面，原有的一批重大项目投资相继建成，后续缺乏重大项目支撑，也影响了全省装备制造业投资增速。

### （五）两化融合工作

2018 年贵州省两化融合的工作成效主要包括四个方面：

一是工业主要行业融合发展形成示范。装备制造、电子信息制造、民族制药、化工、酱酒、电力、汽车、新材料、茶加工、纺织等行业，深度融合发展效果明显，一批标杆项目正在形成，有望成为行业大数据与工业深度融合发展的示范。在新材料方面，贵州振华义龙新材料有限公司，建立“基于大数据分析智能生产管理系统”，实现锂离子动力电池三元材料制造生产的全流程管控，促进效益提升。在电子信息制造方

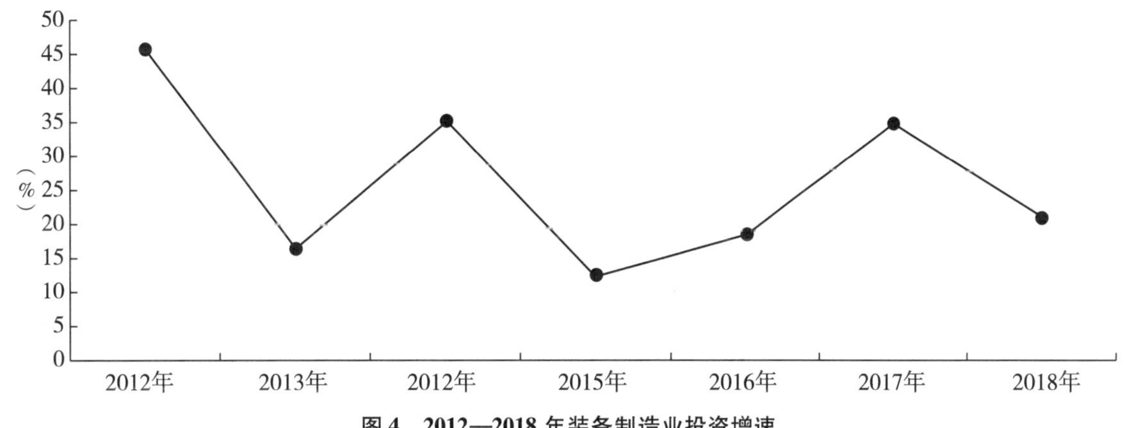


**图 4　2012—2018 年装备制造业投资增速**

面，贵州达沃斯光电通过生产管理过程中融入数字化工厂模块以及 MDC（车间的详细制造数据和过程系统）数据采集模块，结合可视化平台，提高产品流水线工作效率，优化企业管理模式。在装备制造方面，中航贵州飞机有限责任公司，通过集成控制系统对整个生产线的设备系统进行集中控制、调度及工艺程序优化，实现生产各个环节的精准控制。在磷化工方面，开磷集团互联网综合平台开发了 13 个子系统，涵盖公司客户、合同、订单、仓储、运输、金融、电商、营销、决策等生产经营环节。在汽车制造方面，贵州吉利新能源汽车采用大数据与工业深度融合设计理念，整合工业机器人、智能化设备和信息化系统，打造集数字化、网络化、智能化于一体的智慧工厂。

二是企业主要环节融合应用深入推进。在企业大数据与工业深度融合发展工业互联网的一些主要切入环节，如研发设计、生产制造、经营管理、服务化延伸等方面都有成功实践。其一，大数据与研发设计深度融合，促进了工艺参数和创新能力的提升。例如：贵州航天精工股份有限公司的开槽螺栓产线智能化改造项目，通过建设仿真设计系统，结合 ERP（企业资源计划）、MES（制造执行系统）、PLM（产品生命周期管理）、在线检测等系统，实现了开槽螺栓生产线从产品订单—研发设计—车间排产—产品检测—售后服务的全数据打通，产品的数字化仿真设计实现了设计参数与制造工艺之间的协同。其二，大数据与生产过程深度融合，促进了企业生产效率和质量水平的提升。如贵州芭田生态工程有限公司基于工业大数据的生产优化分析系统，以中央控制室为核心，建立统一数据平台，打通芭田不同厂家、架构、类型的系统，通过关键数据的处理与分析，实现对生产过程的关键要素温度、湿度、压力、流量的运行参数的优化和精准控制。其三，大数据与经营管理深度融合，促进了企业核心竞争力的提升。贵州盘江煤电集团有限责任公司建设的“盘江云”平台，涵盖了办公、财务、供应链、资产、安全、决策等业务内容，结合煤炭交易中心系统，面向煤炭上下游产业提供价格指数、供应链金融、电煤结算、煤质检测、配比配送等服务，增强了企业的核心竞争力和经营管理水平。其四，大数据与产业链深度融合，促进了现代产业体系建设。贵州金州电力有限责任公司强化新一代先进信息技术的运用与顶层规划设计，实现电网“风、光、水、火、储”多种能源互补，并着力打造区域“煤、电、网、产”联营与服务的现代产业平台，探索电力行业上线联动、协同发展新业态。

三是区域综合性工业互联网平台成果明显。一方面，积极推动贵州“工业云”公共服务平台迭代升级为工业互联网平台，目前平台已获得国家软件著作权 52 项，国家实用新型专利 3 项。2018 年年底累计完成使用平台企业 480 余家，生产设备联网接入平台 4085 台，提供工业软件及工业 App 442 款。另一方面，引导和鼓励引进的云服务企业，依托其技术优势为全省工业企业提供更加丰富的云平台服务。阿里云 ET 工业大脑围绕产品全生命周期数据治理体系为工业企业赋能，华为云 FusionPlant 工业互联网平台为工业企业提供云协同的海量数据采集和分析应用服务体系。

四是行业工业互联网平台逐步推进。开磷集团以磷化工产品的生产为中心，纵向整合上游的原料输入以及下游的市场营销及物流运输；横向将生产、财务、管理、安全环保、人事、金融服务等信息统一汇总到平台，实现各类数据的无缝对接，打造围绕磷化工全流程的产业生态环境。航天林泉电机公司依托国家精密微特电机工程中心建设，结合自身技术、设计、检测服务和各类高精设备等资源、品牌优势、智力优势，把互联网和传统电机行业上下游客户、能力、资源结合起来，搭建了微特电机行业第一家产业互联网平台。

# 2018年云南省工业经济运行概况

2018年，云南省工业经济运行保持高开稳走、稳中有进态势，工业投资增长较快，经济效益继续改善，主要指标增速位居全国前列。

## 工业运行特点

2018年，全省全部工业完成增加值4483.96亿元，占全省GDP的比重达25%，增长11.6%，比2017年提高1.3个百分点，增速高于全省GDP增速2.7个百分点，有力支持了全省经济增长。全省规模以上工业增加值同比增长11.8%，比2017年提高1.2个百分点，是2014年以来最高增速，居全国第2位，其中非烟工业同比增长16.9%，比2017年提高0.7个百分点（见图1）。

### （一）石油加工及其他燃料加工业贡献突出

2018年石油炼化项目累计加工原油1010万吨，同比增长151.3%，实现工业产值599.62亿元。石油加工及其他燃料加工业同比增长145.7%，拉动全省规模以上工业增长2.7个百分点。

### （二）烟草制品业平稳增长

贯彻落实烟草产业转型发展实施方案，通过提结构、促营销、降库存、推新品、强基础、调状态等扎实有效的措施，烟草制品业实现平稳增长，2018年省内企业生产卷烟700.3万箱，同比下降2.4%，卷烟结构提升，一类烟增长1.1%，二类烟增长127.4%，三类烟下降7.1%，五类烟下降56.7%。烟草制品业增加值增长1.3%，比2017年提高0.8个百分点，拉动规模以上工业增长0.4个百分点（见图2）。

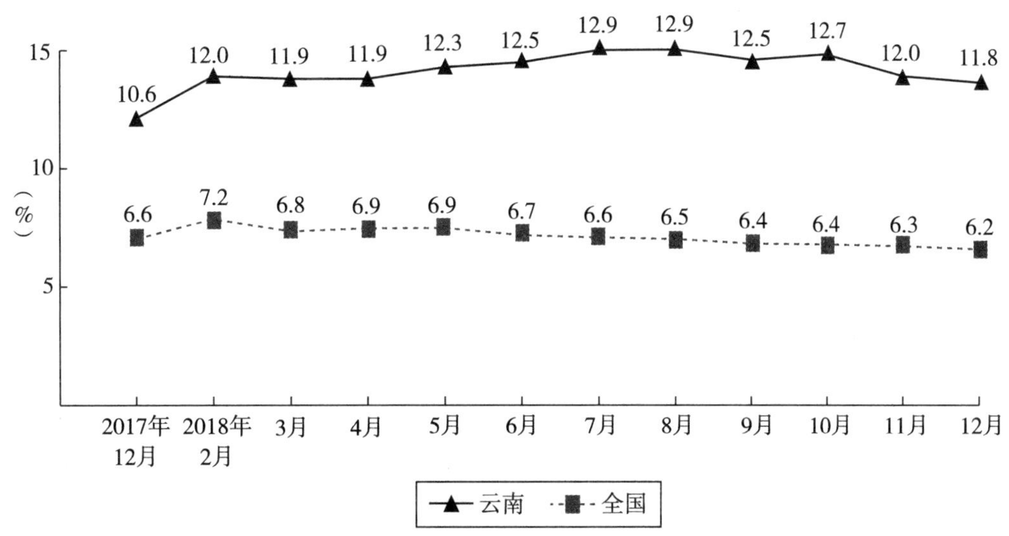


**图1　2018年云南省规模以上工业增加值累计增长情况**

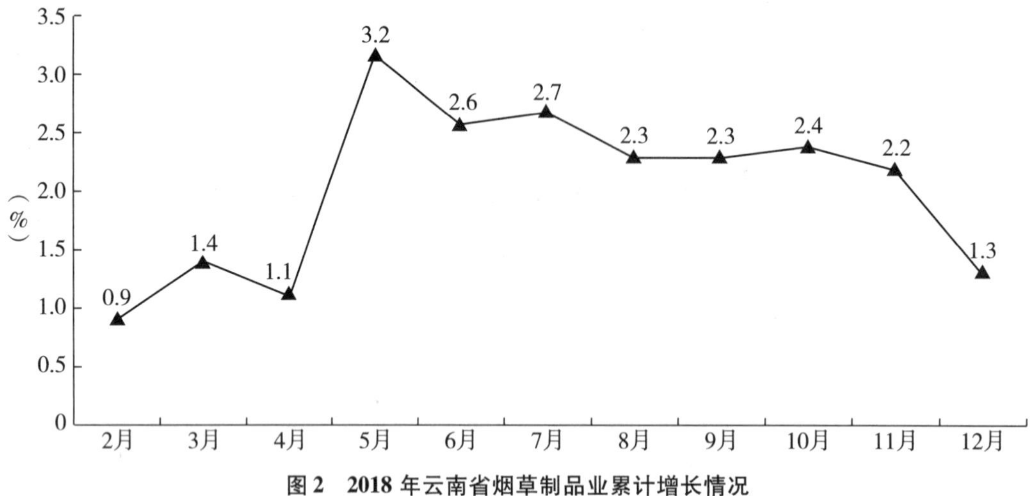

**图2　2018年云南省烟草制品业累计增长情况**

## （三）电力行业保持快速增长

在水电装机容量增加以及“云电送粤”的带动下，2018年规模以上发电量3006.7亿千瓦时，增长10.3%，外送电量1578.98亿千瓦时，增长10.1%，全社会用电量1679.08亿千瓦时，增长9.2%。其中，工业用电量1174.21亿千瓦时，增长8.2%。电力行业增加值增长18.3%，比2017年同期低1.3个百分点，拉动规模以上工业增长3.0个百分点（见图3）。

## （四）电子信息制造业高速增长

2018年，电子信息制造业增加值同比增长75.5%，拉动规模以上工业增长1.3个百分点。

## （五）有色金属行业平稳较快增长

水电硅材一体化9个项目落地开工，西安隆基等项目投产，单晶硅产量突破2万吨，达到2.57万吨。水电硅材新增产值突破50亿元，初步形成4个硅基产业园示范基地。昭通鲁甸水电铝、鹤庆水电铝项目建成投产。全年十种有色金属产量356.48万吨，同比下降4.4%。其中，精炼铜64.04万吨，下降1.6%；电解铝131.44万吨，增长1.7%；铅35.96万吨，下降13.5%；锌113.24万吨，下降9.5%；锡10.59万吨，增长2.9%。有色金属冶炼和压延加工业增加值增长12.4%，比2017年提高5.9个百分点（见图4）。

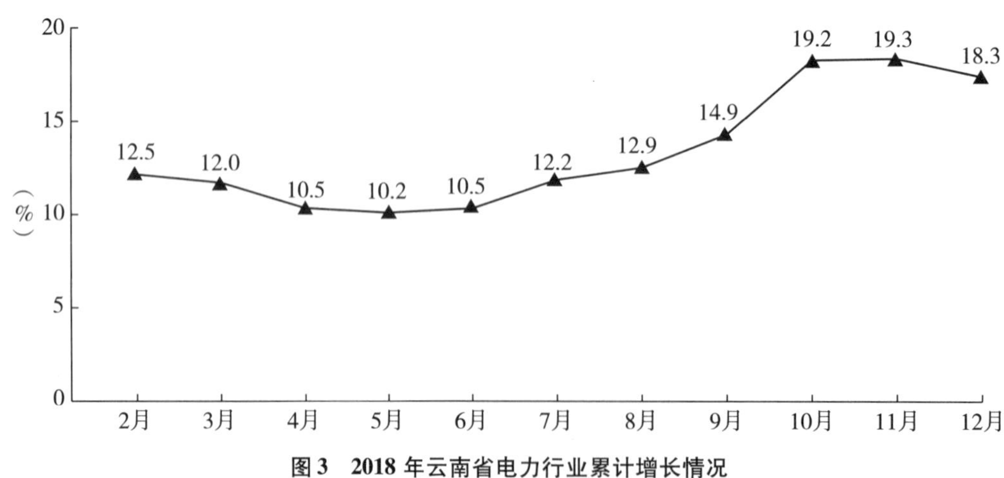

**图3　2018年云南省电力行业累计增长情况**

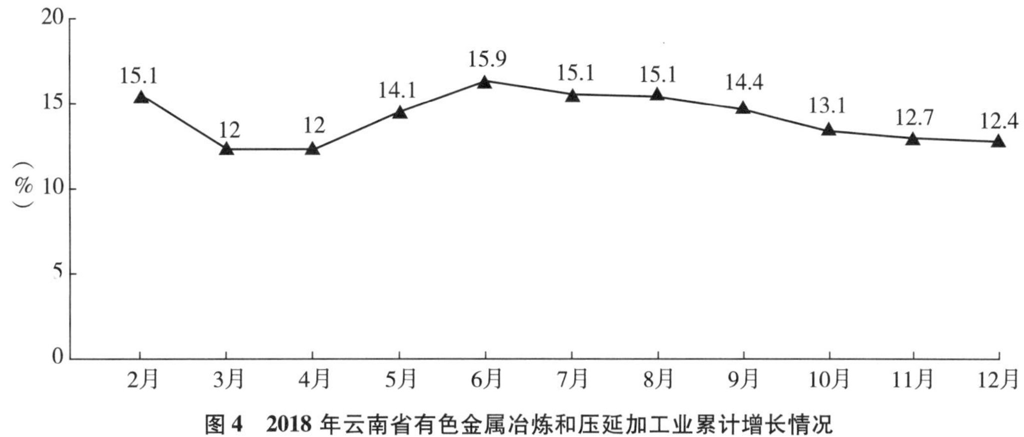


**图 4　2018 年云南省有色金属冶炼和压延加工业累计增长情况**

（六）钢铁行业增长加快

支持钢铁行业企业产能置换，淘汰炼铁落后产能 107 万吨、炼钢 350 万吨。2018 年成品钢材产量 1940.74 万吨，增长 20.7%；粗钢产量 1925.04 万吨，增长 26.9%；生铁产量 1572.36 万吨，增长 18.9%。黑色金属冶炼和压延加工业增加值增长 11.0%，比 2017 年提高 2.8 个百分点（见图 5）。

（七）煤炭行业低速增长

据行业统计，2018 年生产原煤 4246.38 万吨，增长 8.3%；生产洗精煤 1121.70 万吨，下降 5.6%。煤炭行业增加值 5.5%，低于 2017 年 2.2 个百分点。

（八）农副食品加工业和食品制造业增长放缓

2018 年生产成品糖 244.98 万吨，增长 7.9%；乳制品 67.30 万吨，增长 6.5%；饮料酒 8.84 亿升，下降 23.6%；精制茶叶 14.26 万吨，下降 10.1%；饮料 437.15 万吨，下降 22.5%。农副食品加工业增加值增长 10.1%，比 2017 年低 1.6 个百分点；食品制造业增加值增长 2.9%，比 2017 年低 7.5 个百分点；酒、饮料和精制茶制造业增加值增长 6.1%，比 2017 年低 5.3 个百分点。

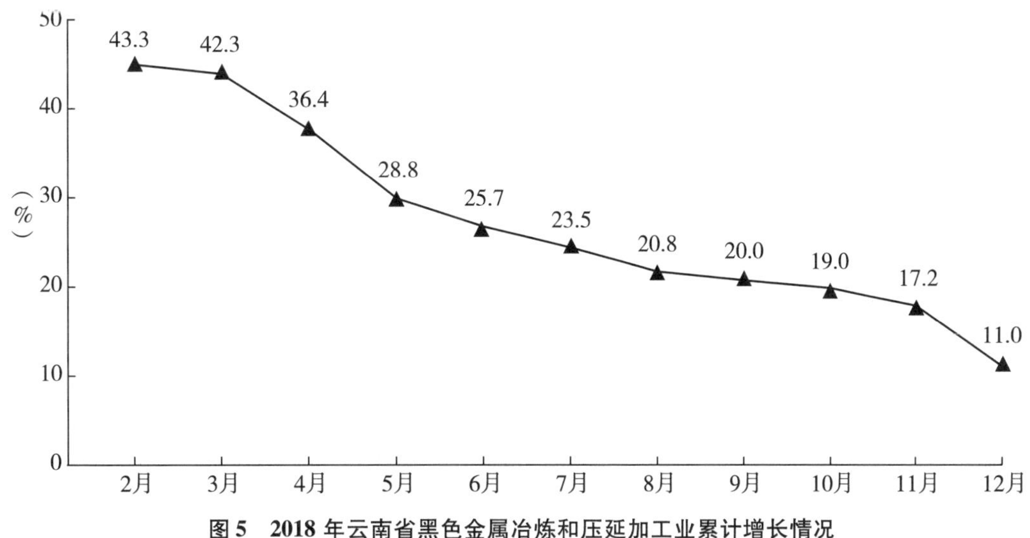


**图 5　2018 年云南省黑色金属冶炼和压延加工业累计增长情况**

### （九）非金属矿物制品业增长放缓

2018 年水泥产量 11798.42 万吨，增长 4.5%；平板玻璃产量 1024.29 万重量箱，增长 248.6%；大理石建筑板材产量 463.74 万平方米，下降54.1%。非金属矿物制品业增加值增长 6.8%，比 2017 年低 8.4 个百分点。

### （十）医药行业低位运行

2018 年化学药品原药产量 5895.29 吨，增长 46.8%；中成药产量 54551.73 吨，下降 10.8%。医药制造业增加值增长 5.6%，比 2017 年低 7.9 个百分点。

### （十一）化工行业增长加快

2018 年化学肥料产量 276.29 万吨，增长 1.6%；合成氨产量 210.03 万吨，下降 3.6%。化工行业增加值增长 8.0%，比 2017 年提高 4.4 个百分点（见图6）。

### （十二）汽车制造业低速增长

2018 年汽车产量 177694 辆，增长 10.9%；低速载货汽车 90193 辆，增长 11.8%；发动机 3215.98 万千瓦，下降 3.2%。汽车制造业增加值同比增长 4.8%。

## 工业效益情况

2018 年，全省规模以上工业企业主营业务收入、税金增长较快，盈利能力不断提升，工业效益明显改善。

### （一）收入增长较快

2018 年，全省规模以上工业企业实现主营业务收入 13227.39 亿元，增长 14.6%，增幅排全国第 4 位。收入增长较快的行业有：石油加工及其他燃料加工业（增长 117.9%），黑色金属冶炼和压延加工业（增长 31.9%），非金属矿物制品业（增长 19.3%），有色金属矿采选业（增长 15.5%），铁路、船舶、航空航天和其他运输制造业（增长 13.4%）。

### （二）企业利润增长较快

2018 年，全省规模以上企业累计实现利润 925.21 亿元，增长 21.1%，增幅排全国第 8 位。在全省 38 个工业大类行业中，25 个行业利润总额同比增长，1 个行业扭亏。每百元主营业务利润为 6.99 元，比 2017 年提高 0.59 元。

### （三）税金保持较快增长

2018 年，全省规模以上工业实现税金总额 1502.86 亿元，增长 14.7%，比 2017 年提高 3 个百分点。

### （四）亏损面有所扩大

2018 年，全省规模以上企业亏损面 19.48%，比 2017 年提高 0.26 个百分点；亏损企业亏损总额增长 2.4%。

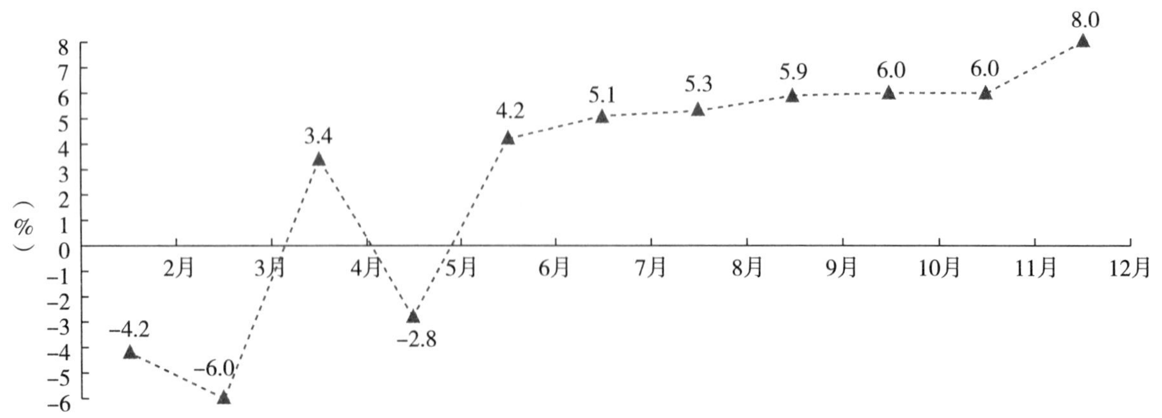


**图 6　2018 年云南省化学原料和化学制品制造业累计增长情况**

## 主要工作措施

### （一）抓运行、稳增长

把稳增长作为首要任务，贯彻落实稳增长政策措施，强化工业经济运行管理，提升工业经济发展的质量和效益。一是完善经济运行监测协调制度。建立健全监测预警、研判协调、项目会办、指标通报、督查考核制度，“月度监测、季度分析、协调解难”形成常态化机制，主要指标在合理区间运行，总体稳定增长。二是加强政策激励引导。密切关注国家产业政策动向，跟进出台促进民营企业发展、工业互联网行动计划、新能源汽车推广等产业政策措施，释放政策红利，稳定市场预期。三是强化生产要素保障。生产原煤4535万吨、供应工业用天然气11.2亿立方米、发电3006.7亿千瓦时，市场化交易电量再创新高。铁路完成货物发送5872万吨，保山、临沧、普洱、西双版纳公铁联运无轨站运营，昆明—钦州集装箱货运班列实现双向运行。

### （二）抓转型、优存量

加快传统产业转型升级步伐，实施技术改造、产品升级、链条延伸、模式转换，推动传统产业迈向中高端。一是加大企业技改力度。制定重大技改项目评估考核办法，公布重点技改项目名录，分行业、分批次、分类别实施新一轮技术改造1000项，新增省级技术中心40家、国家级1家，北航云南创新研究院、云南省硅产业研究院成立。二是加快传统产业转型。落实烟草产业转型升级实施方案，优化产销结构，烟草制品业实现恢复性增长，全年增长1.3%。城镇人口密集区危化品企业搬迁改造全面启动，完成全年10户搬迁改造任务。出台有色金属产业转型升级方案，推动电力等行业产业链向下游延伸，电力、有色产业分别增长18.3%、12.4%，制造业自2014年以来首次实现两位数增长。三是分类施策去产能。巩固打击“地条钢”成果，支持钢铁、水泥等行业企业产能置换，淘汰炼铁落后产能107万吨、炼钢350万吨，退出煤炭产能1275万吨。四是推动工业绿色化改造。共有国家级绿色工厂14家、绿色园区2个、绿色设计产品11种、绿色供应链管理示范企业1家，全年全省单位GDP能耗下降4.8%。

### （三）抓提升、扩增量

聚力打造八大产业和“三张牌”，培育壮大新兴产业，加快新旧动能转换。一是新产业加快发展。水电硅材一体化9个项目落地开工，西安隆基等项目投产，水电硅材新增产值突破50亿元。加快布局新能源汽车产业，北汽项目首车下线，新能源汽车产能达10万辆。绿色食品加工业引进10亿元以上项目5个，评选绿色食品“10强企业”和“20佳创新企业”，育龙头迈出新步伐，规模以上非烟食品工业增加值增长7.5%。二是新动能加速成长。安宁石油炼化项目正式投产，加工原油达1010万吨，石化产业实现产值614亿元，拉动规模以上工业增长2.5个百分点，有力发挥了稳增长“动力源”作用。三是产业规模实现新提升。加快信息制造、先进装备制造、食品和消费品制造等产业发展力度，千亿级工业产业达到7个。

### （四）抓项目、增投资

加大招商引资力度，推进重点项目建设，狠抓工业投资，扩大有效投入。一是强化协调服务。落实三级领导干部联系帮扶重大工业项目工作机制，完善重点投资项目库，建立项目管理信息化平台，开展工业投资督查帮扶，强化项目动态跟踪协调，支持企业加快提升产能。二是紧盯重点项目。加快工业转型升级“三个一百”、新一轮企业技术改造等重点项目建设，楚雄隆基单晶硅切片、鲁甸水电铝等项目投产，文山神火水电铝材、东风云汽搬迁等项目加快推进。全省工业投资增长11.3%，较2017年提高11.4个百分点，高于全国平均水平（6.5%）4.8个百分点。三是加大工业招商。大力实施精准招商、协会招商、产业链招商，协同有关州市引进10亿元以上工业项目14个，与华为、中车、京润华创等签署战略合作协议，航天神州、湖南大康国际、睿思特物联网设备生产等一批优质项目落地，工业发展后劲不断增强。

### （五）抓融合、发展数字经济

推动制造业数字化、网络化、智能化发展，打造智能制造和服务型试点示范，提升两化融合水平。一是发展工业互联网。出台工业互联网发展三年行动计划，启动工业互联网建设，昆钢入选工信部工业互联网创新发展工程项目和制造业与互联网融合发展试点示范项目，新增国家级两化融合贯标试点企业9家。二是开展智能制造和服务型制造试点。实施智能制造示范项目20个，5家企业入选第二批国家服务型制造示范企业，数量位居西部省区首位。三是加快发展信息产业。"云上小镇"等信息产业园区加快建设，文山智慧农业公共服务平台等3个项目入选工信部大数据产业发展试点示范，云南建投"全程供应链平台"入选国家新型信息消费示范项目。成功举办了2018年云南－华为软件产业峰会。完成无线电重点保障任务。信息产业主营业务收入达1220.38亿元，增长21.5%。

### （六）抓民营、激活力

落实中央、省委民营企业座谈会精神，强化政策引导、资金扶持和帮扶服务，促进大中小企业梯度发展，提升实力。一是强化政策扶持。加强对民营经济发展的领导，出台《关于支持民营经济高质量发展的若干意见》，政策支持力度进一步加大。二是着力企业培育。实施微型企业培育、中小企业成长、民营"小巨人"企业培育"三个工程"，新增省级成长型中小企业100家，培育民营"小巨人"企业100家。8家机构入选国家中小企业公共服务示范平台和小型微型企业创业创新示范基地。三是营造良好环境。召开全省民营企业座谈会，举办民营企业家能力提升培训班，提振民营企业发展信心。开展民营经济发展考核评价和10强县评比，评选第八届"百户优强民营企业"和"百名优秀民营企业家"，加快构建"亲""清"新型政商关系，民营企业发展的氛围更加浓厚，营商环境进一步改善。全省民营经济完成增加值8464.7亿元，迈上8000亿元台阶，较2017年增长9.1%，民营企业总数达到283.6万家。

### （七）抓园区、重提升

推进园区整顿规范和提升，优化布局，做实平台，完善配套，强化园区支撑能力。一是整顿规范园区。出台省级工业园区认定管理办法，启动认定工作。开展工业园区总体规划修编，推动园区规划"多规合一"，抓好中央环保督察"回头看"反馈问题整改，完成全省57个省级园区集中式污水处理设施建设。二是提升园区规模。加大特色产业集群发展支持力度，安宁工业园区主营业务收入突破千亿元，全省千亿级园区总数达到4家，楚雄高新区升格为国家高新技术产业开发区。全年工业园区实现全部主营业务收入16935.36亿元，同比增长14%。

## 2019年工业形势展望

从增量看，总体上新投产大项目不多，增量贡献有限。根据调度汇总，2019年竣工投产且产值超过2000万元的新建、改建、扩建项目241个，预计新增产值341亿元，其中云铝海鑫、神火铝业、鹤庆溢鑫铝业3个电解铝项目预计净增产值56.25亿元；曲靖、保山、楚雄、华坪水电硅项目预计净增产值33.3亿元；乌龙弄、里底新投产机组预计净增产值12.52亿元。

从存量看，总体上以求稳为主。从新兴行业看，石油、电子是拉动2018年工业增长的第二、第三大动力。在2018年原油加工能力1010万吨的基础上，2019年计划加工1080万吨，原油加工增量只有70万吨，净拉动作用消失。电子信息制造业受市场需求等影响，增速高位回落，贡献减弱。从主要骨干行业看，烟草方面，总量控制、稍紧平衡是主线，特别是2018年向国家争取落实的卷烟生产指标不能进入计划盘子，2019

年年卷烟生产计划与2018年实际产量相比减少3万箱，通过新品培育和结构提升，烟草制品业增加值预计小幅增长。电力行业方面，2019年新增电源少，外送通道能力再度饱和，增送电量受限，同时外送不确定性因素增多。部分行业稳增长压力大，两票制、一致性评价、带量采购、中药注射针剂受限等新政影响还将持续，医药行业短期内难以走出低谷；国内汽车产销2018年出现下滑拐点，将影响云南省汽车制造业。

2019年，云南省工信系统将要采取的措施和建议：

**1. 强化目标管理。**加强组织领导，持续强化稳增长目标导向，围绕全年工业经济发展主要目标，以及《云南省人民政府关于保持经济平稳健康发展22条措施的意见》《实现2019年一季度工业经济良好开局工作方案》工作要求，层层签订目标责任书，压实目标任务和工作措施责任，同时加强对目标完成进度和工作措施的跟踪，做好分析调度和帮扶，确保主要指标达到进度要求，按时完成全年目标任务。

**2. 筑牢项目支撑。**落实制造业高质量发展要求，坚持走以“两型三化”为方向的高质量发展路子，坚持创新驱动引领，加快实施制造强省战略，推动以制造业为重点的八大产业集群发展、高质量发展。完善全省工业投资项目综合管理服务平台，组织实施好“三个一百”工业转型升级重点项目，实施“千亿技改工程”，推动新一轮技术改造计划。按照“五个一批”要求，积极谋划重大项目，强化项目包装招商，促进项目落地开工，推动项目投产见效。加强工业投资考核，对5亿元以上的工业投资项目进行动态管理，每月通报项目进展情况。积极加强与国家部委的工作衔接，争取更多国家专项资金支持。优化园区规划布局，深化园区管理体制机制改革，激发园区活力，发挥园区载体作用，强化平台支撑。

**3. 做好“三张牌”文章。**做强绿色能源工业。协调落实水电硅材专项用电优惠政策，加快水电铝、水电硅、新能源汽车产业发展，发挥传统原材料工业载能特性，谋划绿色高载能工业，实现绿色能源在工业中的高效利用和转化。实施绿色食品加工业三年行动计划，聚焦绿色食品八大产业，做优绿色食品加工业。聚焦植物药和疫苗，优化生物医药产业发展布局，打造集研发创新、临床试验、检验检测三大平台为一体的全链条创新，优化扶持政策，大力发展中药饮片产业。

**4. 强化企业服务。**突出问题导向，围绕运行监测、企业复产、产能释放、要素保障、项目开工建设、项目竣工投产等关键领域，开展调研服务活动，协调解决企业生产经营中存在的突出困难和问题，力促企业正常生产和满负荷运转，开工项目加快建设，竣工项目尽快投产达产。全面落实中央和云南省新一轮支持民营企业发展的政策措施，落实服务联系企业制度，为民营企业减负担、解难题、优环境，促进民营经济加快发展。按照“公开申报、竞争安排、撬动使用”原则，完善专项资金管理制度，提高资金使用效率。

**5. 加强运行监测分析。**坚持运行监测分析和预测预警并重，强化工业经济运行监测调度频率，加强对重点州市、重点行业、重点企业及重点产品的跟踪分析预警，强化对苗头性、倾向性问题的分析监测，储备好政策建议，确保工业运行可预可控。深入分析国际国内等外部环境变化，加强工作指导和政策研究，力争将负面影响降至最低。

# 2018年陕西省工业经济运行概况

2018年，陕西省全面推进“五新”战略任务，践行“五个扎实”要求，有效落实工业稳增长促投资推动高质量发展14条措施，供给侧结构性改革取得明显成效，钢铁、煤炭去产能取得阶段性进展，大宗商品价格明显回升，供需矛盾明显改善，企业效益明显好转，陕西省规模以上工业增速稳中有进，工业运行动能增强，效益质量不断提升，实现较高水平的稳定增长。

## 工业经济发展特点

2018年以来，陕西省规模以上工业发展平稳，总体好于2017年，年初实现两位数良好开局并维持全年9%以上的增速。2018年，陕西省规模以上工业企业6426户，累计完成工业总产值同比增长14%；实现工业增加值累计增长9.2%，较2017年提高1个百分点，位列全国第五，是近四年以来最好水平（见图1）。

### （一）多数行业保持平稳增长

2018年，陕西省规模以上工业总体保持平稳向好的增长态势，41个工业大类行业中有37个行业增加值同比保持增长，增长面为92.5%，较2017年提高7.5个百分点，其中17个行业增速较2017年加快。从三大门类看，采矿业增加值同比增长11.5%，较2017年提高7.2个百分点；制造业同比增长8.5%，回落2个百分点；电力、热力、燃气及水的生产供应业同比增长1.7%，回落6.3个百分点。

### （二）能源工业平稳较快增长

2018年以来，受产能释放、需求加大的带动，能源工业运行总体好于2017年，全年保持平稳较快增长。2018年，陕西省能源工业增加值同比增长10.4%，增速较2017年提高4.9个百分点。分行业看，煤炭开采和洗选业增加值同比增长12.3%，较2017年提高11.7个百分点；石油和天然气开采业同比增长11.9%，提高2.1个百分点；石油、煤炭及其他燃料加工业同比增长9.1%，提高0.8个百分点；电力、热力生产和供应业同比增长1.2%，回落8.1个百分点（见图2）。

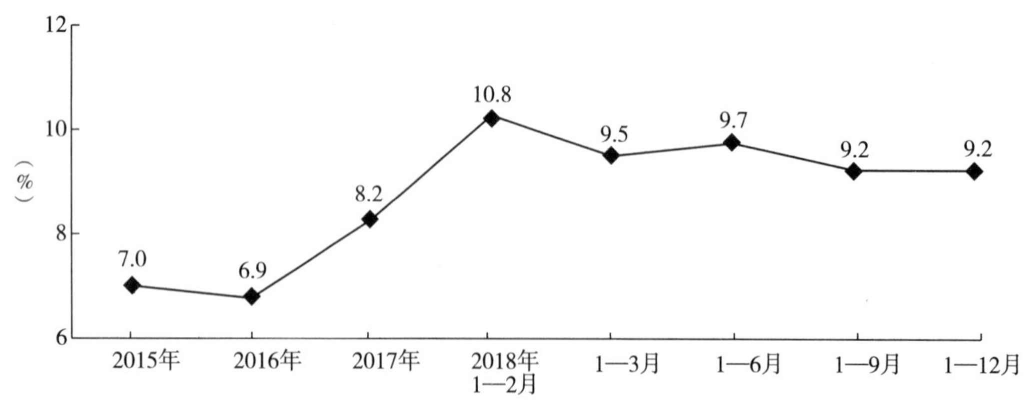


图1 陕西省规模以上工业增加值累计增速

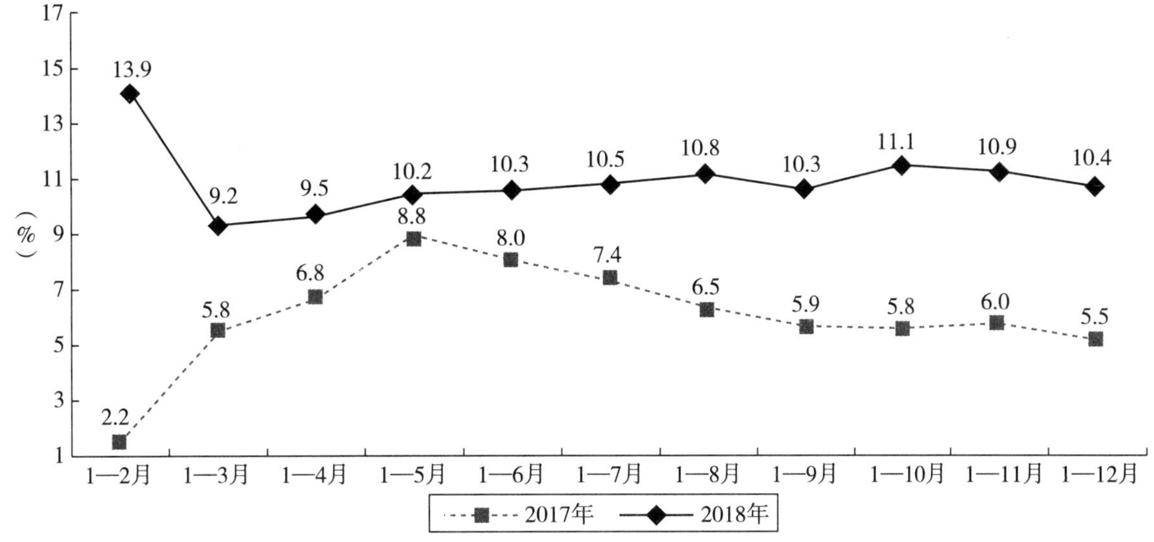


**图2　陕西省能源工业增加值累计增速对比**

## （三）非能源工业增速放缓

2018年以来，非能源工业总体呈现前高后低的走势。2018年，陕西省非能源工业增加值同比增长8.1%，增速较2017年回落2.1个百分点。回落较快的行业中，汽车制造业增长9.5%，回落36.1个百分点；专用设备制造业下降3.6%，回落17.3个百分点；医药制造业增长7.5%，回落6.2个百分点；有色金属矿采选业下降4.8%，回落3.4个百分点；农副食品加工业增长10.6%，回落2.9个百分点；非金属矿物制品业增长2.2%，回落2.2个百分点。增速较快的行业中，黑色金属冶炼和压延加工业增长10.8%，较2017年提高20.2个百分点；计算机、通信和其他电子设备制造业增长20.2%，提高6.6个百分点（见图3）。

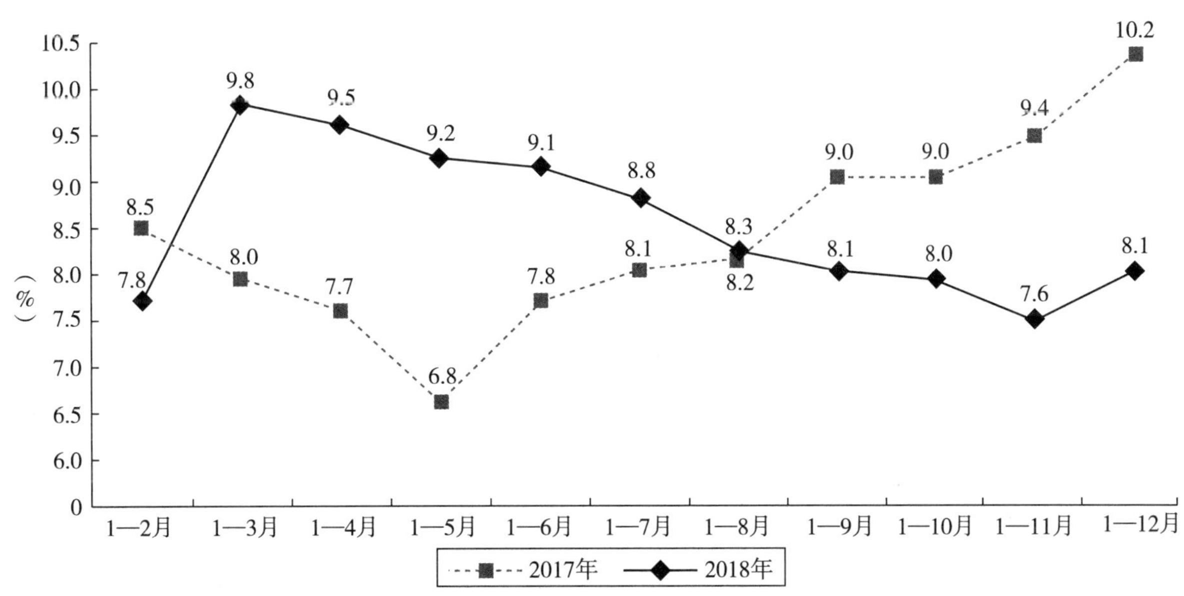


**图3　陕西省非能源工业增加值累计增速对比**

## （四）中央及省属大中型企业稳中趋缓

2018年，陕西省大中型工业总产值累计增长11.7%，增速较2017年回落6.7个百分点，低于陕西省产值增速2.3个百分点，总体呈现稳中趋缓的态势。从隶属关系看，中央及省属企业产值回落较快，中央企业完成工业总产值同比增长8.3%，较2017年回落6.1个百分点；省属企业增长16.4%，回落14.1个百分点。其中，中国神华能源股份有限公司神东分公司、陕西中烟工业有限责任公司、陕煤化集团所属几大煤矿等产值排名靠前的企业增速回落较快，对规模以上工业经济产生较大影响。

## （五）重点产品产量增长稳定

2018年，在重点监测的64种工业产品中，有36种产品产量同比增长，占比达到56.3%，有26种产品增速较2017年加快，占比超过40%。能源产品增长加快，其中，原煤增长13.4%，增速较2017年提高2.8个百分点；天然原油增长0.9%，提高1.3个百分点；天然气增长6%，提高4.2个百分点；原油加工量增长1.6%，提高1.3个百分点；发电量下降0.6%，焦炭下降0.8%。非能源产品呈现快速回落态势，其中，白酒增长1.3%，增速较2017年回落13.5个百分点；粗钢增长10.7%，回落17.4个百分点；十种有色金属下降9.8%，回落11.2个百分点；汽车增长1.1%，回落45.3个百分点；化肥下降13.1%，降幅扩大13.4个百分点；硫酸下降18.9%，降幅扩大14.5个百分点；化学药品原药下降5.7%，降幅扩大8.4个百分点；卷烟下降3.1%。

# 工业运行的动能增强

## （一）高技术行业持续发力

2018年以来，受杨森制药搬迁、中兴通讯停产的影响，高技术行业呈现先抑后扬的“V”型增长，进入下半年，随着停产企业复工，高技术产业持续发力。2018年，高技术行业增加值增长14.2%，较2017年提高0.3个百分点，高于陕西省规模以上工业增加值增速5个百分点。高技术行业增加值占陕西省规模以上工业增加值的比重不断提高，2018年占比为9.7%，较2017年提高0.4个百分点。其中，航空、航天器及设备制造业增长20.4%，电子及通信设备制造业增长22.2%，计算机及办公设备制造业增长24.7%，医疗仪器设备及仪器仪表制造业增长20.3%，均高于陕西省高技术行业增加值增速（见图4）。

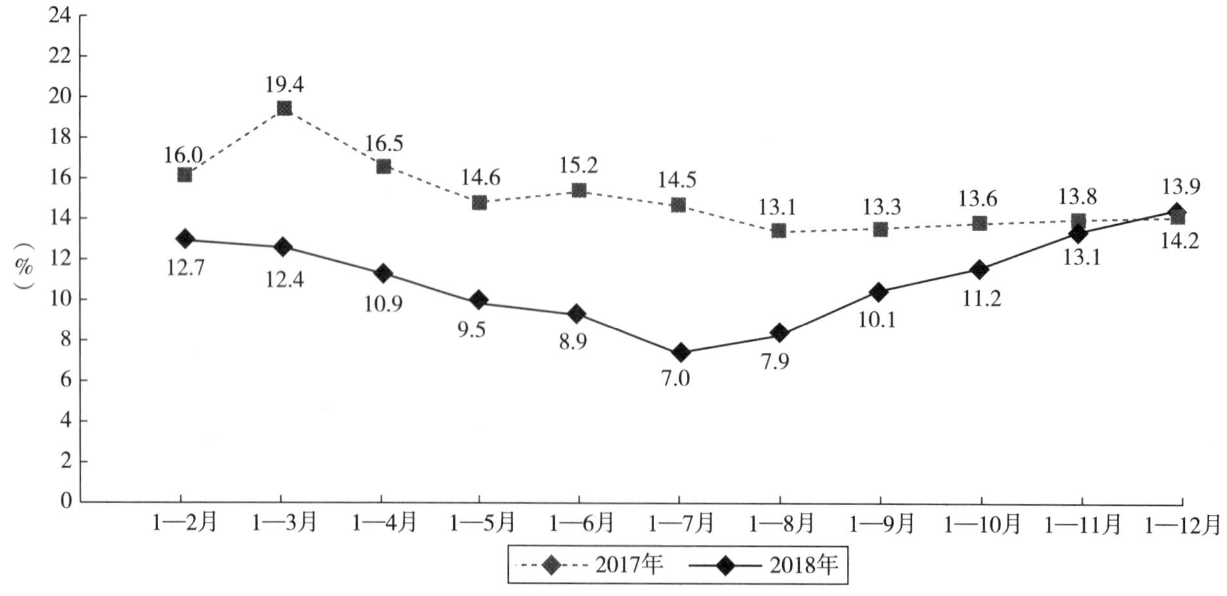


**图4 高技术行业增加值累计增速对比**

### （二）新产品潜力释放

2018年以来，反映创新驱动新成果、工业发展新动能的新产品产量增长潜力不断释放。2018年，工业机器人产量同比增长36.9%，较2017年提高15.9个百分点；3D打印设备增长17.9%，提高9.9个百分点；新能源汽车增长70%，提高2.3个百分点。此外，光纤、光缆、太阳能电池和智能电视等产品也保持较好增长势头，均维持两位数增速。

### （三）效益质量不断提升

收入增长保持平稳。2018，陕西省规模以上工业经济效益继续保持平稳增长，实现主营业务收入同比增长12%，增速较2017年回落5.4个百分点，高于全国3.5个百分点。在40个大类行业中，有36个行业实现增长，4个行业下降。其中，能源工业同比增长15.3%，较2017年回落7.5个百分点；非能源工业增长10.4%，回落4.5个百分点。

企业盈利增速回落。2018年，陕西省规模以上工业企业实现利润总额同比增长17.1%，较2017年回落32.2个百分点，增速高于全国6.8个百分点。在40个大类行业中，有27个行业实现增长，12个行业下降，1个持平。其中，能源工业同比增长26.3%，较2017年回落76个百分点；非能源工业增长7.5%，回落10.5个百分点。

企业成本继续减少。2018年，陕西省规模以上工业企业每百元主营业务收入中的成本为78.65元，较2017年同期增加0.11元。每百元主营业务收入中的三项费用为8.2元，较2017年同期减少0.56元。工业企业主营业务收入利润率10.56%，较2017年同期提高0.45个百分点。工业企业成本费用利润率13.2%，较2017年同期提高1.1个百分点。

企业亏损面收窄。2018年，陕西省规模以上工业企业6426家，亏损企业810家，较2017年减少26家，亏损面12.6%，减少1.4个百分点。亏损企业亏损额190.2亿元，同比增长0.5%，较2017年回落30.9个百分点。

## 目前存在的问题

### （一）工业结构仍需优化

对能源工业依赖度增加。2018年，能源工业拉动陕西省规模以上工业增加值增长4.9个百分点，对工业稳增长起到重要作用。能源工业增加值增长10.4%，占陕西省规模以上工业的比重为48.2%，均连续三年提高，对陕西省规模以上工业有拉动作用。然而，从主要能源产品生产看，煤炭全年产量成为历史高点，石油、天然气及成品油生产计划较为稳定，在此基础上，能源工业后期增长空间十分有限。

制造业带动作用有所减弱。2018年，制造业仍是带动陕西省工业增长的支柱行业，但拉动作用较2017年有所减弱。制造业增加值同比增长8.5%，增速较2017年回落2个百分点，拉动规模以上工业增长4.7个百分点，拉动率下降1.5个百分点。其中，装备制造业、消费品制造业和三类以外其他制造业增加值增速分别较2017年回落7.2、1.9和6.1个百分点，拉动率分别下降1.2、0.6和0.2个百分点；原材料制造业增速较2017年提高2.3个百分点，拉动率提高0.5个百分点。

高耗能行业低位反弹。近年来，随着环保力度的不断加大和行业转型升级要求的不断提升，高耗能行业低位运行。随着全球经济复苏和产能过剩问题得到缓解，成品油及钢铁市场供需关系改善，产品价格回归合理区间，高耗能行业出现小幅反弹，石油加工、炼焦和核燃料加工业、黑色金属冶炼和压延加工业及有色金属冶炼和压延加工业成为主要推手。2018年，高耗能行业占陕西省规模以上工业的比重为26.5%，较2017年提高0.2个百分点，同比增长4.7%，提高0.2个百分点。

### （二）工业稳增长压力凸显

停产、半停产及减产企业占比较高。2018年，陕西省停产、半停产及减产企业共计1117家，占规模以上工业企业总数的17.3%，合计下拉全年规模以上工业增加值增速5.6个百分点。其中，停产企业221家，占比为3.4%，下拉1.2个百分点；半停产企业350家，占比5.4%，下拉2.3个百分点；减产企业546家，占比8.5%，下拉2.1个百分点。这些企业主要集中在煤炭开采和洗选业，非金属矿物制品业，农副食品加工业，化学原料和化学制品制造业，专用设备制造业，食品制造业，酒、饮料和精制茶制造业及计算机、通信和其他电子设备制造业等大类行业。

新建企业带动作用有限。2018年，陕西省工业固定投资增长5.3%，增速较2017年提高3.5个百分点，总体维持低位运行。受近几年投资增长低迷影响，规模以上工业新建企业数目偏少。2018年，陕西省规模以上工业新进入库243家企业，较2017年同期减少55家，合计完成工业总产值237.03亿元，户均0.99亿元，合计拉动工业总产值增长1.2个百分点。从行业看，能源工业17家，非能源工业223家。新建企业规模偏小，对规模以上工业增长带动有限。

工业用电量增长放缓。2018年，工业经济运行先行指标之一的工业用电量增长放缓，陕西省工业用电量同比增长3.9%，增速较2017年回落6.3个百分点。从主要行业用电量看，有色金属冶炼和压延加工业下降16.9%，降幅较2017年扩大34.5个百分点；非金属矿物制品业增长1.7%，回落9.6个百分点；黑色金属冶炼和压延加工业增长13.8%，回落8.1个百分点。此外，发电量下降0.6%，降幅较2017年扩大5.9个百分点，反映出用电需求的低迷。

## 2019年工业发展战略

### （一）继续加大工业结构优化力度

要立足创新驱动，贯彻新发展理念，不断加大工业转型升级力度，全面优化工业结构，继续发挥农副食品加工业，酒、饮料和精制茶制造业，汽车制造业，电气机械和器材制造业及计算机，通信和其他电子设备制造业等优势行业的带头作用。

### （二）积极培育创新性企业

继续加强工业基础设施建设，不断完善政策咨询服务，优化营商环境，立足长远，积极培育创新能力强、成长性好、科技含量高、市场活力足的中小企业、高技术企业和瞪羚企业，鼓励更多优秀企业落户陕西。

### （三）全面推动支柱产业高质量发展

继续加大“散乱污”企业治理力度，淘汰落后产能，倒逼企业技术升级。积极深入支柱行业的重点企业，深挖生产经营中的问题，解决企业实际困难，采取有针对性的措施，提高生产经营质量和效益水平，全面推动工业经济高质量发展。

总的来看，2018年陕西省规模以上工业经济运行总体平稳、稳中有进。但同时也要看到经济运行稳中有变、变中有忧且不确定因素增多，面对复杂严峻的国内外环境，经济下行的压力增大，必须有针对性地解决前进中遇到的问题。2019年，要深入贯彻党的十九大精神和陕西省委、省政府各项决策部署，紧扣追赶超越和“五个扎实”要求，加快实施“五新”战略任务，推动高质量发展，实现良好开局。坚持以供给侧结构性改革为主线，保持工业经济运行在合理区间，以优异的成绩庆祝中华人民共和国成立70周年。

# 2018 年甘肃省工业经济运行概况

2018 年，甘肃省工业和信息化厅落实省委、省政府决策部署，在困难挑战、市场变化超出预期的情况下，完成了全年目标任务，全省工业和信息化高质量发展扎实推进。

## 工业运行特点

### （一）工业经济保持平稳运行

2018 年，全省规模以上工业增加值增长 4.5% 以上，完成年初目标。

强化运行调度，建立旬调度、月分析、监测预警、重大事项报告抄告和专项督查等制度，对停减产企业实施分类管理，“一企一策”帮扶企业复产、稳产、增产。

强化生产要素协调，保障省内电煤供应，做好疆煤调入，加快省能化、省电投储煤基地规划和建设进度，积极争取国家增加油品和天然气指标，有序推进天然气产供储销体系建设，促进全省电力电量平衡，协调解决电费、电价等问题，开展跨省跨区外送电争取工作，全年外送电量 324 亿千瓦时，引导火电企业开展热电解耦合深度调峰改造，稳步推进电力现货市场建设试点工作，工业用电量和铁路货运周转量分别增长 11.2%、7.7%。

对规模以上工业根据综合实力、创新、绿色发展等指标，划分为四类进行评价和精准服务，与部分央企、省属企业和非公企业签署了服务保障协议，全省各市州相应地也与属地重点企业签署了服务保障协议。工业和通信业安全生产形势总体稳定，分管领域没有发生较大安全生产各类事故。

### （二）绿色生态产业发展良好

为推进绿色产业发展出台了先进制造、清洁生产、数据信息三个绿色生态产业发展三年行动计划，配合出台中医药产业三年行动计划，制定三个专项行动计划推进方案和“一企一策”工作手册。

全系统工作推进机制基本建立，14 个市州制订了对应的产业行动计划。1—11 月，纳入导向计划的 903 个项目完成投资 415.76 亿元，其中 562 项 5000 万元以上项目完成投资 381.61 亿元，206 个已建成项目完成投资 74.89 亿元，299 个三大绿色生态产业重点项目完成投资 213.23 亿元，重离子技术装备制造应用推广工程、三维大数据物联网智能制造产业园等 11 个重大带动性工程项目进展顺利，中车大连公司与酒钢、白银公司、兰州轨道交通等省内企业签订了产业链协同合作协议。

促进先进制造业和现代服务业深度融合，“服务型制造陇原行”活动向纵深持续推进，先后走进酒泉等市。认定 10 家模式成熟、服务配套、高端高效的省级生产性服务业示范企业，认定 1 家生产性服务业功能示范区，大禹节水公司被认定为国家级服务型制造示范企业，省轻工研究院的省农产品深加工行业服务型制造示范平台被认定为国家级服务型制造示范平台。

兰州科天公司、西北永新集团产品分别被工信部认定为国家绿色设计示范产品，兰州电机项目作为国家智能制造新模式获国家资金支持，兰石集团、长城电工项目获得国家智能制造试点示范项目。推进新能源汽车动力蓄电池回收利用试点工作，开展对20家能耗超标企业的复查和62家有重大工业节能核查任务企业的专项监察，完成工信部2018年重大工业节能监察任务。

### （三）供给侧结构性改革纵深推进

严厉打击查处“地条钢”、电解铝、稀土等违法违规行为，对武威闽航钢铁公司和皋兰兰鑫钢铁公司进行了现场核实，规范了钢铁、水泥、平板玻璃、电解铝等行业产能置换，对中瑞铝业电解铝项目产能置换一期10万吨项目和铝合金产业链项目产能置换完成程序性工作。

认真落实省政府关于进一步降低企业用电成本支持工业发展的意见，对铁合金、电石、钢铁、水泥等行业企业和项目执行电价情况进行甄别，在白银刘川工业园先行开展增量负荷供用电体制改革试点，组织开展直购电交易，向176家用户让利7.85亿元，会同有关部门开展全省涉企保证金清理规范工作，规范了涉企保证金15项，全年减轻企业负担5000万元。

积极践行新发展理念，成功举办了第三届“创新杯”工业设计大赛，这是继广东、山东之后全国第三家以省政府名义主办的大赛。大赛吸引社会各界广泛参与，共收到17个省（市）、281家企业、45所高校和专业设计机构的产品、作品1133件，较上届增加25%；参赛人员3266名，较上届增加2倍，另有3.2万余人同时参加大赛网络投票。大赛历时半年，共评出产品设计至尊奖1名，金奖、银奖、铜奖各10名，首次表彰甘肃省2018年度十佳工业设计师、十佳设计指导教师、优秀组织单位。

认定23家省级工业设计中心，组织全省22家企业、45件产品参加第二届中国工业设计展览会，1件产品荣获2018年中国优秀工业设计奖优秀奖，实现了甘肃省在全国工业设计大赛中的新突破。

培育认定15家省级企业技术中心，完成全省227家省级企业技术中心的年度考核，天水华天等5家企业通过国家技术创新示范企业年度考核评价，银光公司被列为国家技术创新示范企业。成立了省镍钴新材料创新中心和省物联网智慧产业技术创新联盟、全省锂电池产业创新联盟。以省政府名义出台了关于支持陇药大品种大品牌推动龙头企业发展的政策措施，有力支持了陇药产业发展。

### （四）两化融合和信息产业发展扎实推进

电子信息产业保持良好发展势头，1—11月实现营业收入148亿元，增长6.48%。出台了《甘肃省工业互联网发展行动计划（2018—2020年）》《甘肃省数据信息产业发展专项行动计划》《甘肃省大数据产业“十三五”规划》和《甘肃省扩大和升级信息消费的实施意见》，明确了工作目标和在网络基础设施改造、平台建设、上平台用平台、安全体系构建、产业支撑方面的重点任务。

兰州新区国际互联网数据专用通道项目建设完成，电信普遍服务试点建设工作稳步推进，提前完成了工信部电信普遍服务目标。

启动建设全省制造业与互联网融合发展监测分析平台，新增11家国家级贯标试点企业，甘肃电投“基于融合发展下的大数据生态产业链构建及应用示范”项目获得全国制造业与互联网融合发展试点示范项目。

举办了以“云行陇原·慧领未来”为主题的甘肃省工业企业上云推进大会，兰州、白银工业云平台相继运行，注册用户达180余家，全省1300多家小微企业接入西北中小企业云。丝绸之路“两港”建设加快推进，华为、腾讯、浪潮、东软、中科曙光等国内领先信息和大数据企业落户甘肃省，兰州新区国际专用通道建设完成基础建设，智慧文博项目顺利实施。

### （五）扶助中小微企业行动取得进展

省政府出台了促进中小微企业发展若干措施，从8个方面共58条进一步优化民营经济和中小微企业发展环境，激发企业创业创新活力。

省工信厅出台了《甘肃省推动中小企业“专精特新”高质量发展实施方案（2018—2020

年)》，培育行业小巨人，全年认定14家“专精特新”中小企业，有力促进了全省中小企业转型升级。

充分发挥省中小企业发展基金作用，解决企业融资难融资贵问题，共推荐基金投资企业近400家，投资总额2.8亿元，投资范围覆盖全省9个市州。

加强省级中小企业公共服务示范平台认定考核管理，推荐省科学院生物研究所等5家单位申报国家中小企业公共服务示范平台，推荐兰州创意文化产业园有限公司等4家单位为国家小型微型企业创业创新示范基地。

全力推进规下转规上工作，全年预计新增入规企业173家。推进中小企业信息化建设，与中国移动甘肃分公司签订共同推进万家企业上云战略合作协议，14个市州移动公司与企业签约。组织36家“专精特新”中小企业重点围绕高端装备制造产业链产品和技术成果参展第十届APEC中小企业技术交流暨展览会，签约3000万元。

## 坚定不移推进工业强省

### （一）深刻理解和把握工业和信息化的重要战略机遇期

经过40年改革开放，甘肃省工业经济正处在转变发展方式、优化经济结构、转换增长动力的攻关期，工业经济增长的基础不断在筑牢，工业发展的比较优势仍然明显，国家和省上政策叠加的效果正在显现，一系列发展利好政策不断释放，工业强省战略日益得到重视。全省工业和信息化面临的机遇仍然大于挑战，工业发展正处在大有作为的重要战略机遇期。

### （二）大力推动绿色生态产业高质量发展

一是突出塑造产业竞争力新优势的目标导向，加速动能转换，促进产业转型。在提高全要素生产率和企业核心竞争力上下更大功夫，引导企业充分利用技术创新和规模效应打造新的竞争优势，加快形成传统产业升级与新兴产业并跑领跑，协同发力的产业新体系。引导市县创新体制机制，着力营造产业链、创新链、人才链、政策链衔接贯通的生态环境，改造提升传统产业、培育新产业、新动能和新增长极。二是突出增强企业技术创新能力。培育做强制造业创新中心，在设计好一个产业链条、拉动一批核心企业、形成一个可持续发展模式上下功夫，实现产业、技术、应用和人才培养的协调发展。三是突出发挥信息化驱动引领作用，发展数字经济。促进互联网、大数据、人工智能等现代信息技术与制造业深度融合，不断完善数字基础设施，大力发展工业互联网和智能制造，支撑和引领制造业全面数字化转型。

### （三）不断完善优化工业强省推进体系

一是加强战略谋划和前瞻布局。组织若干重大问题特别是新形势、新变化、新问题的专题研究，为省委、省政府决策提供依据。在实施“十三五”规划时，要根据形势的发展和变化，优化调整路径方向和重点任务，持续改进支持政策和推进方式。在此基础上，系统谋划面向2035年的甘肃省工业经济发展中长期规划纲要。二是加强产业政策和竞争政策协同。处理好政府与市场的关系，政府要在优化市场环境、弥补市场失灵、提升供给质量、维护产业安全上积极主动作为，着力创造对各类所有制企业一视同仁、平等对待的制度环境，加大对技术创新推广应用和产业结构升级的支持。三是更加注重以改革办法和法治思维推进工作。推进工业强省战略，要遵循产业和科技规律，增强法治思维、改革思维，善于运用经济手段、法律手段提高行业管理水平。

## 2019年重点工作

2019年主要预期目标是：全省规模以上工业增加值增长4.5%左右，工业固定资产投资增长转正，全省信息产业实现主营业务收入增长18%，分管领域安全生产无较大以上事故。

### （一）深化供给侧结构性改革，促进工业绿色发展崛起

一是聚焦绿色生态产业重点领域补短板和技术改造，以投资导向计划为中心，分近期、中期、长期储备一批重大项目，加快谋划和开工建设一批重大项目，推动一批重大项目尽早落地。落实全省推进绿色生态产业发展规划，进一步推动先进制造、数据信息、清洁生产产业发展专项行动计划工作推进机制，全力推进3个产业专项行动计划实施，做好3支子基金设立工作。指导市县谋划一批促进产业集聚、全产业链发展的项目，力争国家工业转型升级专项支持全省额度保持增长。二是推动传统优势产业优化升级。支持石油化工、有色冶金、装备制造等在全国有重要影响的产业做大做强，瞄准集聚性推动规模发展和集群发展，瞄准高端性推动转型发展和升级发展，谋划上马一批链条延伸和技术改造项目，推动这些产业再上一个台阶。三是深化供给侧结构性改革。巩固钢铁去产能成果，打击稀土、“地条钢”等违法违规行为，加快城镇人口密集区危险化学品生产企业搬迁改造，严格执行钢铁、电解铝、水泥、平板玻璃等产能置换政策。四是大力促进质量提升。深化开展消费品工业“三品”专项行动、装备制造和原材料工业质量提升行动，推进品牌建设。加快食品工业企业诚信体系和婴幼儿配方乳粉质量安全追溯体系建设，培育陇药大品种大品牌，推动龙头企业发展，组团参展全国药品交易会，宣传推介陇药产品。五是推动工业绿色低碳循环发展。持续推进重点行业清洁生产和超低排放改造，建设一批重大项目，实施酒钢集团、金川公司、白银公司、华亭煤业等重点企业绿色化改造工程。深入开展工业节能监察，全面落实污染防治攻坚行动部署，打赢蓝天保卫战。培育发展节能环保产业，加强重点用能企业管理，推进新能源汽车动力蓄电池回收利用试点工作，促进工业固体废物资源综合利用产业规范化、绿色化、规模化发展。

### （二）加强协调服务，保持工业经济平稳增长

一是强化行业运行监测预警和协调，坚持已有的好制度，探索新业态的监测技术、统计方法和手段，做好国内外经济金融政策动态变化对甘肃省工业经济运行的影响分析，协调解决企业生产经营中的具体问题，督促市州和重点企业按节点及时完成阶段性目标任务，强化重大政策储备与协调。二是强化要素保障协调。落实好跨省跨区外送电协议，争取外送电量360亿千瓦时，配合制定直购电政策，帮助企业参与直购电交易，按期完成电力现货市场建设试点工作。做好电煤、油、气供应保障协调，重点做好疆煤调入工作，确保省内油品、天然气市场供需平稳，推进全省天然气产供储销体系建设工作。三是促进大中小企业融通发展。落实好工信部促进大中小企业融通发展三年行动计划，充分发挥央企、省属企业引领支撑作用，提高中小企业专业化水平，实现大中小企业创新链共享、产业链互补、供应链互通的融通发展新格局。四是进一步深化产融合作。完善与各类金融机构合作机制，支持有条件的市县搭建产融合作服务平台，督促指导各地加强常态化银企对接，缓解企业融资难、融资贵问题。

### （三）坚持创新驱动引领，加快制造业高质量发展

一是统筹推进制造强省实施。继续推进16个专项行动计划和9个专项实施方案的落实，做好制造强省任务情况的梳理、评估，聚焦重点、创新机制，优化政策，更好地推动任务落实。启动制造业发展中长期规划纲要（2021—2035）战略研究和规划编制工作。二是培育实施标志性重大项目，形成突破点。制定年度重点项目投资导向计划，调整补充项目库，加快实施专项行动方案，确保一批项目建成投产。紧盯产业链延伸和价值链跃升，加大“改旧”和“育新”力度，在高端智能石化装备、新能源汽车、新能源装

备、新型有色金属材料等方面实施一批重大项目，力争到2020年制造业增加值达到2000亿元左右。三是推动创新中心建设。创建国家制造业创新中心1家、国家技术创新示范企业1家，新培育省级制造业创新中心2家、省级技术创新示范企业10家，培育认定省级企业技术中心15家，省级行业技术中心5家，技术创新产业联盟5家，实施技术创新项目400项。推进华天集成电路高密度封装产业体系、方大炭素10万吨超高功率石墨电极等项目建设，重点培育生物制药和凹凸棒产业做大做强。四是推动服务型制造和生产性服务业发展。及早筹备谋划第四届“创新杯”工业设计大赛，开展省级工业设计中心和省级生产性服务业示范企业认定工作，启动省级工业设计院创建，实施设计扶贫各项活动。评选出一批设计力量强、经济效益好、模式成熟、高端高效的省级优秀工业设计中心，做好2019年国家级工业设计中心申报工作和第三届中国工业设计展参展工作，举办好“服务型制造陇原行”走进张掖、平凉等活动。五是深化产业合作。继续完善与中东部省市产业合作机制，引导省内企业和园区对接中东部产业转移，通过协同发展提升产业合作的广度和深度，突出在原材料延伸加工、新材料推广应用等省内有发展前景的领域开展对接和合作。以“一带一路”为重点推进国际产能合作，提升对外开放合作水平，支持省内企业建设一批国际产能合作项目，鼓励在国外建立产业园区。持续与央企开展产业合作。继续与中铝公司、中建材、宝武集团、中国五矿公司、中车集团等企业开展全方位深层次合作，拓展合作内容和项目，培育甘肃省具有竞争力的优势企业做大做强。

### （四）促进信息与实体经济深度融合，推进数字经济快速发展

一是推动工业互联网创新发展。支持工业互联网标识解析“二级节点”建设和行业应用，推进工业互联网的普及。实施工业互联网平台培育工程，支撑企业数字化、网络化、智能化转型。开展企业上云计划，推动工业企业上云。制定工业企业上云行动相关系列推进政策，明确企业上云、效果评价标准。在部分市州组织开展企业上云城市行活动，推动企业依托工业互联网平台实施网络化、数字化改造。二是加快制造业数字化转型。制定三年行动计划，利用新技术、新产业、新业态改造提升传统产业。深化制造业与互联网融合发展试点示范，重点培育基于工业互联网平台的制造业“双创”新模式。继续实施两化融合管理体系贯标和评估工程，开展相关政策宣贯、业务指导培训等工作。三是深入推进智能型制造工程。制定出台智能制造重点行业路线图，加大在原材料、装备、消费品、电子、民爆等行业智能制造推广力度，培育一批标杆企业。四是深化大数据、人工智能等现代信息技术与制造业融合发展。加强融合发展顶层设计，加快建设智能化信息基础设施，以新兴技术带动制造业技术变革和优化升级。推行人工智能产业创新“揭榜挂帅”机制，会同揭榜企业所在地政府建立共同支持机制，加快人工智能等新兴技术的集成应用。引导和规范大数据产业集聚区建设，促进工业大数据发展和应用，推进工业互联网、两化深度融合和智能制造示范项目建设。五是推动信息技术服务平台建设。制定省级信息技术服务平台管理办法，组织认定首批省级信息技术服务平台，开展示范试点和推广应用，积极探索服务产品定制等互联网服务新模式。六是推动丝绸之路信息港和国际知识产权港建设。按照“一中心、一平台、一入口”的架构，推进信息港大数据中心、信息港基础云平台、信息港互联网应用服务综合入口项目建设，不断拓展同丝路沿线地区的合作领域及规模。七是加大无线电管理力度。加强无线电频率使用安全和电波秩序维护，全力做好中华人民共和国成立70周年等重大活动无线电安全和应急通信保障任务。

### （五）激发企业活力，培育更具竞争力的中小微企业

一是持续优化政策法治环境。深入贯彻中小

企业促进法，促进各种所有制经济依法平等使用生产要素、公平参与市场竞争。落实好支持中小微企业高质量发展58条政策措施，让企业足额享受到政策红利，全面推行“保姆式”“贴近式”“零距离”服务，努力营造亲商、爱商、安商、护商的良好环境氛围，推动全省民营经济和中小微企业高质量发展。二是着力缓解融资难、融资贵问题。充分发挥省促进中小企业发展工作领导小组机制作用，督促落实金融支持中小微型企业发展的政策措施。推动省中小企业发展基金规范高效运营，争取国家中小企业发展基金3亿元注资参股，指导基金管理公司优化支持方式，扩大支持范围。开展小型微型企业应收账款融资专项行动，建立中小企业上市培育机制。三是提升企业专业化能力和水平。培育20家“专精特新”企业和2家专注细分领域的“单项冠军”企业。开展中小企业质量提升帮扶、企业管理提升专项行动，帮助企业建立完善现代企业制度。四是加强中小企业公共服务体系运营和监管。做好2019年省级中小企业公共服务示范平台考核，培育认定一批中小企业公共服务示范平台和小型微型企业创业创新示范基地。五是支持中小优势企业做强做大。推动优化企业兼并重组市场环境，鼓励和支持非公资本参与国有企业改制重组，确保全省新入规企业150家以上。六是继续开展中小企业领军人才培训，培养一批优秀企业家队伍，鼓励企业家聚焦实业、做精主业，拓展国际视野，不断增强企业创新力和核心竞争力。

# 2018 年宁夏回族自治区工业经济运行概况

宁夏工业起步于 1958 年，成长于三线建设时期，改革开放特别是国家西部大开发战略实施后，工业经济进一步发展壮大。经过 60 年的发展，形成了以煤炭、电力、石化、冶金、有色金属、装备制造、轻纺等行业为支柱的工业体系。截至 2018 年，共有规模以上工业企业 1250 家，实现工业增加值占全区国内生产总值的 27%。近三年，规模以上工业增加值年均增速 8% 以上。工业倚重依能特征明显，煤炭、电力、原材料行业占全部工业产值的 75% 以上，六大高耗能行业占比 60% 以上。宁夏共有工业园区 22 个，实现产值占全部工业产值的 77%。产值过 100 亿元的企业有宁夏电力公司、神华宁煤、中石油宁夏石化、宝丰能源、青铜峡铝业、天元锰业；产值过 50 亿元的企业有大地循环、银川隆基硅、宁夏钢铁、中铝宁夏能源。

## 工业经济特点

2018 年，宁夏规模以上工业增加值同比增长 8.3%，连续两年超过预期目标；工业技改投资同比增长 15%，增速高于全区固定资产投资；规模以上非公工业同比增长 6%，民间投资呈现回升趋势，规模以上中小微企业主营业务收入同比增长 12%，利润总额同比增长 53%；工业 R&D 投入强度同比增长 10% 以上；扣除宁东煤化工项目后，单位 GDP 能耗下降 3.5%；两化融合指数较 2017 年提高 5 个百分点。

## 2018 年重点工作及成就

### （一）在精准调控上下功夫，稳定增长取得新成效

一是政策拉动作用明显。及时出台了《稳增长促发展二十条意见》。规模以上工业实现利润增速一直保持在 20% 以上，高于全国平均水平。完成电力直接交易 300 亿千瓦时，同比增长 11%，西电东送外送电量突破 500 亿千瓦时，达到 558 亿千瓦时。

二是加大问题协调力度。促成签订了 3000 万吨的煤炭购销中长期协议，协调天然气供应量增加 2.32 亿立方米。完善包抓工作责任制，建立企业问题台账，帮助解决企业资金、土地、运输、用电等困难问题 65 个。

三是重点企业贡献突出。全区 60 家工业龙头企业产值同比增长 19.3%，高于全区平均增速 3.8 个百分点。在经济下行压力持续加大的情况下，全年净增规模以上工业企业 29 家，对产值增长的贡献率达到 6%。

### （二）在创业创新上下功夫，创新发展取得新进步

一是民营经济创新活力增强。提请自治区党委、政府出台《促进民营经济健康发展的若干意见》。实施新一轮“专精特新”企业培育，培育认定“专精特新”中小企业 140 家。新培育创业创新示范基地 9 个，其中国家级基地 4 个。3 家企业名列全国民营企业 500 强，天元锰业首获中国工业大奖，实现了 11 年来宁夏企业工业大奖“零突破”。

二是工业园区创新动力增强。提请自治区出台《开发区整合优化和改革创新实施方案》，完成了 11 家开发区的整合撤并。研究制定《开发区主导产业目录》，园区实现总产值占全部工业比重，较 2017 年提高 2 个百分点。实施园区低

成本化改造项目 21 个。

三是企业技术创新能力增强。培育自治区级企业技术中心 6 家，天地奔牛、卧龙电气、共享装备 3 家企业被评为国家技术创新示范企业，巨能工业机器人智能分拣单元列入国家融合创新项目，认定自治区级新产品、新技术 19 项，全区高新技术企业增加到 150 家。出台《首台（套）技术装备奖补项目管理暂行办法》，认定自治区首台（套）技术装备产品 28 项，具有首套自主知识产权的大化肥项目建成投产。

### （三）在新旧动能转换上下功夫，转型升级取得新突破

一是加快传统产业改造提升。提请自治区出台《工业对标提升转型发展行动方案》，全面启动实施了“十大行动”。建立规模以上工业企业对标台账，组织 500 家企业开展对标，树立了 19 家对标标杆企业，部分传统行业企业智能化、网络化、数字化效率提高 30%，成本下降 15%，研发周期缩短 21%。

二是加快新兴产业培育壮大。出台了《降低优势产业用电成本实施方案》《智能工厂、绿色工厂和数字化车间认定管理办法》《制造业行业领先示范企业（产品）认定管理办法》，培育智能工厂、数字化车间 16 个，制造业领先示范企业 7 家，高端装备制造、仪器仪表、信息技术等新兴产业增速超过 10%。

三是加快扩大有效优质投资。实施“三个 100”重点工业项目，项目开工率达到 96% 以上，新增产值 200 亿元。组织了宁夏与湖南、福建、江苏等产业合作对接会，签订合作项目 35 个，总投资 227 亿元。

四是加快退出低端无效供给。出台《差别电价征收和使用管理暂行办法》，培育国家级和自治区级绿色园区 7 家、绿色工厂 22 家、绿色产品 4 个，创建自治区资源综合利用企业 10 家。出台《淘汰落后和化解过剩产能项目管理办法》，2018 年淘汰落后产能 318.4 万吨，比 2017 年多淘汰 225 万吨。

### （四）在培育新业态上下功夫，融合发展取得新跃升

一是积极推进两化深度融合。21 家企业被列为国家两化融合贯标试点企业，处于融合中期发展阶段的企业翻了一番。西部云基地、银川滨河大数据中心规模不断壮大，亚马逊数据中心正式商业运营，中卫直达太原、北京的骨干网络建成投运，力成电气集成应用项目列入国家工业大数据产业发展试点示范。

二是积极推进工业互联网发展。出台了《加快“互联网 + 先进制造业”发展工业互联网的实施意见》，推动建设了 35 个重大融合创新项目，2 个网络协同制造项目被列为国家示范项目，3 家企业被评为国家服务型制造示范企业。

## 存在的主要问题

一是工业下行压力进一步加大。受融资困难、项目接续不足等因素影响，区内企业对外出口大幅减少，许多企业因市场、资金等问题，生产经营难以为继；2018 年全区符合国家产业政策和《自治区技术改造指导目录》的项目仅有 425 个，较 2017 年减少 33 个，发展后劲明显不足。

二是科技创新能力依然较弱。全区科技进步对经济增长的贡献率仅为 50%，比全国平均水平低 7.5 个百分点，1250 家规模以上工业企业，有研发投入的不到 20%。部分传统产业信息化基础薄弱，全区两化融合发展水平低于全国 5 个百分点，网络化协同企业比例仅为全国平均水平的一半。

三是民营企业发展困难较多。全区 1092 家规模以上非公工业企业，停产企业 183 家，减产企业 438 家，减少产值 250 亿元，亏损面有进一步扩大的趋势。民营企业过度依赖金融贷款，贷款需求满足率较低，地方性金融机构一般贷款加权平均利率比全国高近 3 个百分点。

## 2019 年工作思路

主要目标是：规模以上工业增加值增长

7%，工业发展的质量效益明显提升；工业投资增长力争由负转正，技术改造投资增长15%；按照“十三五”差异化考核政策，扣除煤化工影响，工业领域节能降耗完成自治区确定的目标任务；工业R&D比重达到0.87%；两化融合发展水平指数提高5个百分点。

主要任务是：

### （一）坚持一条主线

以供给侧结构性改革为主线，坚定不移地贯彻党中央“巩固、增强、提升、畅通”八字方针，着力在优化产业结构、转变发展方式、转换增长动力上下功夫。

### （二）夯实两个基础

夯实党领导经济工作的政治基础。**一是处理好发展与保护的关系。**坚持新发展理念，把发展与保护统一起来，用工业高质量发展成果推进生态环保建设，用生态环保建设成效促进工业更高质量发展。**二是处理好速度与质量的关系。**注重经济增长的质量和效益，注重经济增长的可持续性，在实施创新驱动战略上下功夫，用高质量发展拉动工业增长，用高质量增长推动转型发展。**三是处理好当前与长远的关系。**抓好当前就是要稳住当前工业经济增长的基本面，抓住经济运行面临的主要矛盾、突出问题和重要环节，有针对性地加以解决。谋好长远，就是要摆脱传统路径依赖和速度情结，加速推进宁夏工业经济从速度型向质量型转变。

夯实稳定工业经济增长的基础。**一是强化政策执行力。**深入开展“政策落实年”活动，健全政策落实集中推进、集中协调、集中督查、集中考核机制，建立政策推进落实台账，确保每项政策真正落地落实，取得成效。**二是强化运行监测预警。**强化先行指标日常监测，完善工业运行预测预警机制，根据形势任务适时出台运行调控政策，确保煤炭行业由负转正、电力行业增长10%以上，其他行业增长不低于平均增速，各项指标运行在合理区间。**三是强化问题协调解决。**紧盯重点企业和拟投产项目，完善企业问题台账，加大用电、用地、融资等问题的协调解决力度。完善厅级领导包抓机制，聚焦停减产企业复产扩产，定期召开包抓推进会和现场协调会，“一企一策”解决难题。召开煤电企业中长期合作对接会，促成煤电企业签订煤炭购销中长期协议，推动煤炭、钢铁、建材、有色金属行业全电量直接交易，力争全年直接交易电量增长10%以上。**四是强化重点企业支撑作用。**落实《自治区大企业培育行动计划》，确定年度大企业培育名单，实行动态管理，定期监测，确保产值、税收高于规模以上企业平均增速。倾斜支持龙头骨干企业发展，力促60家工业龙头企业产值高于全区平均增速。

### （三）全力打好三场硬仗

全力打好转型升级这场硬仗。**一是坚持抓改造促升级。**全面推进落实转型发展“十大行动”，加快实施新一轮技术改造行动，重点支持100个重大技术改造项目建设。制定《工业对标指标体系（第二批）》，组织召开全区工业对标经验交流会，全年力争再完成500家以上工业企业对标工作。**二是坚持抓培育提质量。**研究制定《工业和信息化领域新兴产业发展三年计划》，加快推进宁东基地现代煤化工产业示范区建设，打造煤制油、煤基烯烃精细化工产业链，力促建成一批增链补链强链项目，争创高质量发展先行区。抓紧落实《降低优势产业用电成本实施方案》，加快推进隆基乐叶5GW（吉瓦）单晶电池、龙能科技大功率锂电池等项目建设，打造一批国家级新材料示范应用平台。**三是坚持抓淘汰腾空间。**集中开展淘汰落后产能攻坚行动，将整改后仍达不到环保、质量、安全标准的产能，列入淘汰落后产能清单，年底前实现清零。推广平罗“散乱污”工业企业整治经验，按职能分工做好“散乱污”工业企业整治工作。

全力打好民营经济发展这场硬仗。**一是有效激发微观主体活力。**帮助企业脱难纾困，积极缓解企业融资难题，扩大应收账款、保证保险、应急转贷等融资业务规模。**二是持续提升创业创新能力。**开展新一轮“专精特新”企业培育计划，年内新增“专精特新”中小企业100家以上，培育国家级“专精特新”“小巨人”企业5家以上。培育3家以上自治区级小微企业“双创”示范基地，力争2～3家升级为国家级示范基地。**三是不断优化发展环境。**持续开展降低企业成本和涉企收费清理规范工作，精准研究制定出台降成本接续政策，下大力推进企业减负工作落实，力争全年降低成本80亿元以上，企业负担评价总指数再下降1位。

全力打好园区优化改革这场硬仗。**一是扎实推进管理体制改革。**认真落实《开发区整合优化和改革创新实施方案》，分层次开展示范园区评选活动，组织召开全区工业园区整合优化现场会，对改革成效好、示范作用强、主导产业优、提质增效明显的示范园区给予表彰和奖励。**二是扎实推进绩效考核创新。**修订完善《开发区考核评价办法》，实行开发区管理的动态考核和定期考核。加强考核结果的运用，发挥考核导向作用，对考核排名靠前的开发区给予奖励，排名靠后的给予惩戒。**三是扎实推进园区低成本化改造。**用好低成本化改造专项资金，组织开展低成本化项目绩效评价工作，打造一批示范效应好、撬动作用大、综合成本下降明显的示范园区和示范项目，力争入园企业综合成本下降10%以上。**四是扎实推进合作共建园区建设。**抓住中央鼓励支持东西部合作共建产业园区的机遇，推广苏银产业园模式，加大与北京、江苏、浙江等省市合作共建力度，力争在合作示范园区建设上取得新成效。

### （四）着力实现四个新突破

在创新发展上实现新突破。**一是大力推动制造业高质量发展。**推动创建制造业高质量发展国家级示范区。培育12家左右的智能工厂、数字化车间和10个机器人应用示范企业。制定出台《自治区服务型制造业认定管理办法》，积极推进“共享工厂”建设，分行业打造一批制造业服务平台，形成一个行业一个“共享工厂”＋N个区域性实体企业的发展模式。**二是大力推动关键技术攻关。**出台《自治区实施工业强基管理办法》，分行业开展关键技术揭榜挂帅攻关活动。对接国家技术创新示范企业、数控机床专项和新材料示范应用平台，力争培育1～2家制造业创新中心试点、5家自治区级企业技术中心。**三是大力推动生产模式创新。**全面落实《加快“互联网＋先进制造业”发展工业互联网实施意见》，培育建设10个制造业与互联网融合创新试点项目、3个制造业“双创”平台。

在精准有效投资上实现新突破。**一是抢开工。**力促中化锂电池正极材料、隆基宁光智能仪表、泰和对位芳纶等112个项目尽早开工建设。将重点投入结构优、配套强、带动作用好的项目。**二是抓在建。**强化在建项目跟踪服务和要素保障，实施“一对一”保姆式服务，对进展顺利的在建项目，积极协调企业加快进度，多做贡献；对进展落后的项目，逐个分析原因，协调解决推进中的问题。**三是促投产。**建立拟投产项目进度台账，定期召开项目建设协调会、融资需求对接会，确保2018年建成2019年发挥效益的164个项目和2019年拟投产的136个项目，新增产值400亿元以上。**四是谋储备。**落实“高质高效招商引资年”活动，充分利用宁苏、宁浙、宁湘等合作平台，建立工业项目招商引资专管员制度，定期开展合作对接活动，力争全年工业招商引资实现到位资金增长10%以上。

在深度融合发展上实现新突破。**一是推动产业协同发展。**以银川都市圈建设为牵引，以产业发展协作互补为重点，组织开展产业配套对接活动，建立全区工业产品供需目录，鼓励需求侧企业同等条件下优先使用区内产品。**二是推动两化深度融合。**加快推进一批两化融合示范项目建设，年内新增国家级贯标试点企业15家以上。组织开展全区工业企业两化融合梯次推进行动。

在节能降耗上实现新突破。**一是加快绿色制造体系建设。**制定出台《自治区工业绿色发展行动方案》，建成10家（个）以上国家级和自治区级绿色园区、绿色工厂、绿色产品，鼓励企业采用先进、适用的节能环保技术和装备，实施一批环保升级改造示范项目。**二是严格工业节能执法监察。**深入实施节能降耗“百千万”行动，落实《差别电价征收和使用管理暂行办法》，对铁合金、电石、烧碱等高耗能、高污染的限制类和能耗超限的企业实施差别电价，倒逼落后产能加速退出。**三是持续推动工业循环发展。**落实《工业固体废物综合利用评价管理细则》，组织开展自治区资源综合利用示范企业创建工作，在宁东、石嘴山等工业废渣集中区，推动实施一批资源综合利用项目。

# 2018年青海省工业经济运行概况

2018年，通过扎实推进稳增长、扩投资、促改革、调结构、防风险等各项工作，青海省圆满完成全年工业经济目标任务。

**工业经济贡献突出**。2018年，全省规模以上工业增加值同比增长8.6%，超预期目标1.6个百分点，对全省GDP增长贡献率达45%以上，拉动GDP增长3个百分点，增速位居全国第9位，高于全国平均值2.4个百分点。分地区看，西宁同比增长8%、海东同比增长10.5%、海西同比增长7.8%、海南同比增长21.7%。全省规模以上工业企业实现利润83亿元，同比增长18.7%；上缴利税113.6亿元；同比增长14.1%。一般性工业投资增长13.3%，高于全社会固定资产投资6个百分点，超额完成年度目标任务。全省单位GDP能耗下降2%以上，能源消费增量控制在350万吨标准煤以内，超额完成节能“双控”目标任务。

**信息化稳步推进**。青海省两化融合发展水平指数达43，同比增长3.4；关键工序数控化率达46.5%，同比增长4.3个百分点；数字化研发设计工具普及率达34.9%，同比基本持平；电信业务总量达378亿元，同比增长173.8%，高于全国平均增速34.6个百分点。7个信息化项目列入工信部试点示范，8家企业入选国家级两化融合管理体系贯标试点，通过两化融合贯标评定企业数量占比全国第一。

**国有企业健康发展**。18家监管企业资产总额达4680.3亿元，实现营业收入1151.6亿元，同比增长9.3%，上缴税金57.2亿元，同比增长13.3%，发放职工薪酬65.6亿元，利息支出88.9亿元。西部矿业实现利润8.7亿元，同比增长33.1%，上缴税金17.4亿元，同比增长64%；青海银行实现利润2.4亿元，投放贷款797.1亿元，创历史新高；国投公司所有者权益达611.1亿元，同比增长0.9%，实现营业收入110.3亿元，经营利润3.5亿元。

## 工业运行特点

### （一）顶住压力，迎难而上，确保工业稳定增长

**一是统筹协调抓运行**。大力实施“工业强基发展年”专项行动，坚持“以旬保月、以月保季、以季保年”，加强重点地区和重点行业的监测调度，定期深入生产一线指导企业挖潜增效，全力保障工业经济稳定运行。青海油田、西部矿业等重点企业开足马力生产，大幅提高产品产量；西宁、海西等重点地区狠抓责任落实，深挖增长潜力，为全省工业经济稳定增长作出了突出贡献。

**二是千方百计保要素**。在国家电网、黄河公司的支持下，引导企业积极参与电力直接交易，共有300家发电企业、47家大用户成功参与，交易电量215亿千瓦时，交易电价下降0.049元/千瓦时，降低企业用电成本约12亿元。“绿电9日”连续供电再创世界纪录，清洁能源外送长效机制基本建立，柴达木循环经济试验区纳入国家可再生能源就近消纳综合试点。年发电量、用电量分别达到805亿千瓦时、738亿千瓦时，创历史新高。累计完成货运总量18908.2万吨，同比增长5.4%；物流企业达1604家，同比增长8.5%。省委、省政府召开金融支持青海经济社

会发展座谈会，全力支持银企对接工作。全省工业贷款余额 2026.5 亿元，同比增长 6.18%。针对监管企业信用等级评级偏低的情况，积极协调金融机构发行企业债券 67.6 亿元。研究制定天然气保供应急预案，进一步加强输配价格监管，切实做到“保量稳价”，确保“气字头”企业稳产增效。

### （二）脚踏实地，埋头苦干，不断扩大工业投资

**一是全力以赴抓项目。**落实“项目生成年”工作要求，组成若干督导调研组，分赴重点地区和园区，深入 112 家企业、106 个重点工业项目施工现场，督导调研重点工业项目建设、招商引资项目落地、工业投资完成等情况，积极协调解决重大项目建设用地、核准备案、环评安评、项目融资等问题，推进项目建设全面提速。组织谋划 60 个投资大、带动作用强的前期项目，金昆仑金属锂一期、青海铜业 10 万吨阴极铜、五矿盐湖 30 万吨钾肥等 15 个重点项目建成投产，国电投 N 型电池、黎明化工产能提升等 75 个新建项目开工建设，重点项目建设不断加快。

**二是聚焦重点促转型。**出台《关于促进青海省锂电产业可持续健康发展的指导意见》，藏格锂业年产 1 万吨碳酸锂项目建成投产，积极引进国家集成电路产业基金参与青海矽珂电子项目建设。

**三是创优环境强招商。**出台《关于大力弘扬优秀企业家精神促进企业持续健康发展的实施意见》，印发《青海省工业和信息化项目核准和备案管理办法》。聘请 60 名具有较高知名度和影响力的企业家担任“招商专员”；组织近百家企业参加首届中国国际进口博览会、第十五届中国国际中小企业博览会；首次举办轻工业产品包装高质量发展论坛系列活动；同时，全力以赴克服招商引资难度日益增大的困难，举全省之力成功举办第十九届“青海结构调整暨投资贸易洽谈会”（简称青洽会），签约项目 290 个、总投资超过 1500 亿元、到位资金 321.5 亿元。全年招商引资到位资金 755.5 亿元，超额完成目标任务。

### （三）标本兼治，坚守底线，稳妥有序防范风险

**一是加强组织领导。**省政府有关负责同志亲自担任盐湖股份、西钢集团、省投集团改革脱困领导小组组长，全面督促指导部署风险化解工作。财政、税务等成员单位全力配合、团结协作，积极协调金融机构加大对监管企业的授信支持，并主动深入企业一线开展调查研究和实地督导，确保风险化解工作有序推进。

**二是强化负债约束。**印发《青海省国有企业债务风险防范和化解预案》《关于做好全省重点工业企业风险防范和化解工作的通知》，建立健全债务风险防范预警机制和紧急偿债机制，全面排查监管企业及重点企业债务兑付风险，把降低资产负债率纳入企业负责人年度经营业绩考核指标体系，严格控制海外债发行规模。

**三是坚持因企施策。**督促监管企业“一企一策”制定风险应对预案，盐湖股份供给侧结构性改革取得阶段性成效；积极开展西钢集团综合改革攻坚工作，综合改革攻坚工作扎实推进；大力支持青海省投集团改革脱困，协调推动青海省投集团与中铝股份签订经营管理服务协议，目前，企业改革创新、生产经营、职工队伍稳定有序，与国电投的合作取得实质性进展。

**四是开展以强带弱。**国投公司充分发挥融资平台作用，在化解区域性金融风险、支持其他监管企业稳定生产经营方面作出了突出贡献。西部矿业依托上下游产业资源，支持西钢集团加快改革创新发展。青运集团利用管理、资本等优势，通过内控管理、外抓市场，帮助路桥集团实现扭亏为盈。黄河公司、中铝集团在支持监管企业改革脱困方面作出了积极贡献。

### （四）锐意进取，创新驱动，持续加力供给侧改革

**一是调结构。**组织实施百项改造提升项目，稳步推进制造强省战略，两项国家科技重大专项

进入验收阶段。规模以上工业企业新材料产业增加值同比增长 18.6%，生物产业同比增长 24.5%，装备制造业同比增长 21.2%。

**二是强创新。**引导企业研发投入 11.76 亿元，突破了一批共性关键技术，取得授权专利68件，完成创新成果 11 项，制定各类标准 21 项，新认定企业技术中心 5 家，3 项技术达到国际领先水平，6 家企业被评为全省质量标杆企业。

**三是去产能。**全面完成国家核定的 15 万吨以下煤矿化解过剩产能工作任务，三年累计关停煤矿 16 处、退出煤炭产能 213 万吨。2018 年完成 50 万吨钢铁去产能主要设备拆除工作，海西、海北 10 处煤矿退出产能 69 万吨。加快推进“僵尸企业”处置工作，兼并重组企业 10 家。

**四是降成本。**积极落实简政放权、清税降费、要素让利、挖潜增效等政策措施，降低企业成本 60 亿元以上，规模以上工业企业每百元主营业务收入成本同比下降 1.01 元，企业的政策获得感显著增强。

### （五）主动担当，积极作为，支持服务非公经济

**一是加大培育力度。**规模以上非公工业增加值同比增长 10%；培育中小微企业 1074 家；新增规模以上企业 44 家，其中西宁 18 家、海西 11 家、海东 7 家、海北 2 家、海南 3 家、黄南 2 家、果洛 1 家。

**二是大力支持双创。**新认定国家级“双创”示范基地 3 家、国家中小企业公共服务示范平台 1 个、省级“专精特新”企业 9 家、省级“双创”示范基地 3 家，成功举办“创客中国”暨“创青春”青海省创新创业大赛，5 个项目入围全国“创客中国”创新创业大赛 200 强。

### （六）不负重托，敢试敢闯，全面启动数字经济

**一是坚持科学顶层设计。**深入开展数字经济发展专题调研，编制完成《青海省数字经济发展实施意见》，出台青海省《关于深化“互联网＋先进制造业”发展工业互联网的实施意见》《青海省智能工厂、数字化车间认定管理办法》等政策措施，基本构建起以数字经济统领全省信息化和信息产业发展的政策体系。

**二是突出抓好试点示范。**新能源行业工业互联网平台试验测试项目入围首批国家工业互联网创新工程。推进电信普遍服务试点项目建设。

### （七）综合施策，多点发力，扎实推进节能降耗

**一是抓紧双控目标。**分解落实能源消耗强度和总量“双控”目标任务，强化重点地区、重点企业节能目标评价考核和实时监测，及时发布“节能晴雨表”，切实增强各地区开展节能工作的针对性、有效性。

**二是抓实节能项目。**支持一批节能技改项目，电解铝能效“领跑者”企业实施技改后吨铝交流电耗比全省平均水平下降 289 千瓦时。

**三是抓好绿色制造。**启动能效“领跑者”专项行动，推动绿色制造体系建设，新增国家级绿色工厂 3 家、绿色园区 1 家，青海省被认定为国家新能源汽车动力蓄电池回收试点省份。

### （八）循序渐进，稳中求进，纵深推进国企改革

**一是完善政策体系。**全面梳理改革任务、落实重大要求，基本形成了深化国资国企改革“1＋N”政策体系。

**二是注重以点带面。**劳动、人事、分配三项制度改革试点全面推进，在全国率先将国有企业改革试点任务纳入企业领导人业绩考核，国投公司、三江集团下属 2 家企业入选国务院国资委“国有企业双百行动”试点名单，“三供一业”分离移交协议签订工作基本完成，18 家监管企业公司制改革和董事会建设全部完成，董事会授权、国有资本投资运营、混合所有制企业员工持股等试点工作有序推进。

**三是优化国资布局。**推动国有资本向新材料、新能源、新型化工、旅游文化等产业集中，

促成了青海银行增资扩股、博伦矿业股权收购、青海锂业股权整合等一批重大项目，组建成立青海省化工新材料集团公司，国有资产进场交易106宗，争取专项资金2800万元解决企业遗留问题。

**四是推动转型升级。**批准设立煤业集团融资租赁、盐湖国际贸易等24家新企业，支持监管企业进入新领域、发展新产业、打造新优势。建立企业技术中心9家，省级工程实验室5个，院士、博士工作站各1个，实施技术创新项目430余项，获得科技成果50余项。

**五是监管服务并重。**修订印发《青海省省属企业投资管理办法》《青海省企业国有资产交易监督管理办法》，严把监管企业财务数据、资产评估、重大事项审核关，完成了194个总额达227.6亿元投资项目的审核备案工作，调增股权投资16项、调减9项，规范了企业投资经营行为。

## 2019年工业经济形势展望

当前，青海省工业信息化和国资国企改革发展已经进入深化改革与加快发展并重、稳定增长与转型升级并举的关键发展阶段。全省工业信息化和国资国企改革发展不平衡、不充分的问题依然突出，结构性、体制性矛盾还未从根本上解决。

主要预期目标：规模以上工业增加值增长8%；一般性工业投资增长7%；单位GDP能耗下降0.1%，能源消费增量控制在400万吨标准煤以内；培育新增规模以上企业40家、中小微企业1000家；招商引资到位资金600亿元；国有资产保值增值率100%。

为实现以上既定目标，要抓好以下重点工作。

### （一）抓协调，强保障，让工业经济更平稳

**一要加强工业运行调度。**深入各地区、园区全面摸排工业经济增长点，详细调研企业生产运行中存在的困难和问题，督促企业及早安排全年生产计划，重点抓好产品有市场、发展有潜力的停产或半停产企业尽早复产，最大限度地挖掘增长潜能，切实打好第一季度开局攻坚战，力争实现首季平稳开局。

**二要狠抓生产要素保障。**认真落实好签订的煤炭中长期合同，加快新建煤炭产能释放和省外煤炭调入储备，保证省内煤炭供需平衡；完善直接交易电价联动机制，进一步扩大电力直接交易规模，保障清洁能源优先发电，引导能源合理流动和优化配置，努力实现清洁能源最大化消纳；积极协调青藏公司化解春运期间客货矛盾，引导工业企业错峰运输，全力保障钾肥等大宗工业产品运输；督促青海油田油气稳产增量，推进大用户直供气价格协商机制，多措并举增产保供。

**三要积极稳存量促增量。**充分发挥青海油田、盐湖钾肥等骨干企业的“稳定器”作用，确保存量企业安全稳定生产。积极促进新建项目尽早建成投产，加强比亚迪锂电池、时代新能源、五矿盐湖等新投产项目和新入规企业的动态跟踪，确保新增长点潜力充分发挥。进一步强化分类指导和服务协调工作，培育扶持一批、改造提升一批、引导促进一批，有效促进企业升规入统，确保形成新的增量。

### （二）抓项目，扩投资，让增长动能更强劲

**一要落实项目建设责任。**围绕省委、省政府“四个奔着去”总要求，建立“投资项目化、项目责任化、责任具体化”工作机制，扎实做好项目的论证储备、跟踪争取和组织实施工作，持续扩大有效投资规模。

**二要抓好重点项目建设。**按照“打好四张产业牌”要求，健全完善项目合力攻坚工作机制，建立重大项目联审联批绿色通道，全力推进比亚迪10吉瓦时的动力锂电池、大美煤业尾气综合利用制烯烃等一批总投资10亿元以上的重点项目建设，力争比亚迪二期14吉瓦时动力电池、

海东8吉瓦时动力锂电池和隔膜项目全面开工建设。进一步拓宽对接领域、提升对接层次，重点做好大美煤业60万吨烯烃、康泰6.8万吨锻压机、远景海南州和青海明阳风机装备制造基地等项目的上下游对接服务，加快推进项目建设。

**三要推进绿色产业发展。**加快诺德电子高档电解铜箔、卓丰新材料汽车用铝板材、中利光纤预制棒三期、金昆仑1.5万吨锂盐等项目建设，做大新材料产业；重点推进国电投N型电池、北捷新材料动力及储能电池隔膜、青海菲特锂电池电解液、鑫东达锂电池壳体、时代新能源动力及储能电池、奥阳新能源负极材料等项目建设，做强新能源产业；召开全省中藏医药发展大会，重点支持藏医药产业原材料种植加工、技术改造等项目建设，进一步完善医药产业布局，做实生物医药产业；按照“构建国家重要的新型能源产业基地”发展目标，以创建全国清洁能源示范省为牵引，全力支持海南、海西两个千万千瓦级新能源基地建设，进一步提高清洁能源就地消纳和外送输出能力，组织开展“绿电15日”活动，不断提升清洁能源发展水平；重点推进盐湖集团2+3碳酸锂、昆仑碱业年产20万吨小苏打、东台锂资源2万吨碳酸锂等项目，进一步提升盐湖综合利用水平。

**四要科学谋划产业发展。**坚持把西宁、海西作为工业经济主战场，把打好四张产业牌作为主攻方向，进一步提高工业信息化和国资国企改革发展规划的研究能力和水平，主动衔接国家有关部委将青海省重大项目、重大工程、重大政策纳入国家发展规划，委托专业机构加快启动“十四五”工业信息化发展规划和专项规划编制工作，加大绿色产业、智能制造、数字经济、创新创业等现代产业体系重大课题研究，为省委、省政府指导工业信息化和国资国企改革发展提供决策参考。

### （三）抓管控，防风险，让企业成长更健康

**一要防范化解金融风险。**制定出台《关于加强国有企业资产负债约束的实施意见》，指导监管企业“一企一策”制定风险防范应对措施，建立以资产负债为核心，以企业成长性、经营效益、偿债能力为指标的监测预警体系。会同金融监管部门建立风险研判、评估、防控协同机制，严控集合信托、私募债、明股实债等举债行为。尽快建立完善降杠杆、降负债和动态监管、偿债计划等制度，确保债务如期兑付。分类有序推进地企合作平台搭建、债转股方案落地、综合改革攻坚任务落实、“一行三局”对接合作等举措，优化国有资本战略布局，提高直接融资比重，防止有息负债和债务过度积累，促使企业资产高负债率尽快回归合理水平。

**二要全力抓好安全生产。**全面推进企业安全生产主体责任建设，督促指导企业健全完善风险管控和隐患排查治理双重预防工作机制，全面排查生产设备和工艺流程中的安全隐患，进一步提高安全生产水平，重点抓好春节期间安全生产工作，强化值班值守，坚决遏止重特大安全事故发生，确保企业安全生产形势持续稳定。

**三要保持企业和队伍稳定。**稳生产就是稳信心，生产就是形象，生产就有希望。按照“四个确保”总体要求，围绕监管企业改革脱困、化解过剩产能、“僵尸企业”处置等重点工作，严格落实维稳责任，建立健全信访工作长效机制，实时掌握企业职工队伍思想动态，及时解决职工群众的合理诉求，切实维护职工合法权益，做好困难职工的帮扶工作，妥善预防和处置群体性事件，力争将隐患消除在基层，消灭在萌芽状态，维护好企业和社会稳定。

### （四）抓创新，增动力，让产业结构更合理

**一要加快发展数字经济。**出台《青海省数字经济发展实施意见》《青海省贯彻〈网络强国战略实施纲要〉的意见》，积极推动云计算、大数据、物联网、人工智能、区块链等新一代信息技术和实体经济深度融合，力争在工业互联网平台建设、企业“上云”、融合应用等领域培育一批

示范企业和标杆项目。

**二要支持企业技术创新。**加大企业技术创新平台培育力度，滚动实施百项创新攻坚工程项目，着力突破盐湖资源多元化高效开发、高档数控机床及系统控制、特色生物资源高值化开发等关键共性技术，继续开展省级企业技术中心认定，支持废旧光伏组件回收利用、盐湖资源综合利用等创新中心建设，推进高新生物医药公共服务等平台建设。依托国家高原汽车产品质量监督检验中心积累的建设经验，加快打造面向全国、覆盖多行业的高原适应性检验检测中心。加强产业工人队伍建设，积极培育工匠和技能人才，鼓励支持职工创新创造。年内新增省级企业技术中心2～3家。

### （五）抓非公，助民营，让活力释放更充分

**一要抓好政策落实。**出台《关于促进民营经济高质量发展的若干政策措施》，进一步加大资金支持力度，引导民营企业创业创新，形成支持民营经济发展的政策体系。继续滚动实施双百工程和“专精特新”企业培育工程，鼓励和支持中小企业工业集中区（创业园）建设，确保支持中小企业和民营经济发展的各项政策举措落地见效。

**二要强化资金支持。**探索建立民营企业纾困机制，有效缓解民营企业融资难、融资贵问题，不断优化民营企业发展空间。积极争取国家融资担保基金支持省信保集团等担保机构创新融资工具、优化融资服务，探索组建小微企业担保机构和再担保机构，扶持有条件的民营企业上市融资、债券融资，进一步拓宽民营企业投融资渠道。

### （六）抓节能，提效率，让绿色发展更深入

**一要加强监督管理。**组织实施国家重大工业专项节能监察，落实阶梯电价政策和能源负责人制度，推进重点用能单位“百千万”行动，深入开展节能“双控”督导，切实督促各地区做好“双控”工作。

**二要实施重点项目。**继续实施能效“领跑者”行动，加快能耗在线监测系统建设，在化工、冶金、建材、电力等领域实施一批节能节水和绿色制造技改项目，提升传统产业能效水平。

**三要推动绿色制造。**积极争取工信部绿色系统集成项目，培育绿色工厂、绿色园区，鼓励企业充分消纳可再生能源，建设分布式能源中心，推进水泥窑协同处置工业固废、电解铝危险废物资源综合利用等重点项目，推动新能源汽车动力蓄电池回收试点工作，全面构建绿色产业体系。

### （七）抓服务，优环境，让招商引资更精准

**一要招大引强抓优引特。**用好用足东西部扶贫协作、对口支援机遇，充分发挥“招商专员”的促进作用、园区的阵地作用、会展的平台作用、产业的牵引作用，密切关注京津冀及沿海发达地区产业转移新趋势，认真落实招商引资优惠政策，围绕重点央企、民企积极开展精准招商、以商引招，承接引进一批特色鲜明、优势突出、可持续发展的重点项目，努力变资源优势为产业优势、经济优势。

**二要认真办好重大展会。**高质量做好“中国民营企业500强峰会”各项筹备工作，以峰会为契机精心筹划招商引资。超前谋划、以动为先，打造“一主多专”展览展会新体系，不断提升“青洽会”办会层次和水平，并组织开展好“央企支持青海发展”活动。

**三要切实优化营商环境。**严格执行省政府“710”工作制度，大力推进“放管服”改革，认真落实市场准入负面清单制度，实施“双随机、一公开”监管，深入推进“互联网＋政务服务”，依法采取联合惩戒措施提高失信成本，督促各市州、园区发挥诚信建设示范作用兑现政策承诺，打通政策落实“最后一公里”。坚持以企业需求为导向，全力打造企业和企业家之家，狠抓各类签约项目和意向项目跟踪服务，确保项

目招得来、落得下、实施好。

### （八）抓改革，促发展，让政策措施更到位

**一要持续深化供给侧结构性改革。**围绕“巩固、增强、提升、畅通”八字方针，继续实施百项改造提升工程项目，采用先进适用技术改造提升传统产业，加快发展先进制造业，推动互联网、大数据、人工智能和实体经济深度融合，促进产业迈向价值链中高端。扎实去产能，积极推进年产15万~30万吨煤矿企业兼并重组。

**二要深入推进国资国企改革。**完善国资监管职能体系，继续调整内设机构设置和职能配置，努力实现科学监管、有效监管。积极推进国投公司、水利水电、三江集团等国有资本投资、运营公司试点工作，探索将部分出资人权力授予试点企业。重点抓好能发集团、省投集团、青海油田社会职能移交工作。督促指导2家“国有企业双百行动”入围企业按要求开展改革工作，选取2~3家符合条件的二级、三级公司开展员工持股试点，继续推进企业内部市场化改革试点，支持引导符合条件的集团公司在子公司层面尽快制定混改方案，努力形成可利用、可推广、可复制的经验。

# 2018年西藏自治区工业经济运行概况

规模以上工业增加值比2018年增长12.5%，增速比全国平均高出6.3个百分点；规模以上工业企业实现主营业务收入比2018年增长19.2%；累计完成工业项目投资109亿元，信息化建设直接投资近60亿元；“西藏好水”销量70多万吨；信息消费市场规模达60亿元。信息技术与实体经济加快融合发展，IPv6规模部署加快推进，两化融合指数达46，自治区级依申请类事项网上办事率达到98.3%以上，拉萨、山南等市依申请类事项网上办事率达到50%以上。

## 工业运行状况及主要特点

2018年，西藏规模以上工业增加值比2017年增长12.5%，增速比全国平均值高出6.3个百分点，增速位居全国第一（见图1）。

**一是重工业高位增长。**重工业增加值比2017年增长19.6%；轻工业增加值同比下降13.8%。重工业增速高于轻工业33.4个百分点。

**二是主要行业整体平稳。**2018年，非金属矿物制品业（建筑建材业）工业增加值比2017年增长37.2%，电力、热力生产和供应业工业增加值同比增长23.9%，医药制造业工业增加值同比增长7.0%，有色金属矿采选业工业增加值同比增长6.1%（见图2）。

**三是主要产品产量增多降少。**全年发电量60.84亿千瓦时，比2017年增长10.9%；水泥产量913.03万吨，同比增长42.2%；铅金属含量产量9.21万吨，同比增长18.2%；铜金属含量产量8.93万吨，同比增长57.8%；锌金属含量产量7.09万吨，同比增长68.2%；铬矿石产量6.59万吨，同比增长8.7%；中成药产量0.24万吨，同比增长4.3%。自来水产量1.36亿吨，同比下降0.5%；受8月以来销售持续下降影响，包装饮用水产量61.74万吨，同比下降10.5%；啤酒产量13.34万吨，同比下降25.7%。

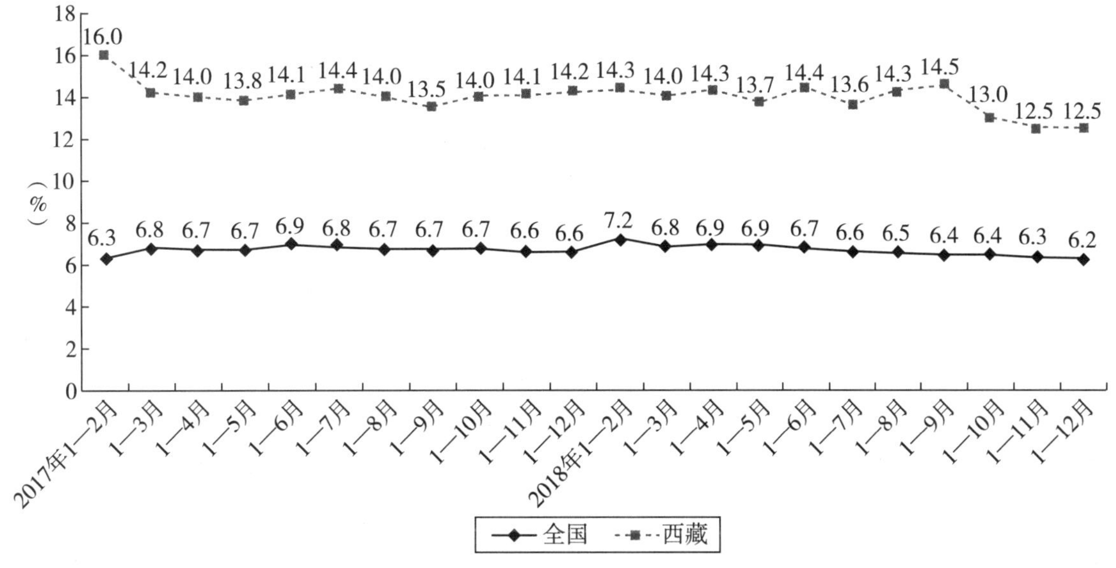


**图1　2018年西藏规模以上工业增加值增速**

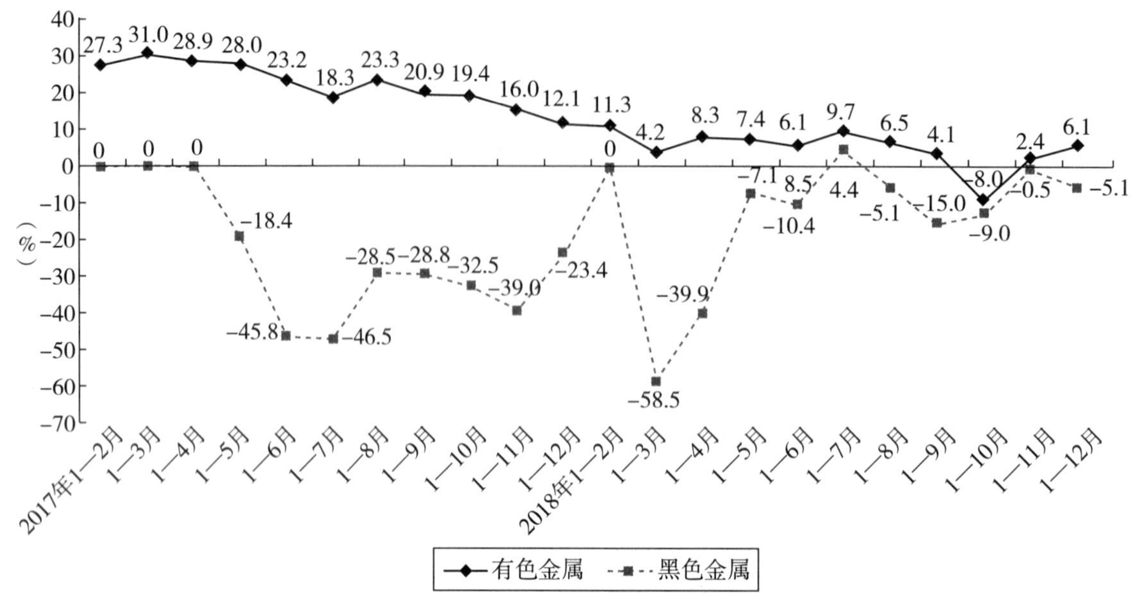


**图 2　2018 年西藏采矿业增加值增速**

**四是工业品产销畅顺。**2018 年，实现工业销售产值 239.50 亿元，比 2017 年增长 19.9%；工业品产销率为 101.5%，比 2017 年提高 6.2 个百分点。

**五是地（市）工业运行六增一降。**2018 年，那曲规模以上工业增加值比 2017 年增长 125.2%；林芝同比增长 25.2%；阿里同比增长 24.9%；昌都同比增长 15.4%；山南同比增长 13.0%；拉萨同比增长 10.4%；日喀则同比下降 11.7%。

**六是受电力、热力、燃气及水的生产和供应业投资持续下降影响，工业固定资产投资下降。**2018 年，全区工业固定资产投资比 2017 年下降 3.6%。工业固定资产投资占全社会固定资产投资的 15.5%。在工业固定资产投资中，采矿业投资比 2017 年增长 51.5%；制造业投资同比增长 50.6%；电力、热力、燃气及水的生产和供应业投资同比下降 15.8%。工业投资中技改投资比 2017 年下降 46.5%。7 地（市）工业固定资产投资增速分别是：山南 108.2%、那曲 1.8%、昌都 -7.6%、阿里 -16.5%、日喀则 -26.1%、拉萨 -30.6%、林芝 -84.0%。

## 重点行业发展情况

为有力推进各重点行业的健康快速发展，狠抓落实项目建设，补齐发展短板，加快推进重点项目。2018 年全区累计完成工业项目投资 109 亿元，超额完成年度计划，其中，水泥项目 20.62 亿元、矿产项目 29.87 亿元、园区项目 30.2 亿元、天然饮用水项目 8.86 亿元、医药业项目 3.39 亿元。全区通过产能置换新增水泥熟料产能 540 万吨，已完成 420 万吨置换产能，其中 165 万吨项目建成投产，120 万吨项目已开工，其他项目正在加快推进。华泰龙二期建成试生产，玉龙铜矿二期，驱龙铜矿，拉果错、当雄措等盐湖锂资源开发项目，西藏福地公司山南 500 万吨大包装水项目加快推进。拉萨市编制《绿色工业重点项目一览表》，加快推进总投资 378 亿元的 63 个绿色工业重点项目建设。昌都市狠抓矿业、建材业等 5 个重点项目投资建设，完成投资 20.19 亿元。

### （一）天然饮用水行业

加快山南福地 500 万吨一期 100 万吨大包装水、日喀则德朗玛 30 万吨天然饮用水、隆子县玉麦乡 5 万吨天然饮用水项目建成投产。全区天然饮用水产业直接就业 5000 人以上，带动农牧民群众间接就业近 2 万人。成功举办由西藏自治区工业和信息化厅（自治区天然饮用水产业发展协调领导小组办公室）、西藏好水行业协会、西藏圣水产业发展有限公司共同主办的“西藏好水”长江三角洲（上海）专场推介和北京专场推介活动。两次推介活动共计20余家合作企业签约，并签署合作协议，共达成销售意向26.26万吨、总金额8.043亿元。

### （二）藏医药行业

2018年，全区规模以上医药制造企业实现工业总产值17.26亿元，同比增长18.38%，实现工业增加值约9亿元，同比增长16.1%。奇正藏药公司成功获批工信部医药智能制造项目，公司123种藏药材通过德国有机食品质量认证，58种藏药材获得美国、欧洲“通行证”，并通过加拿大GMP认证复检。藏医药浴法列入人类非物质文化遗产代表作名录。

### （三）民族手工业

鼓励企业改进民族手工业加工技术和工艺水平，研发新产品，充实文化内涵，增加中高端供给。目前，全区民族手工注册企业240余家，民族手工合作社360余家，2018年民族手工业总产值近7亿元。与此同时，自治区藏族唐卡绘制技艺，藏香制作技艺，藏族锻铜技艺，藏族邦典、卡垫织造技艺等15种传统工艺项目列入第一批国家传统工艺振兴目录。唐卡画师罗布斯达获得第七届中国工艺美术大师称号。

### （四）水泥行业

2018年，自治区已建成投产的水泥熟料产能600万吨。其中，华新水泥（西藏）有限公司三线（90万吨）、日喀则高新雪莲水泥有限公司二线（75万吨）分别于8月、9月相继建成投产。全年区内水泥产量为913万吨，同比增长42.2%，水泥消费量约为1100万吨，缺口约200万吨，市场需求缺口进一步缩小，供需矛盾得到一定缓解，水泥产业发展快速，整体趋势向好。

### （五）矿产业

玉龙铜矿项目于2018年11月取得国家应急管理部安全设施设计批复，12月完成项目融资，已具备开工条件，正在开展项目前期工作。玉龙铜矿改扩建工程（又称二期工程）总投资106亿元，力争2020年年底建成投产。改扩建工程建成后玉龙铜矿年处理矿石量高达1890万吨，生产铜金属量12.5万吨，实现销售收入50亿元，利润15亿元，缴税近10亿元。西藏华泰龙公司甲玛铜多金属矿二期建设工程主体项目已于2018年7月完成，已进入生产调试阶段，预计2019年6月达产，投资约67亿元，二期扩建工程设计处理规模为4万吨/日。按照项目设计，项目达产后日处理能力可达5万吨，年产铜约7万吨，年产值约40亿元，上缴税费约10亿元。

### （六）信息行业

**一是基础供给能力提升。**实施贯通国家、自治区、地市、县、乡五级共4325个节点的政务外网延伸扩容与保通工程，建设自治区统一云平台、政务大数据中心，初步形成“一网一云一中心”信息化布局。政务信息系统整合共享平台建设加快推进。

**二是数字经济蓬勃发展。**电子商务工程“旅游+购物”电商平台、资产电商平台、“淘宝特色中国·西藏馆”实现交易额15亿元。工业互联网应用推广加紧实施，两化融合管理体系广泛宣贯，西藏高争民爆股份有限公司等12家企业被列为国家级两化融合管理体系贯标试点企业。协同有关部门推动全区农牧区信息化工程立项审批，自治区农村综合信息服务平台访问量突破2500万人次，信息惠农强农工作扎实推进。

**三是信息化推动政府治理能力进一步提升。**全区一体化“互联网+政务服务”平台门户网站和手机客户端App上线运行，“一网通办”工作取得重大进展，昌都、拉萨智慧城市建设加快推进，“数据多跑路，群众少跑腿”成为雪域高原新亮点。

**四是信息化建设统筹力度加大。**对申报财政预算和中央投资的共231个信息化项目开展技术审查。组建成立西藏高驰科技信息产业集团公司，与自治区发展和改革委员会、财政厅、网络安全和信息化委员会办公室等部门研究制定信息化项目统一代建、统一运维、统一管理办法措施。教育、交通、医疗卫生、社会保障、精准扶贫、公共安全等领域信息化加快推进。

**五是搭建信息化交流合作平台。**推动中电科、华为、平安、紫光、中国铁塔等多家互联网企业和ICT（信息和通信技术）大型央企与自治区开展战略合作，参与信息化建设，推动信息产业大发展、快发展。

### （七）中小企业

支持打造中小企业创新创业特色载体，加快推进自治区中小企业公共服务平台建设，项目可行性研究报告通过评审并获得批复，总投资2300余万元。组织近50家企业参加APEC、中国国际中小企业博览会展览展示，促成意向性合同290余份，总金额1600余万元。严格落实相关精神，降低全区工商业用电价格幅度达11.8%，预计2018年将为工商企业降低用电成本4.16亿元。

## 工业重点工作和成就

### （一）产业政策规划引导，推进高质量发展

一是贯彻国家和自治区的重大政策，出台自治区“十三五”时期工业发展总体规划、自治区民用爆炸物品行业发展规划、自治区建材产业“十三五”发展规划等行业中长期发展规划，坚持把“创新驱动发展”作为关键核心，努力培育新兴产业，改造提升传统产业，推动新旧动能转换，构建现代产业体系，实现绿色高质量发展、融合发展。

二是深入贯彻落实自治区《关于深入推动云计算应用大数据发展培育经济发展新动力的意见》《关于深入开展增品种提品质创品牌行动促进西藏特色优势加工业发展的意见》，制定民爆行业发展指导意见、自治区甘草麻黄草专营和许可证管理办法等文件，强化分类施策，促进各产业科学规范、健康绿色、高质量发展。

### （二）不断优化发展环境，释放发展活力

**一是深入推进中小企业发展。**认真开展《中华人民共和国中小企业促进法》宣贯，举办专题讲座，印发任务分解，联合银行机构开展宣贯推介活动；抓紧推动促进民营企业发展的相关优惠政策的制定，形成《关于进一步促进民营企业发展的政策措施（送审稿）》提交政府审定。印发《关于推荐西藏自治区小型微型企业创业创新示范基地的通知》《关于推荐西藏自治区中小企业公共服务示范平台的通知》，推动相关政策落实。

**二是积极发挥减轻企业负担联席会议机制作用。**推动普遍性降费、清理规范涉企经营服务性收费，开展区降低一般工商业电价政策落实评估工作，切实减轻企业负担。联合自治区发展和改革委员会公布2018年政府定价的经营服务性收费目录清单，提高涉企收费政策透明度。会同自治区财政厅开展涉企保证金清理规范，建立涉企保证金目录清单制度。协调推动天然饮用水企业继续享受出藏铁路优惠运价，帮助解决企业电力供应、证照办理等。协调保障、督促引导全区重点民爆企业改扩建生产线，有效提升供给能力。

**三是及时听取企业的意见和呼声。**针对企业反映的共性和个性问题，主动调研，为企业出谋划策，帮助企业解决发展中的困难和问题。

### （三）产业创新驱动发展，促进转型升级

一是“西藏好水行业协会”集体商标成功注册并授权运营。西藏福地公司山南500万吨大包装水（一期100万吨）项目建设加快推进。成功举办“西藏好水”长江三角洲（上海）专场推介、北京专场推介会，以及第四届中国西藏旅游文化国际博览会“西藏好水”订货会展览展示活动。推动西藏白玛甘泉水业公司和壳牌西安分公司实现合作、西藏冰川矿泉水与中国国航等各大航空公司深度合作。推动中信国安集团与区内天然饮用水企业共建西藏天然饮用水资源整合平台。指导西藏好水行业协会与中国工业设计

（上海）研究院股份有限公司、广东省广播电视网络股份有限公司分别签订战略合作协议。

二是坚持规划引领、强化政策支撑、做好运行监测、传承民族工艺，推动民族手工业与旅游、文化产业等传统特色产业与互联网融合发展。以藏毯、唐卡、藏香、饰品为重点，加强技术改造和新产品开发，丰富品种，提高产品附加值和市场占有率，增加中高端供给，推动民族手工业规模发展。组织开展第七届中国工艺美术大师西藏自治区评选推荐活动，唐卡画师罗布斯达获得第七届中国工艺美术大师称号。

三是大力推动医药工业技术创新，不断提升医药工业产品质量和智能制造水平，实现创新驱动。完成历年中药材种植项目验收工作。开展专项检查，落实医药储备供应。

四是狠抓食品安全，推动高原绿色食（饮）品产业健康发展。对重点食品企业开展诚信体系贯标培训，帮助10家企业成功获得国家生态原产地保护产品证书，1家单位获批国家级“食品企业质量安全检测技术示范中心”，1个天然饮用水企业灌装车间获得全国轻工行业先进集体。

### （四）产业助力精准扶贫，脱贫攻坚取得新成效

将产业扶贫纳入全区工业和信息化发展总体规划和各单项规划统筹谋划。把开发式扶贫、产业工人培训等纳入对口援藏省市工信部门战略合作协议并推动落实，拓展产业扶贫新渠道。据初步统计，隆子县玉麦乡5万吨天然饮用水开发项目完成后将带动30余名边境群众就业脱贫，为这一高寒边境乡与全国一道实现全面小康提供产业支撑。第四届中国西藏旅游文化国际博览会期间，西藏珠峰冰川水资源开发公司与京东集团开展战略合作，采取“京东＋企业＋边民”方式推进电商精准扶贫。

## 工业运行中存在的主要问题

在党中央、国务院的亲切关怀下，在自治区党委、政府的坚强领导下，西藏工业从无到有、从小到大，走过了一条充满艰辛、极不平凡的创业之路。但是，自治区工业经济发展依然面临着一些困难和挑战，发展中不平衡、不充分的问题较为突出，主要表现在：一是工业产业发展的能源、人力、原材料、融资、物流等各类成本持续上升，虽积极开展工业运行调度工作，着力采取措施缓解企业难题，但工业企业利润空间仍然有所收窄，特别是中小企业（民营经济）自身规模小，抗风险能力不强，又缺乏必要的专项扶持资金，投融资力度不够，部分企业发展困难重重。二是自身发展能力仍然较弱，产品质量与先进制造业的目标还有较大差距，科技创新能力较弱，高质量、高附加值产品供给能力不够，关键共性技术存在瓶颈，对新技术的应用推广还不广泛，在中小企业中应用有限，许多产品仍处于产业链的中低端，产品竞争力不足。

## 2019年工业形势展望

工业经济方面主要目标：保持工业经济稳中有进，质量效益持续提升，主要产品产量稳定增长，工业总量迈上新台阶，工业品产销衔接良好。绿色工业规模发展，单位增加值能耗持续下降，轻重工业协调发展，各市（地）工业经济运行协调共进。主要有以下方面：

### （一）加快园区升级建设，增强集聚发展

一是完善公共服务体系，建立政务服务平台，优化行政许可和服务流程，推行“一窗受理”，集中办理，限时办结，为入驻企业提供优质、便捷服务。

二是积极落实各类优惠政策。积极为相关企业提供服务，促进企业发展壮大、做实做强。

三是推动园区绿色发展。大力推进绿色工厂建设，推进园区循环化改造，鼓励企业加大质量技术投入，提升创新发展能力和质量保证能力，推动规模化、品牌化发展，鼓励工业企业开展技术创新示范企业认定申报。

### （二）加大中小企业培育力度，激发企业活力

**一是抓好政策落实。**大力推进新的《中华人民共和国中小企业促进法》的宣贯实施。制定和完善促进中小企业发展的政策措施。

**二是狠抓服务能力提升。**加快推进自治区中小企业公共服务平台项目建设，建立完善中小企业综合服务机构，推动线上线下服务相结合。探索建立“政府支持＋社会投资＋市场化运营”的公共服务机制。

**三是推进创业创新。**支持打造特色载体，推动中小企业创新创业升级工作。推动大中小企业融通发展、协同创新。实施专精特新“小巨人”企业培育行动，打造细分领域“单项冠军”企业。

**四是优化融资环境。**深化中小企业主管部门与银行业金融机构合作，推动银行业金融机构打造适合中小企业特别是小微企业需求的金融产品和服务，拓宽中小企业直接融资的渠道。推进中小企业信用担保体系建设，鼓励支持融资担保机构扩大小微企业担保规模。

**五是加强交流合作。**继续组织中小企业参加区内外各类展览展示活动，带动区内中小企业的技术、品牌、营销、服务“走出去”。鼓励支持有条件的市（地）建设中小企业合作区，吸引区外高新企业在藏落地，吸引内地科研机构在藏设立研发机构，把先进理念和制造工艺“引进来”。

### （三）深入贯彻绿色发展，推进提质增效

一是制定实施建材、民爆、矿业、饮用天然水、医药发展规划，对重点项目建设情况进行全程督导，全面统筹指导项目推进工作，确保完成全年投资任务。

二是协助相关部门做好装配式建筑、新型墙体材料的推广应用。引导区内其他建材产业（商砼、砂石、石材、陶瓷等）健康发展。扩能并引进新的民爆生产线，促进广州宏大民爆项目落地。

三是大力推动山南福地大包装水、日喀则德朗玛天然饮用水、隆子县玉麦乡天然饮用水开发项目等重点项目建设。

四是规范药材种植基地建设和人工种植驯化研究工作，支持对大宗常用藏药材和名贵濒危藏药材的繁育、栽培、种植、推广。协调推进藏药材交易中心建设。鼓励、引导企业加大研发投入，促进生物制药发展，提升藏药保健产品开发水平，增强自主创新能力，大力实施品牌带动战略，不断提升藏药品牌力和市场开拓能力。

五是严格乳制品、葡萄酒行业准入，支持食饮品企业不断创新生产工艺，进一步提升精深加工能力。

六是根据市场导向和消费者需求，引导、鼓励改造和提升藏毯、藏香、唐卡等民族传统手工业生产技艺，丰富产品品种。完成《中国工艺美术全集・西藏卷》初稿审定，鼓励工艺美术大师创作，传承西藏工艺美术技艺。

七是继续实施“三品战略”行动，推动制定相关标准，加快成果转化，支持生产企业提升工艺标准和智能化水平，促进增品种、提品质、创品牌，着力加快发展自治区特色优势产业。

### （四）加强经济运行调度，提升服务质效

**一是强化工业经济运行分析。**加强工业领域降成本、补短板政策措施落实，关注工业重点任务进展情况及数据统计情况，坚持月分析季度例会制度，准确把握趋势变化，聚焦发展中不平衡、不充分、不协调、不可持续等突出矛盾和问题，跟踪新出现的趋势性、苗头性问题，分析可能产生的影响，研究提出措施建议。继续做好工业生产、效益和投资的分析通报，将工业稳增长的压力有效下放。

**二是保障要素供给。**积极强化煤、电、油、运等工业生产要素的保障协调，切实解决企业后顾之忧。主动做好水泥等重点产品的生产组织和运行调度，保证重点建设项目的需求。

**三是狠抓企业减负工作。**继续做好涉企保证

金的清理规范工作，督促涉及保证金的地区和部门制定并公布涉企保证金清单，建立保证金收支台账。进一步拓展涉企收费目录清单查询内容和功能，完善企业负担调查和举报机制。配合做好国务院减负办降低一般工商业电价政策落实情况评估工作。继续做好减负政策宣传、企业负担调查、专项督促检查工作，进一步摸清企业的负担情况和政策诉求，强化监督。按照自治区人民政府有关精神，做好清理拖欠民营企业中小企业账款督导工作。

# 2018 年新疆维吾尔自治区工业经济运行概况

2018 年新疆工业经济呈现有规模、有质效、有活力、有温度、可持续的良好发展态势。工业经济在平稳增长中转型升级，在结构调整中优化提升。

## 工业经济运行特点

截至 2018 年年底，新疆规模以上企业实现工业增加值同比增长 4% 左右。规模以上工业能源消费量增速控制在 4% 以内，单位工业增加值能耗、用水量持续下降。劳动密集型产业新增就业 15 万人，纺织服装企业带动新增就业 10 万人目标如期实现。

### （一）聚焦总目标，大力发展劳动密集型产业带就业，高就业成为工业经济高质量发展的新推力

1. 进一步创新优化劳动密集型产业政策，高起点成为高质量政策体系的新内涵。先后提请自治区人民政府出台《关于印发自治区发展纺织服装产业带动就业 2018 年行动方案的通知》（新政办发〔2018〕33 号）、《关于进一步完善自治区纺织服装产业政策的通知》（新政办发〔2018〕34 号）和《关于加强棉纺在建项目建设管理推进产业高质量发展的通知》（新政办明电〔2018〕67 号），调整完善纺织服装产业扶持政策。出台《自治区支持南疆四地州部分劳动密集型产业发展有关政策的通知》（新政办发〔2018〕78 号）等系列文件，加快完成新疆电子产品组装产业发展规划，在南疆打造电子产品组装业发展政策高地，推动构建劳动密集型产业统一扶持政策体系。

2. 进一步创新优化产业发展布局，高就业成为产业高质量发展的新内涵。纺织服装产业初步形成以就业为导向，向南疆倾斜，向服装、家纺、针织等终端产业倾斜的高质量产业发展格局。电子产品组装业异军突起，成功主办丝绸之路经济带核心区电子产品组装业发展论坛暨签约仪式等系列活动，在工信部、对口援疆省市和受援地共同努力下，成功探索出“总部基地 + 卫星工厂 + 农户”“总部 + 教转中心”的就业新模式，南疆四地州新增电子产品组装企业 20 家，带动 1 万人就业。农副食品加工业区域特色化发展，成功打造葡萄、红枣等优质区域品牌。12 家酒庄 10 余款葡萄酒进驻白云机场国际葡萄酒博览城。国际葡萄酒挑战赛获得 1 金、5 银、16 铜。

3. 进一步创新深度贫困地区脱贫攻坚帮扶机制，促协调成为产业高质量发展的支撑。一是积极建立部委对口帮扶机制。充分发挥对口援疆机制作用，配合工信部尽快出台三年对口援疆脱贫攻坚方案和 2018 年支持重点。截至目前，44 个村共建成卫星工厂 27 个，成立合作社 56 个，解决群众困难诉求 2106 条。二是建立健全全覆盖对口帮扶工作机制。制定《自治区经信委工业领域产业扶贫 2018—2020 年实施方案》和《自治区经信委推进深度贫困地区脱贫攻坚工作任务分解方案》，自治区经信委各处室，全体领导干部与驻村工作队所在地乡、村建立全覆盖对口帮扶联系体系。76 名干部先后多次深入 22 个深度贫困县实地调研，与县市对接制定工业领域产业扶贫 2018 年实施计划，协调推进 623 个扶贫车间建设，预计带动就业 44079 人（其中贫困人口 26731）。三是引导树立倾斜帮扶新方向。乡镇光

网覆盖率 85%，行政村光网覆盖率 75%，行政村宽带覆盖率达 95% 以上。到 2018 年年底，包括 1962 个深度贫困村在内的，新疆具备条件（通电通路）的行政村将基本实现光纤宽带网络覆盖。

### （二）把握供给侧结构性改革主线，优化提升资源型传统支柱产业发展，优存量成为工业经济高质量发展的压舱石

1. 大力破除无效供给，去产能成效不断显现。出台《新疆利用综合标准依法依规推动钢铁、电解铝、水泥、平板玻璃落后产能退出实施方案》，市场化、法治化淘汰落后产能机制更加完善。开展对全疆 14 个地州利用综合标准依法依规推动落后产能退出工作全覆盖检查，建立举报平台。钢铁行业，在超额完成国家钢铁行业“十三五”目标 82.8% 的基础上，确定并向国家报送 2018 年自治区化解钢铁过剩产能项目名单，涉及产能 215 万吨。制定并督促 14 个地州市签订责任书，坚决防止“地条钢”死灰复燃。积极与工信部对接，落实区域产能置换政策，推动闽新钢铁开展产能置换工作。煤电行业，清单式产能主动逐步退出机制首战告捷。全年关停煤电装机容量 133.1 万千瓦，占全国煤电行业产能退出的 11.2%。组织 481 家新能源企业和 20 家燃煤自备电厂参加替代交易，成交电量 80 亿千瓦时。清洁能源发电量占规模以上工业发电比重 21%，比 2017 年提高 1.6 个百分点。国家督导检查组对新疆 2017—2018 年淘汰落后产能工作予以充分肯定。

2. 营造优质环境，降成本红利不断释放。一是分类施策降低企业运营成本。提请自治区人民政府出台《关于印发〈新疆维吾尔自治区降低实体经济企业成本实施方案〉的通知》（新政发〔2018〕54 号）。组织开展电力直接交易试点，总交易电量规模为 221 亿千瓦时，累计降低企业用电成本 18.22 亿元；组织开展电力用户与发电企业月度交易工作，累计降低企业用电成本 2.26 亿元；为符合条件的纺织服装生产企业降低电费成本约 3.59 亿元。合力推动准东北到小黄山站、准东北到甘泉堡站煤炭敞顶集装箱运价下浮 30%。加大涉企收费清理规范力度。二是体制机制创新激发市场主体活力。园区体制机制试点改革成为自治区体制机制改革的“领先手”。乌鲁木齐甘泉堡经济技术开发区等 23 个体制机制改革试点稳步推进，长鄯园区等 20 家“飞地园区”成为东部“引进来”的聚宝盆。稀缺无线电频率市场化配置改革再开先河，在乌鲁木齐作为国家首个频率试点改革基础上，确定昌吉、石河子、巴州、喀什 4 个地（州、市）为 1.8 吉赫频率竞争性配置试点，4 家企业相继获得许可。中小微企业发展环境提升，增长活力迸发。持续推进国家和自治区中小企业服务体系建设，目前有国家中小企业公共服务示范平台 9 家、自治区中小企业公共服务示范平台 118 家；国家小型微型企业创业创新示范基地 8 家、自治区小企业创业基地 49 家。新增“专精特新”中小企业 100 家，329 家“专精特新”中小企业获得创新服务券。10 家信息化中小企业首次开展“信息化服务券试点”。

3. 积极推动传统产业改造提升，产业结构产品种类调整优化。一是紧紧把握国家新一轮技术改造契机，工业技术改造投资结构进一步优化。确定 178 个项目为自治区工业和信息化重点项目，50 个项目为年度技术改造重点跟踪项目。石油石化、冶金建材、机械制造等传统产业产品技术、工艺装备、能效环保等水平不断提高。金风科技、特变电工等 8 个重大装备产品获得国家重大装备产品保险补偿资金支持。巴州中泰年产 120 万吨 PTA（对苯二甲酸）项目、乌苏凯赛化纤产业园等项目稳步推进。二是传统产业保障支持力度进一步加大，支柱产业稳增长的“主力军”作用进一步增强。在各援疆省市支持下，“电力援疆”稳步实施。协调中国石油、中国石化增加天然气供应量。积极协调煤炭供应。积极协调中石油增加天然气供应基数，明确可中断用户。煤电油气运等生产要素保障能力显著增强。煤炭、石油、电力、纺织等行业保持增长态势，

成为工业稳增长支撑的“主力军”。三是质量强区战略稳步实施。制定并组织实施2018年提升质量品牌建设工作推进计划，提升质量品牌建设专项获得国家工信部支持。

### （三）坚持创新作引领，积极培育新动能，新兴产业成为高质量发展的赛车道

1. 新材料产业逐步成为新兴产业发展的领头羊。成功举办“2018中国硅业大会暨光伏产业博览会”，开展国家新材料生产应用示范平台及国家新材料测试评价平台建设工作。东方希望一期3万吨多晶硅已达产，二期3万吨计划年内投产；合盛硅业硅材料项目一期40万吨/年工业硅投产。初步形成准东和鄯善2个硅、铝产业基地。硅基新材料产业逐步成为新旧动能转换的领头羊。截至目前，新疆工业硅产量达46万吨，占全国工业硅总产量的47.4%，已经成为国内工业硅第一大、多晶硅第二大的重要产区。

2. 制造业借“智”登高，行业示范面、覆盖面进一步扩大。新增国家认定智能制造示范企业3个、国家智能制造综合标准化与新模式应用项目6个，智能制造企业已达到30余家，行业示范面、覆盖面进一步扩大。

3. 数字经济布局加快，试点示范成为发展新模式。推动自治区人民政府出台大力发展新疆数字经济等一系列措施，出台《新疆维吾尔自治区云计算发展行动计划（2018—2020年）》《新疆维吾尔自治区“疆企上云”行动计划（2018—2020年）》等一系列文件，政策护航布局数字经济发展。推动组建自治区工业互联网产业联盟，推动中小企业互联网“双创”平台发展，新特能源股份公司获得国家工业互联网创新发展工程支持项目，成为西部五省两个入选国家项目之一。国家级两化融合管理体系贯标试点企业新增5家。开展电信普遍服务试点，博尔塔拉蒙古自治州、哈密市和克孜勒苏州为2018年电信普遍服务试点地区。克拉玛依国际互联网数据专用通道成为西北城市中首家获得国家批复的项目，中国移动、华为云等数据中心、自治区公安厅等10家厅局以及部分地州云平台汇聚克拉玛依信息产业园区，规模和能力位居西北第一、全国前列，基本具备向丝绸之路经济带沿线国家和地区提供云服务的能力。新增“全国智慧健康养老应用首批示范试点”4个，奎屯瑞豪电子商务产业园、新疆集装箱公铁联运综合信息平台、旅游大数据可视化项目、新疆软件园科技展示体验中心4个项目入选新型信息消费示范项目，克拉玛依市为新型信息消费示范城市。13个地县成为新型智慧城市建设试点。

4. 重点技术创新体系不断完善，企业创新平台多元化。2018年新认定自治区级企业技术中心21家，总数达269家。组织下达2018年技术创新项目指导计划686项。新疆众和等4家国家认定的技术创新示范企业复合评价成功通过国家审验。组织新产品鉴定30项，16项达到国内领先水平。产学研合作进一步深化，新促成8家企业与大连理工大学签订产学研合作协议，企业创新基础进一步加强。

### （四）紧抓“一带一路”倡议机遇，扩大西行班列规模，双向互济成为高质量发展的新助力

成功开行德国杜伊斯堡—乌鲁木齐回程班列、开辟德国杜伊斯堡—乌鲁木齐回程班列、乌鲁木齐—意大利铁海联运班列，PVC（聚氯乙烯）、PBT（聚对苯二甲酸丁二酯）、BDO（丁二醇）、三聚氰胺等一批高附加值产品通过中欧班列运到欧洲、俄罗斯、中亚及西亚等地，运输产品品种和班列线路不断丰富。发布“十大进出口产业聚集区规划”，支持特变电工、华凌集团、中泰集团、交建集团等一批企业走出去，工业品实现出口交货值约171亿元，比2017年同期增长52.7%。全国中亚班列乌鲁木齐集结中心初步形成。加快落实国家“一带一路空间信息走廊建设与应用”新疆方案，推进“丝绸之路经济带旅游集散中心”和“基于国产卫星大数据综合应用服务平台”两大建设项目。

### （五）严守生态底线红线，推动绿色制造体系建设，工业绿色化改造成为高质量发展的牵引力

自治区出台《自治区严禁“三高”项目进新疆 推动经济高质量发展实施方案》（新党厅字〔2018〕74 号），初步构建工业绿色化发展的政策体系。创建神华新疆化工有限公司等 68 家绿色工厂、乌鲁木齐经济技术开发区等 3 家绿色园区，开发可降解塑料等 7 种全生命周期的绿色产品，新疆金风科技股份有限公司等 4 家绿色供应链管理单位，3 家企业被公示为 2018 年绿色制造系统集成项目实施单位，14 个项目获得国家工业转型升级绿色制造系统集成项目。完成 8 家电解铝、27 家钢铁和 93 家水泥、23 家石油化工、34 家造纸、26 家独立焦化企业，11 家 2017 年违规企业专项监察工作。34 家能耗不达标的企业强制能源审计工作。通过引导推动重点耗能企业实施节能改造，重点耗能产品单耗持续下降。聚氯乙烯等单位产品能耗持续降低，烧碱、电石单位产品能耗处于国内领先水平。

## 当前工作中面临的问题

一是内外需降低导致部分行业生产放缓，企业生产订单减少，投资预期不稳，经济下行压力加大。自治区重点监测的 16 个重点行业中，黑色金属冶炼和压延加工，农副食品加工，非金属矿物制品，电气机械和器材制造，食品制造，酒、饮料和精制茶制造 6 个行业面临国内外市场趋于饱和，行业整体利润和投资增速逐步放缓的压力。新疆制造业发展中居于优势的风电装备、输变电装备增速持续回落。制造业企业发展预期不稳，投资意愿不强。融资渠道收窄和实体经济融资贵的问题并现。受投资资金来源趋紧影响，基础设施投资、PPP（政府和社会资本合作）项目部分缓建、停建，建材、水泥等行业投资增长受到制约。

二是实体经济困难程度仍较深，企业劳动力成本持续上升，环境治理成本增加，部分能源原材料价格持续处于高位，资金压力加大，企业盈利能力受到压缩。在国内外需求放缓导致下游市场萎缩的同时，铁精粉、焦炭等主要原材料成本加大，钢铁行业经济效益下滑。受宏观政策调整影响，原材料短缺问题凸显，煤炭、原盐、石灰石等企业大量关闭，原料成本价格持续处于高位。运输政策调整影响深度进一步释放，主要运输线路运力下降 50% 以上，仅原燃材料运输成本就上涨 30% ~40%，北疆往南疆煤炭运输成本占比一度走高，达到 78.5%。天然气供应短缺，天然气气价全部上浮。钢铁、建材、水泥等传统产业增速下滑。

三是创新有效激励不足，新旧动能接续转换难度加大。高质量发展的政策体系不完善，鼓励创新，鼓励新业态、新模式、新经济发展的体制机制尚不健全。部分企业观望情绪明显，集群化规模化发展滞后。

四是工业要素形势严峻，支撑保障压力加大。受煤炭品种和地域分布不均、煤矿相关手续不齐全、煤炭环保存储和运输等因素影响，南疆的喀什、和田、克孜勒苏州等地和北疆的克拉玛依、石河子、博尔塔拉蒙古自治州等地煤炭供应紧张。化工企业用炼焦煤缺口较大。同时天然气供应存在硬缺口。

## 2019 年工作思路

2019 年预测规模以上工业增加值增速 4%，工业投资预计增长 5%，园区工业增加值 1680 亿元，同比增长 5% 以上；2019 年中石油、中石油在疆企业计划投资 500 亿元，较 2018 年增加 83.5 亿元，同比增长 20%。纺织行业工业增加值达到 130 亿元，全年新增就业 10 万人；信息产业实现增加值 330 亿元。重点监测战略性新兴产业工业总产值增长 10% 左右；占工业增加值比重提高 1 个百分点左右；高端装备制造和服务型制造的工业增加值同比增长 8% 以上，占装备制造业的比重提高 2 个百分点。数字经济主体产业增加值年均增长 10% 以上，数字经济增加值占新疆生产总值的比重达 25% 左右。规模以上工业能

源消费量增速控制在4%以内，单位工业增加值能耗、用水量持续下降。

### （一）毫不动摇坚持振兴实体经济增长，保持经济运行合理区间，打赢打好金融防风险攻坚战

一是抓好重大项目投资建设稳增长。充分发挥政府引导投资政策支撑作用，尽快出台工业稳增长高质量发展工作举措。建立健全重大项目协调推进机制，建立重点投资项目建设跟踪台账，尽快把一批合作意向落实到具体的项目上，加快一批项目开工建设和建成投产。全力做好中泰昆玉120万吨PTA项目、中泰化学400万吨油煤共炼项目、伊泰集团伊犁100万吨煤制油项目等重大项目建设协调服务工作。

二是抓好重点企业跟踪服务稳增长。对主营业务收入前200位的规模以上工业企业建立协调服务台账。重点加大规模以上企业复工生产、非季节性停产企业的协调服务，“一企一策”解决“卡脖子”问题。合力推动解决12个园区污水、固废基础设施配套建设，加大环保领域基础设施服务企业力度。

三是抓好重点产业发展稳增长。对39个产业中排名前16位的产业建立预测预警服务机制。逐月通报产业发展情况，定季召开经济运行分析会议，及时发现、关注和解决工业经济运行中重难点问题。抓住19个省市援疆的重大契机，充分发挥《承接东中部工业和信息化领域产业转移新疆投资指南》作用，不断加大产业转移承接力度，发挥比较优势，促进产业融合，拓展发展空间。重点推进23个园区体制机制改革试点、20个“飞地园区”试点，加强承接技术含量高的产业、非资源依赖型产业、劳动密集型产业、特色优势产业延伸配套等，促进形成一批大中小企业关联度大、带动力强、辐射面广、集约化高的优势产业集群。

四是抓好重点要素配置稳增长。优先保证支柱产业，重点项目煤、电、油、气、运等重要生产要素的供给。持续做好煤炭交通运输协调和区域煤种供需调度平衡，保障煤炭市场有效供给和民生用煤。加大与中石油公司的协调力度，争取增加天然气供应量，在优先确保民生用气安全可靠的前提下，有效保障化工、化肥等重点工业企业正常用气。加快重点勘探开发项目的土地征用、及时办理林评环评等手续，保障中石油、中石化加快勘探开发节奏。

### （二）毫不动摇坚持深化供给侧结构性改革，推动跨越经济高质量发展的长期性关口

**一是有序推进结构性去产能。**以钢铁、水泥行业为重点，严禁新增产能，依法依规退出落后产能，做到应停尽停、应关尽关、应拆尽拆。巩固三年去产能成果，坚决防止“地条钢”死灰复燃和已化解过剩产能复产。以电解铝、钢铁行业为重点，持续开展产能置换工作。以电解铝、水泥企业和钢铁企业电耗核查为重点，开展阶梯电价专项核查。配合相关单位开展燃煤发电机组节能改造监察工作。

**二是进一步优化经济发展环境。**落实《关于印发〈新疆维吾尔自治区降低实体经济企业成本实施方案〉的通知》（新政发〔2018〕54号）。充分发挥“低电价”这个新疆最大的优势，继续落实直购电交易、双边交易等低电价政策。实施新疆电力交易中心股份制改造，有序放开用电计划，实施增量配电网改革试点，切实把低电价变成企业的低成本，变成企业的高收益。继续推动大宗商品运价阶段性下浮，打通企业发展的运输瓶颈。牢固树立抓环境就是抓项目的理念，通过优化发展环境，打造优质公共服务，营造良好的营商环境。充分发挥减轻企业负担部门联席会议机制，持续加大治乱减负工作力度，严肃查处向企业收取经营服务性费用，行业协会、商会向企业收取不合理费用等问题。开展金融服务“下基层、进园区、入企业”，优化融资平台。

**三是推动传统产业转型升级。**实施新一轮重大技术改造升级工程，重点推动传统产业加快转型升级重大项目建设，延伸精细化工产业链，着

力打造能源化工材料产业基地。制定实施石油化工、轻工、纺织、有色等传统产业分业施策高质量发展专项工作方案。推动中石油、中石化加大在疆油气资源勘探开发力度，重点落实“玛湖特大型油田勘探”“吉木萨尔致密油开发”“库车山前天然气勘探”“顺北油气田开发”“西气东输四线建设”等重大勘探开发项目。在做好环保的前提下更多地就地深加工，让更多的油气资源优势转化为发展优势。研究并形成推动准东现代煤化工产业示范区建设的实施方案，充分发挥自治区准东煤电煤化工产业带建设领导小组的协调作用，统筹协调相关政策、措施，推动准东现代煤化工产业示范区建设。关注并推动重点煤化工项目建设。引导煤化工企业实施节能环保、清洁生产、资源综合利用等技术改造。统筹协调相关政策、措施，推动准东现代煤化工产业示范区建设。加大疆电外送和电力援疆工作力度。继续实施10万辆汽车升级工程，推动乘用车增量达产。

## （三）毫不动摇坚持创新驱动发展战略，推动经济发展动力转换、结构优化

一是落实制造强国发展战略。把提高供给质量作为制造业供给侧结构性改革的主攻方向，聚焦新材料、生物医药、新能源、农牧机械装备等重点领域，推动制造业向中高端迈进。推动新疆行动方案各成员单位出台或联合出台相关政策，支持新疆制造业加快发展。组织企业申报国家智能制造和新模式应用项目，组织鉴定验收一批具有国内先进水平以上的重大产品。重点推进乌鲁木齐、昌吉、克拉玛依、哈密等7个制造业基地加快建设，提高产业集中度。

二是大力发展战略性新兴产业。实施一批重点攻关项目，支持一批示范企业，进一步做大做强硅基新材料、云计算等战略性新兴产业。以国内外多源遥感卫星应用为核心，开发遥感、导航和通信一体化的卫星综合应用平台，促进卫星应用产业加快发展。开展新材料首批次应用保险补偿，推进自治区国家新材料生产应用示范平台、国家新材料测试评价平台建设。制定行业发展的相关政策，促进自治区硅基、铝基新材料行业健康发展。积极推进合盛硅业年产10万吨硅氧烷、蓝山屯河年产10.4万吨BDO（丁二醇）、和山巨力年产40万吨MDI（异氰酸酯）等一批项目建设，做大做强100家优势特色企业。

三是开启“数字强区”开篇工程，助力“智慧旅游”。加大措施力度，持续推进信息通信基础设施建设。推进乌鲁木齐、克拉玛依等云计算项目建设，着力打造丝绸之路经济带核心区云计算数据中心。重点推进软件和信息服务业、电子信息制造业持续较快增长，形成特色突出的电子信息产业体系；加快工业互联网平台建设，引导企业“上云上平台”，开展工业互联网创新应用试点工作，推动产学研用合作建设工业互联网创新中心。开展制造业与互联网融合、工业电子商务、两化融合管理体系贯标的试点示范。支持大型制造企业建设基于互联网的“双创”平台，加快推进制造业重点行业骨干中小企业互联网“双创”平台发展。大力发展绿色系统集成项目。推动政府管理和公共服务信息化程度不断提高。

四是强化企业技术创新能力，认定一批自治区级企业技术中心。继续推进企业技术创新体系建设，组织新认定20个自治区级企业技术中心，积极组织优势企业申报国家技术创新示范企业。围绕延伸产业链、完善产业链、提升价值链，组织企业实施500项以上技术创新指导性计划项目。启动制造业创新中心建设培育工作，积极培育新疆优势特色产业创建自治区级制造业创新中心。

## （四）毫不动摇坚持发展劳动密集型产业，打赢打好脱贫攻坚战

**一是主动融入乡村振兴战略。**建立新疆经信系统支持南疆产业发展的工作协调机制，加大政策、资金、项目、培训支持力度。充分发挥行业优势、专业优势、部门优势，用足用好国家扶贫对口资金，优先支持符合条件的产业扶贫项目发展，鼓励劳动密集型产业企业投资兴办卫星工

厂，推广“卫星工厂＋农户”等生产经营模式，通过带动产业发展，促进就近就地就业，促进深度贫困地区、贫困人口脱贫致富和乡村振兴。

**二是用足用好劳动密集型产业发展政策。**进一步完善自治区促进纺织服装产业发展的扶持政策，不断增强企业发展信心。组织企业参加2019年中国国际服装服饰博览会、中国国际纺织纱线展览会等大型展会，吸引纺织服装企业加大在疆投资力度。积极发挥电价和运价补贴作用，支持南疆地区纺织服装就业试点工作，把纺织服装产业打造成为推动就业和促进稳定发展的重要依托和坚实基础。大力发展电子产品组装业，用好《自治区支持南疆四地州部分劳动密集型产业发展有关政策的通知》（新政办发〔2018〕78号）所提到的优惠政策，加快完成新疆电子产品组装产业发展规划，在南疆打造电子产品组装业发展洼地，通过中国国际消费电子博览会等平台积极鼓励和支持，并引进中东部地区电子产品组装业企业向新疆转移。

### （五）毫不动摇坚持改革开放促活力，打造丝绸之路经济带核心区双向开放新格局

一是推进提升乌鲁木齐中欧（中亚）班列集结中心功能，推动新疆西行班列规模化快速发展。研究出台鼓励新疆纺织服装产品通过西行班列出口俄罗斯、欧洲的相关政策。二是持续推进亚欧高速信息公路基础设施和通信枢纽建设。三是配合相关单位，共同支持引导区内钢铁、建材、轻工等传统优势产业开展国际产能合作，支持新疆纺织服装产品通过西行班列出口俄罗斯、欧洲。

# 2018年新疆生产建设兵团工业经济运行概况

2018年新疆生产建设兵团全部工业增加值792.00亿元，比2017年增长6.6%。规模以上工业增加值同比增长6.2%。在规模以上工业中，分经济类型看，国有控股企业增长10.7%；股份制企业增长7.1%，外商及港澳台商投资企业下降13.5%；私营企业增长4.7%。分门类看，采矿业增长16.6%，制造业增长2.9%，电力、热力、燃气及水生产和供应业增长17.9%。分轻重工业看，轻工业增长5.5%，重工业增长6.5%。

2018年规模以上工业中，煤炭开采和洗选业增加值比2017年增长19.5%，农副食品加工业下降6.7%，食品制造业增长15.9%，酒、饮料和精制茶制造业下降2.5%，纺织业增长34.0%，化学原料及化学制品制造业增长0.8%，非金属矿物制品业下降1.0%，黑色金属冶炼和压延加工业增长17.9%，有色金属冶炼及压延加工业增长1.0%，电力、热力生产和供应业增长18.2%。六大高耗能行业增加值比2017年增长7.5%，占规模以上工业增加值的比重为64.3%。

2018年年末，兵团规模以上工业发电装机容量1663万千瓦，比2017年年末下降6.6%。其中，火电装机容量1318万千瓦，增长6.5%；水电装机容量38万千瓦，下降5.9%；并网风电装机容量134万千瓦，增长8.0%。

2018年规模以上工业企业实现利润129.18亿元，比2017年下降30.3%。分经济类型看，国有控股企业下降31.0%；股份制企业下降30.0%，外商及港澳台商投资企业下降32.9%；私营企业下降30.9%。

2018年规模以上工业企业产品销售率96.7%；完成工业品出口交货值31.81亿元，比2017年增长43.4%。

2018年工业投资预计390亿元，比2017年下降19.4%。其中，制造业投资下降20.5%；电力、热力、燃气及水的生产和供应业投资下降17.7%。

2018年兵团工业生产者出厂价格比2017年上涨2.8%，工业生产者购进价格上涨4.3%。节能降耗成效明显，2018年规模以上工业企业综合能源消费量3335.98万吨标准煤，比2017年下降1.3%，增速比2017年低7.9个百分点。其中，原煤消费量5575.87万吨，下降0.7%；电力消费量782.52亿千瓦时，增长5.8%。

## 工业运行特点

1. 供给侧结构性改革扎实推进。2018年年末规模以上工业企业资产负债率为64.1%，比2017年年末下降0.5个百分点。全年规模以上工业企业每百元主营业务收入中的成本为83.34元，比全国水平低0.54元；规模以上工业企业每百元资产实现的年主营业务收入为95.8元，比2017年增加0.70元。短板领域投资增长较快，全年装备制造业投资32.60亿元，比2017年增长13.2%；高技术制造业投资18.32亿元，增长78.4%。

2. 新动能成长较快。规模以上工业战略性新兴产业增加值比2017年增长8.2%，占规模以上工业增加值的比重为11.2%。高技术制造业增加值同比增长2.6%，占规模以上工业增加值的比重为2.7%。

3. 2018年年末，兵团拥有各类园区32个，其中国家级经济技术开发区4个，国家经济开发区兵团分区 2 个，自治区级工业园区 3 个，兵团级工业园区 23 个。

## 重点行业运行情况

### （一）化学工业

积极开展产业转型升级，将原有的离子膜烧碱及聚氯乙烯生产装置替代为企业自主研发的万吨级气固相法制备 CPVC 装置，2018 年建成一座集产品研发、技术孵化、产品性能检验检测、参观展览于一体的研发实验楼及中试实验平台；十二师冠嘉石油于 2018 年 9 月初启动新厂建设工作，进行了场地平整和地基开挖。兵团两家城镇人口密集区危化品生产企业按照“一厂一策”要求制定具体的实施方案和时间表，并积极推进各项工作，为按期完成兵团下达的任务目标奠定了坚实的基础。

### （二）轻纺食品工业

2018 年，兵团工信局起草制定《关于加强兵团棉纺在建项目管理推进产业高质量发展的通知》（兵办发电〔2018〕15 号）和《关于进一步完善兵团纺织服装产业政策的通知》（新兵办发〔2018〕61 号），确定了重点支持南疆师市纺织服装产业发展的政策体系，保持了纺织服装行业平稳较快发展，并协调军队和自治区工信厅，指导一师新越丝路、十二师芳婷公司顺利完成 2018 年度军队服装产品订单生产任务。

食品工业方面，为贯彻落实工信部《关于食品工业企业诚信体系建设工作指导意见》，自治区经信厅 9 月联合举办一次、10 月单独举办一次食品工业企业诚信体系宣贯培训班。2018 年，对兵团重点食品工业企业开展了诚信体系建设培训和认证工作。同时，兵团工信局批准筹建兵团工艺美术协会，组织开展第一届兵团工艺美术大师评选工作，产生了第一届兵团工艺美术大师，填补了兵团工艺美术行业空白，促进了兵团工艺美术事业的发展。

### （三）建材工业

2018 年，按照工信部《关于更新并公开水泥平板玻璃生产线清单的函》（工原函〔2018〕382 号）要求，经汇总各师（市）工业和信息化主管部门报送的水泥和平板玻璃生产线清单，形成更新后的全兵团水泥熟料、平板玻璃生产线清单。更新后兵团共计 19 家水泥生产企业，共 26 条水泥熟料生产线，设计产能为 71800 吨/日；平板玻璃生产线 1 条，设计产能 500 吨/天。

### （四）煤炭工业

根据国家能源局《关于做好截至 2018 年底全国煤矿产能公告工作的通知》，经对兵团煤矿生产能力进行梳理核定后，向国家能源局报送了 2018 年度兵团辖区内建设矿井和生产矿井产能变化情况：截至 2018 年年底，兵团公告煤矿 16 个，其中：生产煤矿 13 个，产能 960 万吨/年，较 2018 年 6 月底公告减少（取消公告）煤矿 15 个、减少产能 788 万吨/年；建设煤矿 3 个，产能 195 万吨/年，较 2018 年 6 月底公告无变化。

### （五）电力工业

截至 2018 年年底，兵团行业管理煤矿 31 处，平均单井规模 62.6 万吨。全年生产原煤 827.63 万吨，较 2017 年同比减少 8.1%。2018 年，兵团无新增发电装机，因环境保护和大气联防工作要求，八师石河子市关停 100 万千瓦级火电机组，火电装机有所下降。截至年底，兵团并网发电装机容量共 1995.9 万千瓦，其中：火电燃煤机组 1463.3 万千瓦，水电 62 万千瓦，风电 168.8 万千瓦，光伏 256.6 万千瓦，其他类型火电机组 45.2 万千瓦。2018 年兵团发电量为 883.03 亿千瓦时，较 2017 年同比增长 10.1%，用电量为 782.52 亿千瓦时，较 2017 年同比增长 5.8%。

### （六）矿业和冶金工业

根据国家发展和改革委员会办公厅、工信部

办公厅《关于进一步做好严管严控电解铝新增产能有关工作的函》（发改办产业〔2018〕440号）的要求，认真开展了辖区内2017年度电解铝产能变化情况摸底。经核查，兵团电解铝项目及产能未发生变化，规模仍为330万吨电解铝。

根据国家发展和改革委员会、工信部等23部局联合印发的《关于严防“地条钢”死灰复燃有关工作的通知》（发改产业〔2017〕2306号）等文件精神，兵团发改委、工信委等14个部门下发了《关于转发〈做好严防“地条钢”死灰复燃有关工作的通知〉等两个文件并做好相关工作的通知》（兵发改产业发〔2018〕63号），指导各师市组织开展全覆盖、无死角的“地条钢”违法建设、生产大排查。重点对假借铸造或特钢名义违法生产销售“地条钢”的企业、废钢资源流向、监管薄弱的偏远厂房进行排查。同时设立举报电话和网络举报平台，对举报信息进行认真查处。持续关注辖区内废旧钢材资源流向，强化用电异常企业监测。经多方排查，兵团范围内不存在“地条钢”违法建设、生产行为。2018年兵团无钢铁行业新增产能。

## 2019年工作部署

兵团在发展工业经济取得一定成绩的同时，也存在一些问题，包括对工业向南发展壮大南疆产业、促进就业研究得不深入，参谋助手作用发挥得不够，对工业结构不合理、发展环境不优、人才缺乏等问题的应对办法不多，部分干部存在作风不实、工作不够严谨细致、业务能力不精等问题。2019年，兵团将采取有力措施加以整改，并确立更高的工作目标。

主要预期目标：2019年全兵团实现工业增加值增长7.5%～8.0%，规模以上工业企业经济效益好于2018年。

### （一）完善和转变“政”的职能，提高依法执政水平

深化“放管服”改革，承接落实好自治区已授权的42项行政职能，优化服务流程。优化行政许可服务事项，加强行政执法人员资格管理和执法人员培训工作。配合加快国有工业企业的出清和重组。鼓励和支持非公资本参与工业国有企业改制重组，建立上下游协同的企业集团。搭建好园区平台，积极承接内地产业转移。

### （二）着力提质增效，推进工业高质量发展

引导支持纺织服装、乳品、肉类等农产品加工向全产业链、精深加工方向转变，电解铝、钢铁等向铝材、铝制品深加工和特种钢、钢材深加工方向延伸，煤化工、石油化工、天然气化工向芳烃、聚酯纤维、重油裂解深加工等方向发展，机械制造向智能化、多功能化的高端装备制造方向拓展。引导重点企业对标中泰化学，加快转型升级。充分利用新技术、新产业、新业态改造提升传统产业，提高制造业技术创新能力。鼓励企业增加科技研发投入，实施新一轮技术改造升级工程、生产工艺智能化改造和质量提升工程，培育一批战略性新兴产业。积极发展生物医药、电子信息、新材料等新兴产业。争取兵团本级资金向技术改造、设备更新项目倾斜。突出抓好七师合源正达生物医药、六师安徽国能锂电、八师众和系列铝深加工等重大项目建设。继续推进一师阿拉尔煤油共炼等重大项目落地。通过延伸产业链，增加产品品种，推动工业绿色低碳循环发展，实现企业提质增效。

### （三）工作重心“南倾”，提升南疆兵团新型工业化水平

抓住兵团制定出台支持南疆师市（园区）发展工业的政策措施机遇，支持工业发展壮大。编制《兵团南疆工业发展规划》，明确发展重点。引导支持援疆企业和民营企业大力发展纺织服装、农产品深加工、电子产品组装产业。贯彻落实工信部《产业转移指导目录（2018年本）》，加快区域合作。配合做好工信部与兵团签订向南发展战略合作协议相关工作，积极争取国家支持南疆工业发展的差别化政策。制定实施《兵团发

展纺织服装产业吸纳就业 2019 年度实施方案》，全年力争新增纺织服装企业就业岗位 1.5 万个（其中南疆师市新增 1.2 万个就业岗位）。落实《关于加强兵团棉纺在建项目管理推进产业高质量发展的通知》，控制棉纺产能总量。争取制定出台支持南疆师市（园区）发展工业的政策措施，在新建厂房、员工公寓及倒班宿舍、设备购置和更新、厂区基础设施、产品运费、员工岗前培训等方面，加大以奖代补力度，支持工业发展壮大。配合做大做强阿拉尔经济技术开发区等国家级开发区，推进一师阿拉尔煤油共炼等重大项目进程。

### （四）加强监测预警分析，确保工业经济平稳运行

将兵团下达的工业发展指标细化分解落实到各师市，指导督促各师市将任务分解到重点行业、重点企业。加大工作力度，督导检查各师市主要指标完成情况，确保完成全年目标任务。加强工业投资项目管理服务，编制《2019 年工业和信息化固定资产投资项目进度跟踪表》，协调重点项目建设。密切跟踪项目进展，认真做好按月调度工作，加强投资项目事中事后监管，促进项目早日完工并发挥效益。

### （五）抓好供给侧结构性改革，巩固去产能成果

贯彻好、落实好“巩固、增强、提升、畅通”八字方针，严格执行国家行业准入政策，不以任何名义核准备案新增水泥、钢铁、电解铝等产能过剩行业项目建设。严格对照国家能耗限额标准，加大监察力度，依法依规推进落后产能退出。配合推动工业园区体制机制改革，按照“原则上一个师集中精力办好办强一个园区”的要求，指导兵团级工业园区用改革创新思维、市场化的办法，加快转型升级，激发园区发展动力和创新活力，配合做好图木舒克、昆玉、铁门关等工业园区创建为国家级经济技术开发区的工作。加强兵地发展规划的衔接，协调推进兵地产业发展和工业园区统一规划。积极引导企业加强管理、降本增效，力争规模以上工业企业百元主营业务成本降到 80 元以下。

### （六）促进“两化”深度融合，加快信息网络基础设施建设，培育发展电子信息产业

大力发展互联网经济、数字经济，以电子信息材料、电子信息产品制造、软件和信息服务业为重点，推动移动互联网、云计算、大数据、物联网等与现代制造业融合，着力提升企业在产品内涵、研发设计、生产过程控制、节能减排等环节的信息化应用和科技水平。会同自治区通信管理局，开展 4G 网络覆盖摸底调研，向工信部申报 2019 年电信普遍服务试点。加快推进通信铁塔基站基础设施建设，每月对各师市完成情况进行分析督导。引导电信企业做好中小企业精准降费工作。组织对重点行业企业开展工控安全检查工作。完善电子信息产业运行分析机制，加强监测协调。

### （七）加快推进中小企业发展，提高企业竞争力

筹备召开兵团促进中小微企业发展工作领导小组会议，宣传贯彻《中华人民共和国中小企业促进法》，落实国家支持中小企业发展的优惠政策。开展兵团小企业创业示范基地和中小企业公共服务示范平台认定工作，依托南疆团镇建设一批中小微企业创业示范基地。引导担保机构扩大小型微型企业低收费融资担保业务规模，做好中小企业信用担保数据库管理工作，按月向国家报送数据。组织参加第十六届中国国际中小企业博览会，帮助兵团中小企业走出去，开展对外交流合作。充分发挥兵团中小企业公共服务平台作用，为中小企业提供各类服务。

# 2018 年大连市工业经济运行概况

2018 年，面对严峻复杂的经济形势，大连市工业和信息化系统以工业供给侧结构性改革为主线，千方百计保增长，推动制造业高质量发展，全市工业经济保持良好发展态势。

## 工业总体运行情况

### （一）从规模经济看

1. 主要指标情况。全市规模以上工业完成增加值同比增长 15.9%，增速同比提高 4.7 个百分点。工业总产值同比增长 16.9%，增速同比提高 9.8 个百分点（见图 1）。销售产值同比增长 16.7%；出口交货值同比增长 12.7%。实现主营业务收入同比增长 15.1%，增速同比提高 19.3 个百分点（见图 2）；实现利税同比增长 19.8%，增速同比提高 28.8 个百分点；实现利润同比增长 34.4%，增速同比提高 18.6 个百分点。

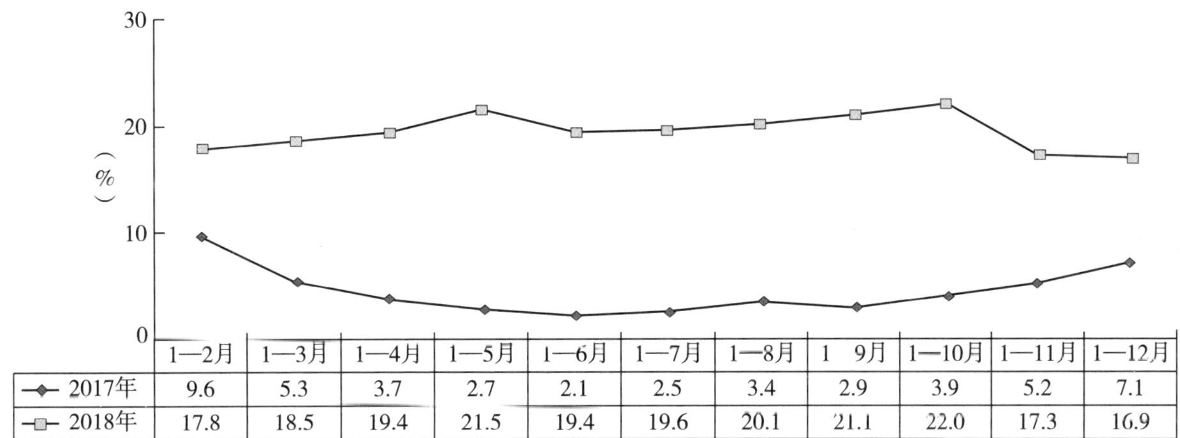


| | 1—2月 | 1—3月 | 1—4月 | 1—5月 | 1—6月 | 1—7月 | 1—8月 | 1 9月 | 1—10月 | 1—11月 | 1—12月 |
|---|---|---|---|---|---|---|---|---|---|---|---|
| 2017年 | 9.6 | 5.3 | 3.7 | 2.7 | 2.1 | 2.5 | 3.4 | 2.9 | 3.9 | 5.2 | 7.1 |
| 2018年 | 17.8 | 18.5 | 19.4 | 21.5 | 19.4 | 19.6 | 20.1 | 21.1 | 22.0 | 17.3 | 16.9 |

**图 1　2017—2018 年规模以上工业总产值累计增速对比**

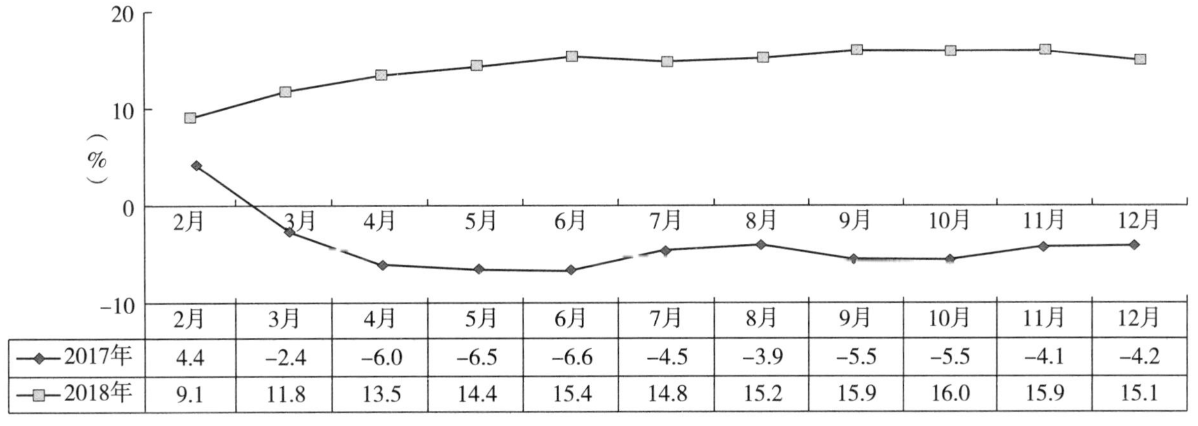


| | 2月 | 3月 | 4月 | 5月 | 6月 | 7月 | 8月 | 9月 | 10月 | 11月 | 12月 |
|---|---|---|---|---|---|---|---|---|---|---|---|
| 2017年 | 4.4 | −2.4 | −6.0 | −6.5 | −6.6 | −4.5 | −3.9 | −5.5 | −5.5 | −4.1 | −4.2 |
| 2018年 | 9.1 | 11.8 | 13.5 | 14.4 | 15.4 | 14.8 | 15.2 | 15.9 | 16.0 | 15.9 | 15.1 |

**图 2　2017—2018 年规模以上工业主营业务收入累计增速对比**

2. 工业投资情况。工业投资继续强劲增长，但大项目数量偏少局面未有改观。2018 年全市完成工业固定资产投资 825.1 亿元，同比增长 39.5%，工业投资占全市固定资产投资的 45.4%，对全市固定资产投资增长的贡献率达 140.5%。其中，技术改造投资 275.2 亿元，同比增长 15.7%，占工业投资的 33.4%；制造业完成投资 713.5 亿元，同比增长 48.7%，占工业投资的 86.5%；电力煤气给水生产供应业完成投资 111.3 亿元，同比增长 2.0%，占工业投资的 13.5%。

主要行业中，石油与化学工业完成投资 396.9 亿元，同比增长 137.6%，占工业投资的 48.1%；电子信息产品制造业完成投资 224.1 亿元，同比增长 14.9%，占工业投资的 27.2%；船舶制造业完成投资 7.8 亿元，同比下降 9.2%，占工业投资的 0.9%；现代装备制造业完成投资 43.8 亿元，同比下降 20%，占工业投资的 5.3%。

3. 亏损情况。2018 年，全市亏损企业亏损额 81.8 亿元，同比增加 5 亿元，增长 6.5%；其中，国有及国有控股企业亏损额 40.7 亿元，同比减少 7.8 亿元，下降 16.0%。2018 年，全市亏损面 29.1%，同比上升 4.7 个百分点；其中，国有及国有控股企业亏损面 44.5%，同比上升 3.4 个百分点。

## （二）从行业看

2018 年，轻工业完成产值同比增长 4.7%，增速同比下降 0.8 个百分点；重工业完成产值同比增长 20.0%，增速同比提高 12.4 个百分点。轻、重工业产值构成规模工业总量的比重为 18∶82，2017 年同期为 21∶79。12 月当月，轻工业完成产值同比增长 14.5%，增速同比下降 0.9 个百分点；重工业完成产值同比增长 14.0%，增速同比下降 22.2 个百分点。

2018 年，轻工业实现利税 107.9 亿元，同比增加 7.4 亿元，增长 7.4%；实现利润 81.8 亿元，同比增加 8.1 亿元，增长 10.9%。重工业实现利税 661.9 亿元，同比增加 119.6 亿元，增长 22.1%；实现利润 397.6 亿元，同比增加 114.6 亿元，增长 40.5%。

2018 年，34 个行业中，19 个行业完成产值同比增长，其中 7 个行业同比增长超过 20%。

2018 年，34 个行业中，31 个行业实现盈利；18 个行业实现利润同比增长，同比增加 7 个行业；23 个行业实现利润超过 1 亿元，其中，9 个行业完成利润超过 10 亿元。

## （三）从重点监控企业看

2018 年，100 家重点监控企业合计完成产值 4465.3 亿元，占规模以上工业比重为 71.7%，同比增长 27.3%；完成销售产值 4444.9 亿元，同比增长 26.9%；完成出口交货值 955.1 亿元，同比增长 20.7%（见图 3）。71 家企业完成产值

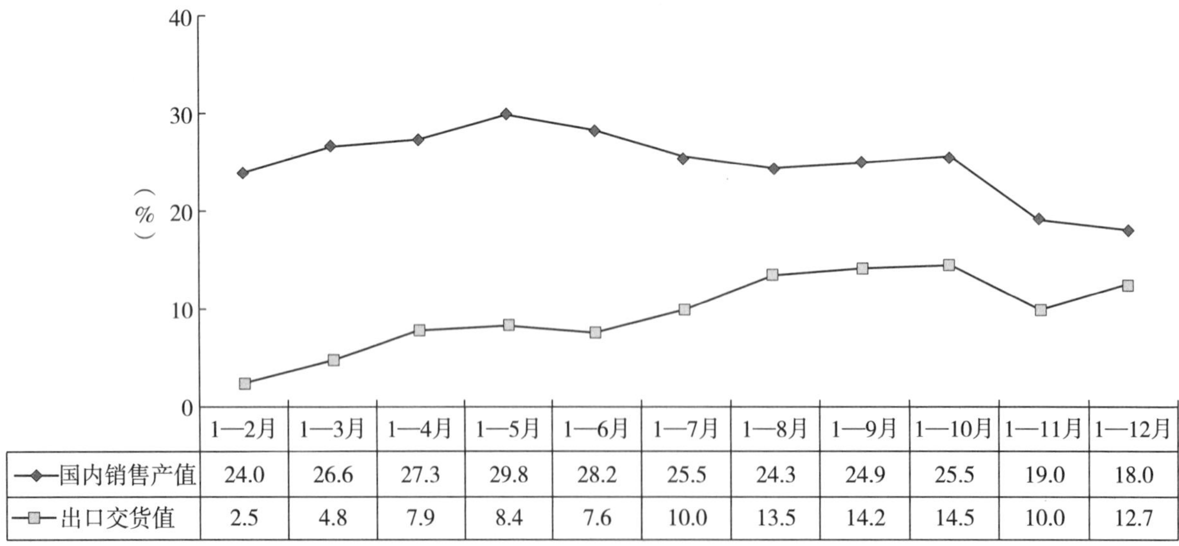


| | 1—2月 | 1—3月 | 1—4月 | 1—5月 | 1—6月 | 1—7月 | 1—8月 | 1—9月 | 1—10月 | 1—11月 | 1—12月 |
|---|---|---|---|---|---|---|---|---|---|---|---|
| 国内销售产值 | 24.0 | 26.6 | 27.3 | 29.8 | 28.2 | 25.5 | 24.3 | 24.9 | 25.5 | 19.0 | 18.0 |
| 出口交货值 | 2.5 | 4.8 | 7.9 | 8.4 | 7.6 | 10.0 | 13.5 | 14.2 | 14.5 | 10.0 | 12.7 |

**图 3　2018 年规模以上工业国内、出口累计销售产值增幅趋势**

同比增长，其中大石化、英特尔、福佳大化、中集特种物流等8家产值增幅超过50%；64家企业完成产值超10亿元，其中9家产值超百亿元。在57家出口企业中，28家完成出口交货值同比增长，其中石化股份、英特尔、瓦轴集团、华锐重工、松下汽车等11家企业完成出口交货值增长超过20%。

### （四）从主要产品产量看

2018年，对二甲苯（PX）产量144.4万吨，同比增长44.1%；原油加工量2592.2万吨，同比增长17.3%；轮胎1206.2万条，同比下降6.5%；合成纤维单体（PTA）1230.5万吨，同比下降1.1%。生产汽车用发动机产量9312.8万千瓦，同比增长18.6%；铁路机车298辆，同比增长10.0%；汽车6025辆，同比下降65.3%；民用钢质船舶292.3万载重吨，同比下降1.2%。钢材产量166.3万吨，同比增长33.3%；水泥845万吨，同比增长29.3%。家具产量1716.6万件，同比下降11.2%；服装产量3667万件，同比下降10.1%。汽车音响产量419万台，同比下降0.3%。

## 重点行业发展情况

### （一）传统优势产业升级步伐加快

1. 石化行业加快向全产业链发展。形成了以炼油—PX—PTA产业链，松木岛石油化工、精细化工和催化材料为主要特色的化工产业聚集区，基础有机化工原料供应能力进一步增强。其中，3050万吨/年原油加工能力、140万吨/年PX生产能力、1200万吨/年PTA生产能力继续保持国内前列。长兴岛（西中岛）国家级石化产业基地建设稳步推进，恒力石化2000万吨炼化一体化项目投料开车；龙缘化学项目投产，中科催化等项目试车成功，固特异五期二阶段项目开工建设。3个新材料产品纳入2018年版国家新材料示范指导目录，占全国新增品种数量的8%。推进城镇人口密集区危化企业搬迁改造工作，完成对108家危化企业的安全、卫生防护距离的评估评价及专家评审工作。

2. 装备制造业加快向高端化发展。大连市装备制造业基础雄厚，产业门类齐全。在大型船舶及配套、机车、散料输送和冶金设备、组合机床及自动线、核电和风电、工业制冷设备、轴承、汽车零部件等十几个领域均居国内同行业领先地位，聚集了大连造船、冰山集团、大连机床、重工起重、瓦轴集团、大连机车、大众一汽发动机等一批国内外知名企业。创新亮点不断涌现。大高阀门与上海核工程研究设计院等单位联合研制的大型先进压水堆核电站“爆破阀、大口径电动闸阀”等产品样机通过鉴定；瓦轴集团与西门子签署了战略合作协议，在轴承、数控系统、数字化与精密机械加工行业智能制造三大方面建立战略合作关系。大船海工为中海油田服务股份有限公司建造的世界最先进A5000型深水半潜式钻井平台正式交付；大船集团和中远海运川崎为中远海运集团交付了3艘2万箱超大型集装箱船；英菲尼迪QX50（大连造）正式下线，标志着大连保税区整车生产能力和品牌影响力整体跃升。

3. 消费品工业加快提档升级。实施消费品工业“三品”战略，辉瑞制药无菌头孢制剂项目新厂房、大杨集团个性化定制系统及高级西服定制智能生产车间建设完成，瑞光非织造布项目第二条生产线投产。成功举办第29届中国（大连）国际服装纺织品博览会，900余个国内外品牌参展，创历届之最，展会国际化、专业化、品牌化、市场化、时尚化效果更加凸显；成功举办第十届中国（大连）轻工商品博览会，参展专业买家及顾客8万余人，实现成交额和意向协议额2.7亿元。

4. 两化融合深度推进。推动中国信息通信研究院完成对冰山集团冰山云工业互联网平台的测试评估工作；大连联通与大连市多家工业企业签订合作协议，推进企业业务上联通工业互联网平台；中远航运川崎船舶设计建造等2个平台列入工信部2018年制造业“双创”平台试点示范项目；冰山集团等7家企业成为工信部两化融合管理体系贯标试点；美罗药业等3家企业列入省工业电子商务试点；大连亚明进入国家工业互联网试点示范名单。

### （二）战略性新兴产业不断壮大

1. 集成电路产业发展态势良好。一批重点项目加速推进，英特尔非易失性存储二期项目建成投产，创造了“大连速度”；芯冠科技硅基氮化镓功率器件产业化、中昊光明化工高纯电子气体研发产业基地、科利德化工松木岛产业基地二期等项目进展顺利。企业创新能力持续提升，科利德荣获中国显示产业链特殊贡献奖，芯冠科技荣获第七届中国创新创业大赛国际第三代半导体专业赛一等奖，海外华昇电子荣获第七届中国创新创业大赛优秀企业奖，华邦化学研发的9N氮气纯化器填补了国内空白。

2. 电子信息制造业加快发展。华录集团超大容量蓝光存储研发及产业化、崇达电路PCB（印制电路板）一期、达利凯普多层片式瓷介电容器、中科派思锂硫电池、吉星电子线路板等项目投产或小批量生产；大连航天北斗科技与兰特科技签订战略合作协议，双方在石油、石化行业加快推动了“北斗＋传感器”的行业应用；中盈科技国内首创的激光针式一体机研发成功；达利凯普荣获第七届中国创新创业大赛电子信息行业全国总决赛成长组一等奖，是东北地区多年来首次获得该奖项的企业。

3. 软件和信息技术服务业蓬勃发展。出台了《大连市支持软件和信息服务业发展的若干政策》，设立了专项资金。推动华为大连软件开发云和大连云计算公共服务平台建设和应用推广工作，华为大连软件开发云本地应用企业400余家，累计运行项目6000余个；大连云计算平台为全市200多家企业提供10余项公共服务。英特工程仿真与国家超级计算无锡中心联合成立了高性能工业仿真平台联合实验室；大连现代高技术集团面向城市出行服务的交通大数据应用公共服务平台等被评为工信部2018年大数据产业发展试点示范项目；东软集团面向自动驾驶的驾驶环境智能认识技术研发及产业化被工信部列为人工智能与实体经济深度融合创新项目；心医国际等7家企业被评为辽宁省企业上云服务商。

4. 新能源汽车产业稳步发展。支持东软新一代车载智能网联中控系统研发及产业化、伊科能源锂电池隔膜生产等新能源汽车产业链建设项目；松下汽车新能源车用动力电池、中比动力高能动力锂离子电池等项目部分投产。

## 工业重点工作和成就

### （一）制造强市建设取得阶段性进展

1. 落实国家“一带五基地”战略。制定了大连市先进装备制造业基地、重大技术装备战略基地、国家新型原材料基地三个工程框架实施方案。

2. 完善“1＋X”政策体系。编制出台了《大连市软件和信息服务业2028行动纲要》和《大连市深化“互联网＋先进制造业”发展工业互联网实施方案》。

3. 六大重点工程顺利推进。推进制造业创新中心工程建设，认定了大连市光存储技术创新中心和储能技术创新中心，全市制造业创新中心达到7家，其中1家列为省级；新认定8家省级、19家市级企业技术中心，全市企业技术中心已达到188家；新认定省级工业设计中心1家、市级工业设计中心5家，目前全市共有工业设计中心12家；华录集团被认定为国家技术创新示范企业。实施智能制造工程，市级智能制造专项对10个项目进行了支持；恒力石化、瓦轴2个项目入选工信部智能制造综合标准化和新模式应用专项；中远海运川崎入选国家智能制造试点示范项目；大连奥托进入国家符合《智能制造系统解决方案供应商规范条件》企业名单。推动成立大连市智能制造产业联盟，为大连市制造业企业和软件及信息技术服务业企业实现融合发展搭建平台。大力发展服务型制造行业，13家企业获评省级服务型制造示范企业（项目或平台），其中2家企业获评国家级。实施工业强基工程，环新精密特钢中标工信部工业强基工程实施方案“高强度线材和带材”分包。实施高端装备创新工程，一重加氢首次承制的红沿河5号机组百万千瓦级核电蒸汽发生器实现交付；大连机车时速160～200千米动力集中动车组在北京圆满完成环铁型式试验内容，新一代中低速磁浮车下线。实施绿色制造工程，瑞光、华锐重工等4家企业被确定为国家、省绿色工厂。实施质量品牌提升工程，松下制冷（大连）实施远程监控系统的经验被评为全国质量标杆；“中国橱柜名城”落户普兰店区；11位工艺美术大师的12件作品入选中国国家博物馆举行的“2018中国当代工艺美术双年展”。

4. 重点工业项目建设保障有力。筛选出总投资2018亿元的98个投资额度大、创新能力强、有利于形成产业集聚的项目作为重点推进项目全力推动。其中竣工21个项目，新开工11个项目。

### （二）企业发展环境持续改善

1. 帮助企业解决实际问题。落实直供电等优惠政策，936家企业获得参与2018年直供电交易资格，全年直供电政策为企业减少成本支出1亿元。

2. 持续推进中小企业创新发展。开展新《中华人民共和国中小企业促进法》宣贯活动，举办培训34次，市区街道三级中小企业工作部门和2000家企业参与。累计创建国家级小型微型企业创业创新示范基地5个，中小企业公共服务示范平台6个。2家民营企业获省级现代企业制度示范称号。86家企业的106个产品（技术）获省级“专精特新”称号。

3. 着力解决中小企业融资难题。开展小微企业金融知识普及教育活动，举办培训19次，1829名企业管理人员参加。推进中小微企业信用评价工作，282家企业进入省级“中小微企业信用池”，两年来累计入池企业378家。

4. 政策引领中小企业开拓市场，提升规模。组织43家企业参加第十届APEC技术交流暨展览会。出台支持中小企业开拓国际市场信息咨询公共服务政策，为1500家中小企业提供全球贸易数据、商情分析报告等服务。建立“小升规”企业培育库，2018年第一批审核通过“小升规”企业107家。

5. 强化公共服务，优化营商环境。发挥中小企业公共服务平台网络作用，开通设立8个窗口专栏，为企业提供高效便捷的信息服务。发挥“96366”法律维权服务热线作用，全年服务企业1000余次。扎实做好“办事难”“纠四风”民营经济专项整治工作，印发《“办事难”问题专项整治工作方案》，调度并推动各责任单位，树立亲清新型政商关系，畅通政企沟通渠道，进一步优化营商环境。

### （三）绿色发展取得积极成效

1. 依法依规淘汰落后产能。制定并实施《大连市2018年利用综合标准依法依规推动落后产能退出工作方案》。

2. 全面推行绿色制造。加快传统制造业绿色化改造，推进PTA母液废水回收再利用循环化改造和电厂机组高背压供热等绿色化改造重点项目建设。

3. 持续推进清洁生产。推广应用先进适用、经济合理、节能减排潜力大的煤炭清洁高效利用技术，提升企业窑炉、锅炉等装备技术水平和清洁生产水平。

4. 大力发展节能环保产业。乾承机械磨损陶瓷合金自动修复技术列入《国家工业节能技术装备推荐目录（2018）》；美天新能源等4家企业生产的节能环保锅炉列入《辽宁省高效节能环保工业锅炉推荐目录》。

5. 积极推进资源综合利用。开展粉煤灰、燃煤炉渣、消化污泥等资源综合利用，大水泥、小野田利用水泥窑协同处置危险废物、消化污泥项目取得成效；推进发动机、曲轴、轴承等机电产品再制造。

6. 加强重点用能企业节能监管。完成了44家企业国家重大工业节能专项监察和32家重点用能企业节能监察任务。淘汰落后电动机672.5千瓦。确定中车大连机车车辆有限公司等5家企业为首批节能监察免检企业。

7. 加强散煤管控和电煤保障工作。完成100家煤炭经营企业煤炭质量抽查工作；实行周报制度，加强协调，确保电厂冬季用煤需求。

8. 抓好工业领域生态环境保护。积极做好中央、省环保督察工作。鼓励电镀企业搬迁改造、优化升级。全市8家水泥熟料企业全部实行冬季采暖期错峰生产。

9. 煤改电工作稳步推进。完成30家供暖企业实施煤改电供暖，面积93万平方米。

# 2018 年青岛市工业经济运行概况

2018 年，面对复杂多变的经济形势，青岛市深入贯彻落实新发展理念，深化供给侧结构性改革，推进实施新旧动能转换重大工程、“双百千”行动和“一业一策”计划，工业经济运行稳中向好，新旧动能转换全面起势，制造业高质量发展扎实推进。

## 工业运行状况及主要特点

### （一）工业运行总体情况

2018 年，青岛市全部工业增加值 4137.1 亿元，同比增长 6.9%。其中，规模以上工业增加值同比增长 6.8%（见图 1）。规模以上工业总产

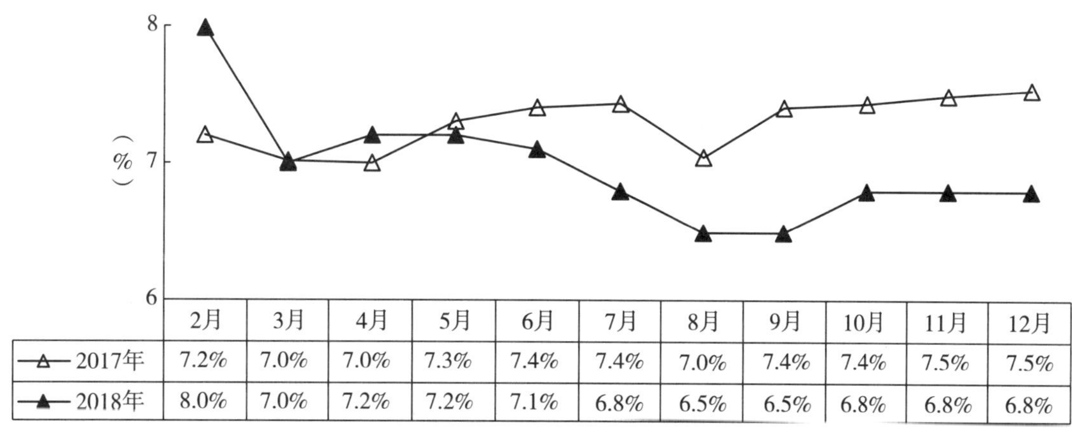


| | 2月 | 3月 | 4月 | 5月 | 6月 | 7月 | 8月 | 9月 | 10月 | 11月 | 12月 |
|---|---|---|---|---|---|---|---|---|---|---|---|
| —△— 2017年 | 7.2% | 7.0% | 7.0% | 7.3% | 7.4% | 7.4% | 7.0% | 7.4% | 7.4% | 7.5% | 7.5% |
| —▲— 2018年 | 8.0% | 7.0% | 7.2% | 7.2% | 7.1% | 6.8% | 6.5% | 6.5% | 6.8% | 6.8% | 6.8% |

**图 1　2017—2018 年青岛市规模以上工业增加值增长速度对比**

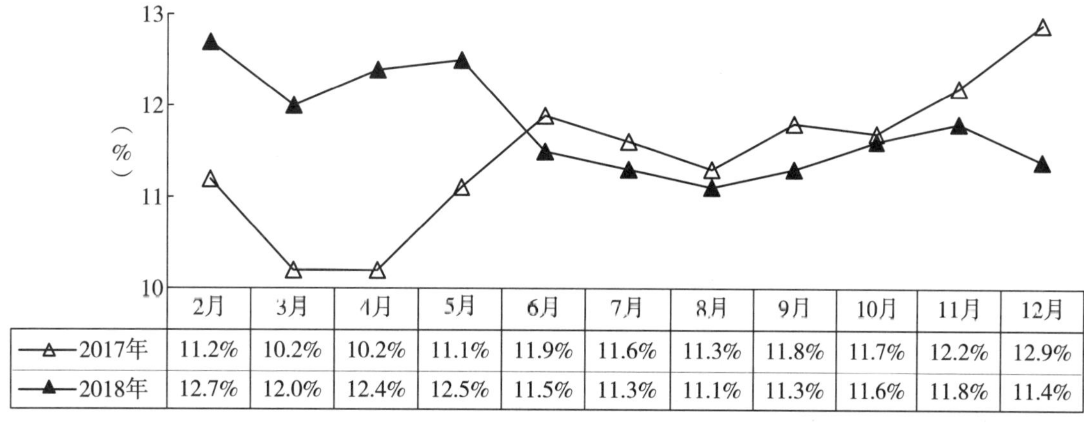


| | 2月 | 3月 | 4月 | 5月 | 6月 | 7月 | 8月 | 9月 | 10月 | 11月 | 12月 |
|---|---|---|---|---|---|---|---|---|---|---|---|
| —△— 2017年 | 11.2% | 10.2% | 10.2% | 11.1% | 11.9% | 11.6% | 11.3% | 11.8% | 11.7% | 12.2% | 12.9% |
| —▲— 2018年 | 12.7% | 12.0% | 12.4% | 12.5% | 11.5% | 11.3% | 11.1% | 11.3% | 11.6% | 11.8% | 11.4% |

**图 2　2017—2018 年青岛市规模以上工业总产值增长速度对比**

值同比增长 11.4%（见图 2），出口交货值同比增长 8.0%（见图 3），占销售产值比重为 15.8%。

2018 年，青岛市规模以上工业企业实现主营业务收入同比增长 9.5%，实现利润总额同比增长 6.0%（见图 4），主营业务收入利润率为 5.43%。

工业投资增速由负转正，2018 年同比增长 7.4%（见图 5）。其中，技改投资同比增长 22.6%，装备制造业投资同比增长 10.7%，战略性新兴产业投资同比增长 32.8%，高技术制造业投资同比增长 59.0%。

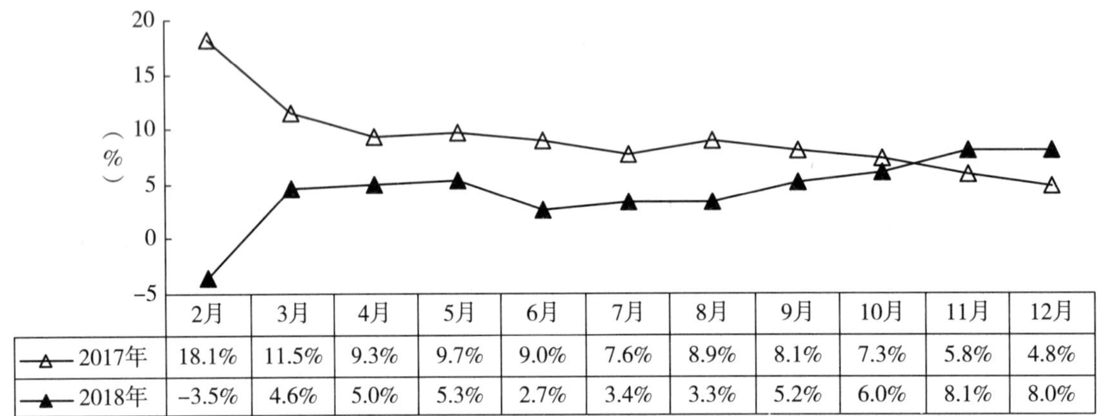

| | 2月 | 3月 | 4月 | 5月 | 6月 | 7月 | 8月 | 9月 | 10月 | 11月 | 12月 |
|---|---|---|---|---|---|---|---|---|---|---|---|
| 2017年 | 18.1% | 11.5% | 9.3% | 9.7% | 9.0% | 7.6% | 8.9% | 8.1% | 7.3% | 5.8% | 4.8% |
| 2018年 | -3.5% | 4.6% | 5.0% | 5.3% | 2.7% | 3.4% | 3.3% | 5.2% | 6.0% | 8.1% | 8.0% |

**图 3　2017—2018 年青岛市规模以上工业出口交货值增长速度对比**

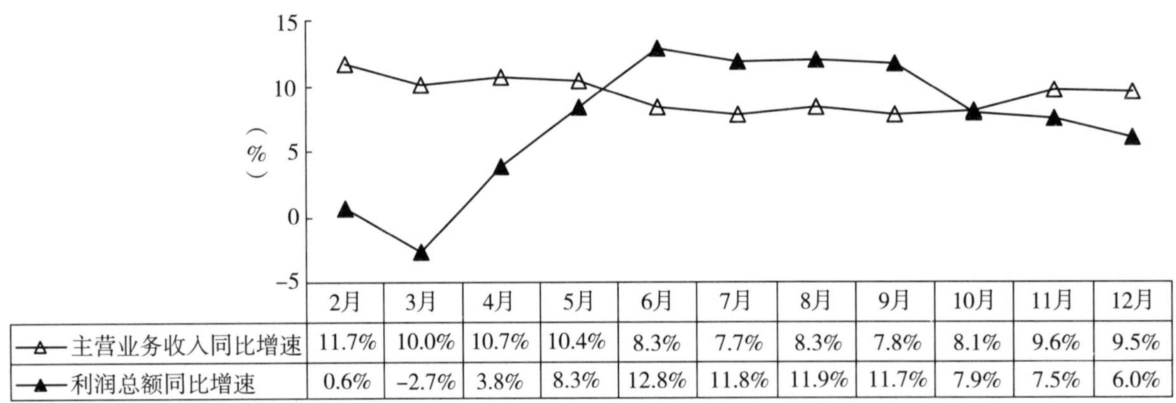

| | 2月 | 3月 | 4月 | 5月 | 6月 | 7月 | 8月 | 9月 | 10月 | 11月 | 12月 |
|---|---|---|---|---|---|---|---|---|---|---|---|
| 主营业务收入同比增速 | 11.7% | 10.0% | 10.7% | 10.4% | 8.3% | 7.7% | 8.3% | 7.8% | 8.1% | 9.6% | 9.5% |
| 利润总额同比增速 | 0.6% | -2.7% | 3.8% | 8.3% | 12.8% | 11.8% | 11.9% | 11.7% | 7.9% | 7.5% | 6.0% |

**图 4　2018 年青岛市规模以上工业企业主营业务收入及利润增速**

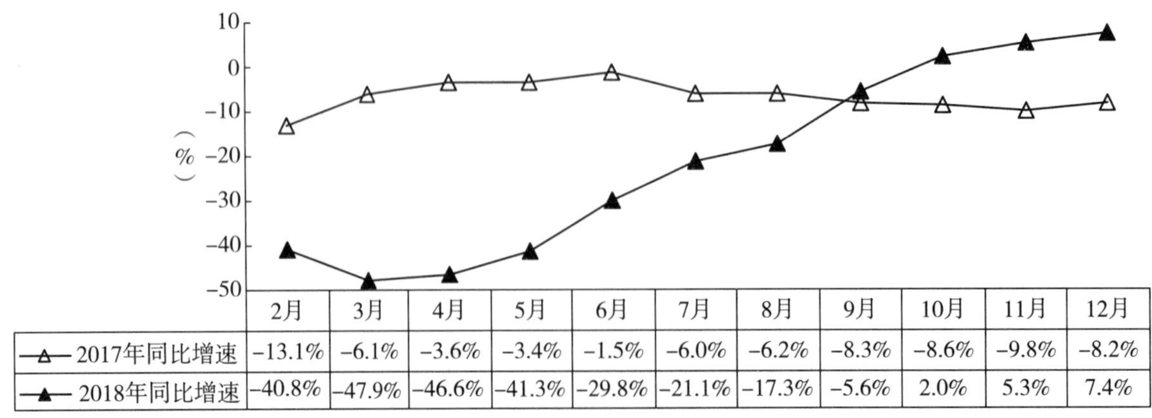

| | 2月 | 3月 | 4月 | 5月 | 6月 | 7月 | 8月 | 9月 | 10月 | 11月 | 12月 |
|---|---|---|---|---|---|---|---|---|---|---|---|
| 2017年同比增速 | -13.1% | -6.1% | -3.6% | -3.4% | -1.5% | -6.0% | -6.2% | -8.3% | -8.6% | -9.8% | -8.2% |
| 2018年同比增速 | -40.8% | -47.9% | -46.6% | -41.3% | -29.8% | -21.1% | -17.3% | -5.6% | 2.0% | 5.3% | 7.4% |

**图 5　2017—2018 年青岛市工业投资增长速度对比**

## （二）规模以上工业运行主要特点

**1. 行业集中度相对较高，重点行业贡献突出**

从行业增加值增速看，全市规模以上工业增加值涉及的36个行业大类中有26个行业增加值实现增长，行业增长面为72.2%。从行业增加值总量看，列前10位的重点行业实现增加值占全部规模以上工业的71.5%，拉动全市规模以上工业增长5.1个百分点。从行业增长贡献率看，10大重点行业对全市规模以上工业增长贡献率达74.8%，上拉较大的行业有：电气机械和器材制造业增长上拉1.39个百分点，汽车制造业增长上拉1.08个百分点，通用设备制造业增长上拉0.70个百分点，化学原料和化学制品制造业增长上拉0.65个百分点，专用设备制造业增长上拉0.64个百分点。

**2. 股份制企业增速加快，民营企业活力增强**

分经济类型看，股份制企业实现增加值占全市规模以上工业的75.2%，同比增长7.0%，对全市规模以上工业增长的贡献率为76.9%，拉动规模以上工业增长5.2个百分点；外商及港澳台商投资企业实现增加值占全市规模以上工业的23.9%，同比增长6.3%；国有控股企业实现增加值同比增长4.8%，低于全市平均增速2.0个百分点。规模以上民营企业实现增加值占全市规模以上工业的1/4，同比增长9.3%，高于全市规模以上工业2.5个百分点，对全市规模以上工业生产增长贡献率达到35.5%；实现利润总额同比增长25.1%，高于全市规模以上工业19.1个百分点，民营工业企业发展活力进一步增强。

**3. 新旧动能转换全面起势，工业结构不断优化**

规模以上装备制造业实现增加值同比增长8.8%，高于全市规模以上工业2.0个百分点，占规模以上工业的比重达到49.0%，较2017年提升3.2个百分点。其中，汽车制造业，铁路、船舶、航空航天和其他运输设备制造业，电气机械和器材制造业，计算机通信和其他电子设备制造业增加值占比提升较快，较2017年分别提升3.1、3.8、2.4和2.9个百分点。高技术制造业增加值占规模以上工业比重达到10.7%，较2017年提升3.0个百分点。其中，医药制造业、医疗仪器设备及仪器仪表制造业增加值分别增长13.5%和24.8%。规模以上工业战略性新兴产业实现增加值占规模以上工业的比重达到28.7%，较2017年提升7.8个百分点。山东省新旧动能转换“十强产业”中的新一代信息技术、新能源新材料、高端化工、高端装备制造产业引领作用进一步增强，合计实现工业增加值同比增长7.7%，高于规模以上工业增速0.9个百分点，拉动全市规模以上工业增长3.8个百分点。

**4. 重点企业贡献突出，重点行业出口回升**

从企业规模看，大中型企业实现增加值同比增长7.3%，高于规模以上工业平均增速0.5个百分点，对全市规模以上工业增长的贡献率达到79%；小微企业实现增加值同比增长5.9%，低于规模以上工业平均增速0.9个百分点。前百位重点工业企业合计完成工业产值占规模以上工业的比重为62.5%，同比增长12.9%，高于规模以上工业平均增速1.5个百分点，拉动规模以上工业总产值增长8.0个百分点。全市规模以上工业企业实现出口交货值同比增长8.0%，较2017年提升3.2个百分点。从出口行业分布看，主要集中在计算机通信和其他电子设备制造业、橡胶和塑料制品业、农副食品加工业、电气机械和器材制造业、纺织服装服饰业、通用设备制造业、金属制品业、化学原料和化学制品制造业、汽车制造业、文教体育和娱乐用品制造业10大行业，全年实现出口交货值占全部规模以上工业出口交货值的81.9%，其中化学原料和化学制品制造业、橡胶和塑料制品业、通用设备制造业、金属制品业、汽车制造业出口保持较快增长，同比分别增长25.2%、18.7%、17.9%、11.0%、10.9%。

**5. 重点区市工业增长稳定，对全市贡献超过80%**

从总量看，分布在三区三市的工业企业是全市工业发展的主力军，工业增加值总量（不含海尔、海信、澳柯玛、青岛啤酒数据）占规模以上工业的70%以上，对全市规模以上工业增长贡献超过80%。其中，黄岛区规模以上工业增加值占全市的29.1%，对全市规模以上工业增长贡献率为34.3%（下同）；城阳区占17.2%，贡献率15.1%；即墨区占10.0%，贡献率14.6%；胶州市占7.3%，贡献率8.2%；莱西市占5.5%，贡献率8.0%；平度市占4.2%，贡献率4.6%。从增速看，三区三市规模以上工业增加值增速均高于全市平均水平。其中，即墨区规模以上工业增加值同比增长9.8%，黄岛区增长9.5%，莱西市增长8.5%，胶州市增长7.5%，平度市增长7.5%，城阳区增长7%。

## 重点行业发展情况

### （一）家电电子产业

青岛作为国家级家电及电子信息新型工业化产业示范基地，拥有数字化家电国家重点实验室、数字多媒体技术国家重点实验室等19个国家级创新平台。2018年，规模以上企业168家，完成工业产值同比增长5.9%，占规模以上工业总产值的比重为19.7%。主要产品产量：电冰箱886.6万台，增长3.3%；电冰柜471.9万台，下降7.8%；空调1058.1万台，增长5.3%；洗衣机601.7万台，下降0.3%；电视机1695.2万台，下降0.5%；移动电话2010.2万部，下降28.9%。重点企业中，海尔、海信分列2018年中国电子信息百强企业第三名、第九名；海尔连续10年蝉联全球大型家电品牌零售量第一，国际三大标准组织IEEE/ISO/IEC批准海尔牵头主导制定大规模定制国际标准，海尔COSMOPlat获批国家级工业互联网示范平台；海信连续15年居中国彩电市场销量第一位，智能交通、光通信模块技术和市场份额保持国内领先，国家级智能家居示范平台“聚好联1.0”正式上线；澳柯玛实施“互联网+全冷链”战略，推出了智慧全冷链整体解决方案。“青岛芯谷”、青岛（芯园）半导体产业基地加快建设，引进了一批集成电路设计、晶圆制造、封装测试、第三代半导体材料等重点项目，全市集成电路产业链上下游企业超过80家。

### （二）汽车产业

2018年，规模以上企业162家，完成工业产值同比增长14.0%，占规模以上工业总产值的比重为10.5%。新增国家工信部道路机动车辆生产企业及产品公告内汽车生产企业3家，总数达到29家。其中，整车企业5家，改装车企业24家。全年生产汽车102.8万辆，同比增长24.3%。其中，载货汽车15.4万辆，交叉型乘用车及SUV共68万辆，传统燃油轿车8万辆，新能源汽车9.2万辆。北汽新能源青岛分公司全年生产纯电动乘用车90032辆，占全国纯电动乘用车产量的11.3%，成为国内最大的纯电动乘用车生产基地。一汽－大众华东基地年产能30万辆轿车项目建成投产，全年生产轿车8.04万辆；上汽通用五菱年产能10万辆E200纯电动乘用车项目样车下线，北汽新能源汽车二期项目、青岛国轩电池二期项目、青岛力神动力电池项目主体竣工。特锐德首创电动汽车群智能充电系统技术水平国际领先，建有全球最大的汽车充电云平台，在全国300多个城市建设充电终端超过19万个，占据46%的国内充电设备市场。

### （三）轨道交通装备制造产业

青岛作为全国最大的高速动车和城轨车辆生产基地，拥有全国唯一的国家高速列车技术创新中心，生产运营的动车组和城轨车辆分别约占全国的55%和20%。2018年，全市该行业规模以上企业66家，实现工业产值同比增长3.9%，占规模以上工业总产值的比重为7.2%。全年生产动车组1312辆，同比下降13.2%；生产城轨车辆1425辆，同比增长20.5%。青岛轨道交通产业示范区作为我国重要的高速列车产业化基地，在9.5平方千米核心发展区基础上，将总规划面积扩至83平方千米，布局了高速列车系统集成国家工程实验室、国家高速列车总成工程技术研究中心等6个国家级研发平台，集聚了中车四方股份、中车四方有限、庞巴迪 3 大整车龙头企业以及中车四方研究所等百余家核心配套企业，加快培育世界级轨道交通装备产业集群。

### （四）船舶海工装备制造产业

2018 年，规模以上企业 52 家，完成工业产值同比增长 5.9%，占规模以上工业总产值的比重为 2.0%。青岛作为国家级船舶与海洋工程装备新型工业化产业示范基地，集聚了北船重工、中石油海洋工程、中海油海洋工程、武船麦克德莫特、中国船柴、海西重机、海西重工、海西电气、青岛双瑞、中船重工（青岛）海洋装备研究院、哈尔滨工程大学青岛船舶科技园等一批行业骨干企业和研发机构，拥有超大型散货船、10 万吨级浮式生产储卸油装置（FPSO）、自升式钻井平台、半潜式钻井平台、半潜式运输船等船舶海工核心装备制造能力，建成交付了全球最大 40 万吨新型矿砂船、全球首例加长改装超大型集装箱船以及世界最大吨位级海上浮式生产储卸油装置（FPSO）P67，开工建造了国内先进深潜水工作母船、首艘水下机器人支持船（RSV），完成了载人潜水器主推进电机的自主设计和研发制造，青岛双瑞主导起草的电解法船舶压载水处理系统标准填补了国际空白。

### （五）机械装备制造产业

2018 年，规模以上企业 623 家，完成工业产值同比增长 20.5%，占规模以上工业总产值的比重为 9.7%。重点行业中，金属制品业产值同比增长 16.3%，通用设备制造业产值同比增长 26.3%，专用设备制造业产值同比增长 15.2%，仪器仪表制造业产值同比增长 24.6%。重点产品中，橡胶机械、纺织机械、木工机械、铸造机械、模具、钢结构、集装箱、锅炉辅机等产品具有较强市场竞争力。其中，软控股份橡胶机械销售收入连续多年位居全球同行业前三，中电科仪器仪表是国内最大的电子测量仪器研发生产企业，海克斯康是全球最大的三坐标测量仪器制造商，捷能集团是国内最大的中小型汽轮机设计制造商和电站成套设备供应商，中集集装箱年产 18 万标准箱生产能力居世界前列。作为国家机器人高新技术产业化基地，青岛高新技术产业开发区集聚了科捷机器人、宝佳自动化、新松、诺力达等 100 多家机器人产业链企业，初步形成了以青岛国际机器人产业园为主要基地的智能制造产业集群。

### （六）生物医药产业

2018 年，规模以上企业 45 家，完成工业产值同比增长 16.3%，占规模以上工业总产值的比重为 1.2%。其中，医药制造业产值同比增长 16.8%，医疗仪器及器械制造业产值同比增长 12.6%。全市现有注册药品生产企业 39 家、兽药生产企业 12 家、医疗器械生产企业 157 家，黄海制药倪福达、正大制药盖三淳、国风药业养心氏片、易邦生物禽类疫苗、明月海藻生物功能制品、博益特医用生物用止血材料等主导产品具有较强市场影响力，海信医疗数字化医疗显示及辅助手术系统加快产业化步伐，蔚蓝生物获批 A 股上市，杰华生物国家一类新药“乐复能”获批上市，结束了山东 15 年无原创药历史，当年实现主营业务收入 5 亿多元，成为全省生物医药领域唯一的“独角兽”。启动中国蓝色药库开发计划，设立总规模 50 亿元的蓝色药库开发基金，支持青岛海洋生物医药研究院与医药企业合作建设海洋创新药研发、筛选、评价和成果转化平台，助推海洋生物医药产业加快发展。

### （七）石油化工产业

2018 年，全市该行业规模以上企业 434 家，完成工业产值同比增长 21.4%，占规模以上工业总产值的比重为 18.1%。其中，石油煤炭及其他燃料加工业产值同比增长 21.9%，化学原料和化学制品制造业产值同比增长 33.0%，橡胶和塑料制品业产值同比增长 9.3%。全年原油加工量 1541 万吨，同比增长 1.2%；生产子午线轮胎 5966.9 万条，同比增长 38.5%。海湾集团主营业务收入达到 109 亿元，成为继青岛炼化、青岛石化、丽东化工之后全市第 4 个主营业务收入过百亿元的化工企业；青岛双星成功并购韩国锦湖轮胎，一跃成为中国最大的轮胎生产商，跻身全球轮胎行业前十强。推进实施化工产业安全生产转型升级专项行动，对全市 486 家化工企业开展评级评价，其中优评企业 71 家，中评企业 202 家，差评企业 203 家，董家口化工产业园、平度新河化工产业园被认定为省级化工园区，为高端化工产业集聚发展奠定了基础。

### （八）食品饮料产业

2018 年，全市该行业规模以上企业 469 家，完成工业产值同比增长 4.6%，占规模以上工业总产值的比重为 10.8%，拥有 1 个国家级食品饮料新型工业化产业示范基地、2 个国家级农产品加工示范基地。其中，农副食品加工业产值同比增长 4.6%，拥有六和、九联、万福、正大、康大、渤海农业等一批农业产业化龙头企业，初步形成粮食、花生、蔬菜、果品、畜禽、乳品、饲料、水产品 8 条百亿级农副食品加工产业链。食品制造业产值同比增长 5.2%，青食饼干、灯塔酱油和米醋、鸡牌味精等传统名优品牌在业内享有盛誉，圣元婴幼儿配方乳粉、雀巢咖啡等知名品牌产品畅销全国。酒、饮料和精制茶制造业产值同比增长 3.7%，拥有青岛啤酒、崂山矿泉水、华东葡萄酒、琅琊台白酒、即墨老酒、崂山茶叶等一批知名特色品牌。在 2018 年中国最具价值品牌排行榜中，青岛啤酒以 1456 亿元的品牌价值名列第 22 位，连续 14 年蝉联中国啤酒行业首位，成为国内第二、世界第六大啤酒供应商；崂山矿泉水品牌价值攀升至 229 亿元，位列国内矿泉水企业首位。

### （九）纺织服装产业

2018 年，全市该行业规模以上企业 342 家，完成工业产值同比增长 6.3%，占规模以上工业总产值的比重为 4.2%。其中，纺织业产值同比增长 14.5%，纺织服装服饰业产值同比增长 3.6%，皮革、毛皮、羽毛及其制品和制鞋业产值同比增长 0.6%。即墨区作为国家级纺织服装新型工业化产业示范基地，引擎效应持续放大；纺织谷、东方时尚中心作为国家级纺织服装创意设计试点示范园区（平台），支撑作用显著增强。即发集团发挥国家级企业技术中心创新研发优势，超临界二氧化碳无水染色、Hitoe 智能服装、甲壳质纤维等新工艺新产品全面产业化，酷特智能 C2M（顾客到工厂）大规模个性化定制平台、雪达集团 D2M（行业到工厂）全球化批量定制平台、前丰帽艺个性化定制生产系统与单元式智能细胞工厂等成为纺织服装行业智能制造标杆。

## 工业重点工作和成就

### （一）加强重点项目建设

开展百家重点企业、百个重大技改项目跟踪服务活动，滚动推进 425 个工业转型升级重点项目，一汽－大众华东基地、杰华生物等 115 个项目竣工投产，完成投资 529 亿元。制定工业强基工程三年行动方案，高速动车组钩缓装置等 8 个项目列入国家工业强基工程重点产品和工艺示范应用推进计划。大力推行绿色制造，3 家绿色工厂、22 个绿色设计产品进入国家级绿色制造系统示范名单，2 个项目获得国家绿色制造系统集成专项支持，8 家企业（成果）获评省节能奖，15 个节能新技术和新产品入选省重点节能环保技术产品推广目录，全面完成省政府下达的能耗强度指标。

### （二）深化产业精准招商

开展“千企招商大走访”活动，聚焦新能源汽车、电子信息、生物医药、高端装备制造、现代海洋等重点产业领域，走访洽谈 70 余个招商项目，上汽通用五菱新能源乘用车、修正药业等 26 个项目签约，计划投资约 670 亿元。其中，计划投资 150 亿元的协同式集成电路、一期投资 180 亿元的 12 英寸模拟集成电路项目签约，实现青岛市投资过百亿集成电路大项目零的突破，在破解“缺芯少面”短板问题上迈出关键一步。

### （三）完善技术创新体系

立项实施企业技术创新重点项目3547个，新创建4家国家级、23家省级企业技术中心和1家国家技术创新示范企业，获批承建机器人、3D打印、石墨烯材料3个省级制造业创新中心，船舶海工装备制造和工业互联网2个创新中心率先通过省级验收。举办工业设计促进月活动，23件作品荣获“省长杯”工业设计大奖；7件作品入围2018年中国优秀工业设计奖百佳榜单；海尔卡萨帝冰箱荣获十大金奖之一，成为全国唯一的金奖“三连冠”企业；另有26件作品荣获国际知名工业设计大奖。

### （四）促进企业提档升级

制定出台加强企业家队伍建设的意见，成立青岛市企业家学院，组织培训中高级企业管理人才和初创期企业管理人员467人次。新培育4个国家级制造业单项冠军企业（产品），总数达到10个；17家中小企业获评行业“隐形冠军”，总数达到57个；新认定10个山东省首台（套）技术装备和关键零部件，总数达到95个。开展消费品工业增品种提品质创品牌专项行动，新培育51个青岛名牌产品，西海岸新区入选全国“三品”战略示范城市，2项管理创新成果荣获全国“质量标杆”。

### （五）推进两化深度融合

编制全市通信基础设施专项规划，实施130余个智慧青岛建设项目，评选推广百佳智慧城市优秀解决方案，荣膺中国领军智慧城市。制定《关于加快培育提升“五名”高标准创建中国软件名城的实施意见》，推进浪潮大数据等15个支撑项目，新增33个国家级优秀软件产品和2个省级软件产业园区，全市软件业务收入2152.8亿元，同比增长15.1%。实施“企业上云”行动计划，选择树立200个工业互联网、机器换人、两化融合示范项目，47个项目入选国家智能制造、工业互联网创新工程、人工智能融合创新、大数据产业发展等试点示范专项，总数居同类城市首位。

### （六）优化提升产业园区

试点开展工业产业集聚区创建提升行动，引导各区市聚焦主导产业，集中要素资源，打造各具特色、错位竞争的产业集聚区。组织60个小企业产业园和41个小微企业双创基地列入年度培育计划，新创建2个国家级小微企业双创示范基地和5个制造业双创平台示范项目。推广工业楼宇和标准厂房分割转让模式，城阳区出台“工业上楼”扶持政策，即墨国际服装城为40多家企业办理标准厂房分割产权证。

### （七）搭建企业服务平台

依托大企业直通车和中小企业公共服务平台，协调30多个成员部门办理涉企服务事项近2万件次，组织192个平台网络单位开展扶持小微企业专项活动1300余场次、服务中小企业16万余家，新创建3个国家级中小企业公共服务示范平台。举办“市长杯”小微企业创新大赛，10个项目入围全国大赛200强，2个项目进入全国总决赛，分别荣获企业组一等奖、创客组三等奖，创历届最好成绩。举办2018世界互联网工业大会、青岛国际时装周、中小企业中外采购暨技术合作洽谈会，开展产业链配套合作对接活动，帮助300多家企业争取意向订单超过10亿元。

### （八）全面落实惠企政策

深化“一次办好”改革，实施简化获得电力专项行动，低压用户获得电力实现表前“零投资”，清退临时接电费1.3亿元；组织1600多家企业纳入全省电力直接交易市场，降低企业用电成本1.1亿元，实现了企业获得电力和日常用电成本的“双降低”。推进“零增地”技术改造项目审批方式改革，简化承诺手续，精简审批流程，提供“一站式”办理指南，为企业扩大技改投资松绑助力。制定出台仿制药质量和疗效一致性评价等扶持政策，开展百家重点企业、百家中小企业走访服务活动。搭建“银企专线”“隐形冠军贷”等优惠贷款平台，推广产业链融资服务模式，帮助4119家中小企业解决低成本融资376亿元。

## 2019年工业形势展望

从2018年工业经济运行情况看，全市深入实施“双百千”行动和“一业一策”计划，新旧动能转换重大工程全面起势，主要经济指标保持在合理区间。但是，由于外部挑战变数明显增多，产业结构调整阵痛继续显现，工业经济下行压力进一步加大。

展望2019年，青岛工业发展仍处于增速换挡、结构调整的阵痛期和经济转型、动能转换的攻关期，机遇和挑战并存。

从有利因素看，中央经济工作会议将推动制造业高质量发展列为2019年经济工作首要任务，供给侧结构性改革的深化、新旧动能转换重大工程的推进和更大规模减税降费措施的实施，将对工业稳增长、增效益起到积极的促进作用；青岛工业门类齐全、基础雄厚，具有较强的抗风险能力；新能源汽车、集成电路、生物医药等新兴产业招商引资已见成效，成为工业量质齐升的希望所在。

从不利因素看，外部环境依然复杂多变，机械、电器、汽车零部件、橡胶轮胎等传统出口行业面临的不确定因素增多；传统产业占比较大，骨干企业步入平稳发展期，中小企业缺资金、缺订单、缺人才等问题尚未得到有效解决，加之部分化工企业停产检修或环保关停，存量对工业增长的拉动作用有所减弱；工业投资增长乏力，新投产项目数量偏少，工业发展增量明显不足。

综上判断，2019年，全市工业经济将保持增速稳中趋缓、效益回升向好的运行态势，必须坚定信心，因势而变，顺势而为，迎难而上，坚定不移实施制造强市战略，推动制造业高质量发展。

2019年全市工业和信息化工作总体思路是：以习近平新时代中国特色社会主义思想为指导，坚持稳中求进工作总基调，坚持新发展理念，坚持以供给侧结构性改革为主线，以新旧动能转换重大工程为引领，发起“高端制造业＋人工智能”攻势，强化创新驱动、改革推动、融合带动，在“巩固、增强、提升、畅通”上下功夫，多措并举稳增长、稳投资、稳预期，确保工业运行保持在合理区间，坚定不移建设制造强市，打造制造业高质量发展示范区。

### （一）深化项目建设，加快增量崛起

紧盯新一代信息技术、新能源汽车、生物医药、高端装备制造等新兴产业领域，深化产业链精准招商，引龙头、聚配套、补短板，跟踪推进100个投资5亿元以上的先进制造业大项目，集中优势资源力量，打好“高端制造业＋人工智能”攻坚战，引领产业高端迈进、增量加速崛起。

### （二）加强技术改造，推进存量变革

实施新一轮技术改造提升行动，以装备升级、质量提升、绿色发展为主攻方向，滚动推进100个投资过5000万元的重大技改项目，实施“青岛金花”培育工程和消费品工业“三品”专项行动，有序推进化工企业转型升级、进区入园，发挥存量在稳增长中的“压舱石”作用。

### （三）坚持创新引领，激发企业活力

以打造协同创新平台、提升创新设计能力、培育企业创新梯队为主线，加快高端智能家电、海洋生物医药等省级制造业创新中心建设，组织实施企业技术创新重点项目1500个，培育市级以上技术创新示范企业、工业设计研究院和工业设计中心，争创省级以上制造业单项冠军。

### （四）加强园区建设，推动产业集聚

制定实施市级重点产业集聚区创建提升三年行动计划，实施奖优汰劣、动态管理，培育选树

一批市级重点产业集聚区，聚焦主导产业，突出优势特色，纵向拉长产业链条，横向拓展产业宽度，打造一批百亿级、千亿级先进制造业集群，争创国家级新型工业化产业示范基地。

### （五）推进两化融合，创建软件名城

大力发展智能制造，培育选树100个工业互联网平台、智能工厂、数字化车间、自动化生产线和“机器换人”示范项目。实施“企业上云”行动计划，推进5G应用与发展，培育人工智能与实体经济融合发展新业态、新模式。深化部省市三级联创机制，创新举办2019世界工业互联网产业大会和青岛国际软件融合创新博览会，加快创建中国特色软件名城。

### （六）强化工作落实，优化营商环境

深入开展“工作落实年”活动，用足用好支持先进制造业发展和企业减负降本系列政策措施，研究制定更加精准的新能源汽车、超高清视频等产业发展政策，推进“亩产效益”资源市场化配置改革试点，优化“零增地”技改项目审批方式；深化产业链合作对接，举办“品牌之都·工匠之城”主题宣传推介活动，帮助企业树品牌、拓市场。

# 2018 年宁波市工业经济运行概况

2018 年，宁波市工业经济运行呈现总体平稳、稳中有进的态势，工业生产规模、效益等指标运行平稳，产业结构持续调整优化，创新贡献持续增强。

## 工业经济运行状况

### （一）工业生产总体平稳

2018 年，在 2017 年高基数、高增速与国内外宏观环境不确定性增强多重压力下，宁波市工业经济运行总体平稳。一是工业规模平稳壮大。全市规模以上工业总产值达到 16830.1 亿元，同比增长 10.3%，继续保持两位数增长。规模以上工业增加值达到 3730.8 亿元，高出 2017 年（3266.7 亿元）464.1 亿元。二是月度生产基本平稳。全市工业生产虽然月度间有波动，但各月均实现了不同程度的增长，月均产值保持在 1400 亿元左右，特别是下半年增速虽有所放缓，但单月规模均保持在高位（见图 1）。三是工业产销对接平稳。全市规模以上工业企业产销率达到 98.1%，保持在 98% 以上的较高水平。四是工业出口交货值增长平稳。全市共实现出口交货值 3134.2 亿元，同比增长 9.8%。同时，工业用电保持了较高的增速，全市累计工业用电量同比增长 8.9%，其中，累计制造业用电量同比增长 8.5%。

### （二）工业企业效益总体平稳

2018 年，全市积极落实降本减负政策，全年为企业减负 862.3 亿元，鼓励企业深化精益管理，企业平均盈利能力平稳提升。一是利润总额基本平稳。规模以上企业实现利润总额 1227.5 亿元，同比增长 -1.4%，占浙江省比重达到 27.6%。二是平均盈利能力平稳。全市规模以上工业企业主营业务收入利润率达到 7.5%，居全国城市领先水平。

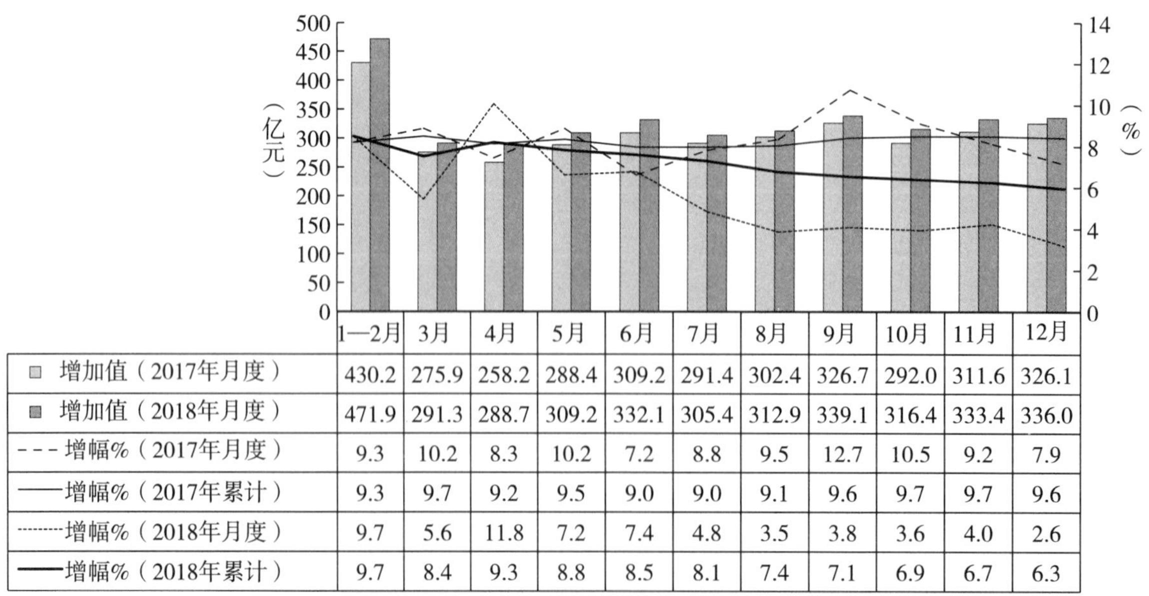


| | 1—2月 | 3月 | 4月 | 5月 | 6月 | 7月 | 8月 | 9月 | 10月 | 11月 | 12月 |
|---|---|---|---|---|---|---|---|---|---|---|---|
| 增加值（2017年月度） | 430.2 | 275.9 | 258.2 | 288.4 | 309.2 | 291.4 | 302.4 | 326.7 | 292.0 | 311.6 | 326.1 |
| 增加值（2018年月度） | 471.9 | 291.3 | 288.7 | 309.2 | 332.1 | 305.4 | 312.9 | 339.1 | 316.4 | 333.4 | 336.0 |
| 增幅%（2017年月度） | 9.3 | 10.2 | 8.3 | 10.2 | 7.2 | 8.8 | 9.5 | 12.7 | 10.5 | 9.2 | 7.9 |
| 增幅%（2017年累计） | 9.3 | 9.7 | 9.2 | 9.5 | 9.0 | 9.0 | 9.1 | 9.6 | 9.7 | 9.7 | 9.6 |
| 增幅%（2018年月度） | 9.7 | 5.6 | 11.8 | 7.2 | 7.4 | 4.8 | 3.5 | 3.8 | 3.6 | 4.0 | 2.6 |
| 增幅%（2018年累计） | 9.7 | 8.4 | 9.3 | 8.8 | 8.5 | 8.1 | 7.4 | 7.1 | 6.9 | 6.7 | 6.3 |

图 1　规模以上工业增加值增速走势

全员劳动生产率达25.5万元/人·年，较2017年的22.6万元/人·年提高2.9万元/人·年。三是传统产业盈利能力改善。大力推进传统制造业改造提升，提高行业盈利和可持续发展水平，纺织业、纺织服装服饰业等传统产业利润均实现两位数增长。

### （三）产业结构持续调整

2018年，全市着力建设现代经济体系，大力推动新旧动能转化，工业产业结构持续调整优化。一是三大产业实现较快发展。高新技术产业、战略新兴产业、装备制造业分别实现增加值1872.1亿元、993.6亿元、1806.4亿元，分别同比增长6.9%、12.0%、9.3%，均高于规模以上工业平均值。二是“3511”产业实现平稳发展。“3511”产业产值同比增长10.4%，快于规模以上工业平均值，其中重点发展的节能环保、高端金属和光学电子行业分别同比增长29.0%、15.0%、15.1%。三是重点行业较快增长。仪器仪表（19.5%）、文教用品（14.4%）、汽车制造（11.6%）、金属制品（11.6%）等重点行业均实现两位数增长，专用设备制造（8.4%）、计算机通信电子（8.0%）、通用设备制造（7.9%）、电气机械（7.3%）等重点行业也实现较快增长。

### （四）创新贡献持续增强

2018年，全市坚持创新驱动战略，引导企业加大科技创新。一是工业创新投入持续增加。2018年，全市规模以上工业企业技术研究开发费支出同比增长25.5%，高于主营业务收入16.4个百分点，占主营业务收入比重达到1.9%，同比提高0.3个百分点。二是新产品贡献持续增强。2018年全市规模以上工业企业新产品产值同比增长11.9%，增速高于规模以上工业产值0.6个百分点，新产品产值率32.0%。

## 重点行业发展情况

### （一）绿色石化

2018年，全市绿色石化规模以上工业总产值3539.2亿元，占全市工业总产值的21%，产业规模居全国七大基地前列。成品油、PTA（对苯二甲酸）、MDI（二苯基甲烷二异氰酸酯）等多种石化产品规模居国内领先地位，建成了以大炼油、大乙烯为龙头，有机化工原料、合成材料、化学品制造业协调发展的产业体系。拥有中石化镇海炼化、中海油大榭石化、万华化学等龙头企业，形成了宁波石化经济技术开发区、宁波经济技术开发区、宁波大榭开发区三大石化产业国家级开发区，其中宁波石化经济技术开发区、宁波大榭开发区位列全国2018年十大化工园区第三位、第七位。

### （二）汽车制造业

2018年，全市汽车制造规模以上工业总产值达2498.8亿元，约占浙江省汽车制造业规模以上总产值的50%。整车产能不断扩张，全市共有12家整车制造企业，实现产值906.9亿元，吉利汽车蝉联国内自主品牌汽车销量冠军。整零融通协同发展，宁波已具备汽车动力、底盘、车身、电气电控全部四大类，涉及汽车各大总成及零部件的产业链，均胜集团、华翔集团跻身全球汽车零部件配套供应商百强榜，延峰、敏实、中信戴卡等自主品牌全球百强企业在宁波落户且产值规模居前，佛亚吉、江森、英瑞杰等世界500强零部件企业落户宁波。

### （三）新材料

2018年全市新材料规模以上工业总产值2033.6亿元，同比增长13.5%。宁波是全国首批七个新材料产业国家高技术产业基地之一，在高端金属材料、先进高分子材料、电子信息材料、磁性材料等新材料产业领域已形成较好竞争优势。

### （四）高端装备

2018年，全市高端装备制造规模以上工业总产值3723.8亿元，同比增长8.4%，占规模以上工业22.1%。引进或合作共建了宁波智能装备国家检测中心、宁波市智能制造技术研究院、浙江大学余姚机器人研究院等公共服务平台，相继成立了浙江省海洋材料与防护技术重点实验室、浙江省增材制造材料技术重点实验室等一批重大实验平台，组建宁波工业智能化产学研战略联盟，建设宁波市智能成型技术创新中心。

### （五）电子信息

2018 年，全市电子信息制造业规模以上工业总产值 1706.2 亿元，同比增长 5%，基本形成了以集成电路、汽车电子、光学电子、智能终端、电子材料、新型器件等为特色的新一代信息技术产业体系。拥有上市企业 12 家，工业总产值超百亿元 3 家，超 50 亿元 4 家，超 10 亿元 9 家。

### （六）软件和信息技术服务业

2018 年，全市软件和信息技术服务业规模达 640 亿元，同比增长 20.1%，增速位居全国前列。空间布局集中趋势明显，鄞州区、高新技术产业开发区分别实现软件业务收入 202.6 亿元、182.9 亿元，居全市第一位、第二位，两地合计占全市总收入的 60.2%。吉利汽车研究院、均胜电子、弘讯科技、海天驱动、理工监测、金唐软件、TCL 移动通信、畅想软件等一批具有快速成长的软件企业，一云通、家电云、生意帮、纺织服装云、工业数据云等一批重点服务平台不断发展壮大。

### （七）关键基础件

2018 年全市关键基础件规模以上工业总产值 870.3 亿元，同比增长 18%，已在模具、轴承、液气密、紧固件等细分领域形成比较优势，先后荣获“中国模具之都”“中国气动元件之乡”“中国紧固件之都”等荣誉称号；同时，宁波也是最大的微小型轴承生产和出口基地、首家中国密封产业集群示范基地。培育形成了慈兴轴承、亚德客、合力模具、天生密封件等国家制造业单项冠军企业（产品）和省“隐形冠军”企业 15 家，在全国乃至全球市场竞争中拥有一定话语权。拥有国家气动产品检测实验室、天生密封件国家院士工作站等国家级技术平台 2 个，国家级企业技术中心 3 家，省级企业技术中心 11 家，省级重点企业研究院 4 家，省级高新技术企业研究开发中心 75 家。

### （八）智能家电

宁波是全国四大家电生产和出口基地之一，形成了设计研发、零配件生产、整机制造、检验检测、产品分销等完整产业链。拥有空调、冰箱、洗衣机、吸油烟机、吸尘器等 20 多个细分行业、数千个品种，涵盖制冷电器、清洁电器、厨房电器、美容保健电器等 10 多个领域，其中电熨斗、欧式插座、饮水机、电吹风机、取暖器等小家电产量在全球市场占据主要份额。培育了奥克斯、公牛、方太等一批龙头企业，拥有中国驰名商标 14 个，以及中国家电产业基地、中国家电产品出口共建基地、国家火炬计划智能家电基地、国家级出口家电产品质量安全示范区等几个“国字号”区域品牌。2018 年，全市智能家电规模以上工业总产值 934 亿元，同比增长 8.7%。

### （九）时尚纺织服装

宁波是中国最大的纺织服装产业基地之一，2018 年全市纺织服装产业规模以上工业总产值 1108.4 亿元，同比增长 7.9%，形成了从原料到成品较为完整的产业链。宁波是国内最大的色纺纱生产基地、提花织造基地、涤纶短纤维、针织品和服装生产基地，拥有全国最大的西服和衬衫品牌企业和针织企业。拥有 20 个中国名牌、25 个中国驰名商标，9 家企业被国家工信部和中国纺织工业联合会确定为重点跟踪培育服装、家纺自主品牌企业。康赛妮毛绒、慈星、德鹰精密机械 3 家企业列入工信部制造业单项冠军示范企业；百隆东方列入工信部制造业单项冠军培育企业。海曙区荣获全国消费品工业“三品”战略示范城市，也被工信部列为全国产业集群区域品牌建设试点，博洋集团创客157创业创新园被选为纺织服装创意设计试点示范园区（平台）。

### （十）文体用品

2018年，全市文体用品规模以上工业总产值740亿元。培育了一批以得力、广博、贝发、海伦钢琴、音王电声、华茂集团等为首的龙头企业，企业核心技术和品牌优势位居国内行业前列。拥有广博、得力、贝发、七色花等13件中国驰名商标，贝发、广博、成路、永发、艾谱、海伦等7家企业8个产品获得“中国名牌”称号，康大、创源文化等多个品牌被列入商务部重点出口品牌和省级重点出口品牌。拥有“中国文具之都”和“中国童车和儿童汽车安全座椅之都”等荣誉称号，是国家级出口童车质量安全示范区。国家文教用品质量监督检验中心、中国扑克牌行业（技术）研发中心、中国美工刀行业研发中心和中国美术用品行业研发中心等公共服务平台落户宁波。共有国家级、省级企业技术中心4家和12家，省级重点企业研究院4家，国家级、省级工业设计中心2家和3家。

### （十一）节能环保

2018年，全市节能环保产业规模以上工业总产值为553.5亿元，其中高效节能产业占整个节能环保产业的77.6%，优势突出；9款螺杆空气压缩机入选国家“能效之星”产品目录。拥有国家级单项冠军培育企业（产品）3家，国家认定企业技术中心1家，省级认定企业技术中心9家，省级企业研究院6家。

## 2018年重点工作和成效

### （一）着力招引产业项目，平台载体加速建设

一是服务推进重点项目建设。集中力量实施“项目攻坚”计划，重点服务推进吉利DMA（四大模块化平台之一）项目、大榭石化产品升级改扩建项目等4个百亿级特大项目和60个10亿级重大项目，64个项目累计完成工业投资180.3亿元。对1000万元以上工业企业技术改造项目、规模以上企业技术改造项目和省重点技术改造项目分别进行每月和每季度跟踪管理，确保项目顺利推进。二是加快重点领域合作。完善产业招商协同机制，编制制造业产业招商指南，累计牵头和参与洽谈40多个项目，成功推动李泽湘“两院一园”、华为沃土工场等18个项目注册落地，总投资约400亿元。做好产业对接，精心筹办服装节等重大产业活动，积极推进扶贫协作、山海合作、沪甬合作等工作，帮助企业拓展国内外市场。三是强化重点平台建设。编制区（县）级工业集聚区规划，基本形成了市、区（县）两级工业聚集区体系。杭州湾新区汽车制造业产业基地被评为第八批国家新型工业化产业示范基地，鄞州现代电车小镇等3个小镇列入省级特色小镇创建名单。加快推进杭州湾智能终端产业园等9家市级特色产业园和大榭万华化工新材料产业园等4家市级特色产业示范园建设。建立小微园区数据库，新建和提升22个小微企业园，推动2980家小微企业入园。

### （二）着力发展高端产业，数字经济加速推进

一是加快发展集成电路产业。加速推进“一园三基地”产业布局，中芯宁波N2、南大光电、安集微电子等一批项目开工建设。唐人制造（设备）、安盾微电子等一批设计、装备制造项目入驻鄞州微电子创新产业园。北仑、鄞州两区入选浙江省集成电路产业基地创建名单。全市集成电路已经集聚材料、设计、制造及封测企业60余家，全年集成电路及其相关产业完成工业总产值167.4亿元。二是大力发展软件和信息技术服务业。积极创建特色型中国软件名城，出台《关于创建特色型中国软件名城的实施意见》，聚焦推动工业软件、嵌入式软件、工业互联网操作系统软件等重点领域发展。启动建设“一区多园”宁波软件园，发布《宁波软件产业园区发展规划（2018—2030年）》，推进3.1平方千米软件产业

园核心区建设，培育鄞州、海曙、江北等特色软件园区。全市实现软件业务收入640亿元，同比增长20.1%。三是着力发展工业互联网和物联网产业。引进宁波工业互联网研究院等一批跨行业跨领域工业互联网平台，推动建设中科极动云等30个行业级、企业级工业互联网平台，累计培育76个工业物联网应用试点项目。中之杰网络协同制造工业互联网测试床项目被列入2018年国家工业互联网创新发展工程，柯力传感以龙头企业为启动云的工业物联网产业孵化能力开放平台被列入国家制造业“双创”平台。

### （三）着力实施高端创新，发展质量加速提升

一是建设制造业创新中心。制定出台制造业行业创新中心建设指导意见。推动22个项目签约入驻浙江省石墨烯制造业创新中心，在动力电池等多个应用领域取得重要进展。组建成立了宁波智能成型技术创新中心、宁波磁性材料应用技术创新中心，均成功入选浙江省制造业创新中心创建名单。筹划建设高端金属合金材料、石油基清洁能源与高端材料、纺织先进功能纤维等一批制造业创新中心取得新进展。二是提升企业创新能力。强化企业技术中心培育，引导和支持企业提升技术创新能力，新增国家级企业技术中心4家、省级企业技术中心11家，省级企业研究院30家。完善技术创新示范企业培育机制，累计培育6家国家级技术创新示范企业。组织实施年度市级工业新产品开发计划，认定公布78个市级优秀工业新产品。三是加快创新产品推广应用。发布2018年度自主创新产品和优质产品推荐目录，共有354家企业1000余种产品入选。制定重点新材料首批次应用示范指导目录，全市18家新材料企业投保。四是培育企业梯队。加快重点企业培育，全市新增华翔集团、公牛集团等3家千亿级龙头培育企业。13家企业（产品）获评国家制造业单项冠军，获评企业累计达到28家，约占全国总数的7.4%，企业数量持续保持国内城市首位。深入推进小微企业上规升级和“专精特新”发展，培育省“小升规”“创业之星”42家，1900多家企业入库省“专精特新”企业培育库。谋划开展独角兽高新技术企业培育工作，建立独角兽企业培育工作机制。

### （四）着力实施高效制造，制造模式加速转变

一是加快智能化改造。深入推进技术改造和智能化诊断三年“两个全覆盖”行动，新引导3524家规模以上企业实施技改项目，完成1871家企业智能化诊断。推广智能制造模式，全市新增工业机器人2331台（套），推动建成和示范推广奥克斯空调生产线等4个自动化（智能化）成套装备改造试点项目，以及普瑞均胜智能工厂项目等4个数字化车间（智能工厂）示范项目。二是推动绿色化升级。2018年淘汰落后产能涉及企业184家，整治提升“低散乱”企业（作坊）2178家，腾出用能空间27万吨标准煤。全年组织实施节能改造项目613个，实现节能量51万吨标准煤。积极构建绿色制造体系，全年新增国家级绿色工厂7家、绿色设计产品22种、绿色制造系统集成项目2个、绿色供应链企业1家，数量继续领跑全省。全市规模以上工业增加值能耗同比下降4.9%。三是引导服务化转型。积极推进服务型制造业示范项目建设，海伦钢琴等3家企业被列入第二批国家级示范项目；杜亚电机等11家企业被列入第二批省级示范企业（平台）。推进“企业上云”，新增上云企业超过3万家。深化“设计+”行动，搭建重大平台推动创新设计企业服务制造业升级，成功举办了2018年中国创新设计大会暨“好设计”活动、宁波（国际）工业设计周和“和丰奖”工业设计大赛。

### （五）着力实施高效改革，发展生态加速改善

一是实施“亩均论英雄”改革。创新工作模式，在全省首创取数规范化、对象全面化、流程标准化、操作信息化、运用精准化、任务清单化的工作机制，得到省级部门表彰和推广。完成

近2万家企业综合评价工作，单位建设用地财政贡献、规模以上工业亩均税收和单位排放增加值三项指标居全省第一位。209家低效企业通过改造提升实现亩均税收超1万元或通过依法关停等腾出土地空间。编制浙江省首个产业用地指南，发布全市制造业“亩均论英雄”企业榜、行业榜、地区榜。二是全力营造良好环境。全面贯彻落实国家、省各项降本减负政策，制定出台《关于进一步推进降本减负促进实体经济稳增长的若干意见》，全年累计为企业减负862.3亿元。组织开展全市“三联三促”企业服务专项行动，制定出台经信系统“服务企业、服务基层、服务项目”年度工作方案，定期服务重点地区、重点企业，破解发展难题。举办宁波创业创新风云榜等活动，弘扬企业家精神，提振发展信心。三是完善融资担保体系。推进政策性融资担保体系建设，基本建成以政府性融资担保机构为主，民营担保机构为补充的全市政策性融资担保体系。全市国有或国有控股的融资担保机构达到17家，纳入再担保的融资担保机构达到12家，实现再担保业务金额8.3亿元。创新融资担保模式，全力推动与19家银行、12家担保机构开展“政银担”合作，累计业务发生额超过1.8亿元。四是强化服务平台网络。加快建设中小企业云制造平台等9个制造业重点服务平台，补充增加市中小企业公共服务平台网络服务项目，全年累计提供各类服务项目1007个，组织服务活动2351场次，答复办结企业需求2.9万件。深入推进国家级小微企业创业创新基地城市示范工作，提升“双创”服务券平台作用，平台入驻服务机构超过600家，累计服务交易次数2.5万余次，惠及小微企业近1.2万家。

### （六）着力实施高度融合，城市智慧化水平加速提升

一是深化新型智慧城市建设。研究制定《关于加快推进新型智慧城市建设的若干意见》，部署新一轮智慧城市建设工作。成功举办全球智能经济峰会暨第八届中国智慧城市技术与应用产品博览会，策划峰会主论坛和20场专题论坛活动，共14个境外国家和地区代表团、10多家全球500强企业、30多家境内外上市企业参展，吸引了8万余人次参加会议。二是推动大数据归集应用。加快提升云计算中心支撑能力，累计数据归集57家部门、16亿条数据，通过政务云为各级各部门共享服务16.1亿条次数据，数据共享接口平台实现省市一体化。推动行业公共云服务平台发展，宁波城市公共物联网平台基于中国移动物联网开放平台（OneNET）进行本地化部署。推进制造业大数据应用，建设大数据项目库、需求库、案例库，筹建宁波市大数据发展联盟，举办首届“中国智造”大数据创新创业大赛，加快建设大数据产业基地，累计已注册企业达到72家。三是加强信息基础设施建设。全市4G网络覆盖持续优化，农村光纤网络覆盖程度进一步提升，城域宽带出口已超7000G。启动布局新一代网络通信设施建设，窄带物联网（NB－IoT）网络完成乡镇级覆盖，IPv6网络升级全面启动。免费Wi-Fi进一步扩大，iNingbo无线网络注册用户数增加32万，访问量增加2000万。协助做好网络安全、工控系统信息安全的应急处置和值守等工作。

## 2019年工业形势展望

2018年是不平凡的一年，这一年宁波全面贯彻落实市委、市政府“六争攻坚、三年攀高”决策部署，紧紧围绕产业争先任务目标，努力克服了国内外宏观经济形势变化带来的叠加影响，取得了阶段性成果。

### （一）经济形势更加错综复杂

宁波经济稳增长面临一定压力，由于2017年高基数影响，2018年下半年工业增加值增速逐月下降。但同时，新动能不断增强，产业结构加速优化，战略性新兴产业、高新技术产业、装备制造业增加值增速达到12%、6.9%和9.3%。重大项目支撑作用加强，镇海炼化一体化项目、吉利PMA（四大模块化平台之一）项目、中金石化技改项目等一批重大项目开工建设。新平台

加快引进，余姚机器人智谷小镇、慈溪智能装备（关键基础件）产业园、杭州湾新区汽车制造业产业基地等平台推进建设。

### （二）制造业高质量发展的要求更迫切

2019年，宁波既要冲刺完成各项既定目标，交出一份高质量答卷，也要结合新形势，继续发挥在智能制造、工业强基、制造业单项冠军等方面的优势，为国家战略提供更有力的支持，更要加强制造业供给侧结构性改革，在新兴产业培育、传统产业升级以及产教融合、产金融合等领域边实施、边总结出一批可复制、可推广的经验，为下一步继续争创国家级示范区奠定良好条件。

### （三）数字经济发展更深入

浙江省是全国数字经济发展先发地，党中央、国务院对浙江发展数字经济寄予了殷切期望，省委、省政府已将发展数字经济列为“一号工程”。2018年下半年以来，浙江省陆续发布了《浙江省国家数字经济示范省建设方案》《浙江省数字经济五年倍增计划》，明确了推进全省数字经济发展的目标任务、进度安排，组织召开了全省数字经济发展大会，动员全省贯彻实施数字经济“一号工程”。宁波作为浙江省数字经济发展的重要承载地之一，市委、市政府对宁波市发展数字经济高度重视。2019年，宁波市将深入贯彻落实省委、省政府数字经济“一号工程”，以数字产业化和产业数字化为主线，将数字经济作为产业升级、社会发展的主要动力，系统推动数字化在经济、政府和社会等多个领域深度应用与融合。

# 2018年厦门市工业经济运行概况

2018年，厦门市工业经济平稳增长，质量效益稳步提升。全市规模以上工业增加值1611.35亿元，同比增长8.8%。全市规模以上工业产值6392.32亿元，现价增长9.8%。工业投资增长12.0%，技改投资同比增长20.7%。工业用电量累计135.65亿千瓦时，同比增长8.7%。工业税收335亿元，同比增长11.0%。

## 工业经济运行主要特点

（一）工业对全市GDP支撑作用愈趋明显。2018年，厦门规模以上工业增加值增速8.8%，比全市GDP增速7.7%高出1.1个百分点，比三产增速7.5%高出1.3个百分点。从贡献看，全市规模以上工业对全市GDP增长的贡献率达40.6%，直接拉动GDP增长3.1个百分点。2018年厦门各区工业增加值占比（见图1）。

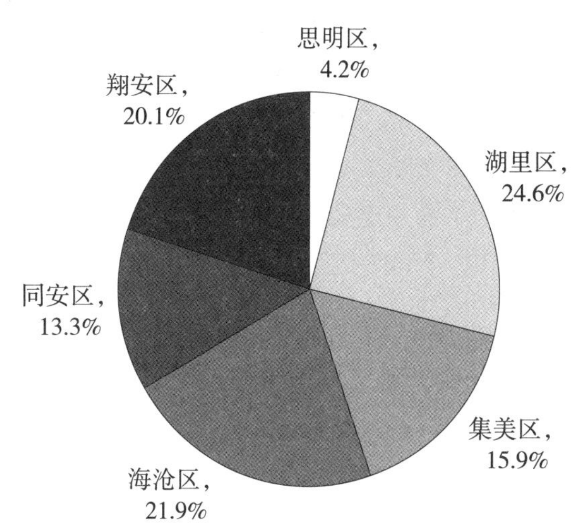


**图1　2018年厦门各区工业增加值占比**

（二）工业增速好于多数副省级城市。2018年，厦门规模以上工业增加值增速8.8%（见图2），比全国规模以上工业增加值增速6.2%高出2.2个百分点。在全国15个副省级城市中位列第四，仅次于大连（15.9%）、深圳（9.5%）和西安（9.4%）。

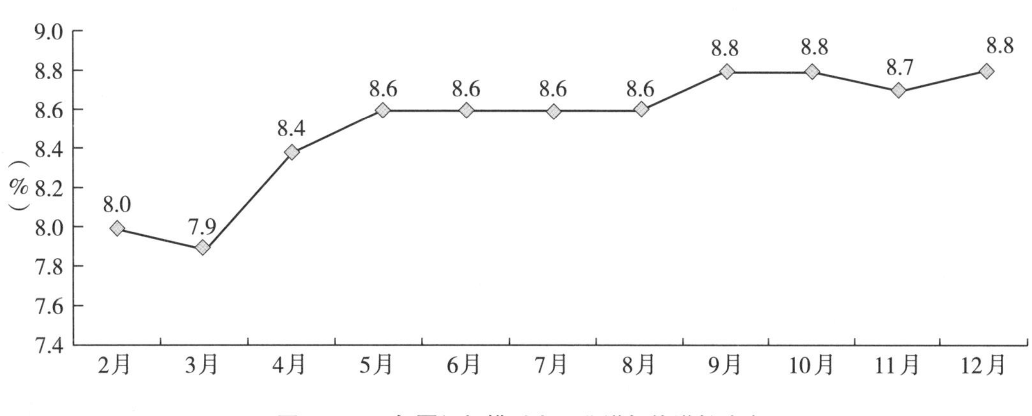


**图2　2018年厦门规模以上工业增加值增长速度**

（三）工业多项指标稳中有进。一是月平均产值稳步增加，由第一季度月平均工业产值476亿元提高到上半年月平均产值515亿元，前三个季度的月平均工业产值521亿元，全年的月平均工业产值532亿元。二是出口交货值增速稳中有升。工业出口企业积极应对2018年以来汇率大幅波动，出口交货值仍由第一季度的增长1.7%、上半年的增长1.9%、前三个季度的4.6%，提升到全年的6.5%。三是工业经济效益综合指数逐季提升，从第一季度的230.68，上半年的246.49、第三季度的248.79，提升到全年的254.07。

（四）工业用电较快增长。2018年，全市工业累计用电135.65亿千瓦时，同比增长8.7%，增速较前三个季度提高1个百分点。工业用电保持较快增长，一方面，全市各工业企业用电保持稳步增长；另一方面，厦钨新能源、电气硝子、长塑实业等企业持续增容扩产，带动行业用电需求增长。

（五）超六成规模以上工业企业实现增产。全市1896家规模以上工业企业中，有1185家企业增产，占62.5%，合计实现产值增量867.14亿元，其中有143家企业增量上亿元。2018年全市实现工业出口交货值2283亿元，同比增长6.5%，出口交货值率37.5%；从企业数量上看，全市规模以上有出口业务企业1024家，实现出口增长的企业631家，占61.6%。

（六）工业税收增速较快。2018年，全市工业实现税收335亿元，同比增长11.0%，比全社会的5.5%高出5.5个百分点，工业税收对全市税收增长的贡献度好于其他产业。其中，厦门烟厂纳税61.41亿元，居全市之首，占全市工业税收比重达18.3%；厦门烟厂、戴尔公司、捷太格特等前10家工业纳税大户纳税合计107.45亿元，占全市工业税收比重32.1%。

（七）高新技术产业发展趋势良好。2018年，高新技术产业增加值同比增长9.3%，高出全市工业增加值增速0.5个百分点；高新技术企业完成增加值1093.99亿元，占全市规模以上工业增加值的比重为67.9%。联芯、天马等近年新投产高新企业以及亿联网络、雅迅网络等工业互联网企业保持较高的发展速度，成为厦门市工业发展新兴力量。

（八）外商及港澳台企业增加值占比近六成。按登记注册类型划分，外商及港澳台投资企业实现工业增加值937.71亿元，占全市规模以上工业增加值的58.2%，同比增长7.0%，其中台资企业完成工业增加值497.17亿元，占全市规模以上工业增加值的30.9%，同比增长5.6%。股份制企业实现工业增加值673.58亿元，同比增长11.3%；国有控股企业完成工业增加值268.61亿元，同比增长18.5%。

（九）消费品工业传统优势继续保持。2018年，消费品工业（不含家电）完成主营业务收入888.99亿元，实现利润61.45亿元，分别占全市规模以上工业的14.6%、18.2%。家具制造业、医药制造业、食品制造业增加值增速位于全市35个工业行业前三位，分别达到20.8%、18.8%、15.8%；烟草制品增加值增速比2017年有所提高。农副产品与食品加工、水暖厨卫产业分别完成产值301.38亿元、176.97亿元，成为率先突破150亿元的两条产业链。安井食品被授予“全国轻工行业先进集体”称号。食品工业企业诚信管理体系建设全面启动。

## 重点行业发展情况

（一）平板显示产业。2018年实现产值1315亿元，同比增长7.9%。在工信部国家新型工业化试点基地质量评价中，厦门光电显示在细分行业中排名全国第一。友达光电研究生产的电竞屏市场占有率全球第一。宸鸿科技、天马微电子、电气硝子产值增长超过30%。宸鸿科技新一代手机触控屏、天马5.5代AMOLED、香港杰峰柔性ITO等项目落地动建。新引进乾照半导体VCSEL、佳世达消费电子等项目，进一步延伸壮大产业链。

（二）计算机与通信设备产业。2018年实现产值1204亿元，同比增长14.5%，首次突破千亿规模。在戴尔增长拉动下，产业整体快速增长。戴尔公司加快高端产品市场开拓，产值增长超过20%。厦门雅迅产业园、骐俊物联网、泰伟智科智能移动终端等项目开工建设，新引进亿联网络产业基地、惯航激光陀螺与惯性导航系统等项目，加快向物联网、汽车电子、传感器等新型领域发展。

（三）半导体和集成电路产业。2018 年实现产值417 亿元，同比增长18.1%。出台《厦门市加快发展集成电路产业实施细则》（厦府办〔2018〕58 号），从投融资、人才引进、科研支持、成长激励等方面加大扶持力度。“芯火”双创基地得到工信部批复筹建。联芯集成电路成为国内最先进的 28 纳米晶圆专业生产企业之一。碳化硅产业链已现雏形。新引进星辰科技、芯达茂微电子、凌阳华芯、天虹半导体设备等优质项目以及清华大学厦门半导体工业技术研究院等平台项目。通富微电厦门海沧先进封测项目（总投资70 亿元）、士兰微 12 英寸特色工艺晶圆制造项目及化合物半导体器件项目（总投资 220 亿元）等一批重大项目相继开工建设。

（四）机械装备产业。2018 年实现产值 1037 亿元，同比增长15.2%，首次突破千亿规模。航空维修业再获国家支持，实现区外保税维修项下出口业务退税。集美机械工业集中区、火炬电力电气产业基地、厦门航空工业园等专业化园区相继建成，产业集聚效应明显。ABB 厦门工业中心建成投用，是目前 ABB 公司全球最大、最先进的制造基地。总投资上百亿的厦钨永磁电机项目签约落地，并于 2018 年年底开工。航天思尔特、金旅入选福建省级智能制造试点示范企业，科华恒盛等 9 家企业研制的 9 台（套）装备获福建省首台（套）重大技术装备与智能制造装备认定，机械装备加快迈向高端化、智能化、服务化。

（五）新材料产业。2018 年实现产值 889 亿元，同比增长 14.8%。金属制品业、橡胶和塑料制品业、有色金属冶炼和压延加工业、化学原料和化学制品制造业主营业务收入分别为 321.68 亿元、303.79 亿元、152.68 亿元、141.07 亿元，均进入全市规模以上工业主营业务收入前十位。特种金属材料、光电信息材料规模和技术优势进一步强化，先进高分子材料向环保、特种功能方向升级，新能源材料产业开始聚集并形成规模。厦钨新能源快速发展，成为国内锂离子正极材料领军企业，“隐形冠军”长塑实业自主研发的新能源汽车锂电池用的高抗冲型尼龙膜 PHA（聚羟基脂肪酸酯），已跻身国内高端市场，瀚天天成的碳化硅外延片和凯纳的石墨烯导电浆料的销售收入均已突破 3000 万元并快速发展。新材料产业链上下游不断融合，路达集团、信达股份等开始建设研发或产业平台，向上游关键材料研发生产延伸。

（六）生物医药与健康产业。2018 年实现产值 589 亿元，同比增长 20.2%。修订加快产业发展扶持政策，加大对临床研究、仿制药产业化等关键环节的精准扶持。海沧生物医药港构建“创新研发—孵化器—中试基地—产业园区”的产业发展体系。金达威、特宝生物等企业增长超过50%，新引进国内市值最大的上市医药企业恒瑞公司。企业创新能力不断增强，艾德生物获批上市我国首个以伴随诊断试剂标准通过的血液基因突变检测试剂盒，厦门大学夏宁邵团队和万泰沧海联合研制的世界第三支、国内第一支 HPV16/18 型双价宫颈癌疫苗已申请注册即将上市，力品药业生产的福建省首个获得美国 FDA（食品药品监督管理局）批准的高端缓控制剂盐酸可乐定缓释片打入美国市场。

## 工业重点工作和成就

（一）重点项目建设有序推进。2018 年，厦门市陆续出台了《关于促进工业有效投资增长的若干意见》等政策，做好项目建设要素保障和政策扶持激励，全市工业投资同比增长 12.0%，技改投资同比增长 20.7%，超额完成省里下达的增速目标。至 2018 年年底，全市统计在库的工业项目共 920 个，其中宸鸿科技手机触控项目、联芯集成电路等 72 个项目 2018 年度完成投资超亿元。尤其是厦钨永磁电机、士兰微电子两个百亿级大项目顺利签约开工，电气硝子、ABB 厦门工业中心等优质项目如期竣工投产，天马微电子、宸美光电等行业龙头企业持续增资扩营，为厦门市落实赶超目标、实现高质量发展注入了强大动力。

（二）招商引资成果丰硕。完善工业招商机制，建设工业用地信息服务平台，全年策划生成工业招商项目263个（预计总投资158亿元），在谈项目98个（预计总投资304亿元），落地项目81个（预计总投资442亿元）。芯舟科技、金柏科技、金鹭特种合金、惯航科技等一批重点产业项目顺利落地。华为云创新中心、中软国际东南总部基地落户厦门，共同打造智能制造云和软件开发云。

（三）重点产业链（群）培育扎实推进。梳理工信领域7条千亿产业链群发展情况，编制行业总图和细分领域发展路线图，明确主攻方向。平板显示产业实现产值1314.87亿元，同比增长7.9%；计算机与通信设备产业实现产值1204.44亿元，同比增长14.5%；半导体和集成电路产业实现产值417.4亿元，同比增长18.1%；机械装备产业实现产值1037.05亿元，同比增长15.2%；生物医药与健康产业实现产值589亿元，同比增长20.2%；新材料产业实现产值888.78亿元，同比增长14.8%；软件和信息技术服务产业实现营收1493.02亿元，同比增长16.4%。新增计算机与通信设备、机械装备两条产值上千亿元产业链群，累计4条。

（四）产业转型升级成效明显。高新技术产业实现增加值1093.99亿元，同比增长9.3%，占全市规模以上工业增加值的67.9%。2018年新增省级以上企业技术中心15家、制造业单项冠军7家、智能制造试点示范企业7家、服务型制造试点示范4家、工业设计中心4家、人工智能创新示范3家、制造业创新中心试点单位2家。

（五）物联网产业加快发展。2018年，出台《厦门市加快推动物联网应用实施方案》，物联网产业实现产值480亿元，初步形成了包括射频识别、传感器、设备、软件、系统集成、电信运营及物联网服务在内较为完整的产业链体系。厦门金龙旅行车“金旅智能网联客车”和厦门金龙联合汽车“智能网联无人驾驶纯电动客车”项目入选2018物联网集成创新与融合应用项目。成功举办了2018年第四届中国（国际）物联网博览会。

（六）新一代人工智能产业加速布局。出台《厦门市新一代人工智能产业发展行动计划（2019—2021年）》《厦门市关于推动新一代人工智能产业发展的若干措施》，编制《厦门市推动新一代人工智能加快发展的实施意见》。截至2018年年底，依托厦门火炬高新技术产业开发区及三大软件产业园，已聚集了人工智能相关企业近200家，基本涵盖了新一代人工智能产业链。15个项目入选厦门市级人工智能与实体经济深度融合创新项目，其中云知芯、金龙汽车、矽创微电子3个项目入选工信部人工智能与实体经济深度融合创新项目。与高文、潘云鹤院士领衔的国家新一代人工智能产业技术创新战略联盟签署战略合作协议，围绕专家资源对接、咨询培训服务、研究院所落地、相关人才引进、举办高端博览会、筹建产业基金、应用试点示范7个方面服务厦门市人工智能发展。

（七）“互联网+先进制造业”深入实施。制定出台《厦门市制造业与互联网融合发展规划（2018—2022年）》和《厦门市“企业上云”行动计划（2018—2020年）》。摸底厦门市工业云平台建设情况，与华为、中软国际、SAP对接洽谈落地事宜，研究厦门市工业互联网平台建设方案。金旸（厦门）新材料科技有限公司基于互联网的高分子新材料“双创”平台、厦门盈趣科技股份有限公司基于UMS（统一消息业务）系统的物联网智造“双创”平台项目成功入选2018年制造业“双创”平台试点示范项目。

（八）绿色发展迈上新台阶。认真抓好中央环保督察问题整改，提前完成全市672家石材生产企业污染整治任务。出台厦门市绿色制造体系建设实施方案，新培育国家级绿色工厂3家、绿色供应链1家、绿色设计产品5种。全年累计推广新能源汽车10788辆，推广量位居福建全省第一。厦门市新能源汽车动力蓄电池回收利用体系方案获工信部批准实施。建成厦门市重点用能单位能耗在线监测平台，实现首批68家重点用能单位能耗实时监测。

## 2019年工业形势展望

厦门的工业和信息化工作仍存在重大优质项目接续乏力，经济发展新动能尚处于培育发展期，金融对制造业支持力度有待提升等困难和问题。但在厦门市委、市政府的领导下，攻坚克难，2018年全市规模以上工业增加值增速达8.8%，创2015年以来新高，在全国15个副省级城市中位列第四，仅次于大连、西安和深圳。千亿产业链群培育、重点项目建设、招商引资、智慧城市建设、企业帮扶、脱贫攻坚等多条战线都取得明显成效，为今后工业和信息化发展奠定了坚实的基础。同时，随着“一带一路”建设和闽西南协同发展全面起航，工业和信息化发展迎来了新的机遇。

2019年，厦门工业和信息化工作的总体思路：

### （一）提升产业水平

根据厦门产业基础、资源禀赋、创新能力等实际情况，构建支柱产业、战略性新兴产业与未来产业联动发展、交替发力的“3+4+3”实体经济发展梯队。以新型电子信息产业为发展支柱，带动一批具有前瞻特性的产业发展，提升产业发展水平。

1. 支柱产业：做强平板显示、计算机与通讯设备、装备制造三大产业。平板显示产业突出发展新型显示技术，大力推进天马5.5代、电气硝子三期等项目建设；计算机与通讯设备产业加快软硬件融合，大力发展高端服务器与存储设备，提升市场竞争力。

2. 战略性新兴产业：加快发展半导体和集成电路、软件和信息技术服务、新材料、生物医药与健康四大产业。半导体和集成电路产业突出联芯、三安、通富微电子等龙头项目带动效应，加速产业布局和垂直领域整合；软件和信息技术服务业重点加大平台型企业培育，支持软件企业向移动互联网、大数据、云计算等领域发展，力争引入国内互联网龙头企业如华为、腾讯等，将厦门市打造成为互联网产业发展重镇，争创国家数字经济发展示范区；新材料产业力争在锂离子电池材料、半导体材料等领域取得新突破，争创国家级新材料产业集聚区；生物医药与健康产业大力发展仿制药，支持研发创新药，加快引进一批医药龙头企业。

3. 未来产业：加快布局人工智能、机器人及可穿戴设备和智能装备制造三大产业。人工智能产业加大自动驾驶及医疗保健的通用人工智能软件和面向人机协同的高端人工智能软件系统的研发，建设开源平台。机器人及可穿戴设备产业，组织实施一批工业机器人研发及产业化项目，培育和引进一批工业机器人研发、生产制造和系统集成企业以及关键基础部件配套企业，并培育一批可穿戴设备知名品牌和行业领军企业，形成具有一定特色的可穿戴设备产业链。智能装备制造产业，加强引进龙头企业，助力企业开拓市场和首台（套）突破，支持培育智能制造系统解决方案供应商。

### （二）抓实项目攻坚

1. 突出招商成效。发布产业招商指导目录，打通全市工业招商项目信息共享通道，突出国外科技型中小企业招商，加快引进一批平台型企业。突出做强千亿产业链重点，以补链、延链、强链为目标，实施产业链精准招商。利用协同区发展，探索机制更加灵活“产业飞地”，拓展厦门产业发展腹地。

2. 突出项目建设。跟紧盯实2019年度工信领域“6+1+1”（6条制造业+软件和信息技术服务业+产业平台及保障）千亿产业链群150个主要投资项目建设，着力推进总投资1860亿元、年度计划投资215亿元的150个主要项目投资。

3. 突出技术改造。实施新一轮企业技术改造专项行动，发挥技改综合奖补财政资金作用，组织一批聚焦优势工业互联网、扩大先进产能、延伸产业链、智能制造、工业强基等方向的重点技改项目，引导企业通过原地新技术、新工艺、新设备、新材料“四新”技术改造，推动生产方式柔性化、智能化、精细化，实现企业提质增效、转型升级迈向中高端。

### （三）加快制造业转型升级

1. 加快创新转型。扎实推进厦钨、厦门大学制造业创新中心建设，新增一批国家级企业技术中心和技术创新示范企业。完善产学研用协同创新机制，力争在集成电路、新型显示、人工智能等领域实现突破，促进更多科研成果在厦门市落地转化。

2. 加快绿色转型。围绕能耗总量和强度“双控”目标，强化节能监察，推广合同能源管理，大力推进交通运输、建筑等行业的节能技术改造，挖掘节能潜力。加快新能源汽车产业发展，推动国家新能源汽车动力蓄电池回收利用体系试点方案落地实施，扩大新能源企业在公共服务领域应用规模。

3. 加快智能转型。实施智能制造发展应用计划，设立“厦门市智能制造重点项目库”，开展“厦门市系统集成解决方案供应商”“厦门市智能制造支撑平台”认定，加速工业机器人、智能仪器仪表、特种传感器等智能装备普及应用，提升数字化研发设计工具普及率和关键工序数控化率。

### （四）推进多元融合

1. 促进新一代信息技术与制造业融合。加快出台厦门数字经济发展规划，推进大数据、人工智能、物联网等新技术形成新业态。鼓励新一代人工智能技术在工业领域各环节的探索应用，重点培育和发展车联网、智能无人机、医疗影像辅助诊断系统，打造10个以上人工智能与实体经济融合示范项目。建设厦门工业互联网公共服务平台，引进孵化一批工业互联网服务提供商，鼓励重点制造企业建立工业云平台，三年内推动3000家以上企业上云、上平台。

2. 促进先进制造业与现代服务业融合。加快实施制造业主辅分离、个性化定制、全生命周期管理等服务，大力发展柔性制造、新型云制造、协同制造，新培育一批服务型制造示范企业。开展两化融合管理体系标准建设和贯标推广。办好2019年海峡工业设计大奖赛，引导创建厦门市工业设计研究院，新培育国家、省、市工业设计中心10家。

3. 促进数字化与城市服务融合。加快新型智慧城市建设，推进政务数据中心、先进计算中心（超级计算中心）建设，不断完善政务数据共享交换平台和开放平台，统筹推进政务数据资源整合共享。推进“新基建”建设。铺开5G网络商用部署，重点落实5G网络站址布局，推进建设小微基站和室内分布系统。深化城市治理和公共服务创新应用，拓展“i厦门”、市民卡App功能，增强广大企业市民获得感和幸福感。

# 第四篇

# 统计分析篇

# 2018 年工业经济运行情况

2018 年全国工业经济运行总体平稳。主要行业中，原材料行业生产增速加快，电子行业生产继续保持两位数增长，机械、消费品行业生产增速回落。工业出口交货值增速回落明显，工业投资增速有所加快，工业品价格涨幅回落。

## 工业经济运行主要特点

据国家统计局统计，2018 年，全国规模以上工业增加值同比增长 6.2%，增速同比回落 0.4 个百分点。12 月，规模以上工业增加值同比增长 5.7%，增速同比回落 0.5 个百分点，比上月提高 0.3 个百分点（见图 1）。

（一）制造业生产增速有所回落。2018 年，全国制造业增加值同比增长 6.5%，增速同比回落 0.7 个百分点；采矿业增加值同比增长 2.3%，2017 年同期下降 1.5%；电力、热力、燃气及水生产和供应业增加值同比增长 9.9%，增速同比提高 1.8 个百分点。12 月，制造业同比增长 5.5%，增速比上月回落 0.1 个百分点；采矿业增长 3.6%，比上月提高 1.3 个百分点；电力、热力、燃气及水生产和供应业增长 9.6%，比上月回落 0.2 个百分点（见图 2）。

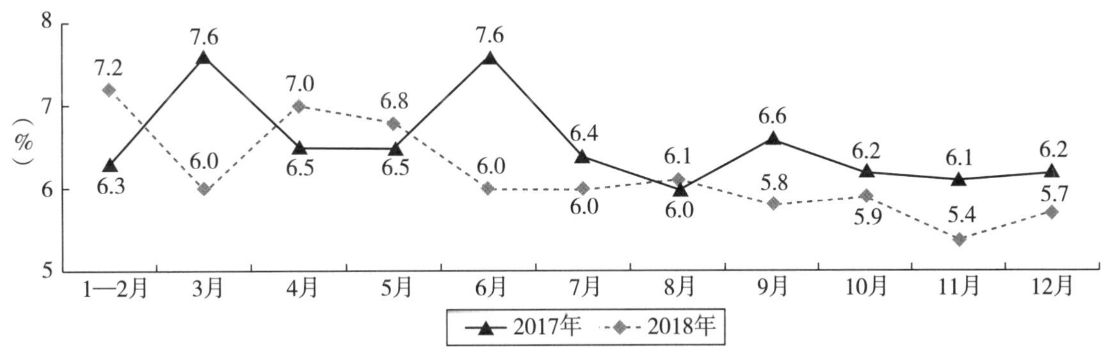


图 1　2017—2018 年规模以上工业全国工业增加值分月增长速度

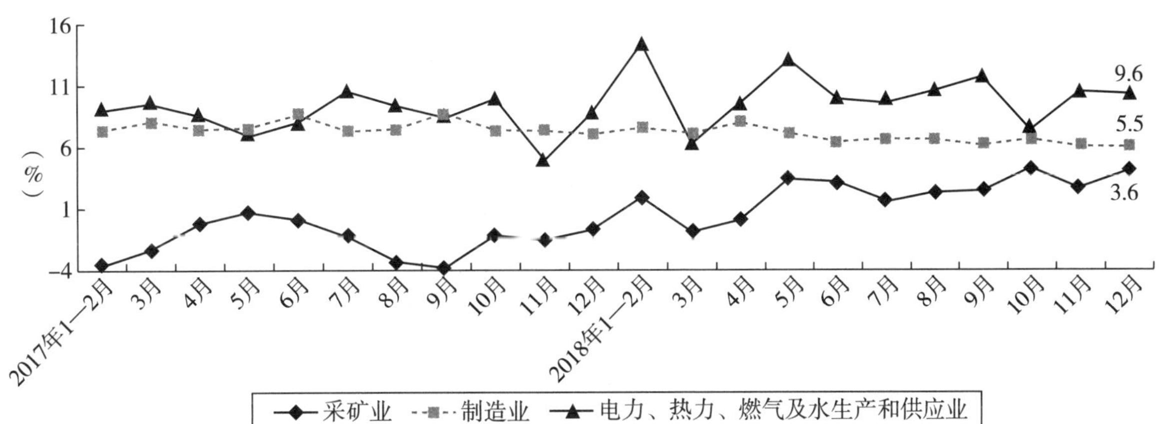


图 2　2017—2018 年三大门类增加值分月增速

（二）工业产品出口增速回落。2018 年，全国规模以上工业实现出口交货值 123932 亿元，同比增长 8.5%，增速同比回落 2.2 个百分点。12 月，规模以上工业实现出口交货值 11749 亿元，同比增长 4.1%（见图 3），增速同比回落 5.2 个百分点，比上月回落 3.5 个百分点。另据海关统计数据，2018 年，我国外贸进出口总额 30.51 万亿元，同比增长 9.7%，增幅同比减少 5.1 个百分点。其中，出口额 16.42 万亿元，同比增长 7.1%，增速同比放缓 3.7 个百分点；进口额 14.09 万亿元，同比增长 12.9%，增速同比放缓 5.8 个百分点。贸易顺差 2.33 万亿元，比 2017 年同期减少 5415 亿元。

（三）主要工业大省生产增速放缓。分地区看，2018 年，东部地区规模以上工业增加值同比增长 5.6%，增速同比回落 1.1 个百分点；中部地区工业增加值同比增长 7.4%，同比回落 0.5 个百分点；西部地区工业增加值同比增长 6.9%，同比回落 0.4 个百分点；东北地区工业增加值同比增长 6.1%，同比提高 1.9 个百分点。主要工业大省中，江苏工业增加值同比增长 5.1%，增速同比回落 2.4 个百分点；浙江增长 7.3%，回落 1.0 个百分点；山东增长 5.2%，回落 1.7 个百分点；广东增长 6.3%，回落 0.9 个百分点；河南增长 7.2%，回落 0.8 个百分点。

（四）产销衔接放缓。2018 年，全国工业企业产品销售率为 98.1%，同比下降 0.5 个百分点。12 月，工业企业产品销售率为 98.5%，同比下降 0.3 个百分点。

（五）工业投资增速有所加快。2018 年，全国工业投资同比增长 6.5%，增速比 1—11 月提高 0.1 个百分点，比 2017 年提高 2.9 个百分点（见图 4）。其中，采矿业投资增长 4.1%，增速比 1—11 月回落 4.5 个百分点；制造业投资增长 9.5%，增速与 1—11 月持平，比 2017 年提高 5.9 个百分点；电力、热力、燃气及水生产和供应业投资同比下降 6.7%，降幅比 1—11 月收窄 2.1 个百分点，2017 年为同比增长 0.8%。

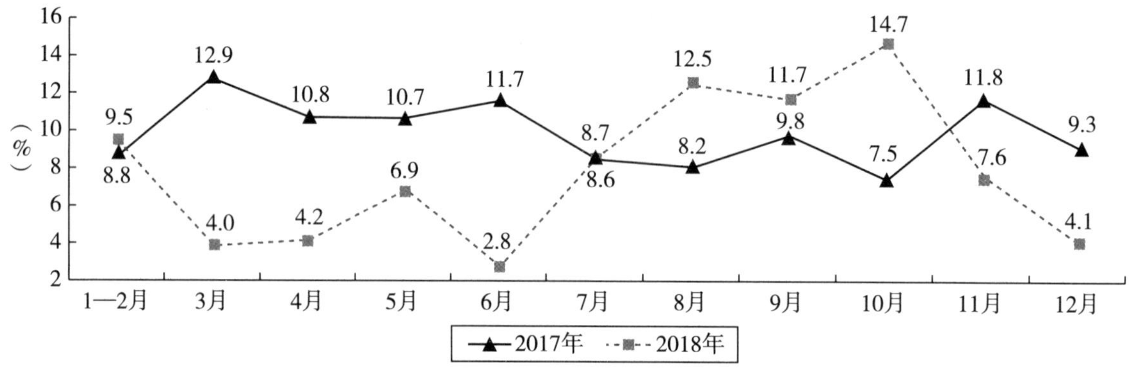


图 3　2017—2018 年规模以上工业出口交货值分月增长速度

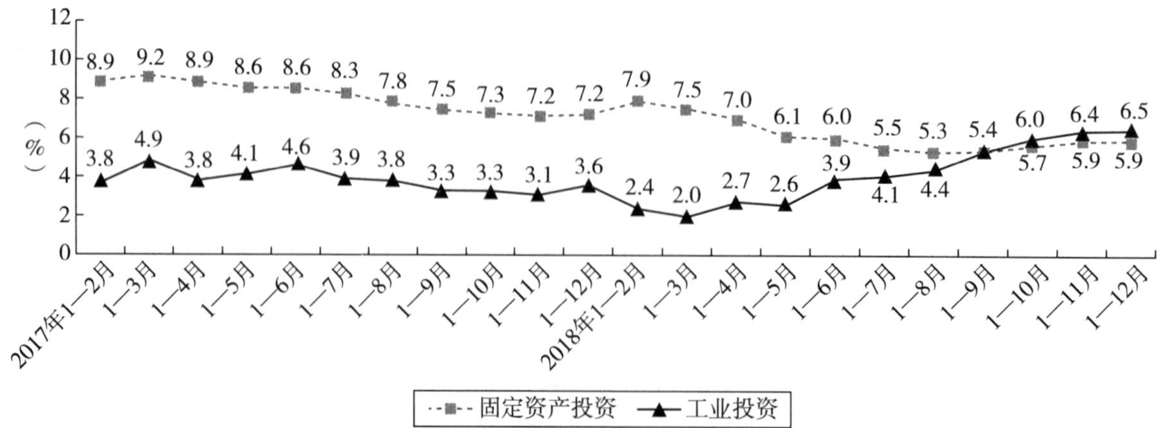


图 4　2017—2018 年固定资产投资和工业投资累计增速

（六）工业品出厂价格同比涨幅回落。2018年工业生产者出厂价格同比上涨3.5%，工业生产者购进价格上涨4.1%。2018年12月，全国工业生产者出厂价格（PPI）同比上涨0.9%，涨幅比上月回落1.8个百分点；工业生产者购进价格同比上涨1.6%，涨幅比上月回落1.7个百分点（见图5、图6）。

（七）制造业总体还在继续扩张，但扩张速度放缓。2018年12月，制造业采购经理指数（PMI）为49.4%，比上月回落0.6个百分点，为近几年来首次低于临界点，制造业景气度明显减弱。其中，生产指数为50.8%，比上月回落1.1个百分点；新订单指数为49.7%，比上月回落0.7个百分点（见图7）。

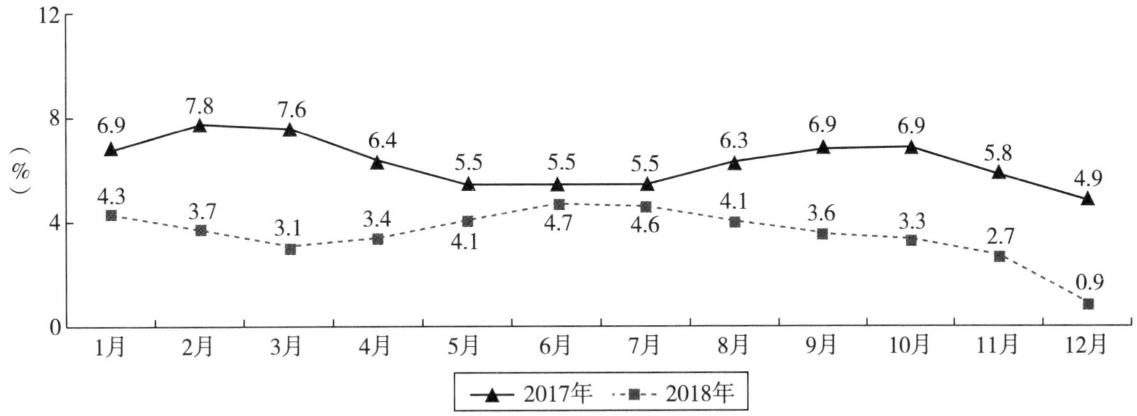


**图5　2017—2018年工业生产者出厂价格变动情况**

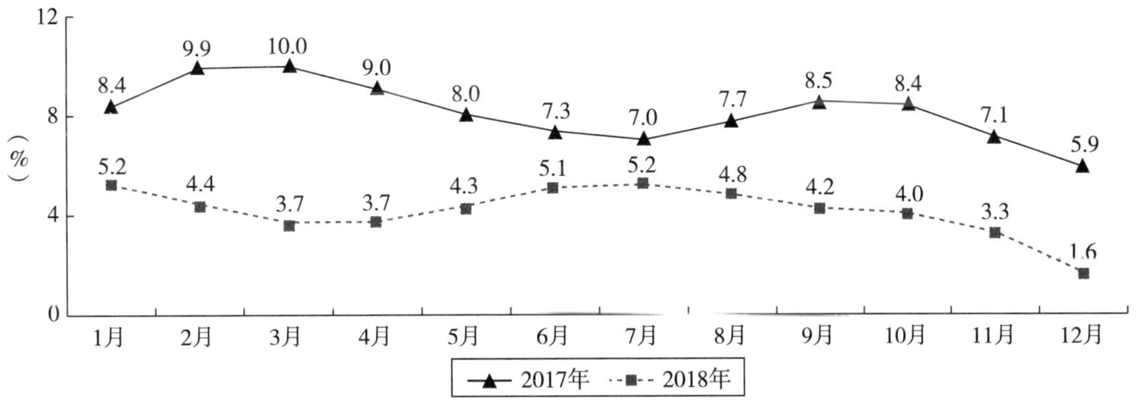


**图6　2017—2018年工业生产者购进价格变动情况**

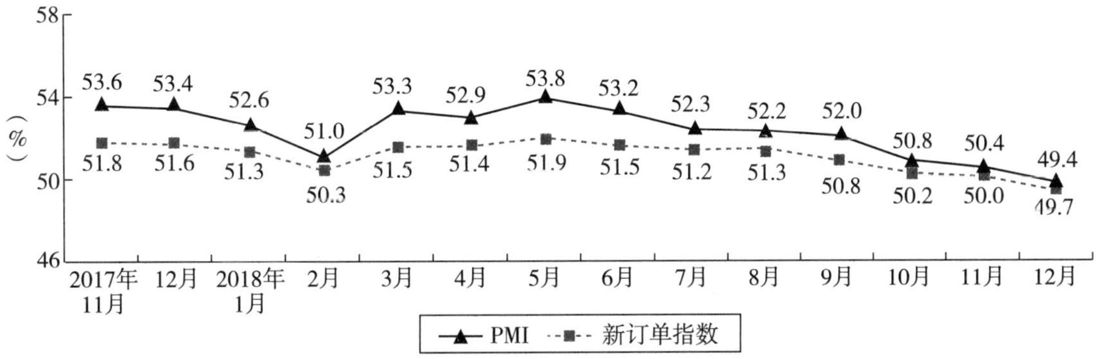


**图7　2017—2018年制造业采购经理指数**

## 主要工业行业运行情况

### （一）原材料工业

原材料工业生产增速同比提高。2018 年，原材料工业增加值同比增长 5.3%，增速同比提高 2.9 个百分点。12 月，原材料工业增加值同比增长 7.2%，增速同比提高 5.1 个百分点，比上月提高 1.2 个百分点（见图 8）。

冶金工业增加值同比回落。2018 年，冶金工业增加值同比增长 5.5%，2017 年同期为下降 0.8%。粗钢产量 9.3 亿吨，同比增长 6.6%。全年铁矿石原矿生产 7.6 亿吨，同比下降 3.1%。12 月，冶金工业增加值同比增长 8.0%，增速与上月持平。粗钢产量 7612 万吨，同比增长 8.2%；铁矿石原矿生产 6842 万吨，同比增长 3.3%（见图 9、图 10）。

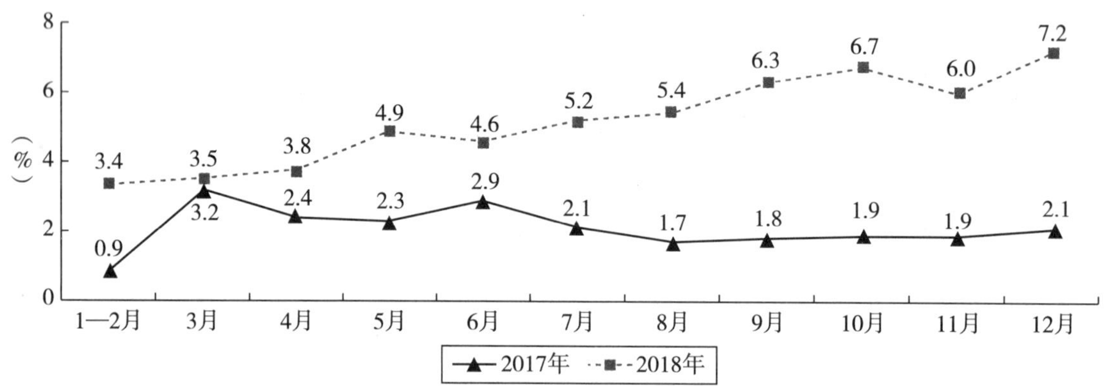


**图 8　2017—2018 年原材料工业增加值分月增速**

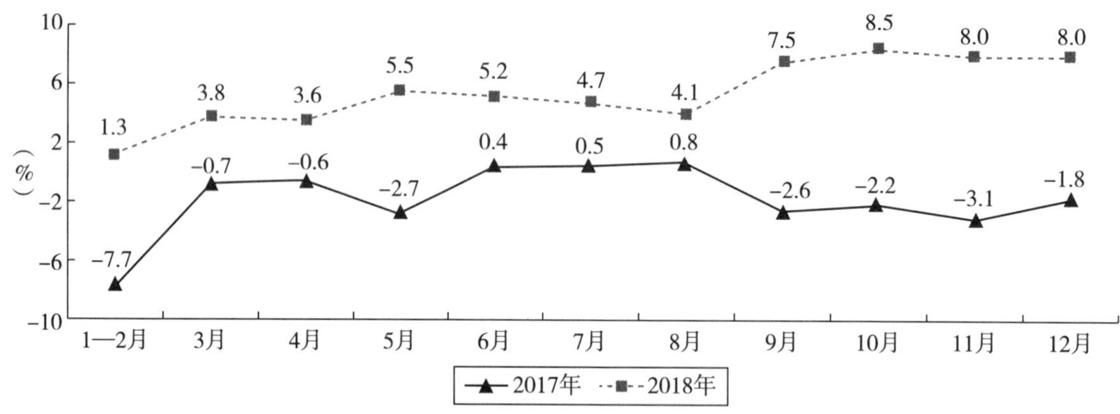


**图 9　2017—2018 年冶金工业增加值分月增速**

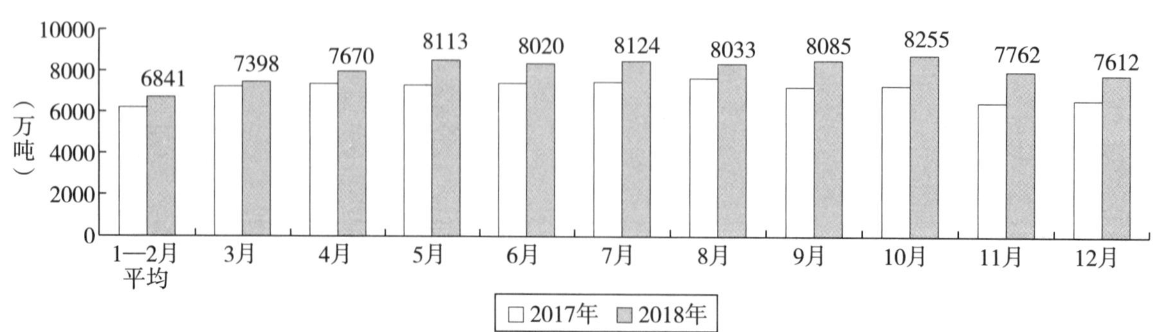


**图 10　2017—2018 年各月粗钢产量**

钢材出口量同比下降。2018 年，出口钢材 6934 万吨，同比下降 8.1%；进口钢材 1317 万吨，同比下降 1%。12 月，出口钢材 556 万吨，进口钢材 101 万吨。

铁矿石进口量下降。2018 年，进口铁矿砂 10.64 亿吨，同比下降 1%；进口均价 71 美元/吨，同比下降 0.3%。12 月，进口铁矿石 8665 万吨，比 11 月增加 40 万吨；进口均价 75.8 美元/吨，比上月上涨 0.1%（见图 11、图 12）。

国内市场钢铁价格持续全线下降。“我的钢铁网”数据显示，2018 年 12 月末，国内现货市场线材和螺纹钢每吨均价分别为 4153 元和 3997 元，比上月末分别下降 33 元和 9 元。热轧板和中厚板每吨均价分别为 3767 元和 3847 元，比上月末分别上涨 115 元和 71 元。国内钢材综合价格指数为 107.12，比上月末下降 0. 73 点（见图 13）。

有色金属工业增加值同比加快。2018 年，有色金属工业增加值同比增长 6.9%，增速同比提高 6.2 个百分点。十种有色金属产量 5688 万吨，同比增长 6.0%。12 月，有色金属工业增加值同比增长 12.4%，增速同比提高 7.5 个百分点，比上月提高 0.9 个百分点；十种有色金属产量约 508 万吨，同比增长 10.0%（见图 14、图 15）。

铜材进口量和进口价齐升，铝材出口量增加。2018 年，进口未锻轧铜及铜材 530 万吨，同比增长 12.9%；进口均价为 7073 美元/吨，同比上涨 5.9%。出口未锻轧铝及铝材 580 万吨，同比增长 20.9%；出口均价为 2839 美元/吨，同比上涨 4.1%。

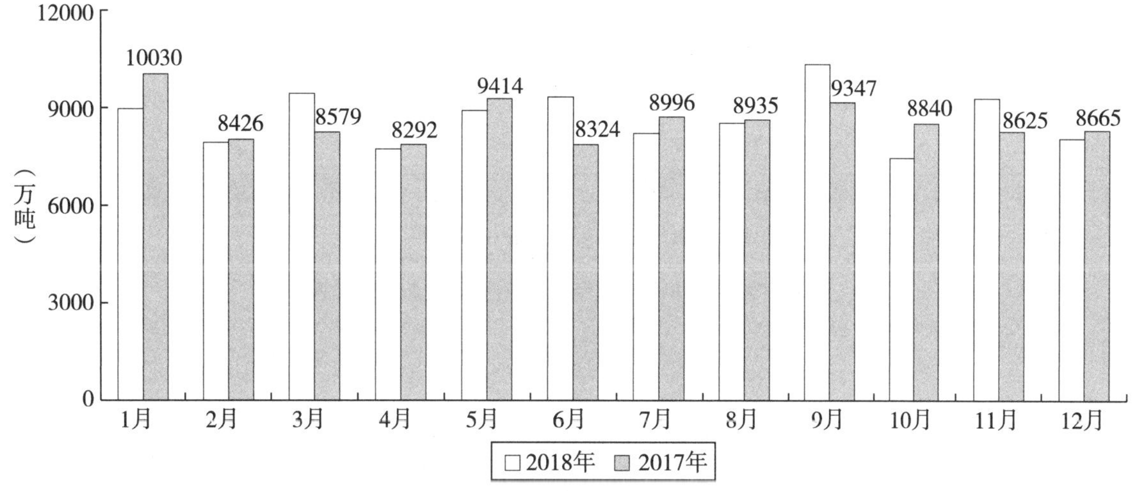


**图 11　2017—2018 年全国铁矿石月度进口量**

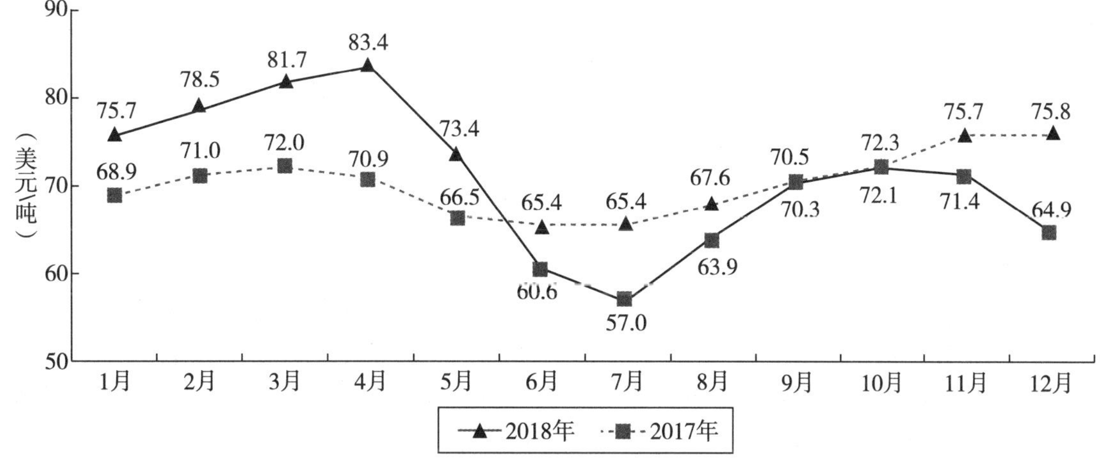


**图 12　2017—2018 年全国铁矿石月度进口平均价**

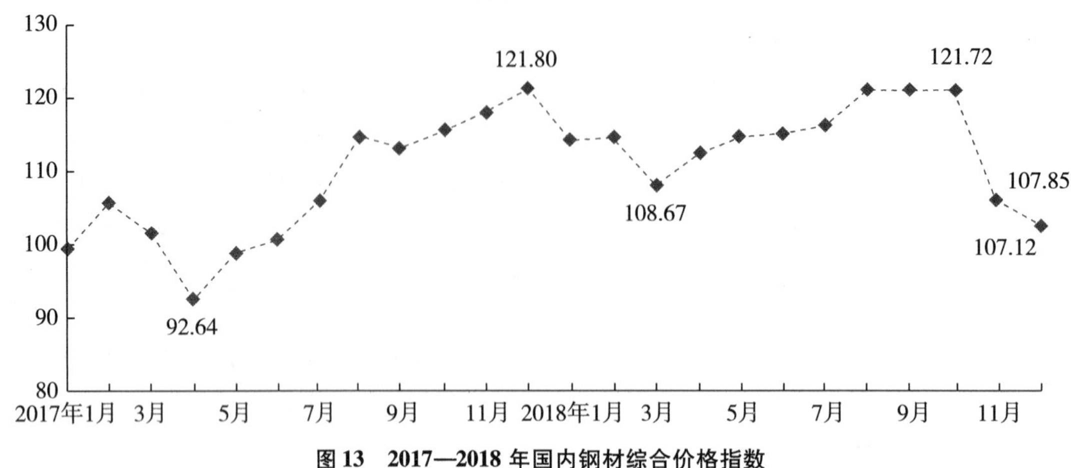


图 13 2017—2018 年国内钢材综合价格指数

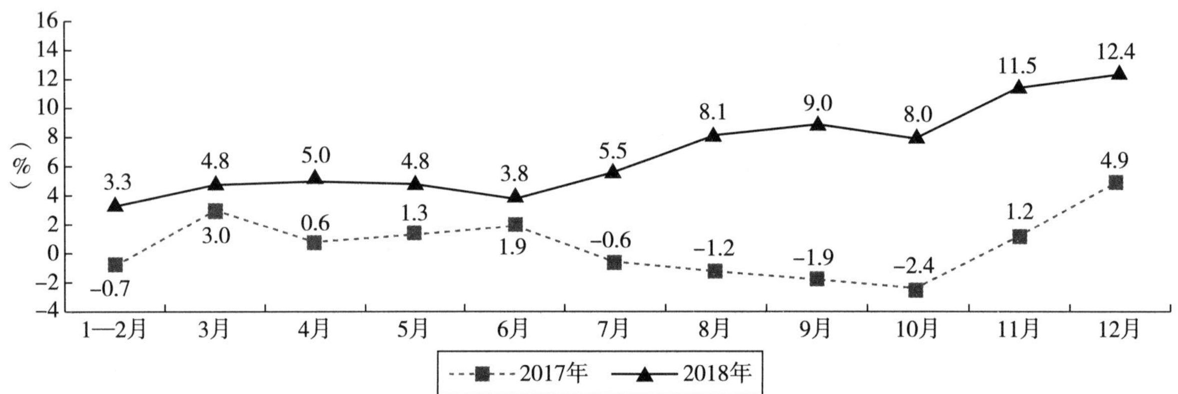


图 14 2017—2018 年有色金属行业增加值分月增速

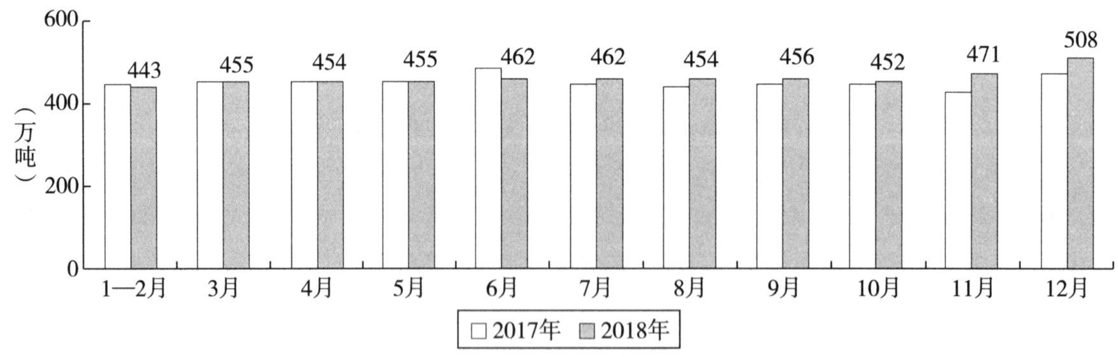


图 15 十种有色金属月度产量

期货市场铜价下降，铝价和锌价上涨。2018 年 12 月末，上海市场三个月铜期货主力合约价格收于 48340 元/吨，比上月末下降 1380 元/吨；铝和锌期货主力合约价格分别收于 13590 元/吨和 20925 元/吨，比上月末分别上涨 35 元/吨和 240 元/吨（见图 16）。

建材：2018 年，建材工业增加值同比增长 4.3%，增速同比提高 0.7 个百分点。水泥产量 21.8 亿吨，同比增长 3.0%；平板玻璃产量 8.7 亿重量箱，同比增长 2.1%。12 月，建材工业增加值同比增长7.2%，增速同比提高6.2个百分点，比上月提高0.6个百分点（见图17）。主要产品中，水泥产量1.8亿吨，同比增长4.3%；平板玻璃产量7570万重量箱，同比增长10.2%。

水泥价格持续上升。2018年12月末，全国省会城市强度42.5级散装水泥平均价格为479.54元/吨，比上月末提高5.07元/吨。

石化：2018年，石化行业增加值同比增长5.1%，增速同比提高1.4个百分点。其中，化工行业增加值增长3.5%，同比回落0.1个百分点。烧碱产量3420万吨，同比增长0.9%；纯碱产量2621万吨，同比下降0.1%；乙烯产量1841万吨，同比增长1.0%。12月，石化行业增加值同比增长5.1%，增速同比提高1.4个百分点，比上月提高1.5个百分点（见图18）。主要产品中，烧碱产量299.4万吨，同比下降2.0%；纯碱产量234.4万吨，同比持平；乙烯产量160.2万吨，同比下降0.1%。

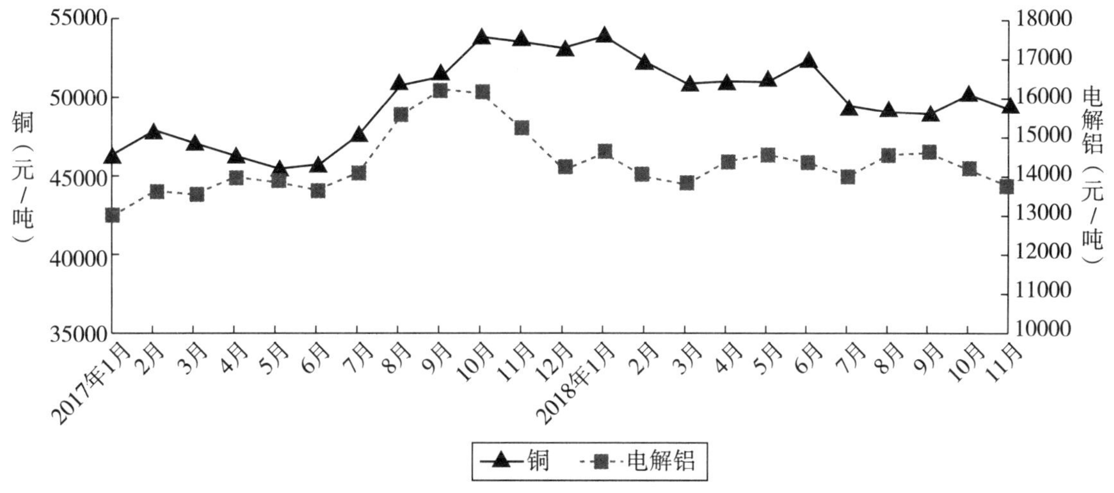


图16 2017—2018年铜、电解铝月度平均价格

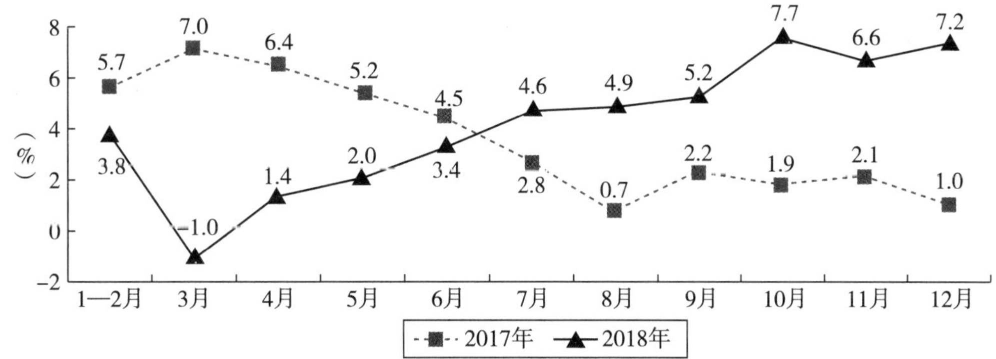


图17 2017—2018年建材行业增加值分月增速

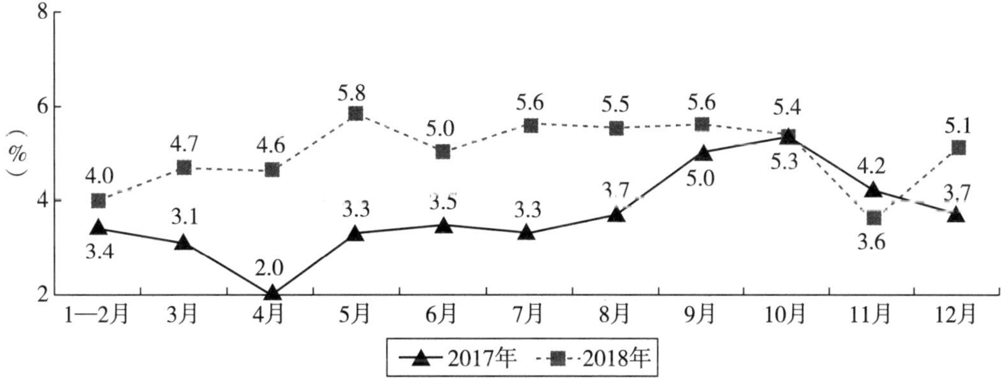


图18 2017—2018年石化行业增加值分月增速

## （二）机械工业

机械工业生产增速同比回落。2018年，机械工业增加值同比增长6.3%，增速同比回落4.4个百分点；出口交货值20350亿元，同比增长7.0%，增速同比回落1.5个百分点。12月，机械工业增加值同比增长4.0%，增速同比回落5.3个百分点，比上月提高0.2个百分点；出口交货值1955亿元，同比增长5.0%，增速比上月回落1.7个百分点（见图19、图20）。

主要行业中，2018年，汽车制造业增加值同比增长4.9%，增速同比回落7.3个百分点；通用设备制造业增加值同比增长7.2%，增速同比回落3.3个百分点；专用设备制造业增加值同比增长10.9%，增速同比回落0.9个百分点。12月，汽车制造业增加值同比下降4.1%，降幅比上月提高0.9个百分点；通用设备制造业增加值同比增长6.5%，比上月回落0.2个百分点；专用设备制造业增加值同比增长11.7%，比上月回落0.7个百分点。

汽车产销量同比下降。据中国汽车工业协会统计，2018年，汽车产销分别完成2780.9万辆和2808.1万辆，同比分别下降4.2%和2.8%。12月，汽车产销分别完成248.2万辆和266.1万辆，同比分别下降18.4%和13%。

部分工程机械产品产量增长较快。2018年，挖掘机产量269532台，同比增长47.9%；压实机械产量62546台，同比增长13.5%；装载机产量145388台，同比增长18%。12月，挖掘机产量28822台，同比增长29.1%；压实机械产量5101台，同比下降3.8%；装载机产量12441台，同比增长0.7%。

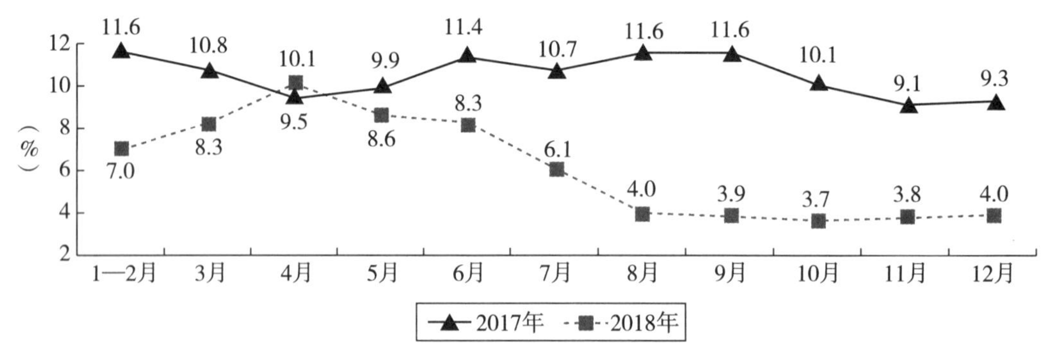


图19 2017—2018年机械工业增加值分月增速

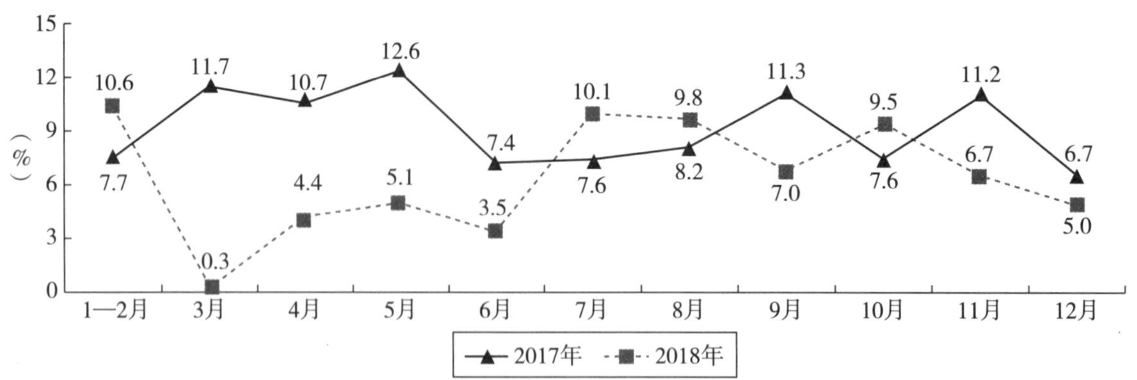


图20 2017—2018年机械工业出口交货值分月增速

### （三）消费品工业

消费品行业生产增速回落。2018 年，消费品工业增加值同比增长 5.8%，增速同比回落 1.8 个百分点；出口交货值同比增长 5.0%，增速同比回落 1.1 个百分点。12 月，消费品工业增加值同比增长 4.1%，增速同比回落 2.2 个百分点，比上月回落 0.4 个百分点；出口交货值同比增长 3.9%，增速同比提高 0.6 个百分点，比上月回落 4.5 个百分点（见图 21）。

轻工行业：2018 年，轻工行业增加值同比增长 5.7%，增速同比回落 2.5 个百分点。12 月，轻工行业增加值同比增长 6.9%，增速同比回落 0.6 个百分点，比上月提高 1.3 个百分点（见图 22）。

2018 年，主要行业中，农副食品加工业增加值同比增长 5.9%，增速同比回落 0.9 个百分点；食品制造业增加值同比增长 6.7%，增速同比回落 2.4 个百分点；酒、饮料和精制茶制造业增加值同比增长 7.3%，增速同比回落 1.8 个百分点。

轻工行业出口增速回落。2018 年，轻工行业出口交货值同比增长 5.5%，增速同比回落 1.5 个百分点。12 月，轻工行业出口交货值同比增长 5.0%，增速同比提高 1.8 个百分点，比上月回落 5.4 个百分点（见图 23）。另据海关统计数据，2018 年，塑料制品、家具、玩具和箱包出口交货值同比分别增长 12.2%、7.6%、4.5%、1.8%，增速较 2018 年 1—11 月分别回落 1.9、1.2、1.6、1.3 个百分点。鞋类出口同比下降 2.7%，降幅较 2018 年 1—11 月提高 0.6 个百分点。

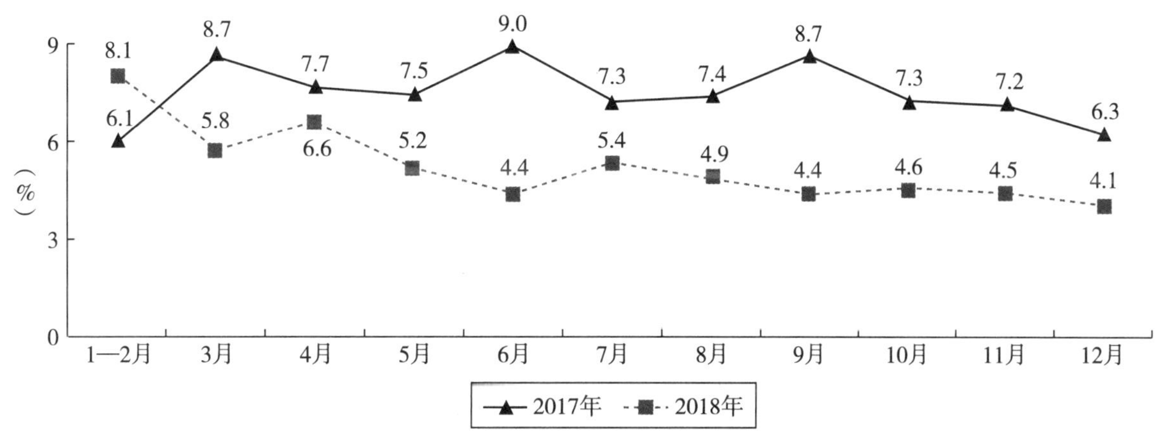


**图 21　2017—2018 年消费品工业增加值分月增速**

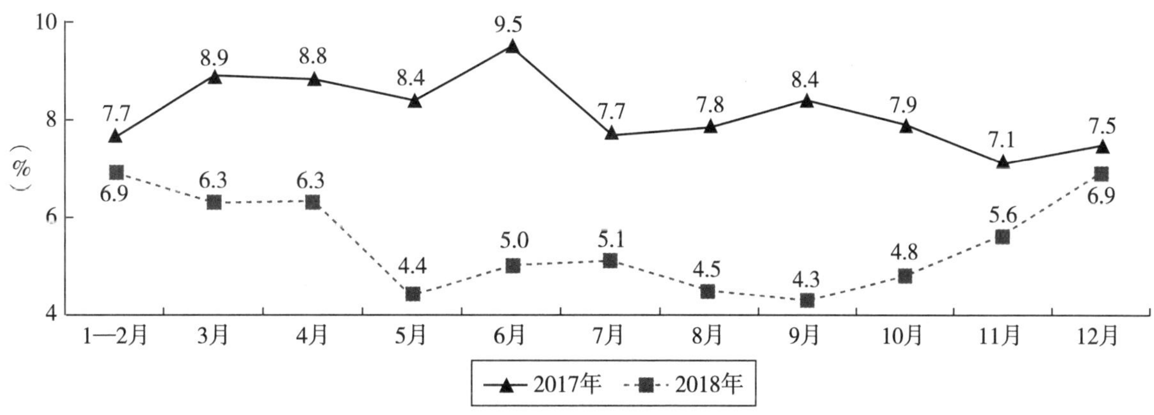


**图 22　2017—2018 年轻工行业增加值分月增速**

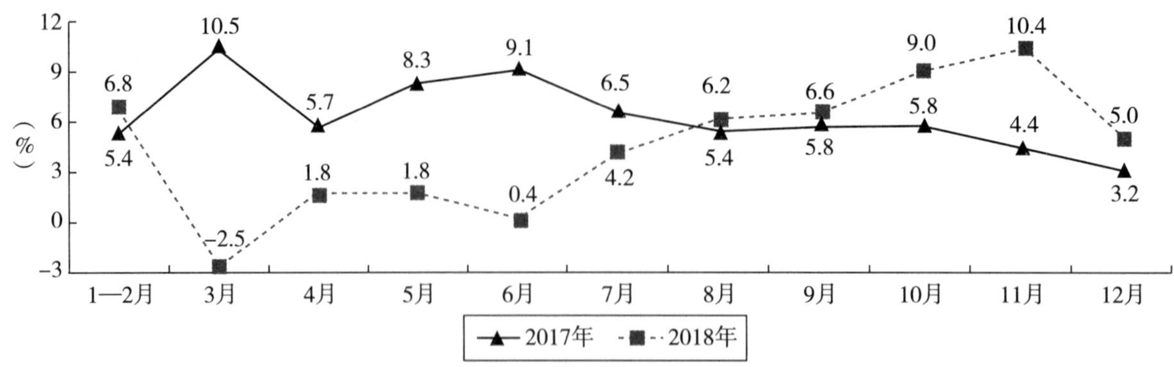


**图 23　2017—2018 年轻工行业出口交货值分月增速**

纺织：2018 年，纺织行业增加值同比增长 2.9%，增速同比回落 1.9 个百分点。纱产量 2976 万吨，同比下降 0.2%；布产量 498.9 亿米，同比下降 0.1%；服装产量 222.7 亿件，同比下降 3.4%。12 月，纺织行业增加值同比增长 1.4%，增速同比回落 3.0 个百分点，比上月回落 0.8 个百分点（见图 24）。主要工业产品中，纱产量 266.6 万吨，同比下降 2.7%；布产量 47.6 亿米，同比增长 0.6%；服装产量 21.0 亿件，同比下降 7.8%。

纺织行业出口增速回落。2018 年，纺织行业出口交货值同比下降 0.6%，增速同比回落 0.8 个百分点。12 月，纺织行业出口交货值同比下降 0.6%，2017 年同期为增长 0.3%（见图 25）。另据海关统计数据，2018 年，纺织品出口额（美元值）同比增长 8.1%，服装出口额同比增长 0.3%，增速较 2018 年 1—11 月分别回落 1.2 个和 0.6 个百分点。

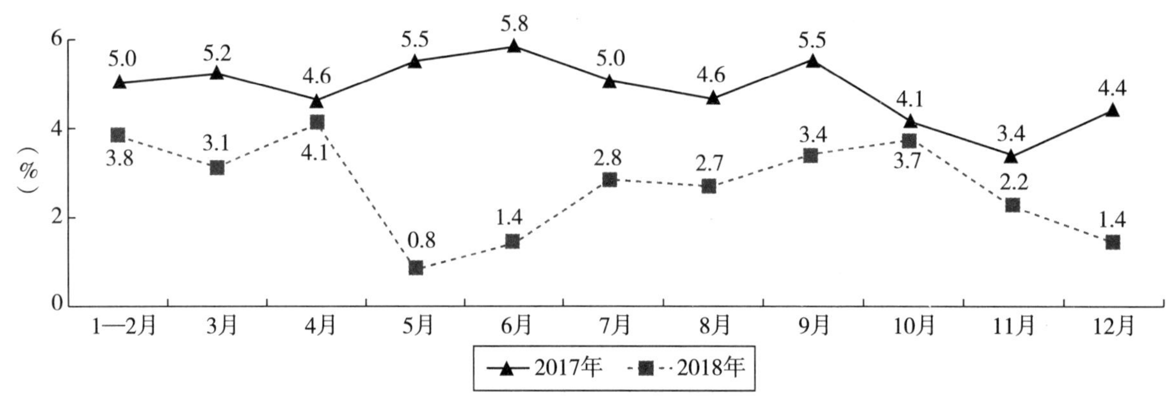


**图 24　2017—2018 年纺织行业增加值分月增速**

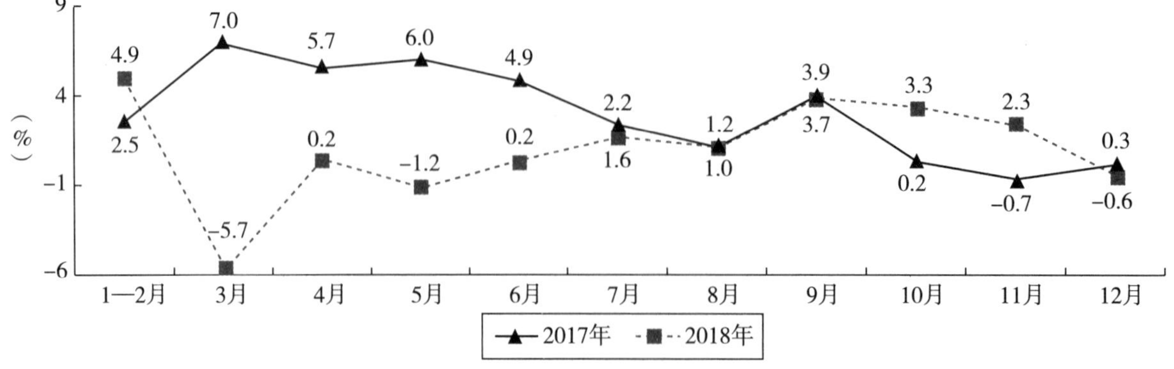


**图 25　2017—2018 年纺织行业出口交货值分月增速**

医药：2018 年，医药行业增加值同比增长 10.1%，增速同比回落 2.0 个百分点。化学药品原药产量 282.3 万吨，同比下降 1.1%。12 月，医药行业增加值同比增长 9.4%，增速同比回落 3.2 个百分点；比上月回落 1.6 个百分点；化学药品原药产量 24.6 万吨，同比下降 3.1%。

烟草：2018 年，烟草行业增加值同比增长 6.0%，增速同比提高 2.5 个百分点。卷烟产量同比下降 24.7%。12 月，烟草行业增加值同比下降 17.7%，降幅比上月提高 16.8 个百分点；卷烟产量同比下降 0.4%。

### （四）电子制造业

电子制造业生产保持两位数增长。2018 年，电子制造业增加值同比增长 13.1%，增速同比回落 0.7 个百分点；出口交货值 55468 亿元，同比增长 9.8%，增速同比回落 4.4 个百分点。主要产品中，移动通信基站设备产量 43225 万信道，同比增长 59.0%；手机产量 18 亿台，同比下降 4.1%；集成电路产量 1740 亿块，同比增长 9.7%。12 月，电子制造业增加值同比增长 10.5%，增速同比回落 1.9 个百分点，比上月回落 1.8 个百分点；出口交货值 5295 亿元，同比增长 2.0%，增速同比回落 11.2 个百分点，比上月回落 5.0 个百分点（见图 26）。

### （五）能源保障

煤炭：原煤生产平稳增长，煤炭价格稳中有降。2018 年，原煤产量 35.5 亿吨，同比增长 5.2%，增速同比提高 2.0 个百分点。12 月，原煤产量 3.2 亿吨，同比增长 2.1%，增速比上月回落 2.4 个百分点。2018 年，进口煤炭 2.8 亿吨，同比增长 3.9%，增速同比回落 2.2 个百分点。12 月，进口煤炭 1023 万吨，同比下降 55.0%，进口量比上月减少 892 万吨。截至 2018 年 12 月底，秦皇岛港 5500 大卡煤炭综合交易价格为每吨 570 元，比 11 月末下跌 9 元。

电力：电力生产加快。2018 年，电力工业增加值同比增长 9.5%，增速同比提高 1.9 个百分点。其中，12 月同比增长 8.1%，增速同比提高 1.0 个百分点。2018 年，发电量 6.8 万亿千瓦时，同比增长 6.8%，增速同比提高 1.1 个百分点。12 月，发电量 6200 亿千瓦时，同比增长 6.2%，增速比上月提高 2.6 个百分点。

石油：原油生产有所改善，进口量继续增加。2018 年，生产原油 1.9 亿吨，同比下降 1.3%。12 月，生产原油 1633 万吨，同比增长 2.0%，增速由负转正，11 月为同比下降 1.3%。2018 年，进口原油 4.6 亿吨，同比增长 10.1%，进口价格上涨 30%。12 月，进口原油 4378 万吨，同比增长 29.9%，进口量比上月增加 91 万吨。原油加工量较快增长，全年突破 6 亿吨。2018 年，原油加工量突破 6 亿吨，同比增长 6.8%，增速同比提高 1.8 个百分点。12 月，原油加工量 5117 万吨，同比增长 4.4%，增速比上月提高 1.5 个百分点。国际原油价格震荡下跌。截至 2018 年 12 月 28 日，布伦特原油现货离岸价格为每桶 50.57 美元，比 11 月底下跌 7.14 美元，比年初低 16.08 美元；布伦特原油现货 12 月平均价格为每桶 57.1 美元，比 11 月下跌 7.6 美元/桶（见图 27）。

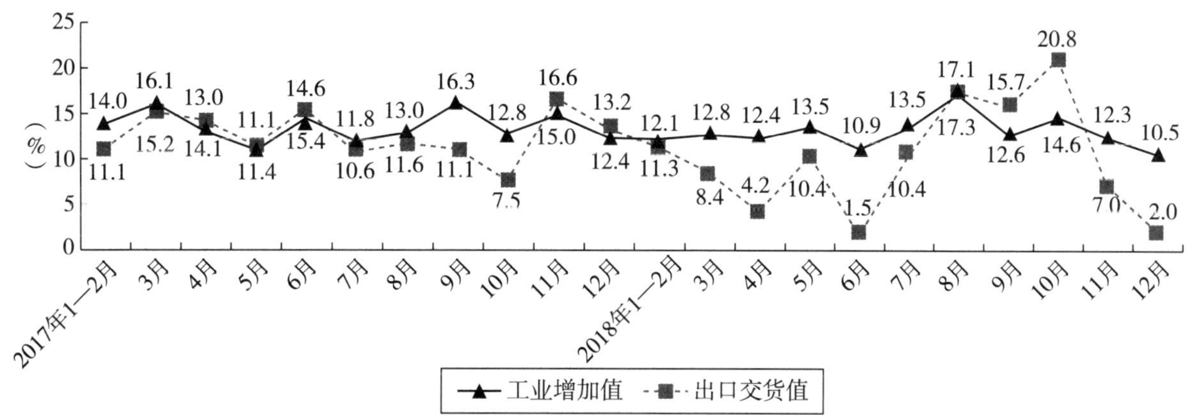

**图 26　2017—2018 年电子制造业增加值和出口交货值分月增速**

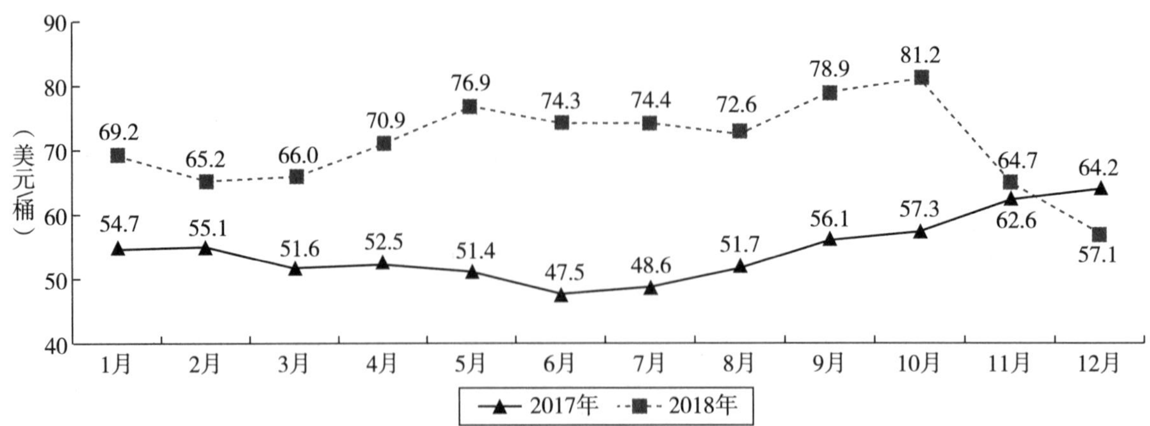


**图 27　2017—2018 年伦敦布伦特原油各月平均价格**

## 交通运输情况

据国家统计局统计，2018 年，全国货运量同比增长 7.1%；其中，铁路货运量增长 9.1%，公路货运量增长 7.4%，水运货运量增长 4.7%，民航货运量增长 4.6%。

（有关统计数据除有注明外，其余均为国家统计局数据或据此测算的数据。）

# 2018 年工业发展地区统计数据

**2018 年包装专用设备分地区产量**　（单位：台）

| 地区 | 12 月产量 | 累计产量 | 同比（%） | 累计同比（%） |
|---|---|---|---|---|
| 上海 | 750 | 9139 | 15. 21 | 3. 37 |
| 北京 | 1584 | 15505 | 23. 85 | 4. 1 |
| 吉林 | 405 | 4458 | 1 | 2. 48 |
| 四川 | 61 | 1617 | 19. 61 | -3. 92 |
| 天津 | 52 | 796 | — | — |
| 安徽 | 485 | 3213 | 8. 99 | -13. 95 |
| 山东 | 175 | 2216 | -83. 09 | -70. 96 |
| 广东 | 1165 | 10637 | 6. 78 | -0. 22 |
| 广西 | 0 | 0 | — | — |
| 江苏 | 750 | 7211 | -26. 25 | -4. 64 |
| 江西 | 31 | 279 | -89. 38 | -80. 13 |
| 河北 | 369 | 3415 | 48. 79 | 37. 26 |
| 河南 | 30 | 274 | -23. 08 | -44. 2 |
| 浙江 | 2048 | 20206 | 12. 84 | -9. 28 |
| 湖北 | 1466 | 14536 | 1. 31 | 13. 16 |
| 湖南 | 24 | 190 | -56. 36 | -56. 02 |
| 福建 | 672 | 3347 | 983. 87 | 390. 76 |
| 贵州 | 135 | 1616 | 21. 62 | 22. 89 |
| 辽宁 | 13 | 80 | 44. 44 | -5. 88 |
| 重庆 | 0 | 0 | — | — |
| 陕西 | 0 | 3 | — | -50 |
| 黑龙江 | 36 | 382 | — | — |

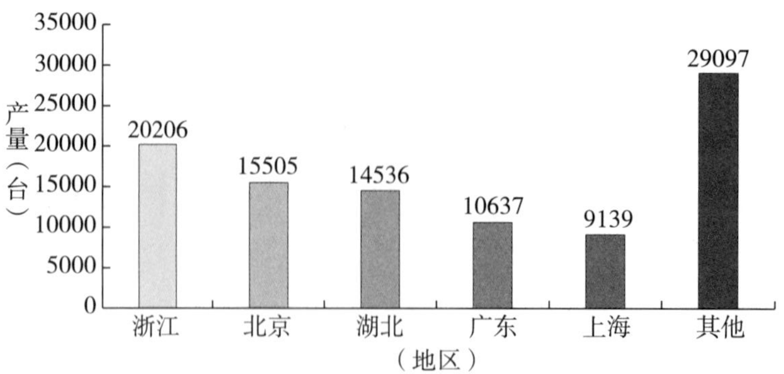


**2018 年包装专用设备地区产量**

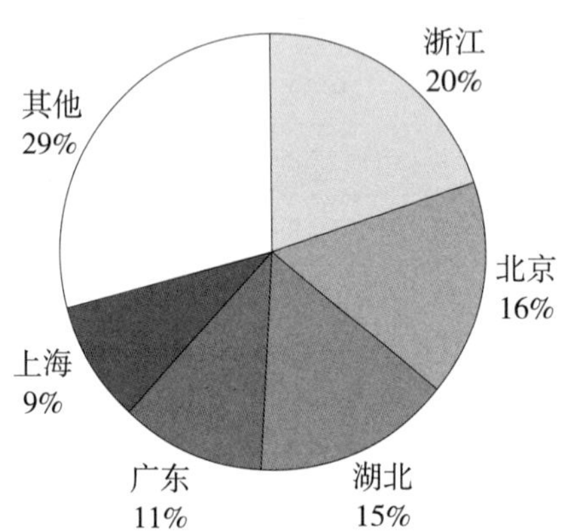


**2018 年包装专用设备地区产量**

**2018 年布分地区产量**　　（单位：亿米）

| 地区 | 12 月产量 | 累计产量 | 同比（%） | 累计同比（%） |
| --- | --- | --- | --- | --- |
| 上海 | 0.07 | 0.82 | -7.22 | -7.3 |
| 云南 | 0 | 0 | — | -75.27 |
| 吉林 | 0.02 | 0.32 | -0.11 | 0.06 |
| 四川 | 1.53 | 15.57 | -7.45 | -5.3 |
| 天津 | 0.06 | 0.7 | -16.37 | -14.1 |
| 宁夏 | 0.05 | 0.82 | 65.63 | 122.04 |
| 安徽 | 0.82 | 9.68 | -50.56 | -31.19 |
| 山东 | 6.01 | 67.16 | -47.61 | -44.55 |
| 山西 | 0.01 | 0.23 | -45.56 | -34.11 |
| 广东 | 2.22 | 24.22 | -2.09 | -14.92 |
| 广西 | 0.13 | 1.44 | -32.05 | -10.01 |
| 新疆 | 0.37 | 2.87 | -28.46 | 12.18 |
| 江苏 | 5.62 | 69.4 | -26.57 | -21.72 |
| 江西 | 0.95 | 7.79 | -47.78 | -38.82 |
| 河北 | 1.42 | 21.13 | -74.7 | -66.27 |

续 表

| 地区 | 12 月产量 | 累计产量 | 同比（%） | 累计同比（%） |
|---|---|---|---|---|
| 河南 | 1.57 | 17.4 | -52.83 | -31.69 |
| 浙江 | 7.78 | 80.09 | -45.11 | -41.72 |
| 湖北 | 6.11 | 57.49 | -15.79 | -22.26 |
| 湖南 | 0.25 | 2.82 | -30.18 | -14.63 |
| 福建 | 11.39 | 107.93 | 37.54 | 18.77 |
| 贵州 | 0.04 | 0.4 | 83.9 | 60.15 |
| 辽宁 | 0.08 | 1.07 | -9.71 | 1.55 |
| 重庆 | 0.18 | 1.72 | -0.64 | -38.05 |
| 陕西 | 0.76 | 7.67 | -20.24 | -16.77 |
| 黑龙江 | 0 | 0.05 | -16.67 | -13.69 |

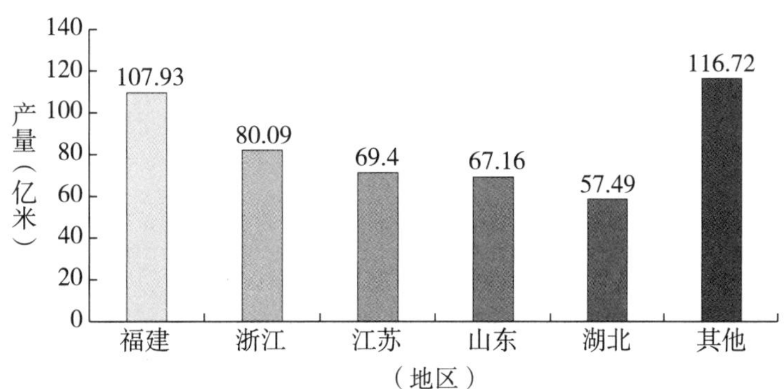


**2018 年布地区产量**

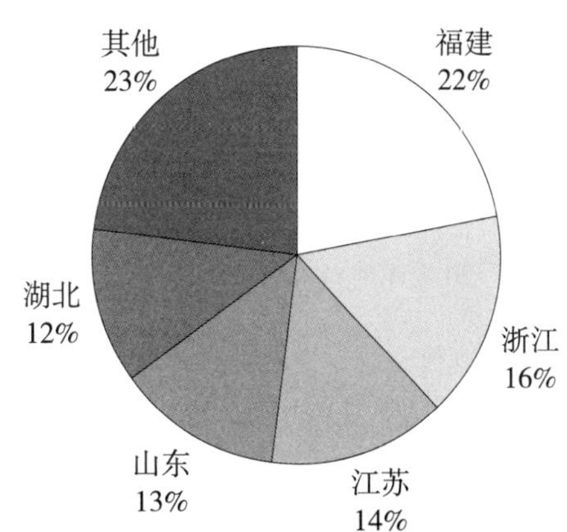


**2018 年布地区产量**

**2018 年彩色电视机分地区产量** （单位：万台）

| 地区 | 12 月产量 | 累计产量 | 同比（%） | 累计同比（%） |
|---|---|---|---|---|
| 上海 | 13.7 | 144.38 | -9.88 | 6.07 |
| 云南 | 10.11 | 69.73 | 523.47 | 107.59 |
| 内蒙古 | 10.44 | 134.05 | -23.99 | -2.46 |

续 表

| 地区 | 12 月产量 | 累计产量 | 同比（%） | 累计同比（%） |
| --- | --- | --- | --- | --- |
| 北京 | 94.47 | 896.51 | 62.65 | 134.27 |
| 四川 | 87.42 | 1001.54 | -48.14 | -4.74 |
| 天津 | 5.15 | 93.08 | -75.33 | -55.55 |
| 安徽 | 256.74 | 2289.16 | 50.05 | 63.56 |
| 山东 | 184.68 | 1695.18 | -3.18 | -0.54 |
| 广东 | 1043.51 | 9678.05 | 16.8 | 15.22 |
| 广西 | 0 | 100.57 | — | -2.75 |
| 江苏 | 131.96 | 1667.95 | 0.64 | 0.52 |
| 江西 | 3.37 | 23.21 | 26.18 | -23.39 |
| 河南 | 0.84 | 15.55 | -34.11 | -50.49 |
| 浙江 | 76.15 | 722.18 | -14.71 | 18.46 |
| 湖北 | 41.44 | 575.79 | 1689.8 | 3499.71 |
| 湖南 | 0 | 1.12 | — | -80.88 |
| 福建 | 128.72 | 979.49 | 71.58 | 2.75 |
| 贵州 | 12.29 | 132.74 | -54.47 | -35.39 |
| 辽宁 | 10.19 | 154.82 | 94.73 | 5.73 |
| 重庆 | 0 | 1.9 | — | -86.18 |
| 陕西 | 0.83 | 4.39 | -66.61 | 13.65 |

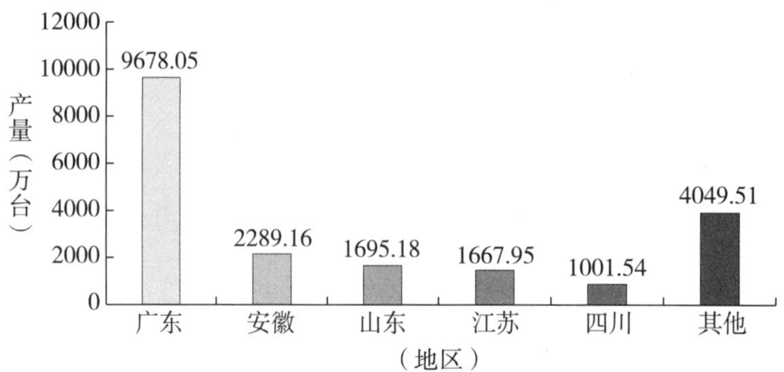


**2018 年彩色电视机地区产量**

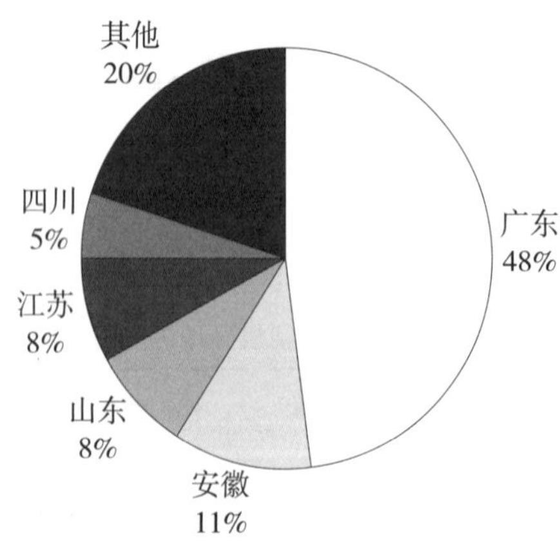


**2018 年彩色电视机地区产量**

**2018 年柴油分地区产量**　（单位：万吨）

| 地区 | 12 月产量 | 累计产量 | 同比（%） | 累计同比（%） |
|---|---|---|---|---|
| 上海 | 61 | 637 | -1.3 | -9.9 |
| 云南 | 38.8 | 406.4 | 16.5 | 160.1 |
| 内蒙古 | 15.5 | 158 | 23.9 | -17.7 |
| 北京 | 14.3 | 159.8 | -2.2 | -5.9 |
| 吉林 | 26.2 | 283.6 | -1.9 | -8.9 |
| 四川 | 20.9 | 179.3 | 9.6 | -22.7 |
| 天津 | 35.1 | 466.9 | -16.5 | -0.2 |
| 宁夏 | 23.8 | 250.9 | -11.5 | 26.9 |
| 安徽 | 17.5 | 183.4 | -10.6 | -27.2 |
| 山东 | 302.7 | 4000.1 | -25.2 | -13.7 |
| 山西 | 0 | 0 | 0 | 0 |
| 广东 | 139.6 | 1603.9 | 5.4 | 17 |
| 广西 | 49 | 581.1 | 16.7 | -4.6 |
| 新疆 | 79.2 | 849.1 | 9.7 | -7.3 |
| 江苏 | 58.5 | 763.8 | -17.8 | -6.9 |
| 江西 | 21.5 | 289.4 | -24.2 | 0.4 |
| 河北 | 31.9 | 412.4 | -22 | -5.8 |
| 河南 | 21.4 | 222.5 | -3.6 | 2.6 |
| 浙江 | 56.5 | 633.4 | -1.8 | -6.1 |
| 海南 | 29.5 | 260.3 | 6359.1 | 13.5 |
| 湖北 | 40.5 | 447.1 | -4.1 | -8.7 |
| 湖南 | 17.1 | 221.4 | -20.4 | 14.5 |
| 甘肃 | 50.1 | 531.4 | 21.4 | -0.2 |
| 福建 | 28.2 | 486.5 | -5.9 | 25.3 |
| 西藏 | 0 | 0 | 0 | 0 |
| 贵州 | 0 | 0 | 0 | 0 |
| 辽宁 | 192.2 | 2177.4 | 6.2 | 8 |
| 重庆 | 0 | 0 | 0 | 0 |
| 陕西 | 58.8 | 697.5 | -5.8 | -3.5 |
| 青海 | 6 | 61.2 | 7.6 | -8.6 |
| 黑龙江 | 36.2 | 412.5 | 5 | -3.1 |

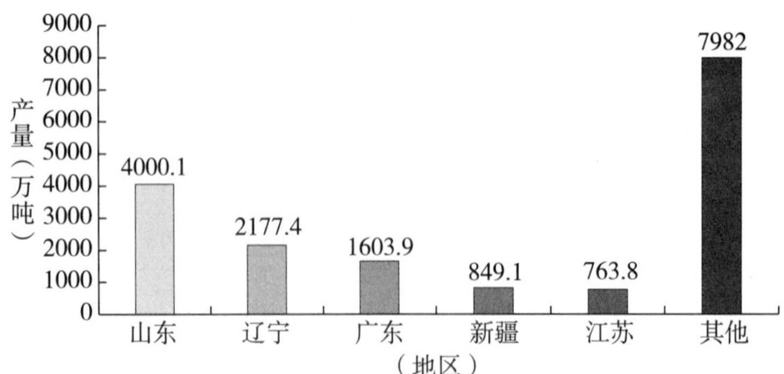


**2018 年柴油地区产量**

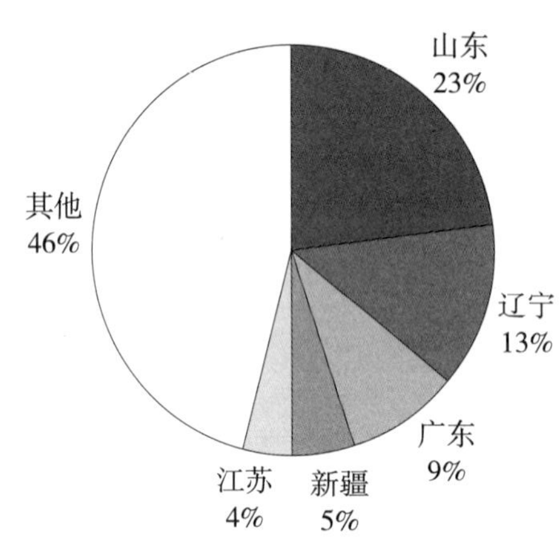


**2018 年柴油地区产量**

**2018 年成品糖分地区产量**　　（单位：万吨）

| 地区 | 12 月产量 | 累计产量 | 同比（%） | 累计同比（%） |
| --- | --- | --- | --- | --- |
| 云南 | 13. 68 | 244. 98 | -18. 38 | 7. 86 |
| 内蒙古 | 8. 63 | 35. 28 | 4. 23 | -4. 28 |
| 四川 | 0. 01 | 0. 79 | -5. 7 | -0. 29 |
| 天津 | 0 | 0 | — | — |
| 广东 | 14. 06 | 95. 4 | 7. 28 | 15. 96 |
| 广西 | 293. 44 | 1016. 36 | -0. 02 | 8. 59 |
| 新疆 | 14. 84 | 54. 8 | 1. 27 | 3. 3 |
| 河北 | 5. 53 | 31. 23 | -13. 5 | -14. 77 |
| 海南 | 0. 5 | 13. 92 | -3. 21 | 25. 08 |
| 湖北 | 0 | 0 | — | — |
| 湖南 | 0 | 0 | — | — |
| 甘肃 | 1. 39 | 4. 6 | -8. 36 | -7. 56 |
| 福建 | 0 | 0 | — | — |
| 贵州 | 0. 44 | 2. 96 | -46. 97 | -48. 46 |
| 辽宁 | 3. 62 | 45. 99 | 1615. 14 | -24. 76 |
| 陕西 | 0. 04 | 0. 45 | 21. 8 | 28. 03 |
| 黑龙江 | 5. 49 | 7. 15 | 522. 36 | 25. 28 |

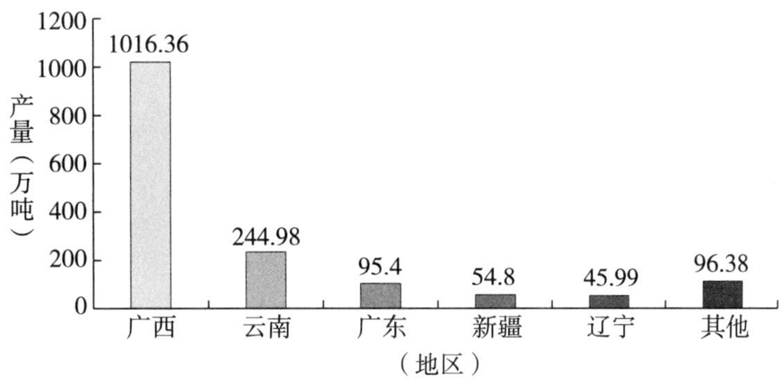


**2018 年成品糖地区产量**

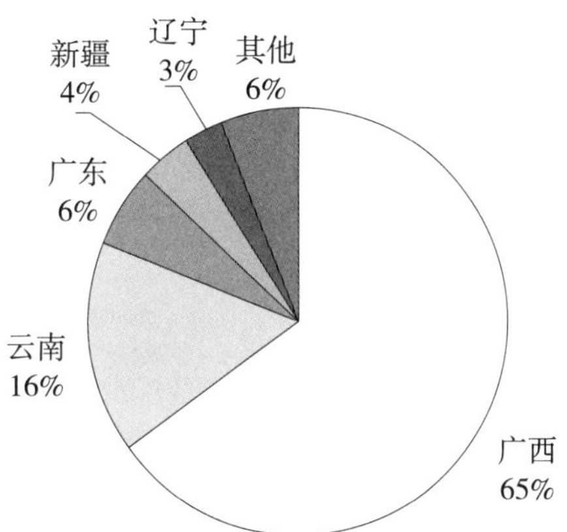


**2018 年成品糖地区产量**

**2018 年程控交换机分地区产量**　（单位：万线）

| 地区 | 12 月产量 | 累计产量 | 同比（%） | 累计同比（%） |
|---|---|---|---|---|
| 上海 | 4. 7 | 27. 7 | 14. 3 | 18. 78 |
| 北京 | 0 | 0 | — | — |
| 四川 | 0. 04 | 0. 86 | -50 | -7. 53 |
| 安徽 | 0 | 0 | — | — |
| 广东 | 80. 85 | 873. 48 | 11. 49 | 3. 58 |
| 江苏 | 0. 02 | 0. 24 | 31. 82 | -63. 7 |
| 河北 | 6 | 25. 03 | 865. 46 | 55. 45 |
| 浙江 | 12. 57 | 72. 29 | -63. 52 | -79. 55 |
| 湖南 | 0. 33 | 3. 16 | -15. 61 | 5. 22 |
| 辽宁 | 1. 05 | 3. 84 | — | — |

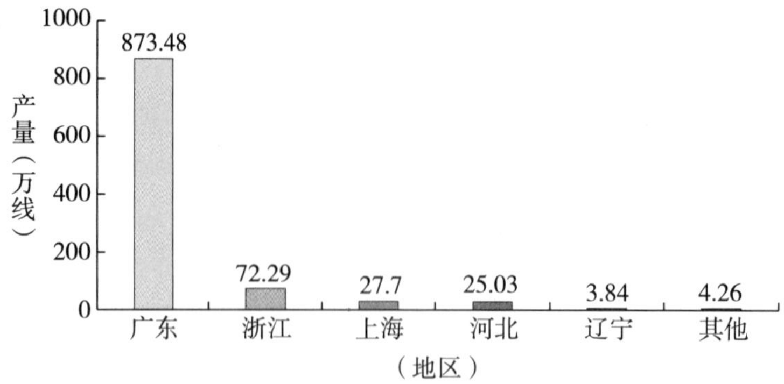


**2018 年程控交换机地区产量**

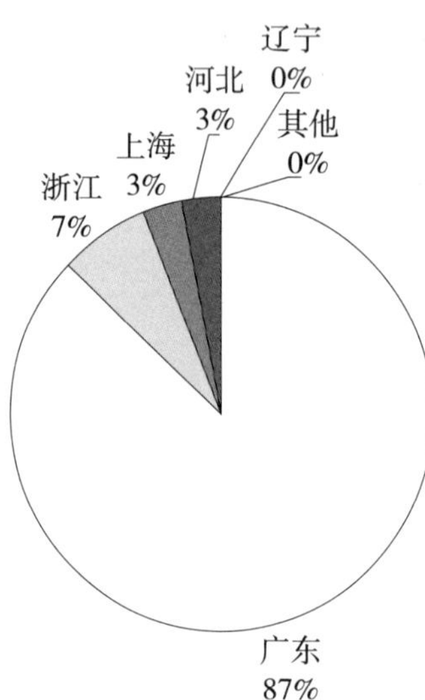


**2018 年程控交换机地区产量**

**2018 年初级形态的塑料分地区产量**（单位：万吨）

| 地区 | 12 月产量 | 累计产量 | 同比（%） | 累计同比（%） |
| --- | --- | --- | --- | --- |
| 上海 | 26. 14 | 335. 39 | -16. 27 | -5. 95 |
| 云南 | 3. 92 | 42. 89 | 75. 54 | 83. 57 |
| 内蒙古 | 67. 87 | 723. 99 | 49. 64 | 36 |
| 北京 | 10. 26 | 120. 11 | -6. 46 | -5. 98 |
| 吉林 | 10. 43 | 117. 05 | -9. 4 | -10. 97 |
| 四川 | 24. 34 | 236. 25 | 17. 04 | 3. 47 |
| 天津 | 25. 84 | 334. 64 | -16. 53 | 0. 67 |
| 宁夏 | 28. 12 | 278. 44 | 46. 03 | 23. 02 |
| 安徽 | 14. 34 | 148. 25 | 19. 32 | 8. 41 |
| 山东 | 69. 67 | 763. 08 | -1. 03 | 7. 77 |
| 山西 | 9. 11 | 89. 09 | 50. 51 | 12. 11 |
| 广东 | 53. 9 | 593. 79 | -8. 45 | -14. 02 |
| 广西 | 1. 45 | 18. 68 | -44. 03 | -29. 35 |

续　表

| 地区 | 12 月产量 | 累计产量 | 同比（%） | 累计同比（%） |
|---|---|---|---|---|
| 新疆 | 54.8 | 645.01 | 1.88 | 3.75 |
| 江苏 | 81.66 | 930.78 | -26.82 | -20.22 |
| 江西 | 3.23 | 33.3 | 31.86 | 37.31 |
| 河北 | 15.83 | 189.56 | 15.06 | 14.81 |
| 河南 | 14.1 | 166.32 | -18.7 | -15.3 |
| 浙江 | 86.88 | 926.21 | 9.79 | 4.3 |
| 海南 | 2.93 | 30.58 | — | 55.51 |
| 湖北 | 17.55 | 191.26 | -0.33 | 0.17 |
| 湖南 | 4.58 | 49.09 | -7.46 | 4.85 |
| 甘肃 | 10.91 | 125.78 | -0.64 | 3.47 |
| 福建 | 20.28 | 324.9 | 1.56 | 37.91 |
| 贵州 | 0.89 | 10.5 | 27.1 | 19.15 |
| 辽宁 | 33.05 | 362.5 | 4.9 | 13.58 |
| 重庆 | 2.46 | 37 | -1.14 | -0.78 |
| 陕西 | 40.53 | 475.34 | -0.09 | -0.69 |
| 青海 | 6.01 | 60.27 | 29.38 | 42.66 |
| 黑龙江 | 18.92 | 197.82 | 2.68 | -7.96 |

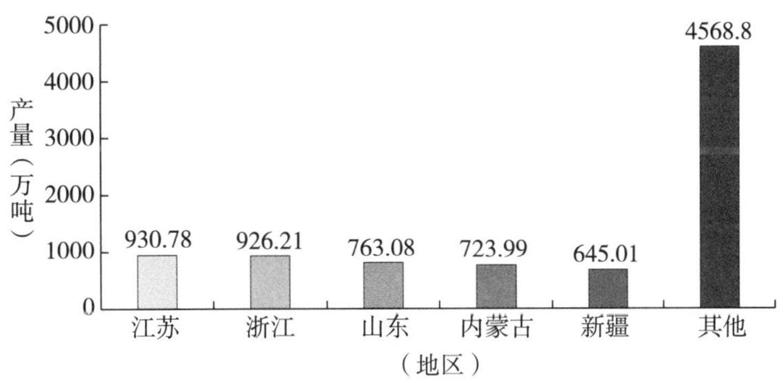


**2018 年初级形态的塑料地区产量**

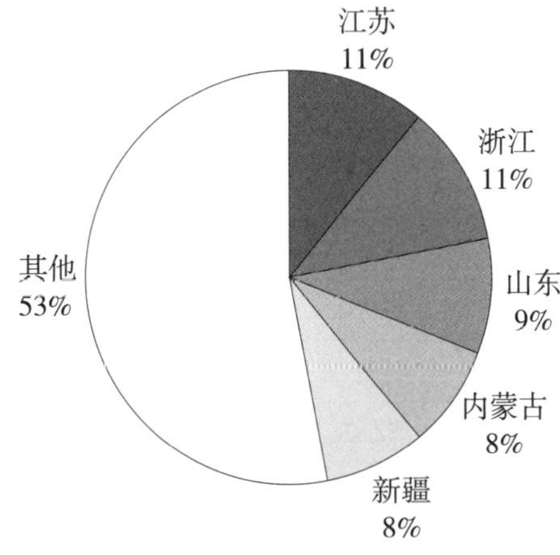


**2018 年初级形态的塑料地区产量**

**2018 年传真机分地区产量** （单位：万部）

| 地区 | 12 月产量 | 累计产量 | 同比（%） | 累计同比（%） |
|---|---|---|---|---|
| 天津 | 0.5 | 2.79 | 26.33 | 19.24 |
| 广东 | 10.8 | 172.1 | -43.78 | -23.83 |

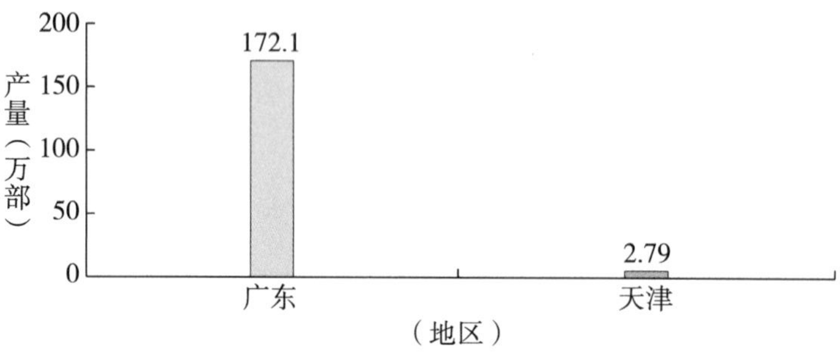


**2018 年传真机地区产量**

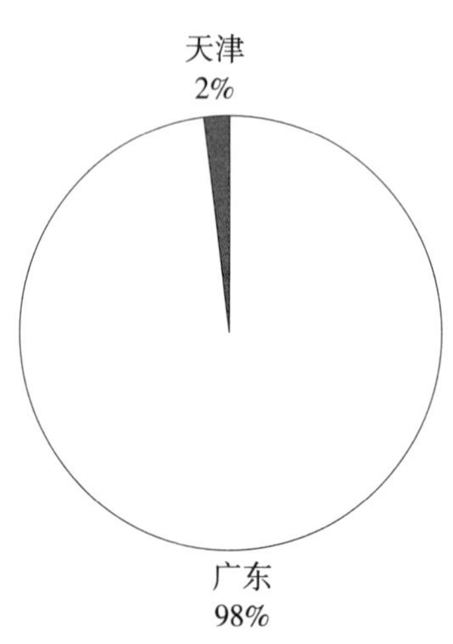


**2018 年传真机地区产量**

**2018 年纯碱（碳酸钠）分地区产量** （单位：万吨）

| 地区 | 12 月产量 | 累计产量 | 同比（%） | 累计同比（%） |
|---|---|---|---|---|
| 云南 | 1.41 | 13.26 | -15.98 | 30.07 |
| 内蒙古 | 0.18 | 22.3 | -96.67 | -59.5 |
| 四川 | 13.39 | 140.48 | 81.1 | 13.16 |
| 天津 | 6.55 | 62.22 | -9.89 | 2.06 |
| 宁夏 | 2.3 | 22.63 | 39.14 | 65.57 |
| 安徽 | 2.87 | 37.34 | -62.94 | -56.85 |
| 山东 | 35.76 | 438.47 | -10.9 | 6.42 |
| 山西 | 0 | 0 | — | — |
| 广东 | 3.54 | 58.21 | -18.75 | 38.78 |
| 广西 | 0.04 | 3.51 | -85.27 | -27.39 |
| 江苏 | 38.77 | 437.84 | 31.42 | 22.57 |

续 表

| 地区 | 12 月产量 | 累计产量 | 同比（%） | 累计同比（%） |
|---|---|---|---|---|
| 河北 | 21.02 | 224.94 | -30.32 | -34.75 |
| 河南 | 34.76 | 382.74 | -0.49 | 3.92 |
| 浙江 | 2.99 | 33.61 | 4.54 | 4.11 |
| 湖北 | 12.25 | 137.47 | -3.28 | -11.67 |
| 湖南 | 1.63 | 16.65 | 11.37 | -45.48 |
| 甘肃 | 0 | 0 | — | — |
| 福建 | 2.86 | 24.93 | 44.21 | -2.46 |
| 辽宁 | 0 | 0 | — | — |
| 重庆 | 9.37 | 106.1 | 20.78 | 9.1 |
| 陕西 | 1.92 | 25.68 | -27.23 | -8.39 |
| 青海 | 42.65 | 432.02 | 45.52 | 15.05 |

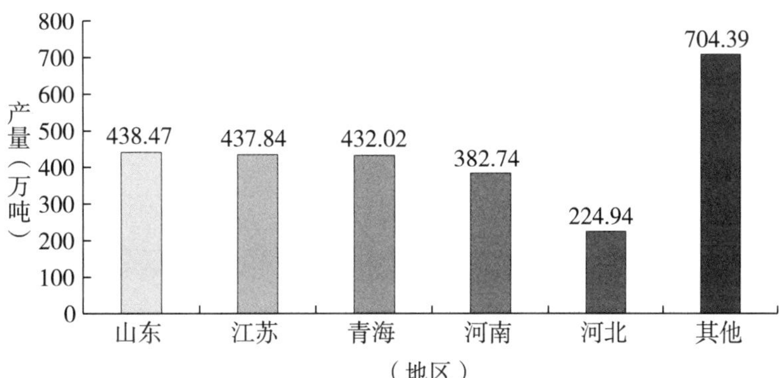


**2018 年纯碱（碳酸钠）地区产量**

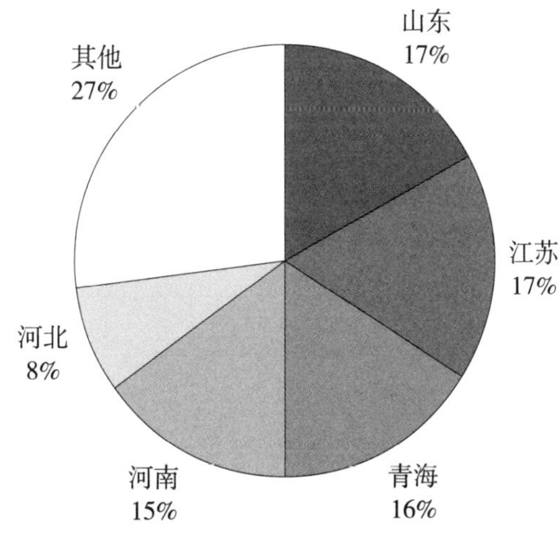


**2018 年纯碱（碳酸钠）地区产量**

**2018 年粗钢分地区产量**

（单位：万吨）

| 地区 | 12 月产量 | 累计产量 | 同比（%） | 累计同比（%） |
|---|---|---|---|---|
| 上海 | 141.98 | 1630.09 | 8.98 | 1.39 |
| 云南 | 171.7 | 1925.03 | 14.27 | 26.86 |
| 内蒙古 | 189.96 | 2307.58 | 0.16 | 16.34 |
| 北京 | 0 | 0 | — | — |
| 吉林 | 102.79 | 1204.57 | 32.17 | 32.27 |
| 四川 | 222.25 | 2400.69 | -1.54 | 18.48 |
| 天津 | 142.89 | 2022.96 | 49.06 | 11.61 |
| 宁夏 | 21.26 | 252.46 | 39.12 | 10.02 |
| 安徽 | 224.58 | 3103.86 | 8.46 | 11.11 |
| 山东 | 537.49 | 7177.19 | 5.23 | 0.41 |
| 山西 | 451.1 | 5386.24 | 14.15 | 21.59 |
| 广东 | 231.31 | 2880.53 | -9.97 | -0.35 |
| 广西 | 137.73 | 2262.08 | -32.98 | -0.14 |
| 新疆 | 86.61 | 1155.29 | 6.71 | 4.07 |
| 江苏 | 903.19 | 10426.16 | 7.56 | -0.02 |
| 江西 | 230.05 | 2499.17 | 4.92 | 3.58 |
| 河北 | 1958.56 | 23729.85 | 49.59 | 24.1 |
| 河南 | 167.65 | 2892.02 | -16.52 | -2.1 |
| 浙江 | 102.65 | 1266.51 | 3.6 | 16.12 |
| 湖北 | 252.25 | 3071.8 | 1.3 | 6.84 |
| 湖南 | 204.14 | 2307.58 | 10.93 | 13.04 |
| 甘肃 | 70.02 | 802.4 | 10.83 | 43.15 |
| 福建 | 189.95 | 2100.69 | 8.68 | 11.57 |
| 贵州 | 34.76 | 418.41 | -20.6 | -4.88 |
| 辽宁 | 610.54 | 6873.91 | 10.04 | 7.02 |
| 重庆 | 54.28 | 638.15 | 23.79 | 55.1 |
| 陕西 | 89.09 | 1178.69 | -19.04 | -0.47 |
| 青海 | 10.16 | 138.08 | -23.02 | 15.49 |
| 黑龙江 | 73 | 774.31 | 25.18 | 53.93 |

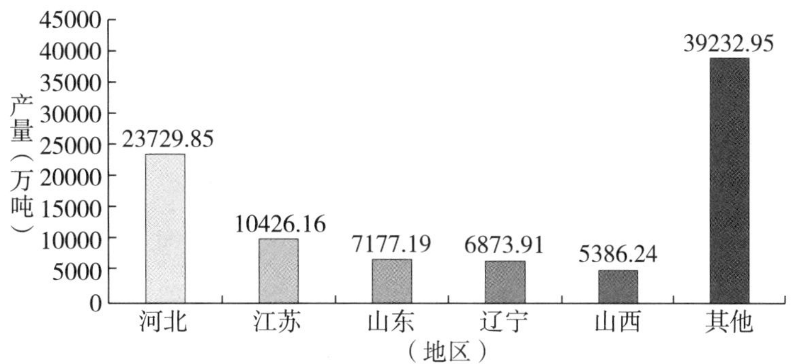


**2018 年粗钢地区产量**

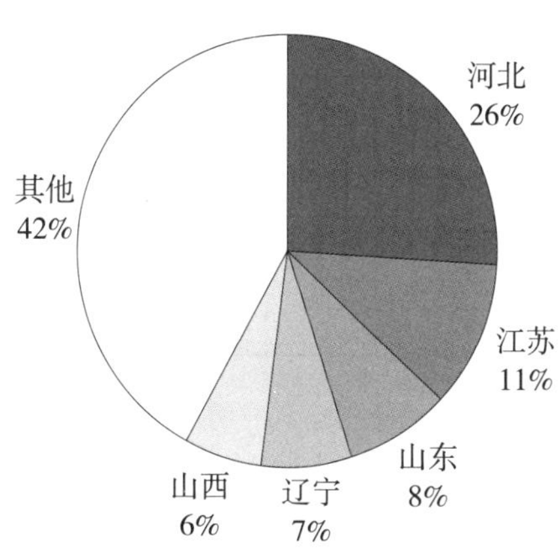


**2018 年粗钢地区产量**

**2018 年大气污染防治设备分地区产量**　　[单位：台（套）]

| 地区 | 12 月产量 | 累计产量 | 同比（%） | 累计同比（%） |
|---|---|---|---|---|
| 上海 | 12 | 126 | 0 | 1. 61 |
| 云南 | 11 | 78 | 83. 33 | 30 |
| 北京 | 214 | 2608 | -5. 73 | 21. 47 |
| 吉林 | 0 | 16 | — | -99. 14 |
| 四川 | 41 | 323 | 57. 69 | -30. 24 |
| 天津 | 15 | 109 | 7. 14 | -35. 12 |
| 宁夏 | 1 | 48 | -66. 67 | 92 |
| 安徽 | 447 | 4646 | -0. 45 | 3. 52 |
| 山东 | 4492 | 42315 | -52. 38 | -55. 16 |
| 山西 | 363 | 9961 | 5085. 71 | 49. 61 |
| 广东 | 6528 | 44696 | 0. 35 | -9. 1 |
| 广西 | 3 | 32 | 200 | -11. 11 |
| 新疆 | 2 | 4 | — | -42. 86 |
| 江苏 | 1874 | 22208 | 13. 64 | 3. 4 |
| 江西 | 609 | 5716 | 5990 | 9426. 67 |

续 表

| 地区 | 12 月产量 | 累计产量 | 同比（%） | 累计同比（%） |
|---|---|---|---|---|
| 河北 | 627 | 11059 | -26.75 | -5.39 |
| 河南 | 1047 | 5175 | -83.67 | -90.15 |
| 浙江 | 2183 | 17909 | -22.06 | -31.01 |
| 湖北 | 4361 | 52407 | -62.08 | -46.35 |
| 湖南 | 0 | 83 | — | -81.05 |
| 甘肃 | 6 | 29 | 50 | -6.45 |
| 福建 | 245 | 2628 | 114.91 | -32.75 |
| 辽宁 | 17 | 973 | 41.67 | 1607.02 |
| 重庆 | 103 | 813 | 7.29 | 6.97 |
| 陕西 | 2606 | 12784 | 2206.19 | 861.93 |
| 黑龙江 | 1 | 4 | — | -97.92 |

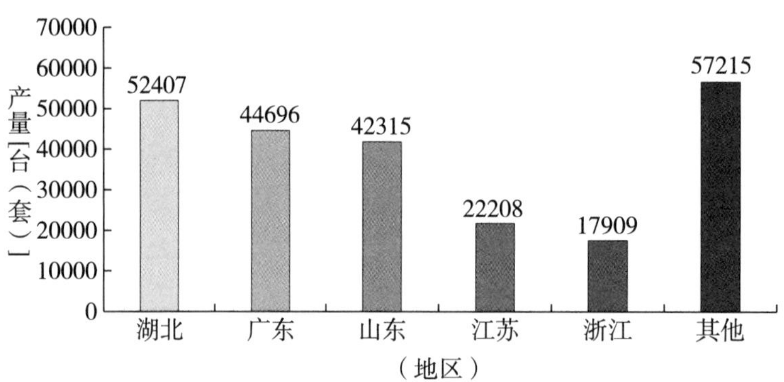


**2018 年大气污染防治设备地区产量**

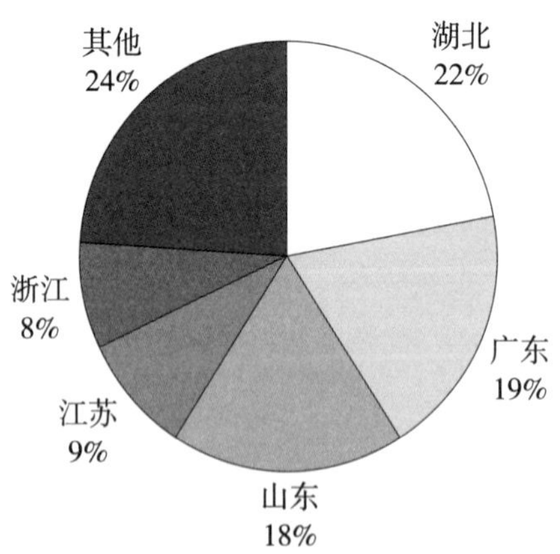


**2018 年大气污染防治设备地区产量**

**2018 年大型拖拉机分地区产量**　（单位：台）

| 地区 | 12 月产量 | 累计产量 | 同比（%） | 累计同比（%） |
|---|---|---|---|---|
| 吉林 | 0 | 0 | — | — |
| 天津 | 9 | 237 | -82 | -42.75 |
| 宁夏 | 0 | 35 | — | -60.23 |
| 安徽 | 249 | 1296 | 301.61 | 147.33 |
| 山东 | 2059 | 19052 | -28.56 | -25.1 |
| 新疆 | 3 | 355 | -97 | -23.33 |
| 江苏 | 214 | 3835 | -35.15 | -36.1 |
| 河南 | 417 | 14570 | -71.75 | -10.07 |
| 浙江 | 0 | 0 | — | — |
| 黑龙江 | 7 | 767 | -96.22 | -45.68 |

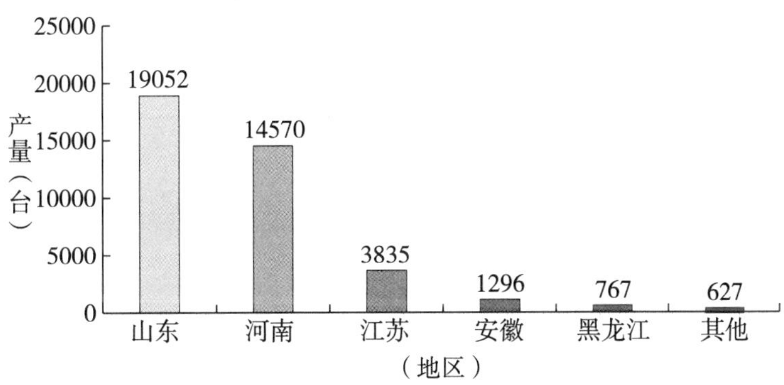


**2018 年大型拖拉机地区产量**

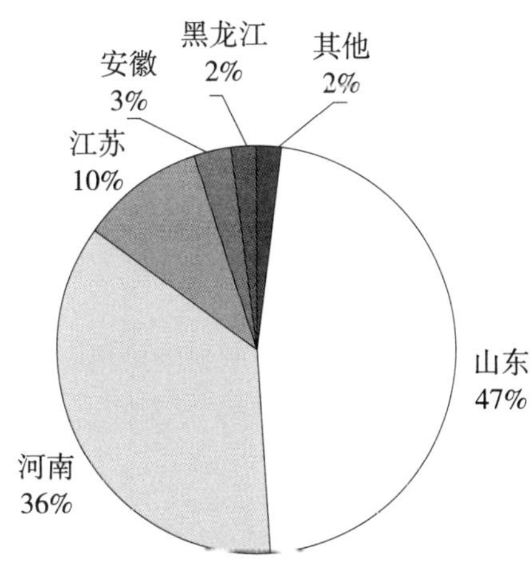


**2018 年大型拖拉机地区产量**

**2018 年电动手提式工具分地区产量**　（单位：万台）

| 地区 | 12 月产量 | 累计产量 | 同比（%） | 累计同比（%） |
|---|---|---|---|---|
| 上海 | 73. 63 | 825. 16 | 14. 21 | 16. 58 |
| 四川 | 0. 31 | 2. 56 | 66. 84 | 34. 26 |
| 安徽 | 1. 94 | 15. 58 | -55. 54 | -91. 71 |
| 山东 | 1. 93 | 23. 56 | -17. 19 | 5. 36 |
| 广东 | 304. 71 | 3741. 82 | 13. 74 | 15. 27 |
| 广西 | 0. 34 | 2. 81 | 27. 18 | -31. 55 |
| 江苏 | 1052. 68 | 13457. 53 | -3. 28 | -1. 76 |
| 江西 | 4. 23 | 42. 74 | -27. 15 | -21. 96 |
| 河南 | 0. 1 | 1. 18 | -98. 58 | -98. 44 |
| 浙江 | 695. 19 | 7207. 3 | -10. 22 | -1. 89 |
| 湖北 | 2. 09 | 22. 58 | 73. 02 | 40. 22 |
| 福建 | 12. 47 | 121. 82 | -0. 75 | -22. 57 |
| 重庆 | 7. 72 | 90. 07 | 5. 97 | 15. 75 |

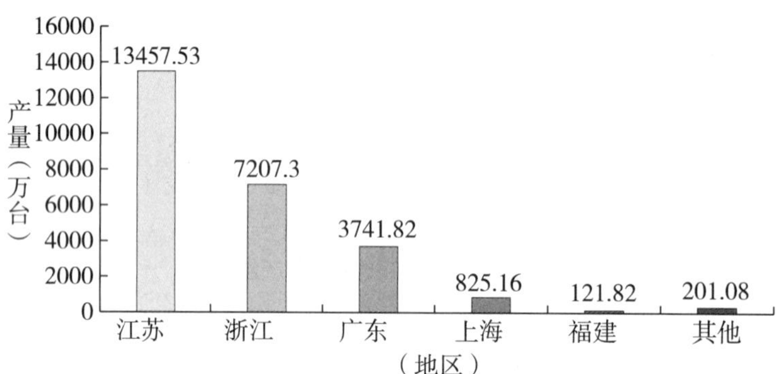


**2018 年电动手提式工具地区产量**

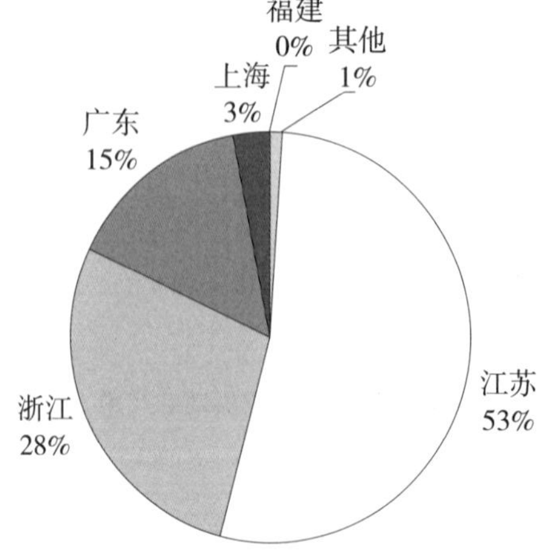


**2018 年电动手提式工具地区产量**

**2018 年电工仪器仪表分地区产量** （单位：万台）

| 地区 | 12 月产量 | 累计产量 | 同比（%） | 累计同比（%） |
|---|---|---|---|---|
| 上海 | 41.8 | 325.85 | 21.72 | -6.44 |
| 云南 | 0.12 | 1.51 | -52.91 | -13.25 |
| 北京 | 42.57 | 272.47 | -32.52 | -41.63 |
| 吉林 | 0 | 0 | — | — |
| 四川 | 377.61 | 3522.03 | 69.76 | 40.21 |
| 天津 | 0 | 8.63 | — | -49.16 |
| 宁夏 | 16.57 | 434.46 | -43.91 | 46.61 |
| 安徽 | 24.08 | 243.64 | -75.63 | -70.9 |
| 山东 | 64.77 | 426.85 | 763.28 | 468.85 |
| 山西 | 0.02 | 0.15 | 1815.38 | 233.99 |
| 广东 | 288.78 | 2449.26 | 40.87 | -6.48 |
| 广西 | 0 | 0.03 | 160 | 1.9 |
| 新疆 | 0 | 0 | — | — |
| 江苏 | 95.67 | 804.4 | -2.37 | 0.78 |
| 江西 | 16.8 | 218.83 | 40.37 | -30.9 |
| 河北 | 33.62 | 392.4 | 10.92 | 7.12 |
| 河南 | 0.29 | 4.43 | -72.75 | -66.54 |
| 浙江 | 960.24 | 8766.23 | -14.73 | -11.02 |
| 湖北 | 0.25 | 5.01 | 571.17 | 2504.68 |
| 湖南 | 4.76 | 30.9 | 6.86 | -20.2 |
| 福建 | 161.24 | 1634.43 | -2.14 | 0.86 |
| 贵州 | 182.25 | 1699.29 | 26.39 | 8.18 |
| 辽宁 | 2.5 | 42.04 | -46.21 | -24.46 |
| 重庆 | 29.46 | 540.05 | -13.17 | 15.78 |
| 陕西 | 4.81 | 58.04 | 192344 | 84267.59 |
| 黑龙江 | 17.9 | 231.53 | 20.93 | 132.08 |

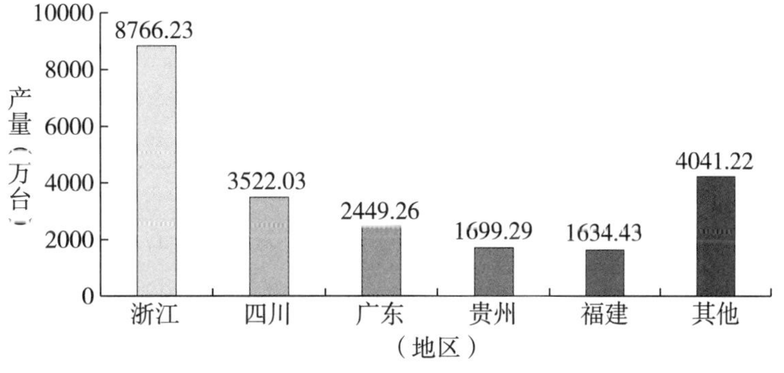


**2018 年电工仪器仪表地区产量**

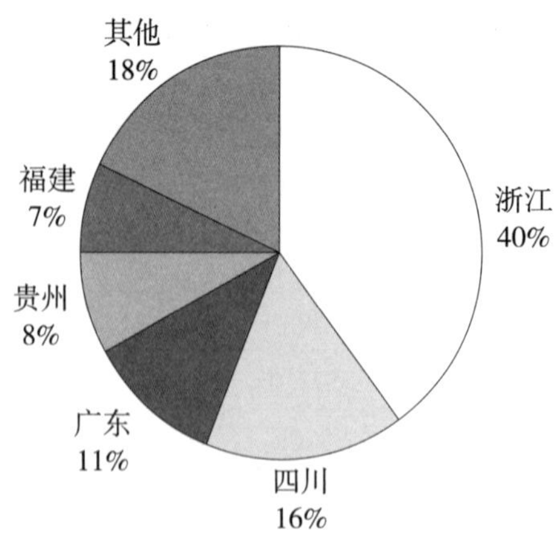


**2018 年电工仪器仪表地区产量**

**2018 年发电机组（发电设备）分地区产量**　　（单位：万千瓦）

| 地区 | 12 月产量 | 累计产量 | 同比（%） | 累计同比（%） |
|---|---|---|---|---|
| 上海 | 135. 12 | 3235. 62 | -69. 8 | -6. 44 |
| 云南 | 12. 2 | 58. 75 | 17. 42 | -2. 34 |
| 内蒙古 | 0. 37 | 3. 54 | -73. 61 | -56. 12 |
| 北京 | 18. 22 | 149. 48 | -62. 28 | -62. 72 |
| 吉林 | 0 | 0 | — | -11. 29 |
| 四川 | 146. 42 | 2312. 25 | -3. 27 | -24. 8 |
| 天津 | 77. 25 | 406. 05 | 151. 23 | -2. 54 |
| 宁夏 | 1. 8 | 8. 2 | -69. 49 | -83. 32 |
| 安徽 | 0 | 0 | — | — |
| 山东 | 57. 5 | 505. 6 | 22. 21 | -4. 6 |
| 山西 | 25. 75 | 40. 08 | 290. 15 | -16. 7 |
| 广东 | 37. 05 | 204. 37 | 45. 37 | 9. 62 |
| 广西 | 5. 98 | 41. 08 | 28. 55 | -27. 48 |
| 新疆 | 45. 7 | 451. 5 | 106. 79 | -8. 63 |
| 江苏 | 55. 46 | 668. 97 | 23. 59 | 17. 84 |
| 江西 | 0. 85 | 15. 74 | -32. 43 | -44. 55 |
| 河北 | 1. 21 | 5. 68 | 7414. 32 | -40. 52 |
| 河南 | 6. 86 | 86. 59 | -63. 8 | -16. 71 |
| 浙江 | 52. 07 | 536. 16 | -39. 49 | 3. 89 |
| 湖北 | 14. 7 | 165. 02 | 100 | 69. 43 |
| 湖南 | 6. 13 | 80. 53 | -34. 47 | -39. 35 |
| 甘肃 | 0 | 0 | — | — |
| 福建 | 0. 03 | 7. 96 | -16. 2 | 198 |
| 贵州 | 0 | 0 | — | — |

续　表

| 地区 | 12 月产量 | 累计产量 | 同比（%） | 累计同比（%） |
|---|---|---|---|---|
| 辽宁 | 0 | 0 | — | — |
| 重庆 | 9.96 | 141.04 | -25.96 | 33.34 |
| 陕西 | 0 | 0.02 | — | — |
| 青海 | 3.6 | 40.88 | 189.16 | -30.14 |
| 黑龙江 | 94.28 | 1435.29 | -54.23 | 1.27 |

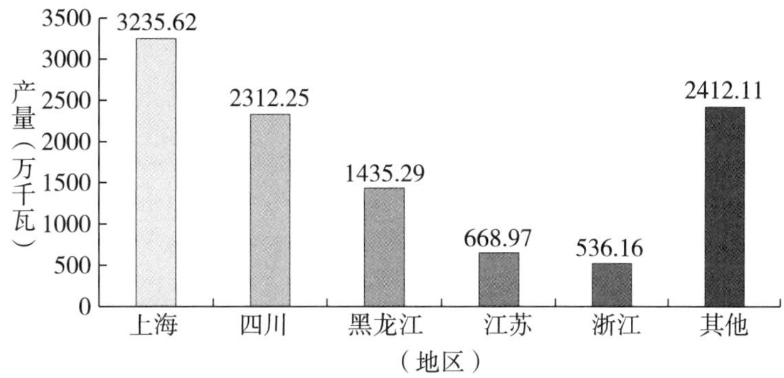


**2018 年发电机组（发电设备）地区产量**

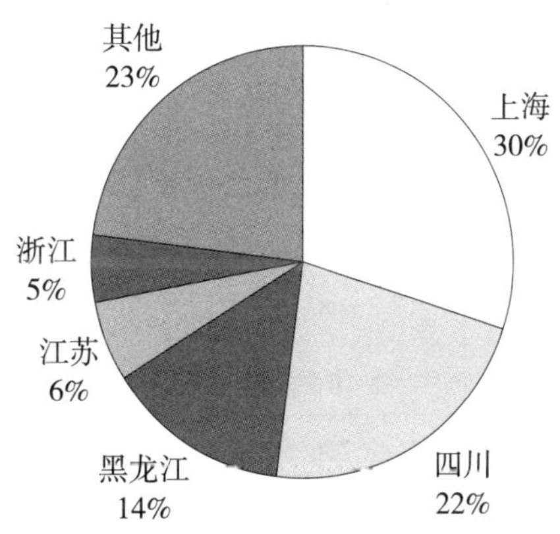


**2018 年发电机组（发电设备）地区产量**

**2018 年发电量分地区产量**　（单位：亿千瓦时）

| 地区 | 12 月产量 | 累计产量 | 同比（%） | 累计同比（%） |
|---|---|---|---|---|
| 上海 | 78.4 | 824.7 | -9.68 | -0.67 |
| 云南 | 211.9 | 3006.7 | -7.87 | 10.13 |
| 内蒙古 | 433.8 | 4828.3 | 14.67 | 14.16 |
| 北京 | 49.5 | 437 | 15.12 | 12.69 |
| 吉林 | 82.1 | 822.9 | -0.61 | 10.4 |
| 四川 | 261.7 | 3498.6 | 5.18 | 4.75 |
| 天津 | 68.9 | 699.3 | 30.49 | 14.77 |
| 宁夏 | 156.8 | 1525.7 | 41.01 | 18.55 |

续　表

| 地区 | 12月产量 | 累计产量 | 同比（%） | 累计同比（%） |
|---|---|---|---|---|
| 安徽 | 246.8 | 2622.8 | 1.61 | 8.39 |
| 山东 | 524.6 | 5608.2 | 22.54 | 12.64 |
| 山西 | 299.7 | 3041.7 | 11.12 | 10.09 |
| 广东 | 407.4 | 4369.6 | 2.49 | -3.24 |
| 广西 | 164.8 | 1591.3 | 13.03 | 20.41 |
| 新疆 | 296.6 | 3147.6 | 15.41 | 8.74 |
| 江苏 | 442.5 | 4933.5 | 4.34 | 3.32 |
| 江西 | 112.7 | 1192.5 | 10.17 | 13.94 |
| 河北 | 291.7 | 3048.4 | 13.81 | 9.76 |
| 河南 | 262.9 | 2916.2 | 14.16 | 7.87 |
| 浙江 | 317.2 | 3352.8 | 10.22 | 2.87 |
| 海南 | 25 | 301.9 | 10.13 | 6.34 |
| 湖北 | 218.3 | 2773 | 7.64 | 8.79 |
| 湖南 | 141.9 | 1418.8 | 3.05 | 5.16 |
| 甘肃 | 130.3 | 1427.3 | 9.13 | 14.99 |
| 福建 | 198 | 2356.9 | 1.59 | 14.27 |
| 西藏 | 4.7 | 60.8 | 20.51 | 21.12 |
| 贵州 | 181.9 | 1945.3 | 2.54 | 4.78 |
| 辽宁 | 169.8 | 1898 | -0.12 | 5.11 |
| 重庆 | 74.2 | 756.6 | 5.85 | 9.57 |
| 陕西 | 181 | 1782.2 | 0.22 | 0.04 |
| 青海 | 60.8 | 717.4 | 16.48 | 27.88 |
| 黑龙江 | 104.1 | 1008.2 | 13.65 | 10.49 |

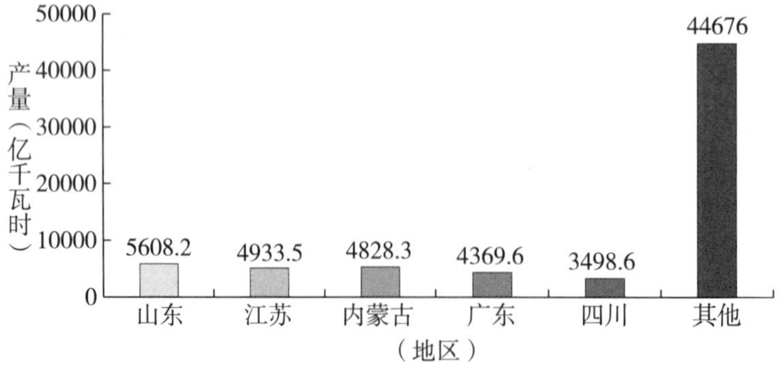


**2018年发电量地区产量**

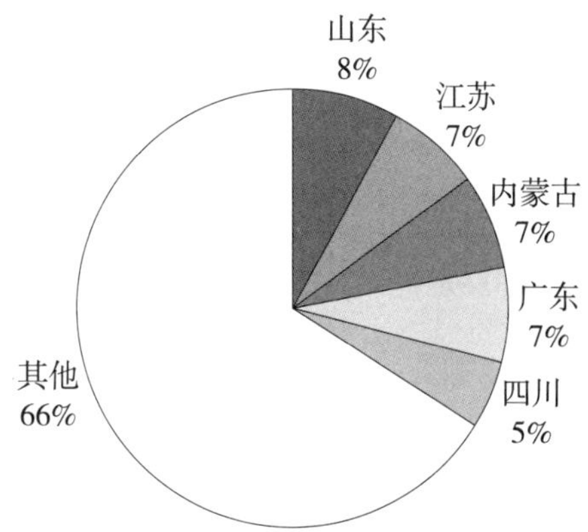


**2018 年发电量地区产量**

**2018 年发动机分地区产量**　（单位：万千瓦）

| 地区 | 12 月产量 | 累计产量 | 同比（%） | 累计同比（%） |
|---|---|---|---|---|
| 上海 | 2705.59 | 38679.61 | -21.17 | 8.75 |
| 云南 | 378.66 | 3215.98 | 4.82 | -3.22 |
| 内蒙古 | 0.24 | 5.63 | -85.49 | -32.26 |
| 北京 | 1622.95 | 19226.67 | -16.73 | -4.87 |
| 吉林 | 2797.19 | 33199.91 | -13.01 | 1.94 |
| 四川 | 182.77 | 2474.02 | -41.08 | -8.22 |
| 天津 | 466.6 | 5097.56 | 3.66 | -1.55 |
| 安徽 | 1112.31 | 13097.32 | -25.9 | -0.05 |
| 山东 | 2509.09 | 23807.83 | 40.3 | 9.49 |
| 山西 | 0.22 | 8.9 | — | — |
| 广东 | 2090.51 | 26105.96 | -5.96 | 34.26 |
| 广西 | 1699.69 | 19300.72 | -19.73 | -6.24 |
| 江苏 | 887.3 | 9817.43 | -9.36 | -13.53 |
| 江西 | 0.01 | 0.07 | -92.8 | -98.96 |
| 河北 | 253.44 | 3466.28 | -33.44 | 12.48 |
| 河南 | 18.85 | 340.4 | -52.11 | -33.76 |
| 浙江 | 722.55 | 11222.4 | -45.86 | -6.79 |
| 海南 | 0 | 0 | — | — |
| 湖北 | 1106.15 | 14894.56 | -32.8 | -10.61 |
| 湖南 | 63.83 | 1136.65 | -85.34 | -28.99 |
| 福建 | 2.74 | 31.37 | 61.18 | 6.22 |
| 辽宁 | 1231.47 | 15603.59 | 41.74 | 55.42 |
| 重庆 | 1641.44 | 25138.28 | -45.88 | -23.8 |
| 陕西 | 570.48 | 2461.6 | 1792.74 | 624.16 |
| 黑龙江 | 138.31 | 1795.72 | -24.07 | -53.88 |

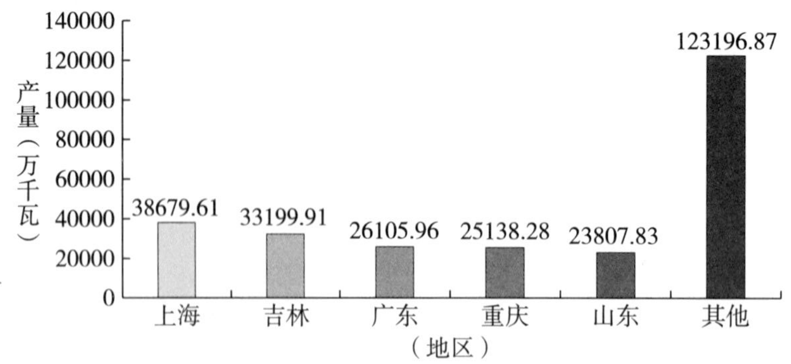


**2018 年发动机地区产量**

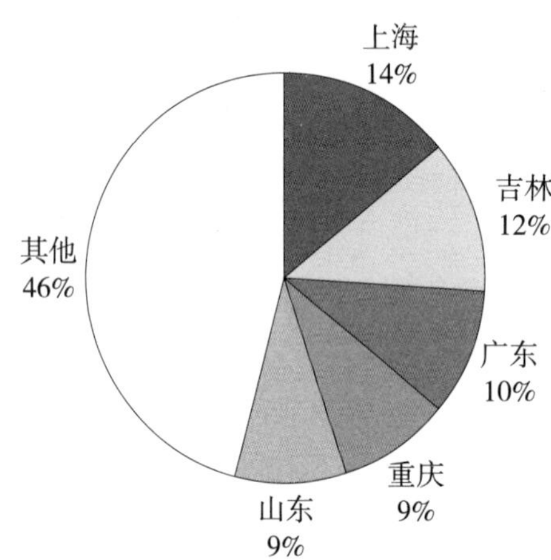


**2018 年发动机地区产量**

**2018 年房间空气调节器分地区产量**（单位：万台）

| 地区 | 12 月产量 | 累计产量 | 同比（%） | 累计同比（%） |
|---|---|---|---|---|
| 上海 | 25.14 | 382.83 | -19.52 | -1.77 |
| 北京 | 0 | 0 | — | — |
| 四川 | 11.37 | 263.18 | -42.36 | -16.75 |
| 天津 | 14.8 | 164.5 | -31.83 | -9.07 |
| 安徽 | 340.11 | 3210.33 | -7.8 | -15.1 |
| 山东 | 68.6 | 1060.84 | -16.71 | 5.6 |
| 广东 | 589.46 | 6129.31 | 31.64 | 14.03 |
| 江苏 | 33.67 | 512.38 | 8.63 | 16.52 |
| 江西 | 37.04 | 582.48 | -4.01 | 28.73 |
| 河北 | 137.66 | 1153.83 | 74.56 | 30.71 |
| 河南 | 144.38 | 1505.1 | 964.84 | 729.91 |
| 浙江 | 117.17 | 1613.23 | -4.55 | 8.64 |
| 湖北 | 130.8 | 1842.86 | -2.09 | 5.54 |
| 福建 | 12.7 | 99.12 | 210.84 | 145.94 |
| 贵州 | 0 | 0 | — | — |
| 辽宁 | 15.89 | 117.05 | -17.03 | -2.72 |
| 重庆 | 153.19 | 1848.86 | -4.78 | 12.44 |

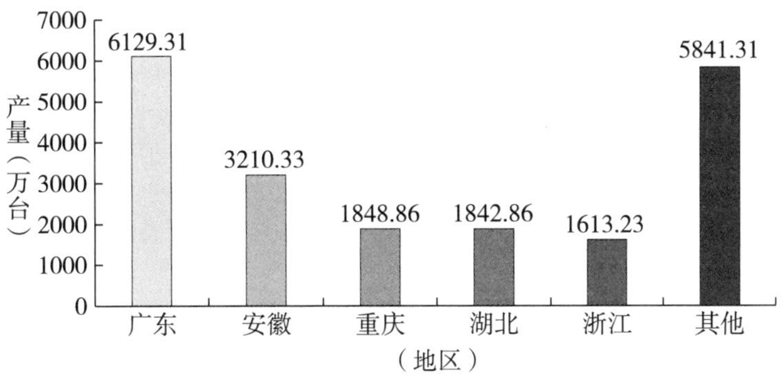


**2018 年房间空气调节器地区产量**

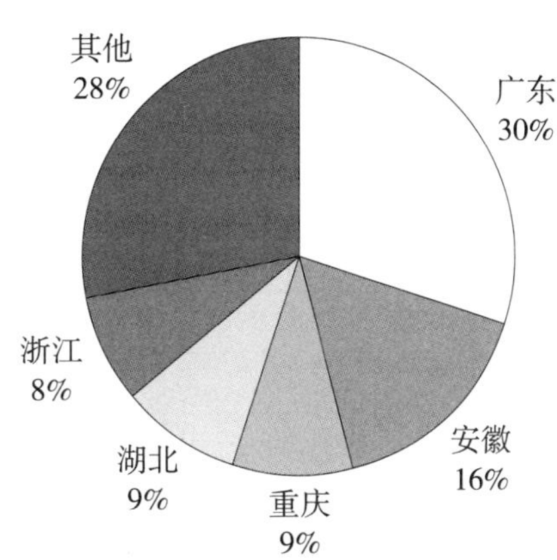


**2018 年房间空气调节器地区产量**

**2018 年风力发电量分地区产量**　　（单位：亿千瓦时）

| 地区 | 12 月产量 | 累计产量 | 同比（%） | 累计同比（%） |
|---|---|---|---|---|
| 上海 | 1. 1 | 10. 6 | 38. 4 | 4. 6 |
| 云南 | 29. 5 | 219. 6 | 42. 8 | 14. 6 |
| 内蒙古 | 66 | 570. 3 | 23. 7 | 14. 4 |
| 北京 | 0. 5 | 3. 5 | 5. 9 | -0. 2 |
| 吉林 | 9. 7 | 84. 7 | 114. 8 | 28. 5 |
| 四川 | 8. 4 | 53. 8 | 66. 6 | 39. 8 |
| 天津 | 0. 5 | 6 | -12. 6 | 2. 2 |
| 宁夏 | 14. 2 | 170. 5 | 27. 6 | 20. 2 |
| 安徽 | 4. 2 | 45. 2 | 15. 8 | 24. 4 |
| 山东 | 13. 2 | 166. 8 | -9. 2 | 15. 1 |
| 山西 | 20. 8 | 176. 5 | -10. 4 | 21. 3 |
| 广东 | 7 | 56. 5 | 3. 9 | 4. 7 |
| 广西 | 4. 4 | 38. 2 | 41. 3 | 57. 4 |
| 新疆 | 23. 9 | 327. 7 | 33. 4 | 15. 7 |
| 江苏 | 15. 2 | 135. 2 | 62. 9 | 23 |

续 表

| 地区 | 12 月产量 | 累计产量 | 同比（%） | 累计同比（%） |
|---|---|---|---|---|
| 江西 | 3.4 | 43 | 12.6 | 77.5 |
| 河北 | 30.9 | 261.8 | -0.9 | 5.4 |
| 河南 | 3.9 | 38.7 | 42.7 | 62.2 |
| 浙江 | 3 | 26.2 | 30.4 | 12 |
| 海南 | 0.5 | 4.3 | -34.9 | -19.5 |
| 湖北 | 4.5 | 54.3 | 18.6 | 23.5 |
| 湖南 | 4.4 | 51 | 16.8 | 15.7 |
| 甘肃 | 18.9 | 226 | 6.8 | 22.5 |
| 福建 | 8 | 65.6 | -12.5 | 5.7 |
| 西藏 | 0 | 0 | 0 | 0 |
| 贵州 | 5.8 | 66.6 | 27.3 | 3.9 |
| 辽宁 | 14.4 | 151.7 | 30.6 | 8.7 |
| 重庆 | 0.4 | 7.2 | -32.1 | -4.8 |
| 陕西 | 5 | 60.4 | -21.4 | 17 |
| 青海 | 1.6 | 21.3 | 55.6 | 84.4 |
| 黑龙江 | 14.9 | 110 | 94.2 | 9.2 |

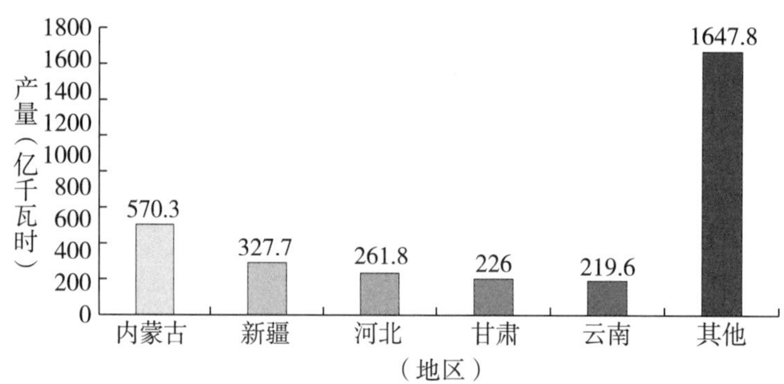


**2018 年风力发电量地区产量**

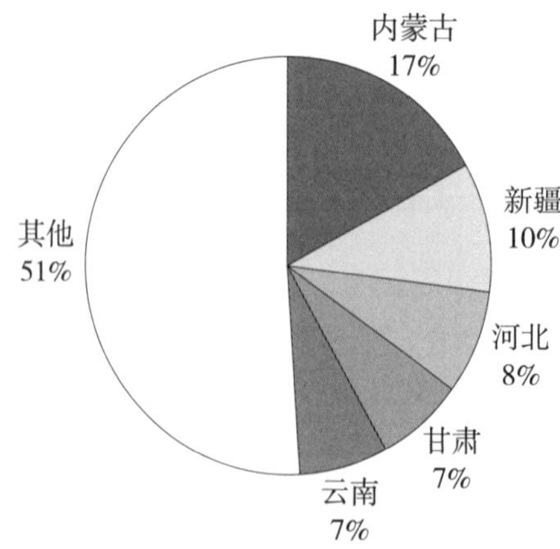


**2018 年风力发电量地区产量**

**2018 年复印和胶版印制设备分地区产量** （单位：万台）

| 地区 | 12 月产量 | 累计产量 | 同比（%） | 累计同比（%） |
|---|---|---|---|---|
| 上海 | 2. 1 | 25. 13 | -15. 35 | -11. 98 |
| 广东 | 38. 17 | 431. 92 | -3. 95 | -6. 36 |
| 江苏 | 8. 96 | 115. 43 | -8. 59 | 1. 88 |
| 河南 | 0. 03 | 0. 4 | -99. 84 | -99. 8 |
| 浙江 | 1. 5 | 14. 94 | -5. 38 | -24. 42 |
| 福建 | 0. 14 | 2. 33 | -44. 57 | -18. 17 |
| 辽宁 | 0 | 0 | 150 | -4. 88 |

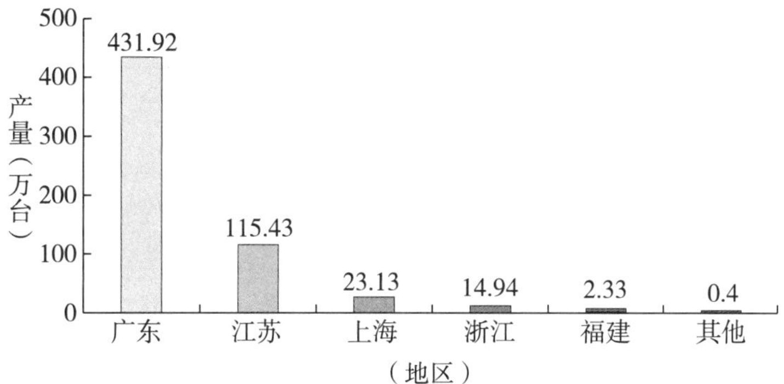


**2018 年复印和胶版印制设备地区产量**

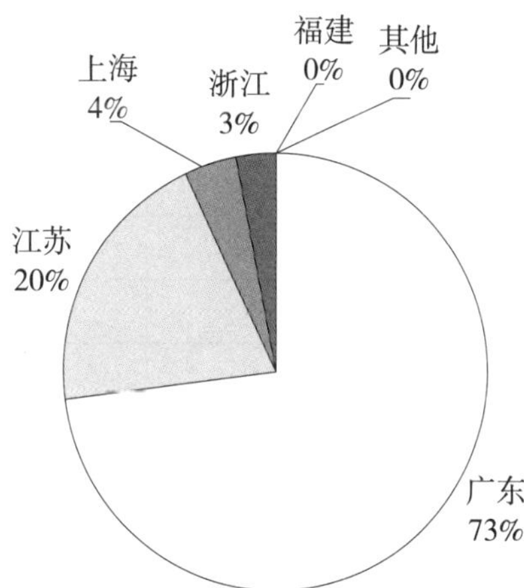


**2018 年复印和胶版印制设备地区产量**

**2018 年钢材分地区产量** （单位：万吨）

| 地区 | 12 月产量 | 累计产量 | 同比（%） | 累计同比（%） |
|---|---|---|---|---|
| 上海 | 172. 37 | 1983. 32 | 2. 45 | -3. 54 |
| 云南 | 185. 35 | 1940. 73 | 18. 02 | 20. 74 |
| 内蒙古 | 183. 59 | 2259. 45 | 1. 6 | 12. 82 |
| 北京 | 13. 82 | 179. 88 | -4. 23 | 0. 5 |
| 吉林 | 105. 76 | 1300. 84 | 24. 2 | 26. 54 |

续 表

| 地区 | 12 月产量 | 累计产量 | 同比（%） | 累计同比（%） |
|---|---|---|---|---|
| 四川 | 273.02 | 2896.74 | -0.8 | 16.28 |
| 天津 | 387.44 | 4733.84 | 9.39 | 8.23 |
| 宁夏 | 21.59 | 266.77 | 41.32 | 20.3 |
| 安徽 | 252.3 | 3194.94 | -2.29 | 1.62 |
| 山东 | 722.69 | 9427.78 | 4.78 | 2.37 |
| 山西 | 413.19 | 4903.3 | 5.94 | 13.1 |
| 广东 | 424.62 | 4337.63 | 15.6 | 2.94 |
| 广西 | 254.35 | 2890.93 | 1.16 | -11.61 |
| 新疆 | 87.64 | 1322.64 | -8.13 | 1.77 |
| 江苏 | 1049.26 | 12146.71 | -6.12 | -1.21 |
| 江西 | 237.77 | 2571.34 | 1.44 | 1.86 |
| 河北 | 2238.12 | 26916.86 | 23.27 | 9.64 |
| 河南 | 274.62 | 3660.99 | -8.78 | -6.36 |
| 浙江 | 263.33 | 3048.69 | -13.41 | -3.16 |
| 海南 | 0 | 0 | — | — |
| 湖北 | 316.03 | 3649.87 | -1.11 | 1.5 |
| 湖南 | 206.35 | 2374.68 | -0.04 | 7.44 |
| 甘肃 | 69.11 | 833.44 | -16.93 | 18.68 |
| 福建 | 263.87 | 2915.94 | 8.33 | 6.98 |
| 西藏 | 0 | 0 | — | — |
| 贵州 | 51.19 | 554.28 | 7.43 | 11.81 |
| 辽宁 | 604.85 | 6899.12 | 9.38 | 7.92 |
| 重庆 | 107.29 | 1187.65 | 20.1 | 29.48 |
| 陕西 | 111.65 | 1445.15 | 0.87 | 4.9 |
| 青海 | 10.09 | 146.62 | -19.41 | 15.38 |
| 黑龙江 | 63.56 | 561.38 | 70 | 36.72 |

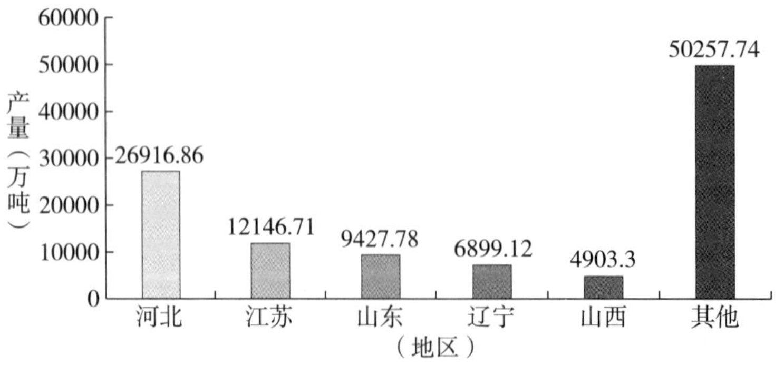


**2018 年钢材地区产量**

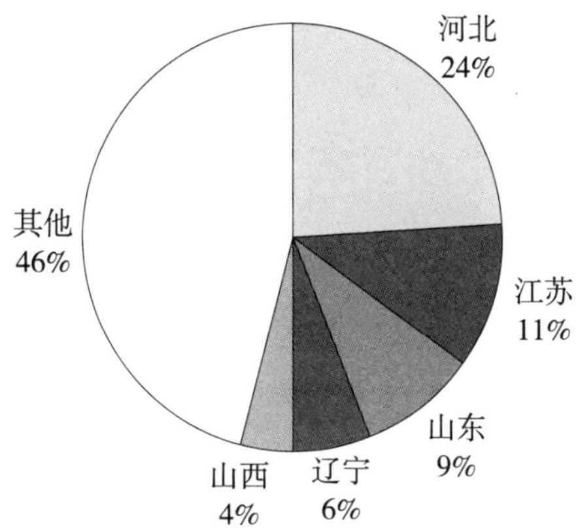


**2018 年钢材地区产量**

**2018 年工业锅炉分地区产量**　（单位：蒸发量吨）

| 地区 | 12 月产量 | 累计产量 | 同比（%） | 累计同比（%） |
|---|---|---|---|---|
| 上海 | 167 | 2793 | -33.47 | -0.46 |
| 云南 | 0 | 4 | — | — |
| 内蒙古 | 10.2 | 326.4 | -61.36 | -2.97 |
| 北京 | 331 | 3046 | -47.87 | -23.41 |
| 吉林 | 5664 | 24490 | 787.77 | 119.58 |
| 四川 | 1143 | 11580.1 | -12.25 | 12.15 |
| 天津 | 391.2 | 1677.5 | -42.63 | -66.88 |
| 宁夏 | 68 | 236 | — | — |
| 安徽 | 2694.6 | 30459.3 | 0.7 | 4.52 |
| 山东 | 2557.9 | 24634.6 | -29.85 | -36.63 |
| 山西 | 986.3 | 4064.2 | -50.91 | -72.5 |
| 广东 | 145.9 | 5032.2 | -80.24 | -1.95 |
| 广西 | 577 | 6429 | -55.75 | -43.48 |
| 新疆 | 19 | 402 | -81.37 | -65.55 |
| 江苏 | 3299.4 | 47989.3 | -1.76 | 0.2 |
| 江西 | 288 | 2065 | -10 | -17.5 |
| 河北 | 565.4 | 3666.3 | -22.98 | -51.42 |
| 河南 | 12986.6 | 89425.5 | -31.51 | -46.29 |
| 浙江 | 2138.7 | 19156.4 | 45.11 | 18.31 |
| 湖北 | 218 | 2416.9 | -72.33 | -40.16 |
| 湖南 | 1322 | 11932.5 | -13.71 | -3.73 |
| 甘肃 | 0 | 80 | — | -42.03 |
| 福建 | 838 | 8396 | 10.26 | -9.92 |
| 贵州 | 0 | 440.6 | — | -76.8 |
| 辽宁 | 355 | 6271.6 | 27.01 | -39.93 |
| 重庆 | 92.8 | 1141.7 | 91.74 | 26.17 |
| 陕西 | 636.2 | 4826.5 | -5.61 | -20.03 |
| 黑龙江 | 750.1 | 9310.9 | -15.34 | -32.18 |

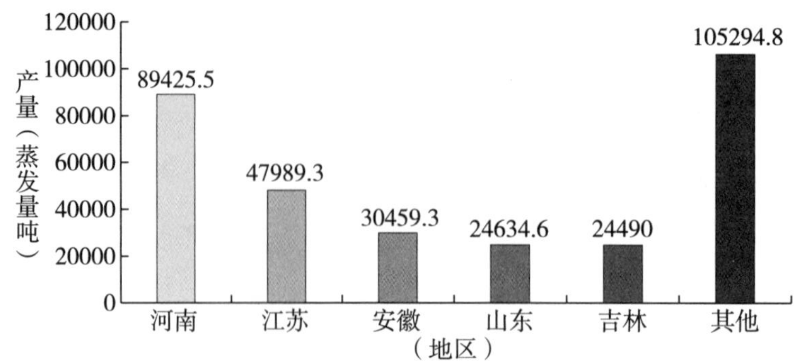


**2018 年工业锅炉地区产量**

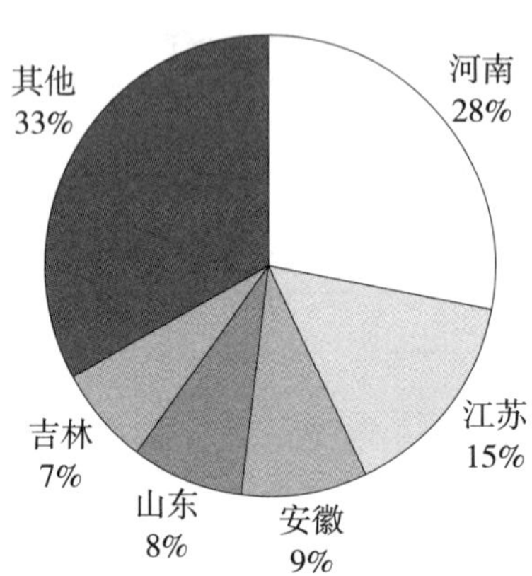


**2018 年工业锅炉地区产量**

**2018 年合成洗涤剂分地区产量** （单位：万吨）

| 地区 | 12 月产量 | 累计产量 | 同比（%） | 累计同比（%） |
|---|---|---|---|---|
| 上海 | 4.65 | 49.68 | -0.18 | 4.9 |
| 云南 | 0.83 | 10.57 | -42.61 | -27.19 |
| 北京 | 1.35 | 11.76 | -27.78 | -45.29 |
| 吉林 | 1.13 | 15.39 | -32.79 | -27.11 |
| 四川 | 7.25 | 91.3 | -32 | -29.33 |
| 天津 | 5.39 | 63.02 | -10.68 | 16.62 |
| 安徽 | 10.02 | 90.81 | -8.99 | 2.26 |
| 山东 | 1.34 | 31.17 | -84.51 | -70.27 |
| 山西 | 0.51 | 6.58 | 71.87 | -8.99 |
| 广东 | 25.46 | 274.17 | -35.95 | -13 |
| 广西 | 0.98 | 14.22 | -39.5 | -21.13 |
| 新疆 | 0.29 | 3.87 | 15.21 | 12.5 |
| 江苏 | 0.82 | 11.41 | -34.75 | -10.85 |
| 江西 | 0.04 | 0.28 | -68.56 | -66.35 |
| 河北 | 0.45 | 4.45 | -57.47 | -76.32 |
| 河南 | 4.07 | 48.98 | -71.23 | -74.98 |

续　表

| 地区 | 12 月产量 | 累计产量 | 同比（%） | 累计同比（%） |
|---|---|---|---|---|
| 浙江 | 8.46 | 89.22 | -19.03 | -5.23 |
| 湖北 | 1.48 | 20.75 | -15.16 | -9.72 |
| 湖南 | 3.15 | 33.33 | -27.81 | -23.81 |
| 福建 | 1.99 | 22.07 | -4.51 | 27.54 |
| 贵州 | 0.26 | 9.06 | -58.15 | -6.74 |
| 辽宁 | 0.6 | 7.41 | -5.97 | -41.56 |
| 重庆 | 1.69 | 11.86 | 390.67 | 248.55 |
| 陕西 | 0.7 | 7.07 | -9.65 | -5.53 |

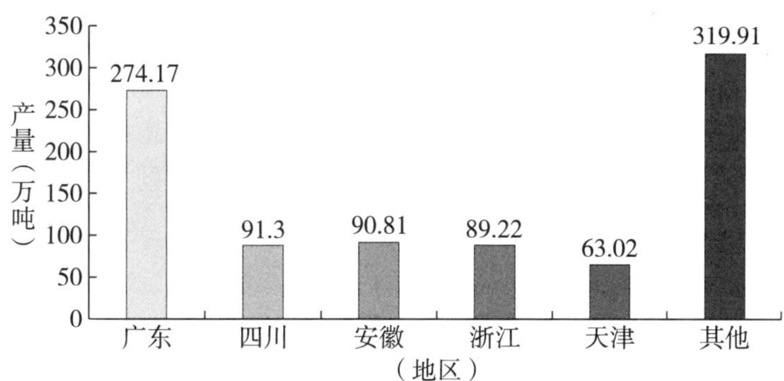


**2018 年合成洗涤剂地区产量**

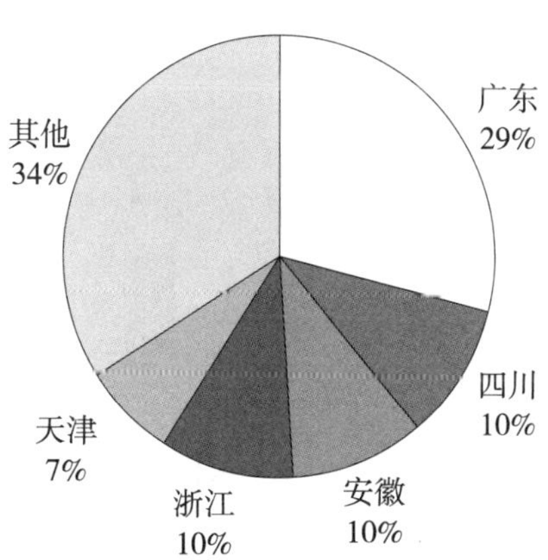


**2018 年合成洗涤剂地区产量**

**2018 年核能发电量分地区产量**　（单位：亿千瓦时）

| 地区 | 12 月产量 | 累计产量 | 同比（%） | 累计同比（%） |
|---|---|---|---|---|
| 山东 | 26.8 | 38.7 | 0 | 0 |
| 山西 | 0 | 0 | 0 | 0 |
| 广东 | 97.8 | 892.4 | 30.6 | 11.6 |
| 广西 | 15.8 | 161 | -3 | 26.9 |
| 新疆 | 0 | 0 | 0 | 0 |

续 表

| 地区 | 12 月产量 | 累计产量 | 同比（%） | 累计同比（%） |
|---|---|---|---|---|
| 江苏 | 19. 3 | 242. 2 | 23. 1 | 40. 1 |
| 江西 | 0 | 0 | 0 | 0 |
| 河北 | 0 | 0 | 0 | 0 |
| 河南 | 0 | 0 | 0 | 0 |
| 浙江 | 62. 8 | 586. 9 | 57. 5 | 15 |
| 海南 | 4. 1 | 77. 2 | 0. 8 | 3. 5 |
| 湖北 | 0 | 0 | 0 | 0 |
| 湖南 | 0 | 0 | 0 | 0 |
| 甘肃 | 0 | 0 | 0 | 0 |
| 福建 | 46. 3 | 643. 7 | -4. 7 | 14. 9 |
| 西藏 | 0 | 0 | 0 | 0 |
| 贵州 | 0 | 0 | 0 | 0 |
| 辽宁 | 32. 9 | 301. 6 | 47. 4 | 27. 8 |
| 重庆 | 0 | 0 | 0 | 0 |
| 陕西 | 0 | 0 | 0 | 0 |
| 青海 | 0 | 0 | 0 | 0 |
| 黑龙江 | 0 | 0 | 0 | 0 |

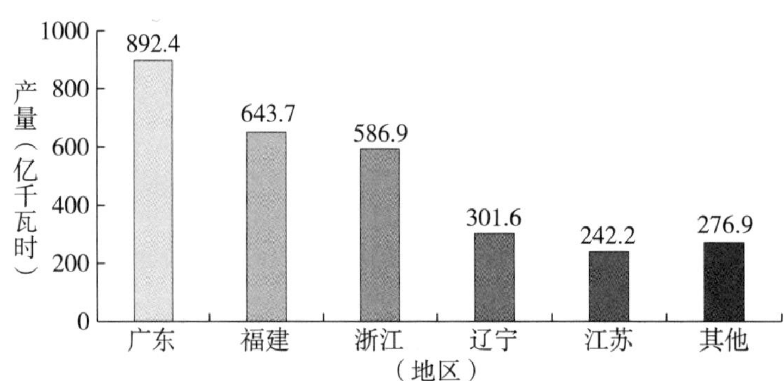


**2018 年核能发电量地区产量**

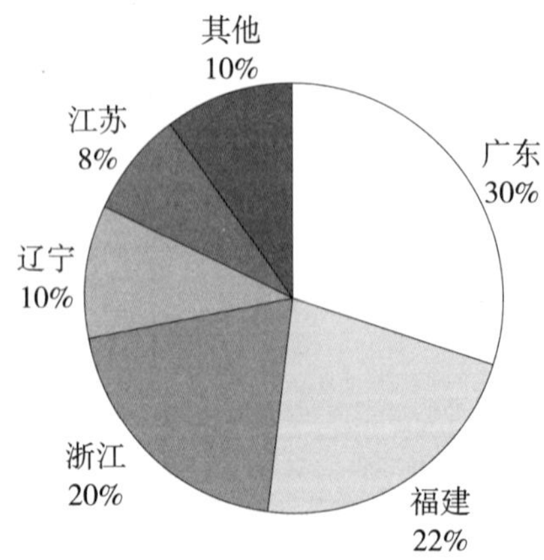


**2018 年核能发电量地区产量**

**2018 年化学农药原药分地区产量**　（单位：万吨）

| 地区 | 12 月产量 | 累计产量 | 同比（%） | 累计同比（%） |
|---|---|---|---|---|
| 上海 | 0.07 | 1.06 | 10.45 | 51.33 |
| 云南 | 0 | 0.01 | -75 | 26.63 |
| 内蒙古 | 0.33 | 3.15 | 58.94 | 18.41 |
| 吉林 | 0.11 | 1.66 | -38.93 | -22.07 |
| 四川 | 2.21 | 21.1 | 74.79 | 47.72 |
| 天津 | 0 | 0 | — | — |
| 宁夏 | 0.28 | 2.38 | 12.19 | -40.36 |
| 安徽 | 0.91 | 10.95 | -25.01 | 0.85 |
| 山东 | 1.46 | 16.41 | -52.26 | -50.42 |
| 山西 | 0.01 | 0.14 | 96.25 | 122.5 |
| 广东 | 0.17 | 1.49 | -20.93 | -54.8 |
| 广西 | 0.12 | 1.6 | -47.12 | -23.33 |
| 江苏 | 7.97 | 80.2 | -27.79 | -35.46 |
| 江西 | 0.38 | 4.93 | -3.27 | 39.29 |
| 河北 | 0.2 | 2.26 | -21.45 | -75.11 |
| 河南 | 1.57 | 11.85 | -32.9 | -38.94 |
| 浙江 | 1.95 | 21.74 | -27.52 | -10.71 |
| 湖北 | 1.77 | 16.76 | 1.77 | -42.74 |
| 湖南 | 0.58 | 5.9 | -6.73 | 3.58 |
| 甘肃 | 0.11 | 1.21 | 104.23 | 129.31 |
| 福建 | 0.04 | 0.5 | — | -11.68 |
| 贵州 | 0 | 0 | — | — |
| 辽宁 | 0.06 | 0.92 | -39.87 | -16.54 |
| 重庆 | 0.22 | 1.28 | 13.85 | -36.05 |
| 陕西 | 0.02 | 0.31 | -17.46 | -42.05 |
| 黑龙江 | 0.04 | 0.36 | 407.55 | 302.16 |

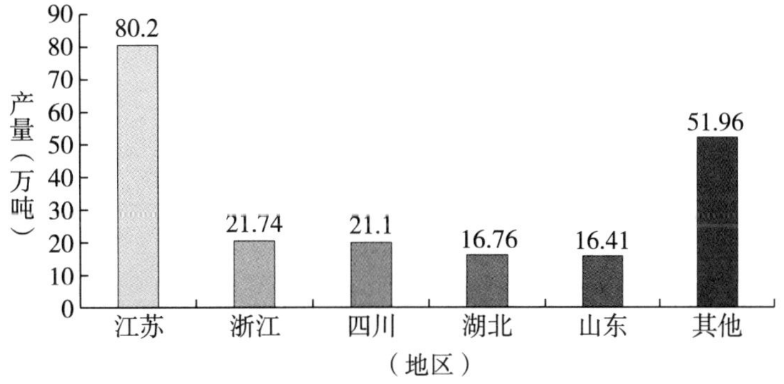


**2018 年化学农药原药地区产量**

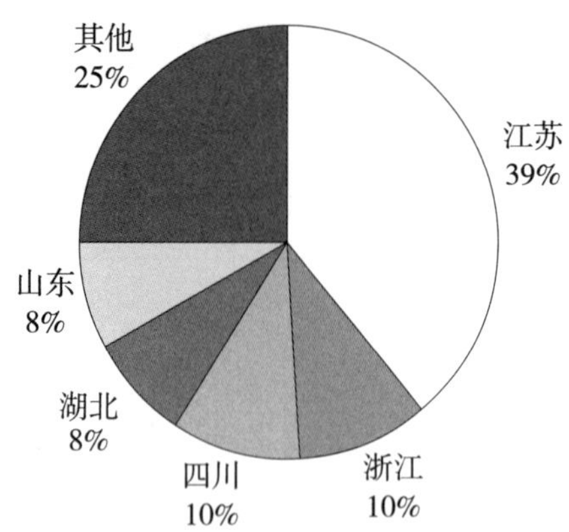


**2018 年化学农药原药地区产量**

**2018 年化学纤维分地区产量**（单位：万吨）

| 地区 | 12 月产量 | 累计产量 | 同比（%） | 累计同比（%） |
|---|---|---|---|---|
| 上海 | 3.09 | 39.7 | -0.47 | -8.62 |
| 云南 | 0.57 | 6.21 | 0.81 | 1.02 |
| 内蒙古 | 0.04 | 0.55 | — | -63.92 |
| 北京 | 0.01 | 0.2 | -10.25 | -4.5 |
| 吉林 | 3.42 | 36.91 | 9.81 | 2.74 |
| 四川 | 7.49 | 86.15 | -34.41 | -31.87 |
| 天津 | 0.76 | 8.87 | -5.71 | -1.29 |
| 宁夏 | 0 | 0.04 | — | -70.41 |
| 安徽 | 3.33 | 39.6 | -12.57 | 1.61 |
| 山东 | 5.44 | 59.58 | -6.36 | -27.41 |
| 广东 | 4.27 | 48.53 | 7.69 | -5.37 |
| 广西 | 0 | 0 | — | — |
| 新疆 | 8.55 | 78.11 | 23.66 | 9.51 |
| 江苏 | 116.9 | 1370.46 | -11.26 | -6.85 |
| 江西 | 5.28 | 54.62 | 16.45 | 17.91 |
| 河北 | 8.07 | 72.96 | 37.78 | 8.3 |
| 河南 | 6.17 | 56.69 | 36.98 | 1.85 |
| 浙江 | 220.67 | 2282.3 | 13.37 | 11.02 |
| 湖北 | 2.25 | 25.48 | 18.96 | -7.8 |
| 湖南 | 0.8 | 10.76 | -12.45 | 31.34 |
| 甘肃 | 0 | 0.03 | — | — |
| 福建 | 63.68 | 694.88 | 4.97 | 3.04 |
| 贵州 | 0.12 | 1.26 | -38.07 | -47.33 |
| 辽宁 | 1.63 | 20.47 | -9.75 | -22.61 |
| 重庆 | 0.8 | 10 | -4.92 | 20.7 |
| 陕西 | 0.14 | 1.42 | 58.3 | 1.94 |
| 黑龙江 | 0.4 | 5.2 | -27.86 | -30.44 |

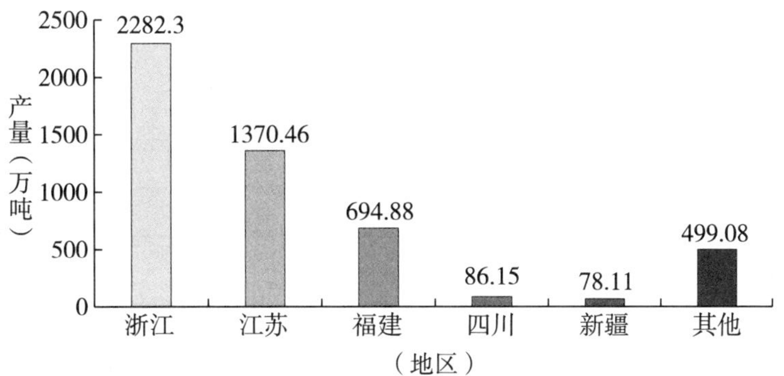


**2018 年化学纤维地区产量**

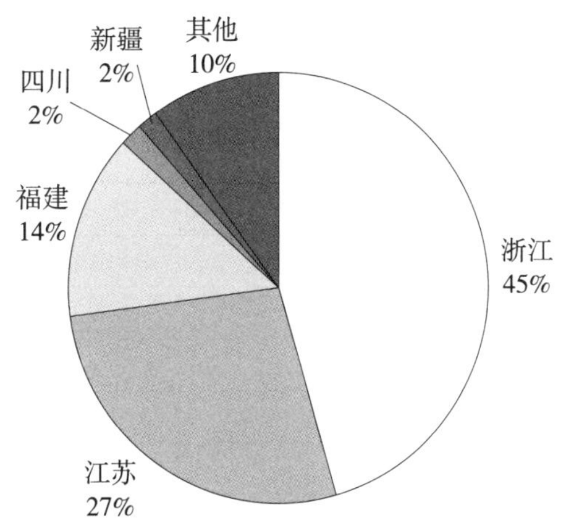


**2018 年化学纤维地区产量**

**2018 年火力发电量分地区产量** （单位：亿千瓦时）

| 地区 | 12 月产量 | 累计产量 | 同比（%） | 累计同比（%） |
|---|---|---|---|---|
| 上海 | 77. 2 | 813. 5 | －10. 54 | －1. 13 |
| 云南 | 25. 4 | 287. 3 | －17. 26 | 21. 17 |
| 内蒙古 | 359. 5 | 4138. 4 | 12. 24 | 13. 1 |
| 北京 | 48. 1 | 422. 8 | 15. 9 | 13. 56 |
| 吉林 | 67. 8 | 671. 2 | －5. 96 | 12. 45 |
| 四川 | 55. 9 | 447. 9 | 55. 71 | 17. 71 |
| 天津 | 68. 4 | 692. 6 | 30. 78 | 14. 78 |
| 宁夏 | 136. 6 | 1261. 9 | 42. 74 | 17. 55 |
| 安徽 | 237. 2 | 2491. 3 | 1. 28 | 8. 05 |
| 山东 | 481. 5 | 5367. 7 | 17. 1 | 11. 64 |
| 山西 | 273. 4 | 2787. 5 | 11. 87 | 8. 35 |
| 广东 | 290. 3 | 3260. 1 | －0. 85 | －2. 02 |
| 广西 | 107. 1 | 825. 7 | 37. 13 | 33. 76 |
| 新疆 | 255. 6 | 2517. 8 | 14. 26 | 7. 18 |

续 表

| 地区 | 12 月产量 | 累计产量 | 同比（%） | 累计同比（%） |
|---|---|---|---|---|
| 江苏 | 402.3 | 4477.3 | 2 | 0.89 |
| 江西 | 100.4 | 1056.3 | 6.47 | 12.48 |
| 河北 | 255.9 | 2723.2 | 15.27 | 10.01 |
| 河南 | 247.7 | 2708.3 | 14.09 | 5.59 |
| 浙江 | 240.4 | 2583.4 | 1.52 | 1.15 |
| 海南 | 19.9 | 210.3 | 15.03 | 8.07 |
| 湖北 | 140.1 | 1237 | 11.46 | 18.71 |
| 湖南 | 100.1 | 912.5 | -2.91 | 16.09 |
| 甘肃 | 87.5 | 776.8 | 10.06 | 8.86 |
| 福建 | 118.8 | 1390.4 | -2.86 | 24.35 |
| 西藏 | 0.2 | 2.2 | 100 | 37.5 |
| 贵州 | 125.7 | 1217.6 | 2.61 | 7.43 |
| 辽宁 | 119.6 | 1411.1 | -11.73 | 0.23 |
| 重庆 | 61.3 | 539.1 | 3.9 | 15.07 |
| 陕西 | 165.1 | 1566.6 | -0.78 | -1.17 |
| 青海 | 18.4 | 123.1 | 5.14 | -23.64 |
| 黑龙江 | 88.4 | 873.9 | 4.99 | 8.55 |

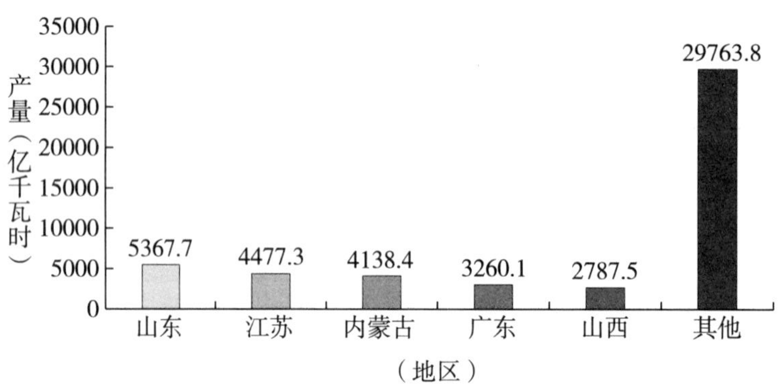


**2018 年火力发电量地区产量**

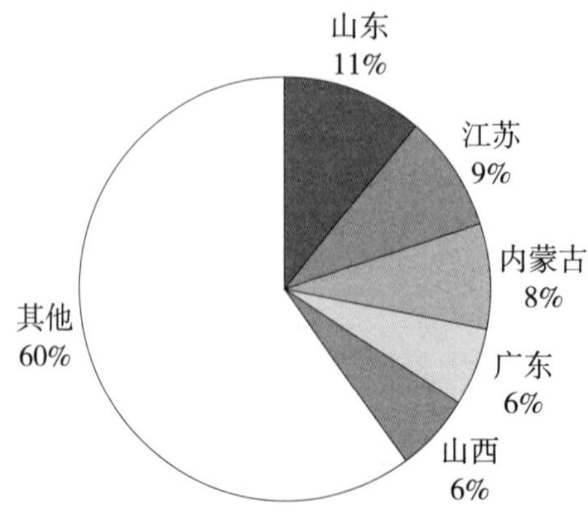


**2018 年火力发电量地区产量**

**2018 年机制纸及纸板分地区产量**　（单位：万吨）

| 地区 | 12 月产量 | 累计产量 | 同比（%） | 累计同比（%） |
|---|---|---|---|---|
| 上海 | 1.49 | 16.79 | -8.01 | -63.69 |
| 云南 | 10.46 | 88.51 | 6.96 | -1.16 |
| 内蒙古 | 1.12 | 12.72 | -13.77 | -1.03 |
| 北京 | 0.51 | 5.68 | 18.83 | -4.36 |
| 吉林 | 5.95 | 64.76 | 20.53 | 4.92 |
| 四川 | 22.96 | 261.46 | 3.45 | 10.29 |
| 天津 | 25.34 | 276 | -0.7 | -3.64 |
| 宁夏 | 1.88 | 23.34 | -29.32 | -5.47 |
| 安徽 | 31.85 | 353.69 | -0.98 | 0.95 |
| 山东 | 182.83 | 2033.66 | 5.65 | -6.61 |
| 山西 | 3.96 | 46.07 | 47.11 | 1.16 |
| 广东 | 190.54 | 2094.54 | 6.2 | -3.82 |
| 广西 | 26.47 | 294.84 | -3.12 | -2.01 |
| 新疆 | 2.06 | 22.73 | -33.65 | -10.01 |
| 江苏 | 95.99 | 1140.96 | -14.24 | -10.7 |
| 江西 | 20.53 | 214.5 | 27.27 | 1.64 |
| 河北 | 23.21 | 282.13 | -4.85 | -24.18 |
| 河南 | 31.51 | 379.06 | -51.16 | -45.66 |
| 浙江 | 163.03 | 1869.05 | 6.38 | -2.21 |
| 海南 | 14.87 | 166.38 | -4.61 | -5.01 |
| 湖北 | 30.81 | 325.91 | -6.56 | 17.78 |
| 湖南 | 33.85 | 348.33 | -19.85 | -13.41 |
| 甘肃 | 0.31 | 4.87 | -40.38 | 92.52 |
| 福建 | 66.8 | 771.41 | 0.3 | -1.09 |
| 西藏 | 0 | 0.86 | — | -66.02 |
| 贵州 | 1.24 | 17.33 | -59.28 | -51.16 |
| 辽宁 | 12.2 | 118.67 | 33.31 | 11.02 |
| 重庆 | 29.24 | 308.47 | 0.59 | -6.24 |
| 陕西 | 7.04 | 72.41 | -5.12 | -4.65 |
| 黑龙江 | 4.78 | 45.32 | 13.52 | 2.74 |

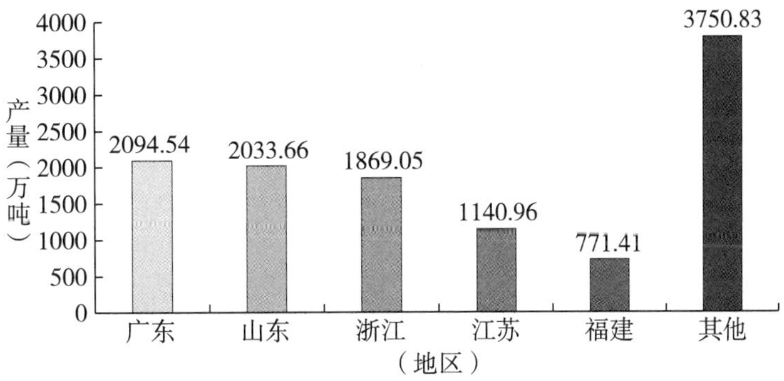


**2018 年机制纸及纸板地区产量**

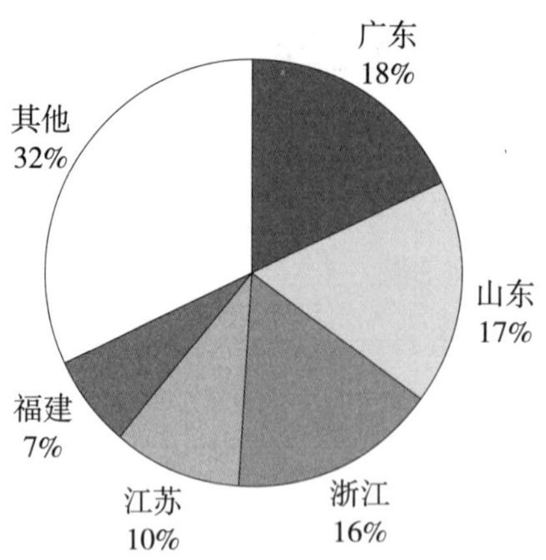


**2018 年机制纸及纸板地区产量**

**2018 年集成电路分地区产量**（单位：万块）

| 地区 | 12 月产量 | 累计产量 | 同比（%） | 累计同比（%） |
|---|---|---|---|---|
| 上海 | 178789.5 | 2334806.8 | 0.92 | 0.13 |
| 云南 | 3069 | 36670 | 23.5 | 161.26 |
| 北京 | 115768.5 | 1374911.5 | 20.92 | 47.62 |
| 四川 | 75392.9 | 765897.4 | 65.02 | 31.9 |
| 天津 | 9874.7 | 162960.1 | -17.04 | 13.39 |
| 安徽 | 1304 | 12494 | -84.39 | -82.92 |
| 山东 | 637.3 | 4446.7 | 181.12 | 147.24 |
| 广东 | 282515.1 | 3007888.9 | 15.03 | 14.42 |
| 广西 | 7.1 | 70.9 | — | — |
| 江苏 | 433388.7 | 5642402.2 | -24.76 | 8.95 |
| 江西 | 8 | 55.6 | — | — |
| 河北 | 6.4 | 1237.9 | -88.36 | 169.11 |
| 浙江 | 55131.7 | 653605.1 | -14.89 | -18.18 |
| 湖北 | 3023.3 | 32940.9 | — | 51050.47 |
| 湖南 | 5283.5 | 47188.9 | 36.33 | 8.45 |
| 甘肃 | 261589 | 3177018 | 0.98 | 13.12 |
| 福建 | 1843.4 | 20283.2 | -3.89 | -9.62 |
| 贵州 | 281.6 | 3782.1 | -80.59 | -71.74 |
| 辽宁 | 0 | 0 | — | — |
| 重庆 | 3063.6 | 54062.3 | -21.01 | 16.71 |
| 陕西 | 6944 | 32832 | 1623.08 | 1063.84 |
| 黑龙江 | 2259 | 29098 | -43.53 | 1.39 |

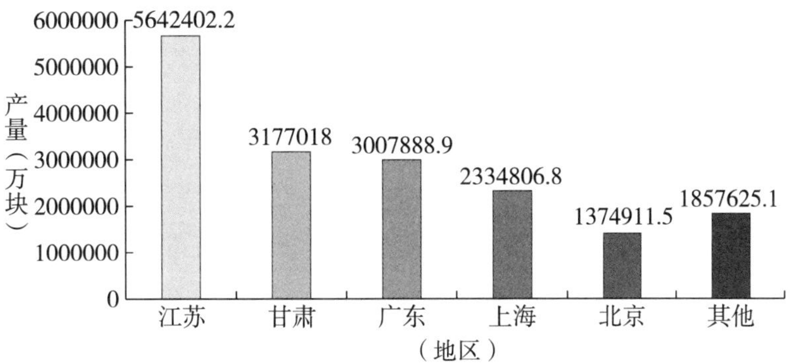


**2018 年集成电路地区产量**

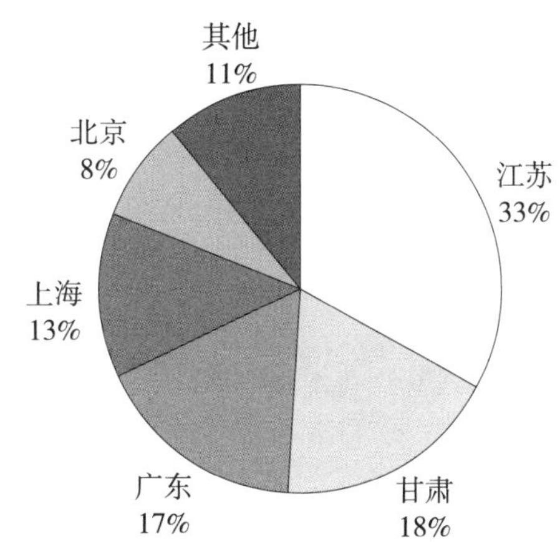


**2018 年集成电路地区产量**

**2018 年家用电冰箱（家用冷冻冷藏箱）分地区产量**　（单位：万台）

| 地区 | 12 月产量 | 累计产量 | 同比（%） | 累计同比（%） |
|---|---|---|---|---|
| 上海 | 4.62 | 46.07 | -5.36 | -15.82 |
| 四川 | 7.97 | 85.34 | 13.98 | 2.56 |
| 天津 | 3.06 | 49.94 | -3.16 | -6.63 |
| 安徽 | 218.63 | 2631.08 | -16.04 | -21.18 |
| 山东 | 75.7 | 888.39 | 7.06 | 8.16 |
| 广东 | 100.18 | 1598.71 | -10.57 | 2.72 |
| 江苏 | 65.23 | 839.75 | -22.41 | -6.41 |
| 江西 | 5.35 | 89.13 | 13.03 | -20.48 |
| 河南 | 8.37 | 125.63 | 24.98 | -36.64 |
| 浙江 | 56.67 | 618.27 | 17.59 | -8.72 |
| 湖北 | 41.65 | 488.79 | 37.34 | 3.18 |
| 贵州 | 8.56 | 143.11 | -8.73 | 13.67 |
| 辽宁 | 10.28 | 132.73 | 16.09 | -9.06 |
| 重庆 | 12.53 | 139.65 | 25.7 | 5.64 |

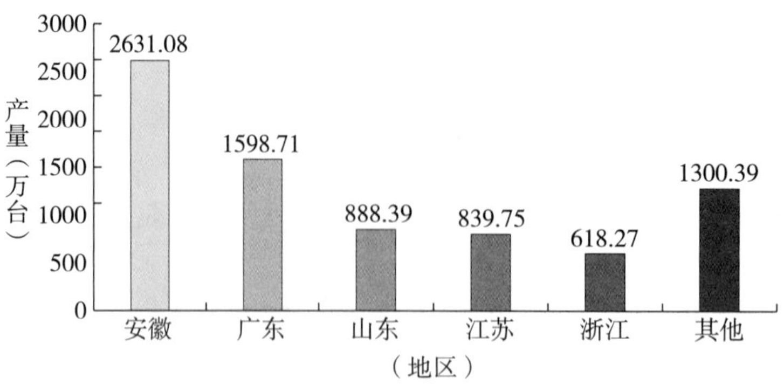


**2018 年家用电冰箱（家用冷冻冷藏箱）地区产量**

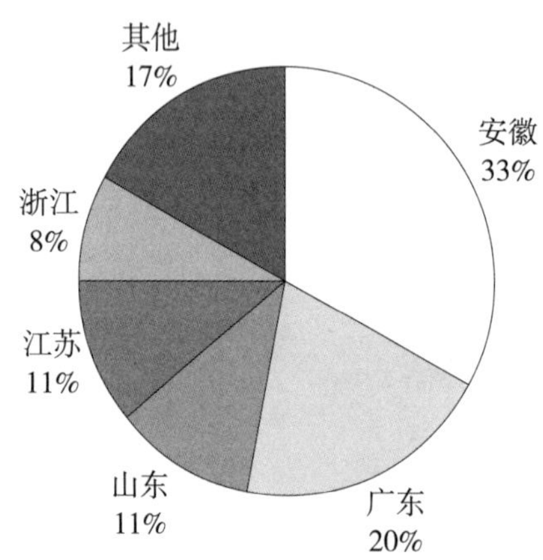


**2018 年家用电冰箱（家用冷冻冷藏箱）地区产量**

**2018 年家用冷柜（家用冷冻箱）分地区产量** （单位：万台）

| 地区 | 12 月产量 | 累计产量 | 同比（%） | 累计同比（%） |
|---|---|---|---|---|
| 上海 | 0.12 | 3.17 | -18.85 | -32.44 |
| 安徽 | 4.97 | 55.48 | 226.87 | 58.57 |
| 山东 | 55.45 | 471.89 | -9.93 | -11.81 |
| 广东 | 34.22 | 406.8 | -16.71 | -1.82 |
| 江苏 | 21.63 | 217.3 | -13.84 | -2.51 |
| 河南 | 6.66 | 77.13 | -23.58 | -23.6 |
| 浙江 | 21.06 | 290.29 | -28.88 | -9.03 |
| 湖北 | 18.1 | 182.42 | 10.14 | 14.51 |
| 辽宁 | 0 | 0 | — | — |

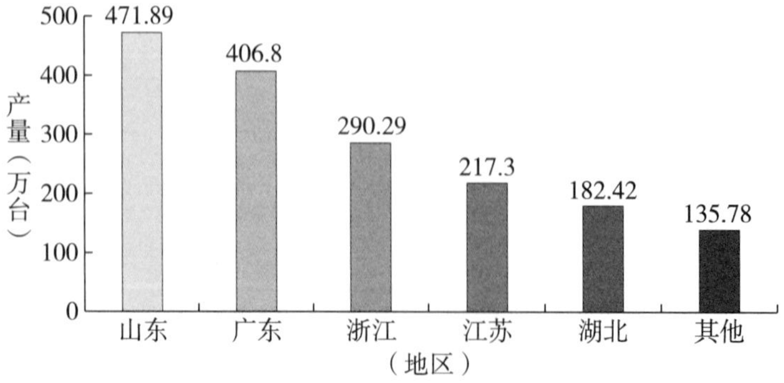


**2018 年家用冷柜（家用冷冻箱）地区产量**

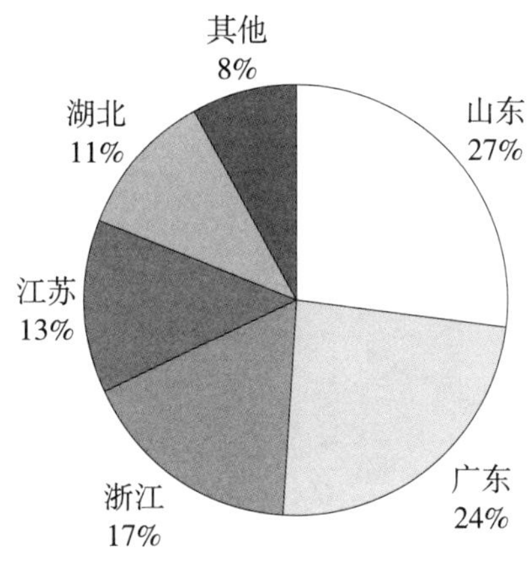


**2018 年家用冷柜（家用冷冻箱）地区产量**

**2018 年家用洗衣机分地区产量**　（单位：万台）

| 地区 | 12 月产量 | 累计产量 | 同比（%） | 累计同比（%） |
|---|---|---|---|---|
| 上海 | 14.44 | 140.06 | 18.26 | -5.84 |
| 北京 | 0 | 0 | — | — |
| 四川 | 26 | 178 | 15.88 | 13.04 |
| 天津 | 1.89 | 26.23 | -16.08 | 1.83 |
| 安徽 | 212.91 | 2126.02 | 10.29 | 3.41 |
| 山东 | 56.04 | 666.7 | -16.73 | 6.31 |
| 广东 | 59.76 | 682.74 | -22.9 | -8.92 |
| 江苏 | 159.45 | 1774.27 | -5.81 | -5.59 |
| 江西 | 1.51 | 20.83 | -30.96 | -69.64 |
| 河北 | 0.15 | 4 | -97.39 | -92.85 |
| 河南 | 2.2 | 16.37 | -88.8 | -90.94 |
| 浙江 | 125.88 | 1153.43 | 10.99 | -6 |
| 重庆 | 36.06 | 362.03 | 27.09 | 11.63 |

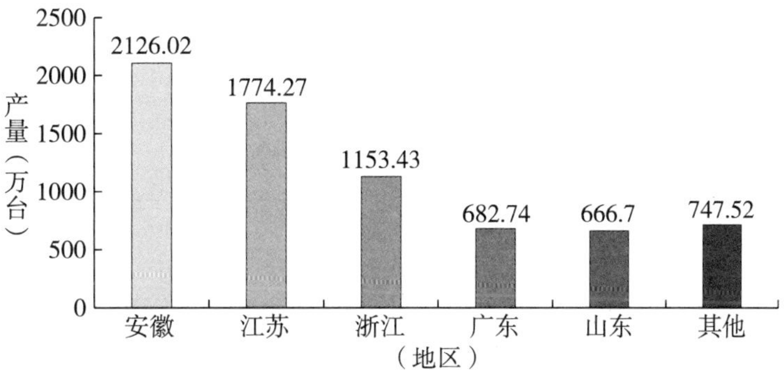


**2018 年家用洗衣机地区产量**

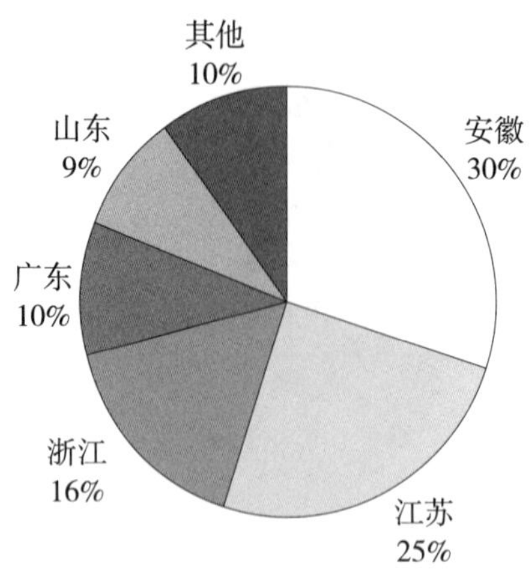


**2018 年家用洗衣机地区产量**

**2018 年交流电动机分地区产量** （单位：万千瓦）

| 地区 | 12 月产量 | 累计产量 | 同比（%） | 累计同比（%） |
|---|---|---|---|---|
| 上海 | 166.89 | 2107.99 | -6.2 | 5.61 |
| 云南 | 5.78 | 51.13 | 14.21 | -26.62 |
| 北京 | 3.01 | 35.49 | -41.33 | -26.33 |
| 四川 | 14.85 | 109.32 | 5.49 | -25.51 |
| 天津 | 20.5 | 227.14 | 258.85 | 235.64 |
| 宁夏 | 12.91 | 136.69 | 37.4 | 58.76 |
| 安徽 | 189.64 | 2212.21 | -5.9 | 0.99 |
| 山东 | 168.67 | 2302.16 | -4.4 | -13.48 |
| 山西 | 53.42 | 689.46 | -20.05 | -23.77 |
| 广东 | 98.72 | 1333.1 | -26.01 | 3.67 |
| 广西 | 0 | 0.09 | — | 393.5 |
| 江苏 | 407.06 | 4740.12 | -1.63 | -3.4 |
| 江西 | 46.41 | 485.81 | 6.97 | 30.22 |
| 河北 | 73.75 | 766.02 | -25.89 | -19.13 |
| 河南 | 119.73 | 1290.46 | -62.66 | -49.81 |
| 浙江 | 628.09 | 5883.8 | 20.35 | 4.94 |
| 湖北 | 16.28 | 166.7 | 34.19 | 9.19 |
| 湖南 | 64.67 | 1284.29 | -29.01 | -11.16 |
| 甘肃 | 10.28 | 98.49 | 31.63 | 17.33 |
| 福建 | 27.12 | 414.54 | -34.03 | -27.91 |
| 贵州 | 0.82 | 15.53 | -11.83 | 13.77 |
| 辽宁 | 34.06 | 312.15 | 59.42 | 27.9 |
| 重庆 | 51.82 | 717.75 | -13.22 | 17.75 |
| 陕西 | 24.95 | 260.1 | -25.99 | 32.5 |
| 黑龙江 | 66.44 | 818.6 | -16.45 | 11.25 |

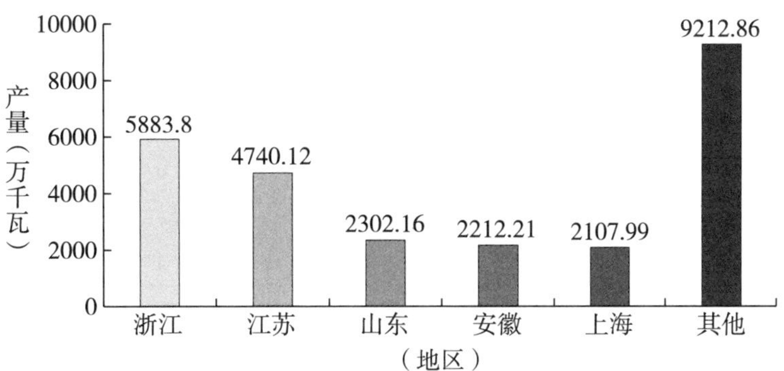


**2018 年交流电动机地区产量**

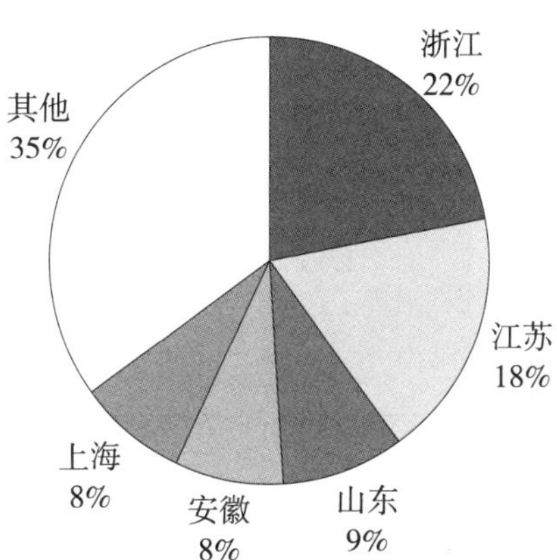


**2018 年交流电动机地区产量**

**2018 年焦炭分地区产量**　（单位：万吨）

| 地区 | 12 月产量 | 累计产量 | 同比（%） | 累计同比（%） |
|---|---|---|---|---|
| 上海 | 44. 2 | 544. 9 | -6. 9 | -2. 2 |
| 云南 | 79. 9 | 907. 4 | 2. 5 | 7. 1 |
| 内蒙古 | 302. 4 | 3374. 1 | 29. 1 | 13. 3 |
| 北京 | 0 | 0 | 0 | 0 |
| 吉林 | 30. 7 | 297. 9 | 14. 5 | 4. 6 |
| 四川 | 105. 2 | 1126. 9 | -6. 6 | 4. 7 |
| 天津 | 12. 1 | 164. 7 | 19. 9 | 4. 4 |
| 宁夏 | 64. 5 | 736. 5 | 10. 1 | -0. 7 |
| 安徽 | 69. 3 | 1109. 3 | -22. 1 | 4. 9 |
| 山东 | 378. 5 | 4098. 6 | 18. 6 | -2. 4 |
| 山西 | 805 | 9256. 2 | 18. 5 | 11. 3 |
| 广东 | 49. 6 | 573. 6 | -1. 6 | -2. 9 |
| 广西 | 59. 3 | 692. 4 | -2 | -1. 6 |
| 新疆 | 150. 5 | 1674. 4 | 21. 4 | 5. 6 |
| 江苏 | 110. 1 | 1472. 7 | -32. 2 | -30. 1 |

续 表

| 地区 | 12 月产量 | 累计产量 | 同比（%） | 累计同比（%） |
|---|---|---|---|---|
| 江西 | 52 | 573. 9 | 4. 2 | -3. 3 |
| 河北 | 330. 4 | 4747. 1 | -28. 6 | -11. 6 |
| 河南 | 150. 6 | 2235. 6 | -15 | 2. 6 |
| 浙江 | 14. 3 | 203 | -27. 4 | -11. 2 |
| 海南 | 0 | 0 | 0 | 0 |
| 湖北 | 66. 1 | 874 | -12. 9 | -1. 3 |
| 湖南 | 61. 9 | 656. 2 | -14. 2 | 0. 9 |
| 甘肃 | 30 | 385. 4 | -27. 8 | -18. 3 |
| 福建 | 15. 3 | 174. 2 | 2 | 10. 5 |
| 西藏 | 0 | 0 | 0 | 0 |
| 贵州 | 32. 9 | 402. 7 | -16. 2 | -17. 6 |
| 辽宁 | 194 | 2213. 7 | 5. 8 | 4. 6 |
| 重庆 | 21. 3 | 251. 1 | 2. 8 | 47. 3 |
| 陕西 | 480. 4 | 4024. 9 | 41. 7 | -0. 8 |
| 青海 | 16 | 172. 5 | 28. 4 | 13. 9 |
| 黑龙江 | 80. 3 | 875. 8 | 18 | 15 |

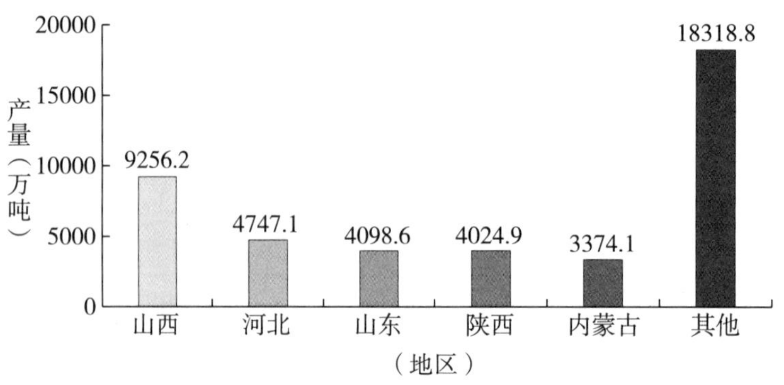


**2018 年焦炭地区产量**

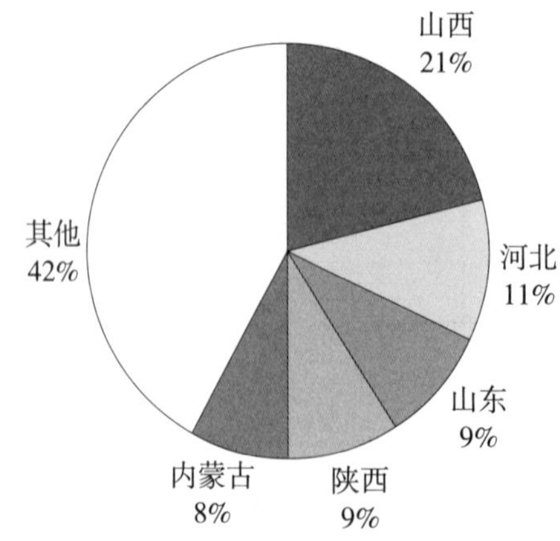


**2018 年焦炭地区产量**

**2018 年金属切削机床分地区产量** （单位：万台）

| 地区 | 12 月产量 | 累计产量 | 同比（%） | 累计同比（%） |
|---|---|---|---|---|
| 上海 | 0. 04 | 0. 59 | 6. 54 | 12. 38 |
| 云南 | 0. 2 | 2. 03 | 51. 66 | 9. 13 |
| 北京 | 0. 03 | 1. 25 | -57. 61 | -20. 47 |
| 吉林 | 0 | 0 | — | -62 |
| 四川 | 0. 04 | 0. 61 | 16. 54 | 11. 49 |
| 天津 | 0. 01 | 0. 13 | 26. 96 | 8. 29 |
| 宁夏 | 0. 01 | 0. 24 | 1. 27 | 16. 43 |
| 安徽 | 0. 21 | 2. 83 | -69. 07 | -66. 05 |
| 山东 | 0. 5 | 6. 8 | -43. 85 | -31. 93 |
| 山西 | 0 | 0 | 0 | 0 |
| 广东 | 0. 3 | 3. 34 | -35. 74 | -42. 99 |
| 广西 | 0. 02 | 0. 17 | 13. 07 | -10. 82 |
| 江苏 | 0. 62 | 8. 48 | -29. 44 | -19. 24 |
| 江西 | 0. 05 | 0. 47 | 16. 87 | -13. 84 |
| 河北 | 0 | 0. 03 | -84. 75 | -70. 1 |
| 河南 | 0. 07 | 0. 93 | -33. 95 | -17. 91 |
| 浙江 | 1. 03 | 11. 96 | -2. 39 | 5. 8 |
| 湖北 | 0. 05 | 0. 68 | 16. 7 | 40. 48 |
| 湖南 | 0. 04 | 0. 46 | -12. 48 | -19. 45 |
| 甘肃 | 0. 01 | 0. 15 | 153. 57 | 53. 64 |
| 福建 | 0. 07 | 0. 89 | 20. 36 | 12. 91 |
| 贵州 | 0 | 0. 14 | -72. 82 | -4. 87 |
| 辽宁 | 0. 2 | 3. 96 | -72. 48 | -37. 66 |
| 重庆 | 0. 05 | 0. 65 | -4. 58 | 8. 51 |
| 陕西 | 0. 15 | 1. 87 | -19. 87 | -14. 91 |
| 青海 | 0 | 0. 02 | -66. 67 | -37. 43 |
| 黑龙江 | 0 | 0. 03 | -83. 24 | -16. 14 |

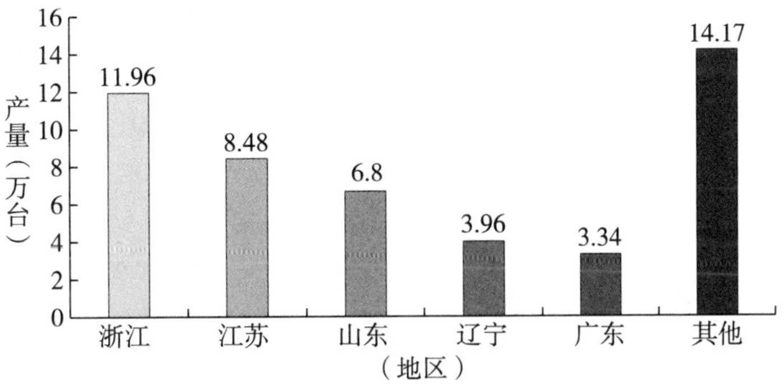


**2018 年金属切削机床地区产量**

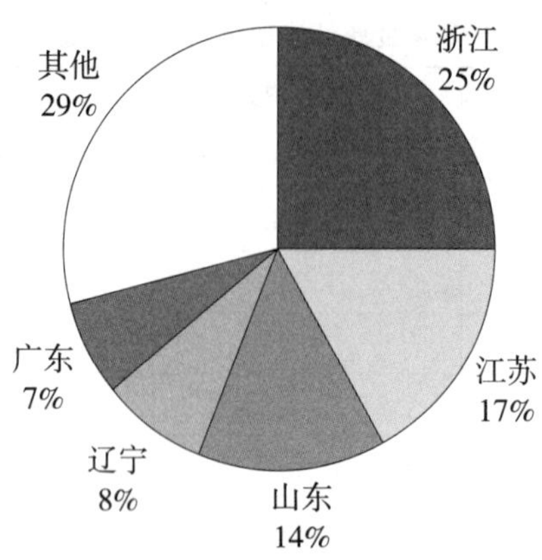


**2018 年金属切削机床地区产量**

**2018 年金属冶炼设备分地区产量**

（单位：吨）

| 地区 | 12 月产量 | 累计产量 | 同比（%） | 累计同比（%） |
|---|---|---|---|---|
| 上海 | 4096. 5 | 61607. 5 | -60. 54 | 86. 19 |
| 云南 | 340 | 3122 | — | 1069. 29 |
| 北京 | 0 | 0 | — | — |
| 吉林 | 2650. 8 | 25111. 3 | 193. 33 | 66. 14 |
| 四川 | 0 | 0 | — | — |
| 天津 | 798. 9 | 5956. 2 | -14. 34 | 22. 54 |
| 安徽 | 842. 7 | 10300. 4 | -14. 66 | 8. 2 |
| 山东 | 7181. 4 | 57430. 9 | 157. 69 | 20. 85 |
| 山西 | 0. 5 | 7 | -16. 67 | 11. 11 |
| 广西 | 1306. 6 | 14140. 4 | -20. 91 | -10. 08 |
| 江苏 | 6760 | 62816 | 21. 65 | 12. 56 |
| 河北 | 9584. 3 | 136118. 9 | -55. 49 | -5. 64 |
| 河南 | 8881. 3 | 48374. 3 | -5. 66 | -15. 65 |
| 湖北 | 73 | 1321 | 24. 79 | 26. 42 |
| 湖南 | 4520. 1 | 50258. 9 | 1. 87 | 25. 46 |
| 甘肃 | 2880 | 39035 | -51. 48 | -40. 54 |
| 辽宁 | 13528 | 106579 | 101. 64 | 53. 43 |
| 陕西 | 307. 5 | 3563. 4 | 234. 24 | -11. 01 |
| 黑龙江 | 0 | 0 | — | — |

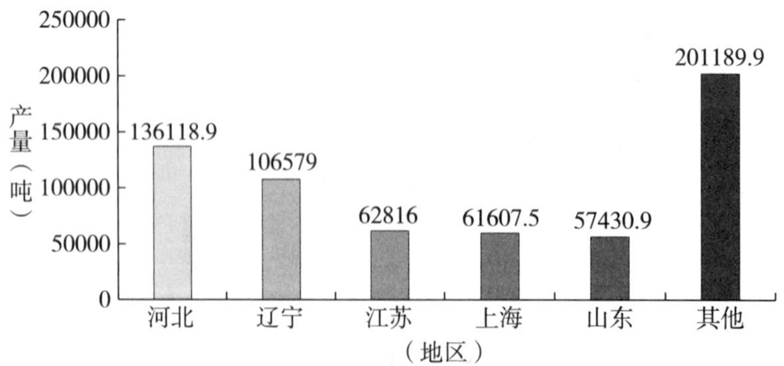


**2018 年金属冶炼设备地区产量**

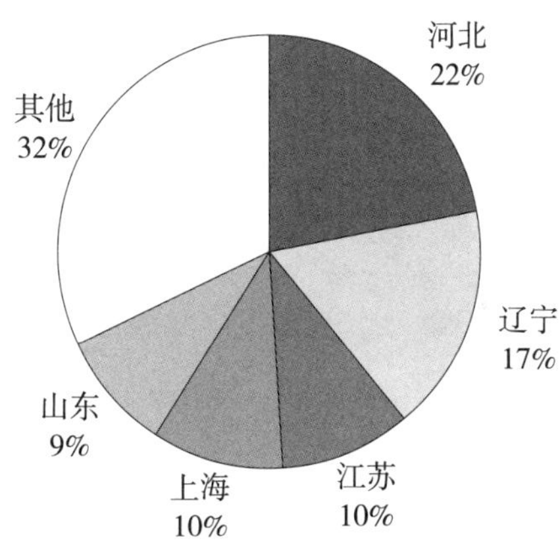


2018 年金属冶炼设备地区产量

**2018 年磷矿石（折含五氧化二磷 30%）分地区产量** （单位：万吨）

| 地区 | 12 月产量 | 累计产量 | 同比（%） | 累计同比（%） |
|---|---|---|---|---|
| 云南 | 163. 54 | 2109. 65 | -55. 78 | -19. 49 |
| 四川 | 76. 83 | 522. 75 | -35. 66 | -53. 81 |
| 安徽 | 13. 29 | 76. 9 | 96. 93 | 5. 45 |
| 江苏 | 0 | 0 | — | — |
| 河北 | 5. 11 | 50. 56 | 2. 65 | -8. 14 |
| 河南 | 11. 9 | 101. 36 | -5 | -20. 8 |
| 湖北 | 316. 14 | 3303. 98 | -8. 99 | -4. 07 |
| 湖南 | 2. 02 | 24. 33 | -10. 26 | 3. 45 |
| 福建 | 0 | 0 | — | — |
| 贵州 | 313. 83 | 3420. 96 | -25. 88 | -28. 98 |
| 辽宁 | 1. 43 | 20. 65 | 17. 9 | 82. 97 |
| 重庆 | 0 | 0 | — | — |
| 陕西 | 0. 12 | 1. 36 | 11. 02 | 29. 56 |

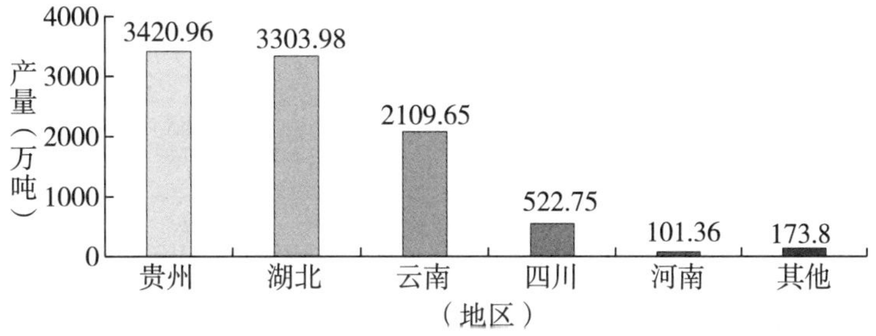


**2018 年磷矿石（折含五氧化二磷 30%）地区产量**

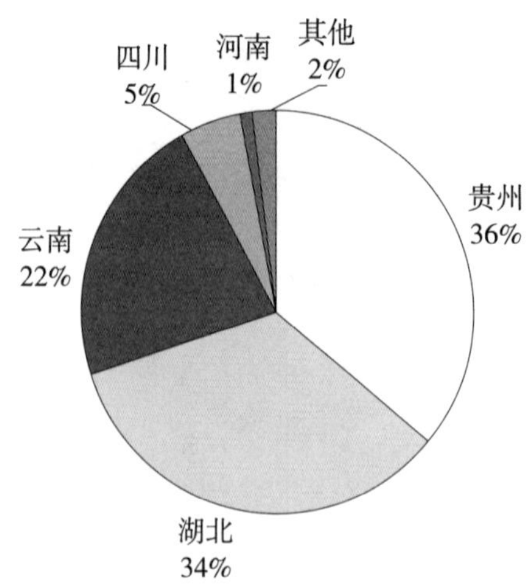


**2018 年磷矿石（折含五氧化二磷 30%）地区产量**

**2018 年硫酸（折 100%）分地区产量**（单位：万吨）

| 地区 | 12 月产量 | 累计产量 | 同比（%） | 累计同比（%） |
|---|---|---|---|---|
| 上海 | 1.5 | 15.91 | -4.44 | -16.31 |
| 云南 | 135.14 | 1442.31 | 3.75 | 5.04 |
| 内蒙古 | 31.92 | 313.22 | 23.67 | 21.59 |
| 吉林 | 4.94 | 79.78 | -67.93 | -8.17 |
| 四川 | 57.2 | 495.17 | 17.46 | -21.63 |
| 天津 | 1.9 | 21.22 | 6.69 | 24.23 |
| 宁夏 | 7.36 | 74.56 | 52.38 | 53.42 |
| 安徽 | 49.85 | 588.76 | -5.81 | 0.98 |
| 山东 | 44.67 | 518.82 | 2.43 | 4.69 |
| 山西 | 3.99 | 49.89 | 20.43 | -2.59 |
| 广东 | 21.14 | 228.16 | -15.59 | -5.73 |
| 广西 | 44.63 | 396.02 | 14.08 | 2.78 |
| 新疆 | 5.78 | 82.48 | -36.54 | 1.72 |
| 江苏 | 20.61 | 246.8 | -19.95 | -35.6 |
| 江西 | 29.72 | 272.58 | 14.98 | -0.01 |
| 河北 | 14.15 | 157.4 | 6.34 | 10.38 |
| 河南 | 39.47 | 446.23 | 11.67 | 1.95 |
| 浙江 | 26.91 | 306.18 | 9.5 | 14.54 |
| 湖北 | 67.45 | 773.76 | 2.79 | 0.39 |
| 湖南 | 14.85 | 176.71 | -20.55 | -9.78 |
| 甘肃 | 49.63 | 486.64 | 3.49 | 4.28 |
| 福建 | 26.51 | 226.68 | 48.47 | 20.69 |
| 贵州 | 86.12 | 800.99 | 18.26 | -3.44 |
| 辽宁 | 12.37 | 139.64 | 2.67 | 9.76 |
| 重庆 | 17.42 | 171.03 | -13.73 | -7.87 |
| 陕西 | 10.23 | 113.81 | -17.86 | -18.42 |
| 青海 | 0.36 | 6.48 | -62.46 | -17.54 |
| 黑龙江 | 0.9 | 5.04 | 3.54 | -31.55 |

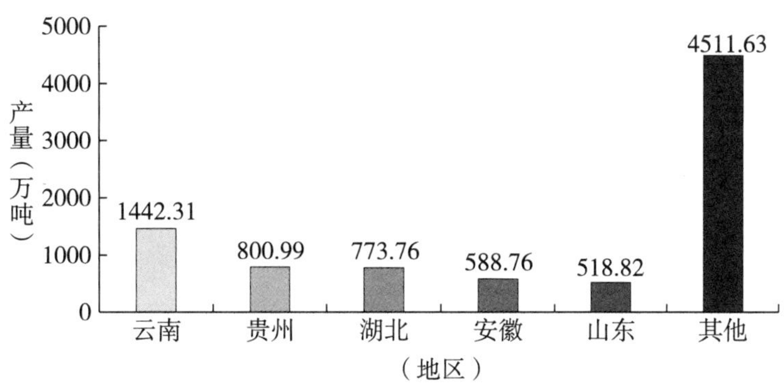


**2018 年硫酸（折 100%）地区产量**

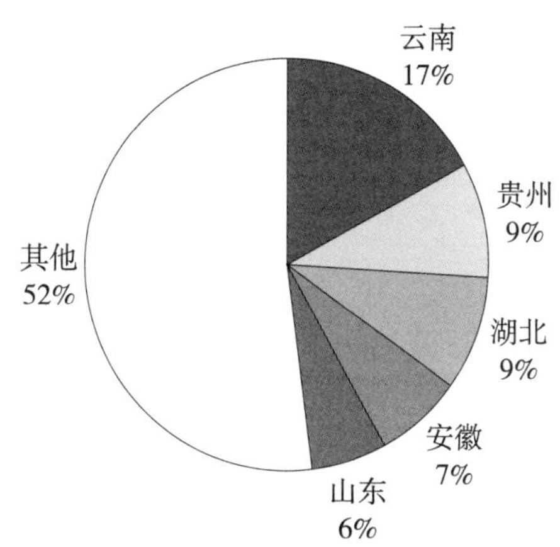


**2018 年硫酸（折 100%）地区产量**

**2018 年铝材分地区产量**　（单位：万吨）

| 地区 | 12 月产量 | 累计产量 | 同比（%） | 累计同比（%） |
|---|---|---|---|---|
| 上海 | 4. 12 | 51. 21 | -10. 42 | -6. 67 |
| 云南 | 3. 68 | 47. 77 | 2. 49 | 18. 38 |
| 内蒙古 | 15. 85 | 169. 89 | -22. 23 | 20. 83 |
| 北京 | 0 | 0. 21 | -75. 35 | -42. 54 |
| 吉林 | 0. 38 | 8. 65 | -73. 23 | -48. 6 |
| 四川 | 12. 15 | 123. 25 | 33. 72 | 32. 99 |
| 天津 | 5. 06 | 43. 01 | 123. 76 | 83. 79 |
| 宁夏 | 3. 43 | 48. 24 | -6. 47 | 13. 12 |
| 安徽 | 6. 34 | 57. 03 | 26. 5 | 9. 04 |
| 山东 | 76. 86 | 852. 46 | 13. 51 | -20. 07 |
| 山西 | 4. 35 | 46. 3 | 18. 74 | -3. 7 |
| 广东 | 44. 94 | 472. 49 | -11. 97 | -12. 24 |
| 广西 | 21. 84 | 176. 11 | -37. 75 | -54. 6 |
| 新疆 | 13. 78 | 152. 06 | -21. 2 | -6. 59 |
| 江苏 | 29. 41 | 277. 97 | -31. 6 | -37. 57 |

续 表

| 地区 | 12 月产量 | 累计产量 | 同比（%） | 累计同比（%） |
|---|---|---|---|---|
| 江西 | 2. 32 | 22. 58 | -5. 14 | -19. 71 |
| 河北 | 3. 53 | 40. 89 | -24. 21 | -34. 13 |
| 河南 | 95. 23 | 857. 98 | -19. 72 | -29. 24 |
| 浙江 | 19. 11 | 187. 8 | -18. 58 | -21. 87 |
| 湖北 | 10. 69 | 115. 78 | -6. 64 | -5. 8 |
| 湖南 | 5. 82 | 72. 9 | -75. 45 | -69. 32 |
| 甘肃 | 8. 17 | 107. 63 | 14. 16 | 38. 83 |
| 福建 | 14. 3 | 141. 39 | -1. 74 | -15. 45 |
| 贵州 | 3. 57 | 47. 1 | 1. 97 | -14. 78 |
| 辽宁 | 8. 35 | 89. 31 | -2. 39 | -0. 81 |
| 重庆 | 17. 89 | 192. 54 | 7. 99 | 2. 23 |
| 陕西 | 3. 85 | 28. 79 | -7. 28 | 15. 01 |
| 青海 | 8. 12 | 108. 66 | 21. 35 | -11. 94 |
| 黑龙江 | 1. 15 | 14. 45 | -35. 35 | -2. 23 |

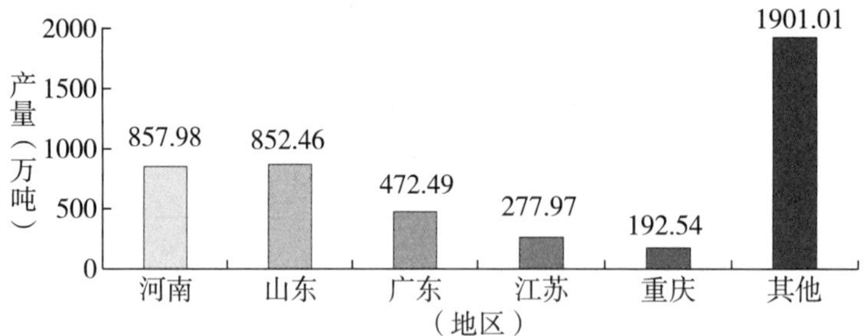


**2018 年铝材地区产量**

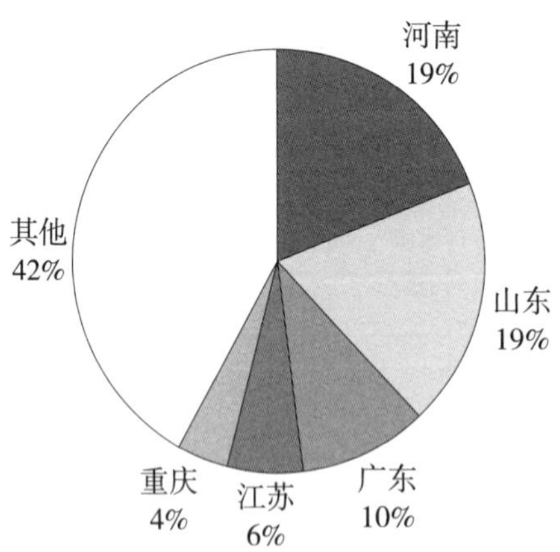


**2018 年铝材地区产量**

**2018 年煤层气分地区产量**　（单位：亿立方米）

| 地区 | 12 月产量 | 累计产量 | 同比（%） | 累计同比（%） |
|---|---|---|---|---|
| 上海 | 0 | 0 | 0 | 0 |
| 云南 | 0 | 0 | 0 | 0 |
| 内蒙古 | 0 | 0.2 | 7.4 | -11.7 |
| 北京 | 1.2 | 10.8 | 17.5 | 6.2 |
| 吉林 | 0 | 0.1 | 0 | -70.8 |
| 四川 | 0 | 0.6 | -51.2 | -18.3 |
| 天津 | 0 | 0 | 0 | 0 |
| 宁夏 | 0 | 0 | 0 | 0 |
| 安徽 | 0.2 | 2.3 | -10.9 | -13.4 |
| 山东 | 0 | 0 | 0 | 0 |
| 山西 | 4.3 | 51.2 | 1.6 | 9.2 |
| 广东 | 0 | 0 | 0 | 0 |
| 广西 | 0 | 0 | 0 | 0 |
| 新疆 | 0 | 0 | 0 | 0 |
| 江苏 | 0.3 | 3.8 | 32.1 | 57.9 |
| 江西 | 0 | 0.2 | -3.4 | -6.2 |
| 河北 | 0 | 0.2 | 1.6 | 0.2 |
| 河南 | 0 | 0 | 0 | -85.3 |
| 浙江 | 0 | 0 | 0 | 0 |
| 海南 | 0 | 0 | 0 | 0 |
| 湖北 | 0 | 0 | 0 | 0 |
| 湖南 | 0 | 0 | 0 | 0 |
| 甘肃 | 0 | 0 | 0 | 0 |
| 福建 | 0 | 0 | 0 | 0 |
| 西藏 | 0 | 0 | 0 | 0 |
| 贵州 | 0.3 | 3 | 16 | -28.6 |
| 辽宁 | 0 | 0 | -89.2 | -83.5 |
| 重庆 | 0 | 0.2 | -53.5 | -46 |
| 陕西 | 0 | 0 | 0 | 0 |
| 青海 | 0 | 0 | 0 | 0 |
| 黑龙江 | 0 | 0.2 | -1.9 | -17.4 |

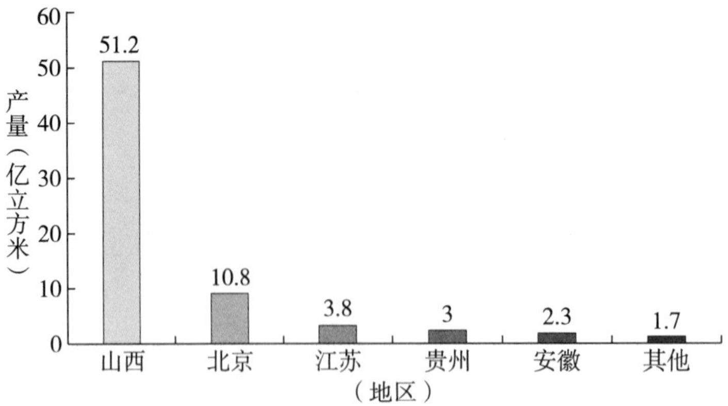


**2018 年煤层气地区产量**

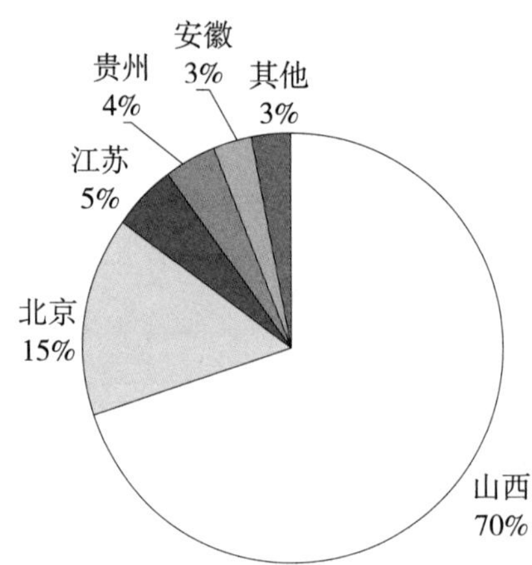


**2018 年煤层气地区产量**

**2018 年煤气分地区产量**

（单位：亿立方米）

| 地区 | 12 月产量 | 累计产量 | 同比（%） | 累计同比（%） |
|---|---|---|---|---|
| 上海 | 21. 1 | 247. 1 | 3. 6 | 1. 6 |
| 云南 | 29. 1 | 294. 4 | 23. 9 | 21. 4 |
| 内蒙古 | 26. 9 | 317. 8 | 2. 9 | 6. 9 |
| 北京 | 0 | 0 | 0 | 0 |
| 吉林 | 12. 3 | 142. 5 | -0. 6 | 15. 3 |
| 四川 | 29. 2 | 357. 6 | -13. 2 | 5. 4 |
| 天津 | 15. 7 | 202 | 19. 2 | 5 |
| 宁夏 | 4. 8 | 55. 2 | 29. 2 | -8. 9 |
| 安徽 | 28. 2 | 392. 4 | 2. 6 | 1. 4 |
| 山东 | 64 | 820. 8 | 22. 7 | 8. 2 |
| 山西 | 64. 6 | 752. 9 | 22. 7 | 22. 2 |
| 广东 | 24. 7 | 295. 9 | -4 | -3. 6 |
| 广西 | 37 | 427. 9 | -3. 2 | 1 |
| 新疆 | 10. 8 | 154 | -2 | 0. 8 |
| 江苏 | 107. 7 | 1289. 1 | -3. 1 | -3. 3 |

续　表

| 地区 | 12 月产量 | 累计产量 | 同比（%） | 累计同比（%） |
|---|---|---|---|---|
| 江西 | 37.3 | 405.1 | 3.6 | 2.9 |
| 河北 | 247.9 | 2963.4 | 19.1 | -1.9 |
| 河南 | 26.8 | 384.6 | 13.7 | 11.9 |
| 浙江 | 9.8 | 120.4 | 3.4 | 3.2 |
| 海南 | 0 | 0 | 0 | 0 |
| 湖北 | 28.4 | 296.6 | 6.9 | -1.8 |
| 湖南 | 32.6 | 380.5 | 2.4 | 5.7 |
| 甘肃 | 10.5 | 121.4 | 4.7 | 21.9 |
| 福建 | 14.1 | 163 | 10.8 | 4.4 |
| 西藏 | 0 | 0 | 0 | 0 |
| 贵州 | 6.5 | 71.8 | -0.5 | 3.8 |
| 辽宁 | 96.4 | 1078.1 | 10.1 | 4.7 |
| 重庆 | 10.1 | 116.6 | 17.2 | 47.4 |
| 陕西 | 4 | 48.9 | -12.4 | -4.5 |
| 青海 | 0 | 0 | 0 | 0 |
| 黑龙江 | 6.5 | 66.2 | 19.4 | 11.9 |

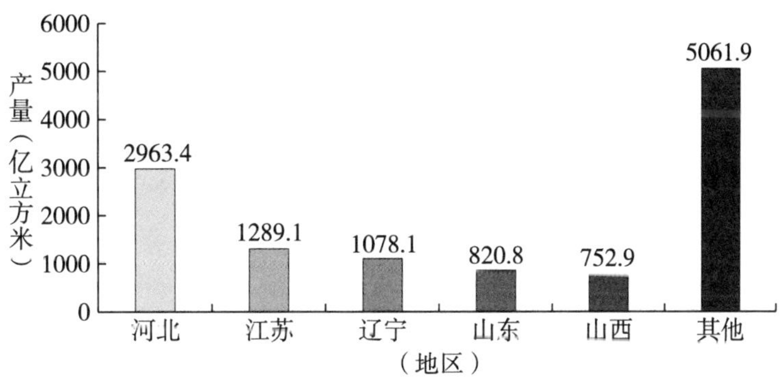


**2018 年煤气地区产量**

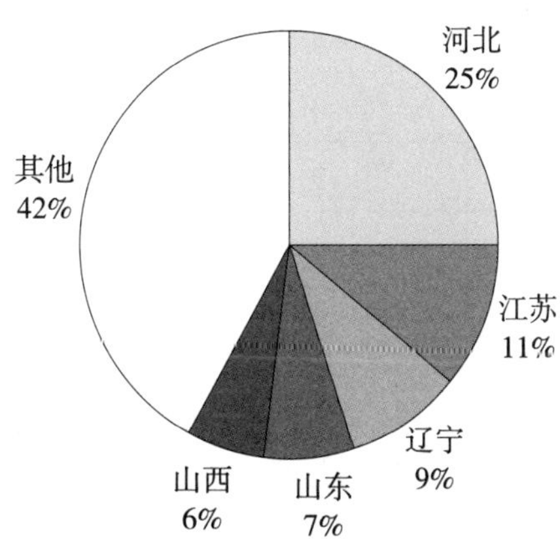


**2018 年煤气地区产量**

**2018 年煤油分地区产量**

（单位：万吨）

| 地区 | 12 月产量 | 累计产量 | 同比（%） | 累计同比（%） |
|---|---|---|---|---|
| 上海 | 27.3 | 257.9 | 10.2 | -11.9 |
| 云南 | 7.2 | 96.1 | 9.8 | 340.1 |
| 内蒙古 | 1.2 | 14.5 | 12.3 | -39.5 |
| 北京 | 14.8 | 187.6 | -8.3 | -1.7 |
| 吉林 | 2.6 | 26.9 | 11.8 | -8.9 |
| 四川 | 5.9 | 46.9 | 26.2 | 1.9 |
| 天津 | 17.5 | 190.9 | 33 | 10.9 |
| 宁夏 | 1.6 | 24.1 | 33.5 | 28.9 |
| 安徽 | 3.7 | 40.4 | 21 | 15.9 |
| 山东 | 25.2 | 305.3 | -2.3 | 5.6 |
| 山西 | 0 | 0 | 0 | 0 |
| 广东 | 71 | 828.9 | 5.2 | 16.2 |
| 广西 | 11.2 | 128.7 | 9.7 | 14.3 |
| 新疆 | 5.8 | 96.3 | 23.9 | 15.3 |
| 江苏 | 37.8 | 484.5 | 17.6 | 24 |
| 江西 | 4.4 | 67.1 | -12.5 | 16.8 |
| 河北 | 5 | 58.3 | 4.8 | 36.7 |
| 河南 | 5.6 | 66.7 | -6.4 | 6.1 |
| 浙江 | 23 | 273.3 | 0.8 | 10.9 |
| 海南 | 13.2 | 142.3 | 0 | 6.9 |
| 湖北 | 11.1 | 124.7 | 24.5 | 3.2 |
| 湖南 | 7.8 | 85.4 | 8.3 | 32.7 |
| 甘肃 | 8.5 | 112.3 | -14.1 | 3.5 |
| 福建 | 23.3 | 356.6 | 65.4 | 7.3 |
| 西藏 | 0 | 0 | 0 | 0 |
| 贵州 | 0 | 0 | 0 | 0 |
| 辽宁 | 54.4 | 612.3 | 16.5 | 21.3 |
| 重庆 | 0 | 0 | 0 | 0 |
| 陕西 | 6.7 | 78.3 | 45.8 | 57.3 |
| 青海 | 0 | 0 | 0 | 0 |
| 黑龙江 | 4.6 | 63.8 | 13.5 | -27.3 |

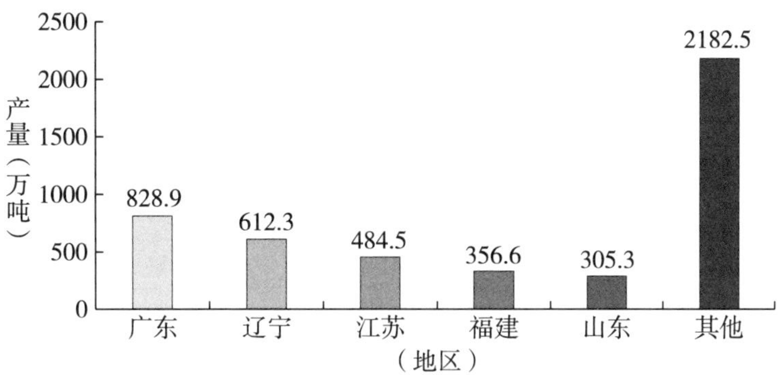


**2018 年煤油地区产量**

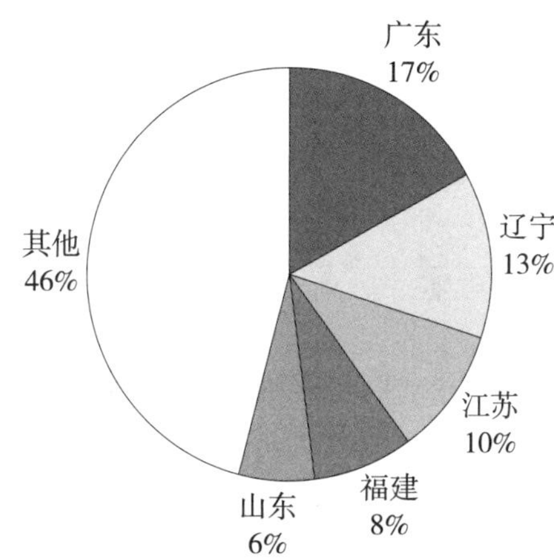


**2018 年煤油地区产量**

**2018 年民用钢质船舶分地区产量** （单位：万载重吨）

| 地区 | 12 月产量 | 累计产量 | 同比（%） | 累计同比（%） |
|---|---|---|---|---|
| 上海 | 14.57 | 156.02 | -72.44 | -62.44 |
| 吉林 | 0 | 0 | — | — |
| 四川 | 0.81 | 5.66 | -4.09 | 0.58 |
| 天津 | 0 | 0 | — | — |
| 安徽 | 7.26 | 113.42 | -57.1 | -52.59 |
| 山东 | 30.46 | 187.85 | -16.61 | -31.59 |
| 广东 | 10.63 | 51.29 | -72.31 | -85.42 |
| 广西 | 63.08 | 634.94 | 19.21 | 3.66 |
| 江苏 | 61.34 | 1406.78 | -34.88 | -3.78 |
| 江西 | 0.48 | 5.37 | -12.67 | 13.66 |
| 河北 | 0 | 0.15 | — | -64.62 |
| 河南 | 2.78 | 7.92 | 5.9 | -48.4 |
| 浙江 | 7.69 | 238.24 | -29.23 | -33.58 |
| 湖北 | 3.63 | 52.74 | -34.86 | -50.79 |
| 湖南 | 5.76 | 42.75 | 8.53 | -12.89 |
| 甘肃 | 0 | 0.07 | — | — |

续 表

| 地区 | 12月产量 | 累计产量 | 同比（%） | 累计同比（%） |
|---|---|---|---|---|
| 福建 | 6.71 | 94.83 | -27.55 | -7.92 |
| 贵州 | 0 | 0.1 | -6.67 | -71.92 |
| 辽宁 | 0.79 | 166.38 | 3840.39 | -36.98 |
| 重庆 | 1.59 | 25.24 | -79.54 | -77.54 |
| 黑龙江 | 0.02 | 0.16 | -49.89 | -5.45 |

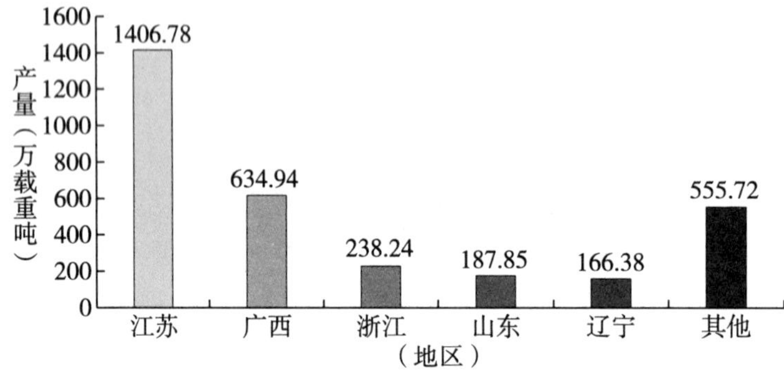


**2018年民用钢质船舶地区产量**

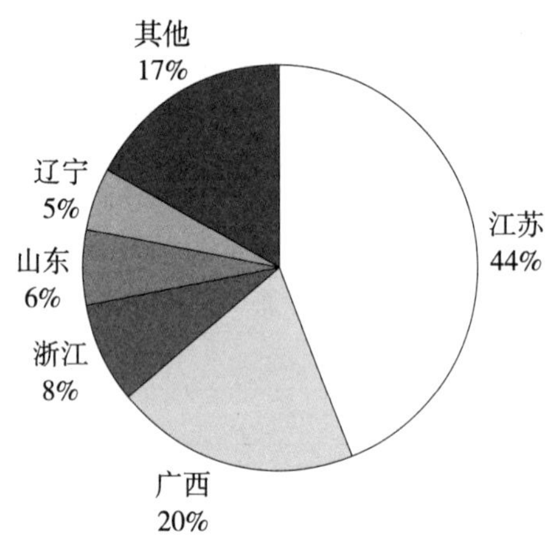


**2018年民用钢质船舶地区产量**

**2018年农用氮磷钾化肥（折纯）分地区产量**（单位：万吨）

| 地区 | 12月产量 | 累计产量 | 同比（%） | 累计同比（%） |
|---|---|---|---|---|
| 上海 | 0.07 | 1.01 | -49.08 | -45.48 |
| 云南 | 21.4 | 276.29 | 8.72 | 1.59 |
| 内蒙古 | 32.9 | 428.44 | -16.07 | -2.24 |
| 吉林 | 2.44 | 16.43 | 1319.68 | -76.12 |
| 四川 | 30.72 | 369.54 | 6.4 | -10.94 |
| 天津 | 1.52 | 15.01 | -4.19 | 10.33 |
| 宁夏 | 2.21 | 38.98 | 25.18 | -15.39 |
| 安徽 | 18.49 | 216.85 | 9.54 | -7.04 |

续　表

| 地区 | 12 月产量 | 累计产量 | 同比（%） | 累计同比（%） |
|---|---|---|---|---|
| 山东 | 28.19 | 385 | -13.94 | -9.47 |
| 山西 | 27.2 | 360.4 | 2.64 | -3.39 |
| 广东 | 0.88 | 13.77 | -78.56 | -82.12 |
| 广西 | 2.25 | 35.81 | -66.32 | -57.81 |
| 新疆 | 22.94 | 276.43 | -3.19 | -8.98 |
| 江苏 | 13.71 | 165.92 | 7.82 | 2.61 |
| 江西 | 0.73 | 10.98 | -63.1 | -51.53 |
| 河北 | 13.98 | 187.53 | -17.11 | -12.28 |
| 河南 | 33.36 | 455.12 | -4 | -1.8 |
| 浙江 | 1.24 | 16.54 | -14.06 | -5.25 |
| 海南 | 6.04 | 61.47 | 20.92 | 1.58 |
| 湖北 | 51.44 | 668.22 | -24.66 | -21.22 |
| 湖南 | 5.6 | 54.37 | -47.93 | -36.04 |
| 甘肃 | 1.9 | 22.94 | 84.16 | -1.8 |
| 福建 | 7.39 | 68.16 | 445.93 | 183.89 |
| 贵州 | 48.08 | 493.19 | -1.96 | -8.41 |
| 辽宁 | 3.41 | 33.06 | -15.73 | -28.12 |
| 重庆 | 12.16 | 143.74 | 24.9 | -1.51 |
| 陕西 | 11.48 | 128.89 | 6.82 | -13.14 |
| 青海 | 50.55 | 476.99 | 19.84 | 3.35 |
| 黑龙江 | 2.84 | 38.36 | -3.76 | -25.99 |

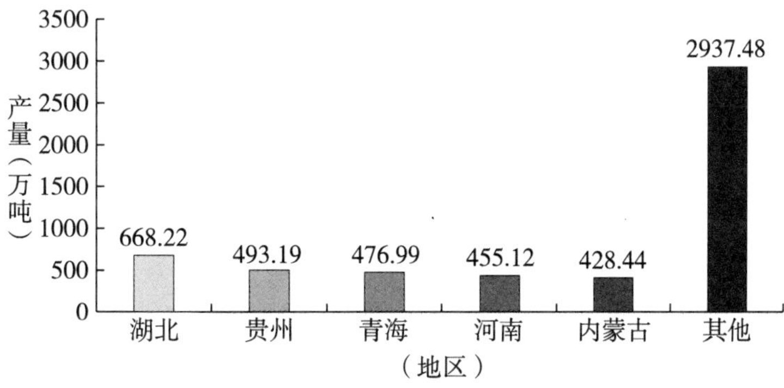


**2018 年农用氮磷钾化肥（折纯）地区产量**

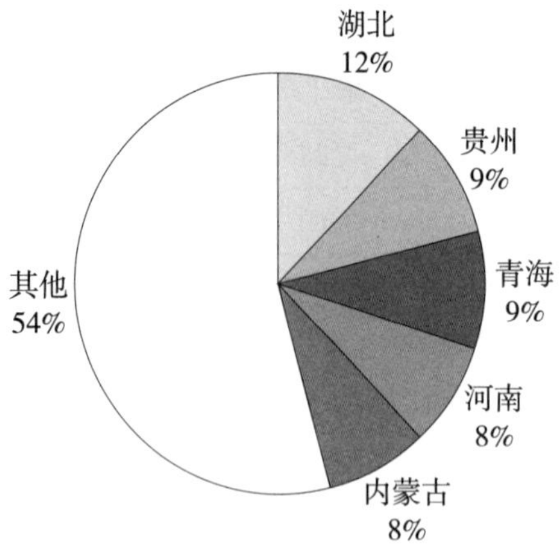


**2018 年农用氮磷钾化肥（折纯）地区产量**

**2018 年平板玻璃分地区产量**（单位：万重量箱）

| 地区 | 12 月产量 | 累计产量 | 同比（%） | 累计同比（%） |
|---|---|---|---|---|
| 上海 | 0 | 0 | — | — |
| 云南 | 124.78 | 1024.29 | 251.86 | 248.57 |
| 内蒙古 | 86.08 | 1037.69 | 8.62 | 4.99 |
| 北京 | 5.01 | 54.51 | -2.46 | 3.41 |
| 吉林 | 79.91 | 1109.17 | -19.3 | 29.27 |
| 四川 | 455.65 | 5384.12 | -1.46 | -3.31 |
| 天津 | 263.75 | 3377.12 | 1.14 | 6.64 |
| 宁夏 | 35.02 | 411.58 | — | — |
| 安徽 | 281.77 | 3310.16 | 15.55 | -12.19 |
| 山东 | 581.28 | 7488.64 | -9.34 | 3.55 |
| 山西 | 145.85 | 2121.65 | -7.09 | 24.61 |
| 广东 | 818.47 | 9441.5 | 18.96 | 3.21 |
| 广西 | 114.74 | 458.71 | 1224.61 | 63.32 |
| 新疆 | 44.57 | 558.94 | -5.01 | -24.47 |
| 江苏 | 428.73 | 3812.66 | 124.18 | 38.88 |
| 江西 | 40.2 | 320.29 | — | — |
| 河北 | 927.3 | 12156.03 | 54.69 | 14.16 |
| 河南 | 179.13 | 1983.14 | 4.07 | -3.28 |
| 浙江 | 387.58 | 4336.85 | 25.99 | -3.2 |
| 海南 | 36.19 | 661.74 | — | — |
| 湖北 | 868.93 | 9326.85 | 20.8 | 6.41 |
| 湖南 | 231.88 | 2499.51 | 18.92 | -2.39 |
| 甘肃 | 46.06 | 535.07 | 1.88 | 3.72 |
| 福建 | 382.93 | 4949.47 | 5.84 | 4.44 |
| 贵州 | 135.46 | 1646.48 | 5.21 | 9.48 |
| 辽宁 | 372.1 | 4422.07 | 61.79 | 52.46 |
| 重庆 | 275.09 | 1592.67 | 120 | 9.95 |
| 陕西 | 161.51 | 2104.47 | -17.18 | -2.45 |
| 青海 | 28.8 | 343.47 | -4.45 | 12.83 |
| 黑龙江 | 30.89 | 394.51 | -8.38 | -2.09 |

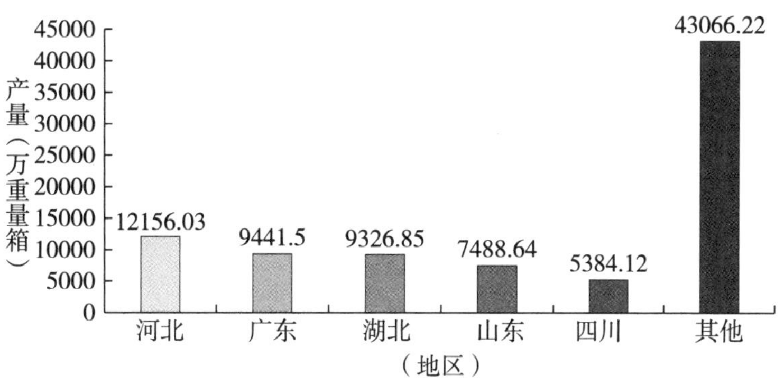


**2018 年平板玻璃地区产量**

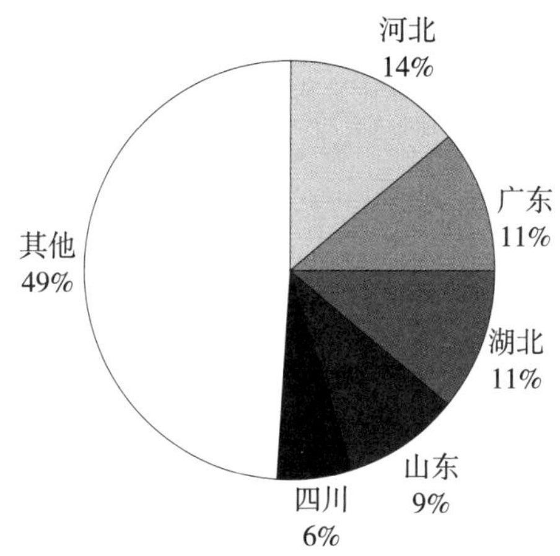


**2018 年平板玻璃地区产量**

**2018 年汽车分地区产量** （单位：万辆）

| 地区 | 12 月产量 | 累计产量 | 同比（%） | 累计同比（%） |
|---|---|---|---|---|
| 上海 | 24.31 | 297.75 | -13.34 | 2.21 |
| 云南 | 2.75 | 15.87 | 16.31 | 9.99 |
| 内蒙古 | 0 | 0.53 | -99.12 | -82.45 |
| 北京 | 13.47 | 165.26 | -36.71 | -17.1 |
| 吉林 | 23.8 | 276.84 | -9.98 | -1.95 |
| 四川 | 6.27 | 74.93 | -22.59 | -10.32 |
| 天津 | 10.53 | 86.26 | 82.68 | 3.52 |
| 安徽 | 6.5 | 82.43 | -45.92 | -29.49 |
| 山东 | 8.03 | 102.54 | -5.66 | 11.22 |
| 山西 | 0.61 | 10.8 | -67.52 | 15.57 |
| 广东 | 25.42 | 321.58 | -24.11 | 0.21 |
| 广西 | 23.26 | 215.04 | -0.59 | -12.76 |
| 新疆 | 0.27 | 2.47 | 75.44 | 20.9 |
| 江苏 | 9.64 | 121.88 | -34.71 | -9.73 |
| 江西 | 6.39 | 54.98 | -15.47 | -9.73 |

续　表

| 地区 | 12 月产量 | 累计产量 | 同比（%） | 累计同比（%） |
|---|---|---|---|---|
| 河北 | 12.43 | 121.05 | -17.58 | -6.93 |
| 河南 | 6.71 | 58.91 | -13.76 | 25.06 |
| 浙江 | 13.9 | 119.21 | 18.93 | 41.39 |
| 海南 | 0.02 | 2.11 | -90.47 | -46.7 |
| 湖北 | 22.67 | 241.93 | -14.26 | -9.38 |
| 湖南 | 5.93 | 52.9 | 11.08 | 2.01 |
| 甘肃 | 0 | 1.12 | — | -39.56 |
| 福建 | 1.62 | 23.94 | -45.76 | -14.18 |
| 贵州 | 0.26 | 0.45 | 5331.25 | 67.93 |
| 辽宁 | 8.4 | 94.87 | -11.49 | -0.63 |
| 重庆 | 11.34 | 172.64 | -55.23 | -35.89 |
| 陕西 | 7.03 | 62.13 | 20.64 | 0.82 |
| 黑龙江 | 0.9 | 16.29 | 15.04 | 33.3 |

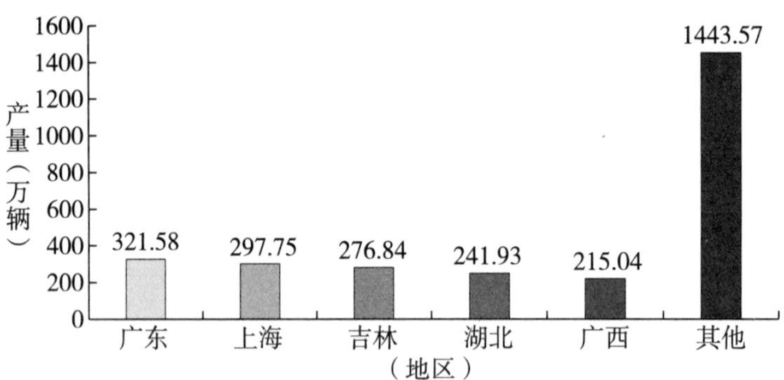


**2018 年汽车地区产量**

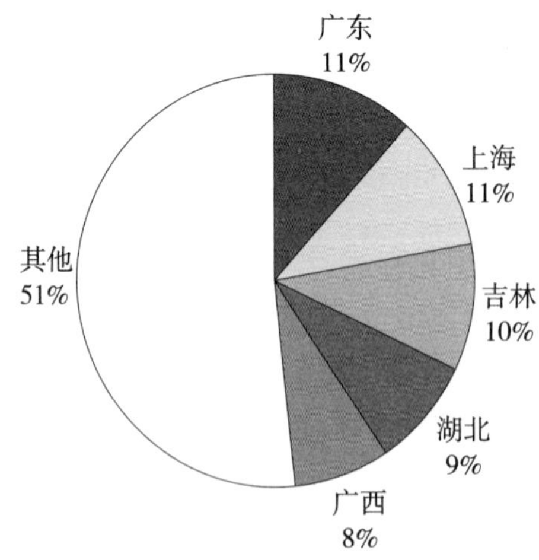


**2018 年汽车地区产量**

**2018 年汽油分地区产量**　（单位：万吨）

| 地区 | 12 月产量 | 累计产量 | 同比（%） | 累计同比（%） |
|---|---|---|---|---|
| 上海 | 48.3 | 528.4 | 2.7 | -7.3 |
| 云南 | 30.4 | 347.3 | 17.9 | 234.7 |
| 内蒙古 | 14.1 | 151.7 | -6.1 | -14.1 |
| 北京 | 23.6 | 276.2 | 3.9 | 0.9 |
| 吉林 | 20.3 | 205.4 | 13.7 | -2.8 |
| 四川 | 22.1 | 181.2 | 25.3 | -14.5 |
| 天津 | 23.1 | 288.5 | 6.3 | 14.5 |
| 宁夏 | 17.7 | 195.4 | 2.6 | 15.5 |
| 安徽 | 24.2 | 269.6 | 12 | 10.8 |
| 山东 | 214.3 | 2788.6 | -5.5 | -1.3 |
| 山西 | 0 | 0 | 0 | 0 |
| 广东 | 96.9 | 1153.1 | 9.4 | 21.8 |
| 广西 | 41.4 | 519.7 | 2.5 | 4.5 |
| 新疆 | 35.1 | 395.2 | 25.1 | 0.7 |
| 江苏 | 71.6 | 809.5 | 12 | 16.8 |
| 江西 | 18.9 | 241.2 | 2.7 | 15.8 |
| 河北 | 35.5 | 446.4 | -2.4 | 15 |
| 河南 | 20.9 | 226.7 | 16.6 | 6.3 |
| 浙江 | 31.8 | 338.8 | 16.5 | -3.8 |
| 海南 | 30.1 | 276.6 | 0 | 23.2 |
| 湖北 | 31.8 | 373.3 | 9.8 | -0.5 |
| 湖南 | 22.9 | 279.1 | 6.9 | 26.4 |
| 甘肃 | 37 | 418.9 | 3.2 | -1.4 |
| 福建 | 18.7 | 372.3 | 1.9 | 1 |
| 西藏 | 0 | 0 | 0 | 0 |
| 贵州 | 0 | 0 | 0 | 0 |
| 辽宁 | 150.7 | 1592.8 | 31.3 | 21 |
| 重庆 | 0 | 0 | 0 | 0 |
| 陕西 | 56.3 | 653.6 | 0.5 | 6.7 |
| 青海 | 4.6 | 45.8 | 9.1 | -11.3 |
| 黑龙江 | 46.5 | 512.4 | 8.8 | -1.3 |

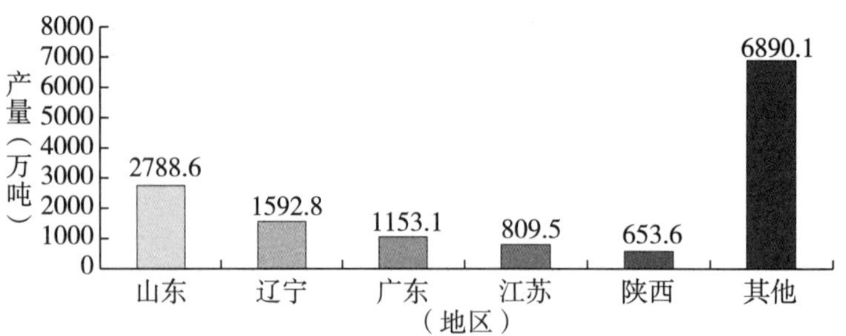


**2018 年汽油地区产量**

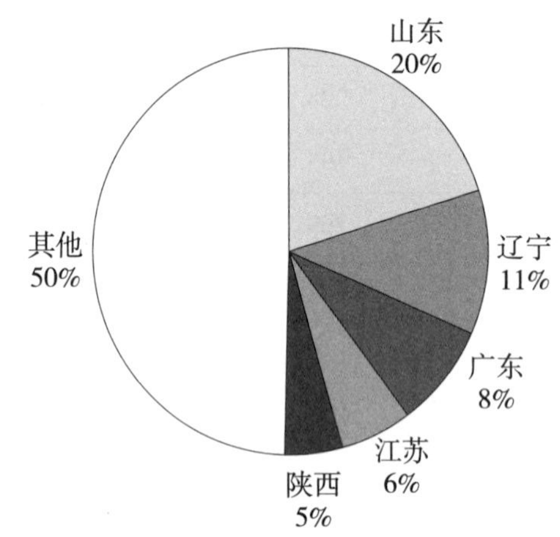


**2018 年汽油地区产量**

**2018 年燃料油分地区产量**（单位：万吨）

| 地区 | 12 月产量 | 累计产量 | 同比（%） | 累计同比（%） |
|---|---|---|---|---|
| 上海 | 0.4 | 19.6 | -68.3 | 50.8 |
| 云南 | 0 | 1.9 | 0 | -74.6 |
| 内蒙古 | 0.6 | 6.5 | 209.9 | -18.7 |
| 北京 | 0 | 4.2 | 0 | 7 |
| 吉林 | 1.9 | 27.8 | -22.8 | -3.1 |
| 四川 | 3 | 24.5 | 67.7 | -19.6 |
| 天津 | 0 | 2.1 | -99.9 | 227.8 |
| 宁夏 | 6.5 | 38.4 | 235.5 | 66.2 |
| 安徽 | 0 | 3.5 | 10 | 567.2 |
| 山东 | 81.3 | 793.3 | -4.4 | -18.3 |
| 山西 | 0 | 0 | 0 | 0 |
| 广东 | 21.6 | 166.8 | 54.2 | 15.6 |
| 广西 | 1.1 | 5.9 | 484.6 | -6.1 |
| 新疆 | 3.9 | 45.3 | -32.4 | -14.5 |
| 江苏 | 14.8 | 154.8 | -20.5 | -54.8 |
| 江西 | 0.6 | 1.4 | 142.4 | 500.1 |

续 表

| 地区 | 12 月产量 | 累计产量 | 同比（%） | 累计同比（%） |
|---|---|---|---|---|
| 河北 | 4. 8 | 163. 6 | -56. 3 | -18. 8 |
| 河南 | 0. 7 | 8. 4 | 82 | -30. 2 |
| 浙江 | 5. 2 | 139. 8 | -58. 3 | 0. 1 |
| 海南 | 1. 9 | 56. 5 | -41. 6 | 11. 8 |
| 湖北 | 0. 2 | 5. 8 | -28. 8 | 231. 5 |
| 湖南 | 0. 6 | 4. 6 | 32. 9 | 1. 2 |
| 甘肃 | 0. 3 | 3. 9 | 123. 8 | 71. 6 |
| 福建 | 1. 1 | 28. 7 | -57. 3 | -3. 7 |
| 西藏 | 0 | 0 | 0 | 0 |
| 贵州 | 0 | 0 | 0 | 0 |
| 辽宁 | 7. 9 | 140 | -43. 3 | -9. 4 |
| 重庆 | 0 | 0 | 0 | 0 |
| 陕西 | 14 | 152. 9 | 188 | -2. 6 |
| 青海 | 0. 3 | 3. 9 | 19. 5 | -4. 2 |
| 黑龙江 | 1. 3 | 19. 8 | -25. 6 | 11. 5 |

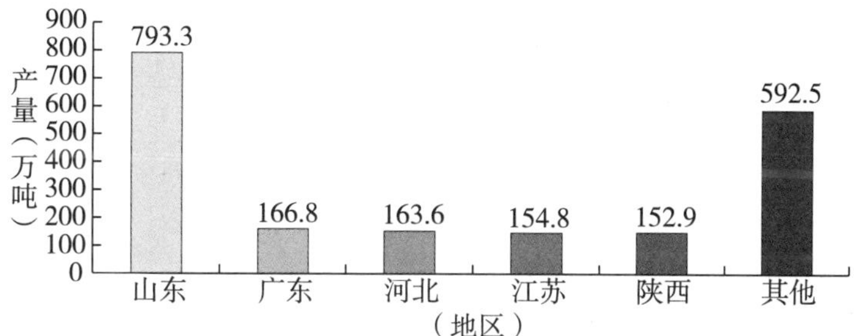


**2018 年燃料油地区产量**

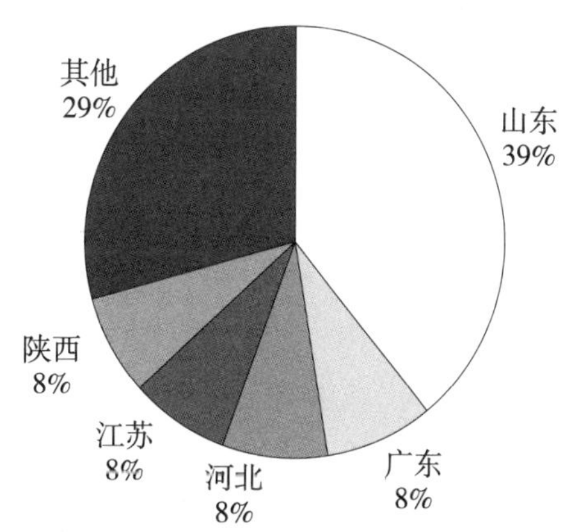


**2018 年燃料油地区产量**

**2018 年纱分地区产量** （单位：万吨）

| 地区 | 12 月产量 | 累计产量 | 同比（%） | 累计同比（%） |
| --- | --- | --- | --- | --- |
| 上海 | 0.15 | 2.08 | -25.92 | -19.62 |
| 云南 | 0.25 | 2.04 | 53.21 | 22.05 |
| 内蒙古 | 0.02 | 0.25 | -6.99 | -1.95 |
| 吉林 | 0.19 | 2.25 | -31.37 | -42.05 |
| 四川 | 6.53 | 73.03 | -38.4 | -29.48 |
| 天津 | 0.11 | 1.31 | -30.23 | -28.51 |
| 宁夏 | 1.2 | 13.39 | -9.25 | -3.42 |
| 安徽 | 11.23 | 127.64 | 15.69 | 16.41 |
| 山东 | 37.86 | 459.31 | -51.21 | -47.62 |
| 山西 | 0.16 | 2.15 | -52.65 | -33.04 |
| 广东 | 2.36 | 34.26 | -4.75 | -18.49 |
| 广西 | 0.78 | 9.86 | -7.14 | -5.5 |
| 新疆 | 17.61 | 182.03 | 12.98 | 20.54 |
| 江苏 | 23.9 | 303.2 | -44.28 | -41.45 |
| 江西 | 11.26 | 140.28 | -44.71 | -17.68 |
| 河北 | 8.95 | 97.96 | -54.91 | -58.44 |
| 河南 | 30.61 | 345.48 | -49.38 | -41.31 |
| 浙江 | 14.19 | 159.96 | -21.74 | -15.99 |
| 湖北 | 29.64 | 296.46 | -8.53 | -12.85 |
| 湖南 | 9.15 | 99.69 | -1.44 | -1.26 |
| 甘肃 | 0.14 | 1.77 | -7.84 | -4.27 |
| 福建 | 54.44 | 569.21 | 12.37 | 8.91 |
| 贵州 | 0.08 | 1.11 | -77.06 | -70.22 |
| 辽宁 | 0.39 | 4.37 | -6.51 | -14.23 |
| 重庆 | 0.41 | 5.37 | -24.85 | -10.79 |
| 陕西 | 4.69 | 39.4 | 3.68 | -7.5 |
| 青海 | 0 | 0.02 | — | -90.04 |
| 黑龙江 | 0.14 | 2 | -47.39 | -26.53 |

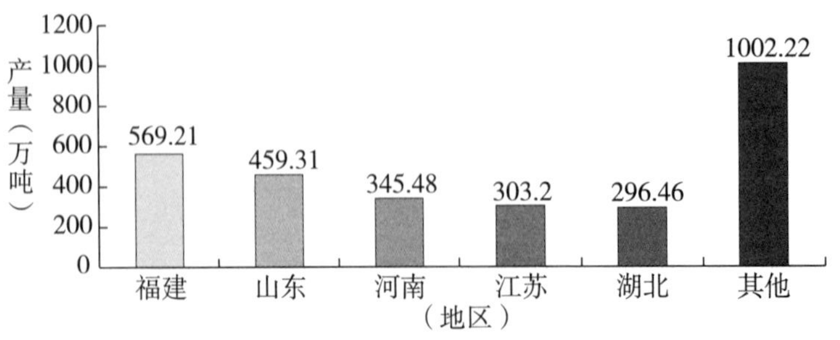


**2018 年纱地区产量**

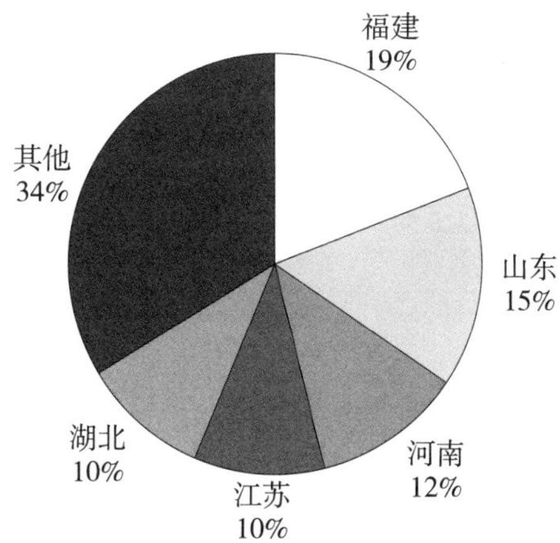


**2018 年纱地区产量**

**2018 年烧碱（折 100%）分地区产量**　（单位：万吨）

| 地区 | 12 月产量 | 累计产量 | 同比（%） | 累计同比（%） |
|---|---|---|---|---|
| 上海 | 5.26 | 71.13 | -19.45 | -4.45 |
| 云南 | 2.58 | 27.54 | 6.25 | 16.71 |
| 内蒙古 | 31.6 | 317.04 | 4.05 | -2.92 |
| 吉林 | 0.23 | 2.16 | 22.9 | -1.99 |
| 四川 | 10.32 | 104.6 | 11.97 | 12.79 |
| 天津 | 7.01 | 82.03 | 7.65 | 2.61 |
| 宁夏 | 4.9 | 59.69 | -23.65 | -7.04 |
| 安徽 | 6.98 | 80.67 | 7.06 | 3.02 |
| 山东 | 82.99 | 977.75 | -1.38 | 8.98 |
| 山西 | 4.72 | 50.43 | 13.14 | -5.6 |
| 广东 | 3.19 | 34.99 | 2.29 | 4.37 |
| 广西 | 4.74 | 53.71 | -41.5 | -43.9 |
| 新疆 | 22.38 | 258.22 | 2.06 | 2.95 |
| 江苏 | 27.3 | 320.54 | -16.38 | -12.13 |
| 江西 | 3.9 | 43.46 | 12.07 | 25.03 |
| 河北 | 10.22 | 135.31 | -5.77 | 7.68 |
| 河南 | 16.05 | 172.7 | 10.13 | 4.53 |
| 浙江 | 14.71 | 189.95 | 16.72 | 0.6 |
| 湖北 | 7.94 | 83.08 | 18.58 | 4.21 |
| 湖南 | 3.95 | 44.75 | 6.71 | 4.59 |
| 甘肃 | 2.1 | 19.18 | 39.2 | 61.62 |
| 福建 | 3.37 | 37.06 | -5.47 | -2.34 |
| 贵州 | 0 | 0 | — | — |
| 辽宁 | 6.8 | 76.31 | -6.38 | 6.07 |
| 重庆 | 2.7 | 32.84 | -5.46 | -3.43 |
| 陕西 | 8.76 | 100.15 | 36.77 | 0.27 |
| 青海 | 2.95 | 23.4 | 104.67 | 61.48 |
| 黑龙江 | 1.65 | 21.34 | -17.24 | 4.19 |

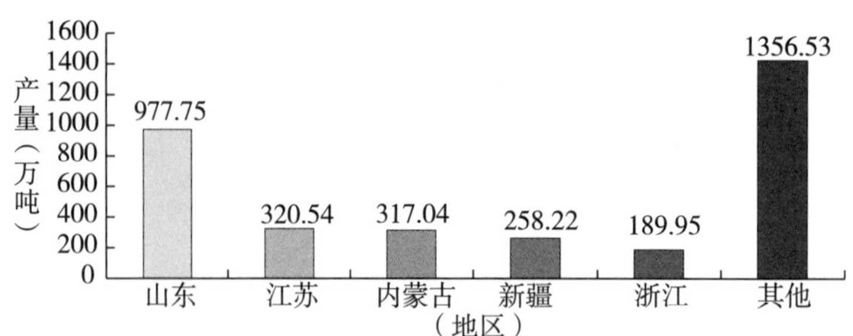


**2018 年烧碱（折 100%）地区产量**

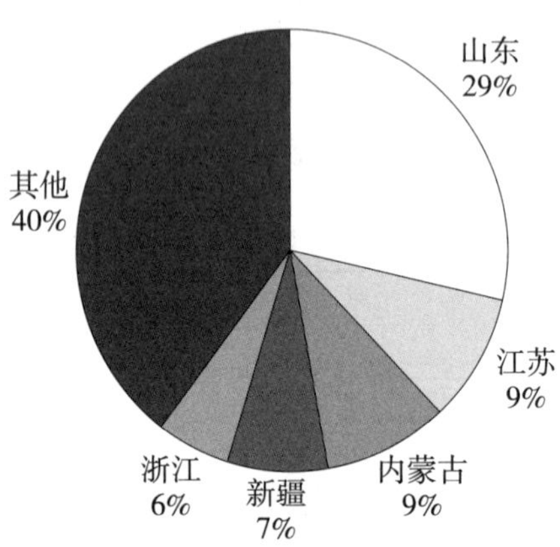


**2018 年烧碱（折 100%）地区产量**

**2018 年生铁分地区产量**（单位：万吨）

| 地区 | 12 月产量 | 累计产量 | 同比（%） | 累计同比（%） |
|---|---|---|---|---|
| 上海 | 127.37 | 1476.75 | 4.38 | 2.01 |
| 云南 | 142.63 | 1572.35 | 15.17 | 18.93 |
| 内蒙古 | 141.26 | 1744.27 | -6.7 | 12.5 |
| 吉林 | 100.27 | 1162.22 | 34.97 | 28.21 |
| 四川 | 170.37 | 1978.55 | -17.85 | 4.15 |
| 天津 | 116.38 | 1649.43 | 54.42 | 0.71 |
| 宁夏 | 19.99 | 210.05 | 47.48 | 9.41 |
| 安徽 | 185.63 | 2422 | 10.75 | 6.91 |
| 山东 | 499.53 | 6456.83 | 10.33 | -1.6 |
| 山西 | 410.86 | 4761.32 | 20.88 | 20.48 |
| 广东 | 172.87 | 2016.01 | 1.49 | -0.42 |
| 广西 | 125.96 | 1447.06 | 4.66 | 10.41 |
| 新疆 | 86.53 | 1120.98 | 97.96 | 5.56 |
| 江苏 | 520.29 | 6796.05 | -6.66 | -4.71 |
| 江西 | 203.25 | 2204.17 | 6.31 | 2.85 |
| 河北 | 1739.26 | 21396 | 46.54 | 18.88 |
| 河南 | 159.83 | 2511.47 | -12.32 | -7.07 |

续　表

| 地区 | 12 月产量 | 累计产量 | 同比（%） | 累计同比（%） |
|---|---|---|---|---|
| 浙江 | 70.47 | 873.75 | 3.81 | 2.13 |
| 湖北 | 212.01 | 2514.58 | 10.87 | 4.72 |
| 湖南 | 175.41 | 1963.17 | 12.75 | 9.68 |
| 甘肃 | 52.66 | 613.99 | 0.81 | 34.59 |
| 福建 | 83.95 | 982.3 | 19.7 | 4.73 |
| 贵州 | 28.86 | 342.01 | -8.17 | -0.49 |
| 辽宁 | 567.2 | 6331.83 | 7.96 | 3.43 |
| 重庆 | 50.75 | 580.43 | 27.28 | 51.12 |
| 陕西 | 80.92 | 1157.6 | -19.85 | 1.81 |
| 青海 | 8.09 | 124.44 | -36.26 | 21.5 |
| 黑龙江 | 67.38 | 695.67 | 51.27 | 58.55 |

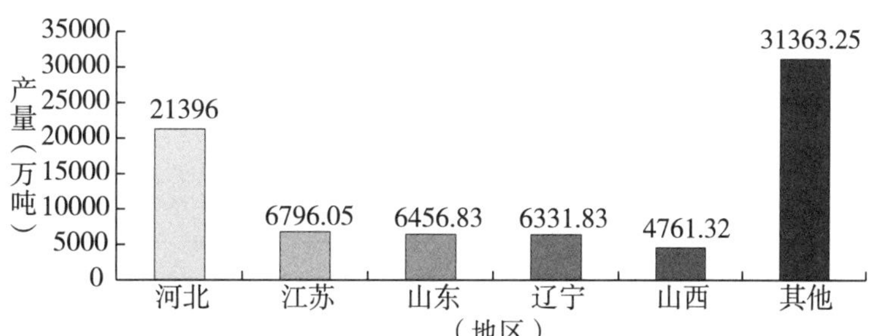


**2018 年生铁地区产量**

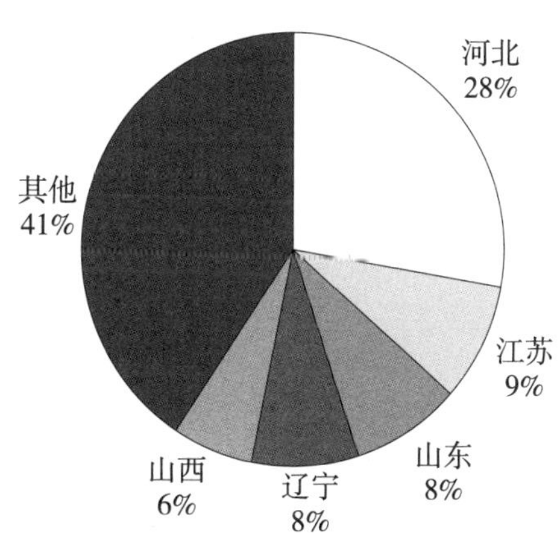


**2018 年生铁地区产量**

**2018 年十种有色金属分地区产量**　（单位：万吨）

| 地区 | 12 月产量 | 累计产量 | 同比（%） | 累计同比（%） |
|---|---|---|---|---|
| 上海 | 0.01 | 1.57 | -95.51 | -53.68 |
| 云南 | 31.99 | 356.48 | -8.25 | -4.36 |
| 内蒙古 | 51.18 | 548.39 | 39.42 | 54.48 |

续 表

| 地区 | 12 月产量 | 累计产量 | 同比（%） | 累计同比（%） |
|---|---|---|---|---|
| 吉林 | 0. 42 | 12. 59 | －39. 38 | 0. 35 |
| 四川 | 7. 11 | 79. 81 | －11. 16 | 17. 69 |
| 天津 | 0. 18 | 1. 68 | 28. 67 | －11. 62 |
| 宁夏 | 12. 22 | 134. 97 | －0. 62 | 1. 62 |
| 安徽 | 22. 28 | 209. 63 | 17. 71 | －5. 14 |
| 山东 | 86. 55 | 1048. 62 | 29. 2 | 20. 43 |
| 山西 | 9. 08 | 121. 01 | －24. 49 | －8. 4 |
| 广东 | 3. 34 | 40. 37 | 59. 31 | 6. 36 |
| 广西 | 31. 27 | 309. 59 | 48. 27 | 34. 61 |
| 新疆 | 54. 63 | 642. 13 | －3. 4 | －3. 27 |
| 江苏 | 3. 44 | 37. 71 | －35. 7 | －13. 19 |
| 江西 | 14. 87 | 163. 71 | －5. 61 | －6. 03 |
| 河北 | 0. 29 | 3. 17 | －27. 3 | －49. 87 |
| 河南 | 45. 01 | 471 | 10. 18 | －13. 29 |
| 浙江 | 6. 22 | 56. 44 | 11. 8 | 38. 51 |
| 湖北 | 6. 67 | 76. 52 | －6. 8 | －1. 33 |
| 湖南 | 14. 97 | 166. 82 | －27. 01 | －18. 86 |
| 甘肃 | 36. 24 | 410. 52 | －3. 06 | 3 |
| 福建 | 3. 89 | 47. 76 | －6. 84 | 3. 35 |
| 西藏 | 0. 06 | 0. 97 | －15. 44 | 16. 5 |
| 贵州 | 12. 36 | 132. 68 | 20. 7 | 21. 35 |
| 辽宁 | 11. 37 | 108. 56 | 42. 76 | 9. 77 |
| 重庆 | 5. 55 | 57. 66 | －2. 14 | －4. 18 |
| 陕西 | 16. 59 | 197. 88 | －14. 23 | －14. 93 |
| 青海 | 19. 64 | 249. 56 | －7. 07 | 4. 8 |

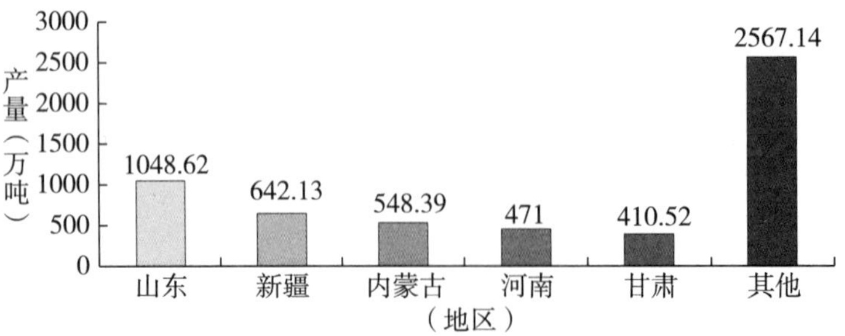


**2018 年十种有色金属地区产量**

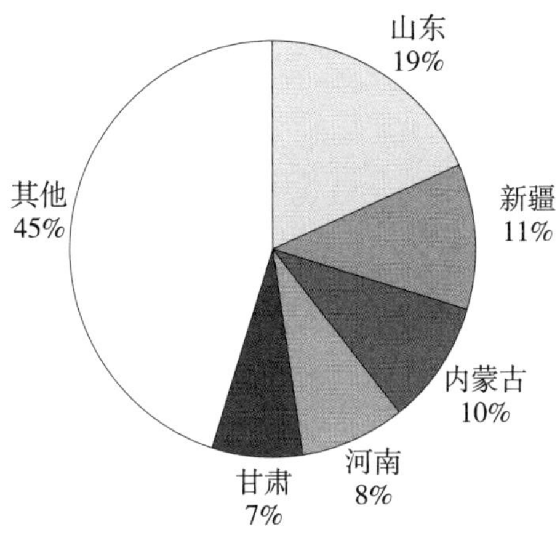


2018 年十种有色金属地区产量

**2018 年石脑油分地区产量**　（单位：万吨）

| 地区 | 12 月产量 | 累计产量 | 同比（%） | 累计同比（%） |
|---|---|---|---|---|
| 上海 | 19.8 | 168.6 | 42.9 | 8.5 |
| 云南 | 0 | 0 | 0 | 0 |
| 内蒙古 | 3.1 | 35.8 | 36.2 | 5.9 |
| 北京 | 16.8 | 178.5 | -11.9 | -3.2 |
| 吉林 | 8 | 84.5 | 2 | -6.3 |
| 四川 | 0 | 0 | 0 | 0 |
| 天津 | 23.3 | 289.3 | -6.8 | 1.1 |
| 宁夏 | 10.7 | 111.1 | -15.9 | 97.6 |
| 安徽 | 3.1 | 24.5 | 84.7 | 31 |
| 山东 | 91.6 | 551.3 | 133.5 | 28.8 |
| 山西 | 0 | 0 | 0 | 0 |
| 广东 | 44.4 | 486.1 | 14 | 11.9 |
| 广西 | 2.1 | 7.3 | 134.1 | 14.9 |
| 新疆 | 2.3 | 20.9 | 27.6 | 8.1 |
| 江苏 | 38.2 | 417.2 | -10 | -17.2 |
| 江西 | 3.8 | 40 | 6.3 | 65.5 |
| 河北 | 4.8 | 150.5 | -37.6 | 35.3 |
| 河南 | 5.2 | 36.6 | 80.1 | 13.2 |
| 浙江 | 24.5 | 269.4 | -9.2 | -15.6 |
| 海南 | 5.2 | 56.7 | 3.9 | -13.9 |
| 湖北 | 11.6 | 146.9 | -23.3 | -7.9 |
| 湖南 | 2.1 | 27.7 | -2.9 | 36.2 |
| 甘肃 | 0.7 | 2.8 | 0 | 6.7 |
| 福建 | 4.1 | 56.8 | 159.9 | 13.6 |

续 表

| 地区 | 12 月产量 | 累计产量 | 同比（%） | 累计同比（%） |
|---|---|---|---|---|
| 西藏 | 0 | 0 | 0 | 0 |
| 贵州 | 0 | 0 | 0 | 0 |
| 辽宁 | 28. 8 | 390. 4 | -5. 3 | 13. 7 |
| 重庆 | 0 | 0 | 0 | 0 |
| 陕西 | 2. 5 | 28. 3 | -3. 3 | 1 |
| 青海 | 0 | 0 | 0 | 0 |
| 黑龙江 | 0 | 1. 4 | 0 | 94. 9 |

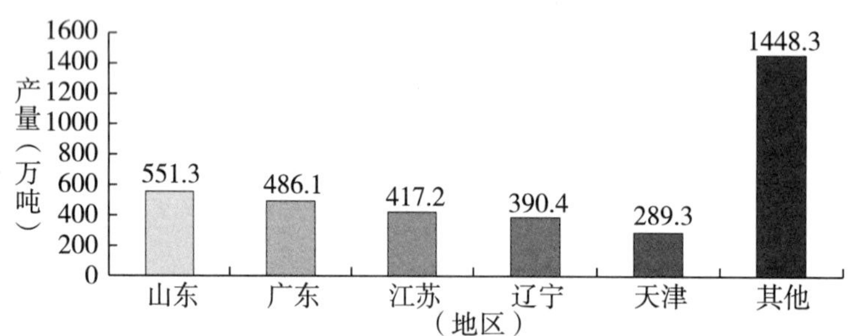


**2018 年石脑油地区产量**

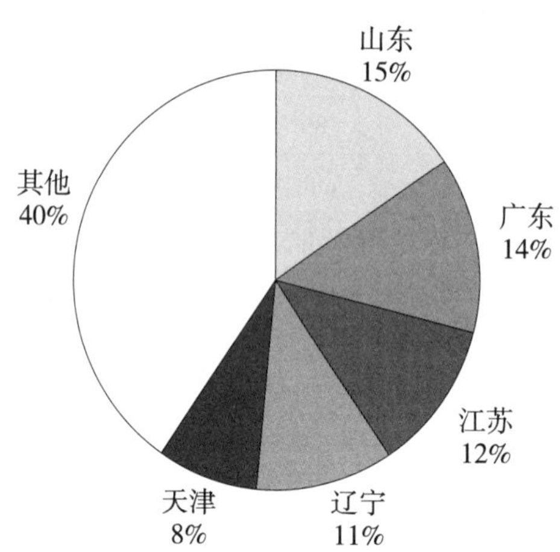


**2018 年石脑油地区产量**

**2018 年石油焦分地区产量**（单位：万吨）

| 地区 | 12 月产量 | 累计产量 | 同比（%） | 累计同比（%） |
|---|---|---|---|---|
| 上海 | 12. 4 | 111. 8 | 13. 1 | -18. 9 |
| 云南 | 3. 6 | 27. 8 | 0 | 0 |
| 内蒙古 | 0 | 0 | 0 | 0 |
| 北京 | 4. 5 | 47. 4 | 6. 4 | -11 |
| 吉林 | 1. 5 | 17. 6 | 4. 6 | -8. 5 |
| 四川 | 0 | 0 | 0 | 0 |

续　表

| 地区 | 12 月产量 | 累计产量 | 同比（%） | 累计同比（%） |
|---|---|---|---|---|
| 天津 | 12.7 | 150.5 | 6.9 | 3.7 |
| 宁夏 | 0 | 0 | 0 | 0 |
| 安徽 | 3.3 | 27.6 | 46.4 | -4.9 |
| 山东 | 58 | 707.3 | -15.6 | -1.5 |
| 山西 | 0 | 0 | 0 | 0 |
| 广东 | 21.1 | 235.7 | -0.8 | -1.5 |
| 广西 | 4.2 | 52.1 | -12.4 | -8.3 |
| 新疆 | 17.1 | 190.9 | 8 | -1.7 |
| 江苏 | 17.7 | 210.7 | -1.5 | -1.2 |
| 江西 | 3.2 | 34.7 | 27.5 | 11.1 |
| 河北 | 5.4 | 78.2 | -22.9 | -4.9 |
| 河南 | 2.7 | 29.5 | -29.5 | 7.8 |
| 浙江 | 13.1 | 149.8 | -7.2 | -9.6 |
| 海南 | 0 | 0 | 0 | 0 |
| 湖北 | 8.3 | 97.9 | -9.2 | -11 |
| 湖南 | 2.8 | 35.4 | -9.4 | 13.5 |
| 甘肃 | 3.6 | 41.6 | -4.6 | -0.8 |
| 福建 | 4.1 | 42.5 | 1926 | 1.4 |
| 西藏 | 0 | 0 | 0 | 0 |
| 贵州 | 0 | 0 | 0 | 0 |
| 辽宁 | 28.7 | 317.4 | 21.9 | 11.8 |
| 重庆 | 0 | 0 | 0 | 0 |
| 陕西 | 0.9 | 9.4 | -0.9 | 2 |
| 青海 | 0 | 0 | 0 | 0 |
| 黑龙江 | 1.5 | 18.8 | -19.2 | -4.3 |

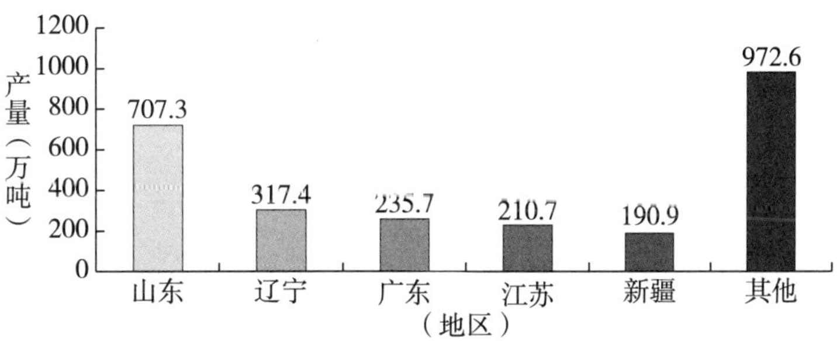


**2018 年石油焦地区产量**

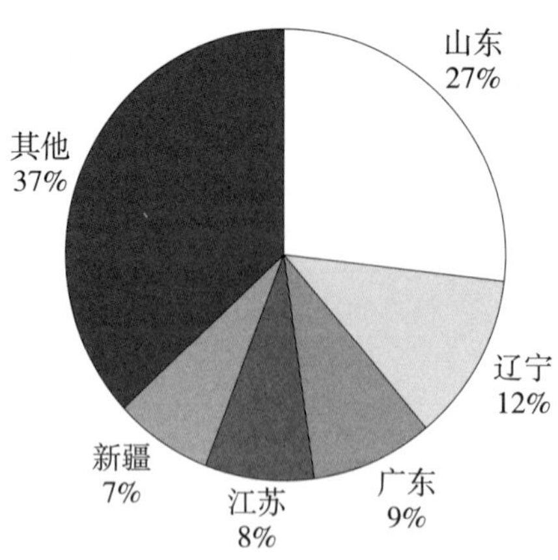


**2018 年石油焦地区产量**

**2018 年石油沥青分地区产量**

（单位：万吨）

| 地区 | 12 月产量 | 累计产量 | 同比（%） | 累计同比（%） |
|---|---|---|---|---|
| 上海 | 12.8 | 89.4 | 53.8 | 27.5 |
| 云南 | 0 | 1.7 | 0 | 60.3 |
| 内蒙古 | 0 | 0 | 0 | 0 |
| 北京 | 2.1 | 20.9 | 125.1 | -12.3 |
| 吉林 | 0 | 0 | 0 | 0 |
| 四川 | 4.1 | 26.8 | -12.8 | -35.9 |
| 天津 | 0 | 0 | 0 | 0 |
| 宁夏 | 0 | 0 | 0 | 0 |
| 安徽 | 0 | 0 | 0 | 0 |
| 山东 | 115.7 | 1543.3 | -15.1 | 13 |
| 山西 | 0 | 0.7 | 0 | -42.8 |
| 广东 | 25.4 | 414.2 | -29.4 | -6.6 |
| 广西 | 8.1 | 79.5 | -35.1 | -13.1 |
| 新疆 | 11.2 | 201.2 | -54.7 | -19.4 |
| 江苏 | 24.9 | 339.8 | -24.2 | 0.3 |
| 江西 | 1.1 | 8.3 | 91.5 | 23.4 |
| 河北 | 11.9 | 94.3 | -14.9 | -9.8 |
| 河南 | 8.2 | 51.6 | -0.1 | -9 |
| 浙江 | 17.9 | 329.1 | -47.8 | -20.2 |
| 海南 | 0.8 | 8.2 | -15.2 | -4.8 |
| 湖北 | 1.2 | 15.8 | -39.2 | -19 |
| 湖南 | 0.9 | 11.8 | -14.8 | 23.6 |
| 甘肃 | 0 | 0 | 0 | 0 |
| 福建 | 2.5 | 83.9 | -55.5 | -4.5 |

续 表

| 地区 | 12 月产量 | 累计产量 | 同比（%） | 累计同比（%） |
|---|---|---|---|---|
| 西藏 | 0 | 0 | 0 | 0 |
| 贵州 | 0 | 0 | 0 | 0 |
| 辽宁 | 52.4 | 683 | -5.9 | 16.8 |
| 重庆 | 0 | 0 | 0 | 0 |
| 陕西 | 2.6 | 21.8 | 25.9 | -11.9 |
| 青海 | 0 | 0 | 0 | 0 |
| 黑龙江 | 0 | 0 | 0 | 0 |

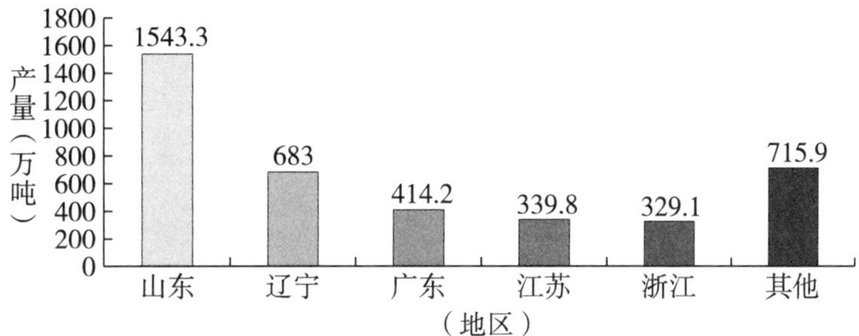


**2018 年石油沥青地区产量**

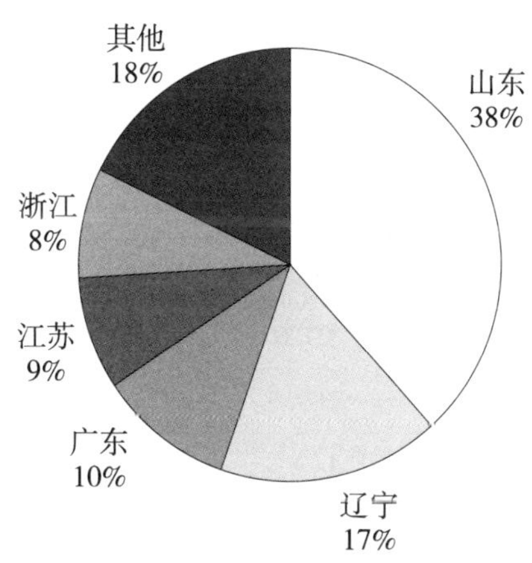


**2018 年石油沥青地区产量**

**2018 年水力发电量分地区产量** （单位：亿千瓦时）

| 地区 | 12 月产量 | 累计产量 | 同比（%） | 累计同比（%） |
|---|---|---|---|---|
| 上海 | 0 | 0 | — | — |
| 云南 | 155 | 2476.8 | -12.53 | 8.75 |
| 内蒙古 | 2.6 | 34.7 | 36.84 | 84.57 |
| 北京 | 0.8 | 9.8 | -20 | -12.5 |
| 吉林 | 4 | 58.5 | 60 | -9.58 |
| 四川 | 196 | 2982.2 | -5.27 | 2.48 |
| 天津 | 0 | 0 | — | — |

续 表

| 地区 | 12月产量 | 累计产量 | 同比（%） | 累计同比（%） |
|---|---|---|---|---|
| 宁夏 | 1. 4 | 19. 7 | 27. 27 | 27. 92 |
| 安徽 | 2. 6 | 35. 2 | 30 | -15. 38 |
| 山东 | 0. 6 | 4. 3 | 100 | -28. 33 |
| 山西 | 2. 7 | 39. 6 | -10 | 1. 8 |
| 广东 | 11. 1 | 146. 5 | -50. 45 | -55. 46 |
| 广西 | 37. 2 | 563. 2 | -23. 3 | 1. 35 |
| 新疆 | 11. 4 | 216. 7 | 3. 64 | 6. 23 |
| 江苏 | 2. 4 | 32. 6 | -17. 24 | 18. 55 |
| 江西 | 6. 9 | 67. 6 | 27. 78 | -20 |
| 河北 | 0. 8 | 6. 8 | 33. 33 | -44. 72 |
| 河南 | 8. 6 | 138. 3 | 0 | 43. 17 |
| 浙江 | 9. 9 | 129. 3 | 28. 57 | -17. 17 |
| 海南 | 0. 5 | 10. 2 | -16. 67 | 9. 68 |
| 湖北 | 72. 1 | 1449. 8 | -1. 5 | -0. 64 |
| 湖南 | 36. 9 | 447. 8 | 21. 38 | -13. 35 |
| 甘肃 | 18. 9 | 348. 4 | 9. 88 | 21. 73 |
| 福建 | 24. 7 | 254. 2 | 61. 44 | -21. 71 |
| 西藏 | 4. 2 | 54. 3 | 27. 27 | 24. 54 |
| 贵州 | 49. 5 | 647. 2 | 2. 48 | -1. 7 |
| 辽宁 | 2. 4 | 27. 6 | 50 | 7. 39 |
| 重庆 | 12. 6 | 209. 6 | 17. 76 | -2. 74 |
| 陕西 | 7. 3 | 115. 4 | 19. 67 | -3. 59 |
| 青海 | 33. 7 | 478. 2 | 31. 64 | 63. 15 |
| 黑龙江 | 0. 7 | 23 | 75 | 35. 29 |

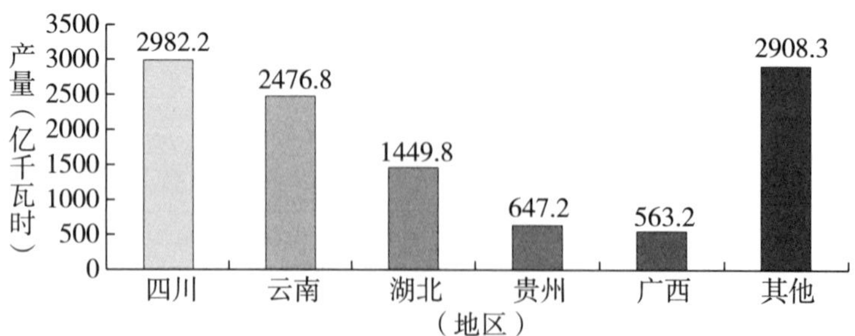


**2018 年水力发电量地区产量**

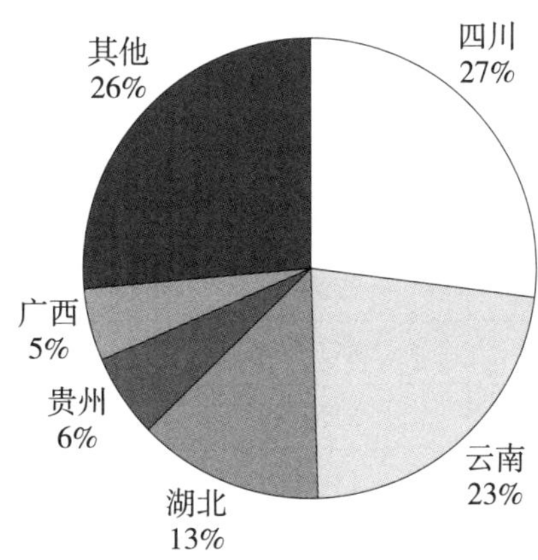


**2018 年水力发电量地区产量**

**2018 年水泥分地区产量**　　（单位：万吨）

| 地区 | 12 月产量 | 累计产量 | 同比（%） | 累计同比（%） |
|---|---|---|---|---|
| 上海 | 39.5 | 409.08 | 1.53 | -1.6 |
| 云南 | 1253.62 | 11798.41 | 3.23 | 4.48 |
| 内蒙古 | 70.76 | 2905.25 | 48.36 | -4.6 |
| 北京 | 28.65 | 396.97 | 9.63 | 6.04 |
| 吉林 | 28.14 | 1333.54 | -48.24 | -55.43 |
| 四川 | 1329.31 | 13748.66 | -5.76 | -0.44 |
| 天津 | 50.02 | 619.41 | 114.5 | 47.99 |
| 宁夏 | 38.37 | 1726.34 | 2.43 | -20.73 |
| 安徽 | 1153.34 | 13027.85 | -7.17 | -2.74 |
| 山东 | 978.46 | 12280.24 | 6.2 | -19.74 |
| 山西 | 316.87 | 4127.25 | 144.46 | 17.72 |
| 广东 | 1663.28 | 15988.89 | 1.86 | 1.29 |
| 广西 | 1183.63 | 11744.12 | -10.56 | -3.57 |
| 新疆 | 56.08 | 3541.77 | -37.99 | -21.22 |
| 江苏 | 1401.79 | 14692.03 | -4.11 | -15.22 |
| 江西 | 782.67 | 8813.54 | -11.19 | -1.35 |
| 河北 | 580.08 | 8936.03 | 33.94 | -0.31 |
| 河南 | 772.9 | 10964.96 | -15.1 | -26.6 |
| 浙江 | 1029.77 | 12248.25 | -5.03 | 9.06 |
| 海南 | 206.81 | 2104.14 | -28.14 | -4.93 |
| 湖北 | 998.22 | 10690.23 | -12.11 | -3.75 |
| 湖南 | 955.78 | 10920.6 | -24.69 | -8.39 |
| 甘肃 | 136.72 | 3847.14 | 25.29 | -4.05 |
| 福建 | 914.92 | 8783.18 | 6.1 | 4.01 |

续 表

| 地区 | 12 月产量 | 累计产量 | 同比（%） | 累计同比（%） |
|---|---|---|---|---|
| 西藏 | 29.13 | 913.03 | 14.18 | 42.19 |
| 贵州 | 1021.13 | 11031.75 | -11.32 | -2.86 |
| 辽宁 | 155.34 | 3989.56 | 58.17 | 8.17 |
| 重庆 | 690.99 | 6577.54 | 2.43 | 3.24 |
| 陕西 | 455.89 | 6270.82 | 0.44 | -16.12 |
| 青海 | 39.24 | 1347.83 | -9.36 | -7.02 |
| 黑龙江 | 32.42 | 1888.18 | -53.08 | -20.04 |

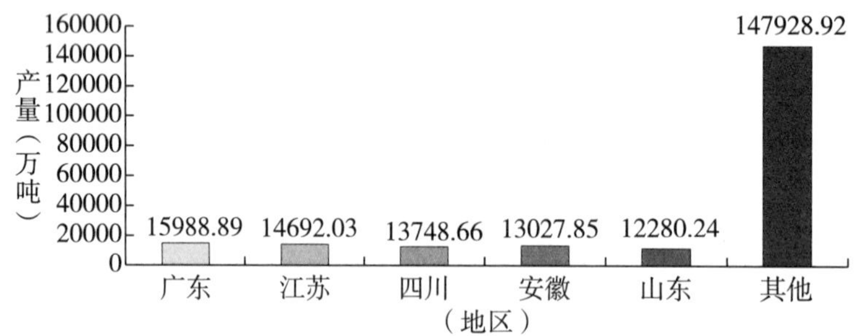


**2018 年水泥地区产量**

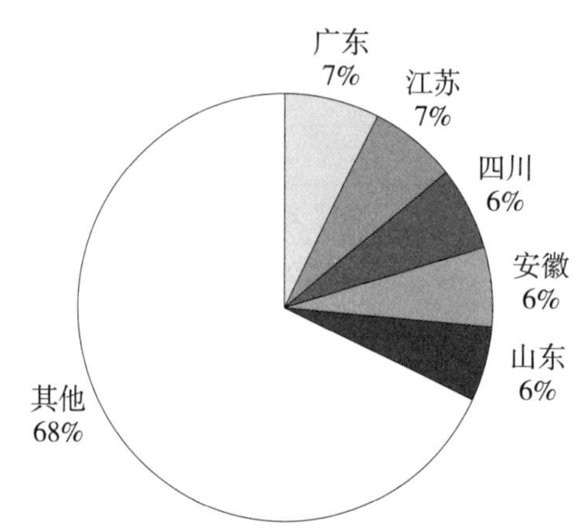


**2018 年水泥地区产量**

**2018 年水泥专用设备分地区产量**（单位：吨）

| 地区 | 12 月产量 | 累计产量 | 同比（%） | 累计同比（%） |
|---|---|---|---|---|
| 上海 | 1573 | 9046 | -0.43 | -34.15 |
| 四川 | 1823.9 | 18624.1 | -55.7 | -69.44 |
| 天津 | 2 | 213 | -80 | 217.91 |
| 安徽 | 15266 | 60256 | 51.33 | -13.4 |
| 山东 | 1023 | 20678 | -76.17 | -62.05 |
| 广东 | 718.2 | 9480 | — | — |
| 广西 | 60 | 547 | 57.89 | 15.64 |

续　表

| 地区 | 12 月产量 | 累计产量 | 同比（%） | 累计同比（%） |
|---|---|---|---|---|
| 江苏 | 30615.9 | 295990.5 | 77.58 | -42.28 |
| 河北 | 1810 | 47162.5 | -28.44 | 50.95 |
| 河南 | 3028 | 37129 | -81.29 | -75.13 |
| 浙江 | 1177.3 | 17759.8 | -8.96 | 0.2 |
| 湖北 | 455 | 15052 | -89 | 25.42 |
| 湖南 | 0 | 0 | — | — |
| 辽宁 | 2028 | 17292 | -11.83 | -30.16 |

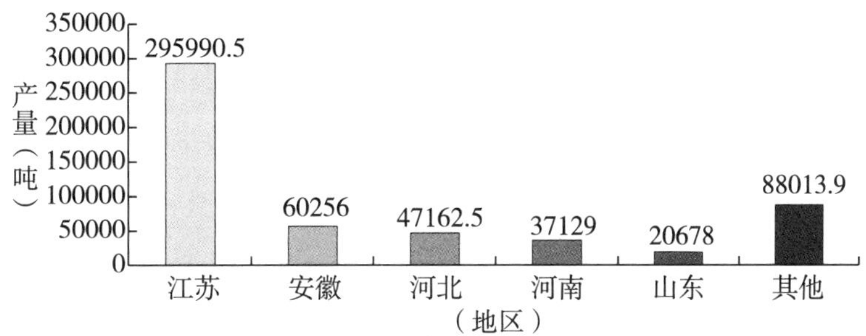


**2018 年水泥专用设备地区产量**

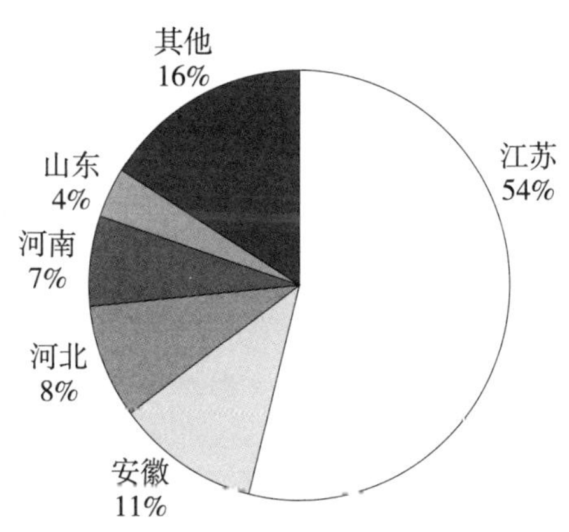


**2018 年水泥专用设备地区产量**

**2018 年塑料制品分地区产量**　　（单位：万吨）

| 地区 | 12 月产量 | 累计产量 | 同比（%） | 累计同比（%） |
|---|---|---|---|---|
| 上海 | 13.3 | 157.81 | -19.29 | -15.93 |
| 云南 | 5.62 | 49.38 | -0.26 | 4.36 |
| 内蒙古 | 0.48 | 5.01 | 28.59 | -5.56 |
| 北京 | 1.76 | 24.4 | -3.35 | -14.48 |
| 吉林 | 3.84 | 34.03 | -41.19 | -64 |
| 四川 | 39.1 | 398.8 | -13.26 | -18.96 |
| 天津 | 6.33 | 86.62 | -11.83 | -17.67 |

续 表

| 地区 | 12 月产量 | 累计产量 | 同比（%） | 累计同比（%） |
|---|---|---|---|---|
| 宁夏 | 1.42 | 11.7 | 54.23 | -32.82 |
| 安徽 | 40.99 | 405.01 | 9.74 | 5.25 |
| 山东 | 21.53 | 266.29 | -48.32 | -40.46 |
| 山西 | 1.43 | 12.08 | 33.37 | 0.51 |
| 广东 | 95.45 | 1002.12 | -3 | -1.3 |
| 广西 | 17.58 | 166.96 | -19.78 | -22.65 |
| 新疆 | 10.21 | 104.81 | -14.41 | -18.1 |
| 江苏 | 43.77 | 469.33 | -21.88 | -22.02 |
| 江西 | 10.03 | 95.07 | -13.89 | -10.03 |
| 河北 | 14.56 | 176.52 | -40.7 | -46 |
| 河南 | 59.96 | 266.93 | -14.11 | -62.98 |
| 浙江 | 81.2 | 803.47 | -19.89 | -22.41 |
| 海南 | 0.19 | 2.09 | -31.3 | 2.68 |
| 湖北 | 35.58 | 415.19 | -6.27 | -3.5 |
| 湖南 | 21.42 | 171.95 | 18.06 | 12.57 |
| 甘肃 | 1.14 | 11.36 | -75.09 | -83.07 |
| 福建 | 40.54 | 449.54 | -1.87 | 4.37 |
| 西藏 | 0 | 0.17 | — | 143.47 |
| 贵州 | 13.09 | 142.81 | -0.26 | 4.35 |
| 辽宁 | 5.95 | 64.78 | 9.6 | 5.19 |
| 重庆 | 15.5 | 137.56 | 5.02 | -5.09 |
| 陕西 | 7.8 | 88.72 | 0.43 | 7.93 |
| 青海 | 0.06 | 1.06 | -67.58 | -38.09 |
| 黑龙江 | 2.33 | 20.42 | -26.77 | -37.87 |

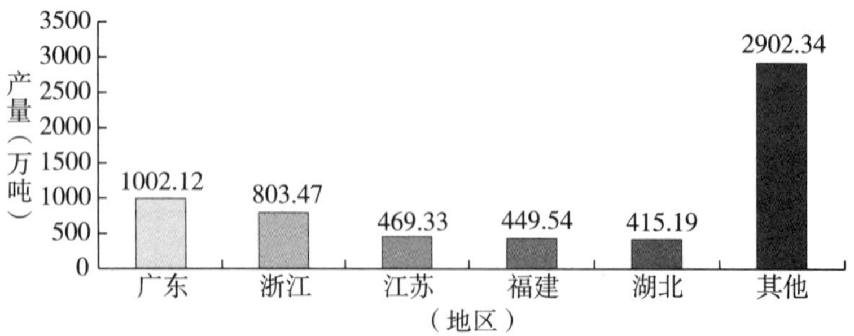


**2018 年塑料制品地区产量**

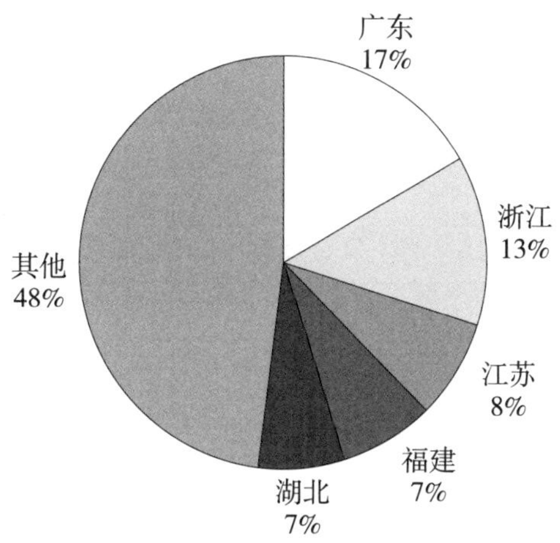


2018 年塑料制品地区产量

2018 年太阳能发电量分地区产量 （单位：万千瓦时）

| 地区 | 12 月产量 | 累计产量 | 同比（%） | 累计同比（%） |
|---|---|---|---|---|
| 上海 | 226 | 5794 | -25.3 | 5.6 |
| 云南 | 20114 | 229886 | 8.2 | 7.2 |
| 内蒙古 | 56613 | 848788 | -4.9 | 2.9 |
| 北京 | 557 | 9027 | -14.5 | -3.2 |
| 吉林 | 6209 | 84534 | 35.4 | 38 |
| 四川 | 13549 | 146815 | 11.6 | 18.7 |
| 天津 | 252 | 6806 | -12.5 | 21.4 |
| 宁夏 | 45640 | 736182 | 29.4 | 20.6 |
| 安徽 | 27649 | 510746 | -8.1 | 47.2 |
| 山东 | 24285 | 307193 | 12 | 23.1 |
| 山西 | 28173 | 381587 | 4.3 | 10.2 |
| 广东 | 10783 | 141087 | -4.9 | 37.2 |
| 广西 | 2532 | 32059 | 48.3 | 310.1 |
| 新疆 | 57327 | 853694 | -4.4 | 5.2 |
| 江苏 | 30993 | 462382 | -8.9 | 7.9 |
| 江西 | 20693 | 257231 | 49.6 | 81.2 |
| 河北 | 41098 | 565516 | -4.8 | 15.6 |
| 河南 | 25807 | 308337 | -14.4 | 33.7 |
| 浙江 | 11702 | 269400 | -23.8 | 32.5 |
| 海南 | 0 | 0 | 0 | 0 |
| 湖北 | 16423 | 319190 | 17.4 | 71.9 |
| 湖南 | 5381 | 74461 | 4.9 | 122.3 |
| 甘肃 | 49736 | 761446 | -7.8 | 21.4 |

续 表

| 地区 | 12 月产量 | 累计产量 | 同比（%） | 累计同比（%） |
|---|---|---|---|---|
| 福建 | 1799 | 30719 | 18.7 | 42 |
| 西藏 | 3233 | 36974 | 11.3 | -0.4 |
| 贵州 | 9502 | 139989 | 35.1 | 99.6 |
| 辽宁 | 4339 | 59798 | 26.1 | 34.8 |
| 重庆 | 139 | 6130 | -86.8 | 11.3 |
| 陕西 | 36918 | 398330 | 41.5 | 19 |
| 青海 | 71201 | 947377 | -5.1 | 6.2 |
| 黑龙江 | 919 | 13078 | 64.1 | 13.7 |

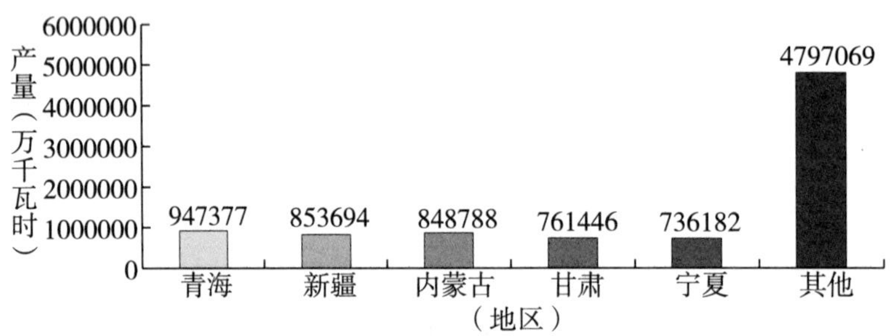


**2018 年太阳能发电量地区产量**

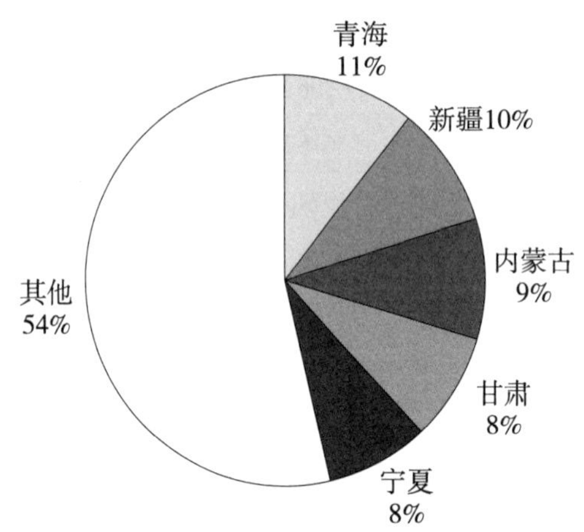


**2018 年太阳能发电量地区产量**

**2018 年天然气分地区产量**（单位：亿立方米）

| 地区 | 12 月产量 | 累计产量 | 同比（%） | 累计同比（%） |
|---|---|---|---|---|
| 上海 | 0.2 | 1.8 | -15.7 | 2.5 |
| 云南 | 0 | 0 | 0 | 0 |
| 内蒙古 | 0 | 0.2 | 7.4 | -11.7 |
| 北京 | 1.7 | 17.3 | -4.8 | 12.1 |
| 吉林 | 1.7 | 18.4 | 3.2 | -0.8 |
| 四川 | 40.4 | 408.7 | 16.1 | 10.6 |

续 表

| 地区 | 12 月产量 | 累计产量 | 同比（%） | 累计同比（%） |
|---|---|---|---|---|
| 天津 | 3. 1 | 33. 9 | 9. 1 | 8 |
| 宁夏 | 0 | 0 | 0 | 0 |
| 安徽 | 0. 2 | 2. 3 | -10. 9 | -13. 4 |
| 山东 | 0. 4 | 4. 8 | 15. 7 | 17. 8 |
| 山西 | 4. 3 | 51. 2 | 1. 6 | 9. 2 |
| 广东 | 10. 5 | 102. 5 | 41. 8 | 14. 9 |
| 广西 | 0 | 0. 2 | 30 | -8. 7 |
| 新疆 | 29. 4 | 321. 3 | 2. 4 | 4. 7 |
| 江苏 | 1. 1 | 10 | 268. 8 | 248. 8 |
| 江西 | 0 | 0. 2 | -3. 4 | -6. 2 |
| 河北 | 0. 5 | 6. 2 | -10. 2 | -0. 8 |
| 河南 | 0. 2 | 2. 9 | -6. 7 | -2. 7 |
| 浙江 | 0 | 0 | 0 | 0 |
| 海南 | 0. 1 | 1. 1 | -8. 7 | -3. 1 |
| 湖北 | 0. 4 | 5. 1 | 20. 5 | 19. 4 |
| 湖南 | 0 | 0 | 0 | 0 |
| 甘肃 | 0. 1 | 1 | 2965. 9 | 2134. 6 |
| 福建 | 0 | 0 | 0 | 0 |
| 西藏 | 0 | 0 | 0 | 0 |
| 贵州 | 0. 3 | 3 | 16 | -28. 6 |
| 辽宁 | 0. 5 | 5. 7 | 24. 2 | 19. 3 |
| 重庆 | 5. 2 | 60. 7 | 1. 4 | 0. 1 |
| 陕西 | 41. 7 | 444. 5 | 6. 1 | 6 |
| 青海 | 6. 1 | 64. 1 | 5. 8 | 0. 1 |
| 黑龙江 | 4. 3 | 43. 5 | 6. 3 | 7. 9 |

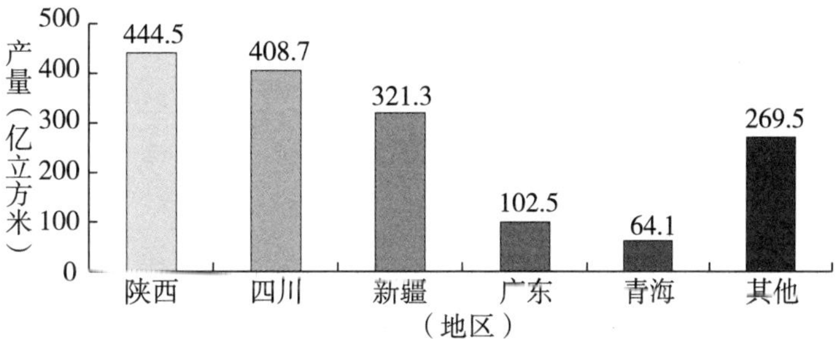


**2018 年天然气地区产量**

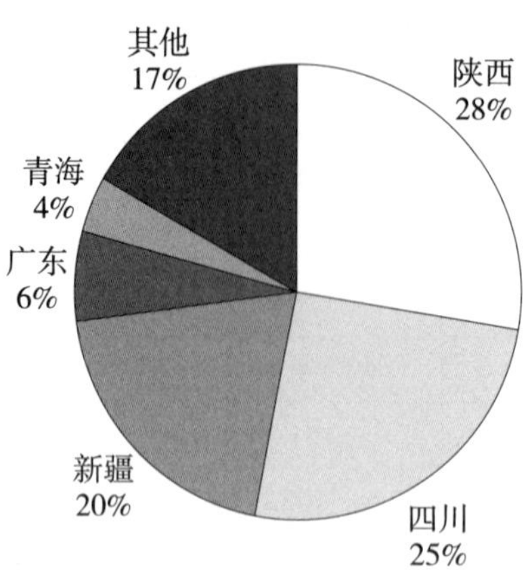


**2018 年天然气地区产量**

**2018 年铁矿石原矿分地区产量**

（单位：万吨）

| 地区 | 12 月产量 | 累计产量 | 同比（%） | 累计同比（%） |
|---|---|---|---|---|
| 云南 | 184.12 | 1840.91 | -58.14 | -32.26 |
| 内蒙古 | 234.01 | 2542.4 | 10.88 | -5.62 |
| 北京 | 114.13 | 1569.52 | 5.81 | -13.7 |
| 吉林 | 36.1 | 431.64 | -61.27 | -72.33 |
| 四川 | 790.69 | 10044.18 | -39.52 | -30.44 |
| 安徽 | 236.64 | 2660.72 | -11.11 | -28.59 |
| 山东 | 179.59 | 1987.49 | 18.95 | 4.79 |
| 山西 | 464.2 | 5053.58 | -20.24 | -23.77 |
| 广东 | 35.08 | 420.78 | -81.59 | -74 |
| 广西 | 1.18 | 82.96 | -95.4 | -70.16 |
| 新疆 | 191.71 | 2369.13 | 23.38 | -1.84 |
| 江苏 | 6.27 | 70.59 | 5.65 | -3.14 |
| 江西 | 81.76 | 941.85 | -34.84 | -45.14 |
| 河北 | 2379.74 | 24642.44 | -54.49 | -57.63 |
| 河南 | 92.43 | 731.59 | -28.23 | -35.79 |
| 浙江 | 3.53 | 74.65 | -46.94 | -16.27 |
| 海南 | 22.13 | 284.58 | -25.68 | -34.53 |
| 湖北 | 127.48 | 1427.14 | -1.34 | -14.65 |
| 湖南 | 27.97 | 322.41 | -35.95 | -38.06 |
| 甘肃 | 78.36 | 912.08 | -51.09 | -53.52 |
| 福建 | 179.49 | 2067.88 | -5.62 | 3.92 |
| 西藏 | 0 | 4.99 | — | -73.71 |
| 贵州 | 11.48 | 143.4 | -43.25 | -38.13 |
| 辽宁 | 1137.05 | 13170.37 | 5.34 | 8.01 |
| 陕西 | 201.07 | 2201.58 | -3.39 | -8.08 |
| 青海 | 0.1 | 1.31 | -76.64 | -78.45 |
| 黑龙江 | 25.73 | 337.09 | -23.23 | -37.3 |

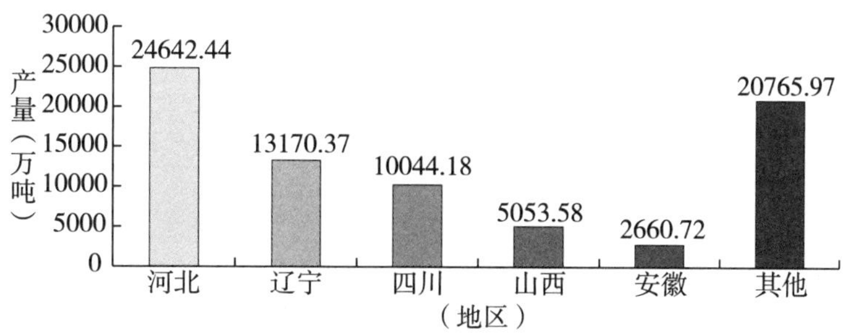


**2018 年铁矿石原矿地区产量**

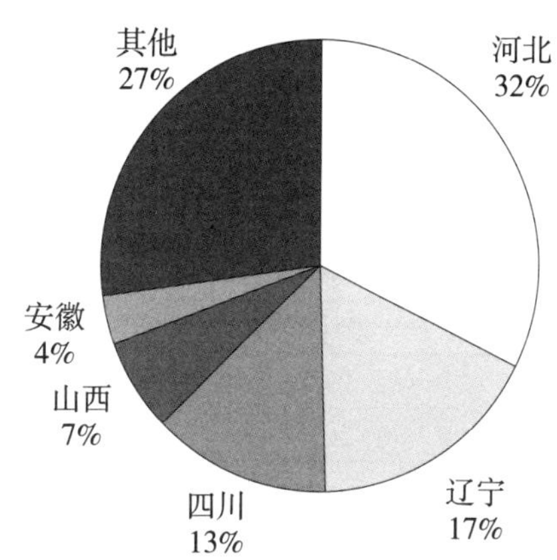


**2018 年铁矿石原矿地区产量**

**2018 年铁路机车分地区产量** （单位：辆）

| 地区 | 12 月产量 | 累计产量 | 同比（%） | 累计同比（%） |
|---|---|---|---|---|
| 北京 | 0 | 3 | — | -66.67 |
| 四川 | 33 | 130 | 57.14 | 32.65 |
| 天津 | 44 | 219 | -42.11 | -33.43 |
| 山西 | 11 | 112 | 266.67 | 80.65 |
| 江苏 | 8 | 59 | -82.22 | -56.93 |
| 河南 | 0 | 0 | — | — |
| 湖南 | 92 | 290 | 217.24 | 7.81 |
| 辽宁 | 46 | 298 | 58.62 | 9.96 |
| 陕西 | 53 | 350 | -13.11 | 7.69 |

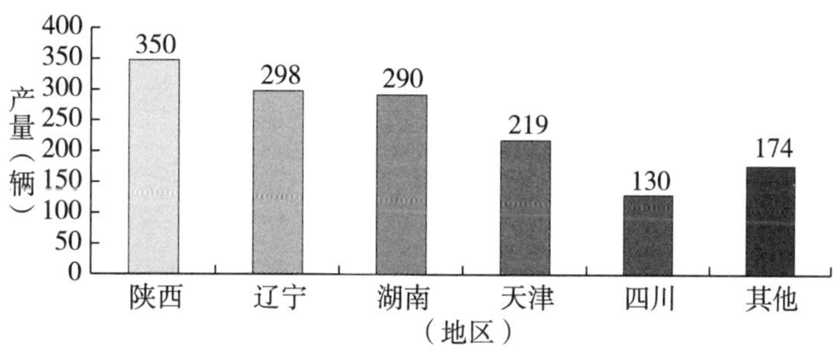


**2018 年铁路机车地区产量**

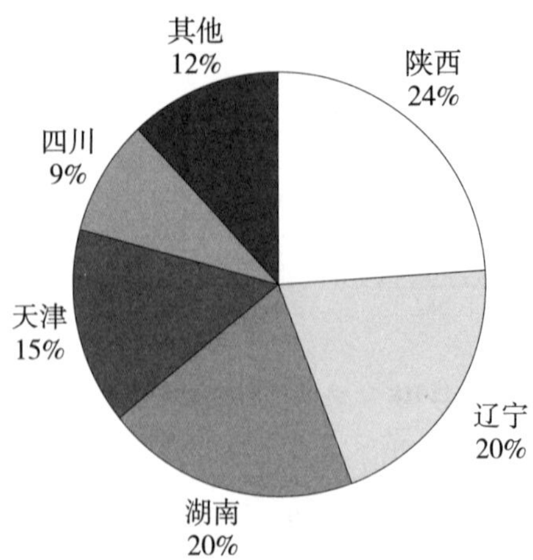


**2018 年铁路机车地区产量**

**2018 年铜材分地区产量**　　（单位：万吨）

| 地区 | 12 月产量 | 累计产量 | 同比（%） | 累计同比（%） |
|---|---|---|---|---|
| 上海 | 2.5 | 29.93 | -3.9 | 3.04 |
| 云南 | 1.86 | 20.87 | -16.44 | -6.16 |
| 内蒙古 | 0.24 | 2.59 | -55.29 | -63.12 |
| 北京 | 0.04 | 0.39 | 33.13 | 11.19 |
| 四川 | 0.9 | 9.72 | -32.27 | -20.53 |
| 天津 | 2.15 | 24.12 | 58.27 | 28.26 |
| 宁夏 | 0.05 | 0.44 | -84.44 | -95.14 |
| 安徽 | 23.07 | 247.04 | -13.26 | -16.24 |
| 山东 | 3.25 | 35.74 | -38.4 | -43.34 |
| 山西 | 0.21 | 1.86 | 97.65 | -2.01 |
| 广东 | 27.15 | 243.85 | 46.93 | 8.34 |
| 广西 | 0.33 | 16.21 | -80.01 | -14.39 |
| 新疆 | 0.54 | 4.35 | 76.45 | 23.57 |
| 江苏 | 19.23 | 236.76 | -19.78 | -16.5 |
| 江西 | 34.33 | 365.7 | 22.07 | 22.13 |
| 河北 | 0.33 | 2.8 | -64.22 | -67.29 |
| 河南 | 4.46 | 46.49 | -13.74 | -18.31 |
| 浙江 | 24.11 | 260.83 | -21.78 | -13.59 |
| 湖北 | 2 | 25.34 | -26.1 | -36.21 |
| 湖南 | 2.86 | 20.69 | -26.01 | -50.21 |
| 甘肃 | 6.83 | 71.33 | 53.39 | 93.62 |
| 福建 | 0.88 | 10.48 | -39.76 | -61.27 |
| 贵州 | 0 | 0 | — | — |
| 辽宁 | 1.57 | 18.29 | 57.99 | -3.09 |
| 重庆 | 2.05 | 16.51 | 90.59 | -16.76 |
| 陕西 | 0.28 | 3.06 | 8.57 | 6.18 |
| 青海 | 0 | 0 | — | — |
| 黑龙江 | 0 | 0 | — | — |

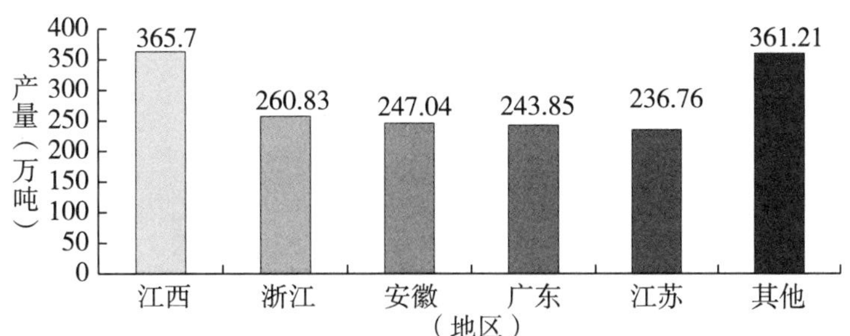


**2018 年铜材地区产量**

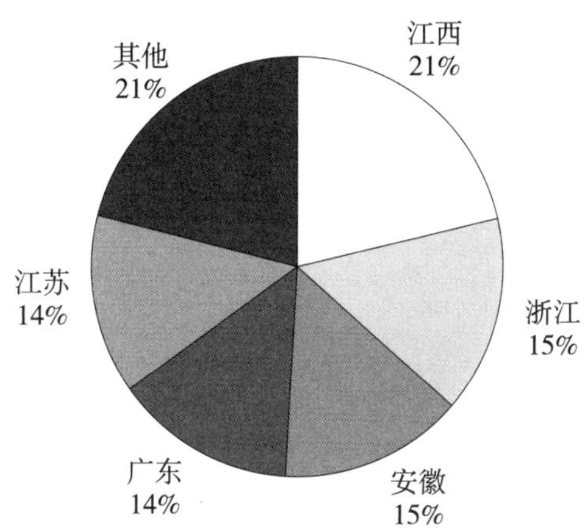


**2018 年铜材地区产量**

**2018 年微型计算机设备分地区产量**　（单位：万台）

| 地区 | 12 月产量 | 累计产量 | 同比（%） | 累计同比（%） |
| --- | --- | --- | --- | --- |
| 上海 | 107. 57 | 1448. 81 | -37. 54 | -41. 75 |
| 云南 | 9. 25 | 72. 42 | — | 304. 61 |
| 北京 | 66. 84 | 564. 47 | 0. 81 | -23. 97 |
| 四川 | 484. 41 | 5903. 64 | -29. 74 | -15. 44 |
| 天津 | 0 | 0 | | — |
| 安徽 | 228. 66 | 2022. 34 | 15. 21 | 7. 76 |
| 山东 | 0. 13 | 0. 81 | -92. 17 | -96. 45 |
| 广东 | 563. 08 | 4733. 81 | 72. 29 | 25. 27 |
| 广西 | 0 | 0 | — | — |
| 江苏 | 526. 25 | 6215. 02 | 3. 79 | 10. 64 |
| 江西 | 9. 54 | 96. 54 | — | — |
| 浙江 | 12. 26 | 204. 07 | -41. 67 | 9. 47 |
| 湖北 | 124. 63 | 1111. 44 | -13. 81 | -13. 15 |
| 湖南 | 12. 38 | 67. 09 | 2772. 05 | 106. 56 |
| 福建 | 86. 27 | 1183. 62 | -6. 55 | 18. 55 |
| 贵州 | 0 | 1. 97 | — | -91. 57 |
| 辽宁 | 0 | 0 | — | — |
| 重庆 | 537. 25 | 7074. 07 | -7. 54 | 6. 86 |
| 黑龙江 | 0 | 0 | — | — |

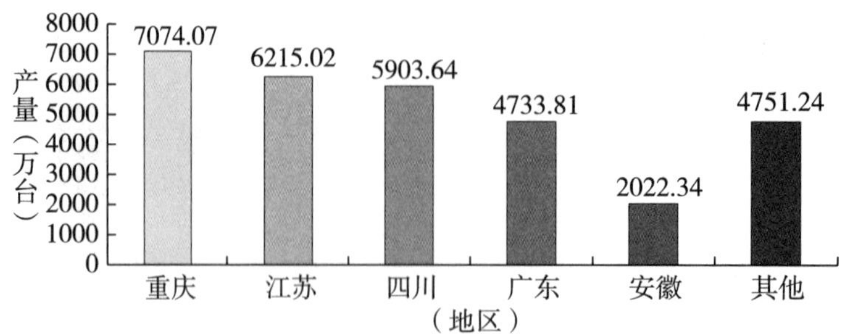


**2018 年微型计算机设备地区产量**

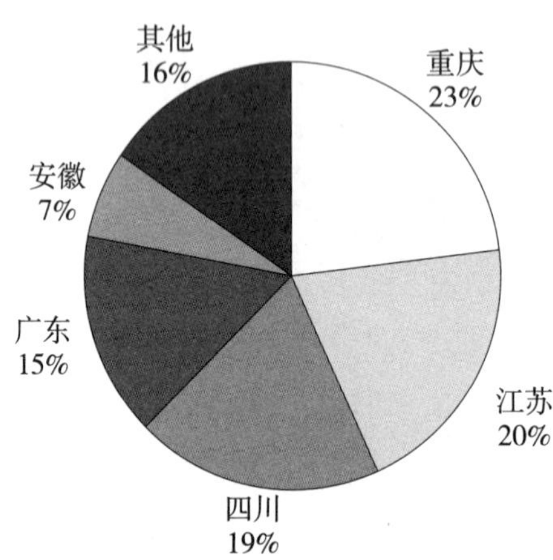


**2018 年微型计算机设备地区产量**

**2018 年小型拖拉机分地区产量**（单位：万台）

| 地区 | 12 月产量 | 累计产量 | 同比（%） | 累计同比（%） |
|---|---|---|---|---|
| 云南 | 0.18 | 1.92 | -46.06 | -46.97 |
| 四川 | 0.03 | 0.35 | -97.96 | -97.88 |
| 天津 | 0 | 0 | — | -76.69 |
| 安徽 | 0 | 0.2 | -82.72 | -46.43 |
| 山东 | 0.46 | 8 | -80.53 | -72.51 |
| 广东 | 0.03 | 0.46 | -14.86 | -25.48 |
| 广西 | 0.08 | 2.64 | -91.97 | -80.82 |
| 江苏 | 0.17 | 2.34 | -2.9 | -21.07 |
| 江西 | 0.18 | 0.78 | 212.17 | 27.61 |
| 河北 | 0.16 | 2.04 | -52.69 | -14.87 |
| 河南 | 0.52 | 5.95 | -75.93 | -61.01 |
| 浙江 | 0.29 | 4.36 | -27.64 | -11.67 |
| 海南 | 0.01 | 0.06 | 4.85 | -28.36 |
| 湖北 | 0 | 0 | — | — |
| 湖南 | 0.22 | 2.7 | -57.38 | -61.32 |
| 甘肃 | 0.04 | 0.32 | -12.23 | -5.57 |
| 福建 | 0 | 0.04 | -93.24 | -87.98 |
| 贵州 | 0.03 | 0.48 | -11.92 | 0.85 |
| 重庆 | 0 | 0.09 | — | 130.09 |
| 黑龙江 | 0 | 0 | — | — |

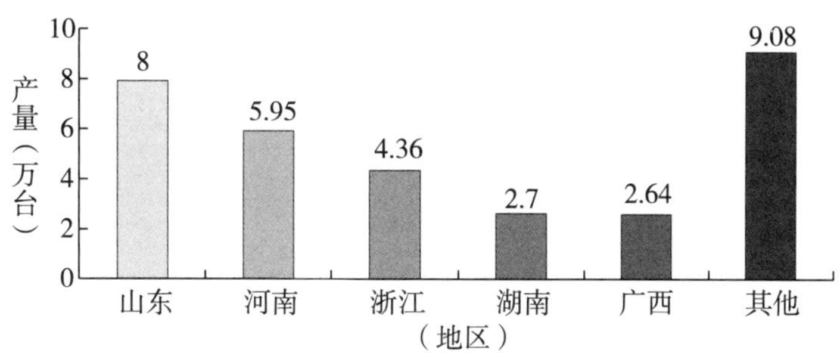


**2018 年小型拖拉机地区产量**

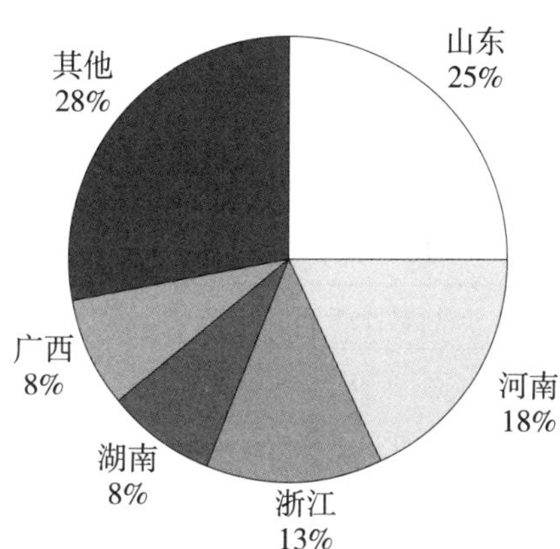


**2018 年小型拖拉机地区产量**

**2018 年新闻纸分地区产量**　（单位：万吨）

| 地区 | 12 月产量 | 累计产量 | 同比（%） | 累计同比（%） |
|---|---|---|---|---|
| 安徽 | 1. 68 | 19. 13 | 32. 21 | 18. 87 |
| 山东 | 2. 24 | 50. 28 | -74. 28 | -61. 86 |
| 广东 | 1. 73 | 38. 06 | -52. 17 | 11. 01 |
| 广西 | 0 | 0 | — | — |
| 新疆 | 0. 05 | 0. 15 | -60. 21 | -84. 59 |
| 河北 | 2. 36 | 33. 67 | -9. 38 | -24. 23 |
| 河南 | 0. 92 | 4. 58 | -61 | -74. 88 |
| 浙江 | 0. 2 | 2. 56 | 107. 45 | 74. 78 |
| 湖北 | 0. 13 | 0. 96 | -18. 59 | -37. 13 |
| 湖南 | 0. 02 | 0. 24 | -14. 29 | 11. 13 |
| 福建 | 0 | 0 | — | — |

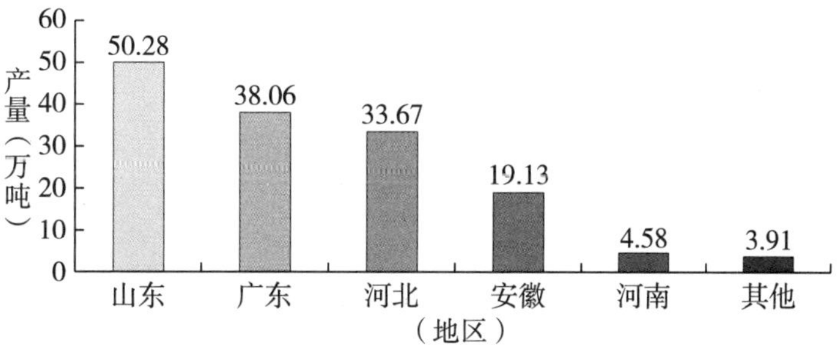


**2018 年新闻纸地区产量**

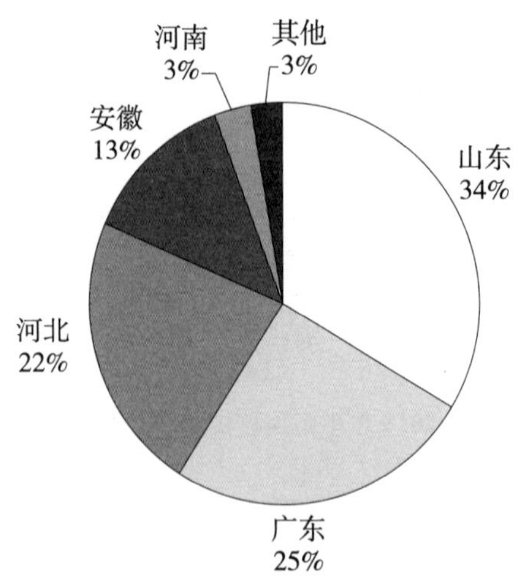


2018 年新闻纸地区产量

**2018 年氧化铝分地区产量**（单位：万吨）

| 地区 | 12 月产量 | 累计产量 | 同比（%） | 累计同比（%） |
|---|---|---|---|---|
| 上海 | 0 | 0 | — | — |
| 云南 | 23.77 | 139.31 | 106.41 | 50.79 |
| 内蒙古 | 3.18 | 38.33 | -4.2 | -9.78 |
| 四川 | 0.56 | 6.98 | -46.67 | -61.22 |
| 安徽 | 0.59 | 6.76 | 68.2 | 69.08 |
| 山东 | 213.59 | 2561.91 | 48.93 | 21.24 |
| 山西 | 177.86 | 2024.45 | 11.75 | 4.99 |
| 广东 | 0 | 0 | — | — |
| 广西 | 70.41 | 816.76 | -10.71 | -21.9 |
| 江苏 | 0 | 0 | — | — |
| 河南 | 85.95 | 1163 | 3.07 | 0.6 |
| 浙江 | 0 | 0 | — | — |
| 贵州 | 37.43 | 421.91 | -3.46 | -2.59 |
| 重庆 | 7.53 | 73.6 | 21.21 | 7.46 |

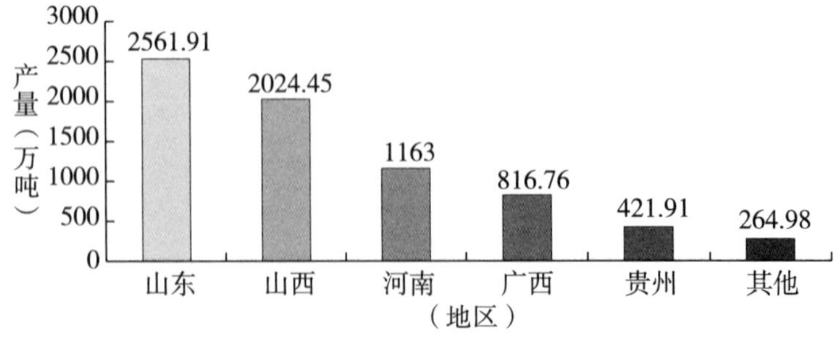


2018 年氧化铝地区产量

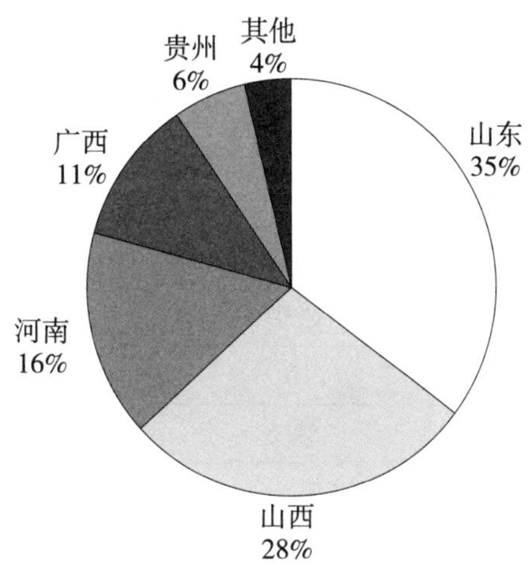


**2018 年氧化铝地区产量**

**2018 年液化石油气分地区产量**　　（单位：万吨）

| 地区 | 12 月产量 | 累计产量 | 同比（%） | 累计同比（%） |
|---|---|---|---|---|
| 上海 | 10.4 | 120.2 | -11.5 | -9.1 |
| 云南 | 2.5 | 31.5 | 9.1 | 112.2 |
| 内蒙古 | 4.3 | 42.2 | 12.7 | -14.6 |
| 北京 | 3.4 | 42.4 | 3 | -1.7 |
| 吉林 | 2 | 36.7 | -45.5 | -13.1 |
| 四川 | 2.8 | 23.4 | 95.6 | -11.2 |
| 天津 | 5.8 | 79.7 | -16.2 | -0.9 |
| 宁夏 | 9.6 | 100.7 | 15.7 | 34.3 |
| 安徽 | 6.6 | 75.1 | 14.3 | 11 |
| 山东 | 98.1 | 1170.4 | -2.4 | 19.3 |
| 山西 | 0 | 0 | 0 | 0 |
| 广东 | 31.3 | 376.8 | -0.6 | 18.4 |
| 广西 | 8.9 | 103.9 | 32.2 | 5.4 |
| 新疆 | 4.2 | 49 | -17.8 | -25.2 |
| 江苏 | 19.6 | 217.9 | 10.7 | 5.7 |
| 江西 | 3.2 | 42.8 | -1.6 | 5.4 |
| 河北 | 7.1 | 141.4 | -22.1 | 33.9 |
| 河南 | 5.7 | 65.1 | 4.8 | 12.1 |
| 浙江 | 11.7 | 157.9 | -17.9 | -6.2 |
| 海南 | 10.3 | 106.4 | 506.1 | 19.3 |
| 湖北 | 6.2 | 67.2 | 15.4 | -1.4 |
| 湖南 | 6.8 | 87.5 | -2.6 | 24.3 |
| 甘肃 | 3.1 | 32.5 | 19.8 | -0.5 |

续 表

| 地区 | 12月产量 | 累计产量 | 同比（%） | 累计同比（%） |
|---|---|---|---|---|
| 福建 | 9. 2 | 120. 3 | 175. 6 | 3. 7 |
| 西藏 | 0 | 0 | 0 | 0 |
| 贵州 | 0 | 0 | 0 | 0 |
| 辽宁 | 22. 6 | 271 | 22 | 15. 4 |
| 重庆 | 0 | 0 | 0 | 0 |
| 陕西 | 6. 9 | 89. 5 | 28 | 39. 9 |
| 青海 | 0. 8 | 6. 1 | 11. 3 | -11. 7 |
| 黑龙江 | 9. 4 | 142. 9 | -34. 2 | -12. 5 |

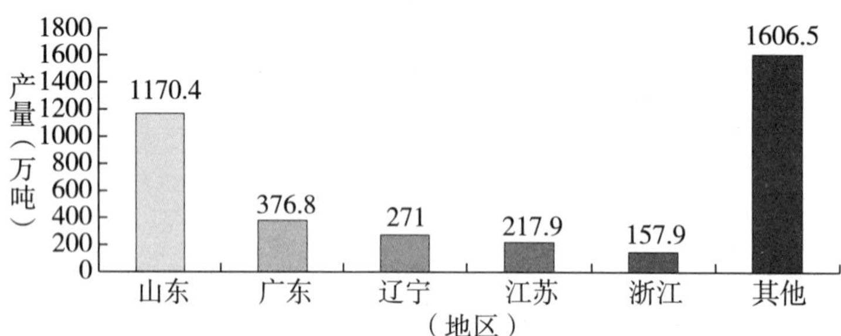


**2018 年液化石油气地区产量**

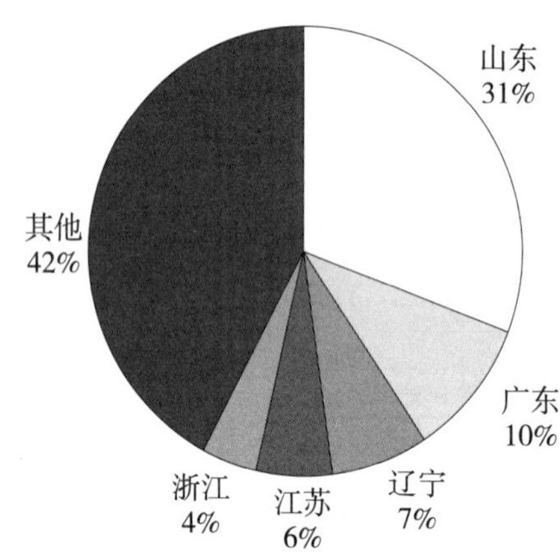


**2018 年液化石油气地区产量**

**2018 年液化天然气分地区产量**　　（单位：万吨）

| 地区 | 12月产量 | 累计产量 | 同比（%） | 累计同比（%） |
|---|---|---|---|---|
| 上海 | 0 | 0 | 0 | 0 |
| 云南 | 1 | 7. 1 | 141. 8 | 29 |
| 内蒙古 | 14 | 153. 7 | 42. 9 | -12. 1 |
| 北京 | 0 | 0 | 0 | 0 |
| 吉林 | 0. 4 | 4. 6 | -41. 3 | -14. 4 |
| 四川 | 12. 5 | 89. 8 | 45. 2 | 4. 4 |

续　表

| 地区 | 12 月产量 | 累计产量 | 同比（%） | 累计同比（%） |
|---|---|---|---|---|
| 天津 | 0 | 0 | 0 | 0 |
| 宁夏 | 6.1 | 73.4 | 119.6 | 20 |
| 安徽 | 0.7 | 5.9 | -31.4 | 82 |
| 山东 | 1.2 | 14.5 | -3.8 | 7.2 |
| 山西 | 8.9 | 102.6 | 3 | -6.1 |
| 广东 | 0 | 0 | 0 | 0 |
| 广西 | 0.6 | 4.9 | 42.9 | 19.5 |
| 新疆 | 11.1 | 113 | 8.8 | 14.3 |
| 江苏 | 0.1 | 0.7 | 0 | 1810.2 |
| 江西 | 0 | 0 | 0 | 0 |
| 河北 | 3 | 43.2 | -7.5 | -17.2 |
| 河南 | 2.3 | 32.9 | -8.5 | -11 |
| 浙江 | 0 | 0 | 0 | 0 |
| 海南 | 0 | 0 | 0 | 0 |
| 湖北 | 0 | 24.3 | -99.8 | 13.6 |
| 湖南 | 0 | 0 | 0 | 0 |
| 甘肃 | 0 | 0 | 0 | 0 |
| 福建 | 0 | 0 | 0 | 0 |
| 西藏 | 0 | 0 | 0 | 0 |
| 贵州 | 0.9 | 7.5 | -3.4 | 8.1 |
| 辽宁 | 0.2 | 3.3 | -21.3 | 5.9 |
| 重庆 | 1.2 | 12 | 0 | 0 |
| 陕西 | 14.5 | 191.7 | -1.5 | -9.1 |
| 青海 | 0.6 | 5.2 | 8.9 | 19.4 |
| 黑龙江 | 1.2 | 10 | 56.7 | -1.9 |

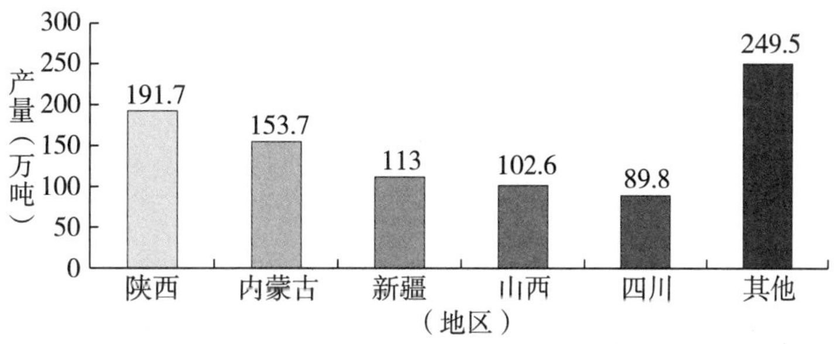


**2018 年液化天然气地区产量**

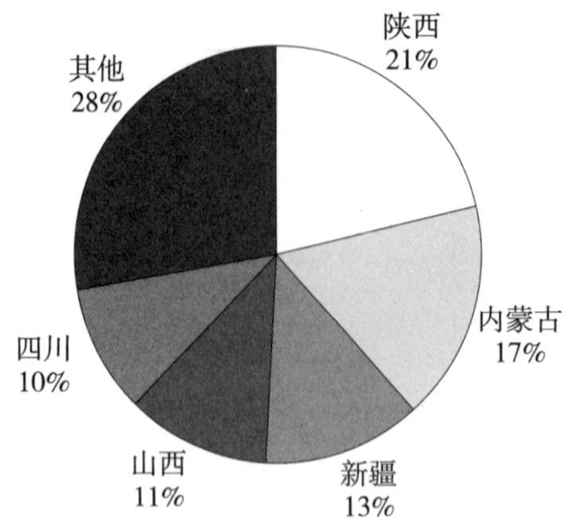


2018 年液化天然气地区产量

**2018 年移动通信基站设备分地区产量**（单位：万信道）

| 地区 | 12 月产量 | 累计产量 | 同比（%） | 累计同比（%） |
|---|---|---|---|---|
| 上海 | 0 | 0 | — | — |
| 北京 | 1.96 | 22.22 | 8.01 | -50.98 |
| 四川 | 0 | 4.23 | — | 462.5 |
| 天津 | 0 | 0 | — | — |
| 安徽 | 0.27 | 1.16 | -17.85 | -35.65 |
| 山东 | 0 | 726.02 | — | -35.27 |
| 广东 | 5260.15 | 42428.73 | 200.32 | 63.28 |
| 江苏 | 0.01 | 0.03 | -15.58 | -22.64 |
| 浙江 | 5 | 34.04 | 341.15 | 272.58 |
| 湖北 | 0.93 | 1.56 | -10.7 | 45.31 |
| 湖南 | 0 | 0.01 | — | — |
| 福建 | 0.68 | 7.02 | -35.72 | -18.48 |
| 重庆 | 0.02 | 0.14 | -96.75 | -99.74 |

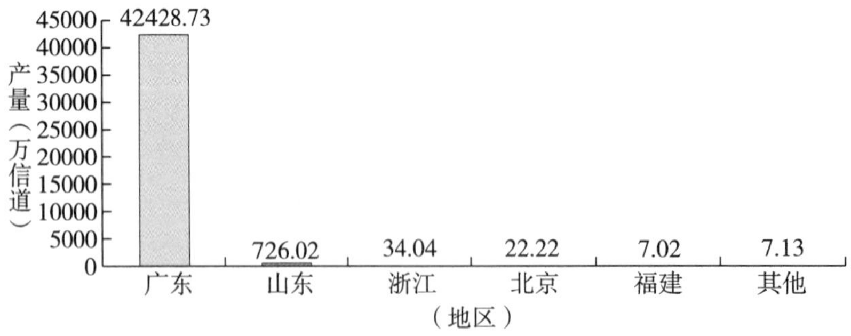


2018 年移动通信基站设备地区产量

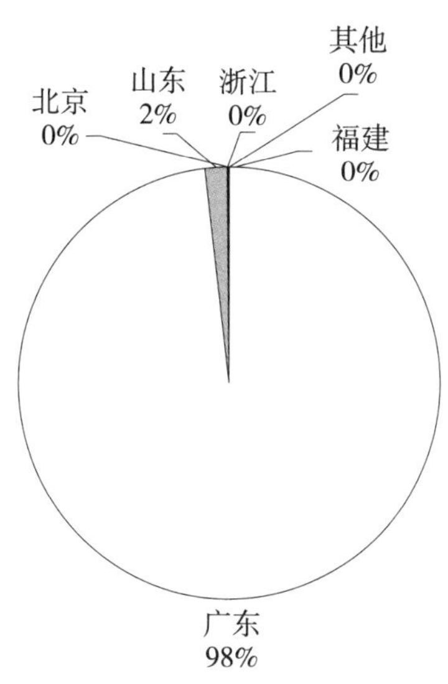


2018 年移动通信基站设备地区产量

**2018 年移动通信手持机（手机）分地区产量** （单位：万台）

| 地区 | 12 月产量 | 累计产量 | 同比（%） | 累计同比（%） |
|---|---|---|---|---|
| 上海 | 385.6 | 4729.04 | -14.04 | 0.4 |
| 云南 | 302.79 | 1897.63 | 514.57 | 194.94 |
| 北京 | 526.34 | 9029.6 | -35.32 | 20.67 |
| 四川 | 1263.74 | 9437.02 | 103.2 | 196.95 |
| 天津 | 52.3 | 2680.26 | -75 | -40.09 |
| 安徽 | 2.81 | 70.04 | -67.03 | -40.13 |
| 山东 | 119.88 | 3254.08 | -64.18 | -35.45 |
| 山西 | 108.62 | 1979.39 | -44.66 | -3.34 |
| 广东 | 6962.33 | 80818.28 | -5.96 | -2.33 |
| 广西 | 39.73 | 345.61 | 83.28 | 5.81 |
| 江苏 | 560.15 | 4924.59 | -5.19 | -23.57 |
| 江西 | 668.92 | 4648.54 | 145.03 | 21.13 |
| 河南 | 2190.77 | 20605.52 | -37.27 | -30.52 |
| 浙江 | 520.41 | 5317.57 | 57.85 | -3.24 |
| 湖北 | 358.73 | 4373.55 | 62.6 | -8.59 |
| 湖南 | 262.88 | 1614.73 | 337.4 | 182.43 |
| 福建 | 52.49 | 1362.13 | -17.36 | 135.56 |
| 贵州 | 98.26 | 1956.02 | -67.56 | -35.9 |
| 辽宁 | 16.06 | 279.44 | -20.06 | 7.67 |
| 重庆 | 2226.67 | 18868.16 | -17.9 | -20.5 |
| 陕西 | 123.85 | 1655.06 | -72.95 | -45.25 |

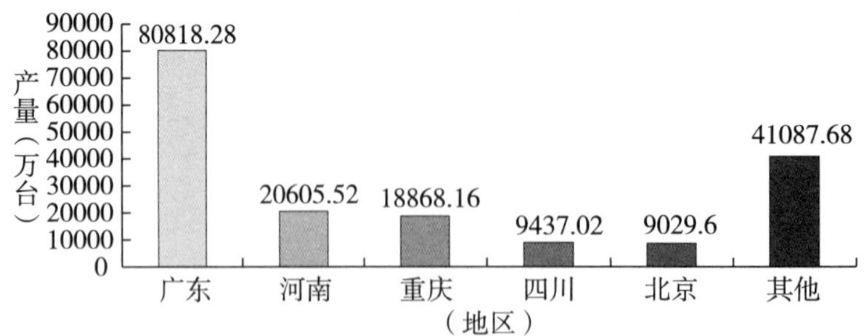


**2018 年移动通信手持机（手机）地区产量**

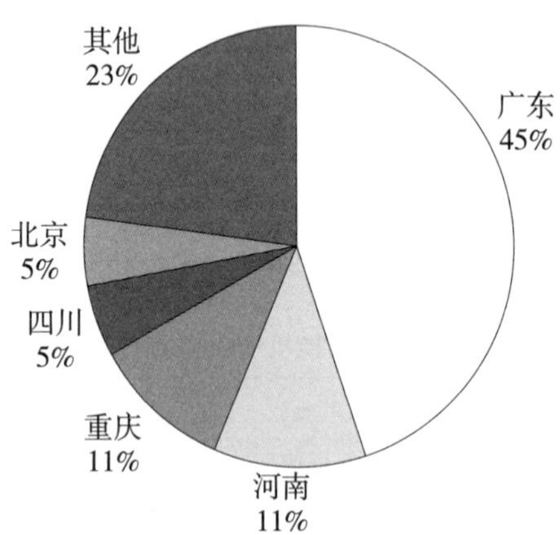


**2018 年移动通信手持机（手机）地区产量**

**2018 年乙烯分地区产量** （单位：万吨）

| 地区 | 12 月产量 | 累计产量 | 同比（%） | 累计同比（%） |
|---|---|---|---|---|
| 上海 | 14.08 | 172.88 | -19.44 | -14.07 |
| 内蒙古 | 0 | 0 | — | — |
| 北京 | 7.15 | 79.4 | 4.28 | 0.1 |
| 吉林 | 7.66 | 76.68 | 1.93 | -10.24 |
| 四川 | 0 | 0.00003 | — | — |
| 天津 | 10.79 | 132.69 | -8.2 | -1.5 |
| 安徽 | 0 | 0 | — | — |
| 山东 | 10.63 | 122.37 | 5.27 | 19.33 |
| 广东 | 29.97 | 299.28 | 41.65 | 20.59 |
| 新疆 | 11.24 | 131.82 | 0.47 | -0.25 |
| 江苏 | 14.16 | 161.2 | 2.29 | 10.95 |
| 江西 | 0 | 0 | — | — |
| 河北 | 0.04 | 0.72 | — | — |
| 河南 | 0.05 | 0.9 | -15.68 | -17.91 |
| 浙江 | 9.8 | 119.96 | -10.01 | -16.83 |
| 湖北 | 7.71 | 88.4 | 2.81 | 1.97 |
| 湖南 | 0 | 5.4 | — | — |
| 甘肃 | 5.4 | 64.38 | -3.08 | 0.6 |
| 福建 | 3.51 | 102.85 | -67.05 | -14.34 |
| 辽宁 | 16.97 | 176.17 | 9.24 | 12.04 |
| 黑龙江 | 10.98 | 105.8 | 9.57 | -8.65 |

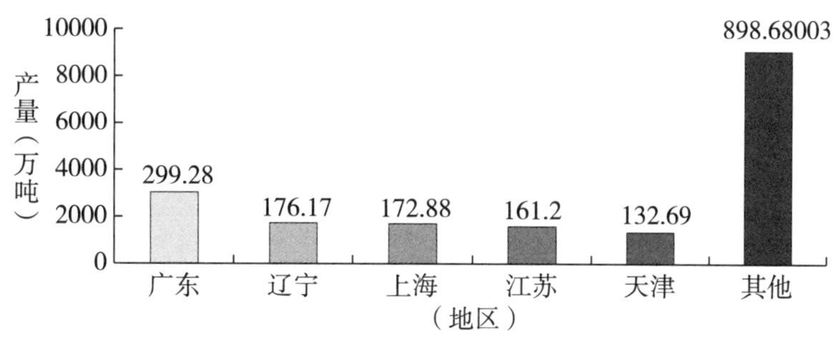


**2018 年乙烯地区产量**

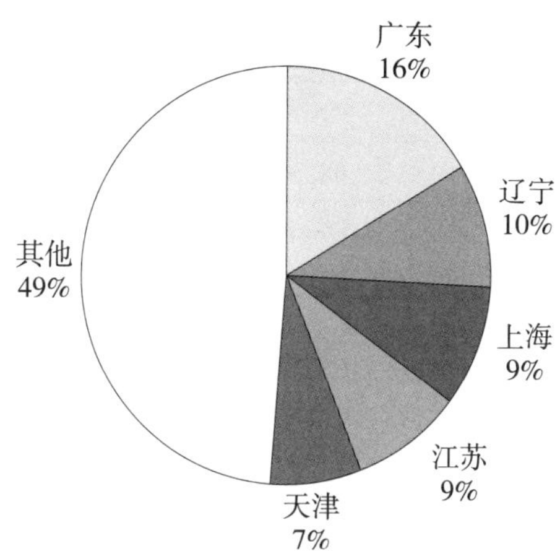


**2018 年乙烯地区产量**

**2018 年饮料分地区产量**　　（单位：万吨）

| 地区 | 12 月产量 | 累计产量 | 同比（%） | 累计同比（%） |
|---|---|---|---|---|
| 上海 | 17.73 | 257.08 | -6.99 | 0.43 |
| 云南 | 39.55 | 437.15 | -23.48 | -22.51 |
| 内蒙古 | 4.71 | 54.25 | 22.47 | -14.7 |
| 北京 | 20.46 | 410.79 | 34.29 | 2.88 |
| 吉林 | 43.81 | 570.22 | -35.4 | -39.49 |
| 四川 | 135.7 | 1625.79 | 63.38 | 15.42 |
| 天津 | 10.37 | 232.65 | -48.27 | -54.53 |
| 宁夏 | 0.89 | 34.72 | -62.51 | -11.62 |
| 安徽 | 27.35 | 409.63 | 34.7 | 13.23 |
| 山东 | 17.77 | 342.57 | -67.51 | -45.99 |
| 山西 | 6.12 | 106.87 | -21.77 | -15.24 |
| 广东 | 198.49 | 2960.43 | 0.54 | -0.84 |
| 广西 | 25.76 | 355.01 | -49.25 | -35.95 |
| 新疆 | 11.25 | 186.89 | 60.45 | 1.44 |
| 江苏 | 50.93 | 641.56 | 3.95 | 13.2 |
| 江西 | 32.24 | 427.19 | 5.57 | 17.21 |

续 表

| 地区 | 12 月产量 | 累计产量 | 同比（%） | 累计同比（%） |
|---|---|---|---|---|
| 河北 | 37.57 | 540.87 | -9.33 | -19.86 |
| 河南 | 57.23 | 824.51 | -65.47 | -56.14 |
| 浙江 | 47.35 | 759.06 | -10.49 | -4.39 |
| 海南 | 5.13 | 60.82 | 0.86 | 0.37 |
| 湖北 | 79.05 | 912.49 | -9.5 | -8.48 |
| 湖南 | 38.07 | 537.44 | -15.65 | 2.41 |
| 甘肃 | 6.93 | 123.13 | -59.7 | -17.71 |
| 福建 | 54.86 | 655.85 | 19.57 | 10.57 |
| 西藏 | 10.74 | 68.39 | -33.93 | -7.53 |
| 贵州 | 43.69 | 578.73 | -12.62 | -12.48 |
| 辽宁 | 17.17 | 244.5 | 14.54 | -4.28 |
| 重庆 | 18.86 | 280.6 | -1.59 | 1 |
| 陕西 | 56.02 | 705.29 | -11.19 | -3.19 |
| 青海 | 1.05 | 14.84 | -42.9 | -55.53 |
| 黑龙江 | 22.78 | 319.73 | -33.27 | -16.91 |

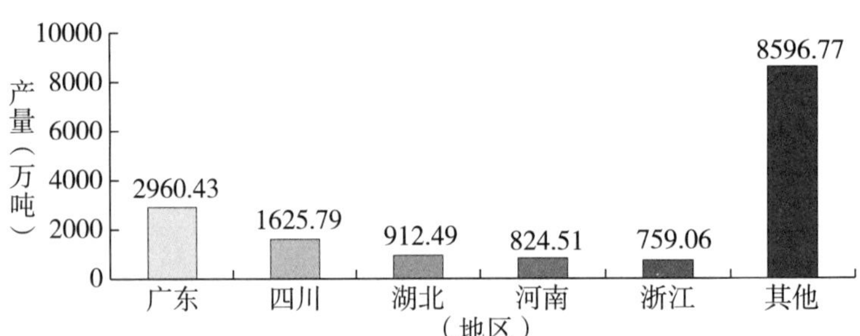


**2018 年饮料地区产量**

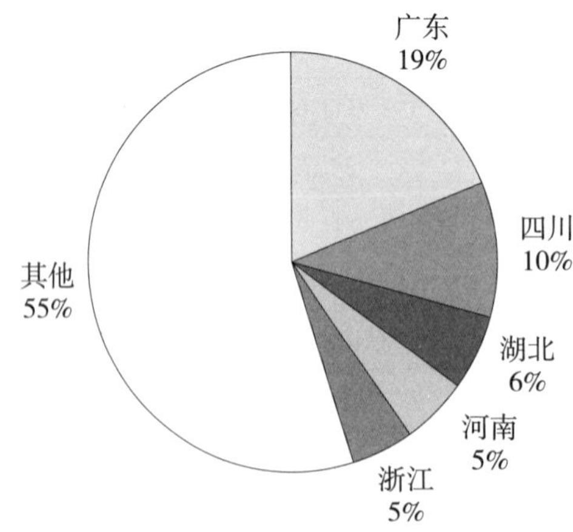


**2018 年饮料地区产量**

**2018 年原煤分地区产量**

（单位：万吨）

| 地区 | 12 月产量 | 累计产量 | 同比（%） | 累计同比（%） |
|---|---|---|---|---|
| 上海 | 0 | 0 | 0 | 0 |
| 云南 | 462.6 | 4534.9 | -9.6 | 5.8 |
| 内蒙古 | 8848 | 92597.9 | 2.7 | 8.7 |
| 北京 | 5.3 | 176.2 | -61.3 | -30.9 |
| 吉林 | 127.8 | 1517.7 | -13.2 | -9.6 |
| 四川 | 277.5 | 3516.3 | -0.7 | -0.6 |
| 天津 | 0 | 0 | 0 | 0 |
| 宁夏 | 643.4 | 7416.2 | 3.7 | 0.8 |
| 安徽 | 959.5 | 11529.1 | 0 | -2.3 |
| 山东 | 972.6 | 12169.4 | -10.8 | -6.1 |
| 山西 | 7657.5 | 89340 | 3.5 | 3.7 |
| 广东 | 0 | 0 | 0 | 0 |
| 广西 | 39.5 | 470.7 | 12.8 | 10.5 |
| 新疆 | 2209.6 | 19037.3 | 4.4 | 6.4 |
| 江苏 | 85.7 | 1245.8 | -5.2 | -2.6 |
| 江西 | 54.4 | 530.5 | -0.6 | -13.5 |
| 河北 | 381 | 5505.3 | -21 | -7.7 |
| 河南 | 911.5 | 11366.6 | -6 | -1.5 |
| 浙江 | 0 | 0 | 0 | 0 |
| 海南 | 0 | 0 | 0 | 0 |
| 湖北 | 7.5 | 81.9 | -13 | -57.9 |
| 湖南 | 146.6 | 1692.9 | -22.5 | -3.2 |
| 甘肃 | 303.9 | 3575.1 | -17.4 | -3.5 |
| 福建 | 78.4 | 917.7 | 1.6 | -10.7 |
| 西藏 | 0 | 0 | 0 | 0 |
| 贵州 | 1258.9 | 13917 | 4.5 | 4.4 |
| 辽宁 | 333.6 | 3375.9 | 48.8 | -6.5 |
| 重庆 | 85.9 | 1187 | -20 | 1.2 |
| 陕西 | 5572.8 | 62324.5 | 6.3 | 13.4 |
| 青海 | 56.1 | 773.4 | -8.5 | 3.8 |
| 黑龙江 | 558.5 | 5791.6 | 11.6 | 3 |

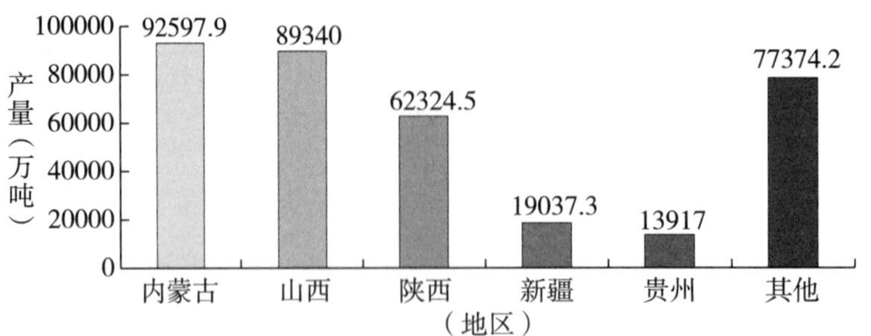


**2018 年原煤地区产量**

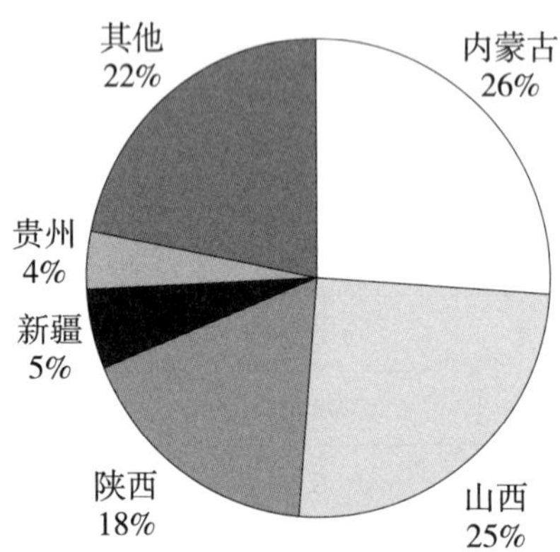


**2018 年原煤地区产量**

**2018 年原盐分地区产量**

（单位：万吨）

| 地区 | 12 月产量 | 累计产量 | 同比（%） | 累计同比（%） |
|---|---|---|---|---|
| 云南 | 17.21 | 160.12 | -1.92 | 7.84 |
| 内蒙古 | 5.44 | 119.32 | 50.08 | -4.8 |
| 四川 | 47.57 | 494.45 | 5.64 | -15 |
| 天津 | 0.48 | 195.65 | 97600 | 7.34 |
| 宁夏 | 9.03 | 95.45 | 146.63 | 13.71 |
| 安徽 | 11.79 | 139 | -13.96 | -8.88 |
| 山东 | 86.91 | 1118.76 | -1.68 | -20.5 |
| 广东 | 0.04 | 1.59 | -64.44 | -28.18 |
| 新疆 | 27.6 | 253.12 | 667.26 | -44.34 |
| 江苏 | 82.17 | 939.05 | 7.19 | 6.13 |
| 江西 | 15.73 | 212.44 | -22.59 | 7.74 |
| 河北 | 6.01 | 276.36 | 16.83 | -1.18 |
| 河南 | 26.22 | 374.08 | -22.33 | 12.14 |
| 湖北 | 33.63 | 416.73 | -24.82 | -4.09 |
| 湖南 | 29.01 | 323.17 | -1.26 | 4.91 |
| 甘肃 | 0 | 10.4 | — | -45.7 |
| 福建 | 1.43 | 22.99 | -51.52 | 1.74 |
| 辽宁 | 13.99 | 75.53 | -27.16 | -49.82 |
| 重庆 | 21.7 | 213.85 | 23.76 | 19.84 |
| 陕西 | 10.74 | 131.2 | -6.11 | -3.91 |
| 青海 | 0.48 | 262.81 | -15.13 | 43.75 |

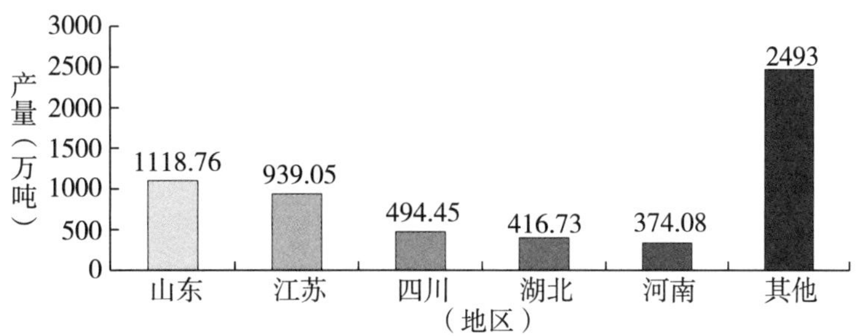


**2018 年原盐地区产量**

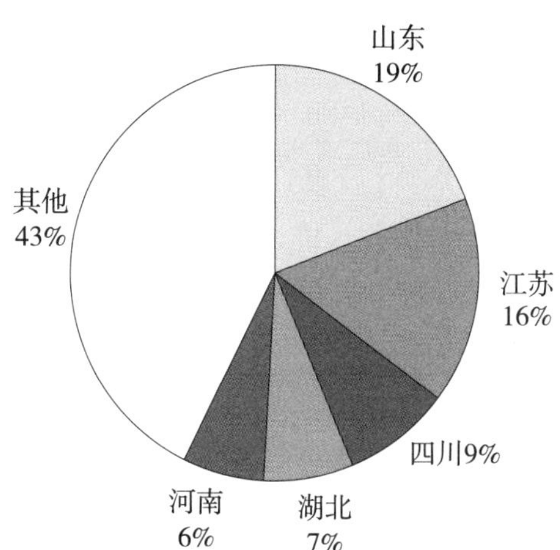


**2018 年原盐地区产量**

**2018 年原油分地区产量**　（单位：万吨）

| 地区 | 12 月产量 | 累计产量 | 同比（%） | 累计同比（%） |
|---|---|---|---|---|
| 上海 | 0.7 | 6.5 | 38.3 | -5.2 |
| 云南 | 0 | 0 | 0 | 0 |
| 内蒙古 | 0.9 | 10.7 | -18.6 | -21.3 |
| 北京 | 0 | 0 | 0 | 0 |
| 吉林 | 31.5 | 387.8 | -4.4 | 1.4 |
| 四川 | 0.7 | 8.1 | -7.3 | -6.2 |
| 天津 | 268.5 | 3085.5 | 5.8 | -0.5 |
| 宁夏 | 0 | 0 | 0 | 0 |
| 安徽 | 0 | 0 | 0 | 0 |
| 山东 | 189 | 2231.4 | -0.5 | -0.2 |
| 山西 | 0 | 0 | 0 | 0 |
| 广东 | 139.6 | 1393.5 | 23.8 | -5 |
| 广西 | 4.8 | 51.9 | 19.6 | 17.7 |
| 新疆 | 213.2 | 2647.4 | -3.6 | 2 |
| 江苏 | 12.6 | 151.4 | -6 | -3 |
| 江西 | 0 | 0 | 0 | 0 |

续 表

| 地区 | 12 月产量 | 累计产量 | 同比（%） | 累计同比（%） |
|---|---|---|---|---|
| 河北 | 45 | 537.2 | 1.1 | -0.4 |
| 河南 | 20.5 | 258.8 | -6.1 | -8.5 |
| 浙江 | 0 | 0 | 0 | 0 |
| 海南 | 2.4 | 30.4 | 2.9 | 1.4 |
| 湖北 | 4.4 | 54.3 | -5.2 | -2.3 |
| 湖南 | 0 | 0 | 0 | 0 |
| 甘肃 | 4.7 | 51.8 | 26.8 | 10.2 |
| 福建 | 0 | 0 | 0 | 0 |
| 西藏 | 0 | 0 | 0 | 0 |
| 贵州 | 0 | 0 | 0 | 0 |
| 辽宁 | 89.8 | 1036.9 | 0 | -0.7 |
| 重庆 | 0 | 0 | 0 | 0 |
| 陕西 | 301 | 3519.5 | 2.2 | 0.9 |
| 青海 | 18.9 | 223.3 | -0.3 | -2.1 |
| 黑龙江 | 285.2 | 3224.2 | -2 | -5.7 |

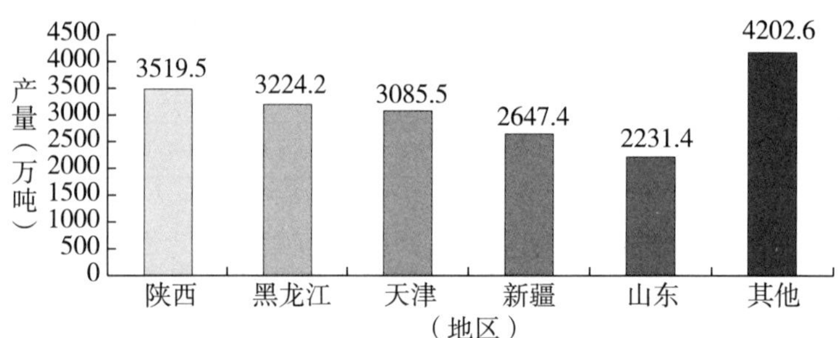


**2018 年原油地区产量**

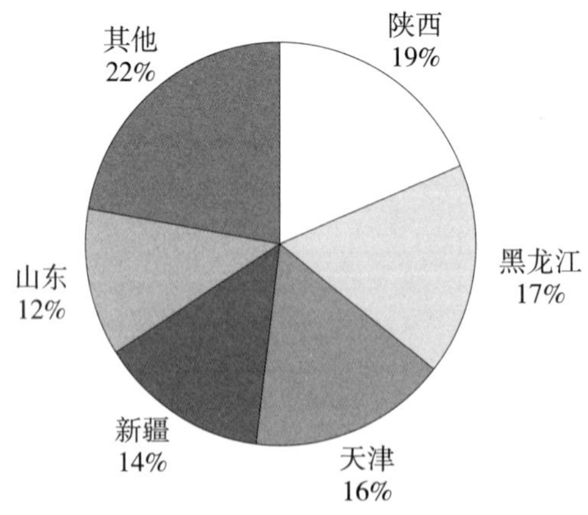


**2018 年原油地区产量**

**2018 年原油加工量分地区产量**　（单位：万吨）

| 地区 | 12 月产量 | 累计产量 | 同比（%） | 累计同比（%） |
|---|---|---|---|---|
| 上海 | 217.3 | 2306.1 | -0.4 | -7.4 |
| 云南 | 89.1 | 1010 | 10.6 | 151.3 |
| 内蒙古 | 35 | 357.4 | 6.1 | -20.1 |
| 北京 | 78.8 | 911.3 | 3.4 | 1.4 |
| 吉林 | 84.9 | 919.4 | 0.8 | -8 |
| 四川 | 82.7 | 719.6 | 15.3 | -13.2 |
| 天津 | 136.1 | 1663.1 | -2.1 | 4.8 |
| 宁夏 | 39.1 | 448.7 | -3.3 | 11.6 |
| 安徽 | 63.2 | 727.5 | 4.7 | -3.1 |
| 山东 | 1100.9 | 12999 | 3.5 | 14.9 |
| 山西 | 0 | 0 | 0 | 0 |
| 广东 | 499.5 | 5885.6 | 2 | 13.7 |
| 广西 | 128 | 1598.8 | 0.5 | 2.3 |
| 新疆 | 202.8 | 2349.6 | 1 | -5.1 |
| 江苏 | 336 | 4060.4 | 4.2 | 5.2 |
| 江西 | 58.1 | 766.6 | -17 | 9.7 |
| 河北 | 114.7 | 1498.5 | -4.7 | 3.9 |
| 河南 | 79.5 | 819.6 | 4.8 | 2.9 |
| 浙江 | 197.9 | 2769.9 | -24.2 | -8.8 |
| 海南 | 97.5 | 1060 | 511.6 | 8.2 |
| 湖北 | 124.3 | 1414 | 2.8 | -0.5 |
| 湖南 | 78.3 | 948.7 | -3.6 | 23.3 |
| 甘肃 | 129.2 | 1440 | 4.9 | -0.1 |
| 福建 | 135.8 | 2139.9 | 33.2 | 2.7 |
| 西藏 | 0 | 0 | 0 | 0 |
| 贵州 | 0 | 0 | 0 | 0 |
| 辽宁 | 710.1 | 8096.1 | 13.8 | 13.5 |
| 重庆 | 0 | 0 | 0 | 0 |
| 陕西 | 149.7 | 1799.4 | 0.7 | 1.6 |
| 青海 | 13.3 | 140 | 6.4 | -6.8 |
| 黑龙江 | 135 | 1507.7 | -2.8 | -7.1 |

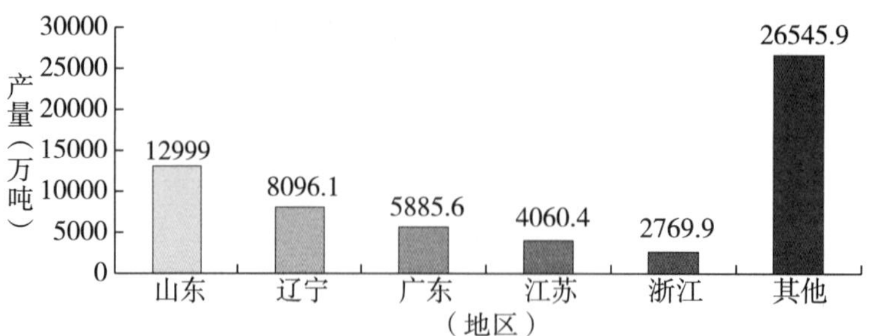


**2018 年原油加工量地区产量**

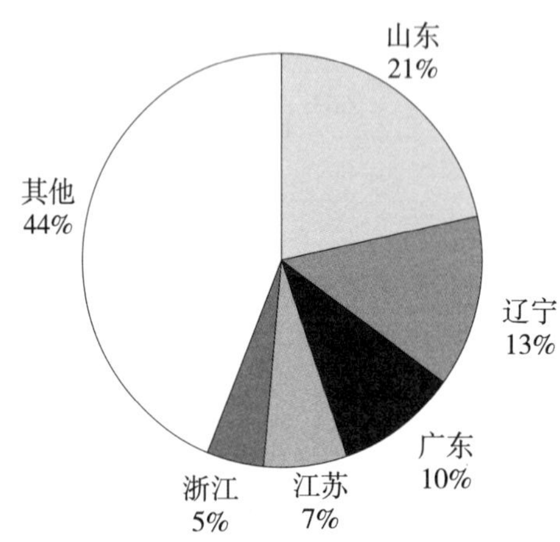


**2018 年原油加工量地区产量**

**2018 年中型拖拉机分地区产量** （单位：台）

| 地区 | 12 月产量 | 累计产量 | 同比（%） | 累计同比（%） |
|---|---|---|---|---|
| 云南 | 5266 | 31457 | -58.25 | -67.42 |
| 吉林 | 0 | 94 | — | -95.82 |
| 四川 | 6 | 114 | 20 | 26.67 |
| 天津 | 480 | 6224 | -12.57 | -14.91 |
| 宁夏 | 0 | 40 | — | -84 |
| 安徽 | 0 | 2552 | — | 11.49 |
| 山东 | 5836 | 72104 | -15.13 | -21.56 |
| 新疆 | 1 | 352 | -99.52 | -64.98 |
| 江苏 | 3387 | 30960 | -28.01 | -36.65 |
| 江西 | 0 | 0 | — | — |
| 河南 | 1939 | 33121 | -78.4 | -63.09 |
| 浙江 | 3180 | 20104 | 90.31 | 55.78 |
| 湖北 | 36 | 491 | — | — |
| 湖南 | 1 | 12 | -99.91 | -99.88 |
| 黑龙江 | 669 | 5716 | 205.48 | 52.22 |

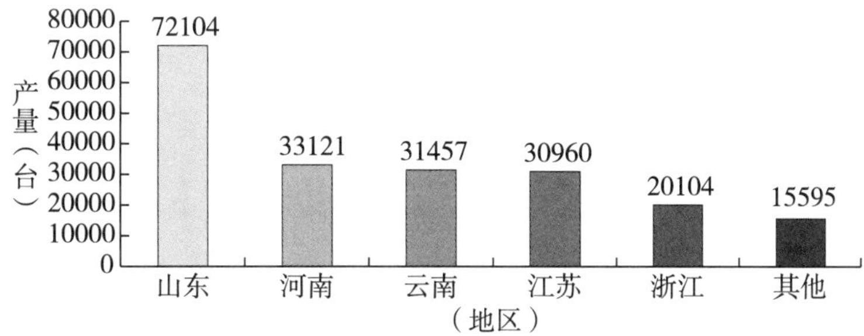


**2018 年中型拖拉机地区产量**

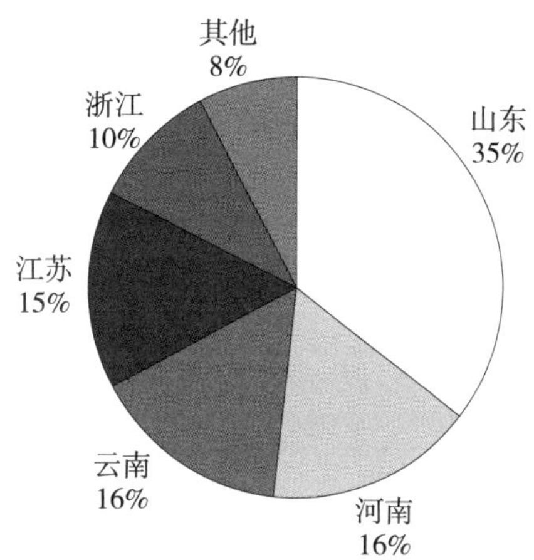


**2018 年中型拖拉机地区产量**

# 2018 年主要工业行业统计数据

**2018 年纺织服装、服饰业行业情况**

| 项目 | 单位 | 数值 | 增长值 | |
|---|---|---|---|---|
| | | | 累计增长（%） | 同比增长（%） |
| 企业数量 | 家 | 14827 | — | — |
| 亏损企业数 | 家 | 2103 | — | — |
| 亏损总额 | 亿元 | 61.1 | 9.7 | — |
| 存货 | 亿元 | 1990.3 | 3.5 | — |
| 产成品 | 亿元 | 1020.3 | 5.4 | — |
| 流动资产合计 | 亿元 | 7269.3 | 0.4 | — |
| 应收账款 | 亿元 | 2002.1 | -1 | — |
| 资产总计 | 亿元 | 12515.9 | 3.9 | — |
| 负债合计 | 亿元 | 6075.6 | 1.4 | — |
| 主营业务收入 | 亿元 | 17106.6 | 4.1 | — |
| 利润总额 | 亿元 | 1006.8 | 10.8 | — |
| 主营业务成本 | 亿元 | 14523.3 | 3.7 | — |
| 销售费用 | 亿元 | 669.4 | 6.2 | — |
| 管理费用 | 亿元 | 833.5 | 7.3 | — |
| 财务费用 | 亿元 | 116.1 | -14.1 | — |
| 增加值 | — | — | 4.4 | 2.6 |
| 出口交货值当月值 | 亿元 | 358.9 | — | -4.3 |
| 出口交货值累计值 | 亿元 | 3757.9 | -0.9 | — |

**2018 年纺织业行业情况**

| 项目 | 单位 | 数值 | 增长值 | |
|---|---|---|---|---|
| | | | 累计增长（%） | 同比增长（%） |
| 企业数量 | 家 | 19122 | — | — |
| 亏损企业数 | 家 | 2841 | — | — |
| 亏损总额 | 亿元 | 110.5 | 4.3 | — |
| 存货 | 亿元 | 3425.3 | 6.2 | — |
| 产成品 | 亿元 | 1478.4 | 9.5 | — |
| 流动资产合计 | 亿元 | 11812.7 | 3.9 | — |

续　表

| 项目 | 单位 | 数值 | 增长值 | |
|---|---|---|---|---|
| | | | 累计增长（%） | 同比增长（%） |
| 应收账款 | 亿元 | 2593.3 | 4.5 | — |
| 资产总计 | 亿元 | 21819.8 | 2.1 | — |
| 负债合计 | 亿元 | 12324 | 3.6 | — |
| 主营业务收入 | 亿元 | 27242.3 | -0.5 | — |
| 利润总额 | 亿元 | 1265.3 | 5.3 | — |
| 主营业务成本 | 亿元 | 24306.3 | -1.1 | — |
| 销售费用 | 亿元 | 464.2 | 3.6 | — |
| 管理费用 | 亿元 | 919.5 | 8.1 | — |
| 财务费用 | 亿元 | 369.3 | -2.1 | — |
| 增加值 | — | — | 1 | 0.2 |
| 出口交货值当月值 | 亿元 | 276.2 | — | 2.1 |
| 出口交货值累计值 | 亿元 | 3076.3 | 3.3 | — |

**2018年非金属矿采选业行业情况**

| 项目 | 单位 | 数值 | 增长值 | |
|---|---|---|---|---|
| | | | 累计增长（%） | 同比增长（%） |
| 企业数量 | 家 | 3395 | — | — |
| 亏损企业数 | 家 | 330 | — | — |
| 亏损总额 | 亿元 | 20.1 | -9 | — |
| 存货 | 亿元 | 211.9 | -0.7 | — |
| 产成品 | 亿元 | 114.2 | -0.7 | — |
| 流动资产合计 | 亿元 | 1550.3 | 8.3 | — |
| 应收账款 | 亿元 | 292.9 | 7.1 | — |
| 资产总计 | 亿元 | 3346.9 | 3.6 | |
| 负债合计 | 亿元 | 1701.7 | 4.9 | — |
| 主营业务收入 | 亿元 | 3383.2 | 5.9 | — |
| 利润总额 | 亿元 | 268.9 | 14.9 | — |
| 主营业务成本 | 亿元 | 2653.6 | 4.6 | — |
| 销售费用 | 亿元 | 163 | 3.8 | — |
| 管理费用 | 亿元 | 188.9 | 7.1 | — |
| 财务费用 | 亿元 | 47.4 | 14.5 | — |
| 增加值 | — | — | 1.4 | 2 |
| 出口交货值当月值 | 亿元 | 2.1 | — | 6.8 |
| 出口交货值累计值 | 亿元 | 21.7 | 25.6 | — |

**2018 年非金属矿物制品业行业情况**

| 项目 | 单位 | 数值 | 增长值 | |
|---|---|---|---|---|
| | | | 累计增长（%） | 同比增长（%） |
| 企业数量 | 家 | 35072 | — | — |
| 亏损企业数 | 家 | 4242 | — | — |
| 亏损总额 | 亿元 | 246.3 | -1.5 | — |
| 存货 | 亿元 | 4417.1 | 7.5 | — |
| 产成品 | 亿元 | 2024.1 | 6.9 | — |
| 流动资产合计 | 亿元 | 25190.3 | 9.9 | — |
| 应收账款 | 亿元 | 8204.4 | 13.8 | — |
| 资产总计 | 亿元 | 48469.5 | 5.7 | — |
| 负债合计 | 亿元 | 26098.9 | 5.1 | — |
| 主营业务收入 | 亿元 | 48445.8 | 15.2 | — |
| 利润总额 | 亿元 | 4287.8 | 43 | — |
| 主营业务成本 | 亿元 | 39773.8 | 13.3 | — |
| 销售费用 | 亿元 | 1606 | 13.1 | — |
| 管理费用 | 亿元 | 2096.4 | 12.6 | — |
| 财务费用 | 亿元 | 589.2 | 0 | — |
| 增加值 | — | — | 4.6 | 8.8 |
| 出口交货值当月值 | 亿元 | 165.5 | — | 2.5 |
| 出口交货值累计值 | 亿元 | 1820.5 | 10.6 | — |

**2018 年废弃资源综合利用业行业情况**

| 项目 | 单位 | 数值 | 增长值 | |
|---|---|---|---|---|
| | | | 累计增长（%） | 同比增长（%） |
| 企业数量 | 家 | 1710 | — | — |
| 亏损企业数 | 家 | 349 | — | — |
| 亏损总额 | 亿元 | 16.3 | -20.9 | — |
| 存货 | 亿元 | 399 | 22.5 | — |
| 产成品 | 亿元 | 192.9 | 32.4 | — |
| 流动资产合计 | 亿元 | 1423.6 | 6 | — |
| 应收账款 | 亿元 | 367.7 | 2 | — |
| 资产总计 | 亿元 | 2470.4 | 8.2 | — |
| 负债合计 | 亿元 | 1477.6 | 1 | — |
| 主营业务收入 | 亿元 | 4047.4 | 21.6 | — |
| 利润总额 | 亿元 | 217.2 | 31.6 | — |
| 主营业务成本 | 亿元 | 3676 | 21.9 | — |
| 销售费用 | 亿元 | 43.9 | 8.7 | — |
| 管理费用 | 亿元 | 99.5 | 22.4 | — |
| 财务费用 | 亿元 | 37.2 | 10.4 | — |
| 增加值 | — | — | 4.3 | 4.5 |
| 出口交货值当月值 | 亿元 | 1.8 | — | 58.3 |
| 出口交货值累计值 | 亿元 | 15.1 | -5.7 | — |

**2018 年黑色金属矿采选业行业情况**

| 项目 | 单位 | 数值 | 增长值 | |
|---|---|---|---|---|
| | | | 累计增长（%） | 同比增长（%） |
| 企业数量 | 家 | 1528 | — | — |
| 亏损企业数 | 家 | 449 | — | — |
| 亏损总额 | 亿元 | 176.3 | 31.1 | — |
| 存货 | 亿元 | 330.7 | -3 | — |
| 产成品 | 亿元 | 152.3 | -6.5 | — |
| 流动资产合计 | 亿元 | 3039.5 | -1.8 | — |
| 应收账款 | 亿元 | 463.5 | -31 | — |
| 资产总计 | 亿元 | 9922.6 | -1.8 | — |
| 负债合计 | 亿元 | 6024.7 | 4 | — |
| 主营业务收入 | 亿元 | 3276.3 | -3.5 | — |
| 利润总额 | 亿元 | 72.6 | -34.4 | — |
| 主营业务成本 | 亿元 | 2697.6 | -6.2 | — |
| 销售费用 | 亿元 | 70.3 | 5.4 | — |
| 管理费用 | 亿元 | 215.1 | 8.6 | — |
| 财务费用 | 亿元 | 154.8 | 45.5 | — |
| 增加值 | — | — | -4.7 | -2.8 |
| 出口交货值当月值 | 亿元 | 0 | — | -100 |
| 出口交货值累计值 | 亿元 | 0.4 | 36.3 | — |

**2018 年化学纤维制造业行业情况**

| 项目 | 单位 | 数值 | 增长值 | |
|---|---|---|---|---|
| | | | 累计增长（%） | 同比增长（%） |
| 企业数量 | 家 | 1832 | — | — |
| 亏损企业数 | 家 | 334 | — | — |
| 亏损总额 | 亿元 | 39.1 | 37.7 | — |
| 存货 | 亿元 | 916.4 | 7.7 | — |
| 产成品 | 亿元 | 467 | 24.4 | — |
| 流动资产合计 | 亿元 | 3559.9 | 6.7 | — |
| 应收账款 | 亿元 | 498.7 | 4.8 | — |
| 资产总计 | 亿元 | 7769.5 | 6.1 | — |
| 负债合计 | 亿元 | 4648.7 | 7.9 | — |
| 主营业务收入 | 亿元 | 7989.6 | 12.4 | — |
| 利润总额 | 亿元 | 393.9 | 10.3 | — |
| 主营业务成本 | 亿元 | 7197.8 | 13.1 | — |
| 销售费用 | 亿元 | 88.2 | -1.9 | — |
| 管理费用 | 亿元 | 260.4 | 14.3 | — |
| 财务费用 | 亿元 | 124.4 | 6.6 | — |
| 增加值 | — | — | 7.6 | 2.9 |
| 出口交货值当月值 | 亿元 | 50.7 | — | 13.2 |
| 出口交货值累计值 | 亿元 | 584.6 | 8.1 | — |

**2018 年家具制造业行业情况**

| 项目 | 单位 | 数值 | 增长值 | |
|---|---|---|---|---|
| | | | 累计增长（%） | 同比增长（%） |
| 企业数量 | 家 | 6300 | — | — |
| 亏损企业数 | 家 | 788 | — | — |
| 亏损总额 | 亿元 | 32.8 | 40.8 | — |
| 存货 | 亿元 | 783.4 | 1.1 | — |
| 产成品 | 亿元 | 303.7 | 0.5 | — |
| 流动资产合计 | 亿元 | 3270.2 | 7 | — |
| 应收账款 | 亿元 | 842 | 7.9 | — |
| 资产总计 | 亿元 | 5624.1 | 6.6 | — |
| 负债合计 | 亿元 | 2900 | 9.3 | — |
| 主营业务收入 | 亿元 | 7011.9 | 4.3 | — |
| 利润总额 | 亿元 | 425.9 | 4.3 | — |
| 主营业务成本 | 亿元 | 5858.7 | 3.7 | — |
| 销售费用 | 亿元 | 298.7 | 8.1 | — |
| 管理费用 | 亿元 | 399.6 | 11.5 | — |
| 财务费用 | 亿元 | 45 | -19.5 | — |
| 增加值 | — | — | 5.6 | 1.6 |
| 出口交货值当月值 | 亿元 | 178.9 | — | -3 |
| 出口交货值累计值 | 亿元 | 1750.6 | 2.4 | — |

**2018 年金属制品、机械和设备修理业行业情况**

| 项目 | 单位 | 数值 | 增长值 | |
|---|---|---|---|---|
| | | | 累计增长（%） | 同比增长（%） |
| 企业数量 | 家 | 361 | — | — |
| 亏损企业数 | 家 | 68 | — | — |
| 亏损总额 | 亿元 | 21.4 | 12 | — |
| 存货 | 亿元 | 198 | 2.4 | — |
| 产成品 | 亿元 | 15.9 | -24.3 | — |
| 流动资产合计 | 亿元 | 1003.8 | 5.6 | — |
| 应收账款 | 亿元 | 384.3 | 20.2 | — |
| 资产总计 | 亿元 | 1841.6 | 5.1 | — |
| 负债合计 | 亿元 | 975 | 2.3 | — |
| 主营业务收入 | 亿元 | 1087.6 | 6.3 | — |
| 利润总额 | 亿元 | 61.5 | 4.1 | — |
| 主营业务成本 | 亿元 | 921.3 | 5.2 | — |
| 销售费用 | 亿元 | 12.4 | -8.1 | — |
| 管理费用 | 亿元 | 89.6 | 9.3 | — |
| 财务费用 | 亿元 | 18.1 | 6.5 | — |
| 增加值 | — | — | 11.6 | 11.3 |
| 出口交货值当月值 | 亿元 | 32.9 | — | 17.3 |
| 出口交货值累计值 | 亿元 | 345.2 | 8.7 | — |

**2018 年金属制品业行业情况**

| 项目 | 单位 | 数值 | 增长值 | |
|---|---|---|---|---|
| | | | 累计增长（%） | 同比增长（%） |
| 企业数量 | 家 | 23739 | — | — |
| 亏损企业数 | 家 | 3325 | — | — |
| 亏损总额 | 亿元 | 202.5 | 22.4 | — |
| 存货 | 亿元 | 4034.6 | 6.3 | — |
| 产成品 | 亿元 | 1583.5 | 3.7 | — |
| 流动资产合计 | 亿元 | 16504.9 | 5.7 | — |
| 应收账款 | 亿元 | 5236.9 | 5.6 | — |
| 资产总计 | 亿元 | 27657 | 4.6 | — |
| 负债合计 | 亿元 | 15077.8 | 6.2 | — |
| 主营业务收入 | 亿元 | 33681.5 | 9.9 | — |
| 利润总额 | 亿元 | 1590.2 | 8 | — |
| 主营业务成本 | 亿元 | 29549 | 10.4 | — |
| 销售费用 | 亿元 | 762.1 | 6.8 | — |
| 管理费用 | 亿元 | 1502.9 | 10 | — |
| 财务费用 | 亿元 | 299.2 | -4.2 | — |
| 增加值 | — | — | 3.8 | 4 |
| 出口交货值当月值 | 亿元 | 329.2 | — | 2.2 |
| 出口交货值累计值 | 亿元 | 3693.5 | 8.6 | — |

**2018 年酒、饮料和精制茶制造业行业情况**

| 项目 | 单位 | 数值 | 增长值 | |
|---|---|---|---|---|
| | | | 累计增长（%） | 同比增长（%） |
| 企业数量 | 家 | 6805 | — | — |
| 亏损企业数 | 家 | 883 | — | — |
| 亏损总额 | 亿元 | 83 | -5.7 | — |
| 存货 | 亿元 | 2766 | 10.2 | — |
| 产成品 | 亿元 | 920 | 9.1 | — |
| 流动资产合计 | 亿元 | 10158.9 | 12.9 | — |
| 应收账款 | 亿元 | 1014.9 | 8.9 | — |
| 资产总计 | 亿元 | 17688.7 | 9 | — |
| 负债合计 | 亿元 | 7438.5 | 4.9 | — |
| 主营业务收入 | 亿元 | 15291.9 | 8.7 | — |
| 利润总额 | 亿元 | 2094.3 | 20.8 | — |
| 主营业务成本 | 亿元 | 10529.9 | 5.9 | — |
| 销售费用 | 亿元 | 1271.3 | 7.6 | — |
| 管理费用 | 亿元 | 734.9 | 7.2 | — |
| 财务费用 | 亿元 | 98.3 | -0.5 | — |
| 增加值 | — | — | 7.3 | 9.1 |
| 出口交货值当月值 | 亿元 | 23 | — | 8.4 |
| 出口交货值累计值 | 亿元 | 236.8 | 10.4 | — |

**2018 年煤炭开采和洗选业行业情况**

| 项目 | 单位 | 数值 | 增长值 | |
|---|---|---|---|---|
| | | | 累计增长（%） | 同比增长（%） |
| 企业数量 | 家 | 4505 | — | — |
| 亏损企业数 | 家 | 1070 | — | — |
| 亏损总额 | 亿元 | 327. 5 | 4. 3 | — |
| 存货 | 亿元 | 1668. 8 | -1. 6 | — |
| 产成品 | 亿元 | 665. 7 | -10. 4 | — |
| 流动资产合计 | 亿元 | 20654. 6 | 5. 3 | — |
| 应收账款 | 亿元 | 2403. 5 | 0. 6 | — |
| 资产总计 | 亿元 | 55089 | 4. 9 | — |
| 负债合计 | 亿元 | 36170. 9 | 1. 7 | — |
| 主营业务收入 | 亿元 | 22660. 3 | 5. 5 | — |
| 利润总额 | 亿元 | 2888. 2 | 5. 2 | — |
| 主营业务成本 | 亿元 | 15721. 4 | 5. 7 | — |
| 销售费用 | 亿元 | 575. 8 | 1. 6 | — |
| 管理费用 | 亿元 | 1712. 7 | 6. 2 | — |
| 财务费用 | 亿元 | 924. 7 | -1 | — |
| 增加值 | — | — | 2. 2 | 0. 4 |
| 出口交货值当月值 | 亿元 | 4. 1 | — | -9. 3 |
| 出口交货值累计值 | 亿元 | 42. 3 | -13. 7 | — |

**2018 年木材加工和木、竹、藤、棕、草制品业行业情况**

| 项目 | 单位 | 数值 | 增长值 | |
|---|---|---|---|---|
| | | | 累计增长（%） | 同比增长（%） |
| 企业数量 | 家 | 9153 | — | — |
| 亏损企业数 | 家 | 824 | — | — |
| 亏损总额 | 亿元 | 29. 5 | -3. 9 | — |
| 存货 | 亿元 | 786. 4 | 3. 9 | — |
| 产成品 | 亿元 | 350. 2 | 4 | — |
| 流动资产合计 | 亿元 | 2762. 2 | 5. 9 | — |
| 应收账款 | 亿元 | 665. 4 | 9. 6 | — |
| 资产总计 | 亿元 | 5403. 9 | 0. 4 | — |
| 负债合计 | 亿元 | 2565. 8 | 5. 3 | — |
| 主营业务收入 | 亿元 | 9165. 4 | 2 | — |
| 利润总额 | 亿元 | 475. 3 | -1. 5 | — |
| 主营业务成本 | 亿元 | 8070 | 2. 1 | — |
| 销售费用 | 亿元 | 227. 1 | 2. 4 | — |
| 管理费用 | 亿元 | 287 | 6. 5 | — |
| 财务费用 | 亿元 | 78. 4 | 0. 1 | — |
| 增加值 | — | — | 2. 8 | 3 |
| 出口交货值当月值 | 亿元 | 60. 6 | — | 6. 9 |
| 出口交货值累计值 | 亿元 | 612. 3 | 3. 8 | — |

**2018 年农副食品加工业行业情况**

| 项目 | 单位 | 数值 | 增长值 | |
|---|---|---|---|---|
| | | | 累计增长（%） | 同比增长（%） |
| 企业数量 | 家 | 25007 | — | — |
| 亏损企业数 | 家 | 3416 | — | — |
| 亏损总额 | 亿元 | 244.8 | 25.7 | — |
| 存货 | 亿元 | 4948.3 | 1.1 | — |
| 产成品 | 亿元 | 2021.5 | -0.7 | — |
| 流动资产合计 | 亿元 | 17130.3 | 5.3 | — |
| 应收账款 | 亿元 | 2782.1 | 4.9 | — |
| 资产总计 | 亿元 | 30808.6 | 3.3 | — |
| 负债合计 | 亿元 | 16845.9 | 5.6 | — |
| 主营业务收入 | 亿元 | 47263.1 | 3.6 | — |
| 利润总额 | 亿元 | 2124.4 | 5.6 | — |
| 主营业务成本 | 亿元 | 42373 | 3.4 | — |
| 销售费用 | 亿元 | 1172.1 | 4.4 | — |
| 管理费用 | 亿元 | 1182.2 | 6.4 | — |
| 财务费用 | 亿元 | 429 | 8.3 | — |
| 增加值 | — | — | 5.9 | 5.9 |
| 出口交货值当月值 | 亿元 | 227.9 | — | 4.1 |
| 出口交货值累计值 | 亿元 | 2312 | 3.6 | — |

**2018 年皮革、毛皮、羽毛及其制品和制鞋业行业情况**

| 项目 | 单位 | 数值 | 增长值 | |
|---|---|---|---|---|
| | | | 累计增长（%） | 同比增长（%） |
| 企业数量 | 家 | 8550 | — | — |
| 亏损企业数 | 家 | 995 | — | — |
| 亏损总额 | 亿元 | 40.3 | 38.5 | — |
| 存货 | 亿元 | 1054 | 1.7 | — |
| 产成品 | 亿元 | 397.7 | 3.4 | — |
| 流动资产合计 | 亿元 | 4028.7 | 1.2 | — |
| 应收账款 | 亿元 | 1164.1 | 4.9 | — |
| 资产总计 | 亿元 | 6511.3 | 0.1 | — |
| 负债合计 | 亿元 | 3103.3 | 0.5 | — |
| 主营业务收入 | 亿元 | 12092.5 | 4.8 | — |
| 利润总额 | 亿元 | 721 | 4.2 | — |
| 主营业务成本 | 亿元 | 10418.2 | 5 | — |
| 销售费用 | 亿元 | 312.3 | 6.3 | — |
| 管理费用 | 亿元 | 498.8 | 7.6 | — |
| 财务费用 | 亿元 | 86 | -7.6 | — |
| 增加值 | — | — | 4.7 | 6.4 |
| 出口交货值当月值 | 亿元 | 302.5 | — | 2.2 |
| 出口交货值累计值 | 亿元 | 3159 | 2.7 | — |

**2018 年其他采矿业行业情况**

| 项目 | 单位 | 数值 | 增长值 | |
|---|---|---|---|---|
| | | | 累计增长（%） | 同比增长（%） |
| 企业数量 | 家 | 21 | — | — |
| 亏损企业数 | 家 | 2 | — | — |
| 亏损总额 | 亿元 | 0 | 0 | — |
| 存货 | 亿元 | 1.5 | -37.5 | — |
| 产成品 | 亿元 | 0.6 | 20 | — |
| 流动资产合计 | 亿元 | 10.9 | 3.8 | — |
| 应收账款 | 亿元 | 5 | -15.3 | — |
| 资产总计 | 亿元 | 21.2 | -2.8 | — |
| 负债合计 | 亿元 | 11.1 | 0 | — |
| 主营业务收入 | 亿元 | 30.8 | -1.3 | — |
| 利润总额 | 亿元 | 0.8 | -27.3 | — |
| 主营业务成本 | 亿元 | 26.7 | 5.5 | — |
| 销售费用 | 亿元 | 1.4 | -36.4 | — |
| 管理费用 | 亿元 | 1.3 | -31.6 | — |
| 财务费用 | 亿元 | 0.2 | 0 | — |
| 增加值 | — | — | 3 | -5.3 |
| 出口交货值当月值 | 亿元 | 0 | — | 0 |
| 出口交货值累计值 | 亿元 | 0 | 0 | — |

**2018 年汽车制造业行业情况**

| 项目 | 单位 | 数值 | 增长值 | |
|---|---|---|---|---|
| | | | 累计增长（%） | 同比增长（%） |
| 企业数量 | 家 | 15174 | — | — |
| 亏损企业数 | 家 | 2731 | — | — |
| 亏损总额 | 亿元 | 642.5 | 38.6 | — |
| 存货 | 亿元 | 7690.3 | 8 | — |
| 产成品 | 亿元 | 3315.8 | 1.3 | — |
| 流动资产合计 | 亿元 | 47164.3 | 4.8 | — |
| 应收账款 | 亿元 | 14156.2 | 7.4 | — |
| 资产总计 | 亿元 | 79176.2 | 6.3 | — |
| 负债合计 | 亿元 | 46896.2 | 5.4 | — |
| 主营业务收入 | 亿元 | 80484.6 | 2.9 | — |
| 利润总额 | 亿元 | 6091.3 | -4.7 | — |
| 主营业务成本 | 亿元 | 67745.2 | 3.9 | — |
| 销售费用 | 亿元 | 2399.7 | 3.1 | — |
| 管理费用 | 亿元 | 4336.3 | 7.6 | — |
| 财务费用 | 亿元 | 311.7 | 7.3 | — |
| 增加值 | — | — | 4.9 | -4.1 |
| 出口交货值当月值 | 亿元 | 343.9 | — | 1.4 |
| 出口交货值累计值 | 亿元 | 3813.7 | 8.5 | — |

**2018 年燃气生产和供应业行业情况**

| 项目 | 单位 | 数值 | 增长值 | |
|---|---|---|---|---|
| | | | 累计增长（%） | 同比增长（%） |
| 企业数量 | 家 | 1693 | — | — |
| 亏损企业数 | 家 | 235 | — | — |
| 亏损总额 | 亿元 | 73.1 | 13.9 | — |
| 存货 | 亿元 | 261.6 | 7.3 | — |
| 产成品 | 亿元 | 63.2 | 12.5 | — |
| 流动资产合计 | 亿元 | 3549.7 | 11.6 | — |
| 应收账款 | 亿元 | 523.5 | 20.9 | — |
| 资产总计 | 亿元 | 10305.5 | 8 | — |
| 负债合计 | 亿元 | 6080.3 | 11.9 | — |
| 主营业务收入 | 亿元 | 7271.2 | 21 | — |
| 利润总额 | 亿元 | 591.3 | 9.5 | — |
| 主营业务成本 | 亿元 | 6322.3 | 23.3 | — |
| 销售费用 | 亿元 | 203 | 9.3 | — |
| 管理费用 | 亿元 | 240 | 10 | — |
| 财务费用 | 亿元 | 85.8 | 13.5 | — |
| 增加值 | — | — | 17.7 | 21.7 |
| 出口交货值当月值 | 亿元 | 2.3 | — | 55.9 |
| 出口交货值累计值 | 亿元 | 21.5 | 48.9 | — |

**2018 年石油和天然气开采业行业情况**

| 项目 | 单位 | 数值 | 增长值 | |
|---|---|---|---|---|
| | | | 累计增长（%） | 同比增长（%） |
| 企业数量 | 家 | 123 | — | — |
| 亏损企业数 | 家 | 50 | — | — |
| 亏损总额 | 亿元 | 284.4 | -66 | — |
| 存货 | 亿元 | 206.3 | 2 | — |
| 产成品 | 亿元 | 101.7 | -2.9 | — |
| 流动资产合计 | 亿元 | 2937.9 | 13.8 | — |
| 应收账款 | 亿元 | 417 | 80.8 | — |
| 资产总计 | 亿元 | 19348.3 | 2.8 | — |
| 负债合计 | 亿元 | 8048.3 | -7.1 | — |
| 主营业务收入 | 亿元 | 8436.6 | 22.8 | — |
| 利润总额 | 亿元 | 1627.5 | 438.9 | — |
| 主营业务成本 | 亿元 | 4953.6 | -1.6 | — |
| 销售费用 | 亿元 | 35.6 | -10.3 | — |
| 管理费用 | 亿元 | 627.1 | -6 | — |
| 财务费用 | 亿元 | 115 | -15.8 | — |
| 增加值 | — | — | 2 | 6.7 |
| 出口交货值当月值 | 亿元 | 1.4 | — | 73.4 |
| 出口交货值累计值 | 亿元 | 10.4 | -1.2 | — |

**2018 年食品制造业行业情况**

| 项目 | 单位 | 数值 | 增长值 | |
|---|---|---|---|---|
| | | | 累计增长（%） | 同比增长（%） |
| 企业数量 | 家 | 8981 | — | — |
| 亏损企业数 | 家 | 1234 | — | — |
| 亏损总额 | 亿元 | 145.5 | 48.6 | — |
| 存货 | 亿元 | 1742.4 | 8.5 | — |
| 产成品 | 亿元 | 747.3 | 6.7 | — |
| 流动资产合计 | 亿元 | 7842 | 7.1 | — |
| 应收账款 | 亿元 | 1568.3 | -1.4 | — |
| 资产总计 | 亿元 | 15641.9 | 7 | — |
| 负债合计 | 亿元 | 7180.8 | 5.1 | — |
| 主营业务收入 | 亿元 | 18348.2 | 7.3 | — |
| 利润总额 | 亿元 | 1552.2 | 6.1 | — |
| 主营业务成本 | 亿元 | 14325.1 | 6.7 | — |
| 销售费用 | 亿元 | 1548.9 | 9.7 | — |
| 管理费用 | 亿元 | 823.2 | 9.1 | — |
| 财务费用 | 亿元 | 119 | 0.7 | — |
| 增加值 | — | — | 6.7 | 8.5 |
| 出口交货值当月值 | 亿元 | 98.2 | — | 7.4 |
| 出口交货值累计值 | 亿元 | 1034.6 | 8 | — |

**2018 年水的生产和供应业行业情况**

| 项目 | 单位 | 数值 | 增长值 | |
|---|---|---|---|---|
| | | | 累计增长（%） | 同比增长（%） |
| 企业数量 | 家 | 1934 | — | — |
| 亏损企业数 | 家 | 421 | — | — |
| 亏损总额 | 亿元 | 68.4 | 12.3 | — |
| 存货 | 亿元 | 137.9 | 24.5 | — |
| 产成品 | 亿元 | 20 | 43.9 | — |
| 流动资产合计 | 亿元 | 4431.5 | 12.9 | — |
| 应收账款 | 亿元 | 490 | 25.3 | — |
| 资产总计 | 亿元 | 14168.6 | 8.7 | — |
| 负债合计 | 亿元 | 8037 | 9.6 | — |
| 主营业务收入 | 亿元 | 2473.3 | 9.6 | — |
| 利润总额 | 亿元 | 282.6 | 7.1 | — |
| 主营业务成本 | 亿元 | 1828.8 | 8.2 | — |
| 销售费用 | 亿元 | 151.1 | 12.1 | — |
| 管理费用 | 亿元 | 257.8 | 8.5 | — |
| 财务费用 | 亿元 | 115.1 | 14.9 | — |
| 增加值 | — | — | 6.8 | 8.4 |
| 出口交货值当月值 | 亿元 | 0.3 | — | -72.8 |
| 出口交货值累计值 | 亿元 | 43.4 | -12.6 | — |

**2018 年铁路、船舶、航空航天和其他运输设备制造业行业情况**

| 项目 | 单位 | 数值 | 增长值 | |
|---|---|---|---|---|
| | | | 累计增长（%） | 同比增长（%） |
| 企业数量 | 家 | 4790 | — | — |
| 亏损企业数 | 家 | 827 | — | — |
| 亏损总额 | 亿元 | 184. 9 | -3 | — |
| 存货 | 亿元 | 2634. 8 | 3. 2 | — |
| 产成品 | 亿元 | 521 | 5. 3 | — |
| 流动资产合计 | 亿元 | 10236. 9 | 2. 1 | — |
| 应收账款 | 亿元 | 3037. 8 | 3. 1 | — |
| 资产总计 | 亿元 | 16398. 5 | 1. 3 | — |
| 负债合计 | 亿元 | 9764. 8 | 0. 2 | — |
| 主营业务收入 | 亿元 | 11661. 2 | 4 | — |
| 利润总额 | 亿元 | 673 | 5. 8 | — |
| 主营业务成本 | 亿元 | 9869. 2 | 4. 4 | — |
| 销售费用 | 亿元 | 269. 5 | 3. 8 | — |
| 管理费用 | 亿元 | 823. 1 | 8. 7 | — |
| 财务费用 | 亿元 | 103 | -17 | — |
| 增加值 | — | — | 5. 3 | 13. 8 |
| 出口交货值当月值 | 亿元 | 209. 1 | — | 0 |
| 出口交货值累计值 | 亿元 | 2001. 1 | 2. 2 | — |

**2018 年通用设备制造业行业情况**

| 项目 | 单位 | 数值 | 增长值 | |
|---|---|---|---|---|
| | | | 累计增长（%） | 同比增长（%） |
| 企业数量 | 家 | 23869 | — | — |
| 亏损企业数 | 家 | 3344 | — | — |
| 亏损总额 | 亿元 | 244. 9 | 16. 3 | — |
| 存货 | 亿元 | 6846. 4 | 7. 1 | — |
| 产成品 | 亿元 | 2386. 8 | 8. 2 | — |
| 流动资产合计 | 亿元 | 27105. 7 | 6. 1 | — |
| 应收账款 | 亿元 | 8560. 8 | 7 | — |
| 资产总计 | 亿元 | 42169. 5 | 5. 5 | — |
| 负债合计 | 亿元 | 22516. 1 | 6 | — |
| 主营业务收入 | 亿元 | 37688. 9 | 7. 7 | — |
| 利润总额 | 亿元 | 2526. 9 | 7. 3 | — |
| 主营业务成本 | 亿元 | 31197. 6 | 7. 6 | — |
| 销售费用 | 亿元 | 1292. 6 | 8. 9 | — |
| 管理费用 | 亿元 | 2477. 2 | 9. 8 | — |
| 财务费用 | 亿元 | 301. 5 | -7. 6 | — |
| 增加值 | — | — | 7. 2 | 6. 5 |
| 出口交货值当月值 | 亿元 | 488. 1 | — | 6. 2 |
| 出口交货值累计值 | 亿元 | 5245. 3 | 8 | — |

**2018 年文教、工美、体育和娱乐用品制造业行业情况**

| 项目 | 单位 | 数值 | 增长值 | |
|---|---|---|---|---|
| | | | 累计增长（%） | 同比增长（%） |
| 企业数量 | 家 | 9307 | — | — |
| 亏损企业数 | 家 | 1167 | — | — |
| 亏损总额 | 亿元 | 51.3 | 39.4 | — |
| 存货 | 亿元 | 2042.4 | 7.2 | — |
| 产成品 | 亿元 | 1004.1 | 9.1 | — |
| 流动资产合计 | 亿元 | 5506.1 | 3.8 | — |
| 应收账款 | 亿元 | 1327.7 | 2.6 | — |
| 资产总计 | 亿元 | 8689.6 | 3.1 | — |
| 负债合计 | 亿元 | 4604.3 | 5.1 | — |
| 主营业务收入 | 亿元 | 13315.9 | 5 | — |
| 利润总额 | 亿元 | 710.9 | 7.1 | — |
| 主营业务成本 | 亿元 | 11576 | 4.9 | — |
| 销售费用 | 亿元 | 347.9 | 4.2 | — |
| 管理费用 | 亿元 | 578.7 | 7.8 | — |
| 财务费用 | 亿元 | 102.5 | -8.2 | — |
| 增加值 | — | — | 7.8 | 7 |
| 出口交货值当月值 | 亿元 | 345 | — | 2.4 |
| 出口交货值累计值 | 亿元 | 3698.8 | 2.5 | — |

**2018 年橡胶和塑料制品业行业情况**

| 项目 | 单位 | 数值 | 增长值 | |
|---|---|---|---|---|
| | | | 累计增长（%） | 同比增长（%） |
| 企业数量 | 家 | 18621 | — | — |
| 亏损企业数 | 家 | 2703 | — | — |
| 亏损总额 | 亿元 | 160 | 10.3 | — |
| 存货 | 亿元 | 2852.3 | 5.8 | — |
| 产成品 | 亿元 | 1269.9 | 4 | — |
| 流动资产合计 | 亿元 | 12438.1 | 2.5 | — |
| 应收账款 | 亿元 | 3844.3 | 2.5 | — |
| 资产总计 | 亿元 | 22027.6 | 2 | — |
| 负债合计 | 亿元 | 11199.1 | 2.1 | — |
| 主营业务收入 | 亿元 | 24427.1 | 3.6 | — |
| 利润总额 | 亿元 | 1248.6 | 3.6 | — |
| 主营业务成本 | 亿元 | 20973.3 | 3.3 | — |
| 销售费用 | 亿元 | 726.3 | 5.4 | — |
| 管理费用 | 亿元 | 1252.5 | 8.3 | — |
| 财务费用 | 亿元 | 227.9 | -5.9 | — |
| 增加值 | — | — | 3.2 | 3.7 |
| 出口交货值当月值 | 亿元 | 343.9 | — | 5.5 |
| 出口交货值累计值 | 亿元 | 3698.7 | 6.6 | — |

### 2018 年烟草制品业行业情况

| 项目 | 单位 | 数值 | 增长值 | |
|---|---|---|---|---|
| | | | 累计增长（%） | 同比增长（%） |
| 企业数量 | 家 | 116 | — | — |
| 亏损企业数 | 家 | 15 | — | — |
| 亏损总额 | 亿元 | 13.8 | 137.9 | — |
| 存货 | 亿元 | 4714.5 | -1.1 | — |
| 产成品 | 亿元 | 345.2 | 13.7 | — |
| 流动资产合计 | 亿元 | 7750.7 | 3.5 | — |
| 应收账款 | 亿元 | 467.9 | -17.9 | — |
| 资产总计 | 亿元 | 10881.1 | 3.3 | — |
| 负债合计 | 亿元 | 2619.6 | 4.3 | — |
| 主营业务收入 | 亿元 | 9291.2 | 4.9 | — |
| 利润总额 | 亿元 | 923.5 | -4.6 | — |
| 主营业务成本 | 亿元 | 2619 | 3.7 | — |
| 销售费用 | 亿元 | 163.6 | 3.2 | — |
| 管理费用 | 亿元 | 498.2 | 6.7 | — |
| 财务费用 | 亿元 | -23.9 | -1.2 | — |
| 增加值 | — | — | 6 | -17.7 |
| 出口交货值当月值 | 亿元 | 6.7 | — | 15.8 |
| 出口交货值累计值 | 亿元 | 44.5 | 13 | — |

### 2018 年医药制造业行业情况

| 项目 | 单位 | 数值 | 增长值 | |
|---|---|---|---|---|
| | | | 累计增长（%） | 同比增长（%） |
| 企业数量 | 家 | 7581 | — | — |
| 亏损企业数 | 家 | 1095 | — | — |
| 亏损总额 | 亿元 | 147.8 | 15.6 | — |
| 存货 | 亿元 | 4044.8 | 16.2 | — |
| 产成品 | 亿元 | 1795.9 | 18.3 | — |
| 流动资产合计 | 亿元 | 18478.9 | 12.2 | — |
| 应收账款 | 亿元 | 4100.1 | 12.4 | — |
| 资产总计 | 亿元 | 32913.1 | 11.3 | — |
| 负债合计 | 亿元 | 13744.7 | 13 | — |
| 主营业务收入 | 亿元 | 23986.3 | 12.6 | — |
| 利润总额 | 亿元 | 3094.2 | 9.5 | — |
| 主营业务成本 | 亿元 | 13986.1 | 7.2 | — |
| 销售费用 | 亿元 | 4803.4 | 31.7 | — |
| 管理费用 | 亿元 | 2047.8 | 17.1 | — |
| 财务费用 | 亿元 | 211.1 | -10.7 | — |
| 增加值 | — | — | 9.7 | 8.8 |
| 出口交货值当月值 | 亿元 | 149.1 | — | 4.4 |
| 出口交货值累计值 | 亿元 | 1459.4 | 11.4 | — |

**2018 年仪器仪表制造业行业情况**

| 项目 | 单位 | 数值 | 增长值 | |
|---|---|---|---|---|
| | | | 累计增长（%） | 同比增长（%） |
| 企业数量 | 家 | 4355 | — | — |
| 亏损企业数 | 家 | 561 | — | — |
| 亏损总额 | 亿元 | 50 | 37 | — |
| 存货 | 亿元 | 1349.6 | 11.7 | — |
| 产成品 | 亿元 | 455.1 | 8.8 | — |
| 流动资产合计 | 亿元 | 6463.4 | 10.1 | — |
| 应收账款 | 亿元 | 2142.9 | 7.6 | — |
| 资产总计 | 亿元 | 9833 | 12.2 | — |
| 负债合计 | 亿元 | 4378.9 | 10.9 | — |
| 主营业务收入 | 亿元 | 8091.6 | 8.6 | — |
| 利润总额 | 亿元 | 780.5 | 6.9 | — |
| 主营业务成本 | 亿元 | 6310.6 | 8.5 | — |
| 销售费用 | 亿元 | 379.6 | 12.2 | — |
| 管理费用 | 亿元 | 675.1 | 10.4 | — |
| 财务费用 | 亿元 | 43.2 | -19.4 | — |
| 增加值 | — | — | 6.2 | 9.2 |
| 出口交货值当月值 | 亿元 | 121.6 | — | 1 |
| 出口交货值累计值 | 亿元 | 1295.4 | 3.9 | — |

**2018 年印刷和记录媒介复制业行业情况**

| 项目 | 单位 | 数值 | 增长值 | |
|---|---|---|---|---|
| | | | 累计增长（%） | 同比增长（%） |
| 企业数量 | 家 | 5706 | — | — |
| 亏损企业数 | 家 | 778 | — | — |
| 亏损总额 | 亿元 | 33.3 | 10.3 | — |
| 存货 | 亿元 | 626.2 | 2.7 | — |
| 产成品 | 亿元 | 241.4 | 1.6 | — |
| 流动资产合计 | 亿元 | 3094.8 | 2.5 | — |
| 应收账款 | 亿元 | 992.3 | 4.9 | — |
| 资产总计 | 亿元 | 5752.4 | 3.6 | — |
| 负债合计 | 亿元 | 2576 | 3.1 | — |
| 主营业务收入 | 亿元 | 6386.7 | 5.1 | — |
| 利润总额 | 亿元 | 425.6 | 6.1 | — |
| 主营业务成本 | 亿元 | 5374.4 | 5.1 | — |
| 销售费用 | 亿元 | 177.6 | 4.4 | — |
| 管理费用 | 亿元 | 386.8 | 8.4 | — |
| 财务费用 | 亿元 | 45.5 | -13.5 | — |
| 增加值 | — | — | 6.6 | 9.1 |
| 出口交货值当月值 | 亿元 | 47.4 | — | 6.2 |
| 出口交货值累计值 | 亿元 | 503.7 | 6.1 | — |

**2018年有色金属矿采选业行业情况**

| 项目 | 单位 | 数值 | 增长值 | |
|---|---|---|---|---|
| | | | 累计增长（%） | 同比增长（%） |
| 企业数量 | 家 | 1456 | — | — |
| 亏损企业数 | 家 | 315 | — | — |
| 亏损总额 | 亿元 | 49.6 | 31.9 | — |
| 存货 | 亿元 | 387.7 | -0.2 | — |
| 产成品 | 亿元 | 160 | -7.9 | — |
| 流动资产合计 | 亿元 | 1967.2 | 1.7 | — |
| 应收账款 | 亿元 | 285.9 | 8.1 | — |
| 资产总计 | 亿元 | 5785.4 | 2.8 | — |
| 负债合计 | 亿元 | 3252.4 | 4 | — |
| 主营业务收入 | 亿元 | 3682.7 | 2.8 | — |
| 利润总额 | 亿元 | 419.8 | 0.2 | — |
| 主营业务成本 | 亿元 | 2808.1 | 1.6 | — |
| 销售费用 | 亿元 | 47.8 | 9.1 | — |
| 管理费用 | 亿元 | 230.3 | 7.1 | — |
| 财务费用 | 亿元 | 78.9 | 15 | — |
| 增加值 | — | — | 1.5 | 7.8 |
| 出口交货值当月值 | 亿元 | 1.6 | — | 48 |
| 出口交货值累计值 | 亿元 | 11.3 | 12.7 | — |

**2018年专用设备制造业行业情况**

| 项目 | 单位 | 数值 | 增长值 | |
|---|---|---|---|---|
| | | | 累计增长（%） | 同比增长（%） |
| 企业数量 | 家 | 18057 | — | — |
| 亏损企业数 | 家 | 2578 | — | — |
| 亏损总额 | 亿元 | 288.5 | 23.8 | — |
| 存货 | 亿元 | 6231.6 | 13 | — |
| 产成品 | 亿元 | 2192 | 14.4 | — |
| 流动资产合计 | 亿元 | 25543.3 | 10.9 | — |
| 应收账款 | 亿元 | 7900.5 | 8.4 | — |
| 资产总计 | 亿元 | 39752.7 | 9.2 | — |
| 负债合计 | 亿元 | 22180.4 | 11.6 | — |
| 主营业务收入 | 亿元 | 29126.8 | 11 | — |
| 利润总额 | 亿元 | 2035.1 | 15.8 | — |
| 主营业务成本 | 亿元 | 23528.1 | 10.4 | — |
| 销售费用 | 亿元 | 1233.6 | 14.6 | — |
| 管理费用 | 亿元 | 2078.9 | 11.2 | — |
| 财务费用 | 亿元 | 338.6 | -7.8 | — |
| 增加值 | — | — | 10.9 | 11.7 |
| 出口交货值当月值 | 亿元 | 346.3 | — | 12.3 |
| 出口交货值累计值 | 亿元 | 3331.4 | 9.5 | — |

# 2018 年工业行业主要产品产量统计数据

**2018 年主要工业产品销量**

| 产品名称 | 单位 | 销售量累计值 | 产销率同比增减（%） | 库存比年初增减（%） |
| --- | --- | --- | --- | --- |
| 铁矿石原矿 | 万吨 | 20470.31 | -3 | -5.3 |
| 原盐 | 万吨 | 5554.02 | -1 | -1.2 |
| 精制食用植物油 | 万吨 | 4857.49 | 0.5 | 1.4 |
| 乳制品 | 万吨 | 2681.46 | 0.2 | 16 |
| 白酒（折 65 度，商品量） | 万千升 | 854.65 | -1.3 | -3.6 |
| 饮料 | 万吨 | 15634.82 | -1.2 | -0.6 |
| 卷烟 | 亿支 | 23717.6 | 1.5 | -15.7 |
| 纱 | 万吨 | 2918.71 | 0.1 | 9.1 |
| 布 | 亿米 | 486.05 | 0.5 | 16.4 |
| 服装 | 亿件 | 219.7 | -1.7 | 3.9 |
| 机制纸及纸板 | 万吨 | 11585.76 | 1 | 4.7 |
| 硫酸（折 100%） | 万吨 | 5495.02 | -0.2 | 24.6 |
| 烧碱（折 100%） | 万吨 | 3159.1 | 1.7 | -13.3 |
| 纯碱（碳酸钠） | 万吨 | 2651.35 | 4.8 | -45.3 |
| 碳化钙（电石，折 300 升/千克） | 万吨 | 2079.09 | 0 | 53.3 |
| 乙烯 | 万吨 | 129.92 | -0.1 | 19.1 |
| 合成氨（无水氨） | 万吨 | 1434.8 | 0.1 | -2.1 |
| 农用氮磷钾化学肥料总计（折纯） | 万吨 | 5282.81 | 0.1 | 3.7 |
| 氮肥（折含氮 100%） | 万吨 | 3344.95 | -1.1 | 10.9 |
| 磷肥（折五氧化二磷 100%） | 万吨 | 1297.16 | 0.5 | 12.7 |
| 化学农药原药（折有效成分 100%） | 万吨 | 189.24 | 3.5 | 15.7 |
| 涂料 | 万吨 | 1746.83 | 0.3 | 7.7 |
| 初级形态塑料 | 万吨 | 8420.8 | 0.9 | 8.1 |
| 合成橡胶 | 万吨 | 540.42 | -1.7 | 25.5 |
| 合成洗涤剂 | 万吨 | 915.64 | -0.5 | 6.9 |
| 化学药品原药 | 万吨 | 271.91 | 0 | 9 |

续 表

| 产品名称 | 单位 | 销售量累计值 | 产销率同比增减（%） | 库存比年初增减（%） |
| --- | --- | --- | --- | --- |
| 化学纤维 | 万吨 | 4837.77 | -0.6 | 21.9 |
| 橡胶轮胎外胎 | 万条 | 81402.81 | -0.7 | 7.3 |
| 塑料制品 | 万吨 | 5855.54 | -0.3 | 15.7 |
| 水泥 | 万吨 | 216870.28 | -0.5 | 7.6 |
| 平板玻璃 | 万重量箱 | 81812.19 | -2.5 | 39.4 |
| 生铁 | 万吨 | 5268.02 | 0.4 | 39.7 |
| 粗钢 | 万吨 | 14016.28 | 0.7 | 4.7 |
| 钢材 | 万吨 | 108958.87 | 0.9 | 1.6 |
| 十种有色金属 | 万吨 | 5423.84 | -0.3 | 4.3 |
| 氧化铝 | 万吨 | 7088.04 | 0.8 | 1.5 |
| 原铝（电解铝） | 万吨 | 3371.77 | -0.2 | 3 |
| 金属切削机床 | 万台 | 48.24 | -1.5 | 6.1 |
| 挖掘机 | 万台 | 25.59 | 1.5 | 58.6 |
| 汽车 | 万辆 | 2816.33 | 1.3 | -13.2 |
| 轿车 | 万辆 | 1165.07 | 1.4 | -18.7 |
| 运动型多用途用车（SUV） | 万辆 | 923.58 | 0.7 | 1.9 |
| 载货汽车 | 万辆 | 375.81 | 2.1 | -9.9 |
| 新能源汽车 | 万辆 | 131.73 | 1.7 | 11 |
| 民用钢质船舶 | 万载重吨 | 3191.81 | -0.7 | 1 |
| 发电机组（发电设备） | 万千瓦 | 10276.25 | 5.7 | 8 |
| 家用洗衣机 | 万台 | 7193.09 | -0.7 | -10.5 |
| 家用电冰箱 | 万台 | 8004.97 | -0.3 | 13.8 |
| 房间空气调节器 | 万台 | 20142.5 | 3 | 11.9 |
| 电子计算机整机 | 万台 | 34807.4 | 0.3 | 2.1 |
| 移动通信手持机（手机） | 万台 | 181247.71 | 0.3 | 28.2 |
| 彩色电视机 | 万台 | 20306.26 | 0.2 | 5.8 |
| 集成电路 | 万块 | 16812282.6 | -2 | 35.2 |

# 第五篇

# 政策法规篇

# 工业和信息化部 财政部关于印发国家新材料生产应用示范平台建设方案、国家新材料测试评价平台建设方案的通知

工信部联原〔2017〕331号

各省、自治区、直辖市及计划单列市、新疆生产建设兵团工业和信息化主管部门、财政厅（局）：

为贯彻落实《新材料产业发展指南》，加快新材料产业重点平台建设，工业和信息化部、财政部联合制定了《国家新材料生产应用示范平台建设方案》《国家新材料测试评价平台建设方案》，并经国家新材料产业发展领导小组审议通过。现印发你们，请结合实际认真贯彻实施。

附件1：国家新材料生产应用示范平台建设方案

附件2：国家新材料测试评价平台建设方案

工业和信息化部

财政部

2017年12月22日

**附件1**

## 国家新材料生产应用示范平台建设方案

为全面提升新材料产业生产应用推广水平，按照国家新材料产业发展领导小组总体部署和国务院同意的《工业和信息化部财政部关于开展新材料产业重点平台建设工作的报告》，特制订本方案。

### 一、必要性和紧迫性

新材料产业是战略性、基础性产业，也是高技术竞争的关键领域，事关长远和全局。经过多年努力，我国新材料产业发展取得了长足进步，但仍处于培育发展阶段，与世界先进水平相比仍有较大差距，特别是生产与应用相互脱节、关键领域保障不足的问题十分突出。新材料从开发、产业化到应用，需要上下游联合攻关、不断迭代，企业应用新材料并不断反馈问题，生产企业不断完善和改进工艺，最终实现协同发展。在关键领域建立国家新材料生产应用示范平台，旨在构建上下游有效协同的新机制、新体制、新体系，填补生产应用衔接空缺，缩短开发应用周期，实现新材料与终端产品同步设计、系统验证，推动企业完成研究开发到实现应用这一关键而惊险的“一跃”，为国民经济社会发展和国防

科技工业建设提供有力支撑。

## 二、总体要求

### （一）总体思路

牢固树立和贯彻落实新发展理念，围绕制造强国战略需求，整合优势资源，促进新材料供需对接，强化应用示范，推动料要成材、材要成器、器要好用，研发一批、储备一批、应用一批，实现一代材料、一代产业，为我国新材料产业快速健康发展提供支撑和保障。

### （二）基本原则

市场主导、政府推动。构建企业为主体、产学研用紧密结合的运作机制，实现自主建设、市场化运作、上下游协同发展。更好发挥政府的作用，推进体制机制改革，营造有利于国家新材料生产应用示范平台建设运营的政策环境。

统筹布局、有序建设。坚持需求牵引与战略导向相结合，立足当前、着眼长远，遵循新材料产业发展规律，统筹考虑国家新材料生产应用示范平台布局。整合产业链各环节优势资源，科学论证、合理定位，成熟一个、建设一个。

产用结合、示范推广。国家新材料生产应用示范平台要统筹关键领域的研发、产业化和应用示范工程，加速生产应用技术迭代，培育新材料应用初期市场，实现新材料工业与关键领域快速健康发展。

### （三）关键领域布局

国家新材料生产应用示范平台以新材料生产企业和应用企业为主联合组建，吸收产业链相关单位，衔接已有国家科技创新基地，打破技术与行业壁垒，实现新材料与终端产品协同联动。围绕《新材料产业发展指南》明确的十大重点，力争到2020年在关键领域建立20家左右。

## 三、主要内容

### （一）建设任务

1. 新材料应用评价设施。围绕新材料应用技术创新、服役评价，进一步完善应用验证装置、应用环境模拟装置、材料服役性能检测仪器、全尺寸考核装置等相关硬件设施，支撑材料应用模拟、性能评价、风险分析和技术示范。

2. 新材料应用示范线。面向新材料应用需求，完善应用示范线建设及专用设备、工程化应用设施等，重点突破新材料质量控制、批量化稳定生产、低成本工艺应用，提高专用生产装备自主保障能力，发挥应用示范作用。

3. 新材料生产应用信息数据库。加强生产应用技术参数信息共享与数据积累，建设新材料生产应用数据库，为新材料性能分析、应用评价、故障诊断等提供支撑，建立科学的评估体系。定期研究制定关键领域技术路线图，提出新材料需求指南。

4. 新材料生产应用公共服务体系。组织制定产品标准与设计规范，促进新材料标准及下游应用设计规范衔接配套。开展新材料和终端产品委托开发、应用验证、知识产权协同运用、企业孵化等公共服务。

5. 新材料生产应用人才服务体系。紧盯国际科技前沿，用市场化手段，大力引进国（境）外人才。按需施策、精准引才。积极实施人才境外培训计划，加强高层次人才队伍建设。

### （二）管理和运行

国家新材料生产应用示范平台组建方式原则上由参与创建的各成员单位协商决定，可采取企业法人、联合体等形式。建立科学的决策机制，设立专家委员会、监督委员会等，实现责权明确、科学管理。可建立成员单位分平台，吸收各单位新技术、新模式、新应用，建立紧密的上下游合作机制。对于采取联合体形式组建的，成员单位需要签订合同并约定上述相关事项。平台组建后按照市场化运行，自主决策、自负盈亏。建设和运行经费主要由成员单位自筹、技术转让、对外服务、产业化运营收益等渠道解决。强化生产应用推广，积极通过多种形式宣传平台成果。

## 四、保障措施

### （一）加强统筹协调和组织领导

在国家新材料产业发展领导小组领导下，加

强顶层设计，强化各部门及地方组织协调，整合资源，形成合力，推进国家新材料生产应用示范平台建设。国家新材料产业发展专家咨询委员会为平台建设及运行提供咨询服务。

**（二）建立多元化融资渠道**

鼓励国家新材料生产应用示范平台通过股权、债权等方式吸引社会资本。平台成员单位可按照约定，通过入股等方式投入。研究支持符合条件的平台通过发行公司债券和资产支持证券融资。

**（三）加大财政资金和政策支持**

中央财政通过工业转型升级（中国制造2025）资金，对符合条件的项目给予资金支持，重点支持国家新材料生产应用示范平台关键应用技术示范、公共服务能力提升等工作。充分利用新材料首批次保险补偿等现有政策按规定支持平台发展。平台建成后将作为承接国家新材料产业发展相关任务的重要载体，对于平台研究提出的新材料研发、产业化和示范应用项目，符合条件的鼓励其加快推广应用。

**（四）加强人才激励、培养和引进**

鼓励国家新材料生产应用示范平台建立人才激励机制，落实股权、期权激励和奖励等收益分配政策，制定关键管理岗位人员股权激励政策。加大新材料领域相关人才政策向平台倾斜，积极选派具有发展潜力的中青年技术骨干参加新材料人才境外培训。鼓励平台积极引进新材料领域外国专家人才，开展新材料人才国际交流合作。

**（五）加强知识产权的保护运用**

对生产应用示范产品的核心关键专利申请，根据有关规定实施优先审查，提高审查的质量和效率。鼓励研究机构及企业建立知识产权评议机制，开展知识产权评议工作。加强产业专利联盟和专利池建设，促进知识产权创造、运用及分享。严厉打击针对生产应用示范产品的知识产权违法行为。

**附件2**

# 国家新材料测试评价平台建设方案

为全面提升我国新材料测试评价水平，按照国家新材料产业发展领导小组总体部署和国务院同意的《工业和信息化部财政部关于开展新材料产业重点平台建设工作的报告》，特制订本方案。

## 一、必要性和紧迫性

测试评价贯穿材料研发、生产、应用全过程，是材料产业提质升级的基础和关键环节。我国材料测试评价机构众多，基本满足了材料工业的发展需求。但材料测试评价机构普遍规模较小，部分测试评价方法落后，高性能测试仪器设备依赖进口，部分高端仪器设备长期闲置，高水平测试评价人才不足，市场化服务能力弱。测试评价机构对新材料缺少统一的测试方法和标准，新材料测试评价数据积累不足、缺乏共享，应用企业对新材料生产企业的测试评价结果缺乏信任，与国际测试评价机构缺乏协同互认。随着新材料产业的快速发展，迫切需要建立国家新材料测试评价平台，构建新材料测试评价体系，解决新材料测试评价的瓶颈和短板，提升测试评价能力和水平，为新材料产业快速健康发展提供支撑。

## 二、总体要求

### （一）总体思路

牢固树立和贯彻落实新发展理念，以国家战略和新材料产业发展需求为导向，发挥中国新材料测试评价联盟作用，依托测试评价、认证、计量等机构，联合新材料生产企业、应用单位、科研院所，完善新材料测试评价方法及标准，提高测试评价仪器、装备和设施的能力，开展新材料测试、质量评估、模拟验证、数据分析、应用评价和认证计量等公共服务，形成公平公正、共享共用的“主中心＋行业中心＋区域中心”测试评价体系。

**（二）基本原则**

战略引领、问题导向。围绕制造强国战略、国防军工建设等国家重大需求，强化顶层设计，突出重点，加强军民融合，系统谋划平台布局，着力解决新材料测试评价领域存在的突出问题。

整合资源、增量提升。梳理我国新材料领域测试评价优势资源，优化配置、盘活存量、提高效率。以存量吸引增量，集中力量突破应用评价等薄弱环节，提升关键、共性测试评价技术水平和装备条件。

开放合作、共享发展。加强在新材料测试评价技术、计量技术、标准、管理、人才等方面的交流合作，积极推动国际互认。依靠互联网推进不同平台之间测试评价资源互补互通，扩大测试结果、数据、标准等共享共用。

创新机制、创建品牌。充分发挥市场机制作用，吸引地方政府、社会资本、行业测试评价机构、上下游企业、互联网企业、其他平台共同参与国家新材料测试评价平台建设。坚持公益性和市场化相结合，着力培育市场认可、权威性强的第三方测试评价品牌。

**（三）发展目标**

到2020年，完成国家新材料测试评价平台总体布局，初步形成测试评价服务网络体系。建设具备统筹协调、资源共享和认证服务等功能的主中心。在先进基础材料、关键战略材料和前沿新材料等领域，建成若干个行业中心。根据产业集聚现状，布局一批区域中心。重点新材料的测试评价问题得到基本解决。

到2025年，主中心和行业中心能力进一步提升，区域中心基本满足地方新材料产业发展需求，辐射带动效果明显增强。主中心、行业中心、区域中心协调配套的新材料测试服务体系基本健全，网络化服务能力和共享共用水平大幅提高，基本形成覆盖全国主要新材料产业集聚区和上下游市场的测试评价体系。新材料测试评价技术能力和服务水平达到国际先进水平。

## 三、建设和运行

**（一）功能定位和建设内容**

1. 主中心。负责新材料综合性测试评价服务和关键共性测试技术与能力的开发应用，开展国家新材料测试评价平台的资源统筹、业务调配、测试评价、认证计量等服务。主中心重点依托国内优秀测试评价机构，联合互联网企业、新材料生产企业、应用单位及相关社会资本共同组建，通过业务、资本等纽带与行业中心、区域中心协同发展。

主中心建设内容主要包括：完善重点新材料测试、应用评价、寿命预测、失效分析、计量等关键共性仪器和装备，建设新材料服役条件模拟测试、考核试验等设施，提升测试评价条件能力。制定数据采集和共享机制，建立新材料组织成分、基础性能、服役性能、测试方法、评价指标等数据库，开展新材料测试评价数据分析、国际互认与应用研究。建立新材料产品测试评价标准体系。充分利用互联网等信息化手段，开展电子商务、业务管理、培训服务等网络系统建设，实现新材料测试仪器及装备、测试需求和服务、测试人才和资质等共享。

2. 行业中心。行业中心是行业内权威的测试评价机构，主要承担所属行业新材料测试评价技术开发和对外服务职能。围绕先进基础材料、关键战略材料和前沿新材料中的重要行业领域，依托行业内的骨干测试评价单位，联合同行业其他相关测试评价服务机构，吸引龙头企业及社会资本共同建设。

行业中心建设内容主要包括：针对所属行业特定新材料品种，完善材料组分、理化指标、物质结构、服役性能等专用测试能力。面向下游重点应用领域，搭建工程化应用考核评价装置，开展国际比对互认，满足服役条件下开展材料应用评价、失效分析等需求。在重点新材料领域建设相关数字仿真与模拟系统。建立行业新材料测试评价、认证体系。协同主中心开展行业领域新材料测试评价技术开发、相关标准制修订。

3. 区域中心。区域中心是以服务区域新材料产业发展需求，在省级以上区域，依托区域内已有测试评价机构，整合相关测试评价资源，按照专业化、集约化原则建设的地方性新材料测试评价中心。根据我国新材料产业布局状况，结合地方新材料产业发展优势和前景，区域中心将在环渤海、长三角、珠三角、东北、中西部等区域新材料产业重点省份有序建设。

区域中心建设内容主要包括：根据区域地理特征和自然环境，建设特殊地域、特殊气候条件下新材料可靠性测试、加速试验、寿命评价等专用设施。完善重大、稀缺、专用测试评价装置，满足区域内重点新材料的测试评价需求。建立区域性测试服务能力共享机制，提高测试仪器、大型装备利用率。

### （二）运行模式

国家新材料测试评价平台应按照产权清晰、责权明确、科学管理的要求运行。主中心、行业中心和区域中心应是独立法人实体，建立并完善相应的企业法人治理结构，根据新材料产业发展需求和自身定位开展测试评价服务，通过提供测试评价、认证、咨询、培训、大数据等服务，获得产业化运营收益，实现可持续发展。主中心要联合各行业中心、区域中心共同开展战略规划研究，制定测试评价技术路线图，明确中长期发展目标。建立统一规范的测试评价体系，在平台内实现标准、方法、数据等互信互认。鼓励设立专家咨询委员会，为平台建设提供决策咨询。平台建成后，将为国家新材料重点工作、重大项目的遴选推荐、组织实施、验收评估等提供第三方服务和决策支撑。

## 四、保障措施

### （一）加强统筹协调和组织领导

在国家新材料产业发展领导小组指导下，强化国家和地方的统筹协调，共同推进国家新材料测试评价平台建设。国家新材料产业发展专家咨询委员会及时对平台进行咨询和考核评估。

### （二）加大财政资金和政策支持

中央财政通过工业转型升级（中国制造2025）资金，对符合条件的项目给予资金支持，重点支持提升国家新材料测试评价平台的公共服务能力。鼓励地方出台支持平台建设的配套政策。

### （三）建立多元化融资渠道

推动国家新材料测试评价平台完善现代公司治理机制，通过市场化手段进行多元融资。鼓励平台通过股权、债权等方式吸引社会资本。积极推行混合所有制改革。鼓励银行业金融机构创新金融支持手段和服务方式，在依法合规、风险可控、商业可持续的前提下，研究开发支持平台建设的金融产品。

### （四）加强人才激励、培养和引进

鼓励国家新材料测试评价平台建立完善人才流动和激励机制，鼓励符合条件的企业落实股权、期权激励和奖励等收益分配政策。加强与国际知名材料测试评价机构的合作交流，积极选派具有发展潜力的中青年技术骨干参加国（境）外培训计划，引进相关领域高技术人才，加快新材料测试评价人才队伍建设。

# 工业和信息化部关于印发钢铁水泥玻璃行业产能置换实施办法的通知

工信部原〔2017〕337 号

各省、自治区、直辖市及新疆生产建设兵团工业和信息化主管部门，有关中央企业：

为贯彻《国务院关于化解产能严重过剩矛盾的指导意见》（国发〔2013〕41 号）、《国务院关于发布政府核准的投资项目目录（2016 年本）的通知》（国发〔2016〕72 号）、《国务院关于钢铁行业化解过剩产能实现脱困发展的意见》（国发〔2016〕6 号）和《国务院办公厅关于促进建材工业稳增长调结构增效益的指导意见》（国办发〔2016〕34 号）部署，严禁钢铁、水泥和平板玻璃行业新增产能，继续做好产能置换工作，根据产业发展情况，经商发展改革委、国资委，我部对《部分产能过剩行业产能置换实施办法》进行了修订。现将修订后的钢铁、水泥和平板玻璃行业产能置换实施办法印发你们，自 2018 年 1 月 1 日起施行。

附件 1：钢铁行业产能置换实施办法

附件 2：水泥玻璃行业产能置换实施办法

工业和信息化部

2017 年 12 月 31 日

**附件 1**

## 钢铁行业产能置换实施办法

**第一条** 为了严禁钢铁行业新增产能，推进布局优化、结构调整和转型升级，按照《国务院关于化解产能严重过剩矛盾的指导意见》（国发〔2013〕41 号）和《国务院关于钢铁行业化解过剩产能实现脱困发展的意见》（国发〔2016〕6 号），制定本办法。

**第二条** 本办法适用于中华人民共和国境内各类所有制钢铁企业建设炼铁、炼钢冶炼设备的项目。建设项目备案前，须公告产能置换方案。已经核准或备案但未公告产能置换方案的拟建、在建项目，须尽快补充公告产能置换方案。

**第三条** 本办法所称的等量置换是指建设产能等于退出产能；减量置换是指建设产能小于退出产能；置换比例是指退出产能与建设产能之比。

**第四条** 本办法所称的京津冀、长三角、珠三角等环境敏感区域是指北京市、天津市、河北省，上海市、江苏省、浙江省，以及广东省的广州、深圳、珠海、佛山、江门、东莞、中山、惠州、肇庆9市，以及其他环境敏感区域。

**第五条**　用于产能置换的冶炼设备须在2016年国务院国资委、各省级人民政府上报国务院备案去产能实施方案的钢铁行业冶炼设备清单内，2016年及以后建成的合法合规冶炼设备也可用于产能置换。列入钢铁去产能任务的产能、享受奖补资金和政策支持的退出产能、“地条钢”产能、落后产能、在确认置换前已拆除主体设备的产能、铸造等非钢铁行业冶炼设备产能，不得用于置换。

**第六条**　置换过程中的退出和建设产能数量，依照产能换算表（见附1－1）进行换算。产能换算表用于计算置换比例，不作为核定产能的依据。京津冀、长三角、珠三角等环境敏感区域置换比例不低于1.25∶1，其他地区实施减量置换。各地区钢铁企业内部退出转炉建设电炉的项目可实施等量置换，退出转炉时须一并退出配套的烧结、焦炉、高炉等设备。未完成钢铁产能总量控制目标的省（区、市），不得接受其他地区出让的产能。

**第七条**　建设项目企业按照本办法相关条款规定，制定产能置换方案。方案主要包括建设项目和退出项目情况，须明确以下内容：

（一）建设项目所在地区，企业名称，拟建的冶炼设备型号、数量和产能，计划开工和投产时间。

（二）退出项目所在地区，企业名称，退出的冶炼设备型号、数量和产能，拆除时间安排。涉及跨省（区、市）产能置换，须附产能出让公告（见附1－2，具体要求见第九条）。

**第八条**　建设项目企业按各省（区、市）相关要求，将产能置换方案报送建设项目所在地省级工业和信息化主管部门。省级工业和信息化主管部门按照本办法相关条款规定，核实产能置换方案的真实性、合规性后，在部门门户网站向社会公示，无异议后予以公告（见附1－3）。

**第九条**　跨省（区、市）产能出让方为中央企业下属公司，由所属中央企业核实出让产能真实性、合规性，报国务院国资委确认后，在中央企业门户网站向社会公示，无异议后公布产能出让公告。产能出让方为其他企业，由出让方所在地省级工业和信息化主管部门核实出让产能真实性、合规性后，在部门门户网站向社会公示，无异议后公布产能出让公告。

**第十条**　建设项目备案前产能置换方案须正式公告，建设项目投产前产能出让方须拆除用于置换的退出设备，使其不具备恢复生产条件。按照公告的产能置换方案，省级工业和信息化主管部门负责监督落实，确保退出设备拆除到位。涉及跨省（区、市）产能置换，产能出让方所在地省级工业和信息化主管部门（所属中央企业），负责监督退出设备拆除到位。

**第十一条**　工业和信息化部组织对各省（区、市）公告的置换方案进行抽查，同时积极发挥行业协会、媒体等社会各界监督作用。对存在重复置换等弄虚作假行为，以及方案落实不到位的企业，依法依规实施联合惩戒。对审核把关不严、监督落实不到位的地区和中央企业，责令限期整改，情节严重的向全国通报，并依照法律法规追究相关责任人的责任。

**第十二条**　本办法自2018年1月1日起施行，并根据产业发展情况适时修订。

附1－1：产能换算表（略）

附1－2：企业产能出让公告（略）

附1－3：建设项目产能置换方案公告（略）

附件 2

# 水泥玻璃行业产能置换实施办法

**第一条** 为了有效压减水泥熟料、平板玻璃过剩产能，推动技术进步，加快联合重组，优化结构布局，依照《国务院关于化解产能严重过剩矛盾的指导意见》（国发〔2013〕41 号）和《国务院办公厅关于促进建材工业稳增长调结构增效益的指导意见》（国办发〔2016〕34 号），制定本办法。

**第二条** 本办法适用于中华人民共和国境内各类所有制水泥、玻璃企业新建水泥熟料、平板玻璃项目和已经由工业和信息化部、发展改革委联合明确由地方视情处理、但尚未公告产能置换方案的在建水泥熟料、平板玻璃项目（以下简称建设项目）。

**第三条** 严禁备案和新建扩大产能的水泥熟料、平板玻璃项目。确有必要新建的，必须实施减量或等量置换，制定产能置换方案。

依托现有装置实施治污减排、节能降耗等技术改造项目，在不新增产能的情况下可不制定产能置换方案。新建工业用平板玻璃项目，熔窑能力不超过 150 吨/天的，可不制定产能置换方案。

**第四条** 办法所称的等量置换是指建设产能等于退出产能，减量置换是指建设产能小于退出产能。

位于国家规定的环境敏感区的水泥熟料建设项目，每建设 1 吨产能须关停退出 1.5 吨产能；位于其他非环境敏感地区的新建项目，每建设 1 吨产能须关停退出 1.25 吨产能；西藏地区的水泥熟料建设项目执行等量置换。

位于国家规定的环境敏感区的平板玻璃建设项目，需置换淘汰的产能数量按不低于建设项目的 1.25 倍予以核定，其他地区实施等量置换。

**第五条** 用于建设项目置换的产能，在建设项目投产前必须关停，并在建设项目投产一年内拆除退出。

**第六条** 用于建设项目置换的产能，应当为 2018 年 1 月 1 日以后在省级工业和信息化主管部门（以下简称省级主管部门）门户网上公告关停退出的产能。

已超过国家明令淘汰期限的落后产能，已享受奖补资金和政策支持的退出产能，无生产许可的水泥熟料产能，均不得用于产能置换。用于置换的产能指标不得重复使用。

**第七条** 用于置换的产能指标，依据项目备案或核准文件上的设计产能确定。实际产能小于备案或核准产能的，按实际产能确定。项目实际产能按照附表 1、附表 2 推算确定。

**第八条** 建设项目产能置换方案由项目业主按照本办法制定，报项目建设地省级主管部门。

**第九条** 项目建设地省级主管部门负责核实确认产能置换方案的真实性、合规性，并在部门门户网上公示无异议后予以公告。公示公告的主要包括但不限于以下内容：

（一）建设项目所属企业的名称、设计产能、主体设备（生产线）拟建的具体位置和计划点火投产时间。

（二）用于置换的产能所属企业的名称、设计产能、水泥回转窑外径或平板玻璃熔窑日熔化量、主体设备（生产线）所在的具体位置、关停和拆除退出的时间、企业的生产许可证（水泥熟料企业提供）等材料。

**第十条** 产能置换应有利于推动产业结构调整和布局优化，需跨省、自治区、直辖市开展置换的，产能指标应由转出地和转入地省级主管部门分别核实确认，在各自门户网上公告。

**第十一条** 项目建设地省级主管部门负责监督建设项目产能置换方案的落实，确定建设项目实际产能。

工业和信息化部负责组织抽查省级主管部门

公告的产能置换方案执行情况。鼓励行业协会、媒体和公众对产能置换方案执行情况和新建项目建设情况开展监督。

对不执行产能置换方案的建设项目，省级主管部门负责会同有关方面依法依规予以查处；对产能置换方案执行不到位，存在弄虚作假、“批小建大”等行为的企业，通报其不守诚信行为，推动实施联合惩戒。

对产能置换方案核实把关不严、监督落实不到位的地区，责令限期整改，情节严重的向全国通报，并依照法律法规追究相关责任人的责任。

**第十二条** 本办法自2018年1月1日起施行。

附表1：水泥熟料产能换算表（略）

附表2：平板玻璃熔窑产能换算（略）

# 中华人民共和国工业和信息化部公告

2018 年　第 1 号

根据《锂离子电池行业规范条件》（工业和信息化部公告 2015 年第 57 号）和《锂离子电池行业规范公告管理暂行办法》（工信部电子〔2015〕452 号），经企业自愿申报、省级工业和信息化主管部门核实推荐、专家复查、现场核实及网上公示，现将符合《锂离子电池行业规范条件》企业名单（第二批）予以公告。

附件：符合《锂离子电池行业规范条件》企业名单（第二批）（略）

工业和信息化部

2018 年 1 月 9 日

# 中华人民共和国工业和信息化部公告

2018年　第2号

为深入落实《国务院关于促进光伏产业健康发展的若干意见》（国发〔2013〕24号），进一步推动光伏产业结构调整和转型升级，持续加强行业管理，提高行业发展水平，我部对《光伏制造行业规范条件》进行了修订，形成《光伏制造行业规范条件（2018年本）》。现予以公告。

附件：光伏制造行业规范条件（2018年本）

工业和信息化部

2018年1月15日

附件

## 光伏制造行业规范条件（2018年本）

为加强光伏行业管理，引导产业加快转型升级和结构调整，推动我国光伏产业持续健康发展，根据国家有关法律法规及《国务院关于促进光伏产业健康发展的若干意见》（国发〔2013〕24号），按照优化布局、调整结构、控制总量、鼓励创新、支持应用的原则，制定本规范条件。

### 一、生产布局与项目设立

（一）光伏制造企业及项目应符合国家资源开发利用、环境保护、节能管理等法律法规要求，符合国家产业政策和相关产业规划及布局要求，符合当地土地利用总体规划、城市总体规划、环境功能区划和环境保护规划等要求。

（二）在国家法律法规、规章及规划确定或省级以上人民政府批准的永久基本农田保护区、饮用水水源保护区、自然保护区、风景名胜区、生态保护红线和生态环境敏感区、脆弱区等法律、法规规定禁止建设工业企业的区域不得建设光伏制造项目。上述区域内的现有企业应严格控制规模，对生态环境造成影响的应采取措施，逐步迁出。

（三）严格控制新上单纯扩大产能的光伏制造项目，引导光伏企业加强技术创新、提高产品质量、降低生产成本。新建和改扩建多晶硅制造项目，最低资本金比例为30%，其他新建和改扩建光伏制造项目，最低资本金比例为20%。

### 二、生产规模和工艺技术

（一）光伏制造企业应采用工艺先进、节能环保、产品质量好、生产成本低的生产技术和设备。

（二）光伏制造企业应具备以下条件：在中

华人民共和国境内依法注册成立，具有独立法人资格；具有太阳能光伏产品独立生产、供应和售后服务能力；具有省级以上独立研发机构、技术中心或高新技术企业资质，每年用于研发及工艺改进的费用不低于总销售额的3%且不少于1000万元人民币；申报符合规范名单时上一年实际产量不低于上一年实际产能的50%。

（三）光伏制造企业按产品类型应分别满足以下要求：

1. 多晶硅项目每期规模不低于3000吨/年；

2. 硅锭年产能不低于1000吨；

3. 硅棒年产能不低于1000吨；

4. 硅片年产能不低于5000万片；

5. 晶硅电池年产能不低于200MWp；

6. 晶硅电池组件年产能不低于200MWp；

7. 薄膜电池组件年产能不低于50MWp；

8. 逆变器年产能不低于200MWp（微型逆变器不低于10MWp）。

（四）现有光伏制造企业及项目产品应满足以下要求：

1. 多晶硅满足《太阳能级多晶硅》（GB/T25074）1级品的要求。

2. 多晶硅片（含准单晶硅片）少子寿命大于2μs，碳、氧含量分别小于10PPMA和16PPMA；单晶硅片少子寿命大于10μs，碳、氧含量分别小于1PPMA和16PPMA。

3. 多晶硅电池和单晶硅电池的最低光电转换效率分别不低于18%和19.5%。

4. 多晶硅电池组件和单晶硅电池组件的最低光电转换效率分别不低于16%和16.8%。

5. 硅基、铜铟镓硒（CIGS）、碲化镉（CdTe）及其他薄膜电池组件的最低光电转换效率分别不低于8%、13%、12%、10%。

6. 含变压器型的光伏逆变器中国加权效率不得低于96%，不含变压器型的光伏逆变器中国加权效率不得低于98%（单相二级拓扑结构的光伏逆变器相关指标分别不低于94.5%和96.8%），微型逆变器相关指标分别不低于94.3%和95.5%。

（五）新建和改扩建企业及项目产品应满足以下要求：

1. 多晶硅满足《硅多晶》（GB/T12963）2级品以上要求。

2. 多晶硅片（含准单晶硅片）少子寿命大于2.5μs，碳、氧含量分别小于8PPMA和6PPMA；单晶硅片少子寿命大于11μs，碳、氧含量分别小于1PPMA和16PPMA。

3. 多晶硅电池和单晶硅电池的最低光电转换效率分别不低于19%和21%。

4. 多晶硅电池组件和单晶硅电池组件的最低光电转换效率分别不低于17%和17.8%。

5. 硅基、CIGS、CdTe及其他薄膜电池组件的最低光电转换效率分别不低于12%、14%、14%、12%。

（六）多晶硅电池组件和单晶硅电池组件衰减率首年分别不高于2.5%和3%，后续每年不高于0.7%，25年内不高于20%；薄膜电池组件衰减率首年不高于5%，后续每年不高于0.4%，25年内不高于15%。

## 三、资源综合利用及能耗

（一）光伏制造企业和项目用地应符合国家已出台的土地使用标准，严格保护耕地，节约集约用地。

（二）光伏制造项目电耗应满足以下要求：

1. 现有多晶硅项目还原电耗小于60千瓦时/千克，综合电耗小于100千瓦时/千克；新建和改扩建项目还原电耗小于50千瓦时/千克，综合电耗小于80千瓦时/千克。

2. 现有硅锭项目平均综合电耗小于8.5千瓦时/千克，新建和改扩建项目小于7千瓦时/千克；如采用多晶铸锭炉生产准单晶或高效多晶产品，项目平均综合电耗的增加幅度不得超过0.5千瓦时/千克。

3. 现有硅棒项目平均综合电耗小于45千瓦时/千克，新建和改扩建项目小于40千瓦时/千克。

4. 现有多晶硅片项目平均综合电耗小于45

万千瓦时/百万片，新建和改扩建项目小于40万千瓦时/百万片；现有单晶硅片项目平均综合电耗小于40万千瓦时/百万片，新建和改扩建项目小于35万千瓦时/百万片。

5. 电池项目平均综合电耗小于9万千瓦时/兆瓦。

6. 晶硅电池组件项目平均综合电耗小于6万千瓦时/兆瓦；薄膜电池组件项目平均电耗小于50万千瓦时/兆瓦。

（三）光伏制造项目生产水耗应满足以下要求：

1. 多晶硅项目水循环利用率不低于95%；

2. 硅片项目水耗低于1400吨/百万片；

3. 电池项目水耗低于1500吨/兆瓦。

（四）其他生产单耗需满足国家相关标准。

## 四、环境保护

（一）新建和改扩建光伏制造项目应严格执行环境影响评价制度，未依法报批建设项目环境形象评价的项目不得开工建设。京津冀、长三角、珠三角等区域新建项目禁止配套建设自备燃煤电站。建设项目需要配套建设的环境保护设施，必须与主体工程同时设计、同时施工、同时投产使用，并按规定进行竣工环境保护验收及环境影响后评价工作。企业应有健全的企业环境管理机构，制定有效的企业环境管理制度，符合环保法律法规要求，依法依规在规定时限内申领并取得排污许可证，并严格按证排放污染物，定期开展清洁生产审核并通过评估验收。

（二）废气、废水排放应符合国家和地方大气及水污染物排放标准和总量控制要求；恶臭污染物排放应符合《恶臭污染物排放标准》（GB 14554），工业固体废物应依法分类贮存、转移、处置或综合利用，企业危险废物贮存应符合《危险废物贮存污染控制标准》（GB 18597）相关要求，一般工业固体废物贮存应符合《一般工业固体废物贮存、处置场污染控制标准》（GB 18559）相关要求，$SiCl_4$等危险废物应委托具备相应处理能力的有资质单位进行妥善利用或处置。厂界噪声符合《工业企业厂界环境噪声排放标准》（GB 12348）。新建和改扩建光伏制造项目污染物产生应符合《光伏电池行业清洁生产评价指标体系》中Ⅰ级基准值要求，现有项目应满足Ⅱ级基准值要求。

（三）鼓励企业通过ISO 14001环境管理体系认证、ISO 14064温室气体核证、PAS 2050/ISO/TS 14067碳足迹认证。鼓励企业落实生产者责任延伸制度，建立废弃光伏产品回收与利用处理网络体系。

（四）光伏制造企业应严格按照排污许可证和相关技术规范要求，制定自行监测方案，开展自行监测工作，公开自行监测信息。

## 五、质量管理

（一）光伏制造企业应建立完善的质量管理体系，配备质量检验机构和专职检验人员。电池及电池组件生产企业应配备AAA级太阳模拟器、高低温环境试验箱等关键检测设备，鼓励企业建设具备CNAS认可资质的实验室。

（二）光伏产品质量应符合国家相关标准，通过国家批准相关认证机构的认证。

（三）企业应通过ISO 9001质量管理体系认证，组件使用寿命不低于25年，质保期不少于10年，逆变器质保期不少于5年。

（四）企业应建立相应的产品可追溯制度。

## 六、安全、卫生和社会责任

（一）光伏制造项目应当严格落实安全设施和职业病防护设施“三同时”制度要求。企业应当遵守《安全生产法》《职业病防治法》等法律法规，执行保障安全生产、职业健康的国家标准或行业标准，当年及上一年度未发生一般及以上生产安全事故。

（二）企业应当建立健全安全生产责任制，加强职工安全生产教育培训和隐患排查治理工作，开展安全生产标准化建设并达到三级以上。

（三）企业应当依法落实职业病预防以及防治管理措施。

（四）企业应当遵守国家相关法律法规，依法参加养老、失业、医疗、工伤等各类保险，并为从业人员足额缴纳相关保险费用。

## 七、监督与管理

（一）申报本规范条件的新建和改扩建光伏制造企业及项目应当满足本规范条件要求。

（二）现有光伏制造企业及项目未满足规范条件要求的，根据产业转型升级的要求，在国家产业政策的指导下，通过兼并重组、技术改造等方式，尽快达到本规范条件的要求。

（三）对光伏制造企业及项目的投资、土地供应、环评、节能评估、质量监督、安全监管、职业病防治、信贷授信、应用扶持等管理应依据本规范条件。

（四）光伏制造企业自愿提出申请，对照规范条件编制相关申报材料，通过省级工业和信息化主管部门报送工业和信息化部。各级工业和信息化主管部门会同有关部门对当地光伏制造企业执行本规范条件的情况进行监督检查。工业和信息化部组织行业协会、检测机构对企业进行检查，定期公告符合本规范条件的企业名单，并会同有关部门组织行业协会、检测机构从市场上对已公告企业产品等进行抽查，实行社会监督、动态管理。

（五）公告企业有下列情况，将撤销其公告资格：

1. 填报资料有弄虚作假行为；
2. 拒绝接受监督检查；
3. 不能保持规范条件要求；
4. 发生重大安全和污染责任事故；
5. 违反法律、法规和国家产业政策规定。

工业和信息化部拟撤销公告资格的，提前告知相关企业，听取相关企业陈述和申辩。

（六）有关行业协会、检测机构协助行业主管部门做好本规范条件的实施和跟踪监督工作，组织企业加强协调和自律管理。

## 八、附则

（一）本规范条件适用于中华人民共和国境内（台湾、香港、澳门地区除外）所有类型的光伏制造企业，本规范条件所指的光伏制造行业主要为光伏用多晶硅、硅棒、硅锭、硅片、电池、电池组件、逆变器等制造行业。

（二）本规范条件涉及的法律法规、国家标准和行业政策若进行修订，按修订后的规定执行。

（三）本规范条件自2018年3月1日起实施。2015年3月25日公布的《光伏制造行业规范条件（2015年本）》（工业和信息化部公告2015年第23号）同时废止。

# 中华人民共和国工业和信息化部公告

2018 年　第 3 号

为贯彻落实《中国制造 2025》和《高端智能再制造行动计划（2018—2020 年）》，加快推进绿色制造，推动再制造产业健康有序发展，加强再制造行业管理，引导再制造产品消费，根据《再制造产品认定管理暂行办法》（工信部节〔2010〕303 号）及《再制造产品认定实施指南》（工信厅节〔2010〕192 号），经过现场审核、产品检验与综合技术评定，并经专家论证、公示等程序，秦皇岛天业通联重工股份有限公司等 7 家企业 4 大类 26 种产品符合再制造产品认定相关要求，列入《再制造产品目录（第七批）》，现予公告。

附件：再制造产品目录（第七批）（略）

工业和信息化部

2018 年 1 月 22 日

# 中华人民共和国工业和信息化部公告

2018 年　第 4 号

依据《轮胎翻新行业准入条件》《废轮胎综合利用行业准入条件》及《废旧轮胎综合利用行业准入公告管理暂行办法》，经企业申报、地方主管部门初审、专家复审及网上公示等程序，并征得环境保护部同意，现将符合准入条件的企业名单（第五批）予以公告。

附件：符合《轮胎翻新行业准入条件》《废轮胎综合利用行业准入条件》企业名单（第五批）（略）

工业和信息化部

2018 年 1 月 22 日

# 中华人民共和国工业和信息化部 国家机关事务管理局 国家能源局公告

2018 年　第 6 号

为总结推广国家绿色数据中心试点经验和做法，全面提升数据中心节能环保水平，经试点企业自评、各地工业和信息化主管部门初审、专家评审和公示等程序，工业和信息化部、国家机关事务管理局、国家能源局遴选出 49 家国家绿色数据中心。现予公告。

附件：国家绿色数据中心名单（第一批）（略）

工业和信息化部
国家机关事务管理局
国家能源局
2018 年 1 月 24 日

# 工业和信息化部 科技部 环境保护部 交通运输部 商务部 质检总局 能源局关于印发《新能源汽车动力蓄电池回收利用管理暂行办法》的通知

工信部联节〔2018〕43号

各省、自治区、直辖市及计划单列市、新疆生产建设兵团工业和信息化、科技、环保、交通、商务、质检、能源主管部门，各有关单位：

为加强新能源汽车动力蓄电池回收利用管理，规范行业发展，推进资源综合利用，保护环境和人体健康，保障安全，促进新能源汽车行业持续健康发展，工业和信息化部、科技部、环境保护部、交通运输部、商务部、质检总局、能源局联合制定了《新能源汽车动力蓄电池回收利用管理暂行办法》。现印发给你们，请认真贯彻执行。

工业和信息化部
科学技术部
环境保护部
交通运输部
商务部
国家质量监督检验检疫总局
国家能源局
2018年1月26日

## 新能源汽车动力蓄电池回收利用管理暂行办法

### 一、总则

**第一条** 为加强新能源汽车动力蓄电池回收利用管理，规范行业发展，推进资源综合利用，保障公民生命财产和公共安全，促进新能源汽车行业持续健康发展，依据《中华人民共和国环境保护法》《中华人民共和国固体废物污染环境防治法》《中华人民共和国清洁生产促进法》《中华人民共和国循环经济促进法》等法律，按照《国务院关于印发节能与新能源汽车产业发展规划（2012—2020年）的通知》及《国务院办公厅关于加快新能源汽车推广应用的指导意见》要求，制定本办法。

**第二条** 本办法适用于中华人民共和国境内（台湾、香港、澳门地区除外）新能源汽车动力蓄电池（以下简称动力蓄电池）回收利用相关管理。

**第三条** 在生产、使用、利用、贮存及运输过程中产生的废旧动力蓄电池应按照本办法要求回收处理。

**第四条**　工业和信息化部会同科技部、环境保护部、交通运输部、商务部、质检总局、能源局在各自职责范围内对动力蓄电池回收利用进行管理和监督。

**第五条**　落实生产者责任延伸制度，汽车生产企业承担动力蓄电池回收的主体责任，相关企业在动力蓄电池回收利用各环节履行相应责任，保障动力蓄电池的有效利用和环保处置。坚持产品全生命周期理念，遵循环境效益、社会效益和经济效益有机统一的原则，充分发挥市场作用。

**第六条**　国家支持开展动力蓄电池回收利用的科学技术研究，引导产学研协作，鼓励开展梯次利用和再生利用，推动动力蓄电池回收利用模式创新。

## 二、设计、生产及回收责任

**第七条**　动力蓄电池生产企业应采用标准化、通用性及易拆解的产品结构设计，协商开放动力蓄电池控制系统接口和通讯协议等利于回收利用的相关信息，对动力蓄电池固定部件进行可拆卸、易回收利用设计。材料有害物质应符合国家相关标准要求，尽可能使用再生材料。新能源汽车设计开发应遵循易拆卸原则，以利于动力蓄电池安全、环保拆卸。

**第八条**　电池生产企业应及时向汽车生产企业等提供动力蓄电池拆解及贮存技术信息，必要时提供技术培训。汽车生产企业应符合国家新能源汽车生产企业及产品准入管理、强制性产品认证的相关规定，主动公开动力蓄电池拆卸、拆解及贮存技术信息说明以及动力蓄电池的种类、所含有毒有害成分含量、回收措施等信息。

**第九条**　电池生产企业应与汽车生产企业协同，按照国家标准要求对所生产动力蓄电池进行编码，汽车生产企业应记录新能源汽车及其动力蓄电池编码对应信息。电池生产企业、汽车生产企业应及时通过溯源信息系统上传动力蓄电池编码及新能源汽车相关信息。

电池生产企业及汽车生产企业在生产过程中报废的动力蓄电池应移交至回收服务网点或综合利用企业。

**第十条**　汽车生产企业应委托新能源汽车销售商等通过溯源信息系统记录新能源汽车及所有人溯源信息，并在汽车用户手册中明确动力蓄电池回收要求与程序等相关信息。

**第十一条**　汽车生产企业应建立维修服务网络，满足新能源汽车所有人的维修需求，并依法向社会公开动力蓄电池维修、更换等技术信息。新能源汽车售后服务机构、电池租赁等运营企业应在动力蓄电池维修、拆卸和更换时核实新能源汽车所有人信息，按照维修手册及贮存等技术信息要求对动力蓄电池进行维修、拆卸和更换，规范贮存，将废旧动力蓄电池移交至回收服务网点，不得移交其他单位或个人。

新能源汽车售后服务机构、电池租赁等运营企业应在溯源信息系统中建立动力蓄电池编码与新能源汽车的动态联系。

**第十二条**　汽车生产企业应建立动力蓄电池回收渠道，负责回收新能源汽车使用及报废后产生的废旧动力蓄电池。

（一）汽车生产企业应建立回收服务网点，负责收集废旧动力蓄电池，集中贮存并移交至与其协议合作的相关企业。

回收服务网点应遵循便于移交、收集、贮存、运输的原则，符合当地城市规划及消防、环保、安全部门的有关规定，在营业场所显著位置标注提示性信息。

（二）鼓励汽车生产企业、电池生产企业、报废汽车回收拆解企业与综合利用企业等通过多种形式，合作共建、共用废旧动力蓄电池回收渠道。

（三）鼓励汽车生产企业采取多种方式为新能源汽车所有人提供方便、快捷的回收服务，通过回购、以旧换新、给予补贴等措施，提高其移交废旧动力蓄电池的积极性。

**第十三条**　汽车生产企业与报废汽车回收拆解企业等合作，共享动力蓄电池拆卸和贮存技术、回收服务网点以及报废新能源汽车回收等信息。回收服务网点应跟踪本区域内新能源汽车报废回收情况，可通过回收或回购等方式收集报废新能源汽车上拆卸下的动力蓄电池。

报废新能源汽车回收拆解，应当符合国家有关报废汽车回收拆解法规、规章和标准的要求。

**第十四条** 新能源汽车所有人在动力蓄电池需维修更换时，应将新能源汽车送至具备相应能力的售后服务机构进行动力蓄电池维修更换；在新能源汽车达到报废要求时，应将其送至报废汽车回收拆解企业拆卸动力蓄电池。动力蓄电池所有人（电池租赁等运营企业）应将废旧动力蓄电池移交至回收服务网点。废旧动力蓄电池移交给其他单位或个人，私自拆卸、拆解动力蓄电池，由此导致环境污染或安全事故的，应承担相应责任。

**第十五条** 废旧动力蓄电池的收集可参照《废蓄电池回收管理规范》（WB/T 1061—2016）等国家有关标准要求，按照材料类别和危险程度，对废旧动力蓄电池进行分类收集和标识，应使用安全可靠的器具包装以防有害物质渗漏和扩散。

**第十六条** 废旧动力蓄电池的贮存可参照《废电池污染防治技术政策》（环境保护部公告2016年第82号）、《一般工业固体废物贮存、处置场污染控制标准》（GB 18599—2016）等国家相关法规、政策及标准要求。

**第十七条** 动力蓄电池及废旧动力蓄电池包装运输应尽量保证其结构完整，属于危险货物的，应当遵守国家有关危险货物运输规定进行包装运输，可参照《废电池污染防治技术政策》（环境保护部公告2016年第82号）、《废蓄电池回收管理规范》（WB/T 1061—2016）等国家相关法规、政策及标准要求。

## 三、综合利用

**第十八条** 鼓励电池生产企业与综合利用企业合作，在保证安全可控前提下，按照先梯次利用后再生利用原则，对废旧动力蓄电池开展多层次、多用途的合理利用，降低综合能耗，提高能源利用效率，提升综合利用水平与经济效益，并保障不可利用残余物的环保处置。

**第十九条** 综合利用企业应符合《新能源汽车废旧动力蓄电池综合利用行业规范条件》（工业和信息化部公告2016年第6号）的规模、装备和工艺等要求，鼓励采用先进适用的技术工艺及装备，开展梯次利用和再生利用。

**第二十条** 梯次利用企业应遵循国家有关政策及标准等要求，按照汽车生产企业提供的拆解技术信息，对废旧动力蓄电池进行分类重组利用，并对梯次利用电池产品进行编码。

梯次利用企业应回收梯次利用电池产品生产、检测、使用等过程中产生的废旧动力蓄电池，集中贮存并移交至再生利用企业。

**第二十一条** 梯次利用电池产品应符合国家有关政策及标准等要求，对不符合该要求的梯次利用电池产品不得生产、销售。

**第二十二条** 再生利用企业应遵循国家有关政策及标准等要求，按照汽车生产企业提供的拆解技术信息规范拆解，开展再生利用；对废旧动力蓄电池再生利用后的其他不可利用残余物，依据国家环保法规、政策及标准等有关规定进行环保无害化处置。

## 四、监督管理

**第二十三条** 工业和信息化部会同国家标准化主管部门研究制定拆卸、包装运输、余能检测、梯次利用、材料回收、安全环保等动力蓄电池回收利用技术标准，建立动力蓄电池回收利用管理标准体系。

**第二十四条** 建立动力蓄电池回收服务网点上传制度，汽车生产企业应定期通过溯源信息系统上传动力蓄电池回收服务网点等信息，并通过信息平台及时向社会公布有关信息。

**第二十五条** 工业和信息化部、质检总局负责建立统一的溯源信息系统，会同环境保护部、交通运输部、商务部等有关部门建立信息共享机制，确保动力蓄电池产品来源可查、去向可追、节点可控。

**第二十六条**　工业和信息化部会同有关部门对梯次利用电池产品实施管理，加强对梯次利用企业的指导，规范梯次利用企业产品，保障产品质量和安全。

**第二十七条**　鼓励社会资本发起设立产业基金，研究探索动力蓄电池残值交易等市场化模式，促进动力蓄电池回收利用。

**第二十八条**　工业和信息化部会同质检总局等部门，在各自职责范围内，通过责令企业限期整改、暂停企业强制性认证证书、公开企业履责信息、行业规范条件申报及公告管理等措施，对有关企业落实本办法有关规定实施监督管理。

**第二十九条**　任何组织和个人有权对违反本办法规定的行为向有关部门投诉、举报。

## 五、附则

**第三十条**　本办法由工业和信息化部商科技部、环境保护部、交通运输部、商务部、质检总局、能源局负责解释。

**第三十一条**　本办法自2018年8月1日施行。

## 附录

# 术语和定义

一、动力蓄电池：为新能源汽车动力系统提供能量的蓄电池，由蓄电池包（组）及蓄电池管理系统组成，包括锂离子动力蓄电池、金属氢化物/镍动力蓄电池等，不含铅酸蓄电池。

二、废旧动力蓄电池是指：

（一）经使用后剩余容量或充放电性能无法保障新能源汽车正常行驶，或因其他原因拆卸后不再使用的动力蓄电池；

（二）报废新能源汽车上的动力蓄电池；

（三）经梯次利用后报废的动力蓄电池；

（四）电池生产企业生产过程中报废的动力蓄电池；

（五）其他需回收利用的动力蓄电池。

以上废旧动力蓄电池包括废旧的蓄电池包、蓄电池模块和单体蓄电池。

三、回收：废旧动力蓄电池收集、分类、贮存和运输的过程总称。

四、拆卸：将动力蓄电池从新能源汽车上拆下的过程。

五、拆解：对废旧动力蓄电池进行逐级拆分，直至拆出单体蓄电池的过程。

六、贮存：废旧动力蓄电池收集、运输、梯次利用、再生利用过程中的存放行为，包括暂时贮存和区域集中贮存。

七、利用：废旧动力蓄电池回收后的再利用，包括梯次利用和再生利用。

八、梯次利用：将废旧动力蓄电池（或其中的蓄电池包/蓄电池模块/单体蓄电池）应用到其他领域的过程，可以一级利用也可以多级利用。

九、再生利用：对废旧动力蓄电池进行拆解、破碎、分离、提纯、冶炼等处理，进行资源化利用的过程。

十、汽车生产企业：获得《道路机动车辆生产企业及产品公告》的国内新能源汽车生产企业和新能源汽车进口商。

十一、电池生产企业：国内动力蓄电池生产企业和动力蓄电池进口商。

十二、回收服务网点：汽车生产企业在本企业新能源汽车销售的行政区域（至少地级）内，通过自建、共建、授权等方式建立的废旧动力蓄电池回收服务机构。

十三、报废汽车回收拆解企业：取得资质认定，从事报废汽车回收拆解经营业务的企业。

十四、综合利用企业：是指符合《新能源汽

车废旧动力蓄电池综合利用行业规范条件》要求的废旧动力蓄电池梯次利用企业或再生利用企业。

十五、梯次利用企业：梯次利用电池产品生产企业，是指对废旧动力蓄电池（或其中的蓄电池包/蓄电池模块/单体蓄电池）进行必要的检测、分类、拆解和重组，使其可应用至其他领域的企业。

十六、再生利用企业：是指对废旧动力蓄电池进行拆解、破碎、分离、提纯、冶炼等处理，实现资源再生利用、原材料回收利用等的企业。

# 工业和信息化部关于印发《首台（套）重大技术装备推广应用指导目录（2017年版）》的通告

工信部装函〔2018〕47号

为贯彻落实《中国制造2025》关于做强中国装备的总体要求，不断提高重大技术装备创新水平，加快推进首台（套）推广应用，根据重大技术装备的发展现状，制定发布《首台（套）重大技术装备推广应用指导目录（2017年版）》，自本通告发布之日起实施。工业和信息化部关于印发《首台（套）重大技术装备推广应用指导目录（2016年版）》（工信部装〔2017〕2号）同时废止。

特此通告。

附件：首台（套）重大技术装备推广应用指导目录（2017年）（略）

工业和信息化部

2018年1月26日

# 中华人民共和国工业和信息化部<br>中华人民共和国住房和城乡建设部公告

2018 年　第 8 号

依据《建筑垃圾资源化利用行业规范条件》《建筑垃圾资源化利用行业规范条件公告管理暂行办法》，经企业申报、地方主管部门初审、专家复审及网上公示等程序，现将符合行业规范条件的企业名单（第一批）予以公告。

附件：符合《建筑垃圾资源化利用行业规范条件》企业名单（第一批）（略）

工业和信息化部

2018 年 1 月 29 日

# 工业和信息化部办公厅关于公布第二批绿色制造名单的通知

工信厅节函〔2018〕60 号

各省、自治区、直辖市及计划单列市、新疆生产建设兵团工业和信息化主管部门，有关单位：

为贯彻落实《中国制造 2025》，深入实施绿色制造工程，加快构建绿色制造体系，发挥绿色制造先进典型的示范带动作用，按照《工业和信息化部办公厅关于开展绿色制造体系建设的通知》（工信厅节函〔2016〕586 号，以下简称《通知》）要求，我部组织开展了第二批绿色制造名单推荐工作。经申报单位自评价、第三方评价机构现场评价、省级工业和信息化主管部门评估确认以及专家论证、公示等环节，确定了第二批绿色制造名单，其中绿色工厂 208 家、绿色设计产品 53 种、绿色园区 22 家、绿色供应链管理示范企业 4 家（详见附件 1 ~ 4），现予以公布。有关要求通知如下：

一、列入名单的绿色设计产品，可按照《生态设计产品标识》（GB/T 32162—2015）自行粘贴标识。

二、各地工业和信息化主管部门要落实《通知》要求，高度重视绿色制造体系建设工作，加快制定出台本地区支持绿色制造示范的配套政策，加强与相关产业政策的衔接，积极扶持先进绿色典型，充分发挥以点带面的示范作用，引领行业和地区绿色转型。要加强对绿色制造名单内有关单位及第三方评价机构的指导、监督和管理，对不再符合绿色制造评价要求的单位，及时向我部（节能与综合利用司）报送有关情况。

三、为落实《通知》关于“利用绿色制造公共服务平台定期公布列入绿色制造示范企业、园区的绿色制造水平指标及先进经验等信息”的要求，自本通知发布之日起，实施绿色制造信息交流机制。绿色制造单位（即列入《工业和信息化部办公厅关于公布 2017 年第一批绿色制造示范名单的通知》及本通知名单中的绿色工厂、绿色园区和绿色供应链管理示范企业），应于 2018 年 3 月 30 日前在绿色制造公共服务平台上对绿色制造水平指标进行自我声明，并于今后每年 1 月 15 日及 7 月 15 日前分别对上一年度及半年度绿色制造水平指标进行自我声明（更新），展示绿色制造先进经验和典型做法。

四、鼓励各地区结合当地实际，组织开展本地区绿色制造示范，发布本地区绿色制造名单，择优向我部推荐。组织对绿色制造单位自我声明信息进行抽查和分析，宣传推广先进做法、成效及经验，对不按要求进行信息声明以及抽查中不再符合绿色制造示范评价要求的，特别是存在弄虚作假、瞒报重大安全事故、环境污染问题的，从示范名单中除名，并对该单位及其第三方评价机构进行通报。

附件：1. 绿色工厂名单（略）
2. 绿色设计产品名单（略）
3. 绿色园区名单（略）
4. 绿色供应链管理企业名单（略）

工业和信息化部办公厅

2018 年 2 月 11 日

# 四部委关于调整完善新能源汽车推广应用财政补贴政策的通知

财建〔2018〕18 号

各省、自治区、直辖市、计划单列市财政厅（局）、工业和信息化主管部门、科技厅（局、科委）、发展改革委：

为贯彻落实党的十九大精神，加快促进新能源汽车产业提质增效、增强核心竞争力、实现高质量发展，做好新能源汽车推广应用工作，现将有关事项通知如下：

## 一、调整完善推广应用补贴政策

（一）提高技术门槛要求。根据动力电池技术进步情况，进一步提高纯电动乘用车、非快充类纯电动客车、专用车动力电池系统能量密度门槛要求，鼓励高性能动力电池应用。提高新能源汽车整车能耗要求，鼓励低能耗产品推广。不断提高燃料电池汽车技术门槛。新能源汽车产品纳入《新能源汽车推广应用推荐车型目录》（以下简称《目录》）后销售推广方可申请补贴，2017 年目录内符合调整后补贴技术条件的车型，可直接列入新的目录。有关部委将根据新能源汽车技术进步、产业发展、推广应用规模等因素，提前研究发布 2019 年和 2020 年关键技术指标门槛。

（二）完善新能源汽车补贴标准。根据成本变化等情况，调整优化新能源乘用车补贴标准，合理降低新能源客车和新能源专用车补贴标准。燃料电池汽车补贴力度保持不变，燃料电池乘用车按燃料电池系统的额定功率进行补贴，燃料电池客车和专用车采用定额补贴方式。鼓励技术水平高、安全可靠的产品推广应用。

（三）分类调整运营里程要求。对私人购买新能源乘用车、作业类专用车（含环卫车）、党政机关公务用车、民航机场场内车辆等申请财政补贴不作运营里程要求。其他类型新能源汽车申请财政补贴的运营里程要求调整为 2 万千米，车辆销售上牌后将按申请拨付一部分补贴资金，达到运营里程要求后全部拨付，补贴标准和技术要求按照车辆获得行驶证年度执行。

## 二、进一步加强推广应用监督管理

（一）加快完善信息化监管平台。各级行业主管部门牵头，尽快建成企业、地方、国家三级联网的新能源汽车监管平台并发挥作用，动态掌握车辆生产、销售、运行、充电设施运营情况，结合现有管理手段实现对生产准入、目录审核、补贴发放、安全运营、运营里程等环节监管的全覆盖。

（二）建立与补贴挂钩的整车和电池“一致性”抽检制度。在整车和动力电池生产、销售等环节随机抽查一定比例产品，进行动力电池能量密度、整车能耗等关键参数一致性检测。建立常态化信息发布机制，对抽检产品参数与推荐车型目录内参数值不一致的，根据情节轻重程度，暂停推荐车型目录、按型号扣减或缓拨补贴资金，并按有关规定对相关企业和检测机构给予处罚。

（三）拓宽监督渠道，夯实监管责任。设立并公开举报电话或网上举报平台，充分发挥社会监督的作用。加大对骗补企业的处罚力度，除依据《财政违法行为处罚处分条例》予以没收违法所得和罚款外，还将视情节轻重采取暂停或取消推荐车型目录、取消补贴资格并纳入“黑名单”等限制性措施。有关地方应进一步落实推广主体责任，健全管理制度，加强审核把关和监督检查，对玩忽职守、徇私舞弊的单位和个人应予以严肃追责，对监管不严、骗补等问题多发的地区按有关规定严肃处理。

## 三、进一步优化推广应用环境

（一）破除地方保护，建立统一市场。各地不得采取任何形式的地方保护措施，包括但不限于设置地方目录或备案、限制补贴资金发放、对新能源汽车进行重复检验、要求生产企业在本地设厂、要求整车企业采购本地零部件等措施。对经有关部门认定存在地方保护行为的地方，中央财政将视情节相应扣减充电基础设施奖补资金。各地对列入《车辆生产企业及产品公告》的新能源汽车产品应一视同仁执行免限行、免限购、发放新能源汽车专用号牌等支持措施。地方应不断加大基础设施建设力度和改善新能源汽车使用环境，从2018年起将新能源汽车地方购置补贴资金逐渐转为支持充电基础设施建设和运营、新能源汽车使用和运营等环节。

（二）落实生产者责任，提高生产销售服务管理水平。企业应进一步落实生产者责任，对自身生产和销售环节加强管理与控制，建立企业监控平台，及时准确上报新能源汽车推广补贴申报信息，确保真实、可查。新能源汽车生产企业应按有关文件要求对消费者提供动力电池等储能装置、驱动电机、电机控制器质量保证。建立新能源汽车安全事故统计和审查机制，对已销售产品存在安全隐患、发生安全事故的，企业应提交产品事故检测报告、后续改进措施等材料。对由于产品质量引起安全事故的车型，视事故性质、严重程度等给予暂停车型推荐目录、暂停企业补贴资格等处罚，并扣减该车型补贴资金。

本通知从2018年2月12日起实施，2018年2月12日至6月11日为过渡期。过渡期上牌的新能源乘用车、新能源客车按照《财政部 科技部 工业和信息化部 发展改革委关于调整新能源汽车推广应用财政补贴政策的通知》（财建〔2016〕958号）对应标准的0.7倍补贴，新能源货车和专用车按0.4倍补贴，燃料电池汽车补贴标准不变。

落实推广应用主体责任、建立惩罚机制等其他相关规定继续按《财政部 科技部 工业和信息化部 发展改革委关于调整新能源汽车推广应用财政补贴政策的通知》（财建〔2016〕958号）、《财政部 工业和信息化部 科技部 发展改革委关于新能源汽车推广应用审批责任有关事项的通知》（财建〔2016〕877号）、《财政部 科技部 工业和信息化部 发展改革委关于2016—2020年新能源汽车推广应用财政支持政策的通知》（财建〔2015〕134号）等有关文件执行。

附件：新能源汽车推广补贴方案及产品技术要求（略）

财政部
工业和信息化部
科技部
发展改革委
2018年2月12日

# 工业和信息化部关于电信服务质量的通告（2018年第1号）

工信部信管函〔2018〕62号

为推进电信服务质量持续改善，根据《中华人民共和国电信条例》相关规定，现将2017年四季度及全年电信服务有关情况通告如下：

## 一、电信服务基本情况

（一）行业稳步发展，服务能力持续提升。截至2017年年底，全国电话用户总数达到16.1亿户，其中移动电话用户14.2亿户。“宽带中国”战略稳步推进，宽带提速效果日益显著。固定宽带用户达到3.49亿户，其中50Mbps及以上用户占比达70.0%，100Mbps及以上用户占比达38.9%。光纤宽带加快普及，光纤接入（FTTH/O）用户总数达到2.94亿户，占固定宽带用户总数的84.3%。移动宽带用户达到11.3亿户，占比达79.8%，其中4G用户保持稳步增长，1—12月净增2.27亿户，总数达到9.97亿户。

（二）网络运行安全畅通，服务水平保持稳定。2017年，全国电信网和互联网运行平稳，通信服务质量整体稳定，电话接通率、互联网可接入率等符合《电信服务规范》指标要求。通信行业周密部署，圆满完成全国“两会”、“一带一路”高峰论坛、“金砖国家领导人厦门会晤”、党的十九大等重大活动通信保障任务，及时有效应对汛期大范围强降雨、多轮台风、四川茂县山体垮塌、九寨沟地震等重大自然灾害，累计投入应急通信保障人员59.3万人次、应急车辆15.5万台次、油机20.1万台次、发送应急短信息19.5余亿条，确保抢险救灾指挥及党政军等重要部门通信畅通，及时恢复灾区的通信服务，有力保障了公众通信网络整体运行平稳。

（三）互联网与经济社会各领域深度融合成效明显。国务院发布《国务院关于深化“互联网+先进制造业”发展工业互联网的指导意见》，深化供给侧结构性改革，深入推进“互联网+先进制造业”，规范和指导我国工业互联网发展。工业和信息化部印发《促进新一代人工智能产业发展三年行动计划（2018—2020年）》，以信息技术与制造技术深度融合为主线，以新一代人工智能技术的产业化和集成应用为重点，推动人工智能和实体经济深度融合，加快制造强国和网络强国建设。2017年，移动互联网接入流量累计达246亿吉比特，同比增长162.7%；智能手机出货量约4.61亿部，同比下降11.6%。

## 二、电信用户申诉举报情况

（一）电信服务申诉情况。2017年，工业和信息化部及各省（自治区、直辖市）电信用户申诉受理机构共受理电信用户申诉65979件，同比下降21.0%；年度百万用户申诉率为34.6人次，同比下降12.1人次。四季度，受理电信用户申诉22746件，同比上升37.9%，环比上升31.9%；季度百万用户申诉率为11.7人次，同比上升2.6人次，环比上升2.6人次（详见附件1、2）。收费争议类申诉占比52.9%，环比上升14.9个百分点；用户服务类申诉占比33.0%，环比下降8.3个百分点；网络质量类申诉占比14.1%，环比下降6.6个百分点。

各级申诉受理机构按照《电信用户申诉处理办法》相关规定，对用户申诉进行了处理和调解，有效维护了电信用户合法权益。

（二）垃圾短信举报情况。2017年，12321网络不良与垃圾信息举报受理中心受理垃圾短信举报140486件，同比上升11.8%。四季度，受理垃圾短信举报43160件，同比上升63.6%，环比上升17.3%。其中，点对点类垃圾短信举报11497件，占举报总量的26.6%，较上季度上升9.5个百分点，被举报率为7.1件/百万用户，环比上升77.2%；端口类举报21922件，占举报总量的50.8%，较上季度下降11.4个百分点，被举报率为14.4件/亿条，环比下降9.8%；疑似伪基站发送短信相关举报9741件，占举报总量的22.6%，较上季度上升1.9个百分点。从内容看，商业广告营销类占比75.6%，较上季度有所上升，主要涉及债务催收类、商品零售营销类等；涉嫌违法犯罪类占比24.4%，主要涉及欺诈、非法经营活动等。相关电信运营企业已对发送垃圾短信的号码及端口进行处置，内容涉嫌违法犯罪的已提请公安部门处理。

（三）不良手机应用举报情况。2017年，12321网络不良与垃圾信息举报受理中心共接到不良手机应用有效举报832043件次，同比下降23.3%。四季度，接到不良手机应用有效举报114578件次，同比下降56.4%，环比下降40.3%。通过行业自律，联合应用商店、安全检测厂商对其中存在问题的569款不良手机应用进行了下架处理。

（四）诈骗电话号码用户举报情况。2017年，12321网络不良与垃圾信息举报受理中心共接到诈骗电话号码有效举报68946件次。四季度，接到诈骗电话号码举报8917件次，环比下降45.81%。相关电信企业已对上述举报号码进行了逐个核实处置，对存在违规的进行了内部追责处罚，对涉嫌违法犯罪的通报公安机关。

## 三、电信服务监管情况

（一）四季度，工业和信息化部组织督查组对内蒙古、辽宁、安徽、福建、河南、四川6个地区行风纠风工作开展情况进行监督检查。督查组通过听取汇报、实地抽查、暗访体验、技术检测等方式，对企业行风纠风工作、提升信息通信领域服务质量和效率工作、宽带接入服务行为专项整治工作等情况进行检查。12月21日，工业和信息化部督查组赴三家基础电信企业集团公司监督检查，通报了赴各地监督检查中发现的问题，要求限期整改。

（二）四季度，工业和信息化部发布《工业和信息化部关于规范互联网信息服务使用域名的通知》（工信部信管〔2017〕264号），贯彻落实《反恐怖主义法》《网络安全法》《互联网信息服务管理办法》《互联网域名管理办法》等法律法规和规章的要求，进一步规范互联网信息服务域名使用。

（三）四季度，工业和信息化部发布《工业和信息化部关于建立电信业务经营信息年报和公示制度的通知》（工信部信管〔2017〕321号），贯彻落实《国务院关于“先照后证”改革后加强事中事后监管的意见》（国发〔2015〕62号）等文件要求，深入推进电信领域“放管服”改革，根据《电信业务经营许可管理办法》（工业和信息化部令第42号），将原“电信业务经营许可证年检制度”调整为“电信业务经营信息年报和公示制度”。

（四）四季度，工业和信息化部发布《工业和信息化部关于印发〈公共互联网网络安全突发事件应急预案〉的通知》（工信部网安〔2017〕281号），建立健全公共互联网网络安全突发事件应急组织体系和工作机制，提高公共互联网网络安全突发事件综合应对能力，确保及时有效地控制、减轻和消除公共互联网网络安全突发事件造成的社会危害和损失，保证公共互联网持续稳定运行和数据安全，维护国家网络空间安全，保障经济运行和社会秩序。

（五）四季度，工业和信息化部组织对86家手机应用商店的应用软件进行技术检测，发现违规软件38款，涉及违规收集使用用户个人信息、强行捆绑推广其他应用软件等问题（详见附件3），已责令下架。组织对三家基础电信企业和104家增值电信企业225项业务进行抽查，发现6项增值业务存在问题，涉及业务内容更新不及时、业务无法使用等（详见附件4），已督促整改。

工业和信息化部、各省（自治区、直辖市）通信管理局依据《中华人民共和国电信条例》等有关规定，对检查发现的问题及侵害电信用户合法权益的行为进行责任追究，问责督办15件次，查处违规电信企业51家次。

（六）四季度，工业和信息化部组织对福建、贵州两省基础电信企业通信安全生产工作进行了检查，检查对象包括各企业省级及以下分支机构。两省安全生产工作总体情况较好，企业较好落实了安全生产主体责任，但仍普遍存在安全生产基础工作薄弱、台账不系统、事故应急处置预案编制及演练质量不高、人员培训不足等问题。检查组已将相关具体问题发当地通信管理局，督促企业立即整改并实行安全生产隐患问题闭环管理。

（七）四季度，工业和信息化部组织开展了2017年第二次智能手机证后监督及专项抽查工作，共抽查了26款智能手机，重点检查产品获得进网许可证前后一致性、落实《移动智能终端应用软件预置和分发管理暂行规定》要求等内容。抽查发现1款智能手机在进网前后一致性、应用软件可卸载及软件明示信息等方面存在较多问题（见附件5）。工业和信息化部根据《电信设备进网管理办法》等相关规定，已责令有关企业进行整改，采取有效措施维护用户合法权益。

（八）四季度，工业和信息化部对12321网络不良与垃圾信息举报受理中心通讯信息诈骗用户举报情况、省际诈骗电话防范系统问题号码防范处置情况、涉嫌诈骗电话号码用户标记情况进行了通报，组织三家基础电信企业和相关移动通信转售企业对通报号码进行了核查处置，督促相关企业开展整改问题和违规追责。

## 四、经营及消费提示

### （一）经营提示

1. 各电信和互联网企业要贯彻落实《工业和信息化部关于规范互联网信息服务使用域名的通知》《工业和信息化部关于印发〈公共互联网网络安全突发事件应急预案〉的通知》等规定要求，进一步规范互联网信息服务域名的使用、健全公共互联网网络安全突发事件应急机制，提升应对能力。

2. 各电信企业要按照工业和信息化部关于信息通信安全生产工作总体部署，进一步夯实安全生产工作基础，强化安全生产自查及隐患整改，落实安全生产主体责任，保障信息通信设施、网络、业务安全稳定运行。

3. 各电信企业要做好春节期间用户服务相关工作部署，加强网络设施和线路巡查，特别要做好低温雨雪冰冻等冬季易发自然灾害的防范应对，确保通信网络和各类服务渠道运转正常。

### （二）消费提示

1. 为防范境外来源诈骗电话，工业和信息化部提醒广大用户，号码显示以“00”或“+”开头的电话全部来自境外，接到此类电话要提高警惕，谨防上当。

2. 工业和信息化部提醒广大用户在跨省及出境旅行时，及时查询通话、短信、移动数据流量等业务使用量和账户余额，注意查收消费提示信息。

附件：1. 2017 年四季度基础电信企业用户申诉分类统计表（略）
2. 2017 年四季度用户申诉主要涉及的增值电信企业、移动转售企业名单（略）
3. 2017 年四季度检测发现问题的应用软件名单（略）
4. 2017 年四季度电信服务和收费抽测发现问题的增值电信企业名单（略）
5. 2017 年第二次证后监督检查中发现问题的智能手机名单（略）

工业和信息化部
2018 年 2 月 13 日

# 工业和信息化部 科技部 环境保护部 交通运输部 商务部 质检总局 能源局关于组织开展新能源汽车动力蓄电池回收利用试点工作的通知

工信部联节函〔2018〕68号

各省、自治区、直辖市及计划单列市、新疆生产建设兵团工业和信息化、科技、环保、交通、商务、质检、能源主管部门，有关中央企业：

为贯彻落实《新能源汽车动力蓄电池回收利用管理暂行办法》，探索技术经济性强、资源环境友好的多元化废旧动力蓄电池回收利用模式，推动回收利用体系建设，工业和信息化部、科技部、环境保护部、交通运输部、商务部、质检总局、能源局将组织开展新能源汽车动力蓄电池回收利用试点工作。

现将《新能源汽车动力蓄电池回收利用试点实施方案》予以印发。请各省、自治区、直辖市及计划单列市、新疆生产建设兵团工业和信息化主管部门商同级科技、环保、交通、商务、质检、能源主管部门，按照实施方案要求，组织编制本地区试点实施方案，并于2018年3月30日前将申报材料报工业和信息化部（节能与综合利用司）。请有关中央企业结合本企业特点和目标，商相关地方政府有关部门编制示范工程实施方案，报工业和信息化部（节能与综合利用司）。

附件：新能源汽车动力蓄电池回收利用试点实施方案

工业和信息化部
科学技术部
环境保护部
交通运输部
商务部
国家质量监督检验检疫总局
国家能源局
2018年2月22日

**附件**

## 新能源汽车动力蓄电池回收利用试点实施方案

为贯彻落实《新能源汽车动力蓄电池回收利用管理暂行办法》，探索技术经济性强、资源环境友好的多元化废旧动力蓄电池回收利用模式，推动回收利用体系建设，制定本方案。

## 一、总体要求

以党的十九大精神为指导，全面贯彻落实生态文明建设要求，践行新发展理念，选择新能源汽车保有量大、动力蓄电池回收利用基础好、区域带动性强、有积极性的地区开展动力蓄电池回收利用试点。以市场为主导，充分发挥汽车生产、电池生产和综合利用企业主体作用，探索动力蓄电池回收利用市场化商业运作模式，完善相关标准，突破动力蓄电池梯次利用、高效再生利用产业发展瓶颈，建设示范工程，为建立科学完善的动力蓄电池回收利用制度提供实践支撑。

到2020年，建立完善动力蓄电池回收利用体系，探索形成动力蓄电池回收利用创新商业合作模式。建设若干再生利用示范生产线，建设一批退役动力蓄电池高效回收、高值利用的先进示范项目，培育一批动力蓄电池回收利用标杆企业，研发推广一批动力蓄电池回收利用关键技术，发布一批动力蓄电池回收利用相关技术标准，研究提出促进动力蓄电池回收利用的政策措施。

## 二、试点内容

### （一）构建回收利用体系

充分落实生产者责任延伸制度，由汽车生产企业、电池生产企业、报废汽车回收拆解企业与综合利用企业等通过多种形式，合作共建、共用废旧动力蓄电池回收渠道。鼓励试点地区与周边区域合作开展废旧动力蓄电池的集中回收和规范化综合利用，提高回收利用效率。坚持产品全生命周期理念，建立动力蓄电池产品来源可查、去向可追、节点可控的溯源机制，对动力蓄电池实施全过程信息管理，实现动力蓄电池安全妥善回收、贮存、移交和处置。

### （二）探索多样化商业模式

充分发挥市场化机制作用，鼓励产业链上下游企业进行有效的信息沟通和密切合作，以满足市场需求和资源利用价值最大化为目标，建立稳定的商业运营模式，推动形成动力蓄电池梯次利用规模化市场。加强大数据、物联网等信息化技术在动力蓄电池回收利用中的应用，建设商业化服务平台，构建第三方评估体系，探索线上线下动力蓄电池残值交易等新型商业模式。

### （三）推动先进技术创新与应用

鼓励新能源汽车、动力蓄电池生产企业在产品开发阶段优化产品回收和资源化利用的设计；开展废旧动力蓄电池余能检测、残值评估、快速分选和重组利用、安全管理等梯次利用关键共性技术研究，鼓励在余能检测、残值评估等阶段适当引入第三方评价机制；开展废旧动力蓄电池有价元素高效提取、材料性能修复、残余物质无害化处置等再生利用先进技术的研发攻关。同时，形成一系列动力蓄电池回收利用相关标准和技术规范，推动废旧动力蓄电池无害化、规范化、高值化利用。

### （四）建立完善政策激励机制

鼓励试点地区将动力蓄电池回收利用工作作为落实生态文明建设要求、推动绿色制造产业发展的重要内容及举措，研究支持新能源汽车动力蓄电池回收利用的政策措施，探索促进动力蓄电池回收利用的相关政策激励机制，充分调动各方积极性，促进动力蓄电池回收利用。

## 三、组织实施与管理

### （一）试点范围

在京津冀、长三角、珠三角、中部区域等选择部分地区，开展新能源汽车动力蓄电池回收利用试点工作，以试点地区为中心，向周边区域辐射。支持中国铁塔公司等企业结合各地区试点工作，充分发挥企业自身优势，开展动力蓄电池梯次利用示范工程建设。

### （二）实施年限

试点工作实施年限原则上不超过2年。

### （三）方案编制与申报

各省、自治区、直辖市及计划单列市、新疆生产建设兵团工业和信息化主管部门可自愿申报，会同相关部门按照《新能源汽车动力蓄电池回收利用试点实施方案编制指南》组织编制本地区试点实施方案，并报工业和信息化部。中国铁塔公司等结合本企业特点和目标，自行编制示范工程实施方案，报工业和信息化部。

**（四）审核确定**

工业和信息化部、科技部、环境保护部、交通运输部、商务部、质检总局、能源局组织专家对申报的实施方案进行论证，确定试点地区，并对实施方案进行备案。

**（五）实施管理**

试点地区按照试点工作总体要求，积极指导和督促相关企业开展试点工作，进行阶段性评估、经验总结，加强试点工作的过程管理和优化调整。

**（六）总结评估**

试点工作结束后，试点地区对试点完成情况进行总结，中国铁塔公司等企业对示范工程实施情况进行总结，并报工业和信息化部。工业和信息化部、科技部、环境保护部、交通运输部、商务部、质检总局、能源局组织试点验收和示范工程评估，总结试点示范经验，在全国范围内推广。

## 四、保障措施

**（一）加强组织领导**

试点地区应高度重视试点工作，加强对试点工作的组织领导，成立试点工作领导小组，按照试点方案目标、重点任务和具体计划，确定各项任务分工，落实责任，确保试点目标任务按期完成。

**（二）加大政策扶持**

试点地区应加强资源整合，积极协调利用现有政策措施和资金渠道，加大对试点工作的支持力度。支持中国铁塔公司等优势企业联合设立产业基金，加强政府、企业和金融机构的对接，引导金融机构创新产品和服务。

**（三）强化能力建设**

国家建立统一的溯源管理平台，对试点地区动力蓄电池全生命周期实现信息溯源管理，支撑试点工作科学开展和阶段性评估。发挥行业协会、骨干企业和科研机构等各方面优势，搭建动力蓄电池回收利用交流平台，促进试点地区产学研用合作，建立动力蓄电池回收利用技术联合攻关和推广应用机制。

**（四）加强宣传推广**

充分发挥电视、广播、报纸、互联网等新闻媒体作用，加强对社会公众的宣传，增强公众资源节约与环境保护意识。试点地区应在网站上公布本地区试点企业名单和相关信息，积极引导公众参与新能源汽车动力蓄电池回收利用。

# 工业和信息化部关于印发《2018 年工业节能监察重点工作计划》的通知

工信部节函〔2018〕73 号

各省、自治区、直辖市及新疆生产建设兵团工业和信息化主管部门：

现将《2018 年工业节能监察重点工作计划》印发给你们，请认真贯彻执行。

工业和信息化部

2018 年 2 月 28 日

## 2018 年工业节能监察重点工作计划

为贯彻落实《节约能源法》和《工业节能管理办法》，充分发挥节能监察的监督保障作用，持续提升工业能效和绿色发展水平，助推工业经济高质量发展，依据《工业绿色发展规划（2016—2020 年）》，制定本计划。

### 一、围绕重点工作，深入开展专项节能监察

依据强制性节能标准，推动重点行业、重点区域能效水平提升，突出抓好重点用能企业、重点用能设备的节能监管等工作，实施重大工业专项节能监察。

（一）2017 年违规企业整改落实情况专项监察。对 2017 年专项节能监察中发现存在能耗超标违规行为和不合理用能行为的企业进行跟踪检查，对下达的限期整改通知书、建议书的整改落实情况进行督查，对未按照限期整改通知书要求整改或整改不到位的，依法依规进行处理。

（二）重点高耗能行业能耗专项监察。按照“十三五”期间对高耗能行业企业实现节能监察全覆盖的总体要求，重点核查 2017 年石化、化工、造纸等行业重点用能企业能耗限额标准执行情况，对 2000 多家乙烯、合成氨、电石、烧碱、尿素等石化、化工企业，500 多家独立焦化企业，3000 多家造纸企业实现行业全覆盖开展节能监察（对生产多种产品的企业在申报监察任务时应按照一项任务申报，并注明产品种类，统筹确定补助经费）。

（三）阶梯电价执行专项监察。一是根据《国家发展改革委 工业和信息化部关于运用价格手段促进钢铁行业供给侧结构性改革有关事项的通知》（发改价格〔2016〕2803 号）要求，对钢铁企业能耗情况进行专项监察。二是根据《国家发展改革委 工业和信息化部关于水泥企业用电实行阶梯电价政策有关问题的通知》（发改价格〔2016〕75 号）以及相关电耗核算办法等要求，对水泥企业能耗情况进行专项监察。三是根据《国家发展改革委 工业和信息化部关于电解铝企业用电实行阶梯电价政策的通知》（发改价格〔2013〕2530 号）要求，对电解铝企业能耗情况

进行专项监察。重点监察2017年专项监察中发现能耗超标违规的钢铁、水泥、电解铝企业以及日产2000吨以下具有熟料生产线的水泥企业（与违规企业整改落实情况专项监察结合）。

（四）重点用能产品设备能效提升专项监察。按照《中小型三相异步电动机能效限定值及能效等级》（GB 18613—2012）、《高压三相笼型异步电动机能效限定值及能效等级》（GB 30254—2013）、《三相配电变压器能效限定值及能效等级》（GB 20052—2013）、《清水离心泵能效限定值及节能评价值》（GB 19762—2007）、《通风机能效限定值及能效等级》（GB 19761—2009）、《容积式空气压缩机能效限定值及能效等级》（GB 19153—2009）等国家标准，对电机、变压器、水泵、风机、空压机等主要用能产品设备生产企业实施专项监察，会同有关部门依法督促企业停止生产达不到强制性能效标准限定值的低效产品（重点核查2016—2017年专项监察未覆盖企业）。

## 二、依法监督管理，持续做好日常节能监察

依据《节约能源法》《工业节能管理办法》赋予的职责和要求，继续加强日常节能监察工作，及时公布监察结果，跟踪整改落实情况。

（一）重点用能企业能源管理制度落实情况监察。各地应依法对辖区内重点用能企业能源管理体系建立、能源管理岗位设立和能源管理负责人任用等情况进行监察。

（二）重点用能企业执行能源计量、能源消费统计和能源利用状况报告制度情况监察。各地应会同有关部门依法对工业企业配备使用符合国家标准的能源计量器具、开展能源消费统计和执行能源利用状况报告制度情况进行监察。

（三）固定资产投资项目节能审查制度执行情况监察。各地应依法对工业企业固定资产投资项目节能审查制度执行情况和节能审查意见落实情况进行监察，对不符合强制性节能标准和国家产业政策、违反固定资产投资项目节能审查制度的行为，依法予以处理。

## 三、完善工作机制，不断提升节能监察效能

（一）完善工业节能监察体系。加强省市县三级工业节能监察体系建设，配置与岗位相适的监察人员，配备科学合理的节能执法装备，形成目标统一、职责清晰、分工合理的节能监察组织保障体系。通过开展跨区域业务交流、联合执法、结对帮扶等工作，加强全国各级节能监察机构间的交流，促进各地区节能监察工作平衡发展。根据节能监察结果，推动修订相对滞后的能耗限额标准。

（二）创新工业节能监察模式。各地要系统总结推广前期专项监察中的成熟经验和工作模式，因地制宜地用好联合执法、异地交叉监察、引入第三方专业机构及专家、节能监察与能源审计相结合等监察手段，促进节能监察工作更加公平公正和科学准确。鼓励重点用能企业定期开展能源审计，推动企业根据审计结果研究实施节能技术改造，持续提升能效。进一步完善跨区域督查内容和方法，全面开展跨区域交叉督查，加强不同地区工业节能监察工作交流协作。

（三）加强节能监察业务指导。完善重点行业节能监察执法规范，修订工业节能监察手册，实现重点高耗能行业全覆盖。工业和信息化部将组织开展工业节能监察培训，各省级工业和信息化主管部门要加强对市、县级节能监察机构建设的指导，分层次、多渠道开展节能监察人员业务培训，提升业务技能和水平。鼓励各地遴选一批执法规范、工作扎实、节能环保效益突出的节能监察优秀案例，加强交流宣传，并推荐2～3个优秀案例报工业和信息化部（节能与综合利用司）。

（四）加强节能监察信息化建设。鼓励各地探索用能设备产品能效在线核对、节能监察结果在线填报、重点企业主要用能设备电子档案等模式，提升节能监察信息化水平，推动节能监察更加高效准确。

## 四、工作要求

（一）加强组织领导。各地工业和信息化主管部门要加强组织领导，认真编制工作计划，开展专项培训，细化措施手段，明确目标进度，确保各项工作按期高质量完成（2017年年末完成专项节能监察任务的节能监察机构不宜再承担今年工作）。请各地于3月15日前组织申报2018年专项监察任务（包括监察类别和企业名称，见附表1、附表2）。对要求实现节能监察全覆盖的行业应仔细核对企业名单，确保不漏报、不错报，对已停产企业应列入企业名单并注明（不组织实地监察和申请补助）。

（二）严格依法行政。各地工业和信息化主管部门和节能监察机构要规范工业节能监察工作程序和执法行为，加大执法检查力度，严厉查处各类违法违规用能行为，对拒不整改或整改不到位的，依法予以处罚。请各地于6月底前将2017年违规企业整改落实情况专项监察结果报工业和信息化部（节能与综合利用司）。

（三）开展资金使用情况专项审计。工业和信息化部（节能与综合利用司）将委托第三方机构对各地补助资金使用情况进行专项审计。各地工业和信息化主管部门和节能监察机构要按照《工业节能监察体制机制建设项目管理暂行办法》（工信部节〔2016〕228号）要求，梳理前期补助资金使用情况并于3月底前向工业和信息化部（节能与综合利用司）提交资金使用报告。对往年下达任务中由于企业停产等原因未实施的监察任务应开展补查，因企业关停等原因无法补查的，结余补助经费应用于本年度专项监察工作。

（四）强化舆论宣传。各地工业和信息化主管部门和节能监察机构要定期向社会公开工业节能监察工作情况，依法公布违规企业名单，主动接受社会监督。按照《社会信用体系建设规划纲要（2014—2020年）》（国发〔2014〕21号）部署，鼓励各地区与有关部门合作，将节能监察执法情况纳入社会信用体系，推动企业落实节能法律法规和政策要求，发挥节能监察的督促约束作用。

（五）严格监督检查。工业和信息化部将组织对工业节能监察工作落实情况进行监督检查，并适时组织专项督查。请各地于10月底前向工业和信息化部（节能与综合利用司）报送年度工作总结报告（包括专项监察、日常监察工作总结、监察体制机制建设报告和实际监察企业名单及监察结果等）。

# 中华人民共和国工业和信息化部公告

2018 年　第 16 号

根据《钢铁行业规范条件（2015 年修订）》和《钢铁行业规范企业管理办法》，我部开展了钢铁行业规范企业动态调整工作。经企业自查、省级工业主管部门和有关中央企业初审、专家核实和网上公示等程序，现对撤销钢铁行业规范公告的企业名单、需整改的企业名单、变更企业名称和装备的企业名单予以公告。

附件：1. 撤销钢铁行业规范公告的企业名单（略）
2. 需整改的钢铁行业规范企业名单（略）
3. 变更钢铁行业规范公告名称的企业名单（略）
4. 变更钢铁行业规范公告装备的企业名单（略）

工业和信息化部
2018 年 3 月 27 日

# 工业和信息化部 公安部 交通运输部关于印发《智能网联汽车道路测试管理规范（试行）》的通知

工信部联装〔2018〕66号

各省、自治区、直辖市及计划单列市、新疆生产建设兵团工业和信息化主管部门、公安厅（局）、交通运输厅（局、委）：

现将《智能网联汽车道路测试管理规范（试行）》印发给你们，请各地结合实际，认真贯彻执行。

工业和信息化部

公安部

交通运输部

2018年4月3日

## 智能网联汽车道路测试管理规范（试行）

### 第一章　总则

**第一条**　为深入贯彻落实党的十九大精神，加快制造强国、科技强国、网络强国、交通强国建设，推动汽车智能化、网联化技术发展和产业应用，推进交通运输转型升级创新发展，规范智能网联汽车道路测试管理，依据《道路交通安全法》《公路法》等法律法规，制定本规范。

**第二条**　本规范适用于在中华人民共和国境内进行的智能网联汽车道路测试。

**第三条**　工业和信息化部、公安部、交通运输部定期联合发布智能网联汽车道路测试相关信息。

**第四条**　省、市级政府相关主管部门可以根据当地实际情况，依据本规范制定实施细则，具体组织开展智能网联汽车道路测试工作。

本规范所称省、市级政府相关主管部门，包括各省、自治区、直辖市及计划单列市、新疆生产建设兵团工业和信息化主管部门、公安机关交通管理部门和交通运输主管部门。

### 第二章　测试主体、测试驾驶人及测试车辆

**第五条**　测试主体是指提出智能网联汽车道路测试申请、组织测试并承担相应责任的单位，应符合下列条件：

（一）在中华人民共和国境内登记注册的独立法人单位；

（二）具备汽车及零部件制造、技术研发或试验检测等智能网联汽车相关业务能力；

（三）对智能网联汽车测试时可能造成的人身和财产损失，具备足够的民事赔偿能力；

（四）具有智能网联汽车自动驾驶功能测试评价规程；

（五）具备对测试车辆进行实时远程监控的能力；

（六）具备对测试车辆事件进行记录、分析

和重现的能力；

（七）法律、法规规章规定的其他条件。

**第六条** 测试驾驶人是指经测试主体授权，负责测试并在出现紧急情况时对测试车辆实施应急措施的驾驶人，应符合下列条件：

（一）与测试主体签订有劳动合同或劳务合同；

（二）取得相应准驾车型驾驶证并具有3年以上驾驶经历；

（三）最近连续3个记分周期内无满分记录；

（四）最近1年内无超速50%以上、违反交通信号灯通行等严重交通违法行为记录；

（五）无饮酒后驾驶或者醉酒驾驶机动车记录，无服用国家管制的精神药品或者麻醉药品记录；

（六）无致人死亡或者重伤的交通事故责任记录；

（七）经测试主体自动驾驶培训，熟悉自动驾驶测试规程，掌握自动驾驶测试操作方法，具备紧急状态下应急处置能力；

（八）法律、法规规章规定的其他条件。

**第七条** 测试车辆是指申请用于道路测试的智能网联汽车，包括乘用车、商用车辆，不包括低速汽车、摩托车，应符合以下条件：

（一）未办理过机动车注册登记。

（二）满足对应车辆类型除耐久性以外的强制性检验项目要求；对因实现自动驾驶功能而无法满足强制性检验要求的个别项目，测试主体需证明其未降低车辆安全性能。

（三）具备人工操作和自动驾驶两种模式，且能够以安全、快速、简单的方式实现模式转换并有相应的提示，保证在任何情况下都能将车辆即时转换为人工操作模式。

（四）具备车辆状态记录、存储及在线监控功能，能实时回传下列第1、2、3项信息，并自动记录和存储下列各项信息在车辆事故或失效状况发生前至少90秒的数据，数据存储时间不少于3年：

1. 车辆控制模式；

2. 车辆位置；

3. 车辆速度、加速度等运动状态；

4. 环境感知与响应状态；

5. 车辆灯光、信号实时状态；

6. 车辆外部360度视频监控情况；

7. 反映测试驾驶人和人机交互状态的车内视频及语音监控情况；

8. 车辆接收的远程控制指令（如有）；

9. 车辆故障情况（如有）。

（五）测试车辆应在封闭道路、场地等特定区域进行充分的实车测试，符合国家行业相关标准，省、市级政府发布的测试要求以及测试主体的测试评价规程，具备进行道路测试的条件。

（六）测试车辆自动驾驶功能应由国家或省市认可的从事汽车相关业务的第三方检测机构进行检测验证，检测验证项目包括但不限于附件1所列的项目。

## 第三章 测试申请及审核

**第八条** 省、市级政府相关主管部门在辖区内道路选择若干典型路段用于智能网联汽车道路测试并向社会公布。

**第九条** 测试主体向拟开展测试路段所在地的省、市级政府相关主管部门提出道路测试申请。申请材料应至少包括：

（一）测试主体、测试驾驶人和测试车辆的基本情况；

（二）属国产机动车的，应当提供机动车整车出厂合格证，但未进入公告车型的应当提供出厂合格证明和国家认可的第三方检测实验室出具的相应车型强制性检验报告；属进口机动车的，应当提供进口机动车辆强制性产品认证证书、随车检验单和货物进口证明书；

（三）自动驾驶功能说明及其未降低车辆安全性能的证明；

（四）机动车安全技术检验合格证明；

（五）测试主体在封闭道路、场地等特定区域进行实车测试的证明材料；

（六）获得国家或省市认可的从事汽车相关

业务的第三方检测机构出具的自动驾驶功能委托检验报告；

（七）测试方案，包括测试路段、测试时间、测试项目、测试规程、风险分析及应对措施；

（八）交通事故责任强制险凭证，以及每车不低于五百万元人民币的交通事故责任保险凭证或不少于五百万元人民币的自动驾驶道路测试事故赔偿保函。

**第十条**　省、市级政府相关主管部门负责组织受理、审核测试申请，为审核通过的测试车辆逐一出具智能网联汽车道路测试通知书（见附件2），定期报工业和信息化部、公安部和交通运输部备案并向社会公布。

**第十一条**　测试通知书应当注明测试主体、车辆识别代号、测试驾驶人姓名及身份证号、测试时间、测试路段等信息。其中，测试时间原则上不超过18个月。

**第十二条**　如需变更测试通知书基本信息的，由测试主体提交变更说明及相应证明材料，省、市级政府相关主管部门审核通过后出具变更后的测试通知书。

**第十三条**　测试主体凭测试通知书及《机动车登记规定》所要求的证明、凭证，向测试通知书载明的公安机关交通管理部门申领试验用机动车的临时行驶车号牌。

**第十四条**　临时行驶车号牌规定的行驶区域应当根据测试通知书载明的测试路段合理限定，临时行驶车号牌有效期不应当超过测试通知书载明的测试时间。

**第十五条**　已申领临时行驶车号牌的测试车辆，如需在其他省、市进行测试，测试主体还应申请相应省、市的测试通知书，并重新申领临时行驶车号牌。但是，相应省、市级政府准许持其他省、市核发的测试通知书、临时行驶车号牌在本行政区域指定道路测试的除外。

## 第四章　测试管理

**第十六条**　测试车辆应当遵守临时行驶车号牌管理相关规定。未取得临时行驶车号牌，不得上路行驶。

测试主体、测试驾驶人均应遵守我国道路交通安全法律法规，严格依据测试通知书载明的测试时间、测试路段和测试项目开展测试工作，并随车携带测试通知书、测试方案备查。

**第十七条**　测试车辆车身应以醒目的颜色标示“自动驾驶测试”字样，提醒周边车辆注意。

**第十八条**　测试驾驶人应始终处于测试车辆的驾驶座位上、始终监控车辆运行状态及周围环境，随时准备接管车辆。

当测试驾驶人发现车辆处于不适合自动驾驶的状态或系统提示需要人工操作时，应及时接管车辆。

**第十九条**　测试过程中，测试车辆不得搭载与测试无关的人员或货物。

**第二十条**　测试过程中，除测试通知书载明的测试路段外，不得使用自动驾驶模式行驶；测试车辆从停放点到测试路段的转场，应使用人工操作模式行驶。

**第二十一条**　测试主体应每6个月向出具测试通知书的省、市级政府相关主管部门提交阶段性测试报告，并在测试结束后1个月内提交测试总结报告。

**第二十二条**　省、市级政府相关主管部门于每年6月、12月向工业和信息化部、公安部和交通运输部报告辖区内智能网联汽车道路测试情况。

**第二十三条**　测试车辆在测试期间发生下列情形之一的，省、市级政府相关主管部门应当撤销测试通知书：

（一）省、市级政府相关主管部门认为测试活动具有重大安全风险的；

（二）测试车辆有违反交通信号灯通行、逆行或者依照道路交通安全法律法规可以处暂扣、吊销机动车驾驶证或拘留处罚等的严重交通违法行为的；

（三）发生交通事故造成人员重伤、死亡或车辆毁损等严重情形，测试车辆方负主要以上责任的。

省、市级政府相关主管部门撤销测试通知书时应当一并收回临时行驶车号牌，并转交给临时行驶车号牌核发地公安交管部门；未收回的，书面告知核发地公安交管部门公告牌证作废。

## 第五章　交通违法和事故处理

**第二十四条**　在测试期间发生交通违法行为的，由公安机关交通管理部门按照现行道路交通安全法律法规对测试驾驶人进行处理。

**第二十五条**　在测试期间发生交通事故，应当按照道路交通安全法律法规认定当事人的责任，并依照有关法律法规及司法解释确定损害赔偿责任。构成犯罪的，依法追究刑事责任。

**第二十六条**　测试车辆在道路测试期间发生事故时，当事人应保护现场并立即报警。

造成人员重伤或死亡、车辆损毁的，测试主体应在24小时内将事故情况上报省、市级政府相关主管部门；省、市级政府相关主管部门应在3个工作日内上报工业和信息化部、公安部和交通运输部。

**第二十七条**　测试主体应在事故责任认定后5个工作日内，以书面方式将事故原因、责任认定结果及完整的事故分析报告等相关材料上报省、市级政府相关主管部门；省、市级政府相关主管部门应在5个工作日内上报工业和信息化部、公安部和交通运输部。

## 第六章　附则

**第二十八条**　本规范所称智能网联汽车是指搭载先进的车载传感器、控制器、执行器等装置，并融合现代通信与网络技术，实现车与X（人、车、路、云端等）智能信息交换、共享，具备复杂环境感知、智能决策、协同控制等功能，可实现安全、高效、舒适、节能行驶，并最终可实现替代人来操作的新一代汽车。智能网联汽车通常也被称为智能汽车、自动驾驶汽车等。

智能网联汽车自动驾驶包括有条件自动驾驶、高度自动驾驶和完全自动驾驶。有条件自动驾驶是指系统完成所有驾驶操作，根据系统请求，驾驶人需要提供适当的干预；高度自动驾驶是指系统完成所有驾驶操作，特定环境下系统会向驾驶人提出响应请求，驾驶人可以对系统请求不进行响应；完全自动驾驶是指系统可以完成驾驶人能够完成的所有道路环境下的操作，不需要驾驶人介入。

**第二十九条**　本规范自2018年5月1日起施行。

附件：

1. 智能网联汽车自动驾驶功能检测项目（略）
2. 智能网联汽车道路测试通知书（略）

# 工业和信息化部 住房和城乡建设部 交通运输部 农业农村部 国家能源局 国务院扶贫办关于印发《智能光伏产业发展行动计划（2018—2020年）》的通知

工信部联电子〔2018〕68号

各省、自治区、直辖市及计划单列市、新疆生产建设兵团工业和信息化、住房和城乡建设、交通运输、农业、能源、扶贫主管部门：

现将《智能光伏产业发展行动计划（2018—2020年）》印发给你们，请结合实际，认真抓好组织实施。

附件：智能光伏产业发展行动计划（2018—2020年）

工业和信息化部<br>住房和城乡建设部<br>交通运输部<br>农业农村部<br>国家能源局<br>国务院扶贫办<br>2018年4月11日

**附件**

## 智能光伏产业发展行动计划（2018—2020年）

光伏产业是基于半导体技术和新能源需求而兴起的朝阳产业，是未来全球先进产业竞争的制高点。为进一步提升我国光伏产业发展质量和效率，加快培育新产品新业态新动能，实现光伏智能创新驱动和持续健康发展，支持清洁能源智能升级及应用，制定本行动计划。

总体要求：全面贯彻党的十九大精神，以习近平新时代中国特色社会主义思想为指导，牢固树立和贯彻落实新发展理念，深入实施《中国制造2025》，以推进供给侧结构性改革为主线，以构建智能光伏产业生态体系为目标，坚持市场主导、政府引导，坚持创新驱动、声用融合，坚持协同施策、分步推进，加快提升光伏产业智能制造水平，推动互联网、大数据、人工智能等与光伏产业深度融合，鼓励特色行业智能光伏应用，促进我国光伏产业迈向全球价值链中高端。

工作目标：到2020年，智能光伏工厂建设成效显著，行业自动化、信息化、智能化取得明显进展；智能制造技术与装备实现突破，支撑光伏智能制造的软件和装备等竞争力显著提升；智能光伏产品供应能力增强并形成品牌效应，“走出去”步伐加快；智能光伏系统建设与运维水平提升并在多领域大规模应用，形成一批具有竞争力的解决方案供应商；智能光伏产业发展环境不断优化，人才队伍基本建立，标准体系、检测认证平台等不断完善。

## 一、加快产业技术创新，提升智能制造水平

（一）推动光伏基础材料生产智能升级。支持多晶硅生产、收获、运输、破碎、分拣、清洗、包装等环节的机械化与自动化；实现有毒有害物质排放和危险源的自动检测与监控、安全生产的全方位监控，建立多晶硅生产在线应急指挥联动系统。提升铸锭炉、单晶炉等自动化水平，研究长晶自动控制系统，推广自动喷涂、自动倒角、金刚线截断、开方和磨面自动上下料以及自动检测等设备。鼓励金刚线切割、自动插片、自动粘胶、全自动硅片清洗及自动分选机、自动粘脱胶设备等应用。提升工序间自动化传输和流水线作业能力。（工业和信息化部牵头负责）

（二）加快先进太阳能电池及部件智能制造。推广电池生产自动制绒、自动上下料、自动导片机、自动插片机等设备，提升智能感知衔接能力。鼓励自动串焊机、自动摆串机、智能层压机、自动焊接机、自动削边机、自动装框机、自动灌胶机、自动磨角、双玻组件自动封边等组件生产设备使用；研发并应用叠层自动焊机、接线盒自动焊接、第二层EVA/背板自动铺设、自动包装、EL图片自动分析等设备。推动逆变器检测、包装、运输、现场安装等环节机械化、自动化与智能化，建立完善的整机及各部件数据的记录及质量追溯机制，提升逆变器制造效率和产品可靠性；开发智能化逆变器产品，提升电站监控运维水平。（工业和信息化部牵头负责）

（三）提高光伏产品全周期信息化管理水平。鼓励企业采用ERP（企业资源计划）、MES（生产过程执行系统）、PLC（可编程逻辑控制器）、SCADA（数据采集与监视控制系统）、SRM（供应链管理系统）、PLM（产品生命周期管理系统）、CRM（客户关系管理系统）等信息化管理系统，实现产品设计、工艺研发、材料供应、资源调度、环境监控、设备管理、质量管控、库存管理等生产流程全信息化管理。在自动化流水线基础上，进一步实现生产线集中监控与智能化管理调配，包括生产数据自动获取、工业编码系统开发、实时质量监控、分析与处理等，通过信息监控调度和数据分析支撑加快工艺制程改善和智能化升级。（工业和信息化部牵头负责）

## 二、推动两化深度融合，发展智能光伏集成运维

（四）提升智能光伏终端产品供给能力。鼓励研制具有优化消除阴影遮挡功率损失、失配损失、消除热斑、智能控制关断、实时监测运行等功能的智能光伏组件。发展集电力变换、远程控制、数据采集、在线分析、环境自适应等于一体的智能逆变器、控制器、汇流箱、储能系统、跟踪系统以及适用于智能光伏系统的高效电力电子器件等关键部件。开发即插即用、可拆卸、安全可靠、使用便利的户用智能光伏产品及系统，规范户用光伏市场。推动先进光伏产品与消费电子、户外产品、交通工具、航空航天、军事国防等结合，鼓励发展太阳能充电包、背包、衣物、太阳台无人机、快装电站等丰富多样的移动产品。（工业和信息化部牵头，各有关部门按职责分工负责）

（五）推动光伏系统智能集成和运维。运用互联网、大数据、人工智能、5G通信等新一代信息技术，推动光伏系统从踏勘、设计、集成到运维的全流程智能管控。支持无人机在光伏系统建设踏勘中应用，在云端完成2D/3D建模。鼓励开发智能化光伏设计系统，综合考虑勘测地理信息数据、屋顶承重能力、当地辐照条件、产品

价格等因素，对不同组件、逆变器、电气方案、支架方式等进行模拟方案比对；开发智能光伏发电施工管理系统，促进其在采购、施工过程、质量检测、电站测试、验收等方面应用，实现工程进度实时监控、成本控制、库存管理、人员调配与施工问题预警。（工业和信息化部牵头，各有关部门按职责分工负责）

以提升光伏系统效率、降低运维成本为导向，支持开发光伏电站系统智能清洗机器人、智能巡检无人机等产品。应用信息技术手段，发展具有光伏电站运行监测数据采集、集中远程监控、故障检测、记录、报警、分析和处理等功能的智能光伏发电监控系统。支持推广智能光伏发电监控系统的应用，建立智能区域集控运维中心和移动运维平台，实现集中管理与远程管理。应用大数据分析与处理技术，自动生成运维建议和电子工作票，实现远端系统“无人值班，少人值守”。支持采用智能机器人、无人机等技术替代人工运维管理。（工业和信息化部牵头，各有关部门按职责分工负责）

## 三、促进特色行业应用示范，积极推动绿色发展

（六）开展智能光伏工业园区应用示范。深入落实《信息产业发展指南》《工业绿色发展规划（2016—2020年）》，鼓励工业园区、新型工业化产业示范基地等建设光伏应用项目，制定可再生能源占比的具体评价办法，提升清洁能源使用比例，推动工业园区等绿色发展。（工业和信息化部牵头，各有关部门按职责分工负责）

（七）开展智能光伏建筑及城镇应用示范。在有条件的城镇建筑屋顶（如政府建筑、公共建筑、商业建筑、厂矿建筑、设施建筑等），采取“政府引导、企业自愿、金融支持、社会参与”的方式，或引入社会资本出租屋顶、EMC节能服务合同管理等多种商业搓式，建设独立的“就地消纳”分布式建筑屋顶光伏电站和建筑光伏一体化电站，促进分布式光伏应用发展。积极开展市、县、开发区一级的“城市级分布式建筑光伏电站”示范工程建设，由政府组织和引导公共建设项目，实现智能光伏建筑大数据在线监测管理。（住房和城乡建设部牵头，各有关部门按职责分工负责）

在光照资源优良、电网接入消纳条件好的城镇和农村地区，结合新型城镇化建设、旧城镇改造、新农村建设、易地搬迁等渠道，统筹推进居民屋顶智能光伏应用，形成若干光伏小镇、光伏新村。积极在有条件的村地区小型建筑、独立农舍推广“光伏取代燃煤取暖”技术应用。（住房和城乡建设部牵头，各有关部门按职责分工负责）

（八）开展智能光伏交通应用示范。推动交通领域光伏电站及充电桩示范建设，鼓励光伏发电在公路声屏障、公路交通指示标志、太阳能路灯、公路服务区（停车场）、公交场站、港口码头、航标等导助航设施、海上工作趸船、海岛工作站点等领域的应用。探索光伏和新能源汽车融合应用路径。（交通运输部牵头，各有关部门按职责分工负责）

（九）开展智能光伏农业应用示范。支持光伏与农业融合发展，开展立体式经济开发，在有条件的地方实现农业设施棚顶安装太阳能组件发电、棚下开展农业生产的形式，将光伏发电与农业设施有机结合，在种养殖、农作物补光、光照均匀度与透光率调控、智能运维、高效组件开发等方面开展深度创新；鼓励光伏农业新兴商业模式探索，推进农业绿色发展，促进农民增收。（农业农村部牵头，各有关部门按职责分工负责）

（十）开展智能光伏电站应用示范。在符合光伏“领跑者”计划要求的前提下，优先支持基于智能光伏的先进光伏产品，鼓励结“领跑者”基地建设开展智能光伏试点，在大型光伏电站及分布式应用中积极推广。鼓励结合荒山荒地和沿海滩涂综合利用、采煤沉陷区等废弃土地治理等多种方式，因地制宜开展智能光伏电站建设，促进光伏发电与其他产业有机融合。（国家能源局牵头，各有关部门按职责分工负责）

（十一）开展智能光伏扶贫应用示范。围绕

脱贫攻坚目标，推进光伏扶贫工程，在禁止以任何方式占用永久基本农田的前提下，在具备条件的建档立卡贫困村建设村级光伏扶贫电站。鼓励先进光伏产品及系统应用，优先保证光伏扶贫产品质量和系统性能；加大信息技术应用，通过大数据、物联网等技术手段实现光伏扶贫数据采集、系统监控、运维管理的智能化；结合光伏扶贫电站模式及地域分布特点，因地制宜加强光伏扶贫与各类“光伏”综合应用的整合，创新光伏扶贫模式。（国务院扶贫办牵头，各有关部门按职责分工负责）

## 四、完善技术标准体系，加快公共服务率台建设

（十二）建立健全智能光伏技术标准体系。以《太阳能光伏产业综合标准化技术体系》为基础，加快智能光伏标准体系研究。重点开展智能化光伏组件、接线盒、逆变器、控制器、追踪系统、户用光伏系统等产品及测试方法标准制定，加强光伏产品生产及管理系统互联互通标准、智能制造工厂/数字化车间模型标准、智能制造关键设备标准、智能制造设备故障信息数据字典标准、制造过程在线检测、追溯及数据采集标准等智能生产及评价标准研究。加强光伏系统智能运维标准研究，包括智能清洗、智能巡检、智能排障等，制定智能运维平台设计及评价规范，规范光伏系统运维平台通信接口、数据格式、传输协议等。（工业和信息化部牵头，各有关部门按职责分工负责）

（十三）加快建设智能光伏公共服务平台。围绕智能光伏产业发展需求，推动产学研用结合，建设技术创新平台，开展一批关键性、前沿性技术研发；支持有能力、有资质的企事业单位建设国家级智能光伏检测认证公共服务平台，围绕智能光伏各环节开展检测认证、评级等服务，为电站系统设计、设备选型提供依据；支持地方、园区、龙头企业等建设一批公共服务平台，开展技术研发、产品设计、财税政策、战略研究等科技及专业服务；支持智能光伏领域众创、众包、众扶、众筹等创业支撑平台建设，推动建立一批智能光伏产业生态孵化器、加速器，鼓励为初创企业提供资金、技术、市场应用及推广等扶持。（各有关部门按职责分工负责）

## 五、加强综合政策保障，统筹推动产业健康发展

（十四）加强组织协调和政策协同。工业和信息化部会同住房和城乡建设部、交通运输部、农业农村部、国家能源局、国务院扶贫办等建立统筹协调工作机制，密切协作配合，探索体制机制创新，共同研究解决行动计划落实中遇到的重大问题，推动行动计划顺利实施。结合自身职责确定年度工作目标，确保行动计划各项任务措施落实到位。（工业和信息化部牵头，各有关部门按职责分工负责）

各地工业和信息化、住房和城乡建设、交通运输、农业、能源、扶贫等主管部门要高度重视智能光伏产业发展，因地制宜制定实施方案，建立地方协调工作机制，明确各部门资源投入，积极形成合力，联合开展试点示范，科学组织实施。（地方各有关部门按职责分工负责）

（十五）推动智能光伏试点应用。开展多元化智能光伏试点示范，培育一批国家智能光伏示范企业，支持若干行业特色智能光伏项目建设。引导光伏企业与软件开发、信息管理、系统集成及互联网、大数据等企业共同参与试点示范建设，鼓励光伏企业与信息、交通、建筑、农业、能源、扶贫等领域企业探索可推广可复制的智能光伏建设模式。相关部门适时对各地工作实施进展和效果进行评估，总结先进经验并向全国推广。（工业和信息化部牵头，各有关部门按职责分工负责）

（十六）加大多元化资金投入。发挥光伏产业市场化运营充分特点，支持建立智能光伏领域产业发展基金，探索政府和社会资本合作（PPP）模式，形成合作、开放、创新氛围，通过市场机制引导多方资本促进智能光伏产业发展。充分利用中央财政相关专项资金、地方财政

资金等渠道，推动相关资源集约化整合和精准投放，加大对智能光伏产业扶持力度。（各有关部门按职责分工负责）

（十七）促进光伏市场规范有序发展。逐步完善智能光伏相关标准检测认证等体系，推动智能光伏标准化、模块化发展。深入实施《光伏制造行业规范条件》和光伏“领跑者”计划，建立智能光伏产品及服务推广目录，促进试点示范应用。加强行业协会、中介机构等对消费者的使用培训服务，进一步支持智能光伏进入千家万户。（工业和信息化部牵头，各有关部门按职责分工负责）

# 中华人民共和国工业和信息化部公告

2018 年　第 19 号

为贯彻落实《国务院关于印发盐业体制改革方案的通知》（国发〔2016〕25 号），规范食盐定点生产企业、多品种食盐定点生产企业和食盐定点批发企业生产经营行为，工业和信息化部依据《中华人民共和国行政许可法》《食盐专营办法》和相关国家标准，制定《食盐定点生产企业和食盐定点批发企业规范条件》和《食盐定点生产企业和食盐定点批发企业规范条件管理办法》，现予公告。

附件：1. 食盐定点生产企业和食盐定点批发企业规范条件

2. 食盐定点生产企业和食盐定点批发企业规范条件管理办法（略）

工业和信息化部

2018 年 4 月 12 日

**附件 1**

## 食盐定点生产企业和食盐定点批发企业规范条件

为规范食盐定点生产企业（含多品种食盐定点生产企业）、食盐定点批发企业（以下统称定点企业）经营行为，依据《国务院关于印发盐业体制改革方案的通知》（国发〔2016〕25 号）、《中华人民共和国行政许可法》、《食盐专营办法》、《食盐加碘消除碘缺乏危害管理条例》等相关规定，制定本规范条件。在中华人民共和国境内，食盐定点生产企业证书和食盐批发许可证的审核及监督检查，适用本规范条件。

### 一、食盐定点生产企业生产经营能力

（一）在中华人民共和国境内具有法人资格。

（二）在本规范条件实施前持有食盐定点生产企业证书。

（三）拥有自主的食盐注册商标。

（四）能够持续开展正常的生产经营活动，建立真实完整的生产销售记录并保存相关凭证。

（五）食盐定点生产企业生产食盐的原料盐应有稳定的来源：海盐食盐定点生产企业拥有相应的盐田资源，且盐田资源有 10 年以上的滩涂或海域使用权，湖盐和井矿盐食盐定点生产企业应当有 10 年以上采矿权；或者原料盐采购自其所属集团公司或集团公司控股的下属企业，且其所属集团公司或集团公司控股的下属企业拥有相应的盐田资源，该盐田资源有 10 年以上的滩涂或海域使用权，或采矿权；或者原料盐采购自其他食盐定点生产企业。

（六）食盐定点生产企业食盐生产能力应不

低于10万吨/年，西部少数民族自治区和南方海盐区食盐定点生产企业食盐生产能力应不低于3万吨/年；多品种食盐定点生产企业能够持续生产符合相关标准的品种食盐，且上一年品种食盐产量占其食盐总产量的60%以上。

（七）多品种食盐定点生产企业生产食盐的原料盐应从食盐定点生产企业购进。

## 二、食盐定点批发企业批发经营能力

（一）在中华人民共和国境内具有法人资格。

（二）在本规范条件实施前持有食盐批发许可证。

（三）能够持续开展正常的批发经营活动，建立真实完整的批发销售记录并保存相关凭证。

（四）省级食盐定点批发企业除在本省（自治区、直辖市）开展食盐批发销售业务外，可在其他省（自治区、直辖市）开展食盐批发销售业务；省级以下食盐定点批发企业除在本市（县）开展食盐批发销售业务外，可在本省（自治区、直辖市）其他市（县）开展食盐批发销售业务。

（五）食盐定点批发企业配送食盐应通过符合食品安全要求的自有运输工具或自建物流公司，或委托其他食盐定点批发企业或有物流配送资质的第三方物流企业。

（六）批发经营的食盐应为本企业生产，或从其他食盐定点批发企业、食盐定点生产企业（含多品种食盐定点生产企业）购进。

## 三、技术和设备设施条件

（一）海盐和湖盐食盐定点生产企业应当有较高的自动化、机械化水平，采、收、运原料盐的机械化水平达到90%以上（日晒盐工艺除外）；井矿盐食盐定点生产企业应当完全采用多效真空蒸发或机械式蒸汽再压缩生产工艺。

（二）食盐定点生产企业（含多品种食盐定点生产企业）从事食盐生产应有固定的自有厂房和设备设施；食盐定点批发企业及其自建的物流公司或委托的有资质的第三方物流企业应具备自有或租赁的场所和食盐仓储设施。

（三）食盐定点生产企业（含多品种食盐定点生产企业）食盐包装设备应当采用全自动的包装和箱（袋）装设备，西部少数民族自治区的食盐定点生产企业（含多品种食盐定点生产企业）可采用半自动的包装和箱（袋）装设备。

（四）食盐定点生产企业（含多品种食盐定点生产企业）生产加碘食盐应采用自动控制加碘设备。

## 四、质量管理

（一）食盐定点生产企业（含多品种食盐定点生产企业）应通过GB/T 19001或ISO 22000或HACCP体系等管理体系认证。

（二）食盐定点生产企业（含多品种食盐定点生产企业）应符合《食盐定点生产企业质量管理技术规范》（GB/T 19828）和《食品安全国家标准食品生产通用卫生规范》（GB 14881）的相关要求；食盐定点批发企业应符合《食盐批发企业管理质量等级划分及技术要求》（GB/T 18770）的相关要求。

（三）食盐应符合《食品安全国家标准食用盐》（GB 2721）和《食用盐》（GB/T 5461）等相关标准。

（四）食盐定点生产企业（含多品种食盐定点生产企业）所生产的食盐应当有国家级盐业专业检测机构每年一次的产品质量检测报告。

（五）定点企业应当建立食盐电子追溯系统并有效运行。

## 五、信用和储备管理

（一）定点企业应当建立信用信息记录、信用信息公示以及社会资本（含企业和个人）进入食盐生产、批发领域准入前信用信息公示制度等。

（二）定点企业未被列入食盐生产经营者“重点关注名单”和“黑名单”，未因有严重失信行为而被相关部门联合惩戒。

（三）定点企业应当配合有关部门建立企业

及其负责人和高管人员相关信用信息，并纳入全国信用信息共享平台，通过盐行业信用管理与公共服务平台、“信用中国”网站或国家企业信用信息公示系统向社会公示。

（四）定点企业应当建立食盐社会责任储备、轮储、贮存、出库管理制度，轮储和出入库食盐有相关凭证；食盐储备量应有详细的食盐社会责任储备库存记录。

## 六、监督管理

（一）定点企业隐瞒真实情况或者提供虚假材料申请证书审核的，省级盐业主管部门不予颁发证书，并给予警告，企业在一年内不得再次申请。定点企业以欺骗、贿赂等不正当手段取得证书的，省级盐业主管部门应当依法给予行政处罚，企业在三年内不得再次申请，构成犯罪的，依法追究刑事责任。

（二）盐业主管部门及其工作人员应当自觉接受定点企业和社会监督，接到有关证书审核管理过程中的举报，应当及时进行核实，情况属实的应立即纠正，直至依法追究法律责任。

（三）定点企业涂改、倒卖、出租、出借或者以其他形式非法转让证书的，省级盐业主管部门应当依法吊销企业证书。

（四）食盐定点生产企业（含多品种食盐定点生产企业）有下列行为的，省级盐业主管部门应责令其限期整改，对拒不整改或整改不合格者，应依法处理。

1. 委托非食盐定点生产企业生产加工食盐的；

2. 为非食盐定点生产企业承包生产加工食盐的；

3. 在食盐定点生产企业（含多品种食盐定点生产企业）证书载明生产地址之外的地点租赁其他企业厂房和设备设施生产加工食盐的。

（五）盐业主管部门应当对定点企业有关失信行为建立信用记录，并纳入全国信用信息共享平台，对严重失信主体建立“黑名单”，并依据有关规定实施联合惩戒。

（六）盐业主管部门应将有涉嫌食盐质量安全违法行为的定点企业移交食盐质量安全监督管理部门查处。

（七）盐业协会应组织定点企业加强行业自律，协助盐业主管部门做好本规范条件的实施和跟踪监督工作。

## 七、附则

（一）本规范条件由工业和信息化部负责解释。

（二）本规范条件自发布之日起实施。

# 中华人民共和国工业和信息化部公告

2018 年　第 21 号

根据铁合金、电解金属锰行业规范条件和公告管理有关要求，经企业申报、有关省（区、市）工业和信息化主管部门初审、专家现场复核、行业协会核实以及网上公示，现将第八批符合铁合金、电解金属锰行业规范条件的企业名单（附件 1），第一、第二批已公告规范企业动态调整名单（附件 2、附件 3），以及变更规范公告名称的企业名单（附件 4）予以公告。

附件：1. 符合铁合金、电解金属锰行业规范条件的企业名单（第八批）（略）

2. 撤销铁合金、电解金属锰行业规范公告的企业名单（略）

3. 需整改的铁合金、电解金属锰行业规范公告企业名单（略）

4. 变更铁合金、电解金属锰行业规范公告名称的企业名单（略）

工业和信息化部

2018 年 4 月 16 日

# 工业和信息化部 财政部关于印发国家新材料产业资源共享平台建设方案的通知

工信部联原〔2018〕78号

各省、自治区、直辖市及计划单列市、新疆生产建设兵团工业和信息化主管部门、财政厅（局）：

为贯彻落实《新材料产业发展指南》，加快新材料产业重点平台建设，工业和信息化部、财政部联合制定了《国家新材料产业资源共享平台建设方案》，并经国家新材料产业发展领导小组审议通过。现印发给你们，请结合实际认真贯彻实施。

工业和信息化部

财政部

2018年4月23日

## 国家新材料产业资源共享平台建设方案

为全面提升我国新材料产业资源共享服务水平，按照国家新材料产业发展领导小组总体部署和国务院同意的《工业和信息化部 财政部关于开展新材料产业重点平台建设工作的报告》，特制订本方案。

### 一、必要性和紧迫性

新一轮科技革命与产业变革正在兴起，以互联网、物联网、大数据、云计算、人工智能等为代表的新一代信息通信技术加速与其他产业、其他领域全方位深层次融合，具有大规模交互特性的资源共享平台在各产业、各领域应用日趋活跃。作为战略性新兴产业和“中国制造2025”重点发展领域之一，新材料具有品种门类众多、生产和用户企业数量大、地区分布广泛、产业上下游供需关系复杂等特点。经过多年快速发展，新材料产业已积累沉淀了海量资源，但各类资源分布于不同主体，信息封闭不对称，资源闲置浪费，交易流通困难，价值难以被有效挖掘利用，资源共享不畅问题亟待解决。建设国家新材料产业资源共享平台（以下简称资源共享平台），有助于加快产业资源交流互通，适应政府部门信息化管理需要，提升行业管理水平和公共服务供给能力，为新材料产业发展提供有力支撑。

### 二、总体要求

#### （一）总体思路

全面贯彻党的十九大精神，以习近平新时代中国特色社会主义思想为指导，以国家战略和新材料产业发展需求为导向，建立和完善新材料领域资源开放共享机制，联合龙头企业、用户单位、科研院所、互联网机构等各方面力量，整合政府、行业、企业和社会资源，同时紧密结合政务信息系统平台建设工作，充分利用国家数据共享交换平台体系和现有基础设施资源，加强与各部门现有政务信息服务平台及商业化平台的对接和协同，结合互联网、大数据、人工智能、云计算等技术建立垂直化、专业化资源共享平台，采用线上线下相结合的方式，开展政务信息、产业信息、科技成果、技术装备、研发设计、生产制造、经营管理、采购销售、测试评价、质量认证、学术、标准、知识产权、金融、法律、人才等方面资源的共享服务。

**（二）基本原则**

需求导向、服务引领。面向制造强国战略重大需求和新材料产业发展需要，强化产业链薄弱环节，补齐资源开放共享短板。不断拓展共享内容、提升服务质量，促进资源高效汇聚、深度挖掘整合利用，实现资源的增值服务。

协同共建、开放共享。形成政产学研用统筹推进机制，政府、企业、行业和社会共同参与、共享共治。以满足产业链各环节资源共享需求为目标，破除体制障碍，消除利益藩篱，打破信息壁垒，实现资源开放最大化、共享最大化。

统筹布局、有序发展。强化顶层设计，针对问题和瓶颈，突出重点和急需，系统谋划平台布局。科学规划，有序建设，按照先做实、再做大、后做强的步骤，制定切实可行的实施进度计划，急用先行，成熟先上，以点带面，分步推进。

支撑有力、安全可控。强化对大数据、云计算、人工智能等先进信息技术及基础软件、硬件设施的集成开发与应用，提升资源共享平台的技术支撑能力。完善信息资源安全和隐私保护等管理机制，构建强有力的平台安全保障体系。

**（三）发展目标**

到2020年，围绕先进基础材料、关键战略材料和前沿新材料等重点领域和新材料产业链各关键环节，基本形成多方共建、公益为主、高效集成的新材料产业资源共享服务生态体系。初步建成具有较高的资源开放共享程度、安全可控水平和运营服务能力的垂直化、专业化网络平台，以及与之配套的保障有力、服务协同、运行高效的线下基础设施和能力条件。建立技术融合、业务融合、数据融合的新材料产业资源共享门户网络体系。

到2025年，新材料产业资源共享服务生态体系更加完善。平台集聚资源总量和覆盖领域、共享开放程度、业务范围和服务能力进一步提升。平台网络体系和线下基础设施条件更加完备。新材料产业资源共享能力整体达到国际先进水平。

## 三、建设和运行

**（一）系统资源建设**

1. 政务信息服务系统模块。围绕新材料领域政策发布和咨询解读、项目申报和管理、行业统计监测和运行形势分析，以及其他行业管理和服务方面的信息资源，结合国家“互联网＋政务服务”工作，建立政府主导、全社会参与的各级政务信息网络平台、窗口或终端。对各类信息资源的分级发布、报送、互动等进行网络化管理，提高信息流通和服务效率，促进国家新材料产业发展领导小组对各地区、各部门工作的督促指导，进一步加强新材料产业发展工作的协同配合。

2. 行业知识服务系统模块。对新材料产品、企业、集聚区、资金项目、成果奖励、学术文献、标准、专利、专家等海量数据资源进行汇聚加工，建设新材料专业知识服务系统模块。通过专业数据融合与深度知识挖掘，为科研人员、创客、设计帅、投资人等专业用户提供新材料领域知识的深度搜索、可视化交互和持续增量智能获取服务，促进产品设计、研发生产和运营管理的智能决策和深度优化。

3. 仪器设施共享系统模块。加强与国家新材料测试评价平台和生产应用示范平台，以及科研设施与仪器国家网络管理平台等已有系统（平台）的对接，整合集成新材料领域科研院所、企业的测试仪器、检测仪表和生产设备等资源，打破行业和区域资源壁垒，建设覆盖大中小企业的仪器设施资源共享系统模块。通过采用委托检测、委托加工或仪器设施租赁等方式，提高仪器、仪表、设备的使用效率，减少和避免重复购置，促进闲置资源“共益化”再利用，实现关键仪器设施的在线互联与服务共享。

4. 科技成果转化系统模块。结合新材料领域各类资金项目，尤其是重点新材料研发及应用重大项目实施，整合科技成果转移转化全过程各环节的资源，建设科技成果转移转化服务系统模块。通过提供研发服务、创业孵化服务，以及科技成果、知识产权及核心技术转让等多元化创业创新服务，推动成果产业化和推广应用。培育新材料小微企业和“隐形冠军”，促进协同创新，打造新材料产业市场化、网络化的创新生态和以技术交易市场为核心的技术转移和产业化服务体系。

5. 供需对接服务系统模块。探索“撮合”“自营”“开放平台”等多种经营模式，形成自动匹配、智能推荐的一站式供需对接服务解决方案，建设新材料电子商务系统模块。通过将制造业对新材料的需求汇总，新材料企业产品和研发、生产、服务能力的在线发布，优化新材料资源配置。通过采用中介服务和在线交易相结合的形式，为新材料生产企业与设计、应用单位供需对接服务，降低交易成本，缩短交易周期，提高交易效率，实现新材料产业上下游供应链优化。

6. 其他资源服务系统模块。建设包括新材料领域知识产权服务、标准服务、认证服务、金融服务、法律服务、会展服务、培训服务、人力资源服务等资源共享系统模块。

**（二）网络体系建设**

基于大数据和人工智能技术，开发多元异构数据管理工具和数据资源分类、叙词表、知识图谱等知识组织工具，构建丰富权威的新材料产业资源元数据海。按照统一的标准规范，通过自建、联盟、采购、网络抓取等方式，汇聚不同来源、不同类型、不同领域资源。开发更具针对性、准确性、时效性的垂直搜索工具，强化专业、精准、深度资源共享服务。结合系统资源建设规划布局，基于先进的云计算架构和高性能的云计算基础设施，搭建细分资源类型和服务领域的系统模块，构建物理分散、逻辑集中的总分一体化资源共享平台网络体系。建设统一的门户网，综合集成由各系统模块汇交的基础资源，以及政务信息系统和各系统模块特色资源的链接。除政务信息系统外，其他系统模块网络平台域名与门户网域名统一规划。协同建设平台门户及系统模块网络平台手机客户端等，提供移动互联资源共享服务。

**（三）管理和运行**

资源共享平台将建立科学的决策机制，设立专家委员会、监督委员会及总师团队等，加强重大决策的咨询和监管，制定资源建设和管理规划，确定资源的开放共享程度，并对基础资源、特色资源和免费服务、收费服务进行界定。组建新材料产业资源共享发展战略合作联盟，推动各方面资源的整合利用。鼓励优势机构参与平台建设，积极引入具备专业服务能力的社会化机构，建立资源富集、创新活跃、高效协同的服务生态系统。参建单位可为具有独立法人资格的企事业单位或由牵头单位发起组建的联合体等形式。

资源共享平台由优势机构发起并出资组建，建成后可通过信息服务、撮合交易等方式实现自我良性运营。积极探索灵活多样的运营模式及特色资源、增值服务收费的解决方案。

# 工业和信息化部关于贯彻落实《推进互联网协议第六版（IPv6）规模部署行动计划》的通知

工信部通信〔2018〕77 号

各省、自治区、直辖市及计划单列市、新疆生产建设兵团工业和信息化主管部门，各省、自治区、直辖市通信管理局，部属各单位、部属各高校，中国电信集团有限公司、中国移动通信集团有限公司、中国联合网络通信集团有限公司，中国广播电视网络有限公司，阿里巴巴（中国）有限公司、深圳市腾讯计算机系统有限公司、百度在线网络技术（北京）有限公司、北京京东世纪信息技术有限公司、北京金山云网络技术有限公司、网宿科技股份有限公司、北京蓝汛通信技术有限责任公司、上海帝联信息科技发展有限公司、华为技术有限公司、广东欧珀移动通信有限公司、维沃移动通信有限公司、北京小米科技有限责任公司、魅族科技有限公司、上海优刻得信息科技有限公司、无锡华云数据技术服务有限公司、北京迅达云成科技有限公司、北京优帆科技有限公司、中山大学、东网科技有限公司、大连东软思维科技发展有限公司、宁夏誉成云创数据投资有限公司、蓝汛欣润科技（北京）有限公司、贵阳中电高新数据科技有限公司、贵阳综合保税区大数据科技有限公司、润泽科技 发展有限公司、武汉火凤凰云计算服务股份有限公司、湖南尚锐信息科技有限公司、启明信息技术股份有限公司、大连亿达名气通数据服务有限公司、沈阳铁路局、万国数据服务有限公司、成都中立数据科技有限公司、光环云谷科技有限公司、张北云联数据服务有限责任公司、上海数据港股份有限公司、阿里云计算有限公司（万网）、北京新网互联软件服务有限公司、中国互联网信息中心（CNNIC）、政府和公益机构域名注册管理中心（CONAC）、成都西维数码科技有限公司、厦门三五互联科技股份有限公司、厦门易名科技股份有限公司、江苏邦宁科技有限公司、浙江贰贰网络有限公司、佛山市亿动网络有限公司、厦门商中在线科技股份有限公司、广东时代互联科技有限公司、北京奇虎科技有限公司、世纪互联数据中心有限公司、鹏博士电信传媒集团股份有限公司等相关企业：

为贯彻落实中共中央办公厅、国务院办公厅印发的《推进互联网协议第六版（IPv6）规模部署行动计划》（厅字〔2017〕47 号，以下简称《行动计划》），加快网络基础设施和应用基础设施升级步伐，促进下一代互联网与经济社会各领域的融合创新，现就涉及我部相关任务的组织实施工作通知如下。

## 一、实施 LTE 网络端到端 IPv6 改造

（一）LTE 网络 IPv6 改造。到 2018 年年末，基础电信企业完成全国范围 LTE 核心网、接入网、承载网、业务运营支撑系统等 IPv6 改造并开启 IPv6 业务承载功能，为移动终端用户数据业务分配 IPv6 地址，提供端到端的 IPv6 访问通道。

（二）基础电信企业自营业务系统 IPv6 改造。到 2018 年年末，基础电信企业完成门户网站、网上营业厅网站 IPv6 改造，并完成活跃用户规模排名前 10 位的自营移动互联网应用（App）及相应系统

服务器 IPv6 升级改造，使移动互联网应用（App）支持 IPv6 访问优先；通过免流量升级等推广措施，引导用户完成移动互联网应用（App）更新。

到 2018 年年末，移动互联网 IPv6 用户规模不少于 5000 万户（基础电信企业已分配 IPv6 地址且一年内有 IPv6 上网记录的用户），其中，中国电信集团有限公司（简称中国电信）用户不少于 1000 万户，中国移动通信集团有限公司（简称中国移动）用户不少于 3000 万户，中国联合网络通信集团有限公司（简称中国联通）用户不少于 1000 万户。

（三）移动终端全面支持 IPv6。推动新生产移动终端的出厂默认配置支持 IPv4/IPv6 双栈，并逐步推进存量移动终端通过系统软件升级开启 IPv6 功能。基础电信企业定制和集中采购的移动终端应全面支持 IPv6。

（四）基础电信企业间网络与应用 IPv6 互通。到 2019 年第一季度末，各基础电信企业均完成 LTE 网络与其他基础电信企业用户规模排名前 10 位的移动互联网应用系统服务器互通，实现已选定的 30 个移动互联网应用（App）IPv6 跨网访问。

## 二、加快固定网络基础设施 IPv6 改造

（五）骨干网 IPv6 互联互通。到 2018 年年末，完成北京、上海、广州、郑州、成都的互联网骨干直联点 IPv6 改造，开通 IPv6 网间互联带宽不少于 1Tbps。到 2020 年年末，完成所有互联网骨干直联点 IPv6 改造，开通 IPv6 网间互联带宽不少于 5Tbps。

（六）城域网和接入网 IPv6 改造。到 2018 年年末，基础电信企业完成城域网和接入网 IPv6 改造并开启 IPv6 业务承载功能，为固定宽带用户分配 IPv6 地址，向政企客户提供基于 IPv6 的专线业务，并出台相应的资费优惠措施。

（七）固定终端全面支持 IPv6。推动新生产的家庭网关、企业网关、路由器等固定终端支持 IPv6 并默认配置支持 IPv4/IPv6 双栈，基础电信企业定制和集中采购的固定终端应全面支持 IPv6。

（八）业务运营支撑系统改造。到 2018 年第三季度末，基础电信企业完成业务运营支撑系统升级改造，建立面向 IPv6 业务的运维管理体系和业务管理流程，具备 IPv6 用户统计、流量统计以及 IPv6 业务受理、开通、运行维护等能力。

## 三、推进应用基础设施 IPv6 改造

（九）数据中心 IPv6 改造。基础电信企业和数据中心运营企业应完成数据中心内部网络和出口设备的 IPv6 改造，支持 IPv6 业务接入和承载。到 2018 年年末，中国电信、中国移动、中国联通完成超大型数据中心 IPv6 改造，国家超级计算广州中心、东北区域大数据中心、东软软件园数据中心、誉成云创数据中心、百度云计算技术（山西）有限公司、蓝汛首鸣国际数据中心完成 IPv6 改造，为用户提供基于 IPv6 的互联网数据中心（IDC）业务，2018 年起新投产的数据中心应支持 IPv6。到 2020 年年末，各大型数据中心运营企业均完成 IPv6 改造。

（十）内容分发网络（CDN）IPv6 改造。到 2018 年年末，阿里云、腾讯云、金山云、网宿科技、蓝汛、帝联科技完成内容分发网络（CDN）IPv6 改造。

（十一）云服务平台 IPv6 改造。到 2018 年年末，中国电信、中国移动、中国联通面向公众提供服务的云服务平台完成 50% 云产品 IPv6 改造，阿里云、腾讯云、金山云、UCloud、华为云、华云、迅达云、百度云、京东云、青云等云服务平台企业完成 50% 云产品 IPv6 改造。到 2020 年年末，上述企业完成全部云产品 IPv6 改造。鼓励云服务企业面向用户提供 IPv6 技术咨询、网站改造等服务。

（十二）域名系统 IPv6 改造。到 2018 年年末，中国电信、中国移动、中国联通完成递归域名解析服务器的 IPv6 改造，万网、新网互联、中国互联网信息中心（CNNIC）、政府和公益机构域名注册管理中心（CONAC）、西部数码、三五互联、易名中国、中国数据、爱名网、联动天下、商务中国、时代互联完成 IPv6 改造，构建域名注册、解析、管理全链条 IPv6 支持能力。

## 四、开展政府网站 IPv6 改造与工业互联网 IPv6 应用

（十三）政府网站 IPv6 改造。推进工业和信息化系统门户网站 IPv6 改造。到 2018 年年末，工业和信息化部完成门户网站 IPv6 改造；到 2019 年年末，部属各单位、部属各高校及各省、自治区、直辖市通信管理局完成门户网站 IPv6 改造。

（十四）工业互联网 IPv6 应用。鼓励典型行业、重点工业企业开展工业互联网 IPv6 网络化改造，创新工业互联网应用实践，构建工业互联网 IPv6 标准体系。

## 五、强化 IPv6 网络安全保障

（十五）加强 IPv6 网络安全管理。将 IPv6 相关网络基础设施及应用基础设施安全防护纳入电信和互联网网络安全防护体系，健全完善 IPv6 环境下网络安全相关管理和技术要求，开展针对 IPv6 的网络安全等级保护、风险评估、通报预警等工作。

（十六）做好 IPv6 网络安全保障措施升级改造。各基础电信企业和数据中心、内容分发网络（CDN）、云服务等运营企业要同步做好现有网络安全保障系统在 IPv4 向 IPv6 过渡过程中的升级改造，确保具备基于 IPv6 的安全保障能力。

（十七）强化 IPv6 网络安全能力建设。加强基于 IPv6 固定网络基础设施和应用基础设施的网络安全防护手段建设，支持开展 IPv6 网络环境下的工业互联网、物联网、人工智能等新兴领域网络安全技术和管理机制研究。鼓励企业、研究机构、高校等各方加强协同，加快 IPv6 安全技术研发、应用和融合创新。

## 六、落实配套保障措施

（十八）加强组织领导。各地通信管理局、工业和信息化主管部门要加强与有关部门的沟通协调，建立协同工作机制。各基础电信企业集团公司、设备制造企业以及数据中心、内容分发网络（CDN）、云服务、域名服务等企业要成立由公司领导任组长的专项推进工作组，对照各项目标任务制定具体实施方案和工作计划，并于 5 月 15 日前报送工业和信息化部（信息通信发展司）。

（十九）落实主体责任。各企业要加大资金投入力度，确保各项目标任务按期完成。各基础电信企业集团公司在对各省级子（分）公司的业绩考核中，还应将 IPv6 相关任务完成情况作为重要的考核指标，要安排资金保障 IPv6 各项任务落实。各企业应于 2018 年 6 月、9 月、12 月底向工业和信息化部（信息通信发展司）报送相关工作进展情况。

（二十）强化规范管理。完善互联网信息服务备案管理制度，鼓励互联网接入服务提供者和互联网信息服务提供者提供基于 IPv6 的服务，在互联网信息服务备案时明确要求提供 IPv6 相关信息；加强 IPv6 地址备案系统的建设和备案管理，督导企业严格落实 IPv6 接入地址编码规划方案；完善相关电信业务管理要求，要求数据中心（含云服务）、内容分发网络（CDN）等运营企业在提交年报时，提供支持 IPv6 相关情况；修订电信设备进网检测的相关规定，明确网络及终端设备进网中有关 IPv6 的检测要求。各地工业和信息化主管部门在电子政务系统、信息化系统及服务平台等项目审批中，应

将支持 IPv6 作为必要条件，并负责考核落实；要统筹安排专项资金，加大对本地区 IPv6 改造工作的支持力度。

（二十一）加强督查考核。工业和信息化部将成立 IPv6 督查工作专家组，研究制定推进 IPv6 规模部署相关任务完成情况的考核标准，并将定期组织开展专项督查工作，就 LTE 网络 IPv6 端到端贯通、固定网络基础设施改造、应用基础设施改造、强化网络安全保障等重点任务进行分项考核。中国信息通信研究院要研究构建 IPv6 发展监测平台，形成对网络、应用、终端、用户、流量等关键发展指标的实时监测和分析能力，并向社会发布 IPv6 各项发展指标数据。

工业和信息化部

2018 年 4 月 25 日

# 工业和信息化部关于印发《工业互联网 App 培育工程实施方案（2018—2020 年）》的通知

工信部信软〔2018〕79 号

各省、自治区、直辖市及计划单列市、新疆生产建设兵团工业和信息化主管部门，相关行业协会、企事业单位：

为落实《国务院关于深化“互联网＋先进制造业”发展工业互联网的指导意见》，推动工业互联网应用生态加快发展，现将《工业互联网 App 培育工程方案（2018—2020 年）》印发给你们，请结合实际认真贯彻落实。

附件：工业互联网 App 培育工程实施方案（2018—2020 年）

工业和信息化部

2018 年 4 月 27 日

附件

## 工业互联网 App 培育工程实施方案（2018—2020 年）

工业互联网 App（以下简称工业 App）是基于工业互联网，承载工业知识和经验，满足特定需求的工业应用软件，是工业技术软件化的重要成果。实施工业 App 培育工程，有利于发挥软件赋能、赋值、赋智作用，推进两化深度融合；有利于将制造业企业内部原本分散、隐性的工业技术挖掘出来、传播开来、传承下去，破解国内工匠不足难题；有利于汇聚海量开发者、提升用户粘性，打造资源富集、多方参与、合作共赢、协同演进的工业互联网平台应用生态；有利于更大程度激发“双创”活力，培育产业发展新动能，带动形成新的增长极。为推进实施工业 App 培育工程，制定本实施方案。

### 一、总体要求

#### （一）指导思想

以习近平新时代中国特色社会主义思想为指导，深入贯彻落实党的十九大和十九届二中、三中全会精神，牢固树立新发展理念，围绕制造业提质增效和转型升级实际需求，以企业为主体，以发展和繁荣工业互联网平台应用生态为目标，推动软件技术与工业技术深度融合，工业 App 培育与工业互联网平台建设协同推进，着力突破共性关键技术，夯实工业 App 发展基础，着力提高工业 App 发展质量，提升价值和应用效果，着力构建开放共享和流通交易机制，推动工业 App 向工业互联网平台汇聚，形成建平台和用平台双向迭代、互促共进的制造业新生态。

**（二）重点方向**

——面向国内制造业重点项目推进、重大工程实施和重要装备研制需求，发展具有高支撑价值的安全可靠工业 App。

——面向关键基础材料、核心基础零部件（元器件）、先进基础工艺、产业技术基础等“工业四基”领域，发展普适性强、复用率高的基础共性工业 App。

——面向汽车、航空航天、石油化工、机械制造、轻工家电、信息电子等行业需求，发展推广价值高、带动作用强的行业通用工业 App。

——面向制造企业的个性化需求，发展高应用价值的企业专用工业 App。

**（三）主要目标**

到 2020 年，培育 30 万个面向特定行业、特定场景的工业 App，全面覆盖研发设计、生产制造、运营维护和经营管理等制造业关键业务环节的重点需求。

突破一批工业技术软件化共性关键技术，构建工业 App 标准体系，培育出一批具有重要支撑意义的高价值、高质量工业 App，形成一批具有国际竞争力的工业 App 企业。

工业 App 应用取得积极成效，创新应用企业关键业务环节工业技术软件化率达到 50%。

工业 App 市场化流通、可持续发展能力初步形成，对繁荣工业互联网平台应用生态、促进工业提质增效和转型升级的支撑作用初步显现。

## 二、主要任务

**（一）夯实工业技术软件化基础**

1. 突破工业 App 共性关键技术。瞄准产业发展制高点，组织实施一批重点产业化创新项目，推进复杂系统建模、操作指令集适配、可视化编程、执行控制引擎等共性关键技术攻关，推动工业通信协议适配、数据交换、异构系统集成等核心关键构件研发。支持工业互联网平台企业和科研院所研发工业 App 开发工具，构建工业 App 集成开发环境，推动工业 App 协同开发、持续集成和自动部署。

2. 提升工业企业软件化能力。支持先发地区建设省级工业技术软件化创新中心，深化跨行业、跨领域合作，促进“工匠”知识和经验（如工艺、流程、模型、算法等）的积淀、开放和复用，实现技术扩散和商业化，加速工业技术软件化进程。鼓励龙头企业、行业协会、专业机构等设立专业部门推进工业技术软件化，整合产业链资源，提升工程化能力。

3. 发展工业 App 开源社区。支持建设工业 App 开源社区和基金会，鼓励大型制造企业、互联网企业和软件企业依托开源构建工业 App 培育新模式，促进创新资源要素的聚集、共享和开放。引导制造企业、软件企业、科研院所和开发者等发起工业技术软件化开源项目，积极参与国际开源项目。鼓励第三方机构开展开源许可协议、开源知识产权保护研究，推动开源项目应用。

**（二）推动工业 App 向平台汇聚**

1. 提升工业互联网平台能力。支持工业互联网平台企业建设微服务资源池，汇聚工具、算法、模型等微服务组件，开放软件开发工具包（SDK）和应用编程接口（API），提升工业 App 综合集成、测试验证、质量管控、全生命周期管理和服务能力。

2. 推动制造能力开放共享。组织推进工业 App 领域的“双创”活动，引导企业对接供需信息，创新商业模式，利用工业互联网开放自身研发和制造能力，优化资源配置效率。将基于工业互联网的制造能力开放纳入两化融合评估体系，通过贯标等多种方式推广普及。

3. 促进工业 App 市场化流通。加强工业 App 知识产权保护，完善工业 App 交易规则和服务规则，促进工业 App 市场化流通。指导和支持互联网平台企业、协会、第三方机构设立工业 App 应用商店，提供专业化的工业 App 上线和下载服务。

**（三）加快工业 App 应用创新**

1. 推进重点行业应用。支持开展工业 App

大赛，推进工业 App 在汽车、航空航天、石油化工、机械制造、轻工家电、信息电子等行业的应用，面向真实应用场景需求，培育工业技术软件化应用解决方案。支持优秀工业 App 及应用解决方案在行业内的推广应用。

2. 加快工业数据资源开发应用。将工业 App 纳入工业大数据应用试点示范项目，支持工业企业利用工业 App 加强对机器设备、业务系统、产品模型等数据的采集，开展数据集成、挖掘、分析、建模，提升工业大数据创新应用能力。

**（四）提升工业 App 发展质量**

1. 构建工业 App 标准测试体系。推动成立工业技术软件化标准化技术组织，加快制定工业 App 应用参考架构、微服务框架、工业知识封装等基础标准，以及接口、协议、数据、质量、安全等重点技术标准。支持工业互联网平台企业和专业测试机构发展异构协议和数据、互操作和可移植、复杂应用场景等测试能力，建设工业 App 集成测试验证环境。

2. 加强工业 App 培育指导。组织编制《工业 App 发展白皮书》，指导第三方机构编制《工业 App 培育指南》，指导地方加强工业 App 培育动态监测分析。各地行业主管部门要指导属地企业落实好工业 App 信息安全主体责任，遵守信息安全相关法律法规。

## 三、进度安排

2018 年 12 月前，发布《工业 App 发展白皮书》，出台《工业 App 培育指南》，成立工业技术软件化标准化技术组织。推动建设 1 ~ 2 家省级工业技术软件化制造业创新中心，形成一批优秀的工业技术软件化解决方案。

2019 年 12 月前，进一步扩大工业 App 应用规模。突破一批工业技术软件化关键技术，创新应用企业的关键业务环节工业技术软件化率达到 30%，面向特定行业、特定场景的工业 App 规模达到 10 万个，培育和部署一批具有重要支撑意义的高价值、高质量工业 App。

2020 年 12 月前，工业 App 创新应用企业的关键业务环节工业技术软件化率达到 50%。培育 30 万个面向特定行业、特定场景的工业 App，涌现出一批具有国际竞争力的工业 App 软件企业，对繁荣工业互联网平台应用生态、促进工业提质增效和转型升级的支撑作用初步显现。

## 四、保障措施

**（一）组织保障**

在国家制造强国建设领导小组的领导下，发挥工业互联网专项工作组的统筹协调作用，指导推进工业 App 培育相关工作。加强部省合作，鼓励地方结合实际出台引导政策，探索差异化、特色化发展路径。充分发挥地方政府、行业协会、产业联盟、科研院所作用，整合产学研用各方力量，形成协同推进的工作格局。

**（二）政策引导**

依托国家新型工业化产业示范基地，建设高水平的工业技术软件化产业示范基地。支持中国软件名城及创建城市创新公共服务机制，加快发展工业 App。支持符合条件的地方依托工业 App 培育工程发展工业大数据，创建大数据产业集聚区。

**（三）资金支持**

充分发挥财政资金导向作用，重点支持共性关键技术攻关、标准测试能力建设，引导社会资本加大对开源社区和创新中心投入力度。鼓励地方政府设立专项资金，加大对工业 App 培育工作的支持力度。探索建立产业基金等市场化、多元化资金投入机制，引导社会资本参与工业 App 培育。

# 工业和信息化部印发《关于推进网络扶贫的实施方案（2018—2020年）》的通知

工信部通信〔2018〕83号

各省、自治区、直辖市工业和信息化主管部门、通信管理局，中国电信集团有限公司、中国移动通信集团有限公司、中国联合网络通信集团有限公司、中国铁塔股份有限公司、中国卫通集团有限公司：

现将《关于推进网络扶贫的实施方案（2018—2020年）》印发给你们，请结合实际，认真贯彻落实。

工业和信息化部

2018年5月3日

## 关于推进网络扶贫的实施方案（2018—2020年）

为全面贯彻落实《中共中央 国务院关于打赢脱贫攻坚战的决定》《“十三五”脱贫攻坚规划》《中共中央办公厅国务院办公厅关于支持深度贫困地区脱贫攻坚的实施意见》要求，进一步聚焦深度贫困地区，更好发挥宽带网络优势，助力打好精准脱贫攻坚战，制定本实施方案。

### 一、总体要求

（一）指导思想。以习近平新时代中国特色社会主义思想为指导，深入贯彻落实党的十九大关于坚决打好精准脱贫攻坚战的部署，坚持精准扶贫、精准脱贫基本方略，以“三区三州”等深度贫困地区和部系统定点帮扶县（以下简称定点县）、燕山—太行山片区县（以下简称片区县）为重点，以推进网络基础设施建设为突破口，以加快网络扶贫应用为方向，充分调动各方面积极性、主动性和创造性，不断缩小城乡“数字鸿沟”，为打好精准脱贫攻坚战提供坚实的网络支撑。

（二）工作目标。到2018年，国家“十三五”规划纲要明确提出的“宽带网络覆盖90%以上的贫困村”目标提前完成；到2020年，全国12.29万个建档立卡贫困村宽带网络覆盖比例超过98%。保障建档立卡贫困人口方便快捷接入高速、低成本的网络服务，保障各类网络应用基本网络需求，更多建档立卡贫困人口都有机会通过农村电商、远程教育、远程医疗等享受优质公共服务、实现家庭脱贫，高速宽带网络助力脱贫攻坚的能力显著增强。

### 二、推进贫困村通宽带进程

（三）精准建立贫困村通宽带台账。加强对全国建档立卡贫困村通宽带情况的调查摸底，全面了解建档立卡贫困村和部系统定点县、片区县贫困村通光纤、4G网络情况和纳入电信普遍服务支持情况。重点就未通宽带贫困村建立台账，并动态跟踪及时更新。

（四）推进光纤宽带网络延伸。加快电信普遍服务试点4.3万个建档立卡贫困村光纤网络建设步伐，确保任务按时按质完成。优先安排电信普遍服务结余资金用于贫困村网络建设。

（五）加快4G网络覆盖进程。深化电信普遍服务试点，支持农村及偏远地区4G网络覆盖。在试点地区遴选中向贫困地区重点倾斜，在项目实施中重点加强对贫困地区项目建设的指导督促，优先保障贫困村4G网络覆盖。鼓励基础电信企业加大投资，进一步将宽带网络向有条件的贫困自然村延伸。

## 三、加强贫困地区网络应用

（六）推出优惠网络资费。进一步加大网络提速降费力度，引导基础电信企业加大面向贫困地区和贫困人口的优惠力度，鼓励推出扶贫专属资费优惠，减轻贫困群体宽带网络使用负担。

（七）加快智能终端普及。积极引导智能终端生产企业履行社会责任，研发简单易用、低成本的4G手机等智能终端，满足贫困地区群众的使用需求。

（八）开发扶贫移动应用程序（App）。组织开发适合贫困地区特别是少数民族边远地区特点和需求的移动App，涵盖社交、电商、农技、医疗、教育等行业应用。拓宽和保障扶贫移动App推广渠道，协调主要应用商店及时上架、重点推荐和免费应用，利用网络闲置资源做好扶贫移动App宣传。协调基础电信企业为指定的扶贫移动App提供流量资费优惠。

（九）积极推广视频服务。鼓励基础电信企业在贫困地区开展视频服务，通过交互式网络电视（IPTV）等方式，满足贫困群众多样化、多层次文化信息需求，促进文化信息消费，提供各类扶贫资讯及应用。

（十）大力推进“互联网+教育”。加强贫困地区各类学校高速宽带网络建设，实现两类学校（乡村小规模学校和乡镇寄宿制学校）宽带网络全覆盖。配合教育部门加强远程教育应用推广，推动优质教育资源在贫困地区的共享应用。

（十一）实施“互联网+健康扶贫”。完善贫困地区基层卫生服务机构网络基础条件。联合国家卫生健康委员会开展“互联网+健康扶贫”应用，发挥医疗机构、研究院所等主体作用，积极动员社会力量，推动远程诊疗覆盖到村、在线医学教育普及到人、在线慢病管理精准到户，改善深度贫困地区基层医疗卫生服务能力，提高贫困人口健康水平。

（十二）加强精准扶贫平台开发应用。引导基础电信企业结合各自优势，搭建并推广扶贫信息管理平台，实现扶贫目标、扶贫措施、脱贫跟踪更加精准到位，实现用数据直观反映脱贫进程，用数据支撑脱贫摘帽实际成效，助力精准扶贫精准脱贫政策的落实。

## 四、优先支持深度贫困地区和部系统定点县、片区县

（十三）优先向“三区三州”倾斜。全面贯彻深度贫困地区脱贫攻坚座谈会精神。深入西藏、四省藏区、新疆南疆四地州和四川凉山州、云南怒江州、甘肃临夏州“三区三州”开展网络扶贫大调研活动。在电信普遍服务中加快“三区三州”贫困村光纤网络建设步伐，优先支持“三区三州”贫困村4G网络建设，实现90%以上建档立卡贫困村通宽带。优先支持“三区三州”贫困村信息化建设，充分发挥高通量卫星比较优势，在教育、医疗等领域加大推广力度。引导基础电信企业、互联网企业深入“三区三州”等深度贫困地区开展网络通信帮扶。

（十四）重点支持部系统定点县和片区县。全面落实《中共中央办公厅 国务院办公厅关于进一步加强中央单位定点扶贫工作的指导意见》和《国务院关于燕山－太行山片区区域发展与扶贫攻坚规划（2011—2020年）的批复》，优先将网络建设及应用等安排在部系统定点县和片区县，在2020年前实现部系统定点县和片区县贫困村宽带网络全覆盖，形成若干个网络扶贫应用样板县。鼓励社会力量广泛参与，引导支持中国

互联网百强、电子信息百强、软件百强企业将自身优势和地方实际相结合，与部系统定点县和片区县的深度贫困村建立“一对一”帮扶机制，有关业绩贡献纳入百强企业评判指标体系。

## 五、保障措施

（十五）加强统筹协调。部机关各有关司局建立工作协调机制，建立工作台账，召开调度会，共同研究、统筹推进网络扶贫有关工作。

（十六）加强国际合作。充分利用联合国教科文组织、国际电信联盟（ITU）等平台优势，加强扶贫领域国际合作与交流。

（十七）强化动态监测。进一步完善电信普遍服务管理支撑平台，丰富平台功能，实现对全国所有贫困村通宽带情况的全面监测。定期发布全国贫困村宽带覆盖率分省排名。

（十八）加强总结考核。加强对网络扶贫实施方案落实情况的总结，将网络扶贫工作推进情况纳入扶贫干部年度述职。

（十九）营造良好氛围。加大网络扶贫宣传力度，组织新闻媒体广泛宣传网络扶贫各项惠民、富民政策措施，宣传先进典型，推广经验做法，形成常态化宣传工作机制。在国家扶贫日、世界电信日等重要时间节点，通过承办网络扶贫主题论坛、开展网络扶贫媒体行活动、协调三家运营商推送扶贫公益短信等形式，营造良好舆论氛围，擦亮“网络扶贫”名片。

# 工业和信息化部 国资委关于深入推进网络提速降费加快培育经济发展新动能2018专项行动的实施意见

工信部联通信〔2018〕87号

各省、自治区、直辖市及计划单列市、新疆生产建设兵团工业和信息化主管部门，各省、自治区、直辖市通信管理局，相关企业：

为落实《政府工作报告》相关部署，进一步提升信息通信业供给能力、补齐发展短板、优化发展环境，促进数字经济发展和信息消费扩大升级，有力支撑经济发展新旧动能转换，决定组织实施深入推进网络提速降费、加快培育经济发展新动能2018专项行动。现提出以下意见：

## 一、面向全球领先水平，加快宽带网络演进升级

（一）推动光纤宽带提速升级。支持基础电信企业持续加大投资力度，扩大光纤宽带网络覆盖，继续推进光纤改造，普遍提供百兆宽带接入能力，全年新建光纤端口超过5500万个，光纤宽带用户占比超过90%。推动基础电信企业部署更大容量光纤宽带接入网络，在超过100个城市试点向用户开通千兆宽带业务。

（二）提升4G网络覆盖质量。增加4G网络覆盖广度和深度，新建4G基站45万个，提高办公及商务楼宇、电梯等室内覆盖水平，提升铁路、公路沿线连续覆盖质量。在有需求的热点地区，加大载波聚合等4G演进技术的部署力度。进一步优化4G业务质量，提升话音和数据业务体验。

（三）加快推进5G技术产业发展。扎实推进5G标准化、研发、应用、产业链成熟和安全配套保障，组织实施“新一代宽带无线移动通信网”重大专项，完成第三阶段技术研发试验，推动形成全球统一5G标准。组织5G应用征集大赛，促进5G和垂直行业融合发展，为5G规模组网和应用做好准备。

（四）加快IPv6规模部署应用。基础电信企业完成LTE网络、主要自营移动互联网应用的IPv6改造，为用户分配IPv6地址，实现LTE网络中IPv6业务端到端贯通，发展移动互联网IPv6用户5000万户。同步开展互联网骨干网、骨干网网间互联体系、城域网和接入网IPv6改造，推进超大型数据中心、内容分发网络（CDN）和云服务平台改造，完成工业和信息化系统门户网站IPv6改造。

（五）增强骨干网络承载能力。全面部署100G及以上大容量传输网络，实现城域网、骨干网与高速宽带接入网同步扩容，加速向全光网络演进。积极利用软件定义网络（SDN）等技术提升业务效率和部署灵活性。

## 二、聚焦不平衡不充分，补齐宽带网络发展短板

（六）持续开展电信普遍服务试点。扎实开展网络扶贫行动，加快前三批普遍服务试点项目建设，提前完成“十三五”规划提出的全国98%行政村通光纤和宽带网络覆盖90%以上贫困村的目标。推进行政村和陆地边境线4G网络覆盖，以及偏远地区中小学、医疗机构等场所宽带网络覆盖，鼓励基

础电信企业推动宽带网络向有条件的海岛和自然村延伸。不断完善监督检查平台功能，对试点工作情况进行监测和成效评估。

（七）不断优化互联网网络架构。持续推进互联网网间带宽扩容，新增网间带宽1500G，进一步改善网间访问性能。完善国际通信网络出入口布局，提升互联网国际出入口带宽能力，优化国际互联网流量调度，增强用户访问国际互联网体验。面向“一带一路”倡议等，完善国际海陆缆和海外网络服务提供点（POP点）布局，提升海外网络、数据中心、内容分发网络（CDN）等服务能力。

（八）着力增强互联网应用服务能力。推动互联网企业着力提升网站和应用服务能力，增加主要业务应用带宽配置，推动内容分发网络（CDN）向固定和移动网络边缘延伸，实现互联网信息源的高速接入和就近访问，持续改善用户上网体验。

（九）积极推动信息无障碍建设。加快政务信息无障碍服务平台建设，为各地政府部门、公共事业单位网站提供信息无障碍服务支撑。推动互联网公共服务网站提供信息无障碍服务，保障有障碍人群均能平等、便捷地获取政府及公共信息服务。

## 三、满足人民期待和需求，加快释放网络提速降费红利

（十）加大网络降费优惠力度。7月1日起取消移动流量“漫游”费，鼓励基础电信企业推出大流量套餐等流量降费举措，移动流量平均单价年内降低30%以上。进一步降低家庭宽带资费、国际及港澳台漫游费。推动企业优化和精简资费套餐，研究推出规范资费管理的相关政策措施。支持各地扩大公共场所无线网络覆盖范围，为用户提供免费上网服务。

（十一）激发电信市场竞争活力。出台移动转售业务正式商用意见，加快移动转售市场发展，进一步扩大宽带接入网业务试点范围，充分释放民间资本创新活力。加强对移动转售业务批发价格的指导，强化对移动转售企业服务质量、网络实名制的监督管理。

（十二）推动高速宽带业务普及。持续推动用户速率提升，100M及更高速率的宽带用户比例超过50%，4G用户渗透率超过75%，月流量使用量突破4GB。推动出台宽带速率配置标准，提升家庭宽带用户上行速率。鼓励企业推出不同速率业务，满足用户多样化需求。

（十三）深化高速宽带应用推广。发展基于智慧家庭的宽带业务，积极推动高速宽带在教育、医疗等领域的创新应用和推广普及。协同推进农村地区宽带网络建设与公共服务信息化、农村电商、智慧农业、返乡创业等工作，实施“互联网+健康扶贫”试点项目，助力脱贫攻坚。

## 四、围绕促进经济转型升级，推动信息通信技术与实体经济深度融合

（十四）推广物联网行业融合应用。加快完善NB-IoT等物联网基础设施建设，实现全国普遍覆盖。进一步推动模组标准化、接口标准化、公众服务平台等共性关键技术研究。面向行业需求，积极推动产品和应用创新，推进物联网在智慧城市、农业生产、环保监测等行业领域的应用。

（十五）提升工业互联网基础设施能力。面向工业企业低时延、高可靠、广覆盖的网络需求，推动企业内外网建设。大力推进工业企业内网IP化、扁平化、柔性化技术改造和建设部署，利用IPv6、软件定义网络（SDN）以及新型蜂窝移动通信技术对工业企业外网进行升级改造。鼓励工业企业以IPv6、工业无源光网络（PON）、工业无线等技术改造企业内网。

（十六）助力“双创”企业蓬勃发展。面向中小企业继续降低互联网专线资费，推动电信企业推出更多更优惠的特色产品，进一步降低中小企业宽带和专线使用费，支撑“双创”企业发展。鼓励基础电信企业、大型互联网企业开放网络、平台、数据等资源，降低创新创业成本，促进大中小企业融

通发展。

## 五、不断优化市场环境，确保网络提速降费落到实处

（十七）完善政策支持。继续推动地方政府将通信基础设施专项规划纳入城乡总体规划及控制性详细规划，做好相关规划的衔接和协调，强化光纤到户国家标准执行力度。鼓励地方政府不断加大宽带网络基础设施保护力度，开放各类公共设施，保障宽带网络设施的建设通行。继续在基础电信企业经营业绩考核中统筹考虑网络提速降费影响，为网络提速降费创造更大空间。

（十八）加强市场监管。开展信息通信行业信用体系建设和信用管理。进一步加大监管力度，推进行业行风建设，提升行业服务能力和水平，维护用户合法权益。加强资费监督检查，强化资费公示，保障用户资费选择权。

（十九）加强信息公开。鼓励基础电信企业通过图文并茂、通俗易懂的方式加强信息告知，提升广大用户对网络提速降费的认知和认可程度。指导和支持第三方强化网络速率、用户普及等监测工作，定期发布相关数据。

（二十）做好舆论引导。各相关单位要做好提速降费工作进展和实施成效的宣传，创新宣传理念、内容、形式、方法和手段，积极报道先进做法和典型案例，引导联盟和协会等社会组织积极发声，营造良好舆论环境。

工业和信息化部

国资委

2018 年 5 月 11 日

# 中华人民共和国工业和信息化部公告

2018年　第26号

为贯彻落实《中华人民共和国固体废物污染环境防治法》《中华人民共和国循环经济促进法》《中华人民共和国清洁生产促进法》《中华人民共和国环境保护税法》《中华人民共和国环境保护税法实施条例》等法律法规，建立科学规范的工业固体废物资源综合利用评价制度，推动工业固体废物资源综合利用，促进工业绿色发展，工业和信息化部制定了《工业固体废物资源综合利用评价管理暂行办法》和《国家工业固体废物资源综合利用产品目录》，现予公告。

附件：1. 工业固体废物资源综合利用评价管理暂行办法
2. 国家工业固体废物资源综合利用产品目录（略）

工业和信息化部
2018年5月15日

**附件1**

## 工业固体废物资源综合利用评价管理暂行办法

### 第一章　总则

**第一条**　为促进工业绿色发展，推动工业固体废物资源综合利用，依据《中华人民共和国固体废物污染环境防治法》《中华人民共和国循环经济促进法》《中华人民共和国清洁生产促进法》《中华人民共和国环境保护税法》《中华人民共和国环境保护税法实施条例》等法律法规，制定本办法。

**第二条**　本办法旨在建立科学规范的工业固体废物资源综合利用评价机制，引导企业积极主动开展工业固体废物资源综合利用。

**第三条**　在中华人民共和国境内开展工业固体废物资源综合利用评价，适用于本办法。

**第四条**　本办法所指工业固体废物资源综合利用评价是指对开展工业固体废物资源综合利用的企业所利用的工业固体废物种类、数量进行核定，对综合利用的技术条件和要求进行符合性判定的活动。

**第五条**　评价工作按照自愿原则，公平、公正、公开地开展评价活动。

**第六条**　工业和信息化主管部门依据本办法管理工业固体废物资源综合利用评价，促进工业固体废物资源综合利用产业规范化、绿色化、规模化发展。

**第七条**　开展工业固体废物资源综合利用评

价的企业，可依据评价结果，按照《财政部税务总局生态环境部关于环境保护税有关问题的通知》和有关规定，申请暂予免征环境保护税，以及减免增值税、所得税等相关产业扶持优惠政策。

## 第二章 管理机制

**第八条** 国家建立统一的工业固体废物资源综合利用评价制度，实行统一的国家工业固体废物资源综合利用产品目录（以下简称目录）。

**第九条** 工业和信息化部负责制定发布目录。通过目录引导企业不断提高资源综合利用技术水平，提升综合利用产品质量，促进绿色生产和绿色消费。

目录包括工业固体废物种类、综合利用产品、综合利用技术条件和要求等内容。

工业和信息化部根据工业固体废物资源综合利用技术发展水平、综合利用产品市场应用情况、产品目录的实施情况等适时调整目录。

**第十条** 工业固体废物资源综合利用评价机构（以下简称评价机构）依据目录开展工业固体废物资源综合利用评价。

**第十一条** 评价机构是指开展工业固体废物资源综合利用评价的第三方机构。列入推荐名单的评价机构应具备以下条件：

（一）独立法人，在资源综合利用评估、评价、技术服务等相关领域具有一年以上业务经验，熟悉相关产业政策、标准和规范；

（二）从事资源综合利用的专职人员不少于8人，从事专业包括资源、环境、财会等，评价机构人员遵守国家法律法规，有良好的职业道德；

（三）建立严格的管理制度，包括机构管理制度、评价工作规程、评价人员管理制度、专家审议制度等；

（四）与委托评价的单位在产品技术开发、生产、销售等方面不存在利益关系；

（五）省级工业和信息化主管部门规定的其他条件。

**第十二条** 省级工业和信息化主管部门负责发布评价机构推荐名单，并建立动态调整机制。各地应根据本区域工业固体废物种类和数量，严格评价机构推荐程序，合理确定评价机构数量，并将评价机构推荐名单报工业和信息化部备案。

**第十三条** 评价机构依据本办法及省级工业和信息化主管部门发布的实施细则等开展工业固体废物资源综合利用评价，出具工业固体废物资源综合利用评价报告。评价机构对评价报告负责，并承担责任，接受监督。

**第十四条** 工业和信息化部组织成立由行业有关专家组成的工业固体废物资源综合利用技术委员会（以下简称技术委员会）。技术委员会负责协调工业固体废物资源综合利用评价过程中的重大技术问题，提出目录调整建议，对相关标准制订、信息统计等工作提供技术支撑。

## 第三章 评价程序

**第十五条** 企业自愿开展工业固体废物资源综合利用评价。

**第十六条** 开展工业固体废物资源综合利用评价的企业应向评价机构提交以下资料：

（一）企业营业执照复印件；

（二）企业近两年生产经营情况说明（包括但不限于企业基本情况、经营规模、综合利用工业固体废物种类、产品产量、年产值等）；

（三）工业固体废物产生、采购（或接收）、消耗、库存及产品生产、出库、外销的相关报表；

（四）工业固体废物原料掺量证明材料；

（五）产品标准及工艺技术说明；

（六）产品质量检测报告；

（七）质量、环境管理体系，物质计量统计体系等相关管理体系建设情况；

（八）需要的其他证明材料。

**第十七条** 评价机构对企业提交的资料进行完整性和准确性审查，对企业生产过程与提交资料的一致性进行现场核查，确定综合利用工业固体废物的种类和数量。

**第十八条** 评价机构的评价内容包括：

（一）企业生产工艺、技术是否符合产业政策、技术规范；

（二）企业综合利用的工业固体废物种类、产品是否符合目录要求；

（三）企业是否建立质量保证体系、环境管理体系；

（四）企业物质计量统计体系建设情况是否满足对工业固体废物资源综合利用量的核算要求；

（五）工业固体废物资源综合利用量的物料衡算过程是否准确；

（六）需要评价的其他情况。

**第十九条** 评价机构根据资料审查和现场核查情况向企业出具评价报告，作为企业工业固体废物资源综合利用的评价结果。评价报告内容主要包括企业基本情况，工艺技术介绍，计量统计体系建设情况，产品质量控制情况，企业自身产生的工业固体废物分种类的综合利用量、企业接收的工业固体废物分种类的综合利用量及相关的物料衡算过程，存在问题及建议，等等。

**第二十条** 列入推荐名单的评价机构应按照相关政策制定并公开工业固体废物资源综合利用评价收费标准。

**第二十一条** 评价机构应在评价报告完成后三十日内，将评价报告报被评价企业所在地县级以上工业和信息化主管部门备案。

县级以上工业和信息化主管部门在其网站上按下列项目予以公布：企业名称、工业固体废物综合利用的种类与数量、综合利用产品名称、评价机构名称。

## 第四章　监督管理

**第二十二条** 工业和信息化部负责对全国工业固体废物资源综合利用评价工作进行指导和管理。

**第二十三条** 省级工业和信息化主管部门负责监督管理本辖区工业固体废物资源综合利用评价工作，依据本办法制定实施细则。

**第二十四条** 省级工业和信息化主管部门加强对评价机构的监督管理。有下列情况之一的，应从评价机构推荐名单中予以删除：

（一）申请列入评价机构推荐名单时提供虚假资料、信息的；

（二）评价过程中提供虚假资料、信息，造成评价报告严重失实的；

（三）不能保证评价工作质量的；

（四）不接受监督管理的；

（五）其他违背诚实信用原则的。

**第二十五条** 省级工业和信息化主管部门应建立统一的省级信息管理系统，并逐步接入工业和信息化部信息管理系统。按季度对本辖区综合利用的工业固体废物种类、综合利用量、综合利用产值、减免税额等进行汇总，自季度终了三十日内报工业和信息化部。每年 3 月 31 日前将上一年度综合利用情况形成报告报工业和信息化部。

**第二十六条** 任何组织和个人发现工业固体废物资源综合利用评价中的违法违规行为，有权向当地工业和信息化主管部门或相关部门举报。

**第二十七条** 对工业固体废物资源综合利用评价活动中的违法行为依照相关法律、行政法规和部门规章等予以处罚。

## 第五章　附则

**第二十八条** 本办法自发布之日起施行。

# 工业和信息化部办公厅关于印发《国家制造业创新中心考核评估办法（暂行）》的通知

工信厅科〔2018〕37号

各省、自治区、直辖市、计划单列市、新疆生产建设兵团工业和信息化主管部门：

现将《国家制造业创新中心考核评估办法（暂行）》印发给你们，请认真遵照执行。

附件：《国家制造业创新中心考核评估办法（暂行）》（略）

工业和信息化部办公厅

2018年5月24日

# 工业和信息化部办公厅关于印发《2018 年消费品工业“三品”专项行动重点工作安排》的通知

工信厅消费〔2018〕35 号

各省、自治区、直辖市及计划单列市、新疆生产建设兵团工业和信息化主管部门，相关行业协会：

现将《2018 年消费品工业“三品”专项行动重点工作安排》印发给你们，请结合本地区本行业实际，认真组织开展相关工作。

附件：2018 年消费品工业“三品”专项行动重点工作安排

工业和信息化部办公厅

2018 年 5 月 25 日

**附件**

## 2018 年消费品工业“三品”专项行动重点工作安排

为进一步落实《国务院办公厅关于开展消费品工业“三品”专项行动营造良好市场环境的若干意见》（国办发〔2016〕40 号），现就 2018 年消费品工业“三品”专项行动重点工作安排如下：

### 一、不断创新丰富消费品品种

（一）指导中国轻工业联合会编制发布 2 批《升级和创新消费品指南（轻工）》，组织纺织产品开发中心评选发布 2018 年纺织十大类创新产品，积极引导消费。培育一批纺织服装创意设计园区（平台），提高创意设计水平。（部消费品工业司，相关行业协会，地方工业和信息化主管部门）

（二）指导地方培育小品种药（短缺药）集中生产基地。新增 10 个小品种药，稳定生产供应。支持部分地方和行业传承发展一批民族特色工艺品和传统特色食品。引导企业推出一批营养与健康食品、智能节能消费品和冰雪运动产品。（部消费品工业司，相关行业协会，地方工业和信息化主管部门）

（三）支持智慧健康养老产品及服务推广。丰富智慧健康养老产品及服务供给，制定智慧健康养老产品及服务推广目录，推动优秀智慧健康养老产品及服务推广应用。（部电子信息司，地方工业和信息化主管部门）

### 二、促进“品质革命”和精品制造

（四）在服装、制鞋、家具等行业推行个性化定制模式，在印染、再生化学纤维、铅蓄电池等行业推行绿色制造模式，在家用电器等行业推行服务型制造模式，总结企业典型案例并在行业

内广泛推广。（部消费品工业司、节能与综合利用司、产业政策司按职责分工负责，相关行业协会，地方工业和信息化主管部门）

（五）总结交流消费品工业智能制造的经验做法，加快企业智能化改造步伐。促进家电业智能制造创新战略联盟推广先进制造模式，支持中国服装智能制造技术创新战略联盟组织攻关缝制单元自动化技术。（部消费品工业司、装备工业司按职责分工负责，相关行业协会）

（六）开展婴幼儿推车、儿童汽车安全座椅、纸尿裤等重点产品与国外产品质量及性能实物对比，引导企业参照国际先进质量标准组织生产。（部消费品工业司，相关行业协会）

（七）支持医药企业开展仿制药质量和疗效一致性评价，全面提升仿制药质量水平。指导食品生产企业加强质量安全检测能力建设。鼓励婴幼儿配方乳粉企业开展质量安全追溯体系建设。（部消费品工业司，相关行业协会，地方工业和信息化主管部门）

（八）组织制定一批绿色设计产品标准，评价发布一批绿色设计产品目录。与主要电商平台开展绿色设计产品公益性推广，促进绿色消费。（部节能与综合利用司、科技司按职责分工负责，相关行业协会，地方工业和信息化主管部门）

（九）提升超高清视频终端产品、内容等供给质量，发挥中国超高清视频产业联盟作用，推动构建产业生态体系。举办超高清视频产业大会等活动，推动行业交流合作。（部电子信息司，相关行业协会，地方工业和信息化主管部门）

## 三、加快培育品牌竞争优势

（十）跟踪调查100家左右服装家纺重点品牌企业，开展服装品牌诚信供应链建设。支持部分日用消费品行业品牌建设，指导家用电器行业开展品牌评价，发布《中国家用电器行业品牌发展报告（2017—2018年度）》。（部消费品工业司，相关行业协会）

（十一）组织实施轻工、纺织、食品等行业品牌培育标准。支持行业和地方办好消费品博览会、服装节、时装周、服装家纺设计大赛及电子信息行业重大品牌活动。支持办好2017年中国医药工业百强发布会。（部消费品工业司、科技司、电子信息司按职责分工负责，相关行业协会，地方工业和信息化主管部门）

## 四、积极营造良好市场环境

（十二）充分利用现有资金渠道，支持符合条件的消费品制造业企业实施“三品”战略。开展消费品工业“三品”战略示范和示范城市交流活动。完成《医药工业发展规划指南》中期评估，继续推动指南实施。（部消费品工业司、规划司、财务司、电子信息司按职责分工负责，地方工业和信息化主管部门）

（十三）做好轻纺行业强制性国家标准制修订工作，组织做好新修订的《电动自行车安全技术规范》强制性国家标准宣贯工作。按照《智慧家庭综合标准化体系建设指南》要求，加快标准体系建设。指导督促地方严格执行相关技术标准，依法依规退出铅蓄电池、制革、造纸、印染等行业落后产能。（部消费品工业司、产业司、科技司、电子信息司按职责分工负责，相关行业协会，地方工业和信息化主管部门）

（十四）加强消费品“三品”专题网站和微信建设。联合主流媒体宣传行业“三品”战略实施情况。采取多种形式宣传、塑造“中国制造”品牌形象，提振消费者对“中国制造”的信心。（部消费品工业司、办公厅、科技司按职责分工负责，相关行业协会，地方工业和信息化主管部门）

# 关于印发《工业互联网发展行动计划（2018—2020年）》和《工业互联网专项工作组2018年工作计划》的通知

工信部信管函〔2018〕188号

工业互联网专项工作组成员单位：

《工业互联网发展行动计划（2018—2020年）》和《工业互联网专项工作组2018年工作计划》已于工业互联网专项工作组第一次会议审议通过。现予印发，请认真贯彻落实。

附件：1. 工业互联网发展行动计划（2018—2020年）

2. 工业互联网专项工作组2018年工作计划（略）

工业互联网专项工作组

2018年5月31日

**附件1**

## 工业互联网发展行动计划（2018—2020年）

根据《国务院关于深化“互联网+先进制造业”发展工业互联网的指导意见》（以下简称《指导意见》），2018—2020年是我国工业互联网建设起步阶段，对未来发展影响深远。为贯彻落实《指导意见》要求，深入实施工业互联网创新发展战略，推动实体经济与数字经济深度融合，制订本行动计划。

### 一、总体要求

#### （一）指导思想

以习近平新时代中国特色社会主义思想为指导，全面贯彻党的十九大和十九届二中、三中全会精神，坚持新发展理念，按照高质量发展的要求，落实《指导意见》决策部署，以供给侧结构性改革为主线，以全面支撑制造强国和网络强国建设为目标，着力建设先进网络基础设施，打造标识解析体系，发展工业互联网平台体系，同步提升安全保障能力，突破核心技术，促进行业应用，初步形成有力支撑先进制造业发展的工业互联网体系，筑牢实体经济和数字经济发展基础。

#### （二）行动目标

到2020年年底，初步建成工业互联网基础设施和产业体系。

——初步建成适用于工业互联网高可靠、广覆盖、大带宽、可定制的企业外网络基础设施，企业外网络基本具备互联网协议第六版（IPv6）支持能力；形成重点行业企业内网络改造的典型模式。

——初步构建工业互联网标识解析体系，建成5个左右标识解析国家顶级节点，标识注册量超过20亿。

——初步形成各有侧重、协同集聚发展的工业互联网平台体系，在鼓励支持各省（区、市）和有条件的行业协会建设本区域、本行业的工业互联网平台基础上，分期分批遴选10个左右跨行业跨领域平台，培育一批独立经营的企业级平台，打造工业互联网平台试验测试体系和公共服务体系。推动30万家以上工业企业上云，培育超过30万个工业App。

——初步建立工业互联网安全保障体系，建立健全安全管理制度机制，全面落实企业内网络安全主体责任，制定设备、平台、数据等至少10项相关安全标准，同步推进标识解析体系安全建设，显著提升安全态势感知和综合保障能力。

## 二、重点任务

### （一）基础设施能力提升行动

行动内容：

1. 完善工业互联网网络体系顶层设计。出台工业互联网网络化改造实施指南，制定工业互联网网络化改造评估体系并开展评估。进行工业互联网设备进网管理制度研究，组织开展联网设备检测认证。

2. 升级建设工业互联网企业外网络。组织信息通信企业通过改造已有网络、建设新型网络等方式，建设低时延、高带宽、广覆盖、可定制的工业互联网企业外网络。建设一批基于5G、窄带物联网（NB－IoT）、软件定义网络（SDN）、网络虚拟化（NFV）等新技术的测试床。

3. 支持工业企业建设改造工业互联网企业内网络。在汽车、航空航天、石油化工、机械制造、轻工家电、信息电子等重点行业部署时间敏感网络（TSN）交换机、工业互联网网关等新技术关键设备。支持建设工业无源光网络（PON）、低功耗工业无线网络等新型网络技术测试床。

4. 实施工业互联网IPv6应用部署行动。组织电信企业初步完成企业外网络和网间互联互通节点的IPv6改造，建立IPv6地址申请、分配、使用、备案管理体制，建设IPv6地址管理系统，推动落实适用于工业互联网的IPv6地址编码规划方案，通过支持建设测试床、开展应用示范等方式，加快工业互联网IPv6关键设备、软件和解决方案的研发和应用部署。

5. 推进连接中小企业的专线提速降费。支持高性能、高灵活、高安全隔离的新型企业专线的应用。发布提速降费专项行动文件，降低工业企业网络使用成本。

6. 加大工业互联网领域无线电频谱等关键资源保障力度。研究工业互联网用频场景和频率需求，制定完善工业互联网频率规划和使用政策。

时间节点：2020年年前，企业外网络基本能够支撑工业互联网业务对覆盖范围和服务质量的要求，IPv6改造基本完成；实现重点行业超过100家企业完成企业内网络改造。

责任部门：工业和信息化部、发展改革委、财政部。

### （二）标识解析体系构建行动

行动内容：

7. 在政府主管部门指导下，研究制定管理办法和整体架构，统筹协调根节点、国家顶级节点、注册管理系统的建设和运营，开放授权一批二级及以下其他服务节点运营机构。

8. 建设和运营国家顶级节点，提供顶级域解析服务，与国内外各主要标识解析系统实现互联互通，形成备案、监测、应急等公共服务能力。建设和运营标识解析二级及以下其他服务节点。

时间节点：2018年完成中国工业互联网研究院组建，承担国家工业互联网标识解析管理机构职能，研究制定工业互联网标识解析体系架构，启动建设3个左右标识解析国家顶级节点。2020年建成5个左右标识解析国家顶级节点，形成10个以上公共标识解析服务节点，标识注册量超过20亿。

责任部门：工业和信息化部、发展改革委、

财政部。

**（三）工业互联网平台建设行动**

行动内容：

9. 编制工业互联网平台建设及推广工程实施指南，制定跨行业跨领域工业互联网平台评价指南，遴选跨行业跨领域工业互联网平台，培育一批独立经营的企业级平台。

10. 支持建设跨行业跨领域、特定行业、特定区域、特定场景的工业互联网平台试验测试环境和测试床，推动终端接入规模不断扩大，模拟各类业务场景，通过试验测试寻找最佳技术和产品路线，形成标准化解决方案，逐步完善平台功能。

11. 支持建设涵盖基础及创新技术服务、监测分析服务、工业大数据管理、标准管理服务等的平台公共支撑体系。

12. 推动百万工业企业上云，组织实施工业设备上云“领跑者”计划，制定发布平台解决方案提供商目录。支持建设平台技术转移中心，加快平台在产业集聚区的规模化应用。

13. 编制发布工业 App 培育工程实施方案，推动百万工业 App 培育。

时间节点：2020 年年前，遴选 10 家左右跨行业跨领域工业互联网平台，培育一批独立经营的企业级工业互联网平台。建成工业互联网平台公共服务体系。推动 30 万家工业企业上云，培育 30 万个工业 App。

责任部门：工业和信息化部、财政部、国资委。

**（四）核心技术标准突破行动**

行动内容：

14. 成立国家工业互联网标准协调推进组、总体组和专家咨询组，形成标准化主管部门、研究机构、企业协同推进的标准体系建设机制。

15. 制定国家工业互联网标准体系建设指南，研制通用需求、体系架构等总体性标准，开发新型网络技术和计算技术、网络互联和数据互通接口、标识解析、工业互联网平台，及相应的设备、平台、网络和数据安全等基础共性标准，制定面向重点行业应用的标准规范。

16. 开展工业互联网关键核心技术研发和产品研制，推进边缘计算、深度学习、增强现实、虚拟现实、区块链等新兴前沿技术在工业互联网的应用研究。

17. 建设一批新技术和标准符合性试验验证系统，开发和推广仿真和测试工具。

时间节点：2018 年年底，成立国家工业互联网标准协调推进组、总体组和专家咨询组，初步建立工业互联网标准体系框架，建立 1 ~ 2 个技术标准与试验验证系统。2020 年年前，制定 20 项以上总体性及关键基础共性标准，制定 20 项以上重点行业标准，形成一批具有自主知识产权的核心关键技术，建立 5 个以上的技术标准与试验验证系统，推出一批具有国内先进水平的工业互联网软硬件产品。

责任部门：工业和信息化部、市场监督管理总局（国家标准委）、科技部、财政部、知识产权局。

**（五）新模式新业态培育行动**

行动内容：

18. 开展工业互联网集成创新应用试点示范，探索基于网络、平台、安全、标识解析等关键要素的实施路径。

19. 提升大型企业工业互联网创新和应用水平，实施底层网络化、智能化改造，支持构建跨工厂内外的工业互联网平台和工业 App，打造互联工厂和全透明数字车间，形成智能化生产、网络化协同、个性化定制和服务化延伸等应用模式。

20. 加快中小企业工业互联网应用普及，鼓励云化软件工具应用，汇聚并搭建中小企业资源库与需求池，开展供需对接、软件租赁、能力开放、众包众创、云制造等创新型应用。

时间节点：2020 年年前，重点领域形成 150 个左右工业互联网集成创新应用试点示范项目，形成一批面向中小企业的典型应用，打造一批优秀系统集成商和应用服务商。

责任部门：工业和信息化部、发展改革委、财政部、商务部、国防科工局、国资委。

**（六）产业生态融通发展行动**

行动内容：

21. 支持龙头企业、技术服务机构开展开源社区、开发者平台和开放技术网络建设，面向工业App开发、协议转换等共性技术和人工智能等新兴技术，打造汇聚开发者、开发工具和中小企业的开放平台，组织开发者创业创新大赛。

22. 支持制造企业、互联网企业、研究院所、高校等合作建设工业互联网创新中心，开展关键共性技术研究、标准研制、试验验证等。

23. 支持建设一批工业互联网产业示范基地，集聚地区特色资源，改造提升现有工业产业集聚区工业互联网相关设施，实现区域内工业互联网创新发展。

24. 加强社会宣传普及，组织编写工业互联网系列专著，利用线下培训班、线上课程等多种形式开展工业互联网网络、平台等发展政策解读与宣贯活动。

时间节点：2020年年前，建设1～2个跨行业跨领域开发者或开源社区，建设工业互联网创新中心，培育5个左右集关键技术、先进产业、典型应用等功能于一体的工业互联网产业示范基地，持续优化工业互联网产业生态建设与空间布局。

责任部门：工业和信息化部、科技部。

**（七）安全保障水平增强行动**

行动内容：

25. 健全安全管理制度机制，出台工业互联网安全指导性文件，明确并落实企业主体责任，对工业行业和工业企业实行分级分类管理，建立针对重点行业、重点企业的监督检查、信息通报、应急响应等管理机制。

26. 初步建立工业互联网全产业链数据安全管理体系，强化平台及数据安全监督检查和风险评估，支持开展安全认证。

27. 指导督促企业强化自身网络安全技术防护，推动加强国家工业互联网安全技术保障手段及数据安全防护技术手段建设，提升安全态势感知和综合保障能力。

时间节点：2020年年前，安全管理制度机制和标准体系基本完备。企业、地方、国家三级协同的安全技术保障体系初步形成。

责任部门：工业和信息化部、发展改革委、财政部。

**（八）开放合作实施推进行动**

行动内容：

28. 利用双多边合作和高层对话机制，推进工业互联网政策、法律、治理等重大问题交流沟通合作。

29. 指导工业互联网产业联盟等与其他国家产业组织、国际组织在架构、技术、标准、应用、人才等多领域开展合作对接。鼓励国内外企业加强技术、产品、解决方案、投融资等多领域合作，提高企业国际化发展能力。

时间节点：2018年推动工业互联网产业联盟与主要相关国际组织的合作机制建立。持续三年推进企业、产业组织以及政府间对话合作。

责任部门：工业和信息化部。

**（九）加强统筹推进**

任务内容：

30. 在国家制造强国建设领导小组下设立工业互联网专项工作组，统筹工业互联网重大工作。设立工业互联网战略咨询专家委员会，为工业互联网发展提供决策支撑。

31. 进一步加强工业互联网产业发展监测和数据统计，启动工业互联网产业年度摸底调查，全面掌握产业发展情况。组织地方和有关部门进行动态跟踪，定期向工业互联网专项工作组报送行动计划实施进展情况。定期对计划落实情况进行评估，研制工业互联网发展评价体系，滚动发布年度发展报告。

时间节点：2018年年初成立工业互联网专项工作组、工业互联网战略咨询专家委员会，每年召开会议，研究讨论工业互联网发展重大事项。滚动开展工业互联网发展情况评估。

责任部门：工业和信息化部。

**（十）推动政策落地**

任务内容：

32. 开展工业互联网网络安全、平台责任、数据保护等以及新兴应用领域信息保护、数据流通、政府数据公开、安全责任等法律问题研究，开展工业互联网相关法律、行政法规和规章立法工作。

时间节点：2018 年开展工业信息安全立法等重点问题研究。2020 年年初步建立保障工业互联网发展的法规体系和制度。

责任部门：工业和信息化部。

33. 构建融合发展制度，深化简政放权、放管结合、优化服务改革，激发各类市场主体活力。完善协同推进体系，充分发挥工业互联网专项工作组的作用，建立部门间高效联动机制和中央地方协同机制，促进跨部门、跨区域系统对接。健全协同发展机制，壮大工业互联网产业联盟等产业组织，联合产业各方开展技术、标准、应用研发以及投融资对接、国际交流等活动。

时间节点：2020 年融合发展制度基本建立，协同推进体系和发展机制持续完善。

责任部门：工业和信息化部、发展改革委、科技部、财政部、商务部、应急管理部、市场监督管理总局、知识产权局、国防科工局。

34. 抓紧研究制定支持工业互联网总体方案并上报国务院。通过工业转型升级资金启动支持工业互联网建设。落实固定资产加速折旧等相关税收优惠政策。

时间节点：专项资金 2018 年启动支持，税收优惠持续推进。

责任部门：财政部、税务总局、发展改革委、科技部、工业和信息化部。

35. 推动银行业金融机构探索数据资产质押、知识产权质押、绿色信贷、“银税互动”等在工业互联网领域的应用推广。推动非金融企业债务融资工具、企业债、公司债、项目收益债、可转债等在工业互联网领域的应用。支持保险公司根据工业互联网风险需求开发相应的保险产品。

时间节点：持续三年推进工业互联网金融服务和产品创新。

责任部门：人民银行、银保监会、证监会、发展改革委、财政部、税务总局、工业和信息化部。

36. 依托国家重大人才工程项目和高层次人才特殊支持计划，引进一批工业互联网高水平研究性科学家和高层次科技领军人才，建设工业互联网智库。建立工业互联网高端人才引进绿色通道，完善配套政策。完善技术入股、股权期权激励、科技成果转化收益分配等机制。

时间节点：持续三年推进人才引进和人才建设。2019 年人才引进绿色通道相关政策初步制定。2020 年技术入股、股权期权激励、科技成果转化收益分配等机制建立。

责任部门：教育部、科技部、工业和信息化部、人力资源社会保障部、知识产权局、卫生健康委、发展改革委、财政部、国资委。

# 中华人民共和国工业和信息化部 国家市场监督管理总局公告

2018 年　第 32 号

按照《工业和信息化部、国家发展改革委、质检总局关于组织开展 2017 年度高耗能行业能效“领跑者”遴选工作的通知》（工信厅联节函〔2017〕635 号）要求，我们组织开展了钢铁、乙烯、原油加工、合成氨、甲醇、水泥、平板玻璃、电解铝、铜冶炼行业能效“领跑者”遴选工作，遴选出达到行业能效领先水平的“领跑者”企业 19 家，达到能耗限额国家标准先进值要求的入围企业 21 家。现予公告。

附件：2017 年重点用能行业能效“领跑者”企业名单（略）

工业和信息化部
国家市场监督管理总局
2018 年 6 月 7 日

# 工业和信息化部 国家标准化管理委员会关于印发《国家车联网产业标准体系建设指南（总体要求）》等系列文件的通知

工信部联科〔2018〕109 号

各省、自治区、直辖市及计划单列市工业和信息化主管部门、质量技术监督局（市场监督管理部门），有关标准化技术组织、行业协会：

为发挥标准在车联网产业生态环境构建中的顶层设计和引领规范作用，推动相关产业转型升级，加快制造强国和网络强国建设步伐，工业和信息化部、国家标准化管理委员会共同组织制定了《国家车联网产业标准体系建设指南（总体要求）》《国家车联网产业标准体系建设指南（信息通信）》和《国家车联网产业标准体系建设指南（电子产品与服务）》系列文件，现予以印发。

请与此前印发的《国家车联网产业标准体系建设指南（智能网联汽车）》（工信部联科〔2017〕332 号）配套使用，在标准化工作中贯彻执行。

附件：1. 国家车联网产业标准体系建设指南（总体要求）
2. 国家车联网产业标准体系建设指南（信息通信）
3. 国家车联网产业标准体系建设指南（电子产品与服务）

工业和信息化部
国家标准化管理委员会
2018 年 6 月 8 日

**附件 1**

## 国家车联网产业标准体系建设指南（总体要求）

2018 年 6 月

## 目　录

前言 …… 549
一、基本要求 …… 549
（一）指导思想 …… 549
（二）基本原则 …… 549
（三）建设目标 …… 549
二、车联网产业标准体系结构 …… 550

(一) 车联网产业概念 ························· 550
(二) 车联网产业标准体系建设结构图 ······ 550
三、建设内容 ································· 550
(一) 智能网联汽车标准体系 ················ 550
(二) 信息通信标准体系 ····················· 551
(三) 电子产品与服务标准体系 ············· 552
(四) 智能交通相关标准体系 ················ 553
(五) 车辆智能管理标准体系 ················ 554
四、组织实施 ································· 555

## 前言

为了加强顶层设计，全面推动车联网产业技术研发和标准制定，推动整个产业的健康可持续发展，工业和信息化部、国家标准化管理委员会联合组织制定《国家车联网产业标准体系建设指南》(以下简称《建设指南》)。

车联网产业是汽车、电子、信息通信、道路交通运输等行业深度融合的新型产业，是全球创新热点和未来发展制高点。《建设指南》充分发挥标准在车联网产业生态环境构建中的顶层设计和基础引领作用，按照不同行业属性划分为智能网联汽车标准体系、信息通信标准体系、电子产品与服务标准体系等若干部分，为打造创新驱动、开放协同的车联网产业提供支撑。

《国家车联网产业标准体系建设指南（总体要求)》为《建设指南》第一部分，主要是提出车联网产业的整体标准体系结构、建设内容，指导车联网产业标准化总体工作，推动逐步形成统一、协调的国家车联网产业标准体系架构。

## 一、基本要求

### （一）指导思想

深入贯彻落实习近平新时代中国特色社会主义思想和党的十九大精神，加速推进制造强国和网络强国建设，发挥标准的基础性和引导性作用，促进车联网技术和产业发展，实现工业化和信息化的高度融合，以满足研发、测试、示范、运行等需求，推动车联网技术创新发展和汽车、电子、信息、通信等相关产业转型升级，建立跨行业、跨领域、适应我国技术和产业发展需要的国家车联网产业标准体系。

### （二）基本原则

立足国情，统筹规划。结合我国车联网技术和产业发展的现状及特点，发挥政府主管部门在顶层设计、组织协调和政策制定等方面的主导作用，制定政府引导和市场驱动相结合的标准体系建设方案，建立适合我国国情的国家车联网产业标准体系。

基础先立，急用先行。科学确定国家车联网产业标准体系建设的重点领域，以智能控制和信息通信为着力点，充分考虑标准的适用性，加快共性基础、关键技术、产业急需标准的研究制定。实现标准与车联网产业发展的结合、行业标准与国家标准的结合、国内标准与国际标准的结合。

企业主体，协同推进。发挥企业在技术创新、产业化和市场推广等方面的主体作用；充分利用现有基础和成果，整合汽车、交通、电子、通信、公安等行业现有资源，通力合作，共同构建国家车联网产业标准体系。

鼓励创新、注重实施。加快满足中国发展需求、支持创新发展的车联网产业标准制定，充分发挥标准在技术创新路径选择、创新成果转化、产业整体技术水平提升等方面的规范和引领作用，实现车联网产业健康有序发展。

兼容开放、动态更新。构建统筹协调的工作机制，根据技术进步和产业发展，以开放兼容的视野适时调整、完善车联网产业标准体系，形成标准对技术与产业进步有效支撑。

### （三）建设目标

针对车联网产业“十三五”发展需要，加快共性基础标准制定，加紧研制自动驾驶及辅助驾驶（ADAS，Advanced Driver Assistant Systems）相关标准、车载电子产品关键技术标准、无线通信关键技术标准、面向车联网产业应用的5G eV2X关键技术标准制定，满足产业发展需求。到2020年，基本建成国家车联网产业标准体系。

## 二、车联网产业标准体系结构

### （一）车联网产业概念

车联网产业是依托信息通信技术，通过车内、车与车、车与路、车与人、车与服务平台的全方位连接和数据交互，提供综合信息服务，形成汽车、电子、信息通信、道路交通运输等行业深度融合的新型产业形态。发展车联网产业，有利于推动智能交通，实现自动驾驶，促进信息消费，有利于推动汽车节能减排，对我国实施创新驱动发展、推进供给侧结构性改革、建设制造强国和网络强国具有重大意义。

### （二）车联网产业标准体系建设结构图

图1所示车联网产业标准体系建设图清晰地表明了国家积极引导和直接推动跨领域、跨行业、跨部门合作的战略意图。在国家法律政策和战略要求的大框架下，充分利用和整合各领域、各部门在车联网产业标准研究领域的基础和成果，调动各个行业通力合作，共同制定具有中国特色的车联网产业标准体系。《国家车联网产业标准体系建设指南》充分发挥标准在车联网产业生态环境构建中的顶层设计和基础引领作用，按照不同行业属性划分为智能网联汽车标准体系、信息通信标准体系、电子产品与服务标准体系等分册，为打造创新驱动、开放协同的车联网产业提供支撑。

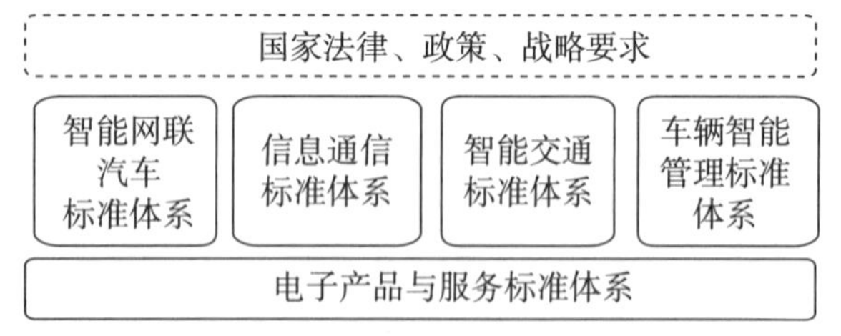


**图1 车联网产业标准体系建设结构图**

## 三、建设内容

标准体系按照汽车、通信、电子、交通和公安五大行业领域进行划分。

### （一）智能网联汽车标准体系

1. 标准体系结构图（见图2）

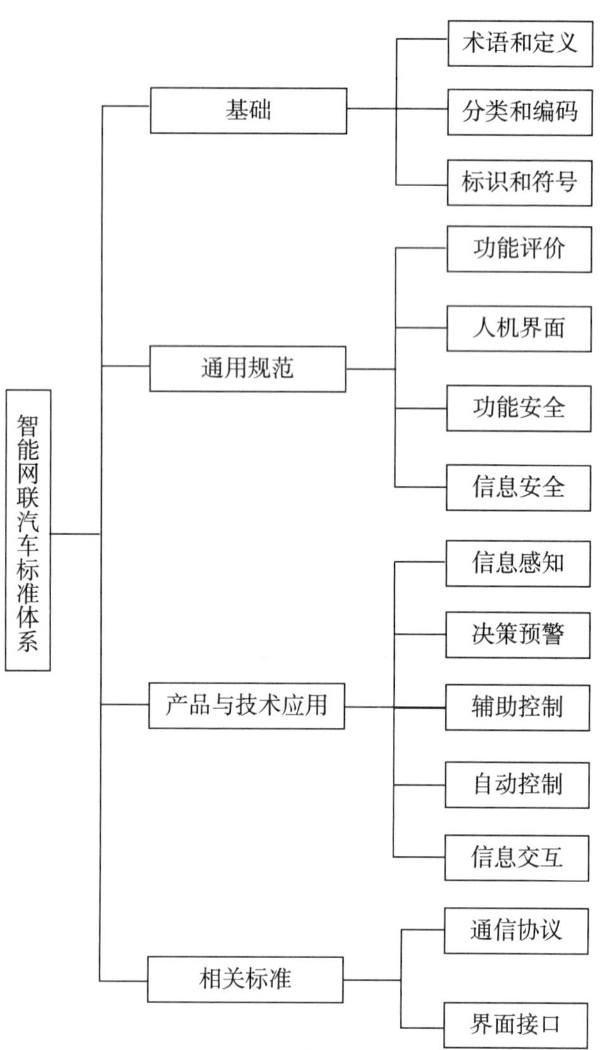


**图2 智能网联汽车标准体系结构图**

2. 标准分类说明

（1）基础

基础类标准主要包括智能网联汽车术语和定义、分类和编码、标识和符号三类基础标准。术语和定义标准用于统一智能网联汽车相关的基本概念。分类和编码标准用于帮助各方统一认识和理解智能网联标准化的对象、边界以及各部分的层级关系和内在联系。标识和符号标准用于对各类产品、技术和功能对象进行标识与解析。

（2）通用规范

通用规范类标准从整车层面提出全局性的要求和规范，主要包括功能评价、人机界面、功能安全和信息安全等方面。

功能评价标准主要从整车及系统层面提出智能化、网联化功能评价规范以及相应的测试评价应用场景。人机界面着重考虑智能网联汽车的驾驶模式切换和与其他交通参与者信息传达交互等问题。功能安全标准侧重于规范智能网联汽车各主要功能节点及其下属系统在安全性保障能力方面的要求。信息安全标准主要针对车辆及车载系统通信、数据、软硬件安全，从整车、系统、关键节点以及车辆与外界接口等方面提出风险评估、安全防护与测试评价要求。

（3）产品与技术应用

产品与技术应用类标准主要涵盖信息感知、决策预警、辅助控制、自动控制和信息交互等智能网联汽车核心技术和应用的功能、性能要求及试验方法。

（4）相关标准

相关标准主要包括车辆信息通信的基础——通信协议，主要涵盖实现车与X（人、车、路、云端等）智能信息交互的中、短程通信，广域通信等方面的协议规范；在各种物理层和不同的应用层之间，还包含软、硬件界面接口的标准规范。

**（二）信息通信标准体系**

1. 标准体系结构图（见图3）

2. 标准分类说明

信息通信标准体系主要包含以下内容：

（1）基础标准

基础标准主要包括术语和定义、移动互联人车交互标准、通信设备电磁环境兼容、天线技术和无线携能通信等。

目前移动互联人车交互技术主要涉及手机终端与智能车载终端互联的技术要求及测试方法等。通信设备电磁环境兼容标准主要围绕电磁环境与车、人之间的兼容特性评估。车载天线技术标准主要围绕车联网产业涉及的天线性能开展研究和标准制定。无线携能通信标准主要围绕整车无线供电与车载无线充电技术提出技术要求与评估方法并进行标准化等。

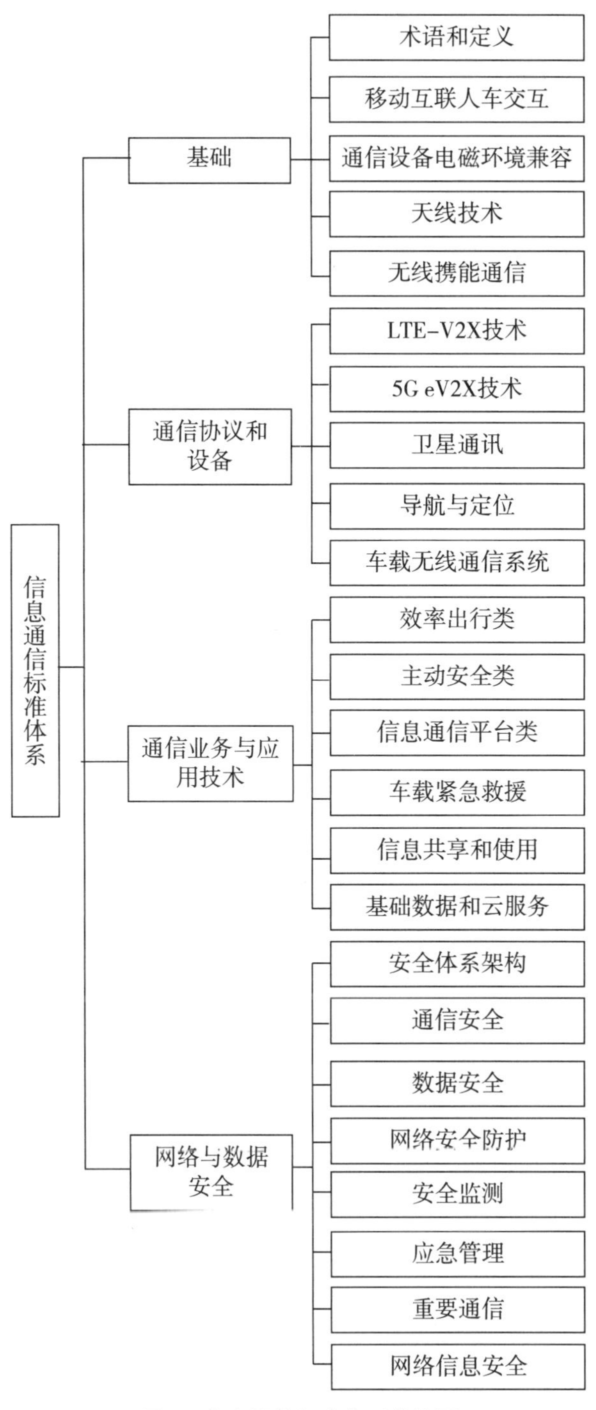


**图3　信息通信标准体系结构图**

（2）通信协议和设备标准

通信协议和设备技术标准主要包括LTE－V2X技术、5G eV2X技术、卫星通信、导航与定位和车载无线通信系统等方面。

LTE－V2X技术和5G eV2X技术标准主要包括V2X接口标准、网络通信标准、基站设备规范和测试规范、网络层/应用层标准、终端间互操作标准、终端与网络设备互操作标准等。卫星通信标准包含天线和伺服系统、车载卫星通信系统等。导航与定位标准包括车载导航定位性能、定时技术和电磁兼容性的技术要求和测试方法。导航与定位相关详细内容可参考国家测绘地理信息局2017年9月新修订发布的《测绘标准体系》。车载无线通信系统标准主要包含车载语音、数据业务接入设备、车载无线通信接口技术要求和检测方法等。

（3）通信业务与应用技术标准

通信业务与应用技术包括效率出行类、主动安全类、信息通信平台类、车载紧急救援、信息共享和使用、基础数据和云服务等方面。通信业务与应用技术标准主要规定具体服务产品和系统的功能要求、性能要求以及对应的试验方法等。

（4）网络与数据安全

网络与数据安全标准包括安全体系架构、通信安全、数据安全、网络安全防护、安全监控、应急管理、重要通信和网络信息安全等方面。

**（三）电子产品与服务标准体系**

1. 标准体系结构图（见图4）

2. 标准分类说明

电子产品与服务标准体系主要包括基础、汽车电子产品、网络设备、服务与平台、汽车电子信息安全等标准。

（1）基础标准

基础类标准主要包括术语、体系和架构、标识和编码等标准。术语标准为其他各部分标准的制定提供支撑。汽车电子新型体系架构主要规范信息服务的体系框架，明确其边界及各部分的层级关系和内在联系；标识和编码可以支持对车载终端设备的辨识、寻址、路由和访问。

（2）汽车电子产品标准

汽车电子产品是指智能网联汽车、车联网和车载信息服务中，具备感知、计算、反馈、控制、执行、通信、应用等功能，实现信息感知、高速计算、状态监测、行为决策和整车控制的基础电子产品。主要包括基础产品、终端和车载软件等标准。

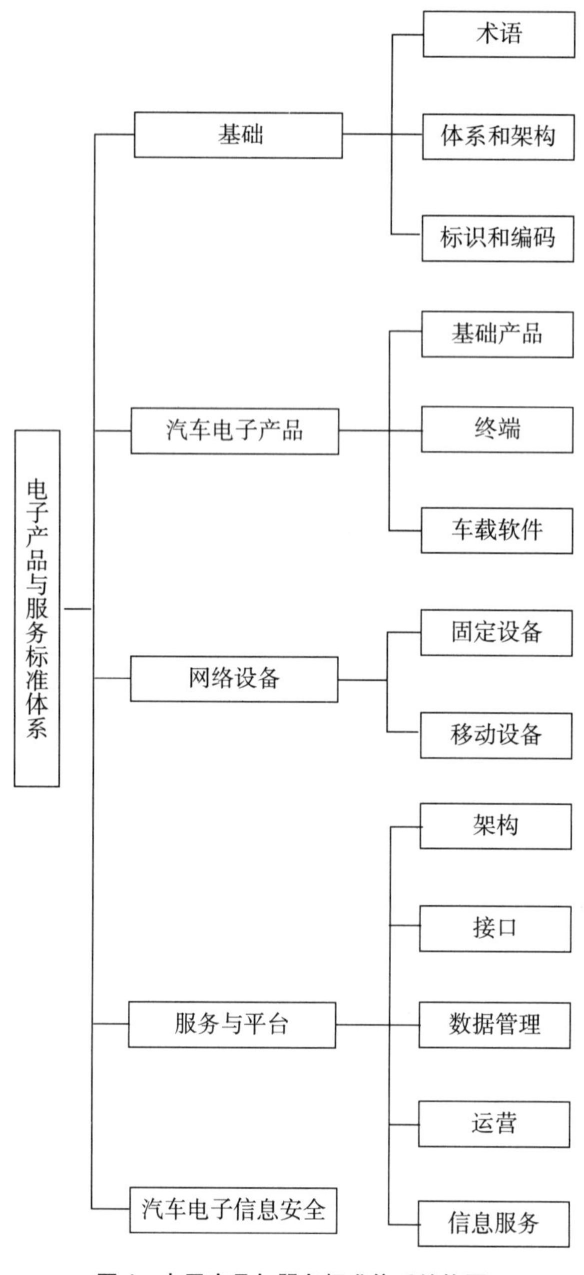


**图4 电子产品与服务标准体系结构图**

（3）网络设备

网络设备类标准主要包括固定设备和移动设备两个领域的标准。固定设备主要指路边单元等固定设备。移动设备类主要指手持诊断设备、工程维修、车辆故障在线分析仪器等专门领域的设备。

（4）服务与平台标准

车载服务平台包括平台的架构、接口、数据管理、运营以及信息服务五个方面的标准。平台架构主要确定平台基本架构规范；平台接口规定了平台与终端、平台间、平台与上层管理系统等方面的接口标准；平台数据管理包括数据接口、数据管理和大数据应用方面的要求和规范；平台运营主要规定了平台运营功能要求；信息服务包括云服务、地理信息和位置导航服务、运维服务、辅助/自动驾驶服务、紧急救援服务、道路交通信息服务、车载广播服务等标准。

（5）汽车电子信息安全

汽车电子信息安全类标准指汽车电子产品的入侵检测防护、访问控制、安全通信、安全态势感知等相关技术标准，包括车载系统安全、车载终端安全、车载信息与服务安全、应用软件和服务运营平台安全、车载操作系统在线升级安全等标准。

**（四）智能交通相关标准体系**

1. 标准体系结构图（见图5）

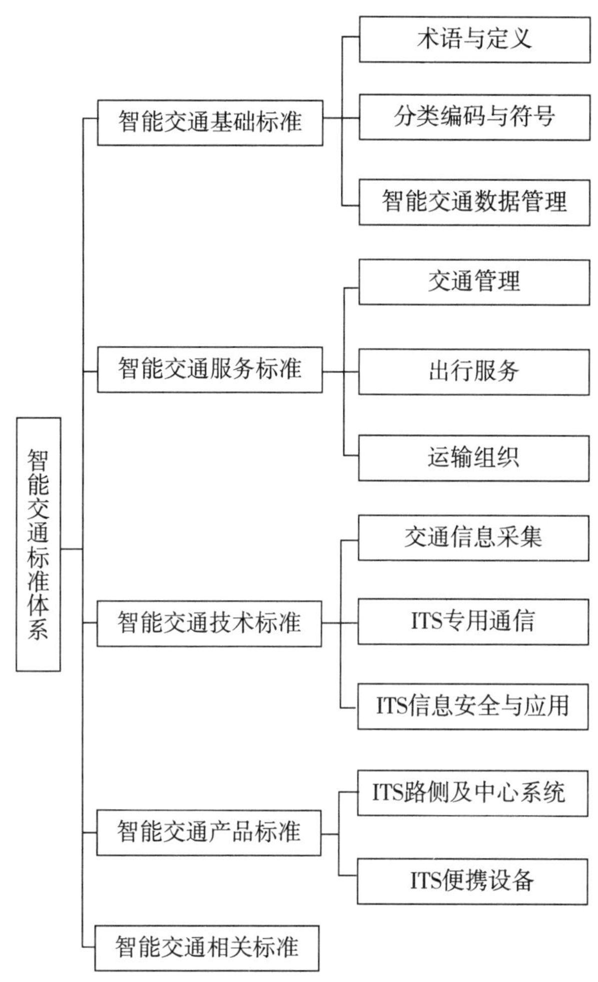


**图5　智能交通相关标准体系结构图**

2. 标准分类说明

智能交通相关标准体系以规范智能交通系统（ITS）技术、服务和产品为重点任务。智能驾驶、车路协同等重点技术是当前ITS领域的研究热点和发展趋势，是新一轮科学技术及产业发展的重要竞争领域，对提升交通安全、缓解交通拥堵、促进节能减排、拉动上下游产业有重要意义。

（1）智能交通基础标准

智能交通基础类标准主要包括术语与定义、分类编码与符号和智能交通数据管理等。术语与定义主要包括智能运输系统相关术语、定义；分类编码与符号主要包括编码规则、代码结构和图形符号类标准；智能交通数据管理主要包括数据表达与管理、数据元、数据字典类标准等。

（2）智能交通服务标准

智能交通服务类标准主要包括交通管理、出行服务、运输组织等。交通管理类标准主要包括交通管理与控制、事件管理与应急等标准；出行服务主要面向出行者提供的各类服务，包括电子支付服务、一体化出行服务、智能驾驶服务等标准；运输组织主要面向运输企业提供的各类服务，包括客运服务智能化、物流信息化、营运车辆运行服务等标准。

（3）智能交通技术标准

智能交通技术类标准主要包括交通信息采集、ITS专用通信和ITS信息安全与应用。交通信息采集是指交通设施、运输工具、交通运行、道路环境等信息采集、道路状态感知技术指标和参数。ITS专用通信是指不同设备、系统、服务和交通参与者间的数据传输、信息交换等标准。ITS信息安全与应用是指数据安全、交易安全、身份认定、网络信任等相关标准。

（4）智能交通产品标准

智能交通产品类标准主要包括ITS路侧及中心系统和ITS便携设备等。ITS路侧及中心系统是指路侧类设备的工艺、性能、安装等要求和测试方法，以及中心或后台系统的性能、部署等要求和测试方法；ITS便携设备是指车载、手持等移动终端、便携设备的工艺、性能、安装等要求以及测试方法。

（5）智能交通相关标准

智能交通相关标准主要包括与智能交通关系比较密切的其他交通运输类标准。

**（五）车辆智能管理标准体系**

1. 标准体系结构图（见图6）

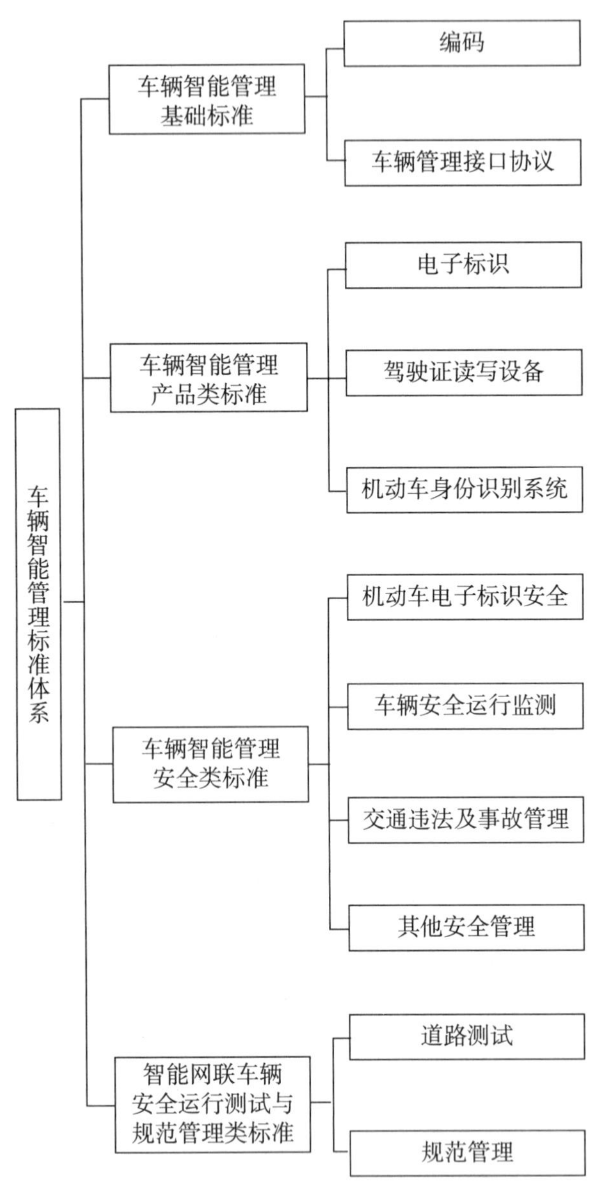


**图6　车辆智能管理标准体系结构图**

2. 标准分类说明

车辆智能管理标准体系主要研究并制定相关法律法规，对交通安全行为进行有效规范，降低法律风险，促进车联网产业有序发展。主要包括车辆智能管理相关的基础标准、产品类标准、安全类标准和安全运行测试与规范管理类标准等。

（1）车辆智能管理基础标准

车辆智能管理基础标准主要包括机动车/驾驶人电子身份代码编码规范、机动车电子标识读写基础协议等。

（2）车辆智能管理产品类标准

车辆智能管理产品类标准主要包括汽车、机动车电子标识安装规范、机动车电子标识读写设备通用技术条件和安装规范、驾驶证读写设备通用技术条件、机动车身份识别系统中间件技术要求、机动车身份识别系统架构、机动车身份识别系统信息交换和共享技术要求以及管理服务平台技术要求、机动车车载终端交通执法数据访问接口规范等。

（3）车辆智能管理安全类标准

车辆智能管理安全类标准主要包括机动车电子标识安全技术要求、机动车电子标识读写设备安全技术要求、机动车电子身份模块安全技术要求、机动车电子标识密钥管理系统技术要求、机动车车辆身份识别系统安全技术要求、智能网联车辆交通违法行为取证规范、智能网联车辆交通事故责任认定方法和程序要求、道路交通安全违法行为、卫星定位技术取证规范、驾驶证读写设备安全技术要求、车载终端与交通信号控制机交互技术规范、车载终端与交通安全设施接口规范等。

（4）智能网联车辆安全运行测试与规范管理类标准

智能网联车辆安全运行测试与规范管理类标准主要包括智能网联车辆公共道路测试管理规范、智能网联车辆公共道路测试申请程序指南、智能网联车辆测试基地建设和验收要求、智能网联车辆安全运行测试技术要求、智能网联车辆安全运行测试项目和方法、智能网联车辆测试与使用车牌、智能网联车辆注册程序要求、智能网联车辆驾驶教育和培训技术指南、智能网联车辆外观标识等。

## 四、组织实施

由工业和信息化部会同交通运输部、公安部等部门，组织标准化机构、科研院所、产业联盟、企业等单位，按照本《建设指南》共同开展车联网产业标准制定工作。

**附件 2**

# 国家车联网产业标准体系建设指南（信息通信）

2018 年 6 月

## 目　录


前言 …………………………………………… 555
一、车联网产业（信息通信）标准体系总体要求 …………………………………………… 556
（一）指导思想 ……………………………… 556
（二）基本原则 ……………………………… 556
（三）建设目标 ……………………………… 556
二、车联网产业（信息通信）标准体系建设思路 …………………………………………… 556
（一）建设思路 ……………………………… 556
（二）技术结构图 ………………………… 557
三、车联网产业（信息通信）标准体系建设内容 …………………………………………… 558
（一）车联网产业（信息通信）标准体系结构图 …………………………………………… 558
（二）标准体系建设内容 ………………… 558
（三）标准体系表 ………………………… 560
四、组织实施 ………………………………… 564


## 前言

为了加强顶层设计，全面推动车联网产业技术研发和标准制定，推动整个产业的健康可持续发展，工业和信息化部、国家标准化管理委员会联合组织制定《国家车联网产业标准体系建设指南》（以下简称《建设指南》）。

车联网产业是汽车、电子、信息通信、道路交通运输等行业深度融合的新型产业，是全球创新热点和未来发展制高点。《建设指南》充分发挥标准在车联网产业生态环境构建中的顶层设计和基础引领作用，按照不同行业属性划分为智能网联汽车标准体系、信息通信标准体系、电子产品与服务标准体系等若干部分，为打造创新驱动、开放协同的车联网产业提供支撑。

《国家车联网产业标准体系建设指南（信息通信）》为《建设指南》第三部分，主要针对信息通信领域通用规范、核心技术与关键产品应用，有目的、有计划、有重点地指导车联网产业信息通信领域标准化工作，加快构建包括通信协议、设备、应用服务及安全在内的信息通信标准体系，充分发挥信息通信标准在车联网产业关键技术、核心产品和功能应用的基础支撑和引领作用，并逐步形成统一、协调的国家车联网产业标准体系架构。

## 一、车联网产业（信息通信）标准体系总体要求

### （一）指导思想

深入贯彻落实习近平新时代中国特色社会主义思想和党的十九大精神，加速推进制造强国和网络强国建设，发挥标准的基础性和引导性作用，促进车联网技术和产业发展，实现工业化和信息化的高度融合，以满足研发、测试、示范、运行等需求，推动汽车网联化技术创新发展和产业转型升级，带动整车制造、汽车电子等相关产业协调发展，建立跨行业、跨领域、适应我国技术和产业发展需要的车联网信息通信标准体系。

### （二）基本原则

立足国情，统筹规划。结合我国信息通信技术和产业发展的现状及特点，发挥政府主管部门在顶层设计、组织协调和政策制定等方面的主导作用，制定政府引导和市场驱动相结合的标准体系建设方案，建立适合我国国情的车联网信息通信标准体系。

基础先立，急用先行。科学确定车联网信息通信标准体系建设的重点领域，加快基础、共性和关键技术标准的研究制定；考虑行业发展现状和未来应用需求，合理安排技术标准的制修订工作进度，加快推进急需标准项目的研究制定。

夯实基础，有效支撑。重视在车联网产业中信息通信的基础作用，做好天线、通信设备电磁环境兼容性等基础性技术研究和标准化，对车联网产业其他部分标准化工作开展形成有效支撑，推进车联网产业信息通信技术提升和拓宽行业应用。

应用牵引，强化安全。以车联网产业信息通信服务为着力点，加强车辆紧急救援、安全预警等关系民生的重点应用的标准化和推广，带动车联网产业的规模化发展。建立健全网络安全防护体系，制定相关的信息通信安全标准和规范，提升网络安全防护能力。

### （三）建设目标

车联网产业（信息通信）标准体系以车、路、人、云的信息交互和相互间安全、有序、高效协同为目标，“十三五”期间重点研究制定天线技术、通信设备电磁兼容性等基础技术体系，制定基于 LTE－V2X 的无线通信网络建设及关键技术标准体系，探索 5G 技术在车联网产业领域的应用，关注效率出行类、信息娱乐类、通信服务类平台的标准化研究制定工作，制定、完善通信安全相关标准等，支撑车联网产业相关技术发展、促进车联网产业应用和推广。

具体分为两个阶段，2018 年年底前完成基础性技术研究，建立基础性技术标准体系，并形成基于 LTE－V2X 的关键技术标准体系，制定、完善车辆紧急救援、通信安全等重点标准体系建设，针对标准开展试验验证。到 2020 年完成 5G 支持车联网产业系列标准的制定，进一步完善健全信息通信安全与数据安全等标准。

## 二、车联网产业（信息通信）标准体系建设思路

### （一）建设思路

图 1 为信息通信标准体系在国家车联网产业标准体系中的位置以及与其他分标准体系间的关系。

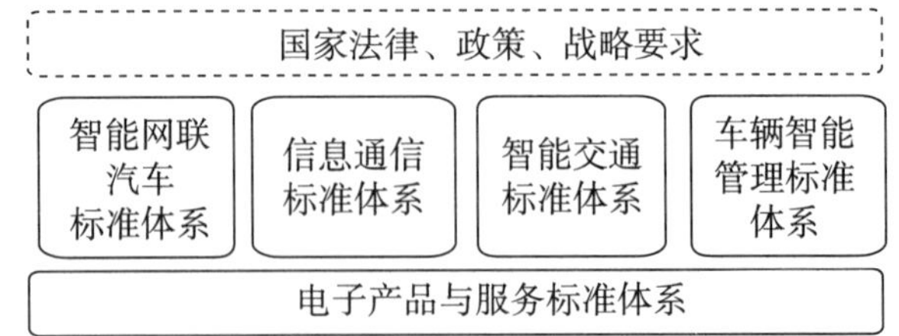


**图 1　国家车联网产业标准体系建设结构图**

车联网产业（信息通信）标准体系以新一代信息通信技术的应用为切入点，以突破关键技术、培育典型应用为导向，促进技术创新和产业发展。着力研究 LTE－V2X、5G 等新技术在车联网产业中的应用，制定相关的技术、产品以及应用服务标准，力争通过标准的协调和引领作用，整合相关数据资源，构建大数据和服务平台，促

进不同部门和行业间车联网产业数据流通，培育车联网产业典型应用，实现车、路、人、云的有效互联互通。

车联网产业（信息通信）标准体系的构建应当是一个不断完善和调整的动态过程，随着信息技术的不断发展，新的车联网产业服务业态不断涌现，标准体系也将不断更新。在技术上，以开放兼容的视野给各种技术路径选择预留空间。通过标准制定和研发过程，为我国车联网产业（信息通信）产业发展开辟路径，指明方向，制造机会。

### （二）技术结构图

车联网产业（信息通信）标准体系技术结构图如图2所示，是从技术角度对车联网产业中涉及信息通信的关键标准进行全面梳理，分为感知层（端）、网络层（管）和应用层（云）三个层次，并以共性基础技术和信息通信安全技术为支撑。体系架构按照“端—管—云”的方式进行划分，明确各项标准在车联网产业技术体系中的地位和作用，更好地发挥标准体系的顶层设计和指导作用。

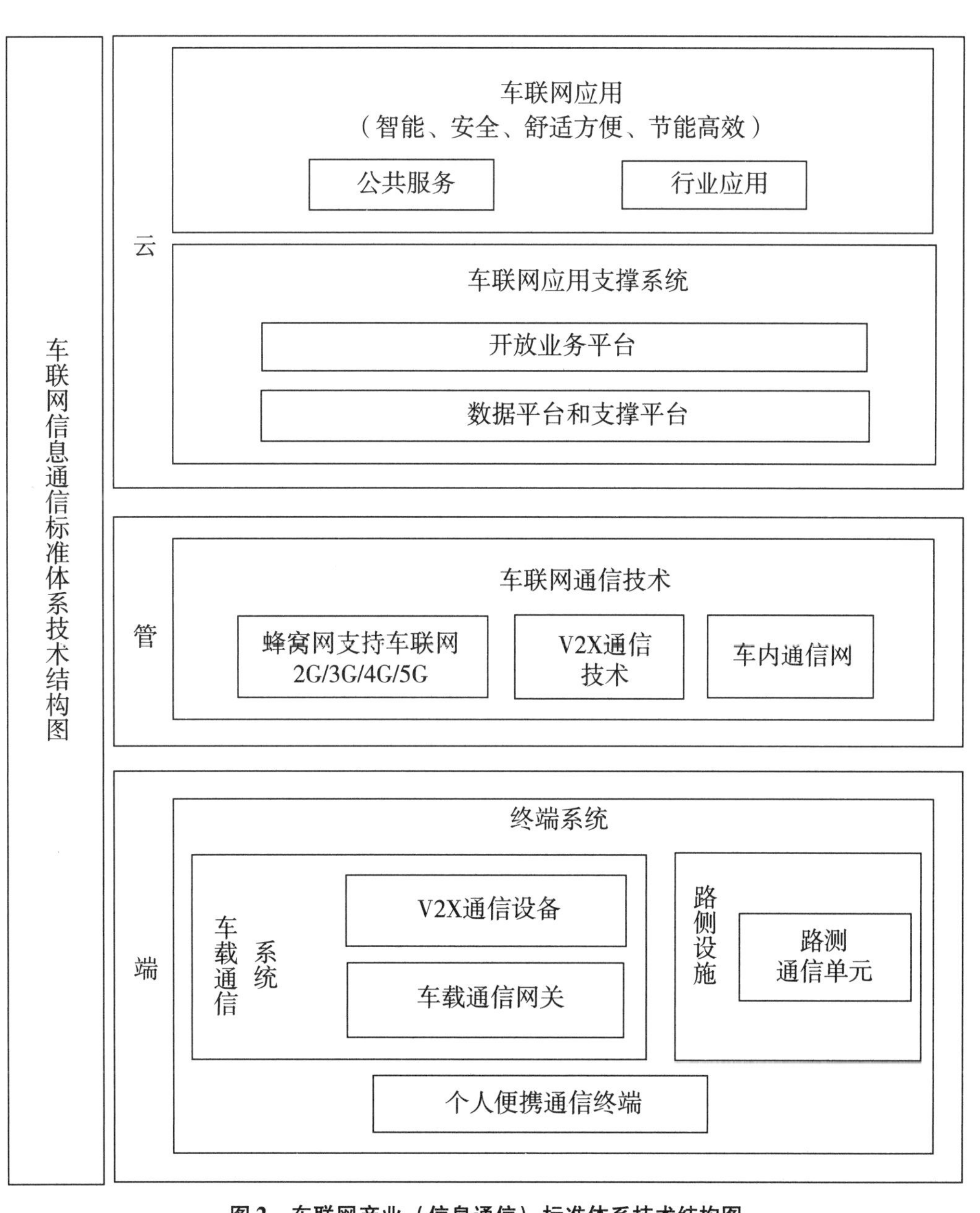


图2　车联网产业（信息通信）标准体系技术结构图

共性基础技术主要解决车联网产业涉及的共性问题，并提供有效评估手段，主要包括天线和通信设备电磁兼容性等技术。车联网产业信息通信网络的“端”是具有无线通信能力的车载终端和各种基础设施终端，可以实现车辆与其他车辆以及云平台之间的信息收发以及车辆和交通状态信息的共享，包括车载无线通信终端、路侧通信设施以及个人便携式通信终端等。“管”是利用 V2X、蜂窝网络等通信技术，实现车与车、车与路、车与平台、车与人等的全方位网络连接和信息交互。“云”是综合信息和服务平台，主要包括业务平台、数据平台和支撑平台，面向各种车联网产业的应用以及应用支撑系统，提供多样化的车联网产业公共服务和行业应用。

## 三、车联网产业（信息通信）标准体系建设内容

### （一）车联网产业（信息通信）标准体系结构图

车联网产业（信息通信）标准体系主要包括基础标准、通信协议和设备、通信业务与应用技术、网络与数据安全标准 4 大部分，如图 3 所示。

### （二）标准体系建设内容

车联网产业（信息通信）标准体系主要包含以下内容：

1. 信息通信类基础标准

信息通信类基础标准主要包括：术语和定义、移动互联人车交互标准、通信设备电磁兼容性、天线技术和无线电源等。

目前移动互联人车交互技术主要涉及手机终端与智能车载无线终端互联的技术方案，包括支持移动互联网应用的车载智能语音交互技术要求及测试方法、智能网联汽车用户体验技术要求及测试方法等。

通信设备电磁兼容性标准主要围绕为保证通信设备能正常工作时的电磁兼容性要求，包括通信设备的电磁骚扰水平与抗扰能力以及通信设备对人体电磁暴露限值要求和评估方法等。

车载天线技术标准主要围绕车联网产业涉及的天线性能开展研究，制定设备天线系列标准，为相关天线性能评估提供技术依据和方法。

无线电源标准主要围绕无线携能通信与车载无线通信终端的无线充电技术提出技术要求与评估方法并进行标准化。

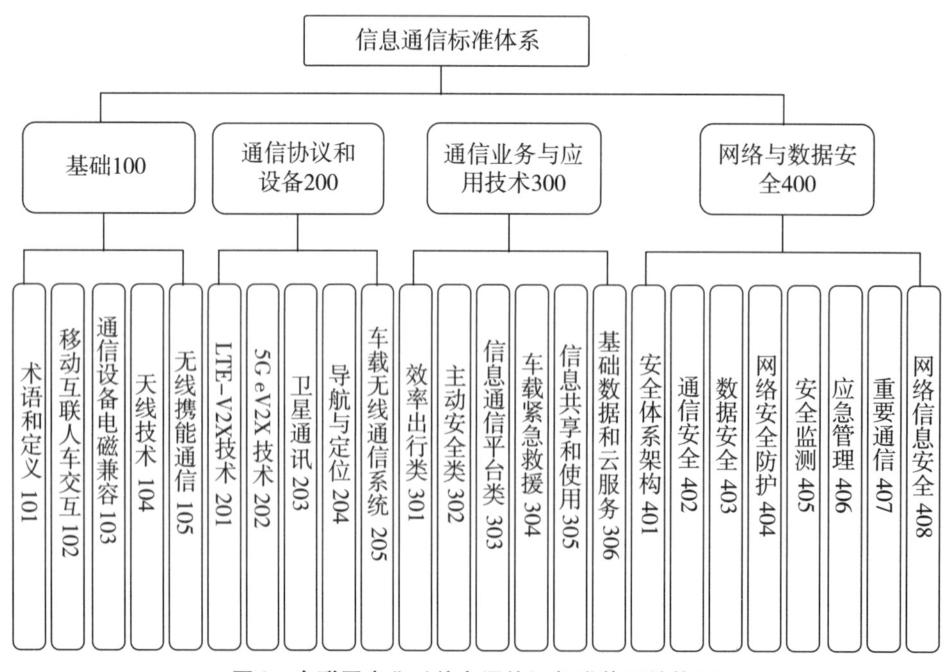

图 3　车联网产业（信息通信）标准体系结构图

2. 通信协议和设备技术标准

通信协议和设备技术标准主要涉及 LTE - V2X 技术、5G eV2X 技术、卫星通信、导航与定位技术和车载通信设备技术要求等方面。

LTE - V 技术标准包括：基于 LTE 的车联网无线通信技术接口标准、终端设备标准、网络设备标准、网络层/应用层标准、互操作标准等。接口标准包括 LTE - V2X 的空口标准等。终端设备标准包括支持 LTE - V2X 通信技术的终端设备和测试规范等。网络设备标准包括支持 LTE - V2X 通信技术的基站设备规范和测试规范等。网络层/应用层标准包括 LTE - V2X 通信技术的网络层、应用层标准和相应的测试规范等。互操作标准包括支持 LTE - V2X 通信技术的终端间互操作标准、终端与网络设备互操作标准等。

5G eV2X 技术标准包括：5G eV2X 的空口标准，支持 5G eV2X 通信技术的终端设备规范和测试规范，支持 5G eV2X 通信技术的基站设备规范和测试规范，支持 5G eV2X 通信技术的终端间互操作标准、终端与网络设备互操作标准和 1 和 5G 与 LTE - V2X 融合异构网联总体技术要求等，5G 基站、终端设备技术要求和测试方法。

卫星通信技术标准包含卫星通信地球站设备车载（静止/移动）天线和伺服系统测试方法、车载卫星通信设备电磁兼容性要求和测试方法、车载卫星终端通用技术要求和测试方法等。

导航定位标准包括车载导航定位性能、定时技术和电磁兼容性的技术要求和测试方法。车载导航定位标准将为车载导航定位性能评估提供测试依据，包括射频性能、空间性能、一致性等，定位方式包括北斗、GPS 等多模独立定位、通信网络辅助定位等。车载定时标准将为车载定时性能评估提供测试依据，包括定时准确性、稳定性等。

车载无线通信系统标准主要包含车载无线设备技术要求和检测方法、车载窄带语音通信设备传输性能要求和测试方法、车载无线通信接口技术要求和测试方法、车载通信终端与手持终端互联规范等。

3. 通信业务与应用技术标准

车联网产业相关的业务与应用包括效率出行类应用、主动安全类应用、信息通信平台类应用、车载紧急救援应用、信息共享和使用、基础数据和云服务等。通信业务与应用技术标准主要规定具体服务产品和系统在联网以及互联互通时对公共通信网的功能要求、性能要求以及对应的试验方法等。例如，针对效率出行类制定智能运输系统中道路信息结构化和交互数据集标准；针对主动安全类应用开展基于网联式的主动安全通信性能和自动驾驶技术通信性能要求和测试方法；针对信息通信平台制定车载服务平台接口技术要求及测试方法、平台与车载终端信息交互（OTA 技术等）技术要求及测试方法等标准；车载紧急救援通信系列标准主要面向车辆遇到突发状况采取紧急救援时对通信网要求开展的标准化，包括紧急救援应用通信功能模型、网络架构、通信业务流程、接口、紧急信息采集、消息格式等内容，涉及网络业务平台、承载网络及通信设备的功能和性能要求；信息共享和使用包括车联网产业数据共享与开放相关要求等；制定基础数据和云服务平台的参考架构、公共服务数据开放共享与流通等。

4. 网络与数据安全

车联网产业网络与数据安全包括通信网络安全体系架构、通信安全、数据安全、网络安全防护、安全监控、应急管理、重要通信、网络信息安全等。通信网络安全体系架构标准包括总体安全架构要求；通信安全标准包括车内通信、V2X 通信安全要求、智能通信网关安全要求和测试方法等；数据安全标准包括数据安全及用户个人通信信息保护；网络安全防护标准包括信息通信服务平台安全防护与测评相关要求；安全监测标准包括车辆通信安全监测技术要求；应急管理标准包括车辆联网通信的应急管理要求；重要通信包含车联网 HI 接口的技术要求和实施要求以及车联网实名登记数据要求等；

网络信息安全包含信息服务平台通信信息安全保障技术要求等。

## （三）标准体系表

| 标准项目及分类 | | 标准类型 | 标准性质 | 状态 | 采用的或相应的国际、国外标准号 |
|---|---|---|---|---|---|
| 基础（100） | | | | | |
| 术语和定义（101） | | | | | |
| 101－1 | 信息通信类术语和定义 | 行标 | 推荐 | 预研中 | |
| 移动互联人车交互（102） | | | | | |
| 102－1 | 支持移动互联网应用的车载智能语音交互技术要求及测试方法 | 行标 | 推荐 | 预研中 | |
| 102－2 | 智能网联汽车用户体验技术要求及测试方法 | 行标 | 推荐 | 预研中 | |
| 通信设备电磁兼容性（103） | | | | | |
| 103－1 | 车载通信系统电磁兼容性技术要求 | 国标/行标 | 推荐 | 预研中 | |
| 103－2 | 车载通信系统电磁兼容性测试方法 | 国标/行标 | 推荐 | 预研中 | |
| 103－3 | 车载通信设备电磁骚扰水平与电磁抗扰能力 | 国标/行标 | 推荐 | 预研中 | |
| 103－4 | 车载通信设备对人体电磁暴露限值要求评估方法 | 国标/行标 | 推荐 | 预研中 | |
| 天线技术（104） | | | | | |
| 104－1 | 车载通信天线技术要求和测试方法 | 行标 | 推荐 | 已立项 | 2018－0232T－YD |
| 无线携能通信（105） | | | | | |
| 105－1 | 车载无线通信终端无线电源设备技术要求和测试方法 | 国标/行标 | 推荐 | 预研中 | |
| 105－2 | 无线携能通信系统 | 国标/行标 | 推荐 | 预研中 | |
| 105－3 | 供电设备侧通信单元（V2G 通信接口） | 国标/行标 | 推荐 | 预研中 | |
| 通信协议和设备技术标准（200） | | | | | |
| LTE－V 技术（201） | | | | | |
| 201－1 | 基于 LTE 的车联网无线通信技术空中接口技术要求和测试方法 | 国标 | 推荐 | 预研中 | |
| 201－2 | 基于 LTE 网络的无线通信技术总体技术要求 | 国标 | 推荐 | 预研中 | |
| 201－3 | 基于 LTE 的车联网无线通信技术网络层技术要求和测试方法 | 国标 | 推荐 | 预研中 | |

续　表

| 标准项目及分类 | | 标准类型 | 标准性质 | 状态 | 采用的或相应的国际、国外标准号 |
|---|---|---|---|---|---|
| 201－4 | 基于 LTE 的车联网无线通信技术应用层技术要求和测试方法 | 国标 | 推荐 | 预研中 | |
| 201－5 | 基于 LTE 的车联网无线通信技术基站设备技术要求 | 行标 | 推荐 | 已立项 | 2018－0174T－YD |
| 201－6 | 基于 LTE 的车联网无线通信技术终端设备技术要求 | 行标 | 推荐 | 已立项 | 2018－0176T－YD |
| 201－7 | 基于 LTE 的车联网无线通信技术路侧设备技术要求 | 行标 | 推荐 | 已立项 | 2018－0175T－YD |
| 201－8 | 基于 LTE 的车联网无线通信技术核心网技术要求 | 行标 | 推荐 | 已立项 | 2018－1376T－YD |
| 201－9 | 基于 LTE 的车联网无线通信技术核心网测试方法 | 行标 | 推荐 | 已立项 | 2018－1405T－YD |
| 5G eV2X 技术（202） | | | | | |
| 202－1 | 基于 5G eV2X 的无线通信技术空中接口技术要求和测试方法 | 行标 | 推荐 | 预研中 | |
| 202－2 | 基于 5G eV2X 网络的无线通信技术总体技术要求 | 国标 | 推荐 | 预研中 | |
| 202－3 | 5G eV2X 网络层测试方法 | 国标 | 推荐 | 预研中 | |
| 202－4 | 5G eV2X 应用层测试方法 | 国标 | 推荐 | 预研中 | |
| 202－5 | 5G eV2X 基站设备技术要求和测试方法 | 行标 | 推荐 | 预研中 | |
| 202－6 | 5G eV2X 终端设备技术要求和测试方法 | 行标 | 推荐 | 预研中 | |
| 202－7 | 5G eV2X 路侧设备技术要求和测试方法 | 行标 | 推荐 | 预研中 | |
| 202－8 | 5G eV2X 网络层技术要求 | 国标 | 推荐 | 预研中 | |
| 202－9 | 5G eV2X 应用层技术要求 | 国标 | 推荐 | 预研中 | |
| 202－10 | 5G 基站设备技术要求（第一阶段） | 国标 | 推荐 | 预研中 | |
| 202－11 | 5G 基站设备测试方法（第一阶段） | 国标 | 推荐 | 预研中 | |
| 202－12 | 5G 终端设备技术要求（第一阶段） | 国标 | 推荐 | 预研中 | |
| 202－13 | 5G 终端设备测试方法（第一阶段） | 国标 | 推荐 | 预研中 | |
| 202－14 | 5G 支持车联网产业应用的网络策略控制技术要求 | 国标 | 推荐 | 预研中 | |
| 202－15 | LTE－V/5G 融合异构网联总体技术要求 | 国标 | 推荐 | 预研中 | |
| 卫星通信（203） | | | | | |
| 203－1 | 卫星数据回传（RCS）通信技术规范第 2 部分：车载系统通用技术规范 | 行标 | 推荐 | 预研中 | |
| 203－2 | 卫星通信地球站设备车载（静止/移动）天线和伺服系统测试方法 | 行标 | 推荐 | 预研中 | |

续 表

| 标准项目及分类 | | 标准类型 | 标准性质 | 状态 | 采用的或相应的国际、国外标准号 |
|---|---|---|---|---|---|
| 203－3 | 车载卫星终端通用技术要求和测试方法 | 行标 | 推荐 | 预研中 | |
| 203－4 | 车载卫星通信设备电磁兼容性要求和测试方法 | 行标 | 推荐 | 预研中 | |
| 导航与定位（204） | | | | | |
| 204－1 | 车载导航定位系统技术要求 | 国标/行标 | 推荐 | 行标已立项 | |
| 204－2 | 车载导航定位系统测试方法 | 国标/行标 | 推荐 | 预研中 | |
| 204－3 | 车载导航定位系统定时性能要求和测试方法 | 国标/行标 | 推荐 | 预研中 | |
| 204－4 | 车载导航定位系统电兼容性要求和测试方法 | 国标/行标 | 推荐 | 预研中 | |
| 204－5 | 导航与定位的数据格式标准 | 行标 | 推荐 | 预研中 | |
| 204－6 | 地图图层显示标准 | 行标 | 推荐 | 预研中 | |
| 车载无线通信系统（205） | | | | | |
| 205－1 | 车载窄带语音通信设备传输性能要求和测试方法 | 行标 | 推荐 | 预研中 | |
| 205－2 | 车载窄带语音通信设备音频性能要求和测试方法 | 行标 | 推荐 | 预研中 | |
| 205－3 | 车载无线通信终端技术要求和测试方法 | 行标 | 推荐 | 立项中 | |
| 205－4 | 车载无线终端与手持终端互联技术规范 | 行标 | 推荐 | 预研中 | |
| 通信业务与应用技术（300） | | | | | |
| 效率出行类（301） | | | | | |
| 301－1 | 合作式智能运输系统中道路信息结构化和交互数据集 | 行标 | 推荐 | 预研中 | |
| 301－2 | 电动汽车分时共享服务要求 | 行标 | 推荐 | 预研中 | |
| 主动安全类（302） | | | | | |
| 302－1 | 基于网联式的主动安全通信性能技术要求 | 行标 | 推荐 | 预研中 | |
| 302－2 | 基于网联式的主动安全通信性能测试方法 | 行标 | 推荐 | 预研中 | |
| 302－3 | 基于网联式的自动驾驶通信性能技术要求 | 行标 | 推荐 | 预研中 | |
| 302－4 | 基于网联式的自动驾驶通信性能测试方法 | 行标 | 推荐 | 预研中 | |
| 信息通信平台类（303） | | | | | |
| 303－1 | 基于公用通信网络的汽车信息化业务支撑平台总体技术要求 | 行标 | 推荐 | 预研中 | |
| 303－2 | 基于公用通信网络的汽车信息化业务支撑平台与汽车厂商业务平台的接口技术要求 | 行标 | 推荐 | 预研中 | |
| 303－3 | 基于公用通信网络的汽车信息化业务支撑平台与车载终端的接口技术要求 | 行标 | 推荐 | 预研中 | |

续　表

| 标准项目及分类 | | | 标准类型 | 标准性质 | 状态 | 采用的或相应的国际、国外标准号 |
|---|---|---|---|---|---|---|
| | 303－4 | 面向车载信息服务的电信业务能力开放技术要求 | 行标 | 推荐 | 预研中 | |
| | 303－5 | 车载服务平台接口技术要求及测试方法 | 行标 | 推荐 | 预研中 | |
| | 303－6 | 平台与车载终端信息交互（OTA 技术等）技术要求及测试方法 | 行标 | 推荐 | 预研中 | |
| | 车载紧急救援（304） | | | | | |
| | 304－1 | 基于公众电信网的车载紧急报警系统总体技术要求和测试方法 | 国标 | 推荐 | 行标已立项 | |
| | 304－2 | 基于公众电信网的车载紧急报警系统通信业务与应用平台技术要求和测试方法 | 国标 | 推荐 | 行标已立项 | |
| | 304－3 | 基于公众电信网的车载紧急报警系统通信网络技术要求和测试方法 | 国标 | 推荐 | 行标已立项 | |
| | 304－4 | 基于公众电信网的车载紧急报警系统通信无线终端技术要求和测试方法 | 国标 | 推荐 | 行标已立项 | |
| | 信息共享和使用（305） | | | | | |
| | 305－1 | 智能网联汽车数据共享与开放技术要求 | 行标 | 推荐 | 预研中 | |
| | 305－2 | 智能网联汽车数据共享与开放测试方法 | 行标 | 推荐 | 预研中 | |
| | 305－3 | 车载排放诊断系统网联数据传送技术要求和测试方法 | 行标 | 推荐 | 预研中 | |
| | 305－4 | 车辆与智能家居的统一接口标准和测试方法 | 国标/行标 | 推荐 | 预研中 | |
| | 305－5 | 车辆与可穿戴设备等智能附件的通信标准和测试方法 | 国标/行标 | 推荐 | 预研中 | |
| | 网络通信基础数据和云服务（306） | | | | | |
| | 306－1 | 基础数据平台参考架构 | 国标 | 推荐 | 预研中 | |
| | 306－2 | 基础数据数据流通通用要求 | 行标 | 推荐 | 预研中 | |
| | 306－3 | 基础数据交易平台 | 行标 | 推荐 | 预研中 | |
| | 306－4 | 基础数据公共服务数据开放技术要求 | 行标 | 推荐 | 预研中 | |
| | 306－5 | 企业级 SaaS 评估方法 | 行标 | 推荐 | 预研中 | |
| | 306－6 | 混合云解决方案评估标准 | 行标 | 推荐 | 预研中 | |
| | 306－7 | 移动互联网＋云云互联接口规范 | 行标 | 推荐 | 预研中 | |
| 网络与数据安全（400） | | | | | | |
| | 安全体系架构（401） | | | | | |
| | 401－1 | 通信网络总体安全架构要求 | 行标 | 推荐 | 预研中 | |
| | 通信安全（402） | | | | | |
| | 402－1 | LTE－V2X 通信安全测试方法 | 国标 | 推荐 | 预研中 | |

续 表

| 标准项目及分类 | | | 标准类型 | 标准性质 | 状态 | 采用的或相应的国际、国外标准号 |
|---|---|---|---|---|---|---|
| | 402－2 | 车联网无线通信安全技术指南 | 行标 | 推荐 | 已立项 | 2017－0925T－YD |
| | 402－3 | 智能通信网关安全技术及测试要求 | 行标 | 推荐 | 预研中 | |
| | 数据安全（403） | | | | | |
| | 403－1 | 基于 LTE 的车联网通信安全技术要求 | 行标 | 推荐 | 已立项 | 2018－0173T－YD |
| | 403－2 | 车联网信息服务用户个人信息保护要求 | 行标 | 推荐 | 已立项 | 2017－0959T－YD |
| | 403－3 | 车联网信息服务数据安全技术要求 | 行标 | 推荐 | 已立项 | 2017－0926T－YD |
| | 网络安全防护（404） | | | | | |
| | 404－1 | 车联网信息服务平台安全防护要求 | 行标 | 推荐 | 已立项 | 2017－0927T－YD |
| | 404－2 | 信息通信服务平台安全测评要求 | 行标 | 推荐 | 预研中 | |
| | 安全监测（405） | | | | | |
| | 405－1 | 网络安全监测技术要求 | 行标 | 推荐 | 预研中 | |
| | 应急管理（406） | | | | | |
| | 406－1 | 网络安全应急管理要求 | 行标 | 推荐 | 预研中 | |
| | 重要通信（407） | | | | | |
| | 407－1 | 车联网 HI 接口技术要求 | 国标 | 推荐 | 预研中 | |
| | 407－2 | 车联网 HI 接口实施要求 | 行标 | 推荐 | 预研中 | |
| | 407－3 | 车联网实名登记数据要求 | 行标 | 推荐 | 预研中 | |
| | 网络信息安全（408） | | | | | |
| | 408－1 | 信息服务平台通信信息安全保障技术要求 | 行标 | 推荐 | 预研中 | |

## 四、组织实施

继续落实好《车联网创新发展工作方案》等文件部署，加强与《国家车联网产业标准体系建设指南》其他部分的衔接。加强沟通协作，由通信行业与电子信息、汽车等行业的标准化组织合作协同推进。注重车联网产业链上下游的协同，总体统筹，有序推进。标准体系实施动态更新完善机制，根据产业发展情况和未来需求，不断完善车联网产业（信息通信）标准体系。

加强国际交流，组织中外企业和标准化组织开展交流合作，积极参与国际标准化组织（ISO）、国际电信联盟（ITU）、第三代合作伙伴计划（3GPP）、欧洲电信标准化协会（ETSI）、国际电工技术委员会（IEC）等相关国际标准化组织的标准制定工作。充分发挥 IMT－2020（5G）推进组的作用，推进相关标准的制定和落地，为产业发展提供技术规范和良好政策环境。

**附件 3**

# 国家车联网产业标准体系建设指南（电子产品与服务）

2018 年 6 月

## 目　录

前言 ………………………………………… 565
一、车联网电子产品与服务标准体系总体要求 ………………………………………… 565
（一）指导思想 ………………………………… 565
（二）基本原则 ………………………………… 566
（三）建设目标 ………………………………… 566
二、车联网电子产品与服务标准体系建设思路 ………………………………………… 566
（一）建设思路 ………………………………… 566
（二）技术结构图 ……………………………… 566
三、车联网电子产品与服务标准体系建设内容 ………………………………………… 567
（一）标准体系结构图 ………………………… 567
（二）标准分类说明 …………………………… 567
（三）车联网电子产品与服务标准体系表 … 569
四、组织实施 ………………………………… 572

## 前言

为了加强顶层设计，全面推动车联网产业技术研发和标准制定，推动整个产业的健康可持续发展，工业和信息化部、国家标准化管理委员会联合组织制定《国家车联网产业标准体系建设指南》（以下简称《建设指南》）。

车联网产业是汽车、电子、信息通信、道路交通运输等行业深度融合的新型产业，是全球创新热点和未来发展制高点。《建设指南》充分发挥标准在车联网产业生态环境构建中的顶层设计和基础引领作用，按照不同行业属性划分为智能网联汽车标准体系、信息通信标准体系、电子产品与系统标准体系等若干部分，为打造创新驱动、开放协同的车联网产业提供支撑。

《国家车联网产业标准体系建设指南（电子产品与服务）》为《建设指南》第四部分，主要针对电子产品与服务通用规范、核心技术及关键应用，有目的、有计划、有重点地指导车联网产业电子产品与服务领域的标准化工作，加快构建包括汽车电子产品、网络设备、服务平台及信息安全在内的电子产品与服务标准体系，充分发挥电子产品与服务标准在车联网产业关键技术、核心产品和功能应用的基础支撑和引领作用，并逐步形成统一、协调的国家车联网产业标准体系架构。

## 一、车联网电子产品与服务标准体系总体要求

### （一）指导思想

深入贯彻落实习近平新时代中国特色社会主义思想和党的十九大精神，加速推进制造强国和网络强国建设，发挥标准的基础性和引导性作用，促进车联网技术和产业发展，实现工业化和信息化的高度融合，以满足研发、测试、示范、运行等需求，推动汽车智能化技术创新发展和产业转型升级，带动整车制造、信息通信等相关产业协调发展，建立跨行业、跨领域、适应我国技

术和产业发展需要的车联网电子产品与服务标准体系。

**（二）基本原则**

立足国情，统筹规划。结合我国汽车电子产品及服务的技术和产业发展现状及特点，发挥政府主管部门在顶层设计、组织协调和政策制定等方面的主导作用，制定政府引导和市场驱动相结合的标准体系建设方案，建立适合我国国情的车联网电子产品与服务标准体系。

基础先立，急用先行。科学确定车联网电子产品与服务标准体系建设的重点领域，加快基础、共性和关键技术标准的研究制定；考虑行业发展现状和未来应用需求，合理安排技术标准的制修订工作进度，加快推进急需标准项目的研究制定。

创新驱动，市场引导。顺应先进电子信息技术发展趋势和市场需求，加强先进电子信息核心关键技术的创新能力，充分发挥标准在车联网电子产品与服务领域的技术创新路径选择、创新成果转化等方面的规范和引领作用。

开放合作，融合发展。在开放有序的市场环境下，对车联网中设备、终端、软件、服务等方面进行全面规范，引导产业结构中各个生产厂家、平台运营商与服务商按照正确的技术路线进行研制、生产和运营，避免产业中不必要的重复建设，获得车联网发展中的最优经济效益和社会效益。

**（三）建设目标**

为建立适应现代电子信息技术和应用服务产业的发展需要，促进政府主导与市场自主制定标准协同发展，适合我国国情并与国际接轨的车联网电子产品与服务标准体系。

“十三五”期间电子产品与服务标准体系重点聚焦汽车电子产品、车载信息系统、移动设备的技术要求和测试标准，服务平台标准和汽车电子设备安全类标准，等等。针对车联网涉及的关键电子产品进行规范，促进车联网产业发展，提供交通安全保障。2018 年起逐步开展车联网关键电子产品和车载软件的标准制定工作，完成汽车电子产品与服务终端、安全等领域的关键技术标准和应用，完成车载信息服务、平台接口、数据管理等相关标准的制定；2020 年完成汽车电子产品与服务平台的关键技术标准及测试标准，建立汽车智能终端的安全和质量认证标准体系，推动车联网服务平台标准在产业中的实际应用。

## 二、车联网电子产品与服务标准体系建设思路

**（一）建设思路**

图 1 为车联网电子产品与服务分标准体系在国家车联网标准体系中的位置以及与其他分标准体系间的关系。车联网电子产品与服务标准体系以新兴的电子产品和车载信息系统为承载，同时融合先进移动设备的辅助功能，构建车联网大数据与服务平台。车联网电子产品与服务标准体系的构建是一个不断完善和调整的动态过程，形成一种持续更新和协商讨论的工作机制。通过标准制定和研发，为我国车联网电子产品与服务产业发展提供技术支撑，规范和引导产业发展。

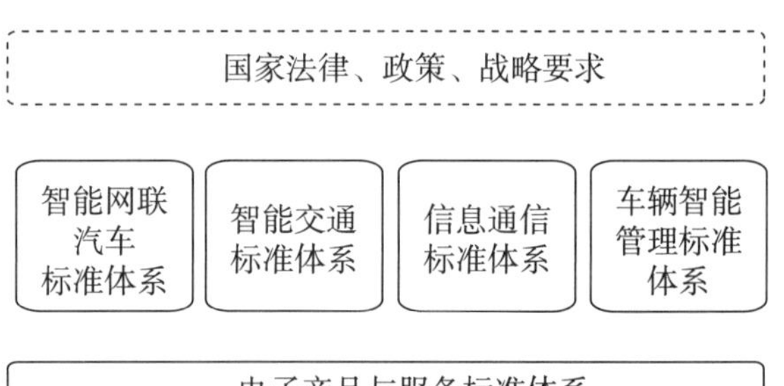


**图 1 国家车联网标准体系建设结构图**

**（二）技术结构图**

从技术和产业链的角度分析，车联网电子产品与服务包括基础产品、终端、网络、平台与服务等。车联网基础产品和终端是实现车联网的实体，通过基础产品和终端采集并获取车辆的智能信息，感知并处理行车状态与环境，实现交通信息、导航服务、娱乐信息、安全行驶、在线商务、排放信息、远程控制、道路救援、灾害救

援、车辆配置、检验维修等方面的车载信息服务（见图2）。

## 三、车联网电子产品与服务标准体系建设内容

### （一）标准体系结构图

### （二）标准分类说明

电子产品与服务标准体系主要包括基础、汽车电子产品、网络设备、服务与平台、网络与信息安全等标准（见图3）。

1. 基础标准

基础标准主要包括术语、汽车电子新型体系和架构、标识和编码等标准。术语标准为其他各部分标准的制定提供支撑。体系架构主要规范信息服务的体系框架，明确其边界及各部分的层级关系和内在联系；标识和编码可以支持对车载终端设备的辨识、寻址、路由和访问。

2. 汽车电子产品标准

汽车电子产品是指智能网联汽车、车联网和车载信息服务中，具备感知、计算、反馈、控制、执行、通信、应用等功能，实现信息感知、高速计算、状态监测、行为决策和整车控制的基础电子产品。主要包括基础产品、终端和软件等标准。基础产品标准包括车规级功率器件、车规级集成电路、车规级传感器、高性能计算芯片等；终端标准指车载计算机、导航设备、信息娱乐终端等；软件标准包括车载操作系统、算法软件、应用软件等。

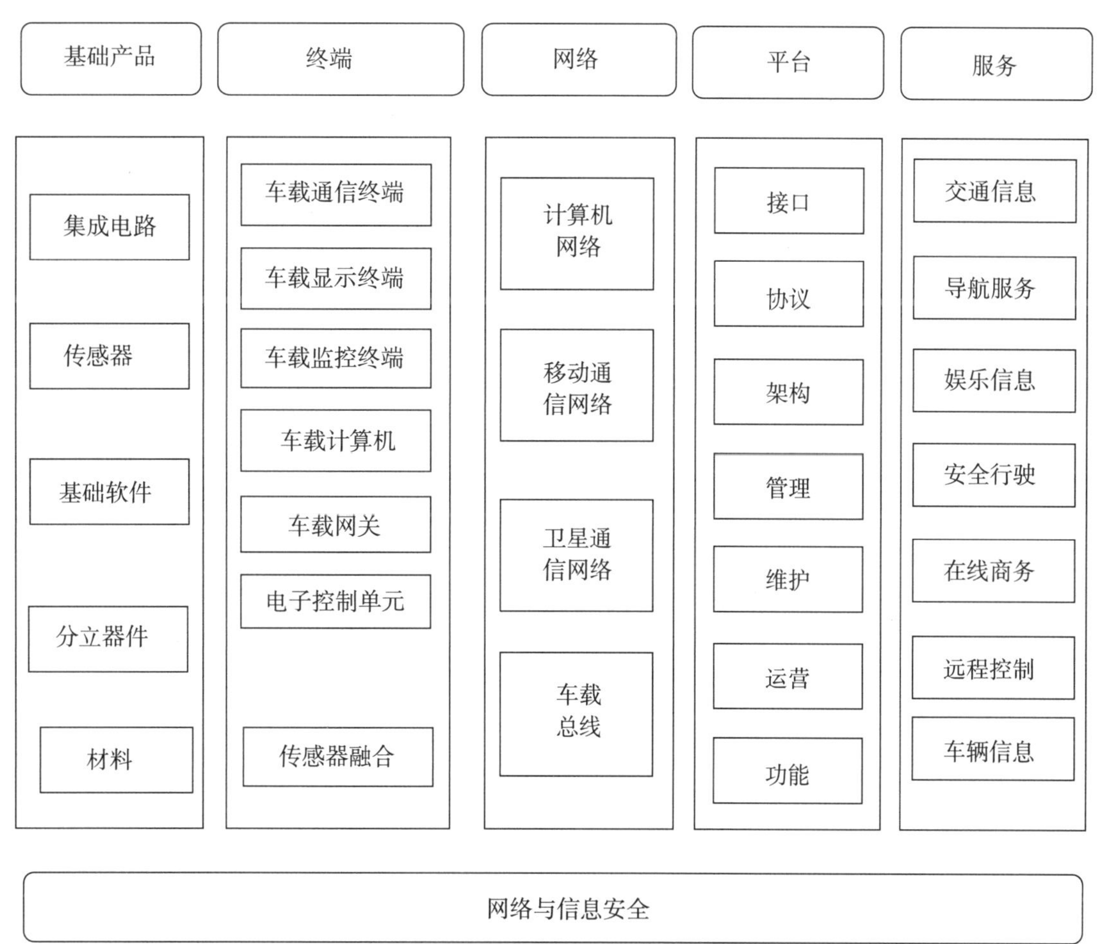


**图2 车联网电子产品与服务标准体系技术结构图**

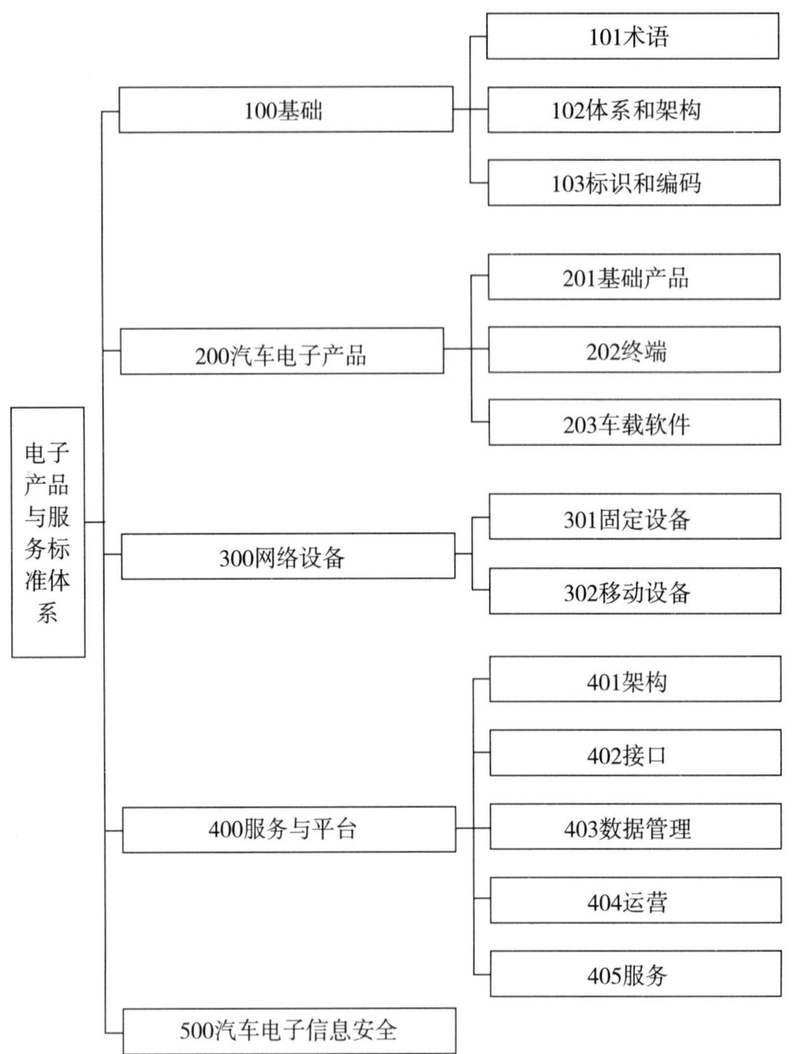


**图 3　电子产品与服务标准体系结构图**

3. 网络设备标准

网络设备标准主要包括固定设备和移动设备两个领域的标准。固定设备主要指路边单元、云平台设备等。移动设备类标准主要指各类车载设备和手持移动设备，主要包括：新型总线、车载电子设备、手持分析仪等。

4. 服务与平台标准

车载服务平台包括平台的架构、接口、数据管理、运营以及信息服务五个方面的标准。平台架构主要确定平台基本架构规范；平台接口规定了平台与终端、平台间、平台与上层管理系统等方面的接口标准；平台数据管理包括数据接口、数据管理和大数据应用方面的要求和规范；平台运营主要规定了平台运营功能要求；信息服务包括云服务、地理信息和位置导航服务、运维服务、辅助/自动驾驶服务、紧急救援服务、道路交通信息服务、车载广播服务等标准。

5. 汽车电子信息安全标准

汽车电子信息安全标准指汽车电子产品的入侵检测防护、访问控制、安全通信、安全态势感知等相关技术标准，包括车载系统安全、车载终端安全、车载信息与服务安全、应用软件和服务运营平台安全、车载操作系统在线升级安全等标准。

## （三）车联网电子产品与服务标准体系表

| 标准项目及分类 | | 标准类型 | 标准性质 | 状态 | 采用的或相应的国际、国外标准号 |
|---|---|---|---|---|---|
| 基础（100） | | | | | |
| 术语（101） | | | | | |
| 101－1 | 车联网电子产品与服务 | 国标 | 推荐 | 预研中 | |
| 体系架构（102） | | | | | |
| 102－1 | 车载信息服务 系统架构 | 国标 | 推荐 | 预研中 | |
| 标识和编码（103） | | | | | |
| 103－1 | 车载信息服务 信息分类与代码 | 国标 | 推荐 | 预研中 | |
| 103－2 | 车载信息服务终端 图形符号 | 国标 | 推荐 | 预研中 | |
| 103－3 | 车载信息服务 传感节点标识符编制规则 | 国标 | 推荐 | 预研中 | |
| 103－4 | 车载信息服务 传感节点解析和管理规范 | 国标 | 推荐 | 预研中 | |
| 103－5 | 车载信息服务 传感节点标识符注册规程 | 国标 | 推荐 | 预研中 | |
| 汽车电子产品（200） | | | | | |
| 基础产品（201） | | | | | |
| 201－1 | 车载智能计算软硬件系统架构 | 国标 | 推荐 | 预研中 | |
| 201－2 | 车载智能计算数据存储和管理要求 | 国标 | 推荐 | 预研中 | |
| 201－3 | 车载智能计算接口标准 | 国标 | 推荐 | 预研中 | |
| 201－4 | 车载智能计算性能、功能测试评价 | 国标 | 推荐 | 预研中 | |
| 201－5 | 车载温度传感器通用规范 | 国标 | 推荐 | 预研中 | |
| 201－6 | 车载速度和加速度传感器通用规范 | 国标 | 推荐 | 预研中 | |
| 201－7 | 车载导体图像传感器通用规范 | 国标 | 推荐 | 预研中 | |
| 201－8 | 车载压力和应力传感器通用规范 | 国标 | 推荐 | 预研中 | |
| 201－9 | 车载电子产品 印制电路板技术规范 | 国标 | 推荐 | 预研中 | |
| 201－10 | 车载电子产品 覆铜板技术规范 | 国标 | 推荐 | 预研中 | |
| 201－11 | 车载电子产品 车用触控显示屏通用规范 | 国标 | 推荐 | 预研中 | |
| 201－12 | 车载电子产品 万向碰撞传感器 | 行标 | 推荐 | 预研中 | |
| 201－13 | 卫星移动多媒体 车用天线通用规范 | 行标 | 推荐 | 预研中 | |
| 201－14 | 车载信息终端 数据采集技术要求 | 国标 | 推荐 | 预研中 | |
| 201－15 | 车载信息终端 数据采集测试方法 | 国标 | 推荐 | 预研中 | |
| 201－16 | 车载信息采集 基础数据和信息分类 | 国标 | 推荐 | 预研中 | |
| 201－17 | 车载信息采集 基础数据和信息格式 | 国标 | 推荐 | 预研中 | |
| 201－18 | 车载信息采集 元数据 | 国标 | 推荐 | 预研中 | |
| 201－19 | 车载导航电子地图物理存储格式 | 国标 | 推荐 | 修订 | 原标准号 GB/T 30291—2013 |

续　表

| 标准项目及分类 | | 标准类型 | 标准性质 | 状态 | 采用的或相应的国际、国外标准号 |
|---|---|---|---|---|---|
| 终端（202） | | | | | |
| 202－1 | 车载激光雷达通用规范 | 国标 | 推荐 | 预研中 | |
| 202－2 | 车载毫米波雷达通用规范 | 国标 | 推荐 | 预研中 | |
| 202－3 | 车载超声波雷达通用规范 | 国标 | 推荐 | 预研中 | |
| 202－4 | 车载多传感融合信息系统 | 国标 | 推荐 | 预研中 | |
| 202－5 | 车载红外夜视仪通用规范 | 国标 | 推荐 | 预研中 | |
| 202－6 | 车载电微光夜视仪通用规范 | 国标 | 推荐 | 预研中 | |
| 202－7 | 车载数字液晶仪表通用规范 | 国标 | 推荐 | 预研中 | |
| 202－8 | 车载摄像头通用规范 | 国标 | 推荐 | 预研中 | |
| 202－9 | 车载卫星导航设备通用规范 | 国标 | 推荐 | 修订 | 原标准号 GB/T 19392—2013 |
| 202－10 | 车载卫星移动多媒体终端通用接口 | 行标 | 推荐 | 预研中 | |
| 202－11 | 车载信息服务终端语音识别规范 | 国标 | 推荐 | 预研中 | |
| 202－12 | 车载信息服务终端语音合成规范 | 国标 | 推荐 | 预研中 | |
| 202－13 | 车载信息服务终端 生物特征识别 第1部分：通用要求 | 国标 | 推荐 | 预研中 | |
| 202－14 | 车载信息服务终端 生物特征识别 第2部分：指纹 | 国标 | 推荐 | 预研中 | |
| 202－15 | 车载信息服务终端 生物特征识别 第3部分：人脸 | 国标 | 推荐 | 预研中 | |
| 202－16 | 车载信息服务终端 生物特征识别 第4部分：虹膜 | 国标 | 推荐 | 预研中 | |
| 202－17 | 车载信息服务终端 生物特征识别 第5部分：声纹 | 国标 | 推荐 | 预研中 | |
| 202－18 | 车载音视频设备通用规范 | 行标 | 推荐 | 预研中 | |
| 202－19 | 车载终端与移动设备互联技术规范 | 国标 | 推荐 | 预研中 | |
| 软件（203） | | | | | |
| 203－1 | 车载信息服务 系统软件开发基本要求 | 国标 | 推荐 | 预研中 | |
| 203－2 | 车载信息服务 车载操作系统技术要求 | 国标 | 强制 | 预研中 | |
| 203－3 | 车载信息服务 车载应用软件通用规范 | 国标 | 推荐 | 预研中 | |
| 203－4 | 卫星移动多媒体 网络融合传输协议 | 国标 | 推荐 | 预研中 | |
| 203－5 | 车载信息服务 车载应用软件测试规范 | 国标 | 推荐 | 预研中 | |
| 203－6 | 车载信息服务 车联网产品软硬件仿真测试与评价标准 | 国标 | 推荐 | 预研中 | |

续　表

| 标准项目及分类 | | 标准类型 | 标准性质 | 状态 | 采用的或相应的国际、国外标准号 |
|---|---|---|---|---|---|
| 网络设备（300） | | | | | |
| 固定设备（301） | | | | | |
| 301－1 | 车联网产品 路边单元功能和性能要求 | 国标 | 推荐 | 预研中 | |
| 301－2 | 车联网产品 云计算设备功能和性能要求 | 国标 | 推荐 | 预研中 | |
| 移动设备（302） | | | | | |
| 302－1 | 车载电子产品无线充电协议 | 国标 | 推荐 | 预研中 | |
| 302－2 | 车载网关通用规范 | 国标 | 推荐 | 预研中 | |
| 302－3 | 车联网 App 功能和性能要求 | 国标 | 推荐 | 预研中 | |
| 302－4 | 手持故障诊断仪通用规范 | 国标 | 推荐 | 预研中 | |
| 302－5 | 车辆故障在线分析仪通用规范 | 国标 | 推荐 | 预研中 | |
| 服务与平台（400） | | | | | |
| 架构（401） | | | | | |
| 401－1 | 车辆信息服务平台架构 | 国标 | 推荐 | 预研中 | |
| 界面接口（402） | | | | | |
| 402－1 | 车辆信息服务平台与终端接口 | 国标 | 推荐 | 预研中 | |
| 402－2 | 车辆信息服务平台间接口 | 国标 | 推荐 | 预研中 | |
| 402－3 | 车辆信息服务平台系统接口 | 国标 | 推荐 | 预研中 | |
| 402－4 | 车辆信息服务平台与电子标识系统接口 | 国标 | 推荐 | 预研中 | |
| 402－5 | 服务平台接口互操作性测试规范 | 国标 | 推荐 | 预研中 | |
| 数据管理（403） | | | | | |
| 403－1 | 车载应用服务平台 数据接口 | 国标 | 推荐 | 预研中 | |
| 403－2 | 车载应用服务平台 数据管理要求 | 国标 | 推荐 | 预研中 | |
| 403－3 | 车载应用服务平台 大数据应用指南 | 国标 | 推荐 | 预研中 | |
| 403－4 | 卫星移动多媒体 终端内容保护要求 | 国标 | 推荐 | 预研中 | |
| 运营（404） | | | | | |
| 404－1 | 车载应用服务运营平台功能要求 | 国标 | 推荐 | 预研中 | |
| 服务（405） | | | | | |
| 405－1 | 地理信息和位置服务 | 国标 | 推荐 | 预研中 | |
| 405－2 | 车载信息服务系统 第 1 部分：功能描述 | 国标 | 推荐 | 预研中 | 原标准号 GB/T 30290. 1 |
| 405－3 | 车载信息服务系统 第 2 分：信息交换协议 | 国标 | 推荐 | 预研中 | 原标准号 GB/T 30290. 2 |
| 405－4 | 车载信息服务系统 第 3 部分：信息安全机制 | 国标 | 推荐 | 预研中 | 原标准号 GB/T 30290. 3 |
| 405－5 | 车载信息服务 紧急救援系统总体技术规范 | 国标 | 推荐 | 预研中 | |
| 405－6 | 车载信息服务 紧急救援平台总体技术规范 | 国标 | 推荐 | 预研中 | |
| 405－7 | 车载数字多媒体广播 服务规范 | 国标 | 推荐 | 预研中 | |
| 405－8 | 车载信息服务 道路交通信息传输接口标准及测试方法 | 国标 | 推荐 | 预研中 | |

续 表

| 标准项目及分类 | | | 标准类型 | 标准性质 | 状态 | 采用的或相应的国际、国外标准号 |
|---|---|---|---|---|---|---|
| 汽车电子信息安全（500） | | | | | | |
| | 501－1 | 汽车电子系统安全指南 | 国标 | 推荐 | 预研中 | |
| | 501－2 | 汽车电子外部接口信息安全技术要求 | 国标 | 推荐 | 预研中 | |
| | 501－3 | 汽车电子产品加密算法规范 | 国标 | 推荐 | 预研中 | |
| | 501－4 | 车联网安全终端监测要求 | 国标 | 推荐 | 预研中 | |
| | 501－5 | 车联网数字身份认证技术要求 | 国标 | 推荐 | 预研中 | |
| | 501－6 | 车载终端网络安全技术要求 | 国标 | 推荐 | 预研中 | |
| | 501－7 | 车载终端软件防护要求 | 国标 | 推荐 | 预研中 | |

## 四、组织实施

落实工信部《车联网创新发展工作方案》等文件部署，以《国家车联网产业标准体系建设指南》为总纲，以电子信息技术与车联网的融合为切入点，加快关键技术和应用标准建设，积极参与国际标准制定，为规范车联网市场、培育产业发展提供指导。

在车联网部际协调机制下，加强沟通协作，由中国电子技术标准化研究院、车载信息服务产业应用联盟牵头，联合中国通信标准化协会、中国汽车技术研究中心等标准化组织组成工作推进组。在总体统筹的基本原则下，根据产业发展情况和未来需求，不断更新、完善电子产品与服务标准体系，有序推进相关标准化工作。

同时，发挥产业联盟在行业和市场中先行先试作用，推动各种团体标准的有效实施与应用。加强国际交流，定期举办车联网标准国际论坛，组织中外企业和标准化组织开展交流合作。积极参与国际标准化组织（ISO）、国际电信联盟（ITU）、国际电工技术委员会（IEC）等相关国际标准化组织的标准制定工作。

# 中华人民共和国工业和信息化部公告

2018 年　第 31 号

根据《工业机器人行业规范条件》，经各省、自治区、直辖市及计划单列市工业和信息化主管部门和中央企业集团组织申报并审核，我部组织专家复核，确定了第一批符合《工业机器人行业规范条件》的企业名单，现予以公告。

附件：符合《工业机器人行业规范条件》的企业名单（第一批）（略）

工业和信息化部

2018 年 6 月 11 日

# 工业和信息化部 应急管理部 财政部 科技部关于加快安全产业发展的指导意见

工信部联安全〔2018〕111号

各省、自治区、直辖市及计划单列市、新疆生产建设兵团工业和信息化主管部门、安全生产监督管理局、财政厅（局）、科技厅：

安全产业是为安全生产、防灾减灾、应急救援等安全保障活动提供专用技术、产品和服务的产业，是国家重点支持的战略产业。发展安全产业对于落实安全发展理念、提升全社会安全保障能力和本质安全水平、推动经济高质量发展、培育新经济增长点具有重要意义。为落实《中共中央 国务院关于推进安全生产领域改革发展的意见》（中发〔2016〕32号），现就安全产业发展提出如下意见。

## 一、总体要求

### （一）指导思想

全面贯彻党的十九大精神，以习近平新时代中国特色社会主义思想为指导，牢固树立安全发展理念，弘扬生命至上、安全第一的思想，聚焦风险隐患源头治理，以坚决遏制重特大安全生产事故为目标，以提升安全保障能力为重点，以示范工程为依托，着力推广先进安全技术、产品和服务，提升各行业领域的本质安全水平；以企业为主体，市场为导向，强化政府引导，着力推动安全产业创新发展、集聚发展，积极培育新的经济增长点。

### （二）基本原则

创新驱动，优化供给。加快关键、急需新技术新产品研发，提高安全产品供给质量，不断缩小与国际先进水平差距；加快推动商业模式创新，深化产融合作，积极培育安全服务新业态。

突出重点，集聚发展。聚焦安全生产事故高发、频发的重点行业领域，优先发展可有效防范事故、具有重大推广应用价值的专用技术与产品；提高产业集中度，完善产业链，促进产业发展规模化、专业化、集聚集约化。

需求牵引，示范带动。提升安全标准，强化安全监管，激发市场需求，推广先进可靠的安全产品和服务；面向重点行业领域，坚持问题导向，实施安全产品试点示范应用工程，引导社会资本投入，有力拉动安全产业发展。

规范引导，有序推进。充分发挥市场在资源配置中的决定性作用，调动市场主体发展安全产业的积极性；加强行业自律，规范市场秩序，营造有利于安全产业健康发展的市场环境。

### （三）工作目标

到2020年，安全产业体系基本建立，产业销售收入超过万亿元。先进安全产品有效供给能力显著提高，在重点行业领域实现示范应用。

创新能力明显提高。突破一批保障生产安全、城市公共安全的关键核心技术，研发一批具有国际先进水平的安全与应急产品，推广应用一批“机械化换人、自动化减人”的安全技术装备。

集聚效应初步显现。创建10家以上国家安全产业示范园区，培育2家以上具有较强国际竞争力的骨干企业和知名品牌，打造百家专业化的创新型中小企业。

发展环境持续优化。技术创新、标准、投融资服务、产业链协作以及政策保障等产业支撑体系初步建立，一个有利于产业健康发展的市场环境基本形成。

行业应用不断深化。组织实施一批试点示范工程，在交通运输、矿山、危险化学品、工程施工、重大基础设施、城市公共安全等重点行业领域推广应用一批具有基础性、紧迫性的安全产品，为遏制重特大事故提供有力保障。

到2025年，安全产业成为国民经济新的增长点，部分领域产品技术达到国际领先水平；国家安全产业示范园区和国际知名品牌建设成果显著，初步形成若干世界级先进安全装备制造集群；安全与应急技术装备在重点行业领域得到规模化应用，社会本质安全水平显著提高。

## 二、发展方向

面向生产安全和城市公共安全的保障需求，制定目录、清单，优化产品结构，引导产业发展，创新服务业态。

### （一）加快先进安全产品研发和产业化

风险监测预警产品。生产安全领域，重点发展交通运输、矿山开采、工程施工、危险品生产储存、重大基础设施等方面的监测预警产品和故障诊断系统。城市安全领域，重点发展高危场所、高层建筑、超大综合体、城市管网、地下空间、人员密集场所等方面的监测预警产品。

安全防护防控产品。生产安全领域，重点发展用于高危作业场所的工业机器人（换人）、人机隔离智能化控制系统（减人）、尘毒危害自动处理与自动隔抑爆等安全防护装置或部件、交通运输领域的主被动安全产品和安全防护设施等。城市安全领域，重点发展智能化巡检、集成式建筑施工平台、智能安防系统等安全防控产品。综合安全防护领域，重点发展电气安全产品、高效环保的阻燃防爆材料及各类防护产品等。

应急处置救援产品。应急处置方面，重点发展应急指挥、通信、供电和逃生避险等产品，以及危险品泄漏等应急处置装备。应急救援方面，重点发展各类搜救、破拆、消防等智能化救援装备。

### （二）积极培育安全服务新业态

在规范发展安全工程设计与监理、标准规范制订、检测与认证、评估与评价、事故分析与鉴定等传统安全服务基础上，积极发展安全管理与技术咨询、产品展览展示、教育培训与体验、应急演练演示等与国外存在较大差距的安全服务，重点发展基于物联网、大数据、人工智能等技术的智慧安全云服务。

## 三、重点任务

组织实施“5＋N”计划，逐步健全技术创新、标准、投融资服务、产业链协作和政策五大支撑体系，开展N项示范工程，培育市场需求，壮大产业规模。

### （一）健全产业技术创新支撑体系

建设一批高水平科技创新基地。按照国家科技创新基地总体部署，推动国家重点实验室建设和优化整合，大幅提升安全产业领域持续创新能力。组建若干个细分领域安全技术创新联盟，推动安全技术示范应用、科学普及与教育培训基地建设，逐步形成国家安全科技示范网络和成果推广体系。

攻克一批产业前沿和共性技术。聚焦重点行业领域安全需求，以数字化、网络化、智能化安全技术与装备科研为重点方向，通过中央财政科技计划（专项、基金等）支持符合条件的灾害防治、预测预警、监测监控、个体防护、应急救援、本质安全工艺和装备、安全服务等关键技术的研发。

加强安全技术成果转移转化。通过创投基金等渠道支持转化一批先进适用安全技术和产品。鼓励地方政府完善科技成果转化激励制度，健全科技成果评估和市场定价机制，提升科技创新和成果转化效率。

**（二）健全产业相关标准体系**

建立完善产业相关标准体系。全面梳理安全技术装备标准建设的需求和存在的问题，完善包括强制性国家标准、推荐性国家标准、行业和地方标准、团体标准、企业标准等在内的标准体系框架，建立政府主导制定与市场自主制定的标准协同发展、协调配套的新型标准体系，促进产品和服务推广应用。

制修订一批关键急需的技术和产品标准。按照“急用先行、逐步完善”的原则，面向重点行业领域，推动一批安全技术、产品的强制性标准制修订，组织制修订相关安全产品行业标准，鼓励制定相关团体标准，并组织标准的宣贯和培训。

制修订重点领域安全生产标准。根据安全生产执法检查发现的突出问题、事故原因分析和新工艺技术装备应用等情况，及时制修订安全生产标准，提高重点行业领域安全生产标准，推动先进安全装备应用。

**（三）健全投融资服务体系**

探索建立政策引导、市场化运作的投资服务体系。鼓励地方将安全产业纳入政府基金投资范畴，引导金融机构等积极参与地方安全产业发展投资基金和行业安全产业发展投资基金；引导股权投资基金、创业投资基金等各类民间资本为企业发展、安全产业园区建设和智慧社会安全基础保障能力建设等提供支持。

推动企业利用多层次资本市场进行融资。鼓励企业按照国家相关政策在资本市场进行股权融资，以发行公司债券、资产支持证券等方式进行债权融资。鼓励金融研究机构开展安全产业指数研究，引导社会资本关注安全产业。

积极发展安全装备融资租赁服务。引导国内大型融资租赁机构与安全装备生产企业组建融资租赁服务联合体，通过融资租赁等方式，为企业生产安全、城市公共安全等提供大型安全装备、基础设施等融资租赁服务。

**（四）完善产业链协作体系**

建设安全产业大数据平台。依托制造强国产业基础大数据平台，构建多方合作、共建共享的国家安全产业基础数据库。基于云计算和大数据分析技术，面向各类市场主体提供供应链合作、经济运行分析、技术和市场发展趋势研判、产业区域布局优化、示范应用、政策效果评估等公共服务。

继续开展国家安全产业示范园区创建。编制发布《国家安全产业示范园区创建指南》，鼓励有条件的地区发展各具特色的安全产业集聚区，形成区域性安全产业链。在示范园区基础上，择优建设一批安全产业国家新型工业化产业示范基地，逐步培育成为具有国际影响力的先进安全装备制造集群。

建设安全产业公共服务平台。依托现有社会公共服务资源，选择一批基础好、信誉高的技术服务机构，扶持建设一批公共服务平台，规范服务标准，提升服务质量，增强对园区建设、产业链协同发展等方面的支撑作用。

大力发展服务型制造。支持地方政府、园区、企业积极发展本质安全工艺和产品设计服务、安全装备（系统）定制化服务、全生命周期安全管理服务等服务型制造，对接科技、金融等多种资源，创新商业模式，引导企业深度参与上下游产业链协同和社会协作。

**（五）完善政策体系**

完善产业支持政策。充分利用现有资金渠道，引导和鼓励社会资本加大对安全产业相关领域的支持力度。发挥国家安全产业基础数据库作用，每年遴选一批先进安全产品编入《推广先进与淘汰落后安全技术装备目录》，增强对企业安全设施改造升级和风险隐患治理、示范工程建设、社会资本投资等方面的指导作用。落实企业安全生产费用提取与使用管理制度，鼓励企业应用先进适用的安全技术、产品和服务，提升安全基础保障能力。

探索安全产业与保险业合作机制。利用首台（套）保险补偿机制支持符合条件的重点行业领域重大安全技术装备。鼓励地方政府和企业在国家保险政策支持范围内与保险企业开展合作，吸引保险资金参与重点行业领域和区域性安全产品示范工程建设及安全基础设施建设。鼓励安全产品研发制造企业与保险企业开展合作，创新商业模式、销售渠道和产品服务等，加速推动先进安全技术、产品和服务的规模化应用。

**（六）建设 N 项试点示范工程**

编制安全产品推广应用三年行动计划。根据我国安全生产形势变化，从国家安全产业基础数据库中筛选出一批安全产品，制定安全产品推广应用行动计划，确定行动目标、实施方案和进度安排等事项。

组织开展先进安全产品应用示范。面向交通运输、矿山开采、工程施工、危险品、重大基础设施和城市安全等重点行业领域，会同国务院相关部门和地方政府组织建设 N 项国家、省、市级先进安全产品应用示范工程，逐步探索有效的经验和模式，不断完善后在相关领域推广。

## 四、营造有利发展环境

**（一）加强组织领导**

工业和信息化部、应急管理部、财政部、科技部将建立沟通协调机制，加强组织领导，加强与国务院有关部门在政策、规划、法规、标准、市场准入等各方面的协调沟通。各地相关部门要参照本意见要求，制定促进本省（区、市）安全产业发展的政策措施，充分发挥行业协会、产业联盟等中介机构的桥梁纽带作用，促进安全产业有序、健康、可持续发展。

**（二）加强国际合作**

鼓励企业加强国际科技创新合作，引进、消化、吸收、再创新国外先进安全技术和服务理念；鼓励企业、技术服务机构积极参与国际标准制定，牵头或参与建立国际安全产业创新联盟。鼓励企业参与并购、合资、参股国际先进安全科技企业或设立海外研发中心；鼓励安全装备企业和安全服务企业以服务“一带一路”建设和国际产能合作为重点，积极开拓国际市场。鼓励国外创新资源与国内安全产业创新发展需求开展对接，促进国际先进安全科技成果转移转化。

**（三）加强人才培养**

合理利用高等院校和科技资源，吸纳高素质人员进入安全科技领域，加强安全科学与工程学科建设和高层次专业人才队伍培养。依托重点企业、行业协会开展安全领域急需紧缺人才培养，鼓励社会培训机构开展面向安全产业专业人才培训。支持相关高校开展安全产业相关学科专业建设，推动校企协同，改进产教融合、校企合作办学模式，加强安全领域复合型人才培养。

**（四）加强宣传教育**

组织召开中国安全产业大会和安全装备博览会，通过会展集聚带动产业集聚，推进产研对接、产需对接、产融对接。鼓励相关部门和机构建设宣传培训演练基地，编写出版安全教材与科普手册，摄制安全生产公益广告和警示教育片；充分利用广播、电视、网络、报纸、卫星传输平台、新媒体等平台，加强安全知识宣传，提高全民安全意识、知识水平和避险自救能力。

工业和信息化部
应急管理部
财政部
科技部
2018 年 6 月 19 日

# 中华人民共和国工业和信息化部公告

2018 年　第 35 号

为贯彻落实《生产者责任延伸制度推行方案》（国办发〔2016〕99 号）和《新能源汽车动力蓄电池回收利用管理暂行办法》（工信部联节〔2018〕43 号）要求，推进动力蓄电池回收利用，工业和信息化部制定了《新能源汽车动力蓄电池回收利用溯源管理暂行规定》，自 2018 年 8 月 1 日起施行，现予公告。

附件：新能源汽车动力蓄电池回收利用溯源管理暂行规定

工业和信息化部

2018 年 7 月 2 日

**附件**

## 新能源汽车动力蓄电池回收利用溯源管理暂行规定

**第一条**　按照《新能源汽车动力蓄电池回收利用管理暂行办法》（工信部联节〔2018〕43 号）要求，建立“新能源汽车国家监测与动力蓄电池回收利用溯源综合管理平台”（以下简称溯源管理平台），对动力蓄电池生产、销售、使用、报废、回收、利用等全过程进行信息采集，对各环节主体履行回收利用责任情况实施监测。

**第二条**　自本规定施行之日起，对新获得《道路机动车辆生产企业及产品公告》（以下简称《公告》）的新能源汽车产品和新取得强制性产品认证的进口新能源汽车实施溯源管理。

**第三条**　对本规定施行之日前已获得《公告》的新能源汽车产品和取得强制性产品认证的进口新能源汽车，自本规定施行之日起，延后 12 个月实施溯源管理。如逾期仍需在维修等过程中使用未按国家标准编码动力蓄电池的，应提交说明。

**第四条**　汽车生产企业（含进口商）对已生产和已进口但未纳入溯源管理的新能源汽车产品，在本规定施行 12 个月内将相关溯源信息补传至溯源管理平台。

**第五条**　自本规定施行之日起，对梯次利用电池产品实施溯源管理。

**第六条**　电池生产、梯次利用企业应按照《关于开通汽车动力蓄电池编码备案系统的通知》（中机函〔2018〕73 号）要求，进行厂商代码申请和编码规则备案，对本企业生产的动力蓄电池或梯次利用电池产品进行编码标识。

**第七条**　汽车生产、报废汽车回收拆解及综合利用企业应在溯源管理平台申请账号（申请材料见附表 1、附表 2）。各企业应在溯源管理平台上传溯源信息（见附表 3）。汽车生产企业应报送回收服务网点信息（见附表4），并在企业网站向社会公布。

**第八条** 汽车生产企业应在配发国产新能源汽车出厂合格证后15个工作日内，进口商应在进口新能源汽车通关并完成检验检疫后15个工作日内上传信息。

**第九条** 与汽车生产企业合作的销售商应在车辆销售后及时向汽车生产企业报送记录信息，并告知车辆所有人记录信息发生变更时更新记录信息的要求与程序。汽车生产企业应在车辆销售上牌和车辆所有人记录信息更新后30个工作日内上传信息。

**第十条** 与汽车生产企业合作的维修商、电池租赁企业等应在动力蓄电池维修、更换后及时向汽车生产企业报送信息。汽车生产企业应在动力蓄电池维修、更换后30个工作日内上传溯源信息。

**第十一条** 回收服务网点应在废旧动力蓄电池回收、移交后，向汽车生产企业报送信息。汽车生产企业应在废旧动力蓄电池回收入库、移交出库后30个工作日内上传信息。

**第十二条** 与汽车生产企业未合作的新能源汽车销售商、维修商、租赁商等，应按照第七条规定，通过溯源管理平台提交申请，并按照第九条、第十条规定时限，向溯源管理平台规范上传信息。

**第十三条** 报废汽车回收拆解企业应在接收报废新能源汽车，并出具《报废汽车回收证明》后15个工作日内上传信息；在废旧动力蓄电池拆卸并移交出库后15个工作日内上传信息。

**第十四条** 梯次利用企业应在梯次利用电池产品出库后15个工作日内上传信息；在梯次利用电池生产、检测、使用等过程中产生的废旧动力蓄电池，应在其回收入库及移交出库后15个工作日内上传信息。

**第十五条** 再生利用企业应在废旧动力蓄电池接收入库后30个工作日内上传信息；在完成再生利用及最终处理后30个工作日内上传信息。

**第十六条** 汽车生产、电池生产、报废汽车回收拆解及综合利用企业应建立内部管理制度，加强溯源管理，确保溯源信息准确真实。

**第十七条** 省级工业和信息化主管部门会同同级有关部门对本地区相关企业溯源责任履行情况进行监督检查。

**第十八条** 《新能源汽车动力蓄电池回收利用管理暂行办法》有关术语和定义适用于本规定。

**第十九条** 本规定自2018年8月1日起施行。

附表：

1. 企业基本情况表（略）
2. 接口密钥申请表（略）
3. 溯源信息列表（略）
4. 回收服务网点信息申报表（略）

# 工业和信息化部关于印发《国家工业设计研究院创建工作指南》的通知

工信部产业〔2018〕123号

各省、自治区、直辖市及计划单列市、新疆生产建设兵团工业和信息化主管部门：

根据《中华人民共和国国民经济和社会发展第十三个五年规划纲要》要求，我部编制了《国家工业设计研究院创建工作指南》。现印发给你们，请结合工作实际，认真推动落实。

附件：国家工业设计研究院创建工作指南

工业和信息化部

2018年7月5日

附件

## 国家工业设计研究院创建工作指南

近年来，我国工业设计快速发展，行业规模逐年扩大，创新能力持续提升，设计成果不断涌现，成为推动经济新旧动能接续转换和制造业转型升级的重要力量。但与推动经济高质量发展、建设现代化经济体系的要求相比，我国工业设计仍然存在基础研究不足、公共服务能力滞后等问题。为健全工业设计创新发展支撑体系，加快国家工业设计研究院创建，带动省级（包括计划单列市，下同）工业设计研究院发展，制定本指南。

### 一、总体要求

#### （一）指导思想

深入贯彻落实党的十九大和十九届二中、三中全会精神，以习近平新时代中国特色社会主义思想为指导，坚持新发展理念，以塑造新动能、支撑制造强国建设为目标，坚持市场导向和问题导向，创新体制机制，面向共性需求，补齐行业短板，打造一批工业设计公共服务及研究机构，构建覆盖不同区域、不同行业的工业设计研究院网络，保障和推动制造业高质量发展。

#### （二）基本原则

坚持有序发展，合理布局。国家工业设计研究院创建统筹考虑区域布局和行业布局。区域布局上，突出国家区域发展战略需求，稳步提升全国工业设计发展整体水平；行业分布上，原则上同一行业（领域）只认定一家国家工业设计研究院。

坚持因地制宜，突出特色。省级工业设计研究院建设应结合自身条件，立足发展需求，避免“一哄而起”。条件暂不具备的地区应首先夯实基础，具备条件的地区应立足优势产业，面向共性需求，合理定位发展方向，突出工业设计研究院的行业特色。

坚持市场主导，政府引导。各级工业设计研究院应按照企业化管理，实现市场化运营，充分发挥市场在资源配置中的决定性作用。各级政府部门应加强对工业设计研究院建设的前期支持和引导，统筹协调解决相关问题，营造良好发展环境。

**（三）工作目标**

到“十三五”末，在工业设计发展总体水平较高的地区建设一批省级工业设计研究院，从中培育若干国家工业设计研究院。工业设计公共服务能力全面提升，基础保障体系基本建立。

到2025年，基本建成适应先进制造业发展需要，覆盖重点行业和领域的国家和省级工业设计研究院网络。工业设计公共服务与创新发展体系日益健全，成为推动制造业高质量发展的重要引擎。

## 二、任务导向

引导工业设计研究院以工业设计领域公共服务为核心功能，以工业设计关键共性技术为研究重点，充分利用互联网与信息通信技术，有效整合国际国内、线上线下各类设计资源，建设开放共享的研究开发平台、协同高效的成果转化平台、产学研联动的人才培养平台、支撑制造业创新发展的公共服务平台。工业设计研究院要突出以下职责任务：

（一）基础研究。根据全球制造业发展趋势和我国制造强国建设任务需要，开展设计理论研究、工业设计领域关键共性技术研究，加强工业设计新理念、新材料、新技术、新工具等的推广应用，开发满足制造业高质量发展需要的关键设计工具、软件。

（二）技术支撑。建立工业设计数据资源中心，形成技术支撑能力。重点聚焦元器件数据库、CMF（色彩、材料与工艺）数据库、文化艺术资源库、人体心理生理数据库、产品图谱库、行业分析数据库、生命周期评价数据库、设计项目案例库、专利数据库等基础信息资源。参与设计领域相关标准制订工作。

（三）成果转化。开展产品试制、检验检测、质量认证、模具制造等服务，有效降低企业设计成果转化成本，提高设计企业市场响应速度。加强成果转化全流程知识产权保护能力建设，提供专利预警、快速审查、快速确权、快速维权等服务。搭建工业设计网络交易平台，有效对接需求，整合全球资源。

（四）咨询服务。为政府部门提供行业分析、政策研究、宣贯落实等支撑服务。为企业提供工业设计相关的战略咨询、过程管理、技术支持等业务服务，以及商务、金融、市场、财务、法律等延伸服务。

（五）人才培养。瞄准设计领域高端、复合型人才培养，建立区域性、行业性设计人才培养基地。加强与相关院校和科研机构合作，根据行业特点开展知识普及、技能提升等专业培训。探索开放式人才培养模式，推动设计人才国际国内双向交流和联合培养。

（六）交流合作。组织开展设计供需对接。推动对外合作，广泛吸引全球设计智慧。推动中国设计“走出去”，提升中国设计国际影响力，为“一带一路”建设等提供服务。

## 三、工作程序

（一）开展省级工业设计研究院建设。省级工业和信息化主管部门负责本地区省级工业设计研究院的建设工作。有条件的地方可围绕制造强国建设需要，确定省级工业设计研究院建设方向。鼓励省级工业设计研究院在名称、发起单位、股权结构、管理模式等方面采取灵活方式。鼓励在现有相关机构基础上，进行整合改造提升。

（二）确定国家工业设计研究院培育对象。我部将在省级工业设计研究院中确定国家工业设计研究院培育名单。有意列入培育名单的省级工业设计研究院，由省级工业和信息化主管部门向我部推荐，推荐材料主要介绍推荐对象的建设目标、组建方案、组织构架、运营机制、既有业绩、发展规划、经费来源等。我部同意纳入培育名单后，将会同相关地方主管部门加强对培育对象的建设指导。

（三）升级认定国家工业设计研究院。我部将从稳定运营两年以上的培育对象中升级认定国家工业设计研究院，升级标准见《省级工业设计研究院升级为国家工业设计研究院基本条件》（见附件）。升级认定工作将按照“成熟一家、升级一家”的原则，对研究院发展情况进行综合评价后确定。评价标准另行制定。

（四）定期考核评估。我部将定期对国家工业设计研究院进行考核。对于达不到考核要求的，取消其国家工业设计研究院资格；对于考核中发现问题的，会同地方工业和信息化主管部门实施有效整改，推动国家工业设计研究院健康发展。

## 四、工作要求

（一）加强工作统筹。我部将结合行业发展需要和各地实际，提出国家工业设计研究院创建总体计划。引导地方工业和信息化主管部门加强沟通协作，错位发展，避免重复建设和盲目投资。适时组织开展工作交流，总结创建经验，及时发现解决问题，统筹推进创建工作。

（二）强化组织领导。各地工业和信息化主管部门要高度重视工业设计公共服务和研究能力建设。有条件的地区可结合本指南要求，研究制定本省（区、市）工作方案。充分发挥行业组织、龙头企业、高等院校和科研院所的作用，组建专家队伍，重视方案论证，加强对本地区设计领域共性需求的分析研判，指导省级工业设计研究院建设发展。

（三）加大支持力度。我部将积极创造条件，支持国家工业设计研究院建设发展。鼓励地方财政探索有效方式，支持省级工业设计研究院的初期建设和持续发展。鼓励相关地区先行先试，营造有利于工业设计公共服务机构发展的政策环境。

附件：省级工业设计研究院升级为国家工业设计研究院基本条件（略）

# 工业和信息化部关于印发《工业互联网平台建设及推广指南》和《工业互联网平台评价方法》的通知

工信部信软〔2018〕126号

各省、自治区、直辖市及计划单列市、新疆生产建设兵团工业和信息化主管部门：

现将《工业互联网平台建设及推广指南》和《工业互联网平台评价方法》印发给你们，请认真贯彻执行。

附件：1. 工业互联网平台建设及推广指南

2. 工业互联网平台评价方法（略）

工业和信息化部

2018年7月9日

**附件1**

## 工业互联网平台建设及推广指南

工业互联网平台是面向制造业数字化、网络化、智能化需求，构建基于云平台的海量数据采集、汇聚、分析服务体系，支撑制造资源泛在连接、弹性供给、高效配置。为贯彻落实《国务院关于深化“互联网＋先进制造业”发展工业互联网的指导意见》，加快发展工业互联网平台，制定本指南。

### 一、总体要求

深入贯彻落实党的十九大和十九届二中、三中全会精神，以习近平新时代中国特色社会主义思想为指导，坚持新发展理念，聚焦工业互联网平台发展，以平台标准为引领，坚持建平台和用平台双轮驱动，打造平台生态体系，优化平台监管环境，加快培育平台新技术、新产品、新模式、新业态，有力支撑制造强国和网络强国建设。

到2020年，培育10家左右的跨行业跨领域工业互联网平台和一批面向特定行业、特定区域的企业级工业互联网平台，工业App大规模开发应用体系基本形成，重点工业设备上云取得重大突破，遴选一批工业互联网试点示范（平台方向）项目，建成平台试验测试和公共服务体系，工业互联网平台生态初步形成。

### 二、制定工业互联网平台标准

（一）建立工业互联网平台标准体系。制定工业互联网平台参考架构、技术框架、评价指标等基础共性标准。组织推进边缘计算、异构协议兼容适配、工业微服务框架、平台数据管理、平台开放接口、应用和数据迁移、平台安全等关键技术标准制定，面向特定行业制定形成一批平台应用标准。

（二）推动形成平台标准制定与推广机制。充分发挥企业、高校、科研院所、联盟、行业协会作用，推动国家标准、行业标准和团体标准的制定与推广。建设标准管理服务平台，开发标准符合性验证工具及解决方案，在重点行业、重点区域开展标准宣贯培训。

（三）推动平台标准国际对接。建立与国际产业联盟、标准化组织的对标机制，等同采纳国际标准，加快国际标准的国内转化。支持标准化机构、重点企业主导或实质参与国际标准制定。

## 三、培育工业互联网平台

（四）遴选10家左右的跨行业跨领域工业互联网平台。制定工业互联网平台评价方法，在地方普遍发展工业互联网平台的基础上，分期分批遴选跨行业跨领域平台，加强跟踪评价和动态调整。组织开展工业互联网试点示范（平台方向）、应用现场会，推动平台在重点行业和区域落地，支持跨行业跨领域平台拓展国际市场。

（五）发展一批面向特定行业、特定区域的企业级工业互联网平台。制定工业互联网平台服务能力规范，支持协会联盟等开展平台能力成熟度评价，发布重点行业工业互联网平台推荐名录。鼓励地方建设工业互联网平台省级制造业创新中心，推动平台在“块状经济”产业集聚区落地。

（六）提升工业互联网平台设备管理能力。支持建设工业设备协议开放开源社区，引导设备厂商、自动化企业开放设备协议、数据格式、通信接口等源代码，形成工业设备数据采集案例库和工具箱。组织开展边缘计算技术测试与应用验证，推动基于工业现场数据的实时智能分析与优化。

（七）加速工业机理模型开发与平台部署。鼓励平台整合高校、科研院所等各方资源，推动重点行业基础共性技术的模型化、组件化、软件化与开放共享，促进基于工业互联网平台的工业知识沉淀、传播、复用与价值创造。

（八）强化工业互联网平台应用开发能力。支持平台建设多类开发语言、建模工具、图形化编程环境，开发平台化、组件化的行业解决方案软件包，推动面向场景的多功能、高灵活、预集成平台方案应用部署。

（九）打造面向工业场景的海量工业App。组织研制工业App参考架构、通用术语、分类准则等标准。编制和滚动修订基础共性工业App需求目录，支持平台联合各方建设基础共性和行业通用工业App及微服务资源池。鼓励第三方建设工业App研发协同平台和交易平台，推动工业App交易。

## 四、推广工业互联网平台

（十）实施工业设备上云“领跑者”计划。制定分行业、分领域重点工业设备数据云端迁移指南，推动工业窑炉、工业锅炉、石油化工设备等高耗能流程行业设备，柴油发动机、大中型电机、大型空压机等通用动力设备，风电、光伏等新能源设备，工程机械、数控机床等智能化设备上云用云，提高设备运行效率和可靠性，降低资源能源消耗和维修成本。鼓励平台在线发布核心设备运行绩效榜单和最佳工艺方案，引导企业通过对标优化设备运行管理能力。

（十一）推动企业业务系统上云。鼓励龙头企业面向行业开放共享业务系统，带动产业链上下游企业开展协同设计和协同供应链管理。鼓励地方通过创新券、服务券等方式加大企业上云支持力度，发挥中小企业公共服务平台、小型微型企业创业创新基地作用，降低中小企业平台应用门槛。

（十二）培育工业互联网平台应用新模式。组织开展工业互联网试点示范（平台方向），培育协同设计、协同供应链管理、产品全生命周期管理、供应链金融等平台应用新模式。组织制定工业互联网平台应用指南，明确平台应用的咨询、实施、评估、培训、采信等全流程方法体系。

## 五、建设工业互联网平台生态

（十三）建设工业互联网平台试验测试体系。以测带建、以测促用，支持建设一批面向跨行业跨领域、特定区域和特定行业的试验测试环境，以及一批面向特定场景的测试床，开展技术成熟度、功能完整性、协议兼容性、数据安全性等试验测试。

（十四）建设工业互联网平台开发者社区。支持协会联盟联合跨行业跨领域平台建设开发者社区，推动平台开放开发工具、知识组件、算法组件等工具包（SDK）和应用程序编程接口（API），构建工业App开发生态。指导开发者社区建立人才培训、认证、评价体系，组织开展开发者创业创新大赛，加快工业App开发者人才队伍建设。

（十五）建设工业互联网平台新型服务体系。探索基于平台的知识产权激励和保护机制，创建工业互联网平台知识交易环境。构建基于平台的制造业新型认证服务体系，推动建立线上企业资质、产品质量和服务能力认证新体系。建设工业互联网平台基础及创新技术服务平台，推动资源库建设与技术成果交易。

## 六、加强工业互联网平台管理

（十六）推动平台间数据与服务互联互通。制定工业互联网平台互联互通规范，构建公平、有序、开放的平台发展环境。制定发布工业互联网平台数据迁移行业准则，实现不同平台间工业数据的自由传输迁移。支持协会联盟制定软件跨平台调用标准，推动工业模型、微服务组件、工业App在不同平台间可部署、可调用、可订阅。

（十七）开展平台运营分析与动态监测。搭建监测分析服务平台，加强与工业互联网平台运营数据共享，实时、动态监测工业互联网平台发展情况。发布工业App订阅榜、平台用户地图等榜单，开发细分行业产能分布数字地图。加强工业大数据管理与新技术应用，推进平台间数据安全流动、可信交易、汇聚共享和服务增值。

（十八）完善平台安全保障体系。制定完善工业信息安全管理等政策法规，明确安全防护要求。建设国家工业信息安全综合保障平台，实时分析平台安全态势。强化企业平台安全主体责任，引导平台强化安全防护意识，提升漏洞发现、安全防护和应急处置能力。

# 工业和信息化部关于印发《推动企业上云实施指南（2018—2020年）》的通知

工信部信软〔2018〕135号

各省、自治区、直辖市及计划单列市、新疆生产建设兵团工业和信息化主管部门：

为贯彻落实《国务院关于促进云计算创新发展培育信息产业新业态的意见》《国务院关于深化“互联网+先进制造业”发展工业互联网的指导意见》《云计算发展三年行动计划（2017—2019年）》等部署要求，推动企业利用云计算加快数字化、网络化、智能化转型，推进互联网、大数据、人工智能与实体经济深度融合，现将《推动企业上云实施指南（2018—2020年）》印发给你们，请结合各地实际，认真组织实施。

工业和信息化部

2018年7月23日

## 推动企业上云实施指南（2018—2020年）

云计算是信息技术发展和服务模式创新的集中体现，是信息化发展的重大变革和必然趋势。支持企业上云，有利于推动企业加快数字化、网络化、智能化转型，提高创新能力、业务实力和发展水平；有利于加快软件和信息技术服务业发展，深化供给侧结构性改革，促进互联网、大数据、人工智能与实体经济深度融合，加快现代化经济体系建设。

### 一、总体要求

工业和信息化部统筹协调企业上云工作，组织制定完善企业上云效果评价等相关标准，指导各地工业和信息化主管部门、第三方机构等协同开展工作。各地工业和信息化主管部门要结合本地实际，以强化云计算平台服务和运营能力为基础，以加快推动重点行业领域企业上云为着力点，以完善支撑配套服务为保障，制订工作方案和推进措施，组织开展宣传培训，推动云平台服务商和行业企业加强供需对接，有序推进企业上云进程。

到2020年，力争实现企业上云环境进一步优化，行业企业上云意识和积极性明显提高，上云比例和应用深度显著提升，云计算在企业生产、经营、管理中的应用广泛普及，全国新增上云企业100万家，形成典型标杆应用案例100个以上，形成一批有影响力、带动力的云平台和企业上云体验中心。

（ ）企业上云应以提升企业发展能力、解决实际业务问题为出发点。通过将企业业务与信息化应用相结合，实现信息系统升级，促进企业业务创新、流程重构、管理变革，加速企业数字化、网络化、智能化转型，切实提高企业管理水平和综合竞争力。

（二）企业开展上云工作，可从性价比、可用性、可扩展性、安全性、合规性等方面进行调研分析，运用理论分析、仿真实验、测试验证等方法，充分评估业务使用云服务的成本、收益、风险和可接受程度。在此基础上，按照分级分类的原则，统一规划信息系统的上云部署方案。

（三）企业可优先选择业务特征与云计算特点相契合、上云价值效益明显的信息系统上云。一是信息系统使用具有明显的高低峰，需要动态调配资源，进行弹性扩展。二是信息系统需要快速迭代上线，提升业务创新速度。三是信息系统需要降低运行维护成本，提高应急响应、故障恢复、信息安全保障能力。四是信息系统需要运用大数据、人工智能等云上服务实现业务拓展。

（四）开展上云工作，需要上云企业、云平台服务商、云应用服务商、系统集成商、基础设施提供商及相关行业组织、第三方机构加强协作，明确各方责任，共同推进实施。云平台服务商等作为主要服务供给方，要联合云应用服务商、系统集成商、基础设施提供商等产业链相关方，共同为上云企业提供技术支撑服务。上云企业参照指南引导，稳步推进自身上云工作，积极利用云计算平台上的软件应用和数据服务实现数字化转型。第三方机构积极参与宣贯培训、测试评估工作，加强对企业上云工作的跟踪研究。

## 二、科学制定部署模式

（五）大型企业可建立私有云，部署数据安全要求高的关键信息系统；可将连接客户、供应商、员工的信息系统采用公有云部署，并与私有云共同形成混合云架构。对于数据安全要求高且需对外连接提供服务的信息系统，可考虑采用数据存储于私有云、应用部署于公有云的混合云架构。

（六）中小企业和创业型企业可依托公有云平台，按需租用存储、计算、网络等基础设施资源，应用设计、生产、营销、办公、财务等云服务或构建特色云服务，提高经营管理水平和效率，加快形成业务能力，开展业务和服务模式创新，实现个性化服务输出，加速建立现代化经营模式。

## 三、按需合理选择云服务

（七）基础设施类云服务。一是计算资源服务。使用云平台的各种弹性计算服务，实现计算资源集中管理、动态分配、弹性扩展和运维减负。二是存储资源服务。使用云平台的块存储、对象存储等云存储服务，提高数据存储的经济性、安全性和可靠性。三是网络资源服务。使用云平台的虚拟专有云、虚拟专有网络、负载均衡等网络服务，高效安全利用云平台网络资源。四是安全防护服务。使用云上主机安全防护、网络攻击防护、应用防火墙、密钥/证书管理、数据加密保护等安全服务，提高信息安全保障能力。

（八）平台系统类服务。一是数据库服务。利用云数据库系统，实现各类数据跨平台、跨业务的协同管理。二是大数据分析服务。利用云端大数据平台推动数据资源集聚，进行数据采集、存储、分析、挖掘和协同应用。三是中间件平台服务。利用云上中间件服务，构建分布式系统架构，满足“互联网＋”转型的需要。四是物联网平台服务。将海量物联网终端设备接入云平台，实现设备高效可视化在线管理。五是软件开发平台服务。通过云上开发平台进行软件生命周期管理，快速构建开发、测试、运行环境，规范开发流程、降低成本、提高效率。六是人工智能平台服务。利用云平台的计算资源，形成语音识别、图像识别、人脸识别等智能服务能力，提升业务智能化水平。

（九）业务应用服务。一是协同办公服务。使用邮件、会议、通信等云服务，形成维护成本低、服务效率高的办公系统，提高办公效率。二是经营管理应用服务。使用企业人力资源管理、行政管理、财务管理等云服务，提高企业经营管理的科学性和效率。三是运营管理服务。使用采购管理、生产管理、销售管理、供应链管理、客户资源管理等云服务，提升企业运营管理水平。

四是研发设计服务。使用计算机辅助设计、产品开发等云服务，在云端部署开发、设计环境，提升研发效率和创新水平。五是生产控制服务。通过MES（制造执行系统）、生产数据等系统上云，优化生产控制流程，提升生产效率和水平。六是智能应用服务。整合企业全局数据，打造智能研发、智能生产、智能营销、智能服务等智能应用，提升企业智能化水平。

## 四、稳妥有序推进企业上云

（十）企业上云可按照需求分析、可行性评估、选择确定云平台服务商、上云方案设计、测试和部署、验证和总结、运维保障、效果评估等步骤进行。企业可根据自身实际选择合适步骤，适当简化流程，有序实施上云。

（十一）企业可结合自身业务发展规划，在第三方机构或云平台服务商的支持下，对信息系统业务类型、使用人员、使用特征、性能指标、数据库使用情况、系统间关联关系等进行全面梳理。

（十二）企业可在第三方机构或云平台服务商的支持下，参考信息系统分析结果，结合已有信息资源和业务需要，从业务需求、用户体验、平台兼容性、成本、安全性等方面，分析满足系统安全稳定运行的云基础环境需求，对信息系统的上云可行性进行分析，初步确定各类系统是否上云，以及上云的优先级。重点分析内容包括：

1. 上云是否能够提升企业发展能力、解决实际业务问题。

2. 信息系统是否适合弹性拓展、是否需要快速部署；云平台及应用服务是否兼容现有信息系统；若不兼容则需评估迁移改造成本及风险等。

3. 评估数据存储方式、数据安全等是否符合要求。

4. 评估上云方式（在线/离线等）是否符合业务要求，上云迁移时间是否在可接受业务中断时间范围内；上云后能否满足不同类型用户体验需求。

5. 评估现有系统与上云后系统的切换方案、并行运行方案、失败回滚方案等；评估系统改造、数据迁移、应用程序迁移过程中可能出现的风险点，并给出应对建议。

（十三）上云企业可在云平台服务商支持下，基于上云可行性评估结论，拟定详细上云工作内容和要求，明确各方责任和义务。充分评估迁移上云过程中的风险点，制定应用迁移、数据迁移、系统改造方案、数据存储方式及安全保护等技术方案，以及配套的监督、验收、失败回滚方案，做好上云信息系统和未上云信息系统的协同。

（十四）上云企业可依托云平台服务商或第三方机构，明确各信息系统具体迁移策略。对于复杂系统的迁移上云，需要根据实际情况采用定制化的迁移技术及方法。迁移策略包括：

1. 直接迁移：将信息系统迁移部署到云平台，利用统一运营管理平台进行管理；

2. 改造后迁移：对数据库、系统架构、运行环境、接口等进行改造，使其满足迁移到云平台的技术要求后迁移；

3. 采购云服务重建：结合业务实际，采购满足需求的各类云服务，重新构建信息系统；

4. 保持现状：对暂不适合迁移的系统，继续保持运行在当前环境。

（十五）企业可在云平台服务商或第三方机构支持下，根据上云方案构建模拟环境，进行上云演练，经过测试和验证，不断优化完善上云方案，执行上云过程。

1. 推动开发、测试环境上云，构建模拟环境，包括迁移源端和目标端环境；

2. 实施模拟上云，进行功能测试、性能测试、备份测试、容灾测试等，并在此基础上修改完善上云方案；

3. 按照上云方案准备包括人员、环境、实施工具等在内的资源，实施上云过程，开展数据迁移和应用迁移，失败时实施回滚方案。

（十六）上云过程结束后，各相关方可进行数据完整性和一致性校验，执行上云后的功能测试、业务流程测试、性能比对测试、备份测试、容灾测试、安全测试等，出具上云测试报告；将信息系统正式割接到云平台，开展上云总结。

（十七）上云成功后，上云企业可自行或委托第三方机构对云服务进行监督，督促云平台服务商不断提升服务能力。如出现服务不可用或达不到保障水平的情况，云平台服务商应按照服务协议中约定的内容和方式进行赔付，保证上云企业合法权益。

（十八）企业上云后，可自行或委托第三方机构，从资源采购规模和利用率、业务效率提升情况、经济效益和社会效益等方面对上云效果进行评估。

（十九）上云企业可配备相应的云计算人才队伍，并根据上云对企业业务经营和组织管理带来的变化，及时调整建立与之相适应的企业组织管理模式。

## 五、提升支撑服务能力

（二十）云平台服务商应加快提升技术水平和服务能力，保障云平台高效、安全、稳定运行，与云应用服务商、系统集成商、基础设施提供商、第三方机构、行业组织密切合作，为上云企业提供方案咨询和定制服务，拓展企业上云覆盖范围。

（二十一）鼓励云平台服务商建设综合性、行业性或区域性企业上云体验中心，系统展示云服务业务内容、功能特点、典型应用案例和上云成效，提高用户对云计算的认知度和应用能力。鼓励云平台服务商与云应用开发商、系统集成商等组织开展培训服务，加强专业人才队伍建设。

（二十二）鼓励软件和信息技术服务企业加速向云计算转型，针对不同行业、不同企业差异化需求，基于云计算平台开展产品、服务和解决方案的开发测试，加快丰富云计算产品服务供给。积极发展协同办公、生产管理、财务管理、营销管理、人力资源管理等各类 SaaS 服务，为上云企业提供业务支撑。

## 六、强化政策保障

（二十三）鼓励各地建立政府部门、云平台服务商、上云企业等多方合作推进机制。支持各地工业和信息化主管部门设立企业上云专家咨询委员会。加大对企业上云的引导推进力度，加强政策宣贯解读，普及上云知识，提高企业上云意识和实践能力，持续扩大企业上云影响力。

（二十四）支持各地工业和信息化主管部门建立完善公共服务平台，为企业提供信息系统规划咨询、方案设计、监理培训等各类服务。深入开展云服务能力测评和服务可信度评估，推动提升云计算企业服务水平和服务质量。积极探索利用保险模式对上云企业给予保障。

（二十五）鼓励各地加快推动开展云上创新创业。支持各类企业和创业者以云计算平台为基础，利用大数据、物联网、人工智能、区块链等新技术，积极培育平台经济、分享经济等新业态、新模式。

（二十六）制定出台企业上云的效果评价标准，逐步构建企业上云效果评价体系。支持第三方机构根据相关标准，对成本节约、效率提升、业务升级、创新促进等上云效果进行评估、统计，引导企业深度上云。总结宣传企业上云的典型案例和成功经验，加大推广力度，打造上云标杆企业，充分发挥示范引领作用，实现企业上云规模化推进。

（二十七）落实《中华人民共和国网络安全法》相关要求，推动建立健全云计算相关安全管理制度，完善云计算网络安全防护标准。指导督促云平台服务商切实落实主体责任，保障用户信息安全和商业秘密。

# 工业和信息化部关于印发《坚决打好工业和通信业污染防治攻坚战三年行动计划》的通知

工信部节〔2018〕136 号

各省、自治区、直辖市及计划单列市、新疆生产建设兵团工业和信息化主管部门：

现将《坚决打好工业和通信业污染防治攻坚战三年行动计划》印发给你们，请结合实际认真贯彻执行。

工业和信息化部

2018 年 7 月 23 日

## 坚决打好工业和通信业污染防治攻坚战三年行动计划

为贯彻落实《中共中央 国务院关于全面加强生态环境保护 坚决打好污染防治攻坚战的意见》，切实履行工业和通信业生态环境保护职责，在推动制造强国和网络强国建设中，全面推进工业绿色发展，坚决打好污染防治攻坚战，促进工业和通信业高质量发展，制定本行动计划。

### 一、总体要求

以习近平新时代中国特色社会主义思想为指导，全面贯彻党的十九大和十九届二中、三中全会精神，认真落实党中央、国务院决策部署和全国生态环境保护大会要求，牢固树立“四个意识”，坚定“四个自信”，坚持新发展理念，自觉把经济社会发展同生态文明建设统筹起来，以供给侧结构性改革为主线，以工业和通信业高质量发展为主攻方向，重点围绕“调结构、优布局、强产业、全链条”，强化技术创新，加强政策保障，推进工业绿色转型发展，加快形成人与自然和谐相处的绿色发展方式，实现环境效益、经济效益和社会效益多赢。

到 2020 年，规模以上企业单位工业增加值能耗比 2015 年下降 18%，单位工业增加值用水量比 2015 年下降 23%，绿色制造和高技术产业占比大幅提高，重点区域和重点流域（具体范围见附件）重化工业比重明显下降，产业布局更加优化，结构更加合理，工业绿色发展整体水平显著提升，绿色发展推进机制基本形成。

### 二、调整优化产业结构和布局

（一）优化产业布局。落实京津冀和长江经济带产业转移指南，指导重点区域和重点流域产业合理转移。实施长江经济带产业发展市场准入负面清单，明确禁止和限制发展的行业、生产工艺、产品目录。（部内产业政策司负责，地方工业和信息化主管部门负责落实。以下均需地方工业和信息化主管部门落实，不再列出）加快推动城镇人口密集区不符合安全和卫生防护距离的危险化学品生产企业搬迁改造，到 2020 年，中小型企业和存在重大风险隐患的大型企业搬迁改造工作基本完成，重点区域和重点流域力争率先完成。推动河北省等重点区域城市钢铁企业通过彻底关停、转型发展、就地改造、域外搬迁等方式，实现转型升级。结合钢铁去产能和废钢回收利用情况，研究支持引导电炉炼钢发展的政策措施。（部内原材料工业司负责）

（二）调整产业结构。加大过剩产能压减力度，重点区域严禁新增钢铁、水泥、平板玻璃、焦化、电解铝、铸造等产能。严格执行钢铁、电解铝、水泥、平板玻璃等行业产能置换实施办法。指导和督促地方政府积极推动钢铁、水泥、平板玻璃等行业过剩产能有序退出。2018 年再压减钢铁产能 3000 万吨左右，力争提前完成“十三五”期间钢铁去产能 1.5 亿吨的目标。2020 年年底前，河北钢铁产能控制在 2 亿吨以内。严防“地条钢”死灰复燃。（部内原材料工业司牵头，产业政策司参与）加大钢铁等重点行业落后产能淘汰力度，综合运用质量、环保、能耗、安全等标准依法依规淘汰落后产能。鼓励各地制定范围更广、标准更严的落后产能淘汰政策。（部内产业政策司负责）

（三）强化“散乱污”企业综合整治。积极配合生态环境部，根据产业政策、产业布局规划，以及土地、环保、质量、安全、能耗等要求，参与制定“散乱污”企业及集群整治标准。配合生态环境部门开展“散乱污”工业企业排查和分类。（部内产业政策司牵头，节能与综合利用司、安全生产司、原材料工业司、装备工业司、消费品工业司、电子信息司参与）支持列入整改提升的工业企业实施升级改造。（部内规划司负责）

（四）实施错峰生产。重点区域实施秋冬季重点行业错峰生产。各地针对钢铁、建材、焦化、铸造、电解铝、化工等高排放行业，科学制定错峰生产方案，实施差别化管理，并将错峰生产方案细化到企业生产线、工序和设备。企业未按期完成治理改造任务的，一并纳入当地错峰生产方案，实施停产。加大秋冬季工业企业生产调控力度，加强错峰生产督导检查，严防错峰生产“一刀切”和扩大范围情况的发生。（部内原材料工业司牵头，规划司、节能与综合利用司、装备工业司、消费品工业司、运行监测协调局参与）

## 三、加快推进绿色智能改造提升

（五）加强工业节能。持续开展工业节能监察专项行动，实现对重点高耗能行业全覆盖。实施能效“领跑者”制度，开展能效对标达标，发布重点用能行业能效“领跑者”。加快高效节能技术产品推广应用，发布国家工业节能技术装备推荐目录和“能效之星”产品目录。（部内节能与综合利用司负责）

（六）推动工业资源综合利用。建设一批工业资源综合利用基地，大力推进长江经济带磷石膏、冶炼渣、尾矿等工业固体废物综合利用。发布再生资源综合利用规范企业名单，引导再生资源综合利用企业做大做强。大力推进新能源汽车动力蓄电池回收利用。指导开展工业固体废物资源综合利用评价，推动落实综合利用税收优惠政策。力争到 2020 年全国工业固体废物综合利用率达到 73%，主要再生资源回收利用量达到 3.5 亿吨。（部内节能与综合利用司负责）

（七）加强工业节水。提高重点流域和华北等缺水地区工业节水标准。（部内科技司、节能与综合利用司牵头，相关司局参与）大力推广国家鼓励的工业节水工艺、技术和装备，开展水效领跑者引领行动，引导和支持工业企业开展水效对标达标活动。持续提高钢铁、石化、化工、印染、造纸和食品等高耗水行业用水效率。（部内节能与综合利用司牵头，相关司局参与）

（八）深入实施绿色制造和智能制造工程。利用绿色信贷和绿色制造专项建成一批重大项目。建设百家绿色园区、千家绿色工厂，推广万种绿色产品，打造一批绿色供应链企业，推动能源资源利用效率明显提升。（部内节能与综合利用司负责）加快节能与绿色制造相关标准的制修订工作，2020 年前完成百项绿色标准。（部内科技司、节能与综合利用司牵头，相关司局参与）开展智能制造基础共性和行业应用标准试验验证，培育一批智能制造系统解决方案供应商，加大原材料、装备、消费品、电子、民爆等重点行业智能制造推广力度。（部内装备工业司负责）

（九）打好柴油货车污染治理攻坚战。严厉打击生产销售排放不合格机动车行为，撤销相关企业车辆产品公告。配合交通运输等部门加快淘汰老旧车，2020 年年底前，在京津冀及周边地区、汾渭平原淘汰国三及以下运营中重型柴油货车 100 万辆。2019 年 7 月 1 日起，重点区域、珠三角、成渝地区提前实施机动车国六排放标准。鼓励清洁能源车辆、船舶的推广使用。（部内装备工业司负责）

## 四、培育壮大绿色制造产业

（十）大力发展绿色产业。发展壮大节能环保、清洁生产和清洁能源产业。推进环保装备制造业规范发展，加大先进环保装备推广应用力度，提升环保装备技术水平，为污染治理提供装备保障。在冶金、建材、有色、化工、电镀、造纸、印染、农副食品加工等行业，以自愿性清洁生产审核为抓手，推进清洁生产技术改造。（部内节能与综合利用司负责）

（十一）推广新能源汽车。2020 年新能源汽车产销量达到 200 万辆左右。联合交通运输等部门，加快推进城市建成区新增和更新的公交、环卫、邮政、出租、通勤、轻型物流配送车辆采用新能源或清洁能源汽车，重点区域达到 80%。（部内装备工业司负责）

## 五、加强组织领导，强化政策保障

（十二）成立领导小组。成立工业和信息化部污染防治攻坚战领导小组，建立工作机制，加强组织领导，做好沟通协调，统筹推进各项工作落实。领导小组办公室设在部节能与综合利用司。地方各级工业和信息化主管部门要履职尽责、主动对表、积极作为，确保工作落实到位。（部内节能与综合利用司负责）

（十三）加大政策支持力度。加大现有政策对污染防治攻坚战相关工作的支持力度。加强与国务院相关部门沟通协调，积极争取中央财政资金、税收、绿色信贷、政府采购等支持政策。（部内规划司、财务司、节能与综合利用司牵头，相关司局参与）

（十四）加强考核问责。配合中央编办、生态环境部，制定工业和信息化部生态环境保护责任清单。（部内节能与综合利用司牵头，政策法规司、人事教育司等相关司局参与）制定考核实施办法，考核结果纳入部机关各司局年度绩效考评范围。（部内人事教育司、机关党委、节能与综合利用司牵头，相关司局参与）省级工业和信息化主管部门分别于每年 1 月 15 日、7 月 15 日前将污染防治攻坚战工作落实情况报工业和信息化部污染防治攻坚战领导小组办公室。工业和信息化部对省级工业和信息化主管部门工作落实情况进行督导检查。（部内节能与综合利用司牵头，相关司局参与）

附件：重点区域和重点流域具体范围

**附件**

**重点区域和重点流域具体范围**

重点区域具体范围：京津冀及周边地区，包括北京市，天津市，河北省石家庄、唐山、邯郸、邢台、保定、沧州、廊坊、衡水市及雄安新区，山西省太原、阳泉、长治、晋城市，山东省济南、淄博、济宁、德州、聊城、滨州、菏泽市，河南省郑州、开封、安阳、鹤壁、新乡、焦作、濮阳市等；长三角地区，包括上海市、江苏省、浙江省、安徽省；汾渭平原，包括山西省晋中、运城、临汾、吕梁市，河南省洛阳、三门峡市，陕西省西安、铜川、宝鸡、咸阳、渭南市以及杨凌示范区等。

重点流域具体范围：长江经济带上海、江苏、浙江、安徽、江西、湖北、湖南、重庆、四川、云南、贵州 11 省市。

# 工业和信息化部 国家发展和改革委员会关于印发《扩大和升级信息消费三年行动计划（2018—2020年）》的通知

工信部联信软〔2018〕140号

各省、自治区、直辖市及计划单列市、新疆生产建设兵团工业和信息化主管部门、发展和改革委员会：

为贯彻落实《国务院关于进一步扩大和升级信息消费持续释放内需潜力的指导意见》，现将《扩大和升级信息消费三年行动计划（2018—2020年）》印发给你们，请结合实际认真贯彻实施。

工业和信息化部

国家发展和改革委员会

2018年7月27日

## 扩大和升级信息消费三年行动计划（2018—2020年）

我国经济已由高速增长阶段转向高质量发展阶段，消费对经济发展的基础性作用日益凸显。信息消费是创新最活跃、增长最迅速、辐射最广泛的新兴消费领域之一，对拉动内需、促进就业和引领产业升级发挥着重要作用，已成为新时期提振国民经济、深化供给侧结构性改革、实现高质量发展的关键抓手。扩大和升级信息消费，有利于在更高水平、更高层次、更深程度实现供需新平衡，有利于优化经济结构，普惠社会民生。为深入贯彻落实《国务院关于进一步扩大和升级信息消费持续释放内需潜力的指导意见》，大力推动信息消费向纵深发展，壮大经济发展内生动力，制定本行动计划。

### 一、总体要求

#### （一）指导思想

以习近平新时代中国特色社会主义思想为指导，全面贯彻落实党的十九大精神，认真落实党中央、国务院决策部署，以推进供给侧结构性改革为主线，以加快提升产业供给能力为重点，以优化信息消费环境为保障，深化信息技术融合创新应用，打造信息消费升级版，不断满足人民群众日益增长的消费需求，促进经济社会更高质量、更可持续的健康发展。

#### （二）基本原则

坚持需求拉动、创新发展。以满足人民群众期待为出发点和落脚点，加快提升产业供给能力，推动信息消费供给结构与需求结构有效匹配、消费升级与有效投资良性互动。

坚持多方联动、协同发展。以企业为主体，加强产学研用各方协作，促进产业链协同发展，构建完善的信息消费生态体系，扩大信息消费覆盖范围。

坚持因地制宜、特色发展。引导各地根据经济基础和产业特色合理定位，结合信息消费需求发展的新变化、新趋势，不断调整完善政策体系，分类别、分层次、分步骤有序推进。

坚持有序推进、安全发展。树立正确的网络安全观，统筹促发展与保安全，加强信息消费市场监管体系建设，完善安全管理体系，持续优化产业发展环境。

## 二、主要目标

消费规模显著增长。到2020年，信息消费规模达到6万亿元，年均增长11%以上。信息技术在消费领域的带动作用显著增强，拉动相关领域产出达到15万亿元。

覆盖范围惠及全民。到2020年98%行政村实现光纤通达和4G网络覆盖，加快补齐发展短板，释放网络提速降费红利。

载体建设稳步推进。创建一批新型信息消费示范城市，打造区域性信息消费创新应用高地，培育一批发展前景好、带动作用大、示范效应强的项目。

产业体系逐步健全。加强核心技术研发，推动信息产品创新和产业化升级，提升产品质量和核心竞争力。在医疗、养老、教育、文化等多领域推进“互联网+”，推动基于网络平台的新型消费成长，发展线上线下协同互动消费新生态。

消费环境日趋完善。信息消费法律法规体系日趋完善，高效便捷、安全可信、公平有序的信息消费环境基本形成，努力实现消费者能消费、敢消费、愿消费。

## 三、主要行动

### （一）新型信息产品供给体系提质行动

提升消费电子产品供给创新水平。利用物联网、大数据、云计算、人工智能等技术推动电子产品智能化升级，提升手机、计算机、彩色电视机、音响等各类终端产品的中高端供给体系质量，推进智能可穿戴设备、虚拟/增强现实、超高清终端设备、消费类无人机等产品的研发及产业化，加快超高清视频在社会各行业应用普及。针对家庭、社区、机构等不同应用环境，发展便携式健康监测设备、家庭服务机器人等智能健康养老服务产品，满足多样化、个性化健康养老需求。

加快新型显示产品发展。支持企业加大技术创新投入，突破新型背板、超高清、柔性面板等量产技术，带动产品创新，实现产品结构调整。推动面板企业与终端企业拓展互联网、物联网、人工智能等不同领域应用，在中高端消费领域培育新增长点，进一步扩大在线健康医疗、安防监控、智能家居等领域的应用范围。

深化智能网联汽车发展。推进技术测试等支撑平台建设，制定车联网产业发展标准体系建设指南，推进车载智能芯片、自动驾驶操作系统、车辆智能算法等关键技术产品研发，构建一体化智能车辆平台，培育多元化应用。推进基于宽带移动互联网的智能汽车和智慧交通应用项目建设。到2020年，建立可靠、安全、实时性强的智能网联汽车计算平台，形成平台相关标准，支撑高度自动驾驶（HA级）。

### （二）信息技术服务能力提升行动

组织开展“企业上云”行动。面向行业企业开展宣传培训工作，推动云计算服务商与行业企业深入合作，利用云上的软件应用和数据服务提高企业管理效率，组织开展典型标杆应用案例遴选。推动中小企业业务向云端迁移，到2020年，实现中小企业应用云服务快速形成信息化能力，形成100个企业上云典型应用案例。

提升信息技术服务研发应用水平。推进新型智慧城市建设，支持云计算、大数据、物联网综合研发应用，加速提高居民生活信息消费便利化水平。组织开展区块链等新型技术应用试点。发布信息技术服务标准（ITSS）体系5.0版，持续开展贯标活动，支持企业以标准为引领加快提升综合集成服务能力，到2020年贯标企业超过2000家。

培育行业信息消费支撑服务。积极发展工业电子商务，深化制造业和互联网融合，建设一批有较强影响力和带动力的垂直电商平台。支持企业发展网络支付、现代物流、供应链管理等面向信息消费全过程的支撑服务。到2020年，实现重点行业骨干企业电子商务普及率达到60%。

推动信息消费领域“双创”发展。支持大型企业建立基于互联网的“双创”平台，培育信息消费融合发展新业态、新模式。建设一批国家中小企业公共服务示范平台，为中小企业提供信息、技术、创业、培训、融资等服务。公告一批国家小型微型企业创业创新示范基地，广泛吸引中小企业入驻，引导示范基地积极整合社会服务资源，提供多方面、多种形式的服务，助力信息消费创新发展。

**（三）信息消费者赋能行动**

推动信息基础设施提速降费。深入落实“宽带中国”战略，组织实施新一代信息基础设施建设工程，推进光纤宽带和第四代移动通信（4G）网络深度覆盖，加快第五代移动通信（5G）标准研究、技术试验，推进5G规模组网建设及应用示范工程。深化电信普遍服务试点，提高农村地区信息接入能力。加大网络降费优惠力度，充分释放网络提速降费红利。在工业、农业、交通、能源、市政、环保等领域开展试点示范，到2020年实现城镇地区光网覆盖，提供1000Mbps以上接入服务能力；98%的行政村实现光纤通达和4G网络覆盖，有条件地区提供100Mbps以上接入服务能力；确保启动5G商用。

实施消费者信息技能提升培训工程。依托信息消费试点示范城市建设，面向各类消费主体特别是信息技能相对薄弱的农牧民、老年人等群体，组织开展信息消费培训，普及信息应用、网络支付、风险甄别等相关知识。鼓励企业、行业协会等社会力量结合当地特色和优势，组织开展信息类职业技能、创业创新等系列大赛，提升信息消费技能。2020年之前选择重点地区实施100个以上信息技能培训项目。

组织开展信息消费体验活动。组织开展“信息消费城市行”，通过政策解读、展览展示、互动体验、现场参观等形式，扩大信息消费影响力。支持各地组织信息消费体验周、建设信息消费体验馆等各种活动，积极运用虚拟/增强现实、交互娱乐等技术，深化用户在应用场景定制、产品功能设计、数字内容提供等方面的协同参与，提高消费者满意度，丰富信息消费体验，培养信息消费习惯。

**（四）信息消费环境优化行动**

加强和改进行业监管。深入推进“放管服”改革，进一步简化行政审批，对信息消费领域新模式新业态采取鼓励创新、包容审慎的监管模式，营造行业健康发展环境。持续创新监管方式，加强信息通信行业信用体系建设，利用云计算、大数据等完善监管技术手段。夯实互联网基础资源管理，实行网站、域名实名联动管理，强化企业主体责任。

维护市场竞争秩序。完善以信用为核心的全流程市场监管体系，进一步规范互联网网络接入服务市场，加大骚扰电话防范和治理力度，维护信息通信市场秩序。优化市场竞争法律法规环境，规范市场主体竞争秩序，依法查处不正当竞争行为，加大知识产权保护力度，激发创新创业活力。

加强个人信息保护。落实《中华人民共和国网络安全法》相关规定，推动出台电信和互联网网络数据管理政策，规范网络数据收集、传输、存储和使用行为。建立完善数据与个人信息泄露公告和报告机制，加强行业个人信息保护监督执法，督促企业切实落实用户个人信息保护责任。

构建安全可靠的信息消费环境。深入推进网络综合治理，及时有效应对网络诈骗等新问题，纵深推进防范打击通讯信息诈骗工作，有效维护人民群众切身利益。加强监督检查，加大对电信和互联网企业服务和收费违规行为的处置和曝光力度，督促企业加强自律，解决好社会关注和用户反映强烈的热点难点问题，切实维护用户合法权益。

## 四、保障措施

**（一）加强工作组织协调**

各地工业和信息化、发展改革主管部门要加强信息消费重大决策、重大工程和重大问题的统筹协调，做好组织保障。建立完善信息消费发展的协同工作机制，明确地方信息消费发展目标和实施方案，加大对信息消费工作成效考核力度，做好行动计划的贯彻落实。支持有条件的地方成立信息消费发展专家咨询委员会，为开展工作提供参考和支持。

**（二）加大政策支持力度**

加大资金支持力度，支持信息消费前沿技术研发，拓展各类新型产品和融合应用。各地工业和信息化、发展改革主管部门要进一步落实鼓励软件和集成电路产业发展的若干政策，加大现有支持中小微企业税收政策落实力度。鼓励有条件的地方设立信息消费专项资金，推动出台支持信息消费发展的政策，切实改善企业融资环境，加大对信息消费领域中小微企业的支持。

**（三）推动开展试点示范**

完善信息消费示范城市建设方案和管理办法，鼓励地方加大支持力度，打造一批产业基础雄厚、产业链条完备、聚集效应明显、区域特色鲜明的试点示范城市。面向生活类信息消费、公共服务类信息消费、行业类信息消费、新型信息产品消费遴选一批发展前景好、带动作用大、示范效应强的示范项目。

**（四）完善统计监测制度**

加快制定完善信息消费统计监测制度，进一步明确统计范围。各地工业和信息化主管部门要按照全国统计监测目标、范围和口径，完善本地区统计监测工作机制，及时上报信息消费工作进展情况。建立健全信息消费评价机制，定期发布信息消费发展指数，指导和推动信息消费持续健康发展。

**（五）搭建产业合作平台**

充分发挥协会、联盟等行业组织的桥梁纽带作用，整合骨干企业、高等院校、科研院所等各界资源，推动产、学、研间开展深入合作，在信息消费标准制定、技术验证、产品孵化、国际拓展等方面，创新管理和运作机制，打造多方协作、互利共赢的产业生态。

# 工业和信息化部关于公布2018年工业和信息化部重点实验室名单的通知

工信部科〔2018〕149号

部属相关单位，部属各高校：

依据《工业和信息化部重点实验室管理暂行办法》（工信部科〔2014〕515号），我部组织开展了2018年工业和信息化部重点实验室认定工作。经评审和公示，现将2018年工业和信息化部重点实验室名单予以公布（名单见附件）。

附件：2018年工业和信息化部重点实验室名单

工业和信息化部

2018年8月8日

附件

## 2018年工业和信息化部重点实验室名单

| 序号 | 重点实验室名称 | 依托单位 |
|---|---|---|
| 1 | 空间环境监测与信息处理工业和信息化部重点实验室 | 北京航空航天大学 |
| 2 | 空天网络安全工业和信息化部重点实验室 | 北京航空航天大学 |
| 3 | 智能系统与装备电磁环境效应工业和信息化部重点实验室 | 北京航空航天大学 |
| 4 | 信息光子技术工业和信息化部重点实验室 | 北京理工大学 |
| 5 | 分子医学与生物诊疗工业和信息化部重点实验室 | 北京理工大学 |
| 6 | 工业制造艺术创新设计工业和信息化部重点实验室 | 北京理工大学 |
| 7 | 超精密仪器技术及智能化工业和信息化部重点实验室 | 哈尔滨工业大学 |
| 8 | 寒地城乡人居环境科学与技术工业和信息化部重点实验室 | 哈尔滨工业大学 |
| 9 | 网络大数据安全分析工业和信息化部重点实验室 | 哈尔滨工业大学 |
| 10 | 深海工程装备与技术工业和信息化部重点实验室 | 哈尔滨工程大学 |
| 11 | 海洋特种材料工业和信息化部重点实验室 | 哈尔滨工程大学 |
| 12 | 信息保密与防护技术工业和信息化部重点实验室 | 哈尔滨工程大学 |
| 13 | 柔性电子材料与器件工业和信息化部重点实验室 | 西北工业大学 |
| 14 | 复杂系统动力学与控制工业和信息化部重点实验室 | 西北工业大学 |
| 15 | 智能感知与计算工业和信息化部重点实验室 | 西北工业大学 |

续　表

| 序号 | 重点实验室名称 | 依托单位 |
| --- | --- | --- |
| 16 | 模式分析与机器智能工业和信息化部重点实验室 | 南京航空航天大学 |
| 17 | 深空星表探测机构技术工业和信息化部重点实验室 | 南京航空航天大学 |
| 18 | 非定常空气动力学与流动控制工业和信息化部重点实验室 | 南京航空航天大学 |
| 19 | 复杂装备系统动力学工业和信息化部重点实验室 | 南京理工大学 |
| 20 | 新型膜材料工业和信息化部重点实验室 | 南京理工大学 |
| 21 | 受控电弧智能增材技术工业和信息化部重点实验室 | 南京理工大学 |
| 22 | 工业互联网平台创新与测试验证工业和信息化部重点实验室 | 中国信息通信研究院 |
| 23 | 短距离无线电设备检测与评估工业和信息化部重点实验室 | 国家无线电监测中心 |
| 24 | 区块链技术与数据安全工业和信息化部重点实验室 | 国家工业信息安全发展研究中心 |
| 25 | 云计算标准与应用工业和信息化部重点实验室 | 中国电子技术标准化研究院 |
| 26 | 智能产品质量评价与可靠性保障技术工业和信息化部重点实验室 | 中国电子产品可靠性与环境试验研究所 |
| 27 | 智能制造测试验证与评价工业和信息化部重点实验室 | 中国电子信息产业发展研究院 |

# 工业和信息化部办公厅关于印发《设计扶贫三年行动计划（2018—2020年）》的通知

工信厅产业〔2018〕58号

各省、自治区、直辖市及计划单列市、新疆生产建设兵团工业和信息化主管部门：

现将《设计扶贫三年行动计划（2018—2020年）》印发给你们，请结合实际认真组织实施。

工业和信息化部办公厅

2018年8月13日

## 设计扶贫三年行动计划（2018—2020年）

为全面贯彻落实《中共中央 国务院关于打赢脱贫攻坚战的决定》《“十三五”脱贫攻坚规划》《中共中央办公厅国务院办公厅关于支持深度贫困地区脱贫攻坚的实施意见》《中共中央 国务院关于打赢脱贫攻坚战三年行动的指导意见》等部署要求，更好发挥工业设计在提升产品品质、助力产业扶贫方面的作用，切实打好精准脱贫攻坚战，促进区域协调发展，制定本行动计划。

### 一、总体思路

#### （一）指导思想

以习近平新时代中国特色社会主义思想为指导，深入贯彻落实党的十九大关于坚决打好精准脱贫攻坚战的部署，坚持精准扶贫精准脱贫基本方略，以深度贫困地区为重点，以产品品质提升、居民生活条件改善、乡村特色文化产业发展、特色优势产业升级为主攻方向，充分调动设计行业组织和企业积极性、主动性和创造性，为贫困地区普及设计理念，提供设计解决方案，培育设计专业人才，激发发展内生动力。

#### （二）基本原则

1. 坚持精准扶贫。以深度贫困地区和少数民族聚集边境地区为重点，以发展能力提升为根本途径，提高贫困地区、少数民族聚集边境地区政府和企业的产业扶贫能力，不断培育提升企业设计能力和产品市场竞争力。

2. 坚持因地制宜。把握不同地区、不同行业的特点，做到一业一品一方案，一村一户一办法，提供个性化设计帮扶服务。通过设计推动贫困地区一二三产业融合发展，鼓励贫困地区依托特色与优势加速脱贫。

3. 坚持协同协作。构建上下齐动、多方联动、行业互动的协同推进体系，发挥设计企业、高等院校、研究机构主体作用，引导相关单位履行社会责任。调动地方政府、贫困地区企业等各方力量，协同推进各项工作。充分发挥信息技术作用，建立设计援助服务平台，扩大设计扶贫受益范围。

4. 坚持创新务实。创新方式方法，探索多样化扶贫路径。鼓励各类设计力量与各有关地方、企业直接接洽，实现合作双赢。创新贫困地区设计人才培训方式，以扶智带动脱贫。

**（三）总体目标**

到2020年年底，面向贫困地区提供不少于1000件产品设计方案，开展不少于3000人次设计培训，组织不少于50次设计师走进贫困地区访问活动，实施不少于50个乡村风貌或公共设施改观设计方案，建成并免费开放千万数量级原创设计素材数据库，探索出一条有中国特色的设计扶贫路径。

## 二、主要行动

**（一）提升贫困地区产品设计水平**

1. 建立设计需求信息库。以提升贫困地区企业产品市场竞争力为导向，组织相关地区围绕企业产品竞争力短板开展摸底调查，针对生产过程、材料、功能、品质、包装、营销策划等方面的不足，建立设计需求信息库。

2. 搭建设计扶贫对接服务平台。组织开展设计扶贫对接，利用已有相关设计服务平台开发设计扶贫专门功能板块，连接设计师、设计企业等各类设计资源，面向贫困地区设计需求提供技术研究、成果转化、信息咨询、招商引智等服务。

3. 实施千村千品设计促进计划。组织设计力量深入贫困地区调研，针对贫困地区设计需求提供设计解决方案。鼓励设计师、设计企业与贫困地区企业建立长期合作关系，应对市场变化持续提供设计改进方案，促进产品升级换代、市场开拓和品牌建设，实现互利共赢。

**（二）提升贫困地区产品设计能力**

4. 开展设计知识普及培训活动。为贫困地区工业行业政府管理部门人员，企业负责人、设计人员，能工巧匠和民族民间工艺传承人等提供设计知识普及培训，培养一批设计人才，每年培训不少于1000人次，切实提高贫困地区工业设计理念和意识。

5. 实施百校千人设计互助计划。动员高校设计专业师生力量与贫困地区企业设计师开展设计互助行动，每个互助团队支持不少于10名企业设计人员，三年持续帮扶不少于1000名设计师。通过校企合作，提升企业的设计能力与水平，塑造企业发展新动能。

6. 培育设计脱贫标杆企业。引导贫困地区工业企业重视和发展工业设计，促进企业转型发展，带动区域脱贫。鼓励有关国家级、省级工业设计中心，以及有能力的工业设计企业扩大服务市场，协助贫困地区企业建立工业设计中心，或开展设计服务整体外包，培育一批设计脱贫标杆企业，充分发挥典型示范作用。

**（三）改善贫困地区人民生活质量**

7. 推出一批特殊人群专用产品。在国家和各地举行的各类设计评奖、比赛等活动中，鼓励设立面向贫困地区学生、老人、残障、病患等特殊人群的实际需求，开展产品（方案）征集评定，形成一批有市场前景和推广价值的产品或方案，并以适当方式组织生产和捐赠。

8. 组织开展设计师精品义卖活动。组织设计力量，围绕改善贫困地区普通居民生产生活条件，设计高品质产品，并组织线上和线下义卖活动。鼓励有关公益平台积极参与，并接受公众监督。

**（四）推动乡村风貌改观升级**

9. 务实培育发展乡村产业。根据贫困地区实施乡村振兴战略中的各类需求，组织设计力量主动对接，围绕农产品加工、农机装备、农村教育卫生设施等方向发布设计方案，兼顾乡村特色旅游产品和服务的设计开发，带动相关投资到贫困地区建设一批家庭农场、手工作坊、乡村车间等，推动贫困地区发展乡村产业，实现一二三产业融合发展。

10. 推进乡村新风貌塑造计划。在有条件的贫困村做好传统村落、传统建筑、民间文化的保护和传承，推动实施乡村风貌塑造计划，三年实施不少于50个乡村风貌或公共设施改观设计方案。通过整体设计保持乡土风情的完整性、真实性和延续性，实现乡村与自然田园景观等协调统一。积极推动贫困地区“厕所革命”，征集并实施农村户用卫生厕所设计方案，解决贫困地区人居环境突出问题，带动乡村旅游等服务业发展。

## 三、职责分工

设计扶贫工作由工业和信息化部统一组织和领导。工业和信息化部统筹指导地方工业和信息化主管部门开展工作，组织相关行业协会及相关组织积极参与，动员业内设计力量主动作为。地方工业和信息化主管部门负责联系受援地区县、乡人民政府，加强工作配合。鼓励广大设计机构积极响应，探索不同设计扶贫模式。各方职责分工如下：

（一）各级地方工业和信息化主管部门负责沟通协调贫困地区所在地方政府和相关部门，联系当地企业，组织收集设计需求，对接设计资源，协调落实工作。积极通过各地的对口援助机制和扶贫干部协助开展有关工作。有条件的地方可在本区域组织开展其他特色的设计扶贫活动，充分发挥自身设计优势开展区域互助协作等。

（二）国家和地方工业设计相关行业协会要积极协调，搭建平台、拟定实施计划、协助收集汇总设计需求；协调相关高等院校设计专业师生积极参与，拓展各方面设计资源；探索贫困地区设计人才培训培养方式并承担相关培训任务，积极组织企业设计师参与培训提升。

（三）鼓励引导设计企业、其他社会组织等积极参与设计扶贫各项行动。在已有工作基础上，提供设计供需平台，提供培训师资场地，开展扶贫特别捐助，以及自主开展设计扶贫其他活动等。

## 四、进度安排

2018 年，重点实施地区为“三区三州”等深度贫困地区，工业和信息化部系统定点帮扶县、燕山－太行山片区县，以及内蒙古、湖南、贵州部分贫困县区。甘肃、四川、云南、青海、西藏、新疆（含新疆生产建设兵团）等省（区）工业和信息化主管部门要围绕“三区三州”脱贫攻坚实际，主动提出设计需求。内蒙古、山西、湖南、贵州等省（区）工业和信息化主管部门要结合自身实际，提出设计扶贫工作计划。

2019 年，积极总结设计扶贫工作经验，在全国其他地区逐步开展。

2020 年，全面完成设计扶贫行动计划确定的任务目标，助力精准脱贫攻坚任务完成。

## 五、保障措施

（一）强化组织领导。相关地方、企业和设计组织、机构要充分认识设计扶贫在脱贫攻坚工作中的重要意义，进一步增强责任感、紧迫感，加强组织领导，建立健全政府部门、企业、行业组织的协同推进工作机制，强化协同联动，形成工作合力。地方工业和信息化主管部门要做好工作宣传，调动本地贫困地区政府和企业积极性，研究制定具体工作方案，明确责任主体，及时跟踪工作进展，确保取得实效。

（二）汇集各方力量。鼓励地方工业设计有关行业协会、研究院等平台充分发挥作用，积极组织开展有针对性的活动。组织动员设计教育机构师生积极参与结对帮扶和设计培训等相关活动。支持设计扶贫成果参与国家和地方工业设计奖项评选。协调中国工业设计展览会开辟设计扶贫展示专区，并对优秀设计作品、设计师予以表彰，提升设计扶贫工作的影响力。

（三）搭建对接平台。发挥信息技术的作用，鼓励相关机构开发并提供广大设计机构便于参与的设计扶贫对接平台，面向设计资源、能力、需求等要素，实现设计扶贫工作实时在线、开放共享。保持平台的公益性质，确保平台规范化运行。强化平台运营管理，提升对接效果和成功率，促进设计供需双方良性互动。加强设计成果保护，建立科学合理的设计扶贫成果转化激励机制，实现设计成果的推广转化的效益最大化。

# 工业和信息化部 国家标准化管理委员会关于印发《国家智能制造标准体系建设指南（2018年版）》的通知

工信部联科〔2018〕154号

各省、自治区、直辖市及计划单列市、新疆生产建设兵团工业和信息化主管部门、质量技术监督局（市场监督管理部门），有关标准化技术组织、标准化专业机构，有关中央企业、行业协会，有关单位：

为加快推进智能制造发展，指导智能制造标准化工作的开展，工业和信息化部、国家标准化管理委员会共同组织制定了《国家智能制造标准体系建设指南（2018年版）》，现予印发。

工业和信息化部
国家标准化管理委员会
2018年8月14日

## 国家智能制造标准体系建设指南（2018年版）

2018年7月

## 目　录

前言 …… 604
一、总体要求 …… 604
（一）指导思想 …… 604
（二）基本原则 …… 604
（三）建设目标 …… 604
二、建设思路 …… 604
（一）智能制造系统架构 …… 605
（二）智能制造标准体系结构 …… 606
（三）智能制造标准体系框架 …… 608
三、建设内容 …… 608
（一）基础共性标准 …… 608
（二）关键技术标准 …… 609
（三）行业应用标准 …… 616
四、组织实施 …… 616
附件1　智能制造相关名词术语和缩略语 …… 617
附件2　智能制造系统架构映射及示例解析 …… 618
附件3　已发布、制定中的智能制造基础共性标准和关键技术标准 …… 621

## 前言

制造业是国民经济的主体，是立国之本、兴国之器、强国之基。智能制造是落实我国制造强国战略的重要举措，加快推进智能制造，是加速我国工业化和信息化深度融合、推动制造业供给侧结构性改革的重要着力点，对重塑我国制造业竞争新优势具有重要意义，“智能制造、标准先行”，标准化工作是实现智能制造的重要技术基础。

为指导当前和未来一段时间智能制造标准化工作，解决标准缺失、滞后、交叉重复等问题，落实“加快制造强国建设”，工业和信息化部、国家标准化管理委员会在2015年共同组织制定了《国家智能制造标准体系建设指南（2015年版）》并建立动态更新机制。

按照标准体系动态更新机制，扎实构建满足产业发展需求、先进适用的智能制造标准体系，推动装备质量水平的整体提升，工业和信息化部、国家标准化管理委员会共同组织制定了《国家智能制造标准体系建设指南（2018年版）》。

## 一、总体要求

### （一）指导思想

进一步贯彻落实《智能制造发展规划（2016—2020年）》（工信部联规〔2016〕349号）和《装备制造业标准化和质量提升规划》（国质检标联〔2016〕396号）的工作部署，充分发挥标准在推进智能制造产业健康有序发展中的指导、规范、引领和保障作用。针对智能制造标准跨行业、跨领域、跨专业的特点，立足国内需求，兼顾国际体系，建立涵盖基础共性、关键技术和行业应用三类标准的国家智能制造标准体系。加强标准的统筹规划与宏观指导，加快创新技术成果向标准转化，强化标准的实施与监督，深化智能制造标准国际交流与合作，提升标准对制造业的整体支撑作用，为产业高质量发展保驾护航。

### （二）基本原则

按照《国家智能制造标准体系建设指南（2015年版）》中提出的“统筹规划，分类施策，跨界融合，急用先行，立足国情，开放合作”原则，进一步完善智能制造标准体系，全面开展基础共性标准、关键技术标准、行业应用标准研究，加快标准制（修）订，在制造业各个领域全面推广。同时，加强标准的创新发展与国际化，积极参与国际标准化组织活动，加强与相关国家和地区间的技术标准交流与合作，开展标准互认，共同推进国际标准制定。

### （三）建设目标

按照“共性先立、急用先行”的原则，制定安全、可靠性、检测、评价等基础共性标准，识别与传感、控制系统、工业机器人等智能装备标准，智能工厂设计、智能工厂交付、智能生产等智能工厂标准，大规模个性化定制、运维服务、网络协同制造等智能服务标准，人工智能应用、边缘计算等智能赋能技术标准，工业无线通信、工业有线通信等工业网络标准，机床制造、航天复杂装备云端协同制造、大型船舶设计工艺仿真与信息集成、轨道交通网络控制系统、新能源汽车智能工厂运行系统等行业应用标准，带动行业应用标准的研制工作。推动智能制造国家和行业标准上升成为国际标准。

到2018年，累计制修订150项以上智能制造标准，基本覆盖基础共性标准和关键技术标准。

到2019年，累计制修订300项以上智能制造标准，全面覆盖基础共性标准和关键技术标准，逐步建立起较为完善的智能制造标准体系。建设智能制造标准试验验证平台，提升公共服务能力，提高标准应用水平和国际化水平。

## 二、建设思路

国家智能制造标准体系按照“三步法”原则建设完成。第一步，通过研究各类智能制造应用系统，提取其共性抽象特征，构建由生命周期、系统层级和智能特征组成的三维智能制造系统架构，从而明确智能制造对象和边界，识别智能制造现有和缺失的标准，认知现有标准间的交叉重叠关系；第二步，在深入分析标准化需求的基础上，综合智能制造系统架构各维度逻辑关系，将智能制造系统架构的生命周期维度和系统层级维度组成的平面自上而下依次映射到智能特征维度的五个层级，形成智能装备、智能工厂、智能服务、智能赋能技术、工业网络五类关键技术标准，与基础共性标准和行业应用标准共同构成智能制造标准体系结构；第三步，对智能制造标准体系结构分解细化，进而建立智能制造标准体系框架，指导智能制造标准体系建设及相关标准立项工作。

## （一）智能制造系统架构

《智能制造发展规划（2016—2020年）》（工信部联规〔2016〕349号）指出，智能制造是基于新一代信息通信技术与先进制造技术深度融合，贯穿于设计、生产、管理、服务等制造活动的各个环节，具有自感知、自学习、自决策、自执行、自适应等功能的新型生产方式。

智能制造系统架构从生命周期、系统层级和智能特征三个维度对智能制造所涉及的活动、装备、特征等内容进行描述，主要用于明确智能制造的标准化需求、对象和范围，指导国家智能制造标准体系建设。智能制造系统架构如图1所示。

1. 生命周期

生命周期是指从产品原型研发开始到产品回收再制造的各个阶段，包括设计、生产、物流、销售、服务等一系列相互联系的价值创造活动。生命周期的各项活动可进行迭代优化，具有可持续性发展等特点，不同行业的生命周期构成不尽相同。

（1）设计是指根据企业的所有约束条件以及所选择的技术来对需求进行构造、仿真、验证、优化等研发活动过程；

（2）生产是指通过劳动创造所需要的物质资料的过程；

（3）物流是指物品从供应地向接收地的实体流动过程；

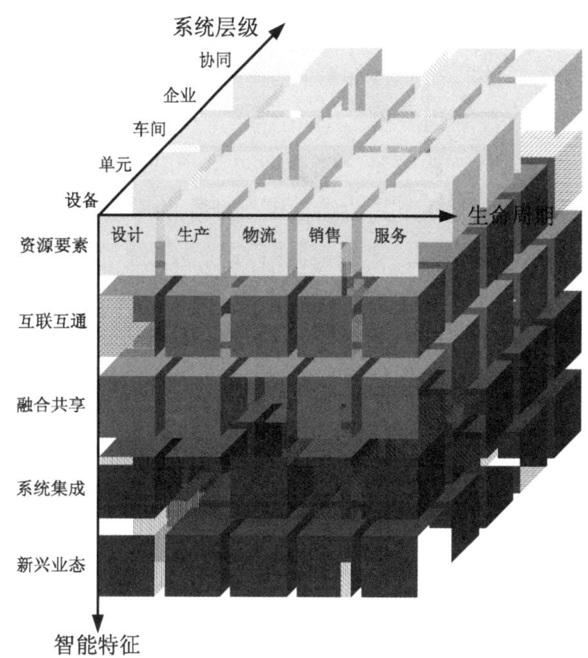


**图1　智能制造系统架构**

（4）销售是指产品或商品等从企业转移到客户手中的经营活动；

（5）服务是指提供者与客户接触过程中所产生的一系列活动的过程及其结果，包括回收等。

2. 系统层级

系统层级是指与企业生产活动相关的组织结构的层级划分，包括设备层、单元层、车间层、企业层和协同层。

（1）设备层是指企业利用传感器、仪器仪表、机器、装置等，实现实际物理流程并感知和操控物理流程的层级；

（2）单元层是指用于工厂内处理信息、实现监测和控制物理流程的层级；

（3）车间层是实现面向工厂或车间的生产管理的层级；

（4）企业层是实现面向企业经营管理的层级；

（5）协同层是企业实现其内部和外部信息互联和共享过程的层级。

3. 智能特征

智能特征是指基于新一代信息通信技术使制造活动具有自感知、自学习、自决策、自执行、自适应等一个或多个功能的层级划分，包括资源要素、互联互通、融合共享、系统集成和新兴业态五层智能化要求。

（1）资源要素是指企业对生产时所需要使用的资源或工具及其数字化模型所在的层级；

（2）互联互通是指通过有线、无线等通信技术，实现装备之间、装备与控制系统之间，企业之间相互连接及信息交换功能的层级；

（3）融合共享是指在互联互通的基础上，利用云计算、大数据等新一代信息通信技术，在保障信息安全的前提下，实现信息协同共享的层级；

（4）系统集成是指企业实现智能装备到智能生产单元、智能生产线、数字化车间、智能工厂，乃至智能制造系统集成过程的层级；

（5）新兴业态是企业为形成新型产业形态进行企业间价值链整合的层级。

智能制造的关键是实现贯穿企业设备层、单元层、车间层、企业层、协同层不同层面的纵向集成，跨资源要素、互联互通、融合共享、系统集成和新兴业态不同级别的横向集成，以及覆盖设计、生产、物流、销售、服务的端到端集成。

**（二）智能制造标准体系结构**

智能制造标准体系结构包括“A 基础共性”“B 关键技术”“C 行业应用”三个部分，主要反映标准体系各部分的组成关系。智能制造标准体系结构图如图 2 所示。

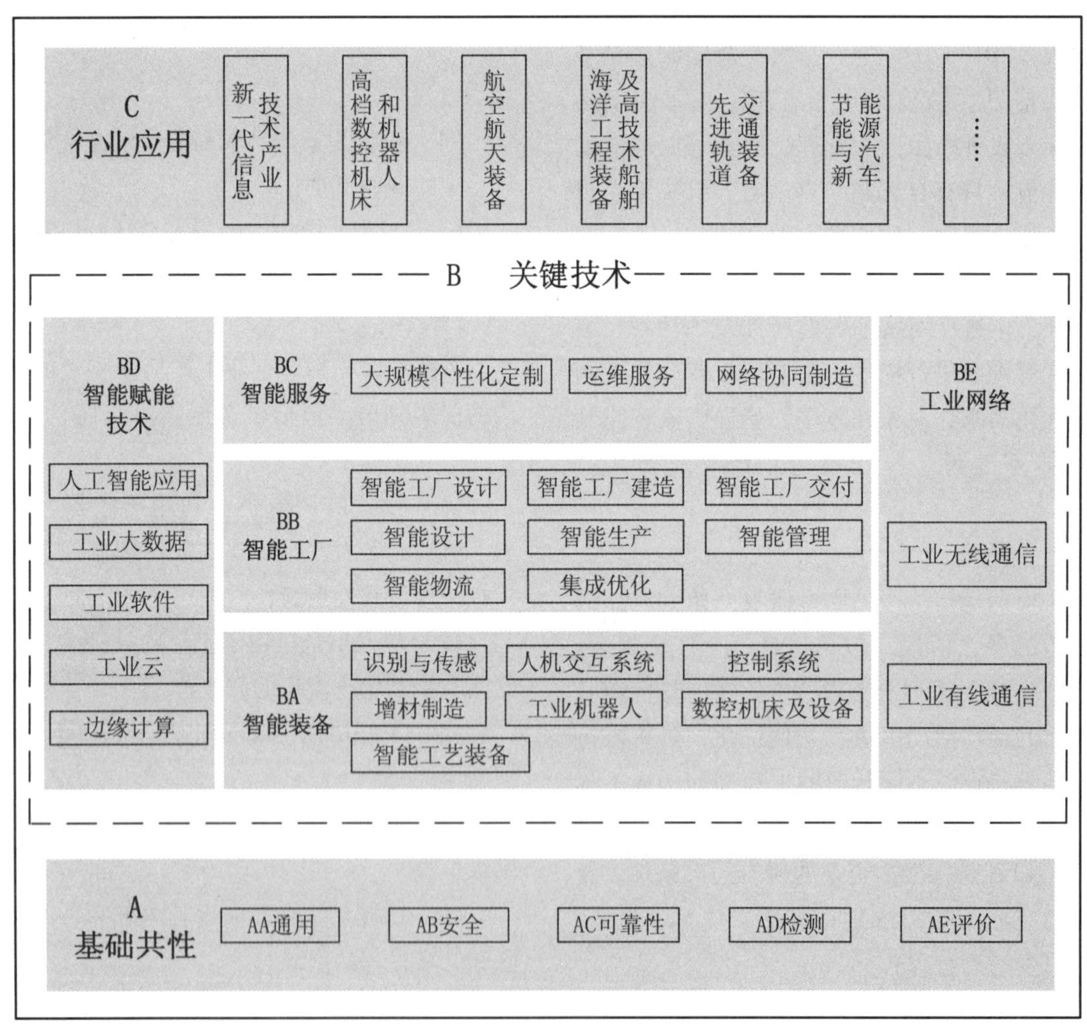


**图 2　智能制造标准体系结构图**

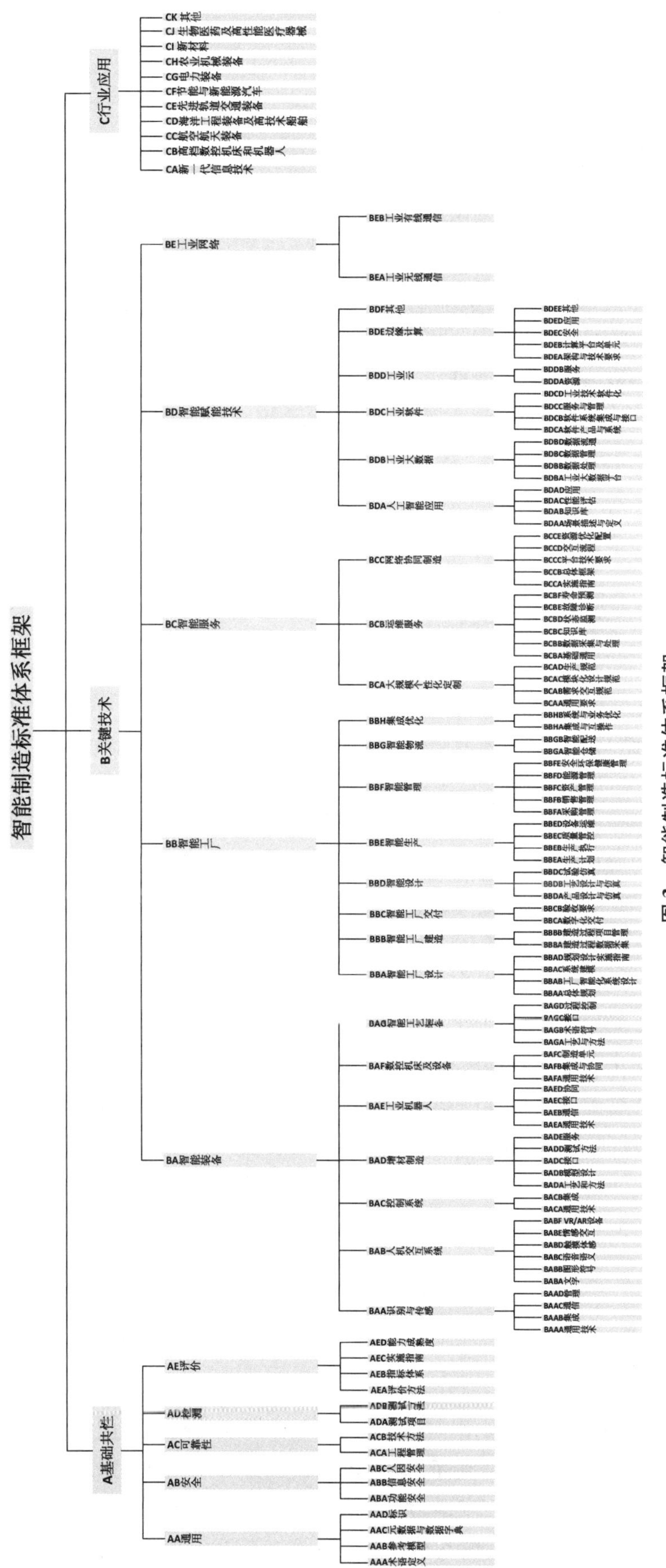


图 3　智能制造标准体系框架

具体而言，A 基础共性标准包括通用、安全、可靠性、检测、评价五大类，位于智能制造标准体系结构图的最底层，是 B 关键技术标准和 C 行业应用标准的支撑。B 关键技术标准是智能制造系统架构智能特征维度在生命周期维度和系统层级维度所组成的制造平面的投影，其中 BA 智能装备对应智能特征维度的资源要素，BB 智能工厂对应智能特征维度的资源要素和系统集成，BC 智能服务对应智能特征维度的新兴业态，BD 智能赋能技术对应智能特征维度的融合共享，BE 工业网络对应智能特征维度的互联互通。C 行业应用标准位于智能制造标准体系结构图的最顶层，面向行业具体需求，对 A 基础共性标准和 B 关键技术标准进行细化和落地，指导各行业推进智能制造。

智能制造标准体系结构中明确了智能制造的标准化需求，与智能制造系统架构具有映射关系。以大规模个性化定制模块化设计规范为例，它属于智能制造标准体系结构中 B 关键技术 - BC 智能服务中的大规模个性化定制标准。在智能制造系统架构中，它位于生命周期维度设计环节，系统层级维度的企业层和协同层，以及智能特征维度的新兴业态。其中，智能制造系统架构三个维度与智能制造标准体系的映射关系及示例解析详见附件 2。

**（三）智能制造标准体系框架**

智能制造标准体系框架由智能制造标准体系结构向下映射而成，是形成智能制造标准体系的基本组成单元。智能制造标准体系框架包括“A 基础共性”“B 关键技术”“C 行业应用”三个部分，如图 3 所示。

## 三、建设内容

### （一）基础共性标准

基础共性标准用于统一智能制造相关概念，解决智能制造基础共性关键问题，包括通用、安全、可靠性、检测、评价五个部分，如图 4 所示。

1. 通用标准

主要包括术语定义、参考模型、元数据与数

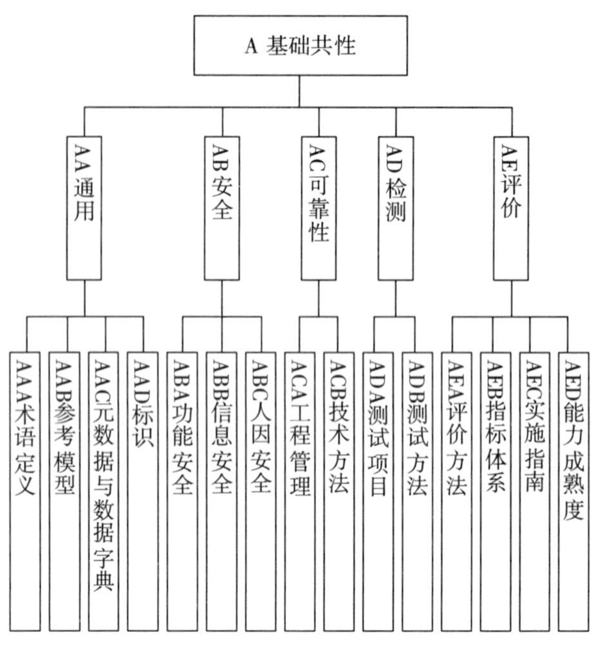


**图 4 基础共性标准子体系**

据字典、标识四个部分。术语定义标准用于统一智能制造相关概念，为其他各部分标准的制定提供支撑。参考模型标准用于帮助各方认识和理解智能制造标准化的对象、边界、各部分的层级关系和内在联系。元数据和数据字典标准用于规定智能制造产品设计、生产、流通等环节涉及的元数据命名规则、数据格式、数据模型、数据元素和注册要求、数据字典建立方法，为智能制造各环节产生的数据集成、交互共享奠定基础。标识标准用于对智能制造中各类对象进行唯一标识与解析，建设既与制造企业已有的标识编码系统兼容，又能满足设备互联网协议（IP）化、智能化等智能制造发展要求的智能制造标识体系。

2. 安全标准

主要包括功能安全、信息安全和人因安全三个部分。功能安全标准用于保证控制系统在危险发生时正确地执行其安全功能，从而避免因设备故障或系统功能失效而导致生产事故，包括面向智能制造的功能安全要求、功能安全系统设计和实施、功能安全测试和评估、功能安全管理等标准。信息安全标准用于保证智能制造领域相关信息系统及其数据不被破坏、更改、泄露，从而确保系统能连续可靠地运行，包括软件安全、设备信息安全、网络信息安全、数据安全、信息安全防护及评估等标准。人因安全标准用于避免在智能制造各环节中因人的行为造成的隐患或威胁，通过合理分配任务，调节工作环境，提高人员能力，以保证人身安全，预防误操作等，包括工作任务、环境、设备、人员能力、管理支持等标准。

3. 可靠性标准

主要包括工程管理、技术方法两个部分。工程管理标准主要对智能制造系统的可靠性活动进行规划、组织、协调与监督，包括智能制造系统及其各系统层级对象的可靠性要求、可靠性管理、综合保障管理、寿命周期成本管理等标准。技术方法标准主要用于指导智能制造系统及其各系统层级开展具体的可靠性保证与验证工作，包括可靠性设计、可靠性预计、可靠性试验、可靠性分析、可靠性增长、可靠性评价等标准。

4. 检测标准

主要包括测试项目、测试方法两个部分。测试项目标准用于指导智能制造装备和系统在测试过程中的科学排序和有效管理，包括不同类型的智能制造装备和系统一致性和互操作、集成和互联互通、系统能效、电磁兼容等测试项目标准。测试方法标准用于不同类型智能制造装备和系统的测试，包括试验内容、方式、步骤、过程、计算分析等内容的标准，以及性能、环境适应性和参数校准等。

5. 评价标准

主要包括指标体系、能力成熟度、评价方法、实施指南四个部分。指标体系标准用于智能制造实施的绩效与结果的评估，促进企业不断提升智能制造水平。能力成熟度标准用于企业识别智能制造现状、规划智能制造框架与提升智能制造能力水平提供过程方法论，为企业识别差距、确立目标、实施改进提供参考。评价方法标准用于为相关方提供一致的方法和依据，规范评价过程，指导相关方开展智能制造评价。实施指南标准用于指导企业提升制造能力，为企业开展智能化建设、提高生产力提供参考。

**（二）关键技术标准**

主要包括智能装备、智能工厂、智能服务、智能赋能技术和工业网络五个部分。

1. 智能装备标准

主要包括识别与传感、人机交互系统、控制系统、增材制造、工业机器人、数控机床及设备、智能工艺装备七个部分，如图5所示，其中重点是识别与传感、控制系统和工业机器人标

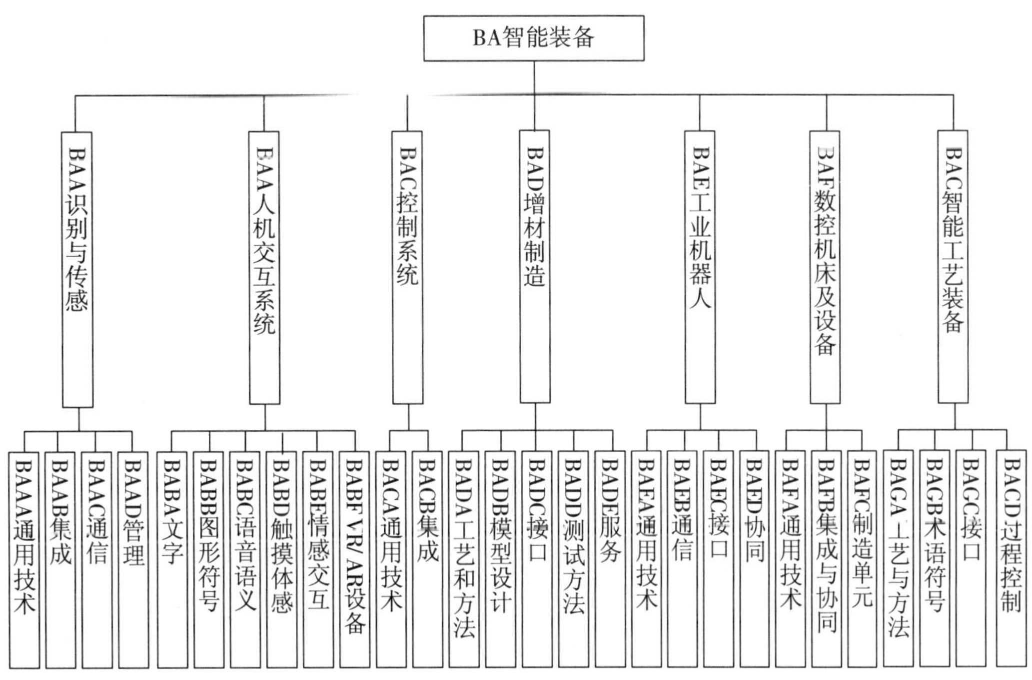


**图5　智能装备标准子体系**

准。主要规定智能传感器、自动识别系统、工业机器人等智能装备的信息模型、数据字典、通信协议、接口、集成和互联互通、优化等技术要求，解决智能生产过程中智能装备之间，以及智能装备与智能化产品、物流系统、检测系统、工业软件、工业云平台之间数据共享和互联互通的问题。

（1）识别与传感标准

主要包括标识及解析、数据编码与交换、系统性能评估等通用技术标准；信息集成、接口规范和互操作等设备集成标准；通信协议、安全通信、协议符合性等通信标准；智能设备管理、产品全生命周期管理等管理标准。主要用于在测量、分析、控制等工业生产过程，以及非接触式感知设备自动识别目标对象、采集并分析相关数据的过程中，解决数据采集与交换过程中数据格式、程序接口不统一的问题，确保编码的一致性。

（2）人机交互系统标准

主要包括工控键盘布局等文字标准；智能制造专业图形符号分类和定义等图形标准；语音交互系统、语义库等语音语义标准；单点、多点等触摸体感标准；情感数据等情感交互标准；虚拟显示软件、数据等 VR/AR 设备标准。主要用于规范人与信息系统多通道、多模式和多维度的交互途径、模式、方法和技术要求，解决包括工控键盘、操作屏等高可靠性和安全性交互模式，语音、手势、体感、虚拟现实/增强现实（VR/AR）设备等多维度交互的融合协调和高效应用的问题。

（3）控制系统标准

主要包括控制方法、数据采集及存储、人机界面及可视化、通信、柔性化、智能化等通用技术标准；控制设备集成、时钟同步、系统互联等集成标准。主要用于规定生产过程及装置自动化、数字化的信息控制系统，如可编程逻辑控制器（PLC）、可编程自动控制器（PAC）、分布式控制系统（DCS）、现场总线控制系统（FCS）、数据采集与监控系统（SCADA）等相关标准，解决控制系统数据采集、控制方法、通信、集成等问题。

（4）增材制造标准

主要包括典型增材制造工艺和方法标准；设计规范、文件格式、数据质量保障、文件存储和数据处理等模型设计标准；增材制造设备接口标准；增材制造材料、设备和零部件性能的测试方法标准；增材制造服务架构、服务模式等服务标准。主要用于规范智能制造系统中增材制造相关技术、方法，确保增材制造与智能制造各环节、要素的协调一致及效能最优。

（5）工业机器人标准

主要包括集成安全要求、统一标识及互联互通、信息安全等通用技术标准；数据格式、通信协议、通信接口、通信架构、控制语义、信息模型、对象字典等通信标准；编程和用户接口、编程系统和机器人控制间的接口、机器人云服务平台等接口标准；制造过程机器人与人、机器人与机器人、机器人与生产线、机器人与生产环境间的协同标准。主要用于规定工业机器人的系统集成、人机协同等通用要求，确保工业机器人系统集成的规范性、协同作业的安全性、通信接口的通用性。

（6）数控机床及设备标准

主要包括智能化要求、语言与格式、故障信息字典等通用技术标准；互联互通及互操作、物理映射模型、远程诊断及维护、优化与状态监控、能效管理、接口、安全通信等集成与协同标准；智能功能部件、分类与特性、智能特征评价、智能控制要求等制造单元标准。主要用于规范数字程序控制进行运动轨迹和逻辑控制的机床及设备，解决其过程、集成与协同以及在智能制造应用中的标准化问题。

（7）智能工艺装备标准

主要包括成形工艺和方法标准；工艺术语、工艺符号、工艺文件及其格式、存储、传输、数据处理标准；成形工艺装备接口标准；工艺过程信息感知、采集、传输、处理、反馈标准；工艺装备状态监控、运维标准。主要用于规范智能制造系统中铸造、塑性成形、焊接、热处理与表面改性、粉末冶金成形等热加工成形工艺装备相关技术、方法、工艺，确保成形制造与智能制造系统的协调一致。

智能装备标准建设重点

**识别与传感标准。**标识及解析、数据编码与交换、系统性能评估等通用技术标准；信息集成、接口规范和互操作等设备集成标准；通信协议、安全通信、协议符合性等通信标准；智能设备管理、产品全生命周期管理等管理标准。

**控制系统标准。**控制方法、数据采集及存储、人机界面及可视化、通信、柔性化、智能化等通用技术标准；控制设备集成、时钟同步、系统互联等集成标准。

**工业机器人标准。**集成安全要求、统一标识及互联互通、信息安全等通用技术标准；数据格式、通信协议、通信接口、通信架构、控制语义、信息模型、对象字典等通信标准；编程和用户接口、编程系统和机器人控制间的接口、机器人云服务平台等接口标准；制造过程机器人与人、机器人与机器人、机器人与生产线、机器人与生产环境间的协同标准。

**数控机床及设备标准。**智能化要求、语言与格式、故障信息字典等通用技术标准；互联互通及互操作、物理映射模型、远程诊断及维护、优化与状态监控、能效管理、接口、安全通信等集成与协同标准；智能功能部件、分类与特性、智能特征评价、智能控制要求等制造单元标准。

**智能工艺装备标准。**成形工艺和方法标准；工艺术语、工艺符号、工艺文件及其格式、存储、传输、数据处理标准；成形工艺装备接口标准；工艺过程信息感知、采集、传输、处理、反馈标准；工艺装备状态监控、运维标准。

2. 智能工厂标准

主要包括智能工厂设计、建造与交付，智能设计、生产、管理、物流和集成优化等部分，如图6所示，其中重点是智能工厂设计、智能工厂交付、智能生产和集成优化等标准。主要用于规定智能工厂设计、建造和交付等建设过程和工厂内设计、生产、管理、物流及其系统集成等业务活动。针对流程、工具、系统、接口等应满足的要求，确保智能工厂建设过程规范化、系统集成规范化、产品制造过程智能化。

（1）智能工厂设计标准

主要包括智能工厂的基本功能、设计要求、设计模型等总体规划标准；智能工厂物联网系统设计、信息化应用系统设计等智能化系统设计标准；虚拟工厂参考架构、工艺流程及布局模型、生产过程模型和组织模型等系统建模标准；达成智能工厂规划设计要求所需的工艺优化、协同设计、仿真分析、设计文件深度要求、工厂信息标识编码等实施指南标准。主要用于规定智能工厂的规划设计，确保工厂的数字化、网络化和智能化水平。

（2）智能工厂建造标准

主要包括建造过程数据采集范围、流程、信息载体、系统平台要求等建造过程数据采集标准；满足集成性、创新性要求、促进智能工厂建设项目管理科学化、规范化的建造过程项目管理标准。主要用于规定智能工厂建设和技术改造过程，通过智能工厂建造过程的控制与约束，确保智能工厂建设质量、建设周期、建设成本等预定目标的实现。

（3）智能工厂交付标准

主要包括交付内容、深度要求、流程要求等数字化交付标准；智能工厂各环节、各系统及系统集成等竣工验收标准。主要用于规定智能工厂建设完成后的验收与交付，确保建成的智能工厂达到预定建设目标，交付数据资料满足智能工厂运营维护要求。

（4）智能设计标准

主要包括基于数据驱动的参数化设计、专业化并行/协同设计、基于模型的产品生命周期（定义MBD、制造和检验）标准以及产品设计全过程的标准化管理；试验方法设计、试验数据与流程的管理、试验结果的分析与验证、试验结果反馈等试验仿真标准。主要用于规定产品的数字化设计和仿真，以及产品试验验证过程仿真的方法和要求，确保产品的功能、性能、易装配性、易维修性，缩短新产品研制和制造周期，降低成本。

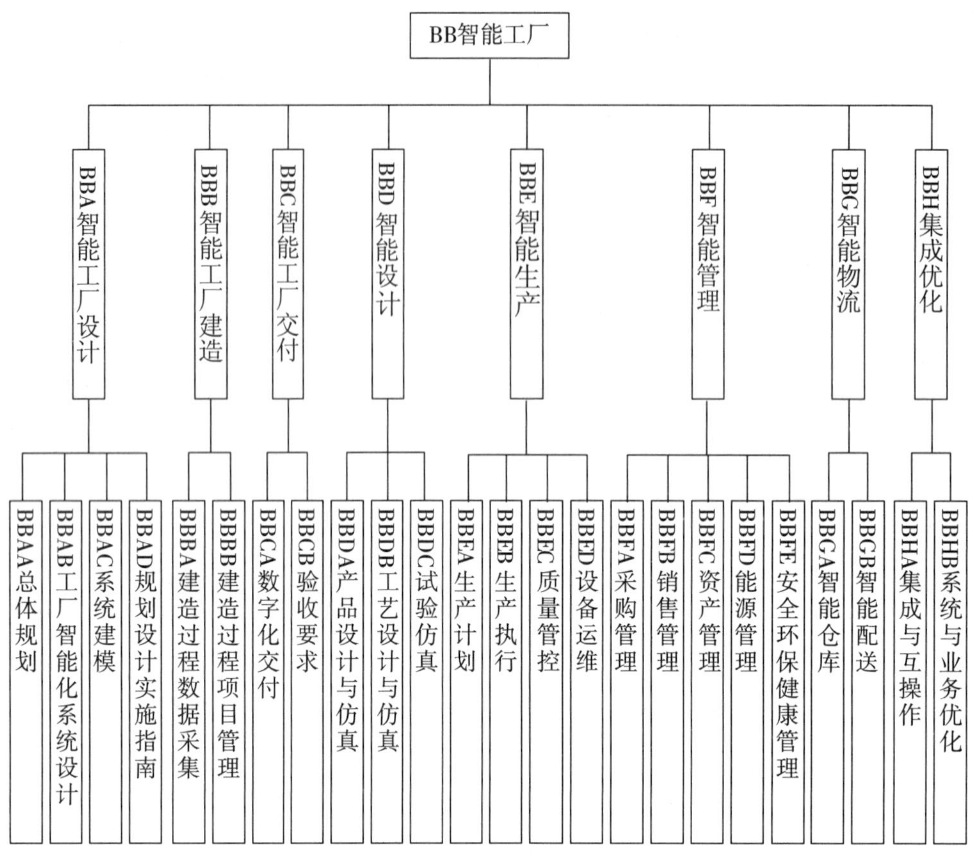


**图6　智能工厂标准子体系**

（5）智能生产标准

主要包括计划仿真、多级计划协同、可视化排产、动态优化调度等计划调度标准；作业文件自动下发与执行、设计与制造协同、制造资源动态组织、生产过程管理与优化、生产过程可视化监控与反馈、生产绩效分析、异常管理等生产执行标准；质量数据采集、在线质量监测和预警、质量档案及质量追溯、质量分析与改进等质量管控标准；设备运行状态监控、设备维修维护、基于知识的设备故障管理、设备运行分析与优化等设备运维标准。主要用于规定智能制造环境下生产过程中计划调度、生产执行、质量管控、设备运维等应满足的要求，确保制造过程的智能化、柔性化和敏捷化。

（6）智能管理标准

主要包括供货商评价、质量检验分析等采购管理标准；销售预测、客户关系管理、个性化客户服务等销售管理标准；设备可靠性管理等资产管理标准；能流管理、能效评估等能源管理标准；作业过程管控、应急管理、危化品管理等安全管理标准；职业病危害因素监测、职业危害项目指标等健康管理标准；环保实时监测和预测预警能力描述、环保闭环管理等环保管理标准；基于模型的企业战略、生产组织与服务保障等基于模型的企业（MBE）标准。主要用于规定企业生产经营中采购、销售、能源、工厂安全、环保和健康等方面的知识模型和管理要求等，指导智能管理系统的设计与开发，确保管理过程的规范化和精益化。

（7）智能物流标准

主要包括物料标识、物流信息采集、物料货位分配、出入库输送系统、作业调度、信息处理、作业状态及装备状态的管控、货物实时监控等智能仓储标准；物料智能分拣系统、配送路径规划、配送状态跟踪等智能配送标准。主要用于规定智能制造环境下厂内物流关键技术应满足的要求，指导智能物流系统的设计与开发，确保物料仓储配送准确高效和运输精益化管控。

（8）集成优化标准

主要包括虚拟工厂与物理工厂的集成、业务间集成架构与功能、集成的活动模型和工作流、信息交互、集成接口和性能、现场设备与系统集成、系统之间集成、系统互操作等集成与互操作标准；各业务流程的优化、操作与控制的优化、销售与生产协同优化、设计与制造协同优化、生产管控协同优化、供应链协同优化等系统与业务优化标准。主要用于规定一致的语法和语义，满足通用接口中应用特定的功能关系，协调使能技术和业务应用之间的关系，确保信息的共享和交换。

| 智能工厂标准建设重点 |
|---|
| **智能工厂设计标准。**智能工厂参考模型、通用技术要求等总体规划标准；智能工厂信息基础设施设计、物联网系统设计和信息化应用系统设计等工厂智能化系统设计标准；虚拟工厂设计参考架构、虚拟工厂信息模型和虚拟工厂建设要求等虚拟工厂设计标准；达成智能工厂规划设计要求所需的仿真分析、工艺优化、工厂信息标识编码和设计文件深度要求等实施指南标准。<br>**智能工厂交付标准。**交付内容、深度要求、流程要求等数字化交付标准；智能工厂各环节、各系统及系统集成等竣工验收标准。<br>**智能生产标准。**计划仿真、多级计划协同、可视化排产、动态优化调度等计划调度标准；作业文件自动下发、协同生产、生产过程管理与优化、可视化监控与反馈、生产绩效分析、异常管理等生产执行标准；质量数据采集、在线质量监测和预警、质量档案及质量追溯、质量分析与改进等质量管控标准；设备运行状态监控、设备维修维护、基于知识的设备故障管理、设备运行分析与优化等设备运维标准。<br>**集成优化标准。**虚拟工厂与物理工厂的集成、业务间集成架构与功能、集成的活动模型和工作流、信息模型、信息交互、集成接口和性能、现场设备与系统集成、系统之间集成、系统互操作等集成与互操作标准；各业务流程的优化、操作与控制的优化、销售与生产协同优化、设计与制造协同优化、生产管控协同优化、供应链协同优化等系统与业务优化标准。 |

3. 智能服务标准

主要包括大规模个性化定制、运维服务和网络协同制造三个部分，如图7所示，其中重点是大规模个性化定制标准和运维服务标准。主要用于实现产品与服务的融合、分散化制造资源的有机整合和各自核心竞争力的高度协同，解决了综合利用企业内部和外部的各类资源，提供各类规范、可靠的新型服务的问题。

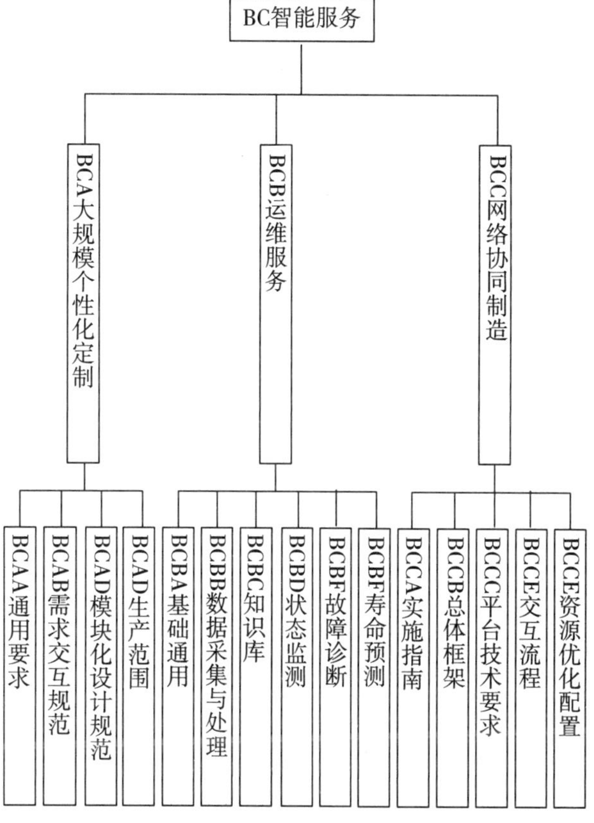


**图7　智能服务标准子体系**

（1）大规模个性化定制标准

主要包括通用要求、需求交互规范、模块化设计规范和生产规范等标准。主要用于指导企业实现以客户需求为核心的大规模个性化定制服务模式，通过新一代信息技术和柔性制造技术，以模块化设计为基础，以接近大批量生产的效率和成本满足客户个性化需求。

（2）运维服务标准

主要包括基础通用、数据采集与处理、知识库、状态监测、故障诊断、寿命预测等标准。主要用于指导企业开展远程运维和预测性维护系统建设和管理，通过对设备的状态远程监测和健康诊断，实现对复杂系统快速、及时、正确诊断和维护，全面分析设备现场实际使用运行状况，为设备设计及制造工艺改进等后续产品的持续优化提供支撑。

（3）网络协同制造标准

主要包括实施指南、总体框架、平台技术要求、交互流程和资源优化配置等标准。主要用于指导企业持续改进和不断优化网络化制造资源协同云平台，通过高度集成企业间、部门间创新资源、生产能力和服务能力的相关技术方法，实现生产制造与服务运维信息高度共享、资源和服务的动态分析，增强柔性配置水平。

| 智能服务标准建设重点 |
|---|
| 大规模个性化定制标准。通用要求、需求交互规范、模块化设计规范和生产规范等标准。<br>运维服务标准。基础通用、数据采集与处理、知识库、状态监测、故障诊断、寿命预测等标准。<br>网络协同制造标准。实施指南、总体框架、平台技术要求、交互流程和资源优化配置等标准。 |

4. 智能赋能技术标准

主要包括人工智能应用、工业大数据、工业软件、工业云、边缘计算等部分，如图 8 所示，其中重点是人工智能应用标准和边缘计算标准。主要用于构建智能制造信息技术生态体系，提升制造领域的信息化和智能化水平。

（1）人工智能应用标准

主要包括场景描述与定义标准、知识库标准、性能评估标准，以及智能在线检测、基于群体智能的个性化创新设计、协同研发群智空间、智能云生产、智能协同保障与供应营销服务链等应用标准。主要用于满足制造全生命周期活动的智能化发展需求，指导人工智能技术在设计、生产、物流、销售、服务等生命周期环节中的应用，并确保人工智能技术在应用中的可靠性与安全性。

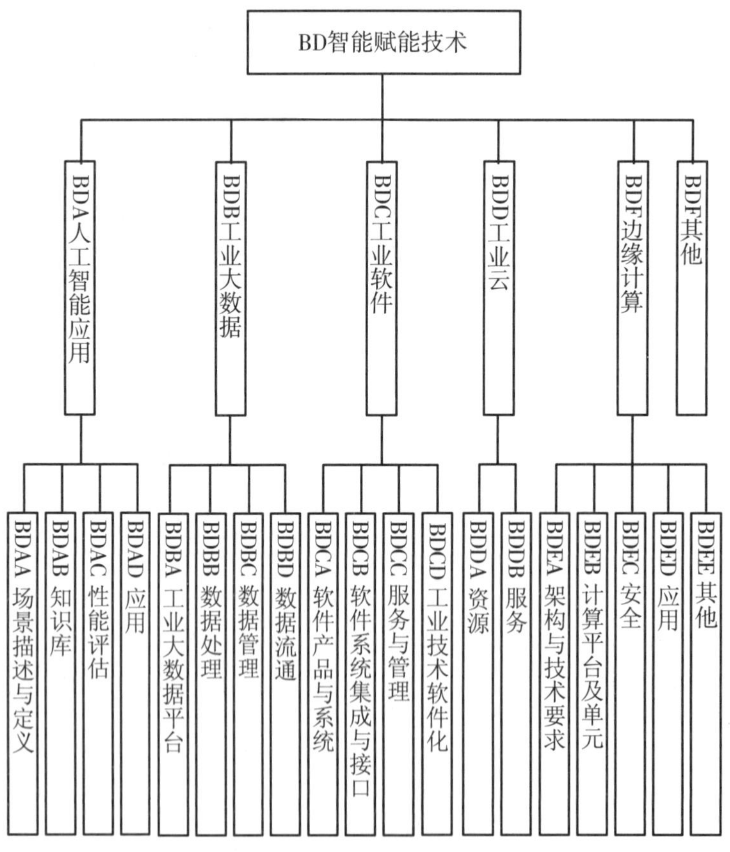


**图 8 智能赋能技术标准子体系**

（2）工业大数据标准

主要包括平台建设的要求、运维和检测评估等工业大数据平台标准；工业大数据采集、预处理、分析、可视化和访问等数据处理标准；数据质量、数据管理能力等数据管理标准；工厂内部数据共享、工厂外部数据交换等数据流通标准。主要用于典型智能制造模式中，提高产品全生命周期各个环节所产生的各类数据的处理和应用水平。

（3）工业软件标准

主要包括产品、工具、嵌入式软件、系统和平台的功能定义、业务模型、技术要求等软件产品与系统标准；工业软件接口规范、集成规程、产品线工程等软件系统集成和接口标准；生存周期管理、质量管理、资产管理、配置管理、可靠性要求等服务与管理标准；工业技术软件化方法、参考架构、工业应用程序（App）封装等工业技术软件化标准。主要用于促进软件成为工业领域知识、技术和管理的载体，提高软件在工业领域的研发设计、生产制造、经营管理以及营销服务活动中发挥的作用，指导工业企业对研发、制造、生产管理等工业软件的集成和选型，帮助工业企业开展工业技术软件化，对工业知识进行有效积累。

（4）工业云标准

主要包括平台建设与应用，工业云资源和服务能力的接入与管理等资源标准；能力测评规范、计量计费、服务级别协议（SLA）等服务标准。主要用于构建工业云生态体系，指导工业云平台的设计和建设，规范不同工业云服务的业务能力，提升工业云服务的设计、实现、部署、供应和运营管理水平，指导开展各类工业云服务的采购、审计、监管和评价活动。

（5）边缘计算标准

主要包括架构与技术要求、计算及存储、安全、应用等标准。主要用于指导智能制造行业数字化转型、数字化创新，解决制造业数字化在敏捷连接、实时业务、数据优化、应用智能、安全与隐私保护等方面的关键需求，用于智能制造中边缘计算技术、设备或产品的研发和应用。

| 智能赋能技术标准建设重点 |
| --- |
| **人工智能应用标准**。场景描述与定义标准，知识库标准，性能评估标准，以及智能在线检测、基于群体智能的个性化创新设计、协同研发群智空间、智能云生产、智能协同保障与供应营销服务链等应用标准。<br>**边缘计算标准**。架构与技术要求、计算及存储、安全、应用等标准。 |

5. 工业网络标准

主要包括体系架构、组网与并联技术和资源管理，其中体系架构包括总体框架、工厂内网络、工厂外网络和网络演进增强技术等；组网与并联技术包括工厂内部不同层级的组网技术，工厂与设计、制造、供应链、用户等产业链各环节之间的互联技术；资源管理包括地址、频谱等，但智能制造中工业网络仅包括工业无线通信和工业有线通信，如图9所示。

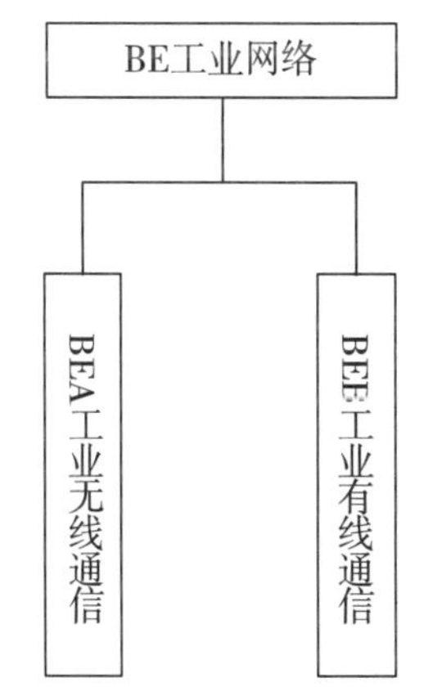


**图9　工业网络标准子体系**

（1）工业无线通信标准

针对现场设备级、车间监测级及工厂管理级的不同需求的各种局域和广域工业无线网络标准。

（2）工业有线通信标准

针对工业现场总线、工业以太网、工业布缆的工业有线网络标准。

工业网络标准建设重点

**工业无线通信标准。**针对现场设备级、车间监测级及工厂管理级的不同需求的各种局域和广域工业无线网络标准。

**工业有线通信标准。**针对工业现场总线、工业以太网、工业布缆的工业有线网络标准。

### （三）行业应用标准

依据基础共性标准和关键技术标准，围绕新一代信息技术、高档数控机床和机器人、航空航天装备、海洋工程装备及高技术船舶、先进轨道交通装备、节能与新能源汽车、电力装备、农业机械装备、新材料、生物医药及高性能医疗器械十大重点领域，同时兼顾传统制造业转型升级的需求，优先在重点领域实现突破，并逐步覆盖智能制造全应用领域。行业应用标准子体系如图10所示。

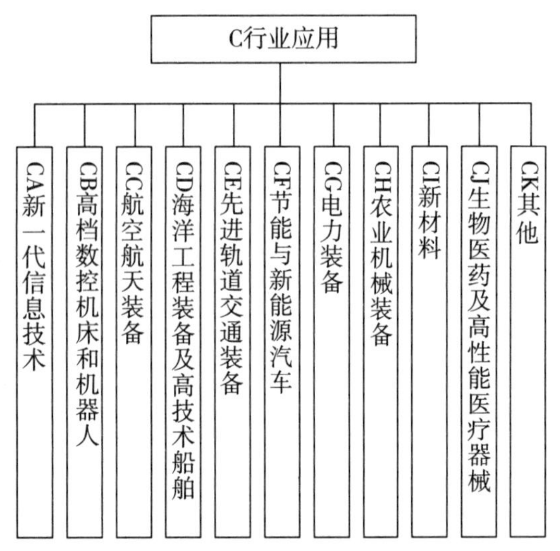


**图10 行业应用标准子体系**

发挥基础共性标准和关键技术标准在行业应用标准制定中的指导和支撑作用，优先制定各行业均有需求的设备互联互通、智能工厂建设指南、数字化车间、数据字典、运维服务等重点标准。在此基础上，发挥各行业特点，制定行业急需的智能制造相关标准。如新一代信息技术领域的射频识别标准等。高档数控机床和机器人领域的机床制造和测试标准等。航空航天装备领域的复杂装备云端协同制造标准、航天装备数字化双胞胎制造标准等。海洋工程装备及高技术船舶领域的大型船舶设计工艺仿真与信息集成标准、海洋石油装备互联互通和运维服务标准等。先进轨道交通装备领域的轨道交通网络控制系统标准、车载信号系统标准、高速动车组智能工厂运行管理标准等。节能与新能源汽车领域的新能源汽车智能工厂运行系统标准等。电力装备领域的存储管理标准、数据智能采集标准、监测诊断服务标准等。农业机械装备领域的农机装备智能工厂平台化制造运行管理系统标准等。生物医药及高性能医疗器械领域的医疗设备质量追溯标准等。其他领域的标准包括家电行业空调产品信息集成数据接口标准，石油石化行业智能设备互联互通标准，纺织行业智能装备网络通讯接口、系统集成与互操作标准，锂离子电池制造行业智能工厂标准，采矿、冶金、建筑专用设备制造行业高端工程机械可靠性仿真与协同制造标准等。

智能制造标准体系与机械、航空、汽车、船舶、石化、钢铁、轻工、纺织等制造业领域标准体系之间不是从属关系，内容存在交集。交集部分是智能制造标准体系中的行业应用标准。例如，船舶工业标准体系用于指导船舶相关产品设计、制造、试验、修理管理和工程建设等，智能制造标准体系中的船舶行业相关标准主要涉及船舶制造环节中的互联互通等智能制造相关内容。

## 四、组织实施

加强统筹协调。在工业和信息化部、国家标准化管理委员会的指导下，积极发挥国家智能制造标准化协调推进组、总体组和专家咨询组的作用，开展智能制造标准体系的建设及规划。充分利用多部门协调、多标委会协作、军民融合等工作机制，凝聚各类标准化资源，扎实构建满足产业发展需求、先进适用的智能制造标准体系。

实施动态更新。实施动态更新完善机制，随着智能制造发展水平和行业认识水平的不断提高，根据智能制造发展的不同阶段，每两年滚动修订《国家智能制造标准体系建设指南》。

加快标准研制。基于“共性先立、急用先行”的原则，完善智能制造标准绿色通道，加快国家和行业标准的制定；推动标准试验验证平台和公共服务平台建设，为标准的制定和实施提供技术支撑和保障。

加强宣贯培训。充分发挥地方主管部门、行业协会和学会的作用，进一步加强标准的培训、宣贯工作，通过培训、咨询等手段推进标准宣贯与实施。用标准引领行业实现智能转型。

加强国际交流与合作。加强与国际标准化组织的交流与合作，定期举办智能制造标准化国际论坛，组织中外企业和标准化组织开展交流合作，通过参与国际标准化组织（ISO）、国际电工技术委员会（IEC）等相关国际标准化组织的标准化工作，积极向国际标准化组织提供我国智能制造标准化工作的研究成果。

**附件1**

**智能制造相关名词术语和缩略语**

5G：第五代移动通信技术（the 5th Generation Mobile Communication Technology）

App：应用程序（Application）

AR：增强现实（Augmented Reality）

CAD：计算机辅助设计（Computer Aided Design）

CAM：计算机辅助制造（Computer Aided Manufacturing）

DCS：分布式控制系统（Distributed Control System）

EPA：工厂自动化用以太网（Ethernet for Plant Automation）

FCS：现场总线控制系统（Fieldbus Control System）

IEC：国际电工技术委员会（International Electrotechnical Committee）

IP：互联网协议（Internet Protocol）

ISO：国际标准化组织（International Organization for Standardization）

MBD：基于模型定义（Model Based Definition）

MBE：基于模型的企业（Model Based Enterprise）

MBM：基于模型生产（Model Based Manufacturing）

MES：制造执行系统（Manufacturing Execution System）

PAC：可编程自动控制器（Programmable Automation Controller）

PLC：可编程逻辑控制器（Programmable Logic Controller）

PON：无源光纤网络（Passive Optical Network）

SCADA：监控与数据采集系统（Supervisory Control And Data Acquisition）

SLA：服务等级协议（Service – Level Agreement）

TSN：时间敏感网络（Timc Sensitive Network）

VR：虚拟现实（Virtual Reality）

VPN：虚拟专用网络（Virtual Private Network）

WIA：工业自动化用无线网络（Wireless Networks for Industrial Automation）

**附件 2**

## 智能制造系统架构映射及示例解析

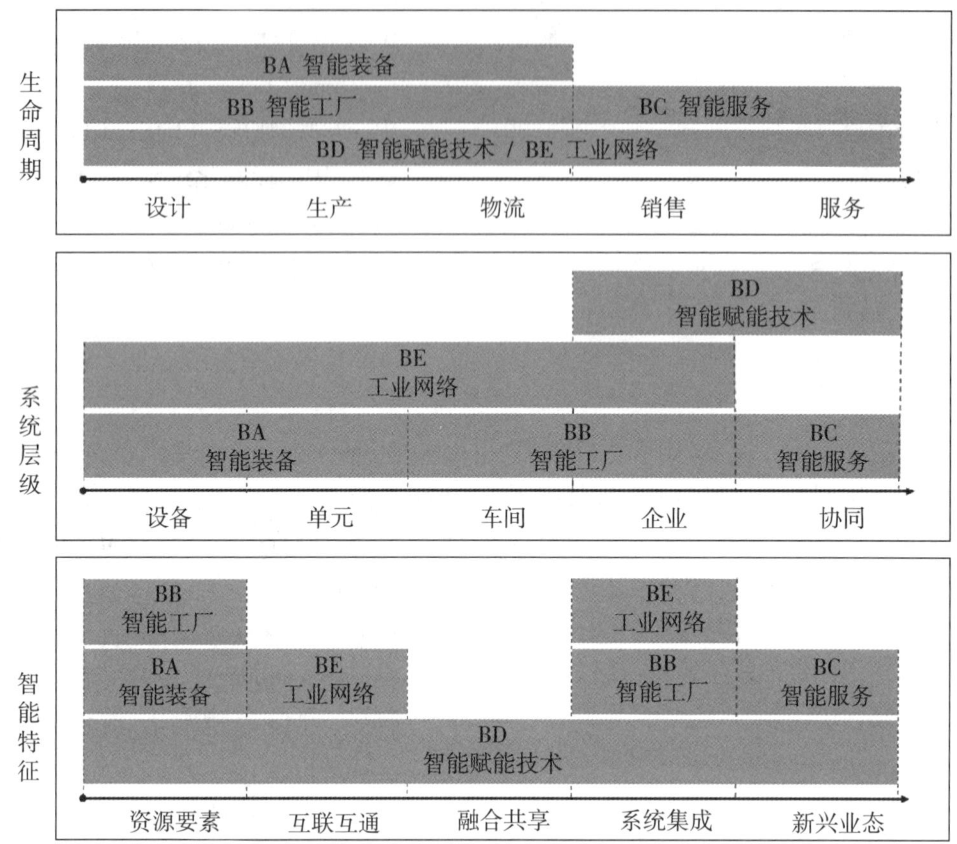


**图 11　智能制造系统架构各维度与智能制造标准体系结构映射**

图 11 通过具体的映射图展示了智能制造系统架构三个维度与智能制造标准体系的映射关系。由于智能制造标准体系结构中 A 基础共性及 C 行业应用涉及整个智能制造系统架构，映射图中对 B 关键技术进行了分别映射。

B 关键技术中包括 BA 智能装备、BB 智能工厂、BC 智能服务、BD 智能赋能技术、BE 工业网络五大类标准。其中 BA 智能装备主要对应生命周期维度的设计、生产和物流，系统层级维度的设备和单元，以及智能特征维度中的资源要素；BB 智能工厂主要对应生命周期维度的设计、生产和物流，系统层级维度的车间和企业，以及智能特征维度的资源要素和系统集成；BC 智能服务主要对应生命周期维度的销售和服务，系统层级维度的协同，以及智能特征维度的新兴业态；BD 智能赋能技术主要对应生命周期维度的全过程，系统层级维度的企业和协同，以及智能特征维度的所有环节；BE 工业网络主要对应生命周期维度的全过程，系统层级维度的设备、单元、车间和企业，以及智能特征维度的互联互通和系统集成。

智能制造系统架构通过三个维度展示了智能制造的全貌。为更好地解读和理解系统架构，以计算机辅助设计（CAD）、工业机器人和工业网络为例，诠释智能制造重点领域在系统架构中所处的位置及其相关标准。

1. 计算机辅助设计（CAD）

CAD 位于智能制造系统架构生命周期维度的设计环节、系统层级的企业层，以及智能特征维度的融合共享，如图 12a 所示。已发布的 CAD 标准主要包括：

- GB/T 18784—2002 CAD/CAM 数据质量

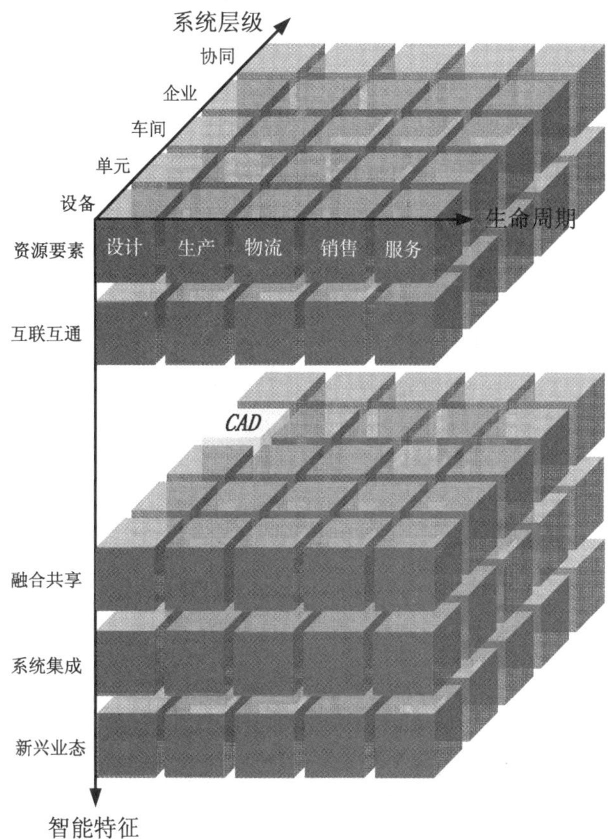


图 12a CAD 在智能制造系统架构中的位置

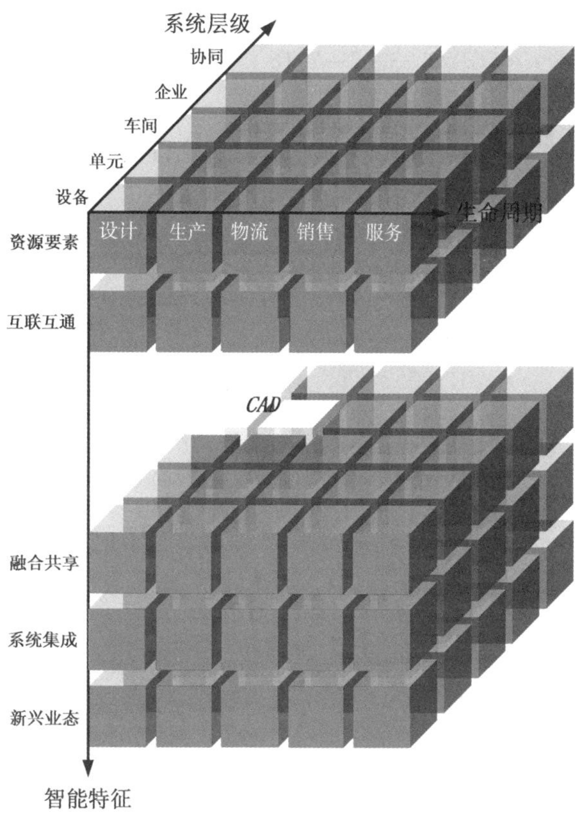


图 12b CAD 在智能制造系统架构中的位置变化

- GB/T 18784.2—2005 CAD/CAM 数据质量保证方法
- GB/T 24734.11—2009 技术产品文件 数字化产品定义数据通则

目前，CAD 正逐渐从传统的桌面软件向云服务平台过渡。下一步，结合 CAD 的云端化、基于模型定义（MBD）以及基于模型生产（MBM）等技术发展趋势，将制定新的 CAD 标准。CAD 在智能制造系统架构中的位置相应会发生变化，如图 12b 所示。

2. 工业机器人

工业机器人位于智能制造系统架构生命周期的生产和物流环节、系统层级的设备层级和单元层级，以及智能特征的资源要素，如图 13 所示。已发布的工业机器人标准主要包括：

- GB 11291.1—2011 工业环境用机器人 安全要求 第 1 部分：机器人
- GB 11291.2—2013 机器人与机器人装备 工业机器人的安全要求 第 2 部分：机器人系统与集成

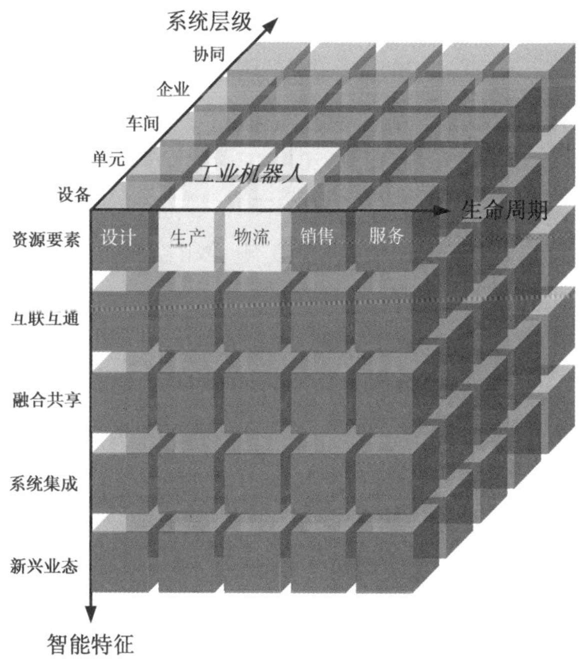


图 13 工业机器人在智能制造系统架构中的位置

- GB/T 29825—2013 机器人通信总线协议
- GB/T 32197—2015 机器人控制器开放式

通信接口规范

• GB/T 33267—2016 机器人仿真开发环境接口

• GB/T 33266—2016 模块化机器人高速通用通信总线性能

正在制定的工业机器人标准主要包括：

• 20170049 - T - 604 工业机器人的通用驱动模块接口

• 20170052 - T - 604 工业机器人生命周期风险评价方法

• 20170989 - T - 604 工业机器人机器视觉集成技术条件

3. 工业网络

工业网络主要对应生命周期维度的全过程，系统层级维度的设备、单元、车间和企业，以及智能特征维度的互联互通，如图 14 所示。已发布的工业网络标准主要包括：

• GB/T 19582—2008 基于 Modbus 协议的工业自动化网络规范

• GB/T 19760—2008 CC - Link 控制与通信网络规范

• GB/T 20171—2006 用于工业测量与控制系统的 EPA 系统结构与通信规范

• GB/T 25105—2014 工业通信网络 现场总线规范 类型 10：PROFINET IO 规范

• GB/Z 26157—2010 测量和控制数字数据通信 工业控制系统用现场总线 类型 2：ControlNet 和 EtherNet/IP 规范

• GB/T 26790. 1—2011 工业无线网络 WIA 规范 第 1 部分：用于过程自动化的 WIA 系统结构与通信规范

• GB/T 29910—2013 工业通信网络 现场总线规范 类型 20：HART 规范

• GB/T 27960—2011 以太网 POWERLINK 通信行规规范

• GB/T 31230—2014 工业以太网现场总线 EtherCAT

正在制定的标准包括：

• 20171088 - T - 469 信息技术 系统间远程通信和信息交换 低功耗广域网媒体访问控制层和物理层规范

• 20171074 - T - 469 信息技术 系统间远程通信和信息交换 高可靠低成本设备间媒体访问控制和物理层规范

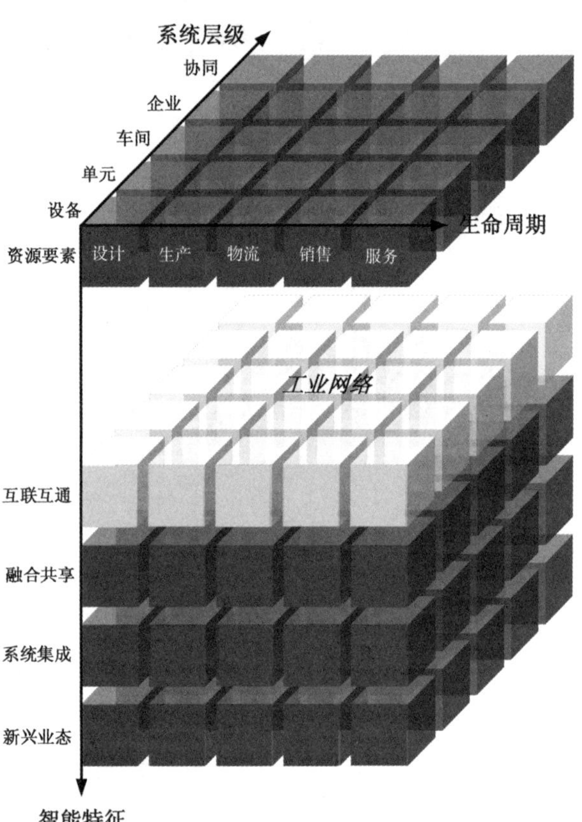


图 14 工业网络在智能制造系统架构中的位置

**附件3**

## 已发布、制定中的智能制造基础共性标准和关键技术标准

| 总序号 | 分序号 | 标准名称 | 标准号/计划号 | 对应国际标准号 | 所属的国际标准组织 | 状态 |
|---|---|---|---|---|---|---|
| A 基础共性 | | | | | | |
| AA 通用 | | | | | | |
| 1 | 1 | 信息技术 词汇 | GB/T 5271 | ISO/IEC 2382 | | 已发布 |
| 2 | 2 | 技术产品文件 计算机辅助设计与制图 词汇 | GB/T 15751—1995 | ISO/TR 10623—1991 | ISO | 已发布 |
| 3 | 3 | 工业过程测量和控制 术语和定义 | GB/T 17212—1998 | | | 已发布 |
| 4 | 4 | 信息技术 嵌入式系统术语 | GB/T 22033—2008 | | | 已发布 |
| 5 | 5 | 制造业信息化 技术术语 | GB/T 18725—2008 | | | 已发布 |
| 6 | 6 | 网络化制造技术术语 | GB/T 25486—2010 | | | 已发布 |
| 7 | 7 | 机器人与机器人装备 词汇 | GB/T 12643—2013 | | | 已发布 |
| 8 | 8 | 信息技术 传感器网络 第2部分：术语 | GB/T 30269. 2—2013 | | | 已发布 |
| 9 | 9 | 信息技术 云计算 概览与词汇 | GB/T 32400—2015 | ISO/IEC 17788：2014 | | 已发布 |
| 10 | 10 | 物联网 术语 | GB/T 33745—2017 | | | 已发布 |
| 11 | 11 | 智能传感器 第3部分：术语 | GB/T 33905. 3—2017 | | IEC TC65 | 已发布 |
| 12 | 12 | 增材制造 术语 | GB/T 35351—2017 | ISO 17296—1：2014 | ASTM | 已发布 |
| 13 | 13 | 信息技术 开放系统互联 基本参考模型 | GB/T 9387 | ISO/IEC 7498 | | 已发布 |
| 14 | 14 | 网络化制造系统集成模型 | GB/T 25488—2010 | | | 已发布 |
| 15 | 15 | 供应链管理业务参考模型 | GB/T 25103—2010 | | | 已发布 |
| 16 | 16 | 信息技术 云计算 参考架构 | GB/T 32399—2015 | ISO/IEC 17789：2014 | | 已发布 |
| 17 | 17 | 工业过程测量、控制和自动化 生产设施表示用参考模型（数字工厂） | GB/Z 32235—2015 | IEC/TR 62794：2012 | IEC TC65 | 已发布 |
| 18 | 18 | 集团企业经营管理业务参考模型 | GB/T 35133—2017 | | | 已发布 |

续 表

| 总序号 | 分序号 | 标准名称 | 标准号/计划号 | 对应国际标准号 | 所属的国际标准组织 | 状态 |
|---|---|---|---|---|---|---|
| 19 | 19 | 过程检测和控制流程图用图形符号和文字代号 | GB/T 2625—1981 | | | 已发布 |
| 20 | 20 | 工业过程测量和控制 在过程设备目录中的数据结构和元素 | GB/T 20818 | IEC 61987 | IEC SC65E | 已发布 |
| 21 | 21 | 批控制 | GB/T 19892. 1 ~ 19892. 2 | IEC 61512 | IEC SC65A | 已发布 |
| 22 | 22 | 信息技术 元数据注册系统（MDR） | GB/T 18391. 1 ~ 18391. 6 | ISO/ IEC 11179 | ISO/ IEC JTC1 SC32 | 已发布 |
| 23 | 23 | 信息技术实现元数据注册系统（MDR）内容一致性的规程 | GB/T 23824 | ISO/IEC TR 20943 | ISO/ IEC JTC1 SC32 | 已发布 |
| 24 | 24 | 信息技术 开放系统互连 OSI 登记机构的操作规程 第 1 部分：一般规程和国际对象标识符树的顶级弧 | GB/T 17969. 1—2015 | ISO/IEC 9834 – 1：2008 | | 已发布 |
| 25 | 25 | 信息技术 开放系统互连 对象标识符（OID）的国家编号体系和操作规程 | GB/T 26231—2017 | | | 已发布 |
| 26 | 26 | 信息技术 开放系统互连 用于对象标识符解析系统运营机构的规程 | GB/T 35300—2017 | | | 已发布 |
| 27 | 27 | 信息技术 开放系统互连 对象标识符解析系统 | GB/T 35299—2017 | ISO/IEC 29168 – 1：2011 | | 已发布 |
| 28 | 28 | 工业物联网仪表身份标识协议 | GB/T 33901—2017 | | | 已发布 |
| 29 | 29 | 工业通信网络 网络和系统安全 术语、概述和模型 | 20170373 – T – 604 | IEC 62443 – 1 – 1 | IEC TC65 | 制定中 |
| 30 | 30 | 数字化车间 术语和定义 | 20173702 – T – 604 | | | 制定中 |
| 31 | 31 | 智能制造 系统架构 | 20173704 – T – 604 | | | 制定中 |
| 32 | 32 | 物联网 协同信息处理参考模型 | 20150040 – T – 469 | | | 制定中 |
| 33 | 33 | 智能制造 对象标识要求 | 20170057 – T – 469 | | | 制定中 |
| 34 | 34 | 智能制造 标识解析体系要求 | 20170054 – T – 339 | | | 制定中 |

续　表

| 总序号 | 分序号 | 标准名称 | 标准号/计划号 | 对应国际标准号 | 所属的国际标准组织 | 状态 |
|---|---|---|---|---|---|---|
| 35 | 35 | 智能制造 制造对象标识解析体系应用指南 | 20173805 - T - 339 | | | 制定中 |
| | | AB 安全 | | | | |
| 36 | 1 | 工业控制网络安全风险评估规范 | GB/T 26333—2010 | | | 已发布 |
| 37 | 2 | 工业控制系统信息安全 | GB/T 30976. 1 ~ 30976. 2 | | | 已发布 |
| 38 | 3 | 工业自动化产品安全要求 | GB 30439 | | | 已发布 |
| 39 | 4 | 过程工业领域安全仪表系统的功能安全 | GB/T 21109. 1 ~ 21109. 3 | IEC 61511 | IEC SC65A | 已发布 |
| 40 | 5 | 工业通信网络 网络和系统安全 建立工业自动化和控制系统安全程序 | GB/T 33007—2016 | IEC 62443 - 2 - 1：2010 | IEC TC65 | 已发布 |
| 41 | 6 | 工业自动化和控制系统网络安全 集散控制系统（DCS）第 1 部分：防护要求 | GB/T 33009. 1—2016 | | | 已发布 |
| 42 | 7 | 工业自动化和控制系统网络安全 集散控制系统（DCS）第 2 部分：管理要求 | GB/T 33009. 2—2016 | | | 已发布 |
| 43 | 8 | 工业自动化和控制系统网络安全 集散控制系统（DCS）第 3 部分：评估指南 | GB/T 33009. 3—2016 | | | 已发布 |
| 44 | 9 | 工业自动化和控制系统网络安全 集散控制系统（DCS）第 4 部分：风险与脆弱性检测要求 | GB/T 33009. 4—2016 | | | 已发布 |
| 45 | 10 | 工业自动化和控制系统网络安全 可编程序控制器（PLC）第 1 部分：系统要求 | GB/T 33008. 1—2016 | | | 已发布 |
| 46 | 11 | 控制与通信网络 CIP Safety 规范 | GB/Z 34066—2017 | IEC 61784 - 3 | IEC SC65C | 已发布 |
| 47 | 12 | 控制与通信网络 Safety - over - EtherCAT 规范 | GB/T 36006—2018 | IEC 61784 - 3 | IEC SC65C | 已发布 |
| 48 | 13 | 信息安全技术 工业控制系统风险评估实施指南 | GB/T 36466—2018 | | | 已发布 |
| 49 | 14 | 信息安全技术 工业控制系统安全管理基本要求 | GB/T 36323—2018 | | | 已发布 |
| 50 | 15 | 信息安全技术 工业控制系统信息安全分级规范 | GB/T 36324—2018 | | | 已发布 |
| 51 | 16 | 信息安全技术 工业控制系统现场测控设备通用安全功能要求 | GB/T 36470—2018 | | | 已发布 |
| 52 | 17 | 工业环境用机器人 安全要求 第 1 部分：机器人 | GB 11291. 1—2011 | | | 已发布 |
| 53 | 18 | 机器人与机器人装备 工业机器人的安全要求 第 2 部分：机器人系统与集成 | GB 11291. 2—2013 | | | 已发布 |

续 表

| 总序号 | 分序号 | 标准名称 | 标准号/计划号 | 对应国际标准号 | 所属的国际标准组织 | 状态 |
|---|---|---|---|---|---|---|
| 54 | 19 | 信息安全技术 数控网络安全技术要求 | 20170567 – T – 469 | | | 制定中 |
| 55 | 20 | 信息安全技术 信息系统等级保护安全设计技术要求第5部分：工业控制系统 | 20171111 – T – 469 | | | 制定中 |
| 56 | 21 | 信息安全技术 工业控制网络监测安全技术要求及测试评价方法 | 20171118 – T – 469 | | | 制定中 |
| 57 | 22 | 信息安全技术 工业控制系统网络审计产品安全技术要求 | 20171743 – T – 469 | | | 制定中 |
| 58 | 23 | 信息安全技术 工业控制系统安全防护技术要求和测试评价方法 | 20171744 – T – 469 | | | 制定中 |
| 59 | 24 | 信息安全技术 工业控制系统信息安全防护能力评价方法 | 20173583 – T – 469 | | | 制定中 |
| 60 | 25 | 信息安全技术 工业控制系统专用防火墙技术要求 | 20173856 – T – 469 | | | 制定中 |
| 61 | 26 | 工业控制系统产品信息安全第2部分：安全功能要求 | 20171279 – T – 469 | | | 制定中 |
| 62 | 27 | 工业控制系统产品信息安全第3部分：安全保障要求 | 20171280 – T – 469 | | | 制定中 |
| 63 | 28 | 工业控制系统信息安全检查指南 | 20173870 – T – 469 | | | 制定中 |
| 64 | 29 | 智能工厂 安全监测有效性评估方法 | 20173706 – T – 604 | | | 制定中 |
| 65 | 30 | 工业自动化和控制系统安全 第2～4部分：IACS服务提供商的安全程序要求 | 20173709 – T – 604 | | | 制定中 |
| AC可靠性 | | | | | | |
| 66 | 1 | 系统可靠性分析技术 失效模式和影响分析（FMEA）程序 | GB/T 7826 | IEC 60812：2018 | IEC/TC56 | 已发布 |
| 67 | 2 | 测量、控制和实验室用的电设备 电磁兼容性要求 | GB/T 18268 | IEC 61326 | IEC SC65A | 已发布 |
| 68 | 3 | 物联网总体技术 智能传感器可靠性设计方法与评审 | GB/T 34071—2017 | | | 已发布 |
| 69 | 4 | 电子设备可靠性预计模型及数据手册 | 20132222 – T – 339 | | | 制定中 |
| 70 | 5 | 设备可靠性 可靠性评估方法 | 20141010 – T – 339 | IEC 62308：2006 | IEC/TC56 | 制定中 |
| 71 | 6 | 系统可信性规范指南 | 20141011 – T – 339 | IEC62347：2006 | IEC/TC56 | 制定中 |

续 表

| 总序号 | 分序号 | 标准名称 | 标准号/计划号 | 对应国际标准号 | 所属的国际标准组织 | 状态 |
|---|---|---|---|---|---|---|
| AD 检测 | | | | | | |
| 72 | 1 | 信息技术 开放系统互连 一致性测试方法和框架 | GB/T 17178.1～17178.7 | ISO/IEC 9646 | | 已发布 |
| 73 | 2 | Modbus 测试规范 | GB/T 25919.1～25919.2—2010 | | | 已发布 |
| 74 | 3 | 过程工业自动化系统出厂验收测试（FAT）、现场验收测试（SAT）和现场综合测试（SIT）规范 | GB/T 25928—2010 | IEC 62381 | IEC SC65E | 已发布 |
| 75 | 4 | 工业自动化仪表通用试验方法 | GB/T 29247—2012 | | | 已发布 |
| 76 | 5 | 信息技术 开放系统互连 测试方法和规范（MTS）测试和测试控制记法第 3 版第 4 部分：TTCN—3 操作语义 | 20142102－T－469 | | | 制定中 |
| AE 评价 | | | | | | |
| 77 | 1 | 工业过程测量和控制、系统评估中系统特性的评定 | GB/T 18272.1～18272.8 | IEC 61069 | IEC SC65A | 已发布 |
| 78 | 2 | 过程测量和控制装置通用性能评定方法和程序 | GB/T 18271.1～18271.4 | IEC 61298 | IEC SC65B | 已发布 |
| 79 | 3 | 制造业信息化评估体系 | GB/T 31131—2014 | | | 已发布 |
| 80 | 4 | 智能传感器 第 4 部分：性能评定方法 | GB/T 33905.4—2017 | | | 已发布 |
| 81 | 5 | 大规模 PLC 性能评定方法 | GB/T 36009—2018 | | | 已发布 |
| 82 | 6 | 智能制造能力等级要求 | 20173534－T－339 | | | 制定中 |
| 83 | 7 | 智能制造能力等级评价方法 | 20173536－T－339 | | | 制定中 |
| B 关键技术 | | | | | | |
| BA 智能装备 | | | | | | |
| 84 | 1 | 中文语音识别互联网服务接口规范 | GB/T 34083—2017 | | | 已发布 |
| 85 | 2 | 中文语音合成互联网服务接口规范 | GB/T 34145—2017 | | | 已发布 |
| 86 | 3 | 中文语音识别终端服务接口要求 | GB/T 35312—2017 | | | 已发布 |
| 87 | 4 | 智能传感器 第 1 部分：总则 | GB/T 33905.1—2017 | | | 已发布 |
| 88 | 5 | 智能传感器 第 5 部分：检查和例行试验方法 | GB/T 33905.5—2017 | | | 已发布 |
| 89 | 6 | 大规模 PLC 检查和例行试验方法 | GB/T 36011—2018 | | | 已发布 |

续　表

| 总序号 | 分序号 | 标准名称 | 标准号/计划号 | 对应国际标准号 | 所属的国际标准组织 | 状态 |
|---|---|---|---|---|---|---|
| 90 | 7 | 全分布式工业控制智能测控装置 第1部分：通用技术要求 | GB/T 36211.1—2018 | | | 已发布 |
| 91 | 8 | 全分布式工业控制智能测控装置 第2部分：通信互操作方法 | GB/T 36211.2—2018 | | | 已发布 |
| 92 | 9 | 物联网总体技术 智能传感器接口规范 | GB/T 34068—2017 | | | 已发布 |
| 93 | 10 | 物联网总体技术 智能传感器特性与分类 | GB/T 34069—2017 | | | 已发布 |
| 94 | 11 | 基于传感器的产品监测软件集成接口规范 | GB/T 33137—2016 | | | 已发布 |
| 95 | 12 | 信息技术 射频识别 800/900MHz 空中接口协议 | GB/T 29768—2013 | | | 已发布 |
| 96 | 13 | 信息技术 射频识别 2.45GHz 空中接口协议 | GB/T 28925—2012 | | | 已发布 |
| 97 | 14 | 信息技术 射频识别 2.45GHz 空中接口符合性测试方法 | GB/T 28926—2012 | | | 已发布 |
| 98 | 15 | 工业物联网仪表互操作协议 | GB/T 33899—2017 | | | 已发布 |
| 99 | 16 | 工业物联网仪表应用属性协议 | GB/T 33900—2017 | | | 已发布 |
| 100 | 17 | 工业物联网仪表服务协议 | GB/T 33904—2017 | | | 已发布 |
| 101 | 18 | 自动识别技术和 ERP、MES 和 CRM 等技术的接口 | GB/T 35123—2017 | | | 已发布 |
| 102 | 19 | 机器人仿真开发环境接口 | GB/T 33267—2016 | | | 已发布 |
| 103 | 20 | 可编程序控制器 第1部分：通用信息 | GB/T 15969.1—15969.8 | IEC 61131 | IEC SC65B | 已发布 |
| 104 | 21 | 面向多核处理器的机器人实时操作系统应用框架 | GB/T 33264—2016 | | | 已发布 |
| 105 | 22 | 可编程仪器标准数字接口的高性能协议 | GB/T 15946—2008 | IEC 60488 | IEC SC65C | 已发布 |
| 106 | 23 | 快速成形软件数据接口 | GB/T25632—2010 | | | 已发布 |
| 107 | 24 | 机器人通信总线协议 | GB/T 29825—2013 | | | 已发布 |
| 108 | 25 | 机器人控制器开放式通信接口规范 | GB/T 32197—2015 | | | 已发布 |
| 109 | 26 | 模块化机器人高速通用通信总线性能 | GB/T 33266—2016 | | | 已发布 |
| 110 | 27 | 增材制造 文件格式 | GB/T 35352—2017 | ISO/ASTM 52915：2013 | ISO& ASTM | 已发布 |
| 111 | 28 | 智能仪器仪表的数据描述 执行机构 | 20173978 - T - 604 | | | 制定中 |
| 112 | 29 | 智能仪器仪表的数据描述 定位器 | 20173980 - T - 604 | | | 制定中 |
| 113 | 30 | 智能仪器仪表的数据描述属性数据库通用要求 | 20173981 - T - 604 | | | 制定中 |
| 114 | 31 | 可编程序控制器第9部分：用于小型传感器和执行器的单点数字通信接口（SDCI） | 20171654 - T - 604 | | | 制定中 |
| 115 | 32 | 工业机器人控制程序性能评估与测试 | 20170040 - T - 604 | | | 制定中 |

续 表

| 总序号 | 分序号 | 标准名称 | 标准号/计划号 | 对应国际标准号 | 所属的国际标准组织 | 状态 |
|---|---|---|---|---|---|---|
| 116 | 33 | 工业机器人机械环境可靠性要求和测试方法 | 20170043 – T – 604 | | | 制定中 |
| 117 | 34 | 工业机器人云服务平台数据交换规范 | 20170044 – T – 604 | | | 制定中 |
| 118 | 35 | 面向人机协作安全工业机器人设计规范 | 20170048 – T – 604 | | | 制定中 |
| 119 | 36 | 工业机器人的通用驱动模块接口 | 20170049 – T – 604 | | | 制定中 |
| 120 | 37 | 工业机器人生命周期风险评价方法 | 20170052 – T – 604 | | | 制定中 |
| 121 | 38 | 工业机器人机器视觉集成技术条件 | 20170989 – T – 604 | | | 制定中 |
| 122 | 39 | 工业机器人柔性控制通用技术要求 | 20170988 – T – 604 | | | 制定中 |
| 123 | 40 | 工业机器人电磁兼容设计规范 | 20170990 – T – 604 | | | 制定中 |
| 124 | 41 | 增材制造 增材制造产品设计指南 | 20151392 – T – 604 | ISO/ASTM 52910—2018 | ISO& ASTM | 制定中 |
| | | BB 智能工厂 | | | | |
| 125 | 1 | 技术产品文件 字体 拉丁字母、数字和符号的 CAD 字体 | GB/T 18594—2001 | ISO 3098 – 5：1997 | | 已发布 |
| 126 | 2 | 技术产品文件 CAD 图层的组织和命名第 1 部分：概述与原则 | GB/T 18617. 1—18617. 11 | ISO 13567 | ISO | 已发布 |
| 127 | 3 | 技术产品文件 生命周期模型及文档分配 | GB/T 19097—2003 | ISO 15226：1999 | ISO | 已发布 |
| 128 | 4 | 技术产品文件 计算机辅助技术信息处理安全性要求 | GB/T 16722. 1—16722. 4 | ISO 11442 | ISO | 已发布 |
| 129 | 5 | 技术产品文件 数字化产品定义数据通则 | GB/T 24734—2009 | | | 已发布 |
| 130 | 6 | CAD 工程制图规则 | GB/T 18229—2000 | | | 已发布 |
| 131 | 7 | CAD 文件管理 | GB/T 17825. 1—17825. 10 | | | 已发布 |
| 132 | 8 | 技术制图 CAD 系统用图线的表示 | GB/T 18686—2002 | | | 已发布 |
| 133 | 9 | CAD/CAM 数据质量 | GB/T 18784—2002 | | | 已发布 |
| 134 | 10 | CAD/CAM 数据质量保证方法 | GB/T 18784. 2—2005 | | | 已发布 |
| 135 | 11 | 计算机辅助工艺设计（CAPP）系统功能规范 | GB/T 28282—2012 | | | 已发布 |
| 136 | 12 | 机器的状态检测和诊断 数据处理、通信和表达 | GB/T 22281. 1—22281. 2 | ISO 13374 | ISO TC184 | 已发布 |
| 137 | 13 | 现场设备工具（FDT）接口规范 | GB/T 29618 | IEC 62453 | IEC SC65E | 已发布 |

续 表

| 总序号 | 分序号 | 标准名称 | 标准号/计划号 | 对应国际标准号 | 所属的国际标准组织 | 状态 |
|---|---|---|---|---|---|---|
| 138 | 14 | 过程控制用功能块 | GB/T 21099. 1—21099. 3 | IEC/ TS 61804 | IEC SC66E | 已发布 |
| 139 | 15 | 控制网络 LONWORKS 技术规范 | GB/Z 20177. 1—20177. 4 | | | 已发布 |
| 140 | 16 | 控制网络 HBES 技术规范 住宅和楼宇控制系统 | GB/T 20965—2013 | | | 已发布 |
| 141 | 17 | 工业自动化系统 企业模型的概念与规则 | GB/T 18999—2003 | ISO 14258：1998，IDT | ISO TC184 | 已发布 |
| 142 | 18 | 工业自动化系统 企业参考体系结构与方法论的需求 | GB/T18757—2008 | ISO 15704：2000，IDT | ISO TC184 | 已发布 |
| 143 | 19 | 工业自动化系统 制造报文规范 | GB/T 16720. 1—16720. 4 | ISO 9506 | ISO TC184 | 已发布 |
| 144 | 20 | 工业过程测量和控制系统用功能块 | GB/T 19769. 1—19769. 4 | IEC 61499 | IEC SC65B | 已发布 |
| 145 | 21 | 工业自动化 车间生产 | GB/T 16980. 1—16980. 2 | IDT ISO/TR 10314 | ISO TC184 | 已发布 |
| 146 | 22 | 先进自动化技术及其应用 制造业企业过程互操作性建立要求第 1 部分：企业互操作性框架 | GB/T 32855. 1—2016 | ISO 11354—1：2011，IDT | ISO TC184 | 已发布 |
| 147 | 23 | 企业用产品数据管理（PDM）实施规范 | GB/Z 18727—2002 | | | 已发布 |
| 148 | 24 | 企业资源计划 | GB/T 25109. 1 ~ 25109. 4 | | | 已发布 |
| 149 | 25 | 物流装备管理监控系统功能体系 | GB/T 32827—2016 | | | 已发布 |
| 150 | 26 | 面向制造业信息化的 ASP 平台功能体系结构 | GB/T 25460—2010 | | | 已发布 |
| 151 | 27 | 集团企业经营管理信息化核心构件标准 | GB/T 35128—2017 | | | 已发布 |
| 152 | 28 | 现场设备工具（FDT）/设备类型管理器（DTM）和电子设备描述语言（EDDL）的互操作性规范 | GB/T 34076—2017 | | | 已发布 |
| 153 | 29 | OPC 统一架构 第 1 部分：概述和概念 | GB/T 33863. 1—2017 | IEC/TR 62541 – 1：2010 | | 已发布 |
| 154 | 30 | OPC 统一架构 第 2 部分：安全模型 | GB/T 33863. 2—2017 | IEC/TR 62541 – 2：2010 | | 已发布 |
| 155 | 31 | OPC 统一架构 第 3 部分：地址空间模型 | GB/T 33863. 3—2017 | IEC 62541 – 3：2010 | | 已发布 |

续 表

| 总序号 | 分序号 | 标准名称 | 标准号/计划号 | 对应国际标准号 | 所属的国际标准组织 | 状态 |
|---|---|---|---|---|---|---|
| 156 | 32 | OPC 统一架构 第 4 部分：服务 | GB/T 33863. 4—2017 | IEC 62541 - 4：2011 | | 已发布 |
| 157 | 33 | OPC 统一架构 第 5 部分：信息模型 | GB/T 33863. 5—2017 | IEC 62541 - 5：2011 | | 已发布 |
| 158 | 34 | OPC 统一架构 第 6 部分：映射 | GB/T 33863. 6—2017 | IEC 62541 - 6：2011 | | 已发布 |
| 159 | 35 | OPC 统一架构 第 7 部分：行规 | GB/T 33863. 7—2017 | IEC 62541 - 7：2012 | | 已发布 |
| 160 | 36 | OPC 统一架构 第 8 部分：数据访问 | GB/T 33863. 8—2017 | IEC 62541 - 8：2011 | | 已发布 |
| 161 | 37 | 工业企业信息化集成系统规范 | GB/T 26335—2010 | | | 已发布 |
| 162 | 38 | 工业自动化系统与集成 产品数据表达与交换 第 501 部分：应用解释构造：基于边的线框 | GB/T 16656. 501—2005 | ISO 10303 | ISO TC184 | 已发布 |
| 163 | 39 | 工业自动化系统与集成 开放系统应用集成框架第 1 部分：通用的参考描述 | GB/T 19659. 1—2005 | ISO 15745 | ISO TC184 | 已发布 |
| 164 | 40 | 工业自动化系统与集成 制造软件互操作性能力建规第 1 部分：框架 | GB/T 19902. 1—2005 | ISO 16100 | ISO TC184 | 已发布 |
| 165 | 41 | 工业自动化系统与集成 诊断、能力评估以及维护应用集成第 1 部分：综述与通用要求 | GB/T 27758. 1—2011 | ISO 18435 - 1：2009 | ISO TC184 | 已发布 |
| 166 | 42 | 工业自动化系统与集成 过程规范语言 | GB/T 20719 | ISO 18629 | ISO TC184 | 已发布 |
| 167 | 43 | 工业自动化系统与集成 测试应用的服务接口 | GB/T 22270. 1 ~ 22270. 2 | ISO 20242 | ISO TC184 | 已发布 |
| 168 | 44 | 工业自动化系统与集成 制造执行系统功能体系结构 | GB/T 25485—2010 | | | 已发布 |
| 169 | 45 | 企业信息化系统集成实施指南 | GB/T 26327—2010 | | | 已发布 |
| 170 | 46 | 企业集成 企业建模框架 | GB/T 16642—2008 | ISO 19439 - 2006，IDT | ISO TC184 | 已发布 |
| 171 | 47 | 企业集成 企业建模构件 | GB/T 22454—2008 | ISO 19440 - 2007，IDT | ISO TC184 | 已发布 |
| 172 | 48 | 企业控制 系统集成 | GB/T 20720. 1 ~ 20720. 3 | IEC 62264 | ISO TC184 | 已发布 |
| 173 | 49 | 基于网络化的企业信息集成规范 | GB/T 18729—2011 | | | 已发布 |
| 174 | 50 | 自动化系统与集成 制造系统能源效率以及其他环境影响因素的评估第 1 部分：概述和总则 | GB/T 35132. 1—2017 | ISO 20140 - 1：2013 | ISO TC184 | 已发布 |

续　表

| 总序号 | 分序号 | 标准名称 | 标准号/计划号 | 对应国际标准号 | 所属的国际标准组织 | 状态 |
|---|---|---|---|---|---|---|
| 175 | 51 | 自动化系统与集成 制造系统先进控制与优化软件集成第 2 部分：架构和功能 | GB/T 32854. 2—2017 | | | 已发布 |
| 176 | 52 | 自动导引车 通用技术条件 | GB/T 20721—2006 | | | 已发布 |
| 177 | 53 | 工业自动化能效 | GB/T 35115—2017 | IEC/TR 62837：2013 | IEC TC65 | 已发布 |
| 178 | 54 | 批控制 通用和现场处方模型及表述 | 20173705 - T - 604 | | | 制定中 |
| 179 | 55 | 批控制 批生产记录 | 20173707 - T - 604 | | | 制定中 |
| 180 | 56 | 生产过程质量控制 设备状态监测 | 20173708 - T - 604 | | | 制定中 |
| 181 | 57 | 数字化车间 通用技术要求 | 20170039 - T - 604 | | | 制定中 |
| 182 | 58 | 智能工厂建设导则 第 1 部分：物理工厂智能化系统 | 20173804 - T - 339 | | | 制定中 |
| 183 | 59 | 智能工厂 工业自动化系统时钟同步、管理与测量通用规范 | 20173979 - T - 604 | | | 制定中 |
| 184 | 60 | 智能工厂 安全控制要求 | 20173982 - T - 604 | | | 制定中 |
| 185 | 61 | 智能工厂 工业自动化系统工程描述类库 | 20173983 - T - 604 | | | 制定中 |
| 186 | 62 | 智能工厂 工业控制异常监测工具技术要求 | 20173984 - T - 604 | | | 制定中 |
| 187 | 63 | 智能工厂 过程工业能源管控系统技术要求 | 20173985 - T - 604 | | | 制定中 |
| 188 | 64 | 工艺数据管理规范 | 2012 - 0546T - SJ | | | 制定中 |
| 189 | 65 | 产品生命周期管理规范 | 2012 - 0547T - SJ | | | 制定中 |
| 190 | 66 | 制造执行系统（MES）规范 | 2012 - 0532T - SJ | | | 制定中 |
| 191 | 67 | 制造执行系统（MES）控制系统软件互联互通接口规范第 1 部分：通用要求 | 20173439 - T - 604 | | | 制定中 |
| 192 | 68 | 制造执行系统（MES）控制系统软件互联互通接口规范第 2 部分：信息交换 | 20173437 - T - 604 | | | 制定中 |
| 193 | 69 | 制造执行系统（MES）控制系统软件互联互通接口规范第 4 部分：验证和确认 | 20173438 - T - 604 | | | 制定中 |
| 194 | 70 | 自动化系统与集成对象过程方法 | 20171656 - T - 604 | | | 制定中 |
| | | BC 智能服务 | | | | |
| 195 | 1 | 网络化制造 ASP 工作流程及服务接口 | GB/T 25484—2010 | | | 已发布 |
| 196 | 2 | 网络化制造系统应用实施规范 | GB/T 25487—2010 | | | 已发布 |
| 197 | 3 | 网络化制造系统功能规划技术规范 | GB/T 25489—2010 | | | 已发布 |
| 198 | 4 | 网络化制造环境下的制造资源分类 | GB/T 25111—2010 | | | 已发布 |
| 199 | 5 | 网络化制造环境中业务互操作协议与模型 | GB/T 30095—2013 | | | 已发布 |
| 200 | 6 | 个性化定制 分类指南 | 20173834 - T - 469 | | | 制定中 |
| 201 | 7 | 个性化定制 成熟度模型及评价指标 | 20173835 - T - 469 | | | 制定中 |

续　表

| 总序号 | 分序号 | 标准名称 | 标准号/计划号 | 对应国际标准号 | 所属的国际标准组织 | 状态 |
|---|---|---|---|---|---|---|
| 202 | 8 | 信息技术 远程运维 技术参考模型 | 20173836-T-469 | | | 制定中 |
| 203 | 9 | 基于云制造的智能工厂架构要求 | 20173694-T-604 | | | 制定中 |
| 204 | 10 | 云制造服务平台制造资源接入集成规范 | 20173695-T-604 | | | 制定中 |
| 205 | 11 | 云制造服务平台安全防护管理要求 | 20173696-T-604 | | | 制定中 |
| 206 | 12 | 云制造仿真服务通用要求 | 20173697-T-604 | | | 制定中 |
| 207 | 13 | 云制造服务平台应用实施规范 | 20173710-T-604 | | | 制定中 |
| BD 智能赋能技术 | | | | | | |
| 208 | 1 | 软件工程 产品质量 | GB/T 16260.1～16260.4 | ISO/IEC TR 9126：2004 | | 已发布 |
| 209 | 2 | 软件工程 软件产品质量要求与评价（SQuaRE）SQuaRE 指南 | GB/T25000.1—2010 | ISO/IEC 25000：2005 | | 已发布 |
| 210 | 3 | 系统与软件工程 系统与软件质量要求和评价（SQuaRE）第 51 部分：就绪可用软件产品（RUSP）的质量要求和测试细则 | GB/T 25000.51—2016 | ISO/IEC 25051：2006 | | 已发布 |
| 211 | 4 | 嵌入式软件质量保证要求 | GB/T 28172—2011 | | | 已发布 |
| 212 | 5 | 嵌入式软件质量度量 | GB/T 30961—2014 | | | 已发布 |
| 213 | 6 | 系统与软件功能性 | GB/T 29831.1～29831.3 | | | 已发布 |
| 214 | 7 | 系统与软件可靠性 | GB/T 29832.1～29832.3 | | | 已发布 |
| 215 | 8 | 系统与软件可移植性 | GB/T 29833.1～29833.3 | | | 已发布 |
| 216 | 9 | 系统与软件维护性 | GB/T 29834.1～29834.3 | | | 已发布 |
| 217 | 10 | 系统与软件效率 | GB/T 29835.1～29835.3 | | | 已发布 |
| 218 | 11 | 系统与软件易用性 | GB/T 29836.1～29836.3 | | | 已发布 |
| 219 | 12 | 信息技术 软件生存周期过程指南 | GB/Z 18493—2001 | | | 已发布 |
| 220 | 13 | 信息技术 软件资产管理成熟度评估基准 | SJ/T 11621—2016 | | | 已发布 |
| 221 | 14 | 信息技术 软件资产管理实施指南 | SJ/T 11622—2016 | | | 已发布 |

续 表

| 总序号 | 分序号 | 标准名称 | 标准号/计划号 | 对应国际标准号 | 所属的国际标准组织 | 状态 |
|---|---|---|---|---|---|---|
| 222 | 15 | 信息技术 云数据存储和管理 第2部分：基于对象的云存储应用接口 | GB/T 31916.2—2015 | | | 已发布 |
| 223 | 16 | 信息技术 数据溯源描述模型 | GB/T 34945—2017 | | | 已发布 |
| 224 | 17 | 系统工程 系统生存周期过程 | GB/T 22032—2008 | | | 已发布 |
| 225 | 18 | 系统工程 GB/T 22032（系统生存周期过程）应用指南 | GB/Z 31103—2014 | ISO/IEC 15288：2002 | | 已发布 |
| 226 | 19 | 弹性计算应用接口 | GB/T 31915—2015 | | | 已发布 |
| 227 | 20 | 信息技术 通用数据导入接口 | GB/T 36345—2018 | | | 已发布 |
| 228 | 21 | 信息技术 数据质量评价指标 | GB/T 36344—2018 | | | 已发布 |
| 229 | 22 | 信息技术 云计算 云服务级别协议基本要求 | GB/T 36325—2018 | | | 已发布 |
| 230 | 23 | 信息技术 工业云服务模型 | 20162515－T－469 | | | 制定中 |
| 231 | 24 | 信息技术 工业云服务能力总体要求 | 20162507－T－469 | | | 制定中 |
| 232 | 25 | 信息技术 工业云服务 服务水平协议规范 | 20173827－T－469 | | | 制定中 |
| 233 | 26 | 信息技术 工业云服务计量规范 | 20173828－T－469 | | | 制定中 |
| | | BE 工业网络 | | | | |
| 234 | 1 | 物联网 参考体系结构 | GB/T 33474—2016 | | | 已发布 |
| 235 | 2 | 物联网 系统接口要求 | GB/T 35319—2017 | | | 已发布 |
| 236 | 3 | 工业以太网交换机技术规范 | GB/T 30094—2013 | | | 已发布 |
| 237 | 4 | 工业以太网现场总线 EtherCAT | GB/T 31230—2014 | IEC 61158、IEC 61784 | IEC SC65C | 已发布 |
| 238 | 5 | 工业无线网络 WIA 规范 | GB/T 26790.1～26790.2 | IEC 62601 | | 已发布 |
| 239 | 6 | 用于工业测量与控制系统的 EPA 系统结构与通信规范 | GB/T 20171—2006 | IEC 61158、IEC 61784 | IEC SC65C | 已发布 |
| 240 | 7 | 以太网 POWERLINK 通信行规规范 | GB/T 27960—2011 | IEC 61158、EPSG DS301 | IEC SC65C | 已发布 |
| 241 | 8 | 基于 Modbus 协议的工业自动化网络规范 | GB/T 19582—2008 | IEC 61158、IEC 61784 | IEC SC65C | 已发布 |
| 242 | 9 | CC—Link 控制与通信网络规范 | GB/T 19760—2008 | IEC 61158、IEC 61784 | IEC SC65C | 已发布 |
| 243 | 10 | PROFIBUS&PROFINET 技术行规 PROFIdrive | GB/T 25740—2013 | PNO Version 4.1.1 | | 已发布 |

续　表

| 总序号 | 分序号 | 标准名称 | 标准号/计划号 | 对应国际标准号 | 所属的国际标准组织 | 状态 |
|---|---|---|---|---|---|---|
| 244 | 11 | 信息技术 系统间远程通信和信息交换 OSI 路由选择框架 | GB/Z17977—2000 | ISO/IEC TR9575：1995 | | 已发布 |
| 245 | 12 | 信息技术 增强型通信运输协议 第 1 部分：单工组播运输规范 | GB/T 26241. 1—2010 | ISO/IEC 14476—1：2002 | | 已发布 |
| 246 | 13 | 信息技术 中继组播控制协议（RMCP）第 1 部分：框架 | GB/T 26243. 1—2010 | ISO/IEC 16512—1：2005 | | 已发布 |
| 247 | 14 | 信息技术 系统间远程通信和信息交换 局域网和城域网 特定要求 第 3 部分：带碰撞检测的载波侦听多址访问（CSMA/CD）的访问方法和物理层规范 | GB/T 15629. 3—2014 | ISO/IEC 8802—3：2000 | | 已发布 |
| 248 | 15 | 信息技术 系统间远程通信和信息交换 局域网和城域网 特定要求 | GB/T 15629 | | | 已发布 |
| 249 | 16 | 信息技术 传感器网络 第 1 部分：参考体系结构和通用技术要求 | GB/T 30269. 1—2015 | ISO/IEC 29182—5：2013 | | 已发布 |
| 250 | 17 | 信息技术 传感器网络 第 301 部分：通信与信息交换：低速无线传感器网络网络层和应用支持子层规范 | GB/T 30269. 301—2014 | | | 已发布 |
| 251 | 18 | 信息技术 传感器网络 第 302 部分：通信与信息交换：面向高可靠性应用的无线传感器网络媒体访问控制和物理层规范 | GB/T 30269. 302—2015 | | | 已发布 |
| 252 | 19 | 信息技术 传感器网络 第 303 部分：通信与信息交换：基于 IP 的无线传感器网络网络层规范 | GB/T 30269. 303—2018 | | | 已发布 |
| 253 | 20 | 信息技术 传感器网络 第 401 部分：协同信息处理：支撑协同信息处理的服务及接口 | GB/T 30269. 401—2015 | ISO/IEC 20005：2013 | | 已发布 |
| 254 | 21 | 信息技术 传感器网络 第 501 部分：标识：传感节点标识符编制规则 | GB/T 30269. 501—2014 | | | 已发布 |
| 255 | 22 | 信息技术 传感器网络 第 502 部分：标识：传感节点标识符解析 | GB/T 30269. 502—2017 | | | 已发布 |
| 256 | 23 | 信息技术 传感器网络 第 503 部分：标识：传感节点标识符注册规程 | GB/T 30269. 503—2017 | | | 已发布 |

续 表

| 总序号 | 分序号 | 标准名称 | 标准号/计划号 | 对应国际标准号 | 所属的国际标准组织 | 状态 |
|---|---|---|---|---|---|---|
| 257 | 24 | 信息技术 传感器网络 第601部分：信息安全：通用技术规范 | GB/T 30269.601—2016 | | | 已发布 |
| 258 | 25 | 信息技术 传感器网络 第602部分：信息安全：低速率无线传感器网络网络层和应用支持子层安全规范 | GB/ T30269.602—2017 | | | 已发布 |
| 259 | 26 | 信息技术 传感器网络 第701部分：传感器接口：信号接口 | GB/T 30269.701—2014 | | | 已发布 |
| 260 | 27 | 信息技术 传感器网络 第702部分：传感器接口：数据接口 | GB/T 30269.702—2016 | | | 已发布 |
| 261 | 28 | 信息技术 传感器网络 第801部分：测试：通用要求 | GB/T 30269.801—2017 | | | 已发布 |
| 262 | 29 | 信息技术 传感器网络 第802部分：测试：低速无线传感器网络媒体访问控制和物理层 | GB/T 30269.802—2017 | | | 已发布 |
| 263 | 30 | 信息技术 传感器网络 第803部分：测试：低速无线传感器网络网络层和应用支持子层 | GB/T 30269.803—2017 | | | 已发布 |
| 264 | 31 | 信息技术 传感器网络 第804部分：测试：传感器接口 | GB/T 30269.804—2018 | | | 已发布 |
| 265 | 32 | 信息技术 传感器网络 第806部分：测试：传感节点标识符编码和解析 | GB/T 30269.806—2018 | | | 已发布 |
| 266 | 33 | 信息技术 传感器网络 第901部分：网关：通用技术要求 | GB/T 30269.901—2016 | | | 已发布 |
| 267 | 34 | 信息技术 传感器网络 第902部分：网关：远程管理技术要求 | GB/T 30269.902—2018 | | | 已发布 |
| 268 | 35 | 信息技术 传感器网络 第903部分：网关：逻辑接口 | GB/T 30269.903—2018 | | | 已发布 |
| 269 | 36 | 信息技术 传感器网络 第1001部分：中间件：传感器网络节点接口 | GB/T 30269.1001—2017 | | | 已发布 |
| 270 | 37 | 信息技术 面向燃气表远程管理的无线传感器网络系统技术要求 | GB/T 36330—2018 | | | 已发布 |
| 271 | 38 | 测量和控制数字数据通信 工业控制系统用现场总线类型3：PROFIBUS规范 | GB/T 20540—2006 | IEC 61158、IEC 61784 | IEC SC65C | 已发布 |
| 272 | 39 | 工业通信网络 现场总线规范 类型10：PROFINET IO规范 | GB/T25105.1～25105.3—2014 | IEC 61784 | IECSC 65C | 已发布 |

续 表

| 总序号 | 分序号 | 标准名称 | 标准号/计划号 | 对应国际标准号 | 所属的国际标准组织 | 状态 |
|---|---|---|---|---|---|---|
| 273 | 40 | 测量和控制数字数据通信 工业控制系统用现场总线类型2：ControlNet 和 EtherNet/IP 规范 | GB/Z 26157—2010 | IEC 61158、IEC 61784 | IEC SC65C | 已发布 |
| 274 | 41 | 测量和控制数字数据通信 工业控制系统用现场总线类型8：INTERBUS 规范 | GB/Z 29619—2013 | IEC 61158、IEC 61784 | IEC SC65C | 已发布 |
| 275 | 42 | 远程终端单元（RTU）技术规范 | GB/T 34039—2017 | | | 已发布 |
| 276 | 43 | 工业通信网络 现场总线规范 类型10：PROFINET IO 规范 | GB/T 25105 | IEC 61158、IEC 61784 | | 已发布 |
| 277 | 44 | 工业通信网络 工业环境中的通信网络安装 | GB/T 26336—2010 | IEC 61918 | | 已发布 |
| 278 | 45 | 工业通信网络 现场总线规范 类型20：HART 规范 | GB/T 29910—2013 | IEC 61158、IEC 61784 | IEC SC65C | 已发布 |
| 279 | 46 | 工业通信网络 现场总线规范 类型20：HART 规范 第5部分：WirelessHART 无线通信网络及通信行规 | GB/T 29910. 5—2013 | IEC 62591：2010 | IEC SC65C | 已发布 |
| 280 | 47 | 制造过程物联集成平台应用实施规范 | GB/T 35587—2017 | | | 已发布 |
| 281 | 48 | 制造过程物联集成中间件平台参考体系 | GB/T 34047—2017 | | | 已发布 |
| 282 | 49 | 信息技术 系统间远程通信和信息交换 中高速无线局域网媒体访问控制和物理层规范 | GB/T 36454—2018 | | | 已发布 |
| 283 | 50 | 物联网 信息交换和共享 第1部分：总体架构 | GB/T 36478. 1—2018 | | | 已发布 |
| 284 | 51 | 信息技术 系统间远程通信和信息交换 局域网和城域网特定要求 基于可见光通信的媒体访问控制和物理层规范 | 20142105 - T - 469 | | | 制定中 |
| 285 | 52 | 信息技术 系统间远程通信和信息交换低压电力线通信 第1部分：物理层规范 | 20141207 - T - 469 | | | 制定中 |
| 286 | 53 | 信息技术 传感器网络 第304部分：通信与信息交换：声波通信系统技术要求 | 20150041 - T - 469 | | | 制定中 |
| 287 | 54 | 信息技术 传感器网络 第504部分：标识：传感节点标识符管理规范 | 20153386 - T - 469 | | | 制定中 |
| 288 | 55 | 信息技术 传感器网络 第807部分：测试：网络传输安全 | 20150039 - T - 469 | | | 制定中 |
| 289 | 56 | 信息技术 传感器网络 第808部分：测试：低速率无线传感器网络网络层和应用支持子层安全 | 20153385 - T - 469 | | | 制定中 |
| 290 | 57 | 信息技术 传感器网络 第805部分：测试：传感器网关测试规范 | 20153383 - T - 469 | | | 制定中 |

续 表

| 总序号 | 分序号 | 标准名称 | 标准号/计划号 | 对应国际标准号 | 所属的国际标准组织 | 状态 |
|---|---|---|---|---|---|---|
| 291 | 58 | 信息技术 传感器网络 第809部分：测试：基于IP的无线传感器网络网络层协议 | 20173831－T－469 | | | 制定中 |
| 292 | 59 | 信息技术 工业传感网设备点检管理系统总体架构 | 20153388－T－469 | | | 制定中 |
| 293 | 60 | 信息技术 面向需求侧变电站应用的传感器网络系统总体技术要求 | 20153389－T－469 | | | 制定中 |
| 294 | 61 | 物联网 数据质量 | 20150046－T－469 | | | 制定中 |
| 295 | 62 | 物联网 感知对象信息融合模型 | 20150049－T－469 | | | 制定中 |
| 296 | 63 | 物联网 感知控制设备接入 第1部分：总体要求 | 20171073－T－469 | | | 制定中 |
| 297 | 64 | 信息技术 系统间远程通信和信息交换 低功耗广域网媒体访问控制层和物理层规范 | 20171088－T－469 | | | 制定中 |
| 298 | 65 | 信息技术 系统间远程通信和信息交换 高可靠低成本设备间媒体访问控制和物理层规范 | 20171074－T－469 | | | 制定中 |
| 299 | 66 | 工业通信网络 网络和系统安全 工业自动化和控制系统信息安全技术 | 20170374－T－604 | IEC 62443－3－1 | IEC TC65 | 制定中 |
| 300 | 67 | 工业通信网络 行规 第3～8部分：CC－LINK系列功能安全通信行规 | 20173703－Z－604 | IEC 61784－3－8 | | 制定中 |

注：该清单是根据工业和信息化部、国家标准化管理委员会的标准立项和发布情况进行动态更新的，可在国家智能制造标准化总体组的官方网站上查询。

# 工业和信息化部办公厅关于公布2018年制造业与互联网融合发展试点示范项目名单的通知

工信厅信软函〔2018〕279号

各省、自治区、直辖市及新疆生产建设兵团工业和信息化主管部门，有关中央企业：

为贯彻落实《国务院关于深化制造业与互联网融合发展的指导意见》（国发〔2016〕28号），推动基于互联网的制造业技术、模式、业态等创新和应用示范，根据《关于组织开展2018年制造业与互联网融合发展试点示范工作的通知》（工信厅信软函〔2018〕185号）要求，经各组织单位推荐、专家组评审、网上公示等环节，确定125个2018年制造业与互联网融合发展试点示范项目。现予以公布，请结合实际，抓好试点示范工作。

附件：2018年制造业与互联网合发展试点示范入选项目名单（略）

工业和信息化部办公厅

2018年8月31日

# 工业和信息化部办公厅关于公布 2018 年两化融合管理体系贯标试点企业名单的通知

工信厅信软函〔2018〕281 号

各省、自治区、直辖市及计划单列市、副省级省会城市、新疆生产建设兵团工业和信息化主管部门，有关中央企业，有关行业协会，有关单位：

为贯彻落实《国务院关于深化制造业与互联网融合发展的指导意见》（国发〔2016〕28 号）和《工业和信息化部国资委国家标准委关于深入推进信息化和工业化融合管理体系的指导意见》（工信部联信软〔2017〕155 号）关于推广两化融合管理体系的工作部署，根据《工业和信息化部办公厅关于推荐 2018 年两化融合管理体系贯标试点企业的通知》（工信厅信软函〔2018〕128 号）工作安排，经企业自主申报、各组织单位推荐、专家评审和公开征求意见等环节，遴选确定安东石油技术（集团）有限公司等 703 家企业为国家级两化融合管理体系贯标试点企业，现将名单予以公布（见附件 1）。有关事项通知如下：

一、推动试点企业开展贯标与评定。各省、自治区、直辖市及计划单列市、副省级省会城市、新疆生产建设兵团工业和信息化主管部门，中央企业，行业协会等试点企业推荐单位（以下统称推荐单位）要积极推动贯标试点企业全面启动贯标工作。

二、加强对贯标工作的跟踪与统计。各省、自治区、直辖市及新疆生产建设兵团工业和信息化主管部门要积极推动所辖范围内的贯标企业在“贯标工作跟踪服务系统”（gltxgb. cspiii. com）中完成注册（已注册企业无须重复注册），并及时填报和更新贯标工作进展情况。各省平台管理员应及时登录该系统，及时开展企业贯标进度审核。我部将对各地区和有关单位贯标工作进行持续跟踪和定期通报。

三、营造贯标工作的良好氛围。各推荐单位应面向企业管理人员、贯标咨询服务人员等开展专题培训，进一步深化对贯标工作的认识，营造贯标工作良好氛围。通过组织开展典型企业现场交流、贯标成果展示及咨询服务对接等活动，推广普及贯标成果。

附件：1. 2018 年两化融合管理体系贯标试点企业名单（略）

2. 两化融合管理体系工作负责人信息表（略）

工业和信息化部办公厅

2018 年 8 月 31 日

# 中华人民共和国工业和信息化部公告

2018年　第40号

按照《新能源汽车动力蓄电池回收利用管理暂行办法》要求，依据《新能源汽车废旧动力蓄电池综合利用行业规范条件》，经企业申报、省级工业和信息化主管部门审核、专家评审、现场核查和网上公示等程序，现将符合《新能源汽车废旧动力蓄电池综合利用行业规范条件》企业名单（第一批）予以公告。

附件：符合《新能源汽车废旧动力蓄电池综合利用行业规范条件》企业名单（第一批）

工业和信息化部

2018年9月3日

**附件**

## 符合《新能源汽车废旧动力蓄电池综合利用行业规范条件》企业名单（第一批）

| 序号 | 所属地区 | 企业名称 |
|---|---|---|
| 1 | 浙江省 | 衢州华友钴新材料有限公司 |
| 2 | 江西省 | 赣州市豪鹏科技有限公司 |
| 3 | 湖北省 | 荆门市格林美新材料有限公司 |
| 4 | 湖南省 | 湖南邦普循环科技有限公司 |
| 5 | 广东省 | 广东光华科技股份有限公司 |

# 中华人民共和国工业和信息化部公告

2018 年　第 42 号

按照《工业和信息化部关于印发〈纺织服装创意设计试点示范园区（平台）管理办法（试行）〉的通知》（工信部消费〔2016〕396 号）要求，我们组织开展了 2018 年度纺织服装创意设计试点示范园区（平台）遴选工作。经纺织服装创意设计园区（平台）管理运营机构申报、省级工业和信息化主管部门推荐、专家评审和网上公示等程序，确定纺织服装创意设计试点园区（平台）名单（第三批），现予以公告。

附件：纺织服装创意设计试点园区（平台）名单（第三批）

工业和信息化部

2018 年 9 月 14 日

**附件**

## 纺织服装创意设计试点园区（平台）名单（第三批）

| | |
|---|---|
| 北京市 | 依文纺织服装创意设计平台 |
| 河北省廊坊市 | 永清云裳小镇 |
| 上海市 | POP 时尚创意综合服务平台 |
| 浙江省嘉兴市 | 平湖服装文化创意园 |
| 江西省南昌市 | 南昌青山湖纺织服装创意设计园区 |
| 山东省泰安市 | 宁阳纺织服装文化创意园 |
| 湖南省株洲市 | 新芦淞（白关）国际服饰创意园 |
| 广东省广州市 | 广州 T. I. T 创意园 |
| | 梧桐珆全球原创服饰品牌服务平台 |
| 四川省成都市 | 彭州家纺服装产业创意园 |

# 中华人民共和国工业和信息化部公告

2018 年　第 43 号

根据《废钢铁加工行业准入条件》《废钢铁加工行业准入公告管理暂行办法》，经企业申报、省级工业和信息化主管部门审核、专家复核和现场核查、网上公示等程序，现将符合《废钢铁加工行业准入条件》企业名单（第六批）予以公告。

河南格林美资源循环有限公司等 3 家已公告企业，变更其公告企业名称，一并予以公告。

附件：1. 符合《废钢铁加工行业准入条件》企业名单（第六批）（略）

2. 变更《废钢铁加工行业准入条件》公告名称的企业名单（略）

工业和信息化部

2018 年 9 月 14 日

# 工业和信息化部关于公布2018年人工智能与实体经济深度融合创新项目名单的通知

工信部科函〔2018〕327号

各省、自治区、直辖市及计划单列市、新疆生产建设兵团工业和信息化主管部门、各有关单位：

为贯彻落实工业和信息化部《促进新一代人工智能产业发展三年行动计划（2018—2020年）》，按照《工业和信息化部办公厅关于开展2018年人工智能与实体经济深度融合创新项目申报工作的通知》（工信厅科函〔2018〕118号）要求，经项目推荐、综合评审和网上公示等环节，现将2018年人工智能与实体经济深度融合创新项目名单予以公布。

请各地工业和信息化主管部门及项目推荐单位结合自身实际，持续加强对入选项目的跟踪支持，做好项目经验总结推广，促进人工智能与实体经济深度融合，推动人工智能产业加快发展。

附件：2018年人工智能与实体经济深度融合创新项目名单（略）

工业和信息化部

2018年9月14日

# 中华人民共和国工业和信息化部公告

2018 年　第 44 号

按照《环保装备制造行业（大气治理）规范条件》（工业和信息化部公告 2016 年第 66 号），经企业自愿申报、地方工业主管部门审核推荐、专家评审及现场核实、网上公示等程序，现将符合《环保装备制造行业（大气治理）规范条件》企业名单（第三批）予以公告。

附件：符合《环保装备制造行业（大气治理）规范条件》企业名单（第三批）（略）

工业和信息化部

2018 年 9 月 18 日

# 工业和信息化部关于公布2018年智能制造试点示范项目名单的通告

工信部装函〔2018〕343号

按照《工业和信息化部办公厅关于开展2018年智能制造试点示范项目推荐的通知》，经各地方工业和信息化主管部门推荐、专家评审和网上公示，2018年智能制造试点示范项目名单已经确定，现予以公布。

附件：2018年智能制造试点示范项目名单（略）

工业和信息化部

2018年9月27日

# 工业和信息化部办公厅关于公布第二批服务型制造示范名单的通知

工信厅产业函〔2018〕309号

各省、自治区、直辖市及计划单列市、新疆生产建设兵团工业和信息化主管部门：

为加快实施制造强国战略，贯彻落实《发展服务型制造专项行动指南》（工信部联产业〔2016〕231号）部署，推动制造业由生产型制造向服务型制造转变，根据《工业和信息化部办公厅关于开展第二批服务型制造示范遴选工作的通知》（工信厅产业函〔2018〕145号），经各组织单位推荐、专家评审、现场考查、网上公示等环节，确定北京和利时系统工程有限公司等33家企业为第二批服务型制造示范企业，三一重型装备有限公司“供应链管理项目”等50个项目为第二批服务型制造示范项目，天津安捷公共设施服务有限公司安捷电力需求侧管理平台等31个平台为第二批服务型制造示范平台，苏州市等6个城市为服务型制造示范城市。现将示范名单予以公布，请结合实际，抓好经验总结和示范推广工作。

附件：第二批服务型制造示范名单（略）

工业和信息化部办公厅

2018年9月30日

# 工业和信息化部 财政部关于公布2018年国家技术创新示范企业名单的通知

工信部联科函〔2018〕420号

各省、自治区、直辖市及计划单列市、新疆生产建设兵团工业和信息化主管部门、财政厅（局），有关中央管理企业：

为深入贯彻实施制造强国战略，根据工业和信息化部、财政部制定的《技术创新示范企业认定管理办法（试行）》（工信部联科〔2010〕540号），经审核，确定2018年国家技术创新示范企业名单，现予公布。有关事项通知如下：

一、认定北京高能时代环境技术股份有限公司等68家企业为国家技术创新示范企业（具体名单见附件）。

二、各地工业和信息化主管部门、财政厅（局）以及有关中央管理企业要充分发挥国家技术创新示范企业的带动作用，并认真总结经验，结合本地区、本单位实际，积极做好省级技术创新示范企业的认定工作，把企业技术创新工作引向深入。

三、国家技术创新示范企业实行动态管理，每三年复核评价一次，对合格的示范企业予以确认，不合格的撤销称号。各地工业和信息化主管部门、财政厅（局）以及有关中央管理企业要按照要求认真做好相应管理工作。

附件：2018年国家技术创新示范企业名单（略）

工业和信息化部

财政部

2018年10月12日

# 中华人民共和国工业和信息化部公告

2018 年　第 50 号

根据《铜冶炼行业规范条件》（工业和信息化部公告 2014 年第 29 号），经企业申报、省级工业和信息化主管部门核实、专家组审核、现场核查及网上公示，现将符合《铜冶炼行业规范条件》企业名单（第四批）予以公告。

列入规范公告名单的企业要严格按照《铜冶炼行业规范条件》要求组织生产经营活动，规范生产经营行为。

附件：符合《铜冶炼行业规范条件》企业名单（第四批）（略）

工业和信息化部

2018 年 10 月 15 日

# 中华人民共和国工业和信息化部公告

2018 年　第 52 号

为落实《工业和信息化部关于加快推进环保装备制造业发展的指导意见》（工信部节〔2017〕250 号），引导生产要素向优势企业集聚，促进行业高质量发展，我部制定了《环保装备制造行业（污水治理）规范条件》和《环保装备制造行业（环境监测仪器）规范条件》，现予以公告。

附件：1. 环保装备制造行业（污水治理）规范条件（略）
　　　2. 环保装备制造行业（环境监测仪器）规范条件（略）

工业和信息化部

2018 年 10 月 16 日

# 工业和信息化部 科技部 商务部 市场监管总局关于印发《原材料工业质量提升三年行动方案（2018—2020年）》的通知

工信部联科〔2018〕198号

各省、自治区、直辖市及计划单列市、新疆生产建设兵团工业和信息化主管部门、科技厅（委，局）、商务主管部门、工商行政管理局、质量技术监督局（市场监督管理部门），有关行业协会：

现将《原材料工业质量提升三年行动方案（2018—2020年）》印发给你们，请认真贯彻落实。

工业和信息化部
科技部
商务部
市场监管总局
2018年10月16日

## 原材料工业质量提升三年行动方案（2018—2020年）

原材料工业是国民经济的基础和支柱产业，其发展水平直接影响着制造业发展的质量和效益。随着供给侧结构性改革深入推进，我国原材料工业产品质量不断提高，品种结构不断优化，对稳增长、调结构、促改革、惠民生、保安全发挥了重要作用。同时，原材料工业在质量基础设施、关键工艺技术、产品实物质量、有效供给能力等方面与国际先进水平相比仍有较大差距，难以满足我国经济高质量发展的要求。为进一步提升原材料工业发展质量和效益，更好支撑制造强国、质量强国建设，制定本行动方案。

### 一、总体要求

以习近平新时代中国特色社会主义思想为指导，全面贯彻落实党的十九大精神，牢固树立新发展理念，以深化供给侧结构性改革为主线，深入落实《中共中央国务院关于开展质量提升行动的指导意见》，以提升原材料工业发展质量和效益为核心，坚持企业主体、市场主导、政府引导，坚持需求牵引、创新驱动、产用融合，提高产品质量的可靠性、稳定性、一致性水平，增加高性能、功能化、差别化产品的有效供给，带动原材料工业质量品牌整体提升，为制造业高质量发展提供保障。

### 二、行动目标

到2020年，我国原材料产品质量明显提高，部分中高端产品进入全球供应链体系，供给结构得到优化，原材料工业供给侧结构性改革取得积极成效。

钢铁行业：通用钢材产品的质量稳定性、可靠性和耐久性明显提高，高性能钢铁材料的批次稳定性和一致性稳步提高，钢材产品实物质量达到国际水平的产品比例超过50%。海洋工程及高技术船舶、先进轨道交通、航空航天等领域用高端钢材的研发和产业化取得积极进展，每年突破3～4个关键钢材品种。

有色金属行业：高技术船舶、先进轨道交通、节能与新能源汽车等重点领域用有色金属材料质量均一性提高，中高端产品有效供给能力增强。有色金属产品整体质量水平提高，航空铝材、铜板带材等精深加工产品综合保障能力超过70%。

石油化工行业：大宗基础有机化工原料、重点合成材料，专用化学品的质量水平显著提升。攻克一批新型高分子材料、膜材料以及高端专用化学品的技术瓶颈。烯烃、芳烃等基础原料和化工新材料保障能力显著提高。绿色产品占比显著提高，新型肥料比重提升到30%左右。

建材行业：工业玻璃、先进陶瓷、人工晶体材料产业化取得明显进展，高性能无机纤维及其增强复合材料质量大幅提高，石墨烯材料生产达国际先进水平，先进无机非金属材料保障能力明显提升。建材部品化加速推进，水泥、平板玻璃质量保障能力大幅提升，矿物功能材料品种日益丰富，绿色建材在新建建筑中应用比重达到40%。

## 三、完善标准供给体系

（一）提高标准的先进性。加快组织实施原材料重点标准制修订计划，以材料生产全流程控制、表征和试验、性能评价和服役评价的标准化需求为重点，提升产品和通用工艺类标准技术水平，满足绿色、节能、节水、安全、环保发展需要。

（二）提高标准的协同性。集中科研、生产、用户、计量、检测和认证等各方力量，协同推进重点领域产品标准和应用标准时制修订；加强上下游标准协同一致性，推动建立覆盖产品全生命周期的标准群；构建国家标准、行业标准、团体标准、企业标准协同发展的新型标准体系。

（三）提高标准的引领性。积极参与国际标准化工作，加大国际标准和国外先进标准跟踪、评估和转化力度，提高重点原材料产品的国际标准转化率，形成与国际标准接轨的原材料标准体系。鼓励社会团体围绕产业发展需要，制定满足市场和创新需求、具有国际领先水平的先进团体标准，大力推进先进团体标准的应用示范，引领行业高质量发展。

## 四、实施质量技术攻关

（四）突破关键共性技术。组织开展原材料重点行业、重点产品质量分析，加强与国际领先产品的对比研究，找准比较优势和质量短板。加强质量基础技术研究，支持企业以国际先进质量标准为标杆，加强质量提升关键共性技术研发与应用推广，支持原材料工业领域国家、省级制造业创新中心建设。

（五）优化质量控制技术。推动智能制造、绿色制造等先进技术研发和应用，优化生产工艺流程及质量管控系统，提高全流程质量控制水平；加强原材料领域检验检测机构建设，鼓励应用工艺质量数据采集、集成和综合分析评价技术，完善原材料产品质量控制和技术评价体系。

（六）加快技术成果转化。强化原始创新、集成创新和引进消化吸收再创新，研发应用新技术、新工艺，尽快形成一批带动原材料工业发展的核心技术。支持技术转移扩散和首次商业化应用，推动重大应用类基础研究成果转化，在新技术、新产品领域推广应用技术成熟度评价。

## 五、开展质量分级评价

（七）建立质量分级体系。推动质量分级与产品标准、计量测试、检测、认证技术的有效衔接，鼓励围绕应用需求、重点产品质量分级等制定团体标准。发挥市场机制作用，推动质量检测和认证资源的整合优化，每个行业重点培育1～2家从事质量分级评价的认证机构，推动建立主要原材料产品质量分级发布机制。

（八）构建科学评价方法。支持认证机构等专业力量结合市场需求，依据企业装备、技术能力以及产品大数据，将影响产品质量的技术要素参数化，建立评价模型，对涉及重大工程建设、国防安全、国计民生等重要领域的原材料产品的质量保障能力进行评价。鼓励产业链下游对使用材料开展实物质量对比。

（九）加强评价结果应用。发挥行业协会、认证机构作用，定期发布原材料产品质量分级评价、认证结果，加强行业自律和社会监督。研究推动质量分级评价、认证结果的市场化采信机制，引导企业提升产品质量，培育“优质优价”的市场环境。

## 六、推动“互联网＋”质量

（十）推动智能工厂建设。持续推进原材料企业智能化改造，推广数字化技术、系统集成技术、关键技术装备、智能制造成套装备，建设智能车间/工厂，重点培育流程型智能制造，提高设计、制造、工艺、管理水平，推动生产方式向柔性、智能、精细化转变，提升产品质量。

（十一）开展智慧质量管理。支持企业基于工业互联网采集、整理、分析全流程关键节点的质量数据，开展质量诊断预警，优化工艺设计，实现生产过程动态优化，制造和管理信息的全程可视化，推动企业在资源配置、工艺优化、过程控制、产业链管理、节能减排等方面的智能化，提高智慧质量管理水平。

（十二）提高质量追溯能力。应用物联网、云计算、大数据等信息技术，提高原材料产品质量追溯能力。鼓励原材料生产企业与下游企业建立质量追溯机制，建立覆盖设计、生产、流通、应用等环节的原材料产品质量追溯数据库，并与国家重要产品追溯管理平台对接，实现质量信息共享，加强质量安全管理与风险控制。

## 七、提升产业集群质量

（十三）打造质量竞争型产业集群。结合国家新型工业化产业示范基地、制造业创新中心以及产业集群区域品牌建设工作，在钢铁、石化、有色、建材等产业聚集区开展产业集群质量提升行动，以智能、绿色、环保、安全为导向，以标准、技术、信誉、效率和效益等为要素，培育质量竞争型产业集群。

（十四）构建“一站式”服务体系。建立产业集群质量提升服务体系，突出区域特色，引入计量校准、标准普及、检验检测与认证认可咨询、质量诊断与改进提升、品牌培育等服务。引导制定产业集群质量品牌建设团体标准，加大知识产权和集体商标保护力度，支持智能制造、绿色制造等方向的高质量产业集群发展建设。

（十五）培育世界级先进制造业集群。引导创新资源向原材料产业集群集聚，推动产业集群的协同制造和协同创新，支持原材料产业集群优化升级。培育若干个产业基础、研发资源、配套能力和市场条件较好的原材料产业集群，推动我国原材料产品进入全球高端供应链体系，打造一流的原材料产业集群区域品牌。

## 八、优化质量发展环境

（十六）提升公共服务能力。加大质量品牌公共服务平台建设，完善质量信息收集和发布制度，健全质量守信联合激励和失信联合惩戒制度，在重点领域实施质量追溯制度。创建一批以质量提升为重点的产业技术基础公共服务平台，提高可靠性试验验证、环境适应性评价、故障与缺陷分析、计量测试、标准制修订、认证认可、检验检测、产业信息、知识产权等技术基础支撑能力。

（十七）推进质量社会共治。严格落实钢铁、建材等行业规范条件，引导企业开展符合规范条件的自我声明，支持行业协会开展行业自律活动，督促企业规范经营。加大对生产许可证下放后大宗产品的抽检力度，推动大宗原材料质量满意度调查，引导企业形成以用户为中心的经营理念，从主要提供产品制造向提供产品和服务转变，促进原材料工业向服务型制造转型。

（十八）开展质量品牌创建。加大“中国品

牌日”、全国“质量月”和“诚信兴商月”活动宣传力度，推动实施原材料工业品牌培育管理体系标准，引导企业树立诚信经营意识，建立以创新和质量提升为内涵的差异化竞争优势，促进区域品牌和企业品牌互动发展。支持开展群众性质量品牌提升活动，弘扬企业家精神和工匠精神，引导企业牢固树立质量为先、品牌引领的意识。

## 九、保障措施

（十九）建立协同工作机制。加强部门协同，建立健全政府、企业、行业组织、科研院所、检测机构和产业联盟、技术联盟、智库等的协同推进机制。依托龙头企业的带头作用，加强战略、技术、标准、市场等沟通协作，形成上下游协同发展的局面。

（二十）加大财政金融支持力度。完善质量发展经费多元筹集和保障机制，促进原材料质量攻关、质量创新、质量治理和质量基础设施建设。探索建立符合原材料工业特点的、以质量综合竞争力为核心的增信融资体系，将质量水平、标准水平、品牌价值等纳入企业信用评价指标。探索建立工业采购品质量保险机制，加大产品质量保险推广力度，支持企业运用保险手段促进产品质量提升和新产品推广应用。

（二十一）加强质量人才培养。贯彻落实《制造业人才发展规划指南》，加快培养引进一批高端、复合型质量工作人才。依托质量品牌公共服务平台建设，建立全员、全社会共同参与的质量教育网络。组织原材料企业开展全面质量管理普及教育，提高企业经营管理者、一线员工的质量管理意识和水平。

（二十二）完善质量基础设施。加强原材料领域具有产业特点的量值传递技术和关键领域关键参数的测量测试技术研究，积极培育和构建原材料领域产业计量测试中心。加强原材料领域产业技术基础公共服务平台建设，开展知识产权保护与运用。建立健全原材料检测能力评价体系，建设实验室与外场能力验证服务平台，原材料实物标准检测评价体系。

（二十三）发挥行业组织作用。充分发挥原材料各行业协会在政府和企业之间的桥梁纽带作用以及各行业质量检测机构的作用，积极开展国际对标，瞄准行业发展前沿推动质量技术攻关，开展调查研究、行业统计、检测认证、信息咨询、教育培训、标准化等方面工作，加强原材料工业质量标杆的经验交流与推广。

（二十四）加强国际交流合作。充分利用双边、多边国际合作机制，抓“一带一路”建设契机，鼓励国内外科研院所、行业、企业拓宽交流渠道，在技术创新、标准制定、质量治理等领域广泛开展国际合作，提升原材料产品质量水平，推进产业迈向中高端。

# 工业和信息化部 应急管理部关于印发《国家安全产业示范园区创建指南（试行）》的通知

工信部联安全〔2018〕213号

各省、自治区、直辖市及计划单列市、新疆生产建设兵团工业和信息化主管部门、应急管理部门、安全生产监督管理局：

现将《国家安全产业示范园区创建指南（试行）》印发给你们，请遵照认真贯彻执行。

工业和信息化部
应急管理部
2018年10月18日

## 国家安全产业示范园区创建指南（试行）

### 第一章　总则

**第一条**　为落实《中共中央国务院关于推进安全生产领域改革发展意见》和《安全生产“十三五”规划》部署，指导国家安全产业示范园区建设工作，促进安全产业集聚发展，按照《关于加快安全产业发展的指导意见》（工信部联安全〔2018〕111号）要求，制定本指南。

**第二条**　本指南所指国家安全产业示范园区（以下简称示范园区）是指依法依规设立的各类开发区、工业园区（聚集区）以及国家规划重点布局的产业发展区域中，以安全产业为重点发展方向，具有示范、支撑、带动作用，特色鲜明的产业集聚、集群区域。

**第三条**　本指南适用于示范园区和示范园区创建单位［以下统称示范园区（含创建）］的申报、评审、命名和管理等工作。

**第四条**　示范园区（含创建）建设工作要统筹布局、因地制宜、合理定位、有序推进。

**第五条**　工业和信息化部会同应急管理部负责示范园区（含创建）的命名和指导工作。各省、自治区、直辖市及计划单列市、新疆生产建设兵团工业和信息化主管部门会同当地应急管理部门（以下分别统称省级工业和信息化主管部门、省级应急管理部门）负责组织本地区示范园区（含创建）的初审和上报等工作，并配合工业和信息化部、应急管理部指导示范园区（含创建）的建设工作。各类开发区、工业园区（聚集区）等管理机构负责示范园区（含创建）的建设、申报和管理等工作。

### 第二章　申报条件和评价指标

**第六条**　申报示范园区（含创建）应当具备以下基本条件：

（一）产业规划。具有明确的产业发展规划和目标，发展内容符合相关政策要求。

（二）产业实力。具有一定区位优势、产业基础和创新能力；有特色鲜明的发展区域，示范园区（含创建）内企业年销售收入须达到一定规模。其中，示范园区不低于100亿元（特殊类型地区不低于80亿元），创建单位不低于40亿元（特殊类型地区不低于30亿元）。

（三）产业集聚。安全产业相对集中，有一定企业数量，其中骨干企业位居同行业前列或具备良好发展潜力，行业带动性强，市场前景良好。

（四）组织体系。有负责园区建设和管理的组织体系，有相应的工作机制、园区信息化管理制度和具体工作方案。

（五）安全服务。具有为周边区域提供安全教育培训、演练体验等安全服务的能力，安全服务基础较好。

（六）公共服务。具有公共服务机构，服务标准规范；投融资、保险、科技成果交易、现代物流、人才引进等产业服务体系较为完善。

（七）安全管理。园区内安全生产管理规范，企业安全生产责任制健全，安全生产管理体系完善，近三年内未发生较大及以上生产安全事故。

（八）发展环境。园区所在地各级政府在发展规划、技术创新、财政政策、政务服务和人才发展等方面有明确支持安全产业发展的要求。

**第七条** 示范园区（含创建）的评价指标体系包括产业规模、创新能力、安全保障和发展环境4类一级指标和19个二级指标（指标评价体系见附件1）。

## 第三章 申报、评审和命名

**第八条** 申报材料包括：

（一）申报单位所在省级工业和信息化主管部门、应急管理部门的联合上报文件和初审意见。

（二）示范园区（含创建）建设方案（编制要点见附件2）。

（三）示范园区（含创建）申报表（在国家安全产业大数据平台 http：//safetybigdata.org 申报系统中打印）。申报表中涉及的产业规模数据，以当地统计部门确认的数据为准。

（四）园区内安全产业领域相关企业和科研机构信息（需企业和科研机构在国家安全产业大数据平台上填报）。

**第九条** 根据评价指标体系设置的条件和要求，申报单位结合自身情况自愿向所在省级工业和信息化主管部门提出申报示范园区或创建示范园区的申请，并通过国家安全产业大数据平台申报系统在线提交申报材料。省级工业和信息化主管部门会同应急管理部门联合审查后，通过在线申报系统提交审查意见扫描件，并将所有申报材料纸质版原件一式三份送工业和信息化部。

**第十条** 工业和信息化部会同应急管理部委托第三方机构组织专家对申报单位进行评审。

**第十一条** 评审采用专家打分制，必要时可组织现场考察。未通过评审的申报单位可对材料补充完善，报工业和信息化部和应急管理部申请复审。复审仍未通过的，本年度不再受理申报。

**第十二条** 对通过示范园区评审的申报单位，评审结果在工业和信息化部、应急管理部网站及国家安全产业大数据平台公示7天。符合要求的，工业和信息化部和应急管理部联合命名为“国家安全产业示范园区”。

**第十三条** 对于通过示范园区创建单位评审的申报单位，以及对于未通过示范园区评审但已达到创建条件的申报单位，评审结果在工业和信息化部、应急管理部网站及国家安全产业大数据平台公示7天。符合要求的，工业和信息化部、应急管理部联合命名为“国家安全产业示范园区创建单位”。

## 第四章 示范园区和创建单位管理

**第十四条** 创建单位应遵循培育和发展相结合的原则，达到示范园区条件后，按照第九条规定进行申报。

**第十五条** 每年3月底前，命名的示范园区（含创建）应将上一年度工作总结和本年度工作计划上报至所在省级工业和信息化主管部门与应急管理部门，并由省级部门核实汇总后分别报工业和信息化部、应急管理部。

**第十六条**　工业和信息化部、应急管理部每3年委托专家或第三方机构对示范园区（含创建）建设情况进行评估。评估办法另行制定。

**第十七条**　示范园区（含创建）名录、年度发展情况和定期评估结果将在工业和信息化部、应急管理部网站和国家安全产业大数据平台上公布。

**第十八条**　示范园区（含创建）未按规定上报年度工作总结和计划的，工业和信息化部、应急管理部可要求其限期提交；仍不提交的，可撤销其命名。

**第十九条**　评估结果不合格的，评估单位可提出限期整改要求。未落实整改措施或经整改仍不符合要求的，工业和信息化部、应急管理部撤销其命名。

**第二十条**　对上报资料弄虚作假的示范园区（含创建），工业和信息化部、应急管理部给予警示，并责其限期改正；情节严重的，撤销其命名，并暂停其所在省份下一年度的申报工作。

**第二十一条**　示范园区（含创建）所提供的安全产品和服务或企业行为对社会造成重大不良影响的，工业和信息化部、应急管理部给予警示，造成严重后果的，撤销其命名。

**第二十二条**　示范园区（含创建）近三年发生两次及以上一般生产安全事故的，或发生较大及以上生产安全事故的，撤销其命名。

**第二十三条**　工业和信息化部、应急管理部对示范园区（含创建）建设和发展予以支持。根据实际情况组织制定相关政策，在产学研合作、技术推广、应用示范、标准制定、项目支持、资金引导、交流合作等方面给予重点指导和支持，加快引导产业集聚，推动产业升级，并适时将其纳入安全生产保障支撑体系支持范围。

**第二十四条**　对安全产业发展迅速、经济效益突出、社会效益显著的示范园区，支持其申报安全产业类国家新型工业化产业示范基地。

## 第五章　附则

**第二十五条**　本指南由工业和信息化部、应急管理部负责解释。

**第二十六条**　本指南自发布之日起施行。

附件：1. 国家安全产业示范园区评价指标体系

2. 国家安全产业示范园区（含创建）建设方案编制要点

**附件1**

## 国家安全产业示范园区评价指标体系

<table>
<tr><th>一级指标（分值）</th><th>二级指标（分值）</th><th>申报示范园区创建单位</th><th>申报示范园区</th></tr>
<tr><td rowspan="2">1. 产业规模（30）</td><td>1.1园区安全产业领域内企业年销售收入（20）</td><td>≥40亿元，特殊类型地区①≥30亿元</td><td>≥100亿元，特殊类型地区≥80亿元</td></tr>
<tr><td>1.2安全产业规模和水平处于国内同行业水平，拥有业内骨干企业数量（10）</td><td>产业规模和水平处于国内同行业前列，拥有2家以上业内骨干企业</td><td>产业规模和水平处于国内同行业领先，拥有5家以上业内骨干企业</td></tr>
<tr><td rowspan="3">2. 创新能力（15）</td><td>2.1研发机构数量（5）<br>（1）国家级工程技术研究中心数量<br>（2）省级工程技术研究中心数量<br>（3）国家级企业技术中心数量<br>（4）省级企业技术中心数量</td><td>省级不少于2家。省级以上重点实验室、院士工作站、博士后工作站等研发资源作参考。</td><td>国家级不少于1家或省级不少于3家。省级以上重点实验室、院士工作站、博士后工作站等研究发资源作参考</td></tr>
<tr><td>2.2研发投入占销售收入的比例（6）</td><td>≥1%</td><td>≥2%</td></tr>
<tr><td>2.3有效发明专利拥有量（4）</td><td colspan="2">企业每亿元主营业务收入有效发明专利数≥0.3件</td></tr>
<tr><td rowspan="3">3. 安全保障能力（15）</td><td>3.1园区内企业近三年生产安全事故发生情况（5）</td><td colspan="2">无较大生产安全事故（一票否决项），一般生产安全事故<2起</td></tr>
<tr><td>3.2园区内安全管理机构和工作机制建设情况（5）</td><td colspan="2">园区安全生产管理机构健全，具有比较完善的安全生产管理工作机构</td></tr>
<tr><td>3.3园区内企业安全管理体系和安全生产责任体系建设情况（5）</td><td colspan="2">企业安全生产管理体系完善，安全生产责任制健全</td></tr>
<tr><td rowspan="3">4. 发展环境（40）</td><td>4.1安全产业发展体制机制创新（5）</td><td colspan="2">所在地政府在发展规划、财政政策、政务服务、创新创业等方面对安全产业发展给予支持</td></tr>
<tr><td>4.2人才体系建设情况（3）</td><td colspan="2">所在地有完善的人才培养、引进、激励机制和政策保障，劳动关系和谐</td></tr>
<tr><td>4.3拥有的投资机构和金融机构数量（3）</td><td>拥有不少于1家投资机构，并满足园区发展需要</td><td>拥有不少于2家投资机构，其中参与安全产业投资的金融机构不少于1家</td></tr>
</table>

① 特殊类型地区包括革命老区、民族地区、边疆地区、困难地区（资源枯竭地区、产业衰退地区、生态严重退化地区等）。

续　表

<table>
<tr><th>一级指标（分值）</th><th>二级指标（分值）</th><th>申报示范园区创建单位</th><th>申报示范园区</th></tr>
<tr><td rowspan="8">4. 发展环境（40）</td><td>4. 4 地方政府有无安全产业资金投入（4）</td><td colspan="2">在专项资金、产业引导基金、技术改造经费等方面有投入</td></tr>
<tr><td>4. 5 地方政府制定产业政策情况（5）</td><td colspan="2">制定了产业发展规划、指导意见等政策</td></tr>
<tr><td>4. 6 产学研合作开展情况（3）</td><td colspan="2">建立了产学研合作机制，对园区发展有重要作用，建有共性技术研发和推广应用平台</td></tr>
<tr><td>4. 7 产业服务体系建设情况（3）</td><td>初步建成支撑产业发展的公共服务平台，具备一定的服务能力</td><td>具有投融资、保险、科技成果交易、市场开拓、现代物流、人才培养等公共服务能力，设施完善</td></tr>
<tr><td>4. 8 骨干企业在业内重发展水平（4）</td><td colspan="2">企业规模、技术、产品等在业内具有一定竞争优势；重点产品列入国家相关产业推广目录</td></tr>
<tr><td>4. 9 品牌情况（2）</td><td colspan="2">拥有一批国际国内知名品牌，区域品牌建设成效显著</td></tr>
<tr><td>4. 10 社会公益服务能力（4）</td><td>安全产品演示、体验与安全教育培训基地建设列入园区建设规划</td><td>安全产品演示、体验与安全教育培训基地初步建成，可面向企业、社会公众提供教育培训、体验等公共服务</td></tr>
<tr><td>4. 11 应用水平（4）</td><td>编制安全产品示范应用项目建设规划，制定了保障示范应用工程建设的政策措施</td><td>开展先进安全产品示范应用工程建设，成效显著，有效提升了社会本质安全水平</td></tr>
</table>

备注：以上表中各项指标均限定于园区内安全产业。

**附件 2**

## 国家安全产业示范园区（含创建）建设方案编制要点

### 一、基础与现状

1. 自然环境、经济和社会发展概况。

2. 安全产业发展现状。

3. 建设基础。主要包括建设示范园区（含创建）的优势和有利条件、制约因素和存在的问题等。

4. 建设意义。结合需求分析建设示范园区（合创建）的意义。

### 二、总体设想

1. 总体思路。包括指导思想、工作原则、发展定位等。

2. 发展目标。包括总体目标和具体发展指标。

### 三、发展重点与主要任务

1. 发展重点。包括园区主要发展方向、重点发展领域、重点技术与产品、品牌和企业培育等。

2. 主要任务。围绕设定的发展目标，为有效提升园区发展水平，拟开展的主要工作，包括但不限于：扩大产业规模、提升创新能力、企业培育、品牌建设、完善投融资服务体系、产业链协作、示范工程建设以及社会服务等内容。

## 四、保障措施

1. 示范园区建设的组织保障措施。
2. 示范园区建设的政策保障措施。
3. 示范园区建设的工作机制保障措施。
4. 其他有关保障措施。

## 五、进度计划

方案规划期内，各时间节点主要任务分解安排。

## 六、附件清单

1. 园区内骨干企业列表。
2. 园区内省级以上研发机构列表。
3. 园区内企业发明专利列表。
4. 园区安全管理机构和工作制度相关文件。
5. 园区内达到安全生产标准化的企业列表。
6. 地方政府支持安全产业发展的相关政策文件。
7. 园区在人才体系建设方面的相关政策文件。
8. 园区内金融机构和投资机构列表。
9. 地方政府在资金方面支持安全产业发展的政策文件。
10. 地方政府制定的安全产业发展规划、指导意见等。
11. 国内外知名品牌列表。
12. 示范应用项目建设规划或相关方案等。

# 中华人民共和国工业和信息化部公告

2018 年　第 53 号

为推动我国铅蓄电池行业可持续发展，依据《铅蓄电池行业规范条件（2015 年本）》及《铅蓄电池行业规范公告管理办法（2015 年本）》，工业和信息化部开展铅蓄电池行业规范管理工作。经企业申请、省级工业和信息化主管部门初审、专家审核、工业和信息化部复核以及网上公示等程序，12 家企业列入《符合〈铅蓄电池行业规范条件（2015 年本）〉企业名单（第五批）》，现予以公告。

工业和信息化部

2018 年 10 月 19 日

## 符合《铅蓄电池行业规范条件（2015 年本）》企业名单（第五批）（排名不分先后）

| 序号 | 企业名称 | 省份 | 地址 | 邮编 |
|---|---|---|---|---|
| 1 | 上海西恩迪蓄电池有限公司 | 上海市 | 上海市奉贤区莲都路 55 号 | 201419 |
| 2 | 江苏康丽欣电池有限公司 | 江苏省 | 淮安市洪泽经济开发区东九街西侧、东三道北侧 | 223100 |
| 3 | 浙江长兴永诚电源有限公司 | 浙江省 | 长兴县吴山乡横涧村长兴经济开发区城南工业功能区 | 313104 |
| 4 | 长兴汇能电源有限公司 | 浙江省 | 长兴县槐坎乡工业园 | 313119 |
| 5 | 卧龙电气集团浙江灯塔电源有限公司 | 浙江省 | 绍兴市海塘路 75 号 | 312000 |
| 6 | 浙江巨江电源制造有限公司 | 浙江省 | 浙江省兰溪自行车及配件工业园区 | 321106 |
| 7 | 巨江电源科技有限公司 | 浙江省 | 浙江省兰溪自行车及配件工业园区 | 321106 |
| 8 | 福建动力宝电源科技有限公司（一期工程） | 福建省 | 诏安县金都工业园区北区（金星乡工业园区国道 324 线石烛路段北侧） | 363503 |
| 9 | 泉州市圣能电源科技有限公司 | 福建省 | 安溪县龙美工业区 | 362441 |
| 10 | 江西奥沃森新能源有限公司 | 江西省 | 上犹县黄埠镇上犹工业园北区 | 341200 |
| 11 | 湖北丰日电源有限公司 | 湖北省 | 湖北崇阳经济开发区 | 437500 |
| 12 | 广东志成冠军集团有限公司仁化分公司 | 广东省 | 仁化县周田工业园 | 512334 |

# 中华人民共和国工业和信息化部公告

2018 年　第 56 号

为加快推动高效节能产品的推广应用，引导绿色生产和绿色消费，我部组织编制了《“能效之星”产品目录（2018）》，现予公告。

附件：“能效之星”产品目录（2018）（略）

工业和信息化部

2018 年 10 月 24 日

# 工业和信息化部关于印发《车联网（智能网联汽车）直连通信使用5905～5925MHz频段管理规定（暂行）》的通知

工信部无〔2018〕203号

各省、自治区、直辖市无线电管理机构，国家无线电监测中心：

现将《车联网（智能网联汽车）直连通信使用5905～5925MHz频段管理规定（暂行）》印发给你们，请认真遵照执行。

执行过程中相关意见和建议，请及时反馈我部（无线电管理局）。

工业和信息化部

2018年10月25日

## 车联网（智能网联汽车）直连通信使用5905～5925MHz频段管理规定（暂行）

为促进智能网联汽车在我国的应用和发展，满足车联网等智能交通系统使用无线电频率的需要，根据《中华人民共和国无线电管理条例》和《中华人民共和国无线电频率划分规定》，结合我国频率使用的实际情况，现将车联网（智能网联汽车）直连通信频率使用有关事项规定如下：

一、规划5905～5925MHz频段作为基于LTE－V2X技术的车联网（智能网联汽车）直连通信的工作频段。本文中车联网（智能网联汽车）直连通信是指路边、车载和便携无线电设备通过无线电传输方式，实现车与车、车与路、车与人直接通信和信息交换。其所用的无线电设备技术要求见附件。

二、在5905～5925MHz频段设置、使用路边无线电设备，建设运营车联网智能交通系统的，原则上应向国家无线电管理机构申请5905～5925MHz频率使用许可。为支持国家经济特区、新区、自由贸易试验区等加快智能交通系统建设，按照适度超前、互联互通、安全高效、智能绿色的原则，在明确建设运营主体的前提下，可由省、自治区、直辖市无线电管理机构报国家无线电管理机构同意后实施频率使用许可。提供车联网相关服务涉及经营电信业务的，应依法依规申办相关电信业务经营许可。

经批准取得频率使用许可后，路边无线电设备的设置、使用单位，应向所在地的省、自治区、直辖市无线电管理机构申请取得无线电台执照。未取得无线电台执照的路边无线电设备，不得发射无线电信号，不受无线电有害干扰保护。

三、在5905～5925MHz频段设置、使用车载和便携无线电设备参照地面公众移动通信终端管理，无须取得频率使用许可和无线电台执照。

四、生产或者进口在我国境内销售、使用的车联网（智能网联汽车）直连通信无线电发射设备，应按照有关规定向国家无线电管理机构申请并取得无线电发射设备型号核准证。

五、自2022年1月1日起，原则上不再受理和审批5905～5925MHz频段内卫星地球站（测控站除外）新的设置、使用许可申请。偏远地区确有需要的，由省、自治区、直辖市无线电管理机构报国家无线电管理机构同意后方可设置、使用。

六、在5905～5925MHz频段设置、使用车联网（智能网联汽车）直连通信无线电设备，不得对同频或相邻频段内依法开展的卫星固定、无线电定位、固定等无线电业务的现有台（站）产生有害干扰。

七、为保护现有合法无线电台（站）和车联网（智能网联汽车）无线电设备的正常运行，在5905～5925MHz频段设置、使用车联网（智能网联汽车）直连通信路边无线电设备，原则上应分别距已合法使用的雷达站7km和卫星地球站2km以上。确需在上述范围内部署的，应经所在地的省、自治区、直辖市无线电管理机构组织协调并批准后方可设置、使用。

八、在5905～5925MHz频段设置、使用路边无线电设备前，应做好电磁环境测试和干扰防护工作，最大限度减小无线电干扰和消除无线电干扰隐患。如发生无线电有害干扰，由受到无线电干扰方报请干扰发生地无线电管理机构按照“频带外让频带内、次要业务让主要业务、后用让先用、无规划让有规划”的原则依法协调解决。

九、在5905～5925MHz频段设置、使用车载无线电设备和便携无线电设备原则上不应提出干扰保护要求；遇有外部有害干扰时，可向干扰发生地无线电管理机构提请帮助。

十、本规定自2018年12月1日起施行。

附件：车联网（智能网联汽车）直连通信无线电设备技术要求

**附件**

## 车联网（智能网联汽车）直连通信无线电设备技术要求

### 一、工作频率范围

5905～5925MHz。

### 二、信道带宽

20MHz。

### 三、发射功率限值（EIRP）

（一）车载或便携无线电设备：26dBm；
（二）路边无线电设备：29dBm。

### 四、载频容限

$\pm 0.1 \times 10^{-6}$。

### 五、邻道抑制比

大于31dB，按信道积分功率有效值检波方式测试。

### 六、频谱发射模板要求

| 距信道边缘偏移频率 | 20MHz带宽发射功率限值 | 测量带宽 | 检波方式 |
|---|---|---|---|
| 0～1MHz | －21dBm | 20kHz | 有效值检波 |
| 1～2.5MHz | －10dBm | 1MHz | 有效值检波 |
| 2.5～2.8MHz | －10dBm | 1MHz | 有效值检波 |
| 2.8～5MHz | －10dBm | 1MHz | 有效值检波 |
| 5～6MHz | －13dBm | 1MHz | 有效值检波 |
| 6～10MHz | －13dBm | 1MHz | 有效值检波 |
| 10～15MHz | －13dBm | 1MHz | 有效值检波 |

续　表

| 距信道边缘偏移频率 | 20MHz 带宽发射功率限值 | 测量带宽 | 检波方式 |
|---|---|---|---|
| 15 ~ 20MHz | -13dBm | 1MHz | 有效值检波 |
| 20 ~ 25MHz | -25dBm | 1MHz | 有效值检波 |

## 七、其他频段特殊保护要求

现有公众移动通信终端接收频段内无用发射限值为 -50dBm/MHz，按峰值检波方式测试。

## 八、通用无用发射要求

| 频率范围 | 最大电平 | 测量带宽 | 检波方式 |
|---|---|---|---|
| 30MHz ~ 1GHz | -36dBm | 100kHz | 峰值检波 |
| 1GHz ~ 12.75GHz | -30dBm | 1MHz | 峰值检波 |
| 12.75GHz ~ 26GHz | -30dBm | 1MHz | 峰值检波 |

# 工业和信息化部办公厅关于公布2018年大数据产业发展试点示范项目的通知

工信厅信软函〔2018〕339号

各省、自治区、直辖市及计划单列市、副省级省会城市、新疆生产建设兵团工业和信息化主管部门，各有关单位：

为落实《国务院关于印发促进大数据发展行动纲要的通知》（国发〔2015〕50号）和《大数据产业发展规划（2016—2020年）》（工信部规〔2016〕412号），务实推动大数据产业创新发展，根据《工业和信息化部办公厅关于组织开展2018年大数据产业发展试点示范项目申报工作的通知》（工信厅信软〔2017〕987号）要求，经各单位推荐、专家组评审、网上公示等环节，确定200个2018年大数据产业发展试点示范项目，现予以公布。请各单位结合实际，认真抓好试点示范工作。

附件：2018年大数据产业发展试点示范入选项目名单（略）

工业和信息化部办公厅

2018年10月27日

# 工业和信息化部办公厅关于公布第三批绿色制造名单的通知

工信厅节函〔2018〕341号

各省、自治区、直辖市及计划单列市、新疆生产建设兵团工业和信息化主管部门，有关单位：

为贯彻落实《工业绿色发展规划（2016—2020年）》和《绿色制造工程实施指南（2016—2020年）》，持续打造绿色制造先进典型，引领相关领域工业绿色转型，加快推动绿色制造体系建设，按照《工业和信息化部办公厅关于开展绿色制造体系建设的通知》（工信厅节函〔2016〕586号，以下简称《通知》）和《工业和信息化部办公厅关于推荐第三批绿色制造名单的通知》（工信厅节函〔2018〕257号）要求，我部组织开展了第三批绿色制造名单推荐工作。经申报单位自评价、第三方评价机构评价、省级工业和信息化主管部门评估确认及专家论证、公示等环节，确定了第三批绿色制造名单。其中绿色工厂391家、绿色设计产品480种、绿色园区34家、绿色供应链管理示范企业21家（详见附件1～4），现予以公布。有关事项通知如下：

一、各地工业和信息化主管部门要加强绿色制造名单与相关产业政策的衔接，充分发挥以点带面的示范作用，引领本地区绿色转型。鼓励各地发布本地区绿色制造名单，择优向我部推荐，并研究出台配套支持政策。加强对绿色制造名单内有关单位及第三方评价机构的指导、监督和管理，对不再符合绿色制造评价要求的单位，及时向我部（节能与综合利用司）报送有关情况。

二、经核实，泰兴经济技术开发区内发生生态环境污染事件，不再符合绿色制造评价要求，即日起从绿色园区名单中除名。我部将进一步组织对绿色制造单位进行抽查和监督，对抽查中不再符合绿色制造评价要求的，特别是存在弄虚作假、瞒报重大安全事故、环境污染问题的，从绿色制造名单中除名，并对该单位及其第三方评价机构进行通报。

三、列入本通知名单的绿色设计产品，可按照《生态设计产品标识》（GB/T 32162—2015）自行粘贴标识。

四、列入本通知名单中的绿色工厂、绿色园区和绿色供应链管理示范企业，应于2019年1月15日前在“绿色制造公共服务平台”上对绿色制造水平指标进行自我声明，并于今后每年1月15日前对上一年度、7月15日前对半年度绿色制造水平指标进行自我声明（更新），展示绿色制造先进经验和典型做法。

附件：1. 绿色工厂名单（略）
　　　2. 绿色设计产品名单（略）
　　　3. 绿色园区名单（略）
　　　4. 绿色供应链示范企业名单（略）

工业和信息化部办公厅

2018年10月29日

# 工业和信息化部 中国工业经济联合会关于《第三批制造业单项冠军企业和单项冠军产品名单》的通告

工信部联产业函〔2018〕397 号

为培育制造业全球单项冠军，提升企业专业化能力和水平，突破制造业关键领域短板，推动产业整体迈向全球价值链中高端，促进我国制造业高质量发展，根据《制造业单项冠军企业培育提升专项行动实施方案》（工信部产业〔2016〕105 号），经企业自主申报，地方工业和信息化主管部门与工业经济联合会、中央企业推荐，行业协会限定性条件论证、专家组论证和网上公示等程序，确定了第三批制造业单项冠军企业和单项冠军产品名单，现予公布。

各地工业和信息化主管部门、工业经济联合会，有关行业协会要加强对企业的服务和支持，引导企业专注细分产品领域的创新、产品质量提升和品牌建设，支持“专精特新”企业成长为制造业单项冠军，培育具有全球竞争力的世界一流企业。

附件：第三批制造业单项冠军企业和单项冠军产品名单

工业和信息化部

中国工业经济联合会

2018 年 11 月 1 日

**附件**

## 第三批制造业单项冠军企业和单项冠军产品名单

### 一、单项冠军示范企业

| 序号 | 示范企业名称 | 主营产品 |
|---|---|---|
| 1 | 北京康斯特仪表科技股份有限公司 | 压力校验装置 |
| 2 | 山西华翔集团股份有限公司 | 制冷压缩机零部件 |
| 3 | 一汽解放汽车有限公司 | 半挂牵引车 |
| 4 | 瑞声光电科技（常州）有限公司 | 微型扬声器/受话器 |
| 5 | 江苏丰东热技术有限公司 | 可控气氛热处理炉 |
| 6 | 江苏太平洋精锻科技股份有限公司 | 汽车差速器锥齿轮 |
| 7 | 南通市通润汽车零部件有限公司 | 螺旋千斤顶 |

续　表

| 序号 | 示范企业名称 | 主营产品 |
| --- | --- | --- |
| 8 | 江苏恒立液压股份有限公司 | 车辆工程系列液压缸 |
| 9 | 今创集团股份有限公司 | 轨道交通内装饰产品 |
| 10 | 徐州徐工筑路机械有限公司 | 平地机 |
| 11 | 南京康尼机电股份有限公司 | 轨道车辆自动门系统 |
| 12 | 江苏天明机械集团有限公司 | 氨纶纺丝卷绕机成套设备 |
| 13 | 中材科技风电叶片股份有限公司 | 风机叶片 |
| 14 | 江苏铁锚玻璃股份有限公司 | 轨道交通安全玻璃 |
| 15 | 江苏鼎胜新能源材料股份有限公司 | 铝箔材 |
| 16 | 江苏亚星锚链股份有限公司 | 锚链（系泊链） |
| 17 | 南通中集罐式储运设备制造有限公司 | 液体运输集装箱 |
| 18 | 浙江大华技术股份有限公司 | 视频监控产品 |
| 19 | 宁波博德高科股份有限公司 | 单向走丝电火花加工用切割丝 |
| 20 | 宁波舜宇车载光学技术有限公司 | 车载镜头 |
| 21 | 浙江欣兴工具有限公司 | 钢板钻 |
| 22 | 杭州三花微通道换热器有限公司 | 微通道换热器 |
| 23 | 宁波合力模具科技股份有限公司 | 压铸模具 |
| 24 | 万华化学（宁波）容威聚氨酯有限公司 | 隔热保温用组合聚醚多元醇 |
| 25 | 杭州传化化学品有限公司 | DTY 油剂 |
| 26 | 浙江大丰实业股份有限公司 | 舞台机械 |
| 27 | 浙江新澳纺织股份有限公司 | 精梳羊毛纱 |
| 28 | 浙江恒石纤维基业有限公司 | 风能用玻璃纤维增强材料 |
| 29 | 安徽昊方机电股份有限公司 | 汽车空调电磁离合器 |
| 30 | 华孚时尚股份有限公司 | 色纺纱 |
| 31 | 利辛县富亚纱网有限公司 | 磁性感应纱织物 |
| 32 | 安徽耐科挤出科技股份有限公司 | 塑料异型材挤出成型模具 |
| 33 | 厦门立达信绿色照明集团有限公司 | 发光二极管（LED）灯泡（管） |
| 34 | 福建雪人股份有限公司 | 工商用制冰机 |
| 35 | 宁德时代新能源科技股份有限公司 | 锂离子动力电池 |
| 36 | 福建锦江科技有限公司 | 锦纶长丝 |
| 37 | 江西远大保险设备实业集团有限公司 | 智能电动（手动）密集架 |
| 38 | 浪潮电子信息产业股份有限公司 | 多节点服务器 |

续 表

| 序号 | 示范企业名称 | 主营产品 |
|---|---|---|
| 39 | 景津环保股份有限公司 | 压滤机 |
| 40 | 烟台冰轮集团有限公司 | 商业冷冻冷藏制冷集成系统 |
| 41 | 潍柴动力股份有限公司 | 重型载货车用发动机 |
| 42 | 济南圣泉集团股份有限公司 | 铸造辅助材料 |
| 43 | 山东一诺威聚氨酯股份有限公司 | 聚氨酯预聚体 |
| 44 | 金沂蒙集团有限公司 | 醋酸乙酯 |
| 45 | 山东金河实业集团有限公司 | 连二亚硫酸钠 |
| 46 | 山东金城柯瑞化学有限公司 | 头孢克肟侧链酸活性酯 |
| 47 | 山东农大肥业科技有限公司 | 腐植酸有机—无机肥料 |
| 48 | 山东润德生物科技有限公司 | 氨基葡萄糖盐酸盐 |
| 49 | 青岛海尔洗衣机有限公司 | 家用洗衣机 |
| 50 | 山东瑞丰高分子材料股份有限公司 | PVC 加工抗冲改性剂 |
| 51 | 肥城金塔酒精化工设备有限公司 | 三效溶剂回收节能蒸馏装置 |
| 52 | 青岛即发集团股份有限公司 | 棉针织内衣 |
| 53 | 山东南山智尚科技股份有限公司 | 精梳毛机织物 |
| 54 | 郑州市钻石精密制造有限公司 | 超硬刀具 |
| 55 | 中原内配集团股份有限公司 | 气缸套 |
| 56 | 巩义市恒星金属制品有限公司 | 钢芯铝绞线用镀锌钢绞线 |
| 57 | 河南金丹乳酸科技股份有限公司 | 乳酸 |
| 58 | 武汉精测电子集团股份有限公司 | 液晶面板模组检测设备 |
| 59 | 武汉锐科光纤激光技术股份有限公司 | 中高功率光纤激光器 |
| 60 | 安琪酵母股份有限公司 | 酵母制品 |
| 61 | 宜昌人福药业有限责任公司 | 麻醉药品 |
| 62 | 湖南杉杉能源科技股份有限公司 | 锂离子电池正极材料 |
| 63 | 鹏鼎控股（深圳）股份有限公司 | 挠性印制电路板 |
| 64 | 广东威特真空电子制造有限公司 | 磁控管 |
| 65 | 广东兴发铝业有限公司 | 铝合金建筑型材 |
| 66 | 成都银河磁体股份有限公司 | 粘接稀土永磁元件 |
| 67 | 四川科伦药业股份有限公司 | 大容量注射剂 |
| 68 | 云南蓝晶科技有限公司 | 蓝宝石衬底片 |

注：1. 名单按企业注册地排序，不分先后。

2. “主营产品”为企业填报的主要从事的细分产品领域。

## 二、单项冠军培育企业

| 序号 | 培育企业名称 | 主营产品 |
|---|---|---|
| 1 | 澜起科技（上海）有限公司 | DDR 系列内存缓冲控制器芯片 |
| 2 | 上海微创医疗器械（集团）有限公司 | 冠脉药物洗脱支架 |
| 3 | 江苏宏宝工具有限公司 | 手动工具钳 |
| 4 | 利欧集团股份有限公司 | 微小型动力式泵 |
| 5 | 宁波得利时泵业有限公司 | 凸轮式转子泵 |
| 6 | 浙江华峰热塑性聚氨酯有限公司 | 热塑性聚氨酯弹性体颗粒 |
| 7 | 浙江欧诗漫集团有限公司 | 珍珠系列护肤品 |
| 8 | 浪莎控股集团有限公司 | 针织袜 |
| 9 | 赛特威尔电子股份有限公司 | 独立式报警器 |
| 10 | 合肥泰禾光电科技股份有限公司 | 色选机 |
| 11 | 福建睿能科技股份有限公司 | 单系统电脑针织横机控制系统 |
| 12 | 青岛盛瀚色谱技术有限公司 | 离子色谱仪 |
| 13 | 威海市泓淋电力技术股份有限公司 | 智能电源连接装置 |
| 14 | 山东开泰工业科技有限公司 | 铸造行业用金属磨料 |
| 15 | 保龄宝生物股份有限公司 | 低聚异麦芽糖 |
| 16 | 山东隆科特酶制剂有限公司 | 食品用糖化酶 |
| 17 | 金猴集团有限公司 | 天然皮革面普通鞋靴 |
| 18 | 山东立昌纺织科技有限公司 | 棉制野营用织物制品 |
| 19 | 泰山玻璃纤维有限公司 | 无碱玻璃纤维无捻纱及制品 |
| 20 | 山东海天智能工程有限公司 | 脑机接口康复训练系统 |
| 21 | 威海威高血液净化制品有限公司 | 空心纤维透析器 |
| 22 | 河南银金达新材料股份有限公司 | 功能性聚酯热收缩（PETG）薄膜 |
| 23 | 湖南泰嘉新材料科技股份有限公司 | 双金属带锯条 |
| 24 | 湖南鑫海股份有限公司 | 化纤制渔网 |
| 25 | 广东万和新电气股份有限公司 | 家用燃气热水器 |
| 26 | 贵州安吉航空精密铸造有限责任公司 | 航空发动机用精密铸件 |

注：1. 名单按企业注册地排序，不分先后。
　　2. “主营产品”为企业填报的主要从事的细分产品领域。

## 三、单项冠军产品

| 序号 | 单项冠军产品名称 | 生产企业 |
|---|---|---|
| 1 | 污泥智能好氧发酵装置 | 北京中科博联环境工程有限公司 |
| 2 | 特高压干式空心平波电抗器 | 北京电力设备总厂有限公司 |
| 3 | 电焊条 | 天津市金桥焊材集团有限公司 |
| 4 | 乘用车发动机增压器涡轮壳 | 天津达祥精密工业有限公司 |
| 5 | 1000kV 单相自耦变压器 | 特变电工沈阳变压器集团有限公司 |

续 表

| 序号 | 单项冠军产品名称 | 生产企业 |
|---|---|---|
| 6 | 悬臂式掘进机 | 三一重型装备有限公司 |
| 7 | 医疗用高压电源变压器 | 上海埃斯凯变压器有限公司 |
| 8 | 1000MW 等级超超临界二次再热汽轮机 | 上海电气电站设备有限公司 |
| 9 | 岸边集装箱起重机 | 上海振华重工（集团）股份有限公司 |
| 10 | 二硫化碳 | 上海百金化工集团股份有限公司 |
| 11 | 架空地线复合光缆（OPGW） | 中天电力光缆有限公司 |
| 12 | 3C 电子产品整机装配生产设备 | 博众精工科技股份有限公司 |
| 13 | 多晶硅片 | 江苏协鑫硅材料科技发展有限公司 |
| 14 | 智能型万能式断路器 | 常熟开关制造有限公司 |
| 15 | 汽车发电机用精锻爪极 | 江苏龙城精锻有限公司 |
| 16 | 高速工具钢 | 江苏天工工具有限公司 |
| 17 | 2，3，3，3－四氟丙烯 | 常熟三爱富中昊化工新材料有限公司 |
| 18 | 半实心轮胎 | 江苏江昕轮胎有限公司 |
| 19 | 人工基因合成生物制品 | 南京金斯瑞生物科技有限公司 |
| 20 | 奥氮平片 | 江苏豪森药业集团有限公司 |
| 21 | LED 冷链照明灯具 | 赛尔富电子有限公司 |
| 22 | 全自动单晶硅生长炉 | 浙江晶盛机电股份有限公司 |
| 23 | 铁氧体永磁元件 | 横店集团东磁股份有限公司 |
| 24 | 光学反射膜 | 宁波长阳科技股份有限公司 |
| 25 | 高导精密复合线材 | 新亚电子有限公司 |
| 26 | 移动插座 | 公牛集团股份有限公司 |
| 27 | 银合金/铜铆钉型复合电触头 | 福达合金材料股份有限公司 |
| 28 | 核电站反应堆压力容器 C 形密封环 | 宁波天生密封件有限公司 |
| 29 | 革用聚氨酯树脂 | 浙江华峰合成树脂有限公司 |
| 30 | 光伏组件封装用乙烯－醋酸乙烯酯共聚物（EVA）胶膜 | 杭州福斯特应用材料股份有限公司 |
| 31 | 活性艳蓝 KN－R | 台州市前进化工有限公司 |
| 32 | 工业用一异丙胺 | 浙江新化化工股份有限公司 |
| 33 | 圆珠笔 | 贝发集团股份有限公司 |
| 34 | 食品用木糖醇 | 浙江华康药业股份有限公司 |
| 35 | 侧吸式吸排油烟机 | 宁波方太厨具有限公司 |
| 36 | 工业用缝纫机伺服电机及控制系统 | 浙江琦星电子有限公司 |
| 37 | 多头电脑刺绣机 | 浙江越隆缝制设备有限公司 |
| 38 | 锦纶弹力丝 | 义乌华鼎锦纶股份有限公司 |
| 39 | 铜管材 | 浙江海亮股份有限公司 |

续　表

| 序号 | 单项冠军产品名称 | 生产企业 |
|---|---|---|
| 40 | 超薄浮法电子玻璃 | 蚌埠中建材信息显示材料有限公司 |
| 41 | LBO 晶体器件 | 福建福晶科技股份有限公司 |
| 42 | 木制活性炭 | 福建元力活性炭股份有限公司 |
| 43 | 合成纤维制染色经编织物 | 福建华峰新材料有限公司 |
| 44 | 皮带抽油机 | 胜利油田高原石油装备有限责任公司 |
| 45 | 凿岩机 | 山东天瑞重工有限公司 |
| 46 | 风力发电机主轴 | 通裕重工股份有限公司 |
| 47 | 百万千瓦级压水堆核电厂一回路主管道 | 烟台台海玛努尔核电设备有限公司 |
| 48 | 长碳链二元酸 | 凯赛（金乡）生物材料有限公司 |
| 49 | 电波钟 | 山东康巴丝实业有限公司 |
| 50 | 船舶压载水管理系统 | 青岛双瑞海洋环境工程股份有限公司 |
| 51 | 汽车发动机排气歧管产品 | 西峡县内燃机进排气管有限责任公司 |
| 52 | 油气井封层桥塞 | 四机赛瓦石油钻采设备有限公司 |
| 53 | 全断面隧道掘进机 | 中国铁建重工集团有限公司 |
| 54 | 无菌制剂机器人自动化生产线 | 楚天科技股份有限公司 |
| 55 | 登机桥 | 深圳中集天达空港设备有限公司 |
| 56 | 全棉水刺无纺布及其制品 | 稳健医疗用品股份有限公司 |
| 57 | 陶瓷砖抛光线 | 广东科达洁能股份有限公司 |
| 58 | LED 显示屏 | 深圳市洲明科技股份有限公司 |
| 59 | 棕刚玉 | 重庆市赛特刚玉有限公司 |
| 60 | 纳米炭混悬注射液 | 重庆莱美药业股份有限公司 |
| 61 | 草甘膦原药 | 四川省乐山市福华通达农药科技有限公司 |
| 62 | 湿法净化磷酸 | 瓮福（集团）有限责任公司 |
| 63 | 接触网检修作业车 | 宝鸡中车时代工程机械有限公司 |
| 64 | 铜铬电触头 | 陕西斯瑞新材料股份有限公司 |
| 65 | 矿产镍 | 金川集团股份有限公司 |
| 66 | 异亮氨酸 | 新疆阜丰生物科技有限公司 |

注：名单按企业注册地排序，不分先后。

# 工业和信息化部 发展改革委 科技部 公安部 交通运输部 市场监管总局关于加强低速电动车管理的通知

工信部联装〔2018〕227号

各省、自治区、直辖市人民政府：

低速电动车主要指行驶速度低、续驶里程短，电池、电机等关键部件技术水平较低，用于载客或载货的三轮、四轮电动机动车（包括老年代步车等）。多数产品属于道路机动车辆，但生产使用未纳入机动车管理体系，产品制动、转向、碰撞等性能不符合机动车安全技术标准。近年来，部分地区出现低速电动车大规模生产使用情况，其无序增长加剧了城市拥堵，由其引发的道路交通事故呈快速上升态势，严重影响城市绿色交通、慢行交通发展和人民群众生命财产安全。为从源头上加强低速电动车管理，经国务院同意，现将有关事项通知如下：

## 一、开展低速电动车生产销售企业清理整顿

省级人民政府是加强低速电动车管理的责任主体，要落实属地管理责任，认真组织开展低速电动车生产销售企业清理整顿。清理整顿分三个阶段：

第一阶段（2018年11月）为调查摸底阶段。地方各级人民政府相关职能部门要摸清本区域内从事低速电动车生产企业的设立时间、生产规模及产品等基本情况，其中：许可部门负责调查汇总已经取得各类相关许可的生产企业情况；工业和信息化主管部门负责调查汇总《道路机动车辆生产企业及产品公告》企业及其他生产企业情况；市场监管部门负责调查汇总非公路用旅游观光车生产企业情况，并会同有关部门负责调查汇总清理整顿期间未取得许可和营业执照的生产企业情况。

第二阶段（2018年12月至2019年1月）为整改阶段。地方各级人民政府相关职能部门要切实履行监管责任，对在摸底调查中发现的借用道路机动车辆生产企业及产品准入许可，或借用非公路用旅游观光车生产许可名义超范围生产销售低速电动车产品的企业，责令企业制定整改计划，停止生产销售违规产品。拒不改正的，依法暂停其《道路机动车辆生产企业及产品公告》生产资质，或注销或依法吊销其相应生产许可项目。无营业执照的，依法予以取缔查封。

第三阶段为清理整顿阶段。各省级人民政府要在此基础上制定本区域低速电动车产能压减淘汰转型调整方案，设定工作目标，落实部门责任，严格督办落实，待《四轮低速电动车技术条件》国家标准及低速电动车规范管理相关政策发布后，按照明确的相关标准、政策、措施，制定实施本地区清理整顿专项计划，依法采取综合措施清理不达标生产企业，严禁生产销售未经许可及未取得强制性产品认证的低速电动车；引导有条件的低速电动车生产企业通过转型升级或与现有机动车生产企业整合重组，生产符合相关标准的道路机动车辆产品。

## 二、严禁新增低速电动车产能

地方各级人民政府要严格执行国家关于机动车辆生产销售相关法律法规，停止制定发布鼓励低速电动车发展相关政策，停止制定发布低速电动车准入条件，停止核准或备案低速电动车投资项目，停止新建低速电动车企业、扩建生产厂房等基建项目，停止新增低速电动车车型；已制定发布相关政策的地区，应立即停止执行，正在建设的项目要立即纠正，确保低速电动车产能不增长，待国家出台规范管理政策及规定后再按照相关要求进行管理。

## 三、建立长效监管机制

各省级人民政府要充分认识该项工作的必要性和复杂性，科学制定工作方案，切实抓好组织协调和落实工作，及时反馈工作进展情况，要及时商有关方面妥善处置相关风险及可能带来的社会矛盾，既要保证低速电动车治理工作有序进行，也要保护合法合规非公路用旅游观光车、残疾人机动轮椅车等生产、销售、使用的正当权益，要深入开展调查研究，根据本地区具体情况制订在用低速电动车处置办法，研究设置一定时间的过渡期，通过置换、回购、鼓励报废等方式加速淘汰违规低速电动车在用产品。要加强对区域内低速电动车生产企业的监督管理，督促企业按照许可资质和相关产品标准依法依规生产销售相应产品，严禁违法违规生产低速电动车产品。

工业和信息化部、科技部、公安部、交通运输部、市场监管总局等部门要组成联合督导组对各地落实情况开展督查，制订考核评估办法，对落实要求成效显著的地区和部门予以表彰，对工作不力的予以通报批评，对不作为的追责问责。要按照“升级一批、规范一批、淘汰一批”总体思路，加快制定发布《四轮低速电动车技术条件》等国家标准，加快研究提出低速电动车生产、销售、税费、保险和使用管理、售后服务等环节具体管理措施，建立完善低速电动车管理体系。同时，要通过报纸、电视、广播和各类新媒体，广泛宣传驾乘不符合安全标准机动车的危害，曝光损害消费者权益、弄虚作假等行为，扶优汰劣，为切实加强低速电动车管理营造良好的舆论氛围。

工业和信息化部
国家发展和改革委员会
科学技术部
公安部
交通运输部
国家市场监督管理总局
2018年11月2日

# 工业和信息化部关于工业通信业标准化工作服务于“一带一路”建设的实施意见

工信部科〔2018〕231 号

各省、自治区、直辖市及计划单列市、新疆生产建设兵团工业和信息化主管部门，有关行业协会（联合会）、中央管理企业、标准化协会和标准化专业机构：

为全面落实《标准联通共建“一带一路”行动计划（2018—2020 年）》要求，提升工业通信业标准化工作服务于“一带一路”建设的能力和水平，提出如下实施意见。

## 一、总体要求

### （一）指导思想

以习近平新时代中国特色社会主义思想为指导，深入贯彻落实党的十九大精神，立足工业通信业领域“一带一路”建设及标准化工作实际，以提高国际产能和装备制造合作、信息互通共享的质量与效益为重点，强化标准联通顶层设计，加大与“一带一路”沿线国家的标准化交流合作力度，促进我国与沿线重点国家标准体系的有机衔接与协同发展，为“一带一路”建设提供基础保障和技术支撑。

### （二）基本原则

企业主体，政府引导。发挥市场在资源配置中的决定性作用，强化企业在标准实施应用中的主体作用，激发企业内生动力，推动实现标准合作共赢。政府加强政策引导，优化创新机制，营造标准化对接合作良好环境。

需求导向，工程牵引。聚焦“一带一路”建设发展需求，多方协作，保障国际产能和装备制造合作、信息互通共享有序推进。依托重大工程，提升标准化合作层次和水平，促进沿线国家产业共同提升。

整体推进，突出重点。深入开展“一带一路”沿线国家标准体系分析，加快推动标准体系对接，运用实施标准外文版、标准互认等手段，提升标准服务“一带一路”建设的保障能力。

### （三）主要目标

到 2020 年，基本形成开放包容、互联互通、成果共享的“一带一路”标准化合作新局面，中国标准与国际标准和各国标准体系兼容水平不断提高，中国标准品牌效益明显提升。与“一带一路”沿线国家共同制定国际标准 80 项以上，成体系部署标准外文版研制计划 400 项以上；标准互认领域不断扩大，形成一批互认标准；一批先进中国标准在“一带一路”建设中得到应用；与“一带一路”沿线重点国家的标准体系对接合作机制基本建立。

## 二、加强顶层设计，找准合作契机

### （一）健全合作机制

积极推动将标准化工作纳入中非、中欧、中俄、中日韩、中国—东盟、中国—中亚等工业通信业领域双多边合作机制中，建立更加紧密的标准化合作机制，促进标准化战略、政策、措施和项目的全方位对接。支持行业协会、标准化专业机构等面向“一带一路”沿线重点国家搭建联系双边政府与企业的标准化合作平台，组织引导企业链条式转移、集群式发展，推动标准有机衔接。鼓励领军企业联合“一带一路”沿线国家合作伙伴，探索以区域标准化创新联盟形式打通产业链上下游，推动先进技术标准国际化应用与推广。

**（二）对接标准体系**

围绕工业通信业领域的经贸往来与项目合作，支持相关行业协会、企业等针对“一带一路”沿线重点国家以及国际、区域标准化组织，组织开展国际国外技术法规、标准体系及标准的比对分析，积极采用国际标准和国外先进标准，提高我国与沿线重点国家和区域之间标准体系的协调性。鼓励领军企业联合标准化专业机构参与沿线国家相关重点领域技术标准体系建设，推动先进技术标准在沿线国家实施应用。

## 三、聚焦重点领域，深化国际合作

**（三）推进制造业标准化合作**

在优势产能与装备制造合作重点领域，鼓励国内领军企业与行业骨干企业加强标准化顶层设计，开展标准翻译、比对和适用性验证工作，在合作项目的设计研发、原料采购、生产加工、检验检测和售后服务等各环节积极采用中国先进标准，提高国际产能和装备制造合作的质量和效益。

——钢铁领域，重点加强先进钢铁材料、高端金属制品、铁矿石等领域国际标准制修订；鼓励我国冶金企业在哈萨克斯坦、印度尼西亚、马来西亚、越南、印度等国家投资建厂和海外工程项目中，积极与沿线国家合作开展相关先进钢铁材料的标准研制，推动工程建设、产品生产、配套设备，以及节能降耗与“三废”治理等中国标准的本土化应用；充分发挥国内钢铁产能和技术优势，鼓励企业在钢铁产品出口合同中采用中国标准。

——有色金属领域，重点加强稀土、铜、铅、锌、铝、镁及镁合金、钛及钛合金等领域的国际标准制定，促进我国相关有色金属产品在“一带一路”沿线国家贸易畅通；推动与沿线国家合作开展相关新材料标准研制，推动《新材料技术成熟度等级划分及定义》国家标准的海外应用，提升企业间合作实效。

——石油化工领域，结合“一带一路”沿线国家国际产能合作需求，以承接中亚、中东等区域海外石化园区建设为契机，积极推动石油化工工程数字化交付等相关标准有机衔接，支撑石化智能工程、石化工业互联网平台海外推广应用。

——建材领域，结合我国在“一带一路”沿线国家的水泥、玻璃、陶瓷和墙材等行业生产线建设现状，推动我国该领域先进工程设计、技术装备和产品等方面标准成套、成体系“走出去”；加强玻璃纤维、工业陶瓷、绝热材料等行业的国际标准制定，促进产能合作和贸易畅通；探索建立“互联网交易平台＋海外仓”与“互联网＋全球化运营管理”服务标准体系，支撑建材行业“网上丝绸之路”建设。

——农业机械领域，联合“一带一路”沿线国家共同制定和实施农业机械标准；加快推进我国拖拉机、植保机械、水稻插秧机、播种机、水稻收获机等产品标准的外文版研制工作，服务农业机械产品“走出去”和沿线国家农业机械工业园建设。

——工程机械领域，加强与欧美日等工程机械发达国家和地区在标准方面的交流合作，积极转化国际先进标准；输出符合国际认证标准的工程机械装备，逐步扩展我国工程机械在“一带一路”沿线国家基础设施建设中的应用份额；推动我国工程机械制造业数字化、网络化、智能化、成套化发展方面的先进标准实现海外应用。

——船舶领域，重点围绕绿色船舶和智能船舶技术，深化中国—丹麦绿色海事技术和造船领域的务实合作，进一步拓展与欧洲海事发达国家的标准化合作；加强与东盟国家、中东地区国家间的区域标准化合作，通过产品和服务标准的转化与示范应用，提升产品质量和服务水平；进一步加大参与国际标准化工作力度，加快推进船舶行业重点标准的外文版工作，主动与国际接轨，助力船舶装备“走出去”。

——航空领域，强化中俄民机标准互换互认工作机制，深化推进中俄远程宽体客机标准比对及互换互认工作全面开展，发布标准互认目录；结合航空技术国际化合作需求，探索推进民用飞机、旋翼飞行器和无人驾驶航空器相关国际标准或中外联合标准的制定工作，加快航空领域标准的国际化进程。

——纺织领域，抓住中国—东盟、中巴经济走廊、孟中印缅通道、中国—中亚、中国—非洲的生产力布局合作机遇，支持中国纺织企业利用海外投资、并购与合作，加大国际先进标准转化与我国先进标准海外应用力度，对全球优质资源进行产业链垂直延伸，提高整个产业的附加值。

——家电领域，加强与“一带一路”沿线国家在家电标准化领域的合作，重点推进越南电压力锅、俄罗斯及中亚热水器等标准对接项目，推动侧吸式油烟机、家用机器人、空气净化器等创新技术产品成为国际标准，促进贸易畅通。

——太阳能光伏领域，结合光伏产品出口、海外设厂及海外电站投资建设情况，推动我国光伏电池和组件等标准海外应用；联合重点沿线国家，共同制定和实施适用于工业园区、经济开发区、大型工矿企业以及商场学校医院等公共建筑屋顶的分布式光伏产品标准。

——节能环保领域，深化与“一带一路”沿线国家绿色发展和清洁生产合作，推动我国重要工业节能与绿色标准在海外工业园区与工厂实施推广；推动节能环保产业“南南合作”，加快先进节能环保相关技术和装备标准推广应用；推动与东盟、阿拉伯地区等区域重点国家节能标准的协调，开展制冷空调、照明产品等节能标准化合作研究。

——民用爆炸物品领域，推进民爆产品技术标准、工程设计标准、先进管理标准、一体化服务标准等重点标准在“一带一路”沿线国家应用，促进我国民爆行业先进生产技术、设备、产品、服务“走出去”。

**（四）推进信息通信领域标准化合作**

充分发挥我国在“互联网＋”领域的技术先发优势和产业实力，加强我国与“一带一路”沿线国家信息通信领域标准化合作，支持我国通信运营企业与制造企业、互联网企业以及相关标准化机构推动信息通信领域重要标准在沿线国家应用，更好服务“一带一路”沿线国家信息和数据基础设施互联互通建设。

——新一代信息技术领域，紧跟第五代移动通信（5G）、物联网、云计算、信息技术服务、大数据、人工智能、虚拟现实/增强现实、超高清视频等技术发展，加强与“一带一路”沿线国家合作，在国际标准化组织（ISO）、国际电工委员会（IEC）、国际电信联盟（ITU）等国际标准化组织共同开展相关国际标准制定；加快智能可穿戴设备等智能硬件标准的国际化进程；推动共建信息通信设备及产品的检测实验室，促进信息通信技术和服务、网络设备、智能硬件等标准应用。

——智慧城市领域，在逐步完善我国智慧城市相关顶层设计及智慧成熟度分级分类评价标准体系的基础上，推动建立面向“一带一路”沿线国家的智慧城市建设标准对接合作沟通机制；加强与东盟、中亚、海湾等沿线重点国家和地区的标准化合作，推进智慧城市建设标准互认；加强基于云计算、大数据环境下的电子商务领域标准化合作，推动电子数据交换协议标准研制与互认，加快电子商务领域追溯体系标准建设，实现追溯数据共享交换。

——北斗卫星导航领域，推动终端模块化、低功耗、高集成度芯片设计标准的制定与实施；深化中俄北斗/格洛纳斯双模车载卫星导航终端研发合作与澜湄流域北斗卫星定位导航服务系统建设及民生领域应用合作，推动北斗应用终端标准"走出去"。

——通信工程建设领域，鼓励我国通信运营企业和建设工程企业协助"一带一路"沿线国家建立涉及跨境陆缆和国际海缆、通信管道、光纤到户、宽带网络、新一代移动通信基站、数据中心和室内分布系统等通信工程建设标准体系以及配套设施与产品标准体系；积极推动我国通信工程设计、施工、验收、监理、设施及产品等标准海外应用。

——网络互联互通领域，加强下一代移动通信、车联网、物联网、工业互联网等领域频率资源规划和使用标准的协调和统一；加强与各国开展长期演进语音承载（VoLTE）、嵌入式用户身份识别卡（eSIM）等新技术、新业务网间互联和业务互通标准的协商；加强与相关国际标准化组织、"一带一路"沿线重点国家合作，推动跨国陆地光缆转接电路结算等国际标准研制，加快推进构建陆上信息大通道。

——电信业务服务领域，鼓励我国通信运营企业积极参与"一带一路"沿线国家信息通信网络建设与运营，共同开展"互联网+"环境下电信新兴业务开发和应用规范、电信业务能力开放技术标准等研究；加强电信监管机构合作，逐步推广我国电信业务服务标准和质量标准。

**（五）深化"互联网+先进制造业"领域标准化合作**

抓住新一轮科技变革和产业革命机遇，聚合制造业与信息通信等领域标准化技术力量，加快推动与"一带一路"沿线国家开展融合创新产业领域标准化合作，共同制定"互联网+先进制造业"领域相关技术、产品、管理和服务的国际标准，支撑打造产业创新价值链。

——两化融合管理体系领域，建立两化融合管理体系市场化贯标模式、机制和质量保障体系，加快形成管理体系标准市场化采信机制；探索在我国海外工业园区与新建工厂推进两化融合管理体系标准试点。

——智能制造领域，进一步完善智能制造标准体系，重点制定并推广识别与传感、控制系统、工业机器人等智能装备标准和智能工厂设计、交付、生产、集成等标准；探索开展面向"一带一路"沿线重点制造行业和区域的"云计算+大数据+人工智能"的智能制造建设标准化示范工程，逐步构建智能制造生态圈。

——工业互联网领域，鼓励相关产业联盟、标准化技术组织加强与"一带一路"沿线国家产业组织、国际组织的合作对接，共同研制工业互联网的网络基础设施、标识解析、平台建设、评估测试、公共服务、安全保障等方面国际标准；在沿线国家工业互联网建设过程中，推动实施相关标准。

——车联网领域，建立能够支撑驾驶辅助及低级别自动驾驶的智能网联汽车标准体系；联合开展车联网关键技术、产品和应用服务的国际标准研制，共同推进车联网技术与标准应用示范工作，提升汽车智能化网联化水平。

## 四、推动标准联通共建，拓展产业发展空间

**（六）加强国际标准制定**

鼓励行业领军企业或骨干企业围绕航天、航空、船舶、通信、信息化、化工、家电、建材、冶金、有色金属等优势领域，结合海外工程实施与项目合作，联合"一带一路"沿线有关国家共同制定国际标准。结合团体标准应用示范项目实施情况，支持具备相应基础条件的行业协会、产业技术联盟等社会团体，将先进团体标准转化为国际标准。

**（七）加快标准外文版制定**

发挥行业协会、标准化技术组织的平台作用，深化面向"一带一路"沿线国家的标准"走出去"

需求分析，围绕化工、机械、钢铁、有色金属、建材、船舶、纺织、信息通信、新能源汽车等优势重点领域，梳理形成急需标准外文版制定项目储备目录。支持地方行业主管部门、有关行业协会和领军企业等根据实际工作需要，成套成体系研制相关行业、产品领域的标准外文版。

**（八）推进标准的海外应用**

围绕家用电器、车联网、太阳能光伏、北斗卫星导航、新一代移动通信等领域，推动领军企业在“一带一路”沿线国家开展标准海外应用示范。围绕起重机、挖掘机、农业机械、水泥装备、超级电容器等重要装备，在白俄罗斯、印度、巴西、乌兹别克斯坦、蒙古国及马来西亚等国家开展先进标准海外应用示范。推进中国数字电视技术标准在巴基斯坦、老挝、柬埔寨等国家开展海外应用。

**（九）提供综合性信息服务**

支持相关行业协会、标准化专业机构，分行业和专业领域建设“一带一路”标准信息服务平台，为企业“走出去”提供国外标准化政策、标准文本、产品认证、世界贸易组织贸易技术壁垒协议（WTO/TBT）通报咨询及预警等标准信息服务。聚焦国际产能和装备制造合作、信息互通共享等典型领域，适时发布标准化工作服务于“一带一路”建设舆情报告。

## 五、保障措施

**（十）加强组织保障**

工业和信息化部将加强对国际标准和标准外文版研制，以及标准海外应用示范等工作的组织协调，持续完善工作机制。鼓励地方行业主管部门、有关行业协会等为本地区、本行业内的企业开展标准海外应用工作营造有利环境，支持相关企事业单位做好国际标准和标准外文版研制，并向工业和信息化部推荐标准“走出去”成效好的项目。

**（十一）加大资金支持**

工业和信息化部加大对标准化工作服务于“一带一路”建设工作的投入，对国际标准与标准外文版研制工作给予一定经费支持，对标准海外应用示范工作给予适当的培育和扶持。引导社会各方资源，建立多元投入机制，加大对标准在“一带一路”建设应用的支持力度。鼓励地方行业主管部门设立专项资金，支持标准海外应用示范工作。

**（十二）加大培训力度**

围绕“一带一路”建设对标准化的需求，有针对性地开展面向企业特别是中小企业的标准化专题培训，提升企业国际标准化工作水平。在涉外培训中强化标准培训，支持相关行业协会、集团公司、标准化专业机构开展相关培训，培养一批熟悉相关国家标准化政策法规、宗教文化、民风民俗和语言，懂技术、精通标准化业务的人才队伍。

**（十三）强化宣传引导**

多渠道、多层次宣传工业通信业标准化工作服务于“一带一路”建设的成功经验，增进沿线国家对中国标准的认知度与认可度。鼓励地方行业主管部门、有关行业协会等单位，积极灵活运用多种形式，对相关工作政策、信息、成功案例开展全方位、多层次宣传推介工作，营造社会各界积极参与工业通信业标准化工作服务于“一带一路”建设的良好氛围。

工业和信息化部

2018 年 11 月 5 日

# 工业和信息化部关于印发《国家工业遗产管理暂行办法》的通知

工信部产业〔2018〕232 号

各省、自治区、直辖市及计划单列市、新疆生产建设兵团工业和信息化主管部门，有关中央企业：

现将《国家工业遗产管理暂行办法》印发给你们，请遵照执行。

附件：国家工业遗产管理暂行办法

工业和信息化部

2018 年 11 月 5 日

**附件**

## 国家工业遗产管理暂行办法

### 第一章　总　则

**第一条**　为推动工业遗产保护利用，发展工业文化，根据《中共中央办公厅 国务院办公厅关于实施中华优秀传统文化传承发展工程的意见》《国务院办公厅关于推进城区老工业区搬迁改造的指导意见》，以及《工业和信息化部 财政部关于推进工业文化发展的指导意见》，制定本办法。

**第二条**　开展国家工业遗产保护利用及相关管理工作，适用本办法。

**第三条**　本办法所称国家工业遗产，是指在中国工业长期发展进程中形成的，具有较高的历史价值，科技价值、社会价值和艺术价值，经工业和信息化部认定的工业遗存。

国家工业遗产核心物项是指代表国家工业遗产主要特征的物质遗存和非物质遗存。物质遗存包括作坊、车间、厂房、管理和科研场所、矿区等生产储运设施，以及与之相关的生活设施和生产工具、机器设备、产品、档案等；非物质遗存包括生产工艺知识、管理制度、企业文化等。

**第四条**　开展国家工业遗产保护利用管理工作，应当发挥遗产所有权人的主体作用，坚持政府引导、社会参与，保护优先、合理利用，动态传承、可持续发展的原则。

**第五条**　工业和信息化部负责国家工业遗产认定等管理工作，指导地方和企业开展工业遗产保护利用工作。

省级工业和信息化主管部门、中央企业公司总部负责组织本行政区域内或本企业国家工业遗产的申报、推荐工作，协助工业和信息化部对国家工业遗产保护利用工作进行监督管理。

**第六条**　鼓励和支持公民、法人和社会机构通过科研、科普、教育、捐赠、公益活动、设立基金等多种方式参与国家工业遗产保护利用工作。

### 第二章　认定程序

**第七条**　申请国家工业遗产，需工业特色鲜明，并具备以下条件：

（一）在中国历史或行业历史上有标志性意义，见证了本行业在世界或中国的发端、对中国历史或世界历史有重要影响、与中国社会变革或重要历史事件及人物密切相关；

（二）工业生产技术重大变革具有代表性，反映某行业、地域或某个历史时期的技术创新、技术突破，对后续科技发展产生重要影响；

（三）具备丰富的工业文化内涵，对当时社会经济和文化发展有较强的影响力，反映了同时期社会风貌，在社会公众中拥有广泛认同；

（四）其规划。设计、工程代表特定历史时期或地域的风貌特色，对工业美学产生重要影响；

（五）具备良好的保护和利用工作基础。

**第八条** 由遗产所有权人提出申请，经所在地县级或市级人民政府同意，通过省级工业和信息化主管部门初审后报工业和信息化部；中央企业直接向公司总部提出申请，由公司总部初审后报工业和信息化部。

遗产项目涉及多个所有权人的，应协商一致后联合提出申请。

**第九条** 遗产所有权人应当按要求提交书面申请，同时提交以下文件、材料（复印件）：

（一）遗产产权证明；

（二）图片、图纸、档案、影像资料；

（三）管理制度和措施；

（四）保护与利用规划；

（五）其他可以证明遗产价值的文件、材料。

上述材料内容均不得涉及国家秘密。

**第十条** 工业和信息化部组织专家对申请项目进行评审和现场核查，经审查合格并公示后，公布国家工业遗产名单并授牌。

## 第三章 保护管理

**第十一条** 国家工业遗产所有权人应当在遗产区域内醒目位置设立标志，内容包括遗产的名称、标识、认定机构名称、认定时间和相关说明。国家工业遗产标识由工业和信息化部发布。

**第十二条** 国家工业遗产所有权人应当在遗产区域内设立相应的展陈设施，宣传遗产重要价值、保护理念、历史人文、科技工艺、景观风貌和品牌内涵等。

**第十三条** 鼓励各地方人民政府和省级工业和信息化主管部门将国家工业遗产的保护利用工作纳入相关规划，通过专项资金（基金）等方式支持国家工业遗产的保护利用。

**第十四条** 国家工业遗产所有权人应当设置专门部门或由专人监测遗产的保存状况，划定保护范围，采取有效保护措施，保持遗产格局、结构、样式和风貌特征，确保核心物项不被破坏。

遗产格局、结构、样式和风貌特征出现较大改变的应当及时恢复，核心物项如有损毁的应当及时修复。有关情况应在30个工作日内通过省级工业和信息化主管部门或有关中央企业公司总部向工业和信息化部报告。

**第十五条** 国家工业遗产所有权人应当建立完备的遗产档案，记录国家工业遗产的核心物项保护、遗存收集、维护修缮、发展利用、资助支持等情况，收藏相关资料并存档。

工业和信息化部负责建立和完善国家工业遗产档案数据库，国家工业遗产所有权人应当予以配合。

**第十六条** 国家工业遗产的核心物项调整按原申请程序提出。

**第十七条** 国家工业遗产所有权人应当按照工业和信息化部的要求，向省级工业和信息化主管部门或有关中央企业公司总部提交遗产保护利用工作年度报告，内容包括当年工作总结、下一年的工作计划、国家工业遗产权属变更和规划调整情况等。

## 第四章 利用发展

**第十八条** 国家工业遗产的利用，应当符合遗产保护与利用规划要求，充分听取社会公众的意见，科学决策，保持整体风貌，传承工业文化。

**第十九条** 加强对国家工业遗产的宣传报道和传播推广，综合利用互联网、大数据、云计算等高科技手段，开展工业文艺作品创作、展览、科普和爱国主义教育等活动，弘扬工匠精神、劳模精神和企业家精神，促进工业文化繁荣发展。

**第二十条**　支持有条件的地区和企业依托国家工业遗产建设工业博物馆，发掘整理各类遗存，完善工业博物馆的收藏、保护、研究、展示和教育功能。

**第二十一条**　支持利用国家工业遗产资源，开发具有生产流程体验、历史人文与科普教育、特色产品推广等功能的工业旅游项目，完善基础设施和配套服务，打造具有地域和行业特色的工业旅游线路。

**第二十二条**　鼓励利用国家工业遗产资源，建设工业文化产业园区、特色小镇（街区）、创新创业基地等，培育工业设计、工艺美术、工业创意等业态。

**第二十三条**　鼓励强化工业遗产保护利用学术研究，加强工业遗产资源调查，开展专业培训及国内外交流合作，培育支持专业服务机构发展，提升工业遗产保护利用水平和能力，扩大社会影响。

## 第五章　监督检查

**第二十四条**　工业和信息化部对国家工业遗产保护利用工作进行指导和监督。省级工业和信息化主管部门、有关中央企业公司总部应根据工业和信息化部要求，组织开展本行政区域内或本企业的国家工业遗产保护情况的检查和评估工作，向工业和信息化部及时报告检查、评估发现的问题。

**第二十五条**　鼓励社会公众对国家工业遗产保护利用工作进行监督，公众发现国家工业遗产保护利用不符合本办法规定的，可向工业和信息化部反映。

**第二十六条**　国家工业遗产核心物项损毁并无法修复，不再符合认定条件的，由工业和信息化部将其从国家工业遗产名单中移除，遗产所有权人及有关方面不得继续使用“国家工业遗产”字样和相关标志、标识。

## 第六章　附则

**第二十七条**　省级工业和信息化主管部门可结合本地区实际，参照本办法组织开展省级工业遗产的认定和管理工作。

**第二十八条**　本办法由工业和信息化部负责解释，自发布之日起施行。

# 工业和信息化部办公厅关于印发《民用爆炸物品生产和销售企业安全生产培训管理办法》的通知

工信厅安全〔2018〕77 号

各省、自治区、直辖市民爆行业主管部门：

现将《民用爆炸物品生产和销售企业安全生产培训管理办法》印发你们，请认真贯彻执行。

工业和信息化部办公厅

2018 年 11 月 6 日

## 民用爆炸物品生产和销售企业安全生产培训管理办法

### 第一章　总则

**第一条**　为加强和规范民用爆炸物品生产和销售企业（以下简称民爆企业）安全生产培训工作，提高从业人员安全素质，依据《中华人民共和国安全生产法》《民用爆炸物品安全管理条例》等有关法律法规，制定本办法。

**第二条**　民爆企业从业人员的安全生产培训工作适用本办法。从业人员主要包括民爆企业主要负责人、安全生产管理人员和其他从业人员。

**第三条**　工业和信息化部负责指导和监督管理全国民爆企业从业人员安全生产培训工作，负责制定培训大纲和考核标准，指导考核题库建设、培训教材编制等。

各省、自治区、直辖市民爆行业主管部门（以下统称省级民爆行业主管部门）负责指导和监督管理本行政区域内民爆企业从业人员安全生产培训考核工作，负责实施对本行政区域内民爆企业主要负责人和安全生产管理人员安全生产知识和管理能力的考核。

相关行业协会依照法律、行政法规和章程，为民爆企业提供安全生产培训服务，促进民爆企业提高安全生产培训工作水平。

**第四条**　民爆企业是安全生产培训的责任主体，应当依法对从业人员进行安全教育和培训，保证从业人员具备必要的安全生产知识，熟悉有关安全生产规章制度和安全操作规程，掌握本岗位的安全操作技能，了解事故应急处理措施，知悉自身在安全生产方面的权利和义务。

**第五条**　民爆企业从业人员应当依照本办法接受安全生产教育和培训，掌握本职工作所需的安全生产知识，提高安全生产技能，增强事故预防和应急处理能力。

### 第二章　安全生产培训组织与管理

**第六条**　民爆企业应当建立完善安全生产培训管理制度，制定年度安全生产培训计划，明确安全生产培训工作机构，配备专职或者兼职安全生产培训管理人员，按照国家规定的比例提取教育培训经费。

**第七条**　民爆企业应当以自主培训为主，也可以委托民爆行业相关培训机构进行培训。

**第八条**　民爆企业应当建立健全从业人员安全生产培训档案，实行一人一档。档案的内容包括：

（一）员工登记表，包括学员的文化程度、职务、职称、工作经历、技能等级晋升等情况；

（二）身份证复印件、学历证书复印件；

（三）历次接受安全生产培训、考核的情况；

（四）安全生产违规违章行为记录，以及被追究责任，受到处分、处理的情况；

（五）其他有关情况。

民爆企业从业人员安全生产培训档案应当按照《企业文件材料归档范围和档案保管期限规定》（国家档案局令第10号）保存。

**第九条**　民爆企业应当建立企业安全生产培训档案，实行一期一档。企业安全生产培训档案应保存3年以上。

民爆企业安全生产培训档案的内容包括：

（一）培训计划；

（二）培训时间、地点；

（三）培训课时及授课教师；

（四）课程讲义；

（五）员工名册、考勤、考核情况；

（六）综合考评报告；

（七）其他有关情况。

## 第三章　主要负责人和安全生产管理人员安全生产培训及考核

**第十条**　民爆企业主要负责人是指民爆企业（含生产分厂和生产场点）的法定代表人、董事长、总经理。

民爆企业安全生产管理人员是指分管安全、生产、技术、保卫等与安全生产工作相关的企业负责人，安全生产管理机构负责人及管理人员。

**第十一条**　民爆企业主要负责人和安全生产管理人员初次安全生产培训时间不得少于48学时。每年再培训时间不得少于16学时。

**第十二条**　民爆企业每年应组织主要负责人和安全生产管理人员进行新法律法规、新标准、新规程，以及新技术、新工艺、新设备和新材料等方面的安全生产培训。

**第十三条**　民爆企业主要负责人安全生产培训和考核应当包括下列内容：

（一）国家安全生产方针、政策、法律、法规，民用爆炸物品生产经营的法规、规章、标准、规划等；

（二）民爆企业主要负责人的责任、权利和义务；

（三）民用爆炸物品生产经营安全管理基本知识、安全技术基础知识；

（四）民用爆炸物品重大危险源管理、重大事故防范、应急管理和救援组织，以及事故调查处理的有关规定及基本方法；

（五）职业危害及其预防措施，风险分级管控和隐患排查治理体系建设要求；

（六）国内外先进的安全生产管理经验；

（七）典型事故和应急救援案例分析；

（八）其他需要培训的内容。

**第十四条**　民爆企业安全生产管理人员安全生产培训和考核应当包括以下内容：

（一）国家安全生产方针、政策、法律、法规，民用爆炸物品生产经营的法规、规章、标准；

（二）民爆企业安全生产管理人员的责任、权利和义务；

（三）民用爆炸物品生产经营安全管理知识、安全生产技术知识、安全生产专业知识、职业卫生知识等；

（四）民用爆炸物品重大危险源的识别与管理，应急救援预案的编制与实施，重大事故调查、分析、报告及处理的有关规定；

（五）伤亡事故统计、报告及职业危害的调查处理方法；

（六）国内外先进的安全生产管理经验；

（七）典型事故和应急救援案例分析；

（八）其他需要培训的内容。

**第十五条** 民爆企业主要负责人和安全生产管理人员应当在任职之日起6个月内通过安全生产知识和管理能力考核，并持续保持相应水平和能力。

民爆企业主要负责人和安全生产管理人员任职30日内，向当地省级民爆行业主管部门提出考核申请，并提交其任职文件和工作经历等相关材料。

省级民爆行业主管部门接到民爆企业主要负责人和安全生产管理人员申请及材料后，经审核符合条件的，应当及时组织相应的考试。

**第十六条** 民爆企业主要负责人和安全生产管理人员考核应相对固定考核地点，采用计算机或笔试等方式进行，试题从考核题库随机抽取，考核满分100分，80分以上（含80分）为合格。

省级民爆行业主管部门应当自考核结束之日起5个工作日内公布考核成绩。

**第十七条** 民爆企业主要负责人和安全生产管理人员考核合格后，省级民爆行业主管部门应当在公布考核结果10个工作日内向主要负责人和安全生产管理人员颁发安全生产知识和管理能力考核合格证明，考核合格证明有效期3年。考核合格证明由工业和信息化部统一制式，在民爆行业内有效。

民爆企业主要负责人和安全生产管理人员考核不合格的，3个月内可以补考1次；经补考仍不合格的，省级民爆行业主管部门应函告其所在企业调整其工作岗位，且1年内不得再次申请考核。

## 第四章 其他从业人员安全生产培训及考核

**第十八条** 其他从业人员是指民爆企业除主要负责人和安全生产管理人员以外，在该单位从事生产经营活动的所有人员，包括临时聘用人员、派遣的劳动者和中等职业学校、高等学校实习学生等。

民爆企业特种作业人员的范围和培训考核管理办法，按照国家有关管理部门的规定执行。

**第十九条** 民爆企业应当根据工作性质，参照培训大纲和考核标准，对其他从业人员进行安全生产培训和考核，保证其他从业人员具备本岗位安全操作必要的知识和技能。未经培训考核合格的，不得上岗作业。

其他从业人员初次安全生产培训时间不得少于72学时，每年再培训时间不得少于20学时。

**第二十条** 民爆企业的其他从业人员安全生产培训应当包括以下内容：

（一）民用爆炸物品生产经营的法规、规章、标准；

（二）民爆企业其他从业人员的责任、权利和义务；

（三）本单位安全生产情况及安全生产基本知识；

（四）本单位安全生产规章制度和劳动纪律；

（五）本单位安全生产的环境及危险因素及防范措施；

（六）本单位事故应急救援预案的有关内容；

（七）本岗位安全职责，安全生产操作要领，安全操作技能，安全隐患的发现与消除；

（八）有关事故案例；

（九）其他需要培训的内容。

**第二十一条** 其他从业人员在本单位内调整工作岗位或离岗半年以上（含半年）重新上岗时，应当重新接受安全生产培训。

民爆企业采用新工艺、新技术、新材料或者使用新设备时，应当对相关从业人员重新进行有针对性的安全生产培训，经考核合格后，方可上岗作业。

## 第五章 监督管理

**第二十二条** 省级民爆行业主管部门应当将民爆企业负责人和安全生产管理人员考核合格证明的发放情况及时公布，接受社会监督。

**第二十三条** 省级民爆行业主管部门对本行政区域内民爆企业下列安全生产培训工作进行监督检查：

（一）建立、完善安全生产培训管理制度，制定年度培训计划情况；

（二）安全生产培训经费保障情况，支付学员培训期间工资和必要费用情况；

（三）企业安全生产培训档案情况；

（四）主要负责人、安全生产管理人员接受安全生产知识和管理能力考核情况；

（五）应用新工艺、新技术、新材料、新设备以及离岗、转岗对从业人员安全生产培训情况；

（六）其他从业人员安全生产培训情况。

**第二十四条**　省级民爆行业主管部门应对民爆企业安全生产培训工作进行监督检查，建立现场随机抽考制度。现场随机抽考办法由各省民爆行业主管部门另行制定。

**第二十五条**　民爆企业安全生产管理人员工作单位发生变动的，原工作单位不得以任何理由扣押其考核合格证明。

**第二十六条**　民爆企业未按照规定对从业人员进行安全教育和培训的，按照《中华人民共和国安全生产法》有关规定予以处罚。

## 第六章　附则

**第二十七条**　省级民爆行业主管部门对民爆企业主要负责人和安全生产管理人员的考核不得收费，应当将组织考核费用、证书工本费用列入年度财政预算范围。

**第二十八条**　省级民爆行业主管部门可以根据本办法制定具体实施细则。

**第二十九条**　本办法自2019年1月1日起施行。原国防科学技术工业委员会2007年3月26日颁布的《民用爆炸物品生产经营单位安全生产培训规定》（科工安〔2007〕85号）同时废止。

# 工业和信息化部关于公布2018年消费品工业“三品”战略示范城市名单的通告

工信部消费函〔2018〕407号

为贯彻落实《国务院办公厅关于开展消费品工业“三品”专项行动营造良好市场环境的若干意见》（国办发〔2016〕40号），经各地申报、专家评审、现场核查和网上公示等环节，确定2018年消费品工业“三品”战略示范城市名单。现予以公布。

工业和信息化部

2018年11月8日

## 2018年消费品工业“三品”战略示范城市名单

河北省唐山市、江苏省南通市、安徽省芜湖市、福建省晋江市、河南省郑州市、河南省漯河市、湖南省宁乡市、四川省泸州市、四川省南充市、青岛市西海岸新区、深圳市龙华区

# 工业和信息化部关于公布第二批国家工业遗产名单的通告

工信部产业函〔2018〕417号

为贯彻落实党的十九大关于加强文化遗产保护传承的决策部署，推动工业遗产保护和利用，根据《关于推进工业文化发展的指导意见》（工信部联产业〔2016〕446号）和《关于开展第二批国家工业遗产认定申报工作的通知》（工信厅产业函〔2018〕108号），经工业遗产所有权人自主申请，相关省市工业和信息化主管部门、有关中央企业推荐，专家评审和网上公示等程序，确定了第二批国家工业遗产名单，现予以公布。

各地工业和信息化主管部门、有关中央企业和国家工业遗产所有权人要高度重视工业遗产保护利用工作，贯彻落实《国家工业遗产管理暂行办法》相关要求，采取有效措施，加强对国家工业遗产项目的保护、管理，在确保有效保护基础上，探索利用发展新模式，积极推动工业文化传承和发展。

附件：国家工业遗产名单（第二批）

工业和信息化部

2018年11月15日

## 附件

## 国家工业遗产名单（第二批）

| 序号 | 名称 | 地址 | 核心物项 |
|---|---|---|---|
| 1 | 国营738厂 | 北京市朝阳区 | “五角大楼”及附属工业景观、我国第一代0500系列微型计算机、我国第一台立德牌ATM机、模拟程控交换机等老一代电子产品，以及建厂以来历史档案、影音资料。 |
| 2 | 国营751厂 | 北京市朝阳区 | 1#15万立方米煤气储罐（现名79罐）、脱硫塔（现改为时尚回廊）、火车专运线（现改为火车头广场）、动力管廊（现改为廊桥－空中步道）、裂解炉及附属工艺区域（现改为动力广场、炉区广场）。 |
| 3 | 北京卫星制造厂 | 北京市海淀区 | 一号、四号厂房，坐标镗床，坐标镗铣床，万能工具铣床，东方红一号卫星诞生地纪念碑 |
| 4 | 原子能“一堆一器” | 北京市房山区 | 101堆反应堆主厂房、101堆反应堆堆本体重混凝土屏蔽体、101堆主控室、回旋加速器厂房、回旋加速器主磁铁核心部件。 |

续 表

| 序号 | 名称 | 地址 | 核心物项 |
|---|---|---|---|
| 5 | 井陉煤矿 | 河北省石家庄市井陉矿区 | 井陉煤矿总办大楼（西大楼）、老井井架、皇冠塔、正丰矿1号井、汽绞车房、电绞车房、正丰矿仓库、电厂机组车间、正丰矿大烟囱、凤山车站、小姐楼及附属建筑、总经理办公大楼及附属建筑、地道及北斜井巷道。 |
| 6 | 秦皇岛西港 | 河北省秦皇岛市海港区 | 大码头、老船坞区域，南山街一号房特等房，开滦矿务局高级员司俱乐部，南山高级引水员住房，南栈房，三菱、松昌洋行，南山饭店，老港站地磅房，开滦矿务局秦皇岛经理处车务处。 |
| 7 | 开滦矿务局秦皇岛电厂 | 河北省秦皇岛市海港区 | 建筑主楼、燃料运输铁路、1928年修建厂房时使用的开滦缸砖、建筑内原有的瓷墙裙和地砖、开滦矿务局秦皇岛电厂建筑图纸和结构蓝图原图、原厂房内天车及照明灯具、日本产6千伏单相变压器。 |
| 8 | 山海关桥梁厂 | 河北省秦皇岛市山海关区 | 原钢梁车间厂房、打风机厂房、清光绪二十四年桥牌、两米铣边机床、型钢矫正机、1914年交通部直辖京奉铁路管理局电报、武汉长江大桥钢梁制造过程图册、铁道部山海关桥梁工厂志。 |
| 9 | 开滦唐山矿 | 河北省唐山市路北区 | 一、二、三号井及附属巷道与绞车房，铁路公路立交桥达道，中央回风井，唐胥铁路零公里标志，29号员司别墅，1901—1952年企业财务大账本，开平矿务局老股票，上游型蒸汽机车。 |
| 10 | 启新水泥厂 | 河北省唐山市路北区 | 车间厂房共16座，1906—1995年的老机器设备24台（套），1862—1957年的办公用品25个，1907—1947年的历史档案22项，1904年至民国时期的商标、徽章、牌匾30个，1909—1927年的4种水泥制品。 |
| 11 | 太原兵工厂 | 山西省太原市杏花岭区 | 厂房建筑共52栋、星火俱乐部、机器设备225台（套）、武器装备实物27台（件）。 |
| 12 | 阳泉三矿 | 山西省阳泉市矿区 | 一号井平硐，二号井斜井，裕公井斜井及附属巷道绞车房、竖井主、副井等为标志的集中提升区，贾地沟矿井遗址，东丈八井（阳泉三矿二坑）遗址，以一号井+780、裕公井+660、竖井+606、竖井扩区+550共40000余米的四个水平巷道及其附属设施为标志的物料运输区，与石太铁路联通的选煤专用铁路为标志的煤炭外运区，以洗煤厂及附属设施为标志的洗选加工区，以大垴沟瓦斯抽放泵站为标志的瓦斯集采区，以阳泉三矿中学、职工学校为标志的文化教育区，以蒙村降压站为标志的电力供应区，以退坡窑洞为标志的职工集体宿舍区，以马家坡主扇机房为标志的矿井通风区、保晋公司档案，三矿井下巷道图纸。 |

续 表

| 序号 | 名称 | 地址 | 核心物项 |
|---|---|---|---|
| 13 | 沈阳铸造厂 | 辽宁省沈阳市铁西区 | 沈阳铸造厂一车间厂房，10吨、5吨冲天炉，排砂系统，烘砂系统，抛丸系统，传砂带，送料斗，送料仓，运料斗，干燥窑，10吨、5吨天吊，10吨抽尘设备，30吨落砂机基座，5吨中频感应保温电炉，铁水包，离心通风机，炉前风扇，冷轧罐，配砂控制室，砂池。 |
| 14 | 国营庆阳化工厂 | 辽宁省辽阳市文圣区 | 梯恩梯生产线硝化工房、梯恩梯生产线精制工房、梯恩梯生产线包装工房、唐户屯变电所、供水工房、唐户屯火车站、东京陵火车站，台子沟办公楼、台子沟供销楼、台子沟福利楼、台子沟图书馆楼、台子沟西外招、台子沟东外招、台子沟资料室、唐户屯街区、东京陵街区、建厂工程图纸及地形图、八十年代初工厂地形图、厂史（1937—1987）、荣誉资料。 |
| 15 | 铁人一口井 | 黑龙江省大庆市红岗区 | 萨－55井、卸车台、钻井架、水井。 |
| 16 | 金陵机器局 | 江苏省南京市秦淮区 | 机器正厂、机器右厂、机器左厂、机器大厂、木厂大楼、捲铜厂/炎铜厂、熔铜厂、熔铜房、工房12栋、办公楼6栋、物料库2栋、宿舍楼3栋。 |
| 17 | 永利化学工业公司铔厂 | 江苏省南京市江北新区 | 1936年采购自德国A·BORSIG公司的压缩机、“永利旧物”实物雕塑、硝酸塔、硫酸铔厂房、合成氨装置厂房和设备、五所洋房、老三村、六村、老三楼、新四楼、凤凰路380号碉堡、《海王》旬刊、四大信条、《永利化学工业公司硫酸铔厂成立经过及其概况》。 |
| 18 | 茂新面粉厂旧址 | 江苏省无锡市梁溪区 | 毛麦仓库、制粉车间、粉库、办公楼、面粉生产机器设备。 |
| 19 | 大生纱厂 | 江苏省南通市港闸区 | 钟楼、公事厅、专家楼、清花间厂房、南通纺织专门学校旧址、实业小学教学楼。 |
| 20 | 合肥钢铁厂 | 安徽省合肥市瑶海区 | 58年小高炉、高炉区、铁轨、《合钢战讯》、《合钢小报》、《合钢报》、合钢老人口述史（视频资料）。 |
| 21 | 泾县宣纸厂 | 安徽省宣城市泾县 | 宣纸制作技艺、成品库（现改为宣纸博物馆）、542生产区、宣纸厂老办公楼、大会堂、招待所（现名金乌楼）、晒滩。 |
| 22 | 李渡烧酒作坊遗址 | 江西省南昌市进贤县 | 老厂区办公室、酒仓库、机修车间、窖房、发电房等15栋，元代酒窖16个、明代酒窖12个、清代酒窖32个，明代晾堂1个、清代晾堂1个，明代蒸馏设施1个、清代蒸馏设施1个，明清代炉灶1个，明代水井1个，明代水沟1条，陶瓷器、酒醅、石臼、青铜用具、铁具、铭文砖、木具、竹签共350余件。 |
| 23 | 济南第二机床厂 | 山东省济南市槐荫区 | 厂房建筑29栋、设备工具2台、办公用具4件（套）、档案资料。 |

续 表

| 序号 | 名称 | 地址 | 核心物项 |
|---|---|---|---|
| 24 | 青岛啤酒厂 | 山东省青岛市市北区 | 原综合办公区、原酿酒生产区、原职员俱乐部、1896年西门子电机、糖化锅、糊化锅、过滤槽、煮沸锅、德国厂房图纸、啤酒发酵桶、麦汁冷却器、锦旗、酵母回收罐、啤酒兑滤器、洗棉机、压棉机、过滤机、桶式装酒机、麦芽上料斗、啤酒节酒桶、“美女”啤酒广告、“三国”啤酒广告、钢印、股票发行中签表。 |
| 25 | 青岛国棉五厂 | 山东省青岛市市区 | 锯齿型主体厂房、水塔、老井、纺织设备（棉布打包机、细纱面、粗纱机、并条机、小打包机、44吋自动换梭织布机、加码天平、大变压器、小变压器、摇纱机、废棉处理机、粗砂硬度仪、棉条测长仪、电压电流表、湿式报警阀、蒸汽分配阀门、并线机头）、铁路专线桥、空调室、“红松樑仓库”、溴化锂制冷站、老墙、纺织博物馆。 |
| 26 | 第一拖拉机制造厂 | 河南省洛阳市涧西区 | 办公大楼、厂前广场、冲压车间、工具车间、装配车间、发动机车间、厂大门。 |
| 27 | 洛阳矿山机器厂 | 河南省洛阳市涧西区 | 一、二金工车间，焦裕禄带领员工制造的首台直径2.5米卷扬机，习仲勋同志旧居。 |
| 28 | 铜绿山古铜矿遗址 | 湖北省黄石市大冶市 | 采矿遗址、冶炼遗址、四方塘遗址墓葬区、铜绿山遗址博物馆新馆、柯锡太冶炼遗址、露天采矿遗址。 |
| 29 | 安化第一茶厂 | 湖南省益阳市安化县 | 靠背式茶叶木库、单开门茶叶木库南栋、单开门茶叶木库北栋、锯齿形车间及西大门、清代茶叶作坊、50年代兴建的三栋拣场、50年代兴建的茶叶审评室、70年代兴建的办公楼、60年代兴建的电影院、秤砣、木质飘筛机、桶式揉茶机、茶样（茶素、黑茶、红茶、绿茶、乌龙茶）。 |
| 30 | 成都国营红光电子管厂 | 四川省成都市成华区 | 研磨废水处理站（现改为游客中心）、老锅炉罐体（现改为喷水池）、锅炉罐体（现改为供销社、罐体手绘群）、廊桥、显像管装配厂房（现改为演艺中心）、干部警示录、烟囱3根、漏斗式水塔2处、火车头广场。 |
| 31 | 泸州老窖窖池群及酿酒作坊 | 四川省泸州市江阳区、龙马潭区 | 明万历年间4口和清代1615口酿酒窖池，16处酿酒古作坊，天然藏酒洞3个（纯阳洞、龙泉洞、醉翁洞），龙泉井及清代井碑，泥石晾堂，甑桶、云盘、木轮鸡公车等传统酿酒设施，1915年巴拿马太平洋万国博览会奖牌，唐宋窑址遗址及出土酒文物。 |
| 32 | 中国工程物理研究院院部机关旧址 | 四川省绵阳市梓潼县 | 大礼堂、院部机关办公楼、模型厅、情报中心、邓稼先同志旧居、王淦昌同志旧居、将军楼、战备防空洞。 |
| 33 | 五粮液窖池群及酿酒作坊 | 四川省宜宾市翠屏区、叙州区 | “长发升”“利川永”等明清酿酒古作坊8处，地穴式曲酒发酵古窖池15口（始建于1368年），清代古窖池159口，“五和堂”四合院，酿酒窖房3处，老窖池679口（建于20世纪60年代），手推车、木云盘、木甑子、木掀、泥掌子、木铲、木掌子、量水桶、拖耙、挑水桶、竹枝子、纯锡冷凝器等酿酒设施设备及工具，出土的战国酒器、汉代执壶和陶罐，宋、元、明、清代饮酒具和容器具文物，商标、酒瓶、包装。 |

续　表

| 序号 | 名称 | 地址 | 核心物项 |
| --- | --- | --- | --- |
| 34 | 茅台酒酿酒作坊 | 贵州省遵义市仁怀市 | “成义”烧房烤酒房旧址，“荣和”烧房干曲仓旧址、踩曲房旧址、烤酒房旧址，“恒兴”烧房烤酒房旧址，制曲一片区发酵仓，制曲二片区踩曲房、发酵仓，制曲二片区石磨坊、干曲仓，勾贮车间下酒库第五栋酒库、第八栋酒库。 |
| 35 | 黎阳航空发动机公司 | 贵州省安顺市平坝区 | 菜花洞、牛洞、34 车间、工具室、检验室、机修室、生产加工设备、发动机转运车。 |
| 36 | 石龙坝水电站 | 云南省昆明市西山区 | 德国西门子公司制造的发电机、福伊特公司生产的水轮机、第一车间、办公楼、第二车间、第三车间、第四车间、德国西门子公司制造的高压开关、1910 年德国工程师使用的保险柜、耀龙公司股票及股票存根、部分技术图纸。 |
| 37 | 昆明钢铁厂 | 云南省昆明市安宁市 | 桥钢厂轧钢车间和办公楼，本部一、二烧，六号高炉及设施，本部三、四、五号高炉，本部第二炼钢厂厂房及设施。 |
| 38 | 王石凹煤矿 | 陕西省铜川市印台区 | 井下 735 水平采煤巷道、动力用风系统、主扇（主要通风机）、主副井筒、主绞提升室、主绞提升系统、副绞提升室、副绞提升系统、地面乘人绞车、污水处理系统、运输系统、蒸汽机车头、选煤楼、苏联专家楼、办公楼、矿工俱乐部、苏式单边楼、史料档案馆、革命阶级教育馆——霸王窑、火车道、钻床。 |
| 39 | 延长石油厂 | 陕西省延安市延长县 | 延一井、七里村炼油厂、七 1 井和七 3 井、延深探一井、延长石油三大石油地质教育教学实践点、延长石油厂工人何延年的窑洞、苏联专家招待所。 |
| 40 | 中核四〇四厂 | 甘肃省 | 反应堆、六氟化铀生产厂，后处理中间试验厂、自备铁路车站（福中站）、生产生活用水取水口、212 科技图书馆、机关办公楼（红楼）、职工俱乐部、1968 年毛主席全身塑像、苏联专家楼（调试专家用房）、生活基地（五华山）、6140 球面车床、蒸汽机车 JF164、SY1261、SY1282。 |
| 41 | 刘家峡水电站 | 甘肃省临夏回族自治州永靖县 | 挡水大坝、排沙洞、泄水道、溢洪道、泄洪洞、水电站厂房、1969 年门式起重机、中央控制台、档案文件。 |
| 42 | 可可托海矿务局 | 新疆维吾尔自治区阿勒泰地区富蕴县 | 三号脉露天开采矿坑、矿硐、采运设备、87－66 选矿厂厂房主体及相关设备、水电站厂房、海子口大坝、发电机组、配套设备、机械厂厂房及设备、木桁架老桥、办公楼、专家楼、大食堂、地质陈列馆俄式风格建筑、馆藏地质标本及展品。 |

# 工业和信息化部关于公布2018年度国家小型微型企业创业创新示范基地名单的通告

工信部企业〔2018〕238号

各省、自治区、直辖市及计划单列市、新疆生产建设兵团中小企业主管部门：

根据《国务院关于进一步支持小型微型企业健康发展的意见》（国发〔2012〕14号）、《国务院关于进一步做好新形势下就业创业工作的意见》（国发〔2015〕23号）、《国务院关于大力推进大众创业万众创新若干政策措施的意见》（国发〔2015〕32号）及工业和信息化部、国家发展和改革委员会、财政部、国土资源部、税务总局印发的《关于推动小型微型企业创业创新基地发展的指导意见》（工信部联企业〔2016〕394号）有关要求，按照《工业和信息化部国家小型微型企业创业创新示范基地建设管理办法》（工信部企业〔2016〕194号），经省级中小企业主管部门推荐、专家评审和公示，确定了2018年度国家小型微型企业创业创新示范基地名单。现将名单予以公布，有关事项通告如下：

一、同意授予北大医疗产业园、棉3创意街区小微企业创业创新示范基地、方亿科技园等119个基地“国家小型微型企业创业创新示范基地”（以下简称示范基地）称号（具体名单见附件）。

二、示范基地要不断完善、优化创业创新设施和环境，集聚内外部优质资源，提升服务水平；要建立健全服务制度，创新服务模式，提高服务效率；要结合自身优势，发挥产业资源汇聚、科技创新引领作用，提供专业化、个性化服务。

三、各地中小企业主管部门要切实履行监督检查职责，定期对辖区内示范基地的服务质量、服务满意度等运营情况进行检查，并做好示范基地年度工作总结和检查情况报告；要认真总结和推广示范基地的经验，结合本地区经济发展实际情况，做好小型微型企业创业创新基地的培育和认定工作。

四、工业和信息化部将委托中介机构组织专家对示范基地进行年度测评，对测评不合格的撤销示范基地称号。

五、示范基地有效期三年，有效期为2019年1月1日至2021年12月31日。

六、未在此通告名单内2015年认定的示范基地，有效期至2018年年底止。

附件：2018年度国家小型微型企业创业创新示范基地名单

工业和信息化部

2018年11月15日

**附件**

# 2018 年度国家小型微型企业创业创新示范基地名单

| 序号 | 推荐单位 | 机构名称 | 基地名称 |
|---|---|---|---|
| 1 | 北京市经济和信息化局 | 北大医疗产业园科技有限公司 | 北大医疗产业园 |
| 2 | | 北京云基地云计算科技发展有限公司 | 中关村云基地 |
| 3 | | 北京金丰和科技企业孵化器有限责任公司 | 金丰和双创示范基地 |
| 4 | | 北京中关村软件园孵化服务有限公司 | 中关村软件园小型微型企业创业基地 |
| 5 | 天津市中小企业发展促进局 | 天津棉三创意企业管理服务有限公司 | 棉 3 创意街区小微企业创业创新示范基地 |
| 6 | | 清控科创（天津）科技园管理有限公司 | 科创慧谷（天津）小微企业创业创新示范基地 |
| 7 | | 天津启迪创业孵化器有限公司 | 启迪之星（天津）小微企业创业创新示范基地 |
| 8 | | 天津市房信建设发展有限公司 | 天津市金辉大厦小微企业创业创新示范基地 |
| 9 | 河北省工业和信息化厅 | 石家庄高新区方亿科技企业孵化器有限公司 | 方亿科技园 |
| 10 | | 定州市朝晖创业辅导中心有限公司 | 朝晖创业辅导基地 |
| 11 | | 河北聚银企业管理服务有限公司 | 魏县高端紧固件产业创业创新服务基地 |
| 12 | | 保定支点创业服务有限公司 | 保定支点创业基地 |
| 13 | 山西省中小企业局 | 长治市唯美诺双创科技园有限公司 | 山西唯美诺小微企业双创基地 |
| 14 | | 阳泉三和园企业孵化器有限公司 | 三和园创业基地 |
| 15 | | 稷山县翟店印刷包装文化产业园区管理委员会 | 稷山县印刷包装产业集群小企业创业基地 |
| 16 | 内蒙古自治区经济和信息化委员会 | 呼和浩特留学人员创业服务中心 | 呼和浩特留学人员创业园 |
| 17 | | 牙克石市兴安运达物流有限公司 | 牙克石市兴安运达中小企业创业创新示范基地 |
| 18 | | 通辽再生金属市场有限公司 | 通辽再生金属市场有限公司小企业创业示范基地 |
| 19 | 辽宁省工业和信息化委员会 | 沈阳新经济产业园开发有限公司 | 沈阳新经济产业园创业（辅导）基地 |
| 20 | | 辽宁天龙电子商务有限公司 | 盘锦市互联网创业大厦 |
| 21 | | 辽宁汉邦科技有限公司 | 中韩大厦小微企业创业（辅导）基地 |
| 22 | | 辽宁中小企业服务中心 | 辽宁省小企业创业辅导基地 |
| 23 | 吉林省工业和信息化厅 | 吉林省光电子产业孵化器有限公司 | 吉林省光电子创业孵化基地 |
| 24 | | 吉林省摆渡创新工场有限公司 | 吉林省摆渡大学生创新工场创业孵化基地 |
| 25 | | 吉林省万易创业咨询有限公司 | 长春万易大学生创业孵化基地 |
| 26 | | 吉林省高新创业孵化产业园有限公司 | 吉林省高新创业孵化产业园 |
| 27 | 黑龙江省工业和信息化委员会 | 哈尔滨理工大学科技园发展有限公司 | 哈尔滨理工大学科技园 |
| 28 | | 通河县弘业中小企业公共服务有限公司 | 通河县弘业中小企业公共服务有限公司 |
| 29 | | 伊春工业示范基地科技服务有限公司 | 伊春市小微企业创业（孵化）基地 |

续 表

| 序号 | 推荐单位 | 机构名称 | 基地名称 |
|---|---|---|---|
| 30 | 上海市促进中小企业发展协调办公室 | 上海莘泽创业投资管理股份有限公司 | 上海张江移动互联网小型微型企业创业创新示范基地 |
| 31 | | 上海徐汇软件发展有限公司 | 上海徐汇软件园 |
| 32 | | 上海同济科技园孵化器有限公司 | 同济科技园小型微型企业创业示范基地 |
| 33 | 江苏省经济和信息化委员会 | 南京钟山创意产业发展有限公司 | 南京紫东国际创意园 |
| 34 | | 常州恒生科技园有限公司 | 常州恒生科技园 |
| 35 | | 吴江科技创业园管理服务有限公司 | 吴江科技创业园 |
| 36 | | 扬州新光源科技开发有限公司 | 扬州智谷科技综合体 |
| 37 | 浙江省经济和信息化委员会 | 杭州万轮科技创业中心有限公司 | 万轮科技园 |
| 38 | | 浙江华旺科技集团有限公司 | 濮院毛衫创新园 |
| 39 | | 杭州尚坤投资管理有限公司 | 尚坤生态创意园 |
| 40 | 安徽省经济和信息化委员会 | 合肥高创股份有限公司 | 合肥高新创业园小微企业创业基地 |
| 41 | | 安徽砻坊科技发展有限公司 | 芜湖市镜湖区科技小微企业创业基地 |
| 42 | | 蚌埠金业科技创业产业园有限公司 | 蚌埠金业科技创业产业园 |
| 43 | | 阜阳市科技型中小企业生产力促进中心有限公司 | 颍上县小微企业创业创新基地 |
| 44 | 福建省经济和信息化委员会 | 泉州育成科技创业促进有限公司 | 海西电子信息产业育成基地 |
| 45 | | 石狮市青创城电子商务园区有限责任公司 | 青创城创业基地 |
| 46 | | 龙岩龙鑫实业有限公司 | 龙岩市科技创业园 |
| 47 | | 莆田市荔城区荔隆置业有限公司 | 莆田鞋业服装城创业基地 |
| 48 | 江西省工业和信息化委员会 | 赣州恒科东方实业有限公司 | 赣州国际企业中心 |
| 49 | | 江西南工科技发展有限公司 | 南昌工程学院大学科技园 |
| 50 | | 玉山县家居行业协会 | 玉山县家具产业园 |
| 51 | | 江西省科院科技园发展有限公司 | 江西省科学院科技园 |
| 52 | 山东省中小企业局 | 日照市睿翅电子商务产业有限公司 | 日照市电子商务产业园 |
| 53 | | 速恒物流股份有限公司 | 泰安速恒物流小型微型企业创业创新示范基地 |
| 54 | | 山东测绘地理信息产业园发展有限公司 | 山东测绘地理信息产业园 |
| 55 | 河南省工业和信息化委员会 | 河南省芯互联创业孵化器有限公司 | 芯互联孵化器 |
| 56 | | 林州 863 科技孵化器有限公司 | 林州 863 红旗渠科技产业园 |
| 57 | | 河南金源创业孵化器股份有限公司 | 金源创业孵化基地 |
| 58 | | 洛阳京航星空科技服务有限公司 | 洛阳北航科技园小微企业创业创新示范基地 |
| 59 | 湖北省经济和信息化委员会 | 武汉光电谷科技企业孵化器有限公司 | 光电谷创业创新基地 |
| 60 | | 武汉岱家山科技企业孵化器有限公司 | 武汉江岸青年创业基地 |
| 61 | | 襄阳市大学科技园发展有限公司 | 襄阳市大学科技园 |
| 62 | | 宜昌和艺企业孵化运营管理有限责任公司 | 宜昌和艺小微企业双创基地 |

续　表

| 序号 | 推荐单位 | 机构名称 | 基地名称 |
|---|---|---|---|
| 63 | 湖南省经济和信息化委员会 | 岳阳经济技术开发区开发总公司 | 岳阳经济技术开发区创业孵化基地 |
| 64 | 湖南省经济和信息化委员会 | 株洲高科企业孵化器有限公司 | 株洲中小企业促进园 |
| 65 | 湖南省经济和信息化委员会 | 长沙黄金创业园置业有限公司 | 长沙黄金创业园 |
| 66 | 湖南省经济和信息化委员会 | 宁乡经济技术开发区创业服务中心 | 宁乡经济技术开发区创业基地 |
| 67 | 广东省中小企业局 | 广东科炬高新技术创业园有限公司 | 江门市火炬高新技术创业园 |
| 68 | 广东省中小企业局 | 广州华南新材料创新园有限公司 | 华南新材料创新园创业创新基地 |
| 69 | 广东省中小企业局 | 清远天安智谷有限公司 | 天安智谷科技产业园 |
| 70 | 广东省中小企业局 | 五华县中小企业服务中心 | 五华县电子商务创业孵化基地 |
| 71 | 广西壮族自治区工业和信息化委员会 | 柳州市龙翔资产投资有限公司 | 鱼峰区工业园区小型微型企业创业创新示范基地 |
| 72 | 广西壮族自治区工业和信息化委员会 | 广西揽胜企业管理服务有限公司 | 南宁市小型微型企业创业创新公共服务示范基地 |
| 73 | 广西壮族自治区工业和信息化委员会 | 广西联讯投资有限公司 | 联讯 U 谷双创基地 |
| 74 | 广西壮族自治区工业和信息化委员会 | 柳州市柳北区工业园区管委会 | 白露工业园区小微企业创业创新示范基地 |
| 75 | 海南省工业和信息化厅 | 海南生态软件园集团有限公司 | 海南生态软件园小微企业创新创业基地 |
| 76 | 海南省工业和信息化厅 | 海口国家高新区孵化器运营管理有限公司 | 海口国家高新区创业孵化中心 |
| 77 | 重庆市中小企业发展指导局 | 重庆曙光都市工业园建设集团有限公司 | 重庆曙光楼宇产业园 |
| 78 | 重庆市中小企业发展指导局 | 重庆陶家都市工业园开发建设有限公司 | 重庆陶家都市工业园 |
| 79 | 重庆市中小企业发展指导局 | 重庆德感科技创业投资有限公司 | 重庆金桥小企业创业基地 |
| 80 | 四川省经济和信息化委员会 | 成都盛华世代投资开发有限公司 | 盛华企业园 |
| 81 | 四川省经济和信息化委员会 | 武胜县工业投资有限公司 | 武胜县中滩工业园农副产品小企业创业园 |
| 82 | 四川省经济和信息化委员会 | 岳池都市科技产业园有限公司 | 同兴源（广安岳池）创新创业园 |
| 83 | 四川省经济和信息化委员会 | 绵阳市经开区积家工业园投资有限公司 | 绵阳市经开区积家工业园 |
| 84 | 贵州省中小企业局 | 贵州智源信息产业孵化基地有限公司 | 贵州（乌当）大数据智慧产业基地 |
| 85 | 贵州省中小企业局 | 贵州车行家网络商贸有限公司 | “车行家网”O2O 体验基地 |
| 86 | 贵州省中小企业局 | 贵州西部农产品交易中心有限公司 | 贵州省茶产业小微企业创新创业示范基地 |
| 87 | 贵州省中小企业局 | 贵州钟山经济开发区管理委员会 | 钟山经济开发区（红桥新区） |
| 88 | 云南省工业和信息化委员会 | 云南省大学科技园办公室 | 云南省大学科技园 |
| 89 | 云南省工业和信息化委员会 | 昆明理工大学国家大学科技园 | 昆明理工大学国家大学科技园 |
| 90 | 云南省工业和信息化委员会 | 昆明北理工科技孵化器有限公司 | 昆明北理工科技孵化器有限公司 |
| 91 | 云南省工业和信息化委员会 | 曲靖市科创企业孵化中心有限公司 | 曲靖市科创企业孵化中心有限公司 |
| 92 | 陕西省中小企业促进局 | 陕西巨头鲸信息科技有限公司 | 宝鸡巨头鲸创客空间创业孵化基地 |
| 93 | 陕西省中小企业促进局 | 西安航天基地国际孵化器有限公司 | 西安航天基地小微企业创业创新示范基地 |
| 94 | 陕西省中小企业促进局 | 渭南市创新创业服务有限公司 | 渭南市创新创业中心 |
| 95 | 陕西省中小企业促进局 | 陕西西乡裕添物流商贸有限公司 | 西乡县建材商贸城小微企业创业创新基地 |

续　表

| 序号 | 推荐单位 | 机构名称 | 基地名称 |
|---|---|---|---|
| 96 | 甘肃省工业和信息化委员会 | 白银科技企业孵化器有限公司 | 白银科技企业孵化器有限公司小型微型企业创业创新示范基地 |
| 97 | | 兰州高新技术产业开发区创业服务中心 | 兰州高新技术产业开发区创业服务中心小型微型企业创业创新示范基地 |
| 98 | | 民乐县鑫园投资有限公司 | 民乐县鑫园投资有限公司小型微型企业创业创新示范基地 |
| 99 | | 兰州创意文化产业园有限公司 | 兰州创意文化产业园有限公司小型微型企业创业创新示范基地 |
| 100 | 青海省经济和信息化委员会 | 青海中小企业创业发展有限责任公司 | 青海省中小企业创业（西宁经济技术开发区）基地 |
| 101 | | 青海生科中小企业创业有限公司 | 青海生科中小企业创业园 |
| 102 | | 青海青年创业园孵化服务有限公司 | 青海青年创业园 |
| 103 | 宁夏回族自治区非公有制经济服务局<br>宁夏回族自治区中小企业发展局 | 中卫市科源农贸有限公司 | 中卫科源农贸有限公司小微企业产业孵化基地 |
| 104 | | 宁夏迅联科技有限公司 | 宁夏迅联科技有限公司创业创新基地 |
| 105 | | 吴忠金积工业园区管理委员会 | 吴忠金积工业园区中小企业创业孵化基地 |
| 106 | | 石嘴山市尉元科技开发有限公司 | 石嘴山高新技术产业开发区中小企业孵化园 |
| 107 | 新疆维吾尔自治区经济和信息化委员会<br>新疆维吾尔自治区国防科学技术工业办公室 | 新疆申新科技合作基地有限公司 | 新疆上海科技合作基地 |
| 108 | | 霍城县苏惠创业服务有限公司 | 霍城县中小企业创业园 |
| 109 | | 新疆米东科技创新服务基地有限责任公司 | 新疆米东精细化工创新服务平台（基地） |
| 110 | 新疆生产建设兵团工业和信息化委员会 | 奎屯智新投资管理有限公司 | 智合小微企业创业创新基地 |
| 111 | 大连市中小企业局 | 大连市高新技术创业服务中心 | 大连高新园区小企业创业基地 |
| 112 | | 大连北方科技企业孵化基地 | 大连市北方小企业创业基地 |
| 113 | 宁波市经济和信息化委员会 | 宁波春华科技创业服务有限公司 | 宁波望春科技创业中心 |
| 114 | 厦门市经济和信息化局 | 厦门高新技术创业中心有限公司 | 厦门创新创业园 |
| 115 | | 厦门旗山云创业园区管理有限公司 | 厦门云创智谷 |
| 116 | 青岛市经济和信息化委员会 | 哈尔滨工程大学青岛船舶科技有限公司 | 哈工程舰船和海工配套装备小微企业创业创新基地 |
| 117 | | 山东中艺文化创意产业园发展有限公司 | 中艺1688小微企业创业创新基地 |
| 118 | 深圳市中小企业服务署 | 深圳市科思投资发展有限公司 | 众里创业社区 |
| 119 | | 深圳天安骏业投资发展（集团）有限公司 | 天安云谷 |

# 工业和信息化部 中国农业银行关于推进金融支持县域工业绿色发展工作的通知

工信部联节〔2018〕247号

各省、自治区、直辖市及计划单列市、新疆生产建设兵团工业和信息化主管部门，中国农业银行各分行：

为全面贯彻落实党的十九大精神，增强金融服务实体经济能力，促进工业绿色低碳循环发展，推进县域工业绿色转型升级，现就有关事项通知如下：

## 一、充分认识金融支持县域工业绿色发展的重要意义

推进县域工业绿色发展，是贯彻落实绿色发展理念的重要着力点，是深入推进供给侧结构性改革的重要内容，是全面建设现代化经济体系、提升经济发展质量的重要举措。近年来，随着制造强国建设、生态文明建设的不断深化，县域工业绿色转型取得积极进展，经济效益和环境效益显著提升，但同时当前县域工业绿色发展短板依然存在，还面临许多发展不平衡、不充分的问题。充分发挥金融支持在推动县域工业绿色发展中的作用，进一步推进金融服务实体经济，既是各级工业和信息化主管部门转变政府职能、创新服务理念的具体体现，也是金融机构贯彻中央战略部署、实现业务转型升级的必然选择，对推动工业高质量发展具有重要意义。各级工业和信息化主管部门与农业银行要进一步增强工作的责任感和使命感，凝聚共识、深化合作，发挥与县域经济联系紧密的优势，增加工业绿色发展的资金供给，补齐绿色发展短板，培育县域工业发展新动能，扎实推进县域工业绿色发展，加快构建科技含量高、覆盖范围广、可持续的县域工业绿色发展产业体系和金融服务体系。

## 二、支持县域工业绿色发展的重点领域

各级工业和信息化主管部门与农业银行要围绕制造强国建设目标要求，结合本地区资源禀赋和产业基础，以供给侧结构性改革为主线，以提升本地区工业企业资源能源利用效率为目标，充分利用多种金融手段，积极支持工业设计、生产、物流、消费等全产业链绿色转型，全面推行绿色制造，推动县域工业向高质量发展转变，实现绿色增长。重点支持以下领域：

（一）加快制造业绿色改造升级。围绕京津冀及周边地区、长江经济带、珠三角、东北老工业基地以及西部开发等重点区域，实施重点行业清洁生产水平提升计划，推进企业绿色化技术改造。结合县域资源禀赋和产业基础，突出地域特色主导产业或产品，聚焦食品、建材、纺织、轻工、机械等行业，推广应用高效节能、节水技术和装备，实施能效、水效和环保提升改造。支持有条件的地方大力发展附加值高、能源资源消耗少的电子信息和装备制造等先进制造业。强化工业资源综合利用，推进产业绿色协同链接，促进县域范围内企业、园区、行业间协同共生，打造循环经济产业链。

（二）强化绿色制造技术创新。加大地域特色工业产品和特色农产品的绿色加工、节能节水、清

洁生产、资源综合利用等共性技术研发推广支持力度，加快构建支持县域工业绿色发展的技术体系。结合东、中、西部县域工业基础和特点，聚焦县域工业发展急需的技术薄弱环节，解决绿色技术工艺“卡脖子”问题，支持建设一批产学研、上下游联合的绿色制造项目。鼓励有条件的地区围绕节能环保和新能源装备、海水淡化、新能源汽车动力电池回收利用等领域，突破一批具有自主知识产权的重大技术。

（三）积极构建绿色制造体系。按照《工业和信息化部办公厅关于开展绿色制造体系建设的通知》（工信厅节函〔2016〕586 号）要求，将绿色发展理念贯穿产品全生命周期，在县域范围内支持建立一批示范性强、行业特色鲜明、节能环保指标先进的绿色工厂、绿色工业园区、绿色供应链，发挥典型带动引领作用，打造绿色发展的领军力量。

（四）培育壮大绿色环保产业。结合县域市场特点，支持打造一批有核心竞争力的农村能源服务、水处理、废物处置骨干企业。推动商业模式创新，积极从生产型制造向服务型制造转变，探索融资租赁等新模式，拓宽融资渠道，推动合同能源管理、合同节水管理、第三方环保服务等节能环保领域市场化机制发展。支持第一、第二、第三产业融合绿色发展，建立覆盖产品全生命周期、全价值链的绿色管理体系。推进建设一批以节能环保装备制造为主要方向的新型工业化产业示范基地。

## 三、加强金融创新支持县域工业绿色发展

各级工业和信息化主管部门与农业银行要根据本地区经济特点、产业特色和金融需求，积极开拓创新，加强沟通协作，共同推进金融服务县域工业绿色发展。

（一）创新绿色金融产品。各级农业银行要深入研究县域绿色发展项目需求，加大绿色金融产品研发力度，优化产品组合，打造包括信贷、投行、基金、金融租赁等区域特色明显的金融服务专属产品箱；定期补充、修订、更新绿色金融业务产品箱内容，不断丰富完善绿色金融产品体系，积极满足县域工业绿色发展融资需要。各级工业和信息化主管部门要发挥行业主管部门优势，研究提出本地区县域工业绿色发展的重点方向和技术标准，以企业为主体，推动财政资金、社会资金与农业银行绿色金融产品有效对接，加强与财政政策协同，形成支持县域工业绿色发展的合力。

（二）完善信贷支持政策。各级农业银行要将绿色发展理念落实在信贷决策中，将绿色发展有关要求作为项目准入的硬性约束条件，将环保评估内化到信贷审批流程中。对未按期退出落后产能的企业严格新增授信。对存在环境保护、安全生产、职业病防控等方面违法违规且尚未完成整改的企业，各级农业银行应视情况采取督促整改、压缩退出、清收处置等措施。各级农业银行要在总行信贷授权规定范围内，针对县域工业绿色发展项目需求开展动态授权，对绿色、循环、低碳相关经济领域予以政策倾斜，重点服务节能环保技术优、扶贫带动效果好、示范引领效应强的新兴产业。在依法合规、风险可控的前提下，鼓励有条件的农业银行会同当地工业和信息化主管部门及其他相关部门，研究出台适应县域企业客户的节能节水未来收益权、排污权、碳排放权、节能环保知识产权等新型抵质押担保管理办法，探索县域工业绿色发展的信贷投放新增长点。

（三）建立多方合作金融服务模式。各级农业银行要充分利用各级政府设立的绿色产业基金、风险补偿基金、绿色贴息贷款等政策，做大绿色信贷业务规模，降低贷款风险。加大政银保合作产品创新力度，积极研发与绿色生态保险、工业环境污染责任保险等险种联动的合作模式。同时，在依法合规、风险可控的前提下，农业银行要加强与证券、保险、基金、投资公司合作，发挥各自优势，创新投行、租赁、金融市场、资产管理等新型融资工具和服务方式。

（四）提高金融服务效率。各级农业银行要对工业和信息化主管部门推荐的优质绿色发展项目，

在符合信贷管理规定的前提下，优先受理调查，优先安排信贷计划，优先审批放款。充分利用营业网点、惠农服务点，发挥网络渠道优势，特别是要顺应互联网金融发展趋势，通过农业银行“惠农e贷”“惠农e商”“惠农e付”等互联网金融产品，积极向县域工业各类主体提供便捷高效的金融服务。各级工业和信息化主管部门要发挥行业主管部门优势，协助农业银行做好金融服务推广，为农业银行提升金融服务效率提出改进建议。

## 四、保障措施

（一）强化组织领导。工业和信息化部与中国农业银行建立金融支持县域工业绿色发展工作机制。各级工业和信息化主管部门与农业银行要加强沟通衔接，有条件的地区可在重点领域共同制定绿色金融行动方案，提出具体工作思路和行动计划。各级农业银行要重视环境和社会风险管理能力建设，建立健全绿色信贷标识和统计制度，完善相关信贷管理系统，加强绿色信贷培训，培养和引进相关专业人才。

（二）开展项目互荐。各级工业和信息化主管部门积极向农业银行推荐社会信誉良好、绿色环保达标、示范效应强、市场前景广阔的企业和项目享受绿色金融服务。各级农业银行积极向工业和信息化主管部门推荐优质绿色项目，争取列入国家和地方政府政策支持范围。工业和信息化部与中国农业银行将定期调度评估项目推荐、贷款投放和经济效益等情况。

（三）深化合作联系。各级工业和信息化主管部门与农业银行应加强与当地财政、人行、银监、农业、发改等部门合作，研究出台支持政策和地方标准，合力推进县域工业绿色发展。双方还应建立联合开展相关研究的机制，积极收集整理成效明显、可复制、可推广的县域工业绿色发展成功案例，供其他地方学习借鉴。

（四）做实风险防控。各级工业和信息化主管部门与农业银行要加强对支持的县域工业企业生产经营、财务管理、节能环保、绿色创新等方面监测督查，必要时借助具备资质的第三方，共同做实风险防控工作，争取金融资源安全运用、用到实处、用出成效。

（五）加强宣传推广。各级工业和信息化主管部门与农业银行要不定期联合召开培训会，总结模式，推广经验，通过现场、网络视频等方式开展联合培训和经验宣讲，多层次多维度开展政策传导和产品推介，提升从业人员的理念认识和业务水平。同时，双方要注重挖掘工作亮点和典型案例，及时向各级政府及社会各界汇报宣传，引导社会各界进一步关注和支持县域工业绿色发展的成功实践。

工业和信息化部<br>中国农业银行<br>2018年11月20日

# 工业和信息化部 发展改革委 财政部 国资委关于印发《促进大中小企业融通发展三年行动计划》的通知

工信部联企业〔2018〕248号

各省、自治区、直辖市及计划单列市、新疆生产建设兵团中小企业主管部门、发展改革委、财政厅（局）、国资委：

为贯彻落实《国务院关于推动创新创业高质量发展打造“双创”升级版的意见》（国发〔2018〕32号）提出的实施大中小企业融通发展专项行动计划，制定《促进大中小企业融通发展三年行动计划》。现印发给你们，请结合实际认真贯彻实施。

工业和信息化部

国家发展和改革委员会

财政部

国务院国有资产监督管理委员会

2018年11月21日

## 促进大中小企业融通发展三年行动计划

大中小企业融通发展是落实党中央、国务院为中小企业发展创造更好条件、推动中小企业创新发展的决策部署，贯彻创新驱动发展战略、建设制造强国和网络强国、推动经济高质量发展、促进大企业创新转型、提升中小企业专业化能力的重要手段。为营造大中小企业融通发展产业生态，鼓励大中小企业创新组织模式、重构创新模式、变革生产模式、优化商业模式，进一步推动大中小企业融通发展，制定本行动计划。

### 一、总体要求

以习近平新时代中国特色社会主义思想为指导，全面贯彻党的十九大精神，统筹推进“五位一体”总体布局和协调推进“四个全面”战略布局，以构建大企业与中小企业协同创新、共享资源、融合发展的产业生态为目标，着力挖掘和推广融通发展模式。通过夯实融通载体、完善融通环境，发挥大企业引领支撑作用，提高中小企业专业化水平，培育经济增长新动能，支撑制造业创新，助力实体经济发展。

用三年时间，总结推广一批融通发展模式，引领制造业融通发展迈上新台阶；支持不少于50个实体园区打造大中小企业融通发展特色载体；围绕要素汇聚、能力开放、模式创新、区域合作等领域培育一批制造业“双创”平台试点示范项目；构建工业互联网网络、平台、安全三大功能体系；培育600家专精特新“小巨人”和一批制造业单项冠军企业。到2021年，形成大企业带动中小企业发展，中小企业为大企业注入活力的融通发展新格局。

## 二、主要行动

行动一：挖掘和推广融通发展模式

聚焦重点行业领域，围绕供应链整合、创新能力共享、数据应用等当前产业发展关键环节，推广资源开放、能力共享等协同机制，为建设融通发展生态提供有益指引和参考。

**（一）深化基于供应链协同的融通模式**

构建大中小企业深度协同、融通发展的新型产业组织模式，提高供应链运行效率。发挥龙头骨干对供应链的引领带动作用，在智能制造、高端装备制造领域形成10个左右带动能力突出、资源整合水平高、特色鲜明的大企业。推动建立联合培训、标准共享的协同管理体系；打造多方共赢、可持续发展的供应体系，带动上下游中小企业协同发展。

**（二）推动基于创新能力共享的融通模式**

打造产研对接的新型产业创新模式，提高产业创新效率，提升产业自主创新能力。形成10个左右创新引领效应明显的平台，发挥平台对各类创新能力的集聚整合作用。鼓励大企业建立开放式产业创新平台，畅通创新能力对接转化渠道，实现大中小企业之间多维度、多触点的创新能力共享、创新成果转化和品牌协同，引领以平台赋能产业创新的融通发展模式。围绕要素汇聚、能力开放、模式创新、区域合作等领域，培育一批制造业“双创”平台试点示范项目，促进平台成为提质增效、转型升级、跨界融通的重要载体。

**（三）推广基于数据驱动的融通模式**

加速构建数据协同共享的产业数字化发展生态，提高中小企业获取数据、应用数据的能力，推动中小企业数字化转型。鼓励企业进一步完善数据平台建设，在云计算、大数据、人工智能、网络安全等领域形成10个左右数据规模大、集聚能力强的企业。集成具有较好数据服务基础的中小企业，支持中小企业依托平台对外提供服务，通过共享平台计算能力和数据资源，扩大数据规模，强化中小企业品牌影响力。鼓励平台为中小企业提供数字化系统解决方案，支撑中小企业智能制造，引领行业数字化转型。

**（四）打造基于产业生态的融通模式**

选择10个左右创新资源集聚、产业生态完善、协作配套良好的地区，推动基于融通模式的区域产业生态。鼓励建立龙头骨干带动的专业化配套集群。探索建立产学研协同区域创新网络，推动大中小企业针对产业、区域的共性技术需求展开联合攻关，加快共性技术研发和应用。打通区域内外企业信息链和资金链，加速区域内外大中小企业创新能力、生产能力、市场能力的有效对接，推动资源能力的跨行业、跨区域融合互补，提升产业协同效率。强化品牌意识，制定区域品牌发展战略，探索共建共享区域品牌的路径和方式，促进企业品牌与区域品牌互动发展。

行动二：发挥大企业引领支撑作用

鼓励大企业利用“互联网＋”等手段，搭建线上线下相结合的大中小企业创新协同、产能共享、供应链互通的新型产业创新生态，促进生产制造领域共享经济新模式新业态发展，重构产业组织模式，推动中小企业高质量发展，降低自身创新转型成本，形成融通发展的格局。

**（五）推动生产要素共享**

支持制造业龙头企业构建基于互联网的分享制造平台，有效对接大企业闲置资源和中小企业闲置产能，推动制造能力的集成整合、在线共享和优化配置。鼓励大企业为中小企业提供一揽子的信息支持，包括上游产品供给、下游产品需求、产品质量及流程标准，提高全链条生产效率。推进工业强基、智能制造、绿色制造、服务型制造等专项行动，推动制造业龙头企业深化工业云、工业大数据等技术的集成应用，实现制造业数字化、智能化转型。

**（六）促进创新资源开放**

鼓励大企业联合科研机构建设协同创新公共服务平台，向中小企业提供科研基础设施及大型科研仪器，降低中小企业创新成本。鼓励大企业带动中小企业共同建设制造业创新中心，建立风险共担、利益共享的协同创新机制，提高创新转化效率。鼓励国有企业探索以子公司等形式设立创新创业平台，促进混合所有制改革与创新创业深度融合。

**（七）提供资金人才支持**

鼓励大企业发展供应链金融，开展订单和应收账款融资、仓储金融等服务，帮助上下游中小供应商提高融资效率、降低融资成本。推动大企业以股权投资、股权质押融资等形式向中小企业提供专业金融服务。推动大企业与中小企业通过建立人才工作站、合作开发项目等方式开展人才培养使用的全方位合作。

行动三：提升中小企业专业化能力

推动中小企业“专精特新”发展，培育600家细分领域专业化“小巨人”和一批制造业单项冠军企业；开展“互联网+小微企业”行动，提高中小企业信息化应用水平。

**（八）培育专精特新“小巨人”企业**

以智能制造、工业强基、绿色制造、高端装备等为重点，在各地认定的“专精特新”中小企业中，培育主营业务突出、竞争能力强、成长性好、专注于细分市场、具有一定创新能力的专精特新“小巨人”企业，引导成长为制造业单项冠军。鼓励中小企业以专业化分工、服务外包、订单生产等方式与大企业建立稳定的合作关系。

**（九）实施“互联网+小微企业”计划**

实施中小企业信息化推进工程，推动大型信息化服务商提供基于互联网的信息技术应用。推广满足中小企业需求的信息化产品和服务，提高中小企业信息化应用水平。鼓励各地通过购买服务等方式，支持中小企业业务系统向云端迁移，依托云平台构建多层次中小企业服务体系。推动实施中小企业智能化改造专项行动，加强中小企业在产品研发、生产组织、经营管理、安全保障等环节对云计算、物联网、人工智能、网络安全等新一代信息技术的集成应用。

行动四：建设融通发展平台载体

提升载体平台融通发展支撑能力，支持不少于50个实体园区打造大中小企业融通发展特色载体；建设500家国家中小企业公共服务示范平台和300家国家小型微型企业创业创新示范基地；加快推进工业互联网平台体系建设。

**（十）建设大中小企业融通型特色载体**

依托特色载体打造大中小企业融通发展的新型产业创新生态。支持实体园区打造大中小企业融通发展特色载体，引导行业龙头企业发挥在资本、品牌和产供销体系方面的优势，打造有特色的孵化载体，开放共享资源和能力，推动大中小企业在创新创意、设计研发、生产制造、物资采购、市场营销、资金融通等方面相互合作，形成大中小企业协同共赢格局。

**（十一）提升平台融通发展支撑能力**

加快构建工业互联网网络、平台、安全三大功能体系，增强工业互联网产业供给能力；加快推进工业互联网平台体系建设，引导培育若干跨行业、跨领域平台和面向特定行业、特定区域的企业级平台；推动建设工业互联网安全公共服务平台，面向广大中小企业提供网络安全技术支持服务。发挥国家中小企业公共服务示范平台、国家小型微型企业创业创新示范基地等平台的资源整合和对接能力，畅通大中小企业融通发展渠道。依托全国信用信息共享平台，为大中小企业提供“信易贷”等创新信用产品和服务。

行动五：优化融通发展环境

进一步夯实网络基础，建立完善的知识产权管理服务体系，深化对外合作，打造有利于大中小企业融通发展的环境和机制，释放融通发展活力。

**（十二）夯实网络基础**

发挥互联网对融通发展的支撑作用。提升网络速率、降低资费水平，继续推进连接中小企业的专线建设。加快宽带网络基础设施建设与改造，扩大网络的覆盖范围，优化升级国家骨干网络，为实现产业链各环节的互联与数据顺畅流通提供保障。打造工业互联网网络体系，加快工业互联网网络体系建设，组织实施工业企业内网、工业企业外网和标识解析体系的改造升级。

**（十三）建立完善的知识产权管理服务体系**

发挥知识产权制度对企业创新的引导作用，强化知识产权保护，提高创新成果利用效率。推动建立大中小企业共创、共有、共享知识产权激励机制，提升知识产权转化运用效率。加快推进中小企业知识产权战略推进工程试点城市建设，加强知识产权保护意识、提高知识产权保护能力、降低企业维权成本。

**（十四）深化对外合作**

鼓励中小企业参与“一带一路”投资贸易合作，在大型跨境电商的带动下充分利用跨境网络交易平台进行跨境产品交易、技术交流、人才流动，融入大型跨国公司的产业供应和产业创新体系。依托中德、中欧等中外中小企业合作区和合作交流平台，围绕绿色制造、生物医药、新材料等重点领域开展国际经济技术交流和跨境撮合，吸引高端制造业、境外原创技术孵化落地，推动龙头企业延伸产业链，带动专精特新“小巨人”企业融入全球价值链，促进单项冠军企业迈向全球价值链中高端，积极参与国际产业竞争。

## 三、保障措施

**（一）强化组织保障**

建立工业和信息化、发展改革、财政、国资等跨部门协调联动工作机制，调动行业组织、产业联盟和智库形成合力，统筹协调融通发展中的重大问题、重大政策和重大工程，动态跟踪、宣传推广融通发展新模式。各级要结合本地实际，制定推进方案，明确任务分工，加强分类指导，保障顺利实施。要依托大众创业万众创新示范基地、国家新型工业化产业示范基地、国家信息消费示范城市等优势资源，加快模式案例总结和经验推广。

**（二）营造公平市场环境**

进一步深入推进简政放权、放管结合、优化服务改革，加快政府职能转变，落实中小企业与大型企业平等市场主体地位。清理制约人才、资本、技术、数据等要素自由流动的制度障碍。规范市场主体交易行为，推动开展大企业拖欠中小企业资金调查工作，并清理以政府、大企业为源头的资金拖欠。落实政府采购支持中小企业发展，政府机构应预留本部门年度采购预算总额30%以上面向中小企业，其中预留给小型和微型企业的比例不低于60%（中小企业无法提供的商品和服务除外）。鼓励大型企业与中小企业组成联合体共同参加政府采购，联合体中约定小型、微型企业的协议合同金额占到联合体协议合同总金额30%以上的，可给予联合体2%～3%的价格扣除。推进政府采购信用担保试点，鼓励为小型微型企业参与政府采购提供履约担保和融资担保等服务，营造融通发展良好外部环境。

**（三）加大财政支持**

充分发挥财政资金的引导带动作用。通过中小企业发展专项资金、国家新兴产业创业投资引导基金、中小企业发展基金等，拉动各类产业基金、社会资本，引导融资担保和再担保机构支持大中小企业融通发展。中央财政连续三年支持实体经济开发区打造大中小企业融通型特色载体，有条件的地方可专门安排资金予以支持，促进涌现更多创新创业企业并不断扩大集聚效应，加快形成“产业创新＋孵化”的共生共赢机制。

**（四）加大融资支持**

各地相关部门建立融通发展重点企业和重点项目的融资信息对接清单，金融机构增加融资供给。鼓励设立各类创业投资引导基金、风险投资基金，引导股权投资机构加大支持。开展小微企业应收账款融资专项行动，充分发挥应收账款融资服务平台等金融基础设施作用，推动供应链核心企业支持小微企业供应商开展应收账款融资。开展中小企业知识产权质押融资和专利质押融资。

**（五）加强宣传推广**

组织宣传大中小企业融通发展典型案例，加大对各类融通发展模式、专精特新“小巨人”企业、制造业单项冠军和平台载体的宣传力度。举办大中小企业融通发展模式交流，引导企业树立融通发展观念。

# 工业和信息化部关于公布2018年中国优秀工业设计奖获奖名单的通告

工信部人〔2018〕249号

经批准，工业和信息化部组织开展了2018年中国优秀工业设计奖评奖工作。各地共推荐2528件产品（作品）参评。评奖工作委员会组织专家进行了初评、复评及终评评审。经工业和信息化部评奖工作领导小组审定，共有10件产品（作品）获得“2018年中国优秀工业设计奖金奖”，其中，9件为产品设计奖，1件为概念作品奖。现将获奖名单予以公布：

## 一、产品设计金奖

（一）工业化平台动车组（申报单位：中车唐山机车车辆有限公司）；

（二）WEYP8插电式混合动力SUV（申报单位：长城汽车股份有限公司）；

（三）C919飞机驾驶舱（申报单位：中国商用飞机有限责任公司上海飞机设计研究院）；

（四）SJD5340GXFPM10/SDA超重型泡沫消防车（申报单位：捷达消防科技（苏州）股份有限公司）；

（五）AV500无人直升机系统（申报单位：中国直升机设计研究所）；

（六）蓝鲸1号超深水半潜式钻井平台（申报单位：烟台中集来福士海洋工程有限公司）；

（七）智能体测一体机（申报单位：泰山体育产业集团有限公司）；

（八）模块化热成像相机（申报单位：武汉高德红外股份有限公司）；

（九）卡萨帝天成自由嵌入式冰箱（申报单位：海尔集团技术研发中心）。

## 二、概念作品金奖

（十）自主变形机器人（申报单位：哈尔滨工业大学）。

特此通告。

工业和信息化部

2018年11月23日

# 中华人民共和国工业和信息化部令

第50号

《道路机动车辆生产企业及产品准入管理办法》已经2018年10月24日工业和信息化部第5次部务会议审议通过，现予公布，自2019年6月1日起施行。2002年11月30日公布的《摩托车生产准入管理办法》（原国家经济贸易委员会令第43号）同时废止。

部长　苗圩

2018年11月27日

## 道路机动车辆生产企业及产品准入管理办法

### 第一章　总则

**第一条**　为了规范道路机动车辆生产企业及产品准入管理，维护公民生命、财产安全和公共安全，促进汽车产业发展，根据《中华人民共和国行政许可法》《中华人民共和国道路交通安全法》《国务院对确需保留的行政审批项目设定行政许可的决定》等法律法规，制定本办法。

**第二条**　国家对从事道路机动车辆生产的企业及其生产的在境内使用的道路机动车辆产品实行分类准入管理。

道路机动车辆生产企业及产品分为乘用车类、货车类、客车类、专用车类、摩托车类、挂车类六类。客车类道路机动车辆生产企业及产品分为整车类和改装类。

本办法所称道路机动车辆，是指由动力装置驱动或牵引，上道路行驶的供人员乘用或用于运送物品以及进行工程专项作业的轮式车辆，不包括汽车列车、无轨电车、有轨电车、轮式专用机械车、拖拉机及拖拉机运输机组。

**第三条**　工业和信息化部负责全国道路机动车辆生产企业及产品准入和监督管理工作。

省、自治区、直辖市人民政府工业和信息化主管部门依照本办法规定配合工业和信息化部实施本行政区域内道路机动车辆生产企业及产品准入和监督管理有关工作。

**第四条**　道路机动车辆生产企业应当按照道路机动车辆生产企业及产品准入的内容组织生产，承担道路机动车辆产品质量和生产一致性责任。

### 第二章　申请和受理

**第五条**　申请道路机动车辆生产企业准入的，应当具备下列条件：

（一）具有法人资格；

（二）按照国家有关投资管理规定完成投资项目手续并建设完成；

（三）有与从事生产活动相适应的场所、资金和人员等；

（四）有与从事生产活动相适应的产品设计

开发能力、生产能力、生产一致性保证能力、售后服务保障能力等；

（五）法律、行政法规、规章规定的其他条件。

**第六条** 申请道路机动车辆产品准入的，应当具备下列条件：

（一）取得道路机动车辆生产企业准入；

（二）生产的道路机动车辆产品能够满足安全、环保、节能、防盗等技术标准以及工业和信息化部制定发布的安全技术条件；

（三）法律、行政法规、规章规定的其他条件。

**第七条** 申请道路机动车辆生产企业准入的，应当向工业和信息化部提交下列材料：

（一）道路机动车辆生产企业准入申请书（示范文本由工业和信息化部制作并公布）；

（二）根据国家有关投资管理规定办理完成投资项目手续的文件；

（三）加盖企业公章的企业章程及营业执照副本复印件；

（四）企业法定代表人签署的依法开展道路机动车辆产品生产承诺书。

**第八条** 申请道路机动车辆产品准入的，应当向工业和信息化部提交下列材料：

（一）道路机动车辆产品及类别、特点、技术功能等情况说明；

（二）道路机动车辆产品主要技术参数，包括表征道路机动车辆产品基本特征的参数，与道路机动车辆产品安全、环保、节能、防盗性能相关的参数和图片等；

（三）道路机动车辆产品检验资料，包括检验项目统计表、样车情况说明、检验检测机构出具的检验报告等（列入强制性产品认证目录的道路机动车辆产品零部件检验报告可以由强制性产品认证证书替代）；

（四）合法使用道路机动车辆产品商标的说明材料（仅在首次申请包含该商标的道路机动车辆产品准入时提供）、道路机动车辆产品依法进行环保信息公开情况等其他资料。

**第九条** 道路机动车辆生产企业有权自主选择依法取得相关资质认定的检验检测机构开展道路机动车辆产品检验；开展整车检验的，应当选择取得国家级产品质量监督检验中心资质的检验检测机构。

送检的道路机动车辆产品应当由申请人制造，相关技术参数应与申请准入的道路机动车辆产品一致。

**第十条** 工业和信息化部收到道路机动车辆生产企业及产品准入申请后，应当依法进行审查，对于申请材料不齐全或者不符合规定形式的，当场或者在五个工作日内一次性告知申请人需要补正的全部内容；对于申请材料齐全、符合规定形式的，应当予以受理。

## 第三章 审查和决定

**第十一条** 工业和信息化部委托技术服务机构组织专家对道路机动车辆生产企业及产品准入申请进行技术审查。

**第十二条** 技术服务机构应当客观、公正实施技术审查，如实向工业和信息化部报告审查结果。

**第十三条** 技术服务机构不得泄露因审查活动知悉的商业秘密，开展技术审查不得向申请准入的企业收取任何费用。

**第十四条** 工业和信息化部应当对符合准入条件的道路机动车辆生产企业及产品予以公示，公示期为五个工作日。

公示期内社会公众提出异议的，工业和信息化部可以委托技术服务机构组织专家进行复核。

**第十五条** 工业和信息化部应当自受理准入申请之日起二十个工作日内作出准入或者不予准入的决定。决定准入的，应当以公告形式向社会发布；决定不予准入的，应当书面通知申请人并说明理由。二十个工作日内不能作出决定的，经工业和信息化部负责人批准，可以延长十个工作日，并将延长期限的理由告知申请人。

技术审查、复核所需时间不计算在前款规定的期限内，所需时间应当书面告知申请人。

**第十六条**　道路机动车辆生产企业取得相关准入后方可生产、销售相应的道路机动车辆产品。

道路机动车辆生产企业应当持续保持准入条件。

**第十七条**　道路机动车辆生产企业变更法定代表人、企业名称、注册地址、注册商标、股权结构的，应当在依法完成变更登记手续后及时报工业和信息化部备案。

报送备案应当提交变更情形的说明、变更前后加盖企业公章的营业执照副本复印件等材料，涉及办理投资项目手续的还应当提交相关的投资项目文件。

**第十八条**　道路机动车辆生产企业变更道路机动车辆产品技术参数的，应当符合相关技术标准及道路机动车辆同一型号命名等技术规范要求，并在道路机动车辆产品投入生产前报工业和信息化部备案。

报送备案应当提交申请变更道路机动车辆产品型号、名称、类别，变更的原因及内容，符合安全、环保、节能、防盗等相关技术标准、技术条件的声明，以及相关检验项目统计表、检验报告等。

**第十九条**　道路机动车辆生产企业变更生产地址的，应当按照本办法第七条的规定向工业和信息化部提交有关材料。工业和信息化部应当依照本办法的规定进行审查。

**第二十条**　工业和信息化部对符合本办法规定条件的变更事项以公告形式发布。

**第二十一条**　道路机动车辆生产企业按照本办法规定变更企业名称、注册地址、生产地址、注册商标、道路机动车辆产品技术参数等的，可以在工业和信息化部发布变更公告后的六个月内继续销售按照原准入事项生产的库存道路机动车辆产品，但国家政策、标准另有规定的除外。

**第二十二条**　依法取得的道路机动车辆生产企业及产品准入，不得出租、出借、买卖或者以其他形式非法转让。

**第二十三条**　道路机动车辆生产企业应当建立道路机动车辆产品出厂合格证明（以下简称合格证）管理制度，规范合格证制作、发放、传送、追溯、备案等工作，实时填报、传送合格证电子信息，在道路机动车辆产品检验合格准予出厂后随车配发合格证。

合格证载明的信息应当与获得准入的道路机动车辆产品技术参数，以及道路机动车辆产品实际的技术参数一致。合格证不得涂改、复制、买卖、伪造和抵押。

## 第四章　特别规定

**第二十四条**　鼓励道路机动车辆生产企业进行技术创新。因采用新技术、新工艺、新材料等原因，不能满足本办法规定的准入条件的，企业在申请道路机动车辆生产企业及产品准入时可以提出相关准入条件豁免申请。

工业和信息化部应当评估其必要性、充分性，根据技术审查和评估结果，作出是否准入的决定。决定准入的，工业和信息化部可以设置准入有效期、实施区域等限制性措施。

**第二十五条**　鼓励道路机动车辆生产企业实施企业集团化管理。

符合规定条件的企业集团可以试点开展道路机动车辆产品自我检验；成员企业可以委托企业集团内部取得同类别道路机动车辆生产企业准入的其他企业生产其取得准入的道路机动车辆产品；工业和信息化部可以简化其成员企业的准入审查要求。

**第二十六条**　工业和信息化部推行道路机动车辆产品系族管理，鼓励道路机动车辆生产企业按照系族提出道路机动车辆产品准入申请。

**第二十七条**　工业和信息化部优化平板、仓栅、厢式、自卸货车管理。

货车类道路机动车辆生产企业可以委托上装生产企业完成平板、仓栅、厢式、自卸货车产品的上装生产作业。货车类道路机动车辆生产企业对采用本企业生产的底盘进行上装生产的平板、仓栅、厢式、自卸货车产品进行统一道路机动车辆产品准入申请，承担产品质量和生产一致性责任。

**第二十八条** 鼓励道路机动车辆生产企业之间开展研发和产能合作，允许符合规定条件的道路机动车辆生产企业委托加工生产。

鼓励道路机动车辆研发设计企业与生产企业合作，允许符合规定条件的研发设计企业借用生产企业的生产能力申请道路机动车辆生产企业及产品准入。

**第二十九条** 特别规定事项的具体管理办法由工业和信息化部另行制定。

## 第五章 监督检查

**第三十条** 工业和信息化部应当加强对道路机动车辆生产企业及产品准入的监督管理，建立和完善以随机抽查为重点的日常监督检查制度。对于社会反映集中、问题性质严重的道路机动车辆生产企业及产品，工业和信息化部应当组织开展专项监督检查。

**第三十一条** 道路机动车辆生产企业应当加强自查，发现生产、销售的道路机动车辆产品存在安全、环保、节能、防盗等严重问题的，应当立即停止相关产品的生产、销售，采取措施进行整改，并及时向工业和信息化部及所在地的省、自治区、直辖市人民政府工业和信息化主管部门报告。

省、自治区、直辖市人民政府工业和信息化主管部门发现本行政区域内道路机动车辆生产企业不能保持准入条件、生产一致性发生重大变化或者有其他违法违规生产经营行为的，应当及时向工业和信息化部报告。

**第三十二条** 道路机动车辆生产企业不能保持准入条件，生产的道路机动车辆产品存在影响公共安全、人身健康、生命财产安全等隐患的，工业和信息化部应当责令停止生产、销售相关产品，并责令立即改正。

**第三十三条** 道路机动车辆生产企业买卖、伪造合格证，合格证载明的信息与获得准入的道路机动车辆产品技术参数不一致或者与道路机动车辆产品实际的技术参数不一致，或者有其他违反合格证管理规定的，工业和信息化部应当责令限期整改，视情节轻重暂停道路机动车辆生产企业合格证电子信息传送。

**第三十四条** 道路机动车辆生产企业不能维持正常生产经营的，工业和信息化部应当予以特别公示。特别公示前，应当书面告知道路机动车辆生产企业，并听取申辩意见。

经特别公示的道路机动车辆生产企业，工业和信息化部在公示期间不予办理准入变更。道路机动车辆生产企业申请移出特别公示的，工业和信息化部应当对其保持道路机动车辆生产企业及产品准入条件情况进行核查。

不能维持正常生产经营是指：连续两年年均乘用车产量少于 2000 辆、货车产量少于 1000 辆、客车（整车类）产量少于 1000 辆、客车（改装类）产量少于 100 辆、摩托车产量少于 5000 辆、通用货车挂车产量少于 100 辆。工业和信息化部可以根据产业发展情况调整有关产量数值。

**第三十五条** 道路机动车辆生产企业破产、自愿终止道路机动车辆生产，或者存在法律、行政法规规定的其他情形的，工业和信息化部应当依法撤销、注销相关的道路机动车辆生产企业及产品准入。

**第三十六条** 承担道路机动车辆产品检验的检验检测机构应当在完成道路机动车辆产品检验后的三个月内保证检验样品的可追溯性，六年内保证检验记录、试验图像、影像资料等数据资料的可追溯性。工业和信息化部对检验检测机构开展道路机动车辆产品准入检验情况进行检查。

**第三十七条** 工业和信息化部建立信用记录制度，将道路机动车辆生产企业、检验检测机构失信行为记入信用档案。

## 第六章 法律责任

**第三十八条** 隐瞒有关情况或者提供虚假材料申请道路机动车辆生产企业及产品准入的，工业和信息化部不予受理或者不予准入，并给予警告；申请人在一年内不得再次申请道路机动车辆生产企业及产品准入。

以欺骗、贿赂等不正当手段取得道路机动车辆生产企业及产品准入的，工业和信息化部应当撤销道路机动车辆生产企业及产品准入；申请人在三年内不得再次申请道路机动车辆生产企业及产品准入。

**第三十九条**　违反本办法规定，未经准入擅自生产、销售道路机动车辆产品的，工业和信息化部应当依照《中华人民共和国道路交通安全法》第一百零三条第三款的规定予以处罚。

**第四十条**　违反本办法规定，在报送备案时隐瞒有关情况、提供虚假材料的，工业和信息化部不予备案或者撤销备案，并给予警告。

**第四十一条**　违反本办法规定，出租、出借、买卖或者以其他形式非法转让道路机动车辆生产企业及产品准入的，工业和信息化部给予警告，并责令立即改正。

**第四十二条**　道路机动车辆生产企业在监督检查中隐瞒有关情况、提供虚假资料，或者不接受工业和信息化主管部门监督检查的，工业和信息化部给予警告。

**第四十三条**　检验检测机构出具虚假检验报告或者检验结果存在重大失误的，工业和信息化部向检验检测机构资质管理部门进行通报。

**第四十四条**　工业和信息化部工作人员在道路机动车辆生产企业及产品准入管理中玩忽职守、滥用职权、徇私舞弊的，依法给予处分；构成犯罪的，依法追究刑事责任。

## 第七章　附则

**第四十五条**　道路机动车辆生产企业及产品准入审查要求，工业和信息化部另行制定。

**第四十六条**　新能源汽车生产企业及产品准入管理适用本办法，相关规章另有规定的，依照其规定执行。

**第四十七条**　本办法自 2019 年 6 月 1 日起施行。2002 年 11 月 30 日公布的《摩托车生产准入管理办法》（原国家经济贸易委员会令第 43 号）同时废止。

# 工业和信息化部关于公布2018年度国家中小企业公共服务示范平台名单的通告

工信部企业〔2018〕258号

各省、自治区、直辖市及计划单列市、新疆生产建设兵团中小企业主管部门，有关协会：

根据工业和信息化部《国家中小企业公共服务示范平台认定管理办法》（工信部企业〔2017〕156号）和《工业和信息化部办公厅关于推荐2018年度国家中小企业公共服务示范平台的通知》（工信厅企业函〔2018〕172号），经评审和公示，确定了2018年度国家中小企业公共服务示范平台（以下简称示范平台）名单，现予公布。有关事项通告如下：

一、同意授予北京知呱呱科技服务有限公司、天津市中小企业生产力促进中心、河北冠卓检测科技有限公司等174个平台“国家中小企业公共服务示范平台”称号（具体名单见附件）。

二、示范平台要在现有基础上，进一步完善服务功能，不断提高服务能力和组织带动社会服务资源的能力，主动开展公益性服务，积极承担政府部门委托的各项任务，在解决中小企业共性需求、畅通信息渠道、改善经营管理、提高发展质量、增强市场竞争力、实现创新发展等方面发挥支撑和示范带动作用。

三、各地中小企业主管部门和相关行业协会要在认真总结经验的基础上，扎实推进中小企业公共服务平台建设，结合本地区、本行业实际情况，做好省级及行业协会中小企业公共服务示范平台的培育和认定工作。

四、各地中小企业主管部门要切实履行监督检查职责，定期对辖区内示范平台的服务质量、服务收费情况、服务满意度等运营情况进行检查，并做好示范平台年度工作总结和检查情况报告。工业和信息化部将委托第三方机构组织专家不定期对示范平台的服务情况进行测评，对测评不合格的撤销示范平台称号。

五、示范平台认定有效期三年，有效期为2019年1月1日至2021年12月31日。

附件：2018年度国家中小企业公共服务示范平台名单（略）

工业和信息化部

2018年11月29日

# 工业和信息化部办公厅关于印发重点跟踪培育纺织服装品牌企业名单（2018版）的通知

工信厅消费函〔2018〕385号

各省、自治区、直辖市及计划单列市、新疆生产建设兵团工业和信息化主管部门：

为贯彻落实《关于开展消费品工业“三品”专项行动营造良好市场环境的若干意见》（国办发〔2016〕40号），加快推进纺织服装行业高质量发展，经各省、自治区、直辖市及计划单列市、新疆生产建设兵团工业和信息化主管部门推荐，委托中国纺织工业联合会对纺织服装品牌建设情况分析研究，确定爱慕股份有限公司等120家企业为重点跟踪培育对象。

现将重点跟踪培育纺织服装品牌企业名单（2018版）印发你们，请与本地区重点跟踪培育企业建立联系机制，跟踪掌握企业发展情况；加强部门协调配合，为品牌企业发展营造良好市场环境；提高公共服务质量，支持品牌企业提高核心竞争力，促进形成一批具有较强市场影响力和国际竞争力的优势纺织服装品牌企业。

附件：重点跟踪培育纺织服装品牌企业名单（2018版）（略）

工业和信息化部办公厅

2018年11月30日

# 工业和信息化部办公厅关于印发《民用爆炸物品行业技术发展方向及目标（2018年版）》的通知

工信厅安全〔2018〕94号

各省、自治区、直辖市民爆行业主管部门：

为贯彻落实《工业和信息化部关于推进民爆行业高质量发展的意见》（工信部安全〔2018〕237号）有关要求，带动行业安全生产、质量保障、服务水平全面升级，制定《民用爆炸物品行业技术发展方向及目标（2018年版）》。现印发给你们，请结合本地实际组织实施。

工业和信息化部办公厅

2018年12月11日

## 民用爆炸物品行业技术发展方向及目标（2018年版）

为更好地实现民用爆炸物品行业安全发展、高质量发展，引导基础研究为民爆生产提供理论基础，促进民爆产品适应爆破作业多样性及系列化要求，推进生产工艺及装备向安全可靠、绿色环保、智能制造方向发展，现明确民用爆炸物品行业技术发展方向及目标如下：

### 一、发展方向

#### （一）工业炸药

1. 基础理论

（1）加强工业炸药形成、燃烧转爆轰、热爆炸反应的机理研究，为关键装备的设计、选型和工艺的本质安全夯实安全理论基础；

（2）鼓励开展生产和使用条件下工业炸药及半成品的危险特性及稳定性研究（感度、临界直径、传爆长度及爆轰传导、殉爆条件、衰减规律，以及受磁场、电磁场的影响规律等），指导工艺设计。

2. 产品与服务

（1）发展安全环保节能型工业炸药及无雷管感度的散装工业炸药；

（2）进一步推进工业炸药生产方式由固定包装生产线向现场混装生产方式发展，鼓励现场混装采用乳胶基质集中制备、远程配送的生产方式，鼓励推广地下矿山、大型硐室、公路铁路隧道等工程应用现场混装炸药技术；

（3）鼓励民爆企业由传统的生产经营模式向民爆科研、生产、爆破服务“一体化”模式方向发展；

（4）鼓励开展退役火（炸）药在工业炸药中的应用研究，鼓励开展特殊用途炸药研究。

3. 工艺装备

（1）鼓励开展应用安全可靠、低耗高效的新技术、新工艺、新装备的研究；

（2）鼓励开展工业炸药智能化生产工艺技术及装备的研发与应用，推动工业炸药生产线向无人化车间方向发展；

（3）鼓励开发应用生产线在线监测、故障自诊断技术（如生产线关键工艺参数监控技术、质量在线检测技术、生产废料及不合格品的自动收集剔除技术等）；

（4）鼓励开展现场混装生产方式的高精度装药计量技术、在线参数检测技术，鼓励现场混装技术与爆破技术相结合，开展相关优化研究；鼓励提升现场混装生产方式信息化和智能化水平，实现上料、运输、混药、装药等作业的全流程智能化管控；

（5）鼓励企业建立智能网络监管平台，实现生产、销售（包括仓储）的信息化、可视化监管；

（6）鼓励开展废危险物料及不合格品安全、环保回收再利用的工艺技术及装备研究。

**（二）工业雷管及索类**

1. 产品

（1）鼓励开发新型起爆器材；

（2）推广应用数码电子雷管；

（3）鼓励开展工业雷管成品防殉爆安全技术研究和基础雷管集约化生产、远程配送安全包装方式研究；

（4）鼓励建立数码电子雷管的电子引火元件（含电子控制模块和点火元件）集中生产远程配送模式；

（5）研究和完善装药量系列化的工业导爆索，开发适应性更好的导爆索。

2. 工艺装备

（1）研究开发高危生产工序的模块化、自动化、连续化设备，开发应用安全环保型的废品（料）销毁处理装备；

（2）研究开发火工药剂、产品的智能化生产工艺和装备，推动工业雷管生产线向无人化车间方向发展；

（3）开发和应用生产过程质量控制点工艺参数、人、机、料、环等数据的自动采集、存储和溯源分析系统；

（4）开发无职业危害、安全环保、信息化程度高的产品性能检测方法；

（5）开发工业导爆索生产过程炸药添加药、收线、盘卷、封尾、包装的自动化装备。

**（三）工业炸药制品**

1. 产品

（1）鼓励工业炸药制品向安全、可靠、环保及标准化方向发展；

（2）鼓励通过优化产品结构等方式，促进起爆具生产工艺自动化水平的提升；

（3）鼓励震源药柱产品向可定期失效的稳定可控方向发展，鼓励开展含水炸药等在震源药柱中的应用研究；

（4）鼓励射孔弹产品向系列化、通用化的方向发展；

（5）鼓励开展人工影响天气用燃爆器材可靠性、多样性研究，开发高效、环保型产品；

（6）鼓励开展退役火（炸）药在工业炸药制品中的应用研究。

2. 工艺装备

（1）鼓励生产向少人无人化方向发展；

（2）鼓励生产向工艺流程数据可视化、生产数据在线采集、安全参数自动检测的方向发展；

（3）鼓励起爆具制造的熔化、混药、浇注、退模等工序的工艺装备向本质安全水平高，连续化、智能化方向发展；

（4）鼓励开发震源药柱自动装药、自动装配的工艺装备；

（5）鼓励开发射孔弹自动装药、自动压制的工艺装备。

## 二、发展目标

第一阶段目标（到2020年年底）：

**（一）工业炸药**

1. 工业炸药产品结构进一步优化，现场混装炸药所占比例达到30%。

2. 新建或实施技术改造的生产线，所有危险等级为1.1级的危险工房现场操作人员总人数不应大于5人；未实施改造的生产线，单个1.1级危险工房现场操作人员人数不应大于6人。

（二）工业雷管及索类

1. 工业雷管产品结构进一步优化，并逐步满足公共安全全生命周期管控标准要求；

2. 火工药剂生产中有燃烧、爆炸危险的制造工序实现人机隔离；

3. 基础雷管装填生产线产品实现在线自动检测、自动收集装盒、生产单元关键技术参数的信息化管理；

4. 新建工业化批量生产的雷管装配工序（卡腰、卡口、编码、检测）实现人机隔离、自动化生产；

5. 新建工业导爆索生产线，制索过程实现炸药自动传送添加和关键质量控制点在线自动监控；

6. 推广无污染、无职业危害的产品检测方法。

（三）工业炸药制品及其他爆炸物品

1. 起爆具生产采取在线检测和监控熔注药工序的温度、搅拌转速、炸药添加速度、浇注等生产工艺参数，实现远程自动控制，异常自动报警和安全联锁；

2. 单个起爆具熔混注工房操作人员人数不应大于 3 人，起爆件制作实现人机隔离；

3. 压制型起爆具生产应采取自动添加药、自动称量、自动装药、自动压药、自动退模、产品自动传输；

4. 震源药柱生产 1.1 级的单个危险工房操作人员人数不应大于 9 人，新建生产线实现自动化、少人无人化；

5. 射孔弹生产单个危险工房操作人员人数不应大于 9 人，新建生产线的炸药加、称、装、压环节实现单元自动化、少人无人化；

6. 人工影响天气用燃爆器材生产单个危险工房操作人员人数不应大于 9 人，新建生产线药剂的混药、压制工序实现机械化、自动化，装配工序实现有效的隔离防护；

7. 海上救生烟火信号等烟火信息弹生产单个危险工房操作人员人数不应大于 9 人，新建生产线的药剂制备、装药工序实现机械化、人机隔离，装配工序实现有效的隔离防护。

第二阶段目标（到 2025 年年底）：

（一）工业炸药

1. 工业炸药生产线主要工序之间实现联动控制，本质安全水平进一步提高；

2. 工业炸药产品系列化、性能优良且满足爆破个性化需求；

3. 鼓励研究、建设危险工房操作人员总人数不大于 3 人的生产线；

4. 工业炸药或半成品质量在线控制、在线监测技术广泛应用；

5. 现场混装炸药所占比例大幅度提高，“一体化”服务模式成为民爆行业的主要运行模式；

6. 现场混装生产方式的乳胶基质大规模集中制备、贮存、多级远程配送技术与装备成熟可靠，现场混装炸药满足露天、地下等使用场所对炮孔装药的需求；

7. 工业炸药新品种、新设备研究水平与国际先进水平接轨；

8. 建立健全企业智能网络监管和应急管理平台。

（二）工业雷管及索类

1. 工业雷管主要技术性能达到世界先进水平，逐步全面升级换代为数码电子雷管，所有工业雷管全面满足全生命周期公共安全管控标准要求；

2. 主要产品技术性能及防殉爆安全性能达到国际先进水平；

3. 工业雷管生产实现智能化，主要危险工序实现无人化；

4. 研究开发适用于特种切割、爆炸成型、爆炸复合等场合需求的新型索类起爆或传爆器材；

5. 产品性能检测实现信息化、智能化，过程无污染、无职业危害。

（三）工业炸药制品及其他爆炸物品

1. 起爆具生产实现智能化，建议研究、建设熔混注工房无固定作业人员，单个退模检验包装工房操作人员总人数不大于 5 人（含）的生产线；

2. 研发安全高效、协调配套、使用方便、成本低廉的新型震源器材，开发低感度的安全型震源药柱、传爆系统与主装药系统分离的震源药柱、带自动降解功能的震源药柱、保质期定期可控的震源药柱；

3. 震源药柱生产实现连续化、自动化、信息化、柔性化的智能制造，鼓励研究、建设1.1级单个危险工房操作人员人数不大于5人的生产线；

4. 射孔弹生产实现自动化、智能化，鼓励研究、建设危险工房操作人员人数不大于6人的生产线；

5. 人工影响天气用燃爆器材生产实现自动化、智能化，鼓励研究、建设危险工房操作人员人数不大于5人的生产线；

6. 海上救生烟火信号等烟火信息弹制造实现药剂制备、装药工序的自动化，装配工序的机械化，人机隔离；鼓励研究、建设危险工房操作人员人数不大于5人的生产线。

# 工业和信息化部关于印发《3000～5000MHz 频段第五代移动通信基站与卫星地球站等无线电台（站）干扰协调管理办法》的通知

工信部无〔2018〕266 号

各省、自治区、直辖市无线电管理机构，国家广播电视总局、中国科学院、中国电信集团有限公司、中国移动通信集团有限公司、中国联合网络通信集团有限公司、中国铁塔股份有限公司，中国卫通集团股份有限公司、中信数字媒体网络有限公司、亚太卫星宽带通信（深圳）有限公司，各相关单位：

为保障我国第五代移动通信（5G）健康发展，充分、合理、有效利用无线电频谱资源，解决 5G 基站与卫星地球站等其他无线电台（站）的干扰问题，规范协调管理方法，优化 5G 基站设置审批程序，提高工作效率，根据《中华人民共和国无线电管理条例》和相关行政法规，我部制定《3000～5000MHz 频段第五代移动通信基站与卫星地球站等无线电台（站）干扰协调管理办法》，现予印发。请各相关单位加强协调，通力配合，认真贯彻执行。

附件：3000～5000MHz 频段第五代移动通信基站与卫星地球站等无线电台（站）干扰协调管理办法

工业和信息化部

2018 年 12 月 11 日

**附件**

## 3000～5000MHz 频段第五代移动通信基站与卫星地球站等无线电台（站）干扰协调管理办法

**第一条** 为促进我国第五代移动通信持续健康发展，避免 3000～5000MHz 频段（中频段）第五代移动通信基站（以下简称 5G 基站）与卫星地球站等无线电台（站）之间产生有害干扰，维护空中电波秩序，依据《中华人民共和国无线电管理条例》及相关无线电管理规定，制定本办法。

**第二条** 5G 基站的设置、使用不得对同频及邻频段已依法设置、使用的卫星地球站等其他无线电台（站）产生有害干扰。

**第三条** 相关单位在 3300～4200MHz 和 4500～5000MHz 频段内申请设置、使用 5G 基站及卫星地球站等无线电台（站）时，应当按照本办法开展干扰协调工作。

**第四条** 5G 基站设置、使用单位应该按照“频带外让频带内、次要业务让主要业务、后用让先用、无规划让有规划”的原则，主动发起与同频及邻频卫星地球站等其他合法无线电台（站）使用单位的干扰协调，并将协调进展情况向当地无线电管理机构报备。如与上述合法无线电台（站）使用单位的协调在规定的时间内无法达成一致意见时，可请求当地无线电管理机构协助。

**第五条**　设置、使用卫星地球站、固定业务台（站）和射电天文台的相关单位和用户，应积极配合开展与5G基站设置、使用单位的干扰协调工作，不得以不当理由拒绝、拖延协调请求。

**第六条**　各省、自治区、直辖市无线电管理机构应当按照本办法的要求，及时将需要保护的卫星地球站等信息情况提供给5G基站设置、使用单位，必要时可组织和协助开展干扰协调工作。对符合条件的5G基站依法发放无线电台执照。

**第七条**　5G基站设置、使用单位应严格按照所获得的无线电频率使用许可证（或批准文件）规定的事项使用频率。3300～3400MHz频段内的5G基站限室内使用，遇有相互干扰问题报当地无线电管理机构协调解决。

**第八条**　5G基站与同频及邻频卫星地球站、固定业务台（站）和射电天文台的干扰协调程序见附件1至附件3。

**第九条**　为避免5G基站干扰3400～4200MHz频段内依法设置的卫星地球站（含卫星测控站）、卫星监测站而采取各种措施所产生的费用，原则上由3400～3600MHz频段内5G基站设置、使用单位共同承担；为避免5G基站干扰固定业务台（站）、射电天文台而采取的各种措施所产生的费用，原则上由在同频及邻频段设置、使用5G基站的单位承担。

**第十条**　自本办法实施之日起，不再受理和审批以下新申请的无线电台（站）设置、使用许可：

（一）3400～4200MHz和4800～5000MHz频段内的地面固定业务台（站）；

（二）3400～3700MHz频段内的空间无线电台和卫星地球站（3600～3700MHz频段内已批准立项、研制的空间无线电台及对应的卫星测控站，或在已有测控场所内设置且不增加干扰保护要求的卫星测控站除外）。

**第十一条**　自本办法实施之日起，在3700～4200MHz和4500～4800MHz频段内新设置的单收卫星地球站如需电磁环境保护，设置、使用单位应在确定工程选址前对其选址进行电磁兼容分析和论证，并征求选址地无线电管理机构的意见。相应的无线电管理机构对于同意建站的应予以说明，列入地球站保护清单并按本办法予以必要的协调保护，否则应给出不建议建站理由或干扰风险提示。未征求、采纳无线电管理机构的意见的，不得向无线电管理机构提出排除有害干扰的要求。

**第十二条**　为避免受到5G基站干扰，自本办法实施之日起，新设置、使用的3700～4200MHz和4500～4800MHz频段卫星地球站（含卫星测控站），其低噪声放大器或变频器的技术指标应符合附件4的要求。

**第十三条**　设置、使用5G基站的其他要求按照《工业和信息化部关于公众移动通信基站设置、使用管理有关事宜的通知》（工信部无〔2017〕330号）执行。

**第十四条**　涉及军事系统无线电台（站）设置和保护相关要求，按照军地无线电管理协调机制和军队有关规定办理。

**第十五条**　本办法自2019年1月1日起实施。

附件：

1. 5G基站与卫星地球站干扰协调程序

2. 5G基站与固定业务台（站）干扰协调程序

3. 5G基站与射电天文台干扰协调程序

4. 3700～4200MHz和4500～4800MHz频段卫星地球站低噪声放大器（LNA）和低噪声变频器（LNB）技术要求

附件1

## 5G基站与卫星地球站干扰协调程序

### 一、干扰保护标准

根据国际电联ITU－RS.1432－1建议书，在卫星地球站（含卫星测控站、卫星监测站）工作频段及其相邻频段，干扰信号限值为晴空条件下卫星地球站接收系统噪声功率减12dB，超过该限值的干扰信号将可能对卫星地球站造成有害干扰。

根据国际电联ITU－RS.2199－0报告，当卫星地球站接收到的干扰信号总功率超过－60dBm时，将产生饱和干扰，导致卫星地球站无法正常工作。

### 二、地球站干扰协调区

干扰协调区是指以卫星地球站为中心一定范围内的地理区域，在此区域内设置、使用3300～3600MHz和4800～5000MHz频段的5G基站，应与卫星地球站进行干扰协调，以避免对合法使用的卫星地球站造成有害干扰。

实际中应根据当地地形地貌等特性和实际测试确定干扰协调区域。根据理论计算，原则上干扰协调区的范围如下：

对于工作在3400～3600MHz频段的卫星地球站，工作在相同频段内的室外5G基站的协调区为以卫星地球站为中心、半径42.5千米的圆形区域；工作在相同频段内的室内5G基站的协调区为以卫星地球站为中心、半径1千米的圆形区域。

对于工作在3600～3700MHz频段的卫星地球站，工作在3400～3600MHz频段内的室外5G基站的协调区为以卫星地球站为中心、半径4千米的圆形区域；工作在3400～3600MHz频段内的室内5G基站的协调区为以卫星地球站为中心、半径50米的圆形区域。

对于工作在3700～4200MHz频段的卫星地球站，如果卫星地球站已采用滤波和抗饱和措施且指标满足附件4的要求，工作在3400～3600MHz频段内的室外5G基站的协调区可减小为以卫星地球站为中心、半径100米的圆形区域，否则协调区为以卫星地球站为中心、半径2千米的圆形区域。

对于工作在4500～4800MHz频段的卫星地球站，工作在4800～4900MHz频段内的室外5G基站的协调区为以卫星地球站为中心、半径4千米的圆形区域；如果上述卫星地球站已采用滤波和抗饱和措施且指标满足附件4的要求，工作在4900～5000MHz频段内的室外5G基站的协调区可减小为以卫星地球站为中心、半径100米的圆形区域，否则协调区为以卫星地球站为中心、半径2千米的圆形区域。

### 三、干扰协调程序

相关单位在获得中频段5G频率使用许可证（或批准文件）后，应及时向当地无线电管理机构了解需要干扰保护的卫星地球站信息。各地无线电管理机构应及时向相关单位提供本地需要干扰保护的已设卫星地球站及已申请设置卫星地球站清单并及时更新。相关单位在申请设置、使用5G基站前，应主动发起与卫星地球站使用单位的干扰协调，并将协调请求及时报送当地无线电管理机构。收到协调请求后，设置、使用卫星地球站的单位和用户应在15个工作日内予以确认。如在2个月内双方就协调问题未能取得一致意见，可以向地方无线电管理机构提出协助请求。待完成协调工作后，相关单位可向无线电管理机构提出5G基站设台许可申请。

若干扰协调区涉及其他省份，当地无线电管理机构应向相关省、自治区、直辖市无线电管理机构通报情况。

按照《国家无线电办公室关于开展3400～4200MHz和4500～5000MHz频段卫星地球站等无线电台（站）清理核查工作的通知》（国无办〔2018〕4号）要求报送并经核实的地球站，依法享有免受有害干扰的权利。为避免干扰上述卫星地球站而采取的各种措施所产生的费用，原则上由3400～3600MHz频段内5G基站设置、使用单位承担。

按照后用让先用的原则，在已开通5G系统的城市，新申请设置、使用卫星地球站的单位应与干扰协调区内已取得台站执照的已建5G基站完成干扰协调，协调时限要求与卫星地球站发起协调情况相同，必要时可请求无线电管理机构协助。为避免受5G基站干扰而采取的各种措施所产生的费用，原则上由地球站设置、使用单位承担。

### 四、干扰缓解工程措施

对于依法设置的3400～4200MHz频段范围内的卫星地球站，如果5G基站发射可能会对其接收产生同频干扰、邻频干扰和减敏干扰，建议采取为地球站加装滤波器或更换高频头、地域隔离、加装屏蔽网、降低5G基站发射功率及调整5G基站天线最大辐射方向等综合措施缓解或消除干扰。

**附件2**

## 5G基站与固定业务台（站）干扰协调程序

### 一、干扰保护标准

根据国际电联ITU－RF.758－6建议书，在固定业务台（站）工作频段，干扰信号限值为固定业务台（站）接收系统噪声电平减10dB，超过该限值的干扰信号可能对固定业务台（站）造成有害干扰。

### 二、干扰协调区

5G基站与固定业务台（站）的干扰协调区是指以固定业务台（站）为中心一定范围内的地理区域，在此区域内使用相同频率的5G基站可能会对固定业务台（站）产生有害干扰。

原则上干扰协调区为以固定业务台（站）为中心半径300米的圆形区域；对于微波通信系统，当5G基站位于微波通信系统最大增益接收方向时，应避免5G基站的最大增益发射方向正对微波通信系统。

### 三、干扰协调程序

相关单位在获得中频段5G频率使用许可证后，应及时向当地无线电管理机构了解需要干扰保护的固定业务台（站）信息。各地无线电管理机构应及时向相关单位提供本地需要干扰保护的已设固定业务台（站）清单并及时更新。相关单位在申请设置、使用5G基站前，应主动发起与固定业务台（站）使用单位的干扰协调，并将协调请求及时报送当地无线电管理机构，必要时可请求无线电管理机构协助。若干扰协调区涉及其他省份，当地无线电管理机构应向相关省、自治区、直辖市无线电管理机构通报情况。

根据《工业和信息化部关于第五代移动通信系统使用3300～3600MHz和4800～5000MHz频段相关事宜的通知》（工信部无〔2017〕276号），在2017年11月15日前依法设置的固定业务台（站），依法享有免受有害干扰的权利；为避免干扰采取的各种措施所产生的费用，原则上由相关5G基站设置、使用单位承担。

### 四、干扰缓解工程措施

为保护依法设置的固定业务台（站）免受来自同频段5G基站的干扰，可采取地域隔离、加装屏蔽网、降低5G基站发射功率及调整5G基站天线最大辐射方向等措施予以缓解。

**附件3**

## 5G基站与射电天文台干扰协调程序

### 一、干扰保护标准

射电天文台的干扰保护准则参见国际电联ITU－RRA.769－2建议书附录1。

### 二、干扰协调方法

《中华人民共和国频率划分规定》脚注11和

脚注12中所列射电天文台依法受到干扰保护。

依据《中华人民共和国无线电管理条例》，各地无线电管理机构应通过设置电磁环境保护区的方式保护射电天文台。电磁环境保护区半径一般应大于视距范围，相关省（自治区、直辖市）级无线电管理机构应结合当地地理地形等因素，协调相关单位确定电磁环境保护区范围并对外发布。

相关单位设置、使用5G基站应严格遵守关于电磁环境保护区的技术要求和办法，同时应在网络规划、5G基站建设和实施过程中采取必要的干扰规避措施，以避免对已规划和在运行的射电天文台产生有害干扰。

**附件4**

## 3700～4200MHz和4500～4800MHz频段卫星地球站低噪声放大器（LNA）和低噪声变频器（LNB）技术要求

### 一、工作频段

该技术要求适用于工作在3700～4200MHz或4500～4800MHz的C频段卫星地球站（含卫星测控站）低噪声放大器（以下简称LNA）或低噪声变频器（以下简称LNB）。

### 二、噪声温度

在17℃测试条件下，C频段卫星地球站LNA或LNB的噪声温度应小于或等于45K。

### 三、增益及增益斜率

C频段卫星地球站LNA或LNB在其线性工作范围内增益应大于等于50dB，并满足：

1. 增益≥标称值；
2. LNA或LNB增益斜率不劣于±0.03dB/MHz。

### 四、1dB压缩点的输出功率

C频段卫星地球站LNA的1dB压缩点输出功率不小于+10dBm，C频段卫星地球站LNB的1dB压缩点输出功率不小于+5dBm。

### 五、带外抑制特性

当向C频段卫星地球站LNA或LNB输入端口输入一个频率在3300～3600MHz或4800～5000MHz频段范围内的－20dBm信号时，要求LNA或LNB仍能正常工作，噪声温度、1dB压缩点及增益满足上述要求。

# 工业和信息化部关于公布2018年物联网集成创新与融合应用项目名单的通知

工信部科函〔2018〕470号

各省、自治区、直辖市及计划单列市、新疆生产建设兵团工业和信息化主管部门，各有关单位：

为贯彻落实工业和信息化部《信息通信行业发展规划物联网分册（2016—2020年）》，按照《工业和信息化部办公厅关于开展2018年物联网集成创新与融合应用项目征集工作的通知》（工信厅科函〔2018〕217号）要求，经项目推荐、综合评审和网上公示等环节，现将2018年物联网集成创新与融合应用项目名单（见附件）予以公布。

请各地工业和信息化主管部门及项目推荐单位结合工作实际，持续加强对入选项目的跟踪支持，做好项目经验总结推广，深化物联网与实体经济深度融合，推动产业集成创新和规模化发展。

附件：2018年物联网集成创新与融合应用项目名单（略）

工业和信息化部

2018年12月13日

# 工业和信息化部办公厅关于公布2018年工业互联网试点示范项目的通知

工信厅信管函〔2018〕410号

各省、自治区、直辖市及计划单列市工业和信息化主管部门，各省、自治区、直辖市通信管理局，各有关单位：

按照《工业和信息化部办公厅关于开展2018年工业互联网试点示范项目推荐的通知》（工信厅信管函〔2018〕306号），经企业自主申报、地方推荐、专家评审、现场核查和网上公示，2018年工业互联网试点示范项目名单已经确定，现予以公布。请各单位结合实际，认真抓好试点示范工作。

附件：2018年工业互联网试点示范项目名单（略）

工业和信息化部办公厅

2018年12月17日

# 工业和信息化部关于加快推进虚拟现实产业发展的指导意见

工信部电子〔2018〕276号

各省、自治区、直辖市及计划单列市、新疆生产建设兵团工业和信息化主管部门，有关行业组织，有关单位：

虚拟现实（含增强现实、混合现实，简称VR）融合应用了多媒体、传感器、新型显示、互联网和人工智能等多领域技术，能够拓展人类感知能力，改变产品形态和服务模式，给经济、科技、文化、军事、生活等领域带来深刻影响。全球虚拟现实产业正从起步培育期向快速发展期迈进，我国面临同步参与国际技术产业创新的难得机遇，但也存在关键技术和高端产品供给不足、内容与服务较为匮乏、创新支撑体系不健全、应用生态不完善等问题。为加快我国虚拟现实产业发展，推动虚拟现实应用创新，培育信息产业新增长点和新动能，现提出以下意见：

## 一、总体要求

### （一）指导思想

以习近平新时代中国特色社会主义思想为指导，全面贯彻党的十九大精神，把握虚拟现实等新一代信息技术孕育发展机遇，坚持市场主导、应用牵引、创新驱动、协同发展，以加强技术产品研发、丰富内容服务供给为抓手，以优化发展环境、建立标准规范、强化公共服务为支撑，提升产业创新发展能力，推动新技术、新产品、新业态、新模式在各领域广泛应用，推动我国信息产业高质量发展，为我国经济社会发展提供新动能。

### （二）发展目标

到2020年，我国虚拟现实产业链条基本健全，在经济社会重要行业领域的应用得到深化，建设若干个产业技术创新中心，核心关键技术创新取得显著突破，打造一批可复制、可推广、成效显著的典型示范应用和行业应用解决方案，创建一批特色突出的虚拟现实产业创新基地，初步形成技术、产品、服务、应用协同推进的发展格局。

到2025年，我国虚拟现实产业整体实力进入全球前列，掌握虚拟现实关键核心专利和标准，形成若干具有较强国际竞争力的虚拟现实骨干企业，创新能力显著增强，应用服务供给水平大幅提升，产业综合发展实力实现跃升，虚拟现实应用能力显著提升，推动经济社会各领域发展质量和效益显著提高。

## 二、重点任务

### （一）突破关键核心技术

加强产学研用协同合作，推动虚拟现实相关基础理论、共性技术和应用技术研究。坚持整机带动、系统牵引，围绕虚拟现实建模、显示、传感、交互等重点环节，加强动态环境建模、实时三维图形生成、多元数据处理、实时动作捕捉、实时定位跟踪、快速渲染处理等关键技术攻关，加快虚拟现实视觉图形处理器（GPU）、物理运算处理器（PPU）、高性能传感处理器、新型近眼显示器件等的研发和产业化。

——近眼显示技术。实现30PPD（每度像素数）单眼角分辨率、100Hz以上刷新率、毫秒级响应时间的新型显示器件及配套驱动芯片的规模量产。发展适人性光学系统，解决因辐合调节冲突、画面质量过低等引发的眩晕感。加速硅基有机发光二极管（OLEDoS）、微发光二极管（MicroLED）、光场显示等微显示技术的产业化储备，推动近眼显示向高分辨率、低时延、低功耗、广视角、可变景深、轻薄小型化等方向发展。

——感知交互技术。加快六轴及以上GHz惯性传感器、3D摄像头等的研发与产业化。发展鲁棒性强、毫米级精度的自内向外（inside - out）追踪定位设备及动作捕捉设备。加快浸入式声场、语音交互、眼球追踪、触觉反馈、表情识别、脑电交互等技术的创新研发，优化传感融合算法，推动感知交互向高精度、自然化、移动化、多通道、低功耗等方向发展。

——渲染处理技术。发展基于视觉特性、头动交互的渲染优化算法，加快高性能GPU配套时延优化算法的研发与产业化。突破新一代图形接口、渲染专用硬加速芯片、云端渲染、光场渲染、视网膜渲染等关键技术，推动渲染处理技术向高画质、低时延、低功耗方向发展。

——内容制作技术。发展全视角12K分辨率、60帧/秒帧率、高动态范围（HDR）、多摄像机同步与单独曝光、无线实时预览等影像捕捉技术，重点突破高质量全景三维实时拼接算法，实现开发引擎、软件、外设与头显平台间的通用性和一致性。

**（二）丰富产品有效供给**

面向信息消费升级需求和行业领域应用需求，加快虚拟现实整机设备、感知交互设备、内容采集制作设备、开发工具软件、行业解决方案、分发平台的研发及产业化，丰富虚拟现实产品的有效供给。

——整机设备。发展低成本、高性能、符合人眼生理特性的主机式、手机式、一体机式、车载式、洞穴式、隐形眼镜式等形态的虚拟现实整机设备。研发面向制造、教育、文化、健康、商贸等重点行业领域及特定应用场景的虚拟现实行业终端设备。

——感知交互设备。研发自内向外（inside - out）追踪定位装置、高性能3D摄像头以及高精度交互手柄、数据手套、眼球追踪装置、数据衣、力反馈设备、脑机接口等感知交互设备。

——内容采集制作设备。加快动作捕捉、全景相机、浸入式声场采集设备、三维扫描仪等内容采集制作设备的研发和产业化，满足电影、电视、网络媒体、自媒体等不同应用层级内容制作需求。

——开发工具软件。发展虚拟现实整机操作系统、三维开发引擎、内容制作软件，以及感知交互、渲染处理等开发工具软件，提升虚拟现实软硬件产品系统集成与融合创新能力。

——行业解决方案。发展面向重点行业领域典型应用的虚拟研发设计、虚拟装配制造、虚拟检测维修、虚拟培训、虚拟货品展示等集成解决方案。

——分发平台。发展端云协同的虚拟现实网络分发和应用服务聚合平台（CloudVR），推动建立高效、安全的虚拟现实内容与应用支付平台及分发渠道。

**（三）推进重点行业应用**

引导和支持“VR +”发展，推动虚拟现实技术产品在制造、教育、文化、健康、商贸等行业领域的应用，创新融合发展路径，培育新模式、新业态，拓展虚拟现实应用空间。

——VR + 制造。推进虚拟现实技术在制造业研发设计、检测维护、操作培训、流程管理、营销展示等环节的应用，提升制造企业辅助设计能力和制造服务化水平。推进虚拟现实技术与制造业数据采集与分析系统的融合，实现生产现场数据的可视化管理，提高制造执行、过程控制的精确化程度，推动协同制造、远程协作等新型制造模式发展。构建工业大数据、工业互联网和虚拟现实相结合的智能服务平台，提升制造业融合创新能力。面向汽车、钢铁、高端装备制造等重点行业，推进虚拟现实技术在数字化车间和智能车间的应用。

——VR + 教育。推进虚拟现实技术在高等教育、职业教育等领域和物理、化学、生物、地理等实验性、演示性课程中的应用，构建虚拟教室、虚拟实验室等教育教学环境，发展虚拟备课、虚拟授课、虚拟考试等教育教学新方法，促进以学习者为中心的个性化学习，推动教、学模式转型。打造虚拟实训基地，持续丰富培训内容，提高专业技能训练水平，满足各领域专业技术人才培训需求。促进虚拟现实教育资源开发，实现规模化示范应用，推动科普、培训、教学、科研的融合发展。

——VR + 文化。在文化、旅游和文物保护等领域，丰富融合虚拟现实体验的内容供应，推动现有数字内容向虚拟现实内容的移植，满足人民群众文化消费升级需求。发展虚拟现实影视作品和直播内容，鼓励视频平台打造虚拟现实专区，提供虚拟现实视频点播、演唱会、体育赛事、新闻事件直播等服务。打造虚拟电影院、虚拟音乐厅，提供多感官体验模式，提升用户体验。建设虚拟现实主题乐园、虚拟现实行业体验馆等，创新文化传播方式。推动虚拟现实在文物古迹复原、文物和艺术品展示、雕塑和立体绘画等文化艺术领域应用，创新艺术创作和表现形式。

——VR + 健康。加快虚拟现实技术在医疗教学训练与模拟演练、手术规划与导航等环节的应用，推动提高医疗服务智能化水平。推动虚拟现实技术在心理辅导、康复护理等环节的应用，探索虚拟现实技术对现有诊疗手段的补充完善，发展虚拟现实居家养老、在线诊疗、虚拟探视服务，提高远程医疗水平。

——VR + 商贸。顺应电子商务、家装设计、商业展示等领域场景式购物趋势，发展和应用专业化虚拟现实展示系统，提供个性化、定制化的地产、家居、家电、室内装修和服饰等虚拟设计、体验与交易平台，发展虚拟现实购物系统，创新商业推广和购物体验模式。

**（四）建设公共服务平台**

依托行业龙头企业、行业组织和金融机构等其他第三方机构，面向虚拟现实产业发展需要，建设和运营产业公共服务平台，提供技术攻关、资金支持、成果转化、测试推广、信息交流、创新孵化等服务，推动构建集规模化创新、投资、孵化和经营为一体的虚拟现实生态系统，优化产业发展环境。

——共性技术创新服务。围绕虚拟现实产业技术创新需求，以基础研究和共性关键技术研发支撑为重点，集聚骨干企业、知名高校院所及虚拟现实领域专业实验室、研究院、研发中心、技术中心、工程中心等创新机构资源，共同推进虚拟现实共性技术创新。指导和帮助企业、专业机构申报国内、国际专利，及时形成知识产权。探索建立虚拟现实科技成果转化和激励机制，推动跨行业、跨部门、跨地域的成果转化。

——创新创业孵化服务。整合创新创业要素资源，提供开放式、低成本、便利化的全要素综合服务，推动虚拟现实创新资源共建共享，提供虚拟现实研发资源。支持各类企业孵化器、众创空间等载体面向虚拟现实领域打造专业化、全流程覆盖的创新创业服务体系，为初创企业和创新团队提供创业辅导、创新资金、辅助技术、法律帮扶、教育培训等服务。

——行业交流对接服务。集聚行业组织和第三方机构服务资源，建立虚拟现实产业信息交流与合作对接公共服务体系，提供虚拟现实产业咨询培训、项目对接、应用促进、技术交易、成果转化、知识产权、会展商务、融资租赁、人力资源、行业研究等服务，促进产业信息共享，推动产业生态发展。

**（五）构建标准规范体系**

发挥标准对产业的引导支撑作用，建立产学研用协同机制，健全虚拟现实标准和评价体系。加强标准体系顶层设计，着力做好基础性、公益性、关键性技术和产品的国家/行业标准制修订工作，有效支撑和服务产业发展。着力推动标准国际化工作，加快我国国际标准化进程。

——建立标准规范体系。研究确定虚拟现实综合标准化顶层设计，构建虚拟现实领域标准化体系，提出标准化路径和时间表。鼓励发展具有引领促进作用的团体标准，完善团体标准转化机制，形成政府主导制定的标准与市场自主制定的标准协同发展、协调配套的新型标准体系机制。积极引导和支持国内企业、科研机构、高等院校参与国际标准制定。

——加快重点标准研制。加大基础类、安全类、应用类等标准制定力度，规范接口数据、程序接口、互联互通等标准，推进不同产品和应用系统间互换互认。制定符合人体视觉、听觉习惯和满足生理、心理健康要求的虚拟现实产品安全和健康等标准，提高虚拟现实产品基本安全保障能力。完善制定根据儿童、青少年、成人、特殊人群等不同受众人群划分的内容分级标准体系。

——开展检测认证工作。研究建立虚拟现实产品检验检测与评估机制，构建涵盖虚拟现实技术、产品、服务等方面的测试评估体系，支持第三方机构开展虚拟现实重点标准宣贯和产品质量评估测试工作。组织开展对市场主流虚拟现实产品的标准符合性测试，发布质量分析报告。

**（六）增强安全保障能力**

强化虚拟现实系统平台安全防护能力建设。研究针对虚拟现实的攻击监测及防御技术，推动针对虚拟现实重点产品的安全风险监测预警能力建设，加强安全威胁信息共享，及时发布虚拟现实安全漏洞风险和预警信息，推动政府、行业、企业间的虚拟现实安全信息共享和协同联动。

加强虚拟现实领域重要数据和个人信息保护。落实数据安全和用户个人信息保护规定等政策文件要求，针对虚拟现实产业技术及产品特点，指导企业规范对用户个人信息的收集、存储、使用和销毁等行为，提升企业在开展虚拟现实业务过程中对用户个人信息的保护水平。

## 三、推进措施

**（一）加大政策支持力度**

紧密结合国家相关产业政策，利用现有渠道，创新支持方式，重点支持虚拟现实技术研发和产业化。加强对产业发展情况的跟踪监测和发展形势研判。鼓励金融机构开展符合虚拟现实产业特点的融资业务和信用保险业务，进一步拓宽产业融资渠道。

**（二）发挥地方政府作用**

加强对地方工作的指导协调，引导地方结合实际出台配套政策和具体落实措施，支持地方建设产业发展公共服务平台，开展地区间交流合作。各地要加大投入力度，集中力量突破关键核心技术，丰富产品供给，在民生、公益项目中积极选用虚拟现实产品和解决方案。

**（三）推进示范应用推广**

鼓励重点地区、重点行业企业，瞄准特色应用需求，加快虚拟现实应用技术和行业解决方案应用。支持地方、企业组织实施虚拟现实应用项目，探索形成可推广、可复制的应用模式和商业模式，及时总结优秀案例和发展经验向全国推广。

**（四）建设产业发展基地**

支持有条件的地方建设虚拟现实产业发展基地，引导虚拟现实企业向基地集聚。组织开展虚拟现实产业特色基地认定工作，引导差异化的建设方向。统筹布局虚拟现实产业载体、创新中心建设，形成网络化、协同化发展促进体系。

**（五）加强产业品牌打造**

加大对优秀虚拟现实企业、产品、服务、平台、应用案例的总结宣传力度，提高我国虚拟现实品牌的知名度。加强对优秀产业发展基地、行业组织的推广，激发各界推动产业发展的积极性。

**（六）加强专业人才培养**

依托国家重大人才工程，实施优秀人才引进计划，加快引进一批高端、复合型虚拟现实人才。依照产业发展需求进行课程体系设置改革试点。鼓励高校和企业创新合作模式，共建实训基地，积极开展互动式人才培养。健全虚拟现实人才使用、评价和激励措施，推动完善从研发、转化、生产到管理的人才生态结构。

**（七）促进行业组织发展**

支持产业联盟、研究机构等行业组织的创新发展，打造产业发展促进平台，在技术攻关、标准制定、人才对接、应用推广、投资促进、品牌宣传和国际合作等方面发挥组织协同作用。支持行业组织开展虚拟现实相关创新促进活动、展示体验活动以及应用推进活动。

**（八）推动国际交流合作**

加强虚拟现实领域国际交流合作，推进技术、人才、资金等资源互动，提升全球资源聚合能力，加快提升研发创新能力。支持虚拟现实企业加大海外市场拓展力度，建立以专业化、市场化为导向的海外市场服务体系，提高产业国际化发展能力。

工业和信息化部

2018 年 12 月 21 日

# 中华人民共和国工业和信息化部公告

2018 年　第 68 号

为推动我国铅蓄电池行业可持续发展，依据《铅蓄电池行业规范条件（2015 年本）》及《铅蓄电池行业规范公告管理办法（2015 年本）》，工业和信息化部开展铅蓄电池行业规范管理工作。经企业申请、省级工业和信息化主管部门初审、专家审核、工业和信息化部复核以及网上公示等程序，3 家企业列入《符合〈铅蓄电池行业规范条件（2015 年本）〉企业名单（第六批）》，现予以公告。

工业和信息化部

2018 年 12 月 24 日

**符合《铅蓄电池行业规范条件（2015 年本）》企业名单（第六批）**

| 序号 | 企业名称 | 省份 | 地址 | 邮编 |
|---|---|---|---|---|
| 1 | 安徽力普拉斯电源技术有限公司 | 安徽省 | 安徽省淮北市濉溪县经济开发区女贞路 1 号 | 235100 |
| 2 | 安徽理士电源技术有限公司 | 安徽省 | 安徽省淮北市濉溪经济开发区 | 235000 |
| 3 | 肇庆理士电源技术有限公司 | 广东省 | 肇庆高新技术产业开发区工业园 | 526238 |

# 工业和信息化部关于印发《车联网（智能网联汽车）产业发展行动计划》的通知

工信部科〔2018〕283 号

各省、自治区、直辖市及计划单列市、新疆生产建设兵团工业和信息化主管部门，各省、自治区、直辖市通信管理局，各相关单位：

为加快车联网（智能网联汽车）产业发展，大力培育新增长点、形成新动能，我部制定了《车联网（智能网联汽车）产业发展行动计划》。现印发给你们，请结合实际认真贯彻落实。

附件：车联网（智能网联汽车）产业发展行动计划

工业和信息化部
2018 年 12 月 25 日

**附件**

## 车联网（智能网联汽车）产业发展行动计划

车联网（智能网联汽车）产业是汽车、电子、信息通信、道路交通运输等行业深度融合的新型产业形态。发展车联网产业，有利于提升汽车网联化、智能化水平，实现自动驾驶，发展智能交通，促进信息消费，对我国推进供给侧结构性改革、推动制造强国和网络强国建设、实现高质量发展具有重要意义。当前，我国车联网产业进入快车道，技术创新日益活跃，新型应用蓬勃发展，产业规模不断扩大，但也存在关键核心技术有待突破、产业生态亟待完善以及政策法规需要健全等问题。为进一步促进产业持续健康发展，制定本行动计划。

### 一、总体要求

#### （一）指导思想

以习近平新时代中国特色社会主义思想为指导，全面贯彻党的十九大和十九届二中、三中全会精神，坚持新发展理念，坚持推进高质量发展，以网络通信技术、电子信息技术和汽车制造技术融合发展为主线，充分发挥我国网络通信产业的技术优势、电子信息产业的市场优势和汽车产业的规模优势，优化政策环境，加强跨行业合作，突破关键技术，夯实产业基础，推动形成深度融合、创新活跃、安全可信、竞争力强的车联网产业新生态。

#### （二）基本原则

系统部署、统筹推进。加强顶层设计，完善部门协同和部省联动，做好战略部署和分阶段实施。统筹推动关键技术研发、标准规范制定、测试示范推广和基础设施建设，构建产业健康发展的环境和基础。

创新引领、应用驱动。推动跨行业协同创

新，充分调动各方力量，加强产学研合作，突破技术瓶颈，不断提升创新能力。夯实产业基础，培育创新应用，提升用户规模，加快形成产业创新发展新生态。

优势互补、开放合作。推动产业合作、平台互通、系统互联，构建优势互补、融合发展的产业新格局。加强国际交流与合作，共同推动汽车产业升级和应用模式的转换。

强化管理、保障安全。明确主体责任，健全管理制度，强化防护机制，构建确保人身安全的管理体系。

### （三）行动目标

到2020年，实现车联网（智能网联汽车）产业跨行业融合取得突破，具备高级别自动驾驶功能的智能网联汽车实现特定场景规模应用，车联网综合应用体系基本构建，用户渗透率大幅提高，智能道路基础设施水平明显提升，适应产业发展的政策法规、标准规范和安全保障体系初步建立，开放融合、创新发展的产业生态基本形成，满足人民群众多样化、个性化、不断升级的消费需求。

——关键技术。构建能够支撑有条件自动驾驶（L3级）及以上的智能网联汽车技术体系，形成安全可信的软硬件集成与应用能力。智能网联汽车计算基础平台、平台线控、智能驱动等核心技术有所突破，L3级集成技术水平大幅提升。实现基于第四代移动通信技术设计的车联网无线通信技术（LTE－V2X）产业化与商用部署，加快基于第五代移动通信技术设计的车联网无线通信技术（5G－V2X）等关键技术研发及部分场景下的商业化应用，构建通信和计算相结合的车联网体系架构。

——标准体系。完成车联网（智能网联汽车）关键标准制定，大幅增加标准有效供给，健全产业标准体系。提升综合测试验证能力，完善测试评价体系，构建场景数据库，形成测试规范统一和数据共享，形成一批区域性、有特色、先导性的示范应用。

——基础设施。实现LTE－V2X在部分高速公路和城市主要道路的覆盖，开展5G－V2X示范应用，建设窄带物联网（NB－IoT）网络，构建车路协同环境，提升车用高精度时空服务的规模化应用水平，为车联网、自动驾驶等新技术应用提供必要条件。

——应用服务。车联网用户渗透率达到30%以上，新车驾驶辅助系统（L2）搭载率达到30%以上，联网车载信息服务终端的新车装配率达到60%以上，构建涵盖信息服务、安全与能效应用等的综合应用体系。

——安全保障。产业安全管理体系初步形成，安全管理制度与安全防护机制落地实施，安全技术及产品研发取得阶段性成果，安全技术支撑手段建设初见成效，安全保障和服务能力逐步完善。

2020年后，通过持续努力，推动车联网产业实现跨越发展，技术创新、标准体系、基础设施、应用服务和安全保障体系全面建成，高级别自动驾驶功能的智能网联汽车和5G－V2X逐步实现规模化商业应用，“人—车—路—云”实现高度协同，人民群众日益增长的美好生活需求得到更好满足。

## 二、突破关键技术，推动产业化发展

### （一）加快智能网联汽车关键核心技术攻关

充分利用各种创新资源，加快智能网联汽车关键零部件及系统开发应用，重点突破智能网联汽车复杂环境感知、新型电子电气架构、车辆平台线控等核心技术。加快车载视觉系统、激光/毫米波雷达、多域控制器、惯性导航等感知器件的联合开发和成果转化。加快推动智能车载终端、车规级芯片等关键零部件的研发，促进新一代人工智能、高精度定位及动态地图等技术在智能网联汽车上的产业化应用。加快推动高性能车辆智能驱动、线控制动、线控转向、电子稳定系统的开发和产业化，实现对车辆的精确、协调和可靠控制。

### （二）推动构建智能网联汽车决策控制平台

衔接国家科技重大专项成果，通过联合攻关、合作开发等方式，加快搭建中国标准智能网联汽车场景数据库，完善适合深度学习的软件开发环境，开发软硬件协同计算与通信融合的车载操作系统，加速开发适用于智能网联汽车的硬件接口单元、存储管理单元和V2X通信单元，加快形成适合中国道路状况的L3级以上智能网联汽车计算基础平台架构设计，满足对车辆动力底盘和车身电子部件的安全、快速、有效控制要求。

**（三）强化无线通信技术研发和产业化**

大力支持LTE－V2X、5G－V2X等无线通信关键技术研发与产业化。加快推动多接入边缘计算、网络功能虚拟化、5G网络切片等技术在产业中的应用，构建通信和计算相结合的体系架构，提升多接入边缘计算敏捷性，实现更多业务创新。加快V2X计算平台的部署及产品研发，分步构建中心—区域—边缘—终端的多级分布式V2X计算平台体系，满足V2X业务需求。

## 三、完善标准体系，推动测试验证与示范应用

**（一）健全标准体系**

充分发挥标准体系在车联网产业生态中的基础、引导和规范作用，加快推进实施《国家车联网产业标准体系建设指南》，根据产业发展需要适时更新和补充完善。加快制定与完善基础通用类、技术类、测试评价类、服务规范类和安全认证类标准，增加标准有效供给。鼓励同步推进关键技术的国际标准化，以标准引领技术发展和水平提升。

加快智能网联汽车基础通用、先进驾驶辅助系统（ADAS）、自动驾驶、信息安全、网联功能等相关标准的制修订，以测试场景为切入点、以整车功能评价为目标，系统开展自动驾驶测试评价相关标准规范的研究与制定。开展5G－V2X技术研发与标准制定，推进多接入边缘计算与LTE－V2X技术的融合创新和标准研究。加强与智慧城市建设等相关基础设施标准之间的衔接，加快基站设备、路侧单元和车载终端设备的技术要求与测试方法研究制定。推动制定车联网服务平台、交通管控信息服务平台之间的端到端互联互通标准。构建电动汽车、充电桩和平台间的互联互通与数据交互标准。推进车联网无线通信安全、车联网平台及应用安全、数据安全和用户个人信息保护的相关标准研究制定。

**（二）加快频率和业务许可论证**

发布车联网（智能网联汽车）直连通信使用5905～5925MHz频段管理规定。结合技术和产业发展情况及相关单位的频率申请，适时发放频率使用许可。推动5G－V2X相关频率需求研究。加强对LTE－V2X基础设施运营资质和车联网业务资质的研究。

**（三）推动测试验证**

构建智能网联汽车测试评价体系，完善单项技术、整车产品的测试方法和测试规范，全面提升测试验证能力。加强测试示范区能力建设，推进测试规范统一和数据库共享。推动建设中国道路交通场景库，为产品开发测试、安全性评估与功能评价提供基础支撑。扩大智能网联汽车公共道路测试范围，探索进行高速公路测试试点。

完善车载终端、路侧单元等在不同电磁环境下技术测试验证，构建车联网云平台测试验证体系，提升相关测试验证能力。研究车联网电磁环境保护要求，完善车用无线通信设备进网许可相关管理办法。推动仿真测试、道路试验测试等技术发展，形成面向实验室、封闭道路、半封闭道路和开放道路的综合试验验证能力。

**（四）促进示范应用**

加强与公安部、交通运输部等部门及地方政府的协同合作，鼓励产业链各方参与，开展半开放区域和公开道路等测试验证，保障车载终端、路侧单元与云平台间通信的可靠性、兼容性和安全性，逐步完成端到端的技术验证和互联互通测试。在机场、港口、快速公交车道和产业园区开展自动驾驶通勤出行、智能物流配送、智能环卫等场景的示范应用。推进上海、北京—河北、重庆、无锡、杭州、武汉、长春、广州和长沙等区域性示范应用，支持北京冬奥会和雄安新区开展车联网应用。构建国家级的车联网先导区，不断提升交通智能化管理水平和居民出行服务体验。

## 四、合作共建，推动完善车联网产业基础设施

### （一）完善通信网络设施

推动LTE网络的改造和升级，满足车联网的大规模应用。提升LTE－V2X网络在主要高速公路和部分城市主要道路的覆盖水平，完善路侧单元的数据接入规范，提高路侧单元与道路基础设施、智能管控设施的融合接入能力，推动LTE－V2X网络升级与路侧单元部署的有机结合。在重点地区、重点路段建立5G－V2X示范应用网络，提供超低时延、超高可靠、超大带宽的无线通信服务。分阶段、分区域推进道路基础设施、交通标志标识的数字化改造和新建，在桥梁、隧道等道路关键节点加快部署窄带物联网（NB－IoT）等网络。

### （二）推动大数据及云平台建设与管理

促进各类车联网平台的互联互通，推动智能网联汽车、道路基础设施、通信基站、车联网平台和应用服务等信息交互与数据共享，构建数据使用和维护的市场化机制，保障车辆安全有效地运行。鼓励构建跨行业、跨部门的综合大数据及云平台，支撑车联网应用的规模发展和持续创新。

### （三）构建智能道路基础设施

促进网络通信技术、人工智能技术与道路交通基础设施的深度融合，为车联网、自动驾驶等新技术应用提供必要条件。面向典型场景和热点区域部署边缘计算能力，构建低时延、大带宽、高算力的车路协同环境。支持北斗卫星导航系统和差分基站等设施建设，提升车用高精度时空服务的规模化应用水平，满足车辆的高精度定位导航需求。在部分高速公路和部分城市主要道路，支持构建集感知、通信、计算等能力为一体的智能基础设施环境。

## 五、发展综合应用，推动提升市场渗透率

### （一）扩大车联网用户规模

鼓励电信运营商推出优惠资费等激励措施，大力发展车联网用户。支持汽车企业前装联网车载信息服务终端，提升驾驶辅助系统新车搭载率。支持公交车、大货车、出租车、网约车等相关运营车辆提高联网率。

### （二）发展综合信息服务

培育面向乘用车的智慧出行、道路救援、数据服务等创新应用，完善面向多种营运车辆的综合信息服务和远程监测系统，推进面向公安交通管理、商业运输车辆调度和道路运输监管等领域的交通服务，发展共享汽车等新业态。创新商业模式，推动车联网产业与智慧旅游和智慧商务等融合发展。

### （三）拓展电动汽车联网应用

发展电动汽车实时在线监测系统和大数据分析能力，实现充电预警、优化充换电调度、提升充换电效率等目标。支持加强对电动汽车电池等核心部件的监测，鼓励开展退役电池甄别、分级和梯次利用。拓展电动汽车的联网应用，推动电动汽车、充电桩、充电服务平台、动力电池溯源系统、在线监测平台等的互联互通和数据交互，实现对电动汽车全生命周期的安全管理，提高电动汽车安全水平。

### （四）推进交通安全与能效技术应用

推动基于LTE－V2X、5G－V2X等技术的“人—车—路—云”协同交互，积极开展交通安全与能效应用。在相关技术、产品和商业化运行条件成熟的情况下，推广交通事件预警、事故报警、交通管控等车路交互信息服务的规模应用，推动基于“车车/车人”通信的事故预警和协同控制技术的应用，提升交通安全与拥堵主动调控能力。推动车路通信技术在车辆和道路交通基础设施中的应用，提升交通安全水平。推广不同路况的行驶策略指引、高速公路货车编队行驶等应用，提高交通效率。

### （五）打造汽车全生命周期服务

建立基于网络的汽车设计、制造、服务一体化体系，构建智能网联汽车数据管理体系。通过车联网实现对车辆运行数据的采集、分析与运用，形成多样化的应用服务和系统管理，为车辆安全运行提供保障。推动车辆精准化的营销推广、定制化的保养服务、个性化的保险套餐、透

明化的维修服务和差异化的用车体验，实现基于大数据平台的个性化汽车服务的规模应用。利用车联网技术提升车辆回收和循环利用水平。

## 六、技管结合，推动完善安全保障体系

### （一）健全安全管理体系

以产品和系统的运行安全、网络安全和数据安全为重点，明确相关主体责任，定期开展安全监督检查。完善车联网网络和数据安全的事件通报、应急处置和责任认定等安全管理工作。

### （二）提升安全防护能力

重点突破产业的功能安全、网络安全和数据安全的核心技术研发，支持安全防护、漏洞挖掘、入侵检测和态势感知等系列安全产品研发。督促企业强化网络安全防护和数据安全防护，构建智能网联汽车、无线通信网络、车联网数据和网络的全要素安全检测评估体系，开展安全能力评估。

### （三）推动安全技术手段建设

增强产业安全技术支撑能力，着力提升隐患排查、风险发现和应急处置水平，打造监测预警、威胁分析、风险评估、试验验证和数据安全等安全平台。推动企业加大安全投入，创新安全运维与咨询等服务模式，提升行业安全保障服务能力。

## 七、保障措施

### （一）加强组织领导

充分发挥国家制造强国建设领导小组车联网产业发展专委会的作用，加强统筹推进，强化部门合作，解决关键问题，营造有利于车联网产业发展的良好环境。加强部省合作，发挥区域资源优势，共同推动示范应用和产业化，培育一批领军企业，构建产业集聚区。加强产业跟踪研究、总结评估和督促指导，确保重点工作有序推进。

### （二）加大政策支持力度

发挥财政资金的引导作用，鼓励地方政府加大投入，完善协同机制，加大对关键技术研发、示范应用与产业化应用的支持力度。鼓励地方政府通过多种方式支持产业发展，探索制定智能网联汽车分时租赁优惠政策。加强产融合作，引导信贷投放，吸引风险投资等各类社会资本参与车联网产业发展。

### （三）构建产业生态体系

加快建设智能网联汽车制造业创新中心，搭建产学研用联合的协同创新和成果转化平台。积极发挥产业联盟等的统筹协调作用，促进产业链上下游以及与相关行业之间的有效融合，构建技术创新和产业生态体系。鼓励新型商业模式，积极培育创新应用，建设创新创业创优服务平台，促进形成新业务、新市场和新生态。

### （四）优化产业发展环境

推动制定有利于产业创新的政策法规，适时修订制约产业发展的制度规章，为大规模测试示范和商业化应用提供政策和制度保障。加快构建智能网联汽车测试评价体系，建立健全智能网联汽车生产准入管理制度。利用世界智能网联汽车大会等高端平台，促进技术交流和产业合作。坚持包容审慎的原则，加强对产品和应用的事中事后监管，强化知识产权保护与有效利用，健全信用管理机制。

### （五）健全人才培养体系

高度重视人才队伍建设对产业发展的作用，培养和引进相结合，有计划、多渠道引进高端人才和青年人才，培育高水平的创新创业团队，加快形成具有国际领先水平的专家队伍。推动学科建设和专业布局，促进构建有利于产业融合的交叉学科和专业，推动建设跨学科的培训体系。

### （六）推进国际及港澳台交流合作

利用中欧、中俄、中德、中美、中法、中日、中韩以及海峡两岸有关产业对话机制或活动平台，加强务实合作与交流，推动与世界先进技术和产业链对接，实现高起点与可持续发展。积极参与相关国际标准的制定和协调，重点加强共性技术、测试评价以及频率规划等方面的交流与合作。鼓励全球领先企业在中国设立生产基地和研发机构，支持国内优秀企业积极开拓海外市场，构建开放发展、合作共赢的产业格局。

# 中华人民共和国工业和信息化部 国家税务总局公告

2018 年　第 70 号

根据《财政部 税务总局 工业和信息化部 交通运输部关于节能 新能源车船享受车船税优惠政策的通知》（财税〔2018〕74 号）要求，工业和信息化部会同国家税务总局对企业提交的申请材料进行了审查。现将《享受车船税减免优惠的节约能源使用新能源汽车车型目录》（第六批）予以公告。

附件：享受车船税减免优惠的节约能源使用新能源汽车车型目录（第六批）（略）

工业和信息化部
国家税务总局
2018 年 12 月 25 日

# 工业和信息化部关于印发《重点新材料首批次应用示范指导目录（2018年版）》的通告

工信部原〔2018〕262号

为进一步做好重点新材料首批次应用保险补偿试点工作，现发布《重点新材料首批次应用示范指导目录（2018年版）》，自本通告发布之日起施行。《重点新材料首批次应用示范指导目录（2017年版）》（工信部原〔2017〕168号）同时废止。

特此通知。

附件：重点新材料首批次应用示范指导目录（2018年版）

工业和信息化部

2018年12月26日

**附件**

## 重点新材料首批次应用示范指导目录（2018年版）

| 序号 | 材料名称 | 性能要求 | 应用领域 |
|---|---|---|---|
| 先进基础材料 | | | |
| 一、先进钢铁材料 | | | |
| 1 | G115马氏体耐热钢 | 在630℃下10万小时的持久强度≥100MPa，抗拉强度 $R_m$≥660MPa，下屈服强度 $R_{eL}{}^a$≥480 MPa，断后伸长率 $A$ 纵向≥20%，横向≥16%，冲击吸收能量（KV2）纵向≥40J，横向≥27J，硬度HBW（195～250），HV（195～265）。 | 超超临界电站 |
| 2 | 大吨位工程机械用超高强钢板 | 屈服强度≥1100MPa，抗拉强度1250～1550MPa，－40℃纵向冲击≥27J。 | 工程机械 |
| 3 | 海洋工程用低温韧性结构钢板 | S355G10钢板：屈服强度 $R_{eH}$≥355MPa，抗拉强度 $R_m$≥490MPa，屈强比 $R_{eH}/R_m$≤0.90，断后伸长率A≥22%，厚度：100～120mm，厚度方向Z35断面收缩率≥50%，厚度方向抗拉强度≥450MPa，近表面+厚度1/2处－40℃冲击性能KCV均值≥100J，试样PWHT模拟焊后热处理仍能满足上述拉伸、冲击要求，冲击性能的均值应明确试样的数量（不小于3个），5%应变时效冲击性能KCV均值≥100J，钢板可焊接性能好，－10℃试验CTOD特征值≥0.20mm。 | 海上风电、海洋平台建设、超大型集装箱船 |

续 表

| 序号 | 材料名称 | 性能要求 | 应用领域 |
|---|---|---|---|
| 4 | 海洋工程及高性能船舶用特种钢板 | 海洋平台桩腿结构用大厚度高强齿条钢：厚度 > 180mm 的特厚钢板，-40℃低温冲击韧性 > 69J，Z 向抗撕裂性能达到 Z35 级，以及低碳当量下的焊接性能（Ceq≤0.75%）。 | 船舶及海洋工程装备 |
| | | 高强度止裂船板：屈服强度≥460MPa，抗拉强度 570 ~ 720MPa，延伸率≥17%；-40℃冲击功≥64J；止裂韧度 Kca≥6000N/$mm^{3/2}$。 | |
| 5 | 高性能耐磨钢板系列产品 | 表面布氏硬度：HBW330 ~ 500，供货厚度 8 ~ 100mm，-40℃低温冲击功≥24J，抗拉强度≥1000MPa，断后延伸率≥9%，焊接性能、耐腐蚀性能优异。 | 高端煤矿机械、工程机械 |
| 6 | 新型高性能掘进机刀具用钢 | A、C 类夹杂物≤0.5 级，B、D 类夹杂物≤1.5 级；抗拉强度 > 2000MPa，热处理硬度 > 56HRC，冲击韧性 Aku > 20J。 | 机械 |
| 7 | 高铁车轴用轨道交通用钢 | 光滑试样和缺口试样 $10^7$ 周次旋转弯曲疲劳强度极限分别大于 350MPa 和 215MPa，全尺寸疲劳性能要求：轴身外表面受力≥240MPa 下完成 $10^7$ 周次循环后无裂纹产生。 | 铁路 |
| 8 | 汽车用高端热作模具钢 | 磷含量≤0.010%，硫含量≤0.003%，A、C 类夹杂物≤0.5 级，B、D 类夹杂物细系≤1.5 级，粗系≤1.0 级，钢材横向心部 V 形缺口冲击功≥13.6J，横向和纵向比≥0.85，球化组织 AS1 ~ AS4，带状组织级别 SB 级。 | 汽车 |
| 9 | 高精度高温合金管材 | 氧含量≤15ppm，硫含量≤50ppm，磷含量≤50ppm，材料疏松和偏析 < 0.5 级，屈服强度≥310MPa，抗拉强度≥690MPa，外径公差 ±0.1mm，壁厚公差（+10%，-5%）。 | 航空 |
| 10 | 船用耐蚀钢 | 下底板年腐蚀速率 < 1mm，上顶板 25 年腐蚀速率 < 2mm，包括钢板（厚度 8 ~ 40mm）、配套焊材及型材。 | 船舶 |
| 11 | 特种无缝钢管 | 超超临界火电机组建设用高压锅炉管（耐热不锈钢 Surper304、S740、HR3C 等），核电建设蒸发器管（耐蚀钢 690U 型管）耐高压≥25MPa，耐高温≥600℃，铅、锡、砷、锑、铋单个元素含量 < 30ppm，总含量 < 120ppm，耐腐蚀、长寿命等性能达到国际领先水平。 | 火电、核电 |
| 12 | 高档轴承钢 | [O] ≤7ppm，[Ti] ≤15ppm，夹杂物 A + B + C + D≤2 级，最大颗粒夹杂物 DS≤0.5 级，4.5GPa 赫兹应力下的接触疲劳寿命 $L_{10}$≥5×$10^7$ 次。 | 汽车、家电 |
| 13 | 特殊密封用丝带材 | 符合蜂窝密封、刷丝密封、W 型密封及 C 型密封用材标准，丝材直径 0.07 ~ 0.2mm，箔材厚度 0.05 ~ 0.15mm，耐工况的环境温度 > 650℃以上。 | 核电、燃气轮机、发动机 |
| 14 | 大线能量焊接用钢高效焊接材料 | 焊接接头 $R_m$≥490MPa，与母材同等温度考核低温韧强，并满足 GB 712—2001《船舶及海洋工程用结构钢》的要求。 | 船舶、桥梁、建筑、压力容器、机械 |

续　表

| 序号 | 材料名称 | 性能要求 | 应用领域 |
|---|---|---|---|
| 15 | 高温合金粉末盘坯料 | 高温合金牌号：FGH4097<br>产品规格：最大直径 >600mm<br>技术参数：低倍组织检验非金属夹杂不超过1个，荧光检验时荧光亮点少于3个，Φ0.8mm平底孔超声波水浸探伤杂波低于-15db，微观组织无原始颗粒边界缺陷，晶粒度6~8级，力学性能满足相关型号标准。 | 航空航天 |
| 16 | 超高纯铸造高温合金母合金 | [O] ≤6ppm，[N] ≤6ppm，[S] ≤6ppm；高温持久（950℃）>40h。 | 航空发动机、燃气轮机、汽车 |
| 17 | 高韧塑性汽车钢 | 抗拉强度1000MPa级，延伸率（A50）≥30%。 | 汽车 |
| 二、先进有色金属材料 | | | |
| （一）铝材 | | | |
| 18 | 大规格7050系铝合金预拉伸厚板 | 板厚度≥80mm，板宽度≥1600mm，尺寸偏差：宽度（+7mm，0mm），厚度（0.127mm，-0.127mm），平直度偏差（<0.127mm）；典型热处理状态抗拉强度级别530MPa以上，断裂韧度水平≥24MPa·$m^{1/2}$，加工后无翘曲。 | 航空航天、高端装备 |
| 19 | 7B50大规格铝合金预拉伸板 | 板厚度≥75mm，板宽度≥1200mm，典型热处理状态抗拉强度级别565MPa以上，断裂韧度水平≥23MPa·$m^{1/2}$。 | 航空 |
| 20 | 含Sc铝合金加工材 | 典型热处理状态抗拉强度级别360MPa以上，焊接接头系数≥85%。 | 航天 |
| 21 | 航空支撑骨架用型材 | 高强高韧型材，纵向性能：抗拉强度≥615MPa，屈服强度≥580MPa，延伸率≥8%；横向性能：抗拉强度≥570MPa，屈服强度≥540MPa；压缩性能≥580MPa；断裂韧性：L-T≥23.1，T-L≥18.7；剥落腐蚀不低于EB级；检测耐应力腐蚀性能：超声波探伤符合A级。 | 航空 |
| 22 | 耐损伤铝合金预拉伸板 | 板厚度≥12.7mm，典型热处理状态抗拉强度级别430MPa以上，断裂韧度水平≥40MPa·$m^{1/2}$。 | 航空 |
| 23 | 高性能车用铝合金薄板 | 牌号包括6016-S、6016-IH、6016-IBR、6A16-S、6A16-IBR、5182-RSS、5754、6022等高性能合金，典型6xxx系铝合金板材延伸率$A_{50}$≥25%，$r$值≥0.60，60天停放后屈服强度≤140MPa，烤漆硬化屈服强度增量≥80MPa。 | 汽车 |
| 24 | Al-Si-Sc焊丝 | 化学成分：[Si] 4.5%~5.0%，[Fe] ≤0.25%，[Mg] ≤0.05%，[Cu] ≤0.3%，[Ti] 0.2%，[Mn] 0.05%，[Sc] 0.01%~0.05%，其余为铝；抗拉强度≥260MPa，屈服强度≥180MPa，接头延伸率≥8%，弯曲角：9°~11°，强度系数55%~75%。 | 航天航空、轨道交通 |
| 25 | 铝锂合金焊丝 | 抗拉强度≥450MPa，屈服强度≥350MPa，接头延伸率≥5%，弯曲角9°~10°，强度系数65%~85%。 | 航空航天、船舶 |

续　表

| 序号 | 材料名称 | 性能要求 | 应用领域 |
|---|---|---|---|
| （二）镁材 | | | |
| 26 | 大卷重高性能宽幅镁合金卷板 | 最大宽度 > 1500mm，厚度范围1.0～4.0mm，卷重≥1.5t，抗拉强度≥270MPa，屈服强度≥220MPa，延伸率≥15%。 | 汽车、轨道交通 |
| 27 | 镁合金轮毂 | 满足汽车行业标准（GB/T 5334—2005《乘用车车轮性能要求和试验方法》及GB/T 15704—2012《道路车辆轻合金车轮冲击试验方法》美国SAEJ2530德国TUV标准）。 | 汽车 |
| （三）钛材 | | | |
| 28 | 大尺寸钛合金铸件 | 轮廓尺寸长和宽 > 2500mm，最大单重 > 1200kg，抗拉强度 > 895MPa，屈服强度 > 825MPa，延伸率 > 6%，布氏硬度 > 365。 | 船舶及海洋工程 |
| 29 | 纯钛及钛合金带箔材 | 厚度规格0.06～0.2mm，厚度允许偏差±5%，不平整度≤0.2mm。 | 航空航天 |
| 30 | 高强损伤容限性钛合金 | 抗拉强度≥1050MPa，延伸率≥10%，冲击韧性≥40J/cm²，平面应变断裂韧性≥80MPa，室温轴向加载疲劳极限≥500MPa（N＝107，Kt＝1，R＝0.06，f＝130～135Hz）。 | 航空航天、高端装备 |
| 31 | 焊管用钛带 | 规格尺寸（0.4～2.1）×（300～610）×L；<br>牌号TA1，室温力学性能：抗拉强度≥240MPa，屈服强度125～210MPa，延伸率≥24%；<br>牌号TA2，室温力学性能：抗拉强度≥345MPa，屈服强度230～350MPa，延伸率≥20%；<br>牌号TA10，室温力学性能：抗拉强度≥483MPa，屈服强度≥300MPa，延伸率≥18%。 | 核电、海洋工程、化工设备、换热设备 |
| 32 | 大卷重宽幅纯钛带卷 | 宽度≥1000mm，单卷重 > 3t，牌号Gr.1力学性能：抗拉强度≥240MPa，屈服强度138～310MPa，延伸率≥24%；牌号Gr.2力学性能：抗拉强度≥345MPa，屈服强度275～450MPa，延伸率≥20%。 | 海洋工程、海水淡化、核电 |
| 33 | 宽幅钛合金板 | 牌号TC4，中厚板规格（4.75～150）×（< 3000）×（< 3000）mm³，薄板规格（0.5～4.75）×（< 1800）×（< 3000）mm³，抗拉强度 > 895MPa，屈服强度 > 830MPa，延伸率 > 8%。 | 航空、海洋工程 |
| 34 | 高温钛合金 | 室温性能：抗拉强度≥1100MPa，屈服强度≥950MPa，延伸率≥8%，弹性模量≥110GPa，冲击韧性≥10J/cm²；<br>高温650℃性能：抗拉强度≥650MPa，屈服强度≥580MPa，延伸率≥12%，面缩率≥25%，弹性模量≥90GPa；<br>650℃/240MPa试验条件下，持久断裂时间≥100h；650℃/100MPa/100h试验条件下，蠕变残余变形≤0.2%。 | 高端装备 |

续　表

| 序号 | 材料名称 | 性能要求 | 应用领域 |
| --- | --- | --- | --- |
| 35 | 高强高韧钛合金棒材 | 抗拉强度≥1080MPa，屈服强度≥1010MPa，延伸率≥5%，断面收缩率≥16%，冲击韧性≥25J/cm²，镦饼试样的断裂韧性≥55MPa。 | 航空航天 |
| （四）钢材 | | | |
| 36 | 高频微波、高密度封装覆铜板、极薄铜箔 | 高频微波覆铜板：介电常数（DK）3.50±0.05（10GHz），高频损耗<0.004（10GHz），玻璃化温度>200℃，剥离强度>0.8N/mm；<br>高密度覆铜板：玻璃化温度>250℃，平面膨胀系数>28；<br>极薄铜箔：厚度≤6μm，单位面积重量50~55g/m²，抗拉强度≥400kg/m²，延伸率≥3.0%，粗糙度：光面≤0.543μm，毛面≤3.0μm，抗高温氧化性：恒温（140°C/15min）无氧化变色，符合国家行业标准《SJ/T11483—2014锂离子电池用电解铜箔》。 | 新能源电池、电子电路 |
| 37 | 高性能高精度铜合金丝线材 | 抗拉强度≥475MPa，延伸率≥6%，导电率≥90% IACS，软化温度≥350℃，直径0.080~0.300mm，长度≥15km。 | 电力工程、电子信息 |
| 38 | 铜铝复合材料 | 抗拉强度≥110MPa，延伸率≥11%，界面结合强度≥40MPa，直流电阻率≤0.025Ω·mm²/m。 | 电力装备、航空航天、先进轨道交通 |
| （五）其他 | | | |
| 39 | 原位自生陶瓷颗粒铝基复合材料 | 高强度铸造陶铝材料：抗拉强度≥410MPa，弹性模量≥85GPa，延伸率≥2%；<br>高模量铸造陶铝材料：抗拉强度≥360MPa，弹性模量≥90GPa，延伸率≥0.5%；<br>高塑性铸造陶铝材料：抗拉强度≥350MPa，弹性模量≥73GPa，延伸率≥14%；<br>超高强变形陶铝材料：抗拉强度≥805MPa，弹性模量≥76GPa，延伸率≥8%；<br>高抗疲劳变形陶铝材料：抗拉强度≥610MPa，弹性模量≥83GPa，延伸率≥6%。 | 汽车工业、高端装备 |
| 三、先进化工材料 | | | |
| （一）特种橡胶及其他高分子材料 | | | |
| 40 | 无卤阻燃热塑性弹性体（TPV） | 硬度65~75A，强度>10MPa，　密度1.1kg/cm³，阻燃V0或者符合ISO6722标准。 | 电动汽车、航空航天 |
| 41 | 烯烃增韧聚苯乙烯（EPO）树脂 | 发泡20倍时，10%的压缩强度≥0.341MPa，弯曲强度≥558MPa；发泡30倍时，10%的压缩强度≥0.157MPa，弯曲强度≥202MPa。 | 船舶，航空航天 |
| 42 | 新型无氯氟聚氨酯化学发泡剂 | 外观为无色至浅黄色透明液体，无机械杂质，密度1.1±0.1，pH8~11，黏度（25℃下，MPa·s）≤500，凝点≤-15℃，闪点：无，沸点：沸点前分解，水溶性：与水混溶。 | 汽车、船舶、先进轨道交通、航空航天 |

续 表

| 序号 | 材料名称 | 性能要求 | 应用领域 |
| --- | --- | --- | --- |
| 43 | 高氟含量氟橡胶材料 | 门尼黏度 30～60，拉伸强度≥12MPa，断裂伸长率≥120%；275℃老化后：拉伸强度≥10MPa，断裂伸长率≥100%，耐甲醇质量增重≤5%。 | 航空航天、化工 |
| （二）工程塑料 | | | |
| 44 | 高流动性尼龙 | 拉伸强度＞55MPa，弯曲强度＞60MPa，简支梁缺口冲击强度＞8kJ/m²，熔融指数（235℃，0.325kg）10～30，熔点220～225℃。 | 汽车、电子电器、纺织工业 |
| 45 | 汽车核心部件用尼龙复合材料 | 在85℃、相对湿度85%环境下放置1000小时：力学性能保持在80%以上；长期在120℃高温环境下使用不发生形变，冷热冲击循环300次，塑料件不开裂（－40℃和150℃）。 | 汽车 |
| 46 | 轴承（传动系统）用工程塑料 | 在150℃热油、氧环境条件下放置800小时后：拉伸强度＞60%，非缺口冲击强度＞80%，弯曲强度＞90%。 | 汽车、机床等 |
| 47 | 聚苯硫醚类（PPS）系列特种新材料产品 | 低氯级：氯含量≤1200ppm，拉伸强度≥70MPa，弯曲强度≥130MPa，弯曲模量≥3.2GPa。 | 电子电器 |
| | | 注塑级：拉伸强度≥70MPa，弯曲强度≥130MPa，弯曲模量≥3.2GPa。 | 汽车、电子电器 |
| （三）膜材料 | | | |
| 48 | VOCs 回收膜 | 膜元件（8040标准型），膜两侧二氧化碳浓度差≥9%，渗透通量≥4.6Nm³/h，膜元件静电防爆耐腐蚀，测试标准（测试气体为 $CO_2/N_2$ 混合气体，进气 $CO_2$ 含量 8%±0.5%，进气量为18Nm³/h，进气温度25℃，操作压力为常压，真空度9000Pa。） | 化工、医药 |
| 49 | 复合膜 | 复合膜：光线透光率≥88%，雾度：（3～60）%，铅笔硬度负重750g≥1H，表面电阻≤$10^{12}$Ω，热收缩率（90℃、60min）MD≤0.3%、TD≤0.3%，附着力：100%，表观无横纹、纵纹、点弊病、划伤等缺陷。 | 新型显示 |
| | | 硬化膜：光线透光率≥90%，雾度≤1.0%，铅笔硬度负重750g≥2H，耐摩擦1000g≥10次，热收缩率（90℃、60min）MD≤0.3%、TD≤0.3%，附着力：100%，表观无干涉纹、晶点、横纹、划伤等缺陷。 | 新型显示 |
| 50 | 高强度 PTFE 中空膜 | 孔径≤0.1μm，物理拉伸强度＞1000N，耐酸碱性能 pH1～14，膜丝直径1.3mm，壁厚0.3mm。 | 工业废水治理、海水淡化 |
| 51 | 高性能水汽阻隔膜 | 透过率≥89%，（水汽阻隔率）WVTR≤$10^{-4}$g/（m²·d）。 | 薄膜光伏封装、OLED 显示、量子点封装 |

续 表

| 序号 | 材料名称 | 性能要求 | 应用领域 |
| --- | --- | --- | --- |
| 52 | 扩散膜 | 上扩散膜：雾度 60% ~92%，透光率 85% ~91%，厚度 188 ~250mm，正背面涂层附着力达到 5B，背层硬度≥HB，背层表面电阻≤$10^{11}\Omega$；<br>下扩散膜：雾度 92% ~99.5%，透光率 40% ~78%，厚度 38 ~250mm，正背面涂层附着力达到 5B，背层硬度 HB ~H，背层表面电阻≤$10^{11}\Omega$。 | 新型显示 |
| 53 | 锂离子电池无纺布陶瓷隔膜 | 定量：14 ~35g/m²，厚度：18 ~25μm，纵向抗拉强度≥40MPa，吸液率≥150%，热收缩率≤0.5%（180℃，1h），孔隙率 55% ~85%，透气率<100S/100cc。 | 锂离子电池 |
| 54 | 高压反渗透复合膜材料 | 膜片脱盐率≥99.7%，水通量≥40L/m²·h，膜元件（8040 标准型）脱盐率≥99.7%，产水量≥34m³/d，反渗透海水膜及元件测试标准（进水氯化钠 32000ppm，操作压力 5.5MPa，温度 25℃）。 | 海水淡化 |
| 55 | 高选择性纳滤复合膜材料 | 氯化钠截留率≤5%，硫酸钠截留率≥98.5%，水通量≥60L/m²·h；膜元件（8040 标准型）产水量≥30m³/d。 | 水质脱盐、脱硝、盐水分质、浓缩 |
| 56 | 双极膜电渗析膜 | 膜尺寸≥400×800mm²，跨膜电压≤1.4V（电流密度为 600A/m²），电流效率≥75%，酸碱转化率≥90%，寿命超过 1 年。 | 化工 |
| （四）电子化工新材料 | | | |
| 57 | 环保水系剥离液 | 金属保护剂含量≤1%，杂质金属离子含量≤100ppb，颗粒物（≥0.5μm）≤50 个/毫升。 | 新型显示 |
| 58 | 超高纯化学试剂 | 电子级磷酸：金属离子<500ppb；半导体级磷酸：金属离子<50ppb；颗粒物（≥0.2μm）<100 个/毫升；<br>高纯双氧水、硫酸、氢氟酸：其中金属杂质含量（电子级）≤10ppb、颗粒物（≥0.5μm）≤100 个/毫升；金属杂质含量（半导体级）≤0.1ppb、颗粒物（≥0.2μm）≤100 个/毫升；<br>芯片铜互连超高纯电镀液：金属杂质含量<60ppb，颗粒物（≥0.2μm）<100 个/毫升；<br>芯片铜互连超高纯电镀添加剂：金属杂质含量<0.1ppm，颗粒物（≥0.2μm）<100 个/毫升；<br>蚀刻后清洗液：金属杂质含量<100ppb，颗粒物（≥0.2μm）<100 个/毫升；<br>四乙氧基硅烷：纯度≥99.9999%，氯≤0.1ppb，钴≤0.1ppb，铁≤0.2ppb，锰≤0.1ppb，镍≤0.2ppb。 | 集成电路、新型显示 |

续　表

| 序号 | 材料名称 | 性能要求 | 应用领域 |
|---|---|---|---|
| 59 | CMP 抛光材料 | CMP 抛光液：小于 45 纳米线宽集成电路制造用 CMP 抛光液系列产品，包括铜抛光液、铜阻挡层铜抛光液、氧化物铜抛光液、多晶硅铜抛光液、钨抛光液等；200～300mm 硅片工艺用抛光液；<br>CMP 抛光垫、CMP 修整盘：200～300mm 集成电路制造 CMP 工艺用抛光垫、修整盘；200～300mm 硅片工艺用抛光垫、修整盘。 | 集成电路 |
| 60 | 集成电路用光刻胶及其关键原材料和配套试剂 | I 线光刻胶：6 英寸、8 英寸、12 英寸集成电路制造用 I 线光刻胶；<br>KrF 光刻胶：8 英寸、12 英寸集成电路制造光刻工艺用 KrF 光刻胶；<br>ArF/ArFi 光刻胶：12 英寸集成电路制造光刻工艺用 ArF 和 ArFi 浸没式光刻胶；<br>光刻胶树脂及其单体：KrF/ArF/ArFi 光刻胶专用树脂及其高纯度单体、感光性聚酰亚胺树脂；<br>光刻胶专用光引发剂：KrF/ArF/ArFi 光刻胶专用高纯度光致酸剂、I 线光刻胶用感光性化合物；<br>光刻胶抗反射层：与 KrF、ArF 和 ArFi 浸没式光刻胶配套的抗反射层材；<br>厚膜光刻胶：3D 集成等系统级封装用光刻胶；<br>光刻胶显影液、光刻胶剥离液：与 KrF、ArF 和 ArFi 浸没式光刻胶配套的光刻胶显影液、光刻胶剥离液。 | 集成电路 |
| 61 | 新型显示用材料及其关键原材料 | LCD 面板用黑色/彩色/PS 光刻胶：性能满足国内主流面板产线使用需求；<br>BM 光刻胶：OD 值 >4.1，表面电阻 >$10^{15}$/Ω/□，最小分辨率 <20Ωm，感光度 <200mj；<br>光刻胶树脂：黑色/彩色/PS 光刻胶专用树脂；<br>OLED 显示面板用材料：OLED 显示发光器件各层材料。 | 新型显示 |
| 62 | 特种气体 | 高纯氯气：纯度≥99.999%，$H_2O$≤1.0ppm，$CO_2$≤2.0ppmv，CO≤1.5ppmv，$O_2$≤1.0ppmv，$CH_4$≤0.1ppmv；<br>三氯氢硅：纯度≥99.99%，一氯甲烷含量 <10ppm，二氯氢硅含量≤100ppm，四氯化硅含量≤100ppm，铁含量≤30ppb，镍含量≤2ppb；<br>锗烷：纯度≥99.999%，$H_2$ <50ppmv，$O_2$+Ar≤2ppmv；$N_2$≤2ppmv，CO≤1ppmv；$CO_2$≤1ppmv；$CH_4$≤1ppmv；$H_2O$≤3ppm；<br>氯化氢、氧化亚氮纯度≥99.999%；氧硫化碳、乙硼烷纯度≥99.99%；砷烷、磷烷、硅烷纯度≥99.9999%； | 集成电路、新型显示 |

续 表

| 序号 | 材料名称 | 性能要求 | 应用领域 |
|---|---|---|---|
| 62 | 特种气体 | 二氯二氢硅：纯度≥99.99%，四氯化硅≤50ppm，三氯氢硅≤100ppm；B≤10ppt，P≤10ppt；<br>高纯三氯化硼：纯度≥99.999%，$N_2$≤4ppmv，CO≤0.5ppmv，$O_2$≤1ppmv，$CH_4$≤1ppmv，$H_2O$≤1ppmv，$CO_2$≤2ppmv；<br>六氯乙硅烷：纯度≥99.5%，四氯化硅≤300ppm，六氯氧硅烷≤500ppm，三氯氢硅≤100ppm，Al≤10ppt，Ti≤10ppt；<br>四氯化硅：纯度≥99.99%，三氯氢硅≤50ppm，二氯二氢硅≤100ppm；Fe≤2ppt，Ni≤0.1ppm，B≤20ppt，P≤20ppt。 | 集成电路、新型显示 |
| 63 | 电子胶有机硅材料 | 热导率≥4.0W/m·K，体积电阻≥$10^{14}\Omega\cdot cm$，击穿电压≥20kV/mm，阻燃性可达UL94V-0。 | 航空航天、电力电子、汽车、机械、医疗 |
| 64 | 铜蚀刻液 | pH值：1.7~2.5；氟离子含量：1700~3000ppm；硝酸含量：3.6%~5.0%；双氧水含量：4.0%~6.1%；粒子数（>0.5μm）<100，Li/Mg/Al/K/Cr/Mn/Fe/Ni/Co/Cu/Zn/Sr/Cd/Ba/Pb<1，Na/Ca<3。 | 新型显示 |
| 65 | 热塑性液晶高分子材料 | 拉伸强度>90MPa，拉伸模量>10GPa，弯曲强度>130MPa，弯曲模量>10GPa，热变形温度>250℃，冲击强度>200J/m。 | 新型显示 |
| （五）其他先进化工材料 | | | |
| 66 | 半芳香族尼龙（PPA） | 玻璃化转变温度≥88℃，熔点≥300℃，拉伸强度（25℃）≥60MPa，弯曲强度（25℃）≥120MPa，吸水率（23℃/50%RH）≤0.7%，特性黏度0.75~0.95dL/g。 | 汽车、电力电子 |
| 67 | 聚丁烯-1（PB） | 拉伸弹性模量≥445MPa，断裂拉伸强度≥20MPa，弯曲模量≥500MPa，简支梁缺口冲击强度≥15kJ/$m^2$，熔点120~125℃。 | 共混改性剂、纤维、电缆绝缘等 |
| 68 | 聚硼硅氧烷改性聚氨酯材料 | 密度0.45~0.5kg/$m^3$，撕裂强度0.9~1.5N/mm，拉伸强度>1.4MPa，断裂伸长率180%~300%，压缩强度140~300kPa，抗冲击防护性能level2。 | 工业减震 |
| 69 | 聚酰胺56 | 颗粒度45~65N/g，带黑点颗粒≤0.8%，干燥失重≤0.6%~1.5%，黏数120~180mL/g均可实现，按要求可调，熔点250~260℃，相对密度1.11~1.15g/$cm^3$，拉伸强度（屈服）>75MPa，弯曲强度>105MPa，冲击强度（缺口）>3.2kJ/$m^2$。 | 汽车、电子领域 |

续 表

| 序号 | 材料名称 | 性能要求 | 应用领域 |
| --- | --- | --- | --- |
| 70 | 硼－10酸 | 丰度≥95%，纯度≥99.9%。 | 核工业、医疗 |
| 71 | 热力管道内壁防腐涂料 | 附着力≥7MPa；耐水煮（95℃，1000小时）；耐油浴（150℃，1000h，导热油）；耐高温高压釜（150℃，10MPa，介质：去离子水，168h），涂层不起泡、不脱落、不开裂。 | 节能环保 |
| 72 | 生物基增塑剂 | 100%替代邻苯类增塑剂，抗老化性能>1200h（ASTMG－154），环保指标通过欧盟REACH法规认证，绿色安全无毒。 | 医疗 |
| 四、先进无机非金属材料 | | | |
| （一）特种玻璃及高纯石英制品 | | | |
| 73 | 高铝硅酸盐盖板玻璃 | 表面压应力>860MPa，压应力层厚度>38μm，透光率（550nm）>92.0%，维氏硬度≥700HV。 | 新型显示、航空、高铁、封装 |
| 74 | 无碱玻璃基板 | 应变点>655℃，退火点720~745℃，软化点970±10℃，线热膨胀系数：（3.0~3.8）$\times 10^{-6}$/℃，杨氏模量：72~79Gpa，550nm处透过率：90%~92%；支持六代线及以上显示用无碱玻璃基板。 | 新型显示 |
| 75 | 半导体用大尺寸高纯石英扩散管 | 规格：外径300~400mm，偏壁厚≤0.6mm，金属杂质含量<13ppm，长期使用温度：1150℃。 | 半导体领域、集成电路 |
| 76 | 光掩膜基板用石英玻璃基片 | 规格尺寸：8英寸及以下；尺寸精度：达到国际SEMI标准；材料金属杂质含量≤2ppm（GB/T 3284）；材料气泡：1类，条纹等级：1类，应力双折射：1类，（JC/T185）；光谱透过率：T190~280nm≥80%。 | 微电子光电子制造 |
| 77 | 滤光片 | 蓝玻璃红外截止滤光片：透过率AR（420~670nm，$R_{max}$<0.9%），UVIR（350~390nm，$T_{avg}$≤3%）；图案的外围和内径部分四角直线度（毛刺）5μm以内，偏心50μm以内，最外围中心和印刷内径中心的差异在50μm以内、偏心50μm以内；图形胶层厚度10μm以下，透过率$T_{max}$<0.2%（400~650nm），反射率$R_{max}$<4%（400~650nm）；组立件支架的黏着力>3kg/cm；五代彩色滤光片：BM厚度1.2±0.3μm；BMOD≥4.0；RGB厚度2.28±0.3μm；导电膜组抗值≤30Ω/□；导电膜厚度1500±200Å；角段差<0.5μm；PS高度3.15±0.15μm。 | 新型显示 |
| 78 | 半导体级电弧石英坩埚 | 规格：14~24英寸；内层纯度：所有金属杂质含量<12ppm；强度：1500度；高温变形率<2%；寿命可达200小时。 | 集成电路 |

续 表

| 序号 | 材料名称 | 性能要求 | 应用领域 |
| --- | --- | --- | --- |
| （二）绿色建材 | | | |
| 79 | 防污型绝缘材料 | 憎水性 HC1 ~ HC2 级，污秽耐受电压跟普通釉绝缘子相比，污秽耐受电压≥1.5 倍，涂层耐磨性≤0.2g，耐漏电起痕及电蚀损≥TMA4.5 级，支柱绝缘子弯曲破坏应力 100MPa，悬式绝缘子抗拉强度 960kN，使用温度 -40 ~ 105℃，抗拉负荷≥300kN。 | 电力装备 |
| 80 | 聚烯烃纳米改性防水隔热卷材 | 拉伸强度≥13MPa；断裂伸长率≥600%<br>2500h 老化后：拉伸强度≥11MPa，断裂伸长率≥100%，近红外反射比≥80，太阳光反射比≥80，隔热温差≥10℃。 | 环保、建筑 |
| 81 | 低风速风电叶片 | 叶片长度 60 ~ 70m；匹配主机功率为 3 ~ 4MW；<br>气动设计 Cpmax 值≥0.48。 | 风力发电装备 |
| 82 | 液化天然气船（LNG）储运用增强阻燃绝热保温材料 | 密度：130 ± 10kg/m³，导热系数≤17.5，闭孔率≥95%，阻燃等级≥B2 级，常温下（23 ± 2℃）：压缩强度≥1.3MPa，拉伸强度≥3.0MPa；低温下（-170 ± 2℃）：压缩强度≥2.7MPa，拉伸强度≥3.2MPa。 | 船舶 |
| （三）先进陶瓷粉体及制品 | | | |
| 83 | 片式多层陶瓷电容器用介质材料 | 配方粉：介电常数 3000 ~ 4000，介电损耗≤2%，绝缘性能 RC≥100S，温度特性（-55 ~ 125℃）：-15%≤$\Delta C/C0$≤+15%（无偏压），粒度分布 D50：0.40 ± 0.05μm，耐电压 BDV≥1800V/mil；<br>基础粉（钛酸钡）：粉体粒径 120 ± 10nm，比表面积 7.0 ~ 9.0m²/g；粒度分布 D10：0.05 ~ 0.10μm，D50：0.10 ~ 0.15μm，D90：0.25 ~ 0.45μm，c/a：> 1.0095，Ba/Ti：1.000 ~ 1.005。 | 电子信息 |
| 84 | 氮化铝陶瓷粉体及基板 | 粉体：碳含量≤300ppm，氧含量≤0.75%，粒度分布 D10≤0.65μm，D50≤1.30μm，D90≤3.20μm；比面积≥2.8m²/g；<br>基板：密度≥3.30g/cm³，热导率（20℃）≥180W/m · K，抗折强度≥380MPa，线膨胀系数（RT ~ 500℃）4.6 ~ 4.8 $\times 10^{-6}$/℃，$Ra$≤0.3μm。 | 高铁、新型显示、新能源汽车、光通讯和智能电网 |
| 85 | 高性能蜂窝陶瓷载体 | 载体：蜂窝筛孔目数：300 ~ 750 目；壁厚：TWC≤4mil，DOC/SCR≤6mil；热膨胀系数≤0.6 $\times 10^{-6}$；耐热冲击性≥650℃。<br>过滤器材料：孔隙率≥50%，颗粒捕捉效率≥90%。 | 机动车尾气后处埋 |
| 86 | 电子产品用氧化锆陶瓷外壳材料 | 成品瓷片三点抗弯强度≥1000MPa；韧性≥5MPa · $m^{1/2}$；维氏硬度≥1100；相对介电常数<40。 | 电子产品 |

续 表

| 序号 | 材料名称 | 性能要求 | 应用领域 |
|---|---|---|---|
| 87 | DBC 基板（覆铜陶瓷基板） | 陶瓷氮化铝热导率＞170W/m·K，铜箔电导率≥58MS/m，铜箔硬度 90～110HV。 | 电力电子、IGBT 模块、新能源汽车、太阳能和风力发电装备 |
| 88 | 半导体装备用氧化铝陶瓷部件 | 密度≥3.90g/cm$^3$，硬度（HRA）≥90，抗折强度≥400MPa，$Ra$≤0.6μm。 | 半导体、LED |
| 89 | 除尘脱硝一体化高温陶瓷膜材料 | 适用温度：180～420℃，过滤风速 0.8～2m/min，除尘效率≥99.9%，净化后气体杂质浓度≤10mg/Nm$^3$，脱硝效率 80%～90%，过滤阻力 1000～3500Pa。 | 建材、垃圾焚烧炉、焦化 |
| 90 | 特高压瓷芯复合支柱绝缘子 | 上釉试条强度≥210MPa，弯曲破坏应力＞90MPa，扭转强度≥10kN·m，抗地震烈度≥8 度，热机和水煮试验后，耐受电压梯度≥30kV/cm 的陡波前冲击电压试验。 | 电力装备 |
| 91 | 高性能氮化硅陶瓷材料 | 致密度≥99%，弯曲强度≥900MPa，维氏硬度≥1450，断裂韧性≥7MPa·m$^{1/2}$，弹性模量≥320GPa，热膨胀系数≤3.4×10$^{-6}$，韦布尔模数＞12，热导率 20～90W/m·K，抗压强度≥3000MPa。 | 太阳能和风力发电装备、航空航天、汽车、电子 |
| 92 | 碳化硅陶瓷膜过滤材料 | Φ60×（1000～2500）×（8～10）mm$^3$，支撑体孔径 40～70μm，气孔率≥40%，膜层孔径 10～20μm，膜层气孔率≥38%，弯曲强度≥15MPa；<br>耐酸性≥98%，耐碱性≥99%，热胀系数＜5.46×10$^{-6}$/K。 | 化工、能源、电力装备、冶金、环保 |
| （四）人工晶体 | | | |
| 93 | 碲锌镉晶体 | 核工业、环境探测：晶锭直径≥100mm；单晶尺寸≥2000mm$^3$；成分偏差≤5%；电阻率≥10$^{10}$Ω·cm；电子迁移率和寿命积≥2×10$^{-3}$cm$^2$/V；碲锌镉探测器对 241Am@59.5KeV 的能量分辨率≤5%，峰谷比≥80；对 137Cs@662KeV 的能量分辨率≤1.5%，峰康比≥2，空间分辨率≤0.2mm，计数率 1M/s/mm$^2$；<br>外延衬底：衬底面积≥14×14mm$^2$；最大厚度偏差≤0.05mm；晶体定向偏差≤20′；双晶衍射半峰宽≤30rad·s；位错腐蚀坑密度≤5×10$^4$/cm$^2$；夹杂相尺寸≤10μm；夹杂相密度≤2000/cm$^2$；2～25μm 红外透过率≥60%。 | 核工业、环境检测、外延衬底 |
| 94 | 溴化镧闪烁晶体 | 块状晶体尺寸≥Φ50×50mm$^3$，衰减时间≤20ns，能量分辨 $\Delta E/E$≤3.5%，时间分辨≤300ps，阵列式晶体探测器衰减时间≤35ns，峰谷比≥6.5，能量分辨优于 13%@511KeV。 | 医疗器械、安全检查 |

续　表

| 序号 | 材料名称 | 性能要求 | 应用领域 |
|---|---|---|---|
| 95 | 单或双掺 La、Yb、Er、Nd、Lu、Ce 等稀土元素系列人工晶体 | 高光输出、快衰减，衰减时间≤30ns，光产额≥60Ph/KeV。 | 医疗器械、安全检查、地质勘探 |
| 96 | LED 用蓝宝石衬底片 | 晶片直径：6 吋衬底 150 ± 0.2mm，8 吋衬底 200 ± 0.2mm；晶片厚度：6 吋衬底 1300 ± 30μm，8 吋衬底 1500 ± 50μm；定位面方向：A（11～20）TOM0 ± 0.2°；平边长度：6 吋衬底 50 ± 1.0mm，8 吋衬底 100 ± 1.0mm；晶向：6 吋衬底 C（0001）TOM0.2 ± 0.05°，C（0001）TOA（11～20）0 ± 0.1°，8 吋衬底 C（0001）TOM0.2 ± 0.1°，C（0001）TOA（11～20）0 ± 0.1°；整体平整度：6 吋衬底≤10μm，8 吋衬底≤15μm；局部平整度：6 吋衬底≤2μm，8 吋衬底≤2.5μm；弯曲度：6 吋衬底 -20μm < BOW < 0μm，8 底 -25μm < BOW < 0μm；翘曲度：6 吋衬底≤25μm，8 吋衬底≤30μm；抛光面粗糙度：6 吋衬底 *Ra*≤0.2nm，8 吋衬底 *Ra*≤0.3nm；背面粗糙度 0.8～1.2μm；位错密度≤1000pcs/$cm^2$。 | 新型显示等电子产品 |
| （五）矿物功能材料 | | | |
| 97 | 高纯石墨 | 固定碳含量 C≥99.995%。 | 新能源 |
| 98 | 环保型、高稳定摩擦材料 | 镉≤0.01%，六价铬≤0.1%，铅≤0.1%，汞≤0.1%，常温剪切强度≥4.5MPa，高温剪切强度≥2.5MPa；摩擦系数在其设定的工作摩擦系数值的 ± 10% 的范围内，产品寿命为原来的 2～5 倍。 | 汽车 |
| 99 | 汽车尾气处理材料 | 净化 $NO_x$ 还原剂固体储氨（氨合氯化镁、钙、锶）材料：氨气含量 45% wt 以上；<br>SCR 蜂窝催化剂材料：$NO_x$ 转化率≥95%，氨逃逸率≤3ppm，使用寿命 > 18000h；<br>颗粒过滤器（DPF）材料：开孔率 > 50%，过滤效率 > 80%，抗热震 > 700℃；<br>氮氧化物吸附材料：脱附温度 > 200℃。 | 汽车 |
| 100 | 高纯石英砂 | Fe、Mn、Cr、Ni、Cu、Mg、Ca、Al、Na、Li、K、B 共 12 种元素总含量 < 6ppm。 | 高品质石英制品 |
| 五、其他材料 | | | |
| （一）稀有金属 | | | |
| 101 | 稀有金属涂层材料 | 高温合金稀有金属防护涂层材料：氧含量≤300ppm，涂层在 900℃ 完全抗氧化，并具备良好的抗热疲劳性能；<br>复式碳化钨基稀有金属陶瓷涂层材料：硬度 HRC 45～65，使用温度 -140～500℃； | 高端装备零部件表面强化 |

续　表

| 序号 | 材料名称 | 性能要求 | 应用领域 |
|---|---|---|---|
| 101 | 稀有金属涂层材料 | 高耐蚀耐磨涂层材料：结合强度≥70MPa，硬度 HRC30～45，孔隙率<0.5%，抗中性盐雾腐蚀≥500h；<br>多组元 MCrAlY 涂层材料：O、N、C、S 总和≤500ppm，结合强度≥50MPa，1050℃水淬≥50 次，1050℃（200h）次涂层与基体结合及涂层、基体完好无损；<br>高隔热涂层材料 YSZ 复相陶瓷材料：熔点 > 2000K，1200℃（100h）无相变，热导率<1.2W/m·K；<br>可磨耗封严涂层材料：使用温度 500～850℃，硬度 HV0.31300，结合强度≥70MPa，工况温度下 5000m/h 可磨耗试验涂层无剥落掉块；<br>冷喷涂超细合金粉末涂层材料：粉末粒度 D90≤16μm，振实密度≥4.0g/$cm^3$，近球形粉末形貌。 | 高端装备零部件表面强化 |
| 102 | 高纯铟 | 5N 主含量大于 99.999%，6N 主含量大于 99.9999%，杂质要求达到 YS/T 264—2012 标准；7N 主含量大于 99.99999%；<br>杂质要求为：（1）杂质总含量：≤0.1ppm；（2）检测杂质：Ag，Cd，Cu，Fe，Mg，Ni，Pb，Zn。 | 太阳能光伏、半导体、航天航空 |
| （二）高性能靶材 | | | |
| 103 | 金基银钯合金复合材料 | TS≥300 回合，电阻率 2.9～3.3μΩ/$cm^2$，1.0mil 的物理参数 EL>9cn，延伸率 9%～16%。 | 高亮 LED 封装 |
| 104 | 高纯钽靶材 | 纯度≥99.995%（4N5），晶粒度≤50μm 且均匀，圆形、方形各种规格，在厚度上应以（111）<112>为主的织构，表面粗糙度≤Rz6.3。 | 集成电路 |
| 105 | 高密度 ITO 靶材 | （1）$In_2O_3$：$SnO_2$=90：10wt%：相对密度>99.5%；<br>（2）$In_2O_3$：$SnO_2$=93：7wt%（±0.5%）/95：5wt%（±0.5%）/97：3wt%（±0.5%）：相对密度>99%；<br>纯度 > 99.99%，电阻率 ≤ $1.6\times10^{-3}$ Ω·mm，焊合率≥95%；<br>靶材尺寸：旋转靶单节圆筒（Φ100～Φ165）×（400～1500）×（4～20）$mm^3$；<br>平面靶单片靶胚（400～2000）×（400～800）×（4～20）$mm^3$。 | 太阳能光伏、电子信息 |
| 106 | 高纯钴靶 | 晶粒尺寸≤50μm，焊合率>99%，满足 200～300mm 半导体制造要求。 | 集成电路 |
| 107 | 超高纯 NiPt 合金靶材 | 纯度≥4N，晶粒尺寸≤100μm，钎焊焊合率≥95%，最大单伤≤2%，尺寸公差±0.1mm，表面粗糙度 *Ra*≤0.8μm，清洁度符合电子级要求。 | 集成电路 |

续　表

| 序号 | 材料名称 | 性能要求 | 应用领域 |
| --- | --- | --- | --- |
| 108 | 铜和铜合金靶 | 纯度≥6N，晶粒尺寸≤50μm，尺寸公差±0.05mm，焊合率≥99%，表面粗糙度 *Ra*≤0.4μm，清洁度符合电子级要求。 | 集成电路 |
| 109 | 平面显示用高纯钼管靶 | 纯度>99.95%，密度≥10.15g/cm$^3$，平均晶粒<100μm，均匀分布，且沿长度方向的平均晶粒尺寸偏差<20%，焊合率>97%；<br>产品尺寸：G6~G11TFT-LCD 世代线 Φ（150~180）×Φ（120~140）×（1400~3600）mm。 | 新型显示 |
| （三）其他 | | | |
| 110 | 钛合金加工用超细硬质合金高端棒材 | 碳化钨晶粒度≤0.6μm，密度 14.08~14.15g/cm$^3$，硬度（HV30）1530~1580，抗弯强度≥3000N/mm$^2$，断裂韧性典型值 12MPa·m$^{1/2}$。 | 航空航天 |
| 111 | 新型硬质合金材料 | 深井能源开采用 PDC 硬质合金基体：<br>孔隙度 A02B00C00E00，抗弯强度≥3500MPa，硬度 HRA88±0.5，金相夹粗≥25.0μm，整个金相面允许 1 个（注：金相照片要求在 400x 视场下观察）；<br>超粗晶粒硬质合金工程齿：<br>WC 平均晶粒度≥4.0μm，硬度 HRA85.0~89.0，抗弯强度（B 试样）≥1800MPa；<br>复杂岩层、深部钻探用结构硬质合金：<br>密度 13.9~14.98g/cm$^3$，硬度 85.5~90.8HRA，抗弯强度≥2500MPa，断裂韧性>30MPa·m$^{1/2}$。 | 油气开采、矿产开发、海洋勘探 |
| 112 | 反应堆中子吸收体材料 | 产品牌号为 AgInCd，成分为 Ag：（80±0.50）wt%，In：（15±0.25）wt%，Cd：（5±0.25）wt%，杂质总量不超过 0.25wt%；<br>晶粒度 4~6 级，试样经 350℃/10h 处理后，大于 3 级的晶粒比例小于 30%。 | 核能 |
| 113 | 热缩型耐温耐磨材料 | 遇热收缩，比例 2∶1；在 150℃环境下放置 1000 小时，无脆化；低温 -40℃放置 2 小时后高温 140℃放置 4 小时，高低温转换时间≤5 分钟，测试 32 个循环，通过高低温冲击试验测试；频率 60 转/分钟，行程 16mm，磨头 0.45mm，钢琴丝，耐磨次数不低于 20 万次。 | 汽车 |
| 114 | 高性能极细径纳米晶微钻棒材 | 碳化钨晶粒度≤0.2μm，密度 14.35~14.45g/cm$^3$，硬度（HV30）≥2050，抗弯强度≥4000N/mm$^2$。 | 电子信息 |

续 表

| 序号 | 材料名称 | 性能要求 | 应用领域 |
|---|---|---|---|
| 115 | 核电燃料元件用镍基合金材料 | 抗拉强度 $δ_b$≥1580MPa，屈服强度 $δ_{p0.2}$≥1450MPa，纯洁度≥1.0 级。 | 核能 |
| 116 | 高纯氧化铝生产用固体铝酸钠 | 湿法结构分离获得铝酸钠固体杂质含量：铁＜0.1g/L，钾＜2g/L，锂＜0.005g/L，硫＜0.05g/L，钙＜0.01g/L，硅＜2g/L，有机物＜5g/L，1.2≤ak≤1.6。 | 化工、环保 |
| 117 | 高性能自动变速箱油（OEM 装填油） | FZG 齿轮承载≥11 级，DKA 或 ISOT 实验 150℃以上、96h 高温耐久测试通过，通过 SAENO.2、LVFA、同步器单体摩擦实验等摩擦测试，－40℃布氏黏度≤20000mp·s，150℃高温泡沫倾向性小于 100mL，铜腐蚀试验≤2 级，通过 OEM 特定的整机系列台架及整车行车实验。 | 汽车 |
| 118 | 高性能普碳钢冷轧轧制液 | 运动黏度（40℃）35～70$mm^2$/s，皂化值 30～200mgKOH/g，酸值不大于 15mgKOH/g，5%乳化液 pH 值 5.0～8.5。 | 冶金行业普碳板、电工板等冷轧加工 |
| 关键战略材料 | | | |
| 一、高性能纤维及复合材料 | | | |
| 119 | 高性能碳纤维 | 高强型：拉伸强度≥4900MPa，CV≤5%，拉伸模量 230～250GPa，CV≤2%；<br>高强中模型：拉伸强度≥5500MPa，CV≤5%，拉伸模量 280～300GPa，CV≤2%；<br>高模型：拉伸强度≥4200MPa，CV≤5%，拉伸模量 377GPa，CV≤2%。 | 航空航天、轨道交通、海工、风电装备、压力容器，不包括体育休闲产品制造 |
| 120 | 碳纤维复合芯导线 | 导电率≥63.0% IACS，抗拉强度≥2100MPa，线膨胀系数≤2.0×$10^{-6}$/℃，玻璃化转变温度≥150℃，弹性模量≥110GPa，芯棒卷绕半径满足 50D 不开裂、不断裂。 | 输配电工程 |
| 121 | 二元高硅氧玻璃纤维制品 | $SiO_2$ 含量≥95%，宽度＞30mm，收缩率≤4%，使用耐温 1000°C，瞬间耐温 1400°C。 | 航空航天 |
| 122 | 芳纶纤维材料制品 | 灰分＜0.5%，芳纶纸击穿电压＞20kV/mm，抗张强度＞3.2kN/m，芳纶层压板击穿电压＞40kV/mm，耐热等级达到 220℃，阻燃达到 VTM－0 或 V－0 级，水萃取液电导率＜5ms/m，180℃长期对硅油无污损，外观、层间结合状态与进口产品一致。 | 轨道交通、新能源、航空航天、电力装备 |
| 123 | 高强高模聚酰亚胺纤维 | 拉伸强度 3.0～4.5GPa，拉伸模量 100～170GPa，断裂伸长率 2%～5%。 | 航空航天、核工业、电子电器、交通 |
| 124 | 玄武岩纤维 | 耐温温度－269～650℃，弹性模量≥80GPa，抗拉强度≥3000MPa。 | 消防、环保、航空航天、汽车、船舶 |

续　表

| 序号 | 材料名称 | 性能要求 | 应用领域 |
| --- | --- | --- | --- |
| 125 | 高性能碳纤维预浸料 | 0°拉伸强度≥2700MPa，0°拉伸模量≥170GPa，CAI≥300MPa。 | 航空航天 |
| 126 | 汽车用碳纤维复合材料 | 密度＜$2g/cm^3$，抗拉强度≥800MPa，抗拉弹性模量40～70GPa。 | 汽车 |
| 127 | 耐高温连续碳化硅纤维 | 拉伸强度≥2.8GPa，杨氏模量≥200GPa，伸长率1.2%～1.8%，纤度180±10tex，氧含量≤12%，1100℃，空气10h，强度保留率≥85%。 | 航空航天 |
| 128 | 航空制动用碳/碳复合材料 | 密度≥$1.76g/cm^3$，抗压强度≥140MPa，抗弯强度≥120MPa，层间剪切强度≥12MPa，热导率≥30W/m·K，石墨化率≥45%。 | 航空 |
| 二、稀土功能材料 | | | |
| 129 | 稀土化合物 | 高纯稀土化合物：绝对纯度＞99.995%，相对纯度＞99.999%；<br>超高纯稀土氧化物：稀土绝对纯度＞99.9995%，CaO＜2ppm，$Fe_2O_3$＜1ppm，$SiO_2$＜2ppm；<br>超高纯稀土卤化物绝对纯度≥99.99%，水、氧含量＜50ppm；<br>高纯稀土氟化物镀膜材料：绝对纯度＞99.99%，相对纯度＞99.995%，氧含量＜100ppm；<br>高纯氧化钪：绝对纯度＞99.99%，粒度D50＝0.6～1.4μm；<br>超细粉体稀土氧化物：相对纯度＞99.99%，粒径D50＝30～100nm，分散度（D90～D10）/（2D50）＝0.5～1。 | 功能晶体、集成电路、红外探测、燃料电池、陶瓷电容器 |
| 130 | AB型稀土储氢合金 | $AB_5$型稀土储氢合金：常温下可逆容量＞1.5wt%，循环1400周次，容量保持率大于80%。<br>Mg基含稀土合金最大储氢量＞6wt%，寿命＞2500次；<br>$A_2B_7$型储氢合金：初始容量＞390mAh/g，循环300次容量保持率为92%以上，温区宽度－40～80℃。 | 新能源 |
| 131 | 高性能稀土发光材料 | 高端显示、照明及激光用新型发光材料：满足显示色域≥95%NTSC，照明显色指数CRI≥97（Rg和Rf均≥95）的应用需求；<br>生物农业照明发光材料：满足360～460nmLED芯片激发，发光波长在400～800nm，发光强度满足水果生长和植物生长所需光生理作用需要；<br>健康照明及信息探测发光材料：在380～700nm波段可见光激发下，实现780～1600nm的近红外线高效发射，满足应用需求。 | 新型显示、生物农业照明 |

续 表

| 序号 | 材料名称 | 性能要求 | 应用领域 |
| --- | --- | --- | --- |
| 132 | 高性能钕铁硼永磁体 | 低重稀土钕铁硼系列：52SH 档产品，综合重稀土含量＜1wt%；48UH 档产品，综合重稀土含量＜1.5wt%；44EH 档产品，综合重稀土含量＜2.5wt%；高性能辐射环：综合磁性能（BHm）（MGOe）＋Hcj（kOe）＞60；高性能各向异性黏结磁体：（BHm）（MGOe）＋Hcj（kOe）＞30。 | 新能源汽车、高铁、机器人、消费电子 |
| 133 | 高性能钐钴永磁体 | Br＞11.5kGs，Hcj＞25kOe，（BH）max＞29MGOe。 | 航空航天，海洋工程及高性能船舶、轨道交通等高端装备 |
| 134 | 新型铈磁体 | 无 Tb、Dy 重稀土前提下，铈含量占稀土总量≥30%，（BH）max（MGOe）＋Hcj（kOe）≥50；铈含量占稀土总量≥50%时，（BH）max（MGOe）＋Hcj（kOe）≥35。 | 家用电器 |
| 135 | 特种稀土合金 | 稀土镁合金，纯度＞99.95%，延伸率≥15%，屈服强度≥250MPa，抗拉强度≥280MPa。 | 航天、电子通讯、交通运输 |
| 136 | 汽车尾气催化剂及相关材料 | 稀土储氧材料，产品比表面＞80$m^2/g$，储氧量＞500μmol$O_2/g$；经1000℃，10% $H_2O$，水热老化10小时后，比表面积不低于30$m^2/g$；<br>氧化铝材料，经1100℃，10% $H_2O$，水热老化10小时后，比表面积不低于70$m^2/g$；<br>堇青石蜂窝陶瓷载体，TWC、DOC、SCR 目数/壁厚分别为400/4、600/4、300/5，孔隙率48%～53%；<br>钒基 SCR 催化剂：NO*x* 起燃温度 T50≤200℃，T80 温度窗口宽度≥300℃，催化剂入口温度550℃台架老化200小时后，NO*x* 转化效率劣化率≤5%，使整车性能满足国五排放标准。 | 交通装备、节能环保材料 |
| 137 | 工业烟气稀土基及SCR稀土无钒脱硝催化剂 | 横向抗压强度≥0.55MPa，纵向抗压强度≥1.5MPa，稀土含量＞5%，脱硝率≥92%，烟气温度适应范围310～450℃，使用寿命＞3年。 | 化工、冶金、环保 |
| 138 | 超高纯稀土金属材料及制品 | 超高纯稀土金属材料：以60种以上主要杂质计算，绝对纯度＞99.99%，气体杂质总量＜100ppm；<br>超高纯稀土金属深加工产品：型材最大方向尺寸可达300mm；绝对纯度＞99.95%，型材晶粒平均尺寸＜200μm。 | 电子信息领域 |
| 139 | 稀土抛光材料 | 高档稀土抛光液，粉体 $CeO_2$ 含量≥99.9%，晶粒尺寸≤30nm，形貌接近球形，抛光液粒度 D50＝50～300nm，$D_{max}$＜500nm，有害杂质离子浓度＜40ppm，硅晶片抛光速度≥100nm/min，表面粗糙度 $Ra$≤1nm，高性能玻璃基片抛光速度≥25nm/min，表面粗糙度 $Ra$≤0.5nm。 | 电子信息 |

续 表

| 序号 | 材料名称 | 性能要求 | 应用领域 |
| --- | --- | --- | --- |
| 三、先进半导体材料和新型显示材料 | | | |
| 140 | 氮化镓单晶衬底 | 包括 2 英寸及以上 GaN 单晶衬底，位错密度 $<5\times10^{6}$ $cm^{-2}$，半绝缘 GaN 电阻率 $>10^{6}\Omega\cdot cm$。 | 电子信息 |
| 141 | 功率器件用氮化镓外延片 | 4 英寸及以上氮化镓外延片，背景载流子浓度 $<10^{16}cm^{-3}$，翘曲小于 50μm，迁移率 $>600cm^{2}/vs$。 | 新型显示 |
| 142 | 电子级多晶硅 | 符合国标 GB/T 12963—2014 要求。电子 1 级：施主杂质≤ $0.15\times10^{-9}$、受主杂质≤ $0.05\times10^{-9}$；电子 2 级：施主杂质≤ $0.25\times10^{-9}$、受主杂质≤ $0.08\times10^{-9}$；电子 3 级：施主杂质≤ $0.30\times10^{-9}$、受主杂质≤ $0.10\times10^{-9}$。 | 集成电路、分离器件 |
| 143 | 碳化硅外延片 | 4 英寸及以上碳化硅同质外延片，外延片内浓度不均匀性（σ/mean）<15%；外延片内厚度不均匀性（σ/mean）<10%；<br>外延表面缺陷密度 $<5g/cm^{2}$；外延表面粗糙度 <0.5nm。 | 电子信息 |
| 144 | 大尺寸硅电极产品 | 纯度≥11N（不计调整电阻率而掺入的杂质）；外径 > 300mm，公差 ±10μm；硅电极电阻率 60～80ohm·cm，径向电阻率波动 10% 以内；表面粗糙度≤10nm；硅电极导气微孔均匀性≥98%；硅电极导气微孔边缘倒角 R0.2 ±0.1mm。 | 集成电路制造 |
| 145 | 电子封装用热沉复合材料 | WCu：CTE≤8.6PPM/K，TC≥165W/M.K；<br>MoCu：CTE≤10.8PPM/K，TC≥190W/M.K；<br>CMC：CTE≤9.4PPM/K，TC≥170W/M.K；<br>CPC：CTE≤11.5PPM/K，TC≥200W/M.K。 | 电子通讯、功率芯片、微波射频、集成电路 |
| 146 | 高性能有机发光显示与照明材料 | 蓝光色度坐标达到 CIE（0.135±0.015，0.055±0.005），$1000cd/m^{2}$亮度下，效率 >8cd/A，寿命 LT97 >100 小时；红光色度坐标达到 CIE（0.675±0.01，0.325±0.01），$5000cd/m^{2}$亮度下，效率 >40cd/A，寿命 LT97 >300 小时；绿光材料色度坐标达到 CIE（0.21±0.03，0.71±0.03），$10000cd/m^{2}$亮度下，效率 >120cd/A，寿命 LT97 >100 小时。 | 新型显示 |
| 147 | 碳化硅单晶衬底 | 4 英寸及以上 SiC 单晶衬底，4H 晶型，微管密度 $<5g/cm^{2}$，N 型 SiC 衬底电阻率 0.015～0.030Ω·cm，半绝缘 SiC 衬底电阻率 $\geq10^{5}\Omega\cdot cm$，表面粗糙度 <0.3nm；X 射线摇摆曲线半高宽 <1 弧分。 | 电子信息 |

续 表

| 序号 | 材料名称 | 性能要求 | 应用领域 |
| --- | --- | --- | --- |
| 148 | 4 英寸低位错锗单晶 | 单晶直径≥104mm，单晶长度≥120mm，单晶晶向：<100>偏<111>9°±1°，导电型号P型，电阻率0.01～0.05Ω·cm，径向电阻率不均匀性≤15%，位错密度≤1000g/$cm^2$。 | 空间太阳三结电池 |
| 四、新型能源材料 | | | |
| 149 | 硅碳负极材料 | 硅碳负极材料：<br>低比容量（<600mAh/g）：压实密度>1.5g/$cm^3$，循环寿命>500圈（80%，1C）；<br>高比容量（>600mAh/g）：压实密度>1.3g/$cm^3$，循环寿命>200圈（80%，0.5C）。<br>纳米硅碳负极材料：<br>低比容量（<450mAh/g）：压实密度>1.7g/$cm^3$，循环寿命>1500圈（80%，1C）；<br>高比容量（>450mAh/g）：压实密度>1.6g/$cm^3$，循环寿命>800圈（80%，0.5C）。 | 新能源汽车 |
| 150 | 新能源复合金属材料 | 铜镍复合带/汇流片：电阻率2.0±0.2μΩ·cm，表面硬度HV0.2：T≤0.1mm：Cu45～55，Ni65～85；T≥0.8mm：Cu65～75，Ni90～120，成分比：Cu78%～83%，Ni17%～22%；<br>钢铜复合带：电阻率9.0±1.0μΩ·cm，表面硬度HV0.2：Cu60～75，SUS430：115～140成分比：Cu15%～20%，SUS430：80%～85%；<br>钢铜镍复合带：电阻率2.9±0.5μΩ·cm，表面硬度HV0.2：Ni160～180成分比：Ni10%～11%，SUS430：30%～32%，Cu59%～61%；<br>铝铜复合带：电阻率2.0±0.2μΩ·cm，表面硬度HV0.2：Cu45～65，Al：15～25成分比：Cu45%～55%，Al：45%～55%；<br>铝镍复合带：电阻率4.2±0.2μΩ·cm，表面硬度HV0.2：Ni90～110，Al：15～25成分比：Ni45%～55%，Al：45%～55%。 | 新能源汽车 |
| 151 | 锂电池隔膜涂布超细氧化铝粉体材料 | 物相：a－$Al_2O_3$，比表面积：4～7$m^2$/g，扫描电镜观察颗粒分布均匀，无大颗粒，表面光滑无缺陷，粒度分布D10>0.13μm，<br>D50：0.6～0.8μm，D100<6μm，杂质元素含量：Fe<100ppm，Cu<10ppm，Cr<10ppm。 | 新能源汽车 |
| 152 | 高电压钴酸锂（≥4.45V） | 比容量>178mAh/g（0.5C），循环寿命>750周（80%）。 | 电子信息、新能源 |

续　表

| 序号 | 材料名称 | 性能要求 | 应用领域 |
|---|---|---|---|
| 153 | 双氟磺酰亚胺锂盐 | 纯度：≥99.9%，外观：白色，水分≤50ppm（K－F），$Cl^-$≤10ppm，$SO_4^{2-}$≤10ppm，Na≤20ppm，K≤5ppm。 | 新能源汽车 |
| 154 | 镍钴铝酸锂三元材料 | 比容量≥190mAh/g（0.5C），循环寿命≥1000周（80%，0.5C）。 | 新能源汽车 |
| 155 | 氟磷酸钒锂电池正极材料 | 比容量为145ma·h·$g^{-1}$，电压4.2V，比能量609WH·$kg^{-1}$，2000次循环后容量仍保持在84%，－40～80℃温度范围内安全平稳可靠。 | 新能源汽车、风光大型储能电站、航空航天、军事、医学 |
| 156 | 锂电池超薄型高性电解铜箔 | 超薄化、高温高延展率；抗拉强度强、厚度均匀、表面粗糙度好，抗拉强度≥350MPa，延伸率（23℃）7.0%，抗氧化性（180℃，1h）无氧化，产品幅宽≤1350mm，表面粗糙度Rz（μm）≤2.0。 | 新能源汽车、机站储能电源 |
| 157 | 高纯晶体六氟磷酸锂材料 | 纯度≥99.9%，酸含量≤20ppm，水分≤10ppm，DMC不溶物≤200ppm，硫酸盐（以$SO_4$计）≤5ppm，氯化物（以Cl计）≤2ppm，Fe、K、Na、Ca、Mg、Ni、Pb、Cr、Cu离子≤1ppm。 | 新能源汽车 |
| 五、前沿新材料 | | | |
| 158 | 石墨烯改性防腐涂料 | 附着力1级，耐盐雾≥6000小时，耐盐水≥3000小时，耐水≥6000小时。 | 电力装备、海工、石化 |
| 159 | 石墨烯薄膜 | 可见光区平均透过率（含基材）优于85%，纯石墨烯薄膜雾度<1%、面电阻值<100Ω，与其他纳米材料复合的石墨烯薄膜雾度<5%、面电阻值<10Ω，石墨烯薄膜与基材结合力可耐3M胶带百格测试，具有弯曲性能，在ITO膜失效的情况下，可以承受超过10万次的循环弯曲实验。 | 微电子、新能源 |
| 160 | 石墨烯润滑油 | 石墨烯液力传动油和石墨烯液压油FZG台架测试通过9级，石墨烯液力传动油和液压油摩擦系数<0.11，氧化安定性>3000h；轴承的使用寿命增加1.5～3倍。 | 汽车、工程机械 |
| 161 | 石墨烯导静电轮胎 | 电导率达到$1.0\times10^{-8}$～$1.0\times10^{-4}$S/m，抗撕裂强度提升50%，模量提升50%以上；100Km/h—0干地制动距离缩短0.1～0.5m；<br>80Km/h—0湿地制动距离缩短1.0～2.0m；轮胎滚阻降低5%～16%。 | 汽车 |

续 表

| 序号 | 材料名称 | 性能要求 | 应用领域 |
|---|---|---|---|
| 162 | 石墨烯增强银基电接触功能复合材料 | 镉含量＜100ppm，电阻率≤1.8μΩ·cm；断后延伸率：退火态≥20%，抗拉强度≥180MPa，硬度≥70HV，静态接触电阻≤25mΩ，电寿命＞40万次；材料损失率≤0.005g。 | 电力电器 |
| 163 | 石墨烯导电发热纤维及石墨烯发热织物 | 纤维性能：电阻率＜1000Ω·cm，断裂强度＞3cN/tex，干摩擦色牢度＞3，熔点＞250℃；<br>织物性能：电热辐射转换效率＞68%，表面温度不均匀度＜±5℃。 | 电子信息、汽车 |
| 164 | 液态金属及其电子浆料 | 液态金属：熔点≤300℃，表面张力室温下0.4～1.0N/m，黏度室温下0.1～0.8cSt，比热容0.01～5kJ·$kg^{-1}$·$℃^{-1}$，热导率8～100W/（m·℃），导热系数室温下为＞10W/m·K，电导率室温下为1～9×$10^6$S·$m^{-1}$。 | 电子工业 |
| | | 液态金属电子浆料：电导率≥3.5×$10^6$ $Ω^{-1}m^{-1}$，黏度为（$10^{-6}$～$10^{-8}$）$m^2s^{-1}$，熔点为（0～100）℃。 | |
| 165 | 3D打印用合金粉末 | 3D打印用合金粉末材料：粒度分布：15～53μm，球形度≥0.85，流动性≤20s/50g，氧含量≤300ppm； | 3D打印 |
| | | 钛合金粉末：粉末粒度15～150μm，球形度≥94%，增氧量＜100ppm，霍尔流速＜30s/50g，空心粉≤0.8%，非金属夹杂个数＜10个/千克，松装密度≥50%；<br>高温合金粉末：粉末粒度15～150μm，球形度≥98%，增氧量＜50ppm，霍尔流速＜14s/50g，空心粉≤0.8%，非金属夹杂个数＜10个/千克。 | |
| 166 | 高速熔覆用合金粉末材料 | 粒度分布：15～75μm，球形度≥0.84，安息角≤28°，氧含量≤300ppm。 | 增材制造 |

# 工业和信息化部 交通运输部 国防科工局关于印发《智能船舶发展行动计划（2019—2021年）》的通知

工信部联装〔2018〕288号

各省、自治区、直辖市及计划单列市、新疆生产建设兵团工业和信息化、交通、国防科技工业主管部门，各相关单位：

为贯彻落实党中央、国务院关于建设制造强国、海洋强国、交通强国的战略部署，抢抓发展机遇，加快产业布局，加强跨界融合，增添发展新动能，促进我国船舶工业高质量发展，工业和信息化部、交通运输部、国防科工局联合编制了《智能船舶发展行动计划（2019—2021年）》。现印发给你们，请结合实际，认真贯彻落实。

附件：智能船舶发展行动计划（2019—2021年）

工业和信息化部
交通运输部
国防科工局
2018年12月27日

**附件**

## 智能船舶发展行动计划（2019—2021年）

智能船舶融合了现代信息技术和人工智能等新技术，具有安全可靠、节能环保、经济高效等显著特点，是未来船舶发展的重点方向。为深入贯彻落实党中央、国务院关于建设制造强国、海洋强国、交通强国的战略部署，抢抓发展机遇，促进船舶工业供给侧结构性改革，提升船舶工业核心竞争力，实现我国船舶工业高质量发展，现就大力发展智能船舶制定本行动计划。

### 一、现状与形势

近年来，智能船舶成为国际海事界新热点。国际海事组织（IMO）、国际标准化组织（ISO）等国际组织将智能船舶列为重要议题，国际主要船级社先后发布了有关智能船舶的规范或指导性文件，世界主要造船国家大力推进智能船舶的研制与应用。我国船舶工业和航运业在智能船舶领域进行了有益探索，相关科研攻关取得积极进展，智能技术工程化应用初显成效，已形成一定的技术积累和产业基础，基本与国际先进水平保持同步。但总体而言，全球智能船舶仍处于探索和发展的初级阶段，智能船舶的定义、分级分类尚未统一，智能感知等核心技术尚未突破，智能船舶标准体系、测试与验证体系亟待建立，智能技术工程化应用十分有限，相关国际海事公约与法规研究刚刚起步。

当前，我们迎来了世界新一轮科技革命和产业变革同我国转变发展方式的历史交汇期，发展智能船舶既面临着千载难逢的历史机遇，又面临着众多不确定因素和巨大挑战。面对新的发展形势，我们应积极作为，加强统筹规划，系统推进实施，加快促进船舶工业与航运等相关行业协同创新和融合发展。

## 二、总体思路

### （一）指导思想

以习近平新时代中国特色社会主义思想为指导，全面贯彻党的十九大和十九届二中、三中全会精神，坚持新发展理念，牢牢把握高质量发展要求，紧密围绕加快建设制造强国、海洋强国和交通强国的战略目标，以现代信息技术和新一代人工智能技术与船舶技术跨界融合为主线，以提升船舶安全性、经济性、环保性和高效性为核心，以加快船舶智能技术工程化应用为重点，大力推动协同创新，积极探索产业新业态和新模式，支撑我国智能航运建设，促进我国船舶工业高质量发展。

### （二）基本原则

系统布局，谋划长远。加强顶层设计，注重体系化布局，有机衔接当前急需与长远发展，系统提升船舶智能化水平，为全产业链提供协同创值和增值服务。

创新驱动，重点突破。以重点项目为牵引，加强关键共性技术和重点系统设备研发，提前布局前瞻性技术攻关，加快成熟智能技术工程化应用，补齐技术链与产业链短板。

分类实施，梯次推进。根据远洋运输船舶、沿海运输船舶、内河运输船舶、工程船舶、公务船舶等各类船舶特点，结合不同用户的需求，制定有针对性的智能化发展策略，推动各类智能船舶有序发展。

协同发展，跨界融合。加强产学研用结合，促进跨界联动，深化军民融合，拓展国际合作，推进智能船舶核心技术的联合攻关与示范应用，强化法规标准与产业政策的协调，开展新型商业模式的共同探索与实践。

### （三）行动目标

经过三年努力，形成我国智能船舶发展顶层规划，初步建立智能船舶规范标准体系，突破航行态势智能感知、自动靠离泊等核心技术，完成相关重点智能设备系统研制，实现远程遥控、自主航行等功能的典型场景试点示范，扩大典型智能船舶“一个平台＋N个智能应用”的示范推广，初步形成智能船舶虚实结合、岸海一体的综合测试与验证能力，保持我国智能船舶发展与世界先进水平同步。

## 三、重点任务

### （一）全面强化顶层设计

研究制定我国智能船舶中长期发展规划。深入分析智能船舶发展趋势，明确智能船舶概念与分级分类，研究提出智能船舶技术体系框架，制定技术发展路线图。研究制定智能船舶规范和标准体系建设指南。加强智能船舶配套基础设施研究，提出总体布局规划方案。开展智能船舶相关法律法规梳理，提出需求框架，启动急需法律、法规和相关政策性文件的制修订。

### （二）突破关键智能技术

加强船舶智能系统总体设计，整合行业内外创新资源，突破智能船舶基础共性技术和关键核心技术。重点围绕智能感知、智能航行系统等研制需求，着重提升船舶总体、动力、感知、通信、控制、人工智能等多学科交叉的集成创新能力。

**专栏1　关键智能技术**

**智能系统总体设计：**开展系统架构设计、应用模式、信息流程、集成框架、标准接口等研究，研制全船综合智能管理及控制系统。

**智能感知系统：**开展智能硬件支持下的船用传感技术和多源感知数据融合技术研究，研制涵盖航行环境、船舶状态、设备状态、货物状态等数据采集与数据融合的感知系统。

**网络与通信系统：**开展船域网、船岸交互、船舶海上自组网等技术研究，研制面向全船信息交互及协同控制的船域网络系统，低延时、低成本、小功耗、数据轻量化传输的船岸一体通信系统和船舶通信系统。

**智能航行系统：**开展基于态势感知的智能航行技术、船岸协同下的远程遥控驾驶技术、自主航行避碰技术等研究，研制智能航行系统。

（三）推动船用设备智能化升级

围绕智能船舶辅助决策、自主控制等功能需求，系统梳理感知与控制基础元器件技术要求，着重补齐短板，强化综合集成。推动船舶航行、作业、动力等相关设备的智能化升级，研制信息和控制高度集成的新型船用设备，全面提升船舶智能化水平。

专栏2　基础元器件补短板与设备智能化升级

**感知与控制基础元器件：**梳理智能船舶感知与控制基础元器件技术要求和产品谱系，重点开展综合集成与应用研究。

**现有设备智能化升级：**重点开展动力机电、通信与导航、靠离泊、货物操作、舱室设备等现有船舶设备系统的智能化升级。

**新型智能设备研制：**研制信息和控制高度集成的新型船用设备，开展新型船用动力设备和新型船船自组织通信设备的应用研究。

（四）提升网络和信息安全防护能力

充分利用相关行业科研基础和科技成果，加强网络与链路安全、系统硬件与软件安全、数据安全等方面应用研究，全面提升智能船舶网络和信息安全防护能力，确保安全、可靠、可控。

专栏3　网络和信息安全

**网络与链路安全：**开展船—岸—港、船船和船舶内部网络和数据链路抗干扰、防阻断、反窃听等研究。

**系统硬件与软件安全：**开展相关智能应用系统硬件加固技术研究以及软件防止非法访问、程序篡改、违规操控等安全防护研究。

**船舶数据安全：**面向船舶智能化管理与控制需求，重点开展数据加密、防篡改、数据恢复等研究。

（五）加强测试与验证能力建设

充分利用现有条件与基础，突破半物理环境测试、跨域协同测试等技术，建立涵盖智能器件、智能设备、智能系统以及整船的多层级综合测试验证平台，建设满足多场景实船测试要求的水上综合试验场，构建虚实结合、岸海一体的综合测试与验证能力，打造智能船舶试验、验证、评估、检验的服务体系。

专栏4　测试与验证

**测试与验证技术：**开展虚实结合的场景导调、高精度模拟器、半物理环境测试、跨域协同测试等技术研究。

**综合测试与验证平台：**重点开展试验平台总体设计、测试基础环境、测试场景库、典型应用测试与验证等研究，研制岸海一体综合测试与验证平台。

**水上综合试验场：**开展智能船舶水上试验场总体方案研究，搭建相应的组网通信、高精定位和立体感知服务网络，建设交管雷达、岸基船舶自动识别系统（AIS）基站、航标、水中标定、电子围栏、陪试船等水上测试基础环境。

（六）构建规范标准体系

开展智能船舶规范标准制修订工作，规范相关术语和智能化分级，推动建立统一协调的信息交互、数据传输、网络和信息安全标准，逐步构建覆盖设计、建造、测试与验证、运营等方面的智能船舶规范标准体系。积极参与和推动智能船舶相关国际海事公约、规范标准的制修订。

专栏5 规范标准

**智能船舶规范**：结合国际国内智能船舶及系统设备发展，不断完善智能船舶规范及相关检验指南。

**基础通用标准**：研究智能船舶相关术语、分级分类、通信协议与接口、数据传输与交换等标准。

**船载系统标准**：研究智能集成平台、智能航行系统、智能机舱、智能能效管理、智能货物管理等标准。

**岸基系统标准**：研究岸基系统的信息管理、远程控制、数据服务等标准。

**网络和信息安全标准**：研究网络与链路、系统硬件与软件、数据信息的安全及评价标准。

**测试与验证标准**：研究测试方法、测试项目、验证程序、评价指标等标准。

**（七）推动工程应用试点示范**

积极推进智能技术工程化应用，以新建智能船舶的试点示范，带动营运船舶的智能化改造升级，不断拓展各类智能船舶及智能系统设备的应用范围。以技术发展为牵引，以市场需求为导向，统筹推进内河、沿海、远洋各类智能船舶的试点示范。

专栏6 试点示范

**新建智能船舶试点示范**：开展智能船舶集成平台以及智能航行、智能机舱、智能船体、能效管理等应用系统的试点示范，实现“一个平台+N个智能应用”模式在三大主流船型的示范应用。

**标准化智能系统应用推广**：形成“一个平台+N个智能应用”模式的产品型谱，加大在内河、沿海、远洋运输船舶的应用推广力度，推动对现有营运船舶的智能化改造升级。

**个性化智能系统试点应用**：开展辅机管控、货物装卸、岸基支持、港区消防、应急救援、定制服务等个性化智能应用系统在适用船型上的试点应用。

**（八）打造协同发展生态体系**

促进船岸协同，推动岸基共享云服务平台建设，实现船船、船岸、船港的信息互联互通；围绕航运、港口、物流等相关需求，推动船舶航行、靠离泊、营运管理、货物装卸等方面的智能应用。推进船舶设计、建造、配套、营运、检验等相关环节协同发展，逐步构建和完善智能船舶发展生态体系。

**（九）促进军民深度融合**

加强智能船舶军民通用规范标准体系建设，统筹智能船舶研发、设计、制造、配套及关键元器件资源，推进创新平台、综合测试与验证平台及综合测试场的规划布局和共建共享。加强军民科技成果双向转化，推动北斗定位导航系统等在智能船舶领域的广泛应用，促进雷达、夜视装备、微机电系统、天基通信系统、目标探测等技术在民用领域的转化应用。

## 四、保障措施

**（一）加强组织实施**

建立政府、企业、行业组织和专业机构等协同推进机制，强化部门协同和上下联动。充分发挥行业组织、专业机构在政策宣贯、技术指导、交流合作、成果推广等方面的平台作用。有效利用中央和地方资源，吸引调动相关社会资源，统筹推动智能船舶发展。

**（二）完善激励政策**

综合运用中央和地方现有政策，加大对智能船舶关键技术研究、基础软硬件开发、智能系统设备研制、试点示范等方面的支持力度。进一步加强智能船舶领域的知识产权保护，建立健全成果转化、推广应用等激励机制，营造智能船舶健康发展的良好环境。

**（三）推进跨界融合**

搭建智能船舶跨界交流合作平台，集聚行业内外重点企业、高等院校、科研院所、配套供应商等开展技术需求对接，推动数据资源合理共享，促进务实合作与协同创新。鼓励互联网、大数据、人工智能等领域专业企业和服务机构与船舶、航运企业加强合作，提供行业解决方案，推广行业最佳应用实践。

**（四）加快人才培养**

打造多种形式的高层次人才培养平台，鼓励骨干企业和科研单位依托重大科研项目和示范应用工程，培养和引进一批智能船舶领军人才和青年拔尖人才。加强后备人才培养力度，鼓励企业和高等院校深化合作，优化学科和课程设置，扩大相关专业学生规模，为智能船舶发展提供智力保障。

**（五）加强国际合作**

进一步加大参与相关国际组织事务工作力度，充分利用政府间双多边合作机制，鼓励围绕智能船舶技术、产业、人才培养等方面开展多种形式的国际交流与合作。构建国际化创新合作机制与平台，高效利用全球创新资源，加快推进产业链、创新链、价值链的全球配置，全面提升智能船舶发展能力。

# 工业和信息化部 国防科工局关于印发《推进船舶总装建造智能化转型行动计划（2019—2021年）》的通知

工信部联装〔2018〕287号

各省、自治区、直辖市及计划单列市船舶工业、国防科技工业主管部门，有关行业协会，有关中央企业：

现将《推进船舶总装建造智能化转型行动计划（2019—2021年）》印发给你们，请结合实际，认真抓好贯彻落实。

附件：推进船舶总装建造智能化转型行动计划（2019—2021年）

工业和信息化部

国防科工局

2018年12月27日

附件

## 推进船舶总装建造智能化转型行动计划（2019—2021年）

为贯彻落实党中央、国务院关于建设制造强国和海洋强国的决策部署，加快新一代信息通信技术与先进造船技术深度融合，逐步实现船舶设计、建造、管理与服务全生命周期的数字化、网络化、智能化，推动船舶总装建造智能化转型，促进船舶工业高质量发展，打造国际竞争新优势，制定本行动计划。

### 一、发展现状和形势

随着新一代信息通信技术的快速发展，数字化、网络化、智能化日益成为未来制造业发展的主要趋势，世界主要造船国家纷纷加快智能制造步伐。船舶制造是典型的离散型生产，由于船厂空间尺度大、船舶建造周期相对较长、工艺流程复杂、单件小批量、中间产品种类非标件数量多、物理尺寸差异大、作业环境相对恶劣，对数字化、网络化、智能化技术应用提出了特殊要求。

21世纪以来，我国船舶工业实现了快速发展，骨干造船企业建立起以中间产品组织生产为特征的现代总装造船模式，并不同程度地开展了智能化转型探索工作，取得了一定成效。但是，总体上我国船舶制造业仍处于数字化制造起步阶段，而且各造船企业发展水平参差不齐，三维数字化工艺设计能力严重不足，关键工艺环节仍以机械化、半自动化装备为主，基础数据缺乏积累、信息集成化水平低等突出问题亟待解决。

我国船舶工业正处在由大到强转变的战略关口，造船企业应在全面建立现代造船模式基础上，把握机遇，顺应趋势，主动作为，努力赶超，推动我国船舶总装建造智能化水平迈上新台阶。

## 二、总体要求

### （一）指导思想

以习近平新时代中国特色社会主义思想为指导，全面贯彻党的十九大和十九届二中、三中全会精神，坚持新发展理念，紧密围绕制造强国和海洋强国建设战略目标，以提升造船质量、效率和效益为核心，以全面推进数字化造船为重点，以关键环节智能化改造为切入点，促创新、补短板、强基础、推示范，促进船舶设计、建造、管理与服务数字化网络化集成，加快提升船舶建造技术水平，增强国际竞争力，支撑我国船舶工业由大到强转变。

### （二）基本原则

**夯实基础，补齐短板**。面向行业智能制造发展需求，完善船舶精益制造体系和智能制造标准体系，加强船厂互联网基础设施建设。围绕关键环节，补齐关键技术和柔性化、自动化、智能化造船装备短板，结合船舶制造特点，充分发挥人与机器智能协同优势。

**重点突破，以点带面**。立足船舶建造关键薄弱环节，特别是脏、险、难工作，集中优势力量和创新资源，开展重点领域软件系统、硬件装备的研发与应用，构建船舶智能制造单元、智能生产线和智能化车间，通过示范，由点到面推进实施，带动行业技术进步与节能环保水平提升。

**协同创新，开放融合**。构建产学研用协同创新机制，促进关键技术和工艺、智能制造装备和发展模式的创新突破。坚持军民融合、跨界融合，建立开放高效、合作共赢的智能制造生态体系，在标准制定、人才培养等方面加强国内外交流合作。

**远近结合，分类施策**。强化顶层设计，着眼长远，体系布局，着眼当前急需，推动试点先行。结合造船企业自身基础和条件，选择适合发展路径，通过填平补齐、升级改造等多种方式有序推进。

### （三）主要目标

经过三年努力，船舶智能制造技术创新体系和标准体系初步建立，切割、成形、焊接和涂装等脏险难作业过程劳动强度大幅降低，作业人员明显减少，造船企业管理精细化和信息集成化水平显著提高，2～3家标杆企业率先建成若干具有国际先进水平的智能单元、智能生产线和智能化车间，骨干企业基本实现数字化造船，实现每修正总吨工时消耗降低20%以上，单位修正总吨综合能耗降低10%，建造质量与效率达到国际先进水平，为建设智能船厂奠定坚实基础。

——突破一批关键技术和智能制造装备。突破总体、设计、工艺、管控和决策5类船舶智能制造关键技术；攻克船体零件智能理料、船体零件自由边智能打磨、小组立智能焊接、中组立智能焊接、分段外板智能喷涂、管件智能加工6种船舶智能制造短板装备。

——形成一批智能制造标准和平台。制修订船舶智能制造标准20项以上，建设试验验证平台4个以上、公共服务平台3个以上。

——建成一批智能制造单元、智能生产线和智能化车间。形成型材加工、板材加工、分段喷砂除锈、分段涂装以及VOC处理等智能制造单元，建成型材切割、小组立、中组立、平面分段、管子加工、构件自由边打磨6种船舶中间产品智能生产线，以及分段制造、管子加工、分段涂装等船舶智能化车间。

## 三、重点任务

### （一）攻克智能制造关键共性技术和短板装备

1. 突破船舶智能制造关键共性技术。面向智能制造单元、智能生产线、智能车间建设，加快物联网、大数据、虚拟仿真、系统协同、人工智能等技术应用，突破船舶智能制造总体技术、工艺设计、智能管控、智能决策等一批关键共性技术；研发船舶智能制造核心支撑软件，构建船舶行业工业软件体系。

| 专栏1　船舶智能制造关键共性技术研发重点 |
| --- |
| 智能制造总体技术。重点研究并突破船舶智能制造新模式、船舶车间（船体分段、管子加工、分段涂装等）智能制造解决方案、船舶典型中间产品（型材、条材、小组立、中组立、平面分段及管子加工）生产线设计集成与 |

控制技术、统一数据库集成技术等。

智能化工艺设计技术。重点研究并突破面向智能制造的船体构件加工成形工艺设计技术、中小组立焊接工艺设计技术、船体分段外板涂装工艺设计技术、管子法兰焊接工艺设计技术等。

智能制造工艺技术。重点研究并突破面向智能制造的船体构件切割和成形工艺、复杂构件焊接工艺、船体分段涂装工艺、船体结构装配工艺、管子装配焊接工艺、舾装件精准安装工艺、船舶工艺知识库等技术。

制造过程智能管控技术。重点研究并突破物料统一编码及管理技术、无接触式（如激光）在线自动检测技术、生产现场信息实时传输/存储/处理技术、车间作业计划排产与自适应调整技术、物流实时管控技术、船舶制造精度和品质管控技术、船舶工业云平台技术等。

关键制造环节智能决策技术。重点研究并突破船体结构视觉识别与自动寻定位技术、焊接机器人自适应控制技术、船舶智能制造多机器人协同作业技术、智能制造装备在线标定与误差补偿技术、船舶智能制造质量在位检测技术等。

智能制造工业软件。重点研发基于统一模型的三维设计软件、数值分析与可视化仿真软件、基于数据驱动的工艺及生产物流仿真软件、车间制造执行系统（MES）和制造运营管理（MOM）系统软件、大数据管理和实时数据智能处理系统软件等。

2. 研制关键环节智能短板装备。针对船舶分段制造过程中的船体零件切割、成形、焊接、涂装等脏险难与简单重复的作业过程，以及检测与装配、物流与仓储等关键环节，以船舶智能制造单元、智能生产线建设需求为牵引，研制一批造船专用智能制造装备，实现工程应用和产业化，支撑造船关键工序的自动化、数字化、智能化作业。

专栏2　船舶智能短板装备研制重点

智能切割成形装备。型材智能切割装备、船体零件理料与打磨智能化装备、肋骨与曲板三维成形智能化装备等。

智能装配焊接装备。小组立智能化焊接装备、中组立智能化焊接装备、管子法兰智能化装焊装备、高功率激光复合焊接装备等。

智能涂装装备。VOC 高效节能智能处理装置、智能无尘喷砂除锈装置和船体智能外板涂装装备等。

智能物流和仓储装备。船体零件识别与自动分拣装备、船舶托盘运输 AGV 小车等。

### （二）夯实船舶智能制造基础

3. 推进基础管控精细化、数字化。系统构建涵盖船舶制造全过程的中间产品体系和中间产品壳舾涂完整性标准；实行拉动式工程计划管理，制定中间产品生产期量标准，建立适应智能化造船新模式的工时管理系统，实现量化的精益管理；构建企业造船精度补偿模型及数据库，推进以补偿量替代余量，将造船精度控制从船体搭载工序向切割加工工序、从船体工程向舾装工程延伸扩展，推进全工艺过程的无余量制造。

4. 构建船厂信息基础设施。改造船厂企业内网络，实现船舶设计、制造、管理和服务等各类系统的互联互通；加快工业互联网标识解析集成创新应用，推进（设计）数字流、（人员）工时流、物流、资金流、能耗、设备、人员等船舶制造过程海量多源异构数据信息的实时采集与传输，形成高效可靠的船厂工业互联网网络基础设施，加强企业网络与数据安全能力建设；全力推动船舶设计、制造、管理和服务等云服务平台建设，推动企业信息集成与产业链协同运营。

专栏3　船厂信息基础设施建设重点

船厂网络基础。利用光纤通信、4G/5G 移动通信、短距离无线通信以及现场总线、工业以太网、工业无线等通信网络技术，建设改造企业内外网络，加强卫星通信和定位系统应用，实现对船厂数据进行全方位采集和传输。

船舶建造多源数据采集系统。建立包含实时数据采集、结构化和非结构化数据采集系统，为大数据技术应用提供数据基础。重点解决基于物联网技术，实现船舶建造进度、质量、设备状态、能源消耗、物流、人员定位、车辆跟踪、设备监控等的实时数据采集。

船舶制造云平台。逐步打造船舶行业云平台，形成覆盖行业产业链的云应用集群，突破地域、组织、技术的界限，整合集聚、开放、共享各类要素和资源，推动制造资源对接和优化配置，打通产业链上下游信息流、业务流、资金流，推动产业链协同创新和生态化发展，促进云制造、智能工厂、个性化定制、服务型制造等新型制造模式的形成。

5. 建立船舶智能制造标准体系。对接国家智能制造标准体系，针对船舶工业特点，构建船舶智能制造标准体系。按照急用先行原则，着重围绕船舶智能车间，从总体规划、智能设计、智能工艺、智能装备、智能管理和互联互通六个方面推进智能制造标准研究，构建标准试验验证平台（系统），开展技术规范、标准全过程试验验证，形成有力标准支撑。

专栏4 船舶智能制造标准体系建设重点

船舶智能制造基础共性标准。包括术语、符号、编码、标识、模型、元数据与数据字典等标准，信息安全、数据安全、网络安全、系统安全、功能安全等标准，检测要求、检测设备、指标体系、评价方法等标准。

船舶产品协同设计标准。包括设计出图、数据生成、几何信息和属性信息、模型命名、编码原则等标准；厂所协同、数据协同等标准；模型定义、模型简化及处理、模型分类及输出等标准。

船舶智能化工艺设计标准。包括数字化工艺设计完整性及三维建模要求、三维模型设计数据交换标准及数据接口标准、船体构件智能化加工、装配及焊接工艺设计要求、面向智能制造的产品数据管理要求、建造过程工艺仿真要求、面向现场作业的三维作业指导书编制要求等。

船舶智能工艺标准。包括智能工艺检测标准，工艺知识建模、工艺知识数据库设计、工艺决策评价、工艺信息集成等工艺规范，型材加工、曲板冷热加工、对接缝焊接、平直构件焊接、船体分段焊接、管子制作、智能涂装、涂层智能检测等典型作业环节工艺规范。

智能装备标准。包括等离子切割机、型材智能切割装备、曲板数控成形装备等切割加工装备，$CO_2$半自动焊机、组立智能焊接装备等焊接装备的识别与传感标准、数据接口标准、控制系统标准。

智能管理标准。包括船体分段智能车间设计工艺仿真与信息集成应用、中间产品制造精度管控、作业计划编制、仓储物资分类与编码、信息采集与管控、质量管控、车间MES与ERP/PDM集成等标准。

互联互通标准。包括智能车间信息感知通用要求、组网要求、数据传输要求、数据存储要求以及大数据应用准则等。

船舶智能车间总体规划标准。包括船舶智能车间总体技术要求、车间工艺布局要求，以及预处理流水线、型材智能切割生产线、小组立智能生产线、中组立智能生产线、平面分段智能生产线等智能生产线技术要求。

**（三）推进全三维数字化设计**

6. 推进基于模型的数字化设计体系建设。研究并建立统一的设计标准、工具集、基础资源库和管理流程，形成三维数字化设计与工艺设计的软件系统，打通从三维设计到生产现场的交互数据流，推进面向现场作业的三维工艺可视化仿真，促进基于模型的设计/工艺/制造协同。

7. 推进船舶产品数据管理信息化。研究并掌握面向智能制造的船舶产品数据组织、船舶生产设计系统数据集成、精细化工时物量管理、设计工艺信息管理、设计及物资编码映射、工时物量与任务包/工作指令（WP/WO）的关联等关键技术，形成面向智能制造应用的船舶产品数据管理系统（PDM），提升船舶设计数据管理水平，加快生产设计数据的统一管理和集成应用。

8. 推进三维数字化交付。基于船舶单一数据源，应用三维可视化技术，建立包含设计信息、图纸审查信息、工艺信息、运维信息等要素的一体化三维数字化模型，打通船舶全生命周期数据链，推进基于一体化数据源的全要素、全生命周期设计、送审、建造、检验、管理、运维，适应船东运营数据要求，推动完工产品数字化交付。

专栏5　推进全三维数字化设计工作重点

初步设计、详细设计与生产设计协同。提出基于统一数据库的三维模型初步设计、详细设计方法、三维模型送审模式及三维审图方法，推出送、退审三维模型数据规范及数据接口标准，实现基于三维模型的初步设计、详细设计及审图；掌握面向生产设计的分段生成、典型船体结构详细与生产设计模型协同、管系和电气原理设计与生产设计协同等关键技术，形成详细设计与生产设计模型数据无缝对接，实现船舶详细设计与生产设计业务与系统的集成协同。

船舶智能化工艺设计。研究建立多型设计软件的模型导出接口软件、焊接工艺及路径自动规划软件、基于三维模型的焊接工艺离线编程、基于激光扫描的在线编程软件系统，支撑船舶钢材切割、中小组立焊接、分段涂装等智能化作业。

船舶智能制造工艺及数据库应用。围绕型材加工、板材加工、管材加工装配与焊接、零部件铸锻加工、零部件装配与焊接以及分段涂装等关键环节工艺，建立三维设计智能工艺数据库，有效管理新工艺，满足船舶智能制造对工艺的精准使用需求。

面向现场作业的三维工艺可视化仿真。掌握基于三维模型的工艺可视化设计、大规模产品设计数据组织与存储等关键技术，构建船舶三维作业指导系统与车间三维作业指导平台，打造基于三维模型的船舶工艺指导新模式，提高船舶建造效率。

船舶产品数据管理系统。突破船舶生产设计数据组织、船舶生产设计系统数据集成、精细化工时物量管理、设计工艺信息管理、设计及物资编码映射、工时物量与WP/WO的关联等技术，构建产品数据管理系统。

### （四）加快智能车间建设

9. 持续优化造船工艺流程。以船舶制造的加工、配送、装配、焊接、涂装等关键工艺环节为重点，推进车间总体设计、工艺流程及布局的数字化建模，分析优化适应智能制造需求的各工序、生产线、车间的工艺流程与端到端数据流，实现物流与信息流的有机统一；结合与生产工位功能相匹配的专用工装和自动化、智能化装备，构建人员、设备与信息相协调的生产工位；运用大数据技术对生产过程中不断产生的海量数据进行分析挖掘，实现造船工艺流程的持续优化和改进。

10. 加快中间产品智能生产线建设。以船舶分段制造为重点，强化底层设备数字化网络化改造，全面推进船舶中间产品流水线的数字化、智能化升级改造与建设，逐步实现零件、小组立、中组立、平面分段、管子等各类中间产品数字化、智能化流水式批量生产。

11. 建设车间制造执行系统。以企业资源计划（ERP）平台为基础，加快推进智能车间制造执行系统（MES）建设，实现船舶车间计划、调度、设备、生产、效能的全过程闭环管理，并与企业资源计划平台实现高效的协同与集成。

12. 推动数字化车间应用示范。推进车间互联互通平台、车间智能管控系统建设，形成集计划管理、过程协同、设备管控、资源优化、质量控制、决策支持等功能于一体的智能化车间，并在船体分段、管子加工、分段涂装等关键环节加快应用示范，树立行业标杆。

**（五）推动造船数字化集成与服务**

13. 推进设计生产管理一体化信息集成。基于一体化数据源，全面集成产品数据管理系统（PDM）、企业资源规划系统（ERP）和制造执行系统（MES），打通设计、制造、管理与服务的信息通道，实现设计、生产和管理等关键环节的信息集成和持续优化。

14. 加强造船产业链信息集成。推进船舶行业工业互联网建设，加快客户关系管理、供应链管理、远程运维服务等系统的推广应用，逐步打通与船东、设计公司、船检、供应商间的信息链条，为实现企业间无缝合作以及有效的信息集成与管控，发展服务型制造打下坚实的基础。

15. 探索造船大数据分析与决策。搭建船舶建造过程大数据平台，推动船舶制造过程大数据的存储、分析、可视化、模式识别、人工智能决策等技术的研发与创新应用，为智能装备运行、车间智能管控和企业智能决策等提供技术支撑，显著提升船厂生产过程决策水平和管理效率。

## 四、保障措施

**（一）加强组织协调**

加强政府、行业组织、企业等多方联动，有效利用中央、地方和其他社会资源，加快协同推进。鼓励各地区结合当地实际，研究制定相关配套支持政策。充分发挥行业中介组织、专业机构在加强政策宣贯、企业评估、技术指导、交流合作、成果应用推广等方面的平台作用，引导造船企业加快智能化转型。造船企业（集团）要结合实际情况，制定具体行动方案，加强组织领导，确保各项任务落到实处。

**（二）强化创新和示范应用的支持力度**

充分利用现有渠道，加大对船舶智能制造关键技术研究、标准制定、智能制造装备研制、工业软件开发以及行业性大数据中心建设等方面的支持力度。支持智能化试验验证平台建设，开展船舶智能制造工艺、装备、软件、关键技术、标准等验证，鼓励其发展成为行业公共服务平台。鼓励造船企业积极协同装备生产企业，建立创新联合体，加快智能制造短板装备的研发、工程化和产业化。充分利用首台（套）重大技术装备、工业互联网示范应用有关政策，促进船舶智能制造装备创新应用。

**（三）加大金融支持力度**

鼓励政策性银行和开发性金融机构加大对船舶总装建造智能化转型的融资支持力度。鼓励商业性金融机构在风险可控、商业可持续的基础上，为船舶智能制造项目提供融资条件。鼓励建立船舶智能制造发展基金，引导社会资本参与船舶智能制造关键技术和装备的研发及产业化推广应用。

**（四）大力培育系统解决方案供应商**

面向船舶智能制造发展需求，推动造船企业与智能制造装备、自动化、信息技术等不同领域企业开展分工合作与协同创新。依托中国智能制造系统解决方案供应商联盟船舶行业分盟，探索船舶行业系统解决方案供应商推荐与工作机制，逐步培育若干在国内外具有一定影响力的船舶行业智能制造系统解决方案供应商，提升船舶智能制造创新服务能力。

**（五）加强人才队伍建设**

鼓励支持有条件的高校、院所、企业建设船舶智能制造实训平台，开展相关管理人才和技能人才的培养。鼓励高校开展船舶智能制造学科体系和人才培养体系建设，建立船舶智能制造人才需求预测和信息服务平台。鼓励骨干企业依托国家重大科研项目和示范应用工程等，引进和培养船舶智能制造高层次领军人才。

**（六）深化国际交流合作**

围绕船舶智能制造技术及装备研发、标准制定和示范应用等，鼓励造船企业、科研院所与国外相关机构开展多层面、全方位、跨行业的技术交流与合作。同时，积极参与相关国际规则规范标准的研究制定，推动我国船舶工业智能制造水平大幅提升。

# 第六篇

# 专　题　篇

# 2018年工业发展政策环境与法制建设

2018年，工业和信息化政策法规工作牢牢把握全面深化改革和全面依法治国两大主题，积极服务于“制造强国”发展战略，工业领域改革不断深化，工业发展政策进一步完善，工业立法取得新进展，我国工业发展政策法规环境不断优化。

## 政策环境建设

扎实推进体制改革工作。落实《深化党和国家机构改革方案》中涉及工业和信息化部改革事项，完成相关机构和人员转隶工作；加快推进盐业体制改革，盐行业实现政企分开，打破区域封锁和产销分离；推动完善中国烟草总公司公司制改革方案及烟草体制改革；落后产能退出长效机制不断完善，工业产能利用率稳中有升。参与深化国企改革工作，配合起草经营性国有资产集中统一监管试点意见等政策文件，推动国有企业改革“1＋N”系列文件落实落地。分类开展改革督察工作，确保各项改革工作顺利推进。

一、“放管服”改革取得新进展。全面规范并大力推广“双随机一公开”监管，发布《工业和信息化部随机抽查事项清单（2018年版）》《“双随机一公开”监管实施办法》文件。开展证明事项清理工作，确认工业和信息化部416项证明事项，建议保留281项、取消135项，并按程序发布了“取消一批证明事项”的部令。积极推动工业产品生产许可证改革及“证照分离”改革相关工作，工业产品生产许可证取消14类、下放4类，调整后保留对24类产品实行生产许可证管理，进一步解决强制性认证收费问题。

二、推进工业领域企业社会责任建设。2018年，工业和信息化部政策法规司指导江苏等地开展企业社会责任综合评价工作；支持中国电子工业标准化技术协会、中国通信企业协会、中国水泥行业协会等团体编制并应用行业社会责任指南或社会责任管理体系；支持中国工业经济联合会、中国新闻社、中国纺织工业联合会等举办相关社会责任活动。推进企业社会责任建设的国际交流合作，与经济合作与发展组织（OECD）、全球贸易协会、德国国际合作机构、中国欧盟商会等国际组织机构进行交流，推进工业企业社会责任合作和标准互认，减轻中国中小企业验厂负担，为中国企业发展营造良好的国际环境。

三、持续推进政策研究工作。一是围绕制造强国建设，跟踪研判热点难点问题，提出助力优质企业上市、降低制造企业税费、完善社保征缴政策、完善我国创新产品推广应用等政策建议；围绕行业关注问题，跟踪国内外产业动态，形成有关先进制造业等专题参阅材料，围绕工业和信息化发展的战略性、前瞻性问题深入开展专题研究。二是推动成立工信智库联盟，开通工信智库网站，举办工信智库论坛与专题讲座，组织赴德国开展智库培训，组织开展先进制造业发展、制造业高质量发展等研讨交流活动，促进了智库水平的提升。遴选19个重点课题，组织18家国家高端智库开展研究，更好地集聚智力资源推进重点工作。三是加强课题研究与管理，不断提升工业和信息化部重大软课题管理的规范化、制度化水平，加强重大课题研究成果运营。

# 法制建设

## 一、《食盐专营办法》修订

2016 年 4 月，国务院正式印发《盐业体制改革方案》（国发〔2016〕25 号）。落实《盐业体制改革方案》确定的各项改革措施，保障盐业体制改革顺利进行，需要对《食盐专营办法》进行修订。2017 年 12 月 26 日，李克强总理签署第 696 号国务院令，公布了新的《食盐专营办法》。

修订后的《食盐专营办法》是以习近平新时代中国特色社会主义思想为指导，深入贯彻党的十九大精神，按照党中央、国务院决策部署开展的一项重要工作。此次修订紧扣盐业体制改革任务，以确保食盐质量安全和供应安全为核心，坚持依法治盐，主要体现在以下方面：

（一）完善食盐专业化监管体制。根据《盐业体制改革方案》关于保持现有专业化食盐监管体制不变，探索推进食盐安全监管体制改革，创造条件将食盐质量安全管理与监督职能移交食品药品监管部门或市场监管部门负责的要求，将食盐监管区分为食盐专营监管和食盐质量安全监管，维持了盐业主管部门负责食盐专营工作的职责，并增加规定国务院食品药品监管部门和县级以上地方人民政府确定的部门负责食盐质量安全监督管理的职责。同时，明确盐业主管部门应当加强工业用盐等非食用盐的管理。

（二）完善食盐专营制度。一是坚持和完善食盐定点生产、定点批发制度。明确省级盐业主管部门按照统一规划、合理布局的要求，审批确定食盐定点生产、定点批发企业。二是取消食盐产、运、销等环节的计划管理。取消现行办法中关于食盐生产、批发、分配调拨、运输等实行指令性计划管理以及核发食盐准运证的规定。三是取消食盐产销隔离、区域限制制度，打破垄断。规定食盐定点生产企业申请经营食盐批发业务，省级盐业主管部门应当颁发食盐定点批发企业证书，明确食盐定点批发企业在国家规定的范围内销售食盐，任何单位或者个人不得组织或者限制食盐产销。四是改革食盐定价机制。取消国家规定食盐价格的规定，明确食盐价格由经营者自主确定。增加规定县级以上地方人民政府价格主管部门应当加强食盐零售价格的市场日常监测，当食盐价格显著上涨或者有可能上涨时依法采取价格干预或者其他应急措施。

（三）完善食盐供应安全的制度。一是改革食盐储备制度。规定省级盐业主管部门建立健全食盐储备制度，承担政府储备责任，食盐定点生产、定点批发企业承担企业食盐储备责任。二是保障食盐供应。规定县级以上地方人民政府采取必要措施，保障边远地区和民族地区的食盐供应。同时规定盐业主管部门应当会同有关部门制定食盐供应应急预案，在发生突发事件时，协调、保障食盐供应。

（四）强化食盐质量安全管控措施。一是明确国务院食品药品监管部门和县级以上地方人民政府确定的部门负责食盐质量安全监督管理的职责。二是严防工业盐等非食用盐流入食盐市场。对食盐定点生产企业、定点批发企业和非食用盐生产企业规定了产购销记录制度。规定食盐定点批发企业应当从食盐定点生产企业或者其他食盐定点批发企业购进食盐，食盐零售单位应当从食盐定点批发企业购进食盐。规定食盐应当按照规定在外包装上作出标识，非食用盐的包装、标识应当明显区别于食盐。三是明确禁止销售不符合食品安全标准的食盐，禁止将液体盐、工业用盐、井矿盐卤水熬制的盐等作为食盐销售。

（五）完善监管手段和处罚措施。一是增加规定食盐企业及董事、监事、高级管理人员信用管理机制，建立健全信用信息记录和公示制度，对影响食盐安全的严重违法行为，采取食盐行业禁入措施。二是规定了盐业主管部门调查涉嫌盐业违法行为可以依法采取的监督检查措施，增加了部门之间行政执法协作配合和加强信息共享的规定，引入社会监督机制。三是加大处罚力度，将食盐违法行为的罚款额度由目前的“三倍以下罚款”，提高到“五万元以下的罚款”和“货值金额五倍以上十倍以下的罚款”，对将非食盐产品作为食盐销售等行为规定了吊销企业证书等处罚措施。

## 二、《民用爆炸物品生产许可实施办法》（以下简称《办法》）修订

2018 年 10 月 24 日，工业和信息化部第 5 次部务会议审议通过了《办法》。2018 年 11 月 9 日公布《办法》（工业和信息化部令第 49 号），自 2019 年 1 月 1 日起施行。

《办法》共五章三十条。主要修订内容有五个方面：

（一）简化申请许可的条件及材料。考虑到《民用爆炸物品安全生产许可实施办法》已经规定了厂房、仓库、生产设备、工艺须符合的具体标准，本《办法》中删除了相关标准名称的表述，只从原则上规定厂房、专用仓库、生产设备、工艺技术要符合安全生产标准、规范和规程，并简化了申请许可时需要提交的材料（第六条、第七条）。

（二）优化生产许可申请程序。为了便于申请人申请，减少企业重复报送材料，《办法》优化了生产许可到期延续，变更生产品种及年生产能力，变更企业名称等情形，需要提交的材料及办理时限（第十一条、第十二条、第十三条）。同时，为减少行政许可办理事项，《办法》规定：民用爆炸物品生产企业不改变生产品种及年生产能力，在现有生产线原址进行技术改造的，不用申请生产许可，只需向省级民爆行业主管部门备案（第十四条）。

（三）建立授权生产制度。考虑到民爆物品生产许可为“先证后照”，为了解决集团各子公司没有民用爆炸物品生产许可证就无法进行工商注册的问题，《办法》规定：民用爆炸物品生产企业经工业和信息化部批准，可以授权其持股比例不少于 51% 并符合民用爆炸物品生产条件的企业生产其获准生产的民用爆炸物品（第十六条）。

（四）建立年度报告制度。根据国务院“放管服”改革要求，将民爆物品生产企业年检改为年度报告制度。《办法》规定：民用爆炸物品生产企业应当于每年 5 月 31 日前向注册地省级民爆行业主管部门报送年度报告表，省级民爆行业主管部门汇总后报送工业和信息化部（第十八条）。

（五）完善事中事后监督管理。按照国务院关于推广随机抽查的改革精神，《办法》规定：工业和信息化部建立“双随机一公开”检查制度，对民用爆炸物品生产企业进行监督检查（第十九条）。为方便省级民爆行业主管部门依据地方实际，委托地方民爆行业主管部门实施行政处罚，《办法》规定：省级民爆行业主管部门可以委托地方民用爆炸物品行业主管部门实施本办法规定的行政处罚，并对行政处罚的后果承担法律责任（第二十八条）。

## 三、《〈中华人民共和国监控化学品管理条例〉实施细则》修订

2018 年 7 月 2 日，工业和信息化部公布了修订后的《〈中华人民共和国监控化学品管理条例〉实施细则》（工业和信息化部令第 48 号，以下简称《细则》）。

《细则》共八章六十一条，主要修订了以下内容：

（一）完善了相关行政许可的条件、程序等。《细则》根据《中华人民共和国行政许可法》和国务院“放管服”改革的要求，在原《细则》的基础上，进一步优化和明确了“第二、第三类监控化学品和第四类监控化学品中含磷、硫、氟的特定有机化学品生产特别许可”“第二类监控化学品经营许可”“第二类监控化学品使用许可”等相关行政许可事项的实施主体、条件、程序、期限等规定。

（二）细化了监控化学品数据申报制度。根据《禁止化学武器公约》关于成员国要宣布其监控化学品相关活动和数据的要求，《细则》完善了监控化学品数据申报制度。同时，增加了第二类、第三类、第四类监控化学品相关记录的保存要求和保存期限等制度，并规定终止生产经营

活动的，应当将相关记录移交地方主管部门存档。

（三）增加了国际视察的相关制度。《禁止化学武器公约》对监控化学品的国际视察制度作出了细致的规定。《细则》根据《禁止化学武器公约》的相关要求，增加了“国际视察”的定义、接受国际视察的企业范围及相关义务，规定了地方主管部门应当为国际视察提供交通等方面的保障等内容。

（四）细化了第二类监控化学品的相关管理制度。《细则》完善了第二类监控化学品的生产者、使用者、销售者在生产、使用、销售、转产、停产等环节应当遵守的相关制度，如“生产第二类监控化学品的企业，不得向未取得第二类监控化学品经营许可证书、使用许可证书的单位或者个人销售第二类监控化学品”等。

（五）设立利企便民相关制度。监控化学品数据申报工作涉及很多企业需要提交相关数据，为了更好体现利企便民精神，《细则》基于目前实践情况规定：工业和信息化部组织建设监控化学品数据申报系统，相关企业通过数据申报系统定期填报《全国监控化学品统计报表》。

（六）删除了监控化学品储存、运输等方面的规定。原《细则》对监控化学品的储存和运输制度、包装和标志、安全和保管等制度进行了具体规定。鉴于实践中上述环节由其他部门根据危险化学品等相关制度予以管理，《细则》不再规定上述制度。

## 四、《道路机动车辆生产企业及产品准入管理办法》公布

2018 年 10 月 24 日，工业和信息化部第 5 次部务会议审议通过了《道路机动车辆生产企业及产品准入管理办法》（工业和信息化部令第 50 号），2018 年 11 月 27 日正式公布，自 2019 年 6 月 1 日起施行。

《道路机动车辆生产企业及产品准入管理办法》共七章四十七条，主要规定了如下内容：

（一）简化了企业和产品类型。一是将原来过于细分的十九类生产企业和产品，简化为乘用车类、货车类、客车类、专用车类、摩托车类、挂车类六个大的类别，企业获得某一个类别的准入后，生产该类别之内的产品，无须再次申请企业准入，大幅减轻了企业负担。二是推行车辆产品系族管理，鼓励企业对同一系族的车型产品按照系族申请产品准入，大幅减少准入产品型号。

（二）优化了准入管理流程。一是减少准入申请要提交的材料。二是推行备案管理，对已经取得准入的企业变更法定代表人、注册地址等事项以及已经取得准入的车辆产品变更产品参数的，由原先的重新申请公告改为备案管理。

（三）建立了开放的检验检测制度。一是明确具备相应法定资质，即可承担车辆产品准入管理的检验工作。二是对已经实施 3C 认证的汽车零部件，直接采用认证结果，无须再提交检验报告。三是在企业集团中试点开展车辆产品自我检验。

（四）建立了针对新业态发展需要的新制度。一是建立新技术、新工艺、新材料评估制度，为智能网联汽车、无人驾驶汽车等创新技术产品进入《道路机动车辆生产企业及产品公告》做好铺垫。二是推行集团化管理改革，简化集团下属企业准入审查要求；允许具有相同生产资质的集团成员企业之间相互代工。三是针对汽车产业电动化、智能化、共享化等发展形势下产业链分工进一步细化的特点，允许符合规定条件的研发设计企业借用生产企业的生产能力申请准入。

（五）建立了货车委托生产管理制度。一是明确货车类道路机动车辆生产企业可以自行完成平板、仓栅、厢式、自卸车辆的上装生产作业，也可以委托其他上装生产企业生产。二是明确由委托企业（货车企业）统一进行道路机动车辆产品准入申请，承担产品质量和生产一致性责任。

（六）完善了监督检查措施。一是建立以随机抽查为重点的日常监督检查制度。二是建立特别公示制度，对已经取得车辆生产企业及产品准入，但不能维持正常生产经营的车辆生产企业，

予以特别公示。三是建立信用记录制度，将道路机动车辆生产企业、检验检测机构失信行为记入信用档案。

（七）明确了法律责任。为了确保《道路机动车辆生产企业及产品准入管理办法》的各项制度落到实处，《道路机动车辆生产企业及产品准入管理办法》对未经准入擅自生产、销售、申请准入或备案时隐瞒有关情况、提供虚假材料、以出租、出借、买卖或者其他形式非法转让准入等行为，规定了相应的法律责任。

## 五、过路法规和文件审查工作

2018 年，工业和信息化部组织对《文化产业促进法》《资源税法》《中华人民共和国固体废物污染环境防治法》《中华人民共和国民办教育促进法实施条例（修订草案）》等 105 余件过路法规进行审查，积极反映行业和企业的立法诉求。对 36 件部规范性文件进行了合法性审核，对 45 件其他重要文件提出会签意见，对 200 多件部门或部内司局文件提出意见和建议，不断提高工业和信息化部规范性文件的水平和质量。

## 六、加强执法监督工作

工业和信息化部全面履行行政复议和行政应诉工作职责，2018 年收到的行政复议申请及应诉通知均按照法定时限和程序办理，依法化解行政争议。加强典型案例指导，组织编印 60 余个案例分析，强化依法行政、防范化解行政争议。建立法律顾问和公职律师制度，印发《工业和信息化部办公厅关于建立健全部系统法律顾问和公职律师制度的通知》，聘请 10 位知名法学专家、律师担任法律顾问，建立工业和信息化部系统 24 名同志组成的公职律师队伍。

## 七、加强执法培训和行业普法

2018 年，举办两期行政执法人员培训班，邀请国务院法制办公室、法院、律师事务所、研究机构等专家，就依法行政、政府信息公开、复议应诉案例等内容对 100 多名行政执法人员进行培训。落实法治政府建设主体责任，印发《工业和信息化部关于实行“谁执法谁普法”普法责任制的实施意见》《工业和信息化部普法责任清单》，对工业和信息化系统“七五”普法工作情况进行评估。加强宪法学习宣传实施工作，工业和信息化部党组理论学习中心组（扩大）进行依法治国和宪法专题学习。开展“宪法宣传周”、全民国家安全教育日、组织旁听庭审等普法学法系列活动，进一步营造良好的依法行政氛围。

# 2018年国家新型工业化产业示范基地总体发展情况

为加速推进中国特色新型工业化进程，自2009年以来，工业和信息化部开展国家新型工业化产业示范基地（以下简称示范基地）创建工作，旨在培育和发展一批具有国内领先地位和国际先进水平的产业基地，带动我国工业整体水平的提升，促进产业结构的优化和发展方式的转变。示范基地是按照中国特色新型工业化道路的内涵要求，以可持续发展为前提，以产业集聚为主要特征，以工业园区为主要载体，主导产业特色鲜明、水平和规模居全国领先地位，在产业升级、“两化”融合、技术改造、自主创新等方面走在全国前列的产业集聚区。

截至2018年年底，示范基地数量达到384家，其中，优势产业示范基地348家，特色产业示范基地36家[①]。从示范基地主导产业所属行业来看，装备制造工业112家，占29.2%；原材料工业83家，占21.6%；消费品工业67家，占15.6%；电子信息产业48家，占12.5%；软件和信息服务业18家，占4.7%；大数据4家；产业转移合作3家；数据中心3家；工业互联网1家。从区域分布来看，东部地区共171家，占44.5%；中部地区79家，占20.6%；西部地区101家，占26.3%；东北地区30家，占7.8%（见图1）。

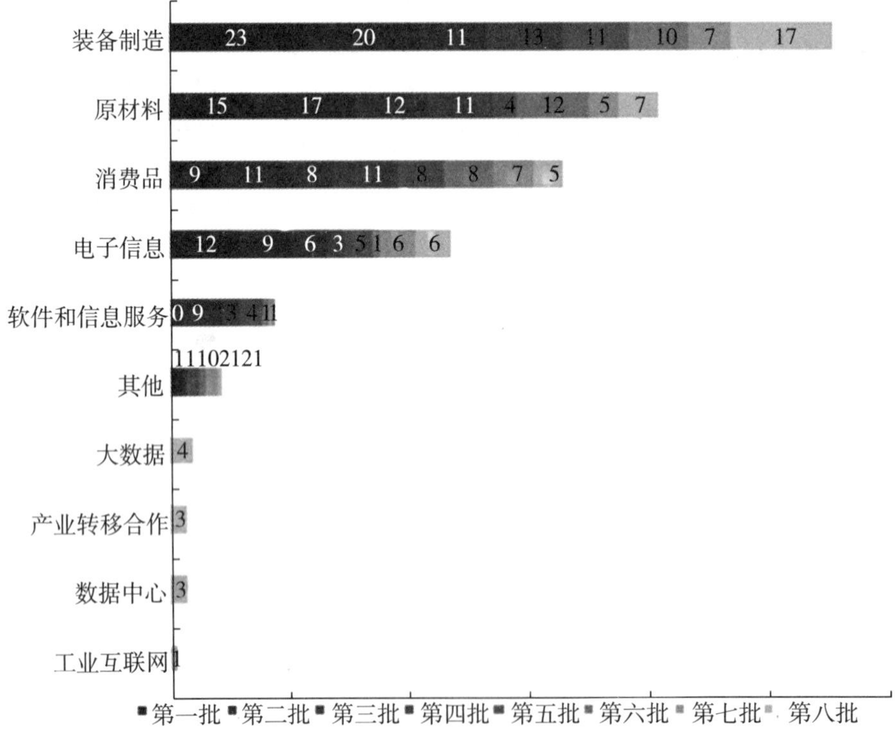


① 根据《国家新型工业化产业示范基地管理办法》，自2017年起，国家新型工业化产业示范基地分为两个系列，即规模效益突出的优势产业示范基地（简称优势产业示范基地）和专业化细分领域竞争力强的特色产业示范基地（简称特色产业示范基地）。

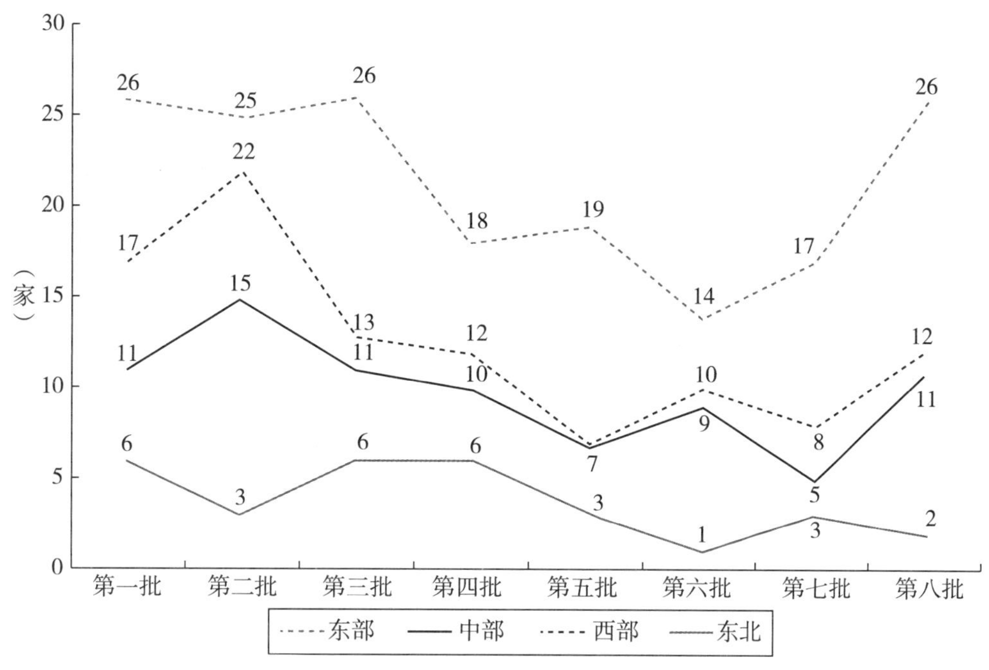


**图1　2018 年全国示范基地区域和行业分布情况**

## 综合实力显著增强

在全球经济不稳定性、不确定性依然突出的复杂背景下，示范基地着力化解实体经济发展遇到的重重困难，积极应对示范基地建设中面临的各种风险与挑战，推动了我国工业从“稳增长”向“高质量”发展阶段迈进，加快推进了制造强国建设的进程。从整体发展情况看，示范基地工业增加值占全国全部工业增加值的近30%；利润总额约占全国规模以上工业企业实现利润总额的40%；进出口总额占全国货物进出口额1/3以上，发展实力不断增强。2018 年，示范基地平均工业总产值近1000 亿元，平均销售收入突破1400 亿元，主导产业销售收入千亿元以上的示范基地有 74 家，占全部示范基地总数的近1/5。

2018 年，工业和信息化部正式开展示范基地发展质量评价工作，从产业实力、质量效益、创新驱动、绿色集约安全、融合发展和发展环境六个维度构建评价体系，通过计算生成综合指数和分项指数，数值区间为 0 ~ 5 分，数值越大表示发展质量越好，并根据评价指数确定星级，五星级示范基地总体处于国内先进水平，四星级、三星级示范基地整体水平良好，但发展存在“短板”。从发展质量水平看，示范基地发展质量分布整体呈现纺锤形，整体发展情况良好，平均处于四星级水平。其中，五星级示范基地 28 家，占比 8.4%，行业覆盖及地域分布较为广泛；四星级示范基地 167 家，占比 50.3%；三星级示范基地 130 家，占比 39.2%（见图 2）。五星级示范基地作为全国示范基地的先进代表，在轨道交通装备、石化、医药、显示产业等 21 个细分行业和领域中处于业内领先地位，平均销售收入超过 4000 亿元，全员劳动生产率平均达到 38 万元/人，平均研发强度达到 3.87%，规模以上企业有效发明专利数占全国总量的 1/5。

## 示范引领效应显著

示范基地注重培育和发挥区域比较优势，不断缩小区域间的发展差距，提升区域的竞争力和影响力，带动区域经济新发展。东部地区示范基地拥有主导产业国家级研发机构突破 1000 家，超过全部示范基地主导产业国家级研发机构数量的 50%；规模以上企业有效发明专利数近 41 万个，占全部示范基地规模以上企业有效发明专利数的 70% 以上。从各地区发展质量水平看，东部地区示范基地产业实力较强，创新能力突出，发展质

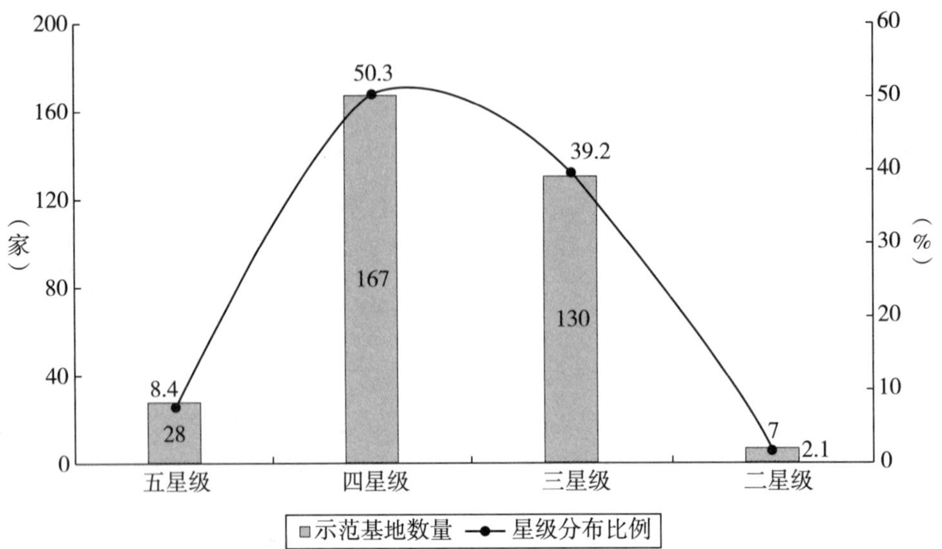


**图 2　2018 年示范基地发展质量评价星级分布情况**

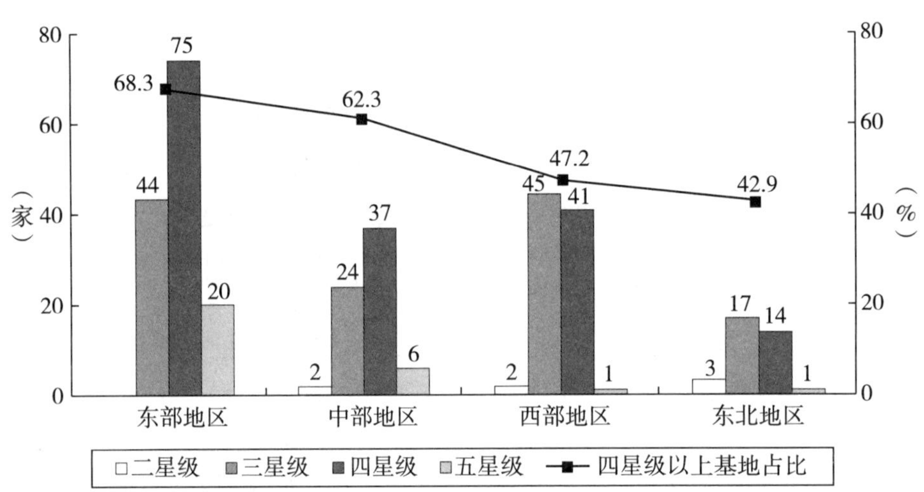


**图 3　2018 年示范基地质量评价分地区星级分布情况**

量评价整体处于四星级，四星级示范基地占比达 68.3%，对东部地区乃至全国经济带动作用显著（见图 3）。中部地区示范基地积极落实“一中心、四区”的战略定位，大力发展现代装备制造和高技术产业，自主创新能力和产业技术水平不断提升。2018 年，示范基地规模以上企业关键工序数控化率达到 74%，纳入国家级智能制造试点示范企业同比增长 66.5%。西部地区示范基地积极承接、吸纳了东中部地区环境污染少、就业机会多的产业，提高了示范基地能矿资源勘探开发、精深加工和利用能力，延长了示范基地产业链和价值链。东北地区示范基地依托东北地区资源禀赋，大力推进了汽车、石化、食品、医药、电子信息等产业集聚，质量效益提升明显。2018 年，东北地区示范基地利润总额同比增加 10% 以上。

示范基地贯彻落实区域协调发展战略，不断推进“一带一路”建设，京津冀协同发展、长江经济带发展和粤港澳大湾区发展等重大区域发展战略。示范基地按照长江经济带发展规划总体要求，积极谋划布局战略性新兴产业，不断增强自主创新能力。2018 年，长江经济带以战略性新兴产业为主导产业的示范基地数量达 45 家，占长江经济带地区示范基地总数的 1/4 以上，涵盖了新材料、电子信息、物联网、大数据、工业互联网等新兴产业。从主要经济区发展质量水平看（见图4），长江经济带示范基地整体处于四星级发展水平，各方面发展较为均衡。

## 行业发展水平稳步提升

示范基地引导社会各类资源集聚，突破一批关键共性技术，提升智能化水平，打造产业发展新格局。从各行业发展质量水平看，装备制造、原材料、消费品、电子信息、软件和信息服务等产业发展质量突出，均处于四星级水平（见图5）。

以装备制造业为主导产业的示范基地把智能制造作为主攻方向，推进生产过程智能化，培育新型生产方式，全面提升了企业研发、生产、管理和服务的智能化水平。2018年，装备制造工业示范基地纳入国家级智能制造试点示范企业数量达500家，规模以上企业关键工序数控化率达到72.6%，提前完成了关键工序数控化率达到64%的目标任务。山东潍坊高新技术产业开发区装备制造（内燃机）产业示范基地内企业潍柴动力推进智能工厂建设，搭建数据互联互通网络平台以及大数据综合分析决策平台，实现了柴油机多产品共线柔性化生产和大规模个性化定制生产。

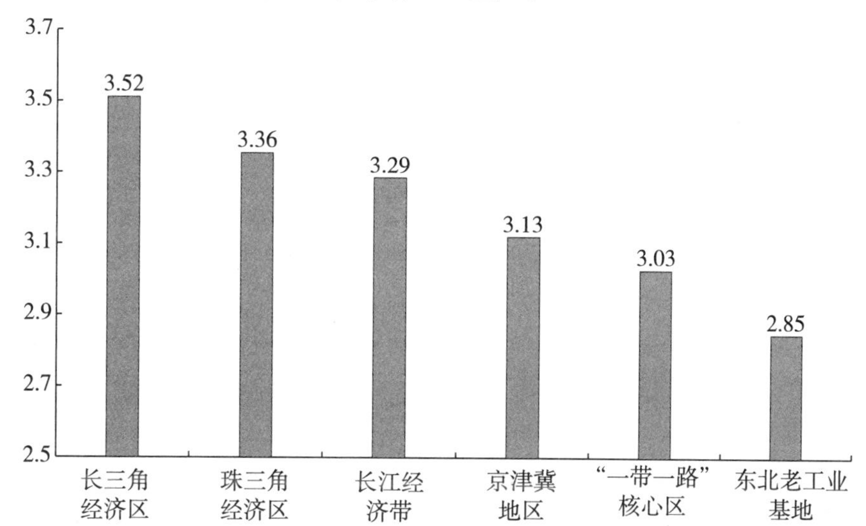


**图4 2018年示范基地质量评价主要经济区评价指数**

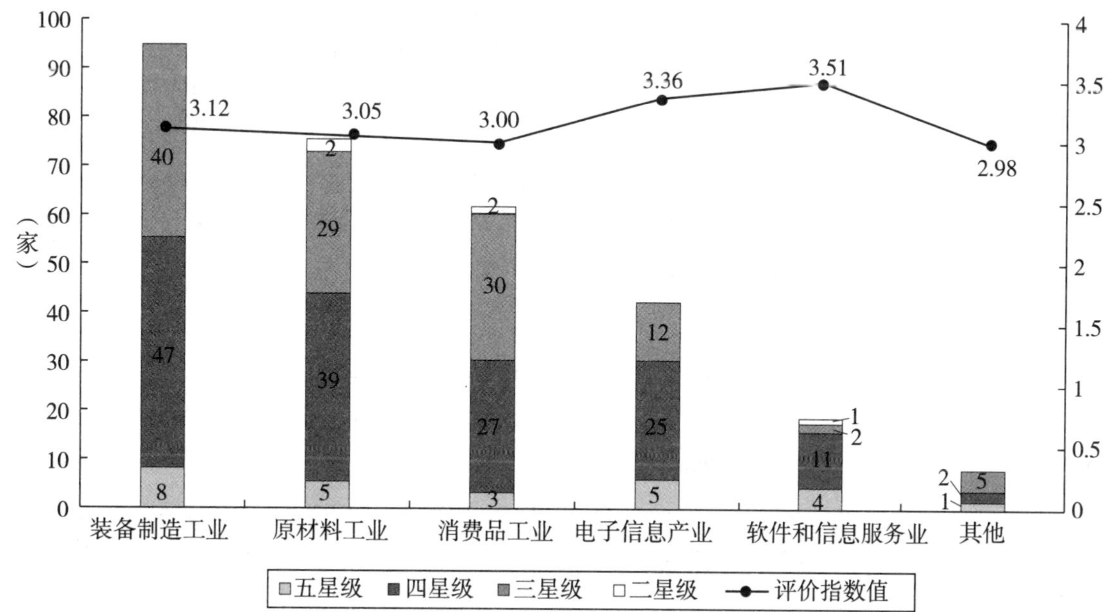


**图5 2018年示范基地质量评价分行业星级分布情况**

以消费品为主导产业的示范基地全面贯彻“增品种、提品质、创品牌”战略部署，以消费升级为导向，强化科技创新，推动消费品提质增效，走高质量发展道路。内蒙古呼和浩特食品（乳制品）产业示范基地内企业——伊利位列“Brand Finance® 全球乳制品品牌价值排行榜”亚洲第一，品牌强度指数位居全球第一，并创制了适合中国婴幼儿生长发育的系列新产品，解决了母乳化婴幼儿配方奶粉创制中的技术难题。

以原材料为主导产业的示范基地坚持绿色、集约发展，着力提高节能减排水平，不断优化产品结构。其中，新材料产业示范基地着力提升创新能力，加强对超导材料、纳米材料、石墨烯、生物基材料等战略前沿材料的研制，突破一批核心关键共性技术。湖南金洲新区新材料（电池材料）产业示范基地内企业拥有独特的“定向循环”核心技术，是目前全球唯一一家实现废旧电池循环再生为电池材料产业化的企业，废旧电池综合利用水平位居亚洲第一、全球前三。

## 产业转型升级迈出新步伐

示范基地深入推进制造业结构调整，全力推进去产能、去库存、去杠杆、降成本、补短板五大任务，着力提升供给体系质量，供给侧结构性改革取得实质性进展，成为推动我国制造业转型升级的重要力量。示范基地紧紧抓住技术改造投资的“牛鼻子”，实施技术改造提升工程，2018年，技术改造投资近1.6万亿元。广西百色工业园区有色金属（铝）产业示范基地通过技术改造，使每吨氧化铝能耗降低了20千克标准煤，年产氧化铝200万吨，年可节约标准煤约4万吨，每吨氧化铝固定费用降低约100元。

示范基地供给侧结构性改革外溢效应显著，传统产业改造提升步伐加快，新技术、新工艺、新装备、新材料不断为传统产业注入创新要素，不断推动了传统产业向“中高端”迈进。广东揭东经济开发区装备制造（模具制造）产业示范基地加快产业调整和结构优化，补齐发展短板，促进企业转型升级，共完成技改投资29.6亿元，部分产品技术含量跻身国内先进行列。河南洛阳高新技术产业开发区装备制造（节能环保装备）产业示范基地内企业经过多次技术改造，生产规模不断扩大，在科研和生产上取得了一系列成果，多项技术填补了国内半导体硅材料加工领域的空白。

供给侧结构性改革也扩大了中高端供给和有效供给，新技术、新产业和新产品不断涌现，为经济持续健康发展注入了新动能，推动了我国由制造大国向制造强国加速迈进，推动中国经济高质量发展。目前，以战略性新兴产业为主导产业的示范基地近200家，工业增加值近4.5万亿元，涵盖了新一代信息技术、高端装备制造、新材料、生物医药等产业。从发展质量水平看，战略新兴产业示范基地四星级及以上的接近60%，发展水平普遍较高，成为支撑我国先进制造业发展的新动能。

## 创新驱动发展成效突出

示范基地深入实施创新驱动发展战略，把创新摆在发展全局的核心位置，推进产品技术、业态模式和体制机制创新，加速培育经济增长新动能，推动了我国工业高质量发展，为经济稳中有进、稳中向好注入新的强劲动力。2018年年末，示范基地研发投入总额近1.5万亿元，同比增长10%以上，约占全国R&D投入经费的75%；研发强度达到2.69，高于全国平均水平0.5个百分点；主导产业国家级研发机构突破2000家，同比增长近15%；规模以上企业有效发明专利数突破55万个，同比增长近25%。示范基地研发人员超过500万人，占从业人数的比例达1/8。

示范基地不断完善以企业为主体、市场为导向、政产学研用相结合的制造业创新体系，优化创新生态，部分示范基地已形成多主体协同、全方位推进的创新格局。江苏宜兴环保装备产业示范基地借力基金支撑、央企并购，实现基地投资的倍增效应，形成“央企+产学研合作体”“技术+资本+市场”优势互补的多赢局面，实现了产学研合作的二次升级。山东日照经济技术开发区汽车产业（零部件）示范基地与山东大学、清华大学、中国科学院等50多家高校和科研院所建立密切的产学研合作关系，通过借智发展、联合研发，全区共落实、推进重点合作项目50多个，达成科技合作、成果转化协议80多项。南京江宁区装备制造（智能电网装备）产业示范基地与东南大学、南京理工大学、南京工程学院等高校合作建设了五家大学科技园，推动企业与院校积极开展技术交流，产学研合作率达60%，年均实施产学研项目120个以上。

示范基地加强关键核心技术的研发，攻克了一批带动性强、对产业竞争力整体提升具有全局性影响的关键共性技术，提升了我国工业发展的竞争力。湖南娄底经济开发区钢铁（精品薄板）产业示范基地研制生产的Usibor 1500P、Usibor 1500－AS、Usibor 2000、Extragal涂层等热冲压用钢，系轿车用优质钢铁产品，达到国际领先水平。上海张江高科技园区生物医药产业示范基地内企业首创全球GKA（葡萄糖激酶激动剂）药物HMS5552临床3期试验，该试验是全球唯一的GKA单药临床研究，HMS5552也是在全球范围首次进入3期确证性临床研究的GKA领先产品。

## 融合发展水平不断提升

2018年，示范基地应用数字化研发设计工具的规模以上企业数量突破5万家，同比增长近10%；两化融合贯标试点企业数量近3000家，同比增长超过25%；纳入国家级智能制造试点示范企业数量突破1000家，同比增长近50%；规模以上企业关键工序数控化率74.43%，比全国工业企业关键工序数控化率高出25.9个百分点。

示范基地加快推动互联网、大数据、人工智能等新一代信息技术从消费领域向生产领域拓展，积极探索智能化生产、协同化制造、个性化定制、服务化延伸的新模式、新业态，促进制造业向数字化、网络化和智能化转型发展，智能工厂和数字车间建设迈上新台阶。上海松江区工业互联网示范基地导入海尔COSMOPlat工业互联网创新平台，利用海尔“人单合一”高端智能制造模式，输出智能制造领域的产品与服务。目前该平台已经为松江区200家中小企业提供智能制造诊断、培训，部分企业开始使用这一平台在线设计企业产品，变传统“电器”为用户参与定制的“网器”。重庆南岸区电子信息（物联网）产业示范基地成功打造的“飞象工业互联网平台”，沉淀超过3000个细分工业领域的解决方案，可服务超4000家企业。浙江海宁市纺织（产业用纺织品）产业示范基地全链条打造“经编智能制造云平台”，经编企业整体上云、经编设备机联网改造、区域资源协同共享，现实施智能制造企业400余家。

通过探索智能制造新模式，打造工业互联网平台，产业生产效率得到显著提升。江西鹰潭电子信息（物联网）产业示范基地内企业打造全国第一家高效的铜线智慧工厂，运用系统的管理手段，收集、整理、分析各工序和各机台的生产状况、品质状况、在线生产状态等信息，生产效率由原来的91%提升到99%，产能提升了10%，单位生产成本降低了2%。湖南醴陵经济开发区陶瓷制品产业示范基地鼓励引导陶瓷产业自动化、智能化装备应用升级并提升数字化管理水平，破解了劳动密集型企业人力成本负担重的瓶颈，生产效率提高了6~7倍。

## 树立产业绿色发展新标杆

示范基地坚持绿色发展的理念，坚持把可持续发展作为建设示范基地的重要着力点，全面推行绿色制造，建设绿色园区，走绿色、集约、可持续的发展道路。2018年，示范基地单位工业增加值能耗0.91吨标准煤/万元，单位工业增加值用水量16.85立方米/万元，分别下降2.52个和3.68个百分点，工业固体废物综合利用率达到92.52%。从发展质量水平看，示范基地绿色集约安全达到四星级水平，其中五星级水平的示范基地54家，占比16.3%。

示范基地应用新技术实现制造业绿色发展，大力实施制造业绿色改造工程，积极探索多链循环、多业联产等循环经济发展新模式，不断改善能源结构、提高能源效率、优化产业结构，实现经济效益和环境效益双丰收。河北邯郸冀南新区装备制造（特种管材）产业示范基地通过多企联姻、多链循环、多业联产，形成了一个大循环和四个循环产业链条的循环经济发展模式，单位工业增加值能耗、单位工业增加值用水量分别降低3.8%、1.4%，土地集约利用率、资源利用率、投资贡献率明显提高，实现资源共享和可持续发展。上海金山工业园区新材料产业示范基地内企业自主研发了“生产余热回收利用信息化控制系统”，2017年产生蒸汽1.05万吨，折合人民币270万元，减排二氧化碳3930吨、二氧化硫12.75吨、氮氧化物11.1吨，降低了企业生产成本，减少了污染排放。河北张北云计算产业基地大型数据中心（大数据类）产业示范基地大力推广板式液冷服务器、浸没式液冷服务器和整机柜服务器，将电源效率由传统机架服务器的80%~85%提升至90%~98%，实现节能5%~15%，目前张北数据中心PUE（评价数据中心能源效率的指标）小于1.3，属于全国领先水平。

## 公共服务智能化、便捷化

示范基地不断丰富和完善公共服务体系建设，技术服务、检验检测服务、创业培育孵化机构等各类公共服务平台“百花齐放”，提供一揽子公共服务。2018年，示范基地已建成公共服务平台近7000个，同比增长11.6%，其中，国家级公共服务平台突破1000个，同比增长6.46%。从发展质量水平看，示范基地发展环境整体处于四星级水平，其中52家达到五星级水平。

示范基地借助新一代信息通信技术打造公共服务新模式，为基地内企业提供了便捷化、多样化的智能服务。南京江宁经济开发区电子信息产业示范基地规划建设5G综合检测中心、网络靶场等一批公共技术服务平台，积极创建科技资源与金融资源有机结合的新机制、新模式，做好高端产品协同开发、企业上市等发展过程中各种“保姆式”服务。天津经济技术开发区电子信息产业示范基地依托“天河工业云”平台，为近200家大型及上市企业提供高质量、综合性信息技术平台支撑，为企业和研发机构节省研发经费过亿元，为工业企业新增经济效益超60亿元。合肥高新技术产业开发区软件和信息服务（智能语音）产业示范基地在安徽省范围内率先启用大数据技术构建企业法人库、人工智能画像等，打造区域经济大脑，为集群产业发展提供精准数据支撑。

# 2018 年我国中小企业发展情况及相关政策

中小企业是我国企业中数量最大、最具创新活力的企业群体，是推进大众创业、万众创新的基础，在增加就业，促进经济增长、科技创新与社会和谐稳定等方面具有不可替代的作用，对国民经济和社会发展具有重要的战略意义。国家市场监督管理总局数据显示，截至 2018 年年末，我国实有企业 3474.2 万家，个体工商户 7328.6 万家。

根据《中小企业划型标准规定》和第三次经济普查数据测算，以工业为例，从企业占比来看，大型企业占全部工业企业数量的 0.4%，中型企业占 2.4%，小型企业占 33.0%，微型企业占 64.2%，中小微企业数量合计占 99.6%。从就业分布来看，大型企业就业人数占工业企业全部就业人数的 24.5%，中型企业占 22.5%，小型企业占 41.1%，微型企业占 11.9%，中小微企业合计占比超过 75%。

## 中小企业的重要作用

### （一）中小企业是推动经济高质量发展的重要力量

截至 2018 年年末，全国规模以上中小工业企业 36.9 万家，从业人员 5255.8 万，而这仅仅是工业领域中小企业的情况，还不包括服务业等领域的中小企业。总的来说，我国中小企业大体上呈现出“五六七八九”的特征，即：贡献了全国 50% 以上的税收，60% 以上的国内生产总值（GDP），70% 以上的技术创新成果，80% 以上的城镇劳动就业，90% 以上的企业数量。中小企业已经成为推动我国经济发展不可或缺的力量，成为创业就业的主要领域、技术创新的重要主体、国家税收的重要来源，为我国社会主义市场经济发展、政府职能转变、农村富余劳动力转移、国际市场开拓等做出了重要贡献。

### （二）中小企业是扩大就业和改善民生的重要基础

2018 年，我国城镇新增劳动力人口 1500 万～1600 万，国家的工作是要实现 1300 万人就业。同时，还有 2.8 亿农民工、820 万高校毕业生、近 500 万中专毕业生，加上近百万复转军人和去产能转岗职工，要实现比较充分的就业，需要政府进一步拓展就业岗位，需要靠大量的中小企业来吸纳就业。随着自动化程度越来越高，大企业在提高生产效率和增加财政收入方面作用更加突出，但在解决就业方面的作用却逐渐减小。所以，缓解就业压力，仅仅指望大企业是不行的，还是要靠“大众创业、万众创新”，靠大力发展中小企业。只有中小企业发展得好，就业才能更加充分，经济发展才能更加健康，社会才能更加和谐、更加稳定。

### （三）中小企业是推动创新的生力军

中小企业是技术创新和商业模式创新的生力军。从各国经验看，大量新技术、新产品和新的服务、新的商业模式都源自中小企业。当前，随着新一代信息技术和互联网、大数据、云计算、人工智能等快速发展，“大众创业、万众创新”蓬勃兴起，中小企业创新活动更加活跃、创新领域更加广泛。目前，我国 65% 的发明专利、75%

以上的新产品开发是由中小企业完成的。无论在信息技术、生物、新材料等高新技术领域，还是在信息咨询、工业设计、现代物流、电子商务等新兴服务业，中小企业创新都十分活跃。国家统计局电子商务交易平台调查显示，2018 年全国电子商务交易额为 31.63 万亿元，比 2017 年增长 8.5%，这其中绝大部分都是中小企业贡献的。

### （四）中小企业是实现经济发展方式转变的关键

目前，中小企业已占全国经济总量的一半以上，在改造提升传统产业，加快发展新动能，开拓新领域，调整优化经济结构，加快经济发展方式转变，推进供给侧结构性改革走向深入各个方面，中小企业是重要的担当者和关键所在。中小企业大多起步于传统工业与商贸流通领域，劳动密集型产业居多，随着自身的不断发展壮大，部分企业进入了新的产业，促进了产业结构调整优化。目前，不少中小企业已从早期的加工、建筑、运输、商贸等传统领域，向基础设施、机电制造、新兴服务、高新技术等领域拓展。在现代服务业、节能环保、新兴信息技术、生物产业、新能源、高端装备制造和新材料等新兴产业上，中小企业也已成为主体。

## 中小企业发展面临的新形势

### （一）规模以上中小工业企业的发展态势

一是生产增速趋缓，利润总额增速回落。2018 年 1—12 月，全国规模以上中小工业企业利润总额同比增长 11.4%，增速比 2017 年回落 1.5 个百分点。二是企业户数减少，亏损面加大，从业人员数下降。2018 年年末，全国规模以上中小工业企业共 369337 家，比 2017 年年末减少 6494 家，多年来首次出现负增长。企业亏损面为 15.2%，比 2017 年年末提高 3.4 个百分点。中小企业从业人员同比下降 4.0%，比 2017 年同期提高 2.6 个百分点。可以说，运行态势虽整体平稳，但稳中有忧。

### （二）中小企业的特点

中小企业大多分布在传统产业和价值链中低端，普遍存在产品品质不高、创新能力不强、同质低价竞争、运营管理粗放、抵御外部风险能力较弱等问题，在传统竞争优势逐渐弱化的情况下，中小企业首先受到冲击，生存与发展的压力不断加大。有调查显示，存续时间超过五年的小微企业不到一半。特别是当前人才问题更为突出，高端人才大多都流向发达地区或者大企业、外资企业，欠发达地区特别是地处县乡的小微企业，很难吸引和留住人才。

### （三）中小企业的短板

目前中小企业还存在一些短板，在政策制定上存在政策含金量不高，人才引用门槛高，更新慢，操作性、导向性不强，前期调研不够，没有充分听取企业意见，对政策实际影响考虑不周，没有给企业留出必要的适应调整期等问题；有的政策相互不协调，政策协同性不足；在政策申请上存在程序复杂、手续烦琐、渠道分散、启动时间不合理、成本高等问题；在政策执行上存在审批时间和周期过长、优惠政策到位不及时的现象。

面对这些困难与挑战，要看到有利条件，坚定信心谋发展，不断增强对我国中小企业发展的必胜信心。

2018 年我国进出口保持了稳定增长势头，贸易总量首次超过 30 万亿元，创历史新高。特别是随着“一带一路”倡议的深入推进，民营企业、中小企业充分发挥机制灵活、具有传统特色和互补性强等优势，“走出去”步伐不断加快，投资数量和额度逐年递增，占比持续增加，已经成为我国“走出去”和“一带一路”倡议的重要力量。2018 年民营经济海外投资已占我国非金融类对外投资的近 60%，并呈现出参与热情越来越高、影响力越来越强的局面。

## 促进中小企业的发展

### （一）营商环境进一步优化

工业和信息化部印发促进中小企业发展工作领导小组（以下简称领导小组）各成员单位2018年工作要点，涉及了18个单位78条分工。落实领导小组两次会议精神，全面梳理工作任务，加强跟踪督促。增加生态环境部为领导小组成员单位。在工业和信息化部门户网站和部属报刊开通“支持民营企业在行动”专栏。召开促进民营经济发展工作座谈会，学习贯彻习近平总书记重要讲话精神，落实领导小组两次会议部署，对各地中小企业和民营经济工作提出要求。推动各地强化领导小组工作机制，湖北、广东等10个省促进中小企业或民营经济发展工作领导小组组长由省长担任。另外，跟踪和关注中小企业生产经营运行情况，以中小企业生产经营运行监测平台数据为基础，结合国家统计局提供的规模以上中小企业和非公有制企业运行数据，每月编写《全国规模以上中小工业企业经济运行情况月度报告》等四类监测报告；与中国民主建国会、四川省人民政府共同举办了2018年（四川）非公有制经济发展论坛；会同国家发展和改革委员会等有关部门认真贯彻落实《中共中央 国务院关于完善产权保护制度依法保护产权的意见》《中共中央 国务院关于营造企业家健康成长环境弘扬优秀企业家精神更好发挥企业家作用的意见》，制定印发了分工方案，依法保护各种所有制尤其是民营企业和中小企业的合法利益，弘扬企业家精神。2018年10月底，世界银行发布《营商环境报告》，中国“营商环境改善”排名第三。

### （二）财税支持进一步加大

工业和信息化部联合财政部通过中小企业发展专项资金，分三年安排100亿元支持200个优质实体经济开发区打造大中小企业融通等不同类型的创新创业特色载体；联合财政部、科学技术部印发了《关于支持打造特色载体推动中小企业创新创业升级的实施方案》（财建〔2018〕408号），45家开发区列入大中小企业融通型、专业资本集聚型支持名单，推动提升各类载体市场化专业化服务水平，在更高层次上推进了中小企业创业创新发展；工信部联合财政部印发《关于对小微企业融资担保业务实施降费奖补政策的通知》（财建〔2018〕547号）。政府应持续加大减税降费力度，扩大减半征收小型微利企业所得税优惠范围至年应纳税所得额100万元、统一增值税小规模纳税人标准为年销售额500万元等。为清理政府部门和国有大企业拖欠中小企业、民营企业账款，国务院决定开展专项清欠行动，对欠款“限时清零”，严重拖欠的要列入失信“黑名单”，严厉惩戒问责。

### （三）融资支持进一步加强

工业和信息化部认真落实国务院关于金融支持小微企业各项政策，与工商银行、邮储银行和建设银行签署中小企业金融服务战略合作协议，工商银行将在未来五年内为工业和信息化部确定的多个项目累计投放1000亿元信贷支持；邮储银行建设了覆盖全国36家一级分行的302家小微企业特色支行；建设银行推出了“小微快贷”线上融资，减少企业资金占用成本。组织召开中小企业直接融资座谈会。开展中小企业融资环境评价研究和构建中小企业融资服务体系研究。中国银行保险监督管理委员会数据显示，2018年年末，国标小微企业贷款余额33.49万亿元，占各项贷款余额的23.81%。其中，普惠型小微企业贷款余额9.36万亿元，比年初增长21.79%，比各项贷款增速高9.2个百分点，有贷款余额的企业数为1723.23万家，比年初增加了455.07万家。落实《小微企业应收账款融资专项行动工作方案（2017—2019年）》（银发〔2017〕104号），推动供应链核心企业支持小微企业应收账款融资。截至2018年年末，全国知识产权质押融资总额1224亿元，其中专利权质押融资总额885亿元，商标权质押融资总额339亿元，通过应收账款融资服务平台促成融资3.1万亿元，同比增长34%。

### （四）专业化能力和水平进一步提升

工业和信息化部联合国家发展和改革委员会、财政部、国资委出台《促进大中小企业融通发展三年行动计划》（工信部联企业〔2018〕248号），着力构建大企业与中小企业协同创新、共享资源、融合发展的产业生态。印发《关于开展专精特新“小巨人”企业培育工作的通知》（工信厅企业函〔2018〕381号），计划用三年时间培育一批专精特新“小巨人”企业，并培育一批细分领域“单项冠军”企业。召开“2018中小企业信息化服务信息发布会”，举办中小企业信息化应用推广活动暨信息化论坛，揭牌成立中小企业云化生态联盟，鼓励大企业及专业服务机构构建面向中小企业的云制造平台和云服务平台，推动中小企业向云端迁移。2018年，新认定119个小微企业创业创新示范基地。举办了2018年“创客中国”创新创业大赛，共有8112个创新项目参赛，同比增长53.8%。各地举办区域赛26场，同比增长117%；举办专题赛23场，同比增长92%，投资机构与部分24强项目现场签约金额达4.9亿元，有效推动了项目孵化落地；首次拓展举办国际赛事，设立10个国际分赛场，在全球范围发现新兴项目，搭建国际化产业对接平台。

### （五）公共服务体系进一步完善

工业和信息化部印发《关于开展2018年度中小企业公共服务体系重点服务活动的通知》（工信厅企业函〔2018〕190号）。继续推进中小企业公共服务平台网络建设，新认定174个国家中小企业公共服务示范平台。2018年10月，正式上线国家中小企业政策信息互联网发布平台，实现中小企业与政策精准匹配。继续实施企业经营管理人才素质提升工程，完成1600名中小企业经营管理领军人才培训。完善中小企业管理咨询专家库，已有九批783名专家入库。深化中小企业双多边交流合作，探索中小企业海外服务体系建设，在德国设立首个“中国中小企业中心”，启动APEC中小企业信息化促进中心云服务平台。成功举办第15届中国国际中小企业博览会和第10届APEC中小企业技术交流暨展览会。新设立沧州、许昌、慈溪三个中外中小企业合作区，截至2018年年末，全国已有12个中外中小企业合作区。

# 2018 年推进企业兼并重组工作情况

## 一、2018 年企业兼并重组情况及分析[①]

### （一）2018 年企业兼并重组总体情况

2018 年，企业兼并重组市场继续保持活跃态势，发生的交易数量为 7985 宗，交易额合计为 15436 亿元，相较 2017 年均有所下降。其中，标的为股权的兼并重组宗数占比 80%，交易额占比 85%；标的为资产的重组宗数占比 20%，交易额占比 15%（见图 1）。

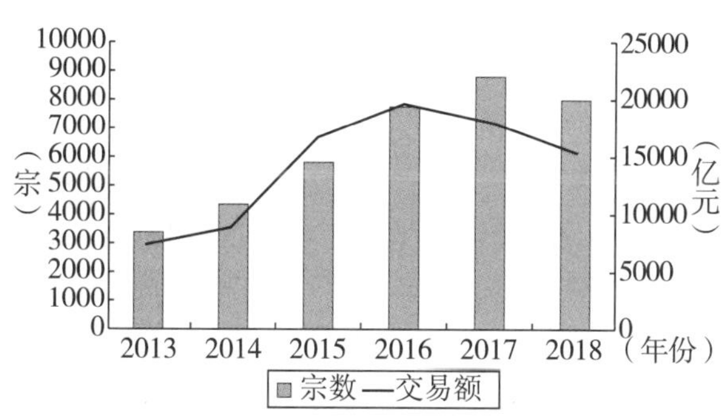


图 1 企业兼并重组总体情况

从所有制结构看，买方为民营资本的兼并重组宗数占比为 66%，买方为国有资本的兼并重组宗数占比为 23%，其余交易买方为外资或集体资本。

从交易规模的结构来看，2018 年企业兼并重组单笔交易额超过 1 亿元的宗数占比 27%，相比 2017 年的 24% 略有上升。

在工业通信业领域，2018 年企业兼并重组 5731 宗，交易额 8647 亿元，相比 2017 年均有小幅下降。其中，信息技术行业兼并重组最活跃，交易宗数占比 28%（见图 2），排名第 2～5 位的分别为通用设备行业、化工原料行业、元部件制造业、金属与非金属行业。

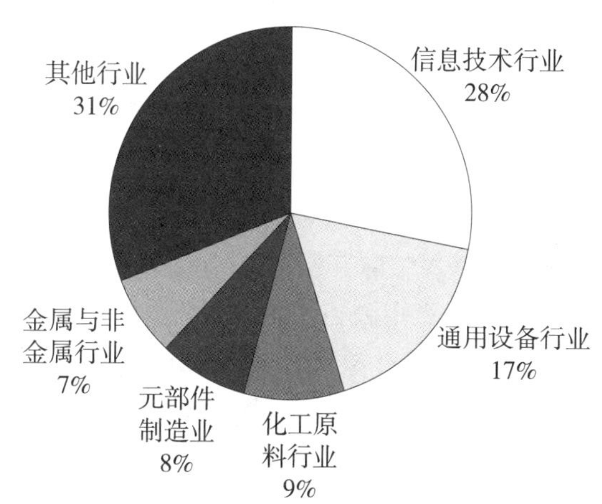


图 2 2018 年工业通信业兼并重组宗数情况

2018 年，全国产权交易所完成国企混改项目 1349 宗，相比 2017 年增长 22%，交易额 2652 亿元，相比 2017 年增长 49%；国有资本参与的民营企业混改项目共 74 宗，相比 2017 年增长 14%，交易额近 60 亿元，相比 2017 年下降 45%。

2018 年，中国企业完成海外并购 405 宗，相比 2017 年下降 6%，交易额 703 亿美元，相比 2017 年下降 41%；外国投资者并购中国境内企业的交易额为 187 亿美元，相比 2017 年增长 28%。

### （二）重点行业企业兼并重组情况

钢铁。共发生兼并重组 32 宗，比 2017 年上

① 数据来源：北京交通大学中国企业兼并重组研究中心综合上市公司公开数据、行业协会、产权交易机构。

涨了33%，其中，多元化兼并重组4宗，横向兼并重组7宗，其他多为集团内部重组。上市公司披露的交易14宗，涉及金额共118亿元，且均为国内兼并重组。主要特点：一是跨地区兼并重组取得积极进展。例如，宝武集团于2017年年底参与了重庆钢铁集团重组，并于2018年开始洽谈收购马钢集团。二是民营企业兼并重组活跃。例如，德龙钢铁集团以混改方式重组天津渤海钢铁，纵横钢铁重组丰南区五家钢铁企业等。

汽车。共发生兼并重组225宗，同比增加5%；上市公司披露的兼并重组66宗，涉及金额为118亿元，同比降低23%；海外并购13宗，涉及金额为69亿元。主要特点：汽车零部件企业兼并重组较为活跃，以应对汽车市场下滑的竞争压力，共发生交易135宗，占汽车行业交易总宗数的60%。

水泥。共发生兼并重组20宗，与2017年同比减少26%。上市公司披露的兼并重组8宗，涉及金额约58亿元，与2017年披露的金额相比增长约135%。主要特点：以横向兼并重组为主，主要目的是在区域市场范围内提升行业集中度，追求规模经济。

船舶。共发生兼并重组23宗，比2017年增长了21%；交易金额为75亿元，与2017年的130亿元相比，大幅下滑。主要特点：兼并重组多由大型国有企业发起，并以横向兼并重组和多元化兼并为主。

铝。共发生兼并重组10宗，相比2017年的11宗略有下降，涉及金额37亿元。主要特点：电解铝企业主要是以实现产能置换为目的进行兼并重组。

电子信息。共发生兼并重组985宗，相比2017年有小幅下降；披露金额的交易854宗，交易额合计为1147亿元，同比上升33%。主要特点：不同领域的兼并重组存在明显差异，软件开发及服务、电子元器件、通信设备排名前三，三者的交易宗数之和占电子信息行业交易宗数的83%。

稀土。共发生兼并重组3宗，交易金额为15亿元，与2017年相比差异较小。主要特点：以区域性兼并重组为主，目的在于增强对稀土市场的控制力和获得定价权。

医药。共发生兼并重组284宗，相比2017年增长4%，披露的交易额为409亿元，同比减少31%。主要特点：以上市的大型企业主导的产业整合为主，同时医院成为并购的主要对象，目的是完成整个产业链布局；海外并购逐步复苏。

机械制造。共发生兼并重组410宗，同比下降17%。上市公司披露的交易81宗，涉及金额为76亿元，同比降低44%。主要特点：跨地区兼并重组逐渐增加；多以横向、多元化兼并重组为主。

玻璃制造。共发生兼并重组8宗，涉及金额3586万元。与2017年相比，交易数量与交易额均大幅下降。主要特点：买方均为非上市公司或自然人，其中买方为自然人的兼并重组占比超过50%。

## 二、2018年企业兼并重组开展的主要工作

国务院印发了《关于进一步优化企业兼并重组市场环境的意见》（国发〔2014〕14号），工信部充分发挥企业兼并重组工作部际协调小组牵头单位的作用，积极协调和配合有关部门开展配套政策的研究制定工作，并推动有关部门抓好税收、金融、职工安置等重点配套政策的贯彻落实和督促检查工作。第三方机构开展的国发〔2014〕14号文及配套政策实施效果评估显示，已初步建立了促进企业兼并重组的政策体系，制约企业兼并重组的税负重、审批难、资本市场支持不够等问题得到了很大程度的改善。

在2018年，继续就推动完善企业兼并重组政策开展了一系列工作：一是开展完善企业兼并重组政策研究，运用兼并重组政策评估成果，委托有关高校和协会，开展新时期进一步完善企业兼并重组市场环境政策建议课题研究，并到北京、河北、山东、江苏等地进行实地调研；二是组织开展企业并购法律课题研究，梳理我国并购

法律体系文件，借鉴海外国家和地区的立法经验，研究我国并购法律体系文件重新订立或修订的实施路径，提出企业并购立法的相关建议。

经过各部门、各地方的共同努力，企业兼并重组市场环境明显优化，市场呈现持续活跃态势。但企业兼并重组仍然面临一些问题，如产能过剩行业企业兼并重组困难、跨所有制兼并重组市场主体参与积极性低、我国企业海外并购不畅等。下一步，我们将继续就企业兼并重组面临的问题开展研究，推动政策完善，并积极协调和配合有关部门进一步做好优化企业兼并重组市场环境工作。同时，进一步推动兼并重组政策措施的落实，组织开展企业兼并重组政策解析和典型案例选编工作，通过结合典型案例，系统解读企业兼并重组的相关政策和措施。

# 2018 年淘汰落后产能工作情况

2018 年，工业和信息化部贯彻落实党中央、国务院推进供给侧结构性改革的决策部署，会同国家发展和改革委员会、生态环境部、应急管理部、国家市场监督管理总局、能源局等 14 家淘汰落后产能工作部际协调小组成员单位，推动《关于利用综合标准依法依规推动落后产能退出的指导意见》（工信部联产业〔2017〕30 号）落实工作，一批落后产能依法依规退出市场，淘汰落后产能工作取得明显成效。根据各地区报送情况的统计，2018 年全国重点行业淘汰落后产能炼铁 1087 万吨、炼钢 1575 万吨、水泥 747 万吨、平板玻璃 810 万重量箱、煤炭 8000 万吨、电力 563 万千瓦。

## 一、主要工作情况

（一）加强工作部署。部署年度重点工作，明确目标任务，做到责任清晰、任务明确、协同推进。2018 年 3 月 5 日，印发《工业和信息化部办公厅关于印发 2018 年淘汰落后产能工作实施要点的通知》（工信厅产业函〔2018〕82 号），明确部内各司局工作要点及相关要求；3 月 19 日，印发《关于印发淘汰落后产能工作部际协调小组 2018 年工作实施要点的通知》（工信厅产业函〔2018〕101 号），明确协调小组各成员单位重点工作安排；5 月 18 日，召开部际协调小组办公室会议，研究部署 2018 年工作。

（二）狠抓督促落实。以开展督导检查为抓手，指导各地工作开展，督促整改存在的问题，推动工作落实。2018 年 4 月 24 日，向国务院上报《工业和信息化部关于开展淘汰落后产能工作督导检查有关问题的请示》（工信部产业〔2018〕75 号）；5 月 10 日，经国务院同意，联合国家能源局向各省（区、市）人民政府印发了《淘汰落后产能工作督导检查方案》（工信部联产业〔2018〕85 号），对各地淘汰落后产能工作进行督导检查；5 月 18 日，召开动员会议，对督导检查工作进行部署、动员和培训；5 月 21 日至 6 月 15 日，组织部际协调小组成员单位组成 10 个督导组，对各地淘汰落后产能工作进行现场督导检查；9 月 27 日，向国务院上报《工业和信息化部关于通报 2017—2018 年淘汰落后产能工作督导检查有关情况的请示》（工信部产业〔2018〕183 号）；11 月 1 日，联合国家能源局向各省（区、市）人民政府印发《关于 2017—2018 年淘汰落后产能工作督导检查有关情况的通报》（工信部联产业〔2018〕225 号），对检查发现的五个方面 120 个具体问题予以通报，要求各地全面整改。

（三）完善举报制度。畅通举报渠道，制定工作流程，强化举报核查，依法依规推动落后产能应退尽退。2018 年 7 月 27 日，印发《关于畅通举报渠道 强化落后产能和产能违规置换查处的通知》（工信厅产业〔2018〕55 号），各地工业和信息化主管部门整合现有信访渠道和政府公共服务平台，设立统一的淘汰落后产能和产能置换省级举报平台，并在门户网站上向社会公开电话、传真、电子邮箱、网络等多种举报渠道，集中受理举报，接受社会监督。

（四）开展经验交流。2018 年 10 月 17—18 日、23—24 日，工业和信息化部分别在西安、福州组织召开了 2018 年淘汰落后产能工作经验交流会（片会）。各地工业和信息化主管部门负责此项工作的同志，部节能司、原材料司、消费品司，以及中国电子信息产业发展研究院（赛迪集团）、国家工业信息安全发展研究中心（工业和信息化部电子第一研究所）、工业和信息化部电子第五研究所（中国赛宝实验室）有关同志参加了会议。产业政策司传达了工信部副部长王江平在部际协调小组办公室会议上的讲话精神，通报了2018年督导检查工作的有关情况。与会代表交流了各地工作进展和经验做法，针对督导检查发现的问题，研讨下一步整改措施和工作安排。

## 二、各地采取的主要措施

各省、自治区、直辖市人民政府高度重视淘汰落后产能工作，认真落实党中央、国务院的决策部署，积极创新工作思路、方法，形成了一些行之有效的经验和做法。

（一）加强组织领导，健全工作机制。各地基本建立了完善的工作领导（协调）机构，加强组织领导和统筹协调。为了适应工作新形势、新要求，黑龙江、广东等省份根据机构人员变化情况调整完善了领导机制。各地整合现有信访渠道和政府公共服务平台，设立省级举报平台，进一步健全了举报、核查、处置、惩戒等工作机制。

（二）组织摸底排查，摸清行业底数。贵州、江苏组织对重点行业进行全面摸底排查，摸清行业底数，并向社会公开，接受监督。广东、湖南、云南、安徽、浙江等省份组织开展落后产能排查，及时将发现的落后产能列入年度计划组织实施淘汰，提高工作精准度。北京、辽宁等省（市）开展企业动态摸排，掌握重点行业涉污企业排放情况并建立台账。云南根据中央环保“回头看”整改要求，进行二次摸底排查，对落后产能做到发现一户立即淘汰一户。

（三）推动执法部门加强监管，依法依规退出落后产能。各地发挥领导小组统筹协调作用，推动相关执法部门落实环保、节能、安全、质量等法规标准，落后产能退出取得了积极进展。相关执法部门开展了执法检查，对违法违规和达不到标准的产能提出整改或处理意见。湖北、广东、福建等省份通过执法部门执法，退出了一批落后产能，如湖北对50家严重超标排污企业依法实施了停业关闭。河南、内蒙古、新疆等省（自治区）工业主管部门组织环保、质监、安监等部门开展联合检查，督促地市落实相关要求。

（四）发挥差别电价等经济手段作用，倒逼企业改造升级或主动退出。山东、浙江、海南、广东、山西等省份积极落实差别电价政策，利用经济手段提高落后产能用能成本，差别电价加价收入用于引导支持企业退出。山东公布了200家实行差别电价政策的高耗能企业，差别电费累计收入9070万元，并分三批对38家企业实行了惩罚性电价政策，惩罚性电费累计收入1682万元。浙江2017年征收差别电费1.21亿元、差别水费1570万元、差别排污费1.19亿元。海南分行业提高差别电价加价幅度，限制类最高加价0.5元，淘汰类最高加价0.8元。广东将全省差别电价政策执行范围扩大到平板玻璃、造纸、酒精、印染、制革等行业。山西对省内钢铁、水泥、电解铝行业水耗达不到强制性标准的产能，实行超定额用水累进加价政策。

（五）积极安排资金，支持企业职工安置。甘肃、青海、宁夏、湖南、广东、广西等省（自治区）积极安排财政资金，引导支持企业退出，帮助企业解决职工安置等问题。例如，湖南安排3.7亿元奖补资金支持烟花爆竹企业退出，宁夏、广东、广西分别安排专项资金3471万元、962.9万元、737万元支持企业淘汰落后产能。各地淘汰落后产能职工安置工作总体平稳，绝大部分地区反映涉及的人员基本得到了安置，未发生群体性事件。

（六）加强交流培训，做好政策宣传。江西、重庆等省（市）举办培训会、交流会，增强基层政策把握和工作能力。陕西通过互联网等渠道加强政策宣贯，及时公开和通报有关政策和工作进展情况。黑龙江组织全省120余家水泥企业开展生产、能耗等数据在线平台填报培训。

（七）结合地方实际，创造性地开展工作。

北京、上海根据产业结构和发展实际，分别出台了《北京市工业污染行业、生产工艺调整退出及设备淘汰目录》《上海市产业结构调整负面清单》。湖南根据产业特点，在烟花爆竹、危险化学品行业推动淘汰安全生产不达标的落后产能，研究制定了洞庭湖地区落后产能退出方案。河南发布了《河南省淘汰落后产能综合标准体系》，明确了能耗类、环保类、质量类、安全类、技术类标准。重庆、四川等省（市）在烧结砖瓦等非国家重点行业淘汰了一批落后产能。浙江组织工商、质检、安监、国土、环保等执法部门开展“四无”企业专项整治行动。

# 2018年质量品牌工作进展情况

深入贯彻落实“质量为先”的指导思想，始终坚持以供给侧结构性改革为主线，以促进制造业高质量发展为方向，坚持质量第一与满足需求相结合、企业主体与营造环境相结合、质量创新与产业升级相结合、全面推进与分业施策相结合的工作方针，在推动落实质量主体责任、推广先进质量管理方法、促进实物质量提升、深化工业品牌培育、优化质量发展环境等方面开展了大量务实的工作。

## 一、质量品牌建设工作进展

### （一）质量品牌政策体系日趋完善

2017年9月，中共中央、国务院印发了《关于开展质量提升行动的指导意见》并进行了任务分工，工业和信息化部研究制定了工作实施方案，并在已出台《关于开展消费品工业“三品”专项行动营造良好市场环境的若干意见》和《促进装备制造业质量品牌提升专项行动指南》文件的基础上，又联合科学技术部、商务部、国家市场监督管理总局，于2018年9月制定印发了《原材料工业质量提升三年行动方案》，实现了对消费品、装备、原材料行业质量品牌建设工作的全覆盖，政策体系日趋完善，加强了对全系统质量品牌建设工作的指导。

### （二）持续深入开展质量提升行动

工业和信息化部作为工业行业的归口管理部门，认真履行“指导工业行业质量管理工作”的职能，以加快标准制修订、推广先进质量管理方法、支持共性质量技术攻关、组织开展质量品牌建设群众性活动等，促进产品实物质量提升。工信部办公厅印发了《关于做好2018年工业质量品牌建设工作的通知》，旨在推动制造强国建设，加快实现高质量发展。围绕“中国品牌日”和质量月活动，推动发布机械、轻工、纺织、食品、建材、通信、电子、石化、有色、钢铁10个行业的品牌培育管理体系实施指南，组织标准宣贯，宣传推广品牌培育示范企业经验。深入推进产业集群区域品牌建设，加强区域品牌理论和方法研究，总结交流经验方法，促进区域品牌和企业品牌互动发展。鼓励开展公益性品牌宣传展示活动，扩大中国品牌社会影响，推动中国工业品牌“走出去”。支持有关单位开展质量管理小组、质量信得过班组、现场管理、品牌故事大赛、品牌创新成果发布、品牌专业人才培养等普及教育和群众性质量品牌提升活动，弘扬企业家精神、劳模精神和工匠精神，引导企业牢固树立质量为先、品牌引领的意识。

### （三）加强中小企业质量品牌建设

中小企业是国民经济和社会发展的生力军，是扩大就业、改善民生、促进创业创新的重要力量。它们既是提供产品和服务的市场主体，也是质量提升的责任主体。鼓励地方工业和信息化主管部门出台扶持中小企业质量品牌提升的激励政策，支持专业机构为企业提供质量品牌自我评价、在线教育、专业诊断、专家咨询等服务，加强对“专精特新”中小企业的质量品牌升级指引，鼓励中小企业参加质量月、中国品牌日、中国国际中小企业博览会等系列活动，探索开展骨干企业引领中小企业质量升级活动，带动中小企业提高产品质量和服务质量。

## 二、2019 年工作要点

2019 年国务院政府工作报告明确提出要“强化质量基础支撑，推动标准与国际先进水平对接，提升产品和服务品质，让更多国内外用户选择中国制造、中国服务”，工业和信息化部系统工作会也对质量品牌工作作出了明确部署，这些都充分反映出国家和部领导对质量品牌工作的重视。为落实部署要求，下一步拟进一步强化企业质量主体责任，增强企业质量提升动力，优化质量发展环境，推动产业迈向中高端。重点做好以下几项工作：

### （一）落实企业主体责任

增强企业质量安全风险意识，加强企业内部安全风险预防和控制，执行重大质量事故报告及应急处理制度；推动企业落实质量责任追溯制度，强化产品全生命周期质量追溯能力；鼓励骨干企业建立完善第二方质量审核制度，提高供应链质量水平；推动将企业产品质量自我声明的真实性纳入企业诚信范畴，接受社会监督；突出质量文化建设，丰富质量文化内涵，提高全社会的质量意识。

### （二）进一步发挥信息技术的促进作用

深入推进两化融合，推动企业建立以数字化、网络化、智能化为基础的质量管控体系；研究人工智能、大数据、数字仿真等新技术对质量管理带来的技术变革和组织变革，创新质量管理方法和工具。

### （三）完善优质优价环境

鼓励行业协会和专业机构开展质量分级评价，促进质量信息的有效传递，引导科学消费；开展用户满意度、用户体验评价，提高企业产品和服务质量；进一步发挥行业协会的纽带作用，开展质量兴业、质量标杆、质量比对、品牌培育等质量扶优活动。

### （四）提升专业化的服务能力

加强国家和地方的标准、检验检测、计量溯源等基础公共服务平台建设，提高公共服务能力。发挥制造业创新中心、工业产品质量控制和技术评价实验室等平台作用，为行业提供高水平的专业化服务。

# 2018年科技工作进展情况

推进制造业创新中心建设工程是工业和信息化部科技创新工作的重要任务之一。2018年，工业和信息化部遴选确定了集成电路、智能传感器、轻量化材料成形技术及装备、数字化设计与制造四家国家制造业创新中心，并在各地培育建设了90余家省级制造业创新中心，初步形成了领域明确、区域竞合、上下衔接的建设格局。

## 一、科技工作主要内容

### （一）增强供给，加快推动新型标准体系建设

标准化是产业科技创新的关键要素之一，是实现科技与产业经济融合的桥梁。2018年，工业和信息化部批准发布1800余项行业标准，会同相关部门印发了《国家车联网产业标准体系建设指南》《国家智能制造标准体系建设指南（2018年版）》系列文件，增强了市场对应用新技术和创新成果的信心。支持先进团体标准的推广应用，遴选出102个团体标准应用示范项目。积极参与国际标准制定，支持160项由我国企事业单位提出的国际标准提案，其中《物联网设备能力开放框架》等41项已正式成为国际标准。

### （二）强化保障，加大知识产权和成果转化推进力度

加强知识产权创造、保护和运用是推动产业科技创新发展的关键举措。工业和信息化部会同国家知识产权局联合印发了《制造业知识产权行动计划（2018—2020年）》，加大对重点领域知识产权态势分析与布局力度，在专利密集领域推动建立行业知识产权保护、纠纷调解机制。支持部属单位和部属高校开展成果转化工作，科技成果转化活力得到激发，个人与团队在科技成果转化活动中的作用和价值得到体现。

### （三）积极探索，推动新兴产业健康发展

人工智能、车联网等新兴产业是创新热点和未来发展的制高点，也是强国建设的两个战略主攻方向。在人工智能方面，组织开展了新一代人工智能产业创新重点任务揭榜工作，在17个方向及细分领域，组织推动集中攻关；开发人工智能在交通、医疗、物流、教育、金融、养老等行业的应用，遴选人工智能与实体经济深度融合创新项目。在车联网发展方面，组织召开了国家制造强国建设领导小组车联网产业发展专委会第二次会议，推动跨部门协调解决产业发展关键问题；制定发布了《车联网（智能网联汽车）产业发展行动计划》，为产业健康发展指明了方向。

### （四）统筹协调，深入实施国家相关重大科技项目

在民口国家科技重大专项方面，工业和信息化部负责牵头组织实施核高基（01）、宽带移动通信（03）、高档数控机床（04）以及航空发动机及燃气轮机专项四个重大专项项目，取得了一大批振奋人心的重大科技成果，有力支撑了产业发展。

在国家重点研发计划方面，鼓励支持部属单位和部属高校积极申报国家重点研发计划有关项目。在科技创新2030—重大项目方面，积极推进相关实施方案论证，推荐部属单位和高校专家参

与方案编制，多渠道反映产业创新发展需求。

### （五）推动减负，激发科研机构和科研人员创新活力

召开工业和信息化部科技体制改革和创新体系建设工作座谈会，宣贯党中央、国务院《关于进一步加强科研诚信建设的若干意见》《关于深化项目评审、人才评价、机构评估改革的意见》《关于优化科研管理—提升科研绩效若干措施的通知》等重要文件精神，听取部属单位和部属高校在优化科研管理提升科研绩效，加强科研诚信，加速科技成果转化，支持“大众创业、万众创新”等方面的具体需求和关键细节问题。充分释放科研人员的创新活力，组织专业机构做好科技项目管理工作中的“陈规旧章、繁文缛节”清理工作和国家科技专项“清表行动”，梳理管理流程和表单，着力解决科研项目管理过程中“报表多”“程序繁”等问题。

## 二、2019年科技工作重点任务

### （一）深入领会习近平新时代中国特色社会主义思想，坚定不移地推动制造业高质量发展

2019年中央经济工作会议将“推动制造业高质量发展”列为七大重点工作任务首位，明确提出要增强制造业技术创新能力，构建开放、协同、高效的共性技术研发平台，健全以需求为导向、以企业为主体的产学研一体化创新机制，加强知识产权保护和运用，形成有效的创新激励机制。坚持以习近平新时代中国特色社会主义思想为指导，全面贯彻落实党的十九大和十九届二中、三中全会精神，按照中央经济工作会议部署、国家科技体制改革和创新体系建设领导小组工作要求，立足制造强国、网络强国建设全局，把创新摆在产业发展的核心位置，创新机制、优化政策，推进产业科技创新体系建设，提升制造业关键核心技术创新能力。

### （二）进一步夯实基础，加强对产业科技创新的保障作用

以构建满足高质量发展的标准体系为主线，紧密围绕制造强国和网络强国的建设需求，瞄准全球先进标准，实现标准由量到质的转变；支持我国标准的海外市场应用，逐步改变别人制定技术规则、我们被动执行的现状。发挥质量品牌密切联系市场的作用，以提高供给质量、满足中高端需求为导向，以产业科技创新带动技术、工艺、产品、管理和经营模式创新突破，解决一批行业关键共性质量问题。加强重点领域知识产权创造、保护和运用，组织开展关键技术领域知识产权的动态分析和风险评估工作，支持部属单位和部属高校与企业协同创新，加强知识产权布局，提高运用效益，从重视知识产权数量向提高知识产权质量、提升创新引导力和价值转变。

# 2018年工业节能与绿色发展专项行动工作情况

围绕《工业绿色发展规划（2016—2020年）》中的发展目标、主要任务，工业节能与绿色发展专项行动开展了以下工作：

## 一、目标任务总体完成情况

2016—2018年，规模以上企业单位工业增加值能耗累计下降13.1%，完成规划目标的73%；单位工业增加值用水量累计下降16.1%，完成规划目标的70%；单位工业增加值二氧化碳排放量累计下降约15%，完成规划目标的68%。

### （一）不断细化绿色配套政策

发挥规划引领作用，围绕《工业绿色发展规划（2016—2020年）》，聚焦绿色制造工程、绿色制造体系、绿色标准体系、能效提升等绿色发展重点领域，先后制定发布了《绿色制造工程实施指南（2016—2020年）》《工业和信息化部办公厅关于开展绿色制造体系建设的通知》《绿色制造标准体系建设指南》以及2016—2018年连续三年绿色制造专项工作政策文件，细化具体绿色配套政策，推动规划落到实处并加快实施。

### （二）扎实推进绿色制造工程

联合财政部利用绿色制造专项，围绕化工、机械、电子、家电、食品、纺织、大型成套设备制造七个重点行业，实施三批共366个重点项目。其中，绿色设计平台建设项目128个、绿色关键工艺突破项目207个、绿色供应链系统构建项目31个，累计支持中央财政补助资金30亿元，通过三批重点项目的建设实施，预计年节能量可超过80万吨标准煤、节水量1500万立方米。利用金融支持绿色制造项目，联合国家开发银行、中国农业银行制定绿色金融政策，增加绿色信贷资金供给，向国家开发银行推荐绿色信贷项目354个。

### （三）全面构建绿色制造体系

先后发布三批绿色制造示范名单，包括800家绿色工厂、726种绿色设计产品、79家绿色园区和40家绿色供应链管理示范企业，树立绿色制造示范标杆，提升工业绿色制造水平。发布两批99家生态（绿色）设计试点企业，通过验收的试点企业单位产品能耗平均下降16%以上，主要污染物排放平均下降35%以上，有力推动了行业绿色转型发展。

公布两批共110家工业节能与绿色发展评价中心名单，推动建立绿色制造市场化评价机制。全面启动工业节能与绿色发展标准化行动计划，组织实施两批487项工业节能与绿色发展标准研究项目，发布53项绿色制造相关标准，不断完善了工业节能与绿色发展标准体系。

### （四）大力推动水效能效变革

组织实施国家重大工业专项节能监察，2016年、2017年、2018年分别核查企业4131家、5811家、5331家，实现了钢铁、水泥、平板玻璃等重点高耗能行业全覆盖。实施能效领跑者制度，在钢铁、电解铝、铜冶炼等九个重点用能行业发布19家能效领跑者名单。开展水效领跑者引领行动，确定钢铁、纺织和造纸等行业11家企业为首批重点用水企业水效领跑者，公告《国家鼓励的工业节水工艺、技术和装备目录（第二批)》共 72 项节水技术，积极推广节水技术产品，推进海水淡化利用。

### （五）持续加强资源综合利用

加快推动工业资源综合利用基地建设，总结推广第一批 12 个基地的建设经验。积极推动贵州省水泥窑协同处置试点建设，总结试点工作经验，探索建立水泥窑协同处置固体废物的长效机制。制定《新能源汽车动力蓄电池回收利用管理暂行办法》，启动开展试点，推动溯源管理，建设管理平台，推动新能源汽车动力蓄电池回收再利用。积极推进生产者责任延伸试点，评估第一批 17 家电器电子产品生产者责任延伸试点单位实施效果。

### （六）逐步壮大绿色制造产业

制定《工业和信息化部关于加快推进环保装备制造业发展的指导意见》，公布环保装备制造行业（大气治理）规范条件企业名单，支持 21 家环保装备骨干企业规范发展。发布《高端智能再制造行动计划（2018—2020 年）》，促进再制造技术研发及产业化应用。积极开展再制造产品认定，发布两批《再制造产品目录》，含五大类 79 种再制造产品，组织 76 家单位深入开展机电产品再制造试点，逐步发展壮大再制造产业。发布一批国家资源再生利用重大示范工程，推进废钢铁、废塑料、废轮胎等再生资源的回收利用，培育行业骨干企业，不断提升再生资源利用水平。

### （七）着力加强绿色宣传合作

利用报纸、电视、微信和微博等媒介，通过“砥砺奋进的五年”大型成就展、《辉煌中国》电视纪录片、《经济日报》专栏等多个权威渠道，宣传推广绿色制造典型案例，系统展示近五年来工业绿色发展成就。编撰《中国工业绿色发展报告（2017）》，第一次全面梳理了工业领域绿色发展进程。在联合国气候变化大会上举办边会宣传中国工业绿色发展成就，进一步扩大中欧、中法、中意等现有合作机制，将交流合作范围拓展至绿色制造领域，开拓中韩、中英等新的双边合作机制，与联合国开发计划署联合开展中国高效电机推广项目。在世界银行、亚洲开发银行支持下实施政府绿色制造管理机制创新、京津冀工业绿色发展等项目，国际绿色合作成效显著。

## 二、重点行业进展

“十三五”以来，钢铁、有色金属等重点行业供给侧改革取得阶段性成果，能耗水耗指标持续优化，资源利用和清洁生产水平不断提高，绿色制造体系初步形成。2018 年，吨钢综合能耗 524.65 千克标准煤，合成氨综合能耗 1279.8 千克标准煤/吨，纸及纸板综合能耗 305.77 千克标准煤/吨，已提前完成规划目标。前三批绿色制造名单中，钢铁、有色金属、石化、建材、纺织、轻工、机械等重点行业创建绿色工厂 628 家，占全国 800 家的 78.5%；打造绿色设计产品 359 种，占全国 726 种的 49.4%（见表 1）。

**表 1　重点行业绿色工厂和绿色产品数量**

| 序号 | 行业类别 | 绿色工厂数量（个） | 绿色设计产品种类（种） |
|---|---|---|---|
| 1 | 钢铁行业 | 44 | 5 |
| 2 | 有色金属行业 | 49 | 17 |
| 3 | 石化行业 | 104 | 142 |
| 4 | 建材行业 | 78 | 0 |
| 5 | 纺织行业 | 38 | 42 |
| 6 | 轻工行业 | 185 | 144 |
| 7 | 机械行业 | 130 | 9 |

### （一）钢铁行业

2018 年，钢铁行业规模以上企业单位工业增加值能耗同比下降 4.77%，吨钢综合能耗同比下降 3.33%，吨钢耗新水量 2.61 立方米，同比下降 5.81%。干熄焦余热发电、高炉炉顶压差发电、烧结余热发电等技术得到普及，高温高压干熄焦普及率达 13%左右，烧结烟气循环工艺得到推广，钢铁行业从脱困阶段转向绿色高质量发展阶段。

### （二）有色金属行业

电解铝行业预焙铝电解槽电流强化与高效节能综合技术普及率超10%，新型结构铝电解槽技术、低温低电压铝电解新技术得到进一步推广应用。铅冶炼行业自主研发的氧气底吹—鼓风炉还原炼铅技术普及率达25%左右，液态高铅渣直接还原炼铅新工艺得到推广。锌冶炼行业引进的常压和氧压直接浸出炼锌技术顺利运用。2018 年，有色金属行业规模以上企业单位工业增加值能耗同比下降 5.66%。铜冶炼综合能耗下降到 244.39 千克标准煤/吨，同比下降 4.66%；铅冶炼综合能耗下降到 389.71 千克标准煤/吨，同比下降3.12%。

### （三）石化行业

制定发布《石油和化工行业绿色发展行动计划（2016—2020 年)》，连续两年组织召开石油和化工行业绿色发展大会，发布行业绿色工厂、绿色产品、环境保护工程中心和重点支撑技术。履行《关于汞的水俣公约》，低汞触媒全面应用，推动电石法聚氯乙烯生产汞使用量大幅度削减。2018 年，石化行业规模以上企业单位工业增加值能耗同比下降4.23%，合成氨生产综合能耗同比下降0.69%。

### （四）建材行业

水泥、玻璃生产工艺技术装备实现迭代突破，其中50%的技术装备，包括节能减排技术装备，达到世界领先水平。2018 年，建材行业规模以上企业单位工业增加值能耗同比下降 4.02%，脱硝、脱硫除尘装置在水泥、玻璃两个产业装配率为 85% 以上，主要污染物排放量比 2015 年下降近 3%。

### （五）纺织行业

推广应用冷轧堆、棉织物低温漂白、智能蒸汽节能系统、原液着色、双膜法废水深度处理及回用、丝光淡碱回收利用、洗毛废水羊毛脂回收利用等技术，促进行业节能、节水、清洁生产与资源循环利用。组织 48 家重点企业成立“纺织供应链绿色制造产业创新联盟”，推进供应链环境信息公开、有害化学物质管控和可持续技术创新，发布《纺织供应链化学品管理创新 2020 行动纲要》。

### （六）轻工行业

筛选推荐一批先进适用清洁生产技术入选相关技术目录和方案，引导企业进行清洁生产技术改造，从源头削减汞、铅等重金属及其他高风险污染物排放。制定发布 20 余项绿色设计产品评价技术规范，144 种轻工产品入选绿色产品目录。

### （七）机械行业

成立 10 余家行业实验室和技术（工程）研究中心，重点发展绿色铸造、锻造、热处理、环保型表面处理、无害化焊接等基础绿色制造工艺技术，以及清洁高效节能电机、轻量化起重机等绿色产品，铸件废品率、电镀和涂装行业污染物排放大幅降低，锻造材料利用率、切削材料利用率显著提高。

## 三、重点区域进展

### （一）京津冀及周边地区

全面落实京津冀协同发展。积极组织实施《京津冀及周边地区工业资源综合利用产业协同发展行动计划（2015—2017 年)》，推进一批京津冀跨区域综合利用协同发展示范项目，培育河北睿索固废工程技术研究院等技术创新平台，建设河北承德市等综合利用示范基地。推动京津冀落实《新能源汽车动力蓄电池回收利用管理暂行办法》，建立合作机制，加快建设区域回收体系。

借助错峰生产推动绿色转型。在 2017—2018 年秋冬季，围绕钢铁、焦化、铸造、建材、有色金属、化工等重点行业，北京、天津、河北、山西、山东、河南六个地区对7790家企业实施错峰生产，倒逼区域重点行业进行绿色技术改造与转型升级。

### （二）长江经济带

加快长江经济带绿色发展。贯彻落实习近平总书记在深入推动长江经济带发展座谈会上的重要讲话精神，联合有关部门制定《关于加强长江经济带工业绿色发展的指导意见》，优化工业布局，调整产业结构，引导产业转移，加快工业节水减污改造。发布深入推动长江经济带工业绿色发展近期工作要点，形成长江经济带重点工业行业绿色发展有关情况的调研报告，指导长江经济带工业绿色发展。

开展沿江固体废物排查。印发《工业和信息化部办公厅关于做好长江经济带固体废物大排查行动的通知》，指导长江经济带八省市制定固体废物大排查行动方案，全面排查工业固体废物综合利用情况以及财政资金支持情况，推动长江经济带工业资源综合利用产业绿色发展。

实施危险化工企业搬迁。全面推进长江流域城市建成区内现有危险化学品生产企业搬迁改造，促使安全、卫生防护距离不能满足相关要求和不符合规划的危险化学品生产企业实施搬迁改造或依法关闭，有效降低安全和环境风险。

## 四、工作亮点

### （一）工业绿色转型发展形成新氛围

各地结合实际出台工业绿色发展行动方案、配套政策，研究创新举措，探索新模式、新机制，江苏、山东、湖南、安徽、新疆等27个地区，在工业绿色发展等方面均设有相关财政专项支持，2017年度专项资金规模达18亿元，绿色发展央地联动、协同推进的机制初步形成。

### （二）绿色标准化水平达到新高度

推动建立综合性标准体系支撑绿色制造，绿色制造标准对工业绿色发展的引领和规范作用不断提升，发布绿色产品、绿色工厂、绿色园区和绿色供应链相关标准，集中研究制修订了一批工业节能与绿色发展重点标准，推动超过100项绿色制造标准形成草案并征求了各方意见。

### （三）绿色制造系统集成探索新模式

绿色制造系统集成摒弃了以往单一环节的节能环保技术改造，通过联合体合作机制的有效传导，带动产学研用协同推进和产业链上下游整体提升，扩大外溢效应，打造了一批创新服务模式的绿色设计平台，突破了一批制约行业发展的绿色关键技术，构建了一批具有行业影响力的绿色供应链模式，有效带动了行业、区域产业提质增效升级。

### （四）绿色发展协调机制取得新进展

强化与国家发展和改革委员会、财政部等部门的协调配合，综合运用产业投资、财税等政策，不断改善工业绿色发展政策环境，及时了解地方工作中遇到的困难和问题，加强指导和支持，协同推进绿色产品、绿色工厂、绿色园区、绿色供应链创建工作，形成了统筹协调、职责明晰、上下联动的工业绿色发展协调机制。

### （五）绿色制造宣传交流迈上新台阶

成立中国绿色制造联盟，建立绿色制造服务平台，发布“绿色制造合作伙伴”倡议，绿色制造理念传播模式不断丰富。积极开拓新的双边合作机制，加强与联合国工业发展组织等国际组织合作，积极宣传中国绿色制造解决方案，推动建立公平、透明、合力的国际工业绿色发展新秩序。

在取得成绩的同时，也要看到还有一些问题存在。一方面，区域、企业间绿色发展不平衡问题仍然突出。我国区域绿色发展不平衡，部分区域高耗能行业占比较高，能源结构不合理，生态环境治理难度大。如京津冀及周边地区占国土面积7.2%，但消耗了全国35%的煤炭，生产了全国43%的钢铁、45%的焦炭、33%的平板玻璃。企业间绿色发展水平参差不齐，如合成氨行业单位产品能耗平均水平要比行业能效领跑者企业高出20%，行业低效产能占比仍然较高。

另一方面，绿色金融对工业绿色发展支持力度有待加强。绿色制造项目融资贵、融资难问题仍然突出，绿色项目标准不统一，相关部门间的工作协调需进一步加强。强制性环境信息披露制度尚未建立，金融机构难以有效评估企业和项目风险。

## 五、下一步工作思路和举措

一是创新机制和手段促进制造业绿色化改造提升。扎实推进重点项目建设，有序开展绿色制造专项相关项目验收，总结推广先进典型经验。利用好与国家开发银行、中国农业银行等金融机构合作开展的绿色金融政策，支持建设一批绿色制造重点项目，推进制造业绿色化改造。全面构建绿色制造体系，继续建设一批绿色工厂、绿色产品、绿色园区、绿色供应链示范标杆，带动区域和行业工业绿色发展水平提升。

二是推动落实工业和通信业污染防治攻坚战工作。认真贯彻党中央、国务院和部党组关于坚决打好污染防治攻坚战的战略部署，落实好坚决打好工业和通信业污染防治攻坚战三年行动计划，围绕京津冀及周边地区、长三角地区、汾渭平原以及长江经济带等重点区域，按照任务分工，推动落实各项工作措施。对地方工业和信息化主管部门工作落实情况开展评价，督促地方将工业和通信业污染防治各项工作落实到位。

三是完善工业绿色发展政策标准支撑体系。深入开展工业节能监察，推动重点高耗能行业企业能源利用水平不断提升。大力发挥标准引领作用，支持加快研究制定一批工业节能与绿色发展标准。实施《电器电子产品有害物质限制使用管理办法》，建立合格评定制度，按照电器电子有害物质限量标准要求，对达标管理目录内的产品限制使用有害物质。指导新能源汽车动力蓄电池回收利用试点地区和企业积极探索回收利用新模式，推进新能源汽车动力蓄电池回收利用体系建设。

四是加快培育壮大绿色制造产业。推动资源综合利用评价，促进资源综合利用税收优惠政策的落实，会同有关部门不断完善支持绿色制造产业发展的税收、绿色金融等政策。按照环保装备制造行业、再生资源产业等相关规范条件要求，发布符合条件企业名单，引导节能环保产业生产要素向优势企业集中。深入实施能效领跑者和水效领跑者制度，发布国家鼓励的节能、节水、清洁生产、综合利用、再制造等技术装备和产品目录，促进先进绿色制造技术装备和产品推广应用。

# 2018 年工业安全生产工作情况

2018 年，工业和信息化部认真贯彻落实党中央、国务院关于安全生产工作的一系列重要决策部署，围绕《中共中央 国务院关于推进安全生产领域改革发展的意见》（中发〔2016〕32 号），依托制造强国和网络强国建设，按照“管行业必须管安全”的要求，突出行业管理特色和优势，强化源头治理，加强统筹推进，取得积极成效。

## 一、指导行业加强安全生产管理工作

围绕加快工业转型升级、推进产业结构调整、技术改造、淘汰落后产能等重点工作，在制定行业规划、产业政策、法规标准等方面，统筹加强安全生产管理工作。重点抓好党中央、国务院部署工业和信息化部牵头重点任务的落实。

### （一）优化产业布局，深化危化品安全综合治理

扎实推进《国务院办公厅关于推进城镇人口密集区危险化学品生产企业搬迁改造的指导意见》确定的各项任务。

一是完善工作机制，加强统筹协调。2018 年年初，工信部与应急管理部等 14 个部门组成危化品企业搬迁改造专项工作组，制定年度工作计划和督导工作方案。通过组织召开危化品企业搬迁改造工作座谈会，交流搬迁改造工作进展、分析研讨存在问题及相关政策建议。针对搬迁改造中的困难和问题，及时召开专题会议研究并商定责任部门。

二是开展督导调研，确保实施进度。按照年度督导工作方案，组织 10 个督导组对 21 个重点省份进行了督导调研。经各方努力，已有 200 余家企业完成搬迁改造任务。

三是加强引导推动，夯实工作基础。会同有关部门将搬迁改造项目纳入国家技术改造支持方向。28 家企业 29 个搬迁改造项目纳入了技术改造导向计划。部分地区结合当地实际，综合运用财政、金融、税收等政策扶持企业搬迁改造，持续夯实危化品企业搬迁改造工作基础。

### （二）完善标准体系，促进车辆产品安全性能提升

会同市场监管总局等部门不断建设完善车辆管理体系，加快汽车安全标准制修订，促进了乘用车、客车、货车和专用汽车等安全技术性能的持续提升。

一是在乘用车安全标准方面，完成《汽车燃油箱及其安装的安全性能要求和试验方法》（代替 GB 18296—2001）等强制性国家标准、《电动汽车安全要求》《电动汽车用动力蓄电池安全要求》《电动客车安全要求》三项新能源汽车强制性国家标准及《汽车侧面柱碰撞的乘员保护》等三项推荐性国家标准的报批工作，加快推进《机动车道路照明装置及系统》等汽车灯具灯光系列标准的整合修订，并开展《汽车事件数据记录系统》《车载事故紧急呼叫系统》等标准的制定工作。

二是在商用车安全标准方面，开展了《商用车辆自动紧急制动系统（AEBS）性能要求及试验方法》等安全标准的研制工作。其中，《客车结构安全要求》（GB 13094—2017）等客车安全标准已实施，《道路运输爆炸品和剧毒化学品车

辆安全技术条件》（GB 20300—2018）等三项货车和专用车安全标准已发布，《车辆车速限制系统技术要求》《客车内饰材料的燃料特性》等标准已报批，《商用车驾驶室乘员保护》《汽车爆胎应急安全装置性能要求和试验方法》等标准已完成立项，并开展客车驾驶区防护隔离装置、危险货物运输车辆技术要求等相关安全标准的制修订工作。

三是在摩托车安全标准方面，《电动摩托车和电动轻便摩托车通用技术条件要求》（GB/T 24158—2018）、《摩托车和轻便摩托车制动性能要求及试验方法》（GB 20073—2018）已发布并实施，完成《电动摩托车和电动轻便摩托车安全要求》（代替 GB 24155—2009）的报批程序。开展《摩托车乘员扶手》《摩托车和轻便摩托车防盗装置》标准的修订，《摩托车和轻便摩托车防盗装置》已申报立项。

### （三）大力发展安全产业，提升全社会安全保障能力

聚焦风险隐患源头治理，以坚决遏制重特大安全生产事故为目标，以提升全社会安全保障能力为重点，加快推动安全产业高质量发展，积极培育新的经济增长点。

一是强化顶层设计。全面贯彻落实《中共中央 国务院关于推进安全生产领域改革发展的意见》关于健全投融资服务体系，引导企业集聚发展安全产业的重点任务部署，工信部联合应急管理部、财政部、科技部印发了《关于加快安全产业发展的指导意见》（工信部联安全〔2018〕111 号），四部委在科技创新、投资融资服务体系建设、标准体系建立、产业集聚发展、财税政策等方面开展深入合作，共同推进产业高质量发展。明确了产业发展目标和工作重点，制定了促进产业发展的“5 + N”计划，并通过举办全国安全产业座谈会暨安全产业高质量发展论坛，及时对产业发展政策进行了解读与宣贯，为地方和企业发展安全产业提供了明确指导。

二是建立部省合作机制。工信部与相关部门、地方加强协调联动，2018 年 1 月，联合原国家安全生产监督管理总局与江苏省签署三方共同促进安全产业发展的部省合作协议，发挥了示范引领作用；11 月，联合应急管理部与广东省签署部省合作协议，形成工作合力，共同推进粤港澳大湾区安全产业发展。同时，进一步加大宣传力度，联合应急管理部、科学技术部、广东省人民政府指导举办首届全国安全产业大会，集中展示了十八大以来产业在技术创新、装备制造、园区集聚、投融资服务等方面取得的成果，探讨了新时代产业发展趋势和方向，通过会展更好地凝聚了共识，有效带动产业集聚，推进产研对接、产需对接、产融对接，激发带动了各地发展安全产业的积极性。

三是推动安全产业示范园区创建。根据《安全生产“十三五”规划》关于“国家安全产业示范园区创建”的任务要求，联合应急管理部印发《国家安全产业示范园区创建指南（试行）》（工信部联安全〔2018〕213 号），指引创建路径，引导地方和企业集聚发展安全产业。批复粤港澳大湾区（南海）智能安全产业园成为继徐州、合肥、营口、济宁之后的第五家国家安全产业示范园区（含创建）单位（其中徐州为“国家安全产业示范园区”），指导开展创建试点工作。

四是创新金融服务产业发展模式。大力推进安全产业投融资体系建设，搭建市场化融资服务平台，带动各类金融资本为产业发展提供投融资服务。

五是拓展安全技术创新与产品应用。大力发展“互联网 + 安全”，依托制造强国产业基础大数据平台，建立了国家安全产业基础数据库；鼓励企业开展技术创新，探索商业模式创新，推动安全装备示范应用。在事故高发的重点行业领域，选择汽车主动安全产品、智能安全建筑脚手架、矿山安全装备、危化品阻隔防爆安全装备等技术装备和产品开展示范应用，为工业生产和社会各领域提供更有效的安全保障。

## 二、做好民爆行业安全监督管理工作

针对当前制约民爆行业发展的产品中低端供给严重过剩与高端供给严重不足的主要矛盾，把握行业高质量发展的根本要求，深化供给侧结构性改革，扎实推动行业结构调整、提质增效、转型升级，营造了有利于安全发展的市场环境和秩序。

### （一）不断强化安全监管

一是开展安全专项整治，严格落实企业主体责任和属地监管责任。2016 年 12 月至 2018 年 3 月抽查生产、销售企业 96 个，及时总结和梳理了共性多发问题，下发全行业进行对照自查自改，落实《工业和信息化部关于建立民爆企业安全生产长效机制的指导意见》，指导企业解决行业安全生产“最后一公里”问题。印发《关于改进民爆生产线抗爆间室门机安全联锁措施和提升工业雷管生产线钢板防护间防殉爆能力的通知》，进一步针对重点薄弱环节，加强指导整改。制定《民爆行业安全管理水平提升三年专项行动计划》，明确了工作目标，提出了健全行业安全监管体制机制等 14 项重点工作任务，通过企业进行自查，各省级行业主管部门组织开展检查，工信部对重点省份实施专项督查，保障了层层压实责任。同时修订印发《民用爆炸物品生产和销售企业安全生产培训管理办法》，提高企业安全管理能力和员工安全素养，不断提升行业整体安全生产水平，确保行业安全平稳运行。

二是进一步落实“放管服”改革要求，在先后取消、转移、下放了一批审批项目基础上，继续在简政放权、放管结合、优化服务上下功夫，完善行业监管法规。修订出台了《民用爆炸物品生产许可实施办法》（工信部令第 49 号），通过采取精简审批材料、改革生产许可年检制度、取消强制性中介服务、设立授权生产制度等一系列改革新举措，更好地服务、便民，减轻企业负担。严格依法行政，加强事中事后监管，编制印发了《民用爆炸物品生产、销售企业监督检查“双随机、一公开”抽查工作实施细则（试行）》，进一步提升监管效能。同时，印发《工业和信息化部办公厅关于民爆行业“打非治违”有关情况的通报》（工信厅安全函〔2018〕41 号），重点严厉打击利用现场混装炸药作业系统非法生产工业炸药的行为，保持了打非治违的高压态势，为高危行业的安全发展维护了良好的秩序。

### （二）持续深化供给侧结构性改革

一是加强政策引导。制定出台了《工业和信息化部关于推进民爆行业高质量发展的意见》，提出“到 2022 年，淘汰一批落后技术，关闭一批高危生产线，培育一批知名品牌，建成一批示范企业，推进形成规划科学、政策合理、标准完善的民爆行业高质量发展保障体系”的工作目标，明确优化产品结构，化解过剩产能，推动企业重组整合，推进智能制造等七项重点任务，以及五项配套措施，将用以指导未来几年行业改革发展。

二是实施撤点并线，减少危险源点，依法依规推动落后产能退出。在确保稳定的前提下，结合行业实际，通过实施积极的行业引导政策，在 2017 年度限期拆除 10 条民爆产品生产线的工作基础上，2018 年取得了减少 5 个民爆生产企业，关闭 9 个民爆生产场点，限期拆除 27 条民爆产品生产线，北京市彻底退出民爆生产的良好成效，从源头上消除了一大批事故隐患，降低了全行业安全风险。同时，严格市场准入，继续依法依规稳妥推进重组整合，截至 2018 年年底，生产企业数量从 2006 年的 400 多家减少到 130 多家，减少 67% 以上，有力促进了民爆行业安全生产形势持续好转。

三是完善标准体系，提高行业安全准入门槛。按照《中共中央　国务院关于推进安全生产领域改革发展的意见》关于制定完善高危行业领域安全规程的要求，制修订并发布《民用爆炸物品工程设计安全标准》《民用爆炸物品生产、销售企业安全管理规程》等国家标准以及系列行业标准。编制完成了《民爆行业“十三五”技术标准体系建设方案》，行业申报标准计划16项，发布了《民用爆炸物品企业安全生产标准化实施细则》等6项行业标准。同时，严把产品质量关，强化质量监管，按照《民爆行业产品质量监督抽检实施方案（2017—2021年）》要求，开展对毫秒电雷管的监督抽检工作。切实加强事故预防和源头治本，有效防范和遏制安全事故。

### （三）大力推进智能制造

一是引导技术创新，继续在民爆行业开展“机器人换人、自动化减人”工作。制定了《民爆行业企业智能制造试点示范要素标准》，通过组织召开多场智能制造现场推广会，组织参加中国国际工业博览会以及世界智能制造大会，组织协调多个民爆智能制造项目获得工信部智能制造专项支持，入选工信部智能制造试点示范工程，加大智能制造应用推广力度。制定《民用爆炸物品行业产业技术发展方向及目标（2018年版）》，对炸药、雷管、索类等主要民用爆炸物品，从产品、工艺装备、基础科研等方面，引导和推进行业技术进步。截至2018年年底，民爆行业共有五个项目入选智能制造试点示范，八个项目入选智能制造综合标准化和新模式应用专项，全行业共投入资金68亿元。通过实施智能化改造，全行业90%以上工业炸药生产线实现了连续化、自动化生产，工业雷管生产线50%以上采用了自动装填、人机隔离的生产工艺，工业炸药生产线的操作人员由过去的数十人已减少到六人以内，引进近千台各类机器人，全行业共减少危险岗位操作人员近万人，大幅提高了生产效率，提升了产品品质。

二是提高全产业链应用水平。围绕行业智能制造一体化发展方向，着力从生产、销售、爆破、服务各个应用环节，促进智能制造一体化应用。鼓励企业联合用户、系统集成商、软件开发商、装备供应商等，协同、集成创新，探索实施个性化定制、远程运维服务等智能制造系统解决方案，加快推进智能制造推广应用。重点推进数码电子雷管推广应用，与公安部门达成共识，争取用三到五年时间，全面推广应用数码电子雷管。目前，基础雷管的装压药、起爆剂制造、装备等工序均已实现人机隔离，数码电子雷管全线智能制造装备日趋成熟，下一步将以推广应用数码电子雷管为契机，推动民爆行业智能制造水平再上新台阶，持续推动行业安全发展。

# 2018 年信息通信业发展情况

2018 年，我国信息通信业保持良好发展势头。基础电信业健康平稳增长，电信业务收入突破 1.3 万亿元，增速回落至 3%；电信业务总量同比增长 137.9%，较 2017 年增幅提升 61 个百分点。互联网及相关服务业保持平稳较快增长，规模以上互联网企业完成业务收入 9562 亿元，较 2017 年增长 20.3%。

## 一、基础设施建设扎实推进

### （一）网络服务能力持续提升

2018 年，我国光纤宽带部署规模进一步扩大，接入网基本实现全光纤化，光纤接入端口占比提升至 88%，光纤宽带覆盖水平进入全球领先行列。4G 网络建设进入平稳发展期，全国城区及人口密度较大的中东部农村地区覆盖进一步完善，4G 基站总规模达到 372 万个，网络质量和承载能力持续优化。骨干网新平面建设初步完成，扁平化改造同步深入推进。基础电信企业启动第三张网建设，打造智能化承载网络。

IPv6 规模部署快速推进，2018 年骨干互联互通设备已全部支持 IPv6，部分直联点设备已开启 IPv6 双栈功能，全国互联网骨干网络设备均已具备支持 IPv6 的能力。IDC（互联网数据中心）建设全面快速增长，2018 年全国 IDC 机架规模①预计达 215 万架，年增长率超过 30%。IDC 云化进程加快，IDC 云化率②（IDC 云机架数与总机架数的比值）平均水平为 23.9%。广东、北京、陕西、江西 IDC 云化率较高，超过 40%。国际互联网出入口带宽快速提升，总带宽达到 7.8Tbps，年增幅近 20%。

国际通信网络布局持续调整，桐乡、珠海等城市获批建设国际互联网数据专用通道，中国移动获批建设乌鲁木齐区域性国际通信业务出入口局。海外 POP（入网点）达到 124 个。

### （二）网络提速降费年度目标提前超额完成

2018 年，我国百兆宽带普及提速，4G 网络覆盖和速率持续提升，宽带下载速率进入全球前列。截至 2018 年年底，100M 及以上固定宽带用户占比达 70%，4G 用户占比近 75%，12 月月户均移动互联网接入流量达 6.3GB，同比增长 1.3 倍。互联网骨干直联点达到 13 个，网间互联带宽新扩容 1950Gbps，网间通信时延平均值同比降低 12%。固定宽带和移动宽带 4G 网络平均下载速率③较 2017 年同期分别增长 47.6% 和 21.3%。

互联网网间结算价格从每月 12 万元/G 下降到 8 万元/G，国内流量漫游资费全面取消，推出大流量资费套餐等，移动数据流量全年平均资费已降至 8.5 元/GB 以下，降幅达 63%，超额完成政府工作报告所提出的 2018 年年内至少降低 30% 的目标。基础电信运营商全年累计让利超 1200 亿元④。

① 数据来源：工信部摸底数据分析和中国信息通信研究院调研统计。

② 数据来源：《经济日报》。

③ 数据来源：胡润研究院《2018 胡润大中华区独角兽指数》，榜单结合资本市场独角兽定义筛选出有外部融资且估值超 10 亿美元的优秀企业，数据截止日期为 2018 年 12 月 31 日。

④ 数据来源：国务院国有资产监督管理委员会。

### （三）电信普遍服务提前实现“十三五”规划目标

前三批试点累计投入400多亿元，支持27个省份的13万个行政村实施宽带网络建设和升级改造，行政村通光纤和贫困村通宽带比例均超过97%。2018年，我国启动第四批电信普遍服务试点申报工作，重点转向农村及偏远地区4G网络覆盖，支持行政村、边疆地区和海岛地区建设4G基站1.4万个。

### （四）5G研发和产业化进程加快

5G研发和产业化进程加快。2018年，3GPP（第三代合作伙伴计划）完成5G国际标准第一版本的研制和发布，5G进入商用部署的关键阶段。截至2018年12月底，我国5G技术研发试验第三阶段测试工作基本完成，5G基站与核心网设备均可支持非独立组网和独立组网模式，达到预商用水平。国内运营企业积极开展规模试验，优化产品性能，积累运营经验。

## 二、电信领域改革开放步伐加快

### （一）市场多元供给主体竞合发展

2018年，移动通信转售业务转为正式商用，截至12月底，42家试点企业中已有31家获得移动转售正式商用许可。移动转售用户总规模超8000万户，占全国移动用户总数的比重达到5%。宽带接入网业务试点范围再扩大，开放了黑龙江、浙江、江西、山东、海南5省的全部城市，新增廊坊、秦皇岛、包头、鄂尔多斯、曲靖、玉溪、楚雄、红河8个市（州），试点时间延长至2020年年底。三网融合全面推进，广电企业获电信业务经营许可数量持续上升，截至2018年年底，全国广电企业已发展有线宽带家庭用户近3900万户，并已获批参与5G建设。

### （二）基础电信企业混改试点深入推进

2018年，中国联通混改试点向纵深推进：引BATJ（百度、阿里巴巴、腾讯、京东）在内的五位战略投资者进入董事会，完善治理结构；有序实施员工限制性股票激励计划，全面推进基层生产单元全场景“划小承包”改革，强化激励；全面推进互联网化运营，在新零售、云计算、大数据、物联网等新经济领域与民营互联网企业持续开展合作；持续推进组织机构改革精简优化，压缩管理层级，深入挖潜，降本增效，提高企业全要素生产率。中国电信混改迈开关键步伐，旗下支付公司混改试点工作稳步推进，与民营企业传化集团成立合资公司，建设物流信息化平台。中国移动已开展子公司层面的混改研究工作。

## 三、互联网进入新一轮创新周期

### （一）互联网行业规模保持平稳增长

2018年，我国上市互联网企业总营收达1.9万亿元，同比增速近30%。截至2018年12月10日，国内外上市互联网企业总市值达1.2万亿美元，受国际形势、政策环境等因素影响，较年初下降27.2%。

移动互联网应用程序数量缓步增长，我国市场上监测到的App数量全年净增42万款，总量达到449万款，其中我国本土第三方应用商店的App超过268万款，第三方应用商店分发累计数量超过1.8万亿次。

### （二）新技术新业务创新高度活跃

当前互联网发展已进入“多点技术融合”驱动创新阶段，融合移动技术、新终端形态、区块链、人工智能技术形成发展合力，引领互联网产业进入智能融合的新发展周期。

2018年我国互联网全行业研发投入达490亿元，同比增长19%。互联网新模式新业态频现，对传统的社交、电商等互联网基础业务产生显著影响。在社交领域，以短视频为代表的创新业态快速崛起，2018年第一季度国内短视频软件使用时长同比增长近6%，与之相对，即时通讯软件使用时长下降4.8%；抖音海外版Tik Tok市场影响大幅飙升，冲击全球社交市场格局。在电商领域，以拼多多为代表的拼团农村电商迅速发展，用户下载量逼近京东，活跃度超越京东和唯品会，直追淘宝，电商业务格局正经历深刻重构。

### （三）互联网初创企业持续壮大

2018年，我国投融资市场保持快速增长，全年投融资案例达2685件，相比2017年的1296件增长107.2%，披露的总交易金额为697亿美元，相比2017年的484.8亿美元增长43.8%。其中超过1亿美元的融资案例共125件，同比增长60.3%，融资金额达555亿美元，同比增长59.2%。

2018年，我国独角兽企业数量由2017年的120家上升至186家，全年累计新增97家，区块链行业企业首次上榜，小米、拼多多、美团大众点评、腾讯音乐等24家企业已完成IPO（首次公开募股）退出榜单，7家因与其他公司合并或经营不善退出榜单[①]。

## 四、信息化融合发展不断增强

### （一）线上线下融合是政务服务创新发展方向

随着“互联网+政务服务”的深入推进，各地区在“广度”和“深度”上同时发力，依托实体办事大厅，运用互联网思维，充分利用网上服务大厅、实体大厅、手机终端、政务公众号和电话热线等渠道，构建“线上线下、虚实一体、多级联动”的“全天候、无缝隙”便民惠民政务服务体系。目前，29个省级地方已建立了“互联网+政务服务”平台，其中16个地方平台已覆盖省、市、县三级，线上线下立体化的政务服务平台体系初步形成[②]。

### （二）数字孪生城市推动智慧城市建设进入新阶段

当前智慧城市正迈向从局部到系统、融合创新的发展新阶段，新型智慧城市对巨型复杂系统深度洞察能力的要求催生了数字孪生城市。2018年数字孪生城市的概念和技术逐步成熟，国内外陆续开展应用探索。雄安新区基于孪生系统打造新一代智能城市，将多方数据空间化，形成数字孪生的时空信息模型数据库，支撑城市智能应用。长沙经济开发区智慧园区和郑州市智慧水务数据仿真平台以资源整合为核心，将已建城市设施数字化、模型化，解决了城市发展痛点、难点问题。两种构建路径加快推动了数字孪生城市应用落地。

### （三）工业互联网政策落地推进，加快应用探索

2018年是我国工业互联网全面实施之年，工信部发布《工业互联网发展行动计划（2018—2020年）》，提出初步建成工业互联网基础设施和产业体系、初步构建工业互联网标识解析体系、推动30万家以上工业企业上云、培育超过30万个工业App、初步建立工业互联网安全保障体系等工作目标。

2018年年内工业互联网政策密集发布，工业互联网创新发展工程共支持91个项目，核定72个工业互联网试点示范项目。工业互联网平台发展迅猛，目前国内具备一定产业影响力的工业互联网平台数量已超过50个[③]，平台应用日渐繁荣，模式创新活跃，应用场景集中于资产性能监控优化与生产运营分析，垂直领域聚焦能源、高端装备制造、工程机械等重点行业。

---

① 数据来源：宽带发展联盟第22期《中国宽带速率状况报告》（2018年第四季度）。

② 数据来源：中国信息通信研究院。

③ 数据来源：中国信息通信研究院。

### （四）云计算、大数据与实体经济深度融合

云计算产业发展势头迅猛，服务能力大幅提升，应用范畴持续拓展，与实体经济各领域的融合渗透不断深入，已发展成为承载各行业应用的关键基础设施。2018 年 8 月工信部印发《推动企业上云实施指南（2018—2020 年）》，强化政策保障，推动“企业上云”行动纵深发展。大数据在各行业的应用逐渐加快，进入稳步成长阶段，互联网、电信、金融、政务、交通、医疗等领域大数据应用不断深化。《中国大数据发展调查报告（2018 年）》显示，在分布于全国各地区各行业、规模各异的 1572 家被调查企业中，已有近 40% 的企业应用了大数据。

# 2018年国际合作工作进展情况

2018年，工业和信息化部围绕建设制造强国、网络强国的中心工作，进一步发挥双边多边合作机制作用，积极参与国家高层和重大外事活动，加强产业战略对接与合作，务实推进重要国际合作项目，稳妥推进两岸交流，不断提升我国制造业全球竞争力和影响力，营造对外交流与合作新格局。

## 一、推动中国与亚洲、非洲工业界的合作

### （一）第三次中韩产业合作部级对话

2018年5月24日，工业和信息化部部长苗圩与韩国产业通商资源部部长白云揆共同出席并主持了第三次中韩产业合作部级对话。对话中，双方就机器人、汽车、工业绿色发展、电子信息产业等议题进行了广泛交流和互动。苗圩指出，中韩两国都面临着如何通过结构性改革和产业转型实现经济可持续发展的重要任务，双方应加强发展战略对接，深化各领域合作，扩大互利共赢。希望双方在中韩产业合作部级对话机制下，增进两国主管部门交流，促进两国企业合作，推动两国产业合作迈向更新、更高的发展阶段。

在两部部长见证下，工业和信息化部国际经济技术合作中心与韩国产业技术振兴院、韩国国家清洁生产中心分别签署了合作谅解备忘录。会后，苗圩部长和韩国产业通商资源部部长白云揆共同签署了会议纪要。对话前，苗圩会见了韩国产业通商资源部部长白云揆，就智能网联汽车、绿色生态产业开发等领域合作交换了意见。

### （二）与日本经济界访华团的交流活动

2018年9月12日，工业和信息化部总经济师王新哲出席了工业和信息化部与日本经济界访华团交流活动。工业和信息化部相关司局和部属单位有关负责同志，以及200余名日本产业界代表参加了交流活动。在交流活动中，双方就数字经济展望、智能制造的推进、未来汽车发展趋势、中日节能环保领域合作、中小企业与“双创”发展情况及相关政策等议题进行了积极交流。

王新哲在致辞中介绍了中国工业、通信业发展情况，表示中国的产业政策坚持开放、公平、竞争的原则，对外资企业一视同仁。无论过去、现在，还是未来，互利共赢、开放合作都是中国制造业发展过程中坚持的基本原则。王新哲表示，此次是工业和信息化部与日中经济协会会长宗冈正二先生率领的日本经济界访华团第九次举行的交流活动，恰逢《中日和平友好条约》缔结40周年，双方经济和产业界人士应加强产业发展的信心，积极作为，创新合作举措，夯实合作基础，走好合作共赢之路。

### （三）第二次中日工业副部级磋商

第二次中日工业副部级磋商于2018年10月11日在日本东京举行，工业和信息化部时任副部长罗文与日本经济产业省经济产业审议官寺泽达也共同主持会议。双方就两国工业领域，特别是汽车、工业绿色发展、超高清视频、智能制造等领域的发展情况及政策等深入交换了意见，并达成了多项合作共识。双方一致同意加强高层交

流，并设立中日部长级产业对话机制。面对新一轮科技变革和产业革命带来的机遇和挑战，加大创新合作力度，在更多领域和更高层次开展对接，深化在工业绿色发展、智能制造等领域合作。发挥各自在市场规模和技术实力方面的优势，将智能网联汽车、新能源汽车作为汽车领域合作重点，加强政策制定、标准协同、关键技术和产品研发、人才培养方面的交流与合作。在绿色制造领域，推动标准互认，联合打造绿色制造示范项目。同时鼓励和支持双方协会、研究机构和企业开展形式多样和多种层次的交流合作。会后，罗文与寺泽达也共同签署了会议纪要。

罗文表示，中日两国共同面对新工业革命及贸易保护主义带来的挑战，中方愿与日方加大创新合作力度，在更多领域和更高层次开展对接，实现两国产业合作提质升级。希望双方不断深化合作，推动中日产业界共同进步。

在日期间，罗文还与日本总务省总务审议官渡边克也就加强中日超高清视频产业合作进行了交流，出席中日智能网联汽车官民论坛，调研了松下、夏普、东芝、索尼、富士胶片等企业。

### （四）组织开展“一带一路”工业通信业国际合作问题调研

按照工业和信息化部2018年重点主题调研工作方案，国际合作司组织开展了“一带一路”工业通信业国际合作问题调研活动，会同有关司局单位赴6个省市召开15次座谈会、考察30多家工业通信业企业，回收80余份调查问卷，访谈近百人次，系统梳理了“一带一路”国际合作中工业通信业领域存在的共性问题，分析原因找准对策，研究提出下一步工作思路和举措，为更好开展“一带一路”工业通信业国际合作提供了依据。

## 二、加强中国与欧洲工业高层的对话与合作

### （一）中法两国总理同企业家座谈会

2018年6月25日，工业和信息化部与法国经济和财政部在人民大会堂共同举办了中法企业家座谈会，会议由工业和信息化部部长苗圩主持。国务院总理李克强与法国总理菲利普共同出席会议。

李克强指出，中法两国企业有长期合作基础，发展空间广阔。中国对外开放的大门会越开越大，希望法方企业抓住机遇，进一步扩大对华合作，争取取得更多务实合作成果。欢迎法方企业加强对华高技术领域合作，中方将严格保护知识产权，绝不允许强制转让技术。

中国航天科技集团、东风汽车集团和法国苏伊士环境集团、法孚集团等约60家中法企业参会。双方与会代表围绕投资环境、知识产权保护、创新领域合作等问题交换了意见。

### （二）与德国加强智能制造、自动驾驶等领域合作

2018年7月9日，工业和信息化部部长苗圩与德国联邦经济和能源部部长皮特·阿尔特迈尔在柏林举行会谈，就加强中德智能制造、自动驾驶等领域合作广泛交换了意见，一致同意2018年年内举行部门间对话，共同推动标准制定、技术研发及产业合作。

在德期间，苗圩作为代表团成员出席了国务院总理李克强与德国总理默克尔共同主持的第五轮中德政府磋商，陪同李克强总理参加了中德自动驾驶汽车展示活动。

### （三）苗圩会见保加利亚经济部部长卡拉尼科洛夫

2018年6月5日，工业和信息化部部长苗圩会见了保加利亚经济部部长埃米尔·卡拉尼科洛夫，双方就加强中保工业和高新技术发展领域合作等内容交换了意见。

苗圩表示，中保在工业和高新技术发展领域有很多利益契合点，中方重视保方加强对华合作的强烈愿望，将进一步鼓励和支持双方工业企业、科研机构加强沟通交流，在数字经济、工业园区等领域开展合作，取得更多务实合作成果。

### （四）中俄工业合作分委会第三次会议

2018年9月21日，中俄总理定期会晤委员会工业合作分委会第三次会议在中国昆明举行。分委会中方主席、工业和信息化部部长苗圩与分委会俄方主席、俄罗斯联邦工业和贸易部部长曼图罗夫共同主持会议，工业和信息化部副部长王江平参加会议，云南省省长阮成发致欢迎辞。会议就中俄民用航空、原材料、装备、无线电电子等领域交流合作进行了深入友好的协商，达成了诸多合作共识，并对下一步工作进行了部署。

会后，苗圩与曼图罗夫共同签署了分委会会议纪要，见签了民用航空、原材料、装备三个工作组会议纪要及相关企业项目合作协议，并为第一届中俄（工业）创新大赛获奖者颁奖。会后，两国部长共同出席了记者见面会。

工业合作是中俄全面战略协作伙伴关系的重要内容。在两国领导人的关心和支持下，在中俄总理定期会晤委员会工业合作分委会机制下，中俄双方共同努力，在民用航空、原材料、装备和电子信息等领域合作不断深化，特别是双方发挥互补优势，在合作研制远程宽体客机等战略性大项目上取得了积极进展，丰富了中俄全面战略协作伙伴关系。

分委会会议前，王江平与俄方格鲁杰夫副部长、波恰洛夫副部长分别共同主持了原材料、民用航空工作组会议。

### （五）苗圩会见欧盟委员会内部市场、工业、创新和中小企业委员别恩科夫斯卡

2018年9月21日，工业和信息化部部长苗圩在北京会见欧盟委员会内部市场、工业、创新和中小企业委员别恩科夫斯卡，就继续开展中欧工业对话、加强双方在工业标准化和数字经济领域合作、支持中小企业发展、共同应对全球钢铁产能过剩等议题交换了意见。

苗圩积极评价了双方在工业领域开展的合作，表示中方愿与欧方加强产业政策交流，支持双方产学研各界在工业标准化、数字化转型等领域开展互利合作，实现共赢发展。

双方一致表示，在当前国际形势下加强中欧对话合作意义重大，强调要坚持全球经济一体化和积极推动贸易自由化。

工业和信息化部国际合作司、规划司、科技司、信息化和软件服务业司负责同志参加会见。新任欧盟驻华大使郁白参加会见。

### （六）中俄工业合作分委会民用航空合作工作组第十三次会议

2018年9月20日，工业和信息化部副部长王江平与俄罗斯联邦工业和贸易部副部长波恰洛夫在昆明共同主持召开了中俄工业合作分委会民用航空合作工作组第十三次会议。会上，双方总结和评议了工作组下设的飞机、直升机、发动机、机载、适航和科技六个工作小组一年来的工作进展，确定了下一步的工作计划。会后，双方共同签署了会议纪要。

工业和信息化部国际合作司、装备工业司相关负责同志，外交部、商务部、中国民用航空局、中华人民共和国驻俄罗斯联邦大使馆、中国航空工业集团有限公司、中国航空发动机集团有限公司、中国商用飞机有限责任公司以及俄罗斯联邦工业和贸易部、运输署、相关航空研究机构和企业的近70名代表出席了此次会议。

### （七）中德智能制造及生产过程网络化合作副部长级会议

2018年11月19日，工业和信息化部副部长陈肇雄出席并主持了第二次中德智能制造及生产过程网络化合作副部长级会议。科学技术部副部长张建国，德国联邦经济和能源部议会国务秘书奥利弗·维特克、教育和研究部议会国务秘书迈克尔·梅斯特共同出席活动。

陈肇雄指出，实体经济是经济发展的根基，制造业是实体经济的主战场。当前，新工业革命和数字经济交织并进，信息技术与制造业加速融合，制造业从数字化向网络化、智能化加快转型，不断形成新的生产方式、产业形态和经济增

长点，为经济高质量发展提供了新动能、开辟了新空间。

陈肇雄表示，推动中德两国战略对接是两国领导人达成的重要共识。中德作为制造业大国，产业互补性强，合作潜力大。近年来，双方围绕智能制造试点示范打造、技术标准制定、产业园区建设等开展务实合作，取得了积极成效。希望双方进一步增强战略互信，改善营商环境；深挖合作潜力，开拓第三方市场；寻找利益契合点，培育创新合作增长点，共同推动中德智能制造及生产过程网络化合作向更广领域、更深层次、更高水平发展。

会上，双方高度评价了近年来中德两国在智能制造及生产过程网络化领域的合作进展，围绕进一步深化务实合作，推动工业经济数字化转型，扩大相互开放等议题坦诚交流并达成了诸多共识。双方一致同意，将继续深化政策沟通和战略互信，持续完善合作环境和框架条件，鼓励两国企业、科研机构及行业组织，按照市场化运作和互利共赢的原则，深入开展项目对接、标准研制、共性和关键技术研发，推动两国智能制造及生产过程网络化合作取得更大进展。

### （八）第九次中欧中小企业政策对话会

2018 年 10 月 26—27 日，工业和信息化部党组成员、副部长王江平率团赴布鲁塞尔欧盟总部访问，并主持第九次中欧中小企业政策对话会。

王江平与欧盟委员会内部市场、工业、创新与中小企业总司副总司长史威兹曼就加强中欧工业合作、完善中欧中小企业交流合作机制等议题交换了意见，并与中小企业竞争力司司长施赖伯共同主持第九次中欧中小企业政策对话会。双方分享了各自中小企业发展政策、支持中小企业融资的措施和推动中小企业国际化发展的做法，并就进一步加强中小企业创新合作，促进中介机构之间交流对接达成了广泛共识。

王江平介绍了中国全面深化改革和扩大开放的相关情况，欧方积极评价中国在放宽市场准入、改善营商环境、保护知识产权等方面所取得的进展。工信部中小企业局、中小企业服务机构、中小企业投资基金、中国—比利时科技园代表分别在会上发言。

访问期间，王江平还调研了由中国企业在比利时投资的境外科技园区——中比科技园（BTC），详细了解了园区发展以及为中国中小企业赴欧合作提供服务的情况，鼓励中比科技园充分利用中欧中小企业合作机制，发挥自身优势，提高服务能力，为中欧企业间开展产业合作、交流对接搭建平台。

### （九）中法合作机制联委会第六次会议

2018 年 4 月 13 日，工业和信息化部总经济师王新哲在巴黎与法国经济和财政部企业总署署长巴福尔共同主持召开中法合作机制联委会第六次会议。

双方各自介绍了本国工业发展最新情况，回顾和评议了绿色制造、汽车两个工作组的工作进展，就深化扩大两国人工智能等领域工业合作广泛深入交换了意见。会上，双方共同见证了中国汽车技术研究中心与法国汽车标准化局签署相关合作协议。

联委会会议后，王新哲与法国经济和财政部企业总署副署长梅兰共同出席了由工业和信息化部国际经济技术合作中心和法国未来工业联盟联合举办的中法产业合作圆桌会，见证了上述两个执行平台关于建立“中法现代产业合作伙伴”协议签署。

访法期间，代表团一行与中国航空技术国际控股有限公司（简称中航国际）、华为、中兴等部分中资企业在法代表座谈；调研了法国施耐德电气集团。

### （十）中欧工业对话磋商机制第八次全体会议

2018 年 11 月 16 日，工业和信息化部总经济师王新哲在北京与欧盟委员会内部市场、工业、创新和中小企业总司总司长楼芮·埃文斯共同主持召开了中欧工业对话磋商机制第八次全体会议。中方介绍了中国工业经济运行、推动制造业高质量发展和扩大开放等有关情况，欧方介绍了欧盟经济和工业政策最新情况，双方共同回顾了第七次对话会议以来中欧在中小企业、原材料、汽车、工业能效和造船等领域的合作进展，并就下一步合作方向和重点进行了深入交流探讨，达成了诸多共识。

王新哲表示，中国和欧盟均为世界主要经济体，共同利益远大于分歧，在工业领域拥有很多相同和相近的看法，这为我们深化务实合作奠定了良好的基础。王新哲指出，双方应认真落实第二十次中国—欧盟领导人会晤联合声明，共同坚持经济全球化的大方向，继续发挥中欧工业对话磋商机制的平台作用，进一步增进相互了解和战略互信，积极推动产业战略合作对接，坚持以企业为合作主体，鼓励双方行业协会、企业间创新合作模式，拓宽合作领域，为中欧双方深化务实合作创造良好营商环境，将中欧工业合作推向更高水平。

对话期间，王新哲和埃文斯还共同见证了中国智能网联汽车产业创新联盟和欧洲汽车与电信联盟、中国汽车技术研究中心有限公司和欧洲汽车工业协会签署合作文件。工业和信息化部国际合作司、科技司、中小企业局、节能与综合利用司、原材料工业司、装备工业司，中国电子信息产业发展研究院，中国智能网联汽车产业创新联盟相关负责人，以及欧盟委员会内部市场、工业、创新和中小企业总司、欧盟驻华代表团等有关人员参加对话会议。

### （十一）中德智能制造及生产过程网络化合作司局级工作组第二次会议

2018 年 1 月 23 日，中德智能制造及生产过程网络化合作司局级工作组第二次会议在浙江嘉兴召开，会议由工业和信息化部国际合作司副司长刘子平与德国联邦经济能源部工业政策司司长施莱米特共同主持。双方回顾了近年来中德智能制造合作进展，并就进一步加强合作及第二次副部长级会议安排等充分交换了意见。

## 三、加强中国与美洲、大洋洲工业界及其国际组织的互动

### （一）与巴西加强工业领域的合作

2018 年 8 月 27 日，工信部部长苗圩在巴西首都巴西利亚与巴西工业、外贸和服务部代部长雅娜·阿尔维斯举行工作会谈，就加强中巴工业领域合作达成多项共识。苗圩表示，在中巴高委会（中国—巴西高层协调与合作委员会）框架下，工业和信息产业分委会开展了良好的交流与合作。

2018 年 7 月 25—27 日在南非约翰内斯堡举行金砖国家领导人第十次会晤，各国一致同意建立金砖国家新工业革命伙伴关系，成立新工业革命咨询小组，金砖国家领导人第十次会晤决定全面启动有关工作。中方愿与巴方加强沟通协调，推动相关工作尽快开展，深化中巴及金砖国家在数字化、工业化、创新和投资等领域合作。苗圩还与巴方就中国企业在巴遇到的重复征税、签证困难及汽车产业政策标准等问题深入交换了意见。双方一致同意在中巴高委会框架下加强装备及绿色制造等领域合作。

### （二）与古巴深化工业领域的合作

2018 年 6 月 18 日，工信部副部长王江平在古巴首都哈瓦那出席“第三届古巴国际工业大会暨 2018 古巴工业展”开幕式并致辞，提出加强工业化发展经验交流、引导企业利用好双方和区域市场机会、完善工作机制、提升合作水平。

访古期间，王江平分别与古巴工业部部长克鲁兹、副部长马丁内斯举行会谈，就支持古巴经济模式更新、促进中古工业领域合作，加强政策交流及中小企业对接等进行了深入交流。王江平还调研了古巴首个经济特区——马里埃尔特区和宇通客车等中资企业。

### （三）与金砖国家工业的合作

2018 年 7 月 4 日，辛国斌副部长率团出席在南

非马格里斯堡召开的第三届金砖国家工业部长会议，成功推动建立"金砖国家新工业革命伙伴关系"，并设立咨询组，聚焦工业化、创新、包容、投资等重点领域，在新工业革命政策协调、先进技术技能培训、数字化信息及实践交流、工业能力建设、包容性及公平增长六大领域开展合作。

2018 年 7 月 25—27 日，金砖国家领导人第十次会晤在南非约翰内斯堡举行。在中方倡议和推动下，金砖国家领导人会晤核可新工业革命伙伴关系，并决定全面启动新工业革命伙伴关系的全面运作。2018 年 12 月 4 日至 5 日，金砖国家新工业革命伙伴关系咨询组第一次会议在南非约翰内斯堡举行。会议就南非和中方提出的咨询小组工作职责和工作计划草案进行了初步讨论。

## 四、签署国际合作的文件

### （一）中国—萨尔瓦多签署工业领域合作备忘录

2018 年 11 月 1 日，在习近平主席和萨尔瓦多总统桑切斯的见证下，部长苗圩与萨尔瓦多外交部部长卡斯塔内达签署了《中华人民共和国工业和信息化部与萨尔瓦多共和国经济部关于工业领域合作的谅解备忘录》，双方确定加强工业领域的合作。

### （二）中国—德国签署自动网联驾驶领域合作意向声明

2018 年 7 月 9 日，在国务院总理李克强与德国总理默克尔的见证下，工信部部长苗圩与德国联邦经济和能源部部长皮特·阿尔特迈尔、德国联邦交通和数字基础设施部部长安德里亚斯·朔伊尔共同签署了《关于自动网联驾驶领域合作的联合意向声明》，两国将建立高级别对话机制，加强政府部门、行业组织、企业等在自动网联驾驶和智能网联汽车领域的多层次交流与合作。

### （三）中国—日本签署产业部长对话备忘录

2018 年 10 月 26 日，在总理李克强和日本首相安倍晋三的见证下，工业和信息化部部长苗圩与日本经产大臣世耕宏成在人民大会堂签署了《中华人民共和国工业和信息化部与日本经济产业省关于设立中日产业部长对话的备忘录》。

### （四）中国—古巴签署工业领域合作备忘录落实行动计划

2018 年 6 月 18 日，在工信部副部长王江平和古巴工业部部长克鲁兹的见证下，工信部国际合作司赵永红司长与古巴工业部工业管理司司长卡洛斯分别代表中古双方签署了《关于落实〈中华人民共和国工业和信息化部与古巴共和国工业部关于工业领域合作谅解备忘录〉的行动计划（2018—2020 年）》，双方将进一步落实双方合作谅解备忘录，有效利用古巴工业中长期发展规划建议并持续促进中古两国互惠友好合作。

### （五）中国—韩国签署中小企业合作谅解备忘录

2018 年 6 月 27 日，在沈阳举办的第十届 APEC 中小企业技术交流暨展览会期间，王江平副部长代表工业和信息化部与韩国中小企业部副部长崔寿圭签署了两部间关于中小企业合作的谅解备忘录。该备忘录明确，双方将重点围绕中小企业对接、人员交流往来、举办相关研讨会等方面开展合作，旨在助力中韩中小企业发展，推动两国中小企业取得务实合作成果。在此期间，双方就加强中韩中小企业对接合作等议题交换了意见。

### （六）中国—匈牙利签署合作谅解备忘录

2018 年 11 月 5 日，首届中国国际进口博览会期间，工信部部长苗圩会见匈牙利创新与技术部部长帕尔科维奇·拉兹洛，并签署了《中华人民共和国工业和信息化部与匈牙利创新与技术部合作谅解备忘录》。

# 2018 年两化融合工作进展情况

2018 年，工业和信息化部坚持以习近平新时代中国特色社会主义思想为指导，深入贯彻党的十九大精神，切实把握新时代推进两化深度融合的新要求、新使命、新担当，以融合发展为主线，以工业互联网平台建设及推广为突破口，坚定不移地做好信息化和工业化深度融合这篇“大文章”。

## 两化融合发展的新阶段

### 一、着力推动两化融合发展进入新阶段

**（一）健全协同联动的两化融合推进体系。**为贯彻落实党的十九大报告中关于“推动互联网、大数据、人工智能和实体经济深度融合”的要求，工信部坚持融合推进的理念，强化部际协作和部省协同，形成多方协同、多层级联动的两化融合推进机制。2018 年 7 月，工信部组织召开两化融合管理体系工作领导小组第四次会议，工信部部长苗圩出席会议并讲话，国资委、国家标准化管理委员会有关部门负责同志，两化融合管理体系工作领导小组全体成员，全国信息化和工业化融合管理标准化技术委员会全体委员等参加会议，会议在充分肯定过去五年两化深度融合取得显著成效的基础上，进一步明确了新时代推动两化深度融合工作的主要任务和具体举措。

**（二）加强两化融合标准体系建设。**2018 年，工信部继续以标准为引领深化推进两化融合创新发展，在组织体系建设和重点标准研制方面开展了一系列工作，两化融合标准建设逐渐由单点突破进入体系化、系统化推进的新阶段。2018 年 6 月，在工信部指导和支持下，全国两化融合领域首个标准化技术委员会——全国信息化和工业化融合管理标准化技术委员会（SAC/TC573，简称两化整合标委会）正式成立，对于新时代两化融合标准化工作具有里程碑的意义。两化融合标委会主要负责两化融合管理等领域国家标准制修订工作，由工信部副部长陈肇雄担任主任委员，由来自政府主管部门、高等院校、科研院所、行业协会和重点企业的 68 名专家组成，秘书处设在国家工业信息安全发展研究中心。2018 年 12 月，依托两化融合标委会，工信部支持成立了两化融合管理体系、工业互联网管理、工业信息安全、数字化质量管理、制造业新模式 5 个标准工作组（WG），开放协同的标准化工作体系日益健全。同月，国家市场监督管理总局、国家标准化管理委员会发布 2018 年第 17 号中国国家标准公告，国家标准《信息化和工业化融合管理体系评定指南》（GB/T 23003—2018）正式发布实施。截至 2018 年年底，两化融合领域已累计完成 9 项国家标准立项、5 项国家标准正式发布，两化融合标准体系日益完善。

**（三）推动两化融合“中国方案”走向国际。**2018 年，工信部积极支持开展两化融合国际标准研制和国际交流，推动我国两化融合领域的理论与实践成果陆续登上国际舞台。2018 年 12 月，在国际电信联盟电信标准化局第 20 研究组（ITU－T SG20）全体会议及各工作组会议上，由国家工业信息安全发展研究中心牵头研制、基于两化融合管理体系国家标准 GB/T 23000—2017、GB/T 23001—2017 的核心成果

形成的国际标准“Methodology for Building Digital Capabilities During Enterprises’ Digital Transformation”（标准号：ITU - T Y Suppl. 52—2018，中文译名为：《企业数字化转型过程中可持续竞争能力建设方法论》）获得通过，实现了我国两化融合国际标准化领域零的突破，标志着我国长期以来在两化融合领域的理论研究、实践探索和模式创新成果得到了国际同行的认可。

**（四）加快两化融合管理体系贯标推广。**2018 年，工信部深化推进两化融合管理体系贯标推广和应用实施工作，企业两化融合管理体系贯标积极性、自觉性、实效性不断增强，全国新增国家级两化融合管理体系贯标试点企业703 家，两化融合管理体系贯标企业、贯标达标企业分别增加 5800 余家、1900 余家，开展两化融合自评估、自诊断、自对标的企业新增37000 余家。截至 2018 年年底，全国两化融合管理体系贯标企业累计达 12000 余家、贯标达标企业累计达 3500 余家，实现了对农业、工业、服务业领域的全覆盖；开展两化融合评估诊断企业累计达 12 万余家，900 余家服务机构、2 万余名专业人员开展两化融合管理体系贯标咨询服务，贯标市场化服务机制日益健全；全国两化融合管理体系贯标宣贯培训活动累计达 2000 余场、覆盖人次 100 余万；贯标达标企业运营成本平均下降10.0%，经营利润平均增加 11.2%。

## 二、加快开展工业互联网平台建设推广

**（一）完善政策体系。**2018 年，工信部编制印发了一系列重要政策文件，为地方和企业加快工业互联网平台建设及应用推广提供了指引。2018 年 4 月，工信部印发《工业互联网App 培育工程实施方案（2018—2020 年）》，提出夯实工业技术软件化基础、推动工业 App 向平台汇聚、加快工业 App 应用创新、提升工业App 发展质量四项主要任务。2018 年 7 月，工信部印发了《工业互联网平台建设及推广指南》《工业互联网平台评价方法》等文件，围绕标准制定、培育及推广、生态建设、运营管理等方面明确了工业互联网平台建设要求，以及评价与遴选方法，为地方和企业开展工作提供了指引。同月，工信部印发了《推动企业上云实施指南（2018—2020 年）》，围绕强化云计算平台服务和运营能力，加快推动重点行业领域企业上云，完善支撑配套服务等方面提出了具体要求。

**（二）实施重大工程。**2018 年，工信部依托工业转型升级资金组织实施工业互联网创新发展工程，在平台方向共支持建设了 43 个重点项目，中央财政资金投入近 13 亿元，带动社会投资近50 亿元，有力促进了工业互联网平台建设与推广。同时，坚持以测带建、以测促用，支持 8 家企业建设面向跨行业跨领域的试验测试环境和测试床，并组织开展跨行业跨领域工业互联网平台实证调研。

**（三）开展试点示范。**2018 年 9 月，工信部启动 2018 年工业互联网试点示范推荐和遴选工作，经企业自主申报、地方推荐、专家评审、现场核查和网上公示等环节，围绕协同研发设计、设备健康管理、产融合作创新等重点方向，共遴选确定 40 个工业互联网平台方向的集成应用创新试点示范项目。

**（四）促进产融对接。**2018 年 8 月，工信部与证监会（中国证券监督管理委员会）联合组织召开工业互联网产融结合座谈会，工信部部长苗圩出席会议，工信部副部长陈肇雄主持会议，会议就工业互联网发展思路、未来布局以及在产融结合方面的探索等问题进行了研讨，明确了推进金融服务机构与工业互联网企业对接，打通产业发展、科技创新、金融服务生态链，探索工业互联网产融互动、产融双驱的发展新路径。

**（五）加强宣贯培训。**2018 年 12 月，工信部面向各地区工信主管部门组织举办企业上云及工业 App 培育专题培训班，围绕工业互联网平台创新发展的政策举措、进展成效、实施路径及推

进机制等进行解读和研讨，对于各地方推动工业互联网平台的建设及推广具有较强的指导性和针对性作用。同月，工信部指导召开了2018年产业互联与数字经济大会——首届工业互联网平台创新发展暨两化融合推进会，发布了《工业互联网平台创新发展白皮书（2018）》，宣布成立了数字化转型开放论坛，同期举办了工业互联网平台创新发展展览，助力营造建平台、用平台良好的社会氛围。

## 三、纵深推进制造业与互联网融合发展

**（一）持续推动重要文件落地实施。**2018年9月，为贯彻落实《国务院关于深化制造业与互联网融合发展的指导意见》（国发〔2016〕28号），工信部组织召开了深化制造业与互联网融合发展创新两化深度融合座谈会，明确持续深化制造业与互联网融合，大力发展工业互联网平台，加快推进两化深度融合创新发展的工作部署和具体举措。

**（二）扎实推进制造业与互联网融合发展试点示范工作。**2018年6月，工信部发布《关于组织开展2018年制造业与互联网融合发展试点示范工作的通知》（工信厅信软函〔2018〕185号），组织开展2018年制造业与互联网融合发展试点示范项目征集和遴选工作，经组织单位推荐、专家组评审、网上公示等环节，围绕工业大数据、工业电子商务、工业企业上云等方向遴选125个试点示范项目，通过加强典型培育和示范引领，形成了一批可复制、可推广的新业态和新模式。

**（三）加快完善制造业“双创”体系。**2018年6月，工信部组织召开全国制造业“双创”工作电视电话会议，工信部总经济师王新哲出席会议并讲话，对全国制造业“双创”工作再部署、再动员。组织开展2018年制造业“双创”平台试点示范工作，围绕要素汇聚、能力开放、模式创新、区域合作四个领域，新增遴选150个“双创”平台试点示范项目。推进实施2018年制造业“双创”平台专项，支持建设两个公共服务平台和五个技术转移中心，加速创业创新资源汇聚、能力开放和模式创新。

**（四）深化中德智能制造合作。**2018年5月，工信部印发《2018年中德智能制造合作工作安排》（工信厅信软函〔2018〕168号），明确了2018年中德智能制造合作相关工作内容和进度安排。2018年11月，工信部组织召开第二次中德智能制造及生产过程网络化合作副部长级会议，工信部副部长陈肇雄主持会议，科学技术部副部长张建国，德国联邦经济和能源部议会国务秘书奥利弗·维特克、教育和研究部议会国务秘书迈克尔·梅斯特等出席会议，中德双方一致同意将深入开展项目对接、标准研制、共性和关键技术研发，共同推动中德合作走深向实。

# 两化融合总体发展情况及突出成效

## 一、两化融合发展整体水平再上新台阶

2018年，我国两化融合发展水平延续了近几年较快的增长态势，整体向更深层次、更高阶段演进。从发展水平来看，2018年全国两化融合发展水平达到53.0，较2017年同比增长2.3%，延续了近年来持续稳定的增长态势，大型企业是我国两化融合发展水平整体提升的重要增长极，大型、中型和小微企业两化融合发展水平分别为61.4、51.7和42.7，国有企业两化融合发展水平处于领先地位，达到57.0，分别比民营和外商投资企业高出11.3%、2.7%（见图1）。从发展进程来看，2018年，全国22.4%的企业两化融合发展达到集成提升及以上发展阶段，相较于2012年增长超1倍，其中5.0%的企业处于创新突破阶段，企业两化融合向中高级阶段发展的基础不断夯实，“综合集成”跨越稳步推进（见图2）。

## 二、制造业数字化转型进程不断深入

工业企业设备数字化改造、底层网络升级步伐不断加快，信息技术在企业研发、生产、经营、管理等环节的渗透不断加深，一批企业初步

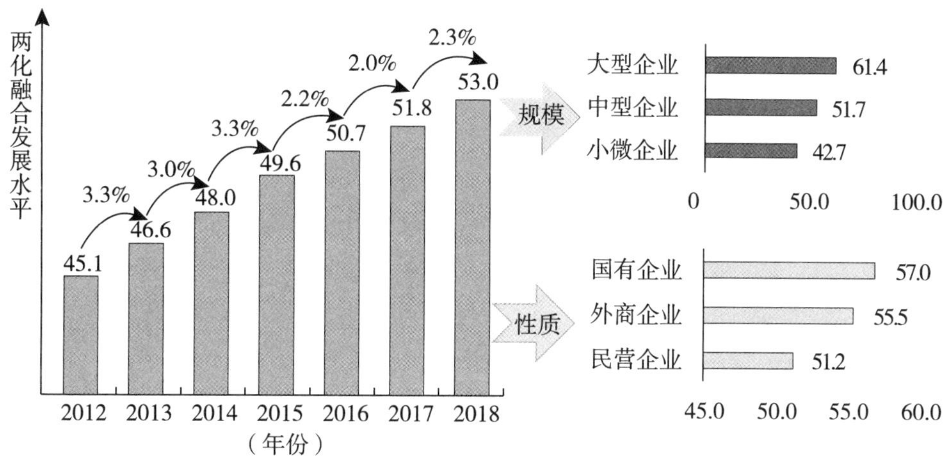


**图1 2012—2018 年全国两化融合发展水平演进情况**

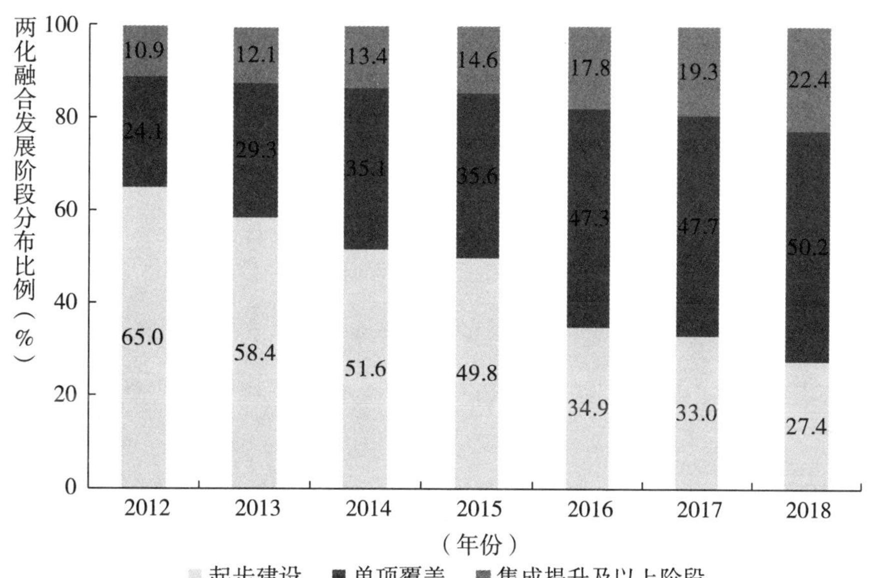


**图2 2012—2018 年全国企业两化融合发展阶段分布情况**

具备了实施智能制造的条件。（1）底层设备和关键环节数字化已具备一定基础。2018 年，我国企业数字化研发设计工具普及率、生产设备数字化率和关键工序数控化率分别为 67.4%、45.9% 和 48.4%，较 2017 年分别增长 4.2、1.1、2.0 个百分点。从各重点行业来看，以交通设备制造、机械为代表的装备制造行业在研发设计环节的数字化水平较高（见图 3），电子信息制造业以及以石化、冶金等为代表的原材料行业在生产制造环节的数字化水平相对领先（见图 4、图 5）。（2）生产设备集成互联水平持续提升。2018 年，我国企业数字化生产设备联网率为 39.4%，较 2017 年增长 0.4 个百分点，原材料和电子信息制造业网络化水平较为领先，特别是石化行业，超过半数企业实现了数字化生产设备联网（见图 6）。（3）智能制造基础进一步夯实。2018 年我国初步具备探索智能制造基础条件的企业比例达到 7.0%，较 2017 年增长 1.4 个百分点，这些企业底层装备数控化程度高，管理信息化与底层自动化之间以及内部供应链各环节间实现了集成，已开始向智能工厂、智慧企业迈进，从行业来看，电子信息制造业和装备制造行业智能制造就绪率较高，分别达 11.1% 和 7.2%（见图 7）。

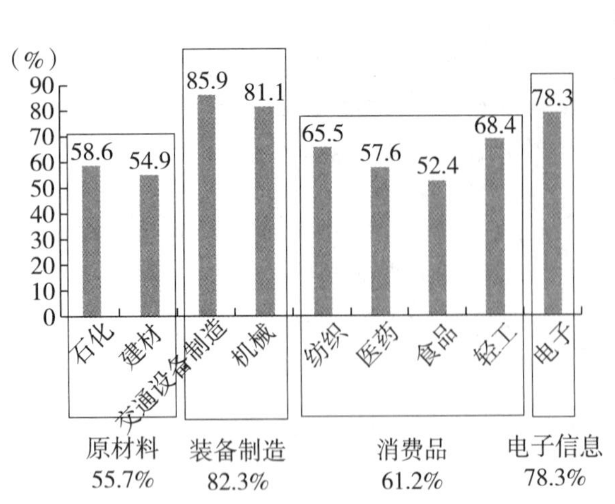


图3　2018年重点行业企业数字化研发设计工具普及率

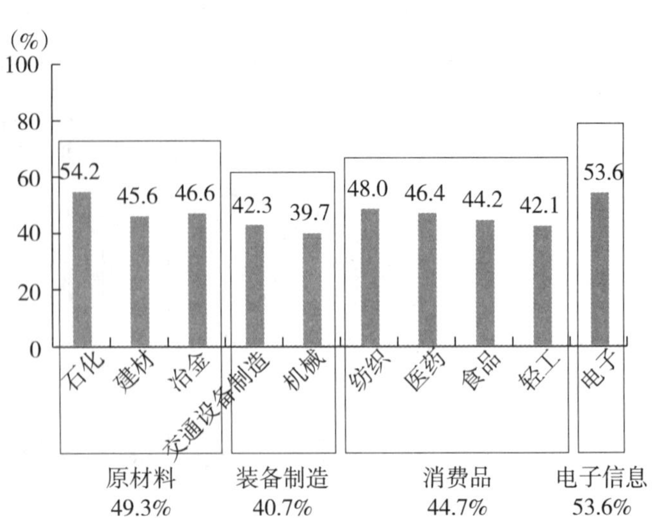


图4　2018年重点行业企业生产设备数字化率

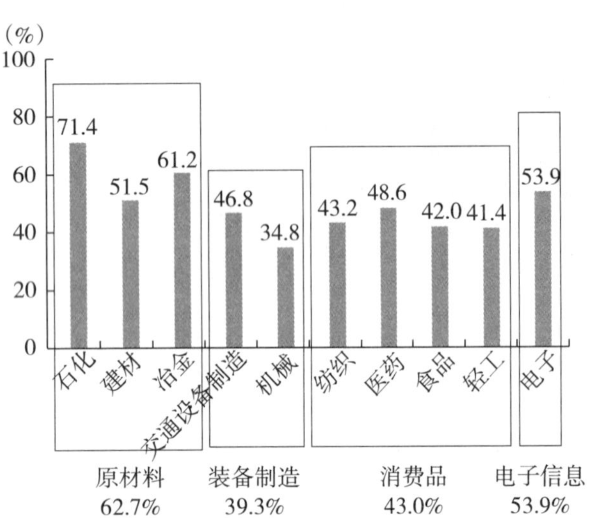


图5　2018年重点行业企业关键工序数控化率

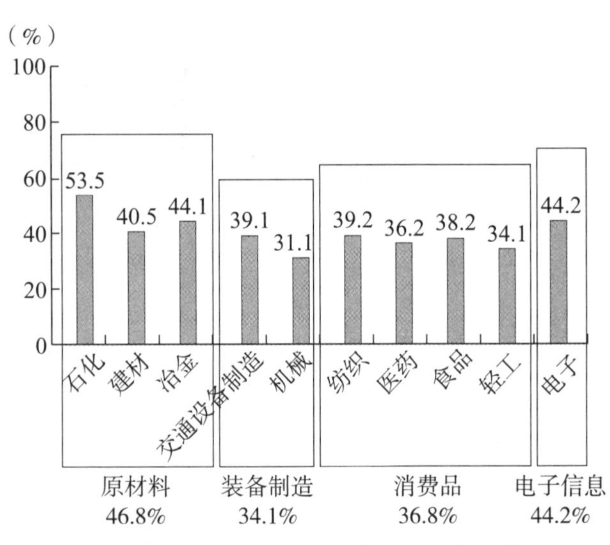


图6　2018年重点行业企业数字化生产设备联网率

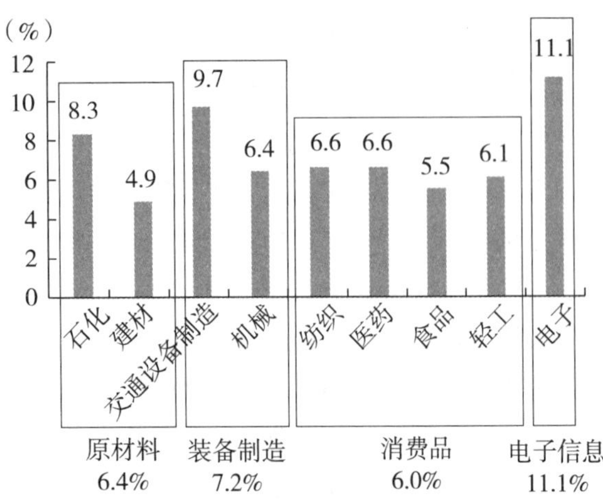


图7　2018年重点行业企业智能制造就绪率

## 三、区域两化融合发展不平衡问题趋于缓和

全国各省区市两化融合发展由于战略导向、经济基础、产业结构、资源禀赋等不同，在两化融合发展总体水平、发展阶段分布等方面的发展不平衡问题仍然存在，但正趋于缓和。从发展总体水平来看，2018年全国两化融合发展水平整体呈现出山东、上海、江苏、广东等沿海地区，以及重庆、贵州、四川等西南地区较高，而宁夏、甘肃、西藏、新疆等西北地区，

以及吉林、黑龙江等东北地区较低的态势（见图8）。但从各省区市两化融合发展水平增速来看，西北、东北和部分内陆地区加速追赶的趋势明显，黑龙江、青海、西藏等地区两化融合发展水平增速均超过8%，位居全国前列，各地区间的两化融合发展差距均不同程度地表现出逐渐缩小的发展态势，两化融合的区域间平衡、协调发展局面正在不断形成。从发展阶段分布来看，2018年，实现综合集成（两化融合发展处于集成提升及以上阶段）的企业比例位于前十名的分别是山东、天津、重庆、江苏、上海、四川、浙江、广东、福建、湖北，均分布于东部沿海或西南地区，其中，前五名省市实现综合集成的企业比例均超过30%，显著高于全国平均水平22.4%（见图9）。

## 四、重点行业两化融合发展亮点纷呈

我国原材料、装备制造、消费品等行业由于所处产业链位置、行业结构、生产特征、发展需求各不相同，两化融合发展水平不一、路径各异。从发展水平来看，电力、烟草、电子、交通设备制造等行业两化融合发展水平较高，实现综合集成的企业比例超过25%。2018年，各行业两化融合发展水平排名从高到低依次为：电力、烟草、电子、交通设备制造、石化、医药、纺织、机械、轻工、食品、冶金、建材、采矿业，整体呈现出能源行业高于制造业行业高于采矿业的态势。其中，对制造业而言，消费品、电子行业两化融合发展水平较高，原材料、装备制造行

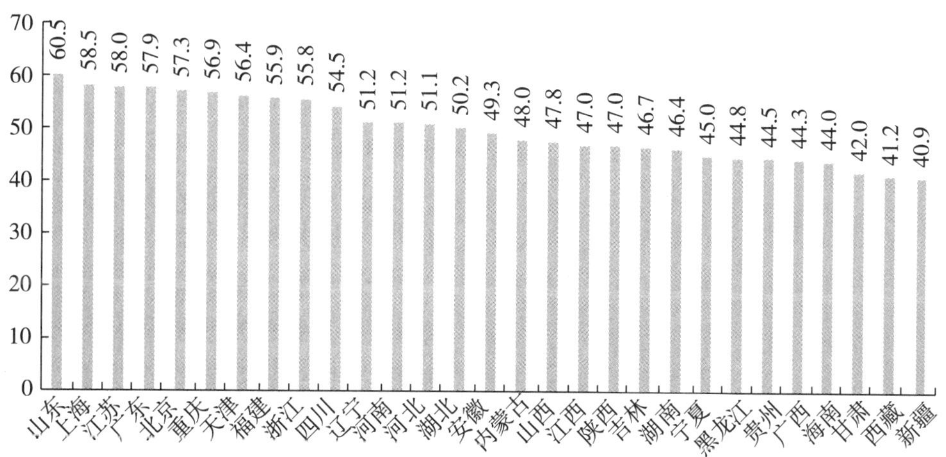


**图8　2018年全国各省区市两化融合发展水平情况**

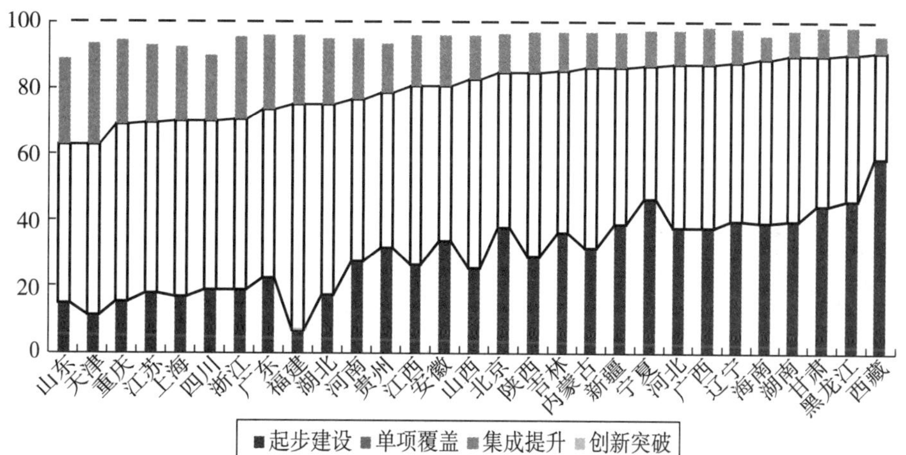


**图9　2018年全国各省区市两化融合发展阶段分布情况**

业的两化融合发展水平基本持平，电力、烟草、电子、交通设备制造等领先行业中，两化融合发展达到集成提升及以上阶段的企业比例超过25%（见图10）。从发展路径来看，装备制造行业以数字化研发工具的创新应用为突破口推动两化融合发展，2018年汽车、机械行业数字化研发工具普及率分别为81.1%、85.9%，较全国平均水平高出13.7、18.5个百分点，是各行业中两化融合发展最具潜力的领域。原材料行业以强化制造环节的智能化水平为着力点推进两化融合，2018年石化行业生产设备数字化率、数字化生产设备联网率和智能制造就绪率分别达到54.2%、53.5%和8.3%，较全国平均水平高出8.3、14.1、1.3个百分点。消费品行业利用互联网、大数据等技术跟踪梳理产业链上下游现状与用户个性化需求，基于网络的产业链协同水平优势明显，食品、医药行业实现产业链协同企业比例为11.0%、10.6%，分别较全国平均水平高出3.2、2.8个百分点。

## 五、工业互联网平台发展步入快车道

2018年，工业互联网平台建设推广取得了良好的进展与成效，不同平台企业的定位和发展路径逐渐清晰，平台功能、应用水平均有了明显的提升，基于工业互联网平台的一批解决方案和最优实践不断涌现。（1）平台体系建设成效初显，信息通信企业、工业制造企业、互联网及软件企业纷纷加快工业互联网平台领域布局与关键技术攻关，全国具有一定区域和行业影响力的平台超过50个，重点平台工业设备连接数量超过10万台（套），平台设备连接、数据挖掘、工业App供给、边缘智能等核心能力不断加强，初步形成了资源汇聚、协同发展、合作共赢的工业互联网平台体系。（2）发展高地竞相涌现，北京、江苏、山东、广东等地区发挥先发优势、强化供需协同，率先培育了一批具有较强行业影响力和社会认可度的工业互联网平台，为区域经济发展和产业转型升级注入了新的动力。（3）集成创新应用能力大幅提升，基于工业互联网平台应用成功打造了10大平台解决方案、树立了20个平台标杆案例，工业大数据、工业App开发、边缘采集、智能网关等成为发展热点，钢铁、航空航天、汽车、电子、家电等多个行业领域涌现出一批基于平台应用的协同研发设计、产业链协同、数字孪生等新模式和新业态，部分平台应用企业劳动生产率提高超20%、万元工业产值综合能耗降低超6%。工业互联网平台带动企业降成本、优质量、促低碳的成效明显。

## 六、制造业“双创”生态体系日益健全

围绕集聚创新资源、开放创新能力、激发创业活力，制造业“双创”体系建设日趋健全，推动大中小企业融通发展、集群发展，初步形成了“大企业顶天立地、小企业铺天盖地”的发展新格局。一方面，制造业“双创”平台建设加快推进，2018年，我国制造业重点行业骨干

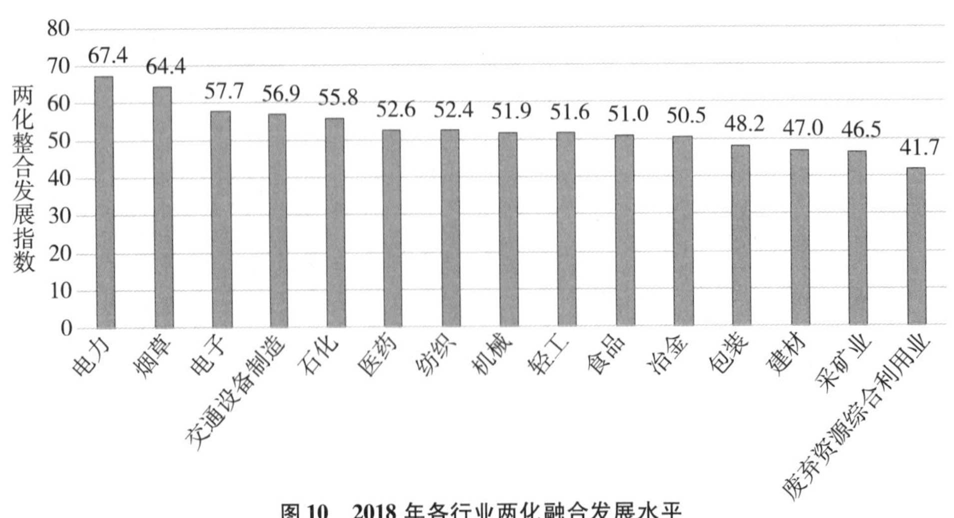


**图10　2018年各行业两化融合发展水平**

企业“双创”平台普及率达80.7%（各省（区）市情况见图11），中央企业建成各类互联网“双创”平台120余个，为超过200万的中小企业提供创业创新服务，“双创”平台正成为技术联合攻关和人才培养的高地、资源协同与供需对接的核心载体。另一方面，制造业“双创”带动效应日益凸显，越来越多的大型企业凭借管理、技术、渠道、人才、资金、信息化等优势，通过深化工业云、工业大数据等技术的集成应用，建立基于互联网的制造业“双创”平台，推动了各类创业创新资源的高效汇聚、开放和配置，为中小企业和企业内员工提供各类创业创新服务，在推动大企业焕发增长新活力的同时，逐步建立起资源富集、创新活跃、高效协同的“双创”新生态，通过“大手拉小手”开创了大中小企业联合创业创新的新局面。

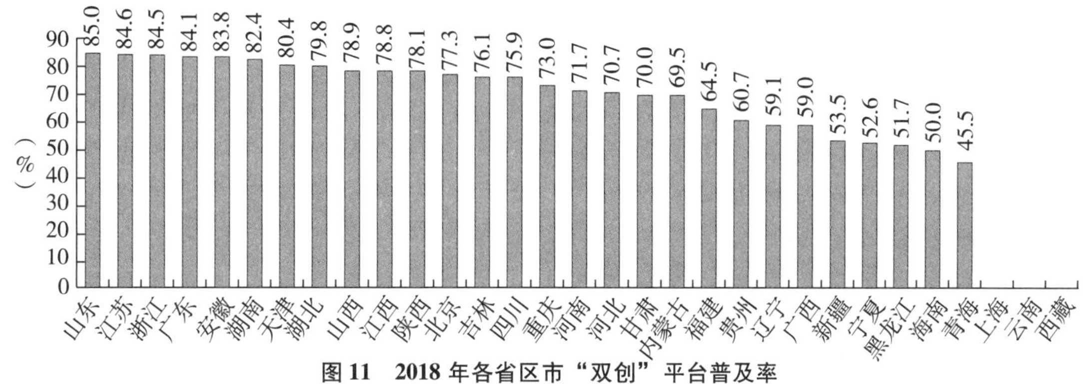

**图11　2018年各省区市“双创”平台普及率**

## 七、新模式、新业态为产业升级注入新动能

新一代信息技术的创新发展和持续渗透重构了制造业发展方式、管理范式和商业模式，网络化协同、服务型制造、个性化定制等融合发展新模式层出不穷，工业电子商务等融合发展新业态不断涌现，为制造业转型升级和创新发展注入了新动能。2018年，全国开展网络化协同、服务型制造和个性化定制企业比例分别为33.7%、24.7%和7.6%，较2017年同比增长8.7%、1.6%和4.1%；工业电子商务普及率增至58.8%，较2017年同比增长6.7%。网络化协同蓄势待发。越来越多的企业将用户与产业链上下游合作伙伴引入企业的研发和生产业务活动中，基于互联网分布式协同环境，围绕打造用户价值，开展研发、生产、服务等方面的协同合作。从行业看，网络化协同新模式在汽车、航空、电子等行业加速普及；从区域看，江苏、山东、吉林、天津等地区网络化协同模式的普及广度位居全国前列（见图12）。服务型制造亮点纷呈。推动制造业从生产型制造向服务型制造转变、由单纯提供产品向提供全价值链服务转变，成为新时期我国产业转型升级、抢占全球产业竞争制高点的关键。从行业看，服务型制造模式成为工程机械、船舶等行业转型升级新路径；从区域看，浙江、江苏和山东是全国探索服务型制造新模式的“领头羊”，开展服务型制造的离散制造企业比例超过30%（见图13）。个性化定制加速推进。企业通过横向、纵向和产品全生命周期数据集成，建立起数据自动流动的生产体系，开展基于个性化产品的研发、生产、服务和商业模式创新，以有效满足市场多样化的需求。从行业看，个性化定制模式在服装、家具、家电等行业快速发展；从区域看，江苏、山东、四川、浙江等地区开展个性化定制的企业比例位于全国前列（见图14）。工业电子商务蓬勃发展。通过发挥互联网在汇聚产业要素、优化资源配置中的重要作用，工业电子商务发展促进了产业链整体协作水平和综合竞争力的持续提升，成为引领企业创新、产业链

协同和区域转型的重要引擎。从区域看，江苏、山东、福建、天津、浙江、安徽等地区的工业电子商务普及水平较其他地区具有明显优势，普及率均超过60%（见图15）。

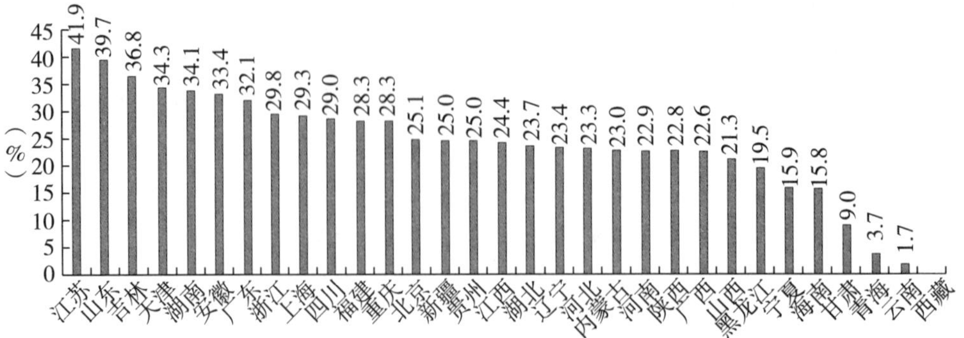

图12　2018年各省区市网络化协同模式发展情况

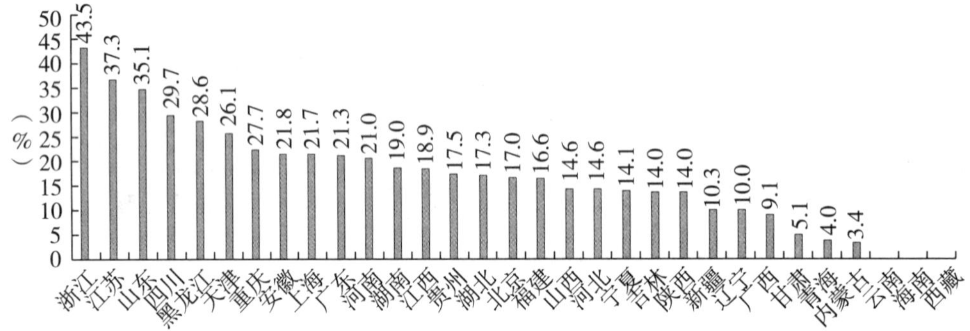

图13　2018年各省区市服务型制造模式发展情况

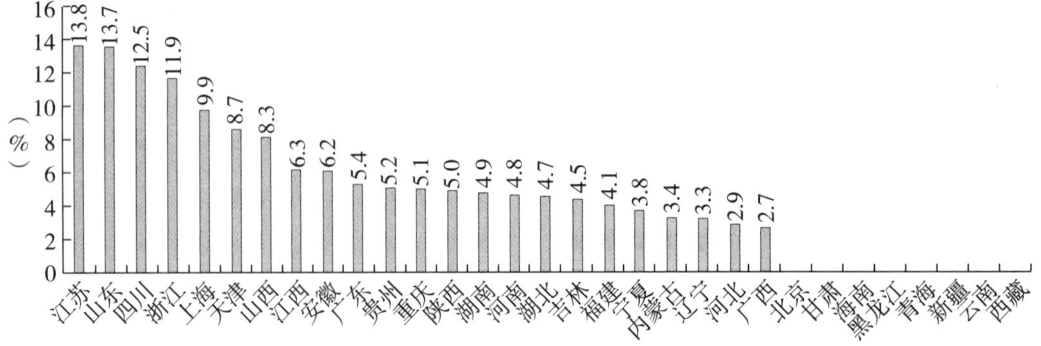

图14　2018年各省区市个性化定制模式发展情况

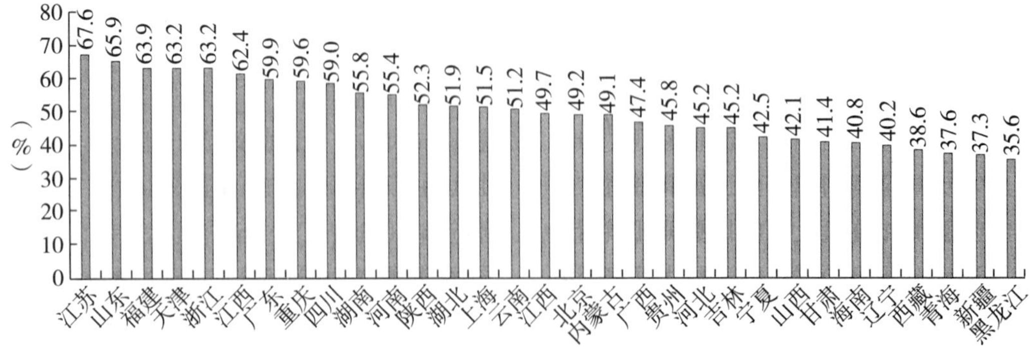

图15　2018年各省区市工业电子商务普及情况

# 2018年工业互联网创新发展工作进展情况

2018年，我国工业互联网呈现快速发展态势。一是政策落实稳步推进。自2017年11月27日国务院发布《关于深化“互联网+先进制造业”发展工业互联网的指导意见》（以下简称《指导意见》）以来，各部门、各地方、产业界、高校、科研院所等多方协同推进工业互联网发展，不断取得新成果，开拓新局面。在工业互联网专项工作组的指导下，各部门共同努力，认真贯彻党中央、国务院决策部署，深入实施工业互联网创新发展战略，加速推进政策落地，引导我国工业互联网从概念倡导步入实践深耕的新阶段，形成了战略引领、规划指导、政策支持、技术创新和产业推进的良好局面。二是产业发展初见成效。企业作为振兴实体经济的主战场和数字经济发展的主阵地，积极发挥着推动工业互联网建设主力军的作用。近年来，我国企业数字化水平持续提升，数字化生产设备联网率、工业企业数字化研发设计工具普及率和关键工序数控化率分别超过40.0%、67.4%和48.4%。工业互联网快速发展，工厂内外网络改造步伐加快，在家电、机械、航天、电子制造等垂直领域，培育出了一批具有示范带动作用的优秀企业。产业融合应用日渐丰富，智能新型数字化产品加快拓展，智能制造、柔性制造、分享制造等新模式、新业态创新活跃。

## 顶层设计持续完善

### （一）组织建设协同推进

一是成立工业互联网专项工作组。2018年2月，在国家制造强国建设领导小组下设立了工业互联网专项工作组，负责统筹协调我国工业互联网发展的全局性工作，审议推动工业互联网发展的重大规划、重大决策、重大工程专项和重要工作安排，指导各地区、各部门开展工作，协调跨地区、跨部门重要事项，加强对重要事项落实情况的监督检查。

二是组建工业互联网战略咨询专家委员会。2018年5月，在工业互联网专项工作组第一次会议上正式成立了工业互联网战略咨询专家委员会（简称专家委）。2018年11月，工业互联网战略咨询专家委员会第一次会议在北京召开，为来自学术界和产业界的42位相关专家发放了聘书。专家委以贯彻落实党中央和国务院关于推动我国工业互联网发展的各项决策部署为宗旨，坚持科学、客观、公正的原则，围绕工业互联网发展有关的战略性、全局性、专业性等重大问题，开展相关咨询、论证活动。

### （二）政策体系不断完善

一是国务院出台《指导意见》，作为纲领性文件规范和指导我国工业互联网发展；二是工业互联网专项工作组发布《工业互联网发展行动计划（2018—2020年）》《工业互联网专项工作组2018年工作计划》，细化起步阶段的发展目标和重点任务；三是出台《工业互联网网络建设及推广指南》《工业互联网平台建设及推广指南》《工业互联网App培育工程实施方案（2018—2020年）》等落地实操性文件；四是全国大部分省（区、市）陆续制定出台地方工业互联网发展规划或指导性文件；五是中国工程院积极开展工业互联网创新战略研究软课题研究规划，形成了上下联动、各方协同的良好局面，政策体系不断完善，为工业互联网的发展提供了有力保障。

### （三）标准体系加快构建

一是建立工业互联网综合标准体系。围绕工业互联网产业发展需求和行业管理需要，加强标准化工作顶层设计，编制完成《国家工业互联网综合标准化体系建设指南》，指导工业互联网标准制定工作。二是制定总体性标准、基础共性标准、应用标准、安全标准。2018 年，围绕网络、平台、安全三大体系，推动了《工业互联网标识解析体系架构》《工业互联网平台通用技术要求》《工业互联网安全接入技术要求》等 29 项行业标准制定计划。三是组织开展标准试验验证，建成了两个工业互联网技术标准与试验验证系统，保证行业标准的科学性和适用性。

## 网络基础不断夯实

### （一）网络体系顶层设计不断完善

2018 年，形成《工业互联网网络建设及推广指南》，为地方、行业、企业加快网络基础设施建设和推动网络产业发展指明方向。工业互联网产业联盟发布了《工业互联网网络连接白皮书》，明确了工业互联网网络的技术架构。

### （二）网络体系发展方向逐步明确

《指导意见》中明确提出“加强工业互联网标识解析体系顶层设计，制定整体架构，明确发展目标、路线图和时间表”。《工业互联网网络建设及推广指南》细化了工业企业建网络、用网络的总体目标，实施路径和工作重点，提出以“立标准”为基础，以“建网络、用网络”为核心，以“创环境”“建秩序”为保障的思路，有针对性地解决企业建网用网的突出问题。明确提出将以加快企业外网络和企业内网络建设与改造为主线，以构筑支撑工业全要素、全产业链、全价值链互联互通的网络基础设施为目标，以企业网络应用创新和传统产业升级为牵引，着力构建网络标准体系、加强技术引导，着力打造工业互联网标杆网络、创新网络应用，着力建设标识解析体系、拓展标识应用，着力完善网络创新环境，规范发展秩序，加快培育网络新技术、新产品、新模式、新业态，有力支撑制造强国和网络强国建设。网络体系建设方向不断明确，工业互联网网络能力得以持续提升，重点包括工业互联网标识解析体系建设、集成创新应用、关键技术和标准研究与试验验证，以及工业企业内、外网络改造和 IPv6 改造升级。

### （三）基础设施建设改造加速升级

加快研制工业互联网网络标准，中国自主的工业以太网（EPA）、工业无线网络（WIA－PA/FA）技术被纳入 IEC（国际电工委员会）国际标准。基础电信企业开始改造建设高品质企业外骨干网，可用于低功耗设备广域连接的 NB－IoT（窄带物联网）已实现全国覆盖，制造企业积极运用工业无源光网络（PON）、边缘计算、IPv6 等新技术改造企业内网络；工业 SDN（软件定义网络）等技术已开始应用于装备制造、石油开采等领域的生产网络。

### （四）新型网络技术应用积极探索

工业互联网产业联盟建设了十多个网络测试床，覆盖时间敏感网络（TSN）、边缘计算、5G 等新型网络技术。产业各方合力打造多个网络创新联合实验室，推出更多紧密贴合制造企业转型升级需求的网络解决方案。

### （五）标识解析体系建设初见成效

一是取得了标识解析体系建设的阶段性进展。工业互联网标识解析体系顶层设计得以加强，五大国家顶级节点已全部上线并试运行，“东西南北中”的顶层布局初步形成，10 个二级节点实现上线运营，覆盖高端装备制造、工程机械、航空航天等多个领域。二是形成了良好的自主创新能力。融合型标识技术方案验证成功，标准体系框架搭建完成，标识解析全系列软件成功研发，并与人工智能、区块链等新一代信息通信技术加速融合。三是推动了标识应用创新发展。标识解析应用在工业品全生命周期管理、设备资产管理、供应链管理、产品溯源等领域，政产学研用多方力量跨界协作，推动了标识解析产业生态初步形成。

## 平台体系加速发展

### （一）平台政策引导不断强化

围绕《指导意见》提出的建设工业互联网网络、平台、安全三大体系要求，打造平台体系，重点支持建设工业互联网平台试验测试体系、公共服务体系和标准体系，充分发挥企业主体作用，构建若干跨区域、跨行业、跨领域的工业互联网平台，打造一批行业性、功能性平台，培育一批工业互联网解决方案提供商，建立起适应市场需求、层次分明的平台体系，促进“大众创业、万众创新”和三大产业融通发展。

为引导各方合理布局，加速工业互联网平台体系建设实施，多份针对性政策文件先后出台。2018 年 5 月，工业和信息化部印发《工业互联网 App 培育工程实施方案（2018—2020 年）》，提出工业 App 培育的重点方向、主要目标、四大主要任务及三项保障措施。2018 年 7 月，工业和信息化部印发《工业互联网平台建设及推广指南》和《工业互联网平台评价方法》，指导并规范了平台标准制定、培育推广、生态建设、运营管理和能力评价等方面的工作。此外，上海、广东、江苏等多个地区发布工业互联网相关政策，明确提出要打造工业互联网平台体系，并通过“生态供给资源池建设”和“标杆打造”等多种方式，推动平台关键技术突破和实践推广。

### （二）平台评价方法初步建立

为规范引导工业互联网平台发展，切实做好工业互联网平台重大工程实施、试点示范遴选、平台动态评价等工作，工业和信息化部广泛调研了 50 余家国内外企业，组织召开近 30 次专题研讨会，在广泛征求意见的基础上，于 2018 年 7 月印发了《工业互联网平台评价方法》，为地方政府培育平台、平台企业开发平台、工业企业应用平台提供参考。对地方而言，可帮助地方制定本地区的平台评价指标，支撑平台项目遴选、平台能力评价等工作。对平台企业而言，可帮助企业聚焦平台核心能力，明确平台建设重点，开展平台自评估和第三方评估工作，促进平台自身的性能优化以及不同平台间的兼容适配。对应用企业而言，可结合平台能力评价量化指标，进行不同平台及解决方案的功能完整性与服务可用性评估，择优选择适合自身需求的平台及解决方案。

### （三）平台支撑能力显著增强

工业互联网平台已成为推动制造业转型升级、发展实体经济的重要支撑，初步形成了跨行业跨领域平台、行业和区域平台、企业平台共存互补的系统化平台体系。制造企业、信息通信技术企业纷纷推出特色平台，全国各类平台总数已有数百家，形成了 50 多家具有一定行业、区域影响力的工业互联网平台，重点平台平均连接设备数量达到 59 万台（套），涌现出一批创新工业 App 并实现商业化应用，有力支撑了制造业高质量发展。针对行业生产特点，平台企业在研发设计、生产制造、企业管理、产品服务、产业链协同、价值链创新等方面探索形成了一批亮点鲜明的解决方案和实践案例，并在工程机械、高端装备制造、家用电器、服装纺织、能源电力、石油化工、电子信息等众多行业推广应用，加速生产管理提升、业务模式创新和资源配置优化。

## 安全体系逐步健全

### （一）安全顶层设计持续完善

完善法规制度，强化安全监管，营造安全可靠的发展环境。加强安全技术手段建设，不断提升设备、网络、控制、应用和数据的安全保障能力，加快构建工业互联网安全保障体系。探索建立工业互联网安全责任体系，指导发布工业互联网平台安全等相关标准。布局山东、广东、湖南、江苏等省级工业互联网安全技术平台和电子、汽车、钢铁等重点领域安全技术保障体系。组织开展2018年工业互联网安全检查评估，初步建立工业互联网安全通报机制，促进工业互联网产业发展，工业互联网保障能力不断提升。

我国产业界在安全框架与标准体系制定、技术产品研发等方面均取得积极进展。安全框架方面，工业互联网产业联盟编制形成了《工业互联网安全框架白皮书》《工业互联网典型安全解决方案案例汇编》等框架指南和解决方案，强化行业应用和指导。标准体系方面，形成工业互联网安全标准体系框架，工业互联网安全防护总体要求、平台安全、数据安全等重点标准进一步完善。技术能力方面，初步建成国家、省、企业三级技术保障体系，重点实验室、专业机构及安全企业等正协同推进技术研发和集成应用，积极建设安全试验验证、测试评估、监测处置等平台。产业生态方面，我国网络安全市场需求逐步扩大，安全防护产品及解决方案供给增多，安全企业快速成长。

### （二）安全保障能力不断深化

工业互联网安全监测平台初步建成，形成了具有一定的安全风险监测发现、预警通知以及处置支持的能力。企业自主研发基于人工智能技术的新一代工业防火墙、入侵检测产品，已开始迈入应用阶段。

### （三）安全人才队伍逐步壮大

支持产业组织开展系列活动，通过竞赛、培训等方式普及安全知识，选拔优秀人才。依托第三方机构开展工业互联网安全评估师能力认定工作，为重点行业培育了千余名安全评估人才，为近百人颁发安全工程师能力认定证书。

## 应用探索成效突出

### （一）示范引领积极推进

一是组织开展了工业互联网试点示范，遴选出72个工业互联网试点示范项目。在网络、标识解析、平台以及安全等领域涌现出一批典型的工业互联网应用案例，在钢铁、航空航天、机械、汽车、电子、家电等多个行业领域，在生产制造、运营管理、仓储物流、产品服务等不同环节，涌现出一批融合应用新模式。

二是推进工业互联网产业示范基地建设，支持上海市松江区结合地方特色探索工业互联网集聚发展路径。

三是推动工业互联网广泛应用于航空、石化、钢铁、家电、服装、机械等行业，初步形成了基于工业互联网的网络协同制造、管理决策优化、大规模个性化定制、远程运维服务等若干可复制的经验模式。

四是加快中小企业工业互联网应用普及。实施中小企业信息化推进进程，引导中小企业应用工业互联网平台，推动中小企业业务系统云化部署，引导示范平台、示范基地为中小企业提供工业互联网应用服务。培育和认定一批服务于中小企业工业互联网应用的国家中小企业公共服务示范平台，建设一批国家小型微型企业创业创新示范基地。

### （二）大企业智能化水平大幅提高

我国大企业整体具备较好的数字化基础，工业互联网应用能力强，依托人才、技术、资金方面优势，正通过集成的方式，加速推动工业互联网由单点应用走向系统化和智能化应用。一方面，从单一设备、单个场景应用，逐步向完整生产系统和管理流程应用过渡。如北控水务基于智慧水务云平台，实现运营大数据的收集，建立高效流转的运营管理体系，极大提高一线工作效率的同时，节省人力30%，降低综合运营成本6%。另一方面，对数据的应用从简单的数据可视化、问题诊断向基于深度学习的预测性分析转变。如华中数控依托 NC－Link（数制装备工业互联通讯协议）技术，实现异构设备、系统的连接与多源异构数据集成，构建面向整个工厂、生产线或车间的工业大数据平台，实现设备故障的诊断、预测性报警及分析，帮助生产线生产效率提高 20% 以上，生产成本降低 24%，产品研发周期缩短 39%，产品不良率下降 37%，能源利用率提高 23%。

### （三）中小企业数字化基础不断夯实

工业互联网已成为推动我国中小企业数字化转型的重要手段，能快速补齐中小企业的数字化能力短板。一方面，面向中小型企业的基础信息化管理套件产品日益丰富，助力企业快速实现低成本信息化改造。如中天科技聚焦线缆行业机理模型和算法的沉淀，通过梳理行业基本数据，分析得到模型并将其转化为工业 App 向外输出，提升中小型线缆企业的精细生产能力。另一方面，中小企业借助工业互联网平台和云化软件提升发展能力，推动自身产品设计、优化及制造方式改革，缩短产品迭代周期，降低研发制造成本。如杭州蕙勒借助根云平台实时采集机床工况、加工产量、运行参数等数据，提升生产管理水平和产品质量，使日计划完成率增长 10% 以上，废品率下降约 2%。

### （四）融通发展良好局面初步形成

通过深化工业互联网相关应用，各类企业发挥各自优势，不断深化产业链上下游的协作水平，提升工业资源的配置效率，形成大中小企业融通发展的良好局面，激发制造业整体发展活力。

一方面，大企业借助工业互联网实现上下游企业的深度协作，催生出一大批新模式新业态，解决痛点问题，为中小企业发展赋能。如成联电商通过打通上下游企业的供应链管理平台端口，积极与金融机构合作，逐步细化交易企业诚信指数的指标粒度，并根据不同类型企业的特点设计出多种风控模型，完善平台的诚信指数授信体系，提升中小企业交易效率和资金周转率。攀钢利用区块链、大数据等技术，打造智慧供应链金融平台，累计服务中小企业 700 余家，提供融资服务 40 亿元，缓解了产业链上中小企业融资难、融资贵的问题。

另一方面，中小企业借助工业互联网平台盘活闲置产能，优化供应链和服务链体系，不断增强工业资源配置优化能力。如生意帮通过网络众包分包，精准供应链匹配。全生命周期品控等，为中小企业提供高性价比的供应链解决方案，帮助企业缩短工期、提高效率、降低成本，实现制造业委托外加工环节生产力的智能调度和统筹优化，降低了中小企业市场开拓成本，并实现了一定区域范围内的产能协作。

## 产业生态不断完善

### （一）产业支撑体系日益完备

一是新兴技术不断产生。工业企业、互联网企业、高校、科研院所等纷纷建立产学研用联合体，积极开展协同创新，聚焦高端工业软件、新型工业网络、标识解析、边缘计算、人工智能、数字孪生等重点方向开展技术攻关与产业化推广。

二是新兴产业不断发展。前沿技术与工业互联网融合态势良好，带动工业互联网平台、工业 App、边缘计算、标识解析等新产品新服务蓬勃推进。如研华积极布局边缘计算业务，推出具备工业协议的转换集成和云端传输的 IoT（物联网）边缘智能服务器，阿里巴巴、联想、百度等 ICT（信息和通信技术）企业也推出边缘计算产品或解决方案，加速向工业领域渗透。

三是传统产业加速变革。技术创新与市场需求精准匹配，不断激发传统产业活力，驱动智能装备制造、工业自动化、工业软件等既有工业体系持续变革。如华为借助人工智能技术构建基于知识图谱的供应链优化系统，通过企业语义网络实现供应链风险管理与零部件选型，极大拓展了传统工业软件的应用范围和深度。

### （二）政产学研用实现跨界融合

为加强产学研用各方协同发展，推动我国工业互联网产业生态构建，2016 年 2 月 1 日，在工业和信息化部指导下，由中国信息通信研究院牵头，联合制造业、信息通信业、互联网等相关领域企事业单位、社团组织、高等院校、科研院所成立了工业互联网产业联盟（Alliance of Industrial Internet，AII）。截至 2018 年年底，工业互联网产业联盟会员数量已近千家，形成“12 +9 + X”组织架构，分别从工业互联网顶层设计、技术标准、产业实践、国际合作、投融资等方面开展工作。工业互联网产业联盟成功举办了工业互联网峰会、工业大数据创新竞赛、工业 App 开发与应用创新大赛等多项活动，形成《工业互联网体系架构》等一系列研究成果，遴选出一批工业互联网测试床、解决方案及优秀应用案例，并开展了工业互联网平台可信服务评估评测、性能评测及工业互联网安全评估评测等工作，已成为协同各方跨界创新、推动产业生态构建的重要载体。

### （三）地方工业互联网发展多点开花

地方政府以《指导意见》为指引，结合本地实际，相继推出本地的工业互联网相关发展政策，指导本地工业互联网发展。据统计，截至 2018 年年底，北京、上海、天津、重庆、河北、广东、福建、辽宁、安徽、河南、吉林、青海、甘肃、贵州、山西、江西、浙江、宁夏、湖北、江苏 20 个省（区、市）已出台本地工业互联网发展政策。湖南、山东、广西等地区也将加快发展工业互联网作为推动制造业高质量发展的重要内容，积极开展企业上云、平台建设、技术改造等重点工作。从各地方政策内容看，均结合本地产业基础和优势，重视各类要素投入保障，并强调通过引入外部资源助力本地发展。

### （四）国际合作实现多方突破

随着全球工业互联网快速发展，各国间的合作不断深化。2018 年，我国已与美国、德国、日本等国加强沟通对话，形成政产学研多层次协同推进机制。在政府和产业层面，利用多边、双边合作与高层对话机制，定期沟通工业互联网发展情况以及在法律、政策、国际治理等方面的新诉求和新举措。同时，工业互联网产业联盟与各国产业推进组织建立了良好的关系，先后与美国工业互联网联盟（IIC）、欧盟物联网创新联盟（AIOTI）、国际 MulteFire（运行于非授权频段的长期演进技术）联盟和日本工业价值链促进会（IVI）签订战略合作协议，与各方在工业互联网参考体系架构、标准化、测试床、安全、产业推广等方面开展工作对接和研究合作。

### （五）发展环境日趋完善

国家层面，在工业互联网专项工作组的统筹协调下，工业和信息化部、财政部、国家发展和改革委员会、国家税务总局、国家统计局、人力资源和社会保障部等相关部委积极协同，综合运用多种政策手段，共同推动我国工业互联网创新发展。2018 年，通过工业转型升级资金，支持开展工业互联网创新发展一期工程，重点支持网络、平台、安全三大体系能力建设，遴选了 91 个项目。从地方层面，上海、广东、江苏、浙江等省市结合本地实际，培育特色产业优势，积极引入外部力量，加快地方工业互联网创新发展，并形成较强的辐射带动力。

# 2018年互联网安全工作进展情况

2018年，工业和信息化部深入落实网络安全相关法律战略规划，大力夯实制度规章基础；强化技术手段建设和联动使用并重，着力抓好技术保障能力建设；聚焦工业互联网安全和网络安全产业发展，深化拓展网络安全防护；纵深推进网络环境治理，依法落实企业安全主体责任，加强改进网络安全监管，不断提升互联网网络安全管理能力和服务水平。

## 互联网安全工作概述

### （一）推进重点制度规章建设

深入落实《中华人民共和国网络安全法》，健全完善关键信息基础设施保护制度框架，参与制定《关键信息基础设施安全保护条例》，研究修订《通信网络安全防护管理办法》，加快《网络安全漏洞管理规定》出台，持续强化重点领域配套制度建设。

参与制定《网络安全审查办法》，制定《网络关键设备安全检测实施办法》及配套国家标准。工信部会同国家认监委（中国国家认证认可监督管理委员会）、公安部、国家互联网信息办公室联合发布《关于发布〈承担网络关键设备和网络安全专用产品安全认证和安全检测任务机构名录（第一批）〉的公告》，有效夯实信息通信领域供应链安全制度基础。

### （二）强化安全技术保障能力

加快推进重点领域工程建设，初步建成网络安全威胁信息共享和网络安全应急指挥平台，整合基础电信企业、互联网企业、网络安全企业和专业机构的监测与处置优势，进一步提升行业网络安全威胁监测处置能力。

初步建成国家级工业互联网安全态势感知平台，支持引导地方和重点行业领域建设省级和企业侧工业互联网安全技术监测手段，先后指导山东、广东、河南、江苏等多省启动开展安全手段建设，对重点工业互联网平台、在线设备进行实时监测，推动形成工业互联网三级协同的安全监测能力。

### （三）壮大网络安全产业支撑

为加快推进网络安全产业园区建设，组织成立国家网络安全产业园区（北京）建设领导小组，组建专家咨询委员会，建立了工信部与北京市政府的协同工作机制，形成了涵盖园区建设组织指导、规划决策论证、重大问题协调解决等关键环节的工作体系。

研究推进《国家网络安全产业园区发展规划》，结合北京市发展政策、产业基础、科研力量、安全需求等，明确园区产业发展定位、阶段目标、重点任务，统筹谋划指导园区产业发展和选址布局。

### （四）纵深推进网络环境治理

编制印发《关于纵深推进防范打击通讯信息诈骗工作的通知》，针对用户实人认证、境外诈骗电话整治、技术手段建设等，细化明确了9方面32项具体措施，统筹推进行业通讯信息诈骗源头治理工作。完成工信部诈骗电话防范拦截系统与全国31个省、区、市（港澳台地区除外）系统对接，开展政企系统对接联动试点建设工作，推进互联网诈骗信息防范系统建设，持续提升诈骗信息监测防范、综合分析和预警处置能力。

制定出台《电话用户真实身份信息登记实施规范》，组织开展电话用户入网实人认证试点，建设电信用户登记信息核查平台，研究制定移动通信转售企业物联网行业卡安全管理指导意见，强化事前审核、事中登记、事后监测的全周期长效管理机制。

### （五）加强重点领域安全监管

强化网络安全监督检查，制定发布《关于开展2018年电信和互联网行业网络安全检查工作的通知》，组织对网络数据安全、工业互联网安全、电话用户实名登记和物联网安全等重点领域，开展20余次专项执法检查，通过约谈整改、行政处罚和社会曝光等多种方式，督促企业落实安全责任。

稳步推进新技术新业务安全监管，研究起草《新型电信业务安全评估指引》，制修订评估指南、实施要求，以及即时通信、大数据技术应用等评估标准。组织开展eSIM卡（嵌入式SIM卡）、区块链等新兴技术应用的安全评估实践，强化人工智能、5G、工业互联网等新技术新业务风险跟踪研究和政策前瞻布局，积极防范新兴领域网络安全风险。同步加快安全评估人才队伍建设，指导建设互联网新技术新业务安全评估专家库。

### （六）创新改进网络安全监管

创新基础电信企业安全责任考核方式，积极适应基础电信企业创新与运营模式变化，推动考核范围向专业公司延伸覆盖，增设考核指标加分项，通过负面约束和正面激励相结合的方式，进一步鼓励和激发企业安全工作的积极性、主动性和创新性。

强化事中、事后环节安全监管，建立涵盖情况通报、态势分析、责任追究和用户投诉举报等多层次、立体式网络安全通报体系，通过月度、季度、不定期通报，有力指导行业开展安全监管工作。

## 工业互联网安全

### （一）加强工业互联网安全顶层设计

研究编制《关于加强工业互联网安全工作的指导意见》，明确了加强工业互联网安全工作的指导思想、基本原则和总体目标，提出了构建责任清晰、制度健全、技术先进的工业互联网安全保障体系的主要任务，为开展工业互联网安全工作提供切实可行指引。

建立完善工业互联网安全标准体系，研究完成《工业互联网平台标准体系框架》，发布安全防护总体要求、平台安全重点标准规范2项，同步立项数据安全、安全能力成熟度评估等相关国家标准、行业标准13项。

### （二）建设工业互联网安全保障能力

落实工业互联网安全技术手段体系化布局，加紧推动建设国家、地方、企业三级协同的安全技术保障体系，依托2018年工业互联网创新发展工程项目，共计完成29项工业互联网安全保障能力提升工程项目立项，指导地方建设省级安全监测平台，支持重点行业领域企事业单位进行综合保障、监测和态势感知、应急协作指挥、数据安全防护、测试验证环境等建设，引导社会投资21.8亿元。

开展工业互联网安全检查评估，探索建立“以查促建、以查促管、以查促防”的工作机制。组织5家专业检查评估机构对近30家工业企业、工业互联网平台企业及工业App开展安全检查评估，通报整改安全风险达2000多处。

### （三）促进工业互联网安全生态发展

组织开展工业互联网安全试点示范项目申报和评审，2018年工业互联网试点示范遴选出8个安全项目，涵盖车联网、石油、电力等典型行业。推进应用示范评选、公共安全服务平台建设等工作，持续引导企业加大安全投入，加快技术研发和产业化推进。组织开展安全防护演练活动，选拔培养工业互联网安全人才。

指导工业互联网产业联盟成立安全工作组，编制发布《工业互联网安全专刊》，举办工业互联网安全与产业应用论坛，推动大型工业企业、工业互联网平台企业、网络安全企业开展技术交流活动和产业供需市场对接。

指导举办“护网杯”2018 年网络安全防护赛暨首届工业互联网安全大赛，吸引来自信息通信、交通、电力、能源、军工等重点行业和领域近 1 万名选手参加比赛，在全国范围内引起热烈反响，进一步强化对工业互联网安全高端人才的挖掘和培养。

## 网络基础设施安全防护

### （一）不断强化网络安全威胁治理

以全面贯彻落实《公共互联网网络安全威胁监测与处置办法》《公共互联网网络安全突发事件应急预案》为契机，健全行业网络安全威胁监测与处置应急机制，指导督促行业各相关单位进一步明确责任部门、责任人和联系人并建立工作联络机制，做到网络安全威胁及时发现、上报、研判和处置。指导河北、吉林、青海、天津等地通信管理部门制定实施细则，规范本行政区域的网络安全监测与处置工作。

组织开展英特尔芯片漏洞、联网视频监控设备安全威胁、Struts2 系列漏洞、勒索病毒等多项网络安全威胁专项治理工作，处置各类网络安全威胁超过 500 万个。组织上海市、福建省通信管理局依法依规对“Wi-Fi 万能钥匙”和“Wi-Fi 钥匙”涉嫌危害用户信息事件进行调查核实，并在核查的基础上，依据《中华人民共和国网络安全法》等法律法规进行处理，维护广大网民的合法权益。

### （二）持续推进安全威胁信息共享

依托新建成的网络安全威胁信息共享平台，初步建立了与部分安全企业、基础电信企业的信息化、规范化威胁信息共享机制，有力支撑和服务网络安全威胁信息的接收、判定、处置和通报等工作，提高网络安全威胁监测与处置的及时性、准确性和有效性。

建立日常巡查和通报整改制度，组织开展日常网络安全威胁监测与处置工作，每季度发布网络安全威胁态势分析与工作综述，系统梳理分析网络安全威胁特点和行业重点工作进展，有力指导行业相关单位做好网络安全重点工作。

### （三）深入开展网络安全防护检查

按照工业和信息化部办公厅《关于开展 2018 年电信和互联网行业网络安全检查工作的通知》有关工作部署，全面细化年度网络安全检查工作的检查重点、计划安排和有关要求。组织对 270 余个重点网络单元和系统进行了网络安全现场检查，整改漏洞 45000 余个，有效防范化解网络安全风险，提升公共互联网网络安全防护水平。

研究出台《关于规范 2018 年网络安全监查支撑工作的通知》，从网络安全远程监测和现场检查两方面，进一步明确了基本要求、内容依据、方法流程，指导和规范行业网络安全检查工作。

强化风险隐患通报整改，建立了涵盖问题通报、自查整改、责任追究等的一体化的全国通报整改机制，先后向有关单位印发 11 期网络安全问题限期整改通知书，累计通报基础电信企业网络与系统存在各类问题近 200 个，及时督促企业进行自查整改和责任追究，有效防范化解网络安全风险。

## 数据安全

### （一）加强企业内部数据安全管理

以基础电信企业网络与信息安全责任考核工作为抓手，扩展针对重要数据和用户个人信息保护相关的考核内容，督促企业加大数据安全保障资金投入，建立用户个人信息保护责任制和安全管理制度，实施网络数据分类保护，建设数据安全保障技术手段，定期组织开展内部自查和人员培训。

制定印发《工业和信息化部关于加强基础电信企业数据安全管理规范清理数据对外合作工作的通知》等制度文件，明确企业对外合作数据使用、共享等环节管理要求。研究起草行业网络数据分类分级指南、数据安全评估规范等重点标准，为企业开展数据安全保护工作提供实践指导。

### （二）强化行业数据安全监督管理

依托基础电信企业考核和“双随机一公开”检查等抓手，采取日常与专项、全面与重点相结合的方式，加强数据安全监督检查。2018 年，数据安全监督检查覆盖 40 余家电信和互联网企业，针对发现的问题及时进行通报整改，有力督促企业落实主体责任。

针对媒体曝光和用户投诉较为集中的个人信息保护热点问题，及时通过约谈、通报、曝光等多种方式，督促企业进行问题排查和整改，2018 年累计约谈和通报整改企业超过 30 家。

### （三）推动数据保护支撑能力提升

以电信和互联网行业网络安全试点示范为依托，将数据安全和用户信息保护列为单独申报领域，数据安全和用户信息保护申报项目累计达 28 项，入选试点示范 10 项。

聚焦数字安全技术趋势和产业发展，采取专家评审和社会公开投票等方式，评选出 2018 年数字安全技术产业十大方向和数据安全管理十大热点，积极引导数字安全技术产业与数据安全管理科研攻关和产品创新，探索构建数字经济安全保障体系。

## 网络安全产业

### （一）加强安全产业整体规划布局

工信部会同北京市政府组织召开国家网络安全产业园区建设领导小组会议，组织建立国家网络安全产业园区专家咨询委员会，开展园区建设前瞻性、战略性重大问题研究，深入推进网络安全产业园区建设的部署实施。

起草促进网络安全产业发展的指导性文件，明确创新驱动、协同发展、需求引领、开放合作的发展思路，研究提出突破关键技术、创新服务模式、构建产业生态、优化发展环境等重点工作方向，引导政产学研力量共同推进产业发展。

### （二）积极打造安全产业示范园区

制定国家网络安全产业示范园区建设 2018 年推进工作方案，全力做好园区总体规划，建立健全园区管理运营服务保障体系，研究制定园区政策措施，完善网络安全领域新技术推广应用机制，建立多元化的投融资体系。

研究推进《国家网络安全产业园区发展规划》，聚焦网络安全产业发展瓶颈问题，科学谋划园区产业总体布局、功能定位、推进步骤、政策配套等工作。

### （三）促进网络安全技术产品应用

制定发布《关于开展网络安全技术应用试点示范项目推荐工作的通知》，组织开展行业网络安全试点示范。截至 2018 年年底，共计组织开展了三批次网络安全技术应用试点示范工作，面向电信和互联网行业遴选出 130 个试点示范项目，入选项目投资总额达 16.6 亿元。

组织编制试点示范项目汇编、举办试点示范工作经验交流会和成果展等活动，宣传推广网络安全技术手段优秀案例和试点示范成果，得到了行业各方的热切关注和广泛好评。

### （四）推进网络安全人才队伍建设

2018 年 12 月，工信部指导举办了第五届电信和互联网行业网络安全技能竞赛，围绕政策法规标准、理论知识、管理能力以及网络安全攻防、流量和日志分析、威胁信息监测和应急处置等技术方面开展竞技，从近千名参赛选手中评选出优秀团队 55 个、优秀个人 165 名，对促进网络安全技术人才发掘锻炼，提升行业网络安全风险防范能力起到了积极的推动作用。

## 防范治理电信网络诈骗

### （一）纵深推进诈骗治理专项行动

健全完善诈骗治理举报通报、督导检查、追责处罚全流程责任督导体系，严格落实企业主体责任。2018 年累计下发问题通报 17 期，约谈问题企业 20 余家。2018 年用户举报和公安通报封停号码总量，与 2017 年同比分别大幅下降 55% 和 66%。

指导企业建立大数据反诈模型，动态优化电信网络诈骗防范治理策略，持续强化对诈骗高发地区的监测预警和联动处置力度，有效督促相关企业落实安全责任。

### （二）优化完善诈骗防范技术手段

研究出台《全国诈骗电话防范协同联动工作规范（试行）》，完成工信部诈骗电话防范拦截系统与全国 31 个省、区、市（港澳台地区除外）系统对接，积极推进全国诈骗电话防范系统功能性验证测试工作。组织开展政企系统对接联动试点建设，构建形成多层次立体化全国联防联动技术防范体系，全面提升系统监测防范、综合分析和预警处置能力。

加快推进部级互联网诈骗信息防范平台立项建设，同步印发《省级互联网诈骗信息防范系统建设指南》，指导地方推进诈骗电话防范拦截系统防范能力从电信网向互联网延伸。截至 2018 年年底，全国诈骗电话防范系统累计处置诈骗电话 5.11 亿次，劝阻受害客户超过 40 万人，挽回直接经济损失 21.1 亿元。

### （三）积极构建诈骗协同治理合力

指导举办 2018 年防范打击通讯信息诈骗专题论坛，组织行业研究机构发布行业内首份防范打击通讯信息诈骗白皮书，评选出厦门反诈中心、中国电信、中国移动、中国联通、360、阿里巴巴、腾讯等 18 家单位通讯信息诈骗治理实践的优秀创新案例。

指导行业组织制定发布移动通信转售企业防范打击通讯信息诈骗自律公约，推动 42 家移动通信转售企业积极落实公约要求。推动行业媒体设立“防范打击通讯信息诈骗纵深行专栏”，加强对反诈骗工作的宣传力度。督促基础电信企业向用户及时普发警示类短彩信百亿条，提高用户防范意识和能力。

## 网络诚信体系建设

### （一）巩固电话用户实名登记成效

构建完善电话实名制管理的长效机制，在制定印发《电话用户真实身份信息登记实施规范》的基础上，进一步规范实名登记入网流程和技术核验标准。组织电信企业全面落实关于港澳台居民证件便利化的决策部署，方便用户持港澳台居民居住证办理电话入网手续。持续提升电话用户登记信息准确率，组织在 17 个省份开展电话用户实人入网试点，确保人证一致。

### （二）加强物联网行业卡安全管理

制定出台《关于加强源头治理 进一步做好移动通信转售企业行业卡安全管理的通知》，细化物联网行业卡在功能限制、安全评估、用户合同、技术监测、营销渠道、宣传提示等方面的管理要求。同时，加大移动通信转售企业监管力度，组织开展“黑卡”专项治理，督促相关企业及时整改实名登记、渠道管理等方面存在的问题。

### （三）推进电信用户信用信息共享

积极探索网络诚信体系建设，推动《关于建立基础信息共享机制合作协议》的签署，明确两部门开展信息共享核查的指导原则和具体要求。组织建设电信用户登记信息核查平台，实现与公安部人口基础信息库、三家基础电信企业业务系统的对接，免费向电信企业提供电话用户登记信息与公民身份信息、用户入网照片与身份证件照片实时联网比对，有效保障电话用户登记信息的真实性和准确性。

# 2018年无线电管理工作进展情况

全国各级无线电管理机构认真落实2018年工业和信息化部工作要点和全国无线电管理工作要点要求，不断提升服务经济社会发展、国防建设和党政机关的能力和水平，无线电管理各项工作取得了很大成绩。

## 加强无线电管理工作的精细化

### （一）修订发布了《中华人民共和国无线电频率划分规定》

为适应我国经济社会发展以及国防建设各行业、各领域的频率使用现状和中长期需求，同时与国际无线电频率划分接轨，2018年，工业和信息化部依据最新版的国际电信联盟《无线电规则》，协调民航、交通、广电、气象、航空、航天等部门，修订发布了《中华人民共和国无线电频率划分规定》。本次修订着力保障“制造强国”“网络强国”建设，共涉及无线电业务13种、频段110个，为第五代移动通信（5G）系统新增了600MHz频率划分，并重点围绕5G系统等方面的频率使用做了划分或优化调整，促进了无线电频谱资源的科学开发和有效利用。

### （二）5G系统相关频率使用规划和许可取得重大成果

5G是未来数字经济发展的重要驱动力。5G系统频率使用许可是移动通信技术发展史上具有里程碑意义的大事。工信部持续强力推动5G系统中低频段频率使用许可工作，按照部领导关于5G系统频率使用许可工作的批示指示精神，深入开展调研，充分征求意见，与三家基础电信运营企业多次沟通，有效克服了5G系统中频段优质频谱资源相对不足、供需矛盾突出的困难，创造性地提出了增加2.6GHz低频段5G系统频谱资源供给的方案。2018年12月3日，工信部向三家基础电信运营企业颁发了全国范围内的5G系统中低频段试验频率使用许可，在全球率先实现了为三家运营企业分别许可至少连续100MHz带宽频谱资源，所许可的5G系统中低频段频谱资源总量为全世界最多（截至2018年年底），有力保障了电信运营企业在全国范围开展5G系统组网试验所必需的频谱资源。该工作得到了电信运营企业等业内各界和国际同行的高度评价。

此外，工信部制定了5G系统中频段试验无线电发射设备射频技术指标，为大规模开展5G试验创造了条件；还研究制定了我国部分5G毫米波频段频率使用规划方案。

### （三）车联网、能源互联网等重点频率使用规划和许可相关工作取得积极成效

一是充分考虑国内外产业条件、标准制定、频率使用的现状和发展需要，工信部制定并发布了《车联网（智能网联汽车）直连通信使用5905—5925MHz频段管理规定（暂行）》，规划了20MHz带宽的专用频率用于LTE－V2X智能网联汽车的直连通信技术，有力保障了我国车联网（智能网联汽车）车与车、车与人、车与路之间直连通信所必需的频谱资源，推动了我国信息通信技术与传统汽车产业的深度融合，为实现万亿级智能网联汽车产业的创新发展创造了良好的政策环境。

二是支持能源互联网的应用和发展，调整

230MHz 频段频率规划，引入载波聚合等新技术，大幅提高频谱使用效率，推动电网企业加快建设新一代宽带专用无线系统，以实现海量电力终端实时接入和精准控制，确保电网运行更加安全稳定。

三是有效协调保障各行业频率使用需求，发布关于加强 1447～1467MHz 和 1785～1805MHz 频段无线电频率使用管理的通知，要求各地优先采用招标、拍卖的方式开展 1400MHz 和 1800MHz 频段专网系统无线电频率使用许可工作；支持北京新机场建设，完成新机场天气雷达频率使用许可；经工业和信息化部批准，各地无线电管理机构完成 800MHz 数字集群通信等频率使用许可工作，满足公共安全、轨道交通等单位指挥调度、应急通信等需求。

四是深入贯彻落实国务院关于深化“放管服”改革的要求，简政放权、放管结合、优化服务，进一步提高无线电管理行政许可效率和服务水平。发布新版地面业务无线电台执照，在执照中增加二维码，鼓励有条件的省、自治区、直辖市无线电管理机构颁发电子形式的无线电台执照；提高审批效率，优化办理流程，推进用户办理行政许可“零跑腿”，实现“一站式”服务。

2018 年工信部完成包括 5G 系统试验使用频率在内的共计 7 个跨省或全国范围的地面业务无线电频率使用许可，41 个短波台站设置及使用许可；为三家基础电信运营企业、中国交通通信信息集团、河南省人民政府等单位审批了涉及 37 颗卫星，共计 83 个空间无线电台、20 个卫星通信网、8 个地球站的空间无线电业务行政许可；核准无线电发射设备 8303 个型号。

### （四）深入推进了卫星频率和轨道资源申报、协调和管理

面对卫星频率和轨道资源的日益紧张，工信部制定发布了相关卫星无线电频率和轨道资源协调使用管理办法，从制度上有效防范资源使用风险。2018 年累计向国际电联申报 91 个卫星系统、121 份卫星网络资料。

## 推进无线电台站和无线电设备管理

2018 年，全国无线电管理机构以制度建设为根本，以强化监管为导向，以服务用户为目标，扎实推动无线电台站、设备管理工作。截至 2018 年年底，全国无线电台站数达 542 万个，同比增长 11.5%。

### （一）无线电台站管理进一步强化

一是大力推进 5G 系统基站部署。组织开展 3400～4200MHz 和 4500～5000MHz 频段卫星地球站等无线电台站清理核查工作，全面掌握 5G 系统中频段现有无线电台站使用情况；制定并发布《3000～5000MHz 频段第五代移动通信基站与卫星地球站等无线电台（站）干扰协调管理办法》，为协调解决 5G 基站与其他无线电业务台（站）的兼容共存问题提供依据。二是优化公众移动通信基站行政许可办理流程，印发《公众移动通信基站数据电子交互工作实施参考指南》，方便企业自动化、批量化报送基站设置申请材料。三是适应商业卫星测控业务发展的需要，优化商用卫星测控站设置使用许可流程。四是印发《国家无线电办公室关于开展 2018 年频率使用率评价工作的通知》，在全国范围内开展 798～960MHz 频段内数字集群、公众移动通信、铁路专用移动通信（GSM－R）等系统的频率使用率评价工作，加强频率使用监管。

### （二）无线电发射设备管理和服务进一步优化

一是贯彻落实《国务院关于第三批清理规范国务院部门行政审批中介服务事项的决定》（国发〔2017〕8 号）文件精神，发布工业和信息化部 2018 年第 47 号公告，自 2018 年 10 月 15 日起，无线电发射设备型号核准测试服务改由政府购买，并完成了制度建设、流程优化、明确需求、招标采购、系统升级改造等一系列政策落地工作。预计该政策实施一年后将惠及企业近 3000 家，直接减少企业制度性交易成本 2 亿余元。二

是落实“放管服”改革要求，制定并发布《无线电发射设备销售备案实施办法（暂行）》，明确了实施无线电发射设备销售备案的管理机构、备案主体、备案内容、操作流程等，建立了全国统一的信息平台。对于加强无线电发射设备全流程管理，从源头上防止和减少无线电干扰隐患具有十分重要的意义。

## 有效维护空中电波秩序

### （一）无线电监测和干扰查处工作力度不断加大

持续加大无线电监测、干扰查处力度，2018年共查处无线电干扰投诉2630起。

一是发布实施《无线电干扰投诉和查处工作实施细则》，进一步规范无线电干扰投诉和查处工作流程，提升干扰查处工作效率。二是指导各地无线电管理机构圆满完成高考、研究生考试、公务员招录考试、全国会计师专业技术资格考试、法律职业资格考试等重要考试的无线电安全保障工作，利用无线电设备对考试作弊的现象进行了有效遏制。2018年全国无线电管理机构共出动技术人员27447人次，移动监测车辆9262车次，启动监测设备15644台（套）。三是做好航空、铁路等专用频率保护，为民航、铁路运输安全和人民生命财产安全保驾护航。

### （二）“黑广播”“伪基站”等违法犯罪行为得到有效遏制

持续保持对“黑广播”“伪基站”等违法犯罪活动的高压严打态势，在国务院打击治理电信网络新型违法犯罪工作部际联席会议工作机制下，积极联合公安部、国家广播电视总局等部门，从2018年5月起开展打击治理“黑广播”“伪基站”和集中整治违规设置使用调频广播电台（“灰广播”）专项行动，有效净化了电磁环境。在打击“黑广播”“伪基站”方面，无线电管理机构采用“互联网+”的技术手段进一步提高监控能力；工信部会同国家市场监督管理总局、公安部、国家广播电视总局等部门开展联合执法，对“黑广播”“伪基站”生产、销售、使用开展全链条打击。在集中整治“灰广播”方面，对发现违规使用广播频率、设置使用台（站）、擅自改变频率用途、不明信号等问题，联合国家广播电视总局对各地使用调频广播专用频率的无线电台（站）使用情况进行现场检查，及时清理未按要求办理广播频率使用许可和无线电台执照的广播电台，并责令改正。

2018年全国累计查处“黑广播”案件2251起、“伪基站”案件282起，缴获相关设备2300余台（套），发现并处理“灰广播”544起。

### （三）圆满完成各项重大活动无线电安全保障任务

一是坚持精致细致极致的工作作风，圆满完成上海合作组织成员国元首理事会第十八次会议无线电安全保障任务。在保障过程中，始终坚持最高标准、最严措施、最周密部署，实现了“零投诉、零干扰、零差错”，涉及峰会的2.7万余台无线电设备和台站均安全、正常运行。二是构建协同高效的无线电安全保障体系，圆满完成了中非合作论坛北京峰会无线电安全保障任务。在保障过程中，克服了时间紧、任务重、协调难度大等诸多困难，建立纵向扁平高效、横向密切协同的无线电安全保障工作机制，统筹频率资源，突出防范重点，彻底排查隐患。峰会期间，北京地区电磁环境总体可控、电波秩序良好，没有发生任何无线电有害干扰事件。三是发挥属地无线电管理机构的主体主责作用，顺利完成了首届中国国际进口博览会无线电安全保障任务。指导上海市无线电管理局组建无线电安全保障团队，完善工作机制，明确工作重点，加强联合保障，及时排查干扰，确保了博览会期间各类合法无线电台（站）、无线电设备的正常工作。

## 国际频率协调与合作取得新进展

### （一）无线电频率和卫星网络国际协调取得积极成果

一是做好2018年中俄地面无线电业务频率协调技术专家组与常设工作组会谈相关工作，取得重要进展。二是组织开展了内地与香港特别行政区无线电业务协调会谈，就广深港高铁列车通信、港珠澳大桥公众移动通信、调频广播业务、航空无线电导航业务等议题达成广泛一致。三是分别组织召开了与挪威、美国、日本主管部门间的卫星网络协调会谈，推动了我国通信、广播、气象、导航等卫星系统的国际协调进程，满足了探月工程、宽带卫星互联网、中星系列通信卫星、风云系列气象卫星、载人航天、北斗导航等系统的频率使用需求。2018年共处理国际无线电频率和台站协调函件2100余封；处理国际电联地面无线电业务和空间无线电业务周报各24期。

### （二）国际无线电频谱管理事务参与度进一步加深

根据2019年世界无线电通信大会（以下简称WRC－19）议题国内筹备工作机制和国际电信联盟无线电通信部门（以下简称ITU－R）国内对口组管理办法，组织国内各单位开展WRC－19议题研究工作，做好亚太电信组织2019年世界无线电通信大会第三次筹备组会议（APG19－3）、WRC－19区域间交流会、亚太电信组织无线电工作组会议（AWG）以及ITU－R研究组会议的文稿起草和参会工作。在5G毫米波候选频段研究、维护重要卫星系统频率使用权益、修订卫星频率轨道资源申报程序和规则、推动车联网和高速铁路车地通信频率协调一致等重点议题研究方面取得了积极进展。

# 2018 年人事教育工作进展情况

2018 年，人事教育司在工信部党组的领导下，以习近平新时代中国特色社会主义思想为指导，全面贯彻落实党的十九大精神和全国组织工作会议精神，紧密围绕工信部中心工作，强化使命担当，着力建设忠诚、干净、担当的高素质干部队伍，着力汇聚培养支撑工业和通信业发展的高素质人才。

## 持续深化政治学习

人事教育司坚持用习近平新时代中国特色社会主义思想武装头脑，坚持把政治建设作为根本性建设，不断提高政治站位、突出政治规矩，推动党的十九大精神和全国组织工作会议精神落实见效。

在落实主体责任方面，认真贯彻党中央有关规定，自觉尊崇和维护党章，严明政治纪律和政治规矩，坚决做到“四个服从”，自觉维护党的团结统一。司党支部书记认真履行全面从严治党第一责任人责任，坚持重要工作亲自部署、重大问题亲自过问、重点环节亲自协调、重要工作亲自督办。在强化政治理论学习方面，人事教育司党支部召开 16 次支部大会，系统学习了党的系统理论。组织召开部组织工作电视电话会议，深入学习习近平总书记关于党的建设和组织工作重要思想，全面贯彻新时代党的组织路线和全国组织工作会议精神，苗圩部长出席会议并讲话。在开展党性教育锻炼方面，组织全司党员干部赴济宁、延安开展主题党日活动。打造党建特色品牌，开展不同主题、形式多样的青年干部成长论坛。在持续加强作风建设方面，落实部党组贯彻落实中央“八项规定”22 条实施细则，将纠正“四风”情况纳入支部党建述职、民主生活会和组织生活会、民主评议党员的重要内容，支部书记为党员干部讲廉政党课。

## 建设高素质专业化干部队伍

### （一）牢牢掌握新时代选人用人“新标尺”

聚焦“建设高素质专业化干部队伍”主题，突出推动交流、优化结构的思路，统筹考虑部机关和部属单位队伍建设需要，做好干部调整配备，推动干部交流任职。

在加强领导班子建设方面，统筹岗位空缺和工作需要，积极稳妥做好干部调整配备。研究制定《关于做好直属单位领导班子成员分工调整报备工作的通知》《直属单位领导班子和领导人员任期考核办法（试行）》。扎实推进高校组织部长、宣传部部长、统战部部长进常委工作。加大干部交流力度，补充配备了一批优秀年轻干部。在强化干部实践锻炼方面，注重在基层一线和艰苦地区培养锻炼干部，新选派优秀干部到贫困地区、西藏工信厅“西革老”地区挂职；接收西部地区四名干部到部机关挂职。加强和改进选调生工作，将 2017 年招录的六名选调生选派至定点扶贫县开展基层锻炼工作。在激励干部担当作为方面，贯彻习近平总书记关于“三个区分开来”的重要指示精神，落实中共中央办公厅《关于进一步激励广大干部新时代新担当新作为的意见》精神，会同机关党委提出了建立失职问责机制和尽职免责机制的初步建议。按照有关规定，及时提高扶贫挂职干部的生活补贴，为挂职干部办理人身意外保险，研究将评优名额向战斗在脱贫攻坚一线的挂职干部倾斜。

### （二）从严从实监督管理干部

继续坚持党管干部的根本原则，坚持事业为上、公道正派，把好政治关，进一步突出“扎网织笼”，把全面从严落实到干部育、选、用、管各个环节。

在建章立制、织网扎笼方面，调整优化部机关干部任前公示信息和干部动议制度办法。研究制定直属单位干部选拔任用动议规则，指导部属单位不断完善干部选任制度。制定部人事教育司领导干部个人有关事项查核工作规程，编写2018年领导干部报告个人有关事项填报参考，研究起草干部人事档案管理办法。在贯彻执行“两项法规”方面，严格执行“凡提四必”，继续完成2017年度核查认定工作。切实发挥个人有关事项报告工作在防止“带病提拔”、加强干部监督管理中的重要作用，对对比结果不一致的干部，进行批评教育、函询和诫勉。在专项整治方面，在部属单位组织开展“裸官”“三超两乱”“违规兼职”等巡视专项整治任务检查，配合部党组2018年巡视，完成对南京理工大学等单位选人用人专项检查，监督指导做好问题整改。开展干部人事档案专项检查工作，完成任前审核档案、局级干部兼职审批、直属单位重要处级岗位备案、干部因私出国（境）、信访举报等工作。在干部考核方面，将干部考核与司局绩效考评相结合，突出对党中央决策部署和部重点工作完成情况的考核。发挥考核的激励鞭策作用。做好考核结果的反馈和运用，将其作为干部任用、评先奖优、问责追责的重要依据。

### （三）统筹抓好人才教育培训工作

围绕“人才强国”目标，聚焦“两个强国”建设，抓好人才体制机制改革和教育培训工作，指导部属高校内涵式发展。

在教育培训方面，围绕“两个强国”重大战略和部重点工作，举办选学培训、研讨班、任职培训班、能力建设培训班、新录用公务员初任培训班、国际组织后备人才培训班等各级各类培训班。做好向国际组织推荐职员及向商务部推荐驻外商务秘书等工作。在人才工作方面，按时保质完成中央、国务院领导批示件办理工作。圆满完成工信部80岁以上院士退休的相关任务。深入实施专业技术人才知识更新工程，牵头组织急需紧缺人才培训。牵头制定了《深化工程技术人才职称制度改革的指导意见》，做好部系统职称评审工作。在支持部属高校“双一流”建设方面，推动工信部与国家海洋局签署共建协议。推动与教育部、相关地方政府共建部属高校，争取政策资金支持。积极为部属高校争取研究生招生指标。继续推进部校合作对接，在宁波召开部属高校产教融合对接会。在引导部属高校内涵式发展方面，举办部属高校内涵式发展培训班，做好苗圩部长赴西北工业大学检查调研贯彻落实全国教育大会精神工作，起草了工信部党组《关于贯彻落实全国教育大会精神的意见》。在南京航空航天大学组织开展工信创新创业奖学金评审表彰工作，苗圩为获奖学生颁奖并讲话。在加强部属高校思想政治工作方面，赴部属高校开展专题调研，印发了部党组《关于进一步加强和改进部属高校思想政治工作的指导意见》。苗圩部长赴南京理工大学为师生讲授形势与政策课，陈肇雄副部长组织召开了部属高校心理健康教育工作座谈会，指导部属高校严格落实意识形态工作责任制。

## 积极稳妥推进机构改革

2018年，在工信部党组和部机构改革工作领导小组的领导下，人教司周密部署、迅速行动，积极稳妥、有序推进部机构改革各项工作。

在“转隶”工作方面，认真学习领会中央有关文件和会议精神，按照“先立后破、不立不破”的原则，研究制定了《工业和信息化部机构改革组织实施工作方案》和《各地专用通信局划转工作指导意见》，重点做好干部职工思想政治工作，确保做到思想不散、队伍不乱、工作不断、干劲不减，工作平滑过渡，顺利完成了

《烟草控制框架公约》履约工作职责以及安全中心、国内专用通信局的划转工作。同时，赴山西省就安全分中心的划转情况进行检查调研座谈，探讨如何适应新形势、新任务、新要求，谋划未来发展道路。在优化部“三定”方案方面，设立中国工业互联网研究院，将信息中心更名为网络安全产业发展中心，在中国机电招标中心加挂“工业和信息化部政府采购中心”牌子，组建装备工业发展中心。

# 第七篇

# 企业风采篇

# 砥砺奋斗七十载，开拓创新奏华章

## ——记中国电子科技集团公司第十四研究所

### 一、70年筚路蓝缕，见证中国雷达奋起之路

中国电子科技集团公司第十四研究所（以下简称十四所）（见图1）始建于1949年，是我国雷达工业的发源地，是从事国家战略产业并处于领先地位的国家核心骨干研究所。承担了国家陆、海、空、天80%以上的预警探测骨干装备的研制任务，代表了我国雷达预警探测装备领域的最高水平。具有引领国内、世界前列的预警探测技术创新能力。70年来，十四所始终走自主创新之路，研制了我国第一部微波雷达、第一部相控阵雷达、第一部出口型雷达。先后在“两弹一星”、“载人航天”、北京奥运等多项国家重点工程中承担关键任务，受到党中央、国务院、中央军委的表彰和嘉奖，被誉为“三军之眼、国之重器”。

十四所在为国防建设做出积极贡献的同时，坚持走创新发展道路，积极投身于国民经济建设。依托军工科技、人才优势，形成了以一家上市公司（国睿科技）为核心，多家非上市专业公司为支撑的民品产业发展集群，在智慧交通、民用雷达、智能制造、高端芯片等重点领域，培育了一批具有自主知识产权的高端产品，为解决“卡脖子”问题做出了突出贡献。

70年来，十四所形成了一支“特别能吃苦、特别能战斗、特别能攻关、特别能奉献”的人才队伍。现有职工9000余人，其中：中国工程院院士2人，享受国务院政府特殊津贴专家82人，国家及省部级专家150余名，研究员级高级工程师980余人。走出了一条“自主创新、重点跨越、支撑发展、引领未来”科技创新之路，在相控阵技术、脉冲压缩技术、脉冲多普勒技术、雷达成像技术、目标识别技术、反导预警技术、反隐身技术等方面成为国内的技术开创者与引领者；并创新地突破了软件化雷达、一体化雷达、量子雷达等相关前沿性技术。取得国家级成果奖60余项，部、省级成果奖350余项。其中，“全国十大科技成就”奖1项、国家科技进步特等奖6项、国家科学技术进步奖一等奖14项、国家发明奖一等奖1项。

图1　中国电子科技集团公司第十四研究所

## 二、擦亮“三军之眼”，铸就大国重器

雷达是用无线电的方法发现目标并测定它们的空间位置，担负着目标的全天候侦查监视、对大规模武器的探测与跟踪、对隐身目标的探测与识别等任务，被称为“千里眼、顺风耳”。在民用领域中，雷达也广泛应用于空中交通管制、气象、导航、测绘、重大活动安保等领域。

在国内市场，十四所始终站在雷达领域最前沿，在用户中树立了良好的口碑和形象：新一代舰载多功能雷达，配装于首艘国产航空母舰，对我国海军走向远洋具有划时代意义；空警 2000 预警机作为中国人的“争气机”，多次带队亮相阅兵场，其雷达装备填补了我国预警机雷达的空白；被誉为“中华火眼”的机动式反隐身雷达，入选年度“十大明星武器”，标志着我国反隐身体系建设水平又跨上了一个新台阶。随着 2017 年巴黎－布尔歇国际航空航天展览会十余款军民用雷达集体亮相，到每年中国国际航空航天博览会多款明星雷达参展，彰显着十四所雷达技术已经迈入世界前列，实现从跟跑到并跑，乃至领跑的转变。

在国际市场，十四所成功打造了“YLC”“KLJ”“SLC”等知名产品品牌。继 1989 年第一型雷达迈出国门后，目前正在执行和推广的各类国际贸易项目涉及数十个国家，范围遍及南亚、东南亚、中东、非洲、欧洲及南美等地区，军品已由第三世界国家向第二世界国家进军。累计出口产品数量约为 100 套，是中国雷达出口领域第一品牌（见图 2）。

图 2　央视大型纪录片《中国之盾》介绍十四所雷达

## 三、勇立时代潮头，踏上高质量发展征程

近年来，中国逐渐进入了科技革命、军事革命迅猛发展和强军兴军事业深入推进的历史交汇期。党的十九大指出，中国特色社会主义进入了新时代。如何快速适应时代变革，把握科技发展新机遇，实现高质量发展，成为每个企业关注的重点。十四所以加强党对国有企业领导、落实创新驱动国家战略、适应未来装备发展需求、更好服务于地方经济和社会发展、提高员工幸福指数为导向，在管理模式、运行方式、分配机制、工作方法等方面开展深入探索。促进创新布局更加系统、组织协同更加高效、资源配置更加优化，激发企业活力与创造力，做好党和国家可以信赖依靠的“大国重器”。

### 1. 打造“五位一体”科技创新体系，释放创新活力

十四所坚持“双轮驱动”，统筹技术发展和市场需求，致力于构建和实施科技创新主体、机制、资源、文化、合作“五位一体”的科技创新体系。

2017 年，十四所构建了创新特区，以两个省部级重点实验室、三个创新中心和一个产业孵化中心为核心，以体制机制创新为动力，以汇聚创新资源和高层次人才为重点，积极探索适应创新发展需求的模式，致力于打造面向国内外开放的国际一流平台。创新特区聚焦预警探测与天线微波领域，强化前瞻性、基础性研究，取得引领性、原创性成果重大突破，提升自主创新水平与业内影响力，为我国雷达预警探测领域颠覆式创新发展奠定坚实基础。特区内实行试点项目经理制，在项目设置、人才使用、计划考核、成果认定与转化等方面探索新的管理模式，通过项目到人、责任到人、激励到人的管理机制，激发释放创新潜力与活力，加速形成科研成果，服务国家战略。涌现出量子雷达、光子雷达、多脑联合多机预警系统、太赫兹安检仪等一批国际先进水平的创新成果，有力支撑国防武器装备和民品产业发展，引领电子信息领域潮流（见图 3）。

图 3　光子雷达参展

### 2. 推进研发模式转型，满足高效高质量研发需求

面向装备实战与高效高质量研发需求，十四所胡明春所长基于长期工程实践，结合基于模型的系统工程（MBSE）理念，提出了雷达工程全生命周期的统一建模规范和状态映射准则，建立面向全生命周期的结构化管理流程，推动研发模式转型，有效提升了雷达装备质量水平和作战效能，为我国雷达工程与装备体系建设做出了重要贡献（见图 4）。

图 4　胡明春所长 2018 年获国家科技进步一等奖

随着信息技术的不断发展以及战场环境的日益复杂，以打赢现代体系化协同作战为前提，十

四所致力于作战仿真研究。构建全要素、全流程的作战场景，评估敌我双方作战体系和装备的作战效能。从而准确定位体系对雷达装备的性能指标要求，实现军方作战任务、能力需求到雷达功能、性能指标的传递。有效支撑体系论证研究、装备需求牵引和作战效能评估，直观向用户展示装备的先进技术与实战价值，牵引雷达装备需求和项目立项。基于MBSE（基于模型的系统工程）理念，构建图形化、无歧义、模块化、可重用的数字化产品模型，使得在整个产品研制周期中，通过一致性的模型传递代替传统文本，保证研发、试制、试验与保障各环节达成统一理解，形成一致、完整的可追溯系统设计。使产品设计、工艺、制造能力相互匹配相互验证，提升生产、测试、验证效率与质量。

3. 商业模式创新

技术变革驱动产品创新。作为国家气象雷达高端产品的主要供应商，引入大数据挖掘和AI（人工智能）等先进技术，为用户提供“智慧气象”整体解决方案和系列产品。目前在中国气象局新一代天气雷达市场占有率达43%。在攻克数字波束成形技术的基础上，紧抓公共安全领域市场机遇，孵化出“蜘蛛网”雷达，并衍生出低空安防（反无人机）系统，可服务于国家安全体系和“低小慢”目标管控能力建设。成功执行了2017年国家公祭日安保任务，首次彻底解决无人机“黑飞”问题，亮相珠海中国国际航空航天展览会后深受关注，2018年即获得20余套订单（见图5）。

图5 “蜘蛛网”反无人机防御系统

打造产业发展新动能。围绕雷达产品全生命周期活动，形成了以十四所为中心的智能制造产业生态圈。先后成立智能制造创新中心、技术工程中心等创新载体，牵头建立军工行业首个中国（中关村）网络安全与信息化产业联盟智能制造信息安全专业委员会，推进智能制造SIC战略，提供智能车间（S）、智慧企业（I）、云制造服务平台（C）三大系列解决方案和产品。助推中小型企业转型升级、科研院所及大型企业高质量发展，已先后为200余家航空航天单位及民营企业提供智慧升级方案并协助实施。

4. 管理创新

按“思维方式转变、工作方法转变、组织形式转变”思路，紧扣企业发展中的重点、热点、难点问题，持续打造具有十四所特色的管理模式，全方位推进企业改革，提升企业综合竞争力（见图6）。

图6 十四所管理创新成果获“2018全国国企管理创新成果”一等奖

一是深化改革，构建现代化组织体系。十四所以建设世界一流创新型科技子集团为愿景，探索现代国有企业治理体系，实施岗位分红、科技成果转化、股权激励等政策，筑牢面向国际竞争的组织基础。二是优化管理流程，提升运营管理能力。突出战略规划引领，完善以目标任务的分解落实、全面预算管理、经济运行调度管控为手段的经营管控体系。统筹军、民、贸业务计划与资源配置，逐步构建起统一的“规划与经营管控、市场策划和开拓、科研生产管理、质量管理、人力资源、财务管理、党建和文化建设”等制度体系，实现全系统基础管理的规范化、流程化、数据化。三是推进智慧化转型，构建赋能型的管理平台。面向“军工智慧院所”建设需求，构建了“全数字、全互联、全智能”的信息化平台，实现了用户需求、研究设计、生产制造、服务保障、管理决策的全流程数据集成、互联互通、共享共用，推动了全域知识的提取、流动和利用，赋能员工，提升企业效能。

## 四、不忘初心，军工核心价值观引领企业文化建设

十四所在长期的科研实践中，也孕育出卓尔不群的企业文化。其核心内容就是“红色的政治文化基因”和“蓝色的科研文化基因”。具体表现为国家利益高于一切”的军工核心价值观和将“敢想、敢说、敢干”与“严肃的态度、严格的要求、严密的方法”相结合的“三敢三严”科研作风。70年来，在这两种基因作用下，十四所的干部职工不忘科技兴军初心、牢记网络强国使命，以强烈的责任感、使命感、紧迫感，独立自主、奋发图强、无私奉献，在充满荆棘的科学道路上勇攀高峰，缔造了中国雷达工业的奇迹。

“中华神盾”雷达立项之时，面临体制新、起点高、基础薄、储备少等问题，一直没有突破性进展。十四所邢文革首席科学家临危受命，带领团队进行了长达七年的技术攻关。该雷达是世界上第一部实装的舰载有源多功能相控阵雷达，标志着中国研制的舰载多功能相控阵雷达已达国际领先水平。获得国家科技进步特等奖，被誉为“海上神眼，卫国之星”。在研制过程中，也锤炼出“使命高于一切，创新永无止境，团队坚不可摧，荣誉催人奋进”的“海之星”精神。

实际上，每当一个重点型号产品问世，十四所就会树立一座精神丰碑，如“预警机雷达”精神、“天虹雷达”精神等，这些精神财富在军工行业内广为传播。国家利益、国家责任、国家使命，激励着一代又一代十四所人奋勇前行。十四所也因此获得了“首批军工文化建设示范单位”“首批中央企业企业文化示范单位”荣誉称号（见图7、图8）。

图7　邢文革首席科学家2014年获全国五一劳动奖章

图8　十四所企业文化概览

## 五、面向未来，打造世界一流创新型子集团

2019年5月，中国电子科技集团有限公司宣布以中国电子科技集团公司第十四研究所、第二十三研究所为基础，以十四所下属全资子公司中电国睿为平台，组建国睿子集团。立足新起点，开启新征程。国睿子集团面向2035年成为世界一流的创新型领军科技子集团目标，聚焦“网络信息体系建设”主责，围绕“国防、科技、电子信息”核心，坚持创新驱动，打造全球品牌影响力、文化影响力，树立起一流国际形象，做网络信息体系建设“主力军”、探测感知领域“国家队”、国家电子信息建设核心力量，更好服务于国防建设、国民经济。

# 坚持自主创新、深化结构调整，奋力谱写高质量发展新篇章

——记中国船舶重工集团公司第七一九研究所

中国船舶重工集团公司第七一九研究所（以下简称七一九所）是我国唯一的海洋核动力装备总体设计研究所，1965 年成立于辽宁省葫芦岛市，1976 年搬迁至武汉市武昌区中山路，2014 年搬迁至武汉市江夏区藏龙岛开发区，经过多年发展奋进，逐步形成了多地协调发展的整体战略布局。

全所现有职工 3000 余人，其中：中国工程院院士 2 人，工程总师 1 人，型号总师 9 人，重工集团首席专家 1 人、高级技术专家 3 人，中国船舶设计大师 4 人，享受国务院政府特殊津贴专家 25 人。设有船舶工程、船舶系统、核动力装置、核辐射防护与监测、电气工程、援潜救生等 46 个专业；建有 EHL 系统综合试验室、武器系统对准与标校试验室、减振降噪试验室等 20 余个现代化试验室；拥有 1 个国家级“核动力舰船蒸汽动力系统技术国防科技重点实验室”、1 个国家级“国家能源海洋核动力平台技术研发中心”、1 个国地联合“海洋环境监测与应急处置装备国家地方联合工程研究中心”和 5 个省部级、2 个市级研究中心；设有 1 个博士后工作站，2 个博士点、2 个硕士点。

具有国家船舶设计甲级资质，国家核安全局颁发的民用核安全机械和电气设备设计、制造许可证，环境污染治理设施运营甲级资质，机电工程安装专业承包一级和环保工程专业承包一级资质，动漫制作经营许可证和计算机信息系统集成三级资质，培育了核辐射监测系统、CAP1000 爆破阀、测井仪器等一大批特色鲜明、竞争力强的优势产品。

获得国家科学技术进步奖特等奖 3 项、一等奖 1 项，国家高新工程重大贡献奖 2 项，中国工业大奖 1 项，省部级以上奖项 300 余项。先后获全国先进基层党组织、全国文明单位和全国五一劳动奖状等荣誉。

七一九所在承担国家战略装备总体研究设计工作的同时，积极贯彻落实中央和上级机关的决策部署，坚持“军品立所，民品兴业”的方针，强化创新驱动，深化结构调整，面向国民经济主战场，打造了核电工程及设备、节能环保工程及设备、船舶与海洋工程、石油装备、信息系统集成、电力电子六大产业板块，并持续通过技术转化孵化新兴产业。

## 一、核电工程及设备产业

利用核动力装置及相关装备研制技术和经验，进行民用核电产业开发与服务。拥有民用核安全机械设备设计许可证、电气设备设计许可证和制造许可证。七一九所为中核、中广核、国家电投三大业主公司的合格供应商，多次被评为“优秀供应商”。主要业务包括核电工程设计、工程成套与系统集成、核级高端装备、核电技术服务等。

### （一）核电工程设计

具有核电站几乎所有机械设备的设计能力、核岛厂房和辅助厂房布置设计能力，主要产品分为工艺系统设计和核安全设备设计两大类，包括

系统原理设计、布置设计、施工设计、力学分析、非标压力管道设计、压力容器设计、机械设备设计等。为国内多个核电站提供了300多套核级设备（系统）设计与技术支持服务，涉及红沿河、宁德、阳江、防城港等多个核电站。

### （二）工程成套与系统集成

具备二代半、三代核电站中10多个子系统成套设备供货和工程总承包能力。包括厂房辐射监测系统、核电站堆外核测量系统、核去污系统、核取样系统、三废处理系统、取样与加药系统、除盐系统、除氧系统等，以及中子屏蔽装置、核岛容器类设备、放射性废物测量设备、核应急装备等。

通过30多年的发展，为我国核电“国产化”贡献了重要力量。承担了防城港3号、4号机组厂房辐射监测系统供货，首次实现我国自主三代核电“华龙一号”厂房辐射监测系统全面国产化设备供货；承担国内首台“华龙一号”应急柴油发电机组1E级电气控制柜国产化供货；自主研发的MS20一回路取样模块、MS08除盐水除氧模块和凝结水除氧模块等AP1000模块化设备，为全球首台（套）同类设备，供货三门、海阳等核电站。

### （三）核级高端装备

从发展核电业务至今，坚持以技术创新为核心竞争力，定位产业链高端模块，具有40年研究非标特种阀门的研制业绩。主要从事系列化核级阀门、各种型号的管道支吊架（系统管路和设备的阻尼器）产品。其中，阀门可供货十余个类型，包括核级爆破阀、闸阀、截止阀、止回阀，常规岛球阀、蝶阀等，性能达到国内领先水平，并可根据客户需求进行个性化设计制造。开展AP1000六大关键设备之一的AP1000爆破阀研制，并在国内率先完成了全部鉴定试验。

### （四）核电技术服务

七一九所是中广核核电运营公司的长期技术支持单位之一，是中广核公司唯一的厂房辐射监测系统运行维护和技术支持提供商。在深圳、阳江、台山、防城港等地设立有办事处，主要为民用核电站提供全方位的运维保障服务，包括各类设施设备维修改造、物项替换技术支持和相关专业的技术服务等，目前已完成各类（培训中心、AC厂房、空调系统）维修改造和技术服务几百项，多次收到业主的感谢信和表扬信。

## 二、节能环保工程及设备产业

利用较强的系统集成及工程总承能力，以及废物处理和空气净化技术，积极开发民用节能环保业务。拥有机电工程安装一级资质、环保工程总承包一级资质等。主要从事节能空调工程、污水处理、有机废弃物资源化处置等环保工程承包和建设。

### （一）节能空调工程

具备成熟的各类型办公大楼、图书馆等大型建筑物中央空调系统的集成和总承包能力和业绩。在优化传统中央空调系统功能的基础上，紧跟市场需求，不断创新，逐步向集成冷冻站、地源热泵、水源热泵、VRV变频多联等节能型空调系统发展。在武汉地铁2号线首次全线运用集成冷冻技术，开创了全国地铁大规模应用集成冷冻站的先河，该项目获得了“全国市政金杯示范工程”“湖北省市政示范工程（金奖）”荣誉称号，目前该技术已经在武汉地铁4号线、2号线南延长线、11号线等更多线路进行推广应用。

### （二）污水处理

突破传统方法，持续创新和改进中水、污水处理工艺和技术，充分利用固液分离新技术，根据不同的进出水质模拟工艺路线优化组合，并采用新型生物载体填料，最大限度减少生化处理过程中的剩余污泥量。水处理业务先后进入了河北、湖南、辽宁、新疆等区域，承建多个大型项目，例如，中医药产业园3000吨/天高浓度医药废水处理工程、衡东大浦1万吨/天污水处理厂工程、新疆阿克苏纺织工业城5万吨/天污水处理厂工程、昌吉市努尔加30万吨/天水库城镇供水工程等项目。

### （三）有机废弃物资源化处置

积极引进德国先进技术，打造有机废弃物“一站式”资源化综合利用模式，建设样板工程，填补国内技术空白。主要从事市政污泥、禽畜粪便、餐厨垃圾、农作物秸秆等有机废弃物的综合处理，制备生物质天然气，发展循环经济。承担的克拉玛依餐厨废弃物处理厂日处理垃圾50吨，是国家餐厨垃圾无害化示范城市项目和十大民生重点工程；承担的鹰潭市有机废弃物处置项目日处理禽畜养殖污染物、农业秸秆300吨，是国内首个规模化大型沼气工程项目，也是江西省唯一入选国家发改委规模化生物天然气工程试点项目。

## 三、船舶与海洋工程产业

利用船舶总体设计及海工特种装备研制经验和能力，进行海工装备的研制，拥有船舶设计甲级资质及多国各型产品型式认可资质。主要业务包括船舶设计、船舶系统集成、船舶配套设备。

### （一）船舶设计

七一九所作为船舶总体设计研究所，成立至今深耕船舶领域50多年，拥有丰富的船舶设计经验和业绩。设计的船舶和海工平台有高压取水船、长江监测交通船、旅游潜艇、化学品船、长江三峡导流明渠递缆船等，以及清江水布垭深水多功能试验平台、白鹤梁水下观光工程（世界第一古代水文站）等。

### （二）船舶系统集成

主要从事饱和潜水系统、船舶推进系统、船舶控制系统、海洋平台减振降噪控制系统、船舶入坞自动牵引系统等多个系统的设计和集成。其中，自主研制的300米、500米船用饱和潜水系统突破了国外的垄断，为国内首创，且同类产品达到了国际先进水平，在海洋救助与打捞领域中有广阔的市场应用空间；研制的船舶侧推系统曾填补了国内在高端船舶侧推遥控系统产品的空白，目前开发的综合电力推进控制系统，已成功在新能源船舶领域运用和推广，走在行业前列。

### （三）船舶配套设备

主要从事系列船舶侧推电机起动柜、侧推遥操设备、SC系列控制手柄等船舶配套设备。产品通过了LR、GL、ABS、BV、CCS等船级社的认证，技术达到国际水平，被广泛用于各类船舶的主推、侧推、舵机、甲板机械、港口机械的控制系统上。

## 四、石油装备产业

充分利用核测量技术优势，自主开发石油测井装备、石油测井试验装备，多项技术填补了国内空白，在业内有相当的知名度。拥有超高压压力容器设计资质、低中压压力容器制造资质。

### （一）石油测井仪器

主要从事补偿中子测井仪、过套管电阻率测井仪、水平井测井牵引器等研制供货，广泛应用于国内各大油田。其中，补偿中子测井仪产品已成系列化，荣获部级科技进步特等奖；水平井测井牵引器解决了我国油气田平井动态监测中的重要技术难题，为国内首创；过套管电阻率测井仪为国内首家研制生产，可替代进口设备。新开发的潜油电动深油泵、智能油管电子标识系统顺利完成实井应用考核，正在全国推广销售。

### （二）石油测井试验装置

主要从事高温超高压试验装置、射孔效能监测装置、井下工具性能监测装置、多相流动模拟装置等的研制，均为大型石油测井的重要试验装置，在国内处于行业龙头地位，在新疆油田、胜利油田、辽河油田、中海油田服务股份有限公司、中国石油集团测井公司等广泛使用，具有较高的行业知名度。

## 五、信息系统集成

拥有信息系统集成资质，获得双软企业认定，是中央政府采购协议供货商、湖北省政府协议采购供货商。主要业务包括信息系统集成和原创视觉设计。

### （一）信息系统集成

具有软件开发、信息系统集成、网络数据工程等能力。销售十多个国内外一线品牌 IT 产品，产品线和渠道丰富，稳定占据一定市场份额。智慧医疗、智慧校园、智慧政务、智慧党建系统广泛应用于省内企事业单位，并为区域的教育、医疗和城市发展做出了一定贡献。例如，持续在湖北省麻城、崇阳、竹溪、老河口、丹江口、郧阳、大悟、汉川等地实施教育技术装备站建设项目，改善教育基础设施。研发的远程医疗解决方案覆盖省内各级地（市、县）30 多家二、三甲医院，提高了偏远落后区域的医疗诊断水平，取得了极好的社会效应。

### （二）原创视觉设计

拥有 10 多年的项目执行经验，是国家广播电视节目制作经营机构、武汉市动漫服务行业领军企业，先后获得国家级奖 2 项，省市级奖 5 项。主要从事动画制作、影视宣传片、UI 设计、VR 虚拟仿真等，服务客户涵盖政府部门、大型企事业单位等。制作发行的 3 部动画片先后在中央电视台及印度、马来西亚等地发行播出；聚焦社会公益和社会治理，近三年来协助政府部门制作了近 30 部漫画、宣传片和短动画等作品，在法治教育、未成年人教育、防止大学生犯罪、地方文化保护等方面取得良好的社会效应；VR 虚拟技术逐渐成熟，应用于国际国内各大展会，通过虚拟演示为顾客提供新颖、直观的现场体验，为大型装备的展览展示开辟了新的手段。

## 六、电力电子产业

通过技术成果转化，进行民用电力电子市场的开发和应用，主要从事电源、变频、配电自动化、电能质量、工业控制、监控测量等业务。产品主要运用范围为军用配套，市场份额稳步扩大。除军品配套业务外，电力电子综合技术优势也在机场助航灯电源、直升机配电电源、测井仪特种变频电源、智能电网及农配网等多个领域推广，承担了湖南永州农村智能电网改造示范工程项目。

新时期呼唤新作为，新任务开启新征程。面对国际国内纷繁复杂的竞争形势，七一九所作为党和国家寄予厚望、重点培养的高科技密集型单位，以习近平新时代中国特色社会主义思想为指导，全面贯彻落实党的十九大和十九届二中、三中全会精神，不忘初心、牢记使命，按照高质量发展的新目标、新思路、新举措，时刻紧盯世界技术发展前沿，加大自主创新力度，大力推进原始创新、集成创新、协同创新，加大核心关键技术攻关，增强技术储备，为加快实现国家强盛、民族复兴的伟大目标而不懈努力奋斗！

# 安徽江南化工：坚持民爆及新能源业务“双核驱动”

## 一、概况

安徽江南化工股份有限公司（股票简称：江南化工，股票代码：002226）是盾安集团旗下的成员企业，是民爆及新能源业务“双核驱动”的多元化上市公司。

在民爆领域：公司集研发、生产、销售和爆破服务一体化，主要为矿山开采、基础建设、城市拆除爆破等提供民用爆破器材和工程爆破服务。业务覆盖安徽、新疆、四川、河南、湖北、福建、江苏等10个省及自治区，拥有120余家全资及控股子公司，员工3000余人，整体规模位居国内民爆上市公司前列。

公司工业炸药生产许可能力27.05万吨，是国内炸药品种最齐全的民爆企业集团之一；爆破业务已完成国内重点资源区域的战略布局，下辖专业爆破公司30余家，可为客户提供爆破工程设计、评估、监理、检测以及钻、爆、挖、运一体化服务。

在新能源领域：盾安新能源专业从事风电场、光伏电站的开发、建设、运营，拥有十几年清洁能源开发经验。公司以杭州为核心，向全国辐射，目前在内蒙古、新疆、宁夏、贵州、甘肃、山西、云南等资源优势区拥有近7000万千瓦的优质风、光资源储备。同时，已在东南亚、欧洲多个国家开展了风电及光伏项目相关业务。截至2018年年底，盾安新能源累计装机及在建项目约130万千瓦。

盾安新能源已累计与全国二十余省、自治区、市政府签署了风、光投资开发协议，充分取得了当地政府的认可与支持。同时，持续稳定的投入产出，让盾安新能源获得了良好的金融信誉保障。

展望未来，江南化工将坚持“双主业”的经营理念，持续深耕民爆业务，扎实推进新能源业务。坚持“外延扩张、内涵做实”不动摇，以价值链整合为核心，通过政策驱动、市场拉动、服务带动、技术推动、人才流动和机制触动，致力于提供安全、高效的现代工程服务和民爆新型材料，提供度电成本领先的绿色清洁能源，力争打造国际一流的民爆及新能源业务“双核驱动”的多元化上市公司。

## 二、双主业运营

2017年12月27日，证监会并购重组组委会议正式审议通过江南化工重大资产重组项目，江南化工与盾安新能源两大产业实现融合。重组后，江南化工持有盾安新能源100%股权，进入新能源领域，成为民爆和新能源业务“双核驱动”的多元化上市公司。

## 三、股市情况

2008年，安徽江南化工有限公司股票“江南化工”在深圳交易所中小板挂牌上市，公开发行股份1350万股（股票代码002226），募集资金1.7亿元。首发上市后，公司总股本增至5383.06万股。2011年，江南化工与盾安控股集团下属民爆产业进行重大资产重组后，公司总股本增至2.64亿股，资产规模快速壮大，生产能力和盈利能力迅速提升。2015年至2016年10月，公司完成非公开发行股份1.2亿股，募集资金总额9.768亿元，加码公司主业，促进公司转型升级和持续发展。2016 年 11 月至 2018 年 2 月，公司完成发行股份收购新能源资产，进入新能源领域。

截至 2018 年年底，公司总股本 12.49 亿元，较 2007 年增幅 2996.86%；总资产 124.08 亿元，较 2007 年增幅 7788.95 %；净资产 62.34 亿元，较 2007 年增幅 5994.87%。公司自上市以来累计利用资本公积金转增股本 6.16 亿股，累计向股东现金分红 8.32 亿元。

## 四、安全文化

公司确定“安全为天，生命至上”的安全文化理念，坚持“安全和谐发展不动摇”，持续推进安全文化建设，推广学习和使用国内外先进安全管理方法和管理工具，提高全员安全意识，实施安全规范化、标准化管理，减少或避免人的不安全行为带来的安全隐患。江南化工被评为 2015 年度全国安全文化示范企业。公司下属安徽向科化工有限公司被评为 2016 年度安徽省安全文化示范企业，安徽恒源技研化工有限公司、马鞍山江南化工有限责任公司被评为 2017 年度安徽省安全文化示范企业。

## 五、科技创新

国际领先水平：江南化工“无固定操作人员智能化粉状乳化炸药生产线”（自主研发）。

国际先进水平：江南化工“JWL－DXRH－II 型地下现场混装乳化炸药车”（联合研发）；马鞍山江南化工“乳化粒状铵油炸药生产技术及装备”项目；南理工科化研制的“硝酸肼镍起爆药生产线连续化、自动化生产技术及装备”项目；江南化工“低能量密度炸药生产工艺及装备”项目。

国内领先水平：新疆天河“高爆速震源药柱自动装药系统”；南理工科化“数码电子雷管项目”；新疆天河“TH－DTZY 单头转盘式全自动震源药柱装药机”项目。

荣誉：2019 年 6 月，新疆天河化工有限公司入围工信部公布的第一批“专精特新”“小巨人”企业名单，同时成为民爆行业唯一一家入围企业，全国共有 248 家企业入围。

## 六、投资领域

2015 年 7 月，公司投入资金 5000 万元入股北京光年无限科技有限公司，投资云端机器人大脑项目，探索人工智能在民爆行业应用融合，在人工智能语音交互技术领域迈出关键性一步，并寻求介入新领域其他优质项目助推公司战略转型升级。2016 年 4 月，公司投入 1800 万元投资天津锋时互动科技有限公司，再次对人工智能领域视觉交互技术应用项目投资，实现公司在视觉和语音两类基础型人工智能技术应用领域投资布局。

2016 年 4 月，公司与浙江如山汇金资本管理有限公司签署战略投资合作协议，挖掘股权投资和并购机会，公司认缴出资 9000 万元，占资 30%，与如山资本共同发起设立的新兴产业基金浙江舟山如山汇盈创业投资合伙企业，该产业基金专注于“三大一新”（即大安全、大智能、大健康；新汽车）领域，实现资本增值收益、公司业务转型升级和可持续发展。

2018 年 5 月至 8 月，公司以 1.36 亿元先后竞拍取得乌鲁木齐市米东区甘泉堡建筑用砂 1 号、2 号砂场矿权，矿区总面积 4.68 平方千米。江南化工甘泉堡骨料矿山项目按照“打造新疆区域标杆绿色骨料矿山”的目标，规范采砂行为，杜绝私采乱挖、乱采滥挖、零星散乱采砂等导致的水土流失、草地破坏及肥料乱弃等危害生态环境现象，争取打造新疆第一家规模化、智能化绿色骨料矿山。

# 工业微电影：企业人的艺术摇篮品牌影响力传播主阵地

中国工业报：于成水　杨卓
通讯员：逄云杰

说到微电影，大家都不会陌生，孩提时代我们就跟着大人一起看电影，电影已经根植于人们的生活和工作中的每一个细节，随着信息化时代电子化产品的普及和手机的广泛应用，微视频、抖音、微电影等系列展现形式应运而生，也已经深入人们的生活和工作细节。工业微电影是一个新概念，在大多数人的视野里还很陌生，但在党中央一再发出大力发展融媒体中心建设的倡议之际，中国工业报社第一时间响应党的号召，提出建设中国工业微电影阵地。2018 年 8 月首次提出开展中国工业品牌微电影大赛，这个方案一经提出就得到了主管部门、行业协会及全国工业企业的支持和参与，通过该活动，更多工业企业意识到，微电影、微视频不仅仅可以放在会议室供来人参观时播放，还可以登上大雅之堂为企业文化、企业品牌带来巨大的传播及推广效应。为了把这项事业有序、持续、稳健、快速地发展下去，在中国工业报社倡议指导下，山东大安发展集团有限公司成立了中京微联影视文化产业有限公司。

中京微联影视文化产业有限公司，坐落在山东省泰安市泰山脚下，是由山东大安发展集团有限公司独家出资，中国工业报社具体指导与服务的大型民营文化产业企业，是集工业微电影、微视频、企业宣传片、产品宣传视频、地方工业品展览、工业文化作品摄制、工业旅游视频拍摄、工业艺苑建设与培植等于一体的文旅产业企业，是国内首家专业从事工业微电影、微视频及相关文化产业、文化创新活动的企业。公司主导业务是深耕工业企业文化，塑造工业企业品牌，书写制造业故事，集聚中国工业精神，了解工业企业审美、思维和需求，致力于工业企业的广告片、宣传片、微电影、微视频、三维动画等视频内容的创意、拍摄和制作，实现工业视频产品的专业化运作、规模化经营、商业化推广，以一站式视频内容解决方案服务于全世界客户。

## 一、首届中国工业品牌微电影大赛异彩纷呈

在首届中国工业品牌微电影大赛颁奖盛典上，中国工业报社社长、党委书记徐金宝动情地说“我和在座的很多人一样，了解工业最早是从看照片、读小说、看电影开始的。随着信息技术的进步、互联网的发展，接触工业、创造文化、传播精神的平台在变，形式也在变。据统计，截止到 2018 年年末，我国智能手机的保有量已经超过 10 亿部。伴随着 5G 时代的到来，视频的传播将更加快捷，微电影、微视频技术将更加方便易学，具有直观、形象，随时随地可以分享的特点，已经越来越受到企业的欢迎和社会的关注，许多知名的自媒体、视频直播平台应运而生。”

正是在这个大背景下，中国工业报社举办的首届中国工业品牌微电影大赛，得到了全国各地的行业及广大企业的热烈响应。大赛自 2018 年启动以来，共收到微电影、微视频作品 268 件。作品来自智能制造、电力、交通运输、铁路建设、轻工、纺织、电子食品、生物医药、煤炭、钢铁、机械、航天等行业，绝大多数作品都是企

业职工拍摄的反映本企业生产制造、科研创造、职工生活、文化创建、市场营销、人力资源、培训与管理等方面的真实场景。经过初步筛选，大赛组委会选定了来自 162 家企业的 172 件作品，在中国工业新闻网、腾讯视频进行了展播。6 个月以来，参赛作品的播放量超过百万次，一千多万人次关注，极大地推动了中国工业品牌的影响力。

首届中国工业品牌微电影大赛的评选情况，基本反映了当前中国工业微电影、微视频的现状。部分企业重视程度高，对微电影的理解准确，其作品题材多元化、主题鲜明，具有较强的观赏性。但也有一部分作品限于拍摄技巧、制作水平等方面因素，还有很大的提升空间。中国工业报社主办首次大赛的初衷，就是要提高工业微电影、微视频的制作水平，促进企业利用微电影、微视频推广企业品牌，宣传企业文化，提升企业品牌影响力。中国工业报社将联合中京微联影视文化产业有限公司，努力创办中国工业界的微电影权威大赛，打造中国工业微电影的“奥斯卡”。

## 二、泰山——中国第一个工业微电影小镇

2019 年 3 月 31 日，由中国工业报社主办的首届中国工业品牌微电影大赛颁奖盛典上，中国工业经济联合会执行副会长路耀华授予山东大安发展集团有限公司“中国工业微电影小镇”称号并同时授牌，这就预示着中国第一个工业微电影小镇在山东泰安落户了。

中国工业微电影小镇的设立与建设，必将加大中国工业微电影的创作力度，成为中国工业微电影创作的风向标，推动工业微电影产业稳健持续发展。中国工业微电影小镇是响应党的十九大号召，贯彻落实工业和信息化部、财政部关于推进工业文化发展的指导意见的具体举措。

中国工业微电影小镇是中国工业报社具体策划的新时代工业文化融媒体的新型展现形式，以让企业视频化、让视频产品化、让产品价值化为主要运营宗旨，把中国工业界的品牌企业宣传广告、产品推广、资源配置、战略策划、运营机制、生产流程、技术创新、制造过程、品牌塑造、形象宣传、企业文化等浓缩成一部艺术升华的微电影，通过展播平台展现企业的风采，对广大制造业品牌的影响力和竞争力提升发挥着重要作用。中国工业报社将通过工业微电影小镇的建设，着力打造中国工业微电影的“奥斯卡”，传播工业精神，精铸中华文化灵魂。

中国工业微电影小镇的建设以“多、快、好、省”的新业态形式呈现，据国家统计局数据，中国生产制造业规模以上企业 372355 家（截至 2018 年 4 月）。随着微电影技术的普及，规模以上工业企业几乎都拥有自己的企业视频，带给人以启迪，留下了记忆深刻的优秀作品。随着微电影广泛和深入的发展，各企业微电影、微视频的创作水平和需求会不断增加，必将给工业微电影产业的发展带来巨大的市场空间，也会产生巨大的社会效益和经济效益。

## 三、工业微电影是企业人的艺术摇篮

华夏微影（泰安）微电影小镇暨泰山微电影小镇项目位于泰安市泰山景区大津口乡，是由泰山景区管理委员会、山东大安发展集团有限公司和华夏微影文化传媒中心联合打造的新媒体、新科技视频生态小镇，是山东省新闻出版广播影视产业重点基地（园区）。小镇以微电影、微视频生态为核心载体，深耕泰山文化、传播时代价值；以微电影、微视频的创意、制作、拍摄、出版、运营为核心内容，融节庆会展、大型活动、旅游休闲、娱乐运动、文化鉴赏等为一体的文创旅游集散基地。

项目计划用地 2000 亩（约合 1333333 平方米），其中文旅商业用地约 116.2 亩（约合 77467 平方米），回迁居住用地 58.1 亩（约合 38733 平方米）。小镇的主要功能性设施包括微电影拍摄制作中心、泰山微影商城、视频集发平台、泰山“挑山工”体验基地、中小学影视教育基地、时尚酒店、会议中心、演艺中心、版权交易中心、微剧场、导演工作室等。

目前，小镇启动了《泰山故事》系列微电

影、《岱庙那些事》系列微电影、《泰山石刻》系列微电影、非物质文化遗产传承进校园、“中国梦·泰山行”——首届中华泰山国际微电影（微视频）大赛等项目。

华夏微影（泰安）微电影小镇暨泰山微电影小镇建成后将运营成为国家级文旅特色小镇，依托现代化的服务设施和传播能力，弘扬泰山文化、传播泰山故事、宣传泰安人物，同时加快当地村民的脱贫致富步伐，为美丽乡村建设做出积极贡献。

泰山微电影小镇全力打造“微电影版权平台＋全民微电影体验＋微电影商业街＋智能化特色民宿＋微电影衍生品”的一体化集散地，形成区域文化的市场龙头品牌和新坐标。中国工业微电影小镇就是依托泰山微电影小镇的优势，融入工业元素，植入工业文化和工业精神，弘扬中国工业精神，精铸中华文化灵魂。

创建中国工业微电影小镇，将立足于工业和信息化领域，集聚工业和信息化企业，结合泰山微电影小镇的优势，创建中国工业微电影、微视频第一品牌。打造全国最全面、影响力最广的独树一帜的工业微电影、微视频展播平台，利用每年一届的中国工业品牌微电影大赛，强势宣传“中国工业微电影小镇”概念，充分发挥泰山作为世界名山的独特魅力，打造中国工业微电影之巅峰，彰显泰山是中国工业微电影的倡导者、泰山是中国工业微电影的领军者、泰山是中国工业微电影的发源地，问鼎泰山，合力打造中国最具专业力、最具创新力、最具影响力、最具示范力的中国工业微电影文化产业链。

通过每年开展中国工业品牌微电影大赛和其他文化活动，中国工业品牌微电影大赛颁奖典礼永久落户泰安（泰山），点燃中国工业微电影、微视频圣火，向全中国及世界各国展示证明：泰山是中国工业微电影的摇篮，是中国工业微电影的最强音，是中国工业微电影的荣耀殿堂。

泰山微电影小镇和中国工业微电影小镇的成立，在泰山景区的遗产资源保护、泰山文化和工业文化的弘扬、旅游产业的提升、美丽乡村的建设等方面，是一项具有重要意义的大事，这些都将为泰山的旅游发展，以及泰山“慢谷”的建设和发展起到积极的推动作用。泰山微电影小镇作为电影创作和展示的平台，同时也为大众创业、文化创新、工业展示、品牌塑造、人物形象刻画、企业人实现艺术梦想等搭建了一个大舞台，这不仅为泰山人民，也为全国工业界崇尚文化思想与灵魂的人们提供了更为广阔的发展空间。

# 心无旁骛做主业，踏出高质量发展“上上”之路

从一个无名小厂，到线缆行业“中国第一、世界第七”、产品销往全球80多个国家和地区的大型企业，江苏上上电缆集团（以下简称上上电缆）的发展历程深刻体现了“江苏制造”“中国制造”匠心而为、创新制胜、驰骋世界的追求与理想。

图1　中国工业大奖

上上电缆连续两届荣获“中国质量奖提名奖”，一举摘得中国工业界“奥斯卡”——“中国工业大奖”。特种电缆生产基地为全球最大，1kV—35kV电力电缆生产规模、生产效率、市场占有率国内第一。上上电缆的市场实绩，彰显出“江苏品牌”“中国品牌”的实力、魅力与卓越影响力。

五十三载潜心笃志，只做“一件事”，秉承“一个宗旨”，实施“一个战略”。上上电缆生动诠释了什么“实实在在、心无旁骛做实业”成为时代变迁中恪守本分、务实发展的实践者与示范者。

“不求规模最大，但求综合素质最佳。”这是上上电缆董事长丁山华始终坚守的经营理念，也是上上电缆实现高质量、可持续发展的根本遵循。在丁山华的带领下，上上电缆茁壮成长，从优秀走向卓越，成为行业典范。诸如“管理学上上”“上上电缆、上上品质”“有困难，找上上”等口碑在业内广为流传，上上电缆以“坚守主业、专注品质、开拓创新、实干担当”的执着精神打造了中国电缆品牌全新形象。

上上电缆以“精、专、特、外”战略凝聚强大推力，2019年销售突破220亿元，正向着“行业状元、百年老店、全球电缆制造业的引领者”这一目标与愿景阔步前行。

## 一心一意做电缆，以专业化、规模化夯实竞争优势

“学问尚精专，研摩贵纯一。”电缆行为是机械行业中仅次于汽车行业的第二大行业，是国民经济的“血管”和“神经”。在这一领域深耕，上上电缆有着独到而智慧的坚守与方略。其中，专注与专业，便是其经营发展理念的精髓。

“上上除了电缆还是电缆，一心一意把电缆做好。”丁山华把这一信条镌刻进上上电缆发展的每一步。发展不盲目，不图“赚快钱”；经营有坚守，不惧形势难。丁山华一直认为，“自己的主业还没做好，再做其他不熟悉的行业能有什么优势？这山看了那山高，到了那山还是没柴烧”。他坚信，只有把产品做精、做专、做到极

图 2　集团董事长丁山华

致，才能赢得市场，才能行稳致远。

在长期的专注与积累之中，上上电缆不仅形成了自己的文化特色、管理模式，还培养了一大批电缆工匠和管理和技术专家。可以说，专注造就了上上电缆的工匠精神、上上品质和上上品牌。

专注之外，还有专业。走专业化道路，并依靠持续不断的投入更新设备、改造技术，成为上上电缆夯实核心竞争力的“密钥”。

图 3　上上生产车间

电缆行业规格品种多，品种不全便很难适应市场需求；有了订单没批量也难有效益，所以专业化、规模化生产，便显得十分重要。为此，丁山华依靠持续不断的投入，建厂房、买设备，丰富产品种类，让上上电缆的产品档次和生产规模不断攀上新台阶。目前，上上电缆已形成南、北、西三厂区专业化生产格局，占地面积近 1000 亩，产品从 220V 到 500kV 全系列电力电缆及各种特种电缆，上上都具备供货能力，为要求及满足客户提供优质、高效的服务奠定了坚实基础。

投入不能乱花钱，不能盲目冒险，有方向才能有效果。丁山华认为，投入并非简单的扩能，而是为了提升高档产品的专业化、规模化生产能力，更好地满足高端用户的各类需求，从而赢得市场。“我一直想把上上打造成‘中药铺’，用户要什么一次就能配齐，不用跑第二家。”丁山华表示，上上电缆从来没有刻意去追求规模，而是纯粹瞄准市场需求去投入，发展到今天，完全是市场拉动的结果。

在上上电缆发展的五十多年里，不可避免会遇到风险，但胜利往往属于坚定者。在丁山华记忆中，上上电缆最惊心动魄的一次考验，是针对西厂区的改造。“那是上上电缆建厂以来最大规模的一次改造。当时计划投入 23 亿元，分三期建设。2008 年年底一期橡缆项目还没结束，金融危机来了，二期超高压顶着风暴继续上。”他说，当时很多人不看好，而事实证明，“惊险后就会收获惊喜”。据介绍，当时上上电缆中、低压电缆已经形成规模，要做全系列电力电缆，超高压电缆就是重中之重。那一次改造让上上电缆的产品档次、生产规模上了新台阶。

专业化、规模化生产带来了规模效应，也成为上上电缆强有力的竞争优势之一。据了解，上上电缆的第四个厂区（200 亩）已破土动工，将建成年产百万千米的特种电缆生产基地，投产后将新增产能 100 亿元，上上电缆的专业化、规模化生产优势将进一步扩大。

### 价值观成就生命力，“人诚品优”塑造“上上风范”

价值观是企业永葆常青之势的根基，卓越价值观塑造卓越企业。上上电缆的核心价值观是“人诚品优”。人诚，便是诚信立业；品优，便是质量优先。“诚信是立业之本，任何时候都不能丢。”在丁山华看来，好人品才能做出好产品。他经常说，不讲诚信，都做一次性买卖，企业没有回头客早晚垮掉。

**图 4　建成后的超高压生产试验基地**

诚信不是仅在纸上或说说而已。2006 年，上上电缆中标新加坡电力公司 3000 万美元大单。然而中标后没多久，铜价暴涨，粗略估算，光铜的费用就要亏损 7000 万元。怎么办？执行就要亏本，不执行不仅得罪客户，还要丢掉信誉，丢的不光是上上电缆的信誉，更是中国企业的信誉。一番思想斗争后，上上电缆决定，“咬口生姜喝口醋”，再难也要把这笔订单完成。上上电缆的诚信感动了客户，新加坡电力公司与上上电缆结成了战略合作伙伴。而这一事件传开后，国外市场的订单纷至沓来。

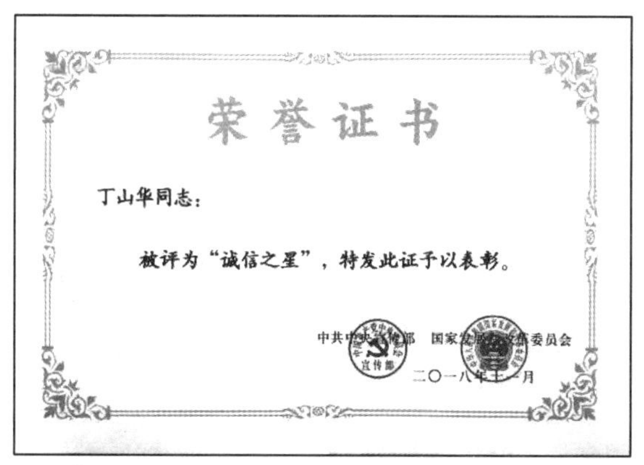

荣誉证书

丁山华同志：

被评为“诚信之星”，特发此证予以表彰。

中共中央宣传部　国家发展改革委员会

二〇一八年十一月

**图 5　集团董事长丁山华被评为“诚信之星”**

除了对客户要讲诚信，对员工更要讲诚信。上上电缆改制以后，丁山华把企业视为全体员工共同的企业，他努力当个好家长，让大家多一份依靠、少一份忧虑。他致力提高员工福利待遇，员工工资一年加两次。他潜心让员工团结一致，2008 年金融危机时，他贴出告示，告诉员工公司一不减员、二不降薪，让员工没有了后顾之忧。这一做法，赢得了广大员工的信任，激发了企业活力，这成为上上电缆快速发展的重要支撑力。因为诚信，上上电缆得到了社会各界的认可，连续十多年被评为“全国守合同重信用企业”，丁山华也被中宣部授予全国“诚信之星”。

聚焦企业诚信，也聚焦产品质量。“质量一定要万无一失，否则就是一失万无。”“质量比天大，质量是尊严。”质量，成为上上电缆“最高的信仰”。丁山华说，电缆看起来黑乎乎的，其貌不扬，但它的作用非常了不起。动力电缆就是血管，控制电缆就是神经，一旦出了问题，整个系统都要受影响。正是对电缆质量重要性有高度认识，丁山华才一直坚持“质量兴企”，将产品质量看作企业的生命、员工的饭碗。

保证产品质量，需要下硬功夫、笨功夫。为此，从 1987 年开始，上上电缆就在行业率先实施“质量一票否决制”，产品发现问题必须返工重来。2004 年，上上电缆又引入卓越绩效管理模式，目的就是通过科学手段确保产品质量。2011 年，上上电缆建成世界上第一个超高压集控系统，超高压质量控制水平走在了世界前列。2016 年，上上电缆研发了电缆行业首个中压电缆远程监控系统，用户在家就可以监测到产品生产的全过程。2018 年，上上电缆又安装了 MES（生产制造执行管理系统），实现生产数据的可追溯，这在行业里又是一个突破。为了保证质量、提高质量，上上电缆不惜成本。

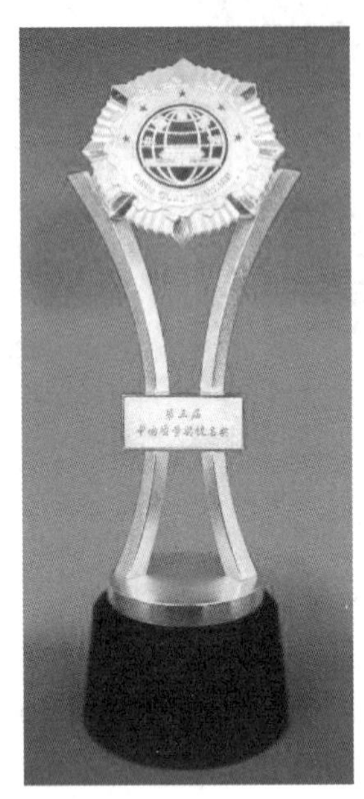

图 6 第三届“中国质量奖提名奖”奖杯

对于产品高质量的坚守，让“上上品质”闻名国内外。上上电缆也得到社会和政府的认可，先后获得“常州市市长质量奖”“江苏省质量奖”和第二届、第三届“中国质量奖提名奖”。

## 孜孜创新攻难事，一个新产品就是一片新市场

“物不因不生，不革不成。”电缆行业是传统产业，亦是创新产业。一直以来，上上电缆对研发创新孜孜以求，坚持攻坚克难，彰显出勃勃生机。

做精常规产品的同时，一直努力开发特种产品、拳头产品，这是上上电缆保持竞争优势的“关键一招”。丁山华表示：“市场有需要的、有难度的、人家不干的，上上来干。”这种勇气让上上电缆始终走在行业创新前沿。

1984 年，上上电缆第一次“吃螃蟹”，自主研发了矿用通讯信号电缆，这一举动让上上电缆尝到技术创新的“甜头”。据丁山华介绍，当时信号电缆市场需求强烈，但开发难度高、风险大，大企业不愿干，小企业不敢干，上上电缆没有选择的余地，于是就干了，最终投入市场一炮走红，效益可观。后来，上上电缆又研发了矿用系列电缆，可谓一个新产品带来一片新市场。到今天，矿用电缆仍然是上上电缆的一个重要板块。

之后，上上电缆一直坚定着创新制胜的信念，由低压电缆市场进军中压、高压电缆市场，又开发了助航灯光电缆、卷筒电缆、核电缆等一大批高端电缆产品。现在上上电缆的产品涉及新能源、输配电、海工及船舶、建筑工程、矿用、工业制造、轨道交通、机场等领域，被广泛应用于天安门广场、北京奥运场馆、北京大兴国际机场、港珠澳大桥、京沪高铁等国家重点工程改造、建设中。

图 7 上上电缆应用于港珠澳大桥和北京大兴国际机场

创新需要突破桎梏、跨越障碍，背后要有“啃硬骨头”的精神。在丁山华的带领下，上上电缆潜心钻研核电缆20余年，先后开发的二代、二代半核电缆填补国内空白，三代核电壳内电缆更是填补了世界空白。

图8　世界首堆AP1000壳内电缆交付仪式

目前，上上电缆已成功介入四代核电建设，国内在建的、运行的核电站都有上上电缆的产品，上上核电缆研发制造水平已步入世界前列。与此同时，上上电缆已开发的新能源汽车用电缆、港口机械用卷筒电缆、柔性防火电缆、风能用耐扭电缆、光伏电缆、轨道交通用机车电缆等一大批新型特种电缆，将引领中国电缆技术进步。

## 有温度更有担当，未来要走高质量发展“上上”之路

有暖人温度，因而内蓄蓬勃活力；有使命担当，所以前行步履铿锵。依靠体制机制调动员工积极性，厚植感恩理念永葆高度责任感。这种人文关怀始终流淌在上上电缆的“血脉”里。

“把人的工作做好了，事情就成功了一半。一定要把人的积极性调动起来。”丁山华认为只有努力为员工打造一个公平公正、能施展才华的平台，让员工有干劲、有奔头，能实现自身价值，才能凝聚起全体员工的智慧与力量，最终实现“企业强、职工富”的目标。要到这一点，丁山华认为要靠机制和制度，要变“要我干”为“我要干”，变“要我创新”为“我要创新”。在这一理念的引领下，上上电缆开辟了一系列务实制度举措，不断提升员工的获得感、归属感与幸福感：所有岗位公开招聘，一线员工工资日清日结；实施职称评定，技术管理人员评技术职称，一线工人评技能职称，评上后就能享受额外津贴；鼓励各种形式的创新，小项目部门奖，大项目公司奖，每年有近500万元用于创新奖励……

对内有温度，对外有责任，这是上上电缆的“本色”。秉承“做强企业、回报社会”的理念，丁山华带领上上电缆积极承担着对社会的责任。参加慈善事业已成为上上电缆工作的一个重要部分。上上电缆向溧阳慈善总会捐赠1000万元，向汶川灾区捐赠物资200余万元……在教育事业上，上上电缆陆续向溧阳永和小学、竹箦小学、南京理工大学等多所学校捐资捐物。2017年在上上电缆成立50周年之际，再次向溧阳市教育局认捐1000万元，并设立“上上励志助学金”，资助家乡贫困学生。

图9　上上电缆集团南厂区概貌

无论是体系规模、创新发展，抑或品牌影响、践行公益，上上电缆都有着不俗表现，向世界展示出一个行业引领者的卓然风采。而未来发展如何布局？上上电缆也早已擘画。

“中国经济已经走向高质量发展的新时代，意味着过去几十年低水平、高速度的发展模式一去不复返，追求‘高质量、高效率、高效益’将是经济发展的主旋律，市场也在逐渐向‘讲诚信、重质量、重品牌’的企业集聚，这既增强了企业发展的信心，也为想做好的企业创造了条件。”丁山华表示，今后上上电缆将继续锚定“精、专、特、外”战略，在做好主业的同时，坚持技术创新、科技进步，发扬工匠精神，做精产品、做响品牌、做强企业，走出一条高质量发展的上上之路。

（金扬）

# 第八篇

# 大 事 记

# 2018 年中国工业经济大事

## 1 月

1 月 4 日，中国铁塔公司在京与重庆长安、比亚迪、银隆新能源、沃特玛、国轩高科、桑顿新能源等 16 家企业，举行了新能源汽车动力蓄电池回收利用战略合作伙伴协议签约仪式，积极加强与汽车制造、电池生产、公交运输、回收利用等行业骨干企业合作。

1 月 5 日，东北振兴金融合作机制成立会议在京召开。国家发展和改革委员会与国家开发银行、国家开发投资集团有限公司分别签署了《共同推进东北老工业基地振兴战略合作协议》和《推进新一轮东北振兴联合行动备忘录》。

1 月 8 日，2017 年度国家科学技术奖揭晓。“特高压 ±800kV（千伏）直流输电工程”获得国家科学技术进步奖特等奖；涪陵大型海相页岩气田高效勘探开发、煤制油品/烯烃大型现代煤化工成套技术开发及应用、蛟龙号载人潜水器研发与应用、中国电子网络安全与信息化科技创新工程等获得国家科学技术进步奖一等奖；在“高档数控机床与基础制造装备”科技重大专项的大力支持下，有四项创新成果喜获国家科学技术奖励，分别是“复杂铸件无模复合成形制造关键技术与装备”项目、“电渣熔铸大型变曲面异形件关键技术”项目、“高性能数控系统关键技术及产业化”项目、“高效切削刀具设计、制备与应用”项目获得国家科学技术进步二等奖。

1 月 11 日，国家标准化管理委员会正式批复筹建全国信息化和工业化融合管理标准化技术委员会，工业和信息化部为业务指导单位，秘书处设在国家工业信息安全发展研究中心。

1 月 15 日，工业和信息化部向中国电信集团公司、中国卫通集团股份有限公司、中信数字媒体网络有限公司、中国科学院国家天文台、长光卫星技术有限公司、中国四维测绘技术有限公司六家单位颁发了首批无线电频率使用许可证。

1 月 23 日，中国（广州）国际创新创业大赛总决赛成功举办。来自以色列的微型人造胰腺项目摘得桂冠，获得 10 万美元奖金；来自美国的原子锻造纳米技术在汽车刹车系统中的应用项目夺得亚军，获得 5 万美元奖金；来自德国的四维光学传感器（4DMMS）项目荣获季军，获得 2 万美元奖金；来自伊朗的带有力反馈的远程手术机器人系统项目获得大赛“最佳网络人气奖”。

## 2 月

2 月 8 日，陕西省汉中市甲醇汽车试点通过专家验收。专家组认为，汉中市投入运营甲醇出租车 20 辆、甲醇加注站 1 座，试点技术数据采集全面、翔实。试点单车最高运营里程超过 28.7 万千米，甲醇燃料平均消耗为百千米 15.34 升，与传统汽油车相比运行经济性明显。

2 月 26 日，国家发展和改革委员会、科学技术部、自然资源部、住房和城乡建设部、商务部、海关总署印发了 2018 年第 4 号公告，发布《中国开发区审核公告目录》（下称《目录》）（2018 年版）。2018 年版《目录》包括 2543 家开发区，其中国家级开发区 552 家，省级开发区 1991 家。与 2006 年版《目录》相比，2018 年版增加了 975 家开发区，其中，2006 年版《目录》内的 1511 家、新增 1032 家。

2 月，财政部颁布《关于建立健全长江经济带生态补偿与保护长效机制的指导意见》。通过统筹一般性转移支付和相关专项转移支付资金，建立激励引导机制，明显加大对长江经济带生态补偿和保护的财政资金投入力度。到2020年，长江流域保护和治理多元化投入机制更加完善，上下联动协同治理的工作格局更加健全，中央对地方、流域上下游间生态补偿效益更加凸显，为长江经济带生态文明建设和区域协调发展提供重要的财力支撑和制度保障。

2月，财政部、工业和信息化部、科学技术部、国家发展和改革委员会联合发布《关于调整完善新能源汽车推广应用财政补贴政策的通知》。《关于调整完善新能源汽车推广应用财政补贴政策的通知》规定，新能源汽车产品纳入《新能源汽车推广应用推荐车型目录》后，销售推广方可申请补贴，2017年目录内符合调整后补贴技术条件的车型，可直接列入新的目录。有关部委将根据新能源汽车技术进步、产业发展、推广应用规模等因素，提前研究发布2019年和2020年关键技术指标门槛。

## 3月

3月7日，工业和信息化部向中国卫通颁发了基础电信业务经营许可证，批准中国卫通在全国范围内经营卫星移动通信业务和卫星固定通信业务。中国航天科技集团有限公司表示，将支持中国卫通集团股份有限公司严格遵守相关法律法规，加快我国卫星通信产业发展。

3月12—16日，亚太电信组织（APT）2019年世界无线电通信大会第三次准备会议（APG19－3）在澳大利亚珀斯举行，来自亚太电信组织各成员国、相关国际组织、区域电信组织等370多位代表出席会议。根据我国提交的文稿建议，此次会议最终通过了以APT名义提交国际电信联盟相关会议的关于铁路车地无线通信系统全球和区域频率协调一致议题满足方法修订方案的会议文件。

3月13—16日召开的联合国世界车辆协调论坛（WP29）第174次会议上，由中国、美国、日本和欧盟共同牵头制定的电动汽车安全全球技术法规（EVS－GTR）经《1998年协定书》缔约方投票表决，获得全票通过。

3月21日，国家和发展改革委员会、中宣部、工业和信息化部、农业部、商务部、工商总局、质检总局共同召开中国品牌日标识发布会，对外发布中国品牌日标识。

3月，农业部办公厅、财政部办公厅印发《2018—2020年农机购置补贴实施指导意见》的通知。通知规定，中央财政资金全国农机购置补贴机具种类范围为15大类42个小类137个品目。中央财政农机购置补贴实行定额补贴，补贴额由各省农机化主管部门负责确定，其中，通用类机具补贴额不超过农业部发布的最高补贴额。补贴额依据同档产品上一年度市场销售均价测算，原则上测算比例不超过30％。

3月，财政部办公厅、工业和信息化部办公厅、中国银行保险监督管理委员会办公厅联合发布《关于深入做好首台（套）重大技术装备保险补偿机制试点工作的通知》。《关于深入做好首台（套）重大技术装备保险补偿机制试点工作的通知》规定，制造《首台（套）重大技术装备推广应用指导目录》内装备，且投保首台（套）重大技术装备综合险或选择国际通行保险条款投保的企业，在装备交付用户、保单正式生效、累计保费满20万元后集中申请补贴，同类装备产品集中申报。

3月，财政部、税务总局、国家发展和改革委员会、工业和信息化部联合发布《关于集成电路生产企业有关企业所得税政策问题的通知》，对符合通知规定的集成电路生产企业或项目给予相应的企业所得税优惠。

## 4月

4月3日，工业和信息化部向中国移动颁发了基础电信业务经营许可证，批准中国移动经营LTE/第四代数字蜂窝移动通信业务（LTE FDD）。

4月3日，全国汽车标准化技术委员会智能网联汽车分技术委员会成立大会在北京召开，来自国内外汽车、电子、信息、通信、交通等多个领域的委员及行业代表100余人出席了会议。

4月9—13日，中国代表团圆满完成亚太电信组织（APT）无线工作组第二十三次会议（AWG-23）参会任务。工业和信息化部无线电管理局组织国家无线电监测中心、中国信息通信研究院、中国移动、中国联通、华为、中兴、大唐等单位的19位专家参会，并向会议提交文稿16篇。

4月19日，国家发展和改革委员会、财政部下发了关于我国降低部分无线电频率占用费收费标准的通知，助推5G和卫星互联网的发展。

4月22日，由国家互联网信息办公室、国家发展和改革委员会、工业和信息化部、福建省人民政府联合主办的首届数字中国建设峰会在福建省福州市举行。

4月26日，中国汽车工业协会、中国汽车动力电池产业创新联盟发布《汽车动力蓄电池和氢燃料电池行业白名单暂行管理办法》，并启动第一批白名单申报工作。旨在推动产业升级，促进行业自律，为政府政策制定、企业配套选择等提供了基础依据。

4月28日，工业和信息化部部长苗圩作序的《中国履行〈禁止化学武器公约〉报告（2016）》正式出版。苗圩在序言中指出，禁止化学武器组织日的设立，彰显了各缔约国全面禁止、彻底销毁化学武器的决心，体现了国际社会为禁止化学武器而努力的共识。中国一贯支持《关于禁止发展、生产、储存和使用化学武器及销毁此种武器的公约》（简称《禁止化学武器公约》）的宗旨和目标，认真履行各项义务，2016年顺利完成了年度宣布、接受视察、日遗化武销毁、监控化学品监管、宣传培训、国际合作等各项履约任务。

4月，国家发展和改革委员会等六部门联合印发《关于做好2018年重点领域化解过剩产能工作的通知》。《关于做好2018年重点领域化解过剩产能工作的通知》明确了2018年再压减钢铁产能3000万吨左右、退出煤炭产能1.5亿吨左右、淘汰关停不达标的30万千瓦以下煤电机组的目标任务。

4月，由我国提出的《智能制造服务平台制造资源/能力接入集成要求》标准提案，经国际电工委员会工业测控与自动化技术委员会（IEC/TC65）投票，最终以92.9%的赞成率高票通过，成为全球首个面向智能制造服务平台的国际标准，国际标准号为IEC PAS 63178。

## 5月

5月1日开始，根据财政部、税务总局发布的《关于调整增值税税率的通知》，增值税税率将下调，制造业等行业增值税税率从17%降至16%，交通运输业、建筑业、基础电信等服务业及农产品等货物的增值税税率从11%降至10%。

5月10日，首届中国自主品牌博览会和中国品牌发展国际论坛在上海举办，博览会展示面积约2.5万平方米，组织了地方政府、中央企业、中介组织等68个参展单位参展，遴选600余家知名品牌企业参加。

5月14日，由工业和信息化部节能与综合利用司提出，中国电子技术标准化研究院联合钢铁、石化、建材、机械、汽车等重点行业协会，研究机构和重点企业等共同编制的《GB/T 36132—2018绿色工厂评价通则》国家标准正式发布。这是我国首次制定发布的绿色工厂相关标准，自2018年12月1日正式实施。

5月22日，国务院关税税则委员会发布《关于降低汽车整车及零部件进口关税的公告》。自2018年7月1日起，降低汽车整车及零部件进口关税。将汽车整车税率为25%的135个税号和税率为20%的4个税号的税率降至15%，将汽车零部件税率分别为8%、10%、15%、20%、25%的共79个税号的税率降至6%。

5月31日，国家发展和改革委员会、财政部、国家能源局发布《关于2018年光伏发电有关事项的通知》。主要内容包括：合理把握发展节奏，优化光伏发电新增建设规模；加快光伏发电补贴退坡，降低补贴强度；发挥市场配置资源决定性作用，进一步加大市场化配置项目力度。

5 月 31 日，国家发展和改革委员会、生态环境部等 14 个部门联合印发了《关于 2018 年全国节能宣传周和全国低碳日活动的通知》，决定 2018 年 6 月 11 日至 17 日为全国节能宣传周，宣传主题是“节能降耗 保卫蓝天”；6 月 13 日为全国低碳日，主题是“提升气候变化意识，强化低碳行动力度”。2018 年宣传周是我国第 28 个全国节能宣传周，2018 年低碳日是我国第 6 个全国低碳日。

## 6 月

6 月 16 日，国务院关税税则委员会发布了《关于对原产于美国 500 亿美元进口商品加征关税的公告》。决定对原产于美国的 659 项约 500 亿美元进口商品加征 25% 的关税，其中 545 项约 340 亿美元商品自 2018 年 7 月 6 日起实施加征关税，对其余商品加征关税的实施时间另行公布。

6 月 19 日，国家机器人创新中心启动会在沈阳举行。国家机器人创新中心是由中国科学院沈阳自动化研究所和哈尔滨工业大学等单位共同发起筹建，以沈阳智能机器人国家研究院有限公司为依托，现有 14 家股东单位，整合了国内龙头企业、高校和科研机构等重点学科群和科研基地。

6 月 21 日，国家发展和改革委员会出台了《关于创新和完善促进绿色发展价格机制的意见》)。《关于创新和完善促进绿色发展价格机制的意见》提出，到 2020 年，基本形成有利于绿色发展的价格机制、价格政策体系，促进资源节约和生态环境成本内部化的作用明显增强；到 2025 年，适应绿色发展要求的价格机制更加完善，并落实到全社会各方面各环节。

6 月 28 日，国家发展和改革委员会、商务部对外发布了《外商投资准入特别管理措施（负面清单）(2018 年版)》，自 2018 年 7 月 28 日起施行。2018 年版负面清单，由原来 63 条减至 48 条，主要开放措施包括：金融领域，取消银行业外资股比限制，将证券公司、基金管理公司、期货公司、寿险公司的外资股比放宽至 51%，2021 年取消金融领域所有外资股比限制；基础设施领域，取消铁路干线路网、电网外资限制；交通运输领域，取消铁路旅客运输公司、国际海上运输、国际船舶代理外资限制；汽车行业取消专用车、新能源汽车外资股比限制，2020 年取消商用车外资股比限制，2022 年取消乘用车外资股比限制以及合资企业不超过两家的限制；船舶行业取消外资限制，包括设计、制造、修理各环节；飞机行业取消外资限制，包括干线飞机、支线飞机、通用飞机、直升机、无人机、浮空器等各类型。

## 7 月

7 月 2 日，工业和信息化部修订公布了《〈中华人民共和国监控化学品管理条例〉实施细则》(工业和信息化部令第 48 号)，自 2019 年 1 月 1 日起施行。

7 月 3 日，国家集成电路创新中心和国家智能传感器创新中心建设启动会在上海市举行。国家集成电路创新中心是由复旦大学、中芯国际和华虹集团等单位共同发起，以上海集成电路制造创新中心有限公司为依托，围绕集成电路关键工艺节点和系统集成开展共性技术研发。国家智能传感器创新中心是由上海新微、中电海康、格科微电子等 14 家单位共同发起筹建，以上海芯物科技有限公司为依托，通过关键共性工艺技术的研发，建设研发平台、检测技术平台、设计服务平台、工程服务平台等，促进传感器产业链协同发展。

7 月 9 日，在国务院总理李克强与德国总理默克尔的见证下，工业和信息化部部长苗圩与德国联邦经济和能源部、联邦交通和数字基础设施部代表共同签署了《关于自动网联驾驶领域合作的联合意向声明》。具体包括：推动国际统一标准的制定及应用、促进相关技术要求统一、促进两国企业在智能网联汽车及基础设施数据共享、健全智能网联汽车法律法规、推动制定国际统一的无线电频率解决方案、就通信技术统一及互操作解决方案交换信息等，共同推动两国智能网联汽车发展。

7 月 10 日，财政部、税务总局、工业和信息化部、交通运输部联合发布的《关于节能 新能源车船享受车船税优惠政策的通知》，对节能乘用车、商用车，以及新能源汽车、船舶实行了车船税优惠。

7 月 11 日，财政部、税务总局联合发布了《关于进一步扩大小型微利企业所得税优惠政策范围的通知》。自 2018 年 1 月 1 日至 2020 年 12 月 31 日，将小型微利企业的年应纳税所得额上限由 50 万元提高至 100 万元，对年应纳税所得额低于 100 万元（含 100 万元）的小型微利企业，其所得减按 50% 计入应纳税所得额，按 20% 的税率缴纳企业所得税。

7 月 12 日，C919 大型客机 102 架机从上海浦东机场起飞，连续飞行 1039 公里转场山东东营胜利机场，顺利完成了首次空中远距离飞行。本次共飞行 1 小时 46 分钟，最大飞行高度 6600 米，巡航速度 520 千米/小时，途经上海、江苏、山东等地。此次 102 架机成功转场，意味着 C919 大型客机项目进入密集研发试飞新阶段，正式开启多地同步试飞模式。

7 月 13 日，国务院办公厅印发了《关于进一步加强城市轨道交通规划建设管理的意见》），对新形势下我国城市轨道交通规划建设工作作出部署。《关于进一步加强城市轨道交通规划建设管理的意见》严格建设申报条件，提高了申报建设地铁和轻轨的相关经济指标，申报建设地铁的城市一般公共财政预算收入、地区生产总值分别由 100 亿元、1000 亿元调整为 300 亿元、3000 亿元。

7 月 27 日，工业和信息化部、国家发展和改革委员会联合发布了《扩大和升级信息消费三年行动计划（2018—2020 年）》。以加快提升产业供给能力为重点，以优化信息消费环境为保障，深化信息技术融合创新应用，打造信息消费升级版，实现更高水平、更高层次、更深程度的供需新平衡。

7 月 30 日，航空发动机及燃气轮机基础科学中心（下称基础科学中心）成立大会在北京航空航天大学召开。基础科学中心依托北京航空航天大学，联合清华大学、中国科学院工程热物理研究所、西北工业大学、南京航空航天大学、中国人民解放军空军工程大学、中国航空发动机研究院和中国联合重型燃气轮机技术有限公司等单位共同组建，以协同创新的模式，开展“两机”前瞻性研究。

7 月，国家发展和改革委员会、国家能源局联合出台了《关于积极推进电力市场化交易 进一步完善交易机制的通知》）。《关于积极推进电力市场化交易 进一步完善交易机制的通知》明确要求，各地进一步提高市场化交易电量规模，加快放开发用电计划，扩大市场主体范围，积极推进各类市场主体参与电力市场化交易。

## 8 月

8 月 3 日，国务院关税税则委员会发布的《关于对原产于美国的部分进口商品（第二批）加征关税的公告》，决定对原产于美国的 5207 个税目进口商品加征关税。该措施涉及自美进口贸易额约 600 亿美元。

8 月 8 日，工业和信息化部、科学技术部配合财政部印发了《关于支持打造特色载体推动中小企业创新创业升级的实施方案》（下称《实施方案》）。根据《实施方案》，中央财政将通过中小企业发展专项资金，于 2020 年以前安排 100 亿元支持引导 200 个国家级、省级开发区打造不同类型的创新创业特色载体。

8 月 8 日，国务院关税税则委员会发布了《关于对原产于美国约 160 亿美元进口商品加征关税的公告》。对美加征关税商品清单二的商品，以本公告附件为准，自 2018 年 8 月 23 日 12 时 01 分起实施加征关税。

8 月 24 日，中国商飞公司向成都航空公司交付第 6 架 ARJ21 新支线飞机。这架 ARJ21 – 700 飞机国籍号为 B – 3328，采用两舱布局，共有 78 个座位。此架机由工银金融租赁有限公司出资购买，成都航空公司租赁使用。

## 9月

9月3—4日，中非合作论坛北京峰会取得圆满成功。2018年中非贸易额达1683亿美元，同比增长21%。其中我国自非进口821亿美元，同比增长33%；对非出口862亿美元，同比增长11%。2018年1—10月，对非全行业直接投资额为24.64亿美元，其中非金融类投资额24.63亿美元，同比增长4%，东非国家仍为我国主要投资目的地。我国在非新签承包工程合同额598亿美元，同比大幅增长19%，完成营业额345亿美元。

9月6日，工业和信息化部发布了第311批《道路机动车辆生产企业及产品公告》。经企业准入条件考核，本批公告共批准新设立专用汽车生产企业17家。经装备工业发展中心最终审核，共有546家生产企业的1715个产品符合国家有关规定和技术要求。同时，本批公告中发布了《新能源汽车推广应用推荐车型目录（2018年第9批）》，共包括108家企业的288个车型，其中纯电动产品共101家企业269个型号、插电式混合动力产品共7家企业9个型号、燃料电池产品共8家企业10个型号。

9月7日，为做好《增材制造产业发展行动计划（2017—2020年）》的贯彻落实工作，工业和信息化部装备工业司在陕西西安组织召开了《增材制造产业发展行动计划（2017—2020年）》宣贯会暨增材制造应用经验交流会。

9月19日，在天津夏季达沃斯论坛期间，国家发展和改革委员会和世界经济论坛联合举办“建设‘一带一路’创新之路”分论坛，国家发展和改革委员会主任何立峰指出，共建“一带一路”已形成更为广泛的国际共识，已有106个国家和29个国际组织与中国签署了150份合作文件。中国与“一带一路”沿线国家的投资和经贸合作水平显著提升，中国对沿线国家的投资超过800亿美元，已建立82个境外经贸合作区，为当地创造了24万多个就业岗位，中欧班列累计开行超过1万列。

9月30日，工业和信息化部发布了第312批《道路机动车辆生产企业及产品公告》。

本批公告共批准新设立专用汽车生产企业22家。共有561家生产企业（其中：汽车生产企业496家、摩托车生产企业65家）的1671个产品（其中：汽车产品1501个、摩托车产品170个）符合国家有关规定和技术要求。依据同一型号判定原则归纳后，通过技术审查的产品共计1377个（其中：汽车产品1252个、摩托车产品125个）。

同时，本批公告发布了《新能源汽车推广应用推荐车型目录（2018年第10批）》，共包括104家企业的212个车型，其中纯电动产品共100家企业194个型号、插电式混合动力产品共5家企业6个型号、燃料电池产品共5家企业11个型号。

9月，财政部、税务总局发布《关于提高机电、文化等产品出口退税率的通知》。主要内容包括，将多元件集成电路、非电磁干扰滤波器、书籍、报纸等产品出口退税率提高至16%；将玄武岩纤维及其制品、安全别针等产品出口退税率提高至9%。

9月，2018年“创客中国”创新创业大赛产生200强。据统计，2018年累计参赛并入库项目8112个，较2017年增长53.8%（其中，企业组项目4559个，较2017年增长43.2%；创客组项目3553个，较2017年增长69.8%）。

9月，国务院关税税则委员会发布关于对原产于美国约600亿美元进口商品实施加征关税的公告。根据《国务院关税税则委员会关于对原产于美国的部分进口商品（第二批）加征关税的公告》（税委会公告〔2018〕6号）所附对美加征关税商品清单的商品，自2018年9月24日12时01分起加征关税，对其附件1所列2493个税目商品、附件2所列1078个税目商品加征10%的关税，对其附件3所列974个税目商品、附件4所列662个税目商品加征5%的关税。

## 10月

10月9日，国家发展改革委、财政部、国

家能源局联合印发了《关于2018年光伏发电有关事项说明的通知》（发改能源〔2018〕823号）。

10月12日，由工业和信息化部、国家标准化管理委员会共同组织制定的《国家智能制造标准体系建设指南（2018年版）》（下称《指南》）中、英文版在2018年世界智能制造大会上正式发布。《指南》是在工业和信息化部、国家标准化管理委员会联合发布的《国家智能制造标准体系建设指南（2015年版）》基础上修订完成的。《指南》进一步加强了标准体系构成要素及相互关系的说明，着重体现了新技术在智能制造领域的应用，突出强化了标准试验验证、行业应用与实施，为智能制造产业健康有序发展起到指导、规范、引领和保障作用，对于推动我国智能制造标准国际化具有重要意义。

10月22日，财政部、税务总局颁布了《关于调整部分产品出口退税率的通知》，主要内容包括：将相纸胶卷、塑料制品、竹地板、草藤编织品、钢化安全玻璃、灯具等产品出口退税率提高至16%；将润滑剂、航空器用轮胎、碳纤维、部分金属制品等产品出口退税率提高至13%；将部分农产品、砖、瓦、玻璃纤维等产品出口退税率提高至10%。

10月25日，工业和信息化部印发了《车联网（智能网联汽车）直连通信使用5905～5925MHz频段管理规定（暂行）》，规划了5905～5925MHz频段共20MHz带宽的专用频率资源，用于基于LTE（第四代移动通信技术）演进形成的V2X（车与车、车与人、车与路之间的直连通信）智能网联汽车的直连通信技术，同时，对相关频率、台站、设备、干扰协调的管理做出了规定。该文件的发布对于促进我国智能网联汽车产品研发、标准制定及产业链成熟将起到重要先导作用。

## 11月

11月5日，工业和信息化部印发了《国家工业遗产管理暂行办法》，规范了国家工业遗产认定和保护利用。办法规定国家工业遗产需具备四个方面的条件：一是在中国历史或行业历史上有标志性意义；二是工业生产技术重大变革具有代表性；三是要具备丰富的工业文化内涵；四是其规划、设计、工程代表特定历史时期或地域的风貌特色。

11月5—10日，首届中国国际进口博览会在上海成功举办。习近平主席出席开幕式并发表主旨演讲。首届进口博览会成为2018年参与国别最广、规模最大的主场外交活动，共有172个国家、地区和国际组织参加，与会部级以上外方嘉宾超过400位；首届进口博览会办成了国际一流展会，包括220多家世界500强企业和行业龙头企业在内的3617家境外企业参展，累计80多万人进馆洽谈采购、参观体验，成交额达578亿美元。

11月8日，APEC中小企业信息化促进中心云服务平台启动仪式暨中小企业信息化云服务论坛在南京举行，标志着中心云的建设又取得了积极成果。云服务平台将有效帮助中小企业通过信息化构建新型工业生产体系、发展网络制造新型生产方式，推动中小企业借助信息化提高企业研发创新能力，促进企业管理和商业模式创新。

11月14—16日，在广东佛山召开2018年中国安全产业大会，工业和信息化部副部长罗文出席大会开幕式并致辞。

11月21日，工业和信息化部会同国家发展和改革委员会、财政部、国务院国有资产监督管理委员会联合印发了《促进大中小企业融通发展三年行动计划》（工信部联企业〔2018〕248号，下称《行动计划》）。《行动计划》从推动大企业共享生产能力、共享创新能力、为中小企业提供资金人才支持三个方面发挥大企业在融通发展中的引领支撑作用。

11月，工业和信息化部与中国工商银行共同签署了《中小企业金融服务战略合作协议》。具体合作内容包括：推动产融项目对接、开展投贷联动、推进供应链融资、加快小微金融业务中心建设、开展中小企业融资环境评估、推进开展小微企业金融知识普及教育等。中国工商银行承诺在未来五年内为工业和信息化部确定的重点工程与专项行动、中小企业“双创”和“专精特新”、小微企业应收账款融资服务平台等项目累计投放1万亿元信贷支持。

11月，为加快推进充电基础设施规划建设，全面提升新能源汽车充电保障能力，推动落实《电动汽车充电基础设施发展指南（2015—2020年）》，根据《国务院办公厅关于加快电动汽车充电基础设施建设的指导意见》（国办发〔2015〕73号）要求，国家发展和改革委员会、国家能源局、工业和信息化部、财政部联合制定了《提升新能源汽车充电保障能力行动计划》。

11月，财政部、国家发展和改革委员会、工业和信息化部、海关总署、税务总局、能源局联合发布了《关于调整重大技术装备进口税收政策有关目录的通知》。主要内容包括：自2019年1月1日起，取消百万千瓦级核电机组（二代改进型核电机组）等装备的免税政策，生产制造相关装备和产品的企业2019年度预拨免税进口额度相应取消等。

## 12月

12月1日，工业和信息化部装备工业司组织部产业发展促进中心在北京召开“高档数控机床与基础制造装备”科技重大专项（下称数控机床专项）2018年度立项课题启动会，有关单位代表近300人参加。会议明确了数控机床专项课题管理要求，开展了数控机床专项管理制度培训，组织了课题实施经验交流。

12月3日，工业和信息化部向中国电信、中国移动、中国联通发放全国范围的5G系统中低频段试验频率使用许可。

12月10日，国家发展和改革委员会颁布《汽车产业投资管理规定》（下称《规定》），自2019年1月10日起施行。《规定》是新时期我国汽车产业投资管理的综合性政策文件，共分9章48条，涵盖了产业投资方向、投资项目标准、项目备案管理、协同监管要求、产能监测预警等方方面面。

12月12日和14日，内地分别与澳门、香港签署了《CEPA货物贸易协议》。协议在内地与港、澳货物贸易已全面实现自由化的基础上，为内地与港、澳贸易往来提供了更完善的制度安排。特别是设立了粤港澳大湾区贸易便利化专章，对大湾区范围内的货物往来采取一系列更加便利的举措，支持内地与港、澳探索口岸信息互换、贸易数据协同对接，并在创新通关模式上先行先试。

12月17日，工业和信息化部公布第二批国家工业遗产名单，太原兵工厂、青岛啤酒厂、第一拖拉机制造厂、茅台酒酿酒作坊、刘家峡水电站等42个项目入选。

12月27—28日，全国工业和信息化工作会议在北京召开。会议确定了2019年的八项重点工作：一是强化创新引领，加快发展先进制造业；二是聚力提质增效，推动传统产业优化升级；三是瞄准智能制造，打造两化融合升级版；四是培育国内市场，保持工业经济平稳增长；五是激发市场活力，培育更具竞争力的优质企业；六是提升支撑能力，释放数字经济潜能；七是深化改革开放，持续优化工业通信业发展环境；八是旗帜鲜明讲政治，把全面从严治党引向深入。

# 附　录

## 中国工业报简介

《中国工业报》融媒体是由工业和信息化部指导，中国工业经济联合会主管，中国工业经济联合会、中国机械工业联合会主办，是我国工业与信息化领域权威主流媒体。中国工业报社是由国务院国有资产监督管理委员会举办的事业单位。

《中国工业报》融媒体坚持正确舆论导向，致力于推进我国制造强国、网络强国建设，服务中国工业行业、企业、政府与主管部门，以报道和服务中国工业高质量发展、促进工业和科技紧密结合为己任，提供工业与信息化前沿报道与领先的产业、科技、商业资讯，以及政策分析、信息交流、宣传推广、产业咨询，协同创新、业务对接、品牌增值、舆情监测、公关服务等综合性服务，打造国家级新工业融媒体平台。《中国工业报》融媒体旗下拥有一报两刊（《中国工业报》《中国机械》《班组天地》）和以中国工业新闻网（www. cinn. cn）、两微一端（微信、微博、新闻客户端）为核心的新媒体矩阵。

《中国工业报》秉持“信息驱动创新”理念，坚持以工匠精神做好“日报”，为企业经营决策、上下游产业协同提供权威、实用、全面的资讯情报，是工业企业领导和从业人员的贴心助手和高级智囊。2020 年将改版：每周一为八版，主打以深度报道为主的周刊；周二至周五为对开四版，主打资讯情报，形成包括要闻工经、装备制造、汽车、能源、化工、材料、轻工、纺织、医药、食品、电子、航空、航天、建材科技、园区、工业互联网、工业设计、工业文化、质量与评测、地方工业等数十个行业专版。